SLOINNTE UILE ÉIREANN

ALL IRELAND SURNAMES

le

Seán de Bhulbh

Arna fhoilsiú ag Comhar-Chumann Íde Naofa

Dara Eagrán : 2002

© Seán de Bhulbh 2002

Clóchur agus Tairgeadh ag Intype Ltd., Luimneach

Foilsiú : Comhar-Chumann Íde Naofa Teo.,
Áras Íde, Faing, Co. Luimnigh.

ISBN : 0 9530560 5 8 (Clúdach crua)

ISBN : 0 9530560 6 6 (Clúdach bog)

Tíolacadh

Do Mháire Ní Mhurchú, céile ionúin

An t-Aṫ. Pádraig de Búlb

An Dr. Éamonn Mac Giolla Iasachta

CLÁR

BROLLACH (An Chéad Eagrán)

Leis an nDochtúir Mainchín Seoighe

Tá na línte seo á scríobh agam i bparóiste Chill Mocheallóg, an paróiste ina raibh an t-Athair Pádraig de Bhulbh ina shagart cúnta, nuair a foilsíodh a leabhar cáiliúil, *Sloinnte Gaedheal is Gall*, sa bhliain 1923. Agus nach suimiúil, agus nach feiliúnach an rud é, gur gaol leis an Athair Pádraig, Seán de Bhulbh, údar an leabhair is déanaí seo ar shloinnte na h-Éireann.

Ba ceannródaí é an t-Athair Pádraig san staidéar ar na sloinnte. Tháinig comharba air sa staidéar sin sna seascaidí. Dob é sin Éamonn Mac Giolla Iasachta. Admhaíonn Seán de Bhulbh cé chomh mór a bhí sé faoi chomaoin ag an mbeirt sin agus a shaothar féin á chur i dtoll a chéile aige.

Ach is saothar úrnua é an saothar seo Sheáin. Tá na sloinnte liostaithe ann faoina leaganacha Gaeilge agus faoina leaganacha galldaithe. Ar ndóigh, tá sloinnte áirithe nach bhfuil sa chéad liosta, mar gur sloinnte eachtrannacha iad nár Gaelaíodh riamh. Agus an dara liosta á chur le chéile aige, dhein an t-údar suirbhé ar na leabhair telefóin; mar sin, tá a lán sloinnte liostaithe aige nach bhfuil le fáil i leabhar an Ath. de Bhulbh ná i leabhair Éamoinn Mhic Giolla Iasachta. Sloinnte a bhformhór siúd a tháinig go h-Éirinn le déanaí, sloinnte ó mhór roinn na hEorpa, ón Aifric agus ón Áise. Agus tá cur síos sna h-aguisíní ar shloinnte coimhthíocha eile nár áiríodh ag an Ath. de Bhulbh ná ag Mac Giolla Iasachta: sloinnte Pailitíneacha, sloinnte Úgóineacha, sloinnte Giúdacha. Deir Seán de Bhulbh gur cuid dár structúr sloinnte na cinn seo go léir anois agus gur cóir iad a mheas faoi mar a mheasaimid ár seansloinnte dúchasacha.

Is leabhar an-spéisiúil é *Sloinnte na h-Éireann*, agus is soiléir gur chaith an t-údar mórán dua leis, ag déanamh taighde chuige, agus á leagan amach i slí a dhéanfadh éasca é don léitheoir teacht ar an eolas a bheadh uaidh nó uaithi. Ina réamhrá tugann an t-údar gearrchuntas ar stair na sloinnte, agus ar an ngramadach a ngabhann lena n-úsáid. Agus cé gur i nGaeilge atá an chuid is mó den leabhar, déantar freastal sa dara cuid de ar an mBéarlóir nac bhfuil aon Ghaeilge aige.

Bhí an-spéis ag na Gaeil riamh sa ghineolaíocht agus sa dinnseanchas. Cuid an-tábhachtach den léann dúchasach ab ea an dá ábhar seo. Agus nach suimiúil é gur ó Chontae Luimnigh a tháinig an bheirt cheannródaithe sna dámha léin seo: Pádraig de Bhulbh, fear na sloinnte, ó iarthar Luimnigh; agus P.W. Joyce, fear na logainmneacha, ó Luimneach thoir theas. Agus anois tá Luimníoch eile tar éis an leabhar seo a bhronnadh orainn: leabhar fíorshuimiúil, leabhar scoláiriúil, leabhar lán eolais.

Seanchara liom é Seán de Bhulbh, agus aithne agam air le mórán de bhlianta. Fear Gaelach é, mar is dual dó; fear cumasach, fear críochnúil. Ta leabhar rí-thábhachtach, a mbeidh an-éileamh air, tugtha aige dúinn. Tréaslaím a shaothar leis.

Mainchín Seoighe

ADMHÁLA AGUS BUÍOCHAS

Bhí saothar cuíosach fada i dtáirgeadh an leabhair seo agus fuarathas cabhair luachmar ó roinnt mhaith daoine. Tá buíochas faoi leith ag dul dom chéile, Máire Ní Mhurchú, a chaith na laetheanna fada ag áirimh na sloinnte, dom iníonacha, Eibhlín agus Sibéal, a chabhraigh leis an ngnó céanna, dom iníon Sadhbh, a dhear an clúdach; dom mhic, Muiris agus Seán C., a mhínigh cúrsaí ríomhaireachta dom. D'ullmhaigh Muiris na léarscáileanna.

Fuaireas comhairle fhial ó Mhicheál Ailf Ó Murchú, Ollscoil Uladh, agus ó scata daoine eile. Ba mhaith liom na daoine seo a lua: Caitríona Ciosóg agus a máthair Phil, Creatalach Thiar; an t-Ollamh Donnchadh Ó Corráin agus Diarmuid Ó Murchadha, Corcaigh; na leabharlannaithe i gColáiste Mhuire gan Smál agus Comhairle Chontae Luimnigh; an t-Uasal Michael Adams, foilsitheoir; Garry MacMahon, Copper Reed Studio, Luimneach; Ruairí Ó h-Ící, Luimneach; Pádraig Tyers, Corcaigh; John R. Thuillier, Cionn tSáile; Tomás de Bhulbh, Oileán Chiarraí; Úna Nic Éinrí agus Máire Dáibhís, Coláiste Mhuire gan Smál; John Morrison, Dún Éideann; Tom Forde, Londain; John Geeraerts, An Bheilg; Seán Ó h-Allmhúráin, Pádraig Ó h-Eidhin agus mo chomhghleacaithc eile i gComharchumann Íde; Proinsias de Priondargast agus Antoin Broiméil, iad araon Bardasaigh de chuid Chathair Luimnigh. Buíochas ó chroí dóibh seo uile.

Táim faoi chomaoin ag na nDochtúir Mainchín Seoighe a scríobh an Brollach dom agus ag mo chliamhain, an Dochtúir Antoin Ó Liatháin, a thug comhairle agus léirmheas cruinn.

Ábhar sásaimh dom gurab é Frank Bouchier, ealaíontóir Luimníoch, agus comhghleacaí liom, a línigh na pictiúir.

Tá buíochas nach beag ag dul do Kevin FitzGerald, INTYPE Ltd, faoin gclóchur agus a chuir an saothar le chéile go slachtmhar.

I ndeireadh na dála, caithfear admháil go bhfuil bearnaí go leor insan liosta sloinnte mar nach raibh teacht ar eolas fúthu in am. Ní foláir go bhfuil meancóg annseo is annsúd - *humanum est errare* - is ormsa an milleán faoi seo agus gabhaim mo leathscéal d'aon duine a bhraitheann gur deineadh neamhshuim dá shloinne.

Mó bhuíochas féin do Dhia na Glóire a d'fhág an tsláinte agus an fuinneamh agam chun an gnó seo a chur i gcrích. Agus mo ghuí chomh maith, paidir na nGael, "a Athair shíoraí, in ainm Íosa, déan Gaeltacht athuair d'Éirinn gan roinnt". Amen.

I Luimneach dom, Lá Bealtaine in aois Ár dTiarna 1997,
is mise Seán mac Muiris de Bhulbh.

I DTAOBH AN DARA EAGRÁIN:
SLOINNTE UILE ÉIREANN/ALL IRELAND SURNAMES

Toisc go raibh an leabhar méadaithe go mór, chinneas ar ainm nua dó. Mar sin féin, tá an buíochas céanna ag dul dos na daoine a chabhraigh ón gcéad lá agus na daoine eile seo a thug comhairle dom leis an leabhar nua. Ba mhaith liom na daoine seo leanas a lua:-

Seosamh Ó Muirí, Ollscoil Luimnigh.

Dr Istack Ahmed, Luimneach & Majed Arbid, An Araib.

Cillian Lenoach, Áth Cliath.

Roibeard Ó hÚrdail, Corcaigh.

S.K. Masid, Ambasáid na hIndia.

Pádraig Ó Cearbhaill, Brainse na Logainmneacha, Roinn na Gaeltachta.

Cecil Hurwitz, Corcaigh.

An Dochtúir Shan, innealtóir Síneach sa Ghearmáin.

Táim an-bhuíoch des na daoine uaisle uile.

LEABHAR-LIOSTA

Bell, Robert, Ulster Surnames, Belfast 1988.

Black, George F, Surnames of Scotland, New York 1962.   Nod: SS.

Breathnach, D & Ní Mhurchú, M, Beathaisnéis 1882-1982. Dublin 1994.

Burke, Edmund, Irish Fiants of the Tudor Sovereigns, Dublin 1994.

Cottle, Basil, Dictionary of Surnames, Penguin 1967.   Nod: DOS.

Dauzat, Albert, Noms & Prénoms de France, Paris 1987.

de Breffny, Brian, Irish Family Names, Dublin 1982.

Fucilla, Joseph G., Our Italian Surnames, Genealogical Publishing Co.
     Baltimore 1998 (USA).

Grehan, Ida, Irish Family Names, London 1973.

Hanks, P & Hodges, F. Dictionary of Surnames,
     Oxford University Press 1996.   Nod: DSHH.

Hanks, P & Hodges, F. Dictionary of First Names, Oxford 1996.

Hogan, Edmund, Irish Fiants of the Tudor Sovereigns, Dublin 1923.

Mac Firbhisigh, Dubhaltach, Láimhscríbhinn Ginealais i Acadamh Ríoga na h Éireann.

Mac Giolla Domhnaigh, Pádraig, Some Anglicised Surnames in Ireland, Dublin 1923.

MacLysaght, Edward, Surnames of Ireland, Dublin 1985.   Nod: SI.

MacLysaght, Edward, Irish Families, Dublin 1985.   Nod: IF.

MacLysaght, Edward, More Irish Families, Dublin 1982.   Nod: MIF.

Morgan, T.J. & Morgan, Prys: Welsh Surnames, Univ. of Wales Press 1985.

Ó Corráin, D & Maguire, F. Gaelic Personal Names, Dublin 1980.   Nod: GPN.
     Athfhoilsiú faoi: Irish Names, Lilliput 1990.

Ó Droighneáin, M & Ó Murchú, M.A., An Sloinnteoir Gaeilge &
     an tAinmneoir, Coiscéim, B.Á.C.1991.   Nod: SGA.

Ó Murchadha, Diarmuid, Family Names of Co. Cork, Collins Press,
     Cork 1996.

Platt, Lyman D., Hispanic Surnames & Family History, Genealogical
     Publishing Co. 1997 (USA).

Reaney, P.H., Dictionary of British Surnames, London 1976.   Nod: DBS.

Woulfe, Patrick, Sloinnte Gaedheal is Gall, Dublin 1923.   Nod: SGG.

CUID A h-AON
RÉAMHRÁ

Thosaigh na sloinnte Gaelacha sa 10 céad agus d'éirigh siad cuíosach coitinn sa 11 céad. Bhí suim ag na clanna móra i gcúrsaí ginealaigh agus, ar ndóigh, mar ba dhual do chine tréadach, thuig siad prionsabail na gineolaíochta .i. "is treise an dúchas ná an oiliúint".

An rud is suntasaí sa chóras ainmnithe Gaelach, i gcomórtas le ciní eile, ná go bhfuil sé bunaithe ar ainmneacha sinseartha ar fad, geall leis. Ainm athar nó duine sinseartha atá i gceist - tá fíor-bheagán ainmneacha máthartha ann, fairíor.

Bhí ainmneacha na dtreabh agus na gcríocha treabhach bunaithe ar ainmneacha pearsanta, leis, mar shampla: Cinéal Eoghain, Clann Aodha, Corca Dhuibhne, Tír Fhiachrach, Dál gCais, Síol Anmchadha. Tá an focal nua *daon-treoraithe* sa bhfaisean anois, ach dáiríre, bhí an smaoineamh ag na Gaeil riamh. Bhí an gaol fola an-tábhachtach.

Thosaigh an leabhar seo le suirbhé ar na leabhair teileafóin: cé mhéid sloinne a bhí ann agus cá h-áit. Áirítear go bhfuil líon na sloinnte san eolaí teileafóin ag freagairt do 50% den daonra, go garbh, ar ndóigh, ach tugann sé sin sampla sásúil dúinn le h-aghaidh an ghnó seo.

Sé an leagan amach ar Chuid a h-Aon ná:-
1. Liosta aibítearach des na sloinnte ag fágáil réimíreanna ar lár .i. tús-litir an bhun-ainm mar threoir: m. sh. tá Mac Cárthaigh faoi "C", Ó h-Aodha faoi "A" agus de Búrca faoi "B".
2. Annsan tugtar an leagan gallda is coitinne agus líon na n-iontrálacha sa leabhair teileafóin, rangaithe mar seo:
    1-3 fíor-annamh, 4-10 annamh, 11-20 cuíosach annamh,
    21-55 líon beag, 56-100 cuíosach líonmhar
    100-500 líonmhar, 500 + an-líonmhar.
3. Ina dhiaidh sin, an dáileadh geografach ar bhonn chontae - tá na contaethe áisiúil agus so-thuigthe leis an léarscáil (lch 143). Ní mór a mheabhrú gurab iad na contaetha a bhíonn i gceist nuair a luaitear Corcaigh, Luimneach, Gaillimh & rl. Bíonn na sean-chríocha dúchasacha i bhfeidhm, chomh maith, m.sh.: Oirghialla, Corca Laoidhe, Tuathmhumhain, Osraighe, Breifne. Tá siad le fáil ar an léarscáil (lch 140 & 141).
4. Cur síos gearr ar an gclann nó na clanna go bhfuil eolas le fáil fúthu; is mó clann nach bhfuil puinn eolais ina dtaobh - iad imithe ar nós chúr na h-abhann, monuar.
5. Fréamh nó brí an bhun-ainm.

Is minic go mbíonn níos mó ná leagan amháin gallda le sloinne - tá siad san le fáil i gCuid a Dó. Is ann atá torthaí an t-suirbhé bhunúsaigh; scríobhadh i mBéarla é ar mhaithe leis an t-saol mór ach tá scéal na sloinnte Gaelach le fáil i gCuid a h-Aon.

Tá an cur síos seo ar na sloinnte bunaithe, den chuid is mó, ar shaothar bheirt fhear: an t-Athair Pádraig de Bhulbh (1872-1933) agus an Dochtúir Éamonn Mac Giolla Iasachta (1887-1986). Nuair a chuaidh an t-Ath. Pádraig i mbun oibre ar na sloinnte i dtosach an chéid seo, bhí an teanga Gaeilge ag imeacht as an chuid is mó den dtír ar nós na gaoithe agus shábháil sé eolas a bheadh caillte go deo murach é. I 1923 d'fhoillsigh sé "Sloinnte Gaedheal is Gall" (SGG). Fear ioldánach fad-saolach a b'ea an Cláiríneach, Éamonn Mac Giolla Iasachta - bhí sé ina a Phríomh-Aralt Éireann tráth agus chaith sé na blianta fada ag bailiú eolais ar shloinnte. Roinn sé é sin ar an saol Fódhlach ina leabhair "Irish Families" (1952) agus "More Irish Families" (1982).

Thárla "Sloinnte Gaedheal is Gall" as cló le fada, níor mhiste achoimre a dhéanamh ar Chaibidil a Dó ann ina a dtráchtar ar na h-ainmneacha pearsanta is bun dos na sloinnte agus ar an ngramadach a bhaineann le sloinnte.

A. Ainmneacha as dhá ainm-fhocal, m.sh.: Aonghus, Bláthmhac, Branghal, Caithnia, Cathal, Faolchadh, Flaithgheas, Learghus, Maonghal, Mughrón, Muirgheas,

1

Murchadh, Niallghus, Tuathal. Cú-chatha, Cú-mara, Donnshléibhe, Dubh-síthe, Maolanfaidh. Giolla na Naomh. Maol-Bhrighde, Maolphadraig, Giolla Chríost, Giolla Dé.

B. Ainmneacha le aidiacht + ainm-fhocal, m.sh.: Ardghal, Ciarmhac, Donncheann, Dubhcheann, Dubhchú, Dubhghiolla, Fionnbharr, Flannchadha, Bairrfhionn, Brandubh, Ceanndubh, Cúdubh, Giolladubh, Maolcaoin.

C. Tá sloinnte bunaithe ar fhocal amháin, m.sh.: breac, broc, cadhla, caomh, colm, guaire, reann, searrach, síoda, teimhean.

D. Rang measctha: Ainghein, Ainmhire, Anluan, Comhghan, Comhghall, Dío-chú, Díomasach, Éigeartach, Eoghan, Faircheallach, Ró-bhartach, Suibhne, Cathach, Dúnadhach, Bloscadh, Labhraidh, Dorchaidhe, Scolaighe, Laoghaire, Ciardha, Dubhda, Rímheadh, Glaisne, Coinneach, Cnáimhseach (baineann), Colptha, Dubhthach, Troightheach.

E. Foirmeacha díspeagtha, m.sh.: Ailgheanán, Bradagán, Cróinín, Maodhóg, Ceallachán, Eochagán, Duibhin, Gormóg, Ionmhaineán, Muireagán, Finnéin, Muineóg. Féach an claochú ins na h-ainmneacha simplí:

Art > Artán > Artagán, Bran > Branán > Branagán, Fionn > Fionnán > Fionnagán,
Flann > Flannán > Flannagán,
Niall > Niallán > Niallagán, Cas > Casán > Caisín,
Glas > Glasán > Glaisín, Os > Osán > Oisín,
Caomh > Caomhán > Caoimhín, Colm > Colmán > Mocholmóg,
Ciar > Ciarán > Céirín > Ciaragán, Donn > Donnán > Duinnín > Donnagán,
Dubh > Dubhán > Duibhín > Dubhagán, Odhar > Odhrán > Uidhrín > Odharagán,
Aodh > Aodhán > Maodhóg > Aodhagán, Gorm > Gormán > Gormóg > Gormagán,
Earna > Earnán > Eirnín > Mearnóg.

Ainmneacha dúchasacha iad san go léir thuas agus uathu-san a thagann an-chuid dár sloinnte.

Bíodh is go raibh an Chríostaíocht i bhfeidhm ar fud na tíre sa luath-aois, níor ghlacadh le ainmneacha Críostaí go dtí gur tháinig na Normannaigh isteach sa scéal. "Is treise an dúchas ná an oiliúint"!

Ar an dtaobh eile, ámh, bhí naoimh Chríostaí faoi ard-mheas ins na sloinnte seo:

Maol Bheanóin, Maol Eoin, Maol Íosa, Maol Mhichil, Maol Muire, Maol Pheadair, Maol Phóil, Maol Sheachlainn, Giolla Eoin, Giolla Íosa, Giolla Mhartain, Giolla Phadraig, Giolla Phóil.

Tá na sloinnte a tháinig uatha-san coitinn go leor. B'fhéidir nár mhiste a mhíniú gur ionann "maol" agus seirbhíseach nó móidín. Tá an bhrí chéanna le "giolla" ach gur bhain sé leis na Lochlannaigh a ghlac leis an gcreideamh Críostaí - tá míniú ag de Bhulbh gur téarma Lochlannach *gisl* (giall) a bhí ann. Ní féidir bheith cinnte faoi seo, ámh, mar bhí an focal seo an-choiteann i measc na nGael go luath. Ar aon nós, tá an rang sloinne seo líonmhar anois.

Na Lochlannaigh: leo-san an chéad instealladh d'ainmneacha gallda agus bhí siad suntasach, m.sh.: Amhlaoibh (*Olaf*), Aralt, Bruadar, Carlus, Eanraic, Gothraidh (*Godafrid*), Íomhar, Lochlann, Maghnus, Oitir, Raghnall (*Ragnaldr*), Siocfhraidh, Sitric, Somhairle.

D'éirigh siad coiteann i measc na nGael, m.sh. Ó Bruadair, Ó Siocfhradha, Mac Íomhair, Mac Shitric. Ar ndóigh, ní foláir go raibh na Lochlannaigh páirteach sa phróiseas - in Albain ach go h-áirithe, mar a raibh siad i gceannas ar Inse Gall leis na céadta blian.

Na h-Angla-Normannaigh: foinse mhór ainmneacha gan amhras. Bhí trí shaghas ainm ag na Normannaigh: cinn Teotanacha a thug siad leo ó Chríoch Lochlainn; cinn Teotanacha eile a fuair siad ó na Francaigh (treabh Teotanach eile); agus ainmneacha Críostaí. Thug siad an meascán seo go léir go h-Éirinn. Is suimiúil go raibh ainmneacha na mban Críostaí de ghnáth, ach, fairíor, ní thagann isteach i gcúrsaí sloinne. Seo liosta des na h-ainmneacha seo (na cinn Chríostaí i gcló iodáileach): William, Robert, Richard, *John*, Walter, Roger, Ralph, *Adam*, Hugh, Henry, *Thomas, Nicholas,* Gilbert, Geoffrey, *Elias, Peter (Piers)*, Osbert, Reginald, *Jordan, Simon, Stephen*, Alan, Arnold, Baldwin, Herbert, *Phillip, David*,

Alexander, Laurence, Martin, Maurice, Andrew, James, Samson, Daniel, Edward, Bernard, Hamon, Gerard, Edmund, Edwin, Hubert, Ivor, Oliver, *Benedict, Matthew, Michael, Patrick, Joseph, Mark,* Aylmer, Brian (Breatnach-Gaelach), Everard, Leonard, Myles/Milo, Odo, Osburn, Randulf, *Augustine, Constantine, Eustace, Isaac, Ponce (Pontius),* Redmond, Gerald, Roland, Theobald.

Uathu-san na sloinnte suntasacha: Mac Gearailt, Mac Muiris, Mac Alastair, Mac Óda, Mac Réamoinn, Mac Consaidín & rl.

Bhí iarmhíreanna díspeagtha ag dul leis na h-ainmneacha Angla-Normannacha, chomh maith: -el, -et, -ot, -in, -on, -oc, -uc, -kin, -cock. Mar shampla: Martel, Benet, Davet, Adamot, Milot, Dobin (Robert), Davoc (David), Mayoc (Matthew), Adkin (Adam), Hobkin, Hodgkin (Hodge = Robert), Simcock (Simon).

Anuas orthu san an díspeagadh dúbalta, mar seo: Hughelin, Hamlet (Hamo), Tomlin.

Samplaí: Mac Giobúin, Mac Dhabhuc, Ó Méalóid, Mac Toimilin.

Is gaelú ar ainmneacha gallda (próiseas nádúrtha in aon tír) a bhí ar siúl leis na cinn seo thuas ach tháinig rud eile a bhí i bhfad níos mí-thaitneamhaí: sé sin an t-aistriú a deineadh ar na sean-ainmneacha Gaelacha:

Conchobhar > Cornelius, Donnchadh > Dennis, Domhnall > Daniel,
Aonghus > Aeneas, Eoghan > Eugene, Diarmaid > Jeremiah,
Maol Sheachlainn > Malachi, Saorbhreathnach > Justin,
Muircheartach > Mortimer, Maodhóg > Moses, Ruaidhrí > Roger,
Toirdealach > Terence, Tadhg > Timothy, Cathal > Charles.

Níl coibhneas dá laghad idir na cúplaí seo - an táir-mhéin ba chúis leis, is cosúil.

Deineadh an scrios céanna ar ainmneacha na mban: Gobnait > Deborah,
Mór > Agnes, Doireann > Dorothy, Gráinne > Grace, Méadhbh > Mabel,
Fionnghuala > Penelope, Sadhbh > Sarah, Úna > Winifred.

Tá an bharbaracht seo ar siúl i gcónaí - an "oiliúint" ag buachan ar an ndúchas.

GRAMADACH NA SLOINNTE

Tá míniú coimsitheach ar an ábhar seo i nGraiméar na mBráithre Críostaí. Seo cuntas gearr ar mhaithe leo siúd nach dteastaíonn uathu dul go doimhin sa scéal.

I gcás na sloinnte le Mac, Mag & Ó, tá an bun-ainm sa tuiseal ginideach, mar shampla: Cárthach > Mac Cárthaigh, Aonghus > Ó h-Aonghusa, Odhar > Mag Uidhir.

Nuair a bhíonn an sloinne iomlán (nó ainm + sloinne) sa tuiseal ginideach nó gairmeach, úsáidtear Mic, Mig & Uí agus féach na samplaí:

Bean Mhic Chárthaigh nó Bean an Chárthaigh; teach Sheáin Mhic Chárthaigh.
A Sheáin Mhic Chárthaigh! A Chárthaigh!
Bean Uí Aonghusa, teach Bhriain Uí Aonghusa, A Bhriain Uí Aonghusa!
Bean Mhig Uidhir, teach Thaidhg Mhig Uidhir, A Thaidhg Mhig Uidhir!
Ach i dtaobh sloinnte na mban - féach thíos.

Bíonn iolra sloinne ag teastáil uaireannta, m.sh. nuair atá na Rianaigh go léir bailithe le chéile, seo agat Muintir Uí Riain no Muintir Riain. Nuair chuirtear ceist "cér díobh thú?" nó "cá sloinne thú?" deirtear "de Mhuintir Bhriain mé" nó "des na Brianaigh mé". I gcás "Mac" sloinnte, deirtear "de Chlann Chárthaigh mé", chomh maith. Samplaí eile: bean de chlann Uí Mhaoil Eoin, fear des na Brianaigh.

Sloinnte Aidiachtacha

Mar shampla: Breatnach (an-choitianta), Caomhánach, Déiseach, Muimhneach, Bán, Glas, Liath, Uaithne. Tá siad san faoi na rialacha gramadaí d'aidiachtaí: Seán Breatnach, bean Sheáin Bhreatnaigh, A Sheáin Bhreatnaigh! Des na Breatnaigh mé.

Sloinnte ar nós de Búrca

Eoghan de Búrca, teach Eoghain de Búrca, A Mhic an Bhurcaigh! Is de Mhuntir Bhúrca mé.

3

Sloinnte ar nós Céitinn

Seathrún Céitinn, teach Sheathrúin Chéitinn, A Mhic an Chéitinnigh! Muintir Chéitinn nó na Céitinnigh, duine des na Céitinnigh.

SLOINNTE NA nBAN

Bíonn na rialacha faoi inscne i bhfeidhm - rud a cruthaíonn deacrachtaí i liostáil na sloinnte sin. Tá cur síos an-mhaith air seo sa Sloinnteoir Gaeilge ach seo mar atá an scéal go gairid: bíonn Nic, Nig & Ní in ionad Mac, Mag & Ó agus séimhiú ar thús-chonsan an bhun-ainm, m.sh.: Máire Nic Chárthaigh, Eibhlín Ní Bhriain. Is ionann Ní agus Iníon; ciallaíonn Nic "iníon mhic". Tá córas cosúil leis ag ár gcomharsana, na h-Íoslannaigh agus, ar ndóigh, ag na Rúisigh. Tugann sé aitheantas éigin do pháirt uile-ghabhálach na mban i gcúrsaí an t-saoil.

Samplaí: Róis Ní Ógáin, Caitríona Nic an Ghoill, Doireann Nic Aodhagáin, Bríd Ní t-Suibhne, Niamh Bhreatnach, Siobhán Chaomhánach, ach Sibéal Céitinn, Sadhbh de Búrca.

Tá leagain fhoirmiúla ann: Iníon an Ghearaltaigh, Iníon Uí Bhriain, Iníon an Róistigh. Bhíodh se de nós faoin dtuaith go gcoiméadfadh mná pósta a sloinne féin: Máiréad Ní Cheallaigh, Bean Mhic Chárthaigh. Is féidir Baintreabhach Sheáin Uí Bhriain nó Baintreabhach an Bhreatnaigh, a rá. Samplaí eile: Bean Uí Bhuachalla, Máire Uí Bhuachalla, Máire Bean Uí Bhuachalla - an bhean chéanna; Eibhlín Mhic Dhonncha, Bean Mhic Dhonncha, Eibhlín de Róiste Bean Mhic Dhonncha - bean amháin eile. Bean Uí Bhriain, Bríd Bean Sheáin Uí Bhriain, Bríd Céitinn Bean Uí Bhriain agus mar sin de.

AN t-OLL-SCRIOS CULTÚRTHA

Thosaigh sé seo chomh luath is rith an rialtas Sasanach dlithe i gcoinne chultúr na nGael - bhí eagla orthu go raibh na cóilínigh á sú isteach i ndúchas na tíre. Reachtanna Chill Chainnigh (1366) an ceann ba thábhachtaí díobh ach bhí sé mar bhun-aidhm ag an rialtas gallda i gcónaí cultúr na nGael agus an teanga Gaeilge go sonrach a dhíothú, chun na dúchasaigh a thabhairt "chun sibhialtachta" mar a deiridís.

Sa 16 céad, nuair a bhí an státseirbhís Túdarach ag dul i bhfeidhm in Éirinn agus ag taifeadadh sloinnte agus log-ainmneacha, is ea a thosaigh an próiseas galldaithe i ndáiríre ach níor chuaidh sé síos go dtí an chosmhuintir go dtí an 18 céad nuair a bhí gach cearn den tír faoi cheannas tiarnaí gallda. Tiontaíodh gach sloinne Gaelach ina ghibiris gan aird - sléacht chultúrtha a bheadh ionchurtha leis *le Musée du Louvre* a shéideadh san aer nó *la Capella Sistina* a dhó go talamh. Ar ndóigh, thárla an rud céanna leis na log-ainmneacha. Is ar éigin go dtuigeann muintir na h-Éireann méid an uafáis sin.

Ach, beidh lá eile ag an bPaorach - agus ag na Cárthaigh, na Raghallaigh, ag Muintir Choileáin agus ag Muintir Uí Mhurchú chomh maith! Mar is dual do fhile mór, chuir an Yéatsach féin an scéal go léir i mbeagán focal:

> Cast your mind on other days
> That we in coming days may be
> Still the indomitable Irishry.

> Ní beag san!

RÉAMHRÁ DON DARA EAGRÁN 2002

Bhí roinnt bhearnaí agus cor-mheancóg sa chéad eagrán a chuireadh amach faoi dheifir i 1997; dá bhrí sin, chinneas ar iarracht a dhéanamh chun feabhas a chur ar an saothar agus sloinnte a bhí annamh go leor a bhailiú agus a mhíniú. Dheineamar na leabhair telefóin a chíoradh arís agus liostáileamar gach sloinne go bhfuil triúr nó níos mó le fáil, inimircigh dhéanacha san áireamh. Fuarathas cabhair nach beag ó a lán daoine agus tá siad siúd ríomhtha ins na h-admhála thall. Ba chóir fáilte chroíúil a fhearadh roimh gach éinne a thagann go tír na hÉireann agus níl ach aon choinníoll amháin – go nglacaidís le sean-chultúr na nGael, an cultúr is ársa agus is maorga san Eoraip. Ró-fhada sinn faoi bhráca na nGall – ní chóir géilleadh anois dos na fórsaí domhanda atá ag iarraidh aon ollmhargadh amháin a chur i bhfeidhm ar fud na cruinne, agus é as Béarla, dar ndó!

Tá curtha le méid na sloinnte le 50%, rud a dheineann an leabhar cuíosach mór ach ní bheidh sé chomh mór le Foclóir Uí Dhónaill! Tá saibhreas as cuimse le fáil ins na sloinnte agus na logainmeacha, tá tír againn atá fíor-álainn, déanaimís lúcháir in ár n-oidhreacht agus bíodh rún daingean againn í a chaomhnú.

SLOINNTE na h-ÉIREANN

Gaeilge: le leagain Bhéarla: Irish: with English versions
Leagan Amach: de réir bun-ainmneacha (Ó, Mac, a, de, h-, &rl ar lár)

Mac an Abbadh: MacNab(b): cuíosach líonmhar. Cúige Uladh. Clann Albanach. SS & SI.

Abóid: Abbott: cuíosach líonmhar: Lár na Tíre, Oirthear Uladh. Sasanach, 14 céad in Éirinn. Is cosúil gur leas-ainm a bhí ann ar dtús. DBS.

Ábraham: Abraham(s): cuíosach annamh: Uíbh Fhailí &rl. Féach Mac an Bhreithiún. SI & SGG.

Ó h-Ábhartaigh: Haverty: cuíosach annamh: Gaillimh Thoir. Is cosúil gur ionann é agus Fathartaigh, le séimhiú ar an tús-litir. Lúann P. de Bhulbh Ó h-Aghartaigh, leis.

Mac Áda, Mac Adaidh: Addey, Addie: annamh: Béal Feirste agus scaipithe. Albanach: baineann siad, is cosúil, le Clanna Gordon agus Ferguson. Díspeagadh ar Adam. SGG.

Mac Adaim: (Mac) Adam(s): líonmhar: Cúige Uladh & eile. Bhí Adam coitianta mar ainm baiste i measc na Normannach agus ghlac Muintir de Barra an sloinne Mac Adaim chuchu ach is sloinne Albanach in Éirinn é go ginearálta. Tá Adams i bhfad níos líonmhaire.

Mac Adáin: Mac Cadden: annamh: Cúige Uladh. Féach Mac Cadáin, leis. SI & SGG.

Mac Adamóid: Adams: fíor-annamh: Connachta. Díspeagadh ar Adam. SGG.

Mac Ádhaimh: Mac Caw: líonmhar: Oirthear Uladh. Clann ón gCabhán. Luath-leagan den ainm pearsanta Adam: Eabhrais *adama*, cré.

Mac Ádhaimh: Mac Gaw: annamh: an Dún. Bhain cuid acu le Clann Mhic Pharlain in Albain.

Mac an Adhastair: Nestor: líonmhar: Gaillimh, Luimneach, an Clár. Mac Girr an Adhastair i gceart .i. fear gearr. Clann eaglaiseach sa Bhoireann a bhain le Ó Lochlainn. Adhastar, sin úim cheann capaill, tagairt do dhuine i bhfeighil chapall an taoisigh, b'fhéidir. SI.

O h-Ádhlaigh: Audley: cuíosach annamh: Gaillimh, Iarthar Chorcaí. Sloinne Gaelach i gConnacht, is cosúil, ach féach Audley, Cuid II, leis. Luadh fear den ainm seo in Annála Uladh, 947 A D.

Ó h-Adhmaill: Hamill: líonmhar, Oirthear Uladh. Clann de Chineál Eoghain & dream liteartha a bhain le Muintir Anluain in Oirghialla. MIF & SI.

Ó h-Adhnaidh: Hiney: cuíosach annamh: Maigh Eó & scaipithe i gCúige Laighean. Brí: b'fhéidir, adhnadh = misneach. Leagan eile: Ó hEidhnigh. Bhain siad le Gaillimh. SI, SGG.

Ó h-Ágartaigh: Hagarty, Hegarty. Féach Ó h-Éigeartaigh.

Ó h-Aghartaigh: Hearty: líon beag, i Lú den chuid is mó. Bhain riamh le Oirghialla. Féach Ó Faghartaigh, leis. SI.

Ághas: Ashe: líon beag: Iarthar Chiarraí & scaipithe. Sasanach, 14 céad in Éirinn. Leagan eile: Ais, de Nais. Brí: "ag an bhfuinseóg". Ní mór Tomás Ághas ((1885-1917), tírghráthóir, a lua. SI & SGG.

Ó h-Ágáin: Hagan: líonmhar, Oirthear Uladh & rl. Go bunús, Ó h-Ógáin ach deir Mac Giolla Iasachta gur ionann é agus Ó h-Aodhagáin. Clann a bhí suite ag Tullaigh Óg agus a dhéanfadh na Niallaigh a inshealbhú mar thaoisigh. IF & MIF.

Mac Aibhne: Mac Aviney: annamh, Fear Manach &rl. Bhain siad le Muintir Chatháin. Ainm pearsanta is ea Aibhne. SGG & GPN.

*Mac Aibhistín: Caviston: fíor-annamh, má's ann fós dó. Dream de bhunadh Normannach. SGG.

Ó h-Aichir: Hehir: cuíosach líonmhar, Clár, Luimneach & rl. Gnáth-leagan: Ó h-Eithir, dream a bhain le Dál gCais. Brí: aichear = searbh, géar. IF & SI.

Mac Aidicín: Atkinson: líonmhar, Cúige Uladh, Deisceart Laighean &rl. Sasanaigh agus níor gaelíodh mórán díobh. "Atkin", sin díspeagadh ar Adam. SGG.

Mac Áidín: Cadden: líon beag: Doire, Fear Manach &rl. Clann eaglaiseach in Ard Mhacha. I gcaint na ndaoine: Ó Cadáin, Mac Cadáin. Fréamh: díspeagadh ar Adam. SI & SGG.

Ó h-Aidín: Hayden, Haden: líonmhar, Deisceart Laighean agus go forleathan. Ach formhór na ndaoine seo, baineann siad le Ó h-Eideáin, q.v. SI & SGG.

Ó h-Aidith: Hade, Hayde: annamh, Deisceart Laighean. Ach tá Ó h-Éidigh orthu anois i Maigh Eó.

Aidhleart: Ellard: líon beag, Corcaigh &rl. Ón ainm Adelard sa bhFrainc. Normannaigh dar ndó: sa 13 céad, bhí siad suite i Lú. SGG.

Aighleart: Aylward: cuíosach líonmhar, Oir-Dheisceart Laighean, Port Láirge. Sasanaigh, 14 céad. Dlúth-bhaint acu le Cathair Phort Láirge. Ar aon dul le Ellard. SI & SGG.

Aighlmear: Aylmer: cuíosach annamh, Oir-Dheisceart Laighean. Angla-Normannaigh a chuir fúthu i gC.Laighean sa 13 céad. Gaelaíodh iad agus ghlac siad páirt sa chogaíocht sa 16 céad. SI & SGG.

Ó h-Ailbheartaigh: Halferty,-orty: annamh, Oir-Dheisceart Dhoire & rl. Brí, b'fhéidir, ilbheartach .i. éirimiúil. Clann a bhain le Tír Conaill, tráth. SI & SGG.

Ó h-Ailche: Halley, Hally: cuíosach líonmhar, Port Láirge, Cill Chainnigh & rl. Deir de Bhulbh gur de bhunadh Lochlannach iad, ach tá meascadh le Ó h-Aille, q.v.

Mac Aileáin: Mac Clean: líonmhar, Cúige Uladh. Albanaigh - Mac Giolla Eáin, de ghnáth. Gallóglaigh a tháinig go h-Éirinn sa 15 céad. Clann mhór Albanach.

Ailéin: Allen: líonmhar: Oir-thuaisceart Uladh agus tríd an dtír. Sasanach & Albanach. Mar Alleyn sna sean-taifid. Ainm Briotánach leis na Normannaigh agus ainm Gaelach i measc na n-Albanach. Féach Ó h-Ailín, leis. SGG.

Ó h-Ailgheanáin: Hallinan: cuíosach líonmhar: Cúige Mumhan & Connachta. Brí, b'fhéidir, sliocht uasal. Duine díobh ina easpag ar Chorcaigh sa 12 céad. SI & SGG.

Ó h-Áilgheasa: Hallissey: cuíosach líonmhar: Cúige Mumhan, Corcaigh ach go h-áirithe. Brí: áilgheas nó áilíos .i. dúil. SI & SGG.

Mac Ailghile: Lilley: cuíosach líonmhar: Cúige Uladh. Clann a bhain le Mag Uidhir, Fear Manach.

Ailín: Allen: ar aon dul le Ailéin, thuas.

Mac Ailín: Mac Allen: annamh: Aontroim &rl. Gallóglaigh ó Albain sa 15 céad. Bhain siad le Muintir Chaimbéul thall. Is cosúil go bhfuil meascadh le Mac Cailín, q.v. B'fhéidir go mbaineann leis an sean-ainm *Ailill*, a chiallaíonn síóg. SGG.

Mac an Ailín: Mac Anallen: cuíosach annamh: Ard Mhacha &rl. Tá Mac Nailín i gConnachta agus Lár na Tíre: ní fios an mbaineann siad leis an sloinne céanna. SGG.

Ó h-Aille: Hally: annamh; Tuamhumhain. Clann a bhí suite in aice le Bun Raite. SGG.

Ó h-Allaidhe: Hally: annamh: Port Láirge. Ach deir de Bhulbh go bhfuil sé cosúil le Ó h-Éalaithe.

Ó h-Ailleacháin: Hallahan,-aghan: cuíosach líonmhar: Corcaigh & rl. Brí:? ail = carraig. MIF.

Ó h-Ailleagáin: Halligan: líonmhar: Ard Mhacha, Lár na Tíre, Oir-Dheisceart, Connachta. Clann a bhain le Oirghialla. Brí: b'fhéidir, áille = scéimh, nó, cosúil le Ailleachán. MIF & SGG.

Ó h-Aillín: Halion: annamh: B.Á.C. Clann ó Urmhumhain. Allen orthu go minic anois. SI.

Ó h-Ailmhic: Halvey, Hanwick : cuíosach annamh: Luimneach & Gaillimh. Clann de chuid Uí Fiachrach i Maigh Eó. Brí: "mac uasal" Baineann Halvey leis an sloinne Sasanach Holloway, leis. SI & SGG.

Mac Ailpín: Mac Alpine: cuíosach líonmhar: Dún & rl. Albanach. Ón ainm pearsanta Ailpean. Maíonn siad ginealach ó Chionaoith Mac Ailpín, chéad Rí Alban.

Ó h-Ailpín: Halpin: líonmhar: gach áird, Lár na Tíre agus Tuathmhumhain go sonrach. Tá an leagan gallda Halpenny i gCo. Lú. Clann a bhain le Muineachán ar dtús. MIF & SGG.

Ó h-Aimheirgin: Bergin: líonmhar: Uíbh Fhailí, Laois &rl. Géisill is áit dúchais dóibh. Brí: Breith iontach. Tá Berrigan orthu, leis. SI & SGG.

7

Mac Aimhréidh: Mac Cavera: annamh: An Dún. Cuma amscaí ar an nduine, b'fhéidir. SGA.

Ó h-Ainbhtheáin: Hanafin. Ar aon dul le Ó hAinbhthin (Ó hAinifín, SGA)

Ó h-Ainbhith: Hanvey: líon beag: Oirthear Uladh. Clanna i (1) Oirghialla, (2) Uíbh Eathach (an Dún) Brí: ainbhioth = stoirm. Tá Hannify orthu i nGaillimh. SI & SGG.

Ó h-Ainbhthín: Hannifin: cuíosach annamh: Ciarraí, Luimneach & rl. Gaolmhar, is cosúil, le Ó h-Ainbhith a bhí suite i gCorca Laoi (Iar.Chorcaí). Leagan nua: Ó h-Ainifín. SGA.

Ó h-Ainchín: Hanneen, aistrithe go Hannon. Fíor-annamh, Connachta. Craobh den Síol Anmchadha, an Clár & Gaillimh, agus clann eaglaiseach. SI & SGG.

Mac Aindréis: Mac Andrew: annamh: Aontroim, an Dún. Sloinne Gaelach a ghlac an chlann Albanach Ross chucu, tráth. SI & SGG.

Mac Aindriú: Mac Andrew: cuíosach líonmhar: Maigh Eó &rl. Sloinne a ghlac na Bairéidigh leis agus atá coitianta ar a bhfód dúchais .i. Tír Amhlaidh, fós. SGG.

Aingléis: English: líonmhar: go forleathan, Luimneach & Tiobraid Árann go sonrach. Ainm a thug na Normannaigh ar a gcomrádaithe Sasanacha. Féach Ingléis, leis. SGG.

Aingleont: England: cuíosach annamh: Tiobraid Árann. Ar aon dul le Aingléis.

Ó h-Áinle: Hanley: líonmhar: gach áird, Connachta & Tuamhumhain go sonrach. Clann a bhain le Ríthe Chonnacht .i. na Conchúraigh, i Ros Comáin. Craobh díobh i gCorcaigh.

Mac Ainmhire: Convery: líonmhar: Machaire Rátha & Port Chluain Eoghain go sonrach. Ceapann P de Bhulbh gur ionann "ainmhire" agus "stuama". MIF.

Ó h-Ainmhire: Hanberry, Hanbury: cuíosach annamh: Connachta. Bhí Maolíosa Ó h-Ainmhire ina ardeaspag i gCaiseal sa 12 céad. SI & SGG.

Ó h-Ainnín: Hanneen: féach Ó h-Ainchín. SGG.

Mac an Airchinnigh: Mac Inerney: líonmhar, Clár, Luimneach &rl. Ceann de phríomh-chlanna Thuamhumhan. Clann a shíolraigh ó airchinnigh .i. maoir ar thailte eaglasta. Leagain ghallda eile: MacEnerney, Kinnerk, Nerney. Tá Mac an Airchinn, Mac an Oirchinnigh ann, leis.. SI & SGG.

Ó h-Aireachtaigh: féach Ó h-Oireachtaigh. SGG.

Mag Aireachtaigh: Mac Garrity: cuíosach líonmhar: Tír Eoghain/Fear Manach/Cabhán.

Áirigh: Airey: fíor-annamh: Corcaigh &rl. Sasanach ón logainm "Airey" i gCumbria.

Ó h-Airmheadhaigh: Harvey: líonmhar tríd an dtír. Baineann an sloinne Gaelach le clann i ndeisceart na Gaillimhe ach is de bhunadh Sasanach an chuid is mó de mhuintir Harvey. Mar shampla, Bagnal Harvey (1762-98), gaiscíoch Éirí Amach '98.

Áirsdéicin: Archdeacon: annamh: Ceann Tuirc & rl. Sasanaigh a shocraigh i gCill Chainnigh sa 13 céad agus ghlac an sloinne Gaelach Mac Óda chucu. Mar sin, Cody atá ar an chuid is mó díobh anois. MIF & SGG.

Áirseabóid: Archbold: líon beag, Cill Dara, Ceatharlach & rl. Tús-ainm Teotanach ag dream Sasanach a shocraigh in Oirthear Laighean sa 13 céad. Tá Archibald orthu, leis. SGG.

Áirséir: Archer: cuíosach líonmhar: Corcaigh &rl. A-Normannaigh a chuir fúthu i gCill Chainnigh sa 13 céad. Sloinne coitianta i Sasana. Boghdóir, dar ndóigh. MIF & SGG.

Mac Airt: Mac Art: annamh: Tír Conaill, Fear Manach, Sligeach. Níos líonmhaire mar Mac Cart i gCúige Uladh. Is ainm pearsanta Art, a chiallaíonn béar (ainmhí).

Ó h-Airt: Harte: líonmhar gach áird, Connachta & Ulaidh go sonrach. Clann a ruaigeadh ón Mhí go Sligeach ag na Normannaigh. Sloinne Sasanach, leis, i bPlandáil Uladh. SI.

Mac Airteáin: féach Mac Artáin. SGG.

Ó h-Airtnéada: Har(t)nett: líonmhar: Iarthar Luimnigh, Ciarraí, Corcaigh &rl. Brí: de réir de Bhulbh, "béar catha". Bhain siad le Iarthar Luimnigh riamh is i gcónaí. MIF & SGG.

Ó h-Airtrí: Hartery: annamh: Port Lairge. Clann a bhain le Connachta fadó. SGG.

Ais: Ashe: féach Ághas agus de Nais. Bhí siad i gCill Dara ó aimsir an Ionraidh.

Ó h-Aiseadha: Hassett: líonmhar: Tuathmhumhain agus tríd an dtír. Clann a bhain le Co. an Chláir riamh. Meascaithe le Blennerhassett, dream Sasanach, i gCiarraí. Aisidh = achrann, deir de Bhulbh.

Mac an Aistrigh: Mac Kinstry: líonmhar: Oirthear Uladh. Albanach, is cosúil. Bhí sé le fáil i nGallghallaibh, ar aon nós. Aistritheach = taistealaí. SI & SGG.

Ó h-Aitheasa: Hahessy, Ahessy: annamh: Tiobraid Árann, Port Láirge &rl. Bhain siad le Síol Anmchadha (Gaillimh) ar dtús. Brí: aitheas = pian, de réir de Bhulbh. SGG.

Mac Aitigín: Cattigan: annamh: Maigh Eó, Longfort & Liatroim. Ar aon dul le Mac Aidicín, is cosúil, sé sin, ón ainm "Adkin", díspeagadh ar Adam. SGG.

Alamán: Allman: annamh: Ciarraí Thuaidh & Corcaigh. Normannaigh de bhunadh Gearmánach a tháinig san Ionradh agus chuir fúthu i Lú. Gaelaíodh iad agus, sa 18 céad, shocraigh siad i gCiarraí.

Mac Alastair: Mac Allister: an-líonmhar: Cúige Uladh & rl. Craobh de Mhuintir Mhic Dhónaill, a bhí suite in Aontroim. Sloinne Albanach, leis, dar ndóigh. MIF & SGG.

Mac Alastraim: Mac Ellistrim: annamh: Ciarraí thuaidh. Leagan Ciarraíoch de Mhac Alastair. SGG.

Albanach: Scott: an-líonmhar gach áird, go mór-mhór Oirthear Uladh. Ainm a tugadh ar na gallóglaigh a tháinig ó Albain sa 14,15 & 16 céad, chomh leis na coilínigh sa 17 céad.

Alcóc: Alcock: annamh: Ceatharlach &rl. Sasanaigh i bPort Lairge ón 17 céad. SI.

Ó h-Allacháin: féach Ó h-Ailleacháin thuas.

Ó h-Allagáin: féach Ó h-Ailleagáin thuas.

Ó h-Allaidhe: deir de Bhulbh gur ionann é agus Ó h-Ealaidhe & Ó h-Éilí, q.v.

Ó h-Allamhain: Fallamhain ó cheart - le séimhiú ar an "F". Féach Ó Fallamhain.

Ó h-Allmhúráin: O'Halloran: líonmhar gach áird, sa Mhumhain ach go h-áirithe. Brí: duine ón gcoigrích nó foghlaí mara! Clanna a bhí in (a) Gaillimh, (b) Tuathmhumhain. IF, MIF.

Mac Allmhúráin: Colleran: cuíosach líonmhar: Gaillimh-Maigh Eo. Ó Callaráin sa teanga labhartha. Ní mór a rá nach nglacann Mac Giolla Iasachta leis an gclaochló seo. MIF.

Mac Alsandair: Alexander: líonmhar: Cúige Uladh, san oirthear go sonrach. Sloinne a bhain le Albanaigh agus Sasanaigh. An-chuid leagan de in úsáid fadó. SI & SGG.

Altún: Alton: annamh: scaipithe. Féach Daltún.

Ó h-Amailltín: Hamilton: i bhfeidhm i gcaint na ndaoine in Iarthar an Chláir. Féach: de Hamaltún.

Mac Amhalghaidh: Mac Auley, Mac Cauley: líonmhar, Cúige Uladh go sonrach, ach tá na leagain ghallda meascaithe le Mag Amhlaoibh, q.v. (1) Clann a bhí suite san Iarmhí. (2) Dream Albanach as Dumbarton: iad seo is cúis an sloinne bheith líonmhar in Oir. Uladh. Sa litriú nua: Mac Amhalaí. Sean-ainm pearsanta Gaelach is ea Amalgaid. Féach Tír Amhalaidh i Maigh Eo. IF, GPN.

Mag Amhalghaidh, ghadha: Mac Gauley: annamh: Féach Mac Amhalghaidh.

Mac Ambróis: Mac Cambridge: cuíosach líonmhar: Aontroim. Albanaigh as Ceann Tíre. Deineadh Chambers díobh, chomh maith. Duine díobh a chum "Ard Tighe Cuain", amhrán fíor-álainn. SI.

Ambrós: Ambrose: líon beag: Iarthar Luimnigh & Corcaigh. Sa Mhumhain 14 céad. Bhí Mac Ambróis orthu, leis. SI & SGG.

Mac Amhlaoibh: Mac Auliffe, Mac Auley: líonmhar tríd an dtír. Dhá chlann éagsúla (1) craobh des na Carthaigh i nDeasmhumhain, (2) dream de chuid Mhig Uidhir Fhear Manach. Ón ainm pearsanta Lochlannach Olaf, gur ghlac na Gaeil leis. Ach féach Mac Amhalghaidh thuas. IF & GPN.

Mac Ámoinn: Mac Cammon(d): cuíosach líonmhar: oirthear Uladh. Albanaigh a bhí i nGallghallaibh sa 17 céad. Ainm Lochlannach *Amundr,* eagla + cosantóir. SS.

Ó h-Amhráin: Haveron: líon beag: Aontraim. Taoisigh ar Dál bhFiatach sa Dún. Brí: amhra .i. uasal. Meascaithe le Hefferon .i. Ó h-Éimhrín, q.v. MIF, SI & SGG.

Ó h-Amhsaigh: Hampson: annamh: C. Uladh. Bhí O'Hanson orthu tráth. Clann a bhí suite

9

i gCo. Dhoire. Ach is sloinne Sasanach Hampson atá líonmhar go leor thall. SI.

Mac Anabadha: Mac Naboe: annamh: an Cabhán & rl. Brí, is cosúil, anabaí, roimh am. Tháinig claochló air: Mac na Buadha agus tugadh Victory orthu. Is cuma faoi inscne!

Ó h-Anaithe: féach Ó h-Ainbhith.

Ancoitil: Anketell: annamh: Aontraim & Dún. Sloinne Normannach i Muineachán tráth. Ó ainm pearsanta Lochlannach: *áss* (dia) + *ketill* (citeal), .i. coire íobartha. SI & DHSS.

Mac Anfaidh: Tempest: fíor-annamh: Béal Feirste. Sasanaigh a bhí sa Tuaisceart ó 1640 i leith. Tá an leagan Gaelach cuíosach nua. SI.

Ó h-Angluinn, Angluim: Anglim: líon beag: Iarthar Luimnigh, Loch Garman &rl. Bhain an dream seo le Corcaigh tráth, gí gur beag díobh ann anois. Brí: anglonn = gaiscíoch. SGG.

Ó h-Anluain: O'Hanlon: líonmhar gach áird: clann tábhachtach de chuid Oirghialla a bhí mar thaoisigh ar Uí Nialláin (Ard Mhacha). Ciallaíonn "anluan" gaiscíoch mór, is cosúil. IF.

Mac Anna: féach Mac Cana.

Ó h-Annacháin: Hanaghan: fíor-annamh: B.Á.C. Sloinne a bhain le Luimneach tráth. SI.

Ó h-Annagáin: Hannigan: líonmhar: tríd an dtír: Luimneach, Port Lairge, Tír Conaill &rl. Is cosúil go bhfuil sé gaolmhar le Ó h-Annáin agus Ó h-Annacháin. Annadh = moill. SGG & MIF.

Ó h-Annaidh: Hanna, Hannay: an-líonmhar: Cúige Uladh & Lú. Albanaigh sa 17 céad, bíodh go raibh an sloinne Gaelach ann roimhe sin. B'fhéidir gur Ó Sheanaigh a bhí air in Albain, de réir Black. MIF & SS.

Mac Annaidh: Canny: líon beag: Clár, Gaillimh, Tír Conaill. Bhí clann i dTuathmhumhain agus is cosúil go raibh ceann eile in Ultaibh. Féach Mac Canna, leis. MIF & SI.

Mag Annaidh: Mac Gann: líonmhar i gConnachta: féach Mac Canna, leis.

Ó h-Annáin: Hannon: líonmhar tríd an dtír - Tuathmhumhain, agus mar aistriú ar Ó h-Ainnín san Iarthar go speisialta. Tá meascadh le Ó h-Ainchín, q.v., leis. MIF & SGG.

Ó h-Annracháin: Hanrahan: líonmhar gach áird, Tuathmhumhain & Oir-Dheisceart Laighean ach go h-áirithe. Clann de chuid Dál gCais. Clann eile i Longfort go bhfuil Hourican orthu anois. Féach Ó h-Anradháin a luann de Bhulbh mar bhun-ainm do roinnt sloinnte. Bhí Peadar Ó hAnnracháin (1873-1965) ina thimire ag Conradh na Gaeilge i dtosach an 20 céad agus an-ghníomhach i gcúrsaí na tíre i rith a shaoil.

Ó h-Annracháin: Hourihan(e): cuíosach líonmhar: Corcaigh. Féach thuas.

Ó h-Annragáin: Hourigan: cuíosach líonmhar: Tuathmhumhain & rl. Is cosúil gur claochlú ar Ó h-Anradháin atá annso arís. Ach luann de Bhulbh Ó h-Odhragáin, leis, q.v.

Mac Annraic: féach Mac Eanraic.

Ó h-Annraic: Hendrick: cuíosach líonmhar: Loch Garman. Craobh de chuid Mhic Mhurchadha. Leagan eile Ó h-Éanraic, q.v. Ó ainm Lochlannach, de réir dealraimh. MIF & SGG.

Mac Annraoi: Harris & rl. Sasanaigh ón 17 céad. Féach Harris i gCuid II.

Ó h-Anrachtaigh: Hanratty: líonmhar: in Oirghialla (Lú, Muineachán & Ard Mhacha). Tugann Mac Giolla Iasachta "anrachtach" = mídhlisteanach. IF & SGG.

Ó h-Anradháin: Hanrahan, Hourihane, Hourigan, Horan, Horgan: líonmhar, sa Mhumhain agus Laighin. Bhí clanna éagsúla i nDál gCais, Corca Laoi, Laois & sa Mhí. Is claochlú na leagain éagsúla seo leanas ach sloinnte iontu féin, leis: Anrachán (Tuamhumhain), Annrachán(Iar. Chorcaí), Arragán (Laois), Annragán & Ionnrán (Mí). An bhrí a tugtar ar an mbun-leagan : anradh = gaiscíoch. SI & SGG.

Antóin, Antoine: Anthony: líon beag: Port Láirge & rl. Sasanaigh i bPort Láirge ón 17 céad.

Ó h-Aodha: O'Hea, Hayes, Hughes: líonmhar gach áird. Galldaithe mar Hayes sa deisceart agus Hughes sa tuaisceart. I gCorcaigh amháin a choiméadadh Ó le O'Hea. Bhí Aodh a chiallaíonn "lasair", ar an h-ainmneacha is coitianta in Éirinn anallód. Tugann de Bhulbh liosta de 13 chlann a ngaibh an t-ainm seo leo. IF, SI & SGG.

Mac Aodha, Aoidh: Mac Kay, Mac Coy: an-líonmhar, C. Uladh: MacKay in Aontraim go sonrach. MacCoy le fáil i gC. Mumhain - Iarthar Luimnigh go sonrach. Clann ghallóglach a tháinig ó Albain le Muintir Mhic Dhónaill, agus gur bhog cuid acu ó dheas sa 16 céad.Tá comhchiallaigh: Eason agus Hewson ag gabháil leo, leis. IFSI & SGG.

Mac Aodhagáin: Egan, Keegan: an-líonmhar: Connachta, Lár na Tíre, Urmhumhain. Bhain said le Uí Maine (Gaillimh) ar dtús. Bhí clann amháin ina mbreithiúna le Ó Conchúir Uíbh Fhailí. Bhí cáil an léinn orthu riamh is choíche. Bíonn Keegan le fáil níos faide ó thuaidh, in Ultaibh fiú. Mac Aogáin an leagan nua.

Ó h-Aodhagáin: Hagan, Egan, Heekin &rl: an-líonmhar tríd an dtír (Hagan in Ultaibh). Deineadh Fegan de chomh maith. Bhí clann tábhachtach in Oirghialla agus ceann eile in Éile Uí Chearbhaill (Uíbh Fhailí). Féach Mac Aodhagáin, leis. SGG.

Mac Aodha Bhuí: Mac Evoy: ? líonmhar: C. Uladh & an Oir-Deisceart agus go forleathan. Deir de Bhulbh, ámh, gur sloinne fíor-annamh é. Is cosúil go mbaineann MacEvoy le Mac Fhíodhbhuí, q.v. IF, SI & SGG.

Mag Aodha, Aoidh: Magee & rl. Líonmhar in Ultaibh. Féach Mac Aodha. SGG.

Mac Aodháin: Keane: ? líonmhar sa tír, ach ní ag freagairt don sloinne Gaelach seo a fuair de Bhulbh i gConnachta. Aodhán - díspeagadh ar Aodh a chiallaíonn "lasair". Ó Caodháin i gcaint na ndaoine. SGG.

Mac Aoidh: Mac Kee: líonmhar sa Dún & rl. Mac Kay in Albain, dar ndóigh.

O h-Aoileáin: Hyland: féach Ó h-Aoláin.

Ó h-Aoilleacháin: Helchan: fíor-annamh: Port Láirge. Féach Ó Faoilleacháin. SGG.

Ó h-Aoláin: Heelan i Luimneach, Hyland i gcoiteann: líonmhar, Lár na Tíre, Connachta & rl. Deir de Bhulbh go bhfuil Holland orthu in Ultaibh. Ar aon chuma, Ó Faoláin ba chóir a bheith orthu go léir: mar sin, féach an iontráil sin. SI & SGG.

Ó h-Aonacháin: Féach Ó h-Éanacháin.

Ó h-Aonghuis: Ennis: líonmhar: Lár na Tíre &rl. Leagan eile: Hennessy. Clann a bhain go dlúth le Cill Dara. Bhí O'Hennos i dtaifid an 17 céad. MIF & SGG.

Mac Aonghuis: Mac Innes, Mac Neice & rl. Meascaithe le Mag Aonghuis anois.

Mag Aonghuis: Mac Guinness: an-líonmhar ó thuaidh. Aonghus, ainm finnscéalach. Bhí an dream seo chun tosaigh in Uí Eathach (an Dún) sa 12 céad agus chuadar i mbun bríbhéireacht ar ball.

Ó h-Aonghusa: Hennessy: líonmhar: Laighin & Mumhain. Clann a bhí suite in Uíbh Fhailí. Leathaigh go C. Mumhan mar a mbíonn Henchy orthu uaireannta. B'as Mala do lucht an bhranda sa Fhrainc. IF & SGG.

Mag Aracháin: Garrahan, Garron: féach Mag Garacháin.

Aralt: Harold: líon beag: B.Á.C., Luimneach & rl. Lochlannaigh a bhí suite sa dá chathair seo roimh theacht na Normannach. Féach Harailt, leis. IF & SI.

Arascain: Erskine: cuíosach líonmhar: C. Uladh. Albanaigh ón logainm i Renfrew. Tá an leagan Gaelach ar aon dul leis an bhfuaimniú Albanach. SS.

Mac Arcail: Archer: níl aon eolas fúthu. SGG, SGA.

Árdacha: Ardagh: fíor-annamh: B.Á.C. Normannaigh a chuir fúthu i Longfort agus ghlac ainm na h-áite. Bhí siad i bPort Láirge, leis. MIF & SGG.

Mac Ardghail: Mac Ardle: líonmhar: deisceart Uladh & tuaisceart Laighean .i. Oirghialla - dúiche lenar bhain siad riamh. Gaolmhar le Mac Mathúna. Brí: ard-ghaisce. MIF & SGG.

Ó h-Argadáin: Hargadon: líon beag: Sligeach, Gaillimh &rl. Ón miotal nó dath "airgead". Bíonn Hardiman orthu, chomh maith. MIF & SGG.

Ó h-Argáin: Horgan: líonmhar: C. Mumhan - Cathair Chorcaí go sonrach. Is cosúil gur claochlú é ar Ó h-Anradháin, q.v., clann airchinneach in Iar. Chorcaí, a ghalldaíodh mar Hourihane agus Hourigan, Horrigan i Luimneach. Tá Arrigan i bPort Láirge. MIF, SI.

Armas: Ormsby: annamh: Clann Sasanach a chuir fúthu i Maigh Eó. "Orm's farm" SI & SGG.

11

Arnóid: Arnold, Arnott. cuíosach líonmhar, Oirthear Uladh & rl. Ainm pearsanta Sasanach Arnold ach is sloinne Albanach Arnott, ó logainm i Kinross. SI & SS.

Ó h-Arracháin: Horahan: annamh, Ceatharlach-Cill Chainnigh. Claochlú, b'fhéidir, ar Ó h-Anradháin, q.v. SGG.

Ó h-Arrachtáin: Harrington: líonmhar gach áird seachas Ulaidh. Ach ní mór a thuiscint gur galldú Harrington ar Ó h-Iongardail & Ó h-Oireachtaigh, leis. Baineann Ó h-Arrachtáin le clann de chuid Uí Maine, Gaillimh. Arrachta = cróga. IF & SI.

Ó h-Arragáin: Horgan: líonmhar, C.Mumhan go sonrach. Féach an leagan nua Ó h-Argáin.

Ó h-Artagáin: Hartigan: cuíosach líonmhar, Luimneach & rl. Clann de chuid Dál gCais. Thuill Dúnlaing Ó h-Artagáin clú ag Cath Chluain Tarbh. Ón ainm pearsanta Art. IF & SGG.

Ó h-Artaigh: Harty: líonmhar, Ciarraí, Luimneach &rl. Giorriú ar Ó h-Athartaigh, q.v. MIF.

Mac Artáin: Mac Cartan, Carton etc.: líonmhar, C.Uladh, an Dún go sonrach. Clann a bhí suite annsin anallód. D'aistrigh cuid acu go Corcaigh gur deineadh Mac Curtáin díobh. IF.

Ó h-Artáin: Hartin, Harten: líon beag: Doire &rl. Deir Mac Giolla Iasachta gur bhain an chlann seo le Liatroim. Tá siad sa Chabhán & sa Mhí, gan amhras. SI & SGG.

Ó h-Artghaile: Hartley: líon beag: Oir-dheisceart Laighean. Clann a bhí suite in aice le Baile Loch Garman riomh an Ionradh agus táid ann fós. Is de bhunadh Sasanach sa tuaisceart iad.

Artúr: Arthur: cuíosach líonmhar: C.Uladh, tuaisceart Laighean, Tuathmhumhain, Ciarraí & rl. Bhí an sloinne i Luimneach riomh theacht na Normannach – Lochlannaigh dob'ea iad, is cosúil. Ainm Breatnach, dar ndóigh, atá coitinn ar fud an oileáin thoir. IF & SGG.

Mac Artúir:(1) Mac Arthur, (2) Mac Carter: cuíosach líonmhar, (1) Oirthear Uladh, (2) Doire & rl. Albanaigh a bhí ina gclann tábhachtach thall aimsir de Brús. SGG.

Mac Ascaidh: Mac Askie, Mac Caskie,-y: cuíosach annamh: Tír Eoghain & rl. Ó ainm pearsanta Lochlannach, is cosúil. SI & SGG.

Mac Ascaill: Mac Askill: fíor-annamh, Béal Feirste. Ó ainm Lochlannach arís. SGG.

Mac Asmuint: Casement: líon beag, Dún & Aontroim. Clann Mhanannach a tháinig go h-Ulaidh sa 18 céad. Ón ainm Lochlannach Asmundr. Ní mór a thuiscint gur dhein na fir Lochlannacha an-cuid ghiniúna ach thóg na mná (Bail ó Dhia orthu) na leannaí Gaelach! MIF & SGG.

Mac an Astraigh: Mac Kinstry: féach Mac an Aistrigh.

Átaoi: Athey: fíor-annamh, B.Á.C. Ceann de "Treabhanna na Gaillimhe". Normannaigh a chuir fúthu i gCill Dara ar dtús agus ghlac ainm ó Bhaile Átha Í. IF & SGG.

Mac an Átha: Forde: claochlú ar Mac Conshnámha, q.v.

Ó h-Athairne: Harney: líonmhar, Lár na Tíre, Connachta & rl. De bhunadh Ros Comáin, bhíodh Haherny orthu tráth. Brí, b'fhéidir, athartha. SI & SGG.

Ó h-Athartaigh: Harty: líonmhar, Cúige Mumhan. Ceapann de Bhulbh go dtagann sé ón ainm Faghartach le séimhiú ar an "F". Féach Ó h-Artaigh thuas. MIF & SGG.

Báib: Babe(s): Angla-Normannach, le babbe = leanbh, an duine is óige sa chlann, b'fhéidir. Nó duine simplí saonta. Chun tosaigh i gCo Lú fadó. Scata beag i mBéal Feirste anois; tá Babb ann, leis. SGG.

Bácaeir, Báicéir: Baker: líonmhar seachas Connachta. Sasanach: in Éirinn ón 13 céad.

*Ó Bachlaigh: Bockley? Deir de Bhulbh go raibh siad i Maigh Eo. Bachlach.= feirmeoir.

Mac an Bhacstair: Baxter: líonmhar in Ulaidh, roinnt i Lár na Tíre. Sloinne Sasanach agus Albanach -an leagan Gàidhlig atá thuas. Ionann agus Bácaeir, dar ndóigh.

de Bácún: Bacon: Cuíosach líonmhar, Aontraim Thuaidh & Cúil Rathain. Sasanach: sa Mhí sa 13 céad, ach sa 17 céad in Ultaibh, is cosúil.

Bagnal: Bagnall: cuíosach líonmhar i gCúige Laighean: féach Bagnalstown (Muine Bheag). Bagnell in Oirthear Luimnigh. Sasanaigh a tháinig sa 16 céad. Chomh maith leis sin: galldú ar Ó Beigléighinn, q.v. MIF.

Bagóid: Baggot: líon beag: Oirthear Luimnigh & iarthar Lár na Tíre. Sasanaigh ón 13 céad ar aghaidh. MIF.

Báicéir: féach Bácaeir.

Bailinséir: Ballinger: fíor-annamh: an Clár. Sasanach: ó ainm pearsanta Francach *Berenger*. SGA.

Bailintín: Ballatine: líonmhar in Oirthear Uladh, cuid acu i Sligeach. Albanach: ón 18 céad nó níos déanaí. Bhí an leagan Ballantyne, an ceann tá coitianta in Albain, i Luimneach. SGA.

Bhailintín: Valentine: cuíosach líonmhar: an Dún/Fear Manach. Ón ainm Rómhánach.

de Bhailís: Wallace: an-líonmhar gach treo. *Le Waleis* an téarma ag na Normannaigh ar Bhreatnaigh.

Bailiste: Ballesty: an-ghann, Iar-Mhí. Normannach, *ballestier* = cros-bhoghadóir, saighdiúir.

Báille: Bailey, Baillie: an-líonmhar in Ulaidh: de bhunadh Albanach, ach i Laighin & Mumhain ba Angla-Normannaigh iad: *le Bailiff*, an duine i bhfeighil gheata an chaisleáin.

Baimbric: Bambrick. Cill Chainnigh, An Dún: líon beag. Albanach, b'fhéidir. I Laois 1600, nuair a luadh mar Éireannaigh iad. Tá an sloinne i Sasana, ach gann.

Mac an Bháird: Ward: an-líonmhar in Ulaidh, Laighin & Connachta. Roinnt mhaith sa Mhumhain leis. Bhain an chlann i dTír Chonaill le Ó Domhnaill agus an ceann i nGaillimh le Ó Ceallaigh. Tá sloinne Sasanach i gceist, leis. IF.

Ó Báire: Barry: clann a bhain le leithinis Muintir Bháire in iarthar Chorcaí ach meascaithe le Barry anois. Féach Ó Bairr thíos.

Bairéid: Barrett: an-líonmhar in gach cúige, ach is *Baróid* atá orthu sa Mhumhain. Ba Angla-Normannaigh iad a gaelíodh ar fad. I gCorcaigh & Maigh Eo a bhí siad ó thús. IF.

Ó Bairr: Barr: an-líonmhar in Ulaidh: Albanaigh go príomha ón 17 céad ach deir an Bhulbhach gur sloinne Gaelach é, leis: giorrú ar Fhionnbharra nó aistriú ar Ó Báire.

Ó Baiscinn: Baskin: annamh anois: Tír Chonaill & Tír Eoghain. De bhunadh Albanach is cosúil agus ní den chlann a bhí in iarthar an Chláir, Corca Baiscinn, anallód. SGG.

Baiséid: Bassett: líon beag: an Dún, Áth Cliath & rl. In Éirinn 13 céad. Francach: "firín".

Bál: Ball: líonmhar: Áth Cliath, Béal Feirste & Laighin. Sasanaigh, go luath i n-Éirinn. SGG.

De Bhál: Wall: líonmhar tríd an dtír: Normannaigh *de Valle*, "ón ngleann". Sloinne Sasanach é, leis.

Balbh: Balfe: líon beag: An Mhí & Lú. Angla-Normannaigh a chuir fúthu sa Mhí 13 céad. Leas-ainm a fuair duine briotach díobh, is dócha. IF.

Ó Balbháin: Ballivan: fíor-annamh: Tiobraid Árann. Iontuigthe nach raibh sé sa bhfaisean!

Mac Bhaildrín: Waldron. Díspeagadh ar Ualtar. Féach Mac Bhalronta.

*Mac Bhaitín: bhain siad leis na Bairéidigh i dTír Amhlaidh, Maigh Eo.

*Mac Bhaldráin: comhainm le Mac Bhalronta, q.v.

de Bhaldraithe: Waldron. Scoláire mór a b'ea Tomás de Bhaldraithe, foclóirí, (1916-99). Féach Mac Bhalronta.

Baldún: Baldwin: cuíosach líonmhar i Laighin; de bhunadh Pléimeanach, chuir fúthu i bPort Láirge roimh 1500. Ach i dTír Chonaill, is galldú ar *Ó Maolagáin* é. Ainm Teotanach Baldwin "cara cróga".

Ballach: Ballagh: annamh: Áth Cliath & Béal Feirste. Ballach = bricíneach nó breac. Ainm pearsanta i dtosach, mar sloinne níos déanaí. Tá cur síos iomlán air i MIF.

Mac an Bhallaigh: Vally: Tá amhras faoi seo – b'fhéidir gur Vallelly, q.v., atá ann.

Ballárd: Ballard: níl le fáil anois: Normannaigh : ceann maol. In Éirinn go luath.

Mac Bhalronta: Waldron: líonmhar: Laighin & Connachta, áit a mbaineann siad le Mac

Oisdealbhaigh. I Laighin, ámh, bhí an bun-ainm Sasanach "Waleron" ina ainm athartha i measc Clann Wesley (Wellesley) agus fuaireadar Waldron mar shloinne. Anois, is "de Bhaldraithe" an leagan coitinn. Tá sé íorónta gur bhain Arthur Wellesley, Diúc Wellington, leis an ndream seo. SI.

Bambaire: Bambury: líon beag: Ciarraí Thuaidh. Bhí John Bambury ina bháille ar Bhardas Luimnigh i 1197. Tá dintiúir Ghaelach tuillte aige! Ó logainm i Sasana, dar ndóigh.

Bán: (a) Bain, Bayne: Béal Feirste, Áth Cliath: annamh. (a) Albanach. (b) Bane, Bawn: líon beag: Gaillimh & an Clár - de bhunadh Gaelach. SI.

Ó Banagáin: Bannigan: annamh: Tír Conaill. Is cosúil gur bhrí "banda" atá ann. Cé'n díobháil é sin?.

Ó Banáin: Bannon, Banim: líonmhar in Ulaidh, Laighin, Tiobraid Árann. Bhí clanna in Uíbh Fhailí, Fear Manach & Maigh Eo. Fréamh: banda, is cosúil. MIF.

*Ó Baodháin: fuarathas i Ros Comáin iad: aistrithe go Ó Baoithín, q.v. SGG.

Ó Baoighealláin: Boylan: líonmhar in Oirghialla, Áth Cliath agus ar fud Uladh. Clann ársa de chuid Oirghialla. Féach Ó Baoighill. Litriú nua: Ó Baíolláin. IF.

Ó Baoighill: O'Boyle, Boyle: Luaitear "baoith-gheall" mar mhíniú - ní fios. Ba chlann mhór de Chinéal Conaill iad. Leathadar ar fud na tíre sa 16 céad. An-líonmhar anois in Ulaidh, Connacht agus Lár na Tíre. Bhí siad gaolmhar le Ó Domhnaill & Ó Dochartaigh. Litriú nua: Ó Baoill. IF.

Ó Baoithín: Boyne: líon beag: Áth Cliath. Albanach, ach ceapann Mac Giolla Iasachta gur galldú is ea Boyne ar Mac Baoithín a bhí i Liatroim fadó. Baoth = saonta. Féach Cuid II. MIF.

*Mac Baoithín: Boyne: bhain le Liatroim. Féach Ó Baoithín thuas.

*Ó Baothghalaigh: bhí siad in Ulaidh de réir Uí Dhuagáin. Bhí Ó Baothghaile i Sligeach.

Bharain: Warren: líonmhar: Ulaidh, Oir-dheiscirt. Sloinne Sasanach ach féach Ó Murnáin.

Ó Bardáin: Barden: líon beag: san oirdheisceart. Tá Bardon i Lár na Tíre. "Bard beag". SGG.

Baróid: Barrett: leagan Muimhneach - féach Bairéid, ach clann éagsúil leis na Connachtaigh.

de Barra: Barry: an-líonmhar sa Mhumhain ach go h-áirithe: Ó áit sa Bhreatain Bhig, ach Normannaigh gan amhras. Bhí Ó Báire in iarthair Chorcaí agus Ó Beargha i Luimneach, leis.

Bartaic: Borthwick: fíor-annamh in Ultaibh. Bhí Norma Borthwick ina rúnaí ar Chonradh na Gaeilge 1898-99. Sár-obair déanta aici.

de Bartún: Barton: cuíosach líonmhar: Béal Feirste & tuaisceart Aontroma, roinnt in gach cúige. Sasanaigh in Éirinn ón 13 céad. Clann tábhachtach i bhFear Manach i 1599. MIF.

Barún: Barron: Leas-ainm ar chlann Ghearaltach i gCill Chainnigh. Féach Ó Bearáin. Bhí Pilib Barún (1801-1844) chun tosaigh in athbheochaint na Gaeilge sa chéad san. I measc na naomh Gaelach go raibh sé.

Mac an Bharúin: Mac Barron: cuíosach annamh: Fear Manach/Cabhán. Bhain siad leis na Niallaigh ach bhí clann Albanach ann, leis, a bhain le Muintir Friseal (Fraser).

de Bastábla: Bastable: líon beag: Áth Cliath & scaipthe. Sasanach, 17 céad. Bhain le Corcaigh.

Ó Beacháin: Behan, Beegan: líonmhar: Laighin & Ciarraí. Clann léannta i Laois/Uíbh Fhailí gur díbríodh cuid acu go Ciarraí. Tá Beegan i Luimneach & Beagan in Ulaidh. An bhrí: beach bheag, ainm a tabharfaí do leanbh, ach féach Ó Beagáin, leis.

Beag: Begg,-s: líonmhar in oirthear Uladh, go h-íorónta, den sloinne Sasanach Bigge uaireannta ach is cosúil gur Albanach é de ghnáth. I gcúigí eile, bua-aidiacht a ghlac roinnt clann Angla-Normannach mar leas-ainm. MIF.

Ó Beagacháin: Begadon: annamh: Laois & rl. Bhain siad le Ceatharlach. Fréamh: "beag", dar ndó.

Ó Beagáin: Beggan, Biggane: líon beag: Fear Manach-Muineachán le "Beggan"; ach "Biggane" i Luimneach agus galldaithe go "Little" sa Mhumhain, leis. Ainm pearsanta in anallód.

Ó Beaglaoich: Begley: líonmhar gach aird go speisialta Lár Uladh & Luimneach-Ciarraí. "An laoch beag". Gallóglaigh a tháinig aduaidh sa 16 céad, sin is cúis iad sa Mhumhain, bail ó Dhia orthu.

de Béal: Veale: féach de Bhial.

de Béalatún: Weldon, Belton: líonmhar in Áth Cliath & Laighin. Sloinne Sasanach a bhain leis na h-Angla-Normannaigh agus le inimircigh den 17 céad. Féach Bheldon.

Ó Beannacháin: Banaghan: líon beag in oirthear Chonnacht le "Banahan"; fíor-annamh i dTiobraid Árann thuaidh le "Banaghan". Beannach = le h-adharca. SGG.

Ó Béara: Beary, Berry: annamh: Luimneach & rl. ach tá Berry líonmhar in Ultaibh - inimircigh sa 17 céad, is cosúil. Bhain an chlann Ghaelach le Uíbh Fhailí & Maigh Eo.

Ó Bearáin & Mac Bearáin: Barron, Barnes, Barrington: líonmhar in Ultaibh & Laighin; bhain "Mac" leis na Niallaigh agus bhí Barún ina chraobh des na Gearaltaigh i gCill Chainnigh. Bíonn Barnes i bhfeidhm mar chomh-ainm le Barron, uaireannta. Bhí an t-ainm Bearach coitinn in anallód: brí: biorach, ar nós sleá.

*Ó Beargha: Barry: Deir de Bhulbh go raibh clann dar b'ainm Ó Beargha (ar nós sleá) suite in Uíbh Rosa i gCaonraí (Co.Luimnigh) agus gur cosúil gur tugadh "Barry" orthu.

de Bheardún: Verdon: líon beag: Normannaigh a bhí chun tosaigh san Ionradh. Ón mbaile Verdun sa Fhrainc an t-ainm, is cosúil. Clann tábhachtach sa Mhí & Luimneach. SGG.

de Bearnabhál: Barneville: annamh: Áth Cliath & scaipthe. A-Normannaigh, 13 céad. Bhí siad gníomhach i saol na Páile. SGG.

Ó Bearnáin: Barnane: fíor-annamh: Iarthar Chorcaí. Luaite ag Mac Firbhisigh. SGG.

Mac an Bhearshúiligh: Varley: líon beag: Gaillimh/Maigh Eo. Féach Mac Giolla Bhearshúiligh.

Mac Bearthagra: Barragry, Berkery: annamh: Tiobraid Árann, Oirthear Luimnigh, Áth Cliath: Tá Biorthagra ann leis - b'fhéidir go bhfuil "bior" éigin i gceist. Bhí siad mar bhreithiúna ag na Niallaigh in Ulaidh. Berkery atá orthu anois, de ghnáth.

Béaslaí: annamh: Ciarraí Thuaidh: Beasley. Sasanaigh a tháinig sa 17 céad agus a chruthaigh go maith mar Éireannaigh. Ní mór Piaras Béaslaí (1881-1965) a lua: Gaeilgeóir, saighdiúir, scríbhneóir, dhéanfadh cuntas a bheatha úrscéal iontach. Baineann an sloinne le logainm i Lancashire.

Beastún: Beston: fíor-annamh: Corcaigh. Sasanach: ón 16 céad. Bhí siad in Oirthear an Chláir.

Mac Beatha: Mac Beth, Mac Beath: cuíosach annamh in Ulaidh. Ainm pearsanta in Albain anallód, le brí "duine naofa". I bhfeidhm anois mar shloinne in Albain & Ulaidh. Bhí cáil orthu mar chlann leighis. Duine uasal dob'ea an Rí Mac Beatha, in ainneoin an dráma le Shakespeare. SI & SS.

Mac an Bheatha: Mac Veigh: líomhar: formhór in oirthear Uladh, scaipthe i Laighin & Connachta. An bhrí chéanna le Mac Beatha. Bhí sé coiteann i gConnachta anallód. Tá *beatha* firinscineach sa chás seo.

Mac Bheathan: Mac Vann, Mac Bean: annamh: Connachta & Ulaidh. Albanaigh cuid díobh gan amhras. Féach Mac an Bheatha, leis. B'fhéidir go mbaineann le Vesey i Maigh Eo. SI.

Beausang: sloinne breá Francach a bhaineann go dlúth leis an saol Gaelach i gCorcaigh.

de Beic: Beck: líonmhar in Ulaidh, roinnt bheag ó dheas: tháinig an sloinne seo leis na Normannaigh ar dtús. Uaireannta, b'fhéidir, galldú ar Ó Béice, q.v.

*Ó Béice: Beaky: annamh: Áth Cliath, Corcaigh, an Clár. Luadh ins na h-Annálacha ach ní fios an ann nó as dó anois. SGG.

Ó Beig: Beggs: Féach Cuid II.

Ó Beigín: Biggin: ar aon dul le Ó Bigín.

Ó Beigléighinn: Beglan,-e: annamh: Lár na Tíre. Clann lianna i Longfort a b'ea iad. Cuid acu aistrithe anois go Bagnall. Litriú nua: Ó Beigléinn. MIF.

de Beil: Bell: an-líonmhar in Ulaidh agus go for-leathan in gach cúige. Is cosúil gur

Albanaigh mórán in Ulaidh ach tá Mac Giolla Mhaoil, q.v., ag an Sloinnteoir Gaeilge. Thánadar le hIonradh na Normanach, leis. *Le Bel*, fear dathúil. SI & SGA.

de Beilliú: Bellew: cuíosach líonmhar: Lú, deisceart Ard Mhacha, Gaillimh. Normannaigh - *de Belleau* (geal-uisce) in Éirinn ó 1200. Clann de Shean-Ghaill a d'fhan Caitliceach. MIF.

Beilleagam: Bellingham: annamh: C. Uladh & rl. Sasanaigh ón 17 céad. Tá Castlebellingham againn i Lú. Baile an Ghearlánaigh an teideal Ghaelach. SI.

Beinéid: Bennett: an-líonmhar tríd an dtír. A-Normannaigh ón 14 céad. Sé atá san ainm ná giorrú ar Benedict.

Ó Beirgin: Bergin, Berrigan: líonmhar: Lár na Tíre. Féach Ó h-Aimhergín.

Ó Beirn: Beirne, O'Beirne: líonmhar: Ros Comáin-Liatroim. Bhí clann i Ros Comáin agus ceann eile i Maigh Eo. Is ón ainm Lochlannach *Bjorn* an sloinne. Daoine den sloinne seo in oirthear Laighean, baineann siad le Ó Broin, clann difriúil, is cosúil. IF.

Beirt: de Breit, q.v. Fuair de Bhulbh in iarthar an Chláir é.

Bheldon: Weldon: líonmhar: Lár na Tíre, Port Láirge & rl. Sasanaigh a tháinig sa 14 céad. Bhí Riobard Bheldon (1838-1914) ina fhile binn a chan áilleacht an Chomaraigh. Féach Béalatún.

Ó Beolláin: Boland: líonmhar ins gach aird: ó thaobh staire, bhaineadar le (1) Sligeach .i. Uí Fiachrach agus (2) An Clár .i. Dál gCais. Arís, ó ainm pearsanta Lochlannach *Bjolan* an sloinne seo.

de Bhial: Veale: líon beag: Port Láirge. A-Normannaigh a tháinig san Ionradh agus chuir fúthu i bPort Láirge. Fraincis Normannach do "lao". Calfe orthu, uaireannta. MIF.

Ó Biadha: Beatty: ath-leagan de Ó Biataigh i gConamara, is cosúil.

Ó Biasta: Biesty: annamh: Maigh Eo. Deir Mac Firbhisigh gur shíolraigh ó Echean, Rí Chonnacht in aimsir Phádraig. Ní beag san! SGG.

Biadhtach: Beatty: an-líonmhar in Ultaibh nuair is de bhunadh Albanach iad ón dTeorainn Albanach ach sa chuid eile den dtír is sloinne ceirde é a chiallaíonn spidiléir .i. duine a sholáthraíonn bia do lucht taistil. Bhí Bord Fáilte ann in anallód! Luann de Bhulbh Ó Biadha mar comhainm.

Mac an Bhiadhtaigh: Mac Vitty: líon beag in Ulaidh. De bhunadh Albanach ach leis an bhfréamhú céanna le Biadhtach. Tráthuil go ndéanann siad brioscaí don saol mór anois. MIF.

Ó Biasta: Beasty: bhí siad i gConnachta tráth. SGG.

Ó Biataigh: Beatty: fíor-annamh: Gaillimh. Féach Biadhtach.

Ó Bigeáin: Biggane, Littleton: annamh: Luimneach. Tá Biggins i bhfeidhm i nGaillimh agus Maigh Eo. Brí: duine beag. Féach Ó Beagáin, leis. SI.

*Ó Bigigh: Biggy: luaite le Maigh Eo agus sean-sloinne Ó Beacdha. SGG.

Ó Bigín: Biggins: cuíosach annamh: Gailimh-Maigh Eo. Féach Ó Bigeáin.

Ó Bigléinn: Féach Ó Beigléinn.

Binnse: Binchy: annamh: tuaisceart Chorcaí. Sasanaigh a tháinig san 17 céad. Ní fios a bhunús. SI.

Mac an Bhiocáire: Mac Vickers, Vickers: líon beag i gCúige Uladh de bhunadh Albanach. Bhí an sloinne seo ar chraobh de Mhac Mathúna Oirghialla, chomh maith. MIF.

Bionóid: Bennett: Féach Beinéid.

Ó Bioráin: Birrane: annamh: Luimneach, Maigh Eo. Cuid acu aistrithe go Byrne agus Byron. Deir de Bhulbh gur ionann biorán agus stócach. Féach Ó Bearáin leis.

*Ó Biorainn: fuair de Bhulbh i gCiarraí é. Cosúil le Ó Bioráin, is dócha.

Mac Biorna: Mac Birney, Burney: líon beag in Ulaidh. De bhunadh Albanach iad agus baineann an sloinne leis an ainm Lochannach *Bjarni* (béar = gaiscíoch). SS.

Mac Biorthagra: Berkery, Bargary: líon beag: Tiobraid Árann-Luimneach. Féach Mac Bearthagra.

Ó Birín: Berreen: fíor-annamh: Sligeach. Féach Ó Bioráin.

Ó Birn: O'Beirne: comhionann le Ó Beirn, q.v.

Biséid: Bissett: líonmhar: Béal Feirste & rl. Dream Albanach a chuir fúthu i nGleannta

16

Aontroma sa 13 céad mar a dtugadh Mac Eoin orthu. Féach Bissett i gCuid II.

de Bláca: Blake: an-líonmhar tríd an dtír. A-Normannaigh agus ceann de "Treibheanna na Gaillimhe". Bhí siad suite i gCo. na Gaillimhe agus Cill Dara. I bhFear Manach, d'fhéadfadh Blake bheith mar ghalldú ar Ó Bláthmhaic, q.v. Caddell a bhí ar na Blácaigh ar dtús. IF & SI.

de Blácam: Blackham: fíor-annamh. Iomráiteach faoin scríbhneoir Aodh de Blácam (1891-1951) "Gaelic Literature Surveyed" & rl.

de Blacual: Blackwell: líon beag: Áth Cliath, An Dún, Luimneach. Sasanaigh a shocraigh sa Chlár san 17 céad. MIF.

de Blaghd: Blythe: líon beag: Áth Cliath, Béal Feirste, Corcaigh, Gaillimh. Sloinne Sasanach taobh amuigh de Chonnachta, áit inar ngalldú ar Ó Blighe é. Iomráiteach faoin scríbhneoir, polaiteoir agus fear amharclainne, Earnán de Blaghd (1889-1975). Phréamhaigh ón aidiacht Bhéarla: *blithe*.

Blaod: Bluett, Blewitt: annamh: Corcaigh & scaipithe. A-Normannaigh sa 13 céad agus leanúnach i Luimneach agus Corcaigh ó shoin i leith. Ón bhFraincís *bleu* = gorm.

Ó Bláthmhaic: Blowick: fíor-annamh: Maigh Eo. Gafa isteach, cuid mhaith, faoin sloinne "Blake". Brí: bláth = rath, séan + mac. Ainm pearsanta sa luath-aois. IF.

Bléine: Blaney: líonmhar in Oirthear Uladh, scata beag in Áth Cliath, Tír Conaill & an Mhí. Breatnaigh a tháinig go h-Éirinn sa 16 céad agus chuir fúthu i Muineachán - féach CastleBlayney, áit a bhfuil Baile na Lurgan uirthi sa Ghaeilge. Ón mBreatnais: *blaenau*, talamh ard. Tá Ó Bléine ar chuid acu anois. MIF.

Ó Blichín: Bleahen(e): annamh: Gaillimh. Giorriú ar Ó Maoilmhín nó Ó Maoilmhichíl, deir de Bhulbh. Ar aon dul le Ó Maoilmhín, sloinne a bhain le Laighin, dar le Mac Giolla Iasachta.

Ó Blighe: Bligh,-e: líon beag: Áth Cliath, Lár na Tíre, Connachta. Luann Mac Firbisigh dhá chlann i gConnachta a bhain le sean-uaisle na tíre. Ceaptar gur ó ainm pearsanta Lochlannach *Bligr* é. Dar ndóigh, tá an sloinne Sasanach ann, leis. Féach de Blaghd.

Ó Blioscáin: fíor-annamh: Sligeach. Ath-ghaelú mí-cheart ar Tansey. Mac an Tánaiste an leagan bunaidh. Is cosúil go bhfuil blioscán ar an luibh franclus (tansy) in áiteanna.

Bliúit: Bluett: annamh: féach Blaod thuas.

a Blóid: Blood: annamh: Áth Cliath agus an Clár. Dream a shocraigh sa Chlár sa 16 céad agus gur de bhunadh Breatnach iad: *ap Llwyd* ó cheart. MIF.

Mac Bhloscaidh: Mac Cluskey, Cluskey: cuíosach líonmhar in Ultaibh. Craobh de Mhuintir Chatháin i nDoire. Shiolraíodar ó Bhloscadh Ó Catháin sa 12 céad.

*Mac Bhloscaire: Closker: brí: scaothaire, b'fhéidir. Bhain le Ard Mhacha.

de Bluinnsíol: Blanchfield: líon beag: Cill Chainnigh. Normannaigh "de Blanche Ville" sa 13 céad. Baint acu le Cill Chainnigh ón am sin. MIF.

Bodhlaeir, Bóiléir: Bowler: líon beag: Ciarraí. De bhunadh Sasanach, i gCiarraí le fada. Deir Mac Giolla Iasachta gurab é *le Fougheller* nó Fowler an sloinne i dtosach. MIF.

Ó Bodhráin: Boran: fíor-annamh: Laois-Cill Chainnigh. Ón aidiacht bodhar, b'fhéidir. Bhain le Tiobraid Árann agus oirthear Luimnigh tráth.

Bódún: Bowden: cuíosach líonmhar: Áth Cliath, Béal Feirste, An Dún, Laighin. A-Normannaigh a shocraigh ag Baile Buadáin, Cill Dara. Ón ainm Teotanach Baldwin.

Ó Bogaigh: Buggy: cuíosach líonmhar: Osraí, Áth Cliath. Ón aidiacht bog, dar ndóigh. SI.

Ó Bogáin: Bogan: cuíosach líonmhar: Loch Garman, Áth Cliath. Féach Ó Bogaigh, leis. MIF.

Boidicín: Bodkin: annamh: Áth Cliath, Gailimh, Maigh Eo. Ceann de "Treabhanna na Gaillimhe" agus de shliocht Gearaltach, deirtear. Ón ainm Teotanach Baldwin.

Bóidín: Bowden, Boden. Féach Bódún.

Boiréil: Berrill, Birrell: líon beag: Co. Lú. A-Normannaigh ón 13 céad. Fraincis: *Bourrel* (úim & rl.)

*Ó Boirne: giorriú ar Mac Conboirne a bhí i Maigh Eo fadó. Tá Burns orthu anois.

Ó Bolghuidhir: Bolger: líonmhar: oir-dheisceart Laighean & Áth Cliath. B'fhéidir ó leas-ainm "bolg odhar". Clann lianna i Laighnibh a b'ea iad. SGG.

Bortuic, Bártaic: Borthwick: fíor-annamh: Cúige Uladh. Bhí Norma Borthwick (1862-1934) ina rúnaí le Conradh na Gaeilge i dtús na h-athbheochana. De bhunadh Albanach í.

de Bhosc: Fox: an-líonmhar tríd an dtír. Cuid acu Sasanaigh a chuir fúthu i Luimneach - féach Móin an Bhoscaigh in aice le Cill Mocheallóg. Ach bhaineann a bhformhór le clanna Gaelacha ar nós Ó Catharnaigh (An Mhí); Mac an t-Sionnaigh (Dún na nGall); Sionnach (Corcaigh). Leagain ghalldaithe: Kearney; Tinney; Fox & rl. IF & SGG.

de Bót: Butt: fíor-annamh. Seachas Isaac Butt,(1813-1879) an polaiteoir, ní raibh mórán baint acu le cúrsaí na h-Éireann. Ó Thír Conaill dó-san. SI, SGA.

Brabasún: Brabazon: cuíosach annamh: Áth Cliath & rl. Duine ó Brabant (Flondrais) ach bhí siad ina Iarlaí ar an Mí sa 16 céad. SGG.

*Ó Bracháin: Brahan: bhain siad le Tiobraid Árann tráth. Bhí an t-ainm Breacan ann. GPN.

Ó Bradagáin: Bradigan: fíor-annamh: Ros Comáin. Tá brí olc le "bradach" anois ach is cosúil gur ciallaigh sé "anamúil", tráth. Tá Ó Bradacháin ann, leis.

Ó Brádaigh: Brady: annamh: Connachta. Féach Mac Brádaigh.

Mac Brádaigh: Brady: an-líonmhar: Ulaidh, an Mhí, Connachta. Clann tábhachtach a bhí suite ag Sraith an Domhain, Cabhán. Bhí filí agus eaglaisigh ina measc. Ghlac cuid de Mhuintir Ghrádaigh sa Chlár leis an sloinne Brady sa 16 céad. IF.

Mag Bhrádaigh: Mac Grady, Mac Grade: líon beag in Ulaidh. Féach Mac Brádaigh.

Ó Bradáin: Braden, Breadon: líon beag in Ulaidh & Connachta. Tugadh Salmon agus fiú Fisher ar an gclann seo, bíodh is nach bhfuil aon bhaint acu le h-éisc! Is cosúil go bhfuil na sloinnte go léir ag tosú le "brád" préimhithe i bhfocal a chiallaíonn anam, spiorad.

Mag Bhradáin: Graden: fíor-annamh: Cúige Uladh. Ar aon dul le Ó Bradáin, is cosúil.

*Ó Bradghaile: Braddell sa Mhumhain – is cosúil gur deineadh Bradley díobh. SGG.

*Ó Bragáin: Bragan: fíor-annamh: bhí siad i gCo Lú. Luaite ag an gCeathar Mháistir. SGG & SI.

Mac Bhrain: Mac Crann: líon beag: Liatroim-Ros Comáin: Bran, ainm pearsanta = fiach dubh.

Bran: Brann: annamh: an Clár & rl. Mac Brain dáríre. Féach Mac Bhrain thuas.

Ó Branagáin: Brannigan: an-líonmhar: Ulaidh & Laighin. Clann de Chinéal Eoghain i nDoire. Cosúil leis na sloinnte eile ag tosú le "bran", tá sé préimhithe san ainm pearsanta Bran .i. fiach dubh (an t-éan).

Mac Bhranaigh: Cranny: sa Dún anois. Tá Mac Cranny & Creaney ann, leis. SGA.

Ó Branáin: Brannan: fíor-annamh: Ulaidh. Airchinnigh i nDoire & Fearmanach anallód. Tá sé meascaithe le Ó Branagáin; féach Ó Braonáin, leis.

Mac Branáin: Brennan: Tá Brennan an-líonmhar ach baineann siad sa chuid is mó le Ó Braonáin sa chuid is mó den tír, ach bhí Mac Branáin láidir i gConnachta anallód. SGG.

Brandún: Brandon: A-Normannaigh a shocraigh i Lú.

Ó Branghaile: Branley, Brannelly: cuíosach annamh: Sligeach-Liatroim & Gaillimh-Maigh Eo. Tá an sloinne préimhithe sna focail: bran + gal (laochas, calmacht).

Ó Branduibh: Branniff: líon beag: Béal Feirste & an Dún. Bran an focal liteartha ar an bhfiach dubh ach ainm pearsanta é chomh maith. Éan draíochta an fiach dar leis na Gaeil.

Ó Braoin: Breen, Bruen: an-líonmhar ar fud na tíre: Fear Manach, Oir-Deisceart & Meán-Iarthair ach go h-áirithe; Bruen i gConnachta. Luann de Bhulbh ceithre chlann in áiteanna éagsúla - an dream ba mhó suite gar d' Áth Luain. Bhí clann eile bunaithe i Ráth Bhoth, Tír Chonaill. An bhrí atá aige ar an ainm Braon ná "brón".

Mac Braoin: Breen, Mac Brien: Is deacair idirdhealú ar Ó Braoin ach bhí clann Mac Braoin in Osraí agus is cosúil gur leo-san a bhaineann na Braonaigh san Oir-Deisceart. Bhí dream eile i bhFear Manach. Bhí clann bheag in oirthear Luimnigh sa 16 céad. IF.

18

Ó Braonáin: Brennan: an-líonmhar gach áird: bhí ceithre chlann ann de réir de Bhulbh: Osraí, mar a bhfuilid go fóill; Iar-Mhí; Longfort; Dún Ciaráin i gCiarraí. Is cosúil gur le Ó Branáin a bhaineann Brennan in Ulaidh. IF & SGG.

Mag Bhraonáin: Greenan: fíor-annamh: Connachta. Féach Ó Braonáin agus Ó Grianáin.

Ó Breacáin: Bracken: líonmhar: Áth Cliath, Lár na Tíre, Béal Feirste. Bhí an chlann seo suite sa dúiche idir Uíbh Fhailí agus Cill Dara sa mheán-aois. Tá baile darab ainm Breacánach ann go fóill. De réir dealraimh, tá an sloinne bunaithe ar an aidiacht "breac". MIF.

de Bréadún: Breadon: líon beag: Laighin. A-Normannaigh ó log-ainm i Sasana.

Ó Breaghaigh: Bree: cuíosach líonmhar: Lár na Tíre & rl. Brí: duine ó Bhreaghach, limistéar sa Mhí. Tá **de Bré** (Bray) ann, leis, de bhunadh Sasanach.

Ó Brealláin: Brolan: annamh: Tiobraid Árann. Fuair de Bhulbh *Ó Breólláin* i Maigh Eo ach b'é a thuairim gur Ó Beolláin an sloinne bunaidh. Tá ceist annso. SGG & SGA.

Mac Breandáin: Brandon: Ciarraí & rl. Bhain siad le Muintir Mhic Muiris i gCiarraí. SI.

de Breannóg: Brannick, Brennock: annamh: Gaillimh-Maigh Eo, Oir-Deisceart: dream a tháinig san Ionradh ó Brecknock sa Bhreatain Bhig. Gan iad a mheascadh le Breatnach.

Ó Breasail: Brassil, Brazil: líonmhar: Áth Cliath, Lár na Tíre, Oir-Dheisceart, Ciarraí, Gaillimh. Clann a bhain le Port Láirge anallód. Tuairimíonn Mac Giolla Iasachta go bhfuil an phréamh sa bhfocal "bres" a chiallaíonn achrann.

Ó Breasláin: Breslin, Brislane: líonmhar: Iarthar Uladh, Tuaisceart Laighean. Bhí siad ina mbreithiúna i bhFear Manach tráth ach tá Brislane i dTiobraid Árann agus Luimneach. An bhrí: féach Ó Breasail. SGG.

Breatnach: Brannagh, Walsh, -e: Tá Brannagh le fáil fós in Ultaibh ach is Walsh atá ar a bhformhór i mBéarla. An téarma ba ghnách ag Gaeil ar na h-Ionrathóirí (a tháinig ón mBreatain Bhig, dar ndóigh). Tá an sloinne an-líonmhar anois gach aird. IF.

Mac Breatnaigh: Mac Bratney: líon beag i gCúige Uladh. Ar aon dul le Breatnach, q.v.

de Breit: Brett: líonmhar: Oir-Dheisceart, Maigh Eo, Gaillimh: An t-ainm a bhí ag na Normannaigh ar Bhriotánaigh a bhí leo san Ionradh. Bhí a lán Briotánach in arm Uilliam Concaire ag Cath Hastings i 1066. Is comh-Cheiltigh iad Muintir de Breit mar sin.

Mac an Bhreitheamhan, an Bhreithimh: Breheny: líon beag: Connachta. Deineadh Judge de go minic. Tá Brehon fíor-annamh. Dar ndóigh, bhí clú ar an gclann mar lucht dlí agus léinn faoin sean-chóras Gaelach. Litriú nua: Mac an Bhreithiún. MIF.

Ó Breolláin: Brolan: annamh: Toibraid Árann: Fuair de Bhulbh an sloinne seo i Maigh Eo ach ceapann sé gur Ó Beolláin é dáiríre. Bhain siad le Clann Chairbre, Sligeach. Féach Ó Brealláin.

Mac Briain: Mac Brien: meascaithe le Mac Braoin anois.

Ó Briain: O'Brien: an-líonmhar ar fad, go h-áirithe sa Chlár agus Luimneach. Shíolraigh an Brianaigh ó Bhrian Bóirmhe, "Imperator Scotorum". Ceann de chlanna móra na h-Éireann a bhí páirteach i stair na tíre (ní i gcónaí ar an dtaobh cheart) ó Chath Chluain Tarbh go dtí an lá inniu. SGG, IF & MIF.

Mac Briartaigh: Mac Brearty: líon beag i dTír Conaill. Truailliú é seo ar Mac Muircheartaigh; tá Mac Murty ar an dul céanna in Oirthear Uladh. MIF.

Ó Bric: Brick: annamh: Ciarraí & scaipithe: Aistrithe go "Badger" i nGaillimh. Bhain siad le Tuathmhumhain ar dtús. Brí: breac nó broc. Ainm pearsanta Broc sa luath-aois. MIF.

Ó Briosáin: Briceson, Bryson: líonmhar in Ulaidh: Tír Conaill & Doire. Is claochlú ar Ó Muireasáin é. Is sloinne Sasanach Bryson chomh maith.

Brioscú: Briscoe: annamh: Áth Cliath, Lú: Sasanaigh, 16 céad. Clann Ghiúdach iomráiteach sa 20 céad. Féach Aguisín A. MIF.

Ó Brisleáin: Breslin & rl.: líonmhar: Ulaidh Thiar & rl. Clann bhreithiúna i dTír Conaill. Féach Ó Breasláin thuas, leis.

*Ó Brogaidh: Broggy: Luann de Bhulbh le Tuathmhumhain. Bhí an t-ainm *Brugach* (saibhir) ann.

Ó Brógáin: Brogan: líonmhar: Ulaidh, Connachta, Lár na Tíre. Clann de chuid Uí Fiachrach i Maigh Eo. Deir de Bhulbh go gciallaíonn "bróg" brónach.

Broicléigh: Brockley: bhí siad i gCorcaigh as 17 céad.

Ó Broileacháin: mar Ó Brolcháin, q.v.

Broiméil: Bromell: annamh: Cathair Luimnigh. De bhunadh Sasanach, is cosúil - táid in Éirinn le fada agus tá siad le fáil i SAM agus san Astráil. Tá Brummell (ó logainm) i Sasana.

Ó Broin: O'Byrne, Byrnes: an-líonmhar ar fud na tíre, in Áth Cliath & Laighin ach go h-áirithe. Clann mhór a bhí suite i dtuaisceart Chill Dara am an Ionraidh agus a bhrúadh isteach i sléibhte Chill Mhantáin. Chuireadar troid chróga suas ar feadh na gcéadta blian. Shíolraíodar ó Bhran, rí Laighean, a bhásaigh i 1052. Tá cur síos luachmhar ar an gclann seo sa Leabhar Branach a scríobhadh sa 17 céad. IF & SGG.

Mac Broin: Mac Brinn: annamh: Béal Feirste, Áth Cliath: deineadh Byrne de go minic.

Mac Bhroin: Rinn, Rynne, Wrenn, Mac Crann: annamh: an Clár, Ciarraí & rl. Baineann Rinn agus Mac Crann (Mac Bhrain) le Liatroim. Féach Ó Rinn.

Ó Bróithe: Brophy: líonmhar in Osraí mar a bhfuil Baile Uí Bhróithe. Bhí siad suite ag Gabhalmhaigh roimh an Ionradh. Tá Ó Bróith in iarthar Chorcaí. Ní léir brí an ainm. SGG.

Ó Brólaigh: Brolly: cuíosach líonmhar i nDoire (cathair & contae) agus Tír Chonaill. Clann a bhí ceangailte le Doire riamh. Brí: ón ainm pearsanta Brollach .i. ucht, is cosúil.

Ó Brolcháin: Brollaghan, Bradley: an-líonmhar mar Bradley i dtuaisceart Uladh. Bhí baint acu le Doire le fada. Clann ionráiteach sa mheán-aois: Mael Íosa Ó Brolcháin (+1086) a chum "Deus meus adiuva me", iomann atá i bhfeidhm fós. Bhí craobh i gCorcaigh faoin mbréagríocht Bradley, ach is cosúil gur sloinne Sasanach Bradley i Cúige Laighean. Tá Ó Brolacháin ann, leis. IF.

Ó Brosnacháin: Brosnahan, Brosnan: líonmhar: Ciarraí-Luimneach-Corcaigh-Clár. Ceaptar gur ón sráid-bhaile Brosnach, Ciarraí, an t-ainm seo. Tá Ó Broisneacháin ann, leis.

Ó Bruacháin: Brohan, Banks: cuíosach annamh: Corcaigh, an Clár & rl. Bruachán = duine beag téagartha. Dream a bhí suite in Uíbh Fhailí tráth. Tugadh Banks orthu i gConnachta, uaireannta.

Ó Bruachóg: leagan eile d'Ó Bruacháin i gConnachta.

Ó Bruadair: Brouder, Broderick: líonmhar ar fud na tíre: in iarthar Luimnigh atá Brouder. Sé *Broddr*, ainm pearanta Lochlannach, is foinse dó, is cosúil. Ní foláir go raibh se coitianta i measc na nGael, mar luann de Bhulbh cúig chlann díobh fé leith. Is ó Bhruadaraigh Chorca Laoi (Corcaigh) a tháinig na daoine atá sa Mhumhain anois, is cosúil. Beidh aithne ag Gaeil ar an sár-fhilíocht a scríobh Dáibhidh Ó Bruadair (1625-98).

*Mag Bhruadair: Magruder: Luaite ag de Bhulbh. Níl san Eolaí Telefóin ach táid i Meiriceá.

Mac Bruaideadha: Brody: líon beag sa Chlár & rl. Clann liteartha a bhain leis na Brianaigh i dTuathmhumhain. Litriú nua: Mac Bruaidí. SGG.

Ó Bruaideadha: Briody: líon beag: an Mhí & Cabhán: ón ainm pearsanta Bruaided.

*Mac Bruaidín: Broudin: Luaite ag de Bhulbh. Díspeagadh ar Mac Bruaidí thuas.

Ó Brughadha: Broe, Brew: líon beag: Clár & an Dún: Deir Mac Giolla Iasachta go raibh an chlann seo in Osraí san 16 céad. Is sloinne Manannach Brew, leis, i.e. Mac Breithimh.

Brugha: Burgess, Burrows, Bury: lionmhar in Ultaibh & Áth Cliath: Sloinnte Sasanacha a ghaelaíodh. Foinse: burgh, borough = baile mór. Bhí Cathal Brugha chun tosaigh i gCogadh na Saoirse.

Ó Bruic: Brick: Féach Ó Bric.

Ó Brúin: Bruen: Féach Ó Braoin.

de Brún: Brown,-e: an-líonmhar tríd an dtír, i gCúige Uladh go speisialta. Angla-Normannaigh iad a tháinig san Ionradh Mór agus ó shoin i leith. *Le Brun* an bun-ainm. Ceann de "Threabhanna na Gaillimhe". Tháinig na Brúnaigh i seilbh Chill Áirne i gcomharbas ar an gCarthach Mór agus Ó Donnchadha Rosa. Dhein Aodhagán Ó Raithaile, file, (1670-1728) cur síos air seo. IF & MIF.

de Brús: Bruce: cuíosach líonmhar: Ulaidh & Áth Cliath. Angla-Normannaigh agus Rí-Theaghlach Alban. Tháinig a bhformhór go h-Ulaidh sa 18 céad.

Ó Buachalla: Buckley: an-líonmhar: sa Mhumhain faoi leith ach san Oir-Dheisceart agus Áth Cliath, leis. Bhí an chlann suite in Uíbh Fhailí anallód. Ní mór thabhairt faoi ndeara go bhfuil Buckley ina shloinne Sasanach chomh maith. Brí: buachaill = aoire. IF.

Ó Buadhacháin: Bohan, Boohan: líonmhar ach scaipthe: Corcaigh, Longfort, Liatroim, Gaillimh & rl. Brí: duine a bhaineann an bua - ainm pearsanta Victor. Litriú nua: Ó Buacháin.

Ó Buadáin: Boden, Bowden: tá an ceann deireannach cuíosach líonmhar: Áth Cliath, Béal Feirste, an Dún & Oirthear Laighean. Is cosúil gur de bhunadh A-Normannach an chuid is mó díobh ach bhí clann Ghaelach in Osraí anallód de réir de Bhulbh.

Ó Buadhaigh: Bowes, Boyce, Bogue: líonmhar: Fear Manach, Corcaigh & scaipthe. Sloinne Gaelach i gConnachta & sa Mhumhain; Albanach in Ultaibh agus Sasanach in oirthear na tíre. Tá Boyce Gaelach i nDún na nGall & Connachta ach A-Normannach níos faide soir .i. *bois* = coill. Bhí an t-ainm pearsanta Buadhach (Victor) coitianta sa mheán-aois.

de Buamonn: (1) Beaumont: annamh. Béal Feirste & scaipthe. Ó log-ainm Francach. (2) Bowman: líonmhar: Béal Feirste, an Dún, Áth Cliath & Corcaigh. Boghdóir, is dócha. Bhí Palaitínigh den sloinne seo i Luimneach. Is féidir a rá go dearfa go raibh Seán Beaumont (1893-1959) ar an nduine is dílse do Mhuintir na h-Éireann a mhair lenár linn.

de Búdrán: Bowdren: annamh: Corcaigh. A/Normanaigh, is cosúil, bunaithe ar logainm. SI.

de Buinbhíol: (1) Banville: líon beag. Loch Garman. (2) Bonfield: fíor-annamh: Luimneach agus an Clár. Is cosúil gur A-Normannaigh iad ar dtús: *de Bonneville* - log-ainm.

Buinneán: Bunyan: Dream a bhain le Ciarraí thuaidh agus a thuill cáil i gcogadh na Saoirse.

de Buis: Bush: fíor-annamh: Ciarraí. Tá sé coitianta i Sasana agus bhí chun tosaigh mar Uachtarán Stataí Aontaithe Mheiricea.

Búiséir: Bouchier: A/Normannaigh san Oir-dheisceart. Aimn ceirde.

de Búit, Búiteach: Boyd: an-líonmhar: Oirthear Uladh, Tír Conaill & rl. Albanaigh ón oileán Bód (Bute) in Inbhear Chluaid.

Buitiméir: Buttimer: Corcaigh: Bhí siad i gCorcaigh ón 16 céad.

de Buitléir: Butler: an-líonmhar: Osraí & Oir-Dheisceart go speisialta. I 1171 cheap Annraoi a Dó, Rí Shasana, Theobald Fitz Walter mar Phríomh-Bhuitléir ar Éirinn. D'áitíodar Caisleán Chill Chainnigh go dtí le déanaí. Dar ndóigh, is sloinne coitianta i Sasana é agus ní chall gur shíolraigh gach aon Bhuitléireach ó Fitz Walter. IF & MIF.

de Bhulbh: (1) Woulfe: líon beag i Luimneach-Ciarraí Thuaidh & an Clár. Thánadar leis an Ionradh A-Normannach agus chuir fúthu i Luimneach & Cill Dara. Sa 19 céad, chuaidh cuid acu go dtí S.A.M. (Illinois & Iowa) mar a bhfuilid faoi bhláth fós. (2) Wolfe: dream eile a tháinig go Corcaigh & Cill Dara níos déanaí. Díobh seo an t-Urr. Charles Wolfe (1791-1825) file. Sloinne atá coitianta ar fud tuaisceart na h-Eorpa. Thug na Teotanaigh an-ómós don ainmhí allta seo, an mactíre.

de Búrca: Burke, Bourke: an-líonmhar ar fud na tíre, i gConnachta ach go h-áirithe. Ceann de mhór-chlanna na Normannach: *de Burgo*. Sa 14 céad, gaelaíodh iad i gConnachta agus bhí tailte fairsinge ag Mac Liam Uachtair i nGaillimh agus Mac Liam Íochtair i Maigh Eo. Bhíodar i mbarúntacht Clann Liam i Luimneach, leis. Thóg na Burcaigh sloinnte Gaelacha dóibh féin, m.sh. Mac Philbín, Mac Réamoinn, Mac Giobúin. Ba liosta le lua na Búrcaigh a thuill clú & cáil: Edmund Burke, polaiteoir; an Canónach Uilleac de Búrca, scoláire Gaeilge; Sir Bernard Burke, geineolaí & rl. IF & SGG.

de Bús: Boyce: Béal Feirste, an Dún Thuaidh, Áth Cliath: A-Normannaigh ón 13 céad (Fraincis *bois* = coill). Féach Ó Buadhaigh, leis.

Mac Cába: Mac Cabe: thánadar ó Inse Gall ina ngallóglaigh go Breifne sa 14 céad. Táid líonmhar fós sa Chabhán, Muineacháin & Lú. B'fhéidir gur mar leas-ainm a thosaigh an sloinne: cába = clóca, ach, óir de bhunadh Lochlannach iad, seans gur ainm gallda é.

Cabal: Caball: annamh: Ciarraí agus Corcaigh. De bhunadh Albanach. Clann chéimiúil i dTrá Lí.

Mac Cadáin: Mac Cadden, Cadden: scaipthe: Oirghialla, Doire, Fear Manach & rl. Clann airchinneach in Ard Mhacha dob'ea iad. Measctha le Mac Adáin (Mac Adaim). Is cosúil gur ainm pearsanta Cadán. Luann de Bhulbh Ó Cadáin, leis.

Cadal: Caddell: líon beag: Béal Feirste agus máguaird. Ainm Breatnach ar aon dul le Cathal. I nGaillimh dóibh, ghlacadar chucu "de Bláca" (an duine dubh). Ach is dócha gur sloinne Albanach atá i gceist ó thuaidh anois. Tá a leithéid le fáil thall, den bhunús céanna. SGG.

Ó Cadhain: Coyne, Kyne, Barnicle: cuíosach líonmhar i nGailimh & rl. Clann de chuid Uí Fiachrach i gConnacht: Partraí a ndúiche. Is ionann cadhan agus gé ghiúrainn - as sin an galldú aisteach Barnicle. Máirtín Ó Cadhain (1905-70), scríbhneoir agus ollamh, an duine b'iomráití díobh. IF & SGG.

Ó Cadhla: Kiely: líonmhar sa Mhumhain. Bhí dhá chlann: Iar-Chonnachta agus Tuadhmhumhain ach is i bPort Láirge & Luimneach is mó atáid anois. Measctha go mór le Ó Caollaí, q.v. Is ionann cadhla agus sciamhach, cruthúil. MIF.

Mac Cafraidh: féach Mac Gafraidh. Tá Mag Cafraidh ann, leis.

Ó Cáidín: Cadden: Truailliú i gcaint na ndaoine. Féach Mac Áidín.

Mac Cailín: Mac Callen, Mac Callion: líonmhar in Iarthar Uladh. Gallóglaigh ó Albain sa 15 céad, go raibh Mac Ailín orthu, leis. Ní fios cé acu is ceart.

Caimbéal: Campbell: an-líonmhar in Ultaibh, i gConnachta agus Co. Lú. An mhór-chlann Albanach Ó Duibhne a ghlac an leas-ainm sin chucu. Chomh maith leis na h-Albanaigh, bhí clann dúchasach i dTír Eoghain, Mac Cathmhaoil, ar a dtugadh Campbell, leis. SS.

Caimpion: Campion: cuíosach líonmhar: Lár na Tíre, Cill Chainnigh. A-Normannaigh a bhí socraithe i lár na tíre sa 17 céad. Brí: curadh, seaimpín. MIF.

Ó Caingne: Cagney: líon beag: Corcaigh & Luimneach. Clann de chuid Chorca Laoi (iarthar Chorcaí). Caingean = cúis dlí nó cáin. James Cagney (1904-89), aisteoir scannán, an duine b'ionráití díobh, b'fhéidir.

Ó Cainín: Canning: líonmhar: Ulaidh, Liatroim, Oir-deisceart. De bhunadh Sasanach cuid mhaith díobh siúd ach is sean-sloinne de chuid Lár na Tíre Ó Cainín agus claochlú ar Ó Coinín, de réir de Bhulbh.

Ó Cáinte: Canty: cuíosach líonmhar: Corcaigh Thiar, Ciarraí Thuaidh & Lár-Luimnigh. Baird ó Chorca Laoi ab'ea iad. Ó an Cháintighe an leagan ceart a chiallaíonn aorthóir. MIF.

Ó Cairbre: Carbery: cuíosach líonmhar: Ulaidh, Lár na Tíre, Port Láirge. Clann a bhain le dúiche Chluain Lónáin (Iar-Mhí), ach is **Mac Cairbre** a bhí ar mhuintir Phort Láirge. Deir de Bhulbh gur ionann cairbre agus carbadóir. Sloinne Albanach is ea Carberry, leis.

Cairdín: Carden: fíor-annamh: Maigh Eo & rl. De bhunadh Sasanach, 17 céad. DBS.

Ó Cairealláin: Carlin, Carleton: cuíosach líonmhar: Oirthear Uladh, Fear Manach, Cabhán, Muineacháin. Clann de Chinéal Eoghain a bhain le Cluain Diarmada (Doire). Díobhsan William Carleton (1794-1869), scríbhneoir. Is cosúil gur de bhunadh Albanach na daoine in Oirthear Uladh. Féach Ó Cearbhalláin, leis.

Mac Cairteáin: Mac Curtain, Curtin. Dream ón dtuaisceart a shocraigh i gCorcaigh sa 16 céad. Féach Mac Cartáin. Bhí an t-Ath. Conchúr Mac Cairteáin, file + 1737 ina measc. Féach Mac Cuirtín.

Cais: Cash: líon beag: Cill Dara, Loch Garman, Béal Feirste. Sloinne Sasanach, Casse, i mBaile Átha Cliath sa mheán-aois. D'fhéadfadh Ó Cais bheith ina chlaochlú ar Ó Cathasaigh. SI.

de Caiseal: Cashel: líon beag: Áth Cliath, Corcaigh, Tír Eoghain. (1) A-Normannaigh ón 14 céad; bhí siad chun tosaigh i Lú. (2) **Ó Maolchaisil**, a bhain le Tuathmhumhain. (3) **Ó Caisil.**

Ó Caisealáin: annamh: Caslin: Ros Comáin-Longfort & rl. Claochló ar Caiseadán, deir de Bhulbh, ach seans go mbaineann le Caiseal. Níl Ó Caiseadáin le fáil anois.

Ó Caiside: Cassidy: an-líonmhar in Ultaibh, Laighin Thuaidh & rl. Ó thús, clann léannta a bhain le Mag Uidhir Fhear Manach. Cuireadh an ruaig orthu le Plandáil Uladh. Brí: cas = catach. IF.

Ó Caisile: Cassley: fíor-annamh: Oirthear Uladh. Bhí an chlann seo in Ard Mhacha sa 16 céad.

Mac Caisín: Cashin: cuíosach líonmhar: Laois, Tiobraid Árann, Cill Chainnigh. Clann leighis in Osraí ab'ea iad. Brí: díspeagadh ar an ainm Cas a chiallaíonn catach nó aoibhinn. Deineadh Ó Caisín díobh uaireannta sa Mhumhain. MIF.

Ó Caisín: Cashin, Cassin, Cassion. Féach Mac Caisín.

Ó Caithniadh: Canny: cuíosach líonmhar: Gaillimh, an Clár, Tír Conaill, Doire & rl. Clann de chuld Uí Fiachrach i Maigh Eo ab'ea muintir Chaithniadh ar dtús ach scaipeadh san Ionradh iad. Baineann Canny le níos mó ná sloinne amháin. Brí: curadh catha. Litriú nua: Ó Cainnia. MIF.

Mac Calbhaigh: Calvey: annamh: Maigh Eo & rl. Ciallaíonn an ainm Calbhach maol nó le ceann mór. Bhí Mac an Chalbhaigh ann, leis. Féach Mac Giolla Bhuidhe, chomh maith. SI.

Ó Calgaigh: Calagy: cuíosach annamh: Gaillimh. Fréamh: calg, i.e. cealg, nó colg, claíomh.

Ó Callada: Kelledy: annamh: Lú & rl. Deir de Bhulbh callaid = glic. SI.

Ó Callanáin: Callanan, Callnan: líonmhar: Corcaigh, an Clár, Luimneach, Gaillimh. (1) Clann leighis le Mac Carthaigh (Corcaigh); clann airchinneach i nGaillimh. Níor mhiste, b'fhéidir, cuimhneamh ar Joseph J. Callanan (1795-1829) file, a dhein saibhreas na Gaeilge a léiriú do Bhéarlóirí. Tá Mac Callanáin ann, leis, faoin mbréagriocht Campbell. MIF.

Ó Callaráin: Colleran: cuíosach líonmhar: Gaillimh/Maigh Eo. Bhí siad i Laighin sa 17 céad. MIF.

Mac Calmáin: Mac Calmont: fíor-annamh. Féach Mac Colmáin.

Mac Camlaoich: Mac Camley: líon beag: an Dún & rl. Brí: cam + laoch. SGG.

Mac Caluim: féach Mac Coluim.

Mac Camlaoich: Mac Camley: líon beag: oirthear Uladh. Meascaithe le Mac Amhlaoibh.

Camshrón: Cameron: líonmhar in Ulaidh. Mór-chlann Albanach a shíolraigh ó Dhomhnall Dubh sa 14 céad. D'fhéadfadh cuid acu bheith sa tuaisceart roimh Phlandáil Uladh.

Ó Camtha: Coomey: annamh: Iar-Chorcaigh. Meascaithe le Mac Giolla Choimde, q.v. SI.

Mac Cana: Mac Cann: an-líonmhar i gCúige Uladh, roinnt mhaith i dtuaisceart Laighean & rl. Bhí siad suite i gClann Breasail (Ard Macha thuaidh) ar dtús. Féach Mac Annaidh, leis. IF.

Mag Cana, -Canna: Mac Gann: annamh: Béal Feirste & rl. Féach Mac Cana. Bhíodh an litriú Anna ar an sloinne seo ach ceaptar nach bhfuil sé ceart - féach Mag Annaidh agus Ó Canáin.

Ó Canáin: Cannon: líonmhar: Gaillimh, Maigh Eo, Tír Conaill, Doire. Ó Cananáin a bhí ann ar dtús ó thuaidh. Deirtear gur as "cano" - coileán faolchon - na sloinnte seo. IF.

Mac Cannaidh: Canny: féach Mac Annaidh.

Mac Canann: Mac Connon: annamh: Oirghialla & rl. An faolchú sin "cano" arís. Is cosúil gur deineadh Mac Cann díobh go minic. SGG.

Mag Canann: Mac Gann: líon beag: an Clár & rl. Clann Mhuimhneach atá ar chomh-ainm le Mac Canann in Ultaibh. IF.

Ó Canann: Cannon: líonmhar: Connachta, Ulaidh. Bhí clanna i dTír Conaill agus Gaillimh. Tá meascán againn: Ó Cainin, Ó Canáin, Ó Canainn. Brí choitinn: *cano*, coileán mhactíre. SGA, SI.

Ó Canannáin: Cannon: líon beag: Tír Conaill & rl. Dream a bhí cumhachtach i dTír Conaill go dtí gur bhuaigh na Domhnallaigh orthu sa 13 céad. IF.

(de) Cantalún: Cantillon: líon beag: Corcaigh, Ciarraí thuaidh, Luimneach. Normannaigh ón 13 céad. Fraincis: *canteloup*, canadh an mhadra allta. Log-ainm sa Normáin (an Fhrainc). MIF.

(de) Cantual: Cantwell: cuíosach líonmhar: Cill Chainnigh, Port Láirge, Tiobraid Árann. Sasanaigh a gaelaíodh sa 13 céad. MIF.

(de) Cantún: Canton: annamh: Corcaigh, Lár na Tíre. Ar aon dul le Condún, q.v.

Mac Caocháin: Keehan: líon beag: an Clár, Luimneach, Ciarraí. Caoch = dall.

Ó Caocháin: Keehan: ar aon dul le Mac Caocháin thuas.

Mac Caochlaoich: Coakley, Kehily: líonmhar: Corcaigh & rl. Tá Kehily i bhfeidhm timpeall Dún Mánmhaí, ach Coakley go coiteann. Brí: caoch (dall) + laoch (gaiscíoch). MIF.

Ó Caodháin: Keane: Caint na ndaoine ar Mac Aodháin i Maigh Eo.

Mac an Chaoich: Keyes, Mac Kee: de Bhulbh amháin a luann an sloinne seo agus ní léir conas idirdhealú le Mac Aoidh. Deir sé gur bhain sé leis na Raghallaigh i mBreifne agus go raibh sé i Luimneach & Tiobraid Árann. Is fíor go bhfuil Keyes i Luimneach le fada. Tá Keyes coitianta i Sasana, préamhaithe ó *Guise* sa Fhrainc. Déarfainn gur Mac Aoidh atá ann, de ghnáth.

Ó Caogáin: Keegan: líonmhar: Laighin & Connachta. Is truailliú é seo ar Mac Aodhagáin, q.v.

Ó Caoilte: Quilty, Kielty, Keilthy: cuíosach líonmhar ach scaipthe. An chuid is mó san Oirdheisceart. Sean-ainm de chuid na Féinne, i bhfeidhm go dtí 9 céad. Deineadh Small agus Woods de, go bhfóire Dia orainn. Brí: b'fhéidir, luath , mear. SGG.

Mac Caoilte: luaite ag de Bhulbh. Féach Ó Caoilte.

Ó Caoimh: O'Keeffe: líonmhar ar fud na Mumhan & rl. Clann de chuid Eoghanacht na Mumhan, a ruaigeadh ó cheantar Fhear Maí san Ionradh agus a chuir fúthu i dtailte bochta Dhúiche Eala ar a dtugtar Pobal Uí Chaoimh. Ciallaíonn Caomh ceansa, séimh. Shíolraíodar ó Art Caomh, mac rí Mhumhan sa 10 céad. SGG.

Ó Caoimhín: Kevin: annamh: Áth Cliath. Tá an t-ainm pearsanta Caoimhghin (leanbh dóighiúil) an-choitianta anois. Féach Ó Caomháin, leis.

Ó Caoindealbháin: Kindlon, Quinlan: líonmhar mar Quinlan i Laighin & Mumhain. Bhain an chlann seo le Cinéal Laoghaire sa Mhí (sliocht Néill Naoighiallaigh). Caoin-dealbh, ciallaíonn sé "cló álainn". Litriú nua: Ó Caoinleáin. IF.

Ó Caoinleáin: Mar Ó Caoindealbháin.

Ó Caoinliobháin: Quinlivan: líon beag: an Clár & rl. Ionann agus Ó Caoindealbháin, q.v.

Ó Caoláin: Keelan: líon beag: tuaisceart Laighean. Giorrú, b'fhéidir, ar Ó Céileacháin, q.v.

Ó Caollaidhe: (1) Kealy, (2) Queally: tá (1) líonmhar i Laighin & Connachta; baineann (2) le Cill Chainnigh & Port Lairge. Ach bhí an chlann seo in Osraí ar dtús. Tá meascadh ins na leagain galldaithe le Ó Cadhla agus Ó Céile. Litriú nua: Ó Caollaí. IF & MIF.

Ó Caomháin: Kavanagh: ach níl aon bhaint acu le Caomhánaigh Laighean. I Maigh Eo a bhí siad ar dtús agus is cosúil gur i gConnachta atá siad fós. Ó Cíobháin atá ar mhuintir Kavanagh in iarthar Mumhan. Féach Ó Caomhánaigh, leis. MIF.

Caomhánach: Kavanagh: an-líonmhar tríd an dtír, go sonrach i Loch Garman, áit dúchais do Mhac Murchadha, rí Laighean. Agnómen nó leas-ainm a tugadh ar Dhomhnall, mac Dhiarmaid na nGall agus lean síos trí na glúnta. Caomh = dílis, mánla. IF.

Ó Caomhánaigh: Keaveney & rl: líonmhar i gConnacht. Meascaithe le Ó Caomháin. Ach is sloinne eile, Ó Géibheannaigh, a ba cheart a chothromú le Keaveney agus an ceann seo a fhágáil ar leataobh. Tá an leagan "Kavanagh" mí-oiriúnach ar fad. SI.

*Mac Caomhánaigh: luaite ag de Bhulbh ach is cosúil gur Mac an Mhanaigh (Mac Cavana) atá ann.

Ó Caorthannáin: Rountree: aistriúchán ar an sloinne gallda, is cosúil.

de Carduibh: Cardiff: líon beag: Loch Garman. Breatnaigh a shocraigh go luath i Laighin.

Caplais: Caplice,-is: líon beag: Tiobraid Árann & rl. Tá Cappell i Sasana: b'fhéidir gur uaidh-sin a tháinigh sé. Bhain le "séipéal" gan amhras.

Mac Carlais: Corless: líon beag: Connachta. Mac Coirleasa de chuid Uí Maine, tráth, ach tá meascadh leis an ainm Laidneach "Carolus" (Charles) anois. SI.

Ó Carra: Carr, Kerr: an-líonmhar ar fud na tíre in Ultaibh ach go h-áirithe. Is de bhunadh Albanach cuid mhaith díobh - sloinne ó Albain is ea Kerr. Is galldú ar na sloinnte seo Carr: Ó Ceara (Gaillimh); Mac Giolla Arraith (Muineachán); Mac Giolla Cheara (Tír Conaill). Carra nó corra = sleá. MIF & SGG.

Ó Carragáin: Carrigan: líon beag: Cill Chainnigh-Tiobraid Árann. Féach Ó Corragáin.

Ó Carraidh: Carry: féach Ó Carra agus Ó Corraidh.

Ó Carraidhín: Carr: bhí i bhfeidhm i Maigh Eo. Féach Ó Corraidhín.

*Ó Carraigh: ní fios carbh as dó-san.

(de) Carraig: Carrick, Carrig, Rock: líonmhar in oirthear Uladh, Cabhán, Lú, an Mhí agus inbhear na Sionainne. Albanach nó A-Normannach san oirthear. Galldú, chomh maith, ar Mac Concarraige, q.v.

Ó Carráin: Caren: annamh: Baile Átha Cliath. Ar aon dul le Ó Corráin. SGA.

*Mac an Charraigh: Mac Carry: ní fios an bhfuil sé ann a thuilleadh. Mac Fhearadhaigh is bunús le Mac Carry de ghnáth. Carrach = gearbach (gairbhe craicinn).

Mac Carrghamhna: Mac Carron, O'Growney: cuíosach líonmhar: Muineachán, Connachta & rl. Bhí an clann seo bunaithe san Iar-Mhí ar theacht na Normannach nuair a scaipeadh iad. Claochló ar an mbun-sloinne is ea Ó Gramhna. Tá Mac Cearáin i dTír Conaill, leis. Fréamh: ainm pearsanta: Carrghamhain; sleá + gamhain. Caulfield & Gaffney orthu anois chomh maith. Féach SGG.

Ó Carrghamhna: ar aon dul le Mac Carrghamhna. Bhí sé ag Céitinn.

(de) Carrún: Carew (Carron anallód): cuíosach líonmhar: Luimneach, Tiobraid Árann, Port Láirge. A-Normannaigh a shocraigh sa Mhumhain go luath.

Mac Cárthaigh: Mac Carthy: an-líonmhar, sa Mhumhain ach go h-áirithe. Príomh-chlann na h-Eoghanachta, suite in gCaiseal Mumhan roimh an Ionradh. Ina dhiaidh sin in iarthar Chorcaí agus Ciarraí theas. Bhí trí chraobh díobh: Mac Carthaigh Mór, Mac Carthaigh Riabhach agus Mac Carthaigh Mhuscraighe, dream ar leo Caisleán na Blárnan. Ciallaíonn an t-ainm pearsanta Cárthach grámhar. Fuair an chéad Chárthach bás i 1045. IF & SGG.

Ó Cartha: Carr: leagan a bhí i nGaillimh. SGG.

Ó Cárthaigh: Carty: cuíosach líonmhar: Laighin & Connachta. Bhí an chlann seo i gConnachta sa 11 céad. Bhí cáil orthu mar fhilí. Dar ndóigh, is ón mbun-ainm céanna, Cárthach, iad.

Mac Cartáin: Mac Cartan: féach Mac Artáin. Fuair an t-Ath. Conchúr Mac Cairteáin, file, bás i gCorcaigh i 1737. SGG.

Ó Cartáin: Carton: claochló ar Mac Artáin, b'fhéidir. Féach Mac Curtáin, leis.

Mac Cartaine: Mac Cartney: líonmhar: C. Uladh & Lú. Albanaigh iad seo, de Chlann Mhic an Taoisigh (Mackintosh), a bhí in oirthear Uladh ón 17 céad. Ar aon dul le Mac Artáin.

Cas: Cash: líon beag: Loch Garman & rl. Ainm Normannach a bhí in Áth Cliath sa Mheán Aois.

Ó Cais: Cash: meascaithe le Cash ach is giorrú ar Ó Cathasaigh é seo. SI.

Ó Casaide: Cassidy: féach Ó Caiside.

Ó Caisile: Cassley: fíor-annamh: oirthear Uladh. Bhí siad in Árd Mhacha sa 16 céad. SI.

Ó Casáin: Paterson: líonmhar i gConnachta. Saobh-aistriú ar "casán" = conair. Bhain an chlann seo le Uí Maine (Gaillimh). Brí cheart: cas = catach nó crom. I gCorcaigh, tá Cashman ar an sloinne seo agus i gCiarraí, Kissane.

Mac Casáin: féach Mac Caisín.

Mac Casarlaigh: Casserley: líonmhar: Connachta & Lár Tíre. Bhí an chlann seo i Ros Comáin anallód. Is cosúil gur ainm pearsanta Casarlach, bunaithe ar "cas", catach. MIF.

Ó Cathaigh: Cahy: deir de Bhulbh go raibh siad in Uíbh Fhailí.

Mac Cathail: Mac Call, Corless: líon beag i gConnachta. Clann de chuid Uí Maine ach tá an sloinne measctha le Mac Cathmhaoil i gCúige Uladh.

Ó Cathail: Cahill: an-líonmhar ar fud na tíre: Clanna móra sa Mhumhain agus i gConnachta. Ainm pearsanta is ea Cathal a chiallaíonn "calma sa chath". SGG.

Mac Cathailriabhaigh: Colreavy: annamh: Breifne. Dream a bhain leis na Ruaircigh. Deineadh Gray de cuid acu. Beidh buan-chuimhne ar Eibhlín Nic Chathailriabhaigh (1910-2001), duine d'athbhunaitheoirí an Oireachtais i 1939.

Mac Catháin: Keane: líonmhar go forleathan ach baineann an sloinne seo leis an gClár mar a raibh siad ina gcomharbaí ar N Seanán ag Inis Cathaigh. SGG.

Ó Catháin: Kane, Keane: an-líonmhar ar fud na tíre. (1) Clann de Chinéal Eoghain (Doire), (2) Clann d'Uí Fiachrach (Gaillimh). Ach, sa Mhumhain, ní mór aire d'Ó Céin chomh maith. IF.

Mac Catháin: Keane: Bhí siad seo ina gcomharbaí ar N Seanán in Inis Cathaigh. SGG.

de Cathair: Cahir, Carr: Bhí clann i Luimneach sa 13 céad: b'féidir gur ghlac siad le ainm áite, i.e. Cathair, atá coitianta sa tír. Tá Ó Cathaoir, q.v., ann chomh maith.

Ó Cathaláin: Cahalane, Culhane (Luimneach), Cohalan (Corcaigh): líon beag: Iarthar Chorcaí, Luimneach, Ciarraí, Connachta. Ón ainm pearsanta Cathal, "neart sa chath". Bhí clann díobh in Uaithne (oirthear Luimnigh) agus ceann eile i Ros Comáin.

Mac Cathaoir: Cahir: líon beag: an Clár & rl. Ainm pearsanta sa mheán-aois, Cathaoir.

Ó Cathaoir: Kehir, Keigher: annamh: Connachta & rl. Deacair idirdealú ar Mac Cathaoir.

Ó Catharnaigh: Carney, Kearney: líonmhar: Connachta & Laighin thuaidh. Clann a bhain le Teathbha sa Mhí agus gur tugadh An Sionnach ar a dtaoiseach. Tá "Fox" ar cuid acu dá bharr. Féach Ó Cearnaigh, leis. Brí: catharnach = trodach. IF.

Mac Cathasaigh: Casey: i gCúige Uladh, bhí siad suite in Oirghialla. Ní féidir idirdhealú ar Ó Cathasaigh anois. q.v.

Ó Cathasaigh: Casey: an-líonmhar tríd an dtír: Tá sé chlann faoi leith luaithe ag de Bhulbh. Bhí cinn i Luimeach & Corcaigh mar a bhfuil an-chuid díobh anois ach bhí clanna i Maigh Eo, Ros Comáin & Fear Manach chomh maith. Brí: cathasach = airdeallach. IF & SGG.

Ó Cathbhadha: Coffey: Bhí siad i dTiobraid Árann. Brí: cath-bhoth, ainm pearsanta fadó.

Ó Cathbhuadhaigh: Coffey: féach Ó Cobhthaigh.

Ó Cathláin: féach Ó Cathaláin thuas.

Ó Cathluain: Colhoun: bhí siad ins na h-annála i 1145. Ach féach Colchún. An bhrí: gaiscíoch catha. SGG.

Mac Cathmhaoil: Mac Call, Caulfield, Campbell: Bhain an chlann le Clochar, Tír Eoghain agus bhí cáil orthu mar aos léinn. Tá an-chuid leagan galldaithe agus meascadh leis na Caimbéalaigh Albanacha ann. Brí: ceann catha. SGG & MIF.

Ó Cathmhogha: Coffey: bhí siad i nGaillimh ach difriúil le Ó Cobhthaigh. Brí: daor catha.

de Ceabhasa: duine de Mhuintir Chavasse, Sasanaigh uaisle, a shocraigh i nGaillimh agus a ghlac leis an saíocht Ghaelach le fonn. Cáil mhór air i measc laochra na Gaeilge.

Ó Céadacháin, Ó Céadagáin: Cadogan: iar Chorcaigh. Fear na gcéadtha ba!

Ó Ceadagáin: Cadogan: líon beag i gCorcaigh (Gaeil) agus i Loch Garman (Breatnaigh). Ciallaíonn an t-ainm Breatnach *Cadwgan*, cathach, trodach. Ni fios go cinnte cén bhrí atá le Ceadagán. SI.

Mac Céadaigh: Keady: líon beag: Gaillimh & Maigh Eo. Bhí baint ag an gclann seo le Muintir Uí Mhórdha i Laois. Bhí an t-ainm Céadach coitianta annsin - b'fhéidir go gciallaíonn sé duine saibhir (na céadta ba aige). Bhí clann eile i nGaillimh, leis. Tugann de Bhulbh an sloinne Ó Céadaigh comh maith ach is ionann é agus Mac Céadaigh. MIF.

Ó Céadfhadha: Keaty: annamh: Tiobraid Árainn. Dream de chuid Dál gCais a bhí in aice le Luimneach. Ní fios a thuilleadh fúthu. Ó Céataí ag SGA. Féach IF.

Mac an Cheairt: Wright: mí-aistriú, dar ndóigh. Fuair de Bhulbh i Maigh Eo é.

Ó Ceallacháin: Callaghan: an-líonmhar sa tír, i gCorcaigh go speisialta. Clann a ruaigeadh ag na Normannaigh agus a chuir fúthu i nDúiche Ealla in iar-thuaisceart Chorcaí, áit as a ruaigeadh iad arís ag Cromail. Mar sin féin, táid ann fós. Brí: díspeagadh ar Ceallach, ainm pearsanta a chiallaíonn "ceann geal". Bhí clann eile i Maigh Eo. Bhain **Mac Ceallacháin** (Kelahan) leis an Iar-Mhí. SGG.

Ó Ceallaigh: Kelly, O'Kelly: an-líonmhar gach aird: tugann de Bhulbh naoi gclann leis an sloinne seo. Ó Ceallaigh Uí Maine an ceann is mó, b'fhéidir. Thuit Tadhg Mór Ó Ceallaigh ag Cath Chluain Tarbh. Bhí clanna i nDoire, Laois, Sligeach agus Corca Laoidhe in iarthar Chorcaí. IF & SGG.

Mac Ceallaigh: Kelly: ní féidir idirdhealú ar Ó Ceallaigh. Bhí Mac Ceallaigh i nGailimh in anallód ach baineann an sloinne seo go príomhdha le Oileán Mhanainn.

Ó Ceanglacháin: sa teanga labhartha i Maigh Eo. Mí-aistriú ar Tighe, b'fhéidir. SGG.

Mac Ceanglaigh: Kangley: annamh: an Cábhán-an Mhí: Bíonn Tighe orthu, leis. Féach Mac Coingheallaigh.

Ó Ceanndubháin: Canavan: líonmhar: Gaillimh, Tír Eoghain, Cill Mhantáin, Loch Garman. Clann liachta a bhain leis na Flaithbheartaigh. Le saobh-aistriú, deineadh Whitehead den sloinne seo corr-uair. MIF & SGG.

Ó Ceannduibh: Cannille: Droichead na Bandan. Cosúil le Ó Ceanndubháin, thuas.

(de) Ceannt: Kent: cuíosach líonmhar: Loch Garman, Port Láirge, Corcaigh. Sasanaigh ón 13 céad nuair a bhí siad suite sa Mhí. IF. Éamonn Ceannt duine de bhunaitheoirí na Poblachta (1916).

Mac Ceara: Carr. Bhain siad le Gallimh, ach bíonn Ó Ceara níos coitianta. SGG.

Mac Cearáin: Mac Carron: líonmhar: Ulaidh, Sligeach, Maigh Eo. Bhain siad le iarthar Uladh.

Ó Cearáin: Kerrane: annamh: Ros Comáin, Maigh Eo. Claochlú ar Ó Ciaráin, q.v.

*Mac Cearbhaigh: Mac Carvey: Cearbhach = clamhach, ach b'fhéidir go bhfuil brí eile leis.

Ó Cearbháin: Carvin: annamh: Baile Átha Cliath. Cearbh = saint. Bhain siad le Laighin.

Ó Cearbhaill: Carroll: an-líonmhar ar fud na tíre, in Osraí ach go h-áirithe: bhí clanna in Éile (Uíbh Fhailí) agus Oirghialla. Bhí Ó Cearbhaill Éile páirteach i gCath Chluain Tarbh. Ainm pearsanta Cearbhall a chiallaíonn, b'fhéidir, "cróga sa chath". IF.

Mac Cearbhaill: Carville: líon beag: Cúige Uladh, tuaisceart Laighean. Bhí clú orthu mar cheoltóirí in Ultaibh. SI & SGG.

Ó Cearbhalláin: Carolan: líonmhar: Tuaisceart Laighean, Ulaidh. Brí: ar aon dul le Ó Cearbhaill ach féach Ó Cairealláin chomh maith. Toirleach Ó Cearbhalláin (1670-1738), duine de cheoltóirí móra na nGael.

Ceard: Caird: fíor-annamh: Áth Cliath. Sloinne Albanach: brí: ceardaí.

Ó Cearmada: Carmody: líonmhar: an Clár, Luimneach, Ciarraí thuaidh. Sa Chlár ar dtús an sloinne seo. B'fhéidir gur ainm pearsanta Cearmaid ach ní fios cén bhrí. MIF.

Ó Cearnacháin: (1) Kernaghan (2) Kernon: tá (1) líonmhar in oirthear Uladh ach tá líon beag (2) in Ard Mhacha. Anallód, bhí clanna sa Mhí agus Tír Conaill. Brí: ceárnach a chiallaíonn buadhach.

Mac Cearnaigh: Carney: Laighin thuaidh & Ulaidh theas ach tá meascadh le Ó Cearnaigh i gConnacht. B'as an Mhí don chlann seo i dtosach. Brí: ceárnach = caithréimach.

Ó Cearnaigh: Kearney, Carney: an-líonmhar ar fud na tíre: dhá chlann aitheanta (1) de chuid Uí Fiachrach (Connachta) & (2) de chuid Dál gCais (an Clár). Bhí clann airchinnigh i nDoire chomh maith. Féach Ó Ceithearnaigh, leis.

Ó Cearra: fíor-annamh: féach Ó Carra.

de Céarsaigh: Kiersey: cuíosach annamh: Port Láirge & rl. Shocraigh siad ann sa 13 céad. Ó logainm i Suffolk. Bíonn Ciarasach orthu, leis.

Ó Céatfhadha: annamh: Tiobraid Árann. Keaty (Keating): dream de chuid Dál gCais a bhí lonnaithe cois Luimnigh. Nua-litriú: Ó Céataí. SGG, SGA.

Ó Céidigh: Keady: annamh: Gaillimh. Féach Mac Céadaigh.

Mac Céidigh: Keady: claochló ar Ó Meicéidigh (Corcaigh), q.v. SGG.

Ó Céile: Kealy, Keeley: líonmhar i Laighin agus Doire ach measctha le Ó Caollaí & Ó Cadhla. Bhí siad ina n-airchinnigh ag an dTulach, Ceatharlach, tráth, agus bhí dream eile ag Baile Shláine sa Mhí. Brí: céile = compánach nó seirbhíseach. MIF & SGG.

Mac Céile: Mac Hale. Deir Mac Firbhisigh go raibh clann eaglasta ag Cill Ala. Meascaithe anois le Mac Haol, q.v.

Ó Céileacháin: Keelaghan, Kellaghan: líon beag: Lár na Tíre. Bhain siad le Oirghialla i dtosach. Is cosúil gur bhog siad ó dheas. Brí: díspeagadh ar "Céile".

Ó Céileachair: Kelliher: an-líonmhar sa Mhumhain, i gCorcaigh ach go h-áirithe. Dream de chuid Dál gCais, de shliocht Donnchuan, deartháir Bhriain Bóroimhe, a b'ea iad. Brí: cara dil. IF & SGG.

Ó Céin: Keane: Clann a bhain leis na Déise ach anois ba dheacair idirdhealú ar Ó Catháin atá líonmhar tríd an dtír. Ón ainm pearsanta Cian (buan-seasamhach). GPN & SGG.

Ó Ceinnéidigh: féach Ó Cinnéide.

Ó Céirín: (1) Kearns, (2) Kerins: tá (1) líonmhar i Laighin theas & Connachta; (2) cuíosach líonmhar i gCiarraí & Connacht. Deir de Bhulbh go raibh clann díobh suite i Maigh Eo. Is comhchiallach le Ó Ciaráin é agus is cosúil go raibh clanna éagsúla ann. SGG.

Ó Ceirisc: féach Mac Fhiarais.

Ó Ceit: Kett: líon beag: Clár/ Luimneach/ Ciarraí. Ceat ó Chorca Modhruaidh. Bhí **Mac Ceit** ann, leis. SGG.

Ó Ceithearnaigh: Kearney?: seo sloinne a bhí i Ros Comáin & Corcaigh sa 16 céad. Táid "báite" in sna leagain ghallda mar aon le Ó Catharnaigh & Ó Cearnaigh, q.v. Dar ndóigh, ciallaíonn ceithearnach saighdiúir coise - téarma a luaitear go minic i dtaifid an 16 céad.

Mac Ceithearnaigh: tá sé seo ar aon dul le Ó Ceithearnaigh, de réir de Bhulbh.

Mac Céitín: (Mac) Keating: líon beag in Ulaidh (sa Dún). Féach Ó Céadfhadha a bhí sa Chlár.

Céitinn: Keating: an-líonmhar: Mumhain & deisceart Laighean go príomhdha. Angla-Normannaigh a tháinig go luath san Ionradh agus chuir fúthu i ndeisceart Laighean. Ghlacadar leis an gcultúr Gaelach agus maireann clú an Dr. Seathrúin Chéitinn (1570-1644) mar scríbhneoir na Gaeilge clasaicí. Fréamhú: *Cethyn* - ainm Breatnach, is cosúil. D'fhéadfadh an sloinne Gaelach Ó Céatfhaidh bheith i gceist anseo chomh maith.

Mac Ceóch: Mac Keogh. Féach Ó hEochach. SGA.

Ó Ceocháin: Keohane: líonmhar: Corcaigh thiar: claochlú ar Mac Eocháin, q.v.

Ó Ceóinín: Keoneen: féach Mac Sheoinín.

Ó Ciabhaigh: Keavey: annamh: an Clár. Brí: ciabhach, le gruaig fhada.

Ó Ciabháin: Kevane, Keevan: aistrithe go Kavanagh den chuid is mó: cuíosach líonmhar mar sin i gCiarraí. Clann de chuid Chorca Laoidhe ar dtús. Féach Ó Ciabhaigh agus Ó Cíobháin, leis. Brí: ciabhach, le gruaig fhada. Ó Cíobháin atá orthu anois sa teanga labhartha.

Ó Cianaigh: Keaney (Connacht & Fear Manach), Keeney (Tír Conaill): cuíosach líonmhar. measctha le Kenny anois. Ceapann de Bhulbh gur Ó Caoinnigh a bhí ann ar dtús agus is ionann Caoinneach agus Coinneach. Féach Mac Coinnigh. Ar an dtaobh eile, tá tuairim ag Mac Giolla Iasachta gur sloinne le "Mac" é (cosúil le Mac Fhinn) ach ní fios go cinnte. MIF.

Ó Cianáin: Keenan: an-líonmhar in Ultaibh. Ollúna do Mhag Uidhir Fhear Manach a b'ea iad. Scríobh Tadhg Ó Cianáin (c.1575-1625) cur síos stairiúil ar Theitheadh na n-

Iarlaí. Ainm pearsanta is ea Cian : brí: ársa nó buan-sheasamhach; as seo, dar ndóigh, Cianán. IF.

Mac Ciaragáin: Mac Kergan: annamh: Aontraim. Tá Mac Keraghan ann, leis, san Ómaigh.

Ó Ciaragáin: Kerrigan, Comer: líonmhar: Lár na Tíre, Connachta, Ulaidh. Clann d'Uí Fiachrach Mhaigh Eo. Mí-aistriú is ea "Comber". Fréamh: díspeagadh ar an ainm Ciar.

Ó Ciaráin: Kieran: líonmhar i dtuaisceart Laighean ach tá sé ar aon dul le Ó Céirín a bhaineann le Connacht den chuid is mó. Bhí Ciarán ar thimpeall dosaen de naoimh na h-Éireann; ciallaíonn an t-ainm duine le gruaig dhubh nó cruth crón. Féach Ó Cearáin.

Mac Ciaráin: Mac Carron: líonmhar: iarthar Uladh. Tá Mac Cearáin ann, leis.

Ó Ciarba: Kirby: líonmhar, i dtuaisceart na Mumhan ach go h-áirithe. Is claochlú ar an sloinne Ó Ciarmhaic é. Tá an leagan Kerwick i gCill Chainnigh.

Ó Ciardha: Carey: galldú é seo ar roinnt sloinnte éagsúla ach bhain Ó Ciardha le h-Uí Néill an Deisceart a scaipeadh san Ionradh Mór. Litriú nua Ó Ciara. Féach Mac Fhiachra, leis.

Ó Ciardubháin: Kirwan: an-líonmhar: go príomha i ndeisceart Laighean & Port Láirge. Airchinnigh i Lú ar dtús iad ach is mar cheann de "Threabhanna na Gaillimhe" is mó atá trácht orthu. Ciar-dubh = fíor-dubh. Litriú nua: Ó Ciarubháin. IF

Ó Ciarmhacáin: Irwin, Carey: SGG.

Ó Ciarmhaic: Kerwick: líon beag: Cill Chainnigh & rl. Ach galldaíodh "Kirby" iad den chuid is mó. Sa 12 céad bhí Ó Ciarmhaic ina thaoiseach ar Áine (Co. Luimnigh). Féach Ó Ciarba, leis. SGG & IF.

Ciarsach: Kearsey: luaite ag de Bhulbh: ní fios an bhfuil siad anois. De Céarsaigh aige, leis.

Ó Cibhleacháin: Kivlehan: fíor-annamh: Áth Cliath. Clann a bhí mar chomharbaí ar N Feichín ag Fobhar, Iar-Mhí. Brí: duine le cosa bóracha. Féach Cibhil & Cibhlín. SGG.

Ó Cibhil: Keville: líon beag: Áth Cliath, Gaillimh, Maigh Eo, Liatroim. Giorrú ar Ó Cibhleacháin.

Ó Cibhlín: Kevlin: i Maigh Eo, tráth; is cosúil nach ann dó a thuilleadh. Féach Ó Cibhil.

Ciceam: Kickham: annamh: Corcaigh, Loch Garman. Sasanaigh sa 18 céad. Dar ndó bhí Charles J. Kickham (1828-82) againn, scríbhneoir agus fear de chuid " Éire Óg" agus na bhFiníní.

Ó Cilleáin: Killean, Killane: líon beag: scaipthe. Féach Ó Cillín.

Ó Cillín: Killeen: líonmhar ar fud na tíre: i gConnachta den chuid is mó. Éiríonn Cillín ó "ceallach" .i. díthreabhach, ach tá tuairim láidir ann anois gur ainm fíor-ársa Ceallach a chiallaíonn "ceann geal". Sloinne eile ar fad is ea "Killen" in Ultaibh. MIF& GPN.

Mag Cineáith: Mac Kenna: leagan iar-Luimnigh den sloinne Mac Cionaoith, q.v.

***Ó Cineáith**: féach Ó Cionaoith.

***Ó Cingeadh**: King: an-líonmhar ach baineann an sloinne Béarla le roinnt sloinnte Gaelacha éagsúla. Féach Ó Cionga, Ó Conraoi, Mac Conraoi, Mac Fhearadhaigh. IF.

Ó Cinín: Keenan: fuarathas i Ros Comáin iad. Claochló ar Mac Fhinghin, q.v. SGG.

de Ciniphéic: Kenefick: líon beag: Corcaigh. In Éirinn sa 13 céad, ó logainm Breatnach.

Ó Cinnchnámha: Kineavy: fíor-annamh: Gaillimh. Clann de chuid Uí Fiachrach Mhaigh Eo. Féach Mac Conshnámha, leis. SGG.

Ó Cinndeargáin: Kindregan: annamh: Gaillimh, Cill Dara & rl. Deir Mac Giolla Iasachta agus de Bhulbh go mbaineann siad leis an gClár. Ní luíonn "ceann dearg" le gnás na Gaeilge ach fágaimís siúd mar atá sé. SI.

Ó Cinnéide (Cinnéidigh): Kennedy: an líonmhar ar fud na tíre: clann de chuid Dál gCais, a shíolraigh ó Chinnéididh, mac le Donnchuan, deartháir Bhriain Bóroimhe; d'éiríodar cumhachtach in Ur-Mhumhain. Bhí clann eile in Uí Maine. Tá an sloinne coitianta in Albain, leis. Leath na daoine ó Ur-Mhumhain go Loch Garman. Mar sin,

29

is d'fhuil Bhriain Cinnéidigh Mheiricea. Brí: ceann clogaid, nó, b'fhéidir, ceann grána. IF.

Ó Cinnfhaolaidh: Kenneally, Kennelly: líonmhar sa Mhumhain. Bhí an chlann seo suite in Uí Conaill Gabhra (Iarthar Luimnigh) nuair ghaibh na Gearaltaigh an dúiche san 13 céad ach d'fhanadar timpeall go dtí an lá inniu. Brí: ceann faolchon (mac tíre). Ó Cionnfhaolaidh, leis. Féach Ó Coingheallaigh chomh maith. IF.

Cinnicéid: Kincaid: líon beag: Ulaidh & rl. Albanaigh ó áit i Sterlingshire. SS.

Cinnsealach: Kinsella: an-líonmhar: Laighin. Dream a shíolraigh ó Éanna Cinnsealach, mac le Diarmaid na nGall Mac Murchadha. Sampla den dornán sloinnte Gaelach nach bhfuil "Ó" ná "Mac" ag baint leo. Barúntacht Ghuaire a ndúiche mar a raibh an logainm treibheach Uí Cinnsealaigh i bhfeidhm sa 12 céad. IF.

Ó Cinnseamáin: leagan de Mac Oinseamáin (Kingston) a fuarathas in iarthar Corcaí. SGG.

Ó Cíobháin: féach Ó Ciabháin.

Ó Ciobhlacháin: féach Ó Cibhleacháin thuas.

Ó Ciobúin: mar Mac Giobúin, q.v.

Ó Cíocaráin: Keighran: annamh: Liatroim. Clann de chuid Síol Anmchadha i nGaillimh i dtosach. Deineadh Kerrigan díobh go minic. Brí: cíocrach, ocrach.

Mac Cionaodha, -Cionaoith: Mac Kenna: an-líonmhar tríd an dtír: tuaisceart Laighean go speisialta. Dream de chuid Niallaigh an Deiscirt a bhí suite i dTriúch (Muineachán). Bíonn Mag Cineáith orthu sa Mhumhain. Bhí cáil orthu i gcursaí liteartha. Ainm a bhí i bhfeidhm san 8 céad is ea Cináed nó Cionaodh agus iasacht, b'fhéidir, ón bPictis. Bhí sé ar chéad rí Alban, Cináed Mac Ailpein, d'éag 860 A.D. GPN & IF.

Ó Cionaoith: Kenny: an-líonmhar: Gaillimh faoi leith. Clann de chuid Uí Maine ach, aisteach go leor, shocraigh clann Sasanach, Kenney, sa dúiche chéanna sa 17 céad agus b'iad-san na tiarnaí talún san áit. Chomh maith leis sin, freagraíonn Kenny dos na sloinnte Gaelacha seo: Ó Coinne, Ó Coinnigh, Mac Giolla Choinnigh. Féach Mac Cionaoith, leis. IF, SGG.

***Ó Cionga**: King: ní fios an ann fós dó: bhain an sloinne seo le dúiche Loch Rí. Tugann de Bhulbh an litriú Ó Cingeadh, leis. Brí, dar leis, "cróga". Anois, téann an sloinne Sasanach King leis na cinn Gaelacha seo: Mac Conraoi, Mac Fhearadhaigh, Ó Maol Conaire. IF.

Ó Cioráin: féach Ó Ciaráin.

Ó Ciordubháin: féach Ó Ciardubháin.

Ó Ciosáin: Kissane, Cashman: líonmhar: Ciarraí, an Clár, Tiobraid Árann. Ceapann Mac Giolla Iasachta gur Ó Cíosáin le ceart é. Luann de Bhulbh Ó Casáin. SI.

(de) Ciosóg: Cusack: líonmhar: Lár na Tíre, Luimneach, Corcaigh: Seo Normannaigh (de Cussac) a tháinig san Ionradh agus a gaelaíodh ar fad. Chuireadar fúthu sa Mhí in aimsir Rí Eoin ach cailleadar a gcuid tailte sa 17 céad. Sa Chlár, arbh as do Mhícheál de Ciosóg, duine de bhunaitheoirí Chumann Lúith-Chleas Gael, bhí an sloinne Mac Íosóg; ní fios go cinnte an ceann dúchasach é nó gaelú ar Cusack. Seans gurab é an chéad rogha mar tá Mac Iosaig (Mac Isaac) le fáil in Albain, leis. Bíonn Cíosóg agus Ó Cíosóig orthu, comh maith. Tá de Cíomhsóg agus de Cíumhsóg in SGG. IF.

Mac Ciothruadha: Mac Kerrow: fíor-annamh: Áth Cliath. Ainm de bhunadh Lochlannach. SGG.

Ó Ciseáin: cosúil le Ó Ciosáin.

Ó Clabaigh: Clabby: annamh: Lár na Tíre & Áth Cliath. Clann airchinneach i Ros Comáin i dtosach. Bhain siad le Béal Átha Mó agus cáil na féile orthu. Tá dhá bhrí le "clabach", béal oscailte nó cainteach. SGG.

Ó Claimhín, Clamháin: Clavin: annamh: Lár na Tíre & rl. Le mí-aistriú aisteach eile tugadh Swords orthu i gConnachta. Ciallaíonn "clamh" galar craicinn nó lobhra - b'fhéidir go raibh fonn ar Mhuintir Chlaimhín bheith luaite le claidheamh!

Clanndiolún: Clandillon: fíor-annamh: Áth Cliath. Deir Mac Giolla Iasachta nach bhfuil aon tuairisc faoin sloinne seo roimh an 19 céad agus ní fios carbh as dó. Ar aon nós, is sloinne álainn é a bhaineann i slí éigin le mór-chlann Diolún.

Mac Claochlaoich: Coakley: Mac Caochlaoich atá ann, deir de Bhulbh.

Ó Claonáin: *Clinane: fuair de Bhulbh i gConnachta é. Claon + lúbtha.

Ó Clatháin: Clehane: annamh: Corcaigh. Ionann é agus Ó Cathláin, q.v.

de Cléir: Clare, Clear, Cleere: líon beag: deisceart Laighean, Port Láirge, Tiobraid Árann. Tháinig Richard de Clare, i gceannas ar arm Normannach, go h-Éirinn i 1170. Is cosúil gur ainm áite sa bhFrainc nó i Sasana Clare. Bhí an chlann seo chun tosaigh i gcursaí na tíre síos go dtí an 17 céad. MIF.

Cléireach: Clarke: Coitinn sna sean-taifid ach meascaithe le Ó Cléirigh anois.

Ó Cléireacháin: (1) Clerkin, (2) Clarkin: tá (1) cuíosach líonmhar i Muineachán & Cabhán; (2) annamh & scaipthe. Bhí dhá chlann den sloinne seo anallód: (a) in Uí Cairbre Aobhdha (cois abhann na Máighe), (b) Coillte Fallamhain sa Mhí. Brí: cléireach nó pearsa eaglasta.

Ó Cléirchín: comhchiallach lc Ó Cléireacháin.

Ó Cléirigh: Cleary, Clarke: an-líonmhar sa tír: tá Clarke i dtuaisceart Laighean & Connachta. Tháinigh na Cléirigh ó Chléireach de shliocht Ghuaire an Oinigh & bhain siad le Cill Mac Duach nó Aidhne i ndeisceart na Gaillimhe. Scaipeadh iad sa 13 céad agus fuair cuid acu dídean i dTír Conaill mar scríobhaithe ag na Domhnallaigh. Is mar sin a bhí siad páirteach in Annála Ríocht Éireann. Tháinig an sloinne i bhfeidhm i lár an 10 céad - an ceann ba luaithe sa tír, ceaptar. Tá an sloinne Sasanach Clarke ann, leis, ach tuairimíonn Mac Giolla Iasachta gur lú iad ná na cinn dúchasacha. IF.

Mac an Chléirigh: Clarkson: annamh: deir de Bhulbh go mbaineann sé le Cabhán ach ní féidir idirdhealú a dhéanamh air féin agus Ó Cléirigh. **Mac Cléirigh** ann, leis.

Climéis: Clement: ainm Sasanach agus idirnáisiúnta: "trócaireach". Féach Clements i gCuid II

Clinse: Clinch: líon beag: Áth Cliath & rl. I Laighin ón 14 céad. Sasanaigh ó logainm i Wiltshire.

(de) Cliontún: Clinton: líonmhar: Áth Cliath & Laighin thuaidh. Sasanaigh ón 13 céad. Ach tá meascadh le Mac Giolla Fhiontáin, q.v.

Cliseam: Clisham: annamh: Conamara. Cuma Sasanach air ach iad bheith Gaelaithe le fada.

Mac Clochlaire: Clogher, Kingston: annamh: oirthear na Gaillimhe & rl. Is ionann clochaire agus saor cloiche.

Ó Clochartaigh: Cloherty: annamh: Gaillimh. Deincadh "Stone" den sloinne seo, leis. Ní fios an bhrí - b'fhéidir go mbaineann le "clochar" nó "glothar" (= gliogarnach). SI.

Ó Clochasaigh: Clohessy: cuíosach líonmhar: Luimneach, an Clár, Tiobraid Árann. Tá Baile Uí Chlochasaigh sa Chlár agus is cosúil gur annsin a bhí siad ar dtús. SI.

Ó Clothacháin: Clogan: fíor-annamh: Luimneach. Deir de Bhulbh gur airchinnigh i dTuath Ó gConghaile a b'ea iad (oirthear an Chláir). Brí: clothach = clúiteach.

Ó Cluaid: fíor-annamh: Áth Luain. ? Clyde. Féach i gCuid II.

Ó Cluain: Clune: líon beag: an Clár & Luimneach. Tugann de Bhulbh an réimír "Ó" agus deir sé gur giorrú ar "Cluaineach" an sloinne seo, ach ceapann Mac Giolla Iasachta gur ó" Mac Glúin" a d'éirigh sé. Bhí siad seo suite in aice le Cuinche, an Clár. SI.

Ó Cluanaigh: Cloney, Clooney: líon beag: Loch Garman. Brí: Cluain = plámás, calaois.

Mac Cluanaigh: Mac Clooney: annamh: Aontroim. Ar aon dul le Ó Cluainigh, is cosúil.

Ó Cluanáin: Cloonan: annamh: Gaillimh & rl. Is le Gaillimh iad riamh. Cosúil le Ó Cluainigh.

Ó Cluasaigh: Close: líonmhar: Aontroim & Béal Feirste. Is cosúil gur de bhunadh Sasanach cuid mhór díobh seo ach bhí clann Ghaelach sa dúiche seo, leis. Brí: cluasa móra! Duine de ghaiscígh na h-Athbheóchana Gaelaí a b'ea an t-Urr. Maxwell Close (1822-1903).

Mac Clúcáin: Mac Clughan: annamh: An Dún. Ón sean-ainm *Lughán*, b'fhéidir.

Ó Clúmháin: Clifford: líonmhar: Ciarraí & Luimneach. Tá an galldú "Coleman" orthu i gCorcaigh, leis. Clann litearatha a bhain le Muintir Uí Eaghra i Sligeach. Chuaidh cuid acu ó dheas, mar a bhfuil siad le fáil anois faoin mbréag-ríocht "Clifford". Ciallaíonn clúmh na cleití boga ar éanlaith - b'fhéidir go bhfuil ceangail éigin annsan. SGG.

31

Mac Cnáimh: Bownes: annamh: Ulaidh. Fuair de Bhulbh i Maigh Eo iad. **Mac Cnámhaigh**, leis.

Mac Cnáimhín, Ó Cnáimhín: Mac Nevin, Nevin: líonmhar: Laighin, Maigh Eo, Gaillimh. Clann a bhí suite in Uí Maine (Gaillimh) anallód. Bhí cáil orthu mar fhilí agus lianna. Luann de Bhulbh an sloinne Ó Cnáimhín mar dhream de chuid Dál gCais ach is cosúil gur uathu-san a d'éirigh an chlann chlúiteach i nGaillimh. Tugadh Bowen agus Neville orthu uaireannta. Ní féidir a rá go cinnte go mbaineann an sloinne seo le cnámha. SGG & MIF.

Ó Cnáimhsí: Bonner, Bonar: líonmhar: iarthar Uladh. Tá na leagain ghallda "Kneafsey" agus "Crampsey" imithe as feidhm, geall leis. Is ionann cnáimhseach is bean chabhartha i gcursaí breithe; fágann san gur sloinne ó thaobh na máthar atá againn - an rud is annamh is iontach! Is cosúil gur Pailitínigh Muintir Bonner i Luimneach-Tiobraid Arann. MIF.

de Cnoc: Knox: líonmhar in Ultaibh. Albanaigh gan amhras. Cónaí acu ar chnoc i Renfrew.

a' Chnoic: Hill: gallda den chuid is mó ach leasainm uaireannta sa deisceart.

Ó Cobhthaigh: Coffey & rl. An-líonmhar ar fud na tíre. Tugann de Bhulbh cúig chlann: (1) iarthar Chorcaí (2) in Uí Maine (3) in Umhall, Maigh Eo. (4) san Iar-mhí (5) i nDoire. Litrú nua: Ó Cofaigh.

Mac Cobhthaigh: Mac Cooey: líon beag: Tír Eoghain. Mac Cumhaighe, Mac Cumhaí, leis. Is ionann "cobhthach" agus buach, caithréimeach. Art Mac Cobhthaigh (1715-74) a scríobh an dán úd is annsa le hUltaigh "Úir-chill a' Chreagain".

Ó Cochláin: Coughlan: líonmhar tríd an dtír, i gCorcaigh ach go h-áirithe. Ón mball éadaigh cochall. Bhí siad suite in oirthear Chorcaí. IF.

Mac Cochláin: Coughlan: Bhí an chlann seo chun tosaigh in Uíbh Fhailí ach chuadar i léig de réir a chéile. Tá siad scaipthe i bhfad ó Chluain Mhic Nóis mar a rabhadar ina dtiarnaí tráth, ach ní féidir idirdhealú a dhéanamh ar Ó Cochláin anois. Tá Mag Cochláin ann, leis IF.

Coda: Codd: cuíosach líonmhar: Loch Garman. Sasanaigh ón 13 céad. Féach Mac Oda, leis.

Ó Codlata: Culloty: líon beag: Ciarraí & iarthar Chorcaí. Brí: codladh nó suan. Litriú nua: Ó Collata. **Mac Codlatáin**: Culleton: cuíosach líonmhar: Loch Garman, Ceatharlach, Cill Chainnigh. Tá an chlann lonnaithe sna dúichí seo leis na céadta blian. Bíonn Ó Codlatáin orthu corr-uair. Litriú nua: Mac Collatáin. MIF.

Mac Cogadháin: Cogan, Coggin: cíosach annamh: Sligeach & rl. Clann a áitigh dúiche dar b'ainm Clann Fearnaighe i Liatroim. On ainm pearsanta Cúchogaidh. Litriú nua: Mac Cogáin. Féach Mac Cogaidhín, leis. MIF.

Mac Cogaidhín: Cogavin: annamh: Gaillimh. Ar aon dul le Mac Cogadháin, q.v.

de Cogán: Cogan, Goggin: líonmhar seachas i gC. Uladh & an Meán-Iarthair. Tháinig Milo de Cogan le de Cléir (Strongbow) i 1170 agus fuair tailte fairsinge i gCorcaigh. Chlaochlaigh an sloinne go Gogán sa chaoi is go raibh Rath Gogáin ar an áit ina bhfuil Charleville anois. Chomh maith leis sin, tá na sloinnte Gaelacha Ó Cuagáin & Mac Cogadháin, a aistríodh go Cogan, ann. Féach orthu san, leis. MIF.

Mac Cogaráin: Mac Caughran: cuíosach líonmhar: Aontroim. Ní foláir go raibh clann eile sa Chlár - bhí Cogarán mar rúnaí ag Brian Bóroimhe agus deir de Bhulbh go raibh an chlann i dTuathmhumhain. Fuair Mac Giolla Iasachta in iarthar an Chláir iad. Bhí Ó Cogaráin orthu, leis.

Mac Coibhdheanaigh: Coveney: líon beag: Corcaigh. Clann a bhí lonnaithe i gceantar darab' ainm Crannach, Cill Chainnigh. Brí: coibhdhean = buíon nó díorma. Bíonn Ó Coibhdheanaigh ann, corr-uair. Litriú nua: Mac Coibheanaigh. SGG.

Ó Coigligh: Quigley, Cogley: líonmhar ar fud na tíre, go speisialta i ndeisceart Laighean, Ulaidh, Sligeach. Cuid d'Uí Fiachrach i Maigh Eo a b'ea iad. Is ionann coigealach agus giobach nó sraoilleach. Bíonn an leagan Ó Coigealaigh ann, leis. IF.

Mac Cóil: féach Mac Comhaill.

Ó Coileáin: Collins: an-líonmhar ar fud na tíre, go speisialta i gCorcaigh & iarthar Luimnigh, áit a raibh a ndúiche shinnseartha, Uí Conaill Gabhra. Chuir na Normannaigh an ruaig orthu i 1178 agus chuadar go dtí iarthar Chorcaí mar aon leis na Donnabhánaigh. Maidir le brí: tugtar coileán = madra óg ach ní féidir bheith cinnte de. Micheál Ó Coileáin (1890-1922), an duine ba mhó díobh, is dócha.

Coiléir: Collier: líonmhar: Laighin ach go h-áirithe. Sasanach: in Éirinn ón 14 céad. Brí: mianadóir guail. MIF.

Coilféir: Colfer: líon beag: Loch Garman, Port Láirge. Is cosúil gur Sasanaigh a b'ea iad, agus iad na céadta blian i bhFothart, Loch Garman. MIF.

Ó Coilgin: Quilligan: féach Ó Cuileagáin & Ó Colgan.

Mag Coilidh: Mac Gilly: fíor-annamh: Cabhán. Féach Mac an Choiligh.

Mac an Choiligh: Mac Quilly, Coxe: cuíosach líonmhar: Lár na Tíre & Connachta. Airchinnigh i Ros Comáin a b'ea iad, tráth. Aistrithe go Coxe cuid mhaith. Bhí Ó Coiligh orthu, leis. Féach Mac Conchoille. Fuarathas Mac Coiligh, uaireannta. SI.

Mac Coiligin: ar aon dul le Mac Colgan. Féach Ó Cuileagáin, leis.

Mac Coilín: Mac Killen, Cullen: líon beag: Ulaidh. Féach Mac Cailín.

Coimín: Comyns: cuíosach annamh: sa Mhí & rl. Bhí John Comyn ina Ard-Easpag ar Áth Cliath ó 1182-1213, agus bhí céimíocht mhór acu sa Pháil ins na céadta sin. IF

Mac Coimín: Comyn, Cummins: cuíosach líonmhar: Laighin & Connachta. Measctha le Ó Coimín agus Ó Comáin, q.v. Tá baint faoi leith ag Mac Coimín le Cúige Uladh.

Ó Coimín: Commons, Cummins: an-líonmhar sa tír ar fad. Baineann Ó Coimín le Connacht. Tá cur síos breise air faoi Ó Cuimín, q.v.

Ó Coindlis: Quinlisk: fíor-annamh: féach Ó Cuindlis.

Ó Coincáin: Kennan: féach Ó Cuineáin & Ó Cuinneáin.

Ó Coineóil: Connole: líon beag: an Clár, Gaillimh, Corcaigh. Clann a bhí ina a gcomharbaí ag an mainistir ag Drom Chliabh, Sligeach, sa mheán-aois. MIF.

Ó Coingheallaigh: Kenneally: líonmhar i gCorcaigh mar a raibh an chlann lonnaithe i gceantar Uí Dhonnabháin. Measctha le Ó Cionnfhaolaidh anois. Brí: dílis do gheall. **Mac Coingheallaigh**, leis.

Ó Coinghill: *Quinnell: Ar aon dul le Ó Coingheallaigh.

Ó Coinín, Mac Coinín: Kinneen, Cunneen, Rabbitt: líonmhar: Gaillimh & Maigh Eo. Bhí Mac Coinín in Iorras, Maigh Eo; dhá chlann a luaitear le Ó Coinín - ceann i dTuathmhumhain agus ceann eile in Uíbh Fhailí. Níl aon bhaint ag an ainm Coinín leis an ainmhí beag *oryctolagus cuniculus* (coinín) seachas an bhun-phréamh chéanna: cú (Laidin *canis*). IF.

Mac Coinleagha: Mac Kinley, Mac Clay. Féach Mac an Leagha.

Ó Coinleisc: Quinlisk: Dream liteartha i gConnachta. Deineadh Grimes díobh, mo léir. SGG.

Ó Coinne: Quinney: is cosúil nach ann dóibh a thuilleadh; b'fhéidir go bhfuilid measctha le Kenny. Bhíodar in Uíbh Eathach (an Dún) fadó. SGG.

Ó Coinneacháin: Kinahan: cuíosach líonmhar: Laighin. Clann a bhí lonnaithe taobh ó dheas d'Áth Luain. Bíonn Cunningham orthu in Ultaibh. Ón ainm Cainneach, is cosúil. MIF.

Ó Coinneacháin: Kinahan: Cúige Laighean. Ón ainm Conn: féach Ó Cuinneacháin.

Mac Coinneagáin: Cunningham. Féach Mac Cuinneagáin.

Ó Coinneáin: Kennan: féach Ó Cuinneáin.

Mac Coinnigh: Mac Kinney, Mac Kenzie: an-líonmhar: Cúige Uladh. Albanaigh cuid mhaith díobh ach bhí clann Ghaelach i dTír Eoghain, leis. Fréamhaíonn siad ón ainm pearsanta Cainneach, mar shampla: an naomh is éarlamh do Chill Chainnigh. MIF.

Coipingéir: Coppinger: líon beag: Corcaigh & rl. De bhunadh Lochlannach, bhí siad chun tosaigh i gCorcaigh ón 14 céad agus iad Gaelach go maith.

Ó Coirbín: Corban, Corbett: líonmhar: Connachta. Sloinne atá bunaithe ar shean-ainm Corbb a chiallaíonn teimhliú nó dorchú. Tugadh an sloinne Sasanach Corbett orthu go forleathan. Féach Ó Corbáin, leis. MIF & GPN.

Mac Coirce: Oates: bréag-aistriú ar Mac Cuirc a bhíonn mar Mag Cuirc de ghnáth.

Ó Coise: Quish: cuíosach annamh: Luimneach-Tiobraid Árann. Bhain siad le Laois fadó. Tá **Mac Coise** ann chomh maith. Brí: giolla coise, b'fhéidir. Tá Mac Cosh in Albain. SGG & SS.

Mac Coistealbh: Costello: féach Mac Oisdealbhaigh.

Ó Coistín: Costin: fíor-annamh: Port Láirge: sa teanga labhartha. Mac Oistín, q.v., le ceart.

Mac, Ó Coitil: Kettle, Kettyle: annamh: Áth Cliath, Lú, Cabhán. Lochannach, is cosúil, ach bhí Ó Coitil, clann de chuid Uí Fiachrach i Sligeach. Tá Kettle & Cottle i Sasana, leis.Cuimhneófar ar Tom Kettle (1880-1916) file a fuair bás i bhFlondrais sa Chogadh Mór. Féach i gCuid II, leis.

Mac Coitir: Cotter: an-líonmhar: Mumhain, i gCorcaigh ach go h-áirithe. Ón ainm Lochlannach Óttarr. Bhí siad suite ag Carraig Thuathail, Corcaigh. SGG & IF.

Col: Coll: fíor-annamh: Cill Mocheallóg, Luimneach. Lochlannaigh, b'fhéidir. I gCúige Uladh tá baint aige le Mac Colla. Bhí na daoine i Luimneach ón 14 céad. SI & MIF.

Colbard: Colbert: líon beag: oirthear Chorcaí, iarthar Luimnigh, Tír Eoghain. Sasanaigh, sa Mhumhain san 15 céad. Ó ainm pearsanta Teotanach Accolobert. Cuireadh Con Colbert chun báis i 1916. B'as Áth a'tSléibhe i gCo. Luimnigh dó. Tá an sloinne le fáil sa bhFrainc chomh maith. SI.

Colcloch: Colclough: líon beag: Osraí & rl. Sasanach, ón 16 céad. Tugann an Sloinnteoir Gaeilge Mac Caochlaoich air chomh maith. MIF.

Colchún: Colhoun: cuíosach líonmhar; Doire, Tír Conaill. Albanach - Colquhoun annsin.

Mac Colgan, Ó Colgan: Colgan: cuíosach líonmhar: Ulaidh & Lár na Tíre. Bhí Mac Colgan suite ag Cill Colgan, Uíbh bhFailí. Bhí Ó Colgan (ar dtús) ag Tír Ciabháin, Doire, ach tugadh Mac Colgan orthu sa 16 céad. Ón ainm pearsanta Colga. Ciallíonn colg "fearg" de ghnáth.

Mac Colla: Coll: cuíosach líonmhar: Ulaidh. Clann ghallóglach i dTír Conaill. Féach Mac Cú Uladh agus Mac Con Uladh. MIF.

Ó Colla: Colley: líon beag: Áth Cliath & rl. Is cosúil gur Sasanaigh Muintir Colley a tháinig sa 16 céad agus fuair seilbh agus sloinne Wellesley níos déanaí. Bhí, ámh, sloinne Gaelach i gConnachta. Luann Mac Giolla Iasachta Mac Cúille agus Mac Giolla Chúille, leis.

Ó Collata: féach Ó Codlata.

Mac Collúin: Mac Aloon: annamh: Fear Manach. Ach Mac Giolla Eoin, áiteanna eile. SGA.

Colmán: Coleman: líon beag: scaipthe. seo sloinne Sasanach atá measctha le clanna Gaelacha (Ó Colmáin & rl.). Sliocht dúchasach formhór Mhuintir Coleman.

Ó Colmáin: Coleman, Colman: an-líonmhar tríd an dtír. Craobh d'Uí Fiachrach i Sligeach. Bhí an t-ainm Colmán (colúr beag) an-choitianta. Féach Ó Clúmháin, leis. Bhí **Mac Colmáin** ann, leis. IF.

Ó Colpa: Collopy: annamh: Luimneach, Port Láirge. B'fhéidir ón dtéarma talmhaíochta "colpa" a chiallaíonn tomhas talún.

Ó Coltair: Coulter: an-líonmhar i gCúige Uladh. Ón Dún dóibh, de réir de Bhublh, ach is sloinne Albanach Coulter chomh maith. Bhí Ó Coltaráin ann, leis.

Coltún: Colton, Coulton: cuíosach líonmhar: Tír Eoghain, Muineachán, Lar na Tíre, Gaillimh, Maigh Eo. Galldú ar Ó Comhaltáin i nGaillimh agus Mac Comhaltain i nDoire ach, dar ndó, sloinne Sasanach chomh maith.

Mac Coluim: Mac Collum, Collum, Columb: líonmhar in oirthear Uladh, beagán i Muineachán agus tuaisceart Laighean. Tá cuma ar an dtuairim ag Mac Giolla Iasachta agus Black go raibh Mac Giolla Chaluim ann ar dtús. Níl sé soiléir an Albanaigh, Éireannaigh, nó meascán díobh atá againn in Ultaibh. Ach is cosúil go raibh clann faoi leith i Longfort gur bhain an file Padraig Colum (1881-1972) leo. Ainm an-choitianta Colm, ón Laidin *columba* = colúr. MIF & SS.

(de) Cómar: (1) Comber, (2) Comer: cuíosach annamh: (1) Corcaigh, Luimneach, an Clár; (2) Gaillimh-Maigh Eo. Tá an sloinne seo i Sasana ach in Éirinn is mí-aistriúchán ar Ó Ciaragáin é. Uaireannta bíonn Ó Ciaráin i gceist. SI.

Ó Comáin: Cummins, Commane: an-líonmhar: gach áit, go speisialta i dTiobraid Árann, Port Láirge, Loch Garman. Bhí an t-ainm Comán an-choitianta anallód agus ní folláir go raibh roinnt clanna éagsúla sa tír. Baineann Ó Comáin le Cúige Mumhan den chuid is mó - is i gConnachta atá Ó Cuimín, q.v. MIF.

(de) Cómar: (1) Comber: annamh: Corcaigh, Luimneach, an Clár; (2) Comer: cuíosach annamh: Gailimh-Maigh Eo. Féach Ciaragán, leis. Ainm ceirde is ea an ceann Sasanach.

Comartún: Comerford: líonmhar: Cill Chainnigh, Ceatharlach, Port Láirge. Sasanaigh a tháinig sa 13 céad agus a gaelaíodh ar fad. Thuilleadar clú ag troid ar son na h-Éireann. Tugann an Sloinnteoir Gaeilge: Mac Cumascaigh, q.v. MIF.

Mac Comhaill: annamh: Cole. Féach Mac Giolla Chomhghaill.

Ó Comhaltáin: Colton: cuíosach líonmhar: Tír Eoghain, Muineachán, Lár na Tíre, Gaillimh - Maigh Eo. Deir Mac Giolla Iasachta gur sloinne Sasanach in Oirghialla é ach is de bhunadh Gaelach i nGaillimh é. Bhí **Mac Comhaltain** i nDoire, tráth. SI.

Ó Comhdhain: Cowen, Cowan: deir Mac Giolla Iasachta go bhfuil an bun-sloinne imithe i léig ach freagraíonn Cowan do Mac Comhdhain i gCúige Uladh. Litriú nua: Ó Comhain. SI.

Mac Comhdhain: Mac Cone: cuíosach annamh: Ard Mhacha. Meascaithe le Mac Eoghain, leis.

Mac Comhghaill: Mac Cole: Tír Conaill & rl. Mac Giolla Comhghaill, is dócha. Bhain N. Comgal leis an mainistir mhór ag Beannchar, an Dún. Tá Mac Cole in Albain, chomh maith.

Ó Comhraidhe: Curry, Corry: an-líonmhar ach baineann a bhformhór le sloinnte eile. Bhí dhá chlann ann: ceann san Iar-Mhí agus ceann sa Chlár - leo-sa a bhain Eoghain Ó Comhraidhe (1796-1862) scoláire mór sa 19 céad. Sloinne Albanach is ea Currie in Ulaidh. Litriú nua: Ó Comhraí. IF.

Ó Conaill: O'Connell: an-líonmhar ar fud na tíre, i gCiarraí, Luimneach & Corcaigh ach go h-áirithe. Clann a bhí suite i Má Gunaithe, Ciarraí, ar dtús ach gur brúadh siar go Uíbh Ráthach iad mar a rabhadar mar chaisealóirí ag an gCarthach Mór. Is sean-ainm pearsanta Conall a chiallaíonn " chomh láidir le mac tíre". Gan amhras gurab é Domhnall Ó Conaill (1775-1847) "An Fuascailteoir", an duine ba mhó díobh. IF & SGG.

Mac Conaill: Mac Connell: an-líonmhar: Cúige Uladh. Claochlú ar Mac Dhomhnaill atá ann.

Mac Conaill Óig: Mac Conalogue: annamh: Tír Conaill. Arís, is Mac Dhomhnaill Óig an leagan ceart. Inis Eoghain is áit dúchais don dream seo.

Ó Conáin: Conan: fíor-annamh: Áth Cliath. Ón sean-ainm Conán. Is dócha go bhfuil sé masctha le Ó Cuanáin anois. SI.

Ó Conaing: Gunning: líonmhar: Connachta, Tuathmhumhain & rl. Dream de chuid Dál gCais a bhí suite ag Caisleán Ó gConaing (Caisleán Uí Chonaill go h-oifigiúil) agus a dhíshealbhaíodh ag na Búrcaigh sa 13 céad. Is cosúil gur sloinne Sasanach Gunning de ghnáth, in Ultaibh ach go h-áirithe.

Ó Conairce: *Conarchy: Bhí Giolla Chríost Ó Conairce ina easpag sa Lios Mór sa 12 céad. SGG.

Ó Conaire: Connery: líon beag: Tuathmhumhain, Corcaigh. Sloinne Muimhneach. Tá meascán le Ó Conraoi i gConnachta. Is aisteach go raibh an sloinne mí-cheart ar Phadraig Ó Conaire (1883-1928) duine des na scríbhneoirí ba mó sa Ghaeilge. Féach Mac Conraoi, leis. Fréamh, b'fhéidir, cúram na gcon. IF.

Ó Conalláin: Connellan: cuíosach líonmhar: an Clár & Gaillimh. Ó Ros Comáin dóibh ar dtús. Bhí clú orthu mar eaglaisigh agus lucht léinn. Tá Ó Coinghiolláin, q.v., ann freisin.

Mac Conallta: Nalty: annamh: Gailimh-Maigh Eo. Brí: cú allta nó madra fiáin. Féach Ó Conallta.

Ó Conallta: Conalty: annamh: Áth Cliath. Sloinne Ultach de réir de Bhulbh.

Mac Conaonaigh: Mac Aneaney, Mac Eneany: líonmhar in Oirghialla. De réir de Bhulbh bhí an chlann seo lonnaithe in aice le Cluain Eois agus le préamh Cú + aonach ach deir Mac Giolla Iasachta gurab é Mac an Dhéaghanaigh an leagan ceart. Tá an-chuid leagan galldaithe ann.

Mac Conanaonaigh: *Nanany: Bhí siad i Ros Comáin: Féach Mac Conaonaigh.

Ó Conaráin: Condron, Conron: cuíosach líonmhar: Lár Laighean. In Uíbh Fhailí ó thús. Brí: cosúil le Ó Conaire, q.v. MIF.í

Ó Conbágha: Corbett, Conba: fíor-annamh mar Conba. Baineann an sloinne seo le Luimneach anois; de réir de Bhulbh, bhí siad in Uíbh Fhailí & Tiobraid Árann sa 16 céad. Tugann sé an bhrí: cú catha. Litriú nua: Ó Conba.

Ó Conbháin: *Cunvane: Níl siad le fáil anois. "Cú Bhán" is bun leis. SGG.

Mac Conboirne: Burns: líonmhar i gConnachta. Clann a bhain le h-Uí Fiachrach (Maigh Eo). Seasann Burns do shloinnte éagsúla; is dócha go bhfuil Mac Conboirne annamh anois.Brí: cú + boireann (logainm faoi leith, gan amhras). Bhí **Ó Conboirne** ann, leis. SGG.

Ó Conbhuidhe: Convey, Conway: líonmhar i gConnachta. Baineann Conway le sloinnte eile, leis. Bhí dhá chlann ann: Uí Fiachrach i Sligeach; Uí Maine i nGaillimh. Litriú nua: Ó Conbhuí. IF.

Mac Concharraige: Carrick, Rock, Mac Carrick: líon beag ar Inbhear na Sionainne, tuaisceart Laighean (mar Rock) ach baineann Mac Carrick le Sligeach. Bhí siad i seirbhís na mBrianach sa Chlár. Ceapann de Bhulbh go raibh Mac Conchathrach ar an ndream i Sligeach ar dtús. Féach de Carraig, leis. SI & SGG.

Mac Conchatha: Battle, Concagh: líon beag: Sligeach, Maigh Eo, Gaillimh. Bhí an chlann seo ag Cúil Áine, Sligeach sa 16 céad. Ainm pearsanta ab'ea Cú-chatha, is dócha.

Mac Conchatha: Battle: aistriú bocht! Bhí siad i Sligeach sa 16 céad. SGG.

Mac Conchathrach: Mac Carrick: Dream den Uí Fiacrach i Sligeach. SGG.

Mac Conchearca: Yorke: annamh: Lár na Tíre. Tá sé measctha leis an sloinne Sasanach York(e) atá le fáil i gCúige Uladh. Is cosúil gur logainm an focal Cearc. SGG.

Ó Concheanainn: Concannon: líonmhar: Gaillimh, Maigh Eo, Sligeach, Doire. Clann de chuid Uí Maine, Gaillimh. Brí: cú + ceannann (ceann bán). IF.

Mac Conchobhair: Naughter, Noctor, Mac Connor: annamh: Loch Garman, Áth Cliath, Ulaidh. Deir Mac Giolla Iasachta go mbaineann siad le Cúige Uladh. Féach Ó Conchobhair.

Ó Conchobhair: O'Connor: an-líonmhar tríd an dtír; sa Mhumhain agus Connachta go sonrach. Luaitear sé chlann faoi leith - na cinn is tábhachtaí, b'fhéidir, (litriú nua),Ó Conchúir Donn (Connacht); Ó Conchúir Uíbh Fhailí; Ó Conchúir Chiarraí. B'é Ruairí Ó Conchúir (1116-1198), den teaghlach Connachtach, Ard-Rí deireannach Éireann. Téann an t-ainm siar go Conchúr Mac Neasa sa Rúraíocht. Brí, deirtear, fear a thaithíonn cúnna, nó, i mBéarla na h-Éireann: "a doggy man". IF & SGG.

Mac Conchogaidh: ? Mac Conkey: Mac Dhonnchaidh a bheadh air seo, de ghnáth.

Mac Conchoigchríce: L'Estrange: annamh: Iar-Mhí & Áth Cliath. Clann a shealbhaigh Muintir Searcacháin san Iar-Mhí anallód. Is ionann coigchríoch agus talamh teorann nó tír iasachta. Bhí an t-ainm pearsanta Cúcoiggríche ag na clanna Mag Eochagáin & Cléirigh go speisialta.Thárla gur shocraigh Sasanaigh dar b'ainm L'Estrange san Iar-Mhí sa 16 céad, bheadh sé deacair idirdhealú a dhéanamh orthu anois. SGG & SI.

Mac Conchoille: Mac Enhill, Woods: annamh: Ard Mhacha & rl. Airchinnigh i dTír Eoghain ab'ea iad ach seasann Woods do roinnt mhaith sloinnte: Mac Giolla Choille, Ó Caoilte, Ó Cuill. SI.

Mac Conchoillín: Smallwoods: annamh: Cúige Uladh. Sloinne Sasanach is ea Smallwoods, leis.

Mac Conchollchoille: Hazel, Hazelton: líon beag: Tír Eoghain & rl. Arís, is sloinne Sasanach Hazelton gan amhras. Níl aon eolas faoin gceann Gaelach. SGG & SGA.

Mac Conchradha: Crowe: líonmhar sa Mhumhain, roinnt i gCúige Uladh. Bhí an chlann lonnaithe i dTuathmhumhain. Deir Mac Giolla Iasachta gur de bhunadh eachtrannach na h-Ultaigh seo ach, de réir Reaney, is ón sloinne Gaelach Mac Fiachain in Oileáin Mhanainn iad. Bhí Mac Enchroe ar an ndream sa Chlár, tráth. Ainm pearsanta is ea Conchraidh - ach ní léir an bhrí. Litriú nua: Mac Conchrú.

Mac Conchruachan: Croghan, Crowne: cuíosach annamh: Ros Comáin & rl. Is cosúil gur ón sean-láthair ríoga i gConnachta an t-ainm seo. MIF.

Ó Conchúir: O'Connor: Litriú nua: féach Ó Conchobhair.

Ó Condubháin: Condon: bhí siad ina n-airchinnigh ag Doire Lorainn i dTír Eoghain. SGG.

Mac Conduibh: líonmhar faoi an-chuid leagan gallda: Mac Aniff, Mac Addoo, Cunniffe & rl. As Connachta dóibh ar dtús. Bhí Ó Conduibh ann, leis.

Condún: Condon: líonmhar: san Oir-dheisceart agus Corcaigh/Luimneach. Normannaigh de chuid na Breataine Bige a shocraigh i dtuaisceart Chorcaí. De Caunteton a bhí orthu thall.

Mac Confhormaoile: Normoyle: líon beag: Luimneach & an Clár. Clann de chuid Tuathmhumhan: Formaoil - áit sa Chlár. Litriú nua: Mac Conormaoile. MIF & SGA.

Mac Confraoich: Conefrey: annamh: Liatroim & Sligeach. B'fhéidir gur log-ainm an focal Fraoch. Con .i. tuiseal ginideach de "cú" ins na sloinnte seo go léir.

Mac Congail: féach Mag Congail.

Mag Congail: Mac Gonagle, Mac Gonigle & rl. líonmhar: Tír Conaill, Doire & rl. Clann Chonallach a bhain clú amach mar eaglaisigh. Bhí Domhnall Mag Congail, Easpag Ráth Bhoth, ar an ndream beag Gael a fhreastail ar Chomhairle Tridentum sa 16 céad MIF.

Mac Conghaile: Mac Neely, Conneely: líonmhar: Maigh Eo, Gaillimh. Measctha le Mac Conghaola sa chaoi is nach féidir idirdhealú eatarthu. Ainm pearsanta is ea Congal a bhí an-choitianta in Éirinn anallód; brí: chomh cróga le cú. SGG & SI.

Ó Conghaile: Connolly: an-líonmhar ar fud na tíre: go sonrach i dtuaisceart Laighean, Ulaidh agus Connachta. Bhí clann amháin de chuid Uí Néill an Deiscirt lonnaithe in Oirghialla; ceann eile bhain siad le Uí Maine (Gaillimh). Féach Ó Coingheallaigh, leis. IF.

Mac Conghalaigh: Connolly: bhain siad le Sligeach agus Liatroim. *Conghal*, misneach mór.

Ó Conghalaigh: comh-ainm le Ó Conghaile, q.v.

Mac Conghaola: Mac Neela: líon beag: Maigh Eo. Cuid d'Uí Fiachrach i nGaillimh theas. Tá an sloinne bunaithe ar cú + Gaola (logainm i nGaillimh). Measctha le Mac Conghaile.

Mac Conghamhna: Gaffney, Caulfield: cuíosach líonmhar: Connacht & rl. Clann de chuid Uí Fiachrach Aidhne (Gaillimh theas). Ní mór féachaint ar Gaffney (Cuid 2) chun an meascán mearaí go léir a thuiscint. Préamh: cú + gamhain. IF.

Mac Conleagha: Mac Kinley: Féach Mac an Leagha.

***Mac Conleitreach**: Letters: níl tásc ná tuairisc ar an sloinne seo anois. Bhain siad le Tír Amhlaidh i Maigh Eo. Brí: cú + leitir (taobh cnoic). SGG.

Mac Conlocha: Lough: annamh: Connachta. Tá Kinlough fíor-annamh. D'fhéadfadh sé seo bheith Albanach, mar atá muintir Lough in Ulaidh. SGG & SI.

***Mac Conluachra**: Kiloughry: níl tuairisc ar an sloinne seo anois. SGG.

Mac Conluain: Cullivan, Caldwell: cuíosach annamh: an Cabhán, an Mhí, Tír Conaill. Dream de chuid Uí Fiachrach i Sligeach. Deir de Bhulbh gur Mac Anluain a bhí orthu ar dtús.sa dúiche sin. Féach Ó h-Anluain, leis.

Ó Conluain: ar aon dul le Mac Conluain, is cosúil. Beidh aithne ag Gaeilgeoirí ar Phroinsias Ó Conluain, scríbhneoir, a rugadh sa Bhinn Bhorb i 1919.

Mac Conmhaic: Connick: annamh: Cill Chainnigh-Loch Garman. Clann a bhí gaolmhar le Faircheallaigh Longfoirt, deirtear, ach bhí siad i Loch Garman sa 17 céad. SI.

Mac Conmhaigh: baineann siad le C. Mumhan faoin leagan Conway. Féach Ó Conbhuí agus Mac Conmidhe, leis.

Mac Conmhaoil: Mac Conville: líonmhar: an Dún & Oirghialla. Mar "Conwell" i Maigh Eo. Conmhaol, ainm pearsanta sa luath-aois. Brí: cú + laoch. GPN.

Mac Conmara: Mac Namara: an-líonmhar sa tír, i dtuaisceart na Mumhan go sonrach. Dar ndóigh, b'iad an dara clann i dTuathmhumhain in ndiaidh na mBrianach. Bhí sé mar oifig acu an Brianach a oirniú mar thaoiseach. Tugadh Clann Chuileáin ar a gcríocha in oirthear an Chláir. Ainm fileata, gan amhras, "cú na mara". IF & SGG.

Mac Conmeadha, Conmheadha: Conmy, Convey: annamh: Sligeach-Maigh Eo. Bhí siad lonnaithe i Muintir Laodhacháin (Iar-Mhí) annallód, de réir de Bhulbh. Is cosúil go dtagann an t-ainm ó: cú + Meadh (log-ainm). Féach Mac Conbhuidhe, MacConmhaigh. Luann de Bhulbh Ó Conmheadha.

Mac Conmidhe: Mac Namee: Cúige Uladh, Lár na Tíre, Connachta. Dream fileata a bhain le Niallaigh Thír Eoghain. Brí: cú + Midhe (an Mhí). MIF.

Mac Con na Búille: Mac Nabola: annamh: Liatroim & Sligeach. Cú na Búille (an abhainn i Ros Comáin) is bun leis an ainm agus mar sin is cosúil gur i Ros Comáin a mhair siad.

Ó Connacháin: Conaghan: líon beag: Doire & Tír Conaill. Ach mar Cunningham go minic. Díspeagadh ar an ainm Conn.

Ó Connachtaigh: Conaty: líon beag: an Cabhán, Longfort & rl. I mBreifne is mó a bhí siad.

*Mac Connachtaigh: Mac Connerty: níl an sloinne seo le fáil anois. Tá Mac Conachie ann - ach is ionann é is Mac Dhonnchaidh, q.v.

Ó Connachtáin: Connaughton: líonmhar: Connacht & Lár na Tíre. Clann de chuid Uí Fiachrach i Sligeach. Cosúil leis na cinn thuas, is ó ainm an chúige é.

Ó Connagáin: Cunningham & rl.: líonmhar i gcoitinne ach bhain Ó Connagáin le (1) Uí Fiachrach i Sligeach agus (2) Uí Maine i nGaillimh. Féach Ó Cuinneagáin. Tá **Mac Connagáin** ann, leis. IF.

Mac Connaidh: Conney, Woods: ní féidir idirdhealú a dhéanamh ar Ó Coinne, q.v. SGG.

Mac Connla: Conley: annamh: Ulaidh. Tugann de Bhulbh Mac Connlaodha orthu agus suíonn sé in Uíbh Fhailí iad mar a rabhadar gaolmhar le Ó Catharnaigh sa 16 céad. Seans gur Conghalaigh atá in Ultaibh.

Ó Connmhacháin: Conway, Convey: líonmhar i gConnachta. Clann de chuid Uí Eaghra i Maigh Eo. Tá ceithre shloinne Gaelach le Conway: Ó Conbhuidhe, Ó Connmhaigh, Mac Conmidhe agus Ó Connmhacháin, ar ndóigh. IF.

Ó Connmhaigh: Conway: líonmhar i gcoitinne ach clann cheolmhar i dTuathmhumhain ab'ea iad seo. Deir Mac Giolla Iasachta gur Mac Connmhaigh a bhí orthu. Féach Mac Conmheadha, leis. IF & SGG.

Mac Connmhaigh: Conway: fuair de Bhulbh sa Chlár iad ach go h-annamh. Féach Ó Connmhaigh.

Mac Conormaoile: Normoyle: an litriú nua. Féach Mac Confhormaoile.

Ó Conra, Ó Conrach: Conry: níl aon tuairisc orthu. SGG.

Ó Conraoi: Conroy, Conry: líonmhar sa tír ar fad ach is le Uí Maine (Gaillimh) an chlann seo. Tugtar "cú na maighe" mar mhíniú ar "Cú Raoi" ach níl sé seo cinnte. IF.

Mac Conraoi: Conroy, King: líonmhar ach bhí Mac Conraoi i nGaillimh agus sa Chlár. Leis an mí-aistriú "King", cuirtear casadh eile agus breis doiléire sa scéal. SI.

Ó Conratha: Conroy: fíor-annamh: Conrahy a bhí orthu roimhe seo. As Uíbh Fhailí dóibh. Luaitear Mac Conratha leis an sloinne seo, freisin. Fréamh: cú + rath ? SGG.

Mac Conriada: Mac Conready, Mac Aready: níl an sloinne le fáil anois ach bhain sé le Doire agus maireann sa bhfoirm Mac Cready sa dúiche sin. Féach Mac Riada. SI.

Mac Conriain: Cunreen, King: níl ann dó anois. Bhí sé i Ros Comáin, tráth. Bunaithe ar an bhfoirm: cú + Rian (ainm pearsanta). SGG.

Mac Conrubha: Mac Enroe, Roe: líon beag: an Cabhán, Muineachán, Longfort. Clann de chuid Bhreifne. Brí: cú + Ruabha (log-ainm, is cosúil). Tá Roe orthu i Lár na Tíre.

Mac Consaidín: Considine: líonmhar: an Clár & Luimneach. Craobh des na Brianaigh i dTuathmhumhain. Fréamh: ón ainm Rómhánach Constantinus. IF.

Mac Conshnámha: Kineavy, Forde: annamh: Gaillimh & rl. Bhí an chlann seo suite i Muintir Chionnaigh in aice le Loch Aillionn (Liatroim). Deineadh Forde díobh trí mhí-aistriú. Brí: cú + snámh (láthair trasnaithe abhann). Bíonn Forde orthu go minic anois.

Mac Conuisce: Waters, Mac Aliskey: annamh: bhí an chlann seo lonnaithe i Muineachán agus gaolmhar le Mac Mathghamhna. Féach: Ó Fuaruisce, Ó h-Uaruisce, Ó h-Uisce. MIF.

Mac Conuladh: Mac Cullagh, Mac Cullough & (b'fhéidir) Culloo sa Clár. An-líonmhar i gCúige Uladh, áit is sloinne Albanach é, leis. Fuarathas Mac Colla i gConnachta sa 16 céad. B'é Cú Uladh an t-ainm pearsanta i dtosach agus tá an leagan sin ann fós. MIF.

Corbaid: Corbett: Normannaigh a shocraigh sa Mhí ach níl siad líonmhar mar baineann an leagan galldaithe le Ó Corbáin (Mumhain); Ó Coirbín (Connachta) agus Ó Conbágha, chomh maith.

de Corbhaile: Corbally, Corballis: líon beag: Lú agus Muineacháin. A-Normannaigh, is cosúil, a shocraigh i Lú agus a ghlac ainm na h-áite. SI.

Ó Corbáin: Corban: annamh: Gaillimh. Ach is faoi Corbett is mó atá an sloinne anois. Bhíodh sé ar fud na Mumhan & deisceart Laighean, tráth. Féach Ó Coirbín. MIF.

Ó Corcáin: Corkin: líon beag: an Dún. Is sean-ainm pearsanta Corcc leis an mbrí "dearg". Bhí **Mac Corcáin** i gCill Mhantáin, de réir de Bhulbh. GPN.

Ó Corcra: Corkery: líonmhar: Corcaigh & rl. Ó iarthar Chorcaí dóibh. Beidh cuimhne ag Gaeil ar an Ollamh Domhnall Ó Corcra (1878-1964) a scríobh "The Hidden Ireland". Baineann an focal corcra leis an ainm Corcc agus an dath gorm-dhearg.

Mac Corcoráin: Corcoran: an-líonmhar sa Mhumhain, Connacht & deisceart Laighean. Bhí an clann seo suite in Éile Uí Chearbhaill (Uíbh Fhailí), ach bhí dream eile i bhFear Manach. Bhí Mag Corcráin le fáil, chomh maith. SGG.

Ó Corcoráin: Corcoran: ar aon dul le Mac Corcoráin ach deir Mac Giolla Iasachta gur bhain an dream seo le Fear Manach mar a rabhadar ina airchinnigh. I gConnachta is mó atá siad anois. IF.

Ó Cormacáin: Cormican: líon beag: Gaillimh-Ros Comáin, an Dún. Bhí clanna éagsúla i dTuathmhumhain, Connachta & an Dún. Luaitear Mac Cormacáin ach is dócha gurab é an sloinne céanna é. Bíonn an t-ainm Cormac i bhfeidhm go mór i sloinnte; b'fhéidir go dtagann sé ón sean-ainm Corbb + mac. GPN

Mac Cormacáin: féach Ó Cormacáin.

Mac Cormaic: Mac Cormack, Mac Cormick: an-líonmhar ins gach aird: go sonrach Lár na Tíre & oirthear Uladh - Albanaigh iad seo, cuid mhaith. Tháinig an sloinne seo i bhfeidhm in áiteanna éagsúla timpeall na tíre. Bhí clann amháin aitheanta i Longfort. IF.

Ó Cormaic: Cormack: líon beag: scaipthe. Deir de Bhulbh go raibh ceithre chlann: Doire, Corca Laoidhe (Corcaigh), Dál gCas (an Clár) & an Dún.

Ó Corra, Corraidh: Corr, Corry, Currie: líonmhar tríd an dtír, Cúige Uladh ach go h-áirithe. Measctha le Ó Comhraidhe, q.v. Sloinne Albanach is ea Currie a bhain le Clann Mhic Dhomhnaill thall. Ní féidir bheith cinnte faoin mbrí: b'fhéidir, corra = sleá. Tá Mac Corra ann, leis. MIF.

Ó Corradáin: Corridan: líon beag: Ciarraí thuaidh-iarthar Luimnigh. Deir Mac Giolla Iasachta gur tháinig siad ón gClár. MIF.

Ó Corragáin: Corrigan: an-líonmhar: Cúige Uladh & Laighin, méid áirithe i gConnachta. Clann a tháinig ó Fhear Manach, mar a rabhadar chun tosaigh i gcúrsaí eaglasta. B'fhéidir go mbaineann an bhrí le corra = sleá. IF.

Ó Corraidh: féach Ó Corra.

Ó Corraidhin: Crean, Curran & rl. tá na sloinnte galldaithe measctha idir Ó Corráin, Mac Corraidhin & Ó Curraoin, q.v. Táid líonmhar ar fud na Mumhan & i gConnacht; tá Crean le fáil i gCiarraí, Corcaigh agus i Maigh Eo-Ros Comáin. Níl an bhrí soiléir - b'fhéidir, corra = sleá.

Mac Corraidhin: Crean, Curran & rl.: líon beag: Connachta thuaidh. Clann de chuid Uí Fiachrach in anallód. Tá Mag Corraidhin orthu leis an ngalldú Mac Gurren,-in agus iad suite i mBreifne & Fear Manach. SI.

Ó Corráin: Curran: líonmhar tríd an dtír: Ulaidh, Laighin agus Connachta. Bhí clanna éagsúla in Uí Maine, Liatroim agus deisceart Laighean. Tá an sloinne coitianta i gCiarraí anois agus litrítear Ó Curráin é. Leis an slua díobh atá i nDoire agus Tír Conaill, ní foláir go raibh clann faoi leith sa dúiche sin. Féach Ó Cuirín: Tá Ó Cuireáin i bhfeidhm i dTír Conaill, leis. IF.

Ó Corrbuidhe: Corboy: líon beag: Uíbh Fhailí-Laois-Tiobraid Árann. D'fhéadfadh Mac Corrbuidhe a bheith ar an ndream seo mar tá Ó Corrbhuidhe luaite le iarthar Chorcaí, áit nach bhfuil aon rian díobh anois. Brí, b'fhéidir, corr (an t-éan) + buí. Scríbhneoir aitheanta is ea Máirtín Ó Corrbhuí, (1912-2002), i bPailís Chaonraí, Luimneach.

Mac Corrbuidhe: Corby: ar aon dul le Ó Corrbuidhe.

Ó Corrduibh: Corduff: annamh: Maigh Eo. Deir Mac Giolla Iasachta go raibh Mac Corrduibh orthu sa 17 céad. Iad gan Ó ná Mac anois! Brí: an t-éan, an chorr, is dócha, arís.

Ó Corthaid: Currid: annamh: Sligeach. Ní fios cad is brí ná bunús leis.

Ó Cosáin: Patterson: féach Ó Casáin.

Mac Coscair: Mac Cusker: féach Mac Oscair.

Mac Coscracháin: Cuskern: fíor-annamh: Doire. Féach Mac Coscraigh. Bhí Ó Coscracháin i gCúige Uladh, chomh maith.

Mac Coscraigh: Cosgrove, Coskery: cuíosach líonmhar: oirthear Uladh. Clann airchinneach ag Cluain Eois a b'ea iad tráth. Brí: coscrach = buach, caithréimeach. Féach Mac Oscair.

Ó Coscraigh: Cosgrave: líonmhar: go forleathan: Oir-deisceart, Connachta & rl. Bhí clanna éagsúla i gCill Mhantáin, Uí Maine, agus Muineachán. Tá mearbhall le Mac Coscraigh anois, bíodh gur sloinnte difriúla iad ó thús. MIF.

Ó Cosnacháin: Cushnahan & rl.: líon beag: Aontroim thuaidh & rl. Bhí an chlann seo ins an dtaobh seo tíre i gcónaí. Brí: cosnach = cosantóir. SI.

Mac Costagáin: Costigan: líonmhar: Laighin theas, Tiobraid Árann & rl. Claochló sa teanga labhartha ar Mac Oistigín, clann a bhí suite i Laois riomh treascairt na 17 aoise. Bhain siad le Mac Giolla Padraig in Osraí. Fréamh: ón ainm Béarla Hodgkin, díspeagadh ar Roger. Ach ba chlann Ghaelach iad, de réir de Bhulbh. Bhí Ó Costagáin ann, chomh maith.

Costún: Costune, Costume: ní fios an bhfuil siad ann anois. SGG.

Mac Crábháin: Craven: cuíosach líonmhar: an Dún, Oirghialla, Uíbh Fhailí, Tiobraid Árann. Ach ba cheart **Ó Crábháin** a bheith orthu sa deisceart. Bhí an dream seo lonnaithe in Uí Maine (Gaillimh). Fréamh: crábhadh nó cráifeacht. Tá na leagain Creaven,Creavin ann, leis. Fuarathas Mac Crábhagáin in Oirialla ach bhí sé fíor-annamh. SGG.

Cráfort: Crawford: clúdaíonn an sloinne Béarla Mac Crabhagáin agus Mac Raith, leis.

Ó Craidheáin: Cryan: líon beag: Sligeach-Ros Comáin. Féach Croidheáin.

Ó Cráimhsí: Crampsie: annamh: Aontroim & rl. Féach Cnáimhsí:

Mac Craith, Mag Craith: Mac Grath, Magrath: an-líonmhar ar fud na tíre: tá roinnt leagan ar an sloinne Gaelach: Mac Raith, Mag Raith, Mac Graith, m.sh., agus cuid mhaith ar an leagan galldaithe: Magraw (Meiriceá), Mac Crea, Mac Rae (Albain). Bhí dhá chlann aitheanta: ceann eaglasta in iarthar Uladh, comharbaí Dhaibheóg ag Tearmann Mhic Chraith; agus clann ollúna agus filí i dTuathmhumhain mar a bhain siad leis na Brianaigh. IF.

Craobhach: Creagh: líon beag: Cúige Mumhan. Leas-ainm a fuair cuid de Niallaigh Thuathmhumhan de bharr eachtra míleata fadó. Sean-bhaint acu le Cathair Luimnigh. IF.

Ó Craobháin: Creaven: fíor-annamh: Connachta. Deir de Bhulbh go rabhadar i Sligeach ach táid measctha anois le Ó Crábháin, q.v.

Ó Craoibhe: Creevey: bhain siad le Cinéal Eoghain, luaite ag Mac Firbhisigh.

Ó Créacháin: Crehan: líon beag: Connachta. Clann de chuid Uí Fiachrach, measctha anois le Ó Croidheáin, q.v. IF.

Ó Creachmhaoil: Craughwell: annamh: Gaillimh. Ón log-ainm annsin, b'fhéidir. Má's ea, ní cheart "Ó" a bheith ann. Tá sloinnte log-ainmneacha fíor-ghann i measc na nGael.

Creadóc,-óg: Craddock: cuíosach annamh: Áth Cliath & scaipthe. Bhí baint acu le Cill Dara ón 13 céad. Fréamh: an t-ainm stairiúil Breatnach *Caradoc*, geanúil, a thug Iúil Caesar "Caractacus" air.

de Creag: (1) Cregg, (2) Craig: tá (2) an-líonmhar i gCúige Uladh & tuaisceart Laighean - de bhunadh Albanach. Tá (1) le fáil i Ros Comáin agus scata beag i Luimneach, an Clár & Corcaigh thuaidh, chomh maith le timpeall Áth Cliath. Fréamh: ó log-ainmneacha "craig" a chiallaíonn carraig. Tá an sloinne Carrig ann a d'fhéadfadh a bheith ar aon-chéill ach glactar gur galldú ar Mac Concharraige é, de ghnáth.

Mac Criagáin: Cregan: líonmhar sa Mhumhain. Is cosúil gur Mac Riagáin an leagan bunaidh, ach tá Ó Criagáin ann anois, chomh maith. Féach Ó Croidheagáin. SI.

Ó Criagáin: Cregan. Féach Mac Riagáin.

Ó Criocháin: (a) Crehan, (b) Creighan: i gcás (a), tá líon beag i gConnachta, Luimneach, Ciarraí agus an Clár. Tá (b) annamh in Oirghialla, mar a raibh siad suite ag Ard Sratha, Tír Eoghain. Féach Ó Creacháin, leis. Brí, b'fhéidir, slócht nó ciach.

Ó Críodáin: (a) Creed, (b) Creedon: líon beag (a) i gCorcaigh & Luimneach; (b) líonmhar: Corcaigh, Luimneach, Ciarraí & an Clár. Clann ó iarthar Chorcaí go raibh Mac Críodáin orthu in anallód. MIF.

Mac Críodáin: féach Ó Críodáin. IF.

Ó Croidheagáin: Creegan: cuíosach annamh: Cabhán-Liatroim-Longfort. Deir de Bhulbh go raibh an chlann i dTír Conaill sa 16 céad. Measctha le Ó Croidheáin i gConnachta. Fréamh: croí, mar fhocal muirneach.

Ó Croidheáin: Crehan, Crean: líon beag: Connachta. Bhain siad le Cinéal Eoghain ach shocraigh i Sligeach sa 16 céad agus d'éirigh rathmhar go maith. Féach Ó Croidheagáin, leis. SGG & SI.

Ó Croiligh: líonmhar in Ultaibh faoin leagan Crilly. Bhí an-chinnigh leis an sloinne seo i nDoire ach de ghnáth baineann an leagan gallda le Mac Raghallaigh. Tá Tamhlacht Uí Chroiligh in aice le Port Chluain Eoghain. Dictionary of Ulster Place-names.

Mac Criomhthainn: Mac Crohan: annamh: Ciarraí-Luimneach. Clann de chuid Uí Shúileabháin i gCorca Dhuibhne agus Uíbh Ráthach. Níl an réimhír "Ó" ceart de réir staire. Ciallaíonn criomhthann: sionnach. Ar aon chuma, cuimhneófar ar Thomás Ó Criomhthainn (1856-1937), "An t-Oileánach", fhad 's a bheidh Gaeil in Éirinn beo. MIF.

Ó Criomhthainn: Crohan. An leagan a chleacht Tomás Ó Criomhthainn, an tOileánach féin. Ach féach Mac Criomhthainn.

Ó Críonagáin: Crinigan: fíor-annamh: Áth Cliath & rl. Bhain siad le Lár na Tíre anallód. Ar aon dul le Ó Crínáin, q.v.

Ó Crínáin: Crennan: annamh: Cill Chainnigh-Laois. Brí: críon = aosta, caite.

Mac Crínáin: Crinion: fíor-annamh: an Mhí. Féach Ó Crínáin.

Mac Críosta: Christie: líonmhar: oirthear Uladh. Albanaigh ach gan an "Mac" thall. Ón ainm pearsanta *Christian* atá coiteann ar fud na h-Eorpa. DSHH.

Mac Criostail: Mac Chrystal, Chrystal: líon beag: Tír Eoghain-Doire. Sloinne Albanach ón 17 céad. Fréamh: díspeagadh ar Críostóir.

Mac Críostóra: Christopher: Bhain siad leis na Déise ón 17 céad. SI.

Mac Cristín: Christian: Bhí siad san Oir-tuaisceart ón 16 céad. SI.

Cróc: Croke, Crooke: cuíosach líonmhar: Tiobraid Árann-Cill Chainnigh-Port Láirge. Sasanach ón 14 céad. Orthu san an tArd-Easpag T W Croke (1824-1902). Éarlamh Chumann Lúthchleas Gael. Tá Crooke i gCorcaigh ón 17 céad. IF.

Ó Crodhlaoich, Ó Croghallaigh: féach Ó Cruadhlaoich.

Ó Croibín: Cribbin: féach Ó Coirbín.

Ó Croidheagáin: Cregan? : bhí siad i dTír Conaill sa 16 céad agus i Sligeach ina dhiaidh sin. SGG.

Ó Croidheáin: Crehan, Crean: líon beag: Connachta. Ar aon dul le Ó Croidheagáin.

Ó Croimín: Cremin: féach Ó Cruimín.

Ó Crón: Crone: líon beag: an Dún & rl. Féach Ó Cróinín.

Ó Cróinín: Cronin: an-líonmhar i gCorcaigh agus sa Mhumhain. Dream ó Chorca Laoi a bhí mar airchinnigh ag Gúgán Barra. Brí: díspeagadh ar an ainm Crón nó Cróine.

Cromail: Cromwell: líon beag: Ard Macha, an Dún, Áth Cliath, an Mhí. Aisteach go leor, bhí siad i Luimneach sa 15 céad. Tá leagan Grummell ann, leis. Ó logainm i Nottinghamshire.

Ó Cromlaoich: Crumley: annamh: Doire. "gaiscíoch crom" agus malairt leagain d'Ó Cromruisc, b'fhéidir.

Ó Cromruisc: Crumlish: annamh: Tír Conaill-Doire. "fiarshúileach", b'fhéidir. Tá an leagan Mac Cromruisc scaipthe in Ulaidh, leis.

Ó Cromtha: Crombie, Cromie: tá Cromie líonmhar in Ultaibh agus Crombie annamh i Laighin. Is sloinne Albanach é, ó log-ainm in Obar Dheathain ach bhí an sloinne Gaelach le fáil in Ard Mhacha sa 17 céad; mar sin, ní féidir bheith cinnte faoi shinsearacht duine den sloinne seo gan ghinealach ceart. Tá sé seo fíor faoi an-cuid sloinnte.

Crón: Crone: líon beag: an Dún, Corcaigh, Áth Cliath. Bua-aidiacht a tháinig in áit an bhun-ainm. Tá sé le fáil in Éirinn & in Albain. Brí: dath buí ar chraiceann.

*Ó Crónagáin: Cronikan? Ní fios an ann fós dó. Crónmhachán an bun-leagan deir Ó Foghlú, R. agus bhain siad leis na Déise. SI.

Ó Crónáin: Cronan: de réir de Bhulbh, bhain an dream seo le Laois ach ar aon dul le Ó Cróinín ó thaobh brí de.

Ó Crónghail: giorriú ar Ó Crónghaile

Mac Crónghaile: Cronelly: féach Ó Crónghaile.

Ó Crónghaile: Cronnolly: cuíosach annamh: Maigh Eo & rl. Clann de chuid Uí Maine (Gaillimh). Cóarba ar N Greallán agus coiméadaí a bhacaill. Fréamh: crón + gal (gaisce). SI & SGG.

Mac an Chrosáin: Mac Crossan, Crossan : líonmhar: Tír Conaill-Doire & rl. Bhí clann amháin i dtuaisceart Uladh agus ceann eile i Lár-Laighean a bhí ina bhfilí ag na Mordhaigh agus Ó Conchúir. Galldaíodh iad sa 16 céad agus deineadh Crosby díobh. Fir mhagaidh, fuirseoirí, a b'ea na crosáin - níos lú ná file ná bard ó thaobh céimíocht de. MIF.

Ó Crotaigh: Crotty: líonmhar: Port Láirge-Cill Chainnigh & Luimneach-an Clár. Dream Déiseach a tháinig ó Thuathmhumhain i bhfad siar - ceaptar gur craobh des na Brianaigh iad. Brí: cruthúil, sciamhach nó, a mhalairt, cruiteach. MIF.

Ó Cruadhlaoich: Crowley: an-líonmhar: i gCorcaigh go sonrach ach sa Mhumhain i gcoitinne agus i gConnachta, leis. Shíolraigh siad ó Mhuintir Dhiarmada i Ros Comáin ach táid in iarthar Chorcaí le fada. "Gaiscíoch crua", dar ndóigh, agus bhí clú orthu i gcónaí mar shaighdiúirí. Ach féach Mac Roghallaiigh, leis. IF.

Mac Cruim: Mac Crum, Crum: cuíosach líonmhar: an Dún & rl. Sloinne Albanach ó Íle (Islay).

Ó Cruimín: Cremin(s): líonmhar: Corcaigh-Ciarraí-Luimneach. Craobh des na Cárthaigh, deirtear. Fréamh: ón mbua-aidiacht crom. MIF.

de Crúis: Cruise, Cross: cuíosach líonmhar: Áth Cliath, oirthear Laighean & rl. Normannaigh a shocraigh in Áth Cliath agus an Mhí aimsir an Ionraidh. De Cruys a bhí orthu annsin. An bhrí chéanna i gcónaí, is dócha, .i. crois, leas-ainm nó ainm áite. Ach d'fhéadfadh Mac an Chrosáin bheith i gceist uaireannta leis an leagan Cross. SI.

Crúiséir: Crozier: líonmhar in Ultaibh. Sasanaigh a tháinig san 16 céad. SI.

Mac Cruitín: Curtin, Mac Curtain: líonmhar sa Mhumhain. Clann léannta ó Thuathmhumhain a leathnaigh go Ciarraí agus Corcaigh. Féach na leagain nua: Mac Cuirtín agus Ó Curtáin. Brí an bhun-leagain: cruit = dronn nó droim cham. IF & SGG.

Mag Cuacháin: Mac Goohan: annamh: Lú, an Cabhán, Liatroim - b'as Liatroim dóibh ar dtús. Bhí an t-ainm Cuach i bhfeidhm in annalód - ciallaíonn sé corn agus dlaoi gruaige chomh maith leis an éan úd - is dócha ná raibh aon bhaint le droch-iompair! Tá Ó Cuacháin ag de Bhulbh, leis.

Ó Cuacháin: bhí siad i Maigh Eo faoin leagan galldaithe Gough. SGG.

Ó Cuagáin: Coogan: cuíosach líonmhar: Muineachán, Laighin. Clann de chuid Uí Maine (Gaillimh). Féach de Cogán, leis.

Ó Cuain: Quane, Quain: líon beag: Luimneach-Port Láirge-Corcaigh. Clann de chuid Uí Fiachrach i Sligeach a scaipeadh sa 16 céad agus atá lonnaithe ó shoin i leith san áit a thagann Luimneach, Corcaigh agus Port Láirge le chéile. Fréamh, b'fhéidir, ón ainm Cuan a d'fhéadfadh a bheith bunaithe ar "cú" nó "cuanna" - aoibhinn, maisiúil. MIF.

Mag Cuallachta: Golden, Goulding: deir de Bhulbh gur deineadh Ó Guallachta díobh. Ní féidir a rá cé mhéid de mhuintir Golden, atá líonmhar i gConnachta, a bhainfeadh leis an sloinne seo. Ciallaíonn cuallacht clann nó treabh. Luann de Bhulbh Mac Cuallachta, chomh maith.

Ó Cualáin: Folan: annamh: Conamara. Dúirt T. Ó Máille gur de bhunadh Lochlannach iad, ach bhí clann bhreithiúna, Mac Fhualáin, i gConamara agus molann Mac Giolla Iasachta an leagan Ó Fualláin. Tá meascán mearaí annseo. Is ar éigin go bhfuil an leacht pearsanta fual i gceist. MIF & SGG.

Ó Cuana, Ó Cuanach: Cooney: líonmhar tríd an dtír, Laighin agus Corcaigh go sonrach. Clann iad seo a tháinig ó Thír Eoghain go Connacht, mar a bhfuil cuid acu go fóill. Ciallaíonn cuanna maisiúil nó sciamhach. IF & SGG.

Ó Cuanacháin: Counihan: líonmhar; Ciarraí, Luimneach, an Clár. I gCorcaigh agus Gaillimh. leis. Deineadh Cunningham agus Cooney de, uaireannta. Brí: féach Ó Cuana.

Ó Cuanáin: (1) Coonan, (2) Conan. Tá scata beag (1) i dTiobraid Árann-Cill Chainnigh-Uíbh Fhailí. Tá (2) go h-annamh in Áth Cliath. Cosúil le Ó Cuana ó thaobh brí de.

Ó Cuanartaigh: Coonerty: annamh: Cathair Luimnigh. Sloinne ón gClár. Ceapann de Bhulbh go bhfuil baint aige le "conairt" (scata con) ach ba dheacair é sin a chruthú.

Mac Cuarta: Mac Court, Courtney: líonmhar: oirthear Uladh, Lú & rl. Clann a bhí suite in Oirghialla (Ard Mhacha-Lú) riamh is choíchc. An duine ba mhó díobh, b'fhéidir, Séamas Mac Cuarta, file, (1647-1732): bhí Courtney air i mBéarla. Malairt leagain: Mac Cuairt. MIF

Ó Cubhráin: luadh ins na hAnnála i 1145 iad. Bhain le Breifne. Féach Ó Cumaráin.

Mac Cúibreith: annamh: An Dún & rl. Mac Cabrey: Albanach: ón ainm Cuthbert. Mac Coubray atá le fáil thall ansan. SS.

Ó Cuidithigh: Cuddihy: líon beag: Cill Chainnigh. Sloinne de chuid Osraí. Duine a bhí ag cabhrú, ag cuidiú .i. cuiditheach. Bhí Mac Cuidithe ann, leis. Sin an litriú nua. MIF.

Ó Cúile: Cooley: líon beag: Ulaidh, Maigh Eo/Gaillimh. Féach Mac Giolla Chúile.

Ó Cuileagáin: Quilligan, Culligan: cuíosach líonmhar: Luimneach-an Clár go sonrach, scata sa Mhí & Lú. Clann a bhí sa Chlár ón 17 céad ar a laghad. Ceapann de Bhulbh gur leagan caolaithe den sloinne Ó Colgan é, q.v.

Ó Cuileáin: féach Ó Coileáin.

Ó Cuileamhain: Cullen (Culloon): clann bheag i ndeisceart Laighean go bhfuil Cullen orthu anois. Dá bhrí sin, ní féidir uimhreacha a mheas.

Ó Cuileannáin: Cullinan, Cullinane: líonmhar: sa Mhumhain agus san Oir-dheisceart & rl. Bhí clanna éagsúla i dTír Conaill, Corca Laoi (Corcaigh) agus i Lú. B'fhéidir narbh mhiste Cormac Mac Cuileannáin, Rí & Easpag Chaisil, a lua. Eisean an chéad duine a thiomsaigh foclóir Ghaeilge. Maraíodh ag Cath Bhealach Mughna i 908 é. IF.

Ó Cuilín: leagan d'Ó Coileáin i gCorcaigh theas. SGG.

Mac Cuilinn: Cullen: clann a bhain le deisceart Uladh ach tá an leagan galldaithe measctha le roinnt sloinnte eile anois agus ní féidir uimhreacha a thomhas. Cuileann, an crann síor-ghlas, ba bhun leis an ainm, is cosúil. MIF.

Ó Cuilinn: Cullen: an-líonmhar ar fud na tíre: san Oir-dheisceart ach go h-áirithe. As Cill Mhantáin dóibh ar dtús. Féach Mac Cuillinn, leis. IF.

Ó Cuilinn: Cullen: Bhain siad le Cill Dara/Cill Mhantáin ach clúdaíonn Cullen roinnt sloinnte eile.

Ó Cuill: Quill, Woods: cuíosach líonmhar: Cúige Mumhan. Clann cheoil i gCiarraí - deir Mac Firbisigh gur bhain siad leis na Súileabhánaigh. Fréamh: an crann cnó, coll. Sampla de bhréag-aistriú is ea Woods. Tá Mac Cuill ag de Bhulbh, chomh maith. MIF.

Ó Cuilliú: Culloo: annamh: na Déise. Féach Mac Cú Uladh.

Mac Cúilriabhaigh: Colreavy: fíor-annamh: Breifne. Ceapann de Bhulbh gur b'fhéidir é a theacht ó Mac Giolla Riabhaigh, q.v., ach deir Mac Giolla Iasachta gur ionann é agus Mac Cathail Riabhaigh a bhain le Breifne, gan aon agó.

de Cuiltéir: Quilter: líon beag: Ciarraí thuaidh & rl. A-Normannaigh a bhain le Ciarraí riamh is choíche. Sloinne céirde: déantóir cuilteanna.

Ó Cuimín: Cummins, Commons & rl.: an-líonmhar: gach cúige, Tiobraid Árann-Port Láirge-Loch Garman ach go h-áirithe. Ón ainm Comán a bhí coitianta sa Mheán-Aois. Bhí siad i gCill Ala mar airchinnigh Chill Chuimín. Ó Comáin go h-iondúil sa Mhumhain mar a deineadh "Hurley" dóibh, uaireannta! Chum Mícheál Ó Cuimín (1688-1760) "Laoi Oisín i dTír na n-Óg". Dán álainn!

Mac Cuimín: Cummings & rl.: líonmhar in Ultaibh & rl. Ar an gcuma chéanna le Ó Cuimín. Tá an leagan galldaithe Mac Commons le fáil ó thuaidh, leis.

Mac Cuindlis: Mac Candless & rl.: líonmhar timpeall Bhéal Feirste. Is sean-ainm pearsanta Cuindleas. Féach Ó Cuindlis.

Ó Cuindlis: Quinless, Quinlisk: annamh: scaipithe. Conlisk i gConnachta. Tugann de Bhulbh an leagan Ó Coinleisc agus an leagan galldaithe Grimes. Deir sé gur clann liteartha a b'ea iad agus go rabhadar páirteach i Leabhar Leacain.

Ó Cuineáin: Cunnane: Maigh Eo-Gaillimh; Guinane & Ginnane: Luimneach & an Clár; Kinnane: Oir-dheisceart. Líonmhar i gcoitinne. Deacair idirdhealú ar Ó Cuinneáin, q.v. Leagan caolaithe de "Conán", sean-ainm a bhaineann le cú nó mactíre.

*Ó Cuineóg: Kinnock: luaite ag de Bhulbh i dTuathmhumhain. Níl aon rian de anois ach bheadh sé cosúil le Ó Cuinín. Tá an sloinne Kinnoch le fáil in Albain: an t-ainm *Cainneach* atá i gceist annsan.

Ó Cuinín: Cunneen: líon beag: Corcaigh, Cathair Luimnigh & rl. De réir staire, bhí clanna sa Chlár agus in Uíbh Fhailí. Féach Ó Coinín, leis.

Ó Cuinn: Quinn: an-líonmhar ar fud na tíre. Bhí clanna éagsúla i dTír Eoghain, Aontroim, Longfort, an Clár, Maigh Eo. In Ulaidh, tá meascadh le Ó Coinne, q.v. An t-ainm stairiúil Conn is préamh don sloinne seo. Ciallaíonn sé saoi nó taoiseach, deirtear.

Mac Cuinn: Mac Quinn: cuíosach annamh: Ciarraí-Luimneach. Sloinne a thosaigh i gCiarraí.

Mag Cuinn: Mac Guinn: cuíosach annamh: Maigh Eo-Sligeach-Ros Comáin. Clann Chonnachtach, is cosúil. Féach Ó Cuinn. MIF.

Ó Cuinneacháin: Kinahan & rl.: cuíosach líonmhar i Laighin. Bhí an chlann in Uíbh Fhailí ar dtús. Tá an sloinne galldaithe measctha le Cunningham. Fréamh: an t-ainm Conn. MIF.

Mac Cuinneagáin: Cunningham: an-líonmhar tríd an dtír. Seasann an sloinne gallda d'á lán sloinnte Gaelacha seachas an ceann thuas agus, i gCúige Uladh, baineann leis na h-Albanaigh a tháinig sa 17 céad. Comhainm is ea **Ó Cuinneagáin** le Ó Connagáin. IF.

Ó Cuinneáin: Kinnane: líon beag: Luimneach, an Clár. Clann as Tuathmhumhain; bíonn Guinane orthu, leis. Meascadh do-mheasta le Ó Cuineáin, sloinne difriúil. Ní mór a aithint go bhfuil malairt litrithe ar na sloinnte seo thuas .i. Ó Coinneáin & rl. Tá Mac Cuinneáin ann, chomh maith. SGG.

Cúipéir: Cooper: líonmhar gach áit. Sasanaigh ón 17 céad. SI.

Ó Cuirc: Quirk(e): líonmhar ar fud na tíre, i gCúige Mumhan ach go h-áirithe. Bhain an chlann seo le limistéir in iarthar Thiobraid Árann go raibh Múscraí Cuirc air faoin tsean-reacht agus Clann Liam tar éis an Ionraidh. Is cosúil go dtagann Corc ón Meán-Ghaeilge agus a chiallaíonn "croí". MIF.

Mac Cuirc: Mac Quirk: annamh: Áth Cliath. I bhfad níos coitinne mar Mag Cuirc, q.v.

Mag Cuirc: Mac Gurk: líonmhar: Tír Eoghain-Doire theas & rl. Mag Oirc an leagan ceart, gan aon bhaint aige leis an ainm Corc thuas. Clann a shíolraigh ó Niall Naoighiallach agus a chónaigh i dTír Eoghain tríd síos, in ainneoin plandála agus uile. MIF.

Ó Cuireáin: Corran: Gaeltacht Tír Conaill. Féach Ó Corráin thuas.

Ó Cuirín: Crean(e): féach Ó Corraidhin agus Ó Curaoin.

Ó Cuirnín: Curneen: annamh: scaipthe. Bhí clann liteartha ann tráth a bhain le Ruarcaigh Bhreifne. Ní foláir go bhfuil an sloinne gaolmhar le Ó Curnáin, q.v. SGG.

de Cuirtéis: Curtis: líonmhar i gCúige Laighean. A-Normannaigh ón 13 céad. Ní mór Edmund Curtis (1881-1943), staraí, a lua. De shliocht na bplandóirí, thuig sé Clanna Gael go smior agus tá a "History of Ireland" ar cheann d'ár leabhra móra.

Mac Cuirtín: (1) MacCurtain, (2) Curtin & rl.: tá (2) an-líonmhar in iarthar Luimnigh agus tuaisceart Chiarraí. Bhí siad i dTuathmhumhain in annalód agus Mac Cruitín orthu agus cáil orthu mar scoláirí. Tugann na daoine i Luimneach Ó Curtáin orthu féin. IF.

Cúisín: Cussen, Cushing: líon beag in iarthar Luimnigh. A-Normannaigh a tháinig sa 13 céad. Fréamh: *coussin* (Fraincís), duine gaoil. Cáil orthu mar staraithe.

de Cuitléir: Quilter: líon beag: Ciarraí. Tá meascadh anseo le Cuiltéir (Quilter) ach deir Mac Giolla Iasachta gur Cuiltéir an leagan ceart. SGG & SI.

Ó Cuív: annamh: leagan faoi leith d' Ó Caoimh, q.v.

Ó Cúlacháin: Coolican: annamh: Maigh Eo. Clann de chuid Uí Fiachrach ag Ceara. Féach Mac Uallacháin (Coolahan), chomh maith.

Ó Cumaráin: Cameron: annamh: Connachta. B'fhéidir gur claochlú ó seo ar an sloinne Albanach Camshrón (Cameron) agus ní cheart an "Ó" a bheith ann. Ach féach Ó Cubhráin, leis. SGG.

Mac Cumascaigh: Mac Cumiskey, Comiskey & rl.: cuíosach líonmhar: Oirghialla & rl. Tháinig an chlann sa ó dhúiche Chluain Eois agus leath i ndeisceart Uladh agus tuaisceart Laighean. Tá roinnt mhaith leagan galldaithe. Is ionann cumascach agus mearbhlach, trína chéile.

Ó Curnáin: Cournane, Courtney: líon beag: Ciarraí. Ainm pearsanta is ea Curnán. Ceapann de Bhulbh go bhfuil gaol acu sa le Ó Cuirnín Bhreifne. Bíonn Courtney orthu anois.

Ó Curráin: Curran: féach Ó Corráin.

Ó Curraoin: Crean: annamh: Na Déise (Port Láirge). Gan an "Ó" de ghnáth. Féach Ó Corraidhín.

de Cúrsa: de Courcy: annamh agus scaipthe. Normannaigh, dar ndóigh. Tháinig Sir John de Courcy sa bhliain 1177 agus thug ruathar ar Chúige Uladh ach níos déanaí bhí siad socraithe i gCorcaigh.

Mac Curtáin: Mac Curtain, Curtin: féach Mac Cuirtín; deir de Bhulbh gur truailliú ar an sloinne Ultach, Mac Artáin é, ach bheinn in amhras faoi seo. Sé is dóchaí ná gur leagan eile den sloinne Cláiríneach Mac Cruitín é – bíonn Mac Curtáin, Mac Cuirtín agus Ó Curtáin ann anois. IF.

Cút: Coote: líon beag: Tír Eoghain & rl. Dream Gall-Ghaelach ó 1600. Bhí siad cumhachtach.

Mac Cú Uladh: Mac Cullough & rl.: líonmhar in Ultaibh. Mac Culloch an leagan Albanach, agus is ón dtaobh sin a tháinig cuid mhaith des na h-Ultaigh seo. Ainm pearsanta a b'ea Cú Uladh: sin is cúis an "cú" bheith gan infhilleadh ach tá an leagan Mac Con Uladh ann, chomh maith. Féach thuas.

MacDabhóc,-óg,-uc, uic; Dhabhóc: Davock, Mac Avock: féach Mag Dhabhuc.

Mag Dhabhuc,-uic: Davock, Mac Avock, Cooke. Craobh de Bhurcaigh Chonnacht. Gaelaíodh na Burcaigh agus ghlacadar sloinnte ó ainm athar, sa chás seo, Dabhóc, díspeagadh ar ainm coitianta Dáibhidh, a ghiorraíodh go Dáth agus Dáith go minic.

Mac Dabhóg: Doak: bhain siad leis na Búrcaigh i nGaillimh. Díspeagadh ar Dháibhidh.

Mac Dhabhóg: Mac Cook: ar aon dul le Mac Dabhóg. SGG.

Ó Dabhoireann: Davoren, Davern: líon beag: an Clár, Luimneach, Gaillimh. Clann léannta i mBoireann an Chláir. Bhí scoil dlí acu i Lios Dún Bhearna mar a raibh Dubhaltach Mac Fir Bisigh (1590-1670) ina mhac léinn ann, "Ollamh deireannach na Sean-Ghael". Dubhdábhoireann an t-ainm ceart, cosúil le Dubhdáleithe, q.v. IF & SGG.

Ó Daghnáin: Dinan, Dynan: líon beag: Corcaigh & an Clár. Bhí an dream seo lonnaithe i gCairbre, iarthar Chorcaí sa 17 céad. Brí: b'fhéidir, dagh = maith. MIF.

Mac Daibhéid: Mac Daid, Mac Devitt: cuíosach líonmhar: Tír Conaill & Doire. Craobh des na Dochartaigh in Inis Eoghain. MIF.

Mac Dhaibhéid: Mac Kevitt: cuíosach líonmhar: Oirghialla & an Dún theas. Is cosúil go bhfuil siad difriúil leis na daoine in Inis Eoghain thuas. Ón ainm Dáibhidh iad araon.

Mac Daibhidh: Davey, Davison: líonmhar i gcoitinne: Clanna éagsúla leis an sloinne seo. Bhí sé ag craobh de mhuintir Mhic Dhiarmada, Ros Comáin.

Mac Dáibhidh Mór: Davis: craobh de mhuintir Mhic Mhurchadha i Loch Garman. Féach Dáibhís.

Dáibhís: Davis: an-líonmhar sa tír. De bhunadh Breatnach nó Sasanach, de ghnáth. In Éirinn ón 16 céad. Tá ómós Chlanna Gael ag dul do Thomás Dáibhís (1814-45) fear Eire Óg & "The Nation". IF.

Ó Daghnáin: Dinan: líon beag: Corcaigh. Fréamh, is cosúil, *dagh*, maith.

Ó Daighre: Deery: airceannaigh ag Doire. Féach Ó Doiridh, leis.

Ó Dailbhre: Dollery: annamh: Luimneach & Corcaigh. Sean-ainm pearsanta, deir de Bhulbh.

Mac Dháil re Dochair: Dockery: líon beag: Ros Comáin. Deineadh claochló ar an sean-sloinne seo go dtí Mac Giolla Deacair agus Ó Dochraigh, go bhfuil Harden & Dockery orthu anois. MIF.

Ó Daimhín: Davin: líon beag: Gaillimh. Ó Thiobraid Árann ar dtús. Brí: damh = bullán, fia. Deir de Bhulbh go raibh an sloinne seo ar chlann in Oirghialla go bhfuil Devine orthu anois. Ach féach Cathair Dháimhín i gCathair Luimnigh. SI.

Dainséir: Aungier: annamh: Áth Cliath. Úgónaigh a b'ea iad, ón gcathair Angers sa bhFrainc. Thánadar go h-Éirinn san 17 céad nuair a bhí cuid acu i Longfort. SI.

*Ó Dairbhre: Deroe: ní fios an bhfuil sé ann a thuilleadh. Bhain siad le Uíbh Fhailí. SGG.

Dairdis: Dardis: cuíosach líonmhar: Lár na Tíre. Normannaigh a shocraigh sa Mhí. MIF.

Ó Dáire: Adair: annamh: scaipthe. Tá an sloinne Albanach Adair líonmhar in Ultaibh ach b'fhear ó Áth Cliath ábhar an amhráin "Robin Adair". Bhí Ó Dáire in Uíbh Fhailí san 16 céad ach is beag an t-eolas fúthu.

*Mac Dáire: Sloinne sa litríocht ach is ar éigin a mhaireann éinne díobh. SGG.

Dairsigh: Darcy: Líonmhar i gcoitinne i gCúige Laighean, ba Normannaigh iad a shocraigh sa Mhí. Ach i gConnachta, Ó Dorcaidhe, q.v. Ceann de "Threabhanna na Gaillimhe".

Ó Dálaigh: Daly: an-líonmhar ar fud na tíre. Thuill siad cáil mar chlann liteartha. Bhí bard-scoil ag Cúchonnacht Ó Dálaigh sa Mhí san 12 céad. Bhí siad suite san Iar-Mhí ag an Ionradh nuair a scaipeadh iad agus lean siad mar fhilí do chlanna móra na tíre: Cárthaigh, Niallaigh, Raghallaigh & rl. Mhaígh siad gur shíolraigh siad ó Niall Naoi-Ghiallach. IF & SGG.

Dalaithíd: Delahyde: fíor-annamh: Áth Cliath. A-Normannaigh ón 13 céad. SGG.

Dalamara: Delamere: líon beag: Lár na Tíre. Ghlacadar an t-ainm sinseartha Mac Hoireabaird. SGG.

Ó Dalaruaidh: Dollery: féach Ó Dailbhre.

Ó Dallacháin: Dallaghan: fíor-annamh: Áth Cliath. Bhain siad le Uíbh Fhailí sa 16 céad. Brí, is dócha, dall nó caoch. Measctha anois le Ó Dubhlacháin, q.v.

Ó Dallachair: Dowler: fíor-annamh: Áth Cliath. Brí: dall + car (grá), is dócha.

*Ó Dalláin: Delane: ní fios an bhfuil sé ann a thuilleadh. Aistríodh go Delaney é, is cosúil.

*Ó Damháin: Davane: sloinne de chuid Uladh. Chuir Mac Firbhisigh i gCinéal Eoghain iad.

Daltún: Dalton: líonmhar tríd an dtír. A-Normannaigh a shocraigh san Iar-Mhí tar éis an Ionraidh. D'éiríodar Gaelach agus chaill a gcuid tailte i dtubaistí Chromail agus Rí Liam. D'Alton a dteideal ceart, ón mbaile sin i Sasana, nó, b'fhéidir, ón mbaile *Autun* sa bhFrainc. IF & DSHH.

Ó Daoda: Deady: leagan Ciarraíoch d'Ó Déadaigh.

Mac Dara: Darragh,Oakes : cuíosach líonmhar: Aontroim. De bhunadh Albanach cuid acu, is dócha. Bhí Mac Dubhdara ann tráth ach ní cinnte go bhfuil gaol eatarthu. MIF.

Ó Dara, Ó Darach: Darragh, Oakes: oirthear Uladh. Féach Mac Dara thuas.

Dásan: Dawson: líonmhar: oirthear Uladh, Áth Cliath & rl. Sasanaigh a tháinig sa 17 céad agus fuair tailte i Muineachán, Laois agus i nGleann Eatharlaí. Is ionann *Daw* agus *David*. MIF.

Ó Dathail: Dahill: oirthear Chorcaí. Deir Mac Fir Bisigh gur bhain siad le Síol Muireadhaigh i Ros Comáin tráth. Brí: dath + geal (fionn).

Ó Dathlaoich: Dolly: líon beag: Gaillimh. Bhíodar chun tosaigh i gConamara anallód. Bhain siad le Uí Briain Rátha. Brí: dath a chiallaíonn luath nó tapaidh agus laoch nó gaiscíoch. SI.

Dátún: Daughton: annamh: iarthar Luimnigh agus Ciarraí Thuaidh. A-Normannaigh ón áit sa bhFrainc, Autun. Bhí siad chun tosaigh i gCill Chainnigh ón 13 céad. Aisteach go leor, h-ainmníodh an baile Autun ón Impire Rómhánach Augustus. *Augustodunum* a bhí air.

Ó Deabhthuigh: Daffy: líon beag: an Clár & Luimneach. Ó iarthar an Chláir dóibh. Is ionann deabhthach agus achrannach, tugtha don dlí. Litriú nua: Ó Deafaigh.

Déabhrús: Devereux: líonmhar i Laighin theas ach go háirithe. Ó Evereux sa bhFrainc, thánadar san ionradh Normannach agus shocraigh i Loch Garman.

Ó Déadaigh: Deady: líon beag: Corcaigh thuaidh & Ciarraí thuaidh. Brí: déad = fiacla. An fuaimniú i gCiarraí: Ó Daoda.

Ó Deaghaidh: O'Dea, Dee: líonmhar: an Clár, Luimneach, Ciarraí, Tiobraid Árann. Clann de chuid Dál gCas (sa Chlár) & ceann eile ag Sliabh Ardacha in oirthear Thiobraid Árann. Is cosúil gur ainm pearsanta Deaghadh as an bhfocal "deagh" = maith. Fuaimniú agus litriú nua: Ó Deá. Féach Ó Diaghaidh, leis. IF.

Ó Déaghain: Deane: tá an sloinne gallda líonmhar ar fud na tíre ach baineann an ceann dúchasach le Tiobraid Árann. Brí: is dócha, an téarma eaglasta déaghan (Laidin: *decanus*). Uaireannta fágadh an "g" gan séimhiú: féach Mac an Déagáin.

Mac an Déagáin, an Déagánaigh: Deane: i dTír Conaill is mó bhí siad agus gaolmhar leis na Domhnallaigh & na Gallchobharaigh. Tháinig an comh-ainm Sasanach, Deakin, Deacon go h-Éirinn sa 17 céad.

Ó Déamáin: féach Ó Diamáin.

Ó Dearáin: Dirrane, Derrane: annamh: Inis Mór, Árainn. Bhí an sloinne seo i Lár na Tíre sa 16 céad. Brí: b'fhéidir ón réimír treisithe "dear" = an-mhór. Is Ó Direáin an leagan atá i bhfeidhm anois in Árainn. Duine d'fhilí móra na h-aoise a b'ea Mairtín Ó Direáin (1910-1988).

Ó Dearbháin: féach Ó Diorbhín.

Ó Deargáin: (1) Dargan (2) Dorgan: cuíosach líonmhar: (1) Laighin theas (2) Corcaigh. Brí: ón aidiacht "dearg" (dath). B'é William Dargan (1799-1867) príomh-thógálaí bhóithre iarainn na h-Éireann sa 19 céad agus ina phátrún ar na h-ealaíona, chomh maith. IF.

Ó Dearmada: féach Ó Diarmada.

Ó Deasmhumhnaigh: Desmond: líonmhar: Corcaigh & rl. Brí: duine ó Dheasmhumhain. Ceapann Mac Giolla Iasachta go mbaineann siad le muintir an Iarla a bhí ina Ghearaltach. Mairíodh an t-Iarla deireannach i nGleann na gCaointe, Ciarraí, i 1583.

Deibhnis: Devenish: annamh: Corcaigh. Sasanaigh ón 14 céad. Duine as Devonshire.

Ó Deirbreó: Devereux: féach Ó Dairbhre.

Ó Deirg: Derrig: cuíosach annamh: Maigh Eo. Clann d'Uí Fiachrach a bhí lonnaithe ag Cill Ala. Brí: ón dath dearg.

Déise: Dease: annamh: Áth Cliath. Ó logainm sa Mhí. Bhí siad ann ón 13 céad. SI.

Déiseach, Mac an Déisigh: (1) Deasy (2) Deacy: tá (1) líonmhar i gCorcaigh, (2) cuíosach annamh i Maigh Eo & Gaillimh. Ní foláir gur tháinig an dream seo ós na Déise i bPort Láirge ach luann de Bhulbh Mac an Déisigh mar chlann i Sligeach. B'fhéidir go bhfuil bunús eile faoin sloinne deireannach seo. Déanann Mac Giolla Iasachta cur síos suimiúil ar an ábhar seo i MIF.

Ó Deocáin: Deacon: ach ní bhaineann sé leis an gcéim eaglasta - féach Ó Deaghain. Ainm pearsanta a b'ea Deocán. Ní fios an bhfuil an sloinne seo ann fós.

Ó Deoradháin, Ó Deoráin: Doran, Dorrian: an-líonmhar: Oir-deisceart & Lár na Tíre ach Dorrian i dTír Conaill. Ceann de "Seacht gClann Laoise" agus clú orthu mar bhreithiúna i gCúige Laighean. An bhrí: deoradh = eachtrannach nó oilithreach. IF.

Mac an Deoraidh: Mac Adorey: cuíosach annamh: Aontroim. "Mac an Choimhtígh". Ach in Albain bhí an bhrí "oilithreach" leis. Uathu seo lucht an uisce bheatha Dewar!

Ó Diaghaidh: O'Dea: líon beag: Gaillimh, Maigh Eo. Ní fios an comh-ainm é le Ó Deá ach is cinnte gur deineadh Godwin de i gConnachta.

Ó Diamáin: Diamond: líonmhar i gCúige Uladh & Maigh Eo-Sligeach. Clann airchinneach i nDoire a b'ea iad. Fréamh: Díoma - ainm ceana ar Dhiarmaid fadó. GPN.

Ó Diarmada: Darmody, Dermody: cuíosach líonmhar: Oir-deisceart, Tiobraid Árann & rl. Ní fios cad is brí leis an ainm pearsanta Diarmaid a bhí chomh coiteann sa t-seana-shaol.

Mac Diarmada: Mac Dermott: an-líonmhar ar fud na tíre, i gConnacht ach go h-áirithe. Bhí trí chraobh sa 14 céad: Mac D. Maigh Lurg; Mac D. Rua; Mac D. Gallda. Maigh Lurg an chlann sinsireach agus táid beo fós. Tá an teideal "Prince of Coolavin" ag an dtaoiseach.Thug bean de chuid Mhic Dhiarmada Rua Ó Cearbhalláin, an ceoltóir, faoin a coimirce. Is cosúil nár thuill Mac D. Gallda aon cháil dóibh féin - i measc Gael ar aon nós!

Mac Dhiarmada: Kermode: fíor-annamh: an fuaimniú i gConnachta is cúis leis an leagan seo. Féach Mac Diarmada.

Ó Díochon: Deehan, Deighan: cuíosach annamh: Doire, Tír Conaill. Deineadh Dickson de in Aontroim. Tá Ó Duibhginn ar Deighan, leis. An bhrí: cú mhór. SGG.

Díolún: Dillon: an-líonmhar i gcoitinne, Lár na Tíre & Connacht go sonrach. Normannaigh a shocraigh san Iar-Mhí - Dúiche Diolúin - agus bhí an chlann pairteach in imeachtaí náisiúnta ó shin i leith. Bhí siad chun tosaigh ar an Mór-Roinn, leis. Áiteanna sa Mhumhain, tugadh Dillon ar Ó Duilleáin, q.v. Deirtear gur fhréamhaigh ó *de Leon*. IF & DHSS.

Ó Diomáin: Diamond: féach Ó Diamáin.

Ó Díomasaigh: Dempsey: an-líonmhar: Lár na Tíre, Cúige Uladh & rl. Bhí siad suite i Laois-Uíbh Fhailí ar theacht na Normannach agus d'fhanadar ann go dtí gur chailleadar a gcuid tailte sa 17 céad. Brí: díomasach = uaibhreach. IF.

Mac Dhíomasaigh: Mac Gimpsey: líon beag: tuaisceart an Dúin. Féach Ó Díomasaigh.

Ó Dioráin: féach Ó Dearáin.

Ó Díorma: leagan giorraithe d'Ó Duibhdhíorma de réir de Bhulbh.

Ó Direáin: Dirrane: féach Ó Dearáin.

Ó Dirín: Direen: fíor-annamh: Cill Chainnigh: comh-ainm le Dearán, is cosúil.

Díring: Deering: cuíosach líonmhar: Laighin theas, Fear Manach. Sasanaigh, sa 16 céad.

Ó Discín: Diskin: cuíosach líonmhar: Gaillimh. Ar dtús, bhain siad le Uí Fiachrach, Sligeach. B'féidir go mbaineann le "dísc" .i. triomach nó aimride. SGG.

Ó Dobhailin: Devlin: féach Ó Doibhilin.

Ó Dobharáin: Davern: sloinne Connachtach atá meascaithe le Ó Dábhoireann, q.v. Dobhar, uisce.

Doibín: Dobbyn: líon beag: Corcaigh/Port Láirge. 14 céad in Éirinn. Brí: díspeagadh ar Robert.

Ó Dochartaigh: O'Doherty, Dougherty etc: an-líonmhar: iarthar Uladh & cuid mhaith ar fud na tíre. Tiarnaí Inis Eoghain, tráth, agus gaolmhar le Ó Domhnaill. Sa Mhumhain, ámh, tá sloinne eile i gceist: Ó Dubhartaigh - tugadh Doherty orthu-san go forleathan. IF.

Ó (Mac) Dochraidh: Dockery: líon beag i gConnacht. Iad gaolmhar le Ó Conchúir. Deir Mac Giolla Iasachta gur sloinne "Mac" atá ann & gur aistriú é ar an sean-sloinne Mac Dháil re Dochar, q.v. SI & SGG.

Doda: Dodds: cuíosach líonmhar: Tír Eoghan-Aontroim. Sasanaigh, sa 16 céad. Ach bíonn Dodds meascaithe le Dowd, uaireannta. Féach Ó Dubhda. SGG.

Ó Doghair: Dore: cuíosach líonmhar: Luimneach & rl. Tugann de Bhulbh: doghar = brónach. Féach an sloinne Normannach de Hóir, leis.

Ó Doibhilin: Devlin, Dolan: an-líonmhar i gCúige Uladh mar a raibh siad suite in Oirthear Thír Eoghain. Bhí clann eile leis an sloinne seo i Sligeach. An litrú Ó Dobhailein, leis.

Ó Doicheartaigh: Doherty: féach Ó Dochartaigh.

Ó Doighre: Deery: féach Ó Daighre.

Doilfín: Dolphin: líon beag: Gaillimh. Lochlannaigh a ghaelíodh sa 13 céad agus a sheas an fód.

Ó Doimhín: Devine: féach Ó Daimhín.

Ó Doineannaigh: Dennan, Dennany: annamh: Cabhán & Áth Cliath. Clann a bhí sa Mhí sa Mheán Aois. Is ionann doincann agus aimsir stoirmiúil, dar ndóigh. SI.

Mag Dhoinneabháin: annamh: Ginivan, Guinnevan: Luimneach, Corcaigh, Claochló ar Ó Donnabháin, is cosúil, ach tugann SGA Ó Ceannuáin (Canavan) ar Ginivan.

Doingeárd: Uniacke, q.v. (Cuid II). Claochló ar "atten yard", leasainm a bhain leo. SGG.

Ó Doirbhín: Dervan, Dervin: líon beag: Connacht. Bheadh Ó Dearbháin níos cruinne dar le Mac Giolla Iasachta ach tugann de Bhulbh: doirbh = doicheallach. MIF.

Ó Doiridh, Doirighe: Derry: annamh: Doire & rl. Clann airchinneach ag Domhnach Mór i dTír Conaill. Féach Ó Daighre, leis. MIF.

Ó Doirinne: Dorney: Corcaigh. Seo leagan de Bhulbh - ceapann Mac Giolla Iasachta gur Ó Dornaigh a bhí ann agus roimhe sin Ó Tórna. Ainm baineann is ea Doireann. MIF.

Ó Doirnín: Durnin, Durnian & rl: líon beag: Fear Manach, Lú & rl. In oirthear Uladh tá meascadh le Ó Dornáin ach is cosúil den phréamh chéanna: dorn = lámh dhúnta. Féach Ó Duirnín, leis. Tugadh Cuffe orthu in Ultaibh, uaireannta. Tá clú i gcónaí ar Pheadar Ó Doirnín (c.1704-69) mar fhile. Bhain sé le Fiodh Conaille, Ard Mhacha. MIF.

Ó Doithe: O'Diff, Duffy: fíor-annamh: Maigh Eo. Ós rud é go bhfuil Duffy orthu, ní féidir bheith cinnte fúthu anois, ach tá áit dar b'ainm Baile Uí Dhoithe i Maigh Eo. Ní foláir go raibh said ann tráth.

Dollard: Dollard, Dullard: líon beag: Osraí. A-Normannaigh timpeall Áth Cliath sa 13 céad. Brí, mo léir: dúramán, daoi.

Ó Domagáin: Domegan, Dumigan: líon beag: an Dún & an Mhí. Brí: doma = bocht.

Mac Domhnaill: Mac Donnell, Mac Donald: an-líonmhar ar fud na tíre in Ulaidh ach go h-áirithe. Tháinig dream amháin (Mac Donald) ó Albain mar ghallóglaigh agus shocraigh i nGleannta Aontroma. Bhí clanna eile i bhFear Manach agus i dTuathmhumhain. Ciallaíonn an t-ainm Domhnall "domhan-chumhachtach" sa tSean-Cheiltis. IF.

Mac Dhomhnaill: Mac Connell, Mac Gonnell: líonmhar i gCúige Uladh. Ar aon dul le Mac Domhnaill. Séimhiú an D tosaigh sa teanga labhartha is cúis leis an ngalldú seo.

Ó Domhnaill: O'Donnell, Daniels: an-líonmhar tríd an dtír: iarthar Uladh, Connacht, tuaisceart na Mumhan go sonrach. Bhí roinnt clanna éagsúla ann - an ceann ba mhó, gan amhras, Clann Dálaigh i dTír Conaill. Bhí cinn eile i gCorca Baiscin (Clár); i nGaillimh, i gCeatharlach agus in Oirghialla. Bhí Clann Dálaigh i gceannas ar Thír Conaill ar feadh ceithre chéad blian gur tháinig deireadh lena réim i dTeitheadh na n-Iarlaí i 1607. IF.

Ó Domhnalláin: Donnellan, Donlon: líonmhar: Connacht & Mumhain. Clann ollúna a bhí lonnaithe i Ros Comáin agus, níos déanaí, in oirthear na Gaillimhe. Luadh Brian Mac Eoghain Uí Dhomhnalláin mar an duine deireannach des na filí clasaiceacha (17 céad).

Dondún: Dundon: cuíosach líonmhar: Luimneach-Tiobraid Árann, Ciarraí. Normannaigh a tháinig go Luimneach sa 13 céad. Ón log-ainm *Aunay* sa bhFrainc, ceaptar.

Dongán: Dungan: líon beag: an Mhí & rl. (1) Sasanaigh a shocraidh sa Pháil anallód ach a chaill a gcuid tailte i ngabháil Rí Liam. (2) Ón ainm Gaelach Donnagán a bhí coitianta in Albain agus i bhfeidhm i Sasana, leis. Féach Mac Donnagáin. SGG & SI.

Ó Donnabháin: (O')Donovan: líonmhar: Corcaigh & rl. Ruaigeadh iad ó Uí Cairbre Aodhbha in oirthear Luimnigh sa 12 céad agus lonnaigh siad in iarthar Chorcaí mar a dtug siad an log-ainm Cairbre leo. Bhí craobh díobh i gCill Chainnigh arbh as don scoláire Seán Ó Donnabháin (1809-1861). Corcaíoch a b'ea Diarmaid Ó Donnabháin Rosa (1831-1915). Fréamh: donn + dubhán. Tá "donn" mar réimír ins na sloinnte seo thíos. IF & SGG.

Ó Donnabhair: Dooner: annamh: Longfort & Sligeach. Luaite ins na h-Annála mar fhilí. An bhrí: donn + fabhra (mala). SI & SGG.

Ó Donnacháin: Doonican, Duncan: fíor-annamh: Lár na Tíre. Ar aon dul le Ó Donnagáin, is cosúil. Clann airchinneach i bhFear Manach, tráth. SI.

Ó Donnagáin: Donnegan: Lár na Tíre, Cúige Mumhan, iar-deisceart Uladh. Bhí clanna éagsúla i gCorcaigh, Tiobraid Árann & rl. Is cosúil go bhfuil meascadh le Ó Duineacháin i Lár na Tíre agus le Mac Donnagáin ó thuaidh. MIF & SGG.

Mac Donnagáin: Donnegan: féach Ó Donnagáin. Bhain an chlann seo le Contae an Dúin. D'fhéadfadh Dungan nó fiú Cunningham bheith orthu. Tá Mag Dhonnagáin (Gunnigan) ag de Bhulbh ach is ar éigin go bhfuil a leithéad ann anois.

Mac Dhonnagáin: Mac Gunnigan: fíor-annamh, má's ann dó. Leagan comhainmneach de Mac Donnagáin.

Ó Donnáin: Donnan: líonmhar: an Dún & rl. Díspeagadh ar an ainm Donn a chiallaíonn "donn" nó b'fhéidir "rí, tighearna". GPN & MIF.

Ó Donnamháin: Donovan: ós rud é go bhfuil an sloinne seo measctha le Ó Donnabháin sa dúiche chéanna, ní féidir idirdhealú a dhéanamh ach b'é tuairim Sheáin Uí Dhonnabháin go raibh cuid mhaith den dream i gCorcaigh, go bhfuil "Donovan" orthu anois, bunaithe ar an sloinne seo. Fréamh, b'fhéidir, donn + damhán (damh óg nó feithid).

Ó Donndubháin: ar aon dul le Ó Donnamháin, q.v.

Ó Donnchadha, Donnchaidh: O'Donoghue, Donagh, Dunphy: an-líonmhar tríd an dtír, i gCiarraí & Corcaigh ach go h-áirithe. Bhí clanna éagsúla ann: (1) Ciarraí - Ó Donnchú Mór & Ó Donnchú an Ghleanna. (2) Osraí, mar a bhfuil Dunphy orthu. (3) Uí Máine (Gaillimh). (4) i gCabhán. Ón ainm pearsanta Donnchadh, a chiallaíonn, b'fhéidir, tiarna donn nó laoch láidir. Maireann Ó Donnchú an Ghleanna agus é i dteideal bheith ina thaoiseach ar an gClann. Ó Donnchú an litriú nua. IF & SGG.

Mac Donnchadha, Donnchaidh: Mac Donagh, Donaghy, Dennison & rl: líonmhar ar fud na tíre, i gConnachta ach go h-áirithe. Craobhacha de chlanna Mhic Dhiarmada agus Uí Fhlaithearta. Bíonn Dennison orthu i Luimneach agus Donaghy in Ultaibh. An litriú nua: Mac Donncha. IF & SGG.

Mac Dhonnchaidh: Mac Conaghy, Mac Conkey: líonmhar i gCúige Uladh. Craobh den chlann Albanach Robertson in oirthear Uladh a b'ea iad. SS.

Ó Donnchathaigh: Duncahy: féach Ó Duinnchathaigh.

Donndún: Dundon: cuíosach líonmhar: Luimneach & rl. Bhí siad i Luimneach sa 13 céad. Fréamh: *d'Aunaie*, garrán fearnóige – áit sa Normáin, is dócha. Tá Dawney orthu i Sasana. DSHH.

Ó Donndubhartaigh: Dunworth, Dunford: cuíosach annamh: Luimneach. Clann ó Thiobraid Árann go raibh an galldú Donarty orthu ar dtús. Fréamh: donn + dubhartach (troideach). An litriú nua: Ó Donnuartaigh. SI & SGG.

Ó Donnghaile: Donnelly: an-líonmhar: C. Uladh & Leath Chuinn i gcoiteann. Clann de Cinéal Eoghain, gaolmhar leis na Niallaigh. Bhí clann eile i gCorcaigh. Fréamh: donn + gal (gaisce). IF.

Ó Donnghalaigh: Donnelly: ós rud é go bhfuil an sloinne seo measctha le Ó Donnghaile sa leagan galldaithe, ní féidir idirdhealú a dhéanamh anois. Deir Mac Giolla Iasachta gur bhain an chlann seo le íochtar Urmhumhan agus luann de Bhulbh clann eile a bhí i nGaillimh sa 17 céad. Tá an bhrí cosúil le Ó Donnghaile. SGG.

Ó Donnghusa: Dennis: fíor-annamh: clann eaglasta in Ulaidh, tráth. Ós rud é gur sloinne Sasanach Dennis de ghnáth, bheadh taighde ginealaigh ag teastáil chun Muintir Dhonnghusa a dheimhniú. Deir de Bhulbh go raibh siad sa Mhumhain, leis. Fréamh: donn + gus (fuinneamh). Litriú nua: Ó Donnasa.

Ó Doraidh: Durr, Dorr: annamh: Ros Comáin. Measctha le Dore (Ó Doghair) agus *Doré* (Francach). Bhain an bhun-chlann le Ros Comáin & Liatroim. MIF.

Ó Dorbháin: Derivan: féach Ó Doirbhín.

Ó Dorchaidhe: Darcy: líonmhar ar fud na tíre: Normannaigh (D'Arcy) i Laighin ach is cosúil gur bun-dúchasaigh na daoine i gConnacht agus sa Mhumhain. Bhí siad ar cheann de "Seacht dTreabh na Gaillimhe". Bhain Muintir Dhorchaidhe le Uí Fiachrach i Maigh Eo agus le Uí Máine i nGaillimh. Tá an bhrí bunaithe ar "dorcha". Litriú nua: Ó Dorchaí.

Mag Dhorchaidhe: Mac Gourty, Mac Gorty: líon beag: Fear Manach-Liatroim. Luadh i Liatroim sa 14 céad iad, nuair a cailleadh an taoiseach deireannach i 1403. Litriú nua: Mag Dhorchaí. SGG.

Ó Dorcháin: Doorigan: fíor-annamh: Longfort. B'fhéidir go mbaineann le O Dorchaí ach ar aon nós, tá sé ar an dul céanna. SGA.

Ó Dornaigh: Dorney: líon beag: Corcaigh. Bhí siad i gCorcaigh sa 16 céad. Féach Ó Tornaigh.

Ó Dornáin: Dornan: líonmhar: an Dún. Ar aon dul, is cosúil, le Ó Doirnín & Ó Duirnín. SI.

Drach: Drake: líon beag: Áth Cliath, Béal Feirste. Sasanaigh a shocraigh sa Mhí sa 13 céad.

Ó Drac: Drea, Drew: líon beag. Cill Chainnigh-Ceatharlach. Ceaptar gur comhainm é le O Draoi a bhaineann le Tuathmhumhain. Féach Mac an Druaidh, leis.

Ó Draighneáin: Drennan, Thornton: cuíosach líonmhar: Laois-Cill Chainnigh & rl; Thornton atá orthu i gConnachta. Bhí clanna in nGaillimh & sa Chlár. Brí: draighneán, an tor deilgneach *prunus spinosa* ar a mbíonn an airne mar thoradh. Scoláire dílis Gaeilge a b'ea Muiris Ó Droighneáin (1901-79) ó Chorcaigh a shaothraigh i mBéal Feirste. Scríobh sé An Sloinnteoir Gaeilge & an tAinmeoir, leabhar fóinteach atá leasaithe anois ag M.A. Ó Murchú. Luaite annseo le SGA.

Ó Draoda: Droody: annamh: Ros Comáin. Bíonn an leagan gallda Drury orthu, leis. Bhí siad ina n-airchinnigh ag Conga sa 12 céad. SGG & SI.

Ó Draoi: Drew: líon beag sa tír - is sloinne Sasanach é de ghnáth ach bhí clann Ghaelach i dTuathmhumhain. Tugann de Bhulbh Ó Druaidh mar chomh-shloinne. Is ionann draoi agus druadh, dar ndóigh. B'fhéidir go bhfuil draoícht ag baint leis!

Ó Draoileáin: Dreelan: cuíosach annamh: Ceatharlach-Loch Garman. Ceapann Mac Giolla Iasachta gur sloinne A-Normannach é seo a ghaelaíodh sa 15 céad. SI.

Draopar: Draper: líon beag: Corcaigh. Sasanaigh i gCorcaigh sa 17 céad. Sloinne ceirde.

Ó Dreada: Draddy: fíor-annamh: Corcaigh. Bhain an sloinne seo le Corcaigh riamh is choíche. Bhí scríobhaí darb'ainm Seán Ó Dreada ag obair ann sa 19 céad.

Ó Dreáin: Adrain, Drain: cuíosach líonmhar: Aontroim. Clann airchinneach i Ros Comáin sa 13 céad. Bhogadar as san go Cúige Uladh. Ní fios cén fáth. MIF & SGG.

Ó Drisceoil: (O')Driscoll: an-líonmhar sa tír: i gCorcaigh ach go h-áirithe. Clann tábhachtach i gCorca Laoi (iarthar Chorcaí). Shíolraigh siad ó Eidirsceol .i. teangaire, sa 10 céad.

Ó Drisleáin: Drislane: fíor-annamh: Corcaigh thoir. Fréamh: dris, *rubus fruticosus,* an planda deilgneach a bhfásann na sméara dubha air. SI.

51

Ó Drochtaigh: Drought: fíor-annamh: deisceart Laighean. D'fhéadfadh Drought bheith Ollannach nó ina ghalldú ar Ó Droichid chomh maith. Fréamh, seans, drocht = roth muillinn. MIF.

Drogha: Drew: líon beag: sa Mhí & rl. Normannaigh ón ainm Teotanach *Drogo*. Ach meascaithe le Ó Draoi, q.v. Bhí Drú agus Driú ann níos déanaí. SGG.

Ó Droichid: Bridgeman: annamh: Luimneach. Bhí an sloinne seo i gCaonraí, Luimneach sa 16 céad ach tháinig Sasanaigh darab ainm Bridgeman go dtí an Clár sa 17 céad. MIF.

Ó Droma: Dromey, Drumm: cuíosach líonmhar: (1) Fear Manach-Cabhán, (2) Corcaigh-Port Láirge. Clann airchinneach i ndeisceart Uladh; chuaidh cuid acu don Mhumhain sa 16 céad. Tugadh Drummond ar na h-Ultaigh, uaireannta. Shaothraigh Solamh Ó Droma as Corca Laoidhe ar Leabhar Bhaile an Mhóta. MIF & SGG.

Ó Dromáin: Droman: fíor-annamh?: Port Láirge. Ní fios an maireann sé. SGG.

(de) Dromgabhail: Dromgoole: cuíosach annamh: Áth Cliath agus scaipthe. Ó log-ainm é agus tháinig ó Lú. Luadh iad thiar sa 13 céad. Litriú nua: Dromgúil. MIF.

Ó Dróna: Droney: cuíosach annamh: an Clár. Bhí críoch darab ainm Uí Dróna i gCeatharlach in anallód ach tá an dream seo bunaithe go maith sa Chlár.

Ó Druacháin: Drohan: cuíosach líonmhar: Port Láirge. Go stairiúil, bhaineadar le Loch Garman chomh maith. B'fhéidir go bhfuil baint le Ó Druaidh, q.v.

Ó Druagáin: Droogan, Drugan: annamh: Tír Eoghain-Fear Manach-Liatroim. Clann airchinneach in Ard Mhacha, tráth. Éagsúil le Ó Druacháin, de réir dealraimh. SI.

Mac an Druaidh: Drew, Drury: líon beag: Sligeach-Tír Conaill. Tá mearbhall anseo le Drae & Draoi, q.v. - b'fhéidir go bhfuil siad bunaithe ar an bhfocal draoi/druadh a chiallaíonn sagart na sean-Cheilteach. Tá an sloinne Sasanach Drury san áireamh, leis.

Ó Druaidh: Drew, Drury: féach Mac an Druaidh thuas.

Ó Druifín: Draffin: fíor-annamh: Muineachán. SGA.

Ó Druimín: ? Drummin. Féach Ó Dromáin.

Duram: Derham: líon beag: Áth Cliath. Ón gcathair i dtuaisceart Shasana. In Éirinn ón 14 céad.

Ó Duacháin: Doohan: líon beag: Tír Chonaill & an Clár. Sloinne Ultach - is cosúil go mbaineann an dream sa Chlár le Ó Dubhchon, q.v. Ón ainm Dubhthach a bhí coitianta fadó. GPN.

Mac Dhuarcáin, Ó Duarcáin: Durcan,-in: líonmhar: Maigh Eo-Sligeach & deisceart an Dúin. Tugtar Gorkin agus Zorkin orthu, leis. Craobh de Mhuintir Uí Eaghra, Sligeach. Fréamh: duairc = gruama. SGG & MIF.

Dubh: Duff: líonmhar: oirthear Uladh & rl. Albanach nó Gaelach. Aidiachtach, an sloinne bunaidh caillte.

Ó Dubhagáin: Duggan, Dougan: an-líonmhar: sa Mhumhain, Connachta & Ulaidh. Bhí dhá chlann sa Mhumhain agus dhá cheann eile i gConnachta. B'fhéidir go mbaineann an dream in oirthear Uladh (Dougan) le h-Albain. Deineann de Bhulbh cur síos maith orthu. IF.

Mag Dhubháin: Mac Guane: cuíosach annamh: an Clár: táid i dTír Chonaill faoin mbréagriocht Mac Gowan. Seo tús na "ndubh-shloinnte" atá iomadúil. B'fhéidir go raibh sean-áitritheóirí na tíre "dubh" .i. ina gcine Mheán-mhara; nó gur sheas daoine dubha amach mar eisceachtaí. Ar aon chuma bhí an cháilíocht "dubh" suaitheanta.

Ó Dubháin: Devane, Duane, Downes: líonmhar sa Mhumhain agus Connachta. Bhí clanna éagsúla i gCorca Laoidhe, Luimneach (mar a bhfuil Downes orthu) agus Conamara. Le claon-aistriú tugadh Kidney orthu i gCorcaigh. An-chuid leagan gallda. SGG.

Ó Dubhánaigh: Devaney: líonmhar: Connachta & rl. Sloinne Conallach é seo ó cheart ach tá meascadh le Ó Duibheannaigh, q.v.

Ó Dubhartaigh: Doorty: fíor-annamh: an Clár. Clann airchinneach i dTiobraid Árann, tráth. Deir de Bhulbh go mbíonn Doherty orthu go minic anois. Fréamh: dubh + art (mathúin nó béar), b'fhéidir. SI.

Ó Dubhchair: Dooher: annamh: iarthar Uladh & Sligeach. Fréamh: dubh + car (annsa, dílis).

Ó Dubhchon: Doohan, Doughan: líon beag: an Clár, Tiobraid Árann, Tír Chonaill. Clann a bhain le Corca Laoidhe, tráth. Baineann an dream ó thuaidh le Ó Duacháin, q.v. Tá an bhrí soiléir, dar ndóigh, dubh + cú. SI & MIF.

Ó Dubhchonna: Doheny: cuíosach líonmhar: Cill Chainnigh & rl. Clann de chuid Chorca Laoidhe, scaipthe anois. Tugadh Dawney agus Downey orthu, leis. Tuairimíonn de Bhulbh gur ainm pearsanta Conna sa chás seo agus deimhníonn GPN é. IF & SGG.

Ó Dubhda: (1) (O)Dowd, (2) Doody, (3) Duddy: an-líonmhar (1) ar fud na tíre, Connacht, Ulaidh agus tuaisceart Laighean ach go h-áirithe, (2) Ciarraí & Luimneach, (3) Doire. An chraobh is mó, bhaineadar le Uí Fiachrach (Maigh Eo). Chuaidh cuid acu go C. Mumhan sa 16 céad. Bhain an dream ó thuaidh le Cinéal Eoghain. IF & SGG.

Ó Dubhdábhoireann: Davoren: féach Ó Dabhoireann.

Ó Dubhdacáin: Dowdican: annamh: Liatroim. Díspeagadh ar Dubhda (fear dubh). SI & SGG.

Dubhdal: Dowdall: cuíosach líonmhar: Ulaidh & rl. Sasanaigh in Éirinn ó am an Ionraidh.

Ó Dubhdáleithe: Dudley: annamh: oirthear na Mumhan. De réir de Bhulbh bhain an sloinne le Corcaigh agus deir Mac Giolla Iasachta go bhfuil an galldú Dowdall air, leis. Fréamh, b'fhéidir, dubh + dhá leath.

Mac Dubhdara: Darragh: cuíosach líonmhar in oirthear Uladh ach féach Mac Dara, leis. Tugadh Oakes orthu mar aistriú ar "dair" (an crann). MIF & SGG.

*Ó Dubhdhúin: Duggan?: ní fios an ann fós dó, Deir de Bhulbh gur bhain le Ciarraí.

Ó Dubhghaile: Doyle?: ní fios an ann fós dó. Bhí siad i Ros Comáin - de Bhulbh.

Ó Dubhghaill: Doyle: an-líonmhar ins gach cúige - in oirthear Laighean ach go h-áirithe. Ceaptar gur de bhunadh Lochlannach iad. Tugadh "dubh-ghall" ar chuid des na Lochlannaigh sa 10 céad. Litriú nua: Ó Dúill. IF, SI & SGG.

Mac Dubhghaill: Mac Dowell, Mac Dougall: an-líonmhar in oirthear Uladh agus cuíosach líonmhar in oirthear Laighean. Mar aon le muintir Mhic Dhomhnaill, thánadar ó Innse Gall go h-Éirinn sa 14 & 15 céad mar ghallóglaigh. Shocraigh cuid acu i Ros Comáin. Is cosúil gur imirceoirí Albanacha sa 17 céad cuid mhaith díobh siúd in Ulaidh anois.

Mac Dhubhghaill: Mac Cool (Albain): ar aon dul le Mac Dubhghaill thuas. De réir de Bhulbh, seo an fuaimniú i gcaint na ndaoine.

Dubhghlas: Douglas: líonmhar: Ulaidh & rl. Logainm Albanach agus dream tábhachtach thall.

Ó Dubhghusa: Doocey, Ducey, Dufficy: cuíosach annamh: oirthear Mumhan & Connachta (Dufficy). Fréamh: dubh + gus (meanma, fuinneamh). Bhí an t-ainm baineann Dubh Easa ann, leis. MIF.

Ó Dubhlacháin: Dullaghan, Dollaghan: cuíosach annamh: Cabhán, Lú & rl. Clann a bhain le Oirghialla, tráth. Féach Ó Duibhleacháin. SI.

Ó Dubhlachtna: Doolaghty: fíor-annamh: an Clár. Ón ainm Lachtna, "ar nós bainne". GPN.

*Ó Dubhladaigh: Doolady: fíor-annamh? Liatroim. Ní fios an bhfuil sé ann fós. SI.

Ó Dubhlaidhe: féach Ó Dubhlaoich.

Ó Dubhláin: Doolan: féach Ó Dubhlainn & Ó Dúnlaing. Tá meascadh le Ó Doibhilin agus tá cur síos air seo in SI. Litriú nua: Ó Dúláin.

Ó Dubhlainn: Doolan: líonmhar sa tír ach bhain an chlann seo le Uí Maine (Gaillimh). SI.

Ó Dubhlaoich: Dooley, Dowley: líonmhar tríd an dtír: go sonrach sa Lár, Cill Chainnigh, Tiobraid Árann, Gaillimh. Ainmníonn de Bhulbh trí chlann - dhá cheann i Lár na Tíre & ceann i nGaillimh. Brí: dubh + laoch. IF.

Ó Dubhluachra: Deloughry: líon beag: C. Mumhan & Cill Chainnigh. Ón log-ainm Luachair. Tá leagain ghallda ar nós Deloorey & Dilworth ann. Is Corcaigh a ndúiche cheart, is cosúil.

Mac Dubhradáin: Doordan: fíor-annamh: Maigh Eo. Duine bídeach nó mall-intinneach. Ciallaíonn dubhradán rud fíor-bheag, ar nós "mote" an Bhéarla. SGG.

Ó Dubhraic: Durack: líon beag: an Clár & rl. Clann de chuid Dál gCais a bhí suite in Uí Conghaile. Bhaineadar clú amach san Astráil sa 19 céad. Níl an bhrí soiléir. SI.

Mac Dubhuidhir: (Mac)Dyer, Dyar: annamh: Tír Chonaill & rl. Tá Mac Dwyer i gCabhán. Is sloinne Sasanach Dyer, chomh maith. Fréamh: an dá dhath: dubh + odhar. Litriú nua: Mac Duibhir. Féach Ó Duibhidhir leis. MIF.

Ó Dubhrosa, Ó Dubhruis: Doris, Dooris: líon beag: Tír Eoghain-Fear Manach. Clann de chuid Oirghialla fadó ach bhí siad i Luimneach, leis. Brí: dubh + ros (coill). Litriú nua: Ó Dúrosa. SI.

Ó Dubhshláine: Delaney & rl: an-líonmhar sa tír, i gCúige Laighean go sonrach. Bhí an chlann sa lonnaithe i Laois-Cill Chainnigh sa 17 céad. Is cosúil gur log-ainm Sláine - an abhainn, b'féidir. Litriú nua: Ó Dúláinne. IF.

Ó Dubhthaigh: O'Duffy, Duhig &rl: an-líonmhar: Connachta, Ulaidh, Laighin. Tugtar Duhig orthu sa Mhumhain agus Dooey in Ultaibh. Bhí clanna tábhachtacha i dTír Chonaill (mar a rabhadar ina n-airchinnigh ar feadh ocht gcéad blian), i Ros Comáin agus i Muineachán. Bhí an t-ainm Dubhthach (fear dubh) coitinn anallód. Litriú nua: Ó Dufaigh. IF.

Ó Dubhuidhe: Devoy, Deevy: líon beag: Osraí agus Port Láirge. Ceann de "Seacht gClann Laoise". Deir O'Donovan go raibh Ó Duibh orthu ar dtús ach tá fianaise ón 16 céad go raibh Ó Duibhidhe orthu annsan. Díbríodh go Ciarraí i 1607 iad ach ní móide gur fhanadar ann. Ní féidir bheith cinnte faoi bhunús an t-sloinne. Litriú nua: Ó Dubhuí.

Ó Dubhuidhir: O'Dwyer & rl: féach Ó Duibhidhir.

Ó Dubhurthuile: Doorley: líon beag: oirthear Chonnacht agus Lár na Tíre. Bhí an chlann seo in Uí Maine (Gaillimh) agus leathadar go h-Uíbh Fhailí. Tugadh Dufferly orthu, leis. Luann Mac Giolla Iasachta clann eile i gCorca Laoidhe ach níl rian díobh ann anois. An litriú nua: Ó Dúrthuile. Luann de Bhulbh an t-ainm Urthuile mar phréamh. MIF & SGG.

Ó Duibh: Duff, Black: líonmhar i gCúige Uladh. Is cosúil gur giorrú é ar Ó Duibhinn (Duffin) agus fiú Mac Giolla Dhuibh (Mac Elduff), ach luann de Bhulbh iad mar chlann a bhí suite in aice le Port Laoise. Féach Ó Dubhuidhe. Dar ndóigh, d'fhéadfadh an sloinne a theacht go díreach ó bhua-aidiacht, cosúil le bán, crón, glas, liath & rl. MIF.

Mac Duibh: Mac Duff: annamh: Doire: Albanach: iarlaí i bhFíobh (Fife), tráth. SI & SS.

Mac Dhuibh: Cuffe: Connachta: ós rud é nach féidir idirdhealú a dhéanamh ar an sloinne Sasanach (atá in Éirinn ón 16 céad) ní fios cé mhéid de mhuintir Mhic Dhuibh atá ann.

Mag Dhuibh: Mac Giff: annamh: scaipthe. Bhain siad le tuaisceart Chonnacht. Bhí Mac Guff orthu, leis. Ar aon dul le Mac Dhuibh. SI.

Ó Duibhdhíorma: Dermond, Dermott: annamh: Tír Chonaill & oirthear Uladh. Luaitear ins na h-Annála go minic iad, nuair a bhí siad suite in Inis Eoghain. Tugadh Darby orthu níos déanaí, agus deineadh Ó Díorma díbh, leis. Fréamh: dubh + díorma (scata saighdiúirí).

Ó Duibheamhna: Devanny & rl: ní féidir idirdhealú ins na leagain ghallda idir seo agus Ó Duibheannaigh agus Ó Dubhánaigh, ach bhain an sloinne thuas le Ard Macha. Fréamh: dubh + Eamhain (log-ainm). Táimíd thiar i ré na Rúraíochta anseo! MIF.

Ó Duibheannaigh: Devenney, Devaney: líonmhar: oirthear Uladh agus Tír Conaill. Thuill Conchúr Ó Duibheannaigh coróin an mhartírigh i 1612 agus b'as an Dún dó. Is féidir ghlacadh leis go mbaineann an sloinne seo leis an Dún. Ó Dubhánaigh atá i dTír Conaill. Fréamh, b'fhéidir, dubh + Eanach (log-ainm).

Mag Dhuibhfinn: Mac Guffin, Mac Giffin: cuíosach annamh: oirthear Uladh. Brí: dubh + Fionn (ainm pearsanta). Litriú nua: Mag Dhuifinn. SI.

Mac Duibhfinn: féach Mag Dhuibhfinn.

Ó Duibhfinn: Duffin: cuíosach líonmhar: Aontroim & Loch Garman. Bíodh gur thosaigh an sloinne seo sa Mhumhain, is in Ultaibh is mó atá sé anois. Féach Mag Dhuibhfinn.

Mag Dhuibhín: Giffin, Givan(s): líonmhar: Cúige Uladh & rl. Féach Mag Dhuibhfinn.

Mac Dhuibhín: Mac Avin, Mac Given: fíor-annamh: Muineachán & rl. Féach Mag Dhuibhfinn, leis.

Ó Duibhgeadáin: Degidan: níl in Eolaí an Teileafóin ach luann Mac Giolla Iasachta le oirthear an Chláir é. Ciallaíonn gead spota bán ar ghruaig, "blaze" i mBéarla - b'fhéidir go bhfuil baint aige leis an sloinne seo. Litriú nua: Ó Duigeadáin. SI & SGG.

Ó Duibhgeannáin: Duignan (-m): cuíosach líonmhar: Lár na Tíre & oirthear Chonnacht. Clann liteartha i Ros Comáin & Liatroim a b'ea iad. Brí: dubh + ceann. MIF & SGG.

Ó Duibhginn: Deegan, Deighan: líonmhar: Áth Cliath & Laighin theas. Bhí clanna éagsúla ann, ach baineann siad den chuid is mó le Laois. MIF.

Ó Duibhghiolla: Diffley, Devilly, Devalley: cuíosach annamh: Connachta, Gaillimh go sonrach. Dhá chlann: Uí Fiachrach theas; Síol Anmchadha. Brí: dubh + giolla. MIF.

Ó Duibhidhe: Deevy: fíor-annamh: Laois-Cill Chainnigh. Leagan eile de Ó Dubhuidhe, q.v.

Mac Duibhidhir: Mac Dyer, Mac Dwyer: annamh: Tír Chonaill, Cabhán. Féach Mac Dubhuidhir thuas. Litriú nua: Mac Duibhir. SI & SGG.

Ó Duibhidhir: (O') Dwyer, Deere, Diver: an-líonmhar: Tiobraid Árann, Luimneach, Ciarraí, an Clár, Port Láirge, Cill Chainnigh, Loch Garman, Ceatharlach. Bhí an chlann seo bunaithe ag Coill na Manach, Tiobraid Árann, agus táll orthu mar trodairí i gcoinnibh choncas na nGall. Clú síoraí, dar ndóigh, ag "Seán Ó Duibhir a' Ghleanna" san amhrán úd -"go lá deireadh a'tsaoil". Tá an sloinne i gCúige Uladh le Deere, Diver. Litriú nua: Ó Duibhir. IF & SGG.

Ó Duibhín: Devin, Divin: annamh: Doire. Is cosúil go bhfuil a lán de mhuintir Uí Dhuibhín faoin leagan gallda Devine, a bhaineann le Ó Daimhín, leis. Tá Devine líonmhar i gCúige Uladh agus i nDoire go sonrach. Tá Mac Dhuibhín (Given) ag de Bhulbh, chomh maith.

Ó Duibhinreachtaigh: Denroche: fíor-annamh: Connachta. Deir de Bhulbh gur bhain le Sligeach. Brí: dubh + inreachtach (dleathach). Litriú nua: Ó Duínnreachtaigh. SI, SGG.

Mac Dhuibhinse: Mac Avinchey: annamh: Ard Mhacha. Tugadh Vincent orthu scaití. Brí: dubh + inis, b'fhéidir. SI & SGG.

Ó Duibhleacháin: Dillahan: fíor-annamh: féach Ó Dubhlacháin.

Ó Duibhlearga: Delargy: cuíosach líonmhar: Aontroim. Clann a chónaigh i dTír Amhlaidh, Maigh Eo, ach d'aistrigh go h-Aontroim, mar a bhfuil siad ón 17 céad in éineacht le muintir Uí Eára. Ba chóir an t-Ollamh Séamas Ó Duílearga (1899-1980), scoláire mór béaloidis, a lua. Brí: dubh + learg (leitir nó fána), b'fhéidir. MIF.

Ó Duibhluachra: Deloughrey: féach Ó Dubhluachra.

Ó Duibhne: Deeny, Peoples: líon beag: Doire & Tír Conaill. Sampla den mhí-aistriú do-chreidthe a deineadh ar shloinnte Gaelacha. Brí: duibhne = doicheall (féach suibhne).

Mac Dhuibhne: Mac Avinney: annamh: Muineachán, an Mhí. Féach Mag Dhuibhne & Mac Aibhne. Brí: féach Ó Duibhne.

Mag Dhuibhne: Mac Giveny: líon beag: Muineachán, Cabhán, Fear Manach, Longfort. Tá na leagain ghallda Mac Avinia, Mac Aviney, Mac Avinue ann, leis. MIF.

Ó Duibhric: féach Ó Dubhraic.

Mac Dhuibhshíthe: Mac Afee, Mahaffy, Mac Haffie: cuíosach líonmhar: Aontroim & an Dún (i gcás Mac Afee go sonrach). Sloinne Albanach a tháinig sa 16 céad - Mac Fee atá orthu in Albain. Brí: dubh + síth (síocháin). SS & SGG.

Ó Duilé: Delee: annamh: iarthar Luimnigh & rl. Seo litriú SGA ach féach Ó Duinnshléibhe.

Ó Duilleáin: Dillane, Dillon: líon beag: Luimneach & Ciarraí. Ceapann de Bhulbh gur leagan den sloinne neamh-choitinn Ó Dalláin é. Deineadh Dillon de le h-ardnós. SI.

Ó Duillín: Dilleen: fíor-annamh: Gaillimh. Is cosúil gur leagan eile d'Ó Duilleáin é seo.

Ó Duineachair: Danagher: cuíosach líonmhar: Luimneach. Clann a bhí suite in aice le Aonach Urmhumhan roimh ionradh na Normannach. Brí: duine + car (grá) ach maíonn muintir Uí Dhanachair as iarthair Luimnigh gur mar seo a litríodh a sloinne riamh. MIF, SI.

Ó Duineachdha: Dennehy, Denny: líonmhar: Corcaigh, Ciarraí & Luimneach. Tháinig dream eile, Sasanaigh, i gcomhacht i dTrá Lí sa 17 céad agus monarcha bágúin, "Dennys" ar leo í tráth, ann fós. Brí: b'fhéidir go gciallaíonn sé daonachtúil. MIF.

Mag Dhuineachair: Ganagher: ag de Bhulbh ach is cosúil nach bhfuil aon rian díobh anois.

Ó Dúinín: Downing: líon beag: Corcaigh & Ciarraí. Leagan d'Ó Duinnín, b'fhéidir. Féach Ó Dúnaigh, leis. SI & SGG.

Ó Duinn: Dunne, Doyne: an-líonmhar: an Dún, Lár na Tíre, Laighin thoir-theas. An chlann ba mhó, de chlanna éagsúla, bhain siad le Dúiche Uí Riagáin i Laois. Ón ainm pearsanta Donn a chiallaíonn, b'fhéidir, tiarna. Tá Mac Duinn ann, leis. IF & SGG.

*Ó Duinnchathaigh: Duncahy: is cosúil nach ann dó a thuilleadh. Bhí siad i Sligeach anallód.

Ó Duinnchinn: Dunkin, Dinkin: fíor-annamh: Áth Cliath. Aistrithe go Duncan, b'fhéidir. Clann a bhain le Sligeach fadó. Brí: "ceann donn". SGG.

Mag Dhuinneabháin: féach Mag Dhoinneabháin.

Ó Duinneabháin: Donovan: Féach Ó Donnabháin.

Ó Duinneacháin: Deenihan, Denihan: annamh: Ciarraí thuaidh. Clann a tháinig ó Uaithne in oirthear Luimnigh. Deir Mac Giolla Iasachta gur Ó Duibhneacháin ba chóir a bheith orthu. Fadhb dho-réitithe, is dócha. SI, MIF & SGG.

Ó Duinneagáin: Dennigan: cuíosach annamh: Longfort-Ros Comáin-Sligeach. Leagan Connachtach d'Ó Donnagáin, q.v. SI & SGG.

Ó Duinnín: Dineen, Dinneen: líonmhar: Corcaigh, Luimneach, Ciarraí, Béal Feirste & rl. Clann liteartha ó Chorca Laoidhe (iarthar Chorcaí) a bhain leis na Cárthaigh. Lean féith an léinn síos go dtí an t-Ath. Pádraig Ó Duinnín, an foclóirí mór (1860-1934). Bhí an leagan Ó Dúinín (a deineadh Downey de) i gCiarraí. IF & SGG.

Mac Dhuinnshléibhe: Dunleavey, Mac Alea, Mac Aleavey: líonmhar in iarthar Uladh, Connachta. Shíolraigh siad ó Dhonnshléibhe Ó h-Eocha, rí Uladh sa 11 céad. Tar éis an Ionraidh, theith siad go Tír Chonaill mar a bhain clú amach mar lucht leighis. Bhí Mac an Ultaigh orthu, leis, chomh maith le an-chuid leagan gallda. Litriú nua: Mac Dhoinnlé. Féach Ó Duinnshléibhe. IF & SGG.

Ó Duinnshléibhe: Dunleavy, Dunlea, Delee: cuíosach líonmhar: Corcaigh, iarthar Luimnigh & rl. Is cosúil nach bhfuil aon bhaint leis na h-Ultaigh thuas, in ainneoin tuairim de Bhulbh. B'fhéidir gur éiríodar as an dtreabh Ó Duthalla i Muscraí, b'in tuairim Mhic Ghiolla Iasachta. Is Muimhnigh iad anois go smior - ní féidir a thuilleadh a rá. An litriú nua: Ó Doinnlé. IF & SGG.

Mac Dhuinnshléibhín: Levins: líon beag: Lú. Díspeagadh ar Mac Dhuinnshléibhe, sloinne mór Ultach ón Dún. Bhí an leagan gallda Living coitianta sa 17 céad. Sampla fíor-ghránna den scrios a deineadh ar shloinnte Gaelacha - féach ar an dteideal uasal "Donn an t-sléibhe" a bhí ar ríthe Uladh agus ar an bpraiseach gan aird a tháinig ina áit. SI.

*Mag Dhuineachair: Ganagher: ní fios an bhfuil sé ann a thuilleadh.

Mag Dhuinneabháin: Guinevan: fíor-annamh: Luimneach. Leagan caolaithe den sloinne Donnabhán, q.v. SGG.

Dúinsméarach: Beresford: líon beag: Aontroim & Port Láirge. Sasanaigh, sa 17 céad in Ulaidh. Dar ndó, ní bhaineann an sloinne le "dún" ná le "sméara". Sloinne Mharcas Phort Láirge.

Ó Duirnín: Durnin, Durnian: líon beag: Fear Manach & Lú. Féach Ó Doirnín.

Ó Dúithche: Dooey: cuíosach annamh: Tír Eoghain & Doire. Féach Ó Dubhthaigh. SGG.

Ó Dúláinne: féach Ó Dubhshláine.

Ó Dulchaointigh: Delahunt(y), Dulanty: cuíosach líonmhar: Laighin theas. Bhí an chlann seo gaolmhar le Ó Cearbhaill Éile. Brí: ? magadh caointeach. SGG.

a' Dúna: Doona: annamh: Ciarraí. Leasainm i measc na Súilleabhánach.

Ó Dúnabhra: féach Ó Donnabhair.

Ó Dúnacháin: féach Ó Donnacháin.

Mac Dúnadhaigh: Downey: tá meascadh in Ultaibh le Ó Maoldomhnaigh & Mac Giolla Domhnaigh, mar sin ní féidir idirdhealú a dhéanamh gan dul isteach i gcursaí ginealaigh.

Ó Dúnadhaigh: Downey: líonmhar tríd an dtír: trí chlann: (1) Gaillimh, (2) Corca Laoidhe, (3) Sliabh Luachra. Tá an leagan gallda Downing orthu i gCiarraí. Litriú nua: Ó Dúnaigh.

Ó Dúnáin: Doonan: cuíosach annamh: deisceart Uladh, an Mhí, Sligeach-Liatroim. Airchinnigh i bhFear Manach, tráth. Meascadh éigin le Ó Donnáin, q.v. MIF.

Ó Dúnlaing: Dowling, Doolan: líonmhar: Laighin thoir & go coiteann. Ceann de "Seacht gClann Laoise". Deir de Bhulbh go raibh clann eile i gCorca Laoidhe. Ainm pearsanta a b'ea Dúnlang - coitianta i measc na n-uasal i gCúige Laighean. Deineadh Dudley de, dar fia! IF & SGG.

(de) Duram: Derham: líon beag: Áth Cliath. Sasanaigh ón 14 céad. An chathair Durham, dar ndóigh.

Ó Durcáin: fíor-annamh: Gaillimh. Féach Ó Duarcáin.

Ó Dushláine: fíor-annamh: Áth Luain. Féach Ó Dubhshláine.

Eabhróid: Everett, Everard: líon beag: scaipthe. Normannaigh a shocraigh sa Mhí & Tiobraid Árann. Eibhearard orthu, leis. Fréamh: Ainm Teotanach: torc + cruaidh. DOS.

Ó h-Eachach: Haugh, Hawe(s): cuíosach líonmhar: Luimneach, an Clár & rl. Tá an sloinne seo chomh maith le Ó h-Eachadha & Ó h-Eachaidh ar aon dul le Ó h-Eochadha, q.v.

Mac Eachaidh: Mac Caughey, Mac Cahey: líonmhar: Tír Eoghain & coiteann in Ultaibh. Ón ainm Eachaidh a bhí an-choiteann anallód. Leagan eile: Mac Eachadha. Féach Mag Eochadha, leis.

Mag Eachaidh: Mac Gahey: líon beag: Muineachán, an Mhí & rl. Leagan eile ar Mag Eochadha, q.v.

Ó h-Eachaidh: Haughey: líonmhar: Ard Macha & rl. Bíonn Hoy agus Haffey orthu uaireannta. Tá an sloinne seo bunaithe ar an ainm Eachaidh, "marcach, fear mór capall". MIF.

Ó h-Eachaidhin: Haughian: fíor-annamh: oirthear Uladh. Díspeagadh ar Ó h-Eachaidh, q.v.

Ó h-Eacháin: Haughan, Haughton: Áth Cliath & Béal Feirste. Clann Ultach a bhain le Tír Eoghain & an Dún, ach is sloinne Sasanach Haughton, den chuid is mó. SI.

Mac Eacháin: Mac Cahon: líon beag: Aontroim thuaidh & rl. Ar aon dul le Mac Eocháin sa deisceart. Díspeagadh ar Eachaidh, ar ndóigh. SGG.

Mag Eacháin: Mac Gahan,-on: líon beag: Ard Mhacha, Tír Eoghain, Muineachán, Lú. Clann a bhain le Oirghialla i gcónaí. Díspeagadh ar Eachaidh an t-ainm seo, leis.

Mag Eachagáin: Gaffikin: fíor-annamh: an Dún. Díspeagadh ar Eachán. Féach Mag Eacháin.

Ó h-Eachdhubháin: Aghoon, Whitesteed: fíor-annamh: Maigh Eo. Má's ann dóibh in aon chor. Táimíd ag brath ar fhianaise de Bhulbh a fuair an-chuid eolais ó na sean-daoine i Learpholl ar shloinnte Chonnachta. Cheap sé go mbeadh "black-steed" níos oiriúnaí. Litriú nua: Ó h-Eachuáin. SI & SGA.

Mac Eachmharcaigh: Mac Cafferty, Cafferky: líonmhar: Tír Chonaill-Doire, Maigh Eo & rl. Bhí an t-ainm Eachmharcach coiteann ag muintir Mhic Bhraonáin & Uí

Dhochartaigh. Baineann an leagan Cafferky le Maigh Eo. Bhí na capaill an-tábhachtach i saol na nGael. IF.

Mac Eachmhílidh: Mac Caughley: líon beag: an Dún & rl. Ciallaíonn "míleadh" saighdiúir (Laidin: *miles, militis*). Iad gaolmhar le Mag Aonghuis Uíbh Eathach. SI.

Ó h-Eachráin: Haughran: annamh: Áth Cliath. Clann a bhain le Uíbh Fhailí ach bíonn Horan orthu go minic anois. Féach Mag Eachráin, leis. SI.

Mag Eachráin: Mac Gahern: líon beag: Cabhán & rl. Clann de chuid Oirghialla. Ta Mac Eachráin (Mac Caughern) ann, leis. Bhí siad sa tuaisceart, chomh maith. SGG.

Ó h-Eachtair: Hocter,-or: líon beag: Uíbh Fhailí & Tiobraid Árann thuaidh mar a bhfuil a ndúiche shinseartha. Ón ainm Gréagach Hector, b'fhéidir. MIF.

Ó Eachthighearna: Ahern(e), Hearn: líonmhar: Corcaigh & Luimneach thiar & rl. Clann de chuid Dál gCais a bhí suite in Uí Cearnaigh sa Chlár sa 12 céad. Scaipeadh iad go Corcaigh agus ar fud na Mumhan ina dhiaidh sin. Brí: tiarna na gcapall. Is i bhfad siar a théann dúil Chlanna Gael ins na capaill! Litriú nua: Ó h-Eathírn (SGA). Féach Ó h-Eachthigheirn, leis. IF & SGG.

Ó h-Eachthigheirn: Ahern(e) & rl. Ar aon dul le Ó Eachthighearna. Tá Mac Eachthigheirn ann, leis.

Ó h-Éadáin: féach Ó h- Éideáin.

Ó h-Éadamháin: Heduan, Heduvan: fíor-annamh: Iar-Mhí. Ní léir an bhrí. SI.

Mac Éadbhaird: Edwards: líonmhar ar fud na tíre. Gaelú ar shloinne Sasanach.

Ó h-Éadromáin: Hedderman: líon beag: Luimneach & an Clár. Bhí baint acu le Seanán Naofa agus Inis Cathaigh in inbhear an Sionainne. Brí: éatrom sa chiall "aerach", b'fhéidir. Deineann Mac Giolla Iasachta cur síos suimiúil orthu i MIF. Is dream measúil iad anois, cinnte.

Ó h-Eaghra: O'Hara: líonmhar ins gach aird, i gConnachta ach go h-áirithe. Clann mhór i Sligeach a bhí roinnte ins na craobhacha Buí & Riabhach. Bhog dream díobh go dtí Aontroim sa 16 céad. Shíolraíodar ó Eaghra, tiarna ar Luighne, Sligeach sa 10 céad. An litriú nua: Ó h-Eára.

Ó h-Eaghráin: Haran,-en: líon beag: an Clár, Sligeach & rl. Tá Haren i bhFear Manach ach baineann siad le Ó h-Aráin agus tá Heran in Oirghialla ag freagairt do Ó h-Earáin.Tá deacrachtaí aitheantais anseo; luann de Bhulbh le Gaillimh iad. Bunaithe ar an ainm Eaghra. Litriú nua: Ó h-Eáráin.

Mac Eáin: Mac Kane: cuíosach líonmhar: oirthear Uladh. Clann Albanach a tháinig ó Ardnamurchan ar dtús. Tá Mac Kean orthu thall. SS.

Ó h-Éaluighthe: Healy, Hely: an-líonmhar ins gach aird, sa deisceart ach go h-áirithe. Múscraí i gCorcaigh b'áit dúchais do chlann amháin; bhí clann eile i Sligeach: Ó h-Éilidhe ón ainm Éilidhe (éilitheóir). Na Muimhnigh: Ealadhach = eolaíoch. Litriú nua: Ó h-Éalaí agus Ó h-Éilí. Ní h-aon ionadh mar sin gur bhain cuid acu le cúrsaí dlí. IF, MIF & SGG.

Ó h-Éamhacháin: Hevaghan: féach Ó h-Éimheacháin.

Ó h-Éamhaigh: Heavey: líonmhar: Lár na Tíre & rl. Féach Ó h-Éimhigh.

Ó h-Éamháin: Evans & rl. Féach Ó h-Éimhín.

Mac Éamoinn: Edmonds, Edmondson: líon beag: Áth Cliath, Ulaidh thoir-thuaidh, Laighin thoir theas. Gaelú ar shloinne Sasanach.

Ó h-Éamhthaigh: Heafey, Heaphy: líon beag: Cill Chainnigh-Port Láirge-Tiobraid Árann-Luimneach. Brí: b'fhéidir, éimheach = screadach. Litriú nua: Ó h-Éafaigh. SI.

Ó h-Éanacháin: Heneghan: líon beag: Maigh Eo, Gaillimh & rl. Féach Ó h-Éineacháin.

Ó h-Éanadha: Heanue: annamh: Conamara. Craobh, b'fhéidir, d'Ó h-Éanna. Díobh seo an t-amhránaí mór sean-nóis, Joe Héiniú, nó Seosamh Ó h-Éanaí nó Ó h-Éanaigh. SI.

Ó h-Éanagáin: Hennigan: líon beag: Maigh Eo & rl. Leagan eile d'Ó h-Éanacháin agus craobh d'Uí Fiachrach i Maigh Eo. Uaireanna, deineadh Bird díobh. MIF.

Ó h-Éanáin: Heenan: cuíosach annamh: Tiobraid Árann, an Dún & rl. Clann a bhain le Ros Cré riamh - b'fhéidir go raibh clann eile in Ultaibh. Deir de Bhulbh go bhfuil sé gaolmhar le Ó h-Eidhneáin (Hynan), q.v.

Ó h-Éanna: Heaney: líonmhar: Connacht, Oirghialla, Tiobraid Árann, Luimneach, an Clár. Roinnt chlann éagsúla: in Oirghialla; cuid den Eoghanacht i dTiobraid Árann-Luimneach, sa Dál gCais sa Chlár agus Uí Fiachrach i Maigh Eo. Ainm pearsanta Éanna (galldú Enda) a bhí coitianta i bhfad siar. I 1995, bhain an file Séamas Heaney an Duais Nobel don litríocht, i mBéarla, dar ndó. MIF & SGG.

Mac Éanna: Mac Keany: ni fios an bhfuil sé ann fós. Féach Mac Cionaoith.

Mag Éanna: ? Mac Geany: Mac Géibheannaigh a bheadh air seo de ghnáth. Féach Ó h- Éanna.

Mac Eanraic: Kenrick, Mac Kendrick: annamh: Luimneach & scaipthe. Sloinne de chuid na Sean-Ghall, Féach Ó h-Eanraic agus Ó hAnnraic. SI.

Ó h-Eanraic: Hendrick: líon beag: Loch Garman & rl. Craobh de chuid Mhic Mhurchadha ach b'fhéidir go bhfuil ainm Lochlannach i gceist chomh maith. SI.

Ó h-Earáin: Harron: annamh: Tír Conaill & Oirghialla. Deir de Bhulbh gur Earadhán an bun-ainm (ó earadh = eagla) agus go rabhadar suite in Ard Macha.

Ó h-Earairín (Eararáin): Herrerin: fíor-annamh: Fear Manach. Sloinne a bhain le Doire agus Tír Chonaill anallód. Brí: b'fhéidir, earadh = eagla. SGG.

Ó h-Earcáin: Harkin: líonmhar: Doire & Tír Chonaill. Brí: earc = péist nó, b'fhéidir, abhac.

Ó h-Earchadha (-aidh): Harraghy, Horohoe, Hore: annamh: Connachta thuaidh. Ach deineadh Harris agus Harrison de, chomh maith. SI.

*Ó h-Earchair: Harragher: ní fios an bhfuil sé ann fós. Féach Ó Fearchair. SGG.

*Ó h-Earghall: Harrel, Arrell: ní fios an ann fós dó. Féach Ó Fearghail. SI.

Ó h-Earghaile: Harrily, Harley: líon beag: Tír Chonaill, Doire. Féach Ó Fearghaile. SGG.

Ó h-Earnáin: Harnon: fíor-annamh. Gaillimh agus leagan giorraithe d'Ó h-Ifearnáin sa Mhumhain. Brí: earna = eolasach. SGG.

Easmonn: Esmonde: cuíosach annamh: deisceart Laighean. Clann tábhachtach i Loch Garman ón 12 céad. Tá siad ann i gcónaí, bail ó Dhia orthu. Angla-Normannaigh, dar ndóigh. IF.

Mag Eathach: Mac Gagh, Gaff: annamh: Gaillimh. Is cosúil gur leagan de Mag Eachaidh é.

Éatún: Eaton: líon beag: oirthear Uladh & rl. Sasanach, ón 16 céad. SI.

Eibhearard: Everard: annamh: Tiobraid Árann & Cill Chainnigh. Féach Eabhróid.

*Mac Éibhir: Mac Ever: ní fios an ann fós dó. Féach Mac Éimhir. Bhí Mag Éibhir ann, leis.

*Mac Eichthigheirn: Keheerin: ní fios an ann fós dó. Féach Ó h-Eachthigheirn.

Ó h-Eideagáin: Hedigan: annamh: an Clár & Corcaigh. B'fhéidir go mbaineann siad le Ó h-Eiteagáin, clann eaglasta in Ail Finn (Ros Comáin) anallód. Féach Ó h-Eideáin.

Ó h-Eideáin: Hayden: líonmhar: oir-deisceart Laighean, Port Láirge & rl. Clann a bhí suite i gCeatharlach agus, de réir de Bhulbh, leagan d'Ó h-Eiteagáin. Chomh maith leis sin, bhí Normannaigh, de Heddon, ann sa 13 céad. MIF & SGG.

Ó h-Éididh: Haide: annamh: Ceatharlach. Leagan d'Ó h-Aidith, de réir de Bhulbh, ach níl aon rian den sloinne seo i gConnachta anois. Is cosúil go bhfuil sé gaolmhar le Ó h-Eideáin.

Mac Éidigh: Keady: fíor-annamh: Corcaigh. Truailliú ar Ó Meicéidigh, q.v.

Ó h-Eidín: Hayden: ar aon dul le Ó h-Eideáin, q.v.

Ó h-Eidhin: Hynes: an-líonmhar tríd an dtír, i nGaillimh, a n-áit dúchais, ach go h-áirithe. Bhíodar i gceannas ar Aidhne ar feadh **míle** blianta, mar aon le muintir Uí Sheacnasaigh. An bhrí: eidhean, fás greamathach, b'fhéidir. Nach oiriúnach an aidiacht dá leithéid? IF & SGG.

Ó h-Eidhneacháin: féach Ó h-Eineacháin.

Ó h-Eidhneáin: Hynan: annamh: Luimneach & Tiobraid Árann. Ón bplanda dreapaire eidhean, is cosúil. SI & SGG.

Ó h-Eidirsceóil: O'Driscoll: an-líonmhar: Corcaigh go sonrach. Corca Laoidhe in iarthar Chorcaí a ndúiche shinseartha. Brí: Eidirsceól = idirghabhálaí nó teangaire; ón a n-athair sinseartha sa 10 céad. Clú orthu mar mhairnéalaigh. IF & SGG.

Ó h-Eidnigh: Hiney: annamh: Maigh Eo & Lár na Tíre. Bhí an chlann seo lonnaithe i Maigh Cuillinn, Gaillimh. Féach Ó h-Adhnaidh, leis. SI & SGG.

Ó h-Éigeartaigh: (O)Hegarty: an-líonmhar ins gach aird, i gCorcaigh & i nDoire go sonrach. Clann de Chinéal Eoghain in iarthar Uladh ó thús iad, ach craobh d'Eoghanacht na Mumhan, leis. Éigeartach = éagórach - aisteach go leor, bhí sé coitinn mar ainm sa Mhumhain.

Ó h-Éignigh: Heagney: annamh: Tír Eoghain. Clann de chuid Oirghialla, tráth. Faoi Ó h-Éighnigh, maireann siad mar Heaney anois. SI & SGG.

Ó h-Éilidhe,-ighe: Healy: an-líonmhar tríd an dtír ach is cosúil gur clann Chonnachtach iad seo. Bhí suíomh acu ag Baile Uí Éilidhe in aice le Loch Arbhach, Sligeach. Féach Ó h-Ealuighthe, leis.

Ó h-Éimheacháin: Hevican, Hevaghan: fíor-annamh: Ros Comáin. Dhá chlann fadó: (1) Uí Fiachrach, Maigh Eo; (2) Cineál Fhiachrach, Iar-Mhí. Éimheach = béiceach, nó, b'fhéidir, mear - féach Ó h-Éimhigh SI.

Ó h-Éimhigh: Heavey: líonmhar: Lár na Tíre, Connachta. Tugann de Bhulbh éimh = mear. Féach Ó h-Éamhthaigh & Ó h-Éamhaigh, leis. SI & SGG.

Ó h-Éimhín: Evans: annamh: Cúige Mumhan. Ach is sloinne Breatnach Evans, de ghnáth. Brí: éimh = luath, mear. GPN.

Mac Éimhir: Mac Ivor: craobh de Mhuintir Mhic Mhathúna in Oirgialla. Féach Mac Íomhair.

Ó h-Eimhrín: Hefferan, Heverin, Heavern: líon beag: Maigh Eo & rl. Craobh de Chinéal Eoghain. Shocraigh cuid acu i Maigh Eo. Féach Ó h-Amhráin, leis. Ón ainm pearsanta Éimhear, duine de shinsear na nGael, de réir seanchais. SI & SGG.

Ó h-Eineacháin: Heneghan, Henahan: annamh: Luimneach & Ciarraí. Leagan Muimhneach, b'fhéidir, d'Ó h-Éanacháin, q.v. SGG.

Ó h-Éineadha: féach Ó h-Éanadha.

Ó h-Éinigh: leagan eile d'Ó h-Éighnigh agus Ó h-Éignigh, q.v. Tugtar Bird orthu trí mhí-aistriúchán.

Ó h-Éinín: féach Ó h-Éanáin.

Ó h-Éinne: féach Ó h-Éanna.

Mac Éinrí: Henry: líonmhar: Connachta. Craobh de chlann A-Normannach a ghaelaíodh.

Ó h-Éir: O'Hare, Haire: líonmhar: Oirghialla (Ard Mhacha, Muineachán, Lú) mar a raibh a ndúiche shinseartha, agus sa Dún. Deir de Bhulbh gurab é an leagan bunaidh ná Ó h-Ír, q.v. MIF.

Ó h-Eirc: Erck(e): fíor-annamh: Tír Eoghain a ndúiche shinseartha ach is ar éigin atáid ann anois. Tá leagan gallda Herrick ann, ámh. Is ainm pearsanta Erc a chiallaíonn breac (dath) nó b'fhéidir, bradán. GPN.

Ó h-Eireamhóin: Irwin: bhí an chlann seo in Uí Fhailí anallód ach dealraíonn sé gur sloinnte gallda Irwin agus Irvine de ghnáth. Duine de shinsear na nGael a b'ea Eireamhón cosúil le Ír agus Éimhear. Bhí an t-ainm i bhfeidhm ag muintir Mhic Shuibhne go dtí le déanaí.

Eisingeam: Etchingham: annamh: Áth Cliath: Sloinne Sasanach: i Loch Garman sa 16 céad. SI.

Ó h-Eisleanáin: Heslin: tá an leagan sa giorraithe go Ó h-Eislin anois.

Ó h-Eislin: Heslin: líon beag: Breifne (Cabhán, Liatroim agus máguaird). Bhain an dream seo le Maothail (Liatroim) riamh agus is ann atáid fós. MIF.

Mag Eiteagáin: Mac Gettigan: líonmhar: Tír Conaill & rl. Thosaigh siad in Oirghialla. Ceapann Mac Giolla Iasachta gur Ó h-Eitigen a bhí orthu sa mheán-aois. MIF.

Mag Eitigh: ? Magetty: níl aon rian díobh ann. Bhain siad le Doire, deir de Bhulbh.

Ó h-Eochach: Hough: líon beag: Luimneach & Tiobraid Árann. Féach Ó h-Eochadha. Tá na sloinnte seo go léir: Each.. & Eoch.. bunaithe ar an ainm Eachaidh a chiallaíonn marcach nó duine cosúil le each (an-tapaidh, b'fhéidir), nó ceanúil ar chaiple. Litrú nua: Ó hEocha

Ó h-Eochadha: Haughey: leagan d'Ó h-Eachadha & Ó h-Eachaidh, q.v.

Mac Eochadha: Keogh: líonmhar go forleathan. Clanna éagsúla: féach Mac Eachaidh.

Mag Eochadha: Mac Geough, Mac Gough: cuíosach líonmhar: Lú, Muineachán, Ard Mhacha & rl. Cuid eile de mhuintir Eochaidh, q.v.

Ó h-Eochagáin: Hogan: sloinne ó Chúige Uladh, athraíodh go Ó h-Eacháin agus atá i nGaillimh anois. SGG.

Mag Eochagáin: Mac Geoghegan, Geoghegan: líonmhar: Laighin & Connacht go sonrach. Clann iomráiteach san Iarmhí, craobh d'Uí Néill an deiscirt. Ón ainm Eochaidh. IF.

Mac Eochagáin: leagan Ultach de Mag Eochagáin.

Mac Eochaidh: leagan eile de Mac Eochadha & Mac Eachaidh, q.v.

Ó h-Eochaidh: Hoey, Haughey: líonmhar: Cúige Uladh & rl. Clann a bhí ina ríthe ar Ulaidh go dtí an 12 céad. Féach Ó h-Eachaidh, leis. IF & MIF.

Mag Eochaidh: féach Mag Eochadha.

Mag Eochaidhín: Mac Guckin, Mac Guckian: cuíosach líonmhar: Tír Eoghain, Doire agus scaipthe sa deisceart. Ceapann Mac Giolla Iasachta, ámh, go bhfreagraíonn Mac Guckian do Mag Uiginn go bhfuil an leagan gallda Mac Guigan ag dul leis de ghnáth. SI & SGG.

Mag Eocháin: Mac Guighan, MacGuigan: líonmhar: Doire & Tír Eoghain. Tá meascadh leis an gceann thuas agus tá an-chuid leagan gallda le Mag Uiginn, q.v., leis. MIF.

Mac Eocháin: Keohane: líonmhar: Corcaigh. Ó Ceocháin i gcaint na ndaoine. Féach Mac Eacháin.

Ó h-Eodhasa: Hussey: líonmhar: ach is de bhunadh gallda cuid mhaith de mhuintir Hussey - sa Mhí agus i gCiarraí, mar shampla. Dream liteartha a b'ea an chlann Ghaelach a bhí ina bhfilí ag Mag Uidhir Fhear Manach. Deir O'Donovan gur aistríodh an sloinne go Oswell agus Oswald in Ultaibh. IF & SGG.

Ó h-Eoghain: Hoyne, Owens: líonmhar gach aird ach is sloinne gallda Owens de ghnáth. Muintir Hoyne, ámh, táid suite i gCill Chainnigh agus is cinnte gur den chlann seo iad.

Mac Eoghain: Mac Keon, Owens: líonmhar: Lár na Tíre ach go h-áirithe. I Sligeach dóibh ach tá meascadh anois le Mac Eoin. Tá cur síos cuimsitheach ar an sloinne seo ag Mac Giolla Iasachta ina leabhar "Irish Families".

Mag Eoghain: féach Mac Eoghain.

Ó h-Eoghanáin: Honan: annamh: an Clár & rl. Bhain siad le Inis Cathaigh mar a raibh mainistir ag Seanán Naofa. Ón ainm Eoghan a bhí an choitianta i measc na nGael. Ceaptar go gciallaíonn sé "eo + gin" nó "mac an iúir". Crann naofa a b'ea an t-iúr. Féach Ó h-Uaithnín, leis. GPN & SI.

Ó h-Eoghasa: Hosey: líon beag: Ceatharlach, Lár na Tíre. Cosúil le Ó h-Eodhasa, is féidir le Hosey bheith Gaelach nó Normannach. Gan ginealach fónta, ní fios go cinnte, ach ós rud é gur shocraigh na Gaill i Cúige Laighean, is cosúil gur de bhunadh Normannach Hosey annso. Ar aon dul le Ó h-Eodhasa, q.v. SGG.

Mac Eoin: Mac Keown & rl: an-líonmhar i gCúige Uladh. Tháinig Muintir Bisset ó Albain go h-Aontroim sa 13 céad agus ghlacadar chucu an sloinne Mac Eoin; ach ós rud é go raibh Eoghan agus Eoin an-choiteann mar ainmneacha pearsanta, d'fhéadfadh an sloinne éirí in aon áit - féach an comh-ainm Sasanach, Johnson. IF & SGG.

Ó h-Eoluis,-usa: Olis: luaite ag O'Donovan ach níl sé le fáil anois. Clann a bhí suite i Liatroim ach gur aistrigh a sloinne go Mac Raghnaill. Ní fios an bhfuil aon bhaint le "eolas". SGG.

Mac Eothach: Keogh: féach Mac Eochadha & rl.

Fácnar: Faulkner: líonmhar: Doire, Aontroim thuaidh, an Mhí, Lú. I gcás an tsloinne ghallda, bheadh Falconer níos beaichte. Tá an sloinne Gaelach Ó Fachtna ann, leis. SI.

Mac Fhachtna: Aughney: annamh: Ceatharlach. Bhain an chlann le Ceatharlach riamh. Fréamh: ón ainm Fachtna a chiallaíonn naimhdeach agus a bhí coiteann sa chian-aimsir.

Mag Fhachtna: Gaffney - bhí Gaughney orthu agus iad ina gcónaí i Longfort. Anois ní féidir idirdhealú a dhéanamh ar Ó Gamhna agus na sloinnte eile gur deineadh Gaffney díobh.

Ó Fachtna: Faulkner, Faulkney: is cosúil gur de bhunadh gallda na daoine go bhfuil Faulkner orthu i dtuaisceart Uladh. B'fhéidir go mbaineann an dream i Lú-an Mhí leis an sloinne seo a bhí lonnaithe i Longfort in anallód.

Ó Fachtnáin: Faughnan: líon beag: Longfort-Liatroim. Díspeagadh ar an ainm Fachtna - féach Mac Fhachtna agus Ó Fachtna thuas.

Fada: Long: bua-aidiacht a ghlac áit an tsloinne bhunaidh ach ní dócha go bhfuil sé coiteann.

de Fae: Fay: cuíosach líonmhar: Lár na Tíre & rl. Angla-Normannaigh a shocraigh san Iar-Mhí sa 12 céad. Seasann Fay d'Ó Fiaich agus Fahy, leis. Bheadh dian-staidéar ginealaigh ag teastáil chun an scéal go léir a réiteach.

Faedheach: Fay: féach de Fae thuas.

Fágán: Fagin, Fagan: líonmhar: deisceart Uladh & tuaisceart Laighean. Angla-Normannaigh sa Mhí (*Paganus*) ach dream Gaelach in Oirghialla, Ó Faodhagáin, gur deineadh Fegan díobh de ghnáth. Tá sé seo pléite ag Mac Giolla Iasachta in MIF. Féach Faghan, leis.

Ó Fágáin: Fagan: deir de Bhulbh go mbaineann le Ó h-Ágáin ach is cosúil gur malairt leagain d'Ó Faodhagáin é. Litriú nua: Ó Faogáin. IF.

Faghan: Foynes, Fyncs: leagain den sloinne Normannach "Paganus" = tuathánach, a shocraigh i Lár na Tíre, aimsir an Ionraidh. Féach Fágán. Seans go bhfuil an logainm Fiennes sa bhFrainc i gceist, chomh maith. Tá sé seo níos coitianta i Sasana.

Ó Faghartaigh: Whearity, Whearty: annamh: an Mhí-Lú, Áth Cliath. Bhain an chlann sa le Uí Fiachrach i Maigh Eo anallód. Is ionann faghartach agus meanmnach, anamúil. Féach Ó Fathartaigh & Ó h-Aghartaigh, leis. SGG.

Ó Failbhe: Falvey, Fealy: líonmhar: Ciarraí-Corcaigh. Dream a bhain le Corca Dhuibhne ó thosach agus a sheas an fód go deireadh. Brí: fáilbheach = bríomhar, beoga. MIF.

Mac an Fhailghigh: Mac Anally, Mac Nally, Nally: an-líonmhar: Cúige Uladh (Mac Nally); Aontroim (Mac Anally); Connachta (Nally). Bhain an chlann le Oirghialla. Failgheach .i. duine bocht. Meascadh, uaireannta, le Mac Con Uladh. Ceapann de Bhulbh go raibh baint ag an sloinne seo le De Paor i gConnachta - ciallaíonn Paor "bocht", chomh maith.

Fainín: Fanning: líonmhar: Port Láirge-Loch Garman & rl. A-Normannaigh a gaelaíodh agus a bhí lonnaithe uair éigin ag Baile an Fhainínigh (Fanningstown) i Luimneach. SI.

Ó Faircheallaigh: Farrelly: líonmhar: Cabhán & máguaird. Comharbaí Mhaodhóg i mBreifne agus clann airchinneach go scrios na mainistreach sa 16 céad. Bíonn Farley orthu in Ultaibh uaireannta. Tá meascadh le Ó Fearghaile, q.v., chomh maith. Bhí Faircheallach N. ag Fobhar (Iar-mhí) in anallód. GPN & IF.

Fairsing: forainm a bhí i bhfeidhm ag na Cárthaigh in iarthar Chorcaí. An bhrí: flaithiúil.

Ó Faith: Foy, Fahey: leagan giorraithe ar Ó Fathaigh, q.v.

Ó Fallamhain: Falloon, Fallon: an-líonmhar: Falloon (Ard Mhacha); Fallon (Connachta, Lár na Tíre & rl.). Bhí clann in aice le Áth Luain agus ceann eile in Uíbh Fhailí. An bhrí, de réir de Bhulbh, fallamhan = tiarna. IF.

Fáltach: Wall: féach de Bhál.

Fant: Fant: fíor-annamh: Corcaigh. Ceann de "Threabhanna na Gaillimhe". Normannaigh is cosúil, ón bhFraincis *enfant* nó *le Faunt*. Tá Baile an Fhóntaigh (Fantstown) i Luimneach a théann siar go dtí an 13 céad.

Ó Faodhagáin: Fegan: líonmhar: Cúige Uladh, sa Dún go sonrach. Bhí an chlann in Oirghialla in anallód. Litriú nua: Ó Faogáin. Féach Ó Fágáin, leis.

Ó Faoileáin: Phelan: féach Ó Faoláin.

Ó Faoileacháin: Whelehan: cuíosach líonmhar: deisceart an Láir & rl. Bhain an chlann seo leis an Iar-Mhí. Brí: faoileach = áthasach, gaolmhar le fáilte.

Faoiteach: White: féach de Faoite.

de Faoite: White, Whyte: an-líonmhar ar fud na tíre. Bua-aidiacht Béarla cosúil le "bán" i nGaeilge. Bhí na Faoitigh ar Bhardas Luimnigh i 1213 agus bhain siad leis an gcathair agus leis an gcontae ó shin i leith.

Mac Faoitigh: Mac White, Mac Whitty: tá na leagain Béarla fíor-annamh anois. Féach de Faoite.

Ó Faoláin: Phelan, Whelan: an-líonmhar: gach aird - san Oir-dheisceart & sa Mhumhain go sonrach. Tiarnaí na nDéise - Ó Faoláin an chéad taoiseach a thuit agus é ag cosaint na tíre ar na Normannaigh i 1169. Bhí clann eile i gCill Chainnigh. Fréamh: ón bhfocal faol a chiallaíonn mac tíre. Féach Ó Fialáin, leis. IF.

Mac Faoláin: Mac Phelan: luaite ag de Bhulbh, is ar éigin go bhfuil sé ann a thuilleadh.

Ó Faolchaidh: Falahee: fíor-annamh: Luimneach. Bhí an chlann i dTuathmhumhain tráth.

Ó Faolchair: Fallaher: is cosúil nach ann dó a thuilleadh. Fréamh: faol + cara. SGG.

Ó Faracháin: Farren: cuíosach líonmhar: Doire-Tír Chonaill. Féach Ó Fearáin, leis.

Ó Farannáin: Farnan: líon beag: Béal Feirste & rl. Airchinnigh ag Ard Sratha, Tír Eoghain. SI.

Ó Farraigh: Farry: líon beag: Sligeach & rl. Leagan d'Ó Fearadhaigh a mbíonn Ferry orthu, de ghnáth, agus atá i bhfad níos líonmhaire.

Ó Fathaigh: Fahy: líonmhar: Gaillimh/Maigh Eo & rl. Clann de chuid Uí Maine. Le mí-aistriú tugadh Greene orthu – is cinnte nach mbaincann an sloinne seo le *faiche*. B'fhéidir go bhfuil an focal *fatha* (bunsraith) i gceist. Tá eolas mar seo folaithe orainn anois, faraoir.

Ó Fathartaigh: Faherty: cuíosach líonmhar: Gaillimh & rl. Clann a bhí suite taobh thoir de Loch Coirib i ndúiche dar teideal Dealbhna Cuile Fabhair. SGG.

Ó Feadagáin: Fedigan: annamh: Lú-an Mhí. Clann ó Chluain Eois atá lonnaithe in aice le Baile Átha Fhirdia ón 15 céad.

Mac Fearadhaigh: Mac Verry: líon beag: Ard Mhacha & rl. Ón luath-ainm Fearadhach a chiallaíonn, b'fhéidir, fearúil. Féach Mac Fhearadhaigh. Litriú nua: Mac Fearaigh.

Mac Fhearadhaigh: Mac Aree, Mac Carry: cuíosach líonmhar (Mac Aree): Tír Eoghain-Oirthear Uladh, Muineachán-an Mhí. Tugann SGA Mac Conraoi ar Mac Aree ach ní oireann sé sin don leagan Mac Carry - b'fhéidir go bhfuil meascadh ann. SGG.

Mag Fhearadhaigh: Mac Garry, Megarry, Garry: líonmhar: oirthear Uladh, Lár na Tíre, an Clár mar a bhfuil Garry. Deir de Bhulbh gur deineadh Hare de in Oirghialla as cosúlacht éigin le "giorria"! Tá Garrihy orthu sa Chlár, leis. An bhrí, is dócha, fearúil. Litriú nua: Mag Fhearaigh. SI & SGG.

Ó Fearadhaigh: Ferry, Farry: líonmhar: Tír Chonaill, Doire, Fear Manach, Sligeach. Clann de Chinéal Conaill i dTír Chonaill. Féach Mac Fearadhaigh. Litriú nua: Ó Fearaigh. SI.

Ó Fearáin: Fearon, Farren: cuíosach líonmhar: an Dún theas-Ard Macha. Clann de chuid Oirghialla. Tá meascadh le Ó Faracháin i dTír Chonaill. MIF.

Ó Fearchair: Farragher: cuíosach líonmhar: Gaillimh-Maigh Eo & rl. Bíonn Fraher agus Raher orthu sa Mhumhain. Brí: duine dílis - ar aon dul le Farquhar in Albain.

Mac Fearchair: Farquer & rl. Clann Albanach atá go láidir ann fós.

Mac Fhearchair: Carragher: cuíosach líonmhar: Oirghialla. Tá an sloinne seo in Albain leis.

Mag Fhearchair: Garraher: de réir Mhic Ghiolla Iasachta, seo sloinne d'aistrigh ó Thír Conaill go Ros Comáin ach níl tásc ná tuairisc orthu anois. MIF.

Mac Fheargail: Cargill: annamh: Béal Feirste. Sloinne ó Aontroim ach is sloinne Albanach Cargill chomh maith, a bhaineann le log-ainm thall. Féach Mac Fhearghail.

Mag Fheargail: Mac Garrigle: cuíosach líonmhar: Tír Conaill, Tír Eoghain, Sligeach & rl.

Mac Fhearghail: Mackerell?: fíor-annamh: Béal Feirste. Tá meascadh le Mac Cearbhaill, q.v.

Mag Fhearghail: Mac Girl: annamh: Liatroim ach tá Mac Garel, Mac Garrell ann: líon beag: in Aontroim & rl. Ainm an-choiteann a b'ea Fearghal: brí: croga, misniúil. MIF.

Ó Fearghail: O'Farrell, Farrell: líonmhar ar fud na tíre, sa Lár ach go h-áirithe. Bhí an chlann ba thábhachtaí i Longfort agus bhíodar chun tosaigh i saol na h-Éireann riamh is choíche. Bhí dhá bhrainse díobh: Buí & Bán. Clanna eile i gCill Mhantáin & Tír Eoghain. An bhrí: fear + gal (fuinneamh). Dob'í Anghaile (Longfort) a gcríoch faoi leith. IF.

Ó Fearghaile: Farrelly, Frawley: líonmhar: Cabhán & máguaird; ach féach Ó Faircheallaigh, leis, mar ní foláir go bhfuil meascadh annseo. Tá Ó Fearghaile gaolmhar le Ó Fearghail.

Mac Fhearghaile: Carley: annamh: Cúige Uladh & Connachta thuaidh. Bhí siad i Ros Comáin sa 16 céad. Tá Carley, sloinne Sasanach, i Loch Garman, leis.

Mac Fearghusa: Ferguson: féach Ó Fearghuis & rl. Ta Mac Fhearghusa ann, leis.

Ó Fearghuis,-usa: Ferris, Fergus : líonmhar: Connachta, an Dún-Lú & Ciarraí. Ó thuaidh: Albanaigh; ó dheas: craobh de Mhuintir Mhuircheartaigh. Ó thaobh staire de, bhí clann leighis i Maigh Eo agus clann airchinneach i Liatroim. Mac Fearghusa ba chóir a bheith ar na h-Albanaigh a bhain leis an gclann mhór Ferguson thall. Ainm coiteann a b'ea Fearghus, leis an mbrí: fear + gus (neart, fuinneamh). SGG.

Mac Fhearghusa,-uis: Ferguson: an-líonmhar: Ulaidh & Connachta thuaidh. Albanaigh den chuid is mó, is cosúil. Thánadar sa 17 céad.

Ó Fearnáin: Fernane: fíor-annamh: Trá Lí. giorriú ar Ó h-Ifearnáin, ceaptar. Leagan eile: Ó h-Earnáin.

Ó Fearraigh: Ferry: cuíoscach líonmhar: Doire. Féach Ó Fearadhaigh.

Ó Féich: Fay, Hunt: féach de Fae & Ó Fiaich.

Ó Féichín: Feehan, Feane: cuíosach líonmhar: sa Mhumhain - baineann Feane le Luimneach ach bhí muintir Fhéichín lonaithe in iarthar Chorcaí. Féach Ó Fiacháin, leis.

Mac Feidhlim: Mac Phelim: fíor-annamh: giorrú ar Mac Feidhlimidh, q.v.

Mac Feidhlimidh: Mac Phelimy: cuíosach annamh: Tír Eoghain-Tír Chonaill. Bhí an t-ainm pearsanta Feidhlimidh coitianta ar fud na tíre ins na cianta agus lean sé i measc clanna móra an tuaiscirt, Ó Néill, Mag Uidhir, Ó Raghalaigh, go deireadh. Tugann de Bhulbh an bhrí: síor-mhaith.

Ó Feinneadha: Feeney: líonmhar: Connacht go sonrach. Clann de chuid Uí Fiachrach, Sligeach, go bhfuil an leagan Ó Fiannaí orthu anois. Tá Ó Fidhne i nGaillimh, leis agus ní féidir bheith cinnte nach craobh d'Uí Fiachrach iad, chomh maith. Is ionann fiannaí ná laoch nó gaiscíoch. MIF.

Feirtéir: Ferriter: cuíosach annamh: Ciarraí & rl. A-Normannaigh go raibh baint acu le Corca Dhuibhne leis na cianta - bhí siad in Éirinn i 1295. An duine b'iomráití díobh, gan amhras, Piaras Feirtéir (1610-1653), file agus máirtíreach. Ón mBéarla "ferret" a chiallaíonn cuardach géar nó fiú robáil. IF & DBS.

Feoirling: Verling: cuíosach annamh: Corcaigh, mar a bhfuil siad leis na céadta blian. Tá an sloinne seo bunaithe ar an ainm Angla-Shasanach *Feorthling*. Bhí siad in Áth Cliath sa 13 céad faoin leagan Farthing. SGG.

Mac Fheorais: Corish: cuíosach annamh: Loch Garman & rl. Feoras = Piers = Petrus (Peter). Piers de Bermingham a thug an t-ainm sinsearachta Gaelach dá shliocht, nuair a dheineadar ionradh ar Chonnachta i 1235. MIF.

Mag Fheorais: Mac Gorish: fíor-annamh. Leagan eile de Mac Fheorais.

Ó Fiacha: Hunt: líonmhar gach aird ach is mí-aistriú ar shloinnte éagsúla é, de ghnáth. Mar shampla: Ó Fiachna, Ó Fiaich. Sé Fiach, ainm pearsanta, is bunús leis na sloinnte seo. Bhí an chlann seo ina gcónaí i bPort Láirge.

Ó Fiacháin: Feehan: cuíosach líonmhar: sa Mhumhain & rl. Clann de chuid Urmhumhan.

Ó Fiachna: Feighney: fíor-annamh: Sligeach. Bhíodar bunaithe i Ros Comáin tráth. Tugadh Hunt orthu go minic. SGG.

Ó Fiachra: Feighery, Feery: líon beag: Lár na Tíre. As Tír Eoghain dóibh ar dtús ach má's ann dóibh anois, is faoi Hunt atáid. Ciallaíonn an t-ainm Fiachra "rí catha". Bhí Fiachra N i Meaux na Fraince mar a dtugtar ómós dó mar éarlamh ar lucht taistil. Thug *fiacre* (carr) don bhFraincis.

Mac Fhiachra: Keary (Connachta), Mac Keefrey (Ulaidh): líon beag: Gaillimh & rl. Bhí clann amháin i nGailimh agus ceann eile i gClochar, Tír Eoghain. Bíonn Carey orthu anois uaireannta.

Ó Fiaich: Fee, Hunt: líonmhar in Ultaibh, Tír Eoghain go speisialta, agus i Longfort, Lú agus Liatroim, leis. Clann airchinneach i bhFear Manach, tráth. Cuimhneófar ar an gCairdinéal Tomás Ó Fiaich (1923-90), Gael, Eorpach agus scoláire a thuill clú do Chlanna Gael.

Ó Fialáin: Phelan: fíor-annamh mar ghalldú sa chás seo. Clann fhileata in Ultaibh tráth. SI.

Ó Fiannachta: Fenton, Finnerty: líonmhar: Fenton sa Mhumhain; Finnerty i gConnachta. Clann de chuid Síol Muireadhaigh agus Uí Maine i gConnachta. Bhí (agus tá) clann eile i gCiarraí. Féach Ó Fionnachta, Ó Fionnachtaigh, leis. MIF & SGG.

Ó Fiannaí: Feeney: líonmhar gach aird seachas C. Mumhan. Clann de chuid Uí Fiachrach i gConnachta thuaidh. Féach Ó Feinneadha, Ó Fidhne, leis. MIF.

Mac Fhiarais: Kerrisk, Kierse: líon beag: Ciarraí, an Clár. Craobh de mhuintir Uí Éalaí i gCiarraí. Ón ainm Piaras = Piers = Petrus (Peter). SI & SGG.

Mag Fhibín: Mac Gibben: fíor-annamh: Béal Feirste. Ní féidir iad a scaradh ó mhuintir Ghiobúin anois. Ach féach Mac Fhibín thíos.

Mac Fhibín: Mac Kibben: cuíosach líonmhar: oirthear Uladh. Díspeagadh ar "Pilib". SI.

Ó Fidhne: Feeney: líonmhar: Connachta & rl. Clann a bhí lonnaithe i nGaillimh - ní fios go cinnte nach craobh d'Ó Fiannaí iad. MIF.

Mac Fhilib: Mac Killop & rl.: líon beag: Aontroim. Albanaigh a bhain le Clann Domhnaill thall agus a tháinig anall sa 17 céad MIF.

Ó Filibín: Filbin, Philbin: fíor-annamh: Maigh Eo, Ard Macha. Féach Mac Philibín.

Mac Fhilibín: fuarathas i gcaint na ndaoine i Maigh Eo. Féach Mac Philibín.

de Filde: Field(s): líonmhar: Corcaigh, Ulaidh & rl. Sasanaigh den chuid is mó ach tugadh Field ar Ó Fithcheallaigh i gCorcaigh agus ar An Mhachaire in Ard Mhacha. SI.

Mac an Fhilidh: Mac Neilly: líonmhar: Aontroim, an Dún thuaidh. Clann a bhain le h-Aontraim i gcónaí. Litriú nua: Mac an Fhilc. Tá MacNeela,-y i Maigh Eo ach baineann siad le Mac Conghaola, q.v.

Ó Finghin: Fennin: fíor-annamh: Cill Dara. Bhí an sloinne seo i ndeisceart Laighean de réir de Bhulbh, a thugann an bhrí: fionn + gin. I GPN, ámh, tá fíon + gin; baineann sé seo go sonrach leis an ainm Finghin a bhí i bhfeidhm ag na Súilleabhánaigh agus a théann siar go dtí an 7 céad.

Mac Fhinghin: Mac Keenan, Keenan: de réir de Bhulbh.Tá an sloinne i mBéal Feirste ach meascaithe le Ó Cianáin, q.v.

Ó Finn: Finn: an-líonmhar: gach aird, Connachta & Corcaigh ach go h-áirithe. Bhí dhá chlann i gConnachta: Gaillimh & Sligeach; ceann in Oirghialla i ndúiche darb ainm Feara Rois. Dar ndóigh, bhí an t-ainm Fionn an-choitianta in Éirinn agus faightear in a lán sloinnte é.

Mac Fhinn: Mac Kinn: fíor-annamh: an Dún. Aistrithe go King den chuid is mó. ·SI.

Mag Fhinn: Maginn, Mac Ging: líonmhar: MacGinn i dTír Eoghain; Maginn sa Dún; Mac Ging (líon beag) i Maigh Eo & Tír Conaill. Bhíodar suite in Ó Nialláin (Ard Macha) sa 17 céad. Seans gur teifigh Ultacha an dream i Maigh Eo. MIF.

Mac Fhinneachta (Fhionnachtaigh): Kingerty: fíor-annamh, má's ann fós dó.

Mag Fhinneachta (Fhionnachtaigh): Mac Ginty & rl.: cuíosach líonmhar: Ulaidh agus Maigh Eo. Clann de chuid Tír Chonaill gur theith cuid acu go Maigh Eo le linn Phlandáil Uladh agus tá Ginty orthu annsin, leis. Brí: fionn + sneachta, b'fhéidir. MIF & SGG.

Ó Finneadha: annamh: Conamara. Féach Ó Feinneadha.

Ó Finnthighearn: Finneran: líon beag: Ros Comáin-Gaillimh. Bhí an chlann seo suite in Uí Mealla - dúiche nach fios a suímh anois, san Iar-Mhí, b'fhéidir. Tá an bhrí soiléir: fionn + tighearna. Litriú nua: Ó Finnthírn.

Ó Fiodhabhair,(-abhra): Fewer, Feore: annamh: Port Láirge, Luimneach. Bhí an chlann seo san Iar-Mhí sa 12 céad agus chun tosaigh san eaglais. Brí: fiodh + abhra (fabhra) .i. fabhraí dosacha. SGG.

Mac Fhiodhbhuidhe: Mac Evoy, Mac Avoy: an-líonmhar gach aird, deisceart Laighean go sonrach. Leagan bunaidh: Mac Fiodhbhadhach (fear coille). Ceann de "Seacht gClann Laoise". In oirthear Uladh, baineann Mac Evoy, Mac Avoy le Mac an Bheatha, cuid mhaith. Litriú nua: Mac Fhíobhuí.

Fionamúr: Finnamore: annamh: Áth Cliath, Laois. Ón bhFraincis *fin amour*, grá geal. Leas-ainm, dar ndóigh. Bhí siad in Áth Cliath i 1212.

Ó Fiongardail: Finnerell: bhí siad sa Chlár ach níl tásc orthu anois. SI.

(de) Fionnghlas: Finglas: annamh: Áth Cliath. A-Normannaigh a ghlac logainm mar shloinne. Bhí siad ann sa 13 céad. SI.

Fionn: Fair, Phair: líon beag: scaipthe: tá Fair i Maigh Eo-Gaillimh agus Phair in Aontroim.

Ó Fionnacháin: féach Ó Fionnagáin.

Ó Fionnachta,(-aigh): Finnerty: líonmhar: Gaillimh, Maigh Eo, Ros Comáin agus go forleathan. Clann de chuid Síol Muireadhaigh a b'ea iad. Tá comh-shloinne i gCiarraí faoin leagan Fenton: féach Ó Fiannachta. MIF.

Ó Fionnagáin: Finnegan: an-líonmhar i Leath Chuinn. Luaitear dhá chlann: (1) Uí Fiachrach (Maigh Eo), (2) Breifne (Cabhán). Ceapann Mac Giolla Iasachta go raibh an sloinne seo i gCill Mhantáin sa mheán-aois. Is díspeagadh ar an ainm Fionn, dar ndóigh. IF.

Ó Fionnáin: Finan, Finane: cuíosach líonmhar: Gaillimh-Ros Comáin-Sligeach. Bhain siad le Uí Fiachrach Muaighe (Maigh Eo). Tá sé ráite ag Mac Firbisigh go raibh an sloinne seo i gCinéal Eoghain in Ultaibh, leis.

Mac Fhionnáin: Kennan: fíor-annamh: Tír Eoghain. Féach Ó Cuinneáin, Ó Cianáin.

Mag Fhionnáin: Gannon: líonmhar: Connachta & Lár na Tíre. Bhí clanna díobh in Iorras (Maigh Eo) agus i Ros Comáin-Liatroim. Ó Geanáin i gcaint na ndaoine. SGG.

Ó Fionnalláin: Fenlon, Fenelon: cuíosach líonmhar: Ceatharlach, Loch Garman, an Mhí. Astu san, tá líon beag de bhunadh Úgónach, ón áit sa *Dordogne*; tháinig an chlann Ghaelach as Dealbhna san Iar-Mhí. MIF & Dauzat.

Mag Fhionnbhairr: Gaynor (Guerin): líonmhar: Lár na Tíre. Bhí an chlann seo ina gcónaí taobh thiar de Loch Gamhna (Longfort) agus Fionnbharr Ó Geradhain mar athair sinseartha acu; dá bhrí sin, baineann Ó Géaráin leo, chomh maith. Bhí Maginver orthu i dtosach an ghalldaithe agus annsan Gaynor. MIF & SGG.

Mac Fhionnbhairr: ? Kinure: Bhain le oirthear Mumhan: níl ann anois

Mag Fhionnbharra: luaite ag de Bhulbh: féach Mag Fhionnbhairr.

Ó Fionnghail,(-aile): Fennell: líonmhar gach aird, i gCeatharlach & Loch Garman go sonrach. Ós rud é gur sloinne Cláiríneach é seo, is cosúil gur de bhunadh gallda na daoine i gCúige Laighean. Brí: fionn + laochas. SI & SGG.

Mag Fhionnghaile: Mac Ginley, Ginnelly: líonmhar: i dTír Chonaill a bhfurmhór ach Ginnelly i Maigh Eo. Féach, chomh maith, Mac Fhionnlaoich, Mac an Leagha. MIF.

Mag Fhionnghail: Ginnell: líon beag: Iar-Mhí & rl. Craobh de mhuintir Mhig Fhionnghaile as Tír Chonaill a shocraigh san Iar-Mhí sa 16 céad.

Ó Fionnghalaigh: Fennelly: cuíosach líonmhar: Cill Chainnigh-Laois-Tiobraid Árann. Clann a bhí in Urmhumhain ó thosach.

de Fionnghlas: Finglas: annamh: Áth Cliath, an Mhí. Normannaigh a thóg an sloinne ón log-ainm, Fionnghlas (sruthán geal). Ón 13 céad anuas.

Mac Fhionnghuine,-Fhionnghain: Mac Kinnon: cuíosach annamh: oirthear Uladh. Albanaigh gan amhras - bhí cuid acu ina n-abaí ar Oileán Í sa Mheán-Aois. Brí: fionn + gin.

Ó Fionnghusa: Fennessy: cuíosach líonmhar: Cúige Mumhan, Port Láirge ach go h-áirithe. An bhrí: fionn + gus (fuinneamh).

Mac Fhionnlaoich: Mac Kinley,Mac Ginley: líonmhar i gCúige Uladh. Clann Albanach a tháinig go h-Aontroim - díobh seo an t-Uachtarán William Mac Kinley, S.A.M., a dúnmharaíodh i 1901. Leis sin, tá an chlann Ghaelach, Mac an Leagha, gur tugadh Mac Kinley orthu. Scríbhneoir agus fear cúise a b'ca Peadar Mac Fhionnlaoich (1856-1942) a scríobh faoin ainm cleite "Cú Uladh".

Mac Fhionnlogha: Mac Kinley: luaite ag de Bhulbh. Fionn + Lugh (an dia) a deir sé.

Ó Fionnmhacáin: Finnucane: féach Mac Fionnmhacáin.

Mac Fionnmhacáin: Finnucane: cuíosach líonmhar: Luimneach-Ciarraí-an Clár. Ón ndúiche dheireannach seo dóibh ar dtús. Brí: fionn + mac, abair "leanbh álainn".

Mac Fhionnmhacáin: Kinucane: níl siad in Eolaí an Telefóin - fíor-annamh, is cosúil. Ar aon dul le Mac Fionnmhacáin, dar ndóigh.

Fionnúir: annamh: Fenner: Áth Cliath & Béal Feirste. Sloinne Normannach as log-ainm Gaelach, Fionnabhair (leitir álainn), le fáil ón 14 céad i gCúige Laighean. SI.

Fiotún: Fitton, Fetton: annamh: Corcaigh, Luimneach. Deir de Bhulbh gur ainm pearsanta Normannach atá ann, ach d'fhéadfadh logainm nó leas-ainm a bheith i gceist. In Éirinn ón 13 céad. DSHH.

Mac an Fhir: Kinnier: fíor-annamh - má's ann dó. Giorrú ar "Fearganainm" nó a leithéid. SGG.

Mac Firbhisigh: Forbes: annamh: Connachta. I gCúige Uladh is mó atá na Forbes agus iad de bhunadh Albanach. Dream léannta le muintir Uí Dhubhda i Sligeach a b'ea na Firbhisigh. Dubhaltach Mac Firbhisigh (1585-1670), dhein sé an-chur síos ar ghinealaigh Chlanna Gael - deintear tagairt dó sa saothar seo - agus chuirfeadh a oidhe léanmhar na clocha ag gol - micracasm, dar ndóigh, de scéal na h-Éireann.

Ó Firghil Friel: líomhar. Tír Conaill-Doire. Airchinnigh i dTír Conaill a b'ea iad. Tugtar Ó Frighil orthu anois i gcaint na ndaoine. Tá an bun-ainm ar aon dul le Fearghal (cróga) agus an litriú nua: Ó Fríl. Tá Brian Friel ina dhrámadóir cáiliúil sa lá tá inniu ann.

Mac an Fhirléighinn: Mac Nerlin, Killerlean: annamh: Doire. Ceapann Mac Giolla Iasachta gur craobh des na Domhnallaigh iad. Tá Mac Fhirléighinn ann, leis.

Mac Fhirléighinn: Mac Erlean, Mac Erlain: líonmhar i gCúige Uladh. Aisteach go leor, tháinig dream díobh ó Shligeach go Doire sa 17 céad. In Aontroim is mó atáid anois. MIF.

Ó Fithcheallaigh: Feeley, Fehilly: líonmhar: Connachta, Sligeach go sonrach; Lár na Tíre. Tá líon beag Fehilly i gCorcaigh mar a raibh clann i gCorca Laoi tráth; tugadh Field orthu annsan, leis. I gConnachta, ámh, bhí Ficheallaigh eile de chuid Síol Muireadhaigh (Feehily). Féach Mac Fithcheallaigh.

Mac Fithcheallaigh: Mac Feely, Feely: líon beag: Tír Chonaill-Fear Manach agus scaipthe i gCúige Uladh. Is cosúil gur clann faoi leith iad seo, ón ainm céanna bunaithe ar an gcluiche boird a bhí coitianta in Éirinn in annalód. Litriú nua: Mac Ficheallaigh.

Ó Fithchill: Fehill: fíor-anamh: Luimneach. Giorrú ar Ó Ficheallaigh.

Ó Flainn: féach Ó Floinn.

Ó Flaithbheartaigh: (O)Flaherty: an-líonmhar tríd an dtír - ach i gCúige Uladh táid le fáil faoi Laverty. Bhí an chlann ba mhó i nGaillimh agus iad ina dtiarnaí ar Iar-Chonnacht, tráth. I dTuathmhumhain bhí clann eile atá scaipthe i Luimneach & Ciarraí anois. Tá cuma breá uasal ar an mbun-ainm: flaith + beart - "ag gníomhú go flaithiúil". Litriú nua: Ó Flaitheartaigh ach Ó Flatharta go coiteann. IF & SGG.

Ó Fhlaithbheartaigh: Laverty: líonmhar in Ultaibh. Bhí siad ina dtiarnaí ar Aileach agus gaolmhar le Niallaigh Thír Eoghain. Litriú nua: Ó Laibheartaigh.

Mac Fhlaithbheartaigh: Mac Laverty: líon beag: Aontroim-an Dún. Tá an leagan Mac Clafferty i nDoire.

Ó Flaitheamháin: Flahavan, Flavin: cuíosach líonmhar: Corcaigh-Port Láirge. Tá an chlann seo teoranta cuid mhaith don limistéar idir Corcaigh agus Port Láirge. Is ionann flaitheamh agus flaith, dar ndóigh.

Ó Flaithfhileadh: féach Ó Flaitile.

Ó Flaithgheasa: féach Ó Laithgheasa.

Ó Flaithimh: Flahive: líon beag: Luimneach-Ciarraí. Le séimhiú ar an "F", bíonn Ó Laithimh agus Ó Lathaigh ann, chomh maith, .i. Lahive, Lahiff, Laffey, Lahey. SI.

Mac Fhlaithimh: Claffey: cuíosach líonmhar: Lár na Tíre. Flaitheamh = taoiseach. In Ultaibh, tá an leagan Mac Clave orthu agus anuas air sin, an mí-aistriú Hand.

Mag Fhlaithimh: Glavey, Hand: líon beag: Gaillimh-Ros Comáin-Maigh Eo. Féach Mac Fhlaithimh.

Ó Flaithimhín: Flavin: cuíosach líonmhar: Ciarraí-Luimneach thiar-Corcaigh-Port Láirge. Ní foláir go bhfuil an sloinne seo measctha le Ó Flaitheamháin, q.v.

Mag Fhlaithimhín: Hand: ní féidir a rá cén dáileadh atá orthu ós rud é go bhfuil meascadh le Ó Laimhín atá coitianta i gConnachta. Féach Mac Fhlaithimh.

Ó Flaitile: Flatley: líon beag: Maigh Eo go sonrach. Giorrú ar Ó Flaithfhileadh, sloinne ársa dar brí: flaith + file. Bhain siad le Uí Fiachrach i Sligeach, ach sa chian-aimsir, bhí Ó Flaithfhileadh in Uíbh Fhailí. B'fhéidir go bhfuil meascadh le Ó Flaitire annso. MIF.

Ó Flaitire: Flattery: líon beag: Lár na Tíre & rl. Ins na h-Annála, luadh an sloinne le oirthear Uladh sa 10-11 céad ach is sa Mhí is mó atáid anois. Claochló ar O Flaitile, is cosúil. SGG.

Ó Flannabhra: Flannery: líonmhar: Connachta & tuaisceart na Mumhan. Brí: flann + fabhra. Ciallaíonn flann dath na fola agus b'ainm pearsanta an-choiteann é. Go stairiúil, bhí dhá chlann: (1) cuid d'Uí Fiachrach Mhaigh Eo; (2) ceann d'Uí Fidhgheinte (Luimneach).

Ó Flannacháin: leagan d'Ó Flannagáin.

Ó Flannagáin: Flanagan: an-líonmhar: gach aird: go speisialta in oir-dheisceart Laighean, Connachta agus deisceart Uladh. Clann tábhachtach i gConnachta, gaolmhar leis na Conchúraigh. Bhí clanna eile i bhFear Manach agus Uíbh Fhailí. Brí: ón ainm pearsanta Flann, a bhí an-choiteann sa mheán-aois. MIF & SGG.

*Ó Flannchadha,-aidh: Flanahy? Bhí siad sa Chlár, ní fios an ann dóibh anois. SGG.

Mac Fhlannchadha,-aidh: Clancy: an-líonmhar: ar fud na tíre: Luimneach agus an Clár ach go h-áirithe. Bhí siad mar bhreithiúna ag na Brianaigh i dTuathmhumhain, clann eile i Liatroim go bhfuil Mag Fhlannchadha orthu (cuid acu, ar aon nós). IF & SGG.

Mag Fhlannchadha,-aidh: Glancy: líon beag: Liatroim agus máguaird. Tá na sloinnte seo bunaithe ar an ainm Flannchadh (laoch rua) a bhí i bhfeidhm ag an Eoghanacht, Dál gCais & rl. GPN.

Ó Flannghaile: Flannelly: líon beag: Maigh Eo & rl. Clann de chuid Uí Fiachrach i dTír Amhlaidh (Maigh Eo). Bíonn an leagan galldaithe aistrithe go Flannery go minic. An bhrí: flann + gal (laochas fuil-dearg). Tá an bhrí "coscrach" le flann, leis.

Ó Flathaigh: Flahy: fíor-annamh: an Clár. Le séimhiú ar an "F", tagann Ó Lathaigh (Lahy) agus bíonn an Lahy seo comhchiallach le Leahy, sloinne éagsúil, uaireannta. MIF.

Ó Flathamháin: Flavahan: féach Ó Flaitheamháin.

Flóid: Floyd: cuíosach líonmhar: Cúige Uladh & scaipthe. Leagan den sloinne Breatnach Lloyd, (Breatnais: *llwyd* = liath), agus, uaireannta, Ó Maoltuile, q.v.

Ó Floinn: (O)Flynn: an-líonmhar ar fud na tíre. Tá cúig chlann luaite ag de Bhulbh: dhá cheann i gCorcaigh (féach Múscraí Uí Fhloinn), agus trí chinn i gConnachta. Chomh maith leis sin, dhein na h-Ultaigh séimhiú ar an "F", rud a thugann Lynn, O'Lynn dúinn. IF.

Mag Fhloinn: Mac Glynn, Glynn: an-líonmhar: Connachta & tuaisceart na Mumhan go sonrach. Tá Mac Glynn coitianta i dTír Eoghain & tuaisceart Laighean. Bhí an chlann seo lonnaithe timpeall Áth Luain ar dtús. Fréamh: an t-ainm pearsanta Flann (fuil-dearg). MIF.

Mac Floinn: Mac Flynn: fíor-annamh: Áth Cliath.

Mac Fhloinn: Mac Lynn: annamh: Béal Feirste. Féach Mag Fhloinn.

Fóiséad: Fawsitt: líon beag: Cabhán/Muineachán. Sasanaigh ón 16 céad.

Ó Fógartaigh: Fogarty: líonmhar gach aird: i ndeisceart Laighean & oirthear na Mumhan go sonrach. Clann de chuid Dál gCais a bhí suite in Éile (tuaisceart Thiobraid Árann). Féach Dúrlas Éile. Tá Ó h-Ógartaigh i nGaillimh, de bharr séimhiú ar an "F". IF & SGG.

Mag Fhógartaigh: Gogarty: líon beag: tuaisceart Laighean & rl. Clann a bhain leis an Mí, gan aon ghaol leis an ndream i dTiobraid Árann. Fógartach .i. bagrach nó díbeartha.

Ó Foghladha: Foley: an-líonmhar: Cúige Mumhan, deisceart Laighean, Connachta. Clann a thosnaigh i bPort Láirge agus a scaipeadh tríd an Mumhain & rl. Is cosúil go dtagann an sloinne ón bhfocal foghlú .i. creachadh. An litriú nua: Ó Foghlú. IF.

Ó Foghlú: féach Ó Foghladha.

Foirbis: Forbes: líonmhar: Ulaidh & rl. Albanaigh ón log-ainm in Obar Dheathain. Shocraigh teaghlach díobh i Longfort i 1620 - féach Castle Forbes ann. Féach Mac Firbhisigh, leis.

Foiréis: Forrest: féach Fuiréast.

Ó Foirtcheirn: Fortune: líonmhar: Loch Garman & rl. Clann a fuarathas i gCeatharlach sa 12 céad. B'fhéidir go mba chóir For-thiarna a bheith orthu; cinnte níl aon bhaint acu le Fortune! Ach ní mór a rá go bhfuil Fortune coiteann i Sasana, agus d'fhéadfadh cuid acu bheith i Loch Garman. MIF.

Foiséid: Fawsett, Fossett: líon beag: Áth Cliath & scaipthe. Sasanach, ón 16 céad.

Ford: Forde: líon beag, is cosúil - baineann an chuid is mó des na Fordes le sloinnte Gaelacha: Mac Conshnámha, Mac Giollarnáth (Giolla na Naomh), Ó Fuaráin, q.v. IF.

Frainclín: Franklin: líon beag: Luimneach, Loch Garman. Angla-Normannaigh ón 13 céad. An bhrí: saor-ghabhálaf (faoin geóras feodach). SI.

Frauncach: Beausang: líon beag: Corcaigh. Clann aithnidiúil de bhunadh Francach. SGG.

Ó Fraocháin: Fraughan: fíor-annamh: Áth Cliath. Deir de Bhulbh go raibh siad i gConnachta, tráth. Ón ainm pearsanta Fraochán: brí: fraoch, an planda nó fraoch = fearg.

Ó Fraoichín: Frehan: fíor-annamh: Gaillimh. Ar aon dul le Ó Fraocháin.

Ó Freachair: Fraher: líon beag: Port Láirge, oirthear Luimnigh. Leagan d'Ó Fearchair, q.v. Bíonn Raher orthu i bPort Láirge, leis.

Ó Freaghaile: Frawley: líonmhar: Luimneach-an Clár & rl. Leagan d'Ó Fearghaile, q.v. SGG.

Ó Freathail: Frahill: cuíosach annamh: Corcaigh-Luimneach & rl. Leagan d'Ó Fearghail, q.v.

de Fréine: Freyn, Freeney: líon beag: Cill Chainnigh-Port Láirge & Maigh Eo-Gaillimh. Dream Angla-Normannach a chuir futhu i gCill Chainnigh. Fraincis: *frêne*, fuinseóg. SI.

de Fréins: French: líon beag: Loch Garman, Gaillimh. Ceann de "Threabhanna na Gaillimhe". Is cosúil gur Francach agus ní *frêne* atá annso. Féach Frínseach, leis.

Ó Frighil: (O)Friel: líonmhar: Tír Conaill-Doire. Clann a mhaoigh gaol le Colm Cille; comharbaí iad ag Cill Mhic Réanáin agus an ceart acu na Domhnallaigh a oirniú mar thaoisigh i dTír Conaill. Ó Firghil an leagan bunaidh - comhchiallach le Ó Fearghail.

Ó Frighile: Freeley: líon beag: Maigh Eo & rl. Leagan d'Ó Firghile, Ó Fearghaile, q.v.

Frínseach: French: líonmhar: Ulaidh, Oir-dheisceart. Ceann de "Threabhanna na Gaillimhe" agus baint acu le Ros Comáin. Sasanaigh de bhunadh Francach. IF.

Friseal: Frizzell(e): cuíosach líonmhar: Béal Feirste, an Dún, Ard Macha & rl. A-Normannaigh a shocraigh i Luimneach sa 13 céad agus i gCorcaigh sa 14 céad. Ach is cosúil gur de bhunadh Albanach na daoine sa tuaisceart, mar sé Friseal an sean-leagan ar Frazer, clann mhór Albanach atá líonmhar in Ultaibh (ón bhFreaslainn dóibh ar dtús).

Ó Frithil: Freehill: annamh: Ros Comáin & rl. Leagan eile d'Ó Frighil (Friel).

Ó Frithile: féach Ó Frighile.

Friúin: Frewen: cuíosach annamh: Áth Cliath, Corcaigh, Port Láirge. Ón ainm pearsanta Angla-Shasanach *Freowine*, a chiallaíonn "cara uasal". Tá an leagan Albanach Frew in Ulaidh.

Ó Fuada: Foody, Foudy: líon beag: Maigh Eo, an Clár. Clann de chuid Uí Fiachrach i Maigh Eo. Trí mhí-aistriú, tá Swift orthu, leis. Ceapann Mac Giolla Iasachta gur Ó Fuadaigh a ba chóir a bheith orthu. Dar ndóigh, is ionann fuadach agus creachadh! SI & SGG.

Ó Fuadacháin: Swift: fíor-annamh, má's ann dó anois. Féach Ó Fuada.

Mac Fhualáin: Folan: Clann bhreithiúna i gConamara. Féach Ó Cualáin.

Ó Fuallacháin: Wholihan: annamh: iarthar Chorcaí. Leagan d'Ó h-Uallacháin, q.v.

Ó Fuallaigh: Whooley: líon beag: iarthar Chorcaí & rl. Leagan d'Ó h-Uallaigh, q.v.

Ó Fuaráin: Foran: líonmhar: Ciarraí-Corcaigh-Port Láirge & oir-dheisceart Laighean. Bhí Ó Furtháin orthu níos luaithe - ní fios an "fuar" an bhrí taobh thiar de. Ar mí-ádhmharaí an tsaoil, tugadh Ford ar mhórán díobh - Annraí na ngluaisteán ina measc. MIF.

Ó Fuartháin: féach Ó Fuaráin.

Ó Fuaruisce: Whoriskey: líon beag: Tír Chonaill & rl. Leagan d'Ó Fuarghuis (nach maireann). Tá Whiriskey orthu i nGaillimh agus na leagain ghallda Waters, Watters go for-leathan. Féach Ó h-Uaruisce, leis. MIF & SGG.

Ó Fuathaigh: Fouhy: cuíosach annamh: Corcaigh theas & thoir. Brí: fuathmhar nó fuathach ach b'fhéidir go bhfuil rud éigin níos deise i gceist.

Ó Fuathmharáin: Forhan? má's ann dóibh fós. Clann a bhí lonnaithe ag Baile an Tobair, Maigh Eo in anallód. Brí: fuathmhar, gráiniúil, b'fhéidir. SGG.

Ó Fuilleacháin: féach Ó Faoileacháin.

Fúinse: Funge: annamh: Cill Chainnigh-Loch Garman. Leagan eile de Púinse, is cosúil.

Fuiréast: Forrest: cuíosach líonmhar: Corcaigh thuaidh, Doire-Tír Eoghain. De bhunadh Sasanach.

Fuireastal: Forrestal: líon beag: Cill Chainnigh-Loch Garman, Port Láirge-Tiobraid Árann. Angla-Normannaigh ón 13 céad. Forstall a bhí orthu fadó. Brí: banrach, ní coill. Bhíodar chun tosaigh i gCill Chainnigh riamh is choíche. MIF.

de Fuite: Whitty: cuíosach líonmhar: Loch Garman-Port Láirge. Sasanaigh in Éirinn ón 14 céad.

Fulartún: Fullerton: líonmhar: an Dún-Aontroim, Doire-Tír Chonaill. Craobh des na Stiobhartaigh ó Albain.

Fúrd: Forde: féach Fórd thuas.

Furlong: Furlong: líonmhar: Loch Garman-Cill Mhantáin, Port Láirge. A-Normannaigh a chuir fúthu i Loch Garman sa 13 céad. Bhí siad chun tosaigh ann ó shoin. MIF.

Futrail: Fottrell: cuíosach annamh: Áth Cliath. Sasanaigh ón 15 céad. Bunaithe ar log-ainm. SI.

Ó Gabháin: Gavin: líonmhar: deisceart Laighean, tuaisceart na Mumhann, Maigh Eo. Bhí clanna faoi leith in iarthar Chorcaí agus Maigh Eo. Fréamh: gábhadh, gátar, b'fhéidir.

Ó Gabhalaigh: Gooley, Forke: fíor-annamh, má's ann dó. Bhí an sloinne seo san Iarmhí, tráth. Maíodh gur de phór Néill Naoighiallaigh iad. Brí: gabhal, ladhar. SGG.

Mac Gabhann: Mac Gowan, Smith: an-líonmhar gach aird, Tír Chonaill-Doire, Sligeach-Maigh Eo go sonrach. Leagain eile: Mac an Ghabhann, Mac an Ghobhann, Mac Gobhann. Clann tábhachtach i mBreifne, mar a bhfuil a shliocht go fóill faoin leagan Smith. Mar sin táid do-scartha ón sloinne Ó Gabhann, q.v. Tá Goan le fáil i dTír Chonaill, leis. IF.

Ó Gabhann: Gowan, Smith: D'éirigh an chlann seo sa Dún, mar a bhfuil Baile Uí Ghabhann, ach táid measctha le Mac Gabhann anois.

Mac an Ghabhann: Mac Gowan & rl. Féach Mac Gabhann, ach sé seo an bun-leagan, is cosúil. Bhí an-mheas ag Gaeil ar ghaibhne - déantóirí airm - agus ní foláir gur éirigh an sloinne in a lán áiteanna éagsúla. Sé Smith an sloinne is coitinne i measc na Sasanach.

Ó Gabhláin: Forkan,-in: cuíosach annamh: Maigh Eo-Gaillimh. Thánadar ó Thír Chonaill, deir de Bhulbh. Deineadh Goulding díobh, leis. Brí: gabhal nó ladhar.

Ó Gabhráin: Gowran: cuíosach annamh: Lár na Tíre. De réir de Bhulbh, bhí an chlann seo in Uí Maine (Gaillimh), ach go mbaineann Gowran den chuid is mó le Mag Shamhradháin. Bhí an bhrí capall le "gabhar" in anallód chomh maith leis an ainmhí adharcach.

Gabóid: Gabbett: annamh: Luimneach, oir-dheisceart Laighean. Sasanaigh ón 17 céad. Fréamh: díspeagadh ar an ainm Gabriel.

Ó Gácháin: Gaughan: cuíosach líonmhar: Maigh Eo & rl. Clann de chuid Uí Fiachrach - an leagan ceart: Ó Gáibheacháin, q.v.

Ó Gadhra: O'Gara, Geary, Guiry: líonmhar: i dtuaisceart Chonnacht, ach Geary agus Guiry i gCúige Mumhan, Luimneach ach go h-áirithe. Clann mhór a bhí gaolmhar le Ó h-Eaghra faoin sean-ainm treibhe Luighne (Maigh Eo-Sligeach). Brúadh amach ón limistéar sin iad sa 15 céad agus shocraíodar in aice le Loch Uí Ghadhra (Ros Comáin). Is ann a dhein Feargal Ó Gadhra patrúntacht ar an gCeathrar Máistir agus Annála Ríocht Éireann. Chuaidh cuid acu dín Mhumhain sa 16 céad mar a bhfuil Geary agus Guiry orthu. Fréamh: ón ainm Gadhra, a bhaineann le gadhar, b'fhéidir. IF.

Mac Gadhra: Mac Geary, Geary: annamh: Connachta. Measctha le Ó Gadhra anois. Mac Gaora i gcaint na ndaoine.

Mac Gafraidh: Mac Caffrey: líonmhar: Fear Manach, Doire & rl. Clann a bhí gaolmhar le Mag Uidhir agus a bhí lonnaithe in aice le Baile na Lorgan, Tír Eoghain. Fréamh: ón ainm Teotanach Godfrey (síocháin le Dia). Bhí Mag Gafraidh ann, leis.

Ó Gaibhín: Gavin: féach Ó Gabháin.

Ó Gaibhneáin: Guinane: luaite ag de Bhulbh gan bhreis eolais. Féach Ó Cuineáin agus Ó Cuinneáin.

Ó Gáibhtheacháin: Gavigan, Gavaghan: líonmhar: Connachta, Tír Chonaill, an Dún theas, Lár na Tíre; ach bhain an sloinne seo le dream a bhí ina gcónaí ag Cros Uí Mhaoilíona, Maigh Eo. Bhí Ó Gácháin orthu sa ghnáth-chaint - dá bhrí sin, Gaughan atá coitinn i Maigh Eo. Tá Mac Gáibhtheacháin ann, leis. Brí: gáifeach = péacach, ach contúirteach, leis. Sa litriú nua: Ó Gáifeacháin.

Ó Gailineach: Gallinagh: cuíosach annamh: Tír Chonaill thoir. Athleagan d'Ó Gailínigh, b'fhéidir, a chiallódh plámásaí.

Mac an Ghaill: Mac Gill, Stapleton: líonmhar san Oir-dheisceart mar Stapleton, Angla-Normannaigh a shocraigh i gCill Chainnigh agus ghlac an sloinne Gaelach seo chucu féin.

de Gaillidhe: Galway: líonmhar in Ultaibh mar a mbaineann le Gallghallaibh Alban ach bhí an sloinne seo sa deisceart ón 13 céad. Bhain siad leis na Búrcaigh agus, b'fhéidir, le Cathair na Gaillimhe. Bhí siad chun tosaigh i gCorcaigh sa 15 & 16 céad. Tá Galway le fáil i gCiarraí anois agus tá an leagan Galloway líonmhar ó thuaidh. IF.

Ó Gaillín: Gallen: líon beag: Caisleán na Deirge, Tír Eoghain & Tír Chonaill. Clann de chuid Cinéal Eoghain, deir Mac Firbhisigh. Brí: gall = coileach ? Féach Ó Galláin.

Gaimlín: Gamlin: fíor-annamh: an Dún. Sasanach. Ciallaíonn "aosta".

Ó Gánaird: Gaynard: fíor-annamh: Áth Luain. A-Normannaigh i gConnachta ón 13 céad. SI.

Mac Gairbheith: Mac Garvey: líonmhar: Cúige Uladh & Sligeach. As Tír Chonaill dóibh.

Ó Gairbheith: Garvey: líonmhar tríd an dtír, Connachta & tuaisceart Mumhan go sonrach. Bhí clanna éagsúla: (1) sa Dún, gaolmhar le Mac Aonghuis, (2) in Ó Nialláin, Ard Mhacha, agus (3) i Ráth Bhile, Ceatharlach, dream a bhain le h-Uí Cinnsealaigh. Brí: "garbh-shíoth? IF.

Ó Gairbhín: Garvin: líon beag: Maigh Eo, Doire. Dream a ruaigeadh as an Mhí san Ionradh agus a shocraigh i Maigh Eo. IF.

Gairnéir: Gardner, Gardiner: líonmhar gach aird, oirthear Uladh go sonrach. De bhunadh Albanach agus Sasanach, de ghnáth.

Gall: Gaule: líon beag: Oir-dheisceart. Le ceart: Mac an Ghaill, q.v.

Ó Galláin: Gallon,-en: annamh: Áth Cliath. Cuireann de Bhulbh an chlann seo i mBreifne. Féach Ó Gaillín, leis.

de Gallbhaile: Galbally. Sloinne as log-ainm ach is ar éigin go bhfuilid ann anois.

Gall-Bhreatnach: Galbraith: líonmhar in Ulaidh. Sloinne Albanach a d'éirigh as Breatnaigh Shrath Chluaidh a bheith ag cur fúthu i measc na nGael, is cosúil.

Ó Gallchobhair: Gallagher & rl. An-líonmhar ar fud na tíre ach sí Tír Chonaill a ndúiche shinseartha. Clann mhór de chuid Chinéal Conaill, nasctha leis na Domhnallaigh agus páirteach in imeachtaí an 16 céid in gCúige Uladh. Litriú nua: Ó Gallchóir. Brí: cabhair ón iasacht. SI.

Ó Gallchú: Gallahue: annamh: Luimneach thoir-Corcaigh thuaidh. Leagan giorraithe d'Ó Gallchóir. Tá an log-ainm Uíbh Ghallchú i Luimneach ón 15 céad agus Ó Gallchóir a bhí ar an áit i dtosach. Is féidir ghlacadh leis nach Ultaigh ar strae atá i nGallchóraigh na Mumhan! Fréamh: duine gur annsa leis eachtrannaigh, b'fhéidir.

Gallda: Gault: líonmhar: Aontroim & rl. Bua-aidiacht a tháinig in áit an bhun-sloinne - is cosúil gur as Albain cuid mhaith díobh, mar tá an téarma céanna sa Ghàidhlig.

Galldubh: Stapleton, Stackpoole: Leas-ainm a ghlac na clanna Angla-Normannacha chucu ins na céadta Gaelacha (14ú & 15ú). Bhí Stapleton i gCill Chainnigh ó thosach an Ionraidh agus tháinig Stackpoole ón mBreatain Bhig go dtí an Pháil sa 13 céad. MIF.

Mac an Ghallóglaigh: Gallogly, Gollogly, Ingoldsby: líon beag: Liatrom, Ard Mhacha & rl. Tír Chonaill a bhfód dúchais, deir Mac Giolla Iasachta. Saighdiúirí ar phá a b'ea iad an chéad lá - ó Albain gan amhras.

Gamal: Gammell: líon beag: Luimneach. Sasanach ón 17 céad. Táid líonmhar in Ultaibh mar Gamble. Taobh leis sin, d'fhéadfadh an sloinne bheith dúchasach leis an mbrí: pleidhce, amadán! Deirtear gur de bhunadh Lochlannach an ceann gallda agus an bhrí: aosta. MIF.

Gambún: Gammon: fíor-annamh: an Dún. Sasanaigh: baineann le cluichí nó le *gambon*, cos.

Ó Gamhna: Gooney, Gaffney, Caulfield. Clann de chuid Osraí ach tá na leagain ghallda measctha chomh mór san le sloinnte eile nach féidir an dáileadh geografach a rianadh. Ní mór féachaint ar an iontráil Gaffney i gCuid a Dó. Fréamh: gamhain, b'fhéidir.

Mac Gamhna: luaithe ag de Bhulbh - ní fios an bhfuil sé ann anois.

Ó Gamhnáin: Goonan: annamh: Gaillimh-Maigh Eo-Sligeach. Luaithe ag Mac Firbhisigh mar chlann Chonnachtach - d'fhéadfadh Gunning a bheith orthu, leis. SGG.

Ó Gamhnaire: Goonery: fíor-annamh: Lár na Tíre. Bhain siad leis an Mí agus aisteach go leor tugadh Montgomery ar chuid acu. Fréamh: gamhain + aoire. SI.

Ó Gánaird: Gaynard: fíor annamh: Maigh Eo. Clann Normannach ón 13 céad, a ghaelaíodh.

Mac Gaoithe: Magee? Bhí sé i dTír Chonaill sa 16 céad - b'fhéidir gurab ionann agus Mac Gaoithín é, ach bhí an t-ainm Gaoth ann leis na mbrí: meabhrach, stuama. GPN.

Mac Gaoithín: Mac Geehan, Mageean: líon beag: Doire-Tír Eoghain. Sloinne Conallach go mbíonn Mac Gahan orthu, leis. MIF.

Ó Gaoithín: (1) Gahan, (2) Guihen: tá (1) líonmhar i Loch Garman; is líon beag (2) i gCiarraí, Ros Comáin & Liatroim. Deineadh Wynn díobh i gConnachta, leis. Bhí an chéad dream i gceannas i Síol Éalaigh, Cill Mhantáin. Fréamh: ón ainm Gaoth - féach Mac Gaoithe.

de Gaor: Gower: níl siad le fáil anois. Clann de bhunadh Pléimeannach a tháinig ón mBreatain Bhig aimsir an Ionraidh; ach tá Gore ann - Sasanaigh ón 17 céad.

Ó Gaora: Geary: cuíosach annamh: Conamara. Leagan eile d'Ó Gadhra, q.v.

Mag Garacháin: Garrahan: annamh: Ros Comáin-Longfort. Clann eaglasta i bhFear Manach, tráth. Bhí Mag Aracháin orthu annsan.

Ó Garbháin: Garvan: cuíosach annamh: Corcaigh. Clann a bhí gaolmhar le Ó Muircheartaigh i gCiarraí. Bhí an t-ainm Garbhán coitianta in anallód - b'fhéidir go raibh ciall níos deise ag "garbh" annsan.

Mac Gartlann: Mac Gartland: annamh: Tír Eoghain. Faoin leagan Mac Gartnáin bhí clann de Chinéal Eoghain. B'fhéidir go bhfuil baint éigin leis an sloinne Normannach Garlan nó Guernon; féach Gearnún.

Gastún: Gaston: cuíosach líonmhar: Aontroim. Sloinne Albanach agus Sasanach ón 17 céad ach bhí sé in Éirinn sa 13 céad.

Gascún: Gaskin: líon beag: Lú & rl. Sloinne Francach in Éirinn sa 13 céad. Ón gcúige deisceartach, *Gascogne*. Tháinig an leagan Gascoigne níos déanaí. SI & SGG.

Mag Gathan: Gahan: luaite ag de Bhulbh mar chlaochlú ar Mac Gaoithín.

Ó Gatlaoich: Gately: líon beag: Ros Comáin & rl. Clann a bhain leis an ndúiche seo riamh. Brí: tugann Ó Duinnín an míniú "stadach" (sa chaint) ar an bhfocal got - b'fhéidir gur gaiscíoch briotach a bhí i gceist, an chéad lá.

Mac an Gheairr,-an Ghirr: Mac Girr: líonmhar: Tír Eoghain. Tá Mac Geer le fáil in Áth Cliath ach go fíor-annamh. Is sloinne é seo as Oirghialla agus máguaird. Ón bhfréamh-fhocal *giorr* .i. gearr; fear íseal a bhí i gceist.

Ó Gealagáin: Galligan: líonmhar: Cabhán agus Lár na Tíre. Clann de chuid Uí Fiachrach as Sligeach; táid measctha le Ó Giollagáin anois. Deineadh White (geal) díobh, leis.

Ó Gealáin: Gellan. Ní fios an bhfuil siad ann fós. Bhíodar i Sligeach & Uíbh Fhailí, tráth.

Mac Gealáin: Mac Gellan: luaite sa Sloinnteoir Gaeilge. Nílid ann anois.

Ó Gealbháin: Galvin: líonmhar: Cúige Mumhan i gcoitinne - tá Gallivan le fáil i gCiarraí. Bhí siad suite sa Chlár ar dtús ach tá siad níos iomadúla i gCiarraí anois. An bhrí, dar ndóigh, ná: geal + bán. IF.

Géar: Gaire: annamh: iarthar Luimnigh & Ciarraí thuaidh. Seo cás ina bhfuil an bun-sloinne caillte agus bua-aidiacht ina áit.

Mag Gearachaigh: Garrihy: cuíosach annamh: an Clár. Le ceart, Mag Fhearadhaigh, q.v.

Ó Gearaga: i gcaint na ndaoine i gConnachta - leagan eile de Mag Fhearadhaigh.

Mac Gearailt: FitzGerald: an-líonmhar gach treo, sa Mhumhain ach go h-áirithe. Tháinig Muiris Mac Gearailt san Ionradh Normannach agus is uaidhsean a shíolraigh Gearaltaigh Chill Dara agus Deasmhumhan - dhá chlann a bhí lárnach i stair na tíre. Maireann a sliocht i Ridire a' Ghleanna i nGleann Corbraighe, Luimneach. IF.

Ó Géaráin: Guerin: líonmhar: Luimneach-Ciarraí-an Clár-Corcaigh. Bhí an sloinne seo i Iorras, Maigh Eo in anallód ach is cosúil gur clann eile Muimhnigh an lae inniu. Bhí Úgóineach dar b'ainm Jacob Guerin sa Ráth (Corcaigh) i 1670 agus bhí an sloinne le fáil i measc na bhFrancach san, san 18 céad. Chomh maith leis sin, bhí Fionnbharr Ó Gearadhain ina thaoiseach i Longfort sa 11 céad. Uaidhsean a tháinig an sloinne Mag Fhionnbhairr go bhfuil Gaynor orthu anois. Brí, b'fhéidir, géar = faobhrach nó searbh. MIF.

Mac Géaráin: Mac Gueran: Bhí siad i Maigh Eo fadó. Imithe le cúr na habhann, is cosúil. SI.

Gearbhás: Jarvis: líon beag: Cúige Uladh & rl. Bhí siad in Éirinn sa 13 céad. Ón ainm Francach *Gervais*, a bhí i bhfeidhm i measc na Normannach.

de Geárd: Garde: líon beag: Corcaigh. Bhí baint ag an ndream seo le h-Eochaill agus muintir Doingeard (Uniacke) a chónaigh sa dúiche chéanna, agus ón 14 céad. An bhrí: ceachtar acu, garda nó clós. MIF.

Ó Geargáin: Gargan: cuíosach líonmhar: Lár na Tíre. Sloinne a bhí bunaithe i mBreifne. Brí: gearg = laoch, gaiscíoch, ar bhonn meafarach.

Mac Geargáin: Garrigan: líon beag: an Mhí. Ar aon dul le Ó Geargáin.

Gearlann: Garland: cuíosach líomhar: deisceart Uladh-tuaisceart Laighean. Ón sloinne Normannach Gearnún (Guernon), q.v. Féach Mac Gartlann, leis.

Gearmán: Germaine: annamh: scaipthe. Ón ainm Normannach Germund, nó, b'fhéidir, Gearmánach (ball den náisiún sin). Leagan eile: Gearmonn.

Gearnún: Gernon: cuíosach annamh: Lú. Leas-ainm: *guernon* (Fraincis) = croiméal. Tháinig Roger de Gernon i bhfochair Strongbow, Risteard de Cléir, i 1170.

Mac Gearóid: Mac Garrett: níl ann anois; deir de Bhulbh go raibh sé i bhfeidhm i gCorcaigh agus, gan amhras, tá Garrett le fáil minic go leor. Féach Gearóid.

Gearóid: Garrett: cuíosach líonmhar: oirthear Uladh & rl. Tagann ó dhá ainm Teotanach: Gerald (sleá-thiarna) agus Gerard (sleá-chróga). Claochlú orthu san an sloinne Sasanach Garrett.

Gearr: Short: líonmhar: Cúige Uladh agus oirthear na tíre. Sloinne Sasanach atá le fáil in Albain chomh maith. Féach Mac an Gheairr.

de Gheata: Yeates, Yates, Gates: líon beag: scaipthe. Sloinne Sasanach in Éirinn ón 17 céad. An bhrí, dar ndóigh, "cónaí ag an ngeata".

Ó Géibheannaigh: Keaveney, Geaney: líonmhar: Connachta, ach Geaney sa Mhumhain. Bhí clann de chuid Uí Maine ann, tráth. Tá an leagan Muimhneach i gCorcaigh, Ciarraí agus Luimneach. Brí: géibheannach = príosúnach, cime.

Mac Géibheannaigh: Mac Keveney: fíor-annamh: Aontroim. Mac Geeney: cuíosach annamh: Lú & rl. Clann Ultach, is cosúil, ach ar aon dul le Ó Géibheannaigh thuas.

Ó Géibhinn: Gaine: cuíosach annamh: scaipthe. Giorrú ar Ó Géibheannaigh, q.v.

Ó Geileacháin: ó bhaile-fearann Curraghchase N., Luimneach.

Mac Geirble: Kirby: cuíosach annamh: Connachta. Bhí an chlann seo lonnaithe ag Áth Tí an Mheasaigh, Maigh Eo. Féach Ó Ciarmhaic, leis.

Ó Gialláin: Geelan,-on: cuíosach annamh: Ros Comáin & rl. Clann as Uí Maine (Gaillimh). An bhrí: ó ainm a bhain le giall - duine coinnithe i mbraigheanas ar mhaithe le geall a chomhlíonadh. Tá an sloinne seo in Ultaibh ach go h-annamh.

Ó Gibealláin: Giblin: cuíosach líonmhar i gConnachta. Bhain siad le Ail Finn mar a raibh clú orthu mar eaglaisigh agus breithúna.

Ó Gibne: Gibney: líonmhar: an Mhí agus máguaird. B'fhéidir go bhfuil baint lc "gibne" a chiallaíonn dlaoi gruaige, ach tugann de Bhulbh an bhrí "cú".

Mac Gibne: Mac Gibney: cuíosach annamh: Béal Feirste & Áth Cliath. Is cosúil gur clann Ultach faoi leith a bhí ann, ach ar aon dul le Ó Gibne, q.v.

Mac Gileáin: féach Mac Gealáin.

Ó Gilín: comhchiallmhar le Ó Gealáin, q.v. B'fhéidir go bhfuil cuid den sloinne Gillen i gceist anseo. Deir de Bhulbh go raibh dhá chlann: (1) Tír Amhlaidh (Maigh Eo thuaidh) agus (2) Partraí (Maigh Eo theas). Tá meascadh le Ó Giolláin anois.

Mac Giobúin: FitzGibbon, Gibbons: líonmhar i gcoitinne - FitzGibbon sa Mhumhain agus Gibbons i gConnachta go sonrach. B'é ceann na clainne an Ridire Bán a chónaigh ag Maigh Thamhnach, Luimneach - duine de "Triúr Ridire Dheasmhumhan". Ós na Burcaigh a shíolraigh Giobúnaigh Chonnacht a bhí suite in aice le Cruach Phádraig. Bhíodh Mac Giobáin orthu san, leis.

Mac Giolla: Mac Gill, Magill, Gill: líonmhar gach aird, Ulaidh agus Connachta ach go h-áirithe. Giorrú é seo ar sloinne éigin a thosaigh le Mac Giolla ... ach féach Mac an Ghaill, leis.

Mac Giolla Adhnamhnáin: Mac Alonan: líon beag: Aontroim & rl. Comharba Cholm Cille a b'ea Adhamhnán a scríobh beathaisnéis an naoimh. Dá bhrí sin, bhí an t-ainm coitianta in Ultaibh agus in Albain. Bhí Mac Lennan orthu, leis.

Mac Giolla Aindréis: Gillanders: líon beag: Oileán Reachlainn, Muineachán. Albanaigh, is dócha.

Mac Giolla Aithche: Killackey: annamh: Tiobraid Árann-Gaillimh. Bhí an chlann seo ins an dtaobh seo tíre riamh. Bean naofa as Caonraí, Luimneach do b'ea Aithche. SGG.

Mac Giolla an Chloig: Bell: is cosúil gur gaelú nua ar an sloinne Sasanach é seo - níos fileata ná an bun-rud, go bhfuil roinnt fréamh éagsúla faoi.

Mac Giolla Andréis: Gillanders: líon beag in Ulaidh & rl. Sloinne a bhí le fáil i Reachlainn, de bhunadh Albanach, is cosúil.

Mac Giolla Arraith: Mac Alary, Mac Cleary: líon beag: Doire, an Dún & rl. Bhí an chlann seo gaolmhar le Ó h-Eaghra agus chuadar ó Shligeach go h-Aontroim leo sa 16 céad.

Mac Giolla Bháin: Mac Ilwaine, Kilbane: líonmhar i gCúige Uladh ach líon beag Kilbane i gConnachta. Tá an sloinne nasctha le Sligeach ach d'fhéadfadh cuid mhaith des na h-Ultaigh a bheith de bhunadh Albanach .i. Mac Giolla Bheathain.

Mac Giolla Bhearaigh: Gilvarry: cuíosach annamh: Cill Ala & máguaird. Bhí an t-ainm Bearach coitinn ag muintir Uí Áinle. Ceapaim go bhfuil an sloinne seo difriúil leis an gceann Albanach Mac Giolla Bhrátha (Mac Gillivray).

Mac Giolla Bhig: Kilbeg: ní fios an bhfuil sé ann fós.

Mac Giolla Bhrátha: Mac Gillivray: annamh: an Dún & rl. Ceann Albanach é seo. Ón bhfocal bráth a chiallaíonn breithiúnas - féach Lá an Bhrátha, an Breithiúnas deireannach.

Mac Giolla Bhrighde: Mac Bride, Kilbride: líonmhar: Cúige Uladh agus san Oirdheisceart & rl. Sloinne Albanach é, chomh maith. Leis an meas mór a bhí ag Gaeil ar Bhríd, ní folair gur éirigh an sloinne seo in áiteanna éagsúla.

Mac Giolla Bruíne: Gilbourne: cuíosach annamh: Luimneach & rl. Bruíon = achrann.

Mac (Ó) Giolla Bhuidhe: Mac Gilloway, Mac Elwee, Gilboy: líon beag: Doire & Tír Conaill, Gaillimh-Maigh Eo. Conallaigh a b'ea iad a chuaidh cuid acu go Maigh Eo de bharr Phlandáil Uladh. Níl aon bhaint ag Ogilvy na h-Alban leo - is as log-ainm an sloinne sin. Litriú nua: Mac Giolla Bhuí. Luann de Bhulbh Ó Giolla Bhuidhe, chomh maith ach is annamh an réimhír Ó le "Giolla".

Mac Giolla Chaillín: Kilgallon, Kilcullen: líon beag: Maigh Eo, Sligeach, Gaillimh. Bhí cáil naoimh ar Chaillín, easpag Fhionnmhach, Ceatharlach. GPN.

Mac Giolla Chainnigh: (1) Kilkenny: cuíosach líonmhar: Gaillimh-Maigh Eo, Liatroim-Cabhán; (2) Mac Elhinney: líonmhar: Tír Chonaill-Doire & rl. Clann de chuid Chinéal Eoghain, tráth. Bhí an leagan amach céanna orthu sa 16 céad. B'as Achadh Bhó do Chainneach naofa a thug a ainm don chathair in Osraí.

Mac Giolla Chairge: Meharg, Mac Ilhagga, Mac Ilhargy: líon beag: an Dún & rl. Deir Mac Giolla Iasachta go bhfuil an sloinne seo in nGallghallaibh na h-Alban, leis, ach tugann Black Mac Giolla Mhochuda air. Le cur leis an easaontas, tugann de Bhulbh: Mac Giolla Fhearga, q.v. Tá rud amháin cinnte: tá muintir Meharg bunaithe go maith i mBéal Feirste anois.

Mac Giolla Chais: Kilcash: fíor-annamh - níl sa leabhar telefóin. Bhain le Sligeach. Brí: an t-ainm Cas - duine le gruaig chatach. GPN.

Mac Giolla Chaoich: Kilkey: annamh; Doire. Ní luaitear Caoch mar ainm pearsanta ach bhí sé ina leas-ainm gan amhras - an bhrí: dall.

Mac Giolla Chaoine: Kilcoyne: cuíosach líonmhar: Maigh Eo-Sligeach. Ón mban-naomh Caoine, is cosúil. Is ionann an t-ainm agus an t-suáilce, caoine, ceansacht.

Mac Giolla Charraigh: Mac Ilharry: fíor annamh, má's ann dó anois. Deir de Bhulbh go raibh sé i Sligeach. Féach Mac Giolla Chairge, leis.

Mac Giolla Chatáin: (1) Aontroim (Mac Ilhatton) (2) Tír Eoghain (Mac Elhatton). Cuíosach líonmhar. Is ainm Ultach Catán.

Mac Giolla Chathair: Mac Elchar, Mac Ilhair: annamh: Caisleán na Deirge, Tír Eoghain. Sloinne Conallach ón ainm Cathaoir, a bhí i bhfeidhm ag na Dochartaigh agus clanna eile annsan. Níl na h-údair ar aon aigne faoin mbrí: "tiarna catha", b'fhéidir. GPN.

Mac Giolla Cheallaigh: Kilkelly: líon beag: Gaillimh-Maigh Eo. Clann léannta a bhí nasctha leis na Flaitheartaigh i nGaillimh agus a mhaígh gur de shliocht Ghuaire an Oinigh iad.

Mac Giolla Chéire: Kilkeary: fíor-annamh, má's ann dó ar chor ar bith. Bhain siad le Cill Chainnigh. Ón ainm baineann Ciar (dubh).

Mac Giolla Chiaráin: Mac Ilherron: cuíosach annamh: an Dún-Ard Mhacha. Clann a bhí sa Dún riamh ach bhí dream Albanach ann, leis, a bhain le Mac Domhnaill thall. Bhí an t-ainm Ciarán clúiteach - an duine is mó acu, is dócha, bunaitheoir Mhainistir Chluain Mhic Nóis, ach bhí fear eile ins an ndúiche chéanna ina raibh an chlann seo. GPN.

Mac Giolla Chlaoin: Kilcline, Clyne: líon beag: Ros Comáin, Liatroim & rl. Sloinne a bhí i Ros Comáin riamh. Brí: claon = contráilte.

Mac Giolla Choille: Mac Elhill: cuíosach annamh: Fear Manach-Tír Eoghain-Tír Chonaill. Tugadh Woods orthu-san go minic agus b'fhéidir gur coill (crainn) atá i gceist ach deir de Bhulbh gur Caileann, (gin. Caille) - chéad lá na bliana - atá ann. Sé sin ainm a tugadh ar dhuine a rugadh an chéad lá Eanair. Féach Mac Giolla Chomhghaill, leis. MIF.

Mac Giolla Choimdheadh: Comey: annamh: Cabhán & rl. Clann de chuid Bhreifne. Téarma liteartha don Tiarna Dia is ea Coimdhe.

Mac Giolla Choinnigh: ar aon dul le Mac Giolla Chainnigh, q.v. An-chuid leagan galldaithe. SGG.

Mac Giolla Choiscle: Cushley: cuíosach annamh: Doire, Béal Feirste & rl. Tá an leagan Cuskelly in Uíbh Fhailí. Is ar éigin go bhfuil "cos chlé" i gceist! SI.

Mac Giolla Choluim: Mac Elholm: líon beag: Fear Manach-Tír Eoghain-Doire. Tá sé ins na h-annála mar Mac Giolla Chalma - b'fhéidir gurab é sin an leagan bunaidh.

Mac Giolla Chomáin: Kilcommons: cuíosach annamh: ceantar Áth Luain. Bhí naomh darab ainm Comán i Ros Comáin agus is cosúil gur uaidhsean a fuarathas an sloinne.

Mac Giolla Chomhghaill: Mac Cool, Mac Cole: cuíosach líonmhar: Tír Chonaill- Doire, Tír Eoghain, Liatroim & rl. Bhí an t-ainm Comhghall coitianta - ab mhainistir Bheannchair an duine a b'iomráití díobh. Níl an bhrí soiléir: comh + giall, b'fhéidir.

Mac Giolla Chomhghain: Mac Elhone, Mac Ilhone: líon beag: Doire-Tír Eoghain. Tá Mac Ilhone sa Dún agus Aontroim. Ón ainm Comhghan a chiallódh, b'fhéidir, comh + gan .i. gin, leis an mbrí: leath-chúpla.

Mac Giolla Choscair: Cusker? Is deacair idirdhealú a dhéanamh air seo agus Mac Oscair, q.v. Ciallaíonn coscair: slad, treascairt nó bua d'fháil sa chath.

Mac Giolla Chríost: Gilchrist, Gilchreest: líonmhar i gCúige Uladh, annamh i nGaillimh. Bhí an chlann seo lonnaithe i Longfort agus tuaisceart Chonnacht ach is de bhunadh Albanach cuid mhaith den dream in Ultaibh, is cosúil.

Mac Giolla Chuda: Mac Gillicuddy: líon beag: Ciarraí & rl. Craobh de chuid Uí Shúileabháin Mhóir sa 16 céad. Ón ainm Mochuda, leas-ainm ar Charthach a bhunaigh mainistir na Leasa Móire. Tá taoiseach na clainne, Mac Giolla Chuda na gCruach nDubh, beo fós, bail ó Dhia air. IF.

Mac Giolla Chúille: Kilcooley, Cooley: annamh: Gaillimh & rl. Sloinne a bhain leis an gClár, deir de Bhulbh agus gur ón ainm Mochúille é.

Mac Giolla Dé: Gildea: cuíosach líonmhar: Connachta, Tír Chonaill. Clann a bhí gaolmhar leis na Domhnallaigh thuaidh agus a bhog ó dheas faoi bhrú na Plandála.

Mac Giolla Deacair: Harden? fíor-annamh, má's ann dó in aon chor. Féach Mac Dáil re Dochair.

Mac Giolla Domhnaigh: Mac Eldowney: líon beag: Doire & rl. Brí: seirbhíseach an Tiarna nó, b'fhéidir, seirbhíseach na h-eaglaise.

Mac Giolla Dorcha: Mac Elderry: annamh: Aontroim & rl. Tá malairt céille ar "dorcha" - dubh ó thaobh snó de, nó dall. Bhí cónaí ar an gclann seo taobh thiar de Loch n-Eathach.

Mac Giolla Dubhthaigh: Mac Ildowie: fíor-annamh: Béal Feirste. Ón ainm Dubhthach a thugann an sloinne coitinn Ó Dufaigh dúinn. Deirtear gur Dubhthach ab'ainm d'athair Bhríde naofa. An chiall: dubh ó thaobh snua nó gruaige de.

Mac Giolla Duibh: Mac Ilduff: líon beag i dTír Eoghain, ach Kilduff in Uíbh Fhailí agus timpeall Áth Luain. Bhí clanna (1) i mBreifne (2) in Uí Maine (Gaillimh) agus (3) i Sligeach. Bhí an sloinne seo ar fáil go forleathan i bhfus agus in Albain. Deineadh Duff agus Black de, uaireannta.

Mac Giolla Dhuinn: Mac Elgunn, Gilgunn, Gunn: líon beag: Liatroim, Fear Manach & rl. Tá an sloinne seo an-chosúil le Mac Giolla Gunna, sa chaoi gur deacair iad a aithint ón a chéile. Bhain an ceann thuas le Sligeach. MIF.

Mac Giolla Eáin: Mac Clean, Mac Lean: an-líonmhar: Cúige Uladh. Clann mhór Albanach ó Oileán Muile. Thánadar mar ghallóglaigh ag Mac Domhnaill ón 15 céad. Leagan Albanach ar Eoin is ea Eán. MIF.

Mac Giolla Éanáin: Gilleran, Kilraine: cuíosach annamh: Ros Comáin. An leagan bunaidh de Mac Giollaráin. Féach Ó Giollaráin, leis. Ón ainm Éanán, dar ndóigh.

Mac Giolla Earna: Mac Alarney: annamh: an Dún. Tá Mac Larney sa Mhí. Deir de Bhulbh gur bhain siad le Muineachán. Sean-ainm is ea Earna, leis na mbrí: eolasach.

Mac Giolla Earnáin: Mac Larnon: líonmhar: Cúige Uladh. Bhí siad sa Dún sa 12 céad agus tá a gcomh-shloinne in Albain; b'fhéidir gur de bhunadh Albanach cuid des na h-Ultaigh seo. Fréamh: díspeagadh ar Earna, b'fhéidir, ach ceapann Ó Corráin & Maguire go bhfuil nasc le iarann (an miotal).

Mac Giolla Easpuig: Gillespie: an líonmhar: Ulaidh, Connachta, Lár na Tíre. Tá an leagan Clasby i nGaillimh. Bhí an chlann seo sa Dún sa 12 céad agus an sloinne le fáil i dtuaisceart Uladh tríd síos. Tá sé líonmhar in Albain, leis. MIF.

Mac Giolla Eoin: Mac Aloon, Mac Gloin: líon beag: Tír Eoghain-Fear Manach-Tír Chonaill. Tá Mac Gloin cuíosach annamh i gConnachta. Féach Mac Collúin, leis.

Mac Giolla Fhaoláin: Mac Clellan,-nd: líonmhar in Ultaibh. Is de bhunadh Albanach na daoine seo - bhí siad chun tosaigh i nGallghallaibh - ach bhí clann dúchasach i Sligeach, tráth, agus seans go bhfuil cuid acu fós ann faoin leagan Gilfillan. Ainm coitinn a b'ea Faolán, leis an mbrí: mac tíre beag.

Mac Giolla Fhearga: Mac Ilhargy: fíor-annamh: an Dún. Luann de Bhulbh mar sloinne Liatromach é; má's ea, níl sé ann a thuilleadh agus freagraíonn Mac Ilhargy do Mac Giolla Chairge, q.v. Ainm pearsanta Fearga nó bua-aidiacht "fearúil".

Mac Giolla Fhindéin: féach Mac Giolla Fhinnéin.

Mac Giolla Finn: Gilpin: líonmhar; Ard Mhacha, Cabhán. Sloinne Sasanach is ea Gilpin ach bhí clann Ghaelach i Sligeach de réir Leabhar Leacáin.

Mac Giolla Fhinnéin: Mac Aleenan, Leonard: cuíosach líonmhar: an Dún Clann mhór i Fear Manach, "Tiarnaí Loch Éirne", a mhaígh sinsearacht ó Ghiolla Fhinnéin Ó Maoldoraidh san 11 céad. Bíonn Leonard orthu anois. Tá an sloinne seo in Albain faoin leagan Mac Lennan. Finnéin nó Finnian a b'ainm do bheirt naomh a bhain le Cluain Ard & Má Bhile faoi seach. Féach Ó Lionnáin, leis.

Mac Giolla Fhionnáin: Gillinan: níl tásc orthu anois. Bhí an t-ainm Fionnán coitinn.

Mac Giolla Fhiontáin: Mac Alinden,-on: líonmhar: an Dún-Ard Mhacha & rl. Clann de chuid Oirghialla iad seo, difriúil le Mac Giolla Fhinnéin ach go bhfuil cónaí orthu sa limistéar céanna anois. Bhí an t-ainm Fiontán coitianta anallód agus tá i bhfeidhm fós. Bíonn Clinton orthu uaireannta.

Mac Giolla Fhionntóg: Mac Clintock: líonmhar: Ulaidh. Albanaigh a tháinig go Tír Chonaill sa 16 céad. Ar aon dul, cuid mhaith, le Mac Giolla Fhionntáin.

Mac Giollagáin: Mac Gilligan, Gilligan: líonmhar ar fud na tíre. Tá Mac Gilligan le fáil i nDoire go sonrach - a ndúiche shinseartha. Cailleadh an "Mac" de réir a chéile ach tá Trá Mhic Ghiollagáin ar bhruach Loch Feabhail fós.

Ó Giollagáin: Gilligan: líonmhar: Connachta ach go h-áirithe; ach ní foláir go bhfuil meascadh le Mac Giollagáin agus, b'fhéidir, Ó Gealagáin, q.v. Fréamh: díspeagadh ar "giolla".

Mac Giolla Ghairbh: Kilgarriff: cuíosach annamh: Gaillimh, Sligeach. Ainm pearsanta dob ea Garbh, aisteach go leor - b'fhéidir go raibh brí níos deise leis fadó. GPN.

Mac Giolla Ghannain: Kilgannon: líon beag: Sligeach-Maigh Eo-Gaillimh. Ní fios cérbh é Gannan - ainm pearsanta atá imithe as amharc, b'fhéidir. SI.

Mac Giolla Gheairr: Kilgore: cuíosach annamh: Doire & rl. Sloinne galldaithe go bhfuil ceist faoin leagan bunaidh. Tugann de Bhulbh Mac Giolla Ghairbh ach b'fhéidir go bhfuil an triú leagan folaithe in gceo na staire.

Mac Giolla Gheimhridh: Winters: annamh? Tír Eoghain. Níl an leagan Mac Alivery ann anois agus is sloinne gallda Winters, de ghnáth.

Mac Giolla Ghéir: Kilker: fíor-annamh: Maigh Eo. Deir de Bhulbh go raibh Andrias Mac Giolla Ghéir ina ab ag Conga sa 13 céad.

Mac Giolla Ghlais: Green: deir Ó Donnabháin go raibh siad i dTír Chonaill ach tá Green chomh for-leathan anois nach féidir idirdhealú a dhéanamh .

Mac Giolla Ghrinn: Gilgrinn: ní fios an bhfuil siad ann. Tugtha ag de Bhulbh gan aon mhion-tuairisc. Fréamh: greann = sult, nó greann = féasóg.

77

Mac Giolla Ghuala: Gilhooley, Gilooley: líon beag: Liatroim & rl. Tá craobh i Luimneach. Bhain siad le Ó Maoilmhiadhaigh i Liatroim. Bhí Mac Giolla Shúiligh orthu mar mhalairt leagain le fada. Brí: guala (gualainn, anois): an ball coirp, nó, guala = craos.

Mac Giolla Ghuirm: Mac Ilgorm: annamh: Aontroim & rl. Ciallaíonn gorm mórán - dorchacht cnis, mar shampla. Litriú nua: Mac Giolla Ghoirm.

Mac Giolla Gunna: MacElgunn, Gilgunn, Gunn: cuíosach líonmhar: Fear Manach-Cabhán-Muineachán & rl. Bhí an dream seo i Fear Manach ach is cosúil go bhfuil Mac Giolla Dhuinn, q.v., measctha leo anois. Luaitear an dá shloinne leis an bhfile, Cathal Buí Mac Giolla Gunna (1690-1756).

Mac Giolla Iasachta: Mac Lysaght, Lysaght: líon beag: Luimneach-an Clár - mar Lysaght den chuid is mó - agus craobh des na Brianaigh i dTuathmhumhain. Duine de mhór-údair na sloinnte Gaelach dob ea Éamonn Mac Giolla Iasachta (1887-1986). Cheap seisean gur thárla an sloinne as duine des na Brianaigh a bheith tugtha ar "iasacht" do chlann eile, mar leanbh nó mar ógánach. IF.

Ó Giolláin: Gillan,-en: líonmhar: Aontroim, Ulaidh i gcoitinne, Connachta. Bhí clann de Chinéal Eoghain ann (Tír Eoghain) agus clanna eile i gConnachta. Tá an bhrí ar aon dul le Ó Giollagáin.

Mac Giolla Íosa: Mac Aleese, Gilleece: líonmhar in Aontroim mar Mac Aleese, níos lú in Oirghialla mar Gilleece. Tá a lán leagan eile ann - in Albain ach go h-áirithe. Bhí clann aitheanta i nDoire.

Mac Giolla Léith: Killilea: líon beag: Gaillimh-Maigh Eo-Ros Comáin. Bhí siad i nGaillimh sa 16 céad. Fréamh: ón dath liath, de réir de Bhulbh. MIF.

Mac Giolla Luaithrinn: Killoran: líon beag: Sligeach-Ros Comáin-Gaillimh. Mar Gilloran go h-annamh. Bhí siad i Sligeach sa 17 céad. Lughthigern a b'ainm do naomh de chuid an Chláir - fréamh: Lug (dia Ceilteach) + tighearna. MIF & GPN.

Mac Giolla Mhaith: Goodman: líon beag: Cúige Uladh, oirthear Laighean. Déarfainn gur gaelú nua é seo. Sloinne coitinn is ea Goodman, ón ainm Godmund nó ó stadas éigin feódach.

Mac Giolla Mhaodhóg: Mac Elvogue: annamh: Tír Eoghain. Bhí roinnt naomh darab ainm Maodhóg, ainm ceana ar Aodh. Deineadh galldú Aidan agus Moses air. GPN.

Mac Giolla Mhaoil: Mac Ilmoyle: líon beag: Aontroim-Doire; tá Mac Ilmail sa Dún. An aidiacht "maol" atá anseo, is dócha. Deineadh Bell de, leis. SGA.

Mac Giolla Mhártain: (1) Gilmartin: líonmhar: Sligeach-Liatroim & rl. (2) Kilmartin: cuíosach líonmhar: Ros Comáin-Gaillimh-an Clár. Bhí an chlann bhunaidh suite i gClochar, Tír Eoghain, agus gaolmhar leis na Niallaigh. Brúadh go Connacht sa Phlandáil iad. D'fhéadfadh Martin & Martyn a bheith ar chuid acu, leis. Bhí an t-ainm Mártan an-choitinn sa mheán-aois, de bharr an mheasa a bhí ag Gaeil ar Mhartan as Tours na Fraince.

Mac Giolla Mheana: Mac Elvaney: líon beag: Muineachán. Tá Mac Elvanny in Ard Mhacha-Tír Eoghain agus Mac Ilvenna in Aontroim mar a bhfuil a ndúiche shinseartha. Ach ní fios cérbh é Meana.

Mac Giolla Mhearnóg: Warnock: Ulaidh & rl. Bhain siad leis an nDún siar go dtí an 16 céad. Fréamh, b'fhéidir, ainm ceana ar Earna. Bhí Mac Ilvernock in Albain, leis.

Mac Giolla Mhichil: Mac Elmeel: annamh: Ard Mhacha-Muineachán. Bhí an chlann seo i gClann Chonghail, Fear Manach, go dtí an 15 céad. Bhí an sloinne in Albain, leis, áit a ndeineadh Mac Michael de, agus tá an leagan seo coitinn in Ultaibh anois. Is dócha go bhfuil meascadh leis an gceann dúchasach. SGG.

Mac Giolla Mhín: Mac Ilveen: líonmhar: an Dún-Aontroim. B'as deisceart an Dúin don chlann seo agus bhí siad in Ard Mhacha sa 17 céad. MIF.

Mac Giolla Mhir: Gilmore: annamh: Sligeach. Clann de chuid Uí Fiachrach. Seasann Gilmore do shloinnte eile: Mac Giolla Mhuire & rl. chomh maith. An bhrí: giolla mear, is ionann agus ógánach meidhreach.

Mac Giolla Mhochuda: féach Mac Giolla Chuda.

Mac Giolla Mhuire: Gilmore, Mac Elmurray: líonmhar: Cúige Uladh & rl. Shíolraigh siad ó Ghiolla Mhuire Ó Morna, tiarna Leath Chathail, sa 13 céad. Sheasadar an fód an aghaidh an Choncais i dteannta na Niallach. Tá na leagain Mac Ilmurray in iarthar Uladh agus Kilmurry i Lár na Tíre. SGG.

Mac Giolla na Naomh: Mac Elnea: annamh: oirthear Uladh ach líonmhar mar Forde i gConnachta. Bíonn Mac Giollarnáth orthu i gConamara ach seasann Forde do Mac Conshnámha, leis. Seans go raibh clann faoi leith in Aontroim. Tá an galldú Gildernew ann, leis.

Mac Giolla na n-Each: Gilna, Gilnagh: fíor-annamh: Longfort. Níl na h-údair ar aon aigne faoin sloinne seo: ceapann Mac Giolla Iasachta gur Giolla na Naomh atá i Gilna, ach deir de Bhulbh gur clann de chuid Uí Fiachrach i Sligeach na fir capall seo. Dhá shloinne fíor-álainn - bíodh ár rogha féin againn!

Mac Giolla Phádraig: Fitzpatrick: líonmhar ar fud na tíre. Tá Kilpatrick amhlaidh in Ultaibh. Clann a bhí chun tosaigh in Osraí aimsir an Ionraidh. S'iad an t-aon dream Gaelach go bhfuil an réimír "Fitz" acu. Dream de bhunadh Albanach is ea na h-Ultaigh, cuid mhaith.

Mac Giolla Pheadair: Kilfeather: líon beag: Sligeach, Béal Feirste. Tá Gilfedder le fáil go h-annamh i mBéal Feirste, leis. Bhain an chlann le Sligeach ach tá an sloinne Gilfeather beo in Albain fós agus seans gur uathu-san a tháinig na daoine i mBéal Feirste.

Mac Giolla Phóil: Guilfoyle: líonmhar: Laois-Uíbh Fhailí, Cill Chainnigh-Tiobraid Árann. Clann a bhí lonnaithe in Éile Uí Chearbhaill in aice le Suí an Róin. Bíonn Powell ar chuid acu anois. SGG.

Mac Giollaráin: tuailliú ar Mac Giolla Éanáin, q.v.

Ó Giollaráin: Gilleran: mar Mac Giollaráin thuas. Le fáil i Ros Comáin

Mac Giolla Riabhaigh:Mac Areavey, Callery, Gallery: líonmhar: Cúige Uladh, sa Chlár mar Gallery. Tá a lán leagan galldaithe ar fáil, in Ultaibh ach go h-áirithe, mar a bhfuil sloinnte Albanacha i gceist, chomh maith: Mac Ilwraith ceann amháin díobh - féach Cuid a Dó. Ó thaobh staire de, bhí clann de chuid Uí Fiachrach suite in aice na Scríne, Sligeach agus ceann eile sa Chlár a bhain leis na Brianaigh. SGG.

Ó Giollarnáth: claochlú ar Mac Giolla na Naomh, q.v.

Mac Giolla Rónáin: Kilronan: níl aon rian de anois. Bhí sé i gCabhán sa 17 céad. Bhí Rónán coitianta mar ainm anallód, ón ainmhí muirí, an rón, dar ndóigh.

Mac Giolla Ruadháin: Mac Elrone: fíor-annamh: Fear Manach. Ainm coiteann a b'ea Ruadhán (fear rua) - an duine ab'iomráití, b'fhéidir, Ruadhán N. a bhunaigh mainistir Lothra i dTiobraid Árann.

Mac Giolla Ruaidh: Mac Elroy, Gilroy, Kilroy: líonmhar: iarthar Uladh & tuaisceart Chonnacht & rl. As Baile Mhic Ghiolla Ruaidh, taobh thoir de Loch Éirne, dóibh, is cosúil - bhí siad líonmhar i bhFear Manach agus Liatroim sa 17 céad. Luadh go minic ins na h-Annála iad sa 15 céad. IF & SGG.

Mac Giolla Shámhais: ? Mac Clavish. Níl siad ann a thuilleadh. Sámhas = aoibhneas.

Mac Giolla Sheachlainn: féach Mac Giolla t-Seachlainn.

Mac Giolla Seanáin: Gilsenan: líonmhar i ndeisceart Uladh agus tuaisceart Laighean ach bíonn siad faoin mbréagriocht: Nugent, Leonard agus Shannon, chomh maith. Tír Eoghain a ndúiche shinseartha. Féach Mac Giolla t-Seanáin, leis. SI.

Mac Giolla t-Seachlainn: Houston: líon beag: Tír Chonaill. De réir de Bhulbh, is iar-mhír iad seo den chlann a bhí lonnaithe i nDéise Breagh (an Mhí) aimsir an Ionraidh agus a chaill a gcuid tailte annsan. Tá an sloinne measctha go mór le Mag Lochlainn. Gaelú ar an ainm Laidneach Secundinus is ea Seachlann. Féach Ó Maoilsheachlainn agus Mac Úistín, leis. GPN.

Mac Giolla t-Seanáin: Giltenan: líon beag: Luimneach-Corcaigh. An Seanán is mó (dar leis na Muimhnigh) ná bunaitheoir mhainistir Inis Cathaigh in inbhear na Sionainne. Bíonn Shannon orthu sa Chlár, chomh maith. Féach Mac Giolla Seanáin, leis.

Mac Giolla Steafáin: Stephens: Bhí siad i Laois, de réir de Bhulbh. Féach Mac Stiofáin.

Mac Giolla Shúiligh: Gilhooley, Gilooley: líon beag: Liatroim & rl. Féach Mac Giolla Ghuala.

Mac Giolla Tighearnaigh: Tierney: líon beag: Fear Manach-Tír Eoghain-Doire.

Mac Giolla Uidhir: Mac Aleer, Mac Clure: líonmhar: Tír Eoghain agus Cúige Uladh i gcoitinne; tá Mac Clure i bhfeidhm in Albain - i nGallghallaibh go sonrach. Bhain an chlann dúchasach le Oirghialla. D'fhéadfadh Odhar, gin. uidhir, a bheith ina ainm pearsanta nó ina aidiacht leis an mbrí: liath-dhonn (dath an asail) nó cuma buí-dhonn ar an gcraiceann - "sallow" in mBéarla.

Mac an Ghirr: féach Mac an Gheairr.

Mac Ghirr an Adhastair: Nestor: líonmhar: Gaillimh, Luimneach & rl. Clann léannta agus eaglasta a bhí nasctha le muintir Lochlainn i gCorca Modhruaidh (an Clár). Giorraithe anois go Mac an Adhastair, q.v.

Ó Gionnáin: Gannon: mallairt leagain ar Mag Fhionnáin, q.v.

Ó Giorraidhe: O'Hare: mallairt leagain ar Mag Fhearadhaigh. Féach Ó h-Ír, leis.

Ó Glacáin: Glackin: líon beag: Tír Chonaill-Tír Eoghain. Fréamh: lán glaice nó duine a bhí amplach.

Ó Glaimhín: Glavin: líon beag: Corcaigh. Is ionann glámh agus duine cáinteach searbh. Deir de Bhulbh go rabhadar i dTír Amhlaidh, Maigh Eo, in annalód ach níl aon rian díobh anois. SI & SGG.

de Glainbhíol: Glanville: annamh: scaipthe. Angla-Normannaigh a bhí sa Mhumhain ón 14 céad.

Mac Glaisín: Mac Glashan: annamh: Áth Cliath. As Doire dóibh. Féach Mac Glasáin.

Ó Glaisín: Glasheen: cuíosach annamh: Tiobraid Árann theas-Port Láirge. Clann a bhí suite i gCorcaigh thoir-theas. Fréamh: an aidiacht "glas". SI & SGG.

Ó Glaisne: Giles: Bhíodh an t-ainm Glaisne i bhfeidhm i gCúige Uladh agus bhí an sloinne a bhaineann leis i Lú. Is de bhunadh Sasanach an chuid is mó de mhuintir Giles, atá cuíosach líonmhar: Ulaidh, Lár na Tíre, Corcaigh. Duine de mhuintir Chorcaí a thuill clú agus cáil is ea an scríbhneoir agus craoltóir, Risteard Ó Glaisne, rug. 1927.

Mac Glasáin: Mac Glashan,-in: fíor-annamh: Tír Chonaill & rl. Ar aon dul le Mac Glaisín, q.v.

Ó Glasáin: an leagan bunaidh d'Ó Gliasáin, q.v.

Glas: Glass: líonmhar: Ulaidh. Seo sampla de bhua-aidiacht a tháinig in áit an t-sloinne bhunaidh. Is cosúil gur Albanaigh cuid mhaith díobh in Ultaibh. B'ainm pearsanta é, Glas, chomh maith.

Mac Gleadra: Mac Gladdery: líon beag: an Dún. Tá rúndiamhar éigin ag baint leis an sloinne seo - deirtear gur tháinig siad ó Ghaillimh ach is in oirthear Uladh a gheibhtear anois iad; tá an bhrí doiléir, leis. MIF.

Ó Gleadra: Gladdery: níl sa leabhar telefóin anois. Bhí siad in Uí Maine, de réir Uí Dhonnabháin. Féach Mac Gleadra.

Gléasúr: Gleasure: cuíosach annamh: Ciarraí. Sasanach: ar aon dul le Glazier.

Ó Gliasáin: Gleeson: an-líonmhar: Tiobraid Árann, oirthear Luimnigh, oirthear an Chláir. Freagraíonn an dáileadh seo le stair na clainne; dob'é Ara, taobh thoir de Loch Deirgeirt, a ndúiche shinseartha - bíodh nach den Dál gCais iad. Chailleadar a dtailte faoi choncas Chromail. Ó Glasáin an leagan bunaidh, ón ainm Glas nó an aidiacht datha. IF.

de Glin: Glynn: ní fios an bhfuil mórán díobh ann. Is cosúil gur sloinne Breatnach é a tháinig go luath ach ní féidir idirdhealú a dhéanamh ar Mag Fhloinn anois.

Ó Glinn: Glynn: dealraíonn gur leagan nua ar Mag Fhloinn é.

Ó Glóthairne: Glorney: ní fios an bhfuil siad ann fós - bhí an sloinne i gCill Chainnigh agus, dar ndó, tá "Glorney's Weir" ar abhainn na Life. Bhí an sean-leagan Ó Glóiairn ann. Is ionann glothar agus piachán nó feadaíl sa scornach - b'fhéidir gur leas-ainm a bhí ann.

Mac Glúin: Clune: líon beag: an Clár-Luimneach. Ní mór ghlacadh le tuairim Mhic Ghiolla Iasachta gur clann de chuid Tuathmhumhain iad seo, go raibh cónaí orthu in aice le Cuinche, ach féach Ó Cluain, chomh maith. MIF & SGG.

Ó Gnímh: Agnew: cuíosach líonmhar: oirthear Uladh. Clann liteartha a bhain leis na Niallaigh sa Dún. Dob'é Fearflatha Ó Gnímh, file (1550-1640), tar éis teitheadh na n-Iarlaí, a chuir an phríomh-cheist: "an mbeidh an t-athaoibhneas againn?" Táimíd ag feitheamh fós! Ainm gallda Agnew, leis.

Gobha: Gow: annamh: Béal Feirste. Albanaigh, déarfainn. Gabha, an ceárdaí, gan amhras.

Ó Gobáin: Gobin: níl aon rian díobh anois: bhí siad i gCúige Uladh sa 16 céad.

Mac Gobhann, Mac an Ghobhann: féach Mac Gabhann.

Ó Gobhann: Smith: Thosnaigh an chlann seo sa Dún, bhí siad i Muineachán agus Fear Manach sa 17 céad. Anois táid measctha le Mac Gabhann, q.v.

Goch: Gough: líonmhar: Oir-dheisceart & rl. Sloinne ón mBreatnais: *coch* = dearg, rua. Bhí siad in Éirinn sa 13 céad. Bhí siad chun tosaigh i bPort Láirge sa 17 céad.

Ó Godáin: Godwin: deir de Bhulbh go raibh siad i dTír Amhalaidh ach féach Ó Góidín, leis.

Mac Gofraidh: Mac Caffrey: féach Mac Gafraidh.

Gógan: Gogan, Goggin: líon beag: Lár na Tíre & rl. Thosnaigh an sloinne le Milo de Cogan, príomh-thaca Risteaird de Cléir ("Strongbow"), d'éag c. 1183. Bhí siad chun tosaigh i gCorcaigh go dtí an 17 céad. Féach *Ráth Gógáin*, Charleville. MIF.

Ó Goibín: Gubbins: cosúil le Ó Gobáin, Gaelach in Ultaibh; Sasanach i Luimneach. MIF.

Ó Goidín: Goodwin: annamh: Maigh Eo & rl. Deir de Bhulbh go raibh an sloinne seo i bhfeidhm i Maigh Eo agus tá Goodwin annsin ceart go leor. Luadh Ó Godáin, leis

Mac Goill: tugann de Bhulbh é seo mar shloinne a bhí i nGaillimh. Ní fios an raibh aon bhaint le Mac Gill a fhreagraíonn do Mac an Ghaill nó Mac Giolla ... de ghnáth. Dar ndóigh, is ionann goll agus bheith ar leath-shúil.

Mac an Ghoill: féach Mac an Ghaill.

Ó Goillidhe: Golden: líon beag: Corcaigh-Ciarraí. Leagan áitiúil d'Ó Goillín, is cosúil.

Ó Goillín: Golden: líonmhar: Gaillimh-Maigh Eo-Sligeach & rl. Luann na h-údair an sloinne seo le Corcaigh; b'fhéidir gur truailliú ar Mag Ualghairg cuid de mhuintir Golden i gConnachta. Mar phréamh, deineann de Bhulbh tagairt do (1) goll = leath-dhall, agus (2) gall = coilleach. Tá a thuilleadh taighde ag teastáil. MIF.

Ó Goirmghiallaigh: Gormley: luaite ag de Bhulbh mar chlann a bhain le Partraí, Maigh Eo, ach ní féidir idirdhealú a dhéanamh ar Ó Gormghaile, q.v. Is annamh a gheibhtear an téarma "giall" i sloinnte agus d'fhéadfadh malairt leagain, "Gorm-ghiolla" a bheith ann.

Ó Goirmshleaghaigh: Gormley: líonmhar: Tír Eoghain-Doire & rl. Clann de chuid Chinéal Eoghain a bhí suite ag Ráth Bhoth, Tír Chonaill. Ní fios cén t-údar a bhí ag de Bhulbh do "sleádóir" - bhí litrithe difriúla ins na sean-cháipéisí agus sé Ó Gormaile an leagan nua. Deineadh Grimes den dream seo ina ndúiche féin. Féach Ó Gormghiallaigh, leis.

Góiséir: Gosnell: annamh: Corcaigh. Duine a bhíonn ag deighleáil le stocaí.

Góislín: Goslin(g): líon beag: Lú. Sasanaigh: ón ainm Jocelyn, is cosúil.

Ó Golláin: féach Ó Giollín.

Ó Gormagáin: Gormagan: is ar éigin go bhfuil siad ann a thuilleadh. Ceapann Mac Giolla Iasachta gur leagan d'Ó Cormacáin atá ann ach bheadh ciall mhaith le Gormagán, leis.

Mac Gormáin: Gorman: an-líonmhar gach aird, san Oir-dheisceart agus Cúige Mumhan go sonrach. I dteacht aniar na nGael sa 19 céad, tugadh "Ó" ar na Gormánaigh in ionad "Mac" mar ba dhual. Clann iomráiteach in anallód iad: bhí siad suite i Laois aimsir an Ionraidh agus ruaigeadh siar go dtí Uí Breacáin sa Chlár iad. Bhí cáil orthu annsin ina bhféile don aos léinn. IF.

Ó Gormáin: O'Gorman: ní mór a aithint gur Mac Gormáin a ba chóir a bheith ar an gcuid is mó de mhuintir Ghormáin. Leis an meascadh seo, ní féidir mórán a rá faoin sloinne seo.

Ó Gormghaile: Gormally, Gormley: líon beag: Connachta. Bhí dhá chlann: (1) tiarnaí ar Cheara, Maigh Eo agus (2) airchinnigh ag Ail Finn, Ros Comáin. Tugadh Grimes ar chuid acu. Féach Ó Goirmshleaghaigh agus Ó Gormshúiligh, leis. Luann de Bhulbh Mac Gormghaile, leis.

Ó Gormóg: Gorman: Clann a bhí i gceannas i gCeara, Maigh Eo. Cosúil le Ó Gormghaile, seans. SGG.

Ó Gormshúiligh: Gormley: an leagan in Annála Loch Cé ar Ó Gairmleadhaigh (Ó Dúgáin) nó, Ó Goirmshleaghaigh, q.v. Bhí O'Gormooly orthu, tráth. Tá scéal na nGorm-shloinnte casta go deimhin! SGG, SI & IF.

de Gordún: Gordon: an-líonmhar: oirthear Uladh ach go h-áirithe. Dream mór Albanach a tháinig go Cúige Uladh sa 17 céad. Tugadh an sloinne ar Mag Muirneacháin i Maigh Eo.

Gothmonn: Goodman: líon beag: Ulaidh & oirthear Laighean. Ainm Angla-Shasanach Godmund, "fear maith" nó "fear a' tí". Sasanaigh a bhí in Éirinn go luath; agus in Oirghialla, mar a bhfuilid anois, galldú ar Mag Uiginn.

Mac Gothradha,-aidh: Mac Corry, Mac Curry, Godfrey: líonmhar in Ultaibh. Craobh de Mhag Uidhir Fhear Manach. Féach Mac Gafraidh.

Ó Gothraidh: Gohery: cuíosach annamh: Gaillimh-Lár na Tíre. Bhí siad lonnaithe in aice le Biorra sa 17 céad. Seans gur de bhunadh Lochlannach iad ón ainm *Godfrith* (dia-síocháin) a ndeineadh Godfrey de i Sasana. Féach Mac Gothraidh, leis.

Ó Gráda: O'Grady: an-líonmhar gach treo: sa Mhumhain agus i gConnachta go speisialta. Clann tábhachtach de chuid Dál gCais a bhí lonnaithe ag Cill na Súlach ar dtús. Thaobhaigh a dtaoiseach le Annraoi a h-Ocht, ghlac gradam ridire uaidh, agus lean an rath agus séan iad ó shoin i leith. Go dtí le déanaí, mhair taoiseach na clainne ag Coill Bhaile Eoghain, Luimneach, agus é i dteideal "An Grádach" a thabairt air féin. Aisteach go leor, thug craobh amháin díobh an sloinne O'Brady orthu féin sa 16 céad ach níor mhair sé sin, is cosúil. An bhrí: gráda = oirirc, cáiliúil. Féach Ó Greada, leis.

de Grae: Gray, Grey: an-líonmhar tríd an dtír: Cúige Uladh go sonrach - de bhunadh Albanach annsin. Tugadh Gray ar Mac Cathail Riabhaigh i gConnachta, uaireannta. Tá an sloinne coiteann i Sasana, leis an mbrí: (1) liath: dath gruaige agus (2) ón áit Graye sa bhFrainc.

Ó Gráinne: Greaney: líonmhar: Luimneach, Ciarraí, Gaillimh. B'fhéidir go dtagann ón ainm baineann Gráinne. Fuarathas an leagan Mac Gráinne i gConnachta - ní fios an sloinne faoi leith é. MIF.

Gráinséir: Grainger: cuíosach líonmhar: Béal Feirste, Áth Cliath, Corcaigh. Sasanach ón 17 céad a bhformhór. Ón bhFraincis *Grangier*, maor feirme.

Ó Grálaigh: Greally: cuíosach líonmhar: Connachta. Seo Mag Raghallaigh i gcaint na ndaoine. Tá Ó Graolaigh ann, leis.

Ó Gramhna,-aigh: O'Growney: fíor-annamh: Áth Cliath. Giorrú ar Mac/Ó Carrghamhna, q.v. Bhí Eoghan Ó Gramhnaigh (1863-1899) chun tosaigh in athbheochan na Gaeilge ag deireadh an 19 céid.

de Grannt: Grant: líonmhar: Ulaidh & rl. Clann mhór Albanach ach freagraíonn don sloinne Gaelach Mag Raighne, leis. An bhrí: Fraincis *grand*, ard.

Grás: Grace: líonmhar: oir-dheisceart Laighean & rl. Clann mhór Normannach a shíolraigh ó Raymond le Gras (ramhar) a d'éag c. 1190. Chuireadar fúthu i gCill Chainnigh agus bhíodar chun tosaigh go creidiúnach i gcúrsaí na tíre ó shoin i leith. MIF.

Ó Gréacháin: Grehan, Grimes, Graham: líonmhar: Lár na Tíre, Connachta. B'fhéidir gur ionann gréach agus scréach (= béic) ach ní mór a mheabhrú gur sloinne Albanach Graham i gCúige Uladh agus go mbaineann Grimes le Ó Gormaile, leis. In ndeireadh na dála, is féidir le muintir Grehan a rá gur Gréachánaigh iad féin gan aon agó.

Ó Greada (Ó Griada): Grady: líon beag: Connacht. Seans gur Mag Riada atá annseo dáiríre.

Gréagóir: Gregory: cuíosach líonmhar: Ulaidh. Clann Sasanach mór le rá. Beidh cuimhne ar an sár-bhean úd, Lady Augusta Gregory (1852-1932).

de Gréib: Graves, Greaves: líon beag: Áth Cliath & rl. Dream léannta i gColáiste na Tríonóide a thuill clú agus cáil don náisiún.

Ó Greidhm: Grimes: líon beag: Luimneach, Connacht & rl. Deir Mac Giolla Iasachta gur gaelú nua é seo - Ó Gréacháin nó an sloinne gallda an bun-rud.

Ó Griada: Grady: féach Ó Greada.

Ó Grialluis: Grealish, Grealis: líon beag: Gaillimh-Maigh Eo. Mag Riallais i gcaint na ndaoine agus Mac Niallais ó cheart.

Ó Grianáin: Greenan, Grennan: cuíosach líonmhar: an Dún, Muineachán, Cabhán: líon beag: Maigh Eo, mar a raibh siad sean-bhunaithe. Is cosúil gur clann eile a bhí in Ulaidh. Tá an log-ainm Ballygrennan coiteann i Luimneach ach is Baile Uí Dhroighneáin atá ann! Bhí ainm baineann, Grian, ann sa luath-aois - b'fhéidir go bhfuil baint éigin leis.

Ó Grianna: Greene: Tír Chonaill. Sloinne a thug an scríbhneoir Séamus Mac Grianna (1891-1969) air féin. "Máire" a ainm cleite. Féach Mac Grianna.

Mac Grianna: Greene: Tír Chonaill. Bhain clú agus cáil leis na deartháireacha Séamus agus Seosamh (1900-90) mar scríbhneoirí Conallacha. Is cosúil gur Mac Grianra a bhí orthu roimhe seo - tá Mac Grenra le fáil sa dúiche seo go fóill.

Ó Gribín: Gribben: líonmhar i gCúige Uladh mar a raibh cónaí orthu in Ard Mhacha agus an Dún. Fréamh, b'fhéidir, griobaí, duine mantach. Féach Mag Roibín (Mac Gribben).

Grifín: Griffin, Griffith: ainm Breatnach, *Gruffydd*, a bhí ag na Briotánaigh a tháinig le Liam Concaire, chomh maith. Tá sé in Éirinn ó aimsir an Ionraidh. Féach Ó Gríobhtha.

Ó Gríobhtha: Griffin: an-líonmhar gach aird, sa Mhumhain go speisialta. Dream de chuid Dál gCais a bhí suite ag Díseart in aice lc Inis. Bhain an scríbhneoir, Gerald Griffin (1803-1840) leo-san. Bhí clann eile sa Neidín, Ciarraí. Fréamh· gríobh ainmhí finscéalach (*gryphus* i Laidin) agus mar leathnú air sin: gaiscíoch. Litriú nua: Ó Gríofa.

Ó Gríobhtháin: Griffin: leagan Connachtach d'Ó Gríofa.

Mac Griogair: Mac Gregor: líonmhar: Aontroim. Clann Albanach atá suimiúil sa mhéid gur deineadh a sloinne a eisreachtadh faoi acht parlaiminte i 1603 agus a lean go dtí 1784. Táid líonmhar ins gach treo anois! Ainm Gréagach *Gregorios* (faireach) a d'éirigh coiteann sa domhan thiar. SS.

Mac Grioghair: Greer, Grier: an líonmhar in Ulaidh & rl. Athleagan de Mac Griogair a tháinig anonn sa 17 céad.

Gromail: Grummell: fíor-annamh: Cill Mhantáin. An sloinne Sasanach Cromwell a bhí gaelaithe in Éirinn i bhfad sara tháinig an "Tiarna Cosantóir" i dtír.

Ó Gruagáin: Grogan: líonmhar tríd an dtír. Bhí an chlann bhunaidh ina n-airchinnigh in Ail Finn ach scaipeadh iad go luath (sa 15 céad, is cosúil). Tá Groogan agus Grugan i nDoire - clann faoi leith, déarfainn. Fréamh: grúg = fearg, ceaptar. MIF.

Mag Guagáin, Mac Guagáin: Mac Gougan: fíor-annamh ach dealraíonn sé gur athleagan de Mag Uiginn é seo. Tá a lán leagan i gceist: Mac Guckin, Mac Quiggan, Mac Guigan, & rl. Féach Mag Eochagáin, leis. SI, MIF & SGG.

Mac Guaicín: Guckian: annamh: Liatroim. Féach Mag Uiginn.

Ó Guaire: Gorey, Gorry: líon beag: Lár na Tíre & san Oir-dheisceart. Bhí an chlann bhunaidh suite áit éigin idir Uíbh Fhailí agus an Mhí. Ainm coiteann a b'ea Guaire a chiallaíonn "uasal". Ach níl aon bhaint leis an mbaile i Loch Garman. MIF.

Mac Guaire: Mac Quarrie: annamh: Béal Feirste. De bhunadh Albanach nó Manannach.

Ó Guairim: Gorham: cuíosach annamh: Conamara. Tá an sloinne sean-bhunaithe i nGaillimh ach ní fios an ceann dúchasach é nó de Gúram (A-Normannach). Tá sloinne Sasanach, Gorham, beo thall.

Ó Guallachta: Golden? De réir de Bhulbh, claochlú ar Mac Cuallachta i Maigh Eo, q.v.

Mag Gualraic: Mac Goldrick: féach Mag Ualghairg.

Mag Guarnacháin: Magournahan? Féach Mag Mhuirneacháin.

Gúilín: Goulding: cuíosach líonmhar: Corcaigh & Port Láirge. A-Normannaigh a shocraigh in aice le Áth Cliath agus Corcaigh. MIF.

Guin: Gwynne: cuíosach annamh: Ulaidh & rl. Ón ainm Breatnach *gwyn* = fionn. Bhí siad in Éirinn ón 16 céad agus, mar scoláirí, thug seirbhís mhór don náisiún sa 19 & 20 céad.

Ó Guinidhe: Guinee, Guiney: líon beag: Corcaigh thuaidh, Luimneach, Ciarraí. B'fhéidir gur claochlú ar Géibheannach é ach bíonn an bhéim ar an dara siolla. Litriú nua: Ó Guiní.

Gúl: Gould: líonmhar: Corcaigh & sa Mhumhain i gcoitinne. Ón 14 céad, bhí siad chun tosaigh i saol Chathair Chorcaí. Tá dream eile in Ultaibh a tháinig sa 17 céad.

de Gúram: Gorham: annamh: scaipthe. Sasanaigh ón 13 céad ach féach Ó Guairim.

Ó Gusáin: Gosson: annamh: Maigh Eo. Dúirt Mac Firbhisigh gur craobh de chuid Síol Muireadhaigh iad. Brí: gus = fuinneamh. Fuair Ruairí Ó Gusáin bás i 992. SGG.

Haicéid: Hackett: líonmhar: Tír Eoghain & máguaird; Laighin & Mumhain i gcoitinne. Angla-Normannaigh ó aimsir an Ionraidh a b'ea iad, ach i gCúige Uladh, galldú ar Mag Eachaidh. B'as Tiobraid Árann don Dominiceánach, Pádraigín Haicéid, file, (1600-1654), a scríobh "Muscail do mhisneach, a Bhanba" i 1646 - uair na cinniúna do Chlanna Gael.

Mac Haicéid: clann a bhí lonnaithe i nGailimh in anallód; ar aon dul le Haicéid.

Háicín: Hawkins: líonmhar: Oirthear Uladh, Áth Cliath. Galldú ar Ó h-Eacháin, uaireannta, ach de bhunadh Sasanach de ghnáth. Díspeagadh ar Hal .i. Henry.

Haimlín: Hamlin: fíor-annamh: Béal Feirste. Ach bhí siad sa Mhí sa 13 céad.

de Hál: Hall: an-líonmhar: Cúige Uladh, Laighin & i gcoitinne. Sloinne coitianta sa Bhreatain agus i Meiriceá. Bhí sé sa Mhumhain ón 14 céad.

Hamaltún: Hamilton: an-líonmhar i gCúige Uladh agus suntasach i Laighin & Connachta. Albanaigh a bhí páirteach i bPlandáil Uladh - féach Manorhamilton, go bhfuil Cluainín air as Gaeilge. Aisteach go leor, tháinig an t-ainm as log-ainm Sasanach a thug Walter FitzGilbert leis go Lanarkshire agus a bhaist ar an mbaile mór annsan sa 14 céad. Tá muintir na h-Éireann an-bhródúil as Rowan Hamilton (1805-65), ceannródaí sa mhatamaitic sa 19 céad. SS.

Ó Hamailltín: Hamilton: cuíosach annamh: an Clár. Is cosúil gur gaelú é seo - bhí iarthar an Chláir ina Ghaeltacht go dtí le déanaí.

Hamon, Hámonn: Hammond: líonmhar: oirthear Uladh & Áth Cliath. Bhí an sloinne i bhfeidhm i measc Lochlannach Áth Cliath agus a ngaolta, na Normannaigh, go raibh an t-ainm *Hamo* acu, ceann Teotanach a bhaineann le *haim* = baile. Féach Mac Ámoinn.

de Hanburgha: Hanberry: annamh: Connachta. Bhí siad i Lú sa 14 céad. Féach Ó h-Ainmhire, leis.

Mac Hannraoi: Fitzhenry: cuíosach annamh: Oir-dheisceart. Féach Mac Éinrí.

Haol: Hale, Howel: cuíosach líonmhar: Cúige Uladh, Corcaigh. Ón ainm Breatnach *Hywel*, a bhí ag na Briotánaigh, leis. Bhí siad in Éirinn sa 13 céad agus shocraigh cuid acu i Maigh Eo agus ghlac an sloinne Mac Haol, q.v.

Mac Haol: Mac Hale: líonmhar: Connacht & rl. Tháinig muintir Hywel ón mBreatain Bhig sa 13 céad, chuir fúthu i dTír Amhlaidh, ach bhí clann dúchasach, Mac Céile, airchinnigh, i gCill Ala sa taobh seo tíre, leis. Bhí na leagain Mac Héil agus Mac Éil ann, freisin.

Ó Héadáin: féach Ó h-Éideáin.

Hearmon: Harman: líon beag: Lú & rl. Angla-Normannaigh a bhí sa Mhí sa 13 céad. Ón ainm Teotanach *Hereman* = gaiscíoch.

Mac Héil: Mac Hale: líonmhar: Connacht & rl. Féach Mac Haol. Luaifimíd annseo Eoin Mac Héil (1791-1881), Ard-Easpag Thuama: gaiscíoch na Gaeilge sa 19 céad - bhí an sean-chultúr ag dul faoin bhfód agus ní raibh an aithbheochan tagtha. Dhein sé cion fir in am an ghátair.

Healaoire: Hillery: cuíosach annamh: an Clár. Ainm Eorpach, Hilarius = meidhreach. Féach Ó h-Irghile, chomh maith.

de Henebre: Henebery: líon beag: Port Láirge-Cill Chainnigh theas. Féach de Hindeberg.

de Híde: Hyde: líonmhar: Corcaigh thoir, Ard Mhacha-an Dún. Sasanaigh a shocraigh i gCill Chainnigh sa 14 céad agus i gCorcaigh sa 16 céad. Uathu-san a shíolraigh Dubhglas de Híde (1860-1949), comh-bhunaitheoir Chonradh na Gaeilge (1893) agus chéad Uachtarán na h-Éireann (1938-1945). "An Craoibhín Aoibhinn" a ainm cleite. Ní aon áireamh ar an dtionchur a imir sé ar chultúr agus ar chúrsaí na h-Éireann.

de Hindeberg: Henebery, Hennebry: líon beag: Port Láirge-Cill Chainnigh. Bhí Philip de Hinteberge i seilbh gabháltais i gCo. Áth Cliath sa 13 céad. Bhogadar annsan ó dheas go Port Láirge. An t-Ath. Risteard de Hindeberg (1863-1916), scoláire mór Ghaeilge na nDéise, ghlac sé leis an leagan seo. Henebre atá i gcaint na ndaoine.

Hob: Hobbs: cuíosach líonmhar: Béal Feirste, Áth Cliath & rl. Ón 17 céad. "Roibeard beag".

de Hochtún: Haughton: cuíosach líonmhar: Áth Cliath & rl. Dream a bhí chun tosaigh i gCumann na gCarad (Quakers). Féach Ó h-Eacháin agus Ó h-Eachtair.

Hód: Hoade: annamh: Gaillimh. Bhí siad in Áth Cliath i 1226. Ó logainm a chiallaíonn fraochach.

Hodnae: Hodnett: líon beag: Corcaigh-Luimneach. Sasanaigh a chuir fúthu in iarthar Chorcaí agus a ghlac an t-ainm sinseartha Mac Séaraidh (Séafraidh, le ceart). As sin an baile beag Cúirt Mhic Shéafraidh. Díspeagadh ar an ainm Ódo is ea Hodnett. Tá Mac Séaraidh annamh anois san dúiche seo. Féach Mac Séartha, chomh maith.

de Hóir, Hóra: Hoare, Hore: líonmhar: Mumhain & Connachta. Angla-Normannaigh a bhí ag Teach Moshagard, Loch Garman, sa 13 céad. Bhíodar chun tosaigh i gCorcaigh níos déanaí agus leathnaigh ar fud na Mumhan. I gConnachta, d'fhéadfadh an sloinne a sheasamh d'Ó h-Earchadha (Horohoe). *Le Hore* a bhí ar na céad ionróirí: brí: an duine liath. Gaelaíodh iad go mór - féach an file Seán de Hóra (c.1710-80).

Hoireabard: Herbert: líonmhar go forleathan. Tá Baile Hiobaird i Luimneach ó 1579.

Mac Hoireabaird: FitzHerbert: fíor-annamh: Ceatharlach. Ainm sinseartha a ghlac muintir Delaware chucu.

Hoireabhárd: Hereward: Níl rian díobh ann anois. Bhí Simon Hereward ina Mhéara i Luimneach sa 13 céad. SGG.

Hoiste: Hodge: líon beag: Ulaidh & rl. Sloinne ó Lár-Shasana. Díspeagadh ar Roger.

Hoisticín: Hodgkin, Hodgins: cuíosach líonmhar: Lár na Tíre, Oir-dheisceart, Luimneach agus Tiobraid Árann. Sasanaigh ón 17 céad. Ón ainm pearsanta Roger.

Mac Hoisticín: Hodgkinson: annamh: Béal Feirste, Áth Cliath, Luimneach. Féach Mac Oistigín.

Mac Hoiste: Hosty: cuíosach annamh: Gaillimh-Maigh Eo. Breatnach darb'ainm Hodge a shocraigh i Maigh Eo sa 13 céad, a chuir tús leis an sloinne seo, deirtear. Ach is ainm Normannach Roger (Hodge), ar ndóigh. Féach Mac Mibhric, leis.

Hólt: Holt: líon beag: an cósta thoir. Ciallaíonn "coill" i mBéarla.

de Hóra: Hoare: féach de Hóir. Deineann Mac Giolla Iasachta cur síos suimiúil ar eachtraí na clainne seo; an ceann ba bhreátha, b'fhéidir, nuair a tháinig an feisire Joseph Hoare ó Loch Garman go Baile Átha Cliath, in aois a 93 agus é dall, chun vótáil in aghaidh Acht na h-Aondachta. (1801).

de Hosae: Hussey: féach de Husae.

Húighéid: Hewitt: líonmhar: oirthear Uladh & rl. Sloinne a tháinig go h-Éirinn sa 13 céad. I gCorcaigh ba mhó a bhíodar ar dtús. Díspeagadh ar an ainm Hugh.

Húiléid: Howlett: líon beag: Oir-dheisceart, Luimneach. Angla-Normannaigh a shocraigh i Loch Garman. Díspeagadh faoi dhó ar Hugh - Hughelet.

Húilín: Howlin: líon beag: Loch Garman. Angla-Normannaigh a chuir fúthu i Loch Garman agus a d'fhan ann. Díspeagadh ar an ainm Hugh a bhí an-choiteann i measc na n-ionróirí. Deirtear gur de bhunadh Briotánach iad - bhí na Briotánaigh líonmhar in arm Liam Concaire i 1066.

Hunfraidh: Humphrey: líonmhar gach treo, seachas Connachta. Bhí siad in Éirinn go luath tar éis an Ionraidh ach is sa 17 céad a thánadar go tiubh go Cúige Uladh. Deineadh Mac Unfraidh díobh, uaireannta.

de Husae: Hussey: líonmhar i gcoitinne, Ciarraí agus Gaillimh go sonrach. Tháinig siad san Ionradh Normannach agus chuir fúthu sa Mhí agus, níos déanaí, i gCiarraí. De Hosey a bhí orthu ar dtús. Baineann na daoine i gConnacht le clann dúchasach, Ó h-Eodhasa.

Mac Iagó: Igoe: líon beag: Maigh Eo-Ros Comáin & rl. Ceapann Mac Giolla Iasachta gur craobh de Mhuintir Uí Áinle iad agus tá traidisiún ann gur de bhunadh Spáinneach iad. Ar aon nós, bhí an sloinne seo beo sa 16 céad. Bhí athleagan Mac Iagóg ann, leis.

Iagó: Jago, Jagoe: cuíosach annamh: Corcaigh & Áth Cliath. Ainm Coirnise atá comhchiallmhar le Jacob .i. Séamas, agus a tháinig sa 16 céad. Bhí an sloinne Iacob in Éirinn i bhfad roimhe sin.

Mac Iagóg: Igoe: níl aon rian díobh anois ach bhí siad i Ros Comáin.

Mac Iain: Mac Kean: líon beag: Tír Chonaill-Doire-Antroim. Féach Mac Eáin.

Iarlaí: Earls: cuíosach líonmhar: scaipthe tríd an dtír. De bhunadh Sasanach, bhí siad i nGaillimh sa 13 céad agus gaelaíodh iad: Mac an Iarla. Tháinig an leagan Earle i dtír níos déanaí. Tá an sloinne bunaithe ar leas-ainm nó rud éigin cosúil leis.

Mac an Iarla: Earls: féach Iarlaí.

Ó h-Iarfhlatha: Herlihy: líonmhar: Cúige Mumhan. Airchinnigh Ghobnatan i mBaile Bhuirne, táid measctha le Hurley anois. Fuair Tomás Ó h-Iarfhlatha, easpag Ros na gCairbre, bás i dTúr Londan i 1580. Litriú nua: Ó h-Iarlatha.

Ó h-Iarnáin: Hernon: líon beag: Gaillimh & Oileáin Árann. Clann d'Uí Fiachrach a bhain le h-Árainn. Luann de Bhulbh clann eile i gCorca Laoidhe ach táid fíor-annamh anois. Féach Ó hEarnáin, leis.

Iarsach: Eyre, Ayer: líon beag: Áth Cliath, an Dún. Sasanach: "heir"; Albanach: ón mbaile Ayr.

Mac an Iascaire: Fisher: líonmhar: Cúige Uladh. Athleagan, b'fhéidir, den sloinne Albanach Mac an Iasgair, nó, gaelú ar an sloinne coiteann, Fisher.

Ó h-Íceadha: Hickey: an-líonmhar ins gach treo, sa Mhumhain & deisceart Laighean ach go h-áirithe. Clann de chuid Dál gCais, lianna dos na Brianaigh i dTuathmhumhain. Ar ndóigh, is ionann ící agus lia. Bhí ard-mheas ar dhochtúirí na tíre seo riamh is choíche. An litriú nua: Ó hÍcí. Féach Mac an Leagha, chomh maith.

Ó h-Ifearnáin: Heffernan: an-líonmhar, seachas Cúige Uladh. Clann a suite in Uaithne Bheag, idir Luimneach agus Tiobraid Árann, go dtí an 14 céad ach tá a lán díobh timpeall na dúiche seo i gcónaí. Annsin a bhí an file Liam Dall Ó h-Ifearnáin (1720-60). Féach Ó h-Earnáin, leis.

Inglis: English: líonmhar: Tiobraid Árann-Luimneach thoir, Cúige Uladh. Gaelaíodh é siar sa 13 céad. Ba as Luimneach don Ath. Liam Inglis OSA (1709-1778), duine d'fhilí suntasacha an chéid sin.

Ó h-Inneachtaigh: Hingerty: annamh: Áth Cliath. Féach Ó Fionnachtaigh, ach sé is dóichí ná go mbaineann Hingerty le Ó h-Iongardail (Harrington), q.v. SGG & SI.

Mac Innéirghe: Mac Eniry: líon beag: Luimneach-an Clár-Ciarraí. Clann a bhí sean-bhunaithe i gCorca Muichet (Castletown Conyers, anois, ach bhí Castletown Mac Enyry air sa 17 céad). Choimeád siad greim ar a gcuid tailte go dtí concas Rí Liam i 1691. An bhrí, is dócha, "moch-éirí". Bíonn Mac Henry orthu, leis. Litriú nua: Mac Innéirí. IF & SGG.

Ó h-Innéirghe: Henry: líonmhar: Cúige Uladh. Clann de chuid Cineál Eoghain a bhí lonnaithe ag Cuileanntrach, Tír Eoghain. Bhí Henery orthu, tráth. SGG & IF.

Mac Innreachtaigh: Enright: líonmhar: Luimneach-Ciarraí thuaidh. Féach Mac Ionnrachtaigh.

Ó h-Inreachtaigh: féach Ó h-Anrachtaigh (Hanratty).

Ó h-Ioláin: leagan d'Ó h-Aoláin i gcaint na ndaoine i gConnacht.

Mac Iolracháin: Eagleton: annamh: Gaillimh. Is dócha gur gaelú déanach é seo bíodh go bhfuil Eagleton annamh i Sasana.

Mac an Iomaire: Ridge: líon beag: Conamara & rl. Shocraigh clann Sasanach i gConamara sa 17 céad agus mhéadaigh siad. Gaelú deas bríomhar is ea Mac an Iomaire. SI.

Mac Íomhair: Mac Ivor, Mac Keever: líonmhar: Ulaidh. Dream Albanach, ón ainm Lochlannach *Ivarr*, ach sloinne dúchasach, leis: féach Mac Éimhir.

Ó h-Íomhair: (1) Howard (2) Ivers: líon beag: (1) an Clár & rl; (2) Maigh Eo: clann a bhí suite ag Leacan, Cill Ala. Bhí "O'Huer" ar na daoine sa Chlár sa 17 céad ach táid go léir aistrithe go Howard anois. Bhí Ivers le fáil i Sasana ach fhréamhaigh siad go léir ón ainm Lochlannach *Ivarr*: iúr + arm, ar an nós Teotanach. MIF.

Ó h-Iomna: Ellmore: annamh: an Dún-Lú. Ní fios cén bunús a bhí ag de Bhulbh faoin leagan Gaelach; Sloinne Sasanach Ellmore, de ghnáth. Uaireannta seasann sé do Mac Giolla Mhuire (Gilmore).

Ó h-Iongardail: Harrington: líonmhar: Mumhain & rl. Ó h-Úrdail i gcaint na ndaoine i Corcaigh thiar agus Ciarraí theas. Sa 17 céad, deineadh O'Hungerdell díobh ar dtús. Ciallaíonn iongar cruatan nó anró ach ní léir brí an tsloinne seo, le fírinne. IF.

Ó hIonmhaineáin: Noonan: an-líonmhar: Mumhain & Oir-dheisceart. An leagan bunaidh d'Ó Nuanáin, q.v. Clann a bhí ina gcomharbaí i dTulach Léis agus ina dtiarnaí ar Mhuscraí Uí Nuanáin. Fréamh: ionmhain (ionúin, anois) = geanúil, muirneach.

Ó h-Ionnachtaigh: féach Ó Fionnachtaigh.

Mac Ionnrachtaigh: Enright: líonmhar: Luimneach-Ciarraí thuaidh. Clann a bhain le Dál gCais. Tá easaontas faoin mbrí ach tugann Ó Corráin & Maguire an sean-ainm Indrechtach nó Ionnrachtach, a chiallaíonn ionsaitheoir, agus is dóithí gurab é sin bunús an tsloinne.

Ó h-Ionradháin: leagan san Iar-Mhí d'Ó h-Anradháin, q.v.

h-Íoruaidh: Heery, Heary: líon beag: Cabhán agus an Mhí. Bhí O'Hyry orthu sa 14 céad - b'fhéidir gurab é Ó h-Írigh an bun-leagan. Tá focal ag Ó Duinnín: íre = talamh, páirc agus, dar ndóigh, tá an t ainm ársa, Ír, againn. Bhí an chlann seo i Lár na Tíre riamh. SI.

Mac Íosóg: Mac Kissick, Cusack: líon beag: Béal Feirste agus máguaird. Ceann Albanach é seo ón ainm Giúdach Isaac. Ach deir de Bhulbh go raibh a leithéid de chlann i dTuathmhumhain agus seans gur uathu-san cuid de Mhuintir Chíosóg na Mumhan.

Ó h-Ír: O'Hare, Haire: líonmhar: Oirghialla & an Dún. Clann mhór a bhí gaolmhar le Ó h-Anluain agus iad suite in Ard Mhacha. Ón sean-ainm, Ír, a chiallaíonn buan, marthanach. Féach Ó h-Éir, leis. MIF & GPN.

Ó h-Irghil: Hirrell: annamh: Tír Conaill. Claochlú ar Ó Firghil, q.v.

Ó h-Irghile: Hillery, Hillary: líon beag: an Clár, Gaillimh. Tá fadhb anseo mar is sloinne Sasanach Hillery atá sean-bhunaithe sa Chlár agus an gaelú Helaoire air. Athleagan ar Ó Firghil atá ann, dáiríre. Ach cén díobháil Ó h-Irghile ag na Cláirínigh?

Ó h-Ithcheallaigh: Hillee: níl sé ann anois: bhí le fáil timpeall Thrá Lí roimhe seo. Claochlú ar Ó Fithcheallaigh, q.v.

Mac Íseóg: Cusack: athleagan ar Mac Íosóg, a bhí le fáil i nGaillimh.

Iústás: Eustace: líonmhar: cósta an Oirthir, an Clár & rl. Clann mhór Angla-Normannach i gCill Dara, a bhí chun tosaigh i ngnóthaí na tíre sa Mheán-Aois agus a sheas an fód i gcoinne choncas Shasana sa 16 & 17 céad. MIF.

Mac Labhradha: Mac Clory: líon beag: an Dún & rl. Bhí siad sa Dún sa 15 céad. SI.

Mag Labhradha,-aidh: Lowry: ar aon dul le Mac Labhradha. Litriú nua: Mag Labhraí.

Ó Labhradha,-aidh: Lavery, Lowry: líonmhar: oirthear Uladh, Lár na Tíre, Connachta (Lowry). Bhí muintir Labhradha bunaithe ag Maigh Rath, sa Dún, agus iad roinnte faoi thrí: Bán-Labhraidh, Rua-Labhraidh agus Tréan-Labhraidh gur deineadh Armstrong de, uaireannta. An bhrí: fear labhartha. Litriú nua: Ó Labhraí. IF.

Mag Labhraidhín: luaite ag de Bhulbh: níl aon rian de ann anois.

Mac Labhráin: Cloran: scaipthe. Ní féidir bheith cinnte faoin gcoibhneas seo, bíodh go nglacann de Bhulbh leis, ag rá gur sloinne ón gCabhán é. Níl ann ach tuairim, ach d'fhéadfadh rud ar nós Ó Clocharáin a bheith i gceist. Baineann sé le Mac Labhrainn, leis, deir Mhic Ghiolla Iasachta.

Mac Labhrainn: Mac Laren: líon beag: Tír Eoghain-Doire. Albanaigh as Oirear Gael. Ón ainm pearsanta Labhrann - Labhrás in Éirinn. SS.

Mac Labhráis: Lawrenson: annamh: Béal Feirste. Gaelú déanach, b'fhéidir.

Ó Lacháin: claochlú ar Ó Leocháin, q.v.

Ó Lachlainn: athleagan d'Ó Lochlainn, q.v.

Mag Lachlainn: athleagan de Mag Lochlainn, q.v. ach measctha le Mac Giolla t-Seachlainn.

Mac Lachlainn: Mac Laughlin (Éire), Mac Lachlan (Alba): leagan tuaisceartach de Mac Lochlainn, q.v. Bhí an chlann Albanach suite i Srath Lachlainn, Oirear Gael, agus iad líonmhar i gcónaí.

Ó Lachtna: Loughney: annamh: Maigh Eo. Clann de chuid Uí Fiachrach a bhí lonnaithe i nGleann Néifinn, Maigh Eo. Aistrithe go Ó Lachtnáin go minic. Ón ainm Lachtna, "ar nós an bhainne".

Ó Lachtnáin: Loughnane: líonmhar: an Clár-Gailimh-Maigh Eo, Luimneach-Tiobraid Árann. Luann de Bhulbh sé chlann - trí chinn i gConnacht. Ní mór a mheabhrú gur deineadh Loftus díobh go forleathan san iarthar. Fréamh: díspeagadh ar Lachtna, ainm a bhí coiteann sa Mhumhain, i measc na mBrianach ach go h-áirithe. SGG.

Mac Ladhmainn,-Laghmainn: Mac Clement, Lamond, Lamont: líonmhar: Cúige Uladh. Seo clann Albanach in Oirear Gael go raibh Mac Fhearchair orthu ach gur ghlac siad an leas-ainm Lochlannach Laghmann, "dlíodóir". Iad in Éirinn faoi Mac Clement, Clements, Lamont. Bhíodar gaolmhar le muintir Shuibhne agus Lochlainn i bhfad siar. SGG & SS.

Lafán: Laffan: cuíosach líonmhar: Oir-dheisceart & rl. A-Normannaigh sa 14 céad. Brí: Fraincís *enfant,* nó *La Font*, logainm.

Ó Laidhgheanáin: Lynam: líonmhar gach aird, Lár na Tíre go sonrach. Tugann de Bhulbh sneachta + gin mar bhrí ach is dóichí gur Laidhgeann:"ceann sneachta" atá againn. Bhí siad ina n-airchinnigh ag Fearna agus Tigh Moling. Litriú nua: Ó Laigheanáin. GPN.

Ó Laidhigh: féach Ó Laoidhigh.

Láidir: Lauder: ní bhaineann an sloinne Albanach le h-ábhar - seo bua-aidiacht mar shloinne agus is ar éigin go bhfuil sé beo. Fuarathas i gCúige Laighean é in anallód. SI.

Ó Laighin: Lyons, Lyne, Leane, Lane: líonmhar. Bhí clanna éagsúla ann - an ceann is suntasaí in iarthar Mumhan mar a bhfuil na leagain Ó Laoghain & Ó Leighin i gcaint na ndaoine. An bhrí: tugann de Bhulbh: laighean = sleá, ach d'fhéadfadh Laidh "sneachta" bheith i gceist. Féach Ó Liatháin, leis. IF.

Laighléis: Lawless, Lillis: líonmhar: Laighin & rl. Angla-Normannach, "eisreachtaí". Bhí siad i measc "Treabhanna Chill Chainnigh" agus bhí baint acu le Maigh Eo, leis.

Laighneach: Lynagh: líon beag: Lár na Tíre, Connachta. Bhain cuid acu le muintir Bermingham. Tá an bhrí soiléir ach ós rud é go bhfuil chuid mhaith díobh taobh istigh de Chúige Laighean, d'fhéadfadh sloinne eile, Ó Laighneáin, a bheith i gceist chomh maith.

Mac an Laighnigh: Culliney: annamh: Gaillimh-an Clár. Bíonn na h-ainmneacha cúige suntasach ins na sloinnte. Níor tháinig na h-ainmneacha contae i bhfeidhm go teacht Chumann Lúthchleas Gael.

Ó Laidhnigh: Lyons? is ar éigin go bhfuil sé ann anois. Brí: fear ó Chúige Laighean.

Laimbeart: Lambert: líonmhar: Loch Garman & rl. Iad i Loch Garman le fada. Lamport orthu, leis.

Mag Láimh: Mac Glave, Hand: Meascaithe le Mag Laithimh, q.v.

Mag Láimhín: Hand: giorrú ar Mag Fhaithimhín.

Mag Laithimh, Mag Lathaigh: féach Mac Fhlaithimh.

Mag Laithimhín: Hand: mar Mag Fhlaithimhín, q.v.

Ó Láimhín: Lavin, Hand: líonmhar: Ros Comáin-Maigh Eo & rl. Bhí siad gaolmhar le Mac Diarmada Rua agus chun tosaigh sa 16 céad. Claochlú ar Ó Flaithimhín, de réir de Bhulbh. Féach Mag Fhlaithimh, leis.

Ó Lainn: Lyng: líon beag: Loch Garman-Port Láirge. Claochlú ar Ó Flainn, is dócha, ach bhí an sloinne Sasanach, Lyng, ann chomh maith. Tháinig siad aimsir Chromail.

Ó Lairgneáin: Largan: fíor annamh: Aontroim. Bhain an chlann le Oirghialla. Féach Ó Lorgnáin.

Mac Laithbheartaigh: Mac Clafferty: líon beag: Doire-Tír Conaill. Féach Ó Flaithbheartaigh.

Ó Laithbheartaigh: Laverty, Lafferty: líonmhar: Cúige Uladh, Gaillimh-Maigh Eo. Ó Flaithbheartaigh le séimhiú ar an "F". Bhí an chlann cun tosaigh i dTír Chonaill sa 16 céad nuair a tugadh tiarnaí Aileach orthu. IF.

Ó Laitheasa: Lacey: líon beag: Loch Garman & rl. Ó Flaitheasa le ceart. Bhí an chlann seo i Loch Garman riamh ach, ar ndóigh, tá meascadh leis na Normannaigh, de Léis, q.v.

Ó Laithimh: Lahiff: líon beag: Luimneach-an Clár-Gaillimh theas. Ó Flaithimh le ceart. Bhain an sloinne seo le Tuathmhumhain riamh ach deineadh Lahy (Leahy) de, uaircanta. Féach Ó Lathaigh, leis.

Ó Laithimhín: Lavin: deir de Bhulbh go raibh sé seo i gCiarraí, leagan níos fearr d' Ó Láimhín ach gurab é Ó Flaithimhín an bun-rud.

Mac Lalthimh: Claffey: ach féach Mac Fhlaithimh.

Mag Láimh: Hand: féach Mag Laithimh.

Mag Láimhín: Hand: féach Mag Laithimhín.

Mag Laithimh: Glavey: cuíosach annamh: Gaillimh-Maigh Eo. Féach Mac Fhlaithimh.

Mag Laithimhín: féach Mac Fhlaithimhín.

Langfort: Langford, Lankford: líon beagh: Ulaidh thoir, Corcaigh & rl. Logainm ó Shasana.

Ó Laochdha: Leahy: an-líonmhar gach treo - sa Mhumhain agus san Oir-dheisceart go sonrach. Bhí an sloinne coitianta i dTiobraid Árann & Corcaigh sa 16 céad agus tá fós. Tá meascadh éigin le Ó Lathaigh, q.v. Brí: cróga, curata. Litriú nua: Ó Laocha.

Ó Laoghaire: O'Leary: an-líonmhar, Corcaigh ach go h-áirithe. Bhí an chlann ina gcónaí ag Inse Geimhleach (Uíbh Laoghaire). Ba liosta le lua an oiread san de mhuintir Uí Laoire a bhain clú agus cáil amach ach cuimhnímís ar an Athair Peadar (1839-1920), duine de mhór-scríbhneoirí na Nua-Ghaeilge. Bhí an t-ainm Laoghaire (lao + aoire) i bhfeidhm in anallód. Litriú nua: Ó Laoire. SGG & IF.

Ó Laoghóg: Logue, Leech: líonmhar: giorrú ar Ó Maolmhaodhóg in Ultaibh ach tá an bun-shloinne mar Leech i nGaillimh mar a bhfuil siad annamh. I gCill Conaill, Gaillimh, a bhí an chlann seo bunaithe ar dtús. In oirthear na tíre, is sloinne gallda Leech a chiallaíonn lia, dochtúir.

Ó Laoidhigh: Lee: líon beag: Connachta & Mumhain. Lianna oidhreachtúla ag Ó Flaitheartaigh agus cáil an léinn orthu. Bhí Ó Laidhigh i gConnachta, leis. Brí: laoidheach = fileata.

Mac Laoidhigh: Lee: annamh. Bhí siad i Laois, tráth. Féach Mac an Leagha.

Laoide: Lloyd: líonmhar tríd an dtír. Breatnaigh: *llwyd* = liath. Féach Lóid. Dhein Seosamh Laoide, Déiseach, sár-obair i dtús na h-athbeóchana.

Ó Laoighill: Lyle? Fíor-annamh, má's beo dóibh, in aon chor. Tá an sloinne Albanach Lyle líonmhar sa Dún, ámh. Féach Cuid a Dó. SGG & SI.

Ó Laomdha: Leamy: líon beag: Tiobraid Árann-Uíbh Fhailí. Clann a bhain le h-Urmhumhain Uachtarach riamh. Brí: laomdha = tintrí ach tugann de Bhulbh an bhrí: crom.

Ó Lapáin: Lappin: líonmhar: Ard Mhacha-an Dún. Clann a bhí i gCinéal Éanna, Tír Conaill go dtí 1100 ach a bhí le fáil in oirthear Uladh ón 17 céad. Tá meascadh le Delap, athleagan ar an sloinne Albanach, Dunlop. Bhí fear de mhuintir Lapáin ina easpag ar Rath Bhoth sa 10 céad - rud a fhágann gur sloinne fíor-ársa é.   MIF.

Ó Lathaigh: Lahy (Leahy): líon beag? Cill Chainnigh-Tiobraid Árann. Claochlú ar Ó Laithimh, q.v. I mBéarla, bíonn fuaimniú Lahy agus litriú Leahy ann. Rud aisteach, sa Chlár, deineadh Guthrie díobh, de bhrí, is cosúil, gurab ionann lathach agus "gutter" i mBéarla na h-Éireann. Mar sin, is Ó Flaithimh ba chóir a bheith ar na Guthries sa Chlár.

Mac Lathaigh: Claffey: féach Mac Laithimh.

de Léadús: Ledwidge, Ledwith: líon beag: Lár na Tíre, Cabhán-Fear Manach. Shocraigh siad san Iar-Mhí in dhiaidh an Ionraidh. Cuimhneófar ar Francis Ledwidge (1891-1917), file binn na Mí, a chailleadh in ár an Chogaidh Mhóir. Sloinne logainmneach as Shropshire, Sasana.

Mac an Leagha: Mac Clay, Mac Alea: cuíosach líonmhar: Tír Chonaill-Doire-Aontroim-an Dún. Bhí clanna éagsúla ach ba i dtuaisceart Uladh ba mhó iad. Lucht leighis, ar ndóigh.

Leamhnach: Lennox: líonmhar: Ulaidh thoir. Albanaigh ó Ghallghallaibh. Tugann SGA Mac Caisealáin air an ndream seo.

Ó Leanglaoich: Langley: fíor-annamh: Áth Cliath. Gaelú ar logainm Sasanach. Nach breá é?

Mac Leannacháin: Mac Clenaghan: líonmhar: Ulaidh. Clann a bhian le tír na Niallach, Tír Eoghain agus Doire, sa 16 céad. Fréamh: leannach: le clócaí, fallaingí. MIF.

Ó Leannacháin: Lenihan: líon beag: Connachta & Lár na Tíre. Clann ó Ros Comáin go bhfuil athleagain Ó Léanacháin & Ó Lionacháin orthu. Féach Ó Loingeacháin & Ó Longacháin, leis. Féach Mac Leannacháin thuas.

Ó Leandáin: baineann siad le Ó Leannáin.

Ó Leannáin: Lennon, Lannin: an-líonmhar: Ulaidh, Oir-dheisceart, Gaillimh-Maigh Eo. Bhí clann airchinneach ag Lios Gabhail, Fear Manach agus dream eile ag Cill Ala. Bhí clann in oirthear na Gaillimhe a bhain le h-Ó Ceallaigh agus an ceathrú ceann ag Cuan Dor, i gCorca Laoidhe. Deineadh Leonard díobh, áiteanna. Athleagan: Ó Lionnáin. IF.

Mag Leannáin: Glennon, Mac Glennon: líonmhar: Lár na Tíre & rl. Sloinne Laighneach atá le fáil sa Dún, leis. Fréamh: leann = clóca, fallaing, ach ní thógfaí ar an léitheoir a cheapfadh gur leannán = suiríoch atá i gceist.

Ó Learghusa: Larrissey: annamh: Cill Chainnigh-Loch Garman. Bhí an sloinne seo i gCeara, Maigh Eo go dtí an 16 céad ach ina dhiaidh sin thaibhsigh siad in Osraí agus is sa taobh seo tíre atáid ó shoin. B'fhéidir gur clann difriúil a bhí i Laighin i gcónaí. An bhrí: lear + gus .i. muir + fuinneamh. MIF.

Ó Leathlobhair: Lawlor, Lalor: an-líonmhar: i Laighin agus tuaisceart na Mumhan go speisialta. Bhí an sloinne i bhfeidhm in Ultaibh sa 10 céad ach is i Laois is mó atáid le brath anois. Bhí cónaí orthu ag Díseart Aonghusa mar cheann de "Sheacht gClann Laoise". Díbríodh iad sa 17 céad go Ciarraí mar a bhfuil cuid acu go fóill ach is ina ndúiche shinseartha is mó atáid fós. Tá áit faoi leith i stair an 19 céad ag Fiontán Ó Leathlobhair (1807-1849) mar gheall ar a theagasc faoi úinéireacht na talún.

(de) Leastar: Lester, Lyster: líonmhar: Ulaidh, Ros Comáin & rl. As foinsí éagsúla Lester ach is sloinne Sasanach atá i gceist annso; an bhrí: dathadóir nó, ón mbaile Leicester.

Mag Léid: Mac Glade: cuíosach líonmhar: Ard Mhacha, Cabhán & rl. Athleagan ar Mac Leòid, b'fhéidir, nó giorrú ar Mac Gleadra. SGG & SI.

Ó Leidhinn: fíor-annamh: Gaillimh. Féach Ó Laighinn

Ó Léime: fíor-annamh: Tír Chonaill. Féach Ó Laomdha.

Lenoach, Le n Oac'h: clann Bhriotánach aithnidiúil. *An Ozac'h* an leagan ceart Briotáinise, a chiallíonn "an taoiseach".

de Léis: (de) Lacey, Lacy: líonmhar: Oir-dheisceart, Lár na Tíre, tuaisceart Mumhan & rl. Tháinig muintir de Léis ón bhFrainc le Liam Concaire agus bhí Hugh de Lacy i bhfochair Strongbow i 1170. Bhain sé Cúige na Mí de Mhuintir Uí Mhaoilsheachlainn, teaghlach ríoga na Mí, agus dhein Annraoi a Dó Iarla de. Bhí clann eile ag Baile an Gharraí, Luimneach, ach tá tuairim ag Mac Giolla Iasachta gur dream difriúil iad. Ar aon chuma, bhí siad chun tosaigh ar son na h-Éireann sa 16 & 17 céad. Chuaidh Peadar de Léis ar an mór-roinn leis an Sáirséalach i 1691 agus bhain clú mór amach in arm na Rúise sa 18 céad. IF & SGG.

Ó Leocháin: Lohan: cuíosach líonmhar: Gaillimh-Ros Comáin & rl. Clann de chuid na h-Iar-Mhí a dhíshealbhaíodh tar éis an Ionraidh. Roimhe sin, bhí Cuan Ó Leocháin ina phríomh-fhile ag Maoilsheachlainn Rí i 1024. Brí, b'fhéidir, ón ainm Lóch a chiallaíonn soilseach, lonrach.

Mac Leòid: Mac Leod, Mac Cloud: líon beag: an Dún-Aontroim. Ón ainm Lochlannach *Ljòtr* a chiallaíonn gránna. Clann mhór Albanach ó Inse Gall a tháinig go h-Éirinn sa 17 céad.

Mac Liam: Wilson: an-líonmhar gach treo - Cúige Uladh ach go h-áirithe. An sloinne gallda is líonmhaire sa tír. Ainm sinseartha ag na Búrcaigh i gConnachta. Aisteach go leor: níl FitzWilliam ar fáil.

(de) Liath: Leo: líon beag: Luimneach-Tiobraid Árann. Bhí siad lonnaithe in aice le Cromadh sa 16 céad - Angla-Normannaigh, is cosúil, mar deir Mac Giolla Iasachta go dtagann an sloinne ón bhFraincis *de l'eau* (uisce). Maireann an sloinne i Sasana, leis, agus seans gur as "leon" (Laidin: *leo*) annsan é. Ní mór a rá go bhfuil míniú eile ag de Bhulbh: de Leye i "ag an móinéar". Agus an ceann is simplí: gaelú ar Grey nó Gray. SI & SGG.

Ó Liatháin: Lehane, Lyons: líonmhar: Cúige Mumhan, Corcaigh ach go h-áirithe. Ceaptar gur bhain siad le h-Uí Fidhghcinte i Luimneach ach gur aistrigh faoi bhrú an Ionraidh go limistéar taobh thuaidh d'Eochaill ar a dtugtaí Uí Liatháin. Féach Caisleán Uí Liatháin an lae inniu. Deir de Bhulbh go raibh clann eile ag an nDroim Ard, Sligeach, agus tá Lyons go for-leathan i Maigh Eo agus Gaillimh anois. Seans go mairid faoin mbréag-riocht sin. Féach Ó Laighin, leis.

Ó Lideadha: Liddy: cuíosach líonmhar: an Clár, oirthear Uladh & rl. Clann de chuid Dál gCais ach i gCabhán, tá Leddy orthu. Is cosúil gur clann faoi leith iad seo agus go bhfuil baint acu leis na daoine i mBéal Feirste, ach deir de Bhulbh gur craobh den chlann Chláiríneach na h-Ultaigh seo.

de Línse: Lynch: líonmhar? Dream a tháinig leis an Ionradh agus a chuir fúthu ag Cnoc sa Mhí - is ionann *linch* agus cnoc. Sa 15 céad aistrigh cuid aca go Cathair na Gaillimhe agus bhí siad chun tosaigh annsin ar feadh na gcéadta blian. Ní foláir go mbaineann cuid de Loingsigh an lae inniu leo-san. IF.

Lionárd: Leonard: Sasanach, baint aige le *leon*. Ach féach Ó Lionáin & rl. agus Cuid II.

Ó Lionnáin: fíor-annamh: Conamara. Féach Ó Leannáin.

Lionóid: Lynott: líon beag: Maigh Eo-Tír Conaill-Doire. Clann Bhreatnach-Normannach a chuir fúthu i dTír Amhlaidh, Maigh Eo, sa 13 céad agus atá ann fós. An bhrí: b'fhéidir, "leon beag". MIF.

(de) Liostún: Liston: líonmhar: Luimneach-Ciarraí. Angla-Normannaigh a shocraigh ag Cill Scannail, Luimneach agus d'fhan ann gur díshealbhaíodh i 1595 iad. Clú orthu mar dhream diongbháilte. De Lexinton an sloinne bunaidh, bíodh is nach bhfuil a leithéid i Sasana a thuilleadh.

Lobhaois: Lewis: líonmhar gach aird. Normannaigh Bhreatnacha a tháinig san Ionradh agus a shocraigh in áiteanna éagsúla. Ón ainm Teotanach *Hludwig*, a ghlac na Breatnaigh leis mar leath-aistriúchán ar *Llewellyn* - ainm dúchasach a chuir mearbhall ar Bhéarlóirí. Tá slua mór díobh i gCúige Uladh de bharr inimirce an 17 céad.

Mac Lochlainn: Mac Loughlin, Mac Laughlin: an-líonmhar: Tír Conaill, Doire, Cúige Uladh i gcoitinne agus ar fud na tíre. Ag fágaint clann ríoga na Mí, Ó Maoilsheachlainn (q.v.) ar leataobh, dírímís ar an gcraobh shinseartha d'Uí Néill an tuaiscirt, a bhí suite in Inis Eoghain; chailleadar forlámhas i 1241 ach bhí brainsí i Liatroim & rl. Sa 20 céad, thionscnaigh Tomás Mac Lochlainn (1896-1971) innealtóir, scéim hidrileictreach na Sionainne a chuir bonn faoi fhorbairt nua-aimsire na tíre. IF.

Ó Lochlainn: O'Loughlin, Loughlin: líonmhar tríd an dtír: in Ultaibh, Connacht, an Clár go sonrach. Clann a bhí i gceannas i gCorca Modhruaidh (Deoise Chill Fhionnabhrach anois). Tá meascadh le Mac Lochlainn sa tuaisceart agus in Oirghialla deineadh Loughlin agus Laughlin díobh.

Mag Lochlainn: Mac Glaughlin: líon beag: Tír Eoghain & rl. Athleagan ar Mac Lochlainn.

Ó Lochráin: Loughran: líonmhar in Ultaibh & rl. Féach Ó Luachráin.

de Lochtús: Loftus: annamh: Loch Garman & rl. Sloinne Sasanach in Éirinn ón 16 céad. Brí: "teach le urlár uachtarach". Féach Ó Lachtnáin, leis.

Lóid: Lloyd: líonmhar gach treo. Ainm agus sloinne Breatnach atá sean-bhunaithe in Éirinn. Féach Seán Lúid (1741-86) scríbhneoir i Luimneach agus sa Chlár. (Ní bhíonn "ll" na Breatnaise ag Gael ná Gall!).

Ó Loideáin: Lydon, Leydon, Liddane: líonmhar: Connacht, Tuathmhumhain. Bhí na leagain Ó Lodáin agus Ó Lotáin ann roimhe seo. Ní fios cén bun-ainm a bhí ann.

Ó Loididh: Luddy: cuíosach annamh: Corcaigh & rl. Athleagan ar Ó Lideadha, q.v.

Mac Loineáin: Mac Lennon ?, bhí siad i nGaillimh in anallód. Ón ainm Lonán. (lon dubh).

Ó Loingeacháin: athleagan ar Ó Leannacháin, q.v.

Ó Loingseacháin: Lynchehaun: annamh: Acaill & rl. Bhí clann de Chinéal Conaill i dTír Conaill tráth agus dream a bhain le h-Uí Fiachrach i Sligeach. Deineadh Lynch díobh den chuid is mó. Bhí Mac Loingseacháin ann, leis. Brí: díspeagadh ar Loingseach.

Ó Loingsigh: Lynch: an-líonmhar ar fud na tíre. Bhí clanna éagsúla ann: (1) Dál Riada; (2) Uaithne (Tiobraid Árann); (3) Breifne; (4) Tuathmhumhain; (5) Corca Laoidhe (Corcaigh); (6) Uí Fiachrach (Sligeach); (7) Uí Loingsigh na Mí. Duine de bhunadh Dhálriada, Col. Charles Lynch (1736-1790) ba chúis leis an dtéarma "lynch law" i S.A.M. Baineann an sloinne Lynch leis na h-Angla-Normannaigh, leis: féach de Línse.

Mac Loingsigh: Mac Clinchie: fíor-annamh: Ard Macha. Ar aon dul le Mag Loingsigh.

Mag Loingsigh: Mac Glinchey: líonmhar: Tír Eoghain-Doire-Tír Conaill. Loingseach = mairnéalach, nó duine le mórán long.

Ó Loinn: Lynn, O'Lynn: líonmhar: oirthear Uladh, Lár na Tíre, Connacht agus mar Lyng san Oir-dheisceart. Claochlú ar Ó Floinn, q.v. Bhí clann díobh suite i dTuama, Aontroim, mar a sheasadar an fód in aghaidh na n-Ionróirí go dtí an 14 céad. Mhaíodar sinsearthacht le Colla Uais, rí Éireann sa 4 céad. IF & SGG.

Ó Loinscigh: Lynskey: cuíosach líonmhar: Maigh Eo-Gaillimh. Athleagan d'Ó Loingsigh.

Ó Loirgneáin: Lernihan: líon beag: iarthar an Chláir. Ón ainm pearsanta, Loirgne, b'fhéidir. Féach Ó Lorgnán & Ó Lairgneáin.

Ó Loiste: Losty: annamh: Áth Cliath. Sloinne a luaitear le Tír Conaill ach deineadh Leslie de annsan, de réir dealraimh.

Ó Lomáin: Loman: fíor-annamh, má's ann dóibh. Bhain an chlann le h-Uí Maine i nGaillimh. Tá sráidbhaile, Gort Lomán, sa Chlár. SGG.

Ó Lomasna: Lomasney: annamh: Corcaigh-Luimneach. Bhí siad i dTiobraid Árann theas, mar a raibh Baile Uí Lomasna, tráth. Brí, b'fhéidir, lom + easna. SGG.

Lombard: Lombard: cuíosach líonmhar: Corcaigh & rl. Tháinig siad ón Iodáil sa 13 céad agus lonnaigh i Múscraí faoi scáth an rí Éadbhard a Trí. Cáil orthu mar bhancaerí, ar ndóigh, ach bhí duine díobh, Peter Lombard (1564-1625), ina ard-easpag ar Ard Mhacha. Bhain seisean leis an gcraobh i bPort Láirge.

Ó Lonagáin: Lanigan: líonmhar ar fud na tíre ach i gCill Chainnigh-Ceatharlach-Port Lairge go príomha. Cill Chainnigh a bhfód dúchais, is cosúil. Tá an bhrí éiginnte ach déarfainn go mbaineann leis an ainm Lonán atá bunaithe ar an éan ab annsa le Gaeil, an lon dubh. Míniú eile ar fad go mbaineann le Lanigan ná Ó Fhlannagáin - féidearthacht, mar a deirtear anois.

Ó Lonáin: Lennon, Leonard? Ní fios an bhfuil siad ann a thuilleadh. Bhí clann leis an sloinne seo i Ros Ó gCairbre, Corcaigh, agus ceann eile ina n-airchinnigh ag Cill Rannaileach, Cill Mhantáin. Athleagan i gCorcaigh: Ó Lionáin. SGG.

Ó Longacháin: féach Ó Luingeacháin.

Ó Longaigh: Long: an-líonmhar: Cúige Mumhan & Oir-dheisceart. Bhíodar ina gcónaí ag Má Bhide, Corcaigh, go dtí gur chailleadar a dtailte sa 17 céad. Ní mór a mheabhrú go seasann Long (an leagan Béarla) d'Ó Longáin agus Ó Luing, chomh maith.

Ó Longáin: Langan (Long): líonmhar: Gaillimh-Maigh Eo; iarthar Luimnigh- Ciarraí thuaidh. Bhí dhá chlann i gceist: ceann amháin i Maigh Eo a tháinig, de réir de Bhulbh, ó Uí Breasail in Ard Macha; agus an ceann eile a bhí ina n-airchinnigh ag Ard Pádraig, Luimneach. Bhí an léann ag an dream seo ó dhúchas agus lean siad mar scríobhaithe san 18 céad. Mícheál Óg Ó Longáin (1765-1837), file Éirí Amach '98, an duine ab'iomráití díobh, déarfainn. SGG.

Ó Longargáin: Lonergan: líonmhar: oirthear Luimnigh-Tiobraid Árann-Port Láirge-Corcaigh. Clann de chuid Dál gCais a bhog ó dheas go Cathair Dhún Iascaigh agus a bhí chun tosaigh i gcúrsaí eaglasta ón 12 go dtí an 15 céad. Is cuí, mar sin, sa lá atá inniu ann, go raibh Bernard Lonergan SJ (1904-84) ina dhiagaire iomráiteach i gCeanada. Brí: lonn + garg .i. dána + fíochmar. Tá na leagain Ó Lonnargáin agus Ó Lonragáin ann. IF,GPN.

Ó Lorcáin: Larkin: an-líonmhar sa tír ar fad ach san Oir-dheisceart go sonrach. Clanna éagsúla i gceist: (1) Ó Lorcáin Laighean, suite i bhFotharta an Chairn, a díshealbhaíodh san Ionradh. (2) Ó Lorcáin Oirghialla. (3) Clann in Uí Maine. (4) Dream a bhí ina n-airchinnigh ag Mainistir Lothra, Tiobraid Árann. Bhí clú mór ar Shéamas Ó Lorcáin (1876-1947) mar cheannaire cheard-chumainn.

Ó Lordáin: Lordan: líon beag: Corcaigh - san iarthar ach go h-áirithe. Níl fréamh le fáil.

Ó Lorgnáin: Lardner: líon beag: Gaillimh & rl. Athleagan ar Ó Loirgneáin de réir de Bhulbh ach deir Mac Giolla Iasachta gur sloinne faoi leith é. Bheadh sé suimiúil a fhoghlaim conas a fuair "oifigeach cistine" isteach sa scéal.

Lotairéil: Luttrell: cuíosach annamh: Laois-Tiobraid Árann, Corcaigh. Fuair Sir Geoffrey Luttrell talamh i ngleann na Life ón rí Eoin - áit a bhfuil Luttrellstown anois. Tá easaontas faoin bhfréamh: (1) *lutrel* (Fraincis) = dobharchú; (2) díspeagadh ar Lothaire, sean-ainm Francach.

Ó Lothcháin: Lohan: athleagan ar Ó Leocháin, q.v.

Ó Luachra: Loughrey, Rushe: líonmhar: Cúige Uladh, Sligeach-Maigh Eo & rl. Bhí clann amháin ag Iascach, Sligeach; dealraíonn sé go raibh dream eile sa tuaisceart - Doire agus Aontroim - agus Ó Luatheirghigh orthu. Is cinnte gur deineadh Rush de chuid des na Connachtaigh - ar ndóigh, níl aon bhaint leis na plandaí réisc - ach le luachair a chiallaíonn geal, lonrach.

Ó Luachráin: Loughran: líonmhar: Ulaidh i gcoitinne, Laighin thuaidh. Clann iomráiteach eaglaiseach in Ard Macha; d'fhulaing cuid acu mairtíreacht sa 16 & 17 céad. Tugadh Ó Laochthren orthu ag an am san ach is cinnte gur ón bhfréamh: luachair = lonrach a thagann an sloinne seo - oiriúnach dóibh siúd a bhain an choróin shíoraí. Bíonn an leagan Ó Lochráin acu anois, de ghnáth.

Ó Luain: O'Loan, Loan (Lambe): cuíosach líonmhar: Aontroim-Tír Eoghain-Fear Manach & rl. Bhí clanna in Oirghialla agus sa Déis Bheag, Luimneach. Scaipeadh iad araon agus deineadh Lambe des na Muimhnigh agus cuid des na h-Ultaigh. Brí: luan = gaiscíoch.

Ó Luanaigh: Looney: líonmhar: Corcaigh-Ciarraí-Luimneach-an Clár. Bhain siad leis an gClár ar dtús. Cláiríneach dob'ea Brian Ó Luanaigh (1837-1901), file. Fréamh: luan .i. cú, gadhar leis an mbrí bhreise: laoch, gaiscíoch.

Ó Luanáin: Loonan: fíor-annamh: Lár na Tíre. Ó Longfort dóibh ar dtús. Féach Ó Luanaigh.

Ó Luasaigh: Lucey; Lucid: líonmhar: Corcaigh, Ciarraí (Lucid) & rl. Deir de Bhulbh gur claochlú ar Mac Cluasaigh atá ann ach bhí siad le fáil sa 16 & 17 céad i gCorcaigh agus ní mór admháil go bhfuil siad sean-bhunaithe sa taobh sin tíre.

Ó Lúbaigh: Looby: cuíosach líonmhar: Tiobraid Árann-Port Láirge-Luimneach. Bhí an chlann seo i dTiobraid Árann riamh. Cuimhneófar ar Thomás C. Ó Lúbaigh (1822-1901), a bhí páirteach in "Éire Óg" agus na Fíníní. Fréamh: lúbach = cliste. MIF.

Mac Lúcáis: Mac Cluggage: cuíosach annamh: Aontroim & rl. Albanaigh ó Oirear Gael. *Mac Lùcais* sa Ghàidhlig. Níl an leagan galldaithe in Albain anois. SI & SS.

Lúcás: Luke: líon beag: Ulaidh thoir. Ainm pearsanta mar shloinne: Albanach & Sasanach.

Ó Luchráin: Loughran: féach Ó Luachráin.

Mac Lughaidh: Mac Cloy: líonmhar: Aontroim-Doire. Clann Albanach as Bód is Árainn ach deir Mac Giolla Iasachta go raibh an sloinne céanna in Oirghialla agus go bhfuil Loy orthu anois. Is fíor go bhfuil líon beag den dream seo in Ard Macha & an Dún. Tugann de Bhulbh Mac Lughadha chomh maith agus Lowe mar leagan gallda. Litriú nua: Mac Lú. SI, SS & SGG.

Luibhéid: Lovett: líon beag: Ciarraí & rl. Normanaigh, is cosúil. Fraincis: *louvet*, mactíre óg. Tá sloinne eile ag na h-Albanaigh, Lovat, *Mac Lomhaid* atá difriúil.

Luibhéil: Lovell: cuíosach annamh: Corcaigh, an Dún & rl. *Louvel*, mactíre óg eile.

Luimbric: Limerick: bhí an sloinne i nDoire sa 17 céad agus tá le fáil in Alban fós. Is de bhunadh Francach é, *L'Ambroux*, a tháinig trí Albain. Níl aon bhaint leis an gcathair cois Sionainne.

Ó Luineagáin: féach Ó Lonagáin.

Ó Lúing: Long: annamh: Corca Dhuibhne. Bíonn Ó Lubhaing orthu, leis. Féach Ó Longaigh.

Ó Luingeacháin: Lenihan: líonmhar: Luimneach-Ciarraí-an Clár. Luann de Bhulbh Mac Longacháin mar bhun-leagan. Féach Ó Leannacháin, leis. SGG & IF.

Ó Luingeáin: Leonard: Athleagan d'Ó Longáin, q.v., is cosúil.

Ó Luinigh: Lunny: líon beag: Tír Eoghain-Fear Manach-Liatoim & rl. Clann ó Rath Bhoth a shocraigh i Muintir Luinigh, an Srath Bán, sa Mheán-áois agus atá ann i gcónaí. Préamh, b'fhéidir, loinneach = áthasach. MIF.

Ó Luinín: Lineen: annamh: Port Láirge & rl. Bhí clann airchinneach ag Aireach Mhaoláin, Fear Manach - nascaithe le Mag Uidhir mar lianna agus scoláirí - ach bíonn Lennon nó Leonard orthu san anois. Choimeád an dream Déiseach an leagan bunaidh. Ar aon dul le Ó Lonáin, a chiallaíonn lon dubh. Bhí meas mór ag Gaeil ar an éan de bharr a chuid cheoil bhinn.

Mac Luinge: Mac Clung: líon beag: Cúige Uladh i gcoitinne. Sloinne as Gallghallaibh. Is cosúil go bhfuil long i gceist anseo. Teideal deas do mhairnéalach. SS.

Mac Luirg: Mac Clurg: cuíosach líonmhar: an Dún & Ard Mhacha. Sloinne Albanach eile ach ceaptar gur claochlú ar Mac an Chléirich atá ann. Ar an dtaobh eile, is féidir an t-ainm ársa Lorc a lua - Clár Luirc, téarma fileata d'Éirinn. Lorg = fíochmhar. SI & SS.

Lúiséid: Lucid: annamh: Ciarraí thuaidh. Is cosúil gur claochló ar Lúcás atá ann. SI.

Ó Macáin: Macken: ar aon dul le Ó Maicín, q.v.

Ó Macaoin: leagan d'Ó Maicín, b'fhéidir.

Ó Macasa: Mackessy: líon beag: Luimneach-Ciarraí-Corcaigh. Clann de chuid Uí Fidhgheinte a bhí i gceannas ar Chorca Oiche in iarthar Luimnigh ach chuir na Gearaltaigh an ruaig orthu aimsir an Ionraidh. Mar sin féin, táid timpeall na dúiche seo fós.

Ó Macháin: Maughan, Mahon, Vaughan: líonmhar i gConnacht. Bhí dhá chlann tábhachtach ann: (1) i gCill Mac Duach - is cosúil gur Baile Uí Mhacháin ba chóir a bheith ar Bhaile Uí Bheacháin sa cheantar san; (2) dream a bhain le Athracht, an bannaomh, i gCúl Ó bhFinn, Sligeach. Choimeád siad a crois agus bhí cáil orthu faoina bhflaithiúlacht le lucht léinn. Féach Ó Mocháin, leis.

Ó Macdha: Mackey: líon beag: Luimneach-Tiobraid Árann-Corcaigh. Ainmníodh Baile Uí Mhacdha in Urmhumhain uatha. Brí: fearúil - feiliúnach don iománaí iomráiteach úd, Mick Mackey, gaiscíoch na Luimníoch, caoga blian ó shoin.

Ó Mactíre: Wolfe: ní fios an bhfuil a leithéid ann anois. Deir de Bhulbh gur bhain siad le Ó Liatháin in oirthear Chorcaí. Tharla Muintir Wolfe in iarthar Chorcaí agus Muintir Woulfe i Mainistir na Corann - dhá chlann a tháinig ón dtaobh amuigh, bheadh sé deacair an chlann dúchasach seo a aimsiú. SGG & IF.

Ó Madagáin: Madigan: líonmhar: Luimneach-an Clár-Ciarraí. Craobh de mhuintir Mhadáin (Madadháin i dtosach) a bhain le Uí Maine i nGaillimh agus a leathnaigh ó dheas.

Ó Madaidh: Maddy: annamh: Dún Dealgan. Ar aon dul le Ó Madaidhín.

Ó Madaidhín: Madden: an-líonmhar: Connachta & Mumhain go sonrach. Clann mhór de chuid Uí Maine - bhí siad i gceannas ar Síol Amnchadha sa cheantar ar a dtugtar Longfort taobh leis an Sionainn agus i Lusmágh, Uíbh Fhailí. Bhí leagan giorraithe Ó Madáin le fáil agus sé an litriú nua ná: Ó Maidín. Fréamh, b'fhéidir, madadh, madra. SGG & IF.

Ó Madáin: Madden: ar aon dul le Ó Madaidhín.

Mac an Mhadaidh: Mac Evaddy: annamh: Maigh Eo-Gaillimh. Deineadh Madden díobh go minic. B'fhéidir nach raibh an bhrí sásúil!

Mac Mhadóg,-og: Waddock, Maddock: líon beag: Loch Garman & rl. Ainm Breatnach Madoc a chiallaíonn: séanmhar, sona. Shíolraigh siad ó Mhac Murchadha.

Mac Maghnuis: Mac Manus: an-líonmhar: Cúige Uladh ach go h-áirithe. (1) Clann a bhí gaolmhar le Mag Uidhir Fhear Manach; (2) Craobh de mhuintir Uí Chonchúir i Ros Comáin. Ón ainm Laidneach *Magnus*, mór. Litriú nua: Mac Mánais.

Mághún: Maune: annamh: Luimneach. De bhunadh Normannach, Díspeagadh ar Mhaitiú. SI.

Ó Maicín: Macken: líonmhar: Gaillimh-Maigh Eo, Lár na Tíre. Dhá chlann: (1) i gCorca Laoidhe (iarthar Chorcaí) nach bhfuil ann anois; (2) i Maigh Eo mar a rabhadar chun tosaigh i gcúrsaí eaglasta sa mheán-aois. Is ar éigin go bhfuil éinne den sloinne seo ba mhó a thuill meas Chlanna Gael ná Walter Macken (1915-67), scríbhneóir, a rianaigh stair thruamhéalach ár dtíre ina chuid úrscéalta.

Mac Maicín: Mac Mackin: annamh: Tír Eoghain & rl. Clann de chuid Oirghialla éagsúil le Ó Maicín. Is cosúil gur ón bhfocal "mac" a d'éirigh an sloinne.

Ó Maidín: Madden: an litriú nua ar Ó Madaidhín, q.v.

Mac Máighe: Maw: fíor-annamh: Béal Feirste. Ach seo sloinne a ghlac muintir Chondúin chuchu i gCorcaigh. Bhí Mac Mawe-Condon ar chuid acu. Ainm Sasanach, b'fhéidir, in Ultaibh. Fréamh: an t-ainm Matha.

Mac Máigheóc,-óg: Mayock: annamh: Maigh Eo. Bhí sé seo ag na Condúnaigh, leis, agus ag dream eile Normannach i Maigh Eo, is cosúil. Féach Mac Máighe.

(Mac) Máighiú: Mayo: fíor-annamh, má's beo dó. Sloinne a bhí i bhfeidhm ag muintir Bhairéad i Maigh Eo. Ón leagan Maheu den ainm Matha. Féach Mayhew i Sasana.

Mac an Mháighistir: Mac Master, Masterson: líonmhar: Cúige Uladh go sonrach. Craobh de Mhic Thighearnáin i mBreifne go bhfuil Masterson orthu anois. Sloinne Albanach ó Ghallghallaibh, chomh maith.

Ó Máille: O'Malley, Melia: líonmhar gach aird: Connachta agus Laighin thuaidh go sonrach. Bhí clann iomráiteach i Maigh Eo - díobh san Gráinne Mhaol (1530-1600), ban-taoiseach agus mairnéalach. Bhí clann eile láimh le Cathair Luimnigh. Bhí siad chun tosaigh sa saol poiblí. SGG.

Ó Mainchín: Manahan, Mannix: líon beag: Corcaigh-Port Láirge-Luimneach-Ciarraí. Bhí an chlann bhunaidh i gCorca Laoidhe. Ón ainm Mainchín .i. manach beag.

Ó Maine: Manny: annamh: Lár na Tíre. Deir de Bhulbh gur clann de chuid Dál gCais iad ach is cosúil go bhfuil meascadh le Ó Maonaigh. Uí Maine a b'ainm don ghrúpa mór i gConnachta go raibh Ó Ceallaigh chun tosaigh ann.

Ó Maineóg: féach Ó Muineóg.

Maingnéir: Magner: cuíosach líonmhar: Corcaigh-Luimneach-Ciarraí. Angla-Normannaigh ón 13 céad. Magnel a bhí orthu - díspeagadh ar Mhagnus. Tá an leagan Magnier sa bhFrainc anois. Tá Castlemagner i gCorcaigh, ar ndóigh. MIF.

95

Ó Mainnín: Mannion: líonmhar: i gConnachta ach go h-áirithe. Clann a suite sa dúiche Sodhna ar a dtugtar Teach Dháchonna anois. De chine réamh-Ghaelach, deirtear. IF & SGG.

Ó & Mac Máirtín: Martin, Martyn: an-líonmhar gach aird. Bhí deabhóid do Naomh Martan de Tours, sa bhFrainc, ann in anallód agus tháinig na sloinnte seo i bhfeidhm. Craobh de chuid na Niallach i dTír Eoghain dob'ea Mac Máirtín. Féach Máirtín, leis.

Máirtín: Martin, Martyn: an-líonmhar gach aird. Bhí siad chun tosaigh i nGaillimh go luath tar éis an Ionraidh - ba cheann de "Threabhanna na Gaillimhe" níos déanaí iad agus thuill cuid acu clú agus cáil, mar shampla, "Humanity Dick" Martyn (1754-1834) a shaothraigh chun danaracht d'ainmhithe a chosc. IF.

Mairtéil: Mortell: líon beag: Luimneach-an Clár. Angla-Normannaigh ón 13 céad. Bhain siad le Tiobraid Árann ar dtús agus tá Baile an Mhoirtéalaigh i Luimneach ón 15 céad. MIF.

Maitiú: Matthew,-s: líonmhar: oirthear Uladh, Lú & rl. Sloinne gallda ón ainm Eabhraise a chiallaíonn "bronntanas ó Dhia". Sean-bhunaithe in Éirinn - féach an chlann i dTiobraid Árann darabh as an t-Oirmhinneach Theobald Matthew OFM (1790-1856) aspal an staonadh ón ól.

Ó Manacháin: Monaghan: an-líonmhar: Leath Chuinn: Cabhán-Muineachán-Lú go sonrach. Bhí clann amháin lonnaithe i Ros Comáin, cois Sionainne. Is cosúil go raibh ceann eile in Oirghialla. Ón ainm Manchán, díspeagadh ar "manach".

Ó Manachair: Monaher: fíor-annamh má's ann dó. Mhair siad in Uíbh Fhailí, tráth, agus ciallaíonn an sloinne: manach + car .i. duine a bheireann cion dos na manaigh.

Ó Managáin: Monegan? Comh-shloinne le Ó Manacháin, q.v.

Mac an Mhanaigh: Mac Evaney: annamh: Maigh Eo: ach Mac Cavana in Aontroim & rl mar a bhfuil líon beag díobh. Ar mhaithe le clú na mbráithre, bímís ag súil gur leas-ainm atá i gceist anseo!

Mac Manainn: Mac Mannion: ní fios an bhfuilid ann anois. Bhain an sloinne le Tír Chonaill - giorrú ar Mac Manannáin, is cosúil.

Ó Manannáin: féach Ó Marannáin.

Ó Manaráin: féach Ó Marannáin.

Ó Mancháin: Monahan: féach Ó Manacháin.

Ó Manntáin: Manton, Menton: cuíosach líonmhar: Cill Chainigh-Tíobraid Árann agus Gaillimh-Ros Comáin. Tá Mountain i bPort Láirge. Bhí clanna in Uíbh Fhailí agus Corcaigh ach tá sloinne Sasanach i láthair, leis. Brí: ón ainm Manntán (bearnaí sa déad).

Ó Manóg: Manogue: anamh: Cill Chainnigh. Díspeagadh ar "manach" ach féach Ó Muineóg atá níos líonmhaire.

Mac Maoilín: Mac Millen: féach Mac Maoláin.

Mac Maoil Íosa: Meluish, Mells: fíor-annamh: Doire-Béal Feirste. Tá an sloinne Mellis beo in Albain óna dtagann an leagan seo.

Mac Maoilir: Mac Myler: annamh i gConnachta ach tá Meyler líonmhar i Loch Garman, áit a shroicheadar i 1200 ón mBreatain Bhig. Ainm pearsanta is ea Meilyr, sa Bhreatnais. Is cosúil gur gaelaíodh iad thiar.

Ó Maoilaodha,-aoidh: Miley, Millea: cuíosach líonmhar: Cill Mhantáin, Cill Chainnigh & rl. Sloinne atá nasctha le Cill Chainnigh agus na Déise - féach Padraig Ó Milleadha (1877-1947), údar "Sliab Geal gCua". Deineadh Mulloy díobh i gConnachta.

Ó Maoilbheannachta: Blessing: cuíosach annamh: Liatroim. Bhí Mulvanaughty orthu, tráth. Sampla cuí de mhallacht an ghalldaithe.

Ó Maoilbheanóin: Mulvennon. Níl sé ann anois. Bhain leis an Mí agus an ainm Laidneach Benignus.

Ó Maoilbhearaigh: Mulberry: fíor-annamh: Doire. Ón ainm Bearach .i. duine biorach, géar. Bhí an t-ainm ag muintir Uí Áinle i Ros Comáin, ach bhain an sloinne le Cúige Uladh.

Ó Maoilbhréanainn: Mulrennan, Mulreany: líon beag: Maigh Eo-Ros Comáin, Tír Chonaill & rl. Bhí dream díobh i gceannas ar Chlann Chonchúir i Ros Comáin agus stadas faoi leith i dteaghlach ríoga Chonnacht. Bhí clann eile i dTír Amhlaidh, Maigh Eo.

Ó Maoilbhreanndáin: athleagan ar Ó Maoilbhréanainn sa Chlár.

Ó Maoilbhríghde: Mulready: cuíosach annamh: an Clár & rl. Dream de chuid Uí Maine a bhí suite láimh le Áth Luain ach scaipeadh in anallód iad. B'as Inis don ealaíontóir clúiteach, William Mulready (1786-1863).

Ó Maoilchéire: Mulcaire, Mulhaire: líon beag: Luimneach, Gaillimh, Tír Chonaill. D'éirigh an sloinne seo i nGaillimh. Naomh baineann dob'ea Ciar (dubh).

Ó Maoilchiaráin: Mulhern, Mulkerrin: líonmhar: Connachta. Mar a bheifí ag súil leis, bhí baint acu le Cluain Mhic Nóis agus bhí siad ina n-airchinnigh ag Ard Carna, Ros Comáin, agus chun tosaigh i gcúrsaí eaglasta i gConnachta. Leathnaigh an sloinne go Tír Chonaill.

Ó Maoildeirg: Mulderrig, Reddington: Maigh Eo-Gaillimh & rl. Deir de Bhulbh gur tháinig an sloinne seo ó Thír Chonaill ach féach Mulderricksfield, baile-fearann ag Bairrgeoin, Luimneach. Is Páirc Mholdraig atá ag an t-Suirbhéireacht Ordonáis ar an áit chéanna. Deir Mac Giolla Iasachta go bhfuil Reid agus Ruttledge orthu, leis! An bhrí, b'fhéidir, ceannaire dearg.

Ó Maoileacháin: (1) Millican: annamh: Doire. Féach Ó Maolagáin. (2) Diamond: Maigh Eo & rl. Cheap de Bhulbh gur mí-aistriú ar "muileata" a bhí i "Diamond" ach sé is dóichí ná gur dream ó Chúige Uladh, Ó Díomáin, atá iontu-san.

Ó Maoileagáin: Milligan: líonmhar: Ulaidh i gcoitinne. Tháinig an sloinne ó Dhoire agus is san oir-thuaisceart is atáid fós. Cuimhneófar ar Alice Milligan (1868-1953), file agus scríbhneoir san Athbheochain.

Ó Maoileáin: Moylan: líonmhar ar fud na tíre, i gCorcaigh ach go h-áirithe. Ní fios carbh as don chlann seo ach is cinnte gur Muimhnigh iad riamh is choíche. MIF.

Ó Maoileanaigh: Mullaney: líonmhar: Ros Comáin-Sligeach-Maigh Eo. Clann léannta ina a gcónaí timpeall Loch Cé ach ceapann Mac Giolla Iosachta go bhfuil nasc leis an log-ainm Cros Uí Mhaoilíona - bhíodh an galldú O'Mulleena orthu, tráth. Tugann de Bhulbh an leagan Ó Maolsheanaigh orthu, leis. MIF.

Ó Maoilearca: Mullarkey: cuíosach líonmhar: Maigh Eo-Sligeach. Dream ó Thír Chonaill a thcith go Connachta faoi bhrú na Plandála sa 17 céad. Ón ainm Earc a chiallaíonn iasc - breac nó bradán. GPN & SGG.

Ó Maoilearna: Mullarney: annamh: Áth Cliath. Níltear cinnte faoin bhfréamh; b'fhéidir go bhfuil ainm naoimh, Earna, i gceist. Ach cheap Ó Foghlú gur Ó Maolshathairne an leagan ceart agus tá tuairim eile gurab ionann é agus an galldú Mac Larnon sa Mhí. Féach Mac Giolla Earna. SI.

Ó Maoiléidigh: Melody: líon beag: Maigh Eo-Gaillimh & san Oir-dheisceart. Bhí clann i gCorca Modhruadh, an Clár, agus ceann eile timpeall Chill Bheagáin, Iar-Mhí. Fréamh: maol = seirbhíseach: éideach = gránna. Féach Ó Cinnéide.

Ó Maoiléimhín: Mac Lavin: fíor-annamh: Iar-Mhí. Bhí Mullavin orthu roimhe seo. Clann de chuid na h-Iar-Mhí, gan a bheith ró-fhada ón mainistir a bhunaigh Éimhín é féin.

Ó Maoileoin: Malone: an-líonmhar tríd an dtír. Bhain an chlann bhunaidh le mainistir agus deoise Chluain Mhic Nóis, ach níl mórán díobh sa dúiche sin anois. Ó Maoldúin an sloinne ba chóir a bheith ar mhuintir Malone sa Chlár. MIF.

Ó Maoilfhinn: Mullin: ní fios an bhfuil sé ann fós. Baineann Mullin le Ó Maoláin, de ghnáth.

Ó Maoilgheiric: Mellerick: cuíosach annamh: Corcaigh thoir. Bhí an sloinne seo i dTír Chonaill sa 16 céad agus luadh ins na h-Annála mar fhilí iad i bhfad siar ach is i gCorcaigh atá fáil orthu anois. Fréamh: Geireac, ón ainm Gréigise Cyriacos, deir de Bhulbh. MIF.

Ó Maoilíosa: Mellows: fíor-annamh: Áth Cliath. Leagan nua-aimsire - Mac Maoil Íosa ba chóir a bheith ann, ar aon dul le Mellis in Albain. Féach Mac Maol Íosa. MIF.

Maoilir: Meyler: cuíosach líonmhar: Loch Garman. Breatnaigh, *Meilyr*, a tháinig timpeall 1200. Brí, b'fhéidir, "ceannaí". Féach Mac Maoilir, leis.

Mac Maoilir: Mac Myler: annamh: Maigh Eo. Aisteach go leor, bhí Breatnaigh an Ionraidh chun tosaigh i Maigh Eo go luath. B'fhéidir gur bhraitheadar bheith "sa bhaile". Féach Maoilir thuas.

Ó Maoilmheadha: Mulvagh: annamh: Áth Cliath. Craobh den Dál gCais a bhí timpeall Sráid na Cathrach, an Clár. Is ar éigin atáid ann anois. SGG.

Ó Maoilmheana: Mulvenna: líon beag: Aontroim-an Dún. Clann a bhí ina n-ollúna ag Ó Catháin i nDoire faoin sean-reacht. Ní fios cé h-é Meana.

Ó Maoilmhiadhaigh: Mulvey: líonmhar: Liatroim-Longfort-an Mhí. Dream a chónaigh i Muintir Eolais i Liatroim. Bhíodar gaolmhar le Mac Raghnaill & Ó Fearghail. MIF.

Ó Maoilmhichil: Mulvihill, Mulville: líonmhar: iarthar Luimnigh-Ciarraí thuaidh, Gaillimh-Ros Comáin, Longfort-an Mhí. Clann de chuid Síol Muireadhaigh sa cheantar darb'ainm Corca Sheachlainn i Ros Comáin. Scaipeadh go luath sa mheán-aois iad agus shocraigh cuid acu sa Chlár mar a bhfuil áit darb'ainm Dún Uí Mhaoilmhichil. SGG & MIF.

Ó Maoilmhín: Mulvin: annamh: Áth Cliath. Sloinne a bhain le oirthear Laighean. Tá an réimír "maol" cosúil le "giolla" - de ghnáth leanann ainm naoimh éigin ach uaireannta bíonn aidiacht ann; mar sin, is ionann maol mín is seirbhíseach caoin.

Ó Maoilpheadair: Mulpeter: cuíosach annamh: Lár na Tíre. Suíonn de Bhulbh i gCorca Laoidhe (Corcaigh) iad ach bí siad i Laois-Uíbh Fhailí le déanaí.

Ó Maoilréana: Mulreany: cuíosach annamh: Tír Chonaill. Atleagan d'Ó Maoilbhréanainn, q.v.

Ó Maoilriabhaigh: Mulreavy: fíor-annamh: Tír Chonaill. Féach Ó Maoilmhín.

Ó Maoilriaghain,-riain: Mulryan, Mulryne: líon beag: Tír Eoghain-Doire, Gaillimh, Longfort& rl. Is cosúil gur bhain siad seo le clanna a bhí difriúil leis an mór-chlann i dTiobraid Árann atá aistrithe go Ó Riain anois. Bhí an chlann deireannach seo lonnaithe in Uaithne, idir Luimneach agus Tiobraid Árann agus is uathu-san a tháinig an slua mór Rianach atá le fáil i dTiobraid Árann i gcónaí. Níltear cinnte faoi bhrí an bhun-ainm Riaghan ach is cosúil go mbaineann le rí agus ríoga. SGG & SI.

Ó Maoilsheachlainn: O'Melaghlin tráth dá raibh, ach Mac Loughlin anois. Clann a shíolraigh ó Mhaelsheachlainn II, Ard-Rí Éireann, (980-1002) nuair a bhain Brian Bóroimhe an chóróin de. Annsan chailleadar chuid mhaith tailte ag an Ionradh Normannach agus chuadar ar gcúl de réir a chéile gur imíodar as amharc i gconcas Rí Liam agus tugadh Mac Loughlin orthu. Maireann a sliocht i Lár na Tíre fós. Fréamh: ón ainm Seachlann, gaelú ar an ainm Laidne Secundius. Mar seo a tháinig an t-ainm Malachi ar an saol – ainm an fháidh Eabhraigh a chur anuas ar ainm Gaelach IF.

Ó Maoilstéige: Mac Stay: líon beag: an Dún-Ard Mhacha. Clann eaglasta i nDroim Mór, an Dún, tráth.

Ó Maoilsionóg: Mulchinnock: annamh: Ciarraí-Corcaigh. Níl aon rian díobh sna taifid meán-aoiseacha ach bhíodar i gCorcaigh & Ciarraí sa 17 céad. File de chuid "Éire Óg" dob'ea William P. Mulchinnock (1820-1864) a scríobh an t-amhrán is annsa le Ciarraígh: "The Rose of Tralee". Ní fios cérbh é Sionóg.

Mac an Mhaoir: Weir, Wyer: líonmhar: oirthear Uladh go sonrach, Lár na Tíre, Connachta. Bhí an chlann ba iomráití ina gcoimeádaithe ar Leabhar Ard Mhacha, mar a raibh Mac Moyer orthu, tráth; bhíodar in Uíbh Fhailí, Iar-Mhí agus Ros Comáin, leis. De bhunaidh Albanach cuid mhaith des na h-Ultaigh, cinnte. Féach Ó Corra, leis. SGG & MIF.

Ó Maolacháin: Mollaghan: líon beag: Longfort-Liatroim, Tír Eoghain. Tá meascadh le Ó Maolagáin, mar tá siad comhchiallach.

Ó Maolagáin: Mulligan: an-líonmhar - Cúige Uladh go príomha, agus Sligeach-Maigh Eo-Ros Comáin & rl. Bhí an phríomh-chlann suite i mBaoigheallach & Ráth Bhoth i dTír Chonaill. Chaill siad a dtaillte i bPlandáil Uladh agus scaipeadh go Connachta iad. IF.

Mac Maoláin: Mac Mullen: an-líonmhar: Ulaidh, Connachta thuaidh, Laighin thuaidh. Tá an sloinne seo go láidir san oir-tuaisceart - rud a fhágann gur cosúil go bhfuil an sloinne Albanach Mac Millan measctha leis an ndream dúchasach. Tá Mac Millan féin líonmhar sa Dún agus Aontroim. Bhí siad lámh le Áth Cliath (Gaileang Breagh) sa 12 céad. SGG.

Ó Maoláin: Mullane, Mullen: an-líonmhar: gach aird. Aithnítear clanna i nDoire, Gailimh agus Corcaigh. Tá an leagan Mullane i Luimneach thiar agus Corcaigh. Maolánach dob'ea máthair Dhónaill Uí Chonaill. SGG & IF.

Ó Maolaithche: Mullahy: annamh: Maigh Eo. Deir de Bhulbh gur bhain an chlann le Uí Eachach Muaidhe, craobh d'Uí Fiachrach agus a bhí suite, ar ndóigh, taobh le h-abhainn na Muaidhe. Fréamh: bhí ban-naomh i Luimneach darb'ainm Aithche ach féach Maolaithghein, leis.

Ó Maolaithghein: deir de Bhulbh go bhfuil an sloinne seo ar aon dul le Ó Maolaithche - an leagan bunaidh, b'fhéidir. Luadh ins na h-Annála é ach is beag eile is féidir a rá faoi. Tá athghin sa teanga mar "macasamhail" agus d'fhéadfadh ainm mar é a bheith ann fadó. Is deacair an téarma teibí "athghiniúint" a shamhlú leis.

Ó Maolalaidh: Mullally, Lally: líonmhar: Luimneach-Tiobraid Árann & san Oirdheisceart ach Lally i gConnachta. Craobh d'Uí Maine i nGaillimh - bhíodar lonnaithe ag Tulach na Dála, in aice le Tuaim go dtí scrios an 17 céad. Chuaidh cuid acu dín Fhrainc mar a raibh cáil ar *le Comte Lally de Tolendal* (1702-1766) mar shaighdiúir. IF.

Ó Maolanfaidh: Molamphy, Melanophy: annamh: Tiobraid Árann thuaidh, Fear Manach. "Taoiseach stoirme" de réir de Bhulbh. Ciallaíonn "maol" seirbhíseach nó manach de ghnáth ach de réir Mhic Fhirbhisigh, bhí focal cosúil leis ag na sean-Ghaeil go raibh an bhrí "ceannasaí" leis agus tá an bhrí seo i gceist annseo. SI.

Ó Maol an Mhuaidh: Molyneaux? annamh? Shuigh de Bhulbh an sloinne seo i gCiarraí thuaidh leis an bhfuaimniú Ó Mullanua agus deir sé gur deineadh Molyneaux de. Brí: muadh = uasal. Féach Ó Maolmhuaidh.

Ó Maolaodha: Millea, Miley: cuíosach líonmhar: Cúige Laighean. Meascadh mór le Ó Maolmhuaidh (Molloy). Bhí an sloinne i gConnachta roimhe seo agus bhí clann de Chinéal Aonghuis in Ultaibh. SGG & IF.

Ó Maolaodhóg: Logue: líonmhar: Tír Chonaill-Tír Eoghain-Doire. Thosnaigh an sloinne seo i gConnachta ach is in iarthar Uladh atáid le fáil sna taifid stairiúla. Féach Ó Maolmhaodhóg.

Ó Maolaoidh: Mulloy: féach Ó Maolaodha.

Ó Maolbhloghain: Mullowne? níl a leithéid ann anois - Malone a bheadh orthu, ní foláir, ach deir de Bhulbh go rabhadar i Muscraí Treitherne cóngarnach do Chathair Luimnigh.

Ó Maolchairill: Mulkerrill: deir Mac Giolla Iasachta go raibh an dream seo ag Cluain Chaoin Uí Chairill, Gaillimh, agus go bhfuil Ó Maoilchiaráin orthu anois.

Ó Maolchaisil: Mulcashel? Nílid ann anois. Tá Cashell fíor-annamh i gCiarraí. Clann de chuid Thuathmhumhan a bhí ionntu, tráth.

Ó Maolchallann: Mulholland: an-líonmhar: Ulaidh, Lú, Sligeach & rl. Bhí an chlann ba thábhachtaí ag Loch Inse Uí Fhloinn, Doire agus iad ina gcoimeádaithe ar "Chlog Phádraig" a bhí orthu ghéilleadh san 18 céad. Ceapann de Bhulbh go mbaineann an t-ainm le Caileann - chéad lá na míosa, Eanair ach go h-áirithe. (Laidin: *Calendae*). Bhí clann eile i gCaonraí, Luimneach agus is cosúil go maireann siad mar Holland anois. IF,SGG.

Ó Maolchaoin,-e: Mulqueen, Mulqeeny: cuíosach líonmhar: Luimneach-an Clár. Clann fileata i dTuathmhumhain - Luann an Ceathrar Máistir ollamh den Dál gCais i 1096. Dealraíonn sé gur ón ainm Caoine a thagann an sloinne.

Ó Maolchatha,-aigh: Mulcahy: an-líonmhar: Cúige Mumhan & Oir-dheisceart. Clann a fhréamhaigh ó Thiobraid Árann theas. Ón ainm Cathach (troideach) ach is ainm naoimh atá i gceist annsa. Bhí an Ginearál Risteard Ó Maolchatha (1886-1971) ina cheannaire náisiúníoch i dtréimhse chorraitheach agus tá sé le rá faoi gur sheas sé le bun-chultúr an chine go daingean.

Ó Maolchathail: Mulhall: líonmhar: Lár na Tíre. Dream a d'áitrigh Laois-Uíbh Fhailí in anallód agus a mhaireann fós. Ainm an-choitianta dob'ea Cathal sa luath-aois. "Tréan sa chath".

Ó Maolchatáin: Mulhatton: fíor-annamh - má's ann dó in aon chor. Bhain siad le Tír Eoghain -féach Mac Giolla Chatáin.

Ó Maolchlaoin: Mucleen: tugtha ag de Bhulbh mar shloinne Connachtach ach níl aon rian de le fáil anois. Claon = contráilte, mí-mhacánta.

Ó Maolchluiche: Muckley, Stone: annamh: Corcaigh, Iar-Mhí & rl. Bhí siad i gCairbre, tuaisceart Shligigh ar dtús. Níl aon bhaint leis an bhfocal "cloch" ach b'fhéidir go bhfuil an sean-ainm Clothach (iomráiteach) i gceist. Tugann de Bhulbh "cluiche" mar fhréamh.

Mac Maolcholuim: Malcolmson: cuíosach líonmhar: an Dún & rl. Sloinne Albanach a bhaineann le Colm Cille N., ar ndóigh.

Ó Maolcholuim: Malcolm: cuíosach líonmhar: Béal Feirste & rl. Clann Ultach a luadh ins na h-Annála ach is daoine de bhunadh Albanach is mó atá i gceist i mBéal Feirste, mar tá an sloinne an-líonmhar thall ach i ngach cás is é Colm Cille ábhar an tsloinne.

Ó Maolchomadh: Molumby: cuíosach annamh: Tiobraid Árann-Luimneach. Chuir de Bhulbh an chlann seo in iarthar Chorcaí ach b'fhéidir go bhfuil nasc le Ó Maolanfaidh a bhaineann le tuaisceart Thiobraid Árann. Deirtear gur deineadh Moloney de i gCorcaigh.

Ó Maolchonaire: Mulconry: annamh: an Clár-Luimneach. Clann liteartha iomráiteach a bhí suite taobh le Béal Átha na mBuillí, Ros Comáin agus bhí craobh díobh i bhFíodhnach sa Chlár. Ina measc bhí Fearfeasa, duine den Cheathrar Máistir, agus Flaithrí (1561-1629), ard-easpag Thuama agus bunaitheoir Choláiste na nGael i Leuven sa Bheilg. Bhí an t-ainm Conaire le fáil ins na luath-scéalta - níl an bhrí soiléir.

Ó Maolchraoibhe: Mulgrew, Rice: cuíosach líonmhar: Tír Eoghain, Doire, an Dún & rl. Clann de chuid Oirghialla a bhí lonnaithe sa Dún i dtosach an 17 céad. Pé scaipeadh a d'imigh orthu annsan, táid láidir in Ultaibh fós. Tá an leagan Grew le fáil in Ard Mhacha. MIF.

Ó Maolchróin: Mulchrone: líon beag: Maigh Eo & rl. Clann de chuid Uí Maine, Gaillimh. Crón: dath buí ar an gcraiceann. Féach Ó Maolchróine.

Ó Maolchróine: Mulcrowney: níl siad le fáil anois. Ón ainm baineann Cróine (as crón, is cosúil). Bhí naoimh leis an ainm seo i gCúige Uladh. GPN.

Ó Maoldomhnaigh: Muldowney: cuíosach annamh: Cill Chainnigh. Ar aon dul le Ó Maoldhomhnaigh, q.v., ach clann difriúil, gan amhras.

Ó Maoldhomhnaigh: Moloney: an-líonmhar sa tír seachas Cúige Uladh. An chlann ba mhó díobh, bhain siad le Dál gCais agus iad lonnaithe ag Cill t-Seanáin, an Tulach, sa Chlár. Bhí cáil ar Sheán Ó Maoldhomhnaigh (1617-1702), easpag Chill Dalua, mar fhear léinn in Ollscoil Pháras. Ciallaíonn domhnach (1) an Tiarna (2) an chéad lá den t-seachtain agus (3) cill nó eaglais a tógadh sa luath-aois agus luaite le Pádraig N. Ceaptar gur "seirbhíseach na h-eaglaise" atá i gceist anseo.

Ó Maoldoraidh: Mulderry: annamh: Longfort-Iar-Mhí. Craobh de Chinéal Conaill i dTír Chonaill, tráth. Tugann de Bhulbh an bhrí: doraidh = cruaidh, achrannach. An Giolla Deacair a bhí sa scéal Fiannaíochta, b'fhéidir!

Ó Maoldhuibh: Maliffe: deir Mac Giolla Iasachta go maireann siad i dtuaisceart na Gaillimhe -má's ea, is fíor-annamh. Dream den Uí Maine a b'ea iad. Brí: ceannaire dubh?

Ó Maoldúin: Muldoon: líonmhar: Tír Eoghain-Doire-Tír Chonaill, Muineachán & rl. Clann a bhí suite i Lorg, Fear Manach, go dtí treascairt an 17 céad. Bhí clanna eile i dTuath Ó gCoinghialla sa Chlár agus i Sligeach. Deineadh Malone den dream sa Chlár. Tugann de Bhulbh an bhrí: ceannaire an dúin. MIF & SGG.

Ó Maolfábhail, Maolfhábhail: Lavelle, MacFall: líonmhar: Connachta & Ulaidh, Cill Mhantáin-Cill Dara-an Mhí. Bíodh gur sloinne Francach Lavelle, is cosúil gur Gaeil ar fad atá i gceist annso. Bhí clann amháin in Inis Eoghain agus ceann eile ag Domhnach Pádraig i nGaillimh. Deineadh Lavelle den dream deireannach seo, ag iarraidh a sinsearthacht Ghaelach a cheilt. Bíonn Melville orthu, uaireannta. Fréamh: de réir an Duinnínigh, ciallaíonn "fabhal" bogadh, casadh, turas. Fear mór taistil, b'fhéidir! MIF.

Ó Maolfhachtna: Macloughney, Moloughney: líon beag: Tiobraid Árann thuaidh. Tá Moloughney fíor-annamh - deineadh Moloney díobh, cuid mhaith. Bhí Fachtna cuíosach coiteann sa luath-aois i measc fear agus ban. Aisteach go leor, sí an bhrí ná: mioscaiseach, eascairdúil. MIF & GPN.

Ó Maolfhathartaigh: Mulhartagh: is ar éigin go bhfuil siad ann anois. Clann de Chinéal Eoghain a bhí le fáil timpeall Bhéal Átha Seanaidh. Deineadh MacCartney díobh. Fréamh: b'fhéidir, ón ainm Foghartach .i. corraitheach, gríosaithech.

Ó Maolfhoghmhair: Mullover, Milford: clann airchinneach ag Cill Ala nach bhfuil le fáil anois. Dúirt Mac Firbhisigh go rabhadar gaolmhar le Mac Céile, q.v., agus dúirt Ó Donnabháin gur deineadh Milford díobh. SGG.

Ó Maolghaoithe: Mulgeehy, Wynne: annamh?: tuaisceart Chonnacht. Bhain an sloinne seo le Tír Chonaill, mar a raibh siad suite ag Cluain na bhFeadóg ach deineadh Wynne díobh. Thárla an rud céanna le Ó Gaoithín agus, ós rud é go raibh clann Bhreatnach i láthair sa limistéar céanna, thógfadh sé iniúchadh geincolaíoch chun iad a scagadh ón a chéile.

Ó Maolghuala: Mulooly: líon beag: Ros Comáin Longfort. Féach an sean-fhocal: is maol guala gan bhráthair. Ba bhreá an manadh don dream seo é!

Ó Maolmhána: Mulvany: líonmhar: Lár na Tíre & rl. Sloinne Laighneach, is cosúil, bíodh go luann de Bhulbh Ó Maolmhaghna a bheith i dTír Chonaill. Bhí beirt den chlann seo ina n-ealaíontóirí móra sa 19 céad - bhí George Francis Mulvany (1808-1869) ina stiúrthóir ar an nDánlann Náisiúnta. Bleácliathaigh iad-san, gan amhras. Féach Ó Maoilmheanna, leis. SGG.

Ó Maolmhaodhóg: féach Ó Maolaodhóg: ainm ceana ar Aodhóg atá againn anseo: bíonn Mulloy nó Molloy orthu ar uairibh.

Ó Maolmhartain: Martin: féach Mac Giolla Mhartain.

Ó Maolmhochóir, Maolmhoicheirghe: Early: líonmhar: Connachta & rl. Bhí siad ina n-airchinnigh ag Drom Railgheach i Liatroim - dúiche shinseartha na clainne seo. Bhí clann eile i Ros Comáin. Deineadh Early díobh go luath. Mochóirghe an gnáth-fhriotal labhartha ar an smaoineamh "éirí go moch". An leagan is déanaí: Ó Mochóir (SGA).

Ó Maolmóna: Mulmona, Moss: cuíosach líonmhar: Tír Eoghain-Tír Chonaill. Leath-aistriúchán is ea Moss, sloinne Sasanach a bhaineann le portaigh, leis. An bhrí, is dóichí, ceannaire na móna. SI & SGG.

Ó Maolmuaidh: Millmoe, Mattimoe: annamh: Sligeach & rl. Clann de chuid Síol Muireadhaigh i Ros Comáin. Sloinne Sasanach is ea Mattimoe, bíodh go bhfuil sé fíor-annamh thall, ach glactar leis gur leagan gallda den rud dúchasach atá anseo. Comhchiallach le Ó Maolmhuaidh, q.v. MIF.

Ó Maolmhuaidh: Molloy: an-líonmhar: gach aird - Lár na Tíre & Connachta go sonrach. Feara Ceall ab'ainm dá ndúiche in Uíbh Fhailí, seilbh a choimeád siad go dtí an 17 céad. Mhaoigh siad sinsearacht ó Niall Naoi-giallach ach ghlacadar oifig ó na Sasanaigh mar "Mheirgire an Rí" - rud a chabhraigh leo a chuid tailte a choiméad, b'fhéidir. Tá dhá thuairim faoi shinsearacht Molloy/Mulloy i gConnachta: (1) craobh den dream thuas a shocraigh i Ros Comáin, nó (2) Ó Maolaoidh, q.v. Tugtar an bhrí: taoiseach uasal - ciallaíonn muadh: maoth nó flaithiúil. SGG & IF.

Ó Maolmhuire: Mullery, Mulry: cuíosach annamh: Gaillimh & rl. Deir de Bhulbh go raibh an chlann seo lonnaithe i gCineál Fearadhaigh, Clochar, Tír Eoghain, ach bhí siad i Ros Comáin, leis - clann difriúil, is cosúil. Tá an tuairim ann gur tugadh

Miles/Moyles orthu níos déanaí ach ní mór a mheabhrú go raibh na sloinnte gallda Mílidh & Mílis in Éirinn ón 13 céad, leis.

Ó Maolphádraig: níl an sloinne ann a thuilleadh. Bhí siad ina n-airchinnigh ag Mungairit, Luimneach agus clanna eile i bhFear Manach agus Longfort. B'fhéidir gur deineadh Fitzpatrick díobh.

Ó Maolruaidh: Mulroy: líon beag: Lú, Gailimh-Maigh Eo. Is cosúil go bhfreagraíonn Monroe don sloinne seo i gConnachta, chomh maith. Brí: seirbhíseach rua (a chuid gruaige).

Ó Maolruain: Mulrone: annamh: Béal Leice, Fear Manach. Ar aon dul le Ó Maolruanaidh, q.v.

Ó Maolruanaidh: Mulrooney: líon beag: Cill Chainnigh, Lár na Tíre & rl. Bhí an chlann i gceannas ar Fhear Manach roimh theacht Mhig Uidhir ach táid gann ann anois. Bhí clann eile in oir-thuaisceart na Gaillimhe agus clann eile fós sa Chlár, Luimneach & Tiobraid Árann. Deineadh Moroney díobh seo leis an leagan Gaelach Ó Murruanaigh - ní féidir a rá cérbh é Ruanaidh ach bhí Ruadhán ina ainm coiteann, ar ndóigh.

Ó Maoltuile: Flood, Tully: líonmhar gach aird. Toil Dé atá i gceist, le ceart, ach deineadh Flood de go luath i Laighin. Bhí an chlann ba mhó cáile i gConnachta agus Breifne - lucht leighis dos na Conchúraigh agus na Raghallaigh.

Mac Mhaoltuile: Tully: líonmhar ach féach Ó Maoltuile.

Ó Maonaigh: Mooney, Meaney: an-líonmhar ar fud na tíre: tá an leagan Meaney sa Mhumhain. Clanna éagsúla: (1) ag Baile Uí Mhaonaigh in Uíbh Fhailí agus (2) ceann eile ag Liath Manacháin sa chontae céanna - iad san a choimeád Scrín Mhanacháin, a bhain leis an áit sin. (3) clann i dTír Fhiachrach, Sligeach, de chuid Uí Fiachrach, ar ndóigh. (4) an chlann Mhuimhneach a bhí sean-bhunaithe sa Chlár & Luimneach. Brí: ón aidiacht *maon* = balbh nó ciúin. Ach bhí sé mar ainm baineann in anallód, iontach go leor. IF & GPN.

Mac Mhaonaigh: Mac Weeney: cuíosach líonmhar: Liatroim & rl. Bhí an chlann ag Maigh Loirg i Ros Comáin agus iad ina lianna d'Ó Conchúir.

Ó Maonáin: Moonan: annamh: Béal Feirste & rl. Brí: maon, balbh. Meascaithe le Ó Muimhneacháin sa Mhumhain.

Mac Maongail: Mac Monagle: cuíosach líonmhar: Tír Chonaill-Doire. Clann de chuid Tír Chonaill a bhí líonmhar ann riamh. Seo eisceacht ina bhfuil "g" an fhocail *gal* gan séimhiú. An bhrí chéanna le Ó Maonghaile.

Ó Maonghaile: Munnelly: cuíosach líonmhar: Maigh Eo & Lár na Tíre. Bhí an sloinne seo i Maigh Eo riamh. Brí: maoin + gal, nó saibhreas + fuinneamh. SI.

Ó Maothagáin: Mehigan: líon beag: Corcaigh & rl. Bhí an chlann seo lonnaithe taobh leis an gCruachán in iarthar Chorcaí. Brí: díspeagadh ar "maoth" = bog, tláith. Bíonn an sloinne seo le fáil in Oirghialla faoin leagan Meegan.

Ó Maotháin: Meehan: de réir de Bhulbh, sloinne annamh a bhí i Maigh Eo. Ó Miacháin a bhaineann le Meehan, de ghnáth.

Marascal: Marshall: an-líonmhar tríd an dtír, in Ultaibh go sonrach. Angla-Normannaigh in Éirinn 13 céad. Brí: fear a bhí i gceannas ar na capaill.

Ó Marcacháin: Markham, Ryder: (1) líon beag: an Clár & Luimneach. Craobh de Chinéal Guaire, de réir de Bhulbh; ach cuireann Mac Giolla Iasachta i nDál gCais iad. In oirthear an Chláir a bhíodar ar aon nós agus tá log-ainm Sasanach orthu anois. (2) Ryder: líon beag: Maigh Eo-Gaillimh: b'fhéidir gurb'iad sa an chraobh de Chinéal Guaire a bhain le h-Aidhne i ndeisceart na Gaillimhe. Brí: marcach, eachaí. SI.

Ó Marcaigh: Markey: líonmhar: an Dún-Ard Mhacha-Muineachán-Cabhán-Lú. Bhí an sloinne seo in Oirghialla riamh ach deineadh Ryder díobh uaireannta. Ar a laghad bhí an t-aistriúchán ceart sa chás seo. MIF.

Mac Marcais: Marks: líonmhar in oirthear Uladh ach is sloinne Sasanach Marks, de ghnáth. Bhí Mac Marcais in Albain, tráth.

Marcas: Marks: líonmhar i gCúige Uladh. De bhunadh Sasanach de ghnáth.

Ó Marannáin: Marrinan: líon beag: an Clár. Creideann Mac Giolla Iasachta go bhfuil sé seo ar aon dul le Ó Murnáin, atá forleathan sa Mhumhain. Is deacair a shamhlú go bhfuil Manannán, dia na mara sa scéal, faoi mar atá ráite ag de Bhulbh.

Ó Martain: Martin: bhí an t-ainm seo i bhfeidhm sa mheán-aois agus bhí an chlann le fáil san Iar-Mhí sa 16 céad, ach is é an sloinne gallda, Martin nó Martyn, atá i gceist anois. Féach Máirtín, leis.

Másún: Mason: líonmhar: in Ultaibh ach go h-áirithe. Ceard-ainm as Sasana.

Mac Matha: Mac Math, Mac Maw: cuíosach annamh: an Dún, Aontroim. Albanaigh ó Ghallghallaibh in Éirinn ón 17 céad. Matha = Maitiú.

Mac Mhathain: Matheson: annamh: an Dún & rl. Clann as tuaisceart na h-Alban - Mac Mathúna a gcomh-shloinne in Éirinn. Ar ndóigh, tá sloine gallda, Matheson, in Albain, leis.

Ó Mathghamhna (Mathúna): Ó Mahony: an-líonmhar i gCúige Mumhan - Corcaigh ach go h-áirithe. Clann chumasach a bhí suite i gCinéal mBéice in iarthar Chorcaí. Tháinig an sloinne ón ngaiscíoch Mathghamhain a thuit i gCath Chluain Tarbh maraon le an-chuid d'fhir Deasmhumhan. Tugtar an bhrí: mathúin (litriú nua) = béar (Laidin *ursus*). Bhí an t-ainm coitianta i measc na mBrianach agus na gConchúrach. IF & SGG.

Mac Mathghamhna: Mac Mahon: an-líonmhar: an Clár-Luimneach-Tiobraid Árann-Ciarraí agus Muineachán. Freagraíonn an dáileadh seo leis an dá chlann stairiúla: (1) an dream i dTuathmhumhain a bhí suite i gCorca Bascinn agus a shíolraigh ó Mhathúin, gar-mhac le Brian Bóroimhe; (2) clann Oirghialla a bhí cumhachtach sa dúiche sin agus gur cuireadh a dtaoiseach deireannach chun báis i Londain i 1644. Chuaidh cuid acu ar an Mór-Roinn tar éis treascairt an 17 céad agus díobh san do b'ea Patrick Mac Mahon (1808-1893), Uachtarán na Fraince agus saighdiúir céimiúil. Brí: féach Ó Mathúna. IF.

Ó Meachair: Meagher, Maher: an-líonmhar: Urmhumhain, san Oir-dheisceart & rl. Clann a bhí gaolmhar le Ó Cearbhaill Éile agus a d'fhan ina ndúiche féin, Uí Cairin, láimh le Ros Cré, i ndiaidh an Ionraidh. Bhí Thomas F. Meagher (1823-67) chun tosaigh in Éire Óg agus níos déanaí ina cheannaire ar Bhriogáid Éireannach in Arm Aontachtaí SAM. Brí: meachar = lách, séimh. SGG & IF.

Mac Meadhacháin: Wade: líon beag: Connachta. Deir de Bhulbh gur aistriúchán ar "meá" (gléas meáite) atá ann. Ach bhí Wade sa tír ón 13 céad agus Mac Uaid orthu, leis. MIF.

Ó Meadhra: O'Meara, Mara: líonmhar: tuaisceart na Mumhan & san Oir-dheisceart. Bhí a ndúiche in Urmhumhain uachtarach mar a bhfuil an baile beag Tuaim Uí Mheadhra. Bhí Joseph O'Mara (1866-1927) ina amhránaí ceoldráma clúiteach i Luimneach. Deirtear gurab ionann meadhar agus meidhir .i. greann. Litriú nua: Ó Meára. IF.

Ó Meallaigh: Melly: líon beag: Tír Chonaill-Tír Eoghain. Tá an sloinne seo measctha le Ó Máille bíodh is go bhfuilid difriúil ar fad. Deir de Bhulbh gur bhain siad le Connachta. Brí: meall = aoibhinn.

Ó Mealláin: Mallon: líonmhar: Cúige Uladh & rl. Craobh de Chinéal Eoghain; iad ina gcoiméadaithe ar Chlog Phádraig, tráth. Bhí siad lonnaithe, mar chlann, ag Domhnach Mór, Tír Eoghain. Choimeád Toirdhealbhach Ó Mealláin, OFM, dialann den chogadh in Ultaibh 1641-47, go bhfuil an-spéis ag staraithe inti. Brí: féach Ó Meallaigh.

Méalóid, Ó Méalóid: Mylotte, Moylette: annamh: Maigh Eo-Gaillimh & san Oir-dheisceart. Angla-Normannaigh ón bhfocal *miles*, saighdiúir, sa Laidin. Bhíodar in Urmhumhain ón 14 céad agus, ón 17 céad, bhí fáil orthu san iarthar, marar deineadh Ó Méalóid agus Mac Méalóid díobh.

Mac Meanma: Mac Menamy: líon beag: Tír Eoghain. Féach Mac Meanman.

Mac Mheanma: Mac Vanemy: fíor-annamh: Connachta thuaidh. Féach Mac Meanman.

Mac Meanman: Mac Menamin: líonmhar: Tír Eoghain-Doire-Tír Chonaill-Sligeach. Clann Chonallach - níl aon chrúthanas go rabhadar i dTuathmhumhain agus bainteach le Merriman. An bhrí: meanma = meabhar cinn, misneach & rl.

Ó Meára: féach Ó Meadhra.

Ó Mearadhaigh: Merry: líon beag: Oir-dheisceart & rl. Bhí an chlann seo suite in Uí Eathach Fothadh, cois Siúire i dTiobraid Árann. Tugadh Holohan, q.v., orthu, leis. Is cosúil gur ceapachán saorga Mac Giolla Meidhre, a luaitear le h-údar Chúirt an Mheán-Oíche. An bhrí: mearadhach = bríomhar, beóga. MIF.

Ó Mearáin: (1) Marron (2) Marren: (1) líonmhar in Oirghialla, Aontroim & an Dún. Bhí siad i Muineachán & Aontroim sa 17 céad. (2) líon beag: Sligeach-Maigh Eo. B'fhéidir gur dream difriúil na daoine i gConnachta ach níl aon tuairisc orthu. Brí: mear = tapaidh.

Ó Meardha: Merry: féach Ó Mearadhaigh. Litriú nua: Ó Mearaigh.

Ó Mearlaigh: Marley: leagan Connachtach d'Ó Mearthaile, q.v.

Ó Mearthaile: Marley: cuíosach líonmhar: Tír Chonaill, Oirghialla, an Dún. Seo an leagan atá ag Mac Giolla Iasachta agus An Sloinnteoir Gaeilge. Sé an t-sean-bhrí a bhí le "mear" ná "ar buile, as a mheabhar"; b'fhéidir gur Ó Mearghaile a bhí ann ar dtús.

Mac Mhearáin: Mac Ferran: líonmhar: Béal Feirste & an Dún. Tá Mac Giolla Iasachta in amhras faoin sloinne seo - táid go daingean in oirthear Uladh anois bíodh is go gur i Lár na Tíre a bhíodar sa 16 céad. Is ar éigin gur de bhunadh Albanach iad. SI & SGG.

Mac Mhearnóg: Warnock: líonmhar in Ulaidh. Giorrú ar Mac Giolla Mhearnóg a bhí sa Dún riamh; ach bhí an sloinne céanna le fáil in Albain mar a bhain siad le Clann Graham. B'fhéidir gur ainm ceana Mearnóg ón ainm Earna a chiallaíonn eolasach. Féach Mac Giolla Earna. Tá an leagan gallda coiteann in Albain anois.

Measaigh: Massey: líonmhar in Ulaidh ach bhain an chlann le Luimneach i bhfad siar. Is cosúil gur ó log-ainm Francach an sloinne seo. Táid le fáil i Sasana i gcónaí.

Mac Meibhric, Mac Míbhric: Merrick: líon beag: Gaillimh-Maigh Eo & rl. Breatnaigh a chuaidh go Connachta sa 13 céad agus a chuir futhu i nGleann Oistigh, Maigh Eo. *Meuric*, leagan Breatnach de Mhuiris. Tá teoiric ag Cottle gur h-ainmníodh an t-Oileán Úr as fear darab shloinne *A(p) Meuric,* a chónaigh i mBristó agus a chabhraigh le John Cabot ina thurasanna trasatlantacha (1597-98). DOS.

Ó Meicéidigh: sloinne rúndiamharach: luaite le Corcaigh ach sin a bhfuil. SI.

Ó Meidhir: Myers: líonmhar: Corcaigh-Ciarraí, Lú-Muineachán. Féach Ó Meadhra & Ó Mír.

Ó Meirgín: Merrigan: féach Ó Muireagáin.

Meiric: Merrick: féach Mac Meibhric.

Ó Méirleacháin: Merlehan: fíor-annamh: Lár na Tíre. Bhain siad le Cúige na Mí in anallód. Brí, b'fhéidir, méirleach = gadaí, tóraí.

Ó Méirnín: Mernin: fíor-annamh: Port Lairge. Ní fios bunús an tsloinne seo. SI & SGG.

Ó Meiscill: Mescal: líon beag: an Clár-Tiobraid Árann-Luimneach. Sloinne Gaelach gan amhras ach ní fios carbh as dóibh i dtosach. Tá a lán díobh sa Chlár anois ach ní rabhadar ann dhá chéad blian ó shoin. Luadh i Luimneach sa 14 céad iad. MIF.

Ó Miadhacháin: Meehan: an-líonmhar gach aird: in Ultaibh go sonrach. Bhí clanna éagsúla ann agus tá meascadh ins na leagain gallda le Ó Miadhagáin & Ó Maothagáin. Brí: miadhach .i. ionraic, uasal. Féach Ó Mithidhín, leis.

Mac Miadhacháin: Meekin: cuíosach annamh: Aontroim. Tá an phréamh ar aon dul le Ó Miadhacháin ach bhain an dream seo le Oirthear Uladh.

Ó Miadhagáin: Meegan: cuíosach líonmhar: Muineachán-Lú & rl. Tá an sloinne ar aon dul le Ó Miadhacháin ach b'fhéidir go raibh clann faoi leith in Oirghialla. MIF.

Ó Miadhaigh: Mee: cuíosach líonmhar: Gaillimh-Maigh Eo & Cabhán-Muineachán-Lú. B'as an Iar-Mhí dóibh, mar a bhfuil Cluain Uí Mhiadhaigh fós. I 1186, bhain Giolla-gan-mháthair Ó Miadhaigh an ceann den ionróir Hugh de Lacy - ós rud é gur díshealbhaíodh na Gaeil ar fud Cúige na Mí ag an am san, b'fhéidir go raibh cúis leis! An bhrí: uasal, macánta. MIF & SGG.

Ó Mianáin: Meenan: líon beag: Doire-Tír Eoghain-Tír Chonaill. Bhain an chlann seo i Rath Mealltain i dTír Chonaill. I 1246, chroch na Gearaltaigh Ó Mianáin, oide an Domhnallaigh, a bhí ina ghiall acu. Fréamh, b'fhéidir, mian = dúil, fonn.

Mac Mibhric: Merrick: féach Mac Meibhric.

Mac Michíl: Mac Michael: líon beag: Aontroim-Doire & rl. Albanaigh, de ghnáth, agus Mac Giolla Mhichíl orthu, le ceart, ach féach Mac Giolla Mhichíl, leis.

Ó Mictíre: Wolfe: féach Ó Mactíre.

Midheach: Meade: líonmhar: an Clár-Luimneach & rl. Bhíodar chun tosaigh i gCorcaigh mar cheannaithe ón 14 céad agus tá dhá thuairim ina dtaobh: gur bhain siad leis an gclann Meade i mBristó, nó, de réir Mhic Ghiolla Iasachta, gur clann dúchasach ón Mí iad. Táid go for-leathan sa tír anois agus b'fhéidir gur fíor an dá rud. SGG & MIF.

Ó Midhir: Meers: líon beag: an Clár & rl. Clann airchinneach ón gClár. Féach Ó Meidhir & Ó Mír, leis.

Mac an Mhíleadha, -an Mhílidh: Mac Evilly: líon beag: Gaillimh-Maigh Eo. Ainm sinseartha a ghlac muintir Staunton (Stanndún) chucu i gCeara, Maigh Eo. D'fhill cuid mhaith díobh ar an mbun-sloinne, Stanndún, níos déanaí. Bhí an t-ainm *Milo* coitcann ag na Normannaigh. Fréamh: *miles*, saighdiúir as Laidin. SGG & MIF.

Mac Mílidh: Miles: líon beag: an Dún. Sasanach de ghnáth, ach féach Mac an Mhíleadha.

Mílidh: Miles: féach Mac Mílidh.

Mac Mílis: Miles: ar aon dul le Mac Mílidh.

Ó Milleadha: féach Ó Maoilaodha.

Minitéir: Miniter: annamh: an Clár: Sloinne Normannach sean-bhunaithe sa Chlár. An bhrí: fear buailte airgid. Tá an leagan Minter beo i Sasana.

Ó Míodhacháin: féach Ó Miadhacháin.

Míolóid: Mylotte: annamh: Oir-dheisceart. Féach Ó Méalóid.

Ó Mionacháin: Minahan: líon beag: Luimneach-Tiobraid Árann. Ní féidir bheith cinnte cé acu Ó Manacháin nó Ó Muimhneacháin atá i gceist anseo ach, dar le de Bhulbh, sé an chéad cheann.

Mac Mhíolchon: Mac Conn: líon beag: Lár na Tíre, an Dún, Gaillimh-Ros Comáin. Cú fiaigh atá ann, is cosúil. Bhíodh Mac Ilchon orthu, tráth, agus bhain le Fear Manach.

Ó Mlolláin: fíor-annamh: Árainn. Athleagan d'Ó Mealláin, b'fhéidir.

Mac Míoluic: Mullock: annamh: Áth Cliath. Bhí siad i gConnachta sa 16 céad - craobh, b'fhéidir, de chlann Normannach tríd an ainm *Milo*. Féach Ó Méalóid.

Ó Mír: Meere: líon beag: an Clár & rl. Airchinnigh ag Drom Cliabh, an Clár. Bíonn Myers orthu uaireannta. Brí, is cosúil, meidhir = suairceas, scléip. Féach Ó Meidhir.

Ó Mirín: Mirreen: ní fios an bhfuil siad beo. Comh-shloinne le Ó Mearáin, q.v.

de Miséid: Missett: fíor-annamh, má's beo dóibh. Angla-Normannaigh a shocraigh i gCill Dara agus sa Mhí. Chailleadar a dtailte sa 17 céad. SI.

Mistéil: Mitchell: an-líonmhar ar fud na tíre - i gCúige Uladh den chuid is mó. Sloinne Sasanach agus Albanach bunaithe ar an ainm pearsanta Mícheál. Shíolraigh John Mitchel (1815-75), tír-ghráthóir, ó Chúnantóirí Albanacha. Ní bhaineann Baile Mhistéala i gCorcaigh leis an ndream seo ach le Condúnach darab ainm Mitchel. IF.

Ó Mithidhín: Meehan: líonmhar: ach leis an meascadh le Ó Miodhacháin, q.v., níl an dáileadh soiléir. Tugann de Bhulbh cuntas orthu mar seo: (1) clann de chuid Uí Maine a bhí ina gcomharbaí ag Cluain Tuaiscirt; (2) clann airchinneach ag Bealach Uí Mhithidhín, Ros Inbhir, Liatroim. Bhain siad le Mo Laisse N. i nDaimhinis agus choimeád siad scrín an naoimh leis na céadta blian - tá sí slán in Ard-Mhusaeum na h-Éireann anois. Tugtar an phréamh: Meitheamh + gin (saolaíodh i Meitheamh) - go breá ealaíonta, má's fíor!

Ó Mochaidhein: Mac Kean? deir de Bhulbh go raibh an chlann seo lonnaithe i gCríoch Moghdhorn i Muineachán ach níl aon fhaisnéis eile futhu. Tá Mac Kean le fail i dTír Chonaill ach de bhunadh Albanach.

Ó Mocháin: Mohan, Moon: líonmhar: Fear Manach-Tír Eoghain- Muineachán-Cabhán. Deineadh Mahon agus Vaughan den leagan Ó Macháin i gConnachta mar a raibh dhá chlann (1) ceann i gCill Mac Duach in aice le Baile Uí Bheacháin, gur chóire Baile Uí Mhacháin a bheith air; (2) ceann eile ag Cill Athracht, taobh le Loch Gara i Sligeach; bhí clú orthu san mar éarlaimh lucht léinn agus mar choimeádaithe Chrois an bhan-naoimh Athracht. Féach Ó Macháin, leis. MIF & SGG.

Ó Mochair: Moher: féach Ó Mothair.

Ó Mochóir, Mochóirghe: Earley: líonmhar: Connachta & Lár na Tíre. Giorriú ar Ó Maolmhoichéirghe, q.v.

Ó Mochta: Moughty: annamh: Longfort. Níl tuairisc orthu seachas a bheith luaite ins na "Fiants" sa 16 céad. Brí: cumhachtach.

Mac Moghráin: Mac Morran: líon beag: Oirthear Uladh. Bhí siad suite i bhFear Manach, tráth. ach féach Mac Mughróin, leis.

Ó Moghráin: Moran: féach Ó Mughróin.

de Móinbhíol: Mansfield: cuíosach líonmhar: Corcaigh & san Oir-dheisceart. Angla-Normannaigh, de Mandeville - leagan atá fíor-annamh anois fiú i Sasana. Tháinig siad san Ionradh agus shocraigh sa Mhí; sa 13 céad, chuaidh cuid acu go h-Aontroim agus is uathu-san a shíolraigh muintir Mhic Uilín (Uidhilín), q.v., annsan. MIF.

Moinséil: Maunsell: líon beag: Ciarraí thuaidh-iarthar Luimnigh. Gaill a shocraigh i dTiobraid Árann ar dtús agus i Luimneach sa 17 céad. Bhí Monsell orthu, leis. MIF.

(de) Moiréis: Morris: líonmhar i gcoitinne. Angla-Normannaigh go raibh de Marisco orthu ar dtús. Ceann de "Threabhanna na Gaillimhe" ó 1485. Bhí Michael Morris, Tiarna Chill Aithinn, ina uachtarán ar na Cluichí Oilimpeacha le déanaí (1980).

Ó Móirín: Moran: díspeagadh ar Ó Móráin, q.v.

Moirtéil: Mortell: líon beag: Luimneach-an Clár & rl. Féach Mairtéil.

de Moirtiméir: Mortimer: líon beag: scaipthe. Seasann an t-ainm gallda don ainm Gaelach Muircheartach uaireannta ach bhí Robert de Mortimer i mBaile Átha Cliath i 1185 agus bhíodar sa Mhí ina dhiaidh sin.

Ó Moithide: Mahedy: annamh: Maigh Eo & rl. Fuair Mac Giolla Iasachta i Longfort agus i Ros Comáin iad ach níl aon mhíniú ar an sloinne seo. SGG.

Ó Monacháin: fíor-annamh: Gaillimh. Féach Ó Manacháin.

Ó Mongabháin: Mungovan: annamh: an Clár. Sloinne fíor-Chláiríneach, san iarthar go sonrach. Fréamh : mong + bán (gruaig fhada bhán).

Ó Mongaigh: Mongey: líon beag: An Mhí & rl. Sloinne as Maigh Eo - aistriú sa 20 céad a bhí ann.

O Mongáin: Mangan, Mongan: líonmhar sa deisceart - baineann Mongan le Gaillimh-Maigh Eo- Tír Chonaill. Bhí clanna i Luimneach, Maigh Eo & Tír Eoghan. Tá Baile Uí Mongáin in aice le Drom Collahair agus b'as Seanaghualainn do James Clarence Mangan (1803-48), file. Tá fíor-bheagán díobh fágtha i dTír Eoghain, mar a rabhadar ina n-airchinnigh ag Tearmonn Ó Mongáin fadó. IF & SGG.

Ó Móráin: Moran: líonmhar ach measctha le Ó Mughróin, q.v. Bhí clann aitheanta ag Ard na Rí, taobh le Béal an Átha; ní foláir go raibh cinn eile timpeall na tíre. Ainm baineann an-choiteann a b'ea Mór agus bhí ainm fireann Morann ann, leis.

de Móra: Moore: líonmhar i gcoitinne ach measctha le Ó Mórdha. Shocraigh roinnt chlanna Sasanacha in Éirinn ó aimsir an Ionraidh ar aghaidh; luaimís Thomas Moore (1779-1852), file, ó Loch Garman agus George Moore (1852-1932) úrscéalaí, ó Mhaigh Eo.

Mórbhoirneach: Gordon: cuíosach líonmhar: Maigh Eo-Sligeach-Liatroim. Bhí an sloinne seo i gConnachta sa 16 céad. Fréamh: log-annm: boireann mhór. Is ag de Bhulbh amháin atá an sloinne seo. Luaitear Gordon, sloinne Albanach, le Mag Mhuirneacháin, q.v., leis.

Ó Morcháin: fíor-annamh: Gaillimh. Féach Ó Murcháin.

Ó Mórdha: Moore, Ó More: an-líonmhar ar fud na tíre. Ceann de mhór-chlanna Laighean, taoisigh ar Laois. Chuireadar in aghaidh choncas Gall go tréan - bhí Ruairí agus a mhac Ruairí Óg agus a mhac-san Eoghanaidh chun tosaigh i gcoimhlint an 16 céad agus fuair siad bás sa chath. Díbríodh go Ciarraí i 1609 iad ach, ar ndóigh, táid beo beathach ina ndúiche féin inniu. Brí: uasal, ríúil. Litriú nua: Ó Móra. Sloinne Sasanach is ea Moore, leis, agus tháinig chuid mhaith de dhaoine iomráiteacha ón dtaobh san. Féach de Móra.

Ó Mórna: an teideal a bhí ar Mhuintir Mhic Ghiolla Mhuire sa Dún fadó. MIF.

Ó Morruanaidh: Moroney: líonmhar: an Clár-Luimneach-Ciarraí-Tiobraid Árann. Claochlú ar Ó Maolruanaidh, q.v. Litriú nua: Ó Morónaí.

(de) Mortún: Morton: líonmhar: Cúige Uladh i gcoitinne & rl. Sasanach, in Éirinn ón 13 céad; is cosúil gur tháinig na daoine in Ultaibh ón 17 céad ar aghaidh. Fréamh: log-ainm atá coitianta thall, "feirm sa riasc". Féach an baile i ndúiche Cotswold: Moreton-in-the-Marsh.

Ó Mothair: Moher: annamh: Corcaigh thoir-Tiobraid Árann. Ó Mochair an litriú atá ag Mac Giolla Iasachta ach sé an bhrí chéanna é .i. mothar = muine, dufair. Mar ainm pearsanta, b'fhéidir go gciallaíonn sé dubh ins na ceannaithe. Bhain siad le Corcaigh agus Port Láirge riamh.

Ó Mothlacháin: Molan, Molahan: annamh: Corcaigh thoir & rl. Tá Mollaghan i Longfort-Liatroim ach ní fios cé acu Maolachán nó Mothalachán atá ann. Bhí an ceann deireannach sa Mhumhain sa 16 céad agus is féidir linn bheith cinnte go bhfuil an leagan sin ceart. An bhrí: díspeagadh ar Ó Mothalaigh, q.v.

Ó Mothalaigh: Mohally, Moakley: cuíosach annamh: Corcaigh. Deir de Bhulbh gur clann de chuid Chorca Laoidhe a bhí ionntu, suite láimh le Droim Dhá Liag. Is sa chathair atáid anois, den chuid is mó. Brí: mothalach nó mosach, le an-chuid ghruaige. Bhí Ó Mothla agus Ó Mothlaigh ann. SGG.

Ó Muadaigh: Moody: líonmhar: Ulaidh & rl. Gaelú ar an ainm Sasanach Moody, a chiallaigh teasaí, cróga. Bhí siad in Éirinn ón 13 céad.

Ó Muanáin: Moonan: annamh: Béal Feirste. Ar aon dul le Ó Maonáin, q.v.

Mac Mughróin: Mac Morran: líon beag: oirthear Uladh. Clann a bhí suite i bhFear Manach, tráth. Mac Moruinn a bhí orthu annsan. Is de Bhulbh a thug an leagan Mughrón leis an mbrí: rón-ghiolla; tugtar tacaíocht don leagan seo i GPN.

Ó Mughróin: Moran: líonmhar i gcoitinne ach féach Ó Móráin, leis. Deir de Bhulbh (1) dream de chuid Chlann Chathail i Ros Comáin agus (2) craobh d'Uí Máine i nGaillimh. Bíonn an leagan galldaithe Moran orthu go léir anois. Féach Ó Móráin & Mac Mughróin.

Ó Muighe: Moy: cuíosach annamh: Tír Chonaill. Bhí siad i Srath an Urláir sa 18 céad agus is cinnte gur Gaeil iad ach ní léir an bhrí - tá an log-ainm coitianta ach ní thagann sloinnte as log-ainmneacha mar sin. Tá Moy i Sasana agus b'fhéidir gur tháinig cuid acu-san go h-Ulaidh. MIF.

Muilleóir: Miller: an-líonmhar: in Ultaibh go sonrach. Sasanach & Albanach gan amhras. Seo ceárd a bhí an-tábhachtach in anallód. Tá an leagan gaelaithe Ó Muilleóir i bhfeidhm anois.

Muimhneach: Moynagh, Meenagh: líon beag: Tír Eoghain-Cabhán-Muineachán-Lú. Bua-aidiacht a sháraigh an bun-shloinne - bheadh sé iontuigthe go seasódh fear ón Mumhain amach i gCúige Uladh chomh luath is a osclódh sé a bhéal!

Ó Muimhneacháin: Moynihan: líonmhar: Cúige Mumhan. Bhí an dream seo i ndeisceart Chiarraí agus iarthar Chorcaí riamh is choíche ach is aisteach gur tugadh "Muimhneach" orthu. Bhí clann eile in Iorras, Maigh Eo, ach b'fhéidir gur Ó Muineacháin atá ann.

Ó Muimhnigh: Moyney? Bhí an sloinne seo in iarthar Chorcaí, deir de Bhulbh. Níl aon rian díobh ann anois.

Ó Muineacháin: Monaghan: an-líonmhar: Leath Chuinn. Sa 13 céad bhí an chlann seo i seilbh Trí Thuatha Ros Comáin in aice le Ailfinn ach scaipeadh go luath iad. De bharr an fhocail "muineach", deineadh Thornton de chuid acu. Féach Ó Manacháin.

Ó Muineóg: Minogue, Minnock: líonmhar: an Clár thoir-Tiobraid Árann-Uí bhFailí-Cill Chainnigh. Tá Baile Uí Mhuineóg in aice le Tuaim Gréine. Tá an leagan Minnock i gCill Chainnigh agus Ceatharlach - mar nasc stairiúil, bhí Cléirchen Ó Muineog ina easpag ar Leithghlinn sa 11 céad. Brí: díspeagadh ar "manach", b'fhéidir.

Ó Muingeáin: leagan caolaithe d'Ó Mongáin, q.v.

Mac Muircheartaigh: Murdoch, Mac Murtry: líonmhar: oirthear Uladh & rl. Tá an-chuid leagan gallda ann ós rud é go bhfuil idir Albanaigh agus Éireannaigh i gceist. An bhrí: loingseoir, mairnéalach. Ainm pearsanta an-choiteann a b'ea é.

Mac Mhuircheartaigh: Mac Curdy: líonmhar: Aontroim, Reachlainn. Albanaigh ó Arainn agus Bód i gcaolas Chluaidh. Féach Mac Muircheartaigh & rl.

Ó Muircheartaigh: (1) Moriarty (2) Murtagh: an-líonmhar: (1) sa Mhumhain; (2) in Ultaibh. Bhí an chéad dhream lonnaithe i ngleann na Mainge i gCiarraí mar a bhfuil siad fós. Bhí an dara clann suite lámh le Ceanannas Mór ach bádh san Ionradh iad. Chomh maith leo-san, tá sloinnte Albanacha sa tuaisceart bunaithe ar an ainm céanna, Muircheartach a bhí an-choiteann sa mheán-aois. An bhrí, ar ndóigh, loingseoir, fear stiúrtha. SGG & IF.

Ó Muireadhaigh: (1) Murray (2) Murrihy: an-líonmhar gach aird ach baineann (2) leis an gClár. Clúdaíonn (1) sloinnte Gaelacha éagsúla ach bhí Ó Muireadhaigh i Ros Comáin, ba chuid d'Uí Maine iad. De bhunadh Albanach cuid mhaith des na h-Ultaigh agus Mac Muireadhaigh orthu, le ceart. Ciallaíonn an sean-ainm Muiredach "tiarna" is cosúil agus bhí naomh leis an ainm seo ina éarlamh ar dheoise Chill Ala. Litriú nua: Ó Muirí.

Mac Muireadhaigh: Mac Murray: líonmhar: oirthear Uladh. Albanaigh ó Ghallgallaibh iad seo ach bhí clann i mBreifne, gaolmhar leis na Ruaircigh, leis. Is Mac Morrow a bhíonn ar an ndream deireannach seo anois - táid le fáil i gConnachta. Litriú nua: Mac Muirí.

Mac Mhuireadhaigh: Currie: líonmhar i gCúige Uladh. Dream Albanach a bhain le Mac Domhnaill thall. Bhí siad suite in Aontroim. Tá meascadh le Mac Gothraidh a bhí i bhFear Manach, tráth. Tá Currie an-líonmhar in Albain ach is as logainm i Dumfriesshire iad seo, den chuid is mó.

Ó Muireagáin: (1) Merrigan (2) Morgan: tá (1) cuíosach líonmhar i gCill Mhantáin agus sa Oirdheisceart; tá (2) an-líonmhar: an Dún-Ard Mhacha-Cabhán-Muineachán. Bhí an chlann i dTeithbhe (Lár na Tíre) roimh an Ionradh nuair a scaipeadh iad. Táid measctha leis an sloinne Breatnach Morgan atá líonmhar in Ulaidh. SI.

Ó Muireáin: Murrin,-an,-en: líon beag: Tír Chonaill & rl. Seo sloinne a bhaineann, tráthúil go leor, leis na Cealla Beaga agus iascaireacht farraige. Deir de Bhulbh gur cuid d'Uí Fiachrach as iarthar Mhaigh Eo iad. Fréamh: muir, gan amhras.

Ó Muirgheasa: Morrissey, Morris: líonmhar: Connachta & Mumhain. Bhí clann de chuid Uí Fiachrach i Sligeach, go mbíonn Morris orthu anois. Dealraíonn sé gur Angla-Normannaigh, de Marisco, a ghin muintir Mhuirgheasa sa Mhumhain agus Laighin. Fréamh: muir + gus .i. neart mara. Litriú nua: Ó Muireasa. IF.

Mac Muirgheasa: Mac Morris: is ar éigin go bhfuil siad ann anois.

Ó Muirgheasáin: Bryson: líonmhar: Doire-Tír Conaill. Aistriú iontach. Bíonn Ó Briosáin orthu i gcaint na ndaoine agus sí Inis Eoghain a ndúiche shinseartha. Féach Ó Muirgheasa.

Ó Muirghis: Morris: ar aon dul le Ó Muirgheasa.

Ó Muirighthe: Murrihy: cuíosach annamh: an Clár. Athleagan d'Ó Muireadhaigh, q.v. Litriú nua: Ó Muirithe.

Ó Muirín: Murrin: féach Ó Muireáin.

Mac Muiris: FitzMaurice, Morrison: líonmhar: Luimneach-an Clár-Ciarraí & Gaillimh-Ros Comáin-Maigh Eo. Tá Mac Morris le fáil i bhFear Manach-Tír Eoghain-Doire. Tá trí chlann san áireamh: (1) Tiarnaí Leic Snámha i gCiarraí. (2) craobh de mhuintir Priondargás i Maigh Eo. (3) Clann faoi leith in Ultaibh nach fios go díreach cérbh iad. Bhí Séamas Mac Muiris mhic an Iarla (1530-79) i gceannas ar an éirí amach sa Mhumhain i 1579 ach maraíodh an bhliain chéanna é.

Mac Muiris Rua: Morrisroe: cuíosach annamh: Ros Comáin-Maigh Eo. Bhain an sloinne seo le Ros Comáin - craobh de chlann Normannach, is cosúil.

Ó Muirneacháin: Murnaghan: líon beag: Tír Eoghain-Muineachán-Lú. Dream Ultach gan amhras. An bhrí: muirneach = geanúil, grámhar.

Mag Mhuirneacháin: Gordon: líonmhar: Connachta-Tír Chonaill. "Mag Guarnacháin" i gcaint na ndaoine i Maigh Eo. Féach Mórbhóirneach, leis. Ní léir cén bhaint atá acu lena chéile.

Mac Muirnigh: Murney: is cosúil nach ann dóibh anois. Féach Ó Mórna.

Ó Muirthile: Hurley: cuíosach líonmhar: Corcaigh. An leagan is coitianta d'Ó Murthaile, q.v.

Mac Munna: Mac Munn: annamh: Áth Cliath & Sligeach. Thárla Bealach Munna i mBaile Átha Cliath, caithfear ghlacadh leis go raibh Munna .i. Mo Fhionna i gceist ach bhí sloinne Albanach, Mac Giolla Munna (Mac Munn) i gCúige Uladh, leis. SS.

Mac Murchadha: Mac Murrough: annamh: scaipthe. Bhí trí chlann: i dTír Eoghain, i Ros Comáin agus i Loch Garman. Rí-theaghlach Laighean dob ea an dream deireannach a shíolraigh ó Mhurchadh, sean-athair Dhiarmaid na nGall. Tugadh leas-ainmneacha ar na ranna éagsúla ina dhiaidh sin, mar shampla, Caomhánach, Cinnseallach, Méaranach. As an bhfréamh chéanna Ó Murchadha agus Mac Dáibhidh Mór ach deineadh Murphy agus Davis astu san. Ainm an-choitianta dob ea Murchadh, i measc na mBrianach go sonrach. Ciallaíonn sé "laoch mara". Litriú nua: Mac Murchú - rud a cheileann an chiall.

Ó Murchadha: Murphy: an sloinne is líonmhaire sa tír. Bhí, ar a laghad, trí chlann: Tír Eoghain, Sligeach agus Múscraí. Bhí an dream ó thuaidh ina dtaoisigh ar Shíol Aodha agus gaolmhar leis na Niallaigh - comh-shloinne, is dócha, le Mac Murchaidh, q.v. Bhí na daoine i Sligeach suite i dTír Fhiachrach agus scaipeadh go luath iad. Ceaptar gur craobh des na Cinnseallaigh an chlann i Múscraí (Corcaigh) atá leata ar fud na Mumhan anois. Ar ndóigh, ainm pearsanta fíor-choiteann a b'ea Murchadh - laoch mara, an bhrí atá leis agus dealraíonn sé go raibh i bhfad níos mó suime ag an sean-Ghaeil i gcúrsaí mara ná mar atá ag muintir na h-Éireann anois, a fhéachann ar an bhfarraige mar áit le haghaidh dumpáil bruscair, gan tuiscint ar bith ar an ndraíocht a bhaineann léi.

Mac Murchaidh: Murphy: an-líonmhar i gCúige Uladh. Bhí an chlann i dTír Eoghain i dtosach. Deineadh Murphy díobh ar fad.

Ó Murcháin: (1) Morkan: annamh: Tiobraid Árann thuaidh; (2) Morahan: líon beag: Gaillimh-Maigh Eo-Ros Comáin. Bhí clanna in Uíbh Fhailí agus Liatroim. Fréamh: díspeagadh ar Murchadh. Leagan eile: Ó Mórcháin. Luann de Bhulbh Mac Murcháin, leis.

Ó Murghail: Morrell: cuíosach annamh: Cúige Uladh. D'fhéadfadh Morrell beith Úgónach nó Sasanach annso. Tá an sloinne Gaelach ar aon dul le Ó Murghaile, q.v.

Ó Murghaile: Morley: líon beag: Maigh Eo & rl. Éagsúil le Ó Murthaile, a bhaineann le Corcaigh agus go bhfuil Morley orthu, leis. Brí: muir + gal (fuinneamh mara).Litriú nua: Ó Muraíle.

Ó Murghaláin: Murland: annamh: an Dún & rl. Tá an sloinne Sasanach, Moreland, ann agus ní féidir bheith cinnte nach bhfuil meascadh anseo. Brí: tugann de Bhulbh: muir + gal .i. neart mara. Féach Ó Murghaile.

Ó Murnáin: Murnane: cuíosach líonmhar: Luimneach-an Clár-Corcaigh. Féach Ó Marannáin. D'fhéadfadh an phréamh bheith i "muirneach" nó "maranach" nó, le ard-samhlaíocht de Bhulbh, i Manannán Mac Lir, dia na mara. Deineadh Warren díobh, leis. MIF.

Ó Murthaile: Hurley, Morley: cuíosach líonmhar: Corcaigh. Tá Ó Muirthile níos coitianta anois. Tugann de Bhulbh muir + tuile mar phréamh. Tá dream eile gur tugadh Hurley orthu .i. Ó h-Urthuile, q.v.

Mac Nailín: Nallen: cuíosach annamh: Gaillimh-Uí bhFailí & rl. Tá Mac an Ailín in Ard Mhacha - comh-shloinne, b'fhéidir. Fréamh: ail = carraig ?

(de) Nais: Nash: líonmhar gach aird - sa Mhumhain ach go h-áirithe. Sloinne Sasanach áitiúil, "ag an bhfuinnseóg", a tháinig go h-Éirinn go luath. Bhí an leagan Ashe, as a dtagann Ághas i gCorca Dhuibhne, ann sa mheán-aois, leis.

Ó Naoidheanáin: Neenan: cuíosach annamh: Luimneach-Ciarraí-an Clár. Bhí an chlann sa Chlár i dtosach ach deineadh Noonan díobh go minic. Brí: naoidhean = leanbh.

Mac Naoimhín: Nevin(s), Mac Niven: líonmhar: Cúige Laighean, ach tá meascadh le Mac Cnáimhín, q.v. Leagan Albanach is ea Mac Niven. Brí: "naomh beag".

Mac Naois: Mac Neice: líonmhar: oirthear Uladh. Claochlú ar Mac Aonghusa, q.v. Baineann an leagan seo le h-Ulaidh agus Oileán Mhanainn.

Mac Náradhaigh: Menary: líon beag: Ard Mhacha-an Dún & rl. Clann de chuid Oirghialla. Bíonn Mac Narry ar chuid acu sa Dún. Brí: náireach, cuthail.

Ó Náradhaigh: Neary: cuíosach líonmhar: Maigh Eo-Sligeach & rl. Bhain siad le tuaisceart Chonnacht den chuid is mó ach maireann cuid acu san Oir-dheisceart i gcónaí.

de Nás: ón logainm Nás; meascaithe le de Nais anois.

Ó Natháin: Nawn: annamh: Fear Manach. Clann eaglasta i dTír Chonaill ar dtús ach táid i bhFear Manach le fada. Bíonn Naan orthu, leis. Ón ainm bíobalta Nathan: tugtha ag Dia (Eabhrais).

Mac Neachtain: Mac Naughton: líon beag: Aontroim. Idir Ghaeil is Albanaigh leis an sloinne seo. An-chuid leagan gallda, Mac Cracken, Mac Knight, Mac Naught & rl. Féach Mag Reachtain, leis.

Ó Neachtain: Naughton: líonmhar: Connachta & tuaisceart na Mumhan. Bhí clann de chuid Dál gCais lámh le Cora Finne, an Clár; ach bhain an chlann ba mhó díobh le Uí Maine - bhí a n-áit dúchais i nGaillimh lámh le Baile Locha Riach. Bhain an file, Seán Ó Neachtain (1655-1728) leis an ndream seo. Sean-ainm is ea Nechtan, "mac na n-uiscí". GPN & IF.

de Néadh: ó logainm: Neath sa Bhrcatain Bhig. Neville orthu anois. SGG.

Mac Néidhe: Mac Nea: fíor-annamh: Acaill. Cheap de Bhulbh gur craobh de mhuintir Mhaolchonaire iad. Tá sloinne an-chosúil leis in Ultaibh agus Albain .i. Mac Niadh, q.v.

Ó Néidhe: Neville & rl. Féach Ó Niadh.

Mac Neighill: Neilson: líon beag: an Mhí-Cabhán-Lú. Comh-shloinne le Mac Néill ach go bhfuil nasc Lochannach ann. Tá Njall (Lochlannach) comhchiallmhar le Niall a chiallaíonn curadh, b'fhéidir.

Ó Neighill: Nihill: cuíosach annamh: an Clár-Luimneach. Clann a bhí lonnaithe ag Bun Raite, craobh de Niallaigh Thuathmhumhan ach luann de Bhulbh ceangal Lochannach - d'fhéadfadh an dá rud bheith ann. Féach Craobhach, leis.

Ó Néill: O'Neill: an-líonmhar gach aird, i gCúige Uladh ach go h-áirithe. Ceann de mhór-chlanna Gael. Bhí siad i gceannas ar Chinéal Eoghain in Ultaibh agus bhí clanna eile i dTuathmhumhain, Ceatharlach agus Tiobraid Árann theas. Mhaígh na h-Ultaigh sinsearacht ó Niall Naoi-ghiallach agus ba mhór a dtionchur ar stair na tíre sa 16 & 17 céad. Roimh theacht Bhrian Bhóroimhe, bhí an chraobh ar a dtugtaí Niallaigh an Deiscirt ina n-Ard-Ríthe ar Éirinn. Bhí craobh eile in Aontroim ar a dtugtaí Clann Aodha Bhuidhe. Níl na h-údair ar aon aigne faoi bhrí an ainm Niall ach bhí sé faiseanta ar fud na h-Eorpa sa mheán-aois. "Curadh" an bhrí is dóichí a luaitear. SGG & IF.

Mac Néill: Mac Neill: an-líonmhar: Cúige Uladh - Aontroim go speisialta. Gallóglaigh ó Inse Gall a tháinig ón 14 céad ar aghaidh. Chuaidh cuid acu go Maigh Eó, mar a bhfuil Mag Réill orthu. B'as Gleannta Aontroma d'Eoin Mac Néill (1867-1945), comh-bhunaitheóir Chonradh na Gaeilge agus scoláire mór. MIF.

Ó Neothallaigh: Nohilly: annamh: Gailimh & Lár na Tíre. Fuair de Bhulbh iad ag Sruthair i ndeisceart Mhaigh Eo. Ó Neothaile leagan eile. Ní fios an bhrí.

Mac Niadh: Mac Nee: fíor-annamh: Béal Feirste. Sloinne Albanach ar aon dul le Ó Niadh ach féach Mac Néidhe,leis.

Ó Niadh: Nee, Neville: líon beag: Gaillimh. Ní mór a thabhairt faoi ndeara go mbíonn Needham ar na daoine seo i Maigh Eo; chomh maith leis sin, tá an sloinne céanna i Luimneach agus máguaird leis an ngalldú Neville. Brí: curadh, laoch. Fuair de Bhulbh Ó Niadhóg i Maigh Eo, leis. MIF.

Ó Niallagáin: Nelligan: líon beag: Luimneach-Ciarraí-an Clár. Saolaíodh an chlann seo san Oir-dheisceart ach táid in iarthar Mhumhan le fada. Díspeagadh ar an ainm Niall.

Ó Nialláin: Neylon, Nealon: cuíosach líonmhar: an Clár & tuaisceart Chonnacht. Bhain an chlann le Tuathmhumhain. Ón ainm Niall, ar ndóigh. Fuair beirt shagart de mhuintir Nialláin bás an mháirtírigh sa 16 & 17 céad. Bhí Mag Rialláin (Mac Grillen) ann, chomh maith. IF.

Mac Niallghuis: Mac Nelis: líon beag: Tír Chonaill. Bhí an chlann i nGleann Cholm Cille tráth. Táid le fáil i gConnachta faoin mbréagriocht Mag Riallais, q.v. Fréamh: Niall + gus (fuinneamh). Litriú nua: Mac Niallais.

Ó Niatháin: Nyhan: cuíosach líonmhar: Corcaigh. Bhí an chlann in iarthar Chorcaí sa 13 céad. Fréamh, b'fhéidir, ón bhfocal niadh - féach Ó Niadh.

Mac Niocaill: Mac Nicholl: líonmhar: Cúige Uladh, Doire go sonrach. Bhain siad le Tír Eoghain ach tá an sloinne in Albain, leis. Bhí an t-ainm Gréagach Nikolaos "bua an phobail" an-choiteann ag na Normannaigh agus ghlac na Gaeil leis.

Mac Niocais: Nix, (Woulfe): cuíosach annamh: Luimneach-an Clár. Ainm sinseartha a ghlac cuid de mhuintir de Bhulbh chucu i Luimneach. Ón ainm Nioclás a bhí i bhfeidhm ag an gclann seo.

Mac Niocláis: Mac Nicholas: cuíosach líonmhar: Maigh Eo-Gaillimh. Ainm sinseartha a ghlac muintir de Burgo (na Búrcaigh) chucu i Maigh Eo.

de Nógla: Nagle, Nangle: líonmhar: Angla-Normannaigh ón 12 céad. Meán-Bhéarla: atten angle, Laidin: *de Angulo*. Tá sé le maíomh acu gur h-ainmníodh sliabh astu Sliabh an Nóglaigh i gCorcaigh, ach níos mó fós, bhí Nano Nagle (1719-84) acu, an bhean a bhunaigh Ord na Toirbhirte chun oideachas a chur ar fáil do bhochtáin na tíre. Chuaidh cuid acu go Connachta mar ar deineadh Mac Coisteala, q.v., díobh.

de Noiréis: Norris: líonmhar: Doire & san Oir-dheisceart. Chiallódh sé Lochlannach i measc na n-Angla-Normannach ach is sa 16-17 céad a tháinig a bhfurmhór. Féach Noraidh.

de Noraidh: Norris: líon beag: Cúige Mumhan. Tá an bhrí "Lochlannach" taobh thiar den sloinne ach, ar ndóigh, is Gaeil iad chomh maith le cách. Fear mór cheoil a b'ea Liam de Noraidh (1888-1972) sa Mhumhain.

Ó Nuadhan: Noone: líonmhar: Connachta & Lár na Tíre. Dream a mhaígh sinsearacht le Cairbre, mac le Niall Naoi-ghiallach agus a chónaigh i gCalraighe, Sligeach. Fréamh, de réir de Bhulbh, Nuada, an muir-dhia. Tá an leagan Ó Nuáin ag SGA. Féach Nuadhat.

Ó Nuadhat: Noud: annamh: Cill Dara. Mhaígh na Laighnigh gur shíolraigh siad ó Nuada - an muir-dhia. Tá na leagain Newth, Nowd & Knowd ann, leis.

Mac Nuadhat: Mac Nutt: líon beag: Tír Chonaill-Doire-Tír Eoghain. Tá Nutt le fáil in Aontroim & Doire. Deir Black go raibh an leagan Mac Naught i nGallghallaibh i bhfad siar agus gur deineadh Mac Nutt de in Éirinn; is cosúil go bhfuil meascadh annseo leis an sean-ainm Nuada, a bhain le "ré na ndéithe" agus a luaitear le roinnt chlann. Tá Mag Nuadhat (Gonoude) ann, leis.

Ó Nuallacháin: níl anseo ach an ginideach iolra den ainm Uallachán, q.v.

Ó Nuallain: Nolan: an-líonmhar tríd an dtír, sa Oir-dheisceart ach go h-áirithe. Clann tábhachtach i gCúige Laighean roimh an Ionradh - bhí sé de dhualghas acu rí Laighean a inshealbhú. Bhí siad lonnaithe sa cheantar Fothartha Fea i gCeatharlach. Sa 16 céad cuireadh craobh díobh go Connachta agus cheap de Bhulbh gur Mac Nualláin a bhí ar a sliocht ach ní dóigh liom go raibh an ceart aige. Bhí clann i gCorca Laoidhe, chomh maith. Cialaíonn nuall glao - glao caointe go sonrach - b'fhéidir go bhfuil fréamh an tsloinne ársa seo ansin. SGG & IF.

Mac Nualláin: Nolan: luann de Bhulbh an dream seo le Maigh Eo ach is cosúil gurab é Ó Nualláin an bun-rud. Bhí Ó Nuallacháin, q.v., acu, leis.

Nuaman: Newman: líonmhar: Áth Cliath-Lár na Tíre, Corcaigh. Sloinne Sasanach ón 13 céad. Bhí cáil ar an easpag Jeremiah Newman (1926-95), Luimneach, mar shocheolaí agus fear conspóide.

Ó Nuanáin: Noonan: an-líonmhar sa Mhumhain & san Oir-dheisceart. Claochlú ar an leagan bunaidh Ó h-Ionmhaineáin, q.v. Bhí William Ouhynaunen ina lia ag Rí Shasana (Éadbhard III) sa 14 céad. IF.

111

de Nuibhíol: Neville: Normannaigh: De Neuville, ach seasann Neville do Ó Niadh, leis.

de Nuinseann: Nugent: an-líonmhar: gach aird - Ulaidh, Lár na Tíre, Oir-dheisceart. Ceann de mhór-chlanna na n-Angla-Normannach, a shocraigh sa Mhí tar éis an Ionraidh. Bhí siad chun tosaigh mar shaighdiúirí sa 17 céad. Bhí craobh díobh lonnaithe ag Carraig Uí Leighin, Corcaigh. Fréamh: Nogent - áit sa bhFrainc.

Ó Nútáin: Newton i gcaint na ndaoine i gCorcaigh. SGG.

Mac Óda: Coady, Cody: líonmhar: Port Lairge-Cill Chainnigh-Tiobraid Árann-Corcaigh thoir. Ainm sinseartha a ghlac na h-Angla-Normannaigh Archdeacon chucu sa 13 céad i gCill Chainnigh. Ón ainm Teotanach Odo nó Otho, a chiallaíonn "saibhir".

Ó h-Ódhra: féach de Hóra.

Ó h-Odhragáin: Hourigan: bhí a leithéid i gCorca Laoidhe (iarthar Chorcaí) ach tá siad measctha le Ó h-Annragáin anois. Díspeagadh ar an ainm Odhrán, Odhar. SGG.

Ó h-Odhráin: Horan: measctha le Ó h-Annráin & Ó h-Ughróin, q.v. Tá na sloinnte thuas bunaithe ar an ainm Odhar a chiallaíonn dath buí ar chraiceann, nó, b'fhéidir, dobhar-chú. GPN.

Ó h-Ógáin: Hogan: an-líonmhar, Cúige Mumhan go h-áirithe. Clann de chuid Dál gCais a bhí suite ag Ard Cróine, Tiobraid Árann. Luann de Bhulbh clann i gCorca Laoidhe, iarthar Chorcaí. Is mó duine den dream seo a thuill cáil: luaimís John Hogan (1800-58), dealbhóir agus "Galloping Hogan" a threoirigh an Sáirséalach in eachtra Bhaile an Fhaoitigh. Duine a bhain go dlúth leis an saíocht Ghaelach a b'ea Edmund Hogan SJ (1831-1917): eisean a scríobh Onomasticon Gaedelicum, cur síos ar ainmneacha sa t-sean-saol.

Ó h-Ógartaigh: Hogarty: líon beag: Gaillimh & rl. Claochlú ar Ó Fógartaigh, q.v. Bhain siad le Gaillimh riamh is i gcónaí.

Ó h-Óghartaigh: Hoverty: fíor-annamh: Áth Cliath. Claochlú ar Ó h-Ógartaigh - féach Ó h-Ághartaigh, leis.

Ó h-Oghráin: féach Ó h-Ughróin.

Mac an Óglaoich: Mac Nogly - leagan nach maireann. Bhí siad ina n-airchinnigh ag Cill Oiridh, Sligeach. B'fhéidir go mairid mar Nangle ach féach Mac Oisdealbh, leis.

Mac Oibicín: Hopkins: féach Ó h-Oibicín.

Ó h-Oibicín: Hopkins, Hobbins: cuíosach líonmhar: Connachta. Bhí Hobigan orthu sa 17 céad ach is cosúil gur gaelú ar Hobkin é - díspeagadh ar an ainm Robert a bhí coitinn i measc na Normannach. Tá an sloinne Sasanach líonmhar in Ulaidh & Laighin.

Ó h-Oireachtaigh: Heraghty: cuíosach annamh: Sligeach-Liatroim. Tá Erraught le fáil i gCiarraí. Féach Mag Oireachtaigh.

Mag Oireachtaigh: Geraghty: líonmhar: Connachta, Lár na Tíre & rl. Clann de chuid Uí Maine, gaolmhar leis na Conchúraigh. Brí: lucht oireachtais - teachtaí Dála, fiú! Giorraithe go Mag Oireacht sa chaint uaireannta. SGG.

(d') Oirghiall: Yourell, Urell: cuíosach annamh: Lár na Tíre. Angla-Normannaigh a shocraigh i Lú agus a ghlac Oirghialla mar shloinne. San Iar-Mhí le fada.

Mac Oisdealbh,-aigh: Costello: an-líonmhar: Connachta & Mumhain. Shíolraigh siad ó Oisdealbh, mac le Gilbert de Nangle (de Nógla) a bhí i gConnachta sa 12 céad. Cruthúnas gur gaelaíodh an chlann chumasach seo go luath tar éis an Ionraidh. Bhí muintir Choisteala agus muintir Mhic Dhiarmada in achrann go minic agus b'as an dteannas sin an tragóid ba bhun leis an amhrán "Úna Bhán" - ceann de mhór-amhráin an domhain. Fréamh: os + dealbh - ar nós fia. Litriú nua: Mac Coisteala.

Ó h-Oiseáin: Hishon: fíor-annamh: scaipthe. Ar aon dul le Ó h-Oisín.

Ó h-Oisín: Hession: líonmhar: Gaillimh-Maigh Eo-Sligeach. Clann tábhachtach i gConnachta. Fréamh: an t-ainm Oisín, díspeagadh ar os = fia.

Mag Oisín: Mac Gushin: fíor-annamh: Áth Cliath. Bhain siad leis an Mhí in anallód.

Mac Oiste: Hosty: cuíosach annamh: Gaillimh-Maigh Eo. Gaelú ar Hodge, díspeagadh ar Roger, a d'éirigh sa 13 céad i Maigh Eo. Hoiste nó Mac Hoiste, le ceart.

Mac Oistigín: Costigan: cuíosach líonmhar: Laighin theas & Tiobraid Árann. Craobh de Mhac Giolla Phádraig, ach fréamhaithe san ainm Hodgkin (Roger). Choimeádadar a gcuid tailte i Laois go dtí an 17 céad.

Ó h-Oistín: Histon: cuíosach annamh: Luimneach-an Clár-Corcaigh. Dream a tháinig ó Chonnachta sa 16 céad ach go mbíonn Hasting orthu sa chúige sin anois. Fréamh: ón ainm Lochlannach Oistin.

Mac Oistín: Costin: fíor-annamh: Port Láirge. Leagan Lochlannach ar Augustin.

Ó h-Oistir: Hester: líon beag: Gaillimh-Ros Comáin-Maigh Eo. Tá an sloinne Hester i Sasana. Ní fios carbh as don cheann Gaelach.

Mac Oitir: Cotter, Mac Cotter: an-líonmhar: Corcaigh & Cúige Mumhan. Mac Cotter in Aontroim. Clann de bhunadh Lochlannach a bhí suite ag Carraig Thuathail i gCorcaigh; ón ainm Ottar. Dream ó Inse Gall atá in Aontroim. Mac Coitir a bhíonn orthu anois.

Ó h-Onchon: Ounihan: tá an sloinne as feidhm anois, is cosúil. De réir de Bhulbh, bhí siad suite lámh leis an dTulach, Ceatharlach, aimsir an Ionraidh. Ainm pearsanta is ea Onchú a chiallaíonn cú fhíochmhar agus, go meafarach, gaiscíoch. Tugadh Donegan ar chuid acu.

Ó h-Orcáin: Horkin: líon beag: Maigh Eo. Is ionann orc agus muc, agus tá an friotal "na h-oirc is na h-eairc" - rud ar bith - againn; ach b'fhéidir gur Ó h-Earcáin, q.v., atá againn annseo.

Ó h-Osáin: Hasson: cuíosach líonmhar: Doire & rl. Sloinne Ultach riamh. Fréamh: os = fia. Comhchiallmhar le h-Oisín.

Mac Oscair: Mac Cusker, Cosgrave: líonmhar: Fear Manach-Tír Eoghain & rl. Craobh de Mhag Uidhir Fhear Manach. Bhí an t-ainm Oscar (fia-chara) coiteann.

Mac Ospaic: Mac Cosbey: luaite ag de Bhulbh ach níl aon rian díobh le fáil. De bhunadh Lochlannach, de réir dealraimh. Maireann an leagan Cosby a bhí i Laois sa 16 céad. SI.

Mac Osraic: Mac Ostrich: fíor-annamh: Corcaigh. Luaitear an sloinne seo le h-Albain agus an focal Gàidhlig, òsdair .i. doirseóir, ach deir de Bhulbh gurab é an t-ainm Sasanach Osric atá i gceist. Tá rogha againn.

Pádraig: Patrick: cuíosach líonmhar: Tír Eoghain-Aontroim & rl. Dream Albanach a bhain le muintir Lamont thall. Bhí an t-ainm i bhfeidhm in Albain agus tuaisceart Shasana sa mheán-aois, nuair nach raibh sé le fáil in measc na nGael.

Mac Pádraicín: Parrican ? : ní dócha go bhfuil siad ann anois.

Paghan: Payne, Pyne: líonmhar i gcoitinne. Dream Angla-Normannach a tháinig san Ionradh. Shocraigh siad in áiteanna éagsúla i gCúige Laighean. Fréamh: Laidin: *paganus*, fear tuaithe. Féach Faghan (Phaghan), leis.

Mac Pháid: Mac Feat: annamh in Albain - is ar éigin go bhfuil siad in Éirinn.

Mac Páidín: Mac Padden: cuíosach annamh: Liatroim-Sligeach. Ainm sinseartha a ghlac muintir Bhairéad agus muintir Stanndún chucu i gConnachta.

Mac Pháidín: Mac Fadden: líonmhar: Ulaidh & Lár na Tíre. Bhí an sloinne coiteann in Éirinn agus Albain. Díspeagadh ar Phádraig, ar ndóigh. Bhí Ó Páidín ann ach féach Ó Peatáin (Peyton).

Páidín: Patton: an-líonmhar: Cúige Uladh, Connachta. Sloinne gallda a bhfurmhór ach tá meascadh le Mac Páidín. Bhí Patrick & Pattin coitianta in Albain sa mheán-aois.

na bPaidir: Beades: annamh: Ros Comáin-Lár na Tíre. Is cosúil gur gaelú mí-cheart é seo ar shloinne Sasanach a d'éirigh ón ainm pearsanta, Bede. SGG.

Mac Pháil: Mac Fall, Mac Faul: líonmhar: Aontroim-Doire-Tír Conaill. Craobh den chlann Albanach, Mac an Taoisigh agus, uaireannta, athleagan d'Ó Maolfabhail, q.v. Is é Mac Phail an leagan coiteann in Albain. Ón ainm Pól. Féach Mac Phóil, leis.

Pailís: Pallas: annamh: scaipthe. Tá a leithéid i Sasana ach ceapann Mac Giolla Iasachta gur bhain siad le dream Lombardach a tháinig mar bhancaerí sa 15 céad. Ar aon nós, bhí siad Gaelach a ndóthain chun go ndéanfaí eisreachtú ar chuid acu sa 16 & 17 céad.

Painín: Panneen: fuair de Bhulbh an sloinne seo i Luimneach ach níl siad le fáil anois. Sé a bhí ann ná díspeagadh ar Phaghan, q.v.

Páircéir: Parker: líonmhar: gach aird, in Ultaibh go sonrach. Sloinne Albanach agus Sasanach a chiallaíonn duine i bhfeidhil na páirce. In Éirinn sa 13 céad.

Pámar: Palmer: líonmhar: an Dún, Áth Cliath & rl. Ainm Sasanach, a chiallaíonn oilithreach - bhéaraidís craobhacha pailme abhaile leo ón dTír Naofa.

Paol: Powell: líonmhar gach aird. Tagann an sloinne seo ón mBreatnais: *ap Hywel*,(oirirc) ach féach Mac Giolla Phóil, leis.

de Paor: Power: an-líonmhar gach treo - san Oir-dheisceart ach go h-áirithe. Angla-Normannaigh go raibh Le Poer orthu agus iad ag teacht san Ionradh Mór. Is ionann san agus Le Povre .i. an Bochtán. Níor fhan siad bocht, ámh; fuair réimsí móra talún i bPort Láirge agus maireann fós ann. An fear is ionráití díobh, is dócha, an Paorach úd go mbíonn lá eile aige sa tsean-fhocal. Bhí an t-Ath. Patrick Power (1862-1951) ina staraí agus ársaitheoir i bPort Láirge.

Párnail: Parnell: líon beag: Áth Cliath & rl. Clann Sasanach a tháinig sa 17 céad. Thuill siad cáil i slite éagsúla riomh theacht do Charles S. Parnell, (1846-91), "Rí Éireann gan choróin". Is ar éigin gur fiú an gaelú sa chás seo. IF.

Mac Parthaláin: Mac Parland: líonmhar: Ard Mhacha-an Dún. Chónaigh siad in Oirghialla agus bhí clú orthu mar scríobhaithe agus filí. Tá na leagain Mac Partland & Mac Partlin ann. Féach Mac Pharthaláin, leis.

Mac Pharthaláin: Mac Farlane: líonmhar: Aontroim-Tír Eoghain. Sliocht na n-Albanach - bhí Clann Allan orthu i dtuaisceart na h-Alban agus tá "lóchrann Mhic Pharthaláin" (an ghealach) ina a nath cainte thall i gcónaí. Is cosúil go bhfuil an sloinne bunaithe ar an ainm Parthalán a thagann ón ainm Eabhraise Bartholomew, "mac trodach".

Péacóg: Peacock: líonmhar: Ulaidh thoir & rl. Leas-ainm Sasanach, gan amhras.

Pearail: Parle: líon beag: Loch Garman & rl. Dream a tháinig sa 16 céad. Tá an sloinne seo le fáil i Sasana ach go h-annamh. Díspeagadh ar an ainm Peadar, is dócha.

Pearóid: Perrott: líon beag: iarthar Chorcaí & rl. Shocraigh siad sa Mhumhain sa 16 céad. Aisteach go leor, h-ainmníodh an t-éan úd na cainte ón sloinne seo atá bunaithe ar an ainm Peadar (Pierrot).

Mac Pheadair: Mac Feeters, Peters: líon beag: an Dún, Doire & rl.

Mac Pheadruis: Mac Fetridge: cuíosach líonmhar: Aontroim. Albanaigh as Gallghallaibh agus Tiriodh. Gàidhlig, ón Laidin *Petrus*.

Mac an Phearsain: Mac Pherson: cuíosach líonmhar: oirthear Uladh-Doire. Ón gclann aitheanta Albanach iad seo, is dócha. Brí: mac an mhinistéir.

Ó Peatáin: Peyton: líon beag: Gaillimh-Maigh Eo-Sligeach. Craobh de Chinéal Eoghain, suite ag Rath Bhoth, Tír Chonaill, a bhrúadh go Connachta sa 17 céad. Bheadh Patton ar chuid acu, leis. Bíonn Ó Piotáin & Ó Piteáin ag cainteóirí dúchais. Fréamh: díspeagadh ar an ainm Pádraig.

Mac Péice: Mac Peake: cuíosach líonmhar: Aontroim-Doire. Ón t-Sean-Bhéarla *peac*, duine téagartha, ceaptar.

Peitíd: Pettit: líon beag: Loch Garman, Ros Comáin & rl. Angla-Normannaigh a shocraigh sa Mhí tar éis an Ionraidh. Níl an leagan Petty, a bhí chun tosaigh sa 17 céad, le fáil anois. Fréamh: Fraincis *petit*, beag. Ní nach ionadh, táid an-líonmhar sa bhFrainc. SI.

Mac Phiaraic: Feerick: líon beag: Gaillimh-Maigh Eo. Craobh de mhuintir Bermingham a bhí suite ag Dún Mór, Gaillimh. Bhí muintir Phiaraic socraithe lámh le Baile an Róba mar a bhfuilid fós. Fréamh: díspeagadh ar an ainm Piers - féach Mac Piarais.

Mac Piarais: Pearse: ar aon dul le Piaras, q.v. Fréamh: an t-ainm Piers (Laidin *Petrus*) a bhí coiteann i measc na Normannach. Mac le Sasanach dob'ea Pádraig Mac Piarais (1879-1916) file & tírghráthóir. Luann de Bhulbh an leagan Mac Phiarais, leis.

Piaras: Pierce, Pearse: líonmhar ar fud na tíre, go speisialta san Oir-dheisceart & tuaisceart Mumhan, Fear Manach. Tá muintir Pierse i dtuaisceart Chiarraí gaolmhar le Mac Muiris Leic Snámha, craobh des na Gearaltaigh. Féach Mac Piarais, leis.

Mac Phib: Phibbs: cuíosach annamh: Cill Mhantáin-Cill Dara, Sligeach. Gaelú ar shloinne Sasanach. Ón ainm Phillip.

Mac Philib: Mac Phillips: líonmhar: Fear Manach-Cabhán-Muineachán & Gaillimh-Maigh Eo. Baineann siad le Mac Philbín, q.v., i gConnachta ach is de bhunadh Albanach i gCúige Uladh iad. Craobh de Chlann Mhac Domhnaill a b'ea iad thall.

Mac Philbín: Philbin: líon beag: Maigh Eo-Gaillimh. Bhí clann aitheanta i mBuireas Umhaill, Maigh Eo, sa 16 céad agus is cosúil gur craobh des na Búrcaigh iad, bíodh is gur cheap O'Donovan gur bhain siad leis na Bairéadaigh. Bunaithe ar an ainm Pilib (Phillip).

Piondar: Pender: líonmhar: Oir-dheisceart, Gaillimh & rl. (1) Giorrú ar Prendergast nó (2) sloinne Sasanach "coimeádaí an phóna".

Ó Piotáin: Peyton: fíor-annamh: Liatroim. Féach Ó Peatáin.

Pléimeann, Pléamonn: Fleming: an-líonmhar: Oir-dheisceart, tuaisceart Mhumhan, Ulaidh. Bhí scata Pléimeanach plandálta i ndeisceart na Breataine Bige aimsir an Ionraidh Mhóir agus thánadar go h-Éirinn ar son na creiche, chomh maith le cách. Fuair Richard le Fleming ceantar Shláine sa Mhí, gabháltas a choinnigh siad go dtí díshealbhú Rí Liam. Ach is ar Sheán Pléimeann (1815-95), Tiobraid Árannach, is mó atá meas ag Clanna Gael - dhein sé cion deichniúir i ngluaiseacht na Gaeilge ins na blianta 1881-91.

Pluincéid: Plunkett: líonmhar: Áth Cliath-Lár na Tíre. Ceann des na mór-chlanna Angla-Normanacha a bhí lonnaithe sa Mhí ó aimsir an Ionraidh. I measc a mball ionráiteach tá (1) Oilibhéar Naofa (1621-81), ard easpag Ard Mhacha, (2) Sir Horace Plunkett (1859-1932), aspal na gluaiseachta comhoibrithí (Co-op); (3) Joseph Mary Plunkett (1887-1916), file agus duine de cheannairí éirí amach 1916. Fréamh: blanquet .i. fionn, sloinne atá i bhfeidhm fós sa bhFrainc.

Póil: Powell: fíor-annamh: Oileáin Árainn. Is cosúil gur *ap Hywel* (Breathnais) atá againn anseo. Féach Paol, chomh maith.

Mac Phóil: Mac Fall: líonmhar: Aontroim. Ar aon dul le Mac Pháil, q.v.

Mac Póilín: Mac Polin: líon beag: an Dún. Sloinne atá comh-chruinnithe sa Dún. Ta an leagan Poland ann, leis ach go bhfuil MacLysaght in amhras faoi. Fréamh: díspeagadh ar an ainm Pól.

Póirtéir: Porter: an-líonmhar ar fud na tíre, Cúige Uladh go sonrach. Sloinne Albanach is Sasanach atá le fáil in Eirinn ón 13 céad ar aghaidh. Ní nach ionadh, bhí siad páirteach ins gach sort imeachta; crochadh an t-Urramach James Porter, Preispitéireach, (1753-98) as bheith gníomhach in éirí amach '98 i gCúige Uladh.

Ponns: Poyntz: cuíosach annamh: Cúige Uladh. Sloinne Angla-Normannach gur tugadh Púinse, q.v., (Punch) orthu sa deisceart. Níor tháinig Poyntz chun an tuaiscirt go dtí an 17 céad. Maireann an sloinne sa bhFrainc faoin leagan Pons. Ón ainm Laidneach *Pontius*.

Portuil: Purtill: líon beag: sa Chlár agus Ciarraí thuaidh. Puirséil atá ann, le ceart. SI.

Ó Préith: O'Prey: féach a'Préith.

a Préith, a'Phréith: O'Prey: líon beag: an Dún & Béal Feirste. B'é tuairim an Ollaimh M.A. Uí Bhriain gur ainm Pioctach atá annseo, gan aon bhaint leis an bhfocal "prae" a chiallaíonn creach agus a tugtar mar bhrí de ghnáth. Má's ea, is sloinne fíor-ársa é.

Príodháil: Pryall: annamh: Maigh Eo & rl. Níl an bhrí ar eolas ach b'fhéidir Prior atá ann.

de Priondargás(t): Prendergast: líonmhar: gach aird seachas Cúige Uladh. Breatna-Normannaigh a tháinig le Strongbow agus a shocraigh san Oir-dheisceart & Tiobraid Árann. Deineadh Piondar díobh, uaireannta. Fréamh: log-ainm i bPenfro sa Bhreatain Bhig. Bhí Mac Muiris orthu, leis.

de Prionnbhíol: Prendeville: líonmhar sa Mhumhain, i gCiarraí ach go h-áirithe. Angla-Normannaigh i gCiarraí ón 13 céad. Fréamh: log-ainm sa bhFrainc, is dóichí.

Mac an Phríora: Prior: cuíosach líonmhar: Cabhán-Muineachán-Lú. Clann Ghaelach i gCabhán agus an iarthar ach seans gur Angla-Normannaigh na daoine san oirthear. Tá áit darb' ainm Baile Mhac an Phríora i gCiarraí. Is léir ós na sloinnte nach raibh aontumhacht na cléire ró-dhocht sa mheán-aois - ceann amháin d'an-chuid leithscéalta a bhí ag an bPápa Sasanach, Adrian IV agus Rí Annraoi II chun chur isteach ar chúrsaí na h-Éireann.

Ó Priosáin: *recte* Ó Muirgheasáin. I bhfeidhm i Maigh Eo. Féach Ó Briosáin, leis. SGG.

Prís: Price: líonmhar: gach aird, i gCúige Uladh go speisialta. Tá an sloinne in Éirinn ón 14 céad. Fréamh: *Ap Rhys* (Breatnais) .i. mac Rhys, ainm a chiallaíonn díograis.

Prionnbhíol: Prendeville: líonmhar: Ciarraí ag go háirithe. Normannaigh ón 13 céad. SI.

Ó Proinntigh: Prunty: cuíosach líonmhar: Fear Manach-Cabhán-Muineachán-Longfort. Sa 17 céad, bhí siad i gCríoch Moghdhorn (Muineachán) agus Fiodh Conaile (Ard Mhacha). Prunty as an Dún dob'ea athair na ndeirfiúracha Brontë, na h-úrscéalaithe iomráiteacha i Sasana. An bhrí: pronntach = fial, flaithiúil.

Púinse: Punch: líon beag: Corcaigh-Luimneach-an Clár. Angla-Normannaigh ón 13 céad. Bhí siad i gCill Dara ag an am san agus, ar ndóigh, tá Punchestown, áit rásaíochta, againn i gcónaí. Fréamh: ainm naoimh Rómhánaigh, *Pontius*, gan aon bhaint le gobharnóir Iúdaia! Féach Ponns (Poyntz), leis.

Puirséil: Purcell: an-líonmhar: gach treo, san Oir-dheisceart ach go h-áirithe. Angla-Normannaigh a shocraigh i gCill Chainnigh & Tiobraid Árann. Gaelaíodh ar fad iad agus bhí siad chun tosaigh ag cur i gcoinne choncais an 17 céad. Bhí bun-áit acu ag Lochmagh, lámh le Dúrlas Éile; bhí craobh eile ag Baile Uí Chathláin i gCaonraí, Luimneach. Fréamh: *porcel* (Fraincis) .i. muicín, banbh. Maireann an sloinne sa bhFrainc, *Pourcel*, leis an bhfo-bhrí, mí-iompar! Dauzat.

Ó Rabhartaigh: Raverty: fíor-anamh: Bré, Cill Mhantáin. Ath-leagan d'Ó Raithbheartaigh agus Ó Robhartaigh, q.v.

Ragat: Raggett: annamh: Cill Chainnigh. Angla-Normannaigh agus ceann de "Treabhanna Chill Chainnigh". B'fhéidir go mbaineann Béal Átha Ragad leo. Brí: giobalach.

Ó Raghaill: (1) Ryle, (2) Reihill: (1) líon beag: Ciarraí & rl. (2) cuíosach annamh: Oirghialla. Clanna éagsúla, is cosúil, agus an-chuid leagan gallda ann: Rael, Reale sa Mhumhain; Rehill, Rawl, Rahill, Riall, Ryall ó thuaidh. Tá an bhrí éiginnte. Pléann Mac Giolla Iasachta é seo i MIF.

Ó Raghailligh: O'Reilly: an-líonmhar tríd an dtír: in Ulaidh & Laighin thuaidh go sonrach. Ceann de mhór-chlanna na nGael a d'áitigh Breifne (Cabhán-Liatroim). Bhíodar páirteach in éirí amach 1641 agus cogadh an Dá Rí ach choimeád siad roinnt mhaith talún síos tríd na blianta. D'fhoillsigh Edward O'Reilly foclóir Gaeilge-Béarla i 1817. An bhrí - níl ann ach tuairim - cróga.

Mac Raghailligh: Crilly: líonmhar: Cúige Uladh. Bhain an chlann seo le Oirgialla (Ard Mhacha-Muineachán & rl). Ní mór a rá go bhfuil éiginnteacht ag baint leis an leagan Gaelach - bhí Mac Crolly & Crolly ar chuid acu sa 17 céad agus b'fhéidir go raibh Cruadhlaoch i gceist sa chás, leis.

Mag Raghallaigh: Grealy: cuíosach líonmhar: Connachta. Ó Graolaigh i gcaint na ndaoine.

Mac Raghallaigh: Crawley: cuíosach líonmhar: deisceart Uladh. Litriú nua: Mac Rállaigh.

Mac Raghnaill: (1) Mac Randle: cuíosach annamh: Aontroim; (2) Reynolds: an-líonmhar: Laighin thuaidh, Connachta, oirthear Uladh. Bhí an chlann bhunaidh suite i Muintir Eolais, Liatroim. An chéad duine a ghlac leis an sloinne Reynolds (sa 16 céad) tugadh Mac Raghnaill Gallda air - slán mar n-inistear é! Ainm Lochlannach Raghnall agus nach iontach chomh beacht is atá an sean-fhocal "má théid ó Thadhg ní raghaid ó Raghnall" -thuig na Gaeil éifeacht na Lochlannach. Tá Raghnall comhchiallmhar le Reginald ainm Teotanach leis an mbrí "comhairle chumhachtach".

Mag Raghnaill: Grannell: annamh: Loch Garman. Tá Magrandles le fáil in Aontroim.

Raghnall: Reynolds: sloinne Sasanach atá measctha le Mac Raghnaill. Bhí siad in Éirinn ón 13 céad agus ní foláir go bhfuil ionadaíocht mhaith acu sa tír i gcónaí.

Ó Raighne: (1) Riney: annamh: Ciarraí; (2) Reaney: líon beag: Gaillimh. Fréamh Teotanach *ragn* a chiallaíonn "comhairle", atá ins na sloinnte seo thuas.

Mac Raighne: Rennie: díspeagadh ar an ainm Raghnall (Reginald).

Ó Raigne: Rigney: cuíosach líonmhar: Lár na Tíre, Sligeach-Liatroim. Clann a bhí lonnaithe ag Garraí an Chaisleáin, Uíbh Fhailí mar a rabhadar gaolmhar le Ó Cochláin. Tá an sloinne ar aon dul le Ó Roigne agus Ó Raighne.

(de) Railéigh: Raleigh, Rawley: líon beag: Luimneach, an Mhí. Sasanaigh a tháinig sa 16 céad. Tá Baile an Ráiléigh in aice le Loch Gair, Luimneach. Baineann an bun-sloinne le Devonshire, Sasana.

Raincín: Rankin: líonmhar: Cúige Uladh. Dream Albanach a bhain le Clann Mhac Giolla Eáin.

Mag Raith: Magrath: tá an leagan seo i bhfeidhm le fada ach is cosúil nach é an ceann ceart é. Mac Craith, q.v., an fhoirm is fearr leis na h-údair anois.

Ó Raithbheartaigh: Rafferty: líonmhar: Ulaidh, Connachta & Laighin thuaidh & rl. Bhí dhá chlann (1) Tír Chonaill mar a rabhadar ina gcomharbaí ar Cholm Cille i dToraigh; (2) Sligeach, craobh d'Uí Fiachrach, suite ag an Scrín; scaipeadh iad seo sa 17 céad. Ar chúis nach léir, bhí an sloinne seo measctha le Ó Robhartaigh, q.v., le fada. An bhrí, ar ndóigh, rath + beartach .i. flaithiúil. Litriú nua: Ó Raifeartaigh.

Ó Raithile: O'Rahilly: líon beag: Ciarraí-Corcaigh. Deirtear gur shíolraigh an dream seo ó Chinéal Eoghain in Ultaibh, ach is Ciarraígh iad le fada. An duine ba mhó díobh, gan amhras, Aodhagán Ó Raithile (1670 1726) an file a scríobh go coscrach ar oidhe Chlanna Gael i dtosach an 18 céad. Luaimís, leis, The O'Rahilly a fuair bás ag troid go cróga i 1916. Níor aimsíodh fréamh an ainm seo.

Randal: Randles: líon beag: Ciarraí theas & rl. Sloinne Sasanach a tháinig leis na h-Angla-Normannaigh agus bunaithe ar an ainm Randolph. B'fhéidir go bhfuil baint le Mac Raghnaill, leis.

Mag Raoghallaigh: féach Mag Raghallaigh.

Mac Raois: Mac Creesh: cuíosach líonmhar: Ard Mhacha-Tír Eoghain-Muineachán. Craobh de Chlann Mhic Aonghuis agus claochlú ar an sloinne sin. Bhí siad in Oirghialla riamh.

Ó Reachair: Raher: líon beag: Port Láirge & rl. Claochló ar Ó Fearchair, q.v.

Ó Reachtabhair: Rafter, Raftice: líonmhar: Oir-dheisceart, Lár na Tíre. Bhí an chlann seo i gCill Chainnigh ar dtús; leathnaigh siad go maith - b'fhéidir go bhfuil roinnt measctha leis an gcomh-shloinne Ó Reachtabhra a bhaineann le Connachta. Préamh: reacht = dlí.

Ó Reachtabhra: Raftery: líonmhar: Connachta, Gaillimh go speisialta. Clann a thosaigh i Maigh Eo. Bhí an t-ainm pearsanta Reachtabhra i bhfeidhm sa 8 & 9 céad. Tá aithne ag gach dalta scoile in Éirinn ar "Raifteri an file" de bharr an dáinín úd, rud narbh mhiste leis an bhfear a chum, Antoine Ó Reachtabhra (1784-1835), file bocht dall go raibh cumhacht na sean-teanga taobh thiar de. Litriú nua: Ó Reachtaire.

Ó Reachtagáin: Rattigan: líon beag: Gaillimh/Maigh Eo. Bhí siad ina gcóarbaí ar N Finnian i Ros Comáin. Tá fréamh an ainm sa bhfocal *reacht*, dlí.

Mac Reachtain: Mac Cracken: líonmhar: Cúige Uladh. Claochlú ar Mac Neachtain - ó Albain an sloinne bunaidh, ach bhí siad in Aontroim sa 16 céad. Beidh cuimhne, ar ndóigh, ar Henry Joy Mac Cracken, laoch de chuid Éirí Amach '98.

Mag Reachtain: Grattan: líon beag: an Dún & rl. Ar aon dul le Mac Reachtain. Dream éagsúil is ea muintir Grattan sa deisceart. Bhain Henry Grattan, státaire, leis an gclann seo. Tá Gratton le fáil i Sasana: logainm is ea é.

Ó Reachtnín: Roughneen: cuíosach annamh: Maigh Eo & rl. Bíonn Rochford orthu, leis.

Ó Réagáin: Regan: fuaimniú Muimhneach ar Ó Riagáin, q.v.

Réamoinn: Redmond: líonmhar san Oir-dheisceart. Normannaigh i Loch Garman ó thús.

Mac Réamoinn: (Mac) Redmond: an-líonmhar: Oir-dheisceart & rl. Gaelú ar an ainm Normannach Raymond; ghlac craobh des na Búrcaigh mar ainm sinseartha é agus mar an gcéanna ag muintir Mhurchadha i Loch Garman. Ar ndóigh, b'é Raymond le Gros, a tháinig le Strongbow, an ceann sinseartha agus bhí siad chun tosaigh i Loch Garman ó shoin i leith. Bhí John E. Redmond (1855-1918) ina a cheann ar an bPáirtí Éireannach i nDáil Shasana in ndiaidh Pharnail. Fréamh: ainm Teotanach *Raginmund* "comhairle + cosantóir". IF.

Ó Reannacháin: Renehan, Ranahan, Ronaghan: líon beag: an Mhí-Muineachán-Ard Mhacha-an Dún, Cill Chainnigh & Luimneach. Clann de chuid Oirghialla - b'fhéidir gur craobh den dream seo atá i Luimneach (Ranahan) atá lonnaithe in Uíbh Rosa ar bhruach na Sionainne. Tá an mí-aistriú Ferns le fáil i Laois. Brí: reannach, biorach, géar.

Mag Reannacháin: Mac Granaghan: líon beag: Tír Eoghain-Tír Chonaill, Maigh Eo. Clann a d'áitigh an ceantar Midhbheach, Tír Chonaill.

Réid: Read(e): líon beag: Oir-dheisceart & rl. Tháinig siad ar dtús aimsir an Ionraidh ach tá an leagan Reid an-líonmhar in Ultaibh agus is cóilínigh den 17 céad iad san. Fréamh: dearg, lasta .i. dreach an duine.

Ó Reighill: féach Ó Raghaill.

Mag Réill: Mac Greal: cuíosach líonmhar: Connachta. Claochlú ar Mac Néill, q.v. Gallóglaigh a b'ea iad, a shocraigh i Liatroim & Maigh Eo. De bhunadh Albanach, ní foláir.

Riabhach: Rea: cuíosach líonmhar: Corcaigh-Luimneach-Tiobraid Árann & rl. Aidacht-ainm a sháraigh an bun-sloinne. Tá Rea & Rae i gCúige Uladh ach is de bhunadh Albanach iad. Baineann an sloinne thuas le dreach an duine - liath nó crón nó mar sin.

Ó Riabhaigh: ar aon dul le Riabhach ach bhí siad seo suite in Uaithne, Luimneach sa 17 céad.

Mac Riabhaigh: Mac Creevy: annamh: Cill Dara: féach Mag Riabhaigh.

Mag Riabhaigh: Mac Greevy: líonmhar: an Dún, Ros Comáin-Liatroim. Clann le Connachta thuaidh - dream difriúil atá sa Dún, is cosúil. Féach Riabhach & Mac Giolla Riabhaigh.

Ó Riada: Reidy: líonmhar: tuaisceart na Mumhan. Dream de chuid Dál gCais a chónaigh in Ára, an ceantar taobh thoir de Loch Deirgeirt sa 12 céad. Sa lá inniu, cuimhneófar ar Sheán Ó Riada (1931-71) ceoltóir a dhein éachtaí leis an gceol traidisiúnta. Brí: riad = cúrsa?

Mac Riada: Mac Cready: líonmhar: an Dún-Aontroim-Doire-Tír Chonaill. Clann airchinneach ag Tulach Ó Beigfhile, Tír Chonaill. I 1608, sracadh an Déan Donncha Mac Riada as a chéile le capaill; faraoir go bhfuil an meón fuafar céanna beo in Ultaibh fós. Féach Mac Conriada, leis.

Mag Riada: Mac Gready: annamh: an Dún-Aontroim. Tá Ó Griada i Maigh Eo ach is claochlú ar Mag Riada é, i gcaint na ndaoine. Bhain an bun-sloinne le Ros Comáin-Maigh Eo.

Ó Riagáin: (O')Regan: an-líonmhar - i gCorcaigh ach go h-áirithe. Ó thaobh staire de, bhí trí chlann: an ceann sa Mhí, scaipeadh aimsir an Ionraidh í ach d'fhan cuid acu i Laois. Clann eile i dTuathmhumhain a shíolraigh ó Riagán, nia le Brian Bóroimhe. Bhí an triú dream i gCairbre, Co. Chorcaí, mar bhain siad leis na Cárthaigh. Réagán an fuaimniú sa Mhumhain agus is mar sin, is dócha, a fuair Ronald Reagan, Uachtarán SAM, a shloinne. Fréamh: díspeagadh ar "rí". SGG & IF.

Mac Riagáin: Cregan: líonmhar: Luimneach-an Clár-Ciarraí, Corcaigh, Doire. Ó Criagáin a bhíonn orthu san, de ghnáth, ach is cosúil gur Mac Riagáin an rud bunaidh.

Mag Riagáin: Gregan: líon beag: Oir-dheisceart.

Ó Riaghain, Ó Riain: Ryan: ní h-é seo an "Ryan" atá an-choitinn, sin Ó Maoilriain, q.v. Ach seo clann a bhí suite in Uí Dróna, Ceatharlach, in anallód. Ní féidir idirdhealú a dhéanamh orthu anois mar tá an phréamh chéanna ann: díspeagadh ar "rí".

Ó Riain: Ryan: an-líonmhar: Cúige Mumhan & Oir-dheisceart go speisialta. Ó Maoilriaghain le ceart. Bhí an chlann seo lonnaithe ar threorainn Luimnigh agus Thiobraid Árann i dtosach ach táid an-líonmhar tríd an dtír anois. Giorraíodh an sloinne go luath - bhí Mulryan ina mhionlach fiú sa 17 céad. Fear amháin díobh a mhaireann de shíor: Éamonn a' Chnuic (c.1680-1724), file, saighdiúir, rapaire agus ábhar amhráin mhóir. IF.

Mag Rialláin: Mac Grillan: cuíosach annamh: an Dún. Claochlú ar Mac Nialláin (nach bhfuil le fáil anois). Díspeagadh ar an ainm Niall.

Mag Riallghuis: Grealish: líon beag: Gaillimh. Claochlú ar an sloinne Ultach Mac Niallghuis. Fréamh: Niall + gus (fuinneamh).

Mac Ricéid: Rickets: annamh: an Dún. Díspeagadh ar Riocard.

Mac an Ridire: Mac Knight, Knight. líonmhar: Cúige Uladh. Is cosúil gur Mac Neachtain ba shinsear don dream seo ach is cinnte gur ghlac muintir Mhic Shiomóin leis an ainm sinseartha seo san Iar-Mhí. Bíonn Knight le fáil sa Mhumhain thuaidh agus Connachta - b'fhéidir go mbeadh daoine ag maíomh gur shíolraigh siad ó ridirí!

Ó Rímheadha: Reeves: cuíosach líonmhar: Luimneach-an Clár, Oir-dheisceart, Lár na Tíre, Béal Feirste. Sloinne Sasanach Reeves de ghnáth ach bhí an sloinne Gaelach seo i bhfeidhm in Ultaibh - bhí Maoilbhrighde Ó Rímheadha ina abb ar Oileán Í sa 11 céad. Fréamh, b'fhéidir, ríomh = áireamh.

Ó Rinn: Ring, Wrenn: líonmhar: Cúige Mumhan. Dhá chlann: (1) dream a bhí in Uí Mac Caille, Corcaigh thoir; (2) clann eile i Ros Comáin-Liatroim. Tugadh Rynne ar chuid acu san. Dar le Mac G. Iasachta, ba dhaoine le sinsearacht Shasanach muintir Wrenn i gCiarraí thuaidh - má's ea, is Gaeil iad anois, gan aon agó. Brí: reann = bior, sleá.

Mac Riocaird: Rackard, Crickard: annamh: Loch Garman. Ainm sinseartha ag na Búitléirigh ach tá Crickard in oirthear Uladh, sloinne a bhain le Clann Sinclair in Albain.

Riodal: Ruddle: annamh: Luimneach. Sloinne a bhí in Éirinn sa 13 céad. Baineann cuid acu le Ruttle agus cuid eile le Riddell, is cosúil.

Ó Ríoghbhardáin: Riordan: féach Ó Riordáin.

Ó Ríordáin: Riordan: an-líonmhar: Corcaigh-Luimneach theas-Ciarraí & rl. Clann a bhain le Élle Uí Chearúill ach bhog iad go Corcaigh sa mheán-aois. Seandálaí iomráiteach dob ea Seán P. Ó Ríordáin (1905-57) agus caithfear Seán Ó Ríordáin ((1916-77), file, a lua; bhí tionchur mór aige ar fhilíocht an lae inniu. Fréamh: rí + bard, teideal a d'oir go maith don Sheán seo thuas. IF.

Mac Rithbheartaigh: Crifferty: níl le fáil anois ach deir Mac Giolla Iasachta gur deineadh Clifford díobh. Clann liteartha a bhain le Mac Uidhir Fhear Manach. Is ionann é agus Mac Raithbheartaigh, q.v. SGG.

Rís: Rice: líonmhar: Oir-dheisceart & rl. Sloinne Breatnach sa deisceart *Ap Rhys* ach sa tuaisceart, is claochlú ar Maolchraoibhe é. Bhí na Breatnaigh sa Mhumhain ón 14 céad. Díobh san clann Spring-Rice as Ceapach Uí Dhálaigh (Mount Trenchard), Luimneach, dream a thuill meas agus gean Chlanna Gael sa 18 & 19 céad. Ní mór duine eile a lua: Éamonn Ignáid Rís (1762-1844), bunaitheoir na mBráithre Críostaí, a chuir oideachas ar fáil d'aos óg na tíre in am an ghátair. Deineadh é a bheannú i 1996. IF.

Mac Rob: Robb, Robson: líonmhar: oirthear Uladh & Tír Chonaill. Craobh den chlann Albanach Mac Pharthaláin (Macfarlane). Tá Robson coitianta in Albain & tuaisceart Shasana.

Ó Robhacháin: Rohan, Roughan: cuíosach annamh: Ciarraí-an Clár & rl. Deir de Bhulbh go raibh an sloinne seo nasctha le mainistir Shóird (Áth Cliath) agus mainistir na Leasa Móire ach is sa Chlár a bhí siad ón 16 céad. Brí: robhach = cliste. Féach Ó Ruadhacháin, leis. Litriú nua: Ó Ruacháin.

Ó Robhartaigh: Roarty: líon beag: Tír Chonaill & rl. Tá an sloinne seo measctha le Ó Raithbheartaigh, q.v., ach sé is dóichí gurbh iad na Robhartaigh a bhí mar chomharbaí ar Cholm Cille i dToraigh. Brí: b'fhéidir, robhartach = teasaí.

119

Mag Robhartaigh: Mac Groarty: líon beag: Tír Chonaill. Clann eaglasta a choimeád Cathach Cholm Cille .i. saltair, leabhar salm. Mac Robhartaigh orthu, chomh maith.

Ó Rodacháin: Redahan: annamh: Gaillimh. Clann eaglasta i Liatroim: comharbaí ar Chaillín ag Fíodhnach. Ath-leagan: Ó Roideacháin agus giorraithe mar Ó Rodaigh.

Mac Rodaigh: Ruddy: líonmhar: Cúige Uladh. De bhunadh Sasanach cuid mhaith de mhuintir Ruddy. Sloinne annamh i dTír Chonaill is ea Mac Rodaigh. Brí: rod = láidir.

Ó Rodaigh: Roddy, Ruddy: líonmhar: Sligeach-Liatroim & rl. Is ionann é seo agus Ó Rodacháin. Baineann siad le Fíodhnach agus N. Caillín, leis.

Ó Rodáin: Reddan: líonmhar: Luimneach-Tiobraid Árann-an Clár. Clann a bhí bunaithe ag Droichead Abhann Uí Chearnaigh, an Clár, agus iad ina maoir ag muintir Uí Bhriain. Ath-leagan: Ó Roideáin. Brí: rod = láidir.

Mac Rodáin: Rodden, Mac Crudden: líon beag: Tír Chonaill-Fear Manach. É seo ina ndúiche féin ach tá Mac Crudden líonmhar go maith sa chuid eile de Chúige Uladh.

Mag Rodáin: Mac Grudden: fíor-annamh: Doire. Féach Mac Rodáin.

Mac Roibín: Robinson: an-líonmhar gach aird. Tá Robinson cuíosach nua in Éirinn ach bhí Mac Roibín i bhfeidhm sa 16 céad agus, is cosúil, mar ainm sinseartha i bhfad roimhe sin. Tá an leagan gallda Cribbin i Maigh Eo - as Mac Roibín é sin, chomh maith, déarfainn.

Mag Roibín: Gribbin: ach féach Ó Gribín, leis.

Roibheal: Reville: líon beag: Loch Garman/Port Láirge. Revel nó logainm ón bhFrainc.

Ó Roideacháin: Redican: cuíosach annamh: Sligeach & rl. Féach Ó Rodacháin.

Ó Roidigh: Reddy: líonmhar: oir-dheisceart. Aithleagan d' Ó Rodaigh, q.v.

Mac Roghallaigh: Crowley: líonmhar: Corcaigh & rl. Tá sé seo deacair: deir Mac Giolla Iasachta gur thánadar ó Ros Comáin faoin sloinne Ó Cruadhlaoich ach ceapann de Bhulbh gur deineadh claochlú ar Mac Roghallaigh agus gur bhain an dream seo le muintir Mhathúna in iarthar Chorcaí. Féach Ó Cruadhlaoich, leis.

Mac Roibeaird: Mac Roberts: cuíosach líonmhar: oirthear Uladh. De bhunadh Albanach, de ghnáth. Tháinig an t-ainm Teotanach Robert (clú + geal) leis na Normannaigh.

Ó Roighne: Riney: féach Ó Raighne.

Ó Roileacháin: Relihan: líon beag: Ciarraí thuaidh-iarthar Luimnigh. Bhí an sloinne in Ulaidh sa 16 céad - b'fhéidir gur bhog siad ó dheas sa ré shuaite sin. Tuairimíonn de Bhulbh gur claochlú ar Roghallachán atá ann. Tá a thuilleadh eolais ag teastáil.

Ó Rónáin: Ronan, Ronayne: líonmhar: sa Mhumhain agus san Oir-dheisceart. Bhí clanna éagsúla ann in anallód ach an ceann ba shuntasaí díobh in oirthear Chorcaí & na Déise. Fréamh: ón ainm pearsanta Rónán a bhí an-choitianta - ón rón, an t-ainmhí mara.

Ó Rosna: Rosney: annamh: Corcaigh & rl. Bhí an sloinne seo le fáil i gCorca Laoidhe in anallód ach ní fios cérbh é Rosna.

Mac an Róthaich: Munro, Monroe: líon beag: Cúige Uladh & rl. Albanaigh gan aon agó - táid go láidir thall. Tá scéal intliúil ann gur thánadar ó Bhun Rotha i Doire go h-Albain. Is cinnte gur thánadar ar ais i ré na plandála san 17 céad.

Ó Rothláin: Rowland: líon beag: Maigh Eo: Bhí an chlann seo suite i nGaileang an Chorainn, Maigh Eo. Ó Roithleáin sa chaint. B'fhéidir Roghallach an t-ainm bunaidh. SGG.

Ruadh: Roe, Rowe: líonmhar gach treo. Leasainm Gaelach nó logainm Sasanach. DHSS.

Ó Ruadhacháin: Rohan: tá meascadh le Ó Robhacháin, q.v. Cuireann Mac Giolla Iasachta an sloinne seo i gCúige Uladh - féach Ó Ruadhagáin.

Ó Ruadhagáin: Rogan: líonmhar: an Dún-Lú & Gaillimh-Maigh Eo. Bhí an chlann seo in Oirghialla lámh le Ard Mhacha agus sa Dún, leis. Comh-shloinne le Ó Ruadhacháin.

Ó Ruadháin: Ruane: líonmhar: Gaillimh-Maigh Eo-Sligeach. Clann de chuid Uí Fiachrach a chónaigh i Róidhbín, lámh le Baile an Róba. Tá an leagan Rowan go forleathan agus dealraíonn sé go raibh clann eile ar a laghad ann. Fréamh: an t-ainm Ruadhán, an fear rua. Bhí an t-ainm coitianta mar gheall ar N.Ruadhán a bhunaigh mainistir Lothra.

Ó Ruadhraic: Rourke: sean-leagan d'Ó Ruairc, q.v. Deir de Bhulbh go raibh an chlann i dTír Fhiachrach, Sligeach agus go raibh an t-ainm Lochlannach, *Hrothrekr*, mar phréamh ach déarfainn nach raibh an ceart aige annsan - bhí ainm Gaelach Ruarc i bhfeidhm roimh theacht na Lochlannach. B'fhéidir gur rua + arg (laoch) a bhí ann.

Ruadh: Roe: líonmhar: Lár na Tíre. Aidiacht a sháraigh an bun-sloinne. Féach Ó Ruaidh. D'fhéadfadh an sloinne Sasanach Roe nó Rowe a bheith annseo, chomh maith.

Mac Ruaidh: Mac Roe: fíor-annamh: Fear Manach-Muineachán.

Ó Ruaidh: Roe: líonmhar: Lár na Tíre. Ach bhain an sloinne seo oirthear Chorcaí agus Port Láirge, marar deineadh Ormonde díobh go luath.

Ó Ruaidhín: Rouine: cuíosach annamh: an Clár. Leagan eile d'Ó Ruadháin.

Ó Ruaidhrí: deir de Bhulbh go raibh a leithéid sa Mhí in anallód.

Mac Ruaidhrí: Mac Rory, Rodgers: líonmhar: Tír Eoghain-Tír Chonaill-Doire & rl. Seo clann a d'áitigh na dúichí Teallach Ainbhith & Muintir Birn i dTír Eoghain; craobh díobh mar airchinnigh ag Baile na Scríne, Doire. Chomh maith leis sin, tháinig dream gallóglach ó Albain sa 14 céad. Deineadh Rodgers d'a lán díobh. Brí: rí rua. Litriú nua: Mac Ruairí.

Mag Ruaidhrí: Mac Grory: líonmhar: Tír Chonaill-Doire-Fear Manach-Muineachán. Ar aon dul le Mac Ruairí, ar ndóigh.

Ó Ruairc: (O)'Rourke: an-líonmhar: gach aird - Lár na Tíre go sonrach. Tiarnaí ar Bhreifne sa luath-aois ach d'imigh cúngú orthu sa 12 céad nuair a bhí siad teoranta i Liatroim .i. Breifne Uí Ruairc agus bhí Ó Raghallaigh i gcumhacht sa Chabhán. Tar éis oll-scriosta an 17 céad, d'imigh mórán díobh go dtí an Mhór-Roinn agus bhain clú amach sa Rúis, sa Phólainn, san Ostair is sa bhFrainc. Ach sa deireadh thiar, b'e Tiarnán Ó Ruairc, an fear gur éalaigh a bhean, Derbhforgaill, le Diarmaid Mac Murchadha, an duine ba chinniúnaí díobh go léir, mar, b'as an eachtra sin a tugadh na Gaill go h-Éirinn.

Mag Ruairc: Groarke: líon beag: Maigh Eo & rl. Bhí siad i gceannas ar Chinéal Endc, in aice le h-Uisneach, Iar-Mhí. Mhaígh siad sinsearacht ó Niall Naoi-ghiallach.

Ó Ruanaidh: Rooney: an-líonmhar: gach treo seachas Cúige Mumhan. Clann liteartha a bhí lonnaithe ag Droim Mór, an Dún. Bhí na tréithe sin i Liam Ó Ruanaigh (1873-1901) file a bhí chun tosaigh i ngluaiseacht na h-aithbheochana. Tugadh ó Maolruanaigh air, leis. An bhrí: ruanaidh = laoch, gaiscíoch, de réir an Duinnínigh.

Ó Ruanaidhín: Rooneen: is ar éigin go bhfuil ann a thuilleadh.

Ó Ruanáin: Ronane: luaite ag de Bhulbh: is cosúil go bhfuil sé meascaithe leis na cinn eile thuas. Féach Ó Rónáin, leis.

Ó Rudhghusa: ? Roughasy: níl siad san le fáil anois.

Ruiséil: Russell: an-líonmhar: gach aird - Cúige Uladh ach go h-áirithe. Tháinig cuid acu san Ionradh Normannach ach a bhfurmhór sa 16 & 17 céad. Ar aon nós, chruthaigh siad go maith mar Éireannaigh: mar shampla: Tomás Ruiséil (1767-1805) leis na h-Éireannaigh Aontaithe agus George W. Russell "AE" (1867-1935), file agus eacnamaí a bhí chun tosaigh i bhforbairt na tíre. IF.

Rút: Rothe: annamh: Áth Cliath. Bhí cáil orthu mar cheann de "Treabhanna Chill Chainnigh" sa 16 céad. Bhí reisimint mharcshlua acu sa Bhriogáid Éireannach ar an Mór-Roinn sa 18 céad. Bíonn Ruth agus Routh orthu, chomh maith. An bhrí: rua.

Sabhaois: Savage: an-líonmhar ar fud na tíre - Cúige Uladh ach go h-áirithe. Dream Normannach a shocraigh ins na h-Arda, an Dún, i 1177 faoi scáth Sir John de Courcy. Gaelaíodh iad agus bhíodar gníomhach i gcoinne an choncais sa 16 & 17 céad. Thug an Ceathrar Máistir Mac an t-Sábhaisigh orthu. Fréamh: Fraincis *le Sauvage* : duine fiáin.

Ó Sabháin: Savin: fíor-annamh: Port Láirge & rl. Deineadh Savage de, an chuid is mó. Brí: b'fhéidir, sabhán = coileán, ainmhí óg. Téigheann samh le samhradh. leis.

Mac an t-Sagairt: Taggart & rl.: líonmhar: Cúige Uladh. Chónaigh an chlann ag Baile Mhic an t-Sagairt i dtuaisceart Fhear Manach. Tá an-chuid leagan gallda - Mac Entaggart an ceann is fearr, is dócha. Bhí an sloinne i bhfeidhm in Albain, leis - rud a chuirfeadh le dáileadh agus uimhreacha i bhfos. Ní mór a thuiscint nach raibh aontumhacht na cléire i bhfeidhm go cruinn in Éirinn sa mheán-aois. MIF.

Saghas: Seix: is éigin go bhfuil siad ann. Téarma Breatnaise ar "Sasanach". Féach Sisk (Cuid II).

Sailigéir: St.Ledger: líon beag: Corcaigh & rl. Angla-Normannaigh ón 14 céad. Phréamhaigh an sloinne ón naomh Francach, St. Léger, easpag Autun, a fuair bás an mháirtírigh sa 7 céad. Deineadh Lister & Lyster de chuid acu.

Sáirséal: Sarsfield: líon beag: Áth Cliath & rl. Angla-Normannaigh a tháinig sa 13 céad. Bhí craobhacha i gCorcaigh, Luimneach & Áth Cliath. Ba leis an dream deireannach a bhain Pádraig Sáirséal (1650-1693) Tiarna Leamhcáin agus "grádh ban nÉireann".

(de) Sál: Saul: cuíosach annamh: an Mhí, an Dún & rl. Angla-Normannaigh ón 13 céad, bhí siad i dTiobraid Árann & Port Láirge ar dtús agus sa Mhí sa 16 céad. Chun tosaigh i gcúrsaí eaglasta i gCaiseal mara bhfuair James Sall OFM bás an mháirtírigh i 1647. Ón bhFraincis *la Salle* (an halla).

Mac an t-Sámhaigh: Mac Atavy, Tavey: fíor-annamh: Ard Mhacha & Muineacháin. Brí: sámhach = ciúin, lách.

Mag Shamhradháin: Mac Govern: an-líonmhar: Fear Manach-Liatroim-Cabhán & rl. Clann a bhí suite i dTeallach Eachach mar a bhfuil Baile Mhic Shamhráin. Bhí an leagan gallda Magauran níos minicí in anallód. Fréamh: samhradh (an séasúr) .i. duine le tréithe soineanta, is cosúil. Litriú nua: Mag Shamhráin. GPN.

Ó Samhraidh: Somers: líonmhar gach aird - san Oir-dheisceart go speisialta. Tá Summers coitianta i Sasana; deacair a rá cé mhéid díobh seo a bhaineann leis an sloinne Gaelach a luann de Bhulbh le Laighin theas.

Samsún: Sampson: líon beag: Luimneach, Doire & rl. Bhí an sloinne Sasanach le fáil ón 14 céad agus bhí siad chun tosaigh i Luimneach sa 17 céad. B'iad na Briotánaigh a tháinig le Liam Concaire go Sasana a thug an t-ainm seo leo - naomh a bhí faoi ómós acu sa bhaile.

Mac Samuel: annamh: Samuel(s).Fuair Cairbre Mac Samuel, príomh-ollamh Éireann, bás i 1162. Inimircigh na daoine atá in Áth Cliath & Béal Feirste anois.

(Mac) Sandair: Saunders: líonmhar: gach aird. Sloinne Sasanach ón ainm Alexander.

Ó Sandair: sloinne faoi leith, is dócha, leis an scríbhneoir Cathal Ó Sandair (1922-96), a chruthaigh an bleachtaire finscéalach Réics Carló agus a chuir aos óg na tíre faoin a chomaoin. Duine de ghaiscígh na Gaeilge.

Mac Saoghair: Searson: cuíosach annamh: Tiobraid Árann-Port Láirge & rl. Féach Saoghar.

Saoghar: Sayers: cuíosach líonmhar: Tír Eoghain-an Dún & Ciarraí. Sloinne Sasanach - i gCiarraí le fada. Peig Sayers (1873-1956) seanchaí ón mBlascaod an duine b'iomráití díobh.

Mac an t-Saoi: Mac Entee: líonmhar: Ard Mhacha-Cabhán-Muineachán-Lú. Clann a bhain le Oirghialla riamh. Ciallaíonn *saoi* duine léannta cultúrtha - go h-oiriúnach, tá Máire Mhac an t-Saoi (r.1922) ar na filí Ghaeilge is mó clú sa ré seo.

Mac an t-Saoir: Mac Ateer: líonmhar: Cúige Uladh. Tá Baile Mhac an t-Saoir in Ard Mhacha ach ní foláir go raibh an sloinne coitianta sa mheán-aois. Sa 6 céad, bhí mac an t-saoir ar Chiarán, bunaitheoir Chluain Mhic Nóis. Is sloinne Albanach é, leis, faoin leagan Mac Intyre, atá líonmhar in Ulaidh, i nDoire go sonrach. Trí aistriúchán deineadh Carpenter agus Freeman díobh, áiteanna. SGG.

Ó Saoraidhe: Seery, Freeman, Earner: líonmhar: Lár na Tíre & rl. Sampla de chúrsaí aistriúcháin imithe ó smacht! Deir de Bhulbh gurab é an t-ainm Lochlannach *Sigefrith* is bun leis an sloinne seo - ní thagann *saor* ná *saothraí* isteach sa scéal. Bhí an chlann lonnaithe san Iar-Mhí. Leagan nua: Ó Saoraí. SI.

Mac an t-Sasanaigh: Mac Atasney, Mac Atarsney: líon beag: Ard Mhacha & rl. Ciall aorach?

Mac Scaithghil: Scahill: líon beag: Maigh Eo-Gaillimh-Ros Comáin. Bhí an chlann i nGaillimh sa 11 céad; chasadar ar Ó Scaithghil níos déanaí agus d'fhágadar gach réimír ar lár ag an deireadh. Féach Ó Scáthghail, leis. Brí: bláth geal.

Mac Scalaighe: Miskelly: cuíosach líonmhar: an Dún-Aontroim. Bhí an sloinne i bhfeidhm i Lár na Tíre sa 17 céad ach is dócha gur deineadh Skelly de. Brí: báirseach, callaire. Litriú nua: Mac Scalaí.

Ó Scalaighe: ar aon dul le Mac Scalaí. Féach Ó Scolaidhe, leis.

Ó Scannail: Scannell: líonmhar: Corcaigh-iar-Luimneach-Ciarraí. Bhí an sloinne seo i gCairbre Droma Cliabh, Sligeach sa 13 céad ach deineadh Scannlán díobh annsin. Seans go raibh clann faoi leith sa Mhumhain mara bhfuilid anois. Ón sean-ainm Scannal a chiallaíonn bruíon nó achrann. GPN.

Ó Scannláin: Scanlon: líonmhar gach treo - Connachta & tuaisceart na Mumhan go sonrach. Luann de Bhulbh ceithre chlann: clanna airchinneacha i gCorcaigh & Fear Manach, clann a bhí nasctha le Ó Seachnasaigh i nGaillimh chomh maith leis na daoine i Sligeach go raibh Ó Scannail, q.v., orthu ar dtús. Fréamh: díspeagadh ar Scannal.

Mac Scannláin: Scanlon: bhí an chlann seo chun tosaigh in Oirghialla agus tá an log-ainm, Baile Mhic Scannláin lámh le Dún Dealgan. Ní féidir idirdhealú a dhéanamh ar Ó Scannláin anois.

Ó Scathghail: Scahill: líon beag: Maigh Eo-Gaillimh. Dream a d'áitigh Corca Mogha, Cill Choirín, Gaillimh. Féach Mac Scaithghil.

Mac Sceacháin: Mac Skeane: annamh: Muineachán. Deineadh Thornton díobh go forleathan. Féach Ó Sceacháin.

Ó Sceacháin: Skehan: cuíosach líonmhar: Oir-dheisceart-Tiobraid Árann-Luimneach-an Clár. Bhí an chlann seo bunaithe i dTiobraid Árann. Is ionann sceach agus dris nó tor deilgneach; b'fhéidir go bhfuil tagairt do dhuine achrannach?

Ó Scealláin: Scallan: cuíosach líonmhar: Oir-dheisceart. Sloinne a bhain le Loch Garman riamh. An bhrí: sceallán: eithne torthaí - níos coitianta mar sciolláin, síol prátaí.

Scideach: Skiddy: fíor-annamh: Corcaigh. Clann a bhí chun tosaigh i riaradh Chathair Chorcaí san 14 & 15 céad agus bhí siad ar nós clainne Gaelaí amuigh faoin dtuaith. De bhunadh Lochlannach, deirtear. IF.

Ó Scingín: Skinnion: fíor-annamh má's ann dóibh. Bhí an chlann seo ina n-airchinnigh ag Ard Carna, Ros Comáin ar dtús agus ina n-ollúna ag Ó Domhnaill sa 14 céad. Bhí siad le fáil i Ros Comáin sa 16 céad agus deineadh Delahide díobh sa Chabhán sa 19 céad. Scéal truamhéalach. Fréamh: scing, leaba nó éadaí leapan, b'fhéidir.

Sciréid: Skerret: líon beag: an Clár. Angla-Normannaigh: Huscared (cúram tí) ar dtús. Bhí siad ar "Treabhanna na Gaillimhe" sa 17 céad. IF.

Ó Scoireadh: féach Ó Scurra.

Ó Scolaidhe: Scully: líonmhar gach aird - san Oir-dheisceart & Corcaigh ach go h-áirithe. Chónaigh siad i nDealbhna Thiar, Iar-Mhí, aimsir an Ionraidh Mhóir nuair a díshealbhaíodh iad ach bhí siad ina n-airchinnigh ag Lothra (Tiobraid Árann) ina dhiaidh sin. Is i gCorcaigh is mó a bhíonn siad le déanaí. Brí: scoláire nó mac léinn.

Scolard: Scollard: cuíosach annamh: Luimneach-Ciarraí. Sasanach, 16 céad i gCiarraí. An bhrí: scoláire, ach d'fhéadfadh sé bheith logainmneach, chomh maith. DOS.

Ó Scolláin: Scullion: líonmhar: Doire thoir-Antroim. Clann airchinneach ag Baile Uí Scolláin i nDoire. Brí: b'fhéidir go mbaineann le scalladh .i. maslú, cáineadh.

Mac Scolóige: Deineadh Farmer de uaireannta. Bhí siad ina n-airchinnigh i bhFear Manach. SGG.

Scorlóg: Sherlock: líonmhar ar fud na tíre - Lár na Tíre go sonrach. Sasanaigh a shocraigh sa Lár sa 13 céad agus a gaelaíodh. An bhun-bhrí: sa t-Sean-Bhéarla: *scir loc* .i. gruaig fhada. Clann tábhachtach a sheas lena a dtír altrama go fiúntach.

Ó Scurra: Scarry, Scurry: cuíosach annamh: Gaillimh & rl. Dream de chuid Uí Maine, Gaillimh. Bhí an leagan Ó Scoireadh san Oir-dheisceart agus bhí Ó Scara ag Mac Firbhisigh a dúirt gur bhain siad le Cinéal Eoghain in Ulaidh. Rúndiamhair is ea an bhrí go fóill.

Sdonndún: féach Standún.

Ó Seachnasaigh: O'Shaughnessy: líonmhar tríd an dtír seachas Cúige Uladh. Craobh d'Uí Fiachrach Aidhne a bhí suite i gCill Tartain lámh le Gort Inse Guaire. Chailleadar a gcuid tailte faoi dhó sa 17 céad. Dob'é Liam Ó Seachnasaigh (1674-1744) a dtaoiseach deireannach - thosaigh ag troid ag Cath na Bóinne agus bhain céim mharascail amach in Arm na Fraince. Bhí craobh eile i Luimneach agus mairid fós. Bhí an leagan Ó Sheachnais i bhfeidhm i Luimneach, leis. Fréamh: b'fhéidir, seachna = seachaint. IF & SGG.

Seadaic: Chadwick, Shattock: líon beag: Áth Cliath, Laighin Theas. Logainm Sasanach.

Ó Séadhacháin: Sheahan: féach Ó Síodhacháin.

Mac Seafraidh: Mac Sheffrey: annamh: Doire. Tá Mac Shaffrey i dTír Chonaill agus Shaffrey in Áth Cliath. Is gaelú ar an ainm Normannach Geoffrey é.

Ó Séaghdha: O'Shea, Shee: líonmhar: Ciarraí-Corcaigh-Luimneach. Clann a bhí ina dtiarnaí in Uíbh Ráthach sa 12 céad gur mheath a gcumhacht le teacht na Normannach. Shocraigh craobh díobh i dTiobraid Árann agus Cill Chainnigh mar a rabhadar aitheanta i measc "Treabhanna Chill Chainnigh" faoin leagan Shee. Bhí Robert Shee ina Mhaor (Sovereign) ar Chill Chainnigh i 1499. Caitheadh Daniel Shee (1777-1836) amach as Coláiste na Tríonóide toisc gur dhiúltaigh sé fianaise a thabhairt i gcoinne a gcairde ins na h-Éireannaigh Aontaithe - mo léan *o alma mater...* Brí: ar nós seabhaic, cliste. An litriú nua: Ó Sé. IF.

Mac Seáin: Mac Shane: líonmhar: Cúige Uladh, Lú-an Mhí. Craobh de Niallaigh Thír Eoghain ach seasann don sloinne Johnson i gcoitinne.

Ó Sealbhaigh: Shalvey, Shalloo: annamh: an Mhí-Cabhán-Muineachán & an Clár-Gaillimh. Deir na h-údair gur clann de chuid Chorca Laoidhe iad ach, faoi láthair, táid sa Chlár, in Oirghialla (agus i ndeisceart Laighean faoin leagan Shelley). Bhí Domhnall Ó Sealbhaigh ina airchinneach i gCorcaigh i 1140. Ní fios cad a thárla dá shliocht. Brí: sealbhach .i. sealbhóir, úinéir. MIF.

Mac Séamais: Jameson: líonmhar: Ulaidh-Lár na Tíre. Sloinne Albanach de ghnáth - lucht fuisce, gan amhras, ach ainm sinseartha i measc na Normannach, leis.

Ó Seanacháin: Shanahan: líonmhar: sa Mhumhain & Oir-dheisceart. Clann de chuid Dál gCais a díbríodh ag an Brianaigh i 1318 agus a scaipeadh ar fud na Mumhan. Bíonn Shannon orthu go minic ina dtír dúchais, an Clár. Fréamh: seanach, sean, críona. Tá Mac Seanacháin fíor-annamh.

Ó Seanachair: Shanaher: annamh: Ros Comáin. Dream faoi leith i Ros Comáin. Brí: sean + car (grá). Ní fios mórán eile fúthu. SI.

Ó Seanaigh: Shanny: annamh: Luimneach. Sloinne ó gClár. Brí: seanach, aosta.

Mac Seanáin: bhí siad lonnaithe sa Mhí sa 12 céad ach níl aon tuairisc orthu anois. SGG.

Ó Seanáin: Shannon: líonmhar: gach aird, ach freagraíonn Shannon do thrí shloinne Gaelach: bíonn Ó Seanacháin & Mac Giolla t-Seanáin i gceist, chomh maith. Bhí Ó Seanáin i gCeatharlach & Loch Garman i anallód. Ón ainm Seanán a bhí coiteann sa Chlár de bharr Seanán N Inis Cathaigh.

Mac Seancha: féach Mac Seanchaidhe.

Mac Seanchaidhe: Shanaghy: annamh: scaipthe. I Sligeach ar dtús dóibh ach deineadh Fox díobh go minic. Staraí traidisiúnta atá i gceist, dar ndóigh. Litriú nua: Mac Seancha.

Mac Seanlaoich: Shanley: líonmhar: Connachta & Lár na Tíre. Bhí siad suite ag Dromad, Liatroim. Fréamh: sean + laoch (gaiscíoch). IF.

Mag Sheanlaoich: Ganley: líon beag: Lár na Tíre & rl. Bhain siad le Liatroim mar aon le Mac Seanlaoich, q.v.

Ó Searbháin: Sherwin, Sharvin: líon beag: Lár na Tíre, an Dún. Bhain siad le Ros Comáin - b'fhéidir go raibh clann eile ins na h-Arda, an Dún. Sloinne Sasanach Sherwin san oirthear, chomh maith. Brí: searbh, géar.

Ó Searcaigh: Sharkey: líonmhar: in Ulaidh agus Connachta thuaidh. B'as Tír Eoghain ar dtús dóibh agus b'fhéidir go bhfuil meascadh le Ó Searcóid, q.v. Brí: searc = grá, cion.

Ó Searcóid: Sharkett: fíor-annamh anois ach bhí i gConnachta thuaidh sa 16 céad. SGG & MIF.

Searlóg: féach Scurlóg.

Searman: Sherman: líon beag: Lár na Tíre, Ard Mhacha & rl. Bhí an sloinne seo in Áth Cliath sa 13 céad. Brí: i mBéarla: shearman .i. lomaire caorach.

Ó Searraigh: Sherry, Sharry: is cosúil go mbaineann siad le Mac Searraigh, q.v. Bhíodh "Ó" agus "Mac" i bhfeidhm acu sa 17 céad, annsan ligeadar an dá réimír ar lár.

Mac Searraigh: Mac Sharry: líonmhar (1) Sligeach-Liatroim (MacSharry); (2) Ard Mhacha-an Dún (MacSherry). Bhí an dara clann in Aontroim; an chéad cheann i mBreifne. Fréamh: b'fhéidir, searrach, capall óg agus, go meafarach, bríomhar.

Seartáin: Shorten: cuíosach líonmhar: Corcaigh-Luimneach. Is i gCorcaigh is mó a bhí an sloinne seo le dhá chéad bhlian. SGA.

Seartal: Shortall: cuíosach líonmhar: Cill Chainnigh & rl. Sasanaigh a shocraigh i Laighin sa 13 céad agus a gaelaíodh. Is i gCill Chainnigh is mó a bhí siad agus in Uíbh Eirc go sonrach. Fréamh: an Sean-Bhéarla *scort hals*, muineál gearr.

Mac Séartha: ainm sinseartha a thóg Muintir Hodnett i gCorcaigh. B'acu a bhí Cúirt Mhic Shéafraidh (Courtmacsherry). Bhí a leithéid i measc mhuintir Mhic Ghiolla Phádraig, leis, agus tá an leagan Mac Shera le fáil i Ros Comáin. Fréamh: gaelú ar an ainm Geoffrey.

Mac Searthúin: Sharoon: níl ann anois. Ainm sinseartha a ghlac muintir Phriondargást i gCiarraí. Maireann sa log-ainm Gleann Searthúin in aice le Oileán Chiarraí. Díspeagadh ar an ainm Normannach Geoffrey.

Ó Seasnáin: clann den Dál gCais: tugadh Sexton orthu i gCathair Luimnigh mar a bhfuilid fós.

Ó Seasta: Cheasty: cuíosach annamh: Port Láirge. Níltear cinnte an bhfuil an coibhneas seo ceart. Deir de Bhulbh go mbaineann le Tuath Ó Siosta i gCiarrai ach bhí Cheasty i bPort Láirge le fada. SI.

Ó Seibhlín: (1) Shevlin, (2) Shovelin: (1) cuíosach líonmhar: Oirghialla & Gaillimh-Maigh Eo. (2) líon beag: Tír Chonaill. Bhí clann aitheanta in Uíbh Fhailí roimh an Ionradh; bhí ceann eile, craobh d'Ui Fiachrach, i Maigh Eo ach, ins na céadta deireannacha, is in Oirghialla agus Tír Chonaill is mó a gheibhtear iad. Brí: sibhal = luath, tapaidh.

Ó Seighin: Shine: líonmhar: sa Mhumhain & rl. Níl cur síos orthu ins na sean-taifid ach is cosúil go mbaineann an sloinne le fréamh ársa: *seigene*, seabhac. Corcaigh nó Ciarraí a n-áit dúchais. MIF.

Mac Seinicín: Jenkinson: díspeagadh sa Bhéarla ar John. Gaelíodh sa Mhumhain iad, is dócha. Féach Sinicín thíos, chomh maith.

Ó Seireadáin: féach Ó Sirideáin.

Ó Seitheacháin: deir de Bhulbh gur tugadh Hyde orthu-sa i gCorcaigh; ní fios an bhfuil siad le fáil i measc mhuintir Hyde an lae inniu. Brí: b'fhéidir, seithe = craiceann.

Seógh: Joy, Joyce: féach Seoigh.

Seoghas: bhí an sloinne seo i gCill Chainnigh sa 13 céad. Ón ainm Briotánach *Josse*, b'fhéidir, ach meascaithe le Seoigh anois.

Seoigh(e): Joyce: líonmhar: go forleathan, i gConnachta go sonrach. Tá an leagan Joy sa Mhumhain. Chuir Breatnach faoi i gConamara sa 13 céad agus tháinig "Dúiche Sheoigheach" ann dá bharr. Sloinne A-Normannach de ghnáth ón ainm *Joie*, ach is cosúil go mbaineann cuid acu leis an ainm Briotánach *Josse*. Tá Muintir Seoighe iomráiteach i gcursaí cultúrtha agus tá Gaeil faoi chomaoin ag P.W. Joyce (1827-1914) a dhein cur síos luachmhar ar log-ainmneacha na tíre.

Mac Seoin: Jones: líonmhar, i nGaillimh ach go h-áirithe. Inimircigh sa 16 & 17 céad.

Mac Sheoinín: Jennings: líonmhar, Connachta go sonrach. Craobh des na Búrcaigh annsan.

Seortús: Shortice, Shortis: fíor annamh. Shorthouse i Sasana (short-hose).

Mac Siacais: Jackson, ach b'é *Jaques* na Fraincíse bunús an ainm seo.

Ó Siadhail: Shiel(s): Shields: líonmhar: Doire-Tír Chonaill, Oir-dheisceart, Gaillimh & rl. Clann leighis a bhain clú amach go forleathan. Mhaíodar sinsearacht ó Mhaine, mac le Niall Naoi-ghiallach; bhí clann díobh chun tosaigh in Uíbh Fhailí. Le déanaí, bhí George Shiels (1886-1949) ina dhrámadóir iomráiteach agus, gan amhras, cuimhneófar ar William Shiels, aisteoir, faoina ainm stáitse "Barry Fitzgerald" (1888-1961) in an iliomad scannán.

Síbhear: Cheevers: líon beag: an Mhí & scaipthe. Angla-Normannaigh a shocraigh in Loch Garman & sa Mhí aimsir an Ionraidh. Chailleadar a sealúchais sa 17 céad. Fréamh: Fraincis *chèvre*, gabhar.

Ó Sibhleáin: féach Ó Seibhleáin.

Mac Shim: Mac Kimm: líon beag in Ulaidh. Féach Mac Shimidh.

Mac Shimidh: Mac Kimmie: Taoiseach Chlann Friseil (Frazer) in Albain. Giorriú ar an ainm Síomón. Níl siad in Éirinn.

Sinicín: Shinkwin: annamh: Corcaigh. Gaelú ar Jenkins, sloinne an-choiteann i gCymru.

Ó Siocfhradha: Sugrue: líonmhar: Ciarraí-Luimneach. Craobh des na Súilleabhánaigh in Uíbh Ráthach, Ciarraí. Aithneóidh gach éinne Padraig Ó Siocfhradha (1883-1964) "An Seabhac", údar "Jimín Mháire Thaidhg" & rl. Ón ainm Lochlannach *Sigfrid* (bua-síocháin) a bhí i bhfaisean i measc na Súilleabhánach. Litriú nua: Ó Siocrú. MIF.

Mac Síoda: Sheedy, : líonmhar gach treo. Gaolmhar le Mac Conmara sa Chlár ar dtús.

Ó Síoda: Silke: líon beag: Gaillimh. Difriúil le Mac Síoda ach an bhrí chéanna: ciúinbhriathrach. SI.

Ó Síodhacháin: Sheehan: an-líonmhar ar fud na tíre - sa Mhumhain go sonrach. Clann de chuid Dál gCais a bhí suite ar dtús in Uí Conaill Gabhra, Luimneach .i. abhantrach na Daoile. Tugtar an bhrí, de ghnáth, mar síodhach = síochánta ach tá an dara tuairim ann gurab é an an focal ón Sean-Ghaeilge *sídach* = mactíre, is bun leis. Mícheál Ó Síocháin (1870-1945), ard-easpag Sydney na h-Astráile, bhí sé ina bhunaitheoir ag Coláiste na Rinne, 1909. Litriú nua: Ó Síocháin.

Mac Siogair: Sigerson: annamh: Baile an Sceilg, Ciarraí. Tá an sloinne in Éirinn ón 17 céad agus bhain an chlann Chiarraíoch clú liteartha amach - go h-áirithe Dr. George Sigerson (1839-1925), eolaí agus file. Fréamh: ainm Lochlannach *Sigarr* (bua + sleá).

Ó Síoghradh: Seery: líonmhar: Lár na Tíre. Deir de Bhulbh gurab é seo an bun-leagan den sloinne Ó Saothraoi (Ó Saothraí) q.v. Féach Ó Siocfhradha, leis.

Mac Síomóin: Fitzsimons: líonmhar: an Dún, Cabhán-Muineachán-Lú. Angla-Normannaigh a shocraigh sa Dún, Iar-Mhí agus Maigh Eo ón 13 céad ar aghaidh. Bhí Mac Ruddery orthu uaireannta thiar – b'shin Mac an Ridire as a dtáinig Eddery an lae inniu. IF.

Mac Shíomóin: Mac Kimmon: annamh: Ulaidh. Níl siad in Albain; dá bhrí sin, b'fhéidir go bhfuil ainm eile i gceist le Mac Kimmon, i.e. Mac Coimín, q.v.

Ó Sionacháin: Shinnahan: níl ann dó anois: leagan eile, i Lár na Tíre, d'Ó Seanacháin, q.v.

Ó Sionaigh: Shinnick: líon beag: Corcaigh thoir. Claochlú ar Ó Seanaigh, b'fhéidir, ach féach Ó Sionnaigh.

Sionán: Synan: annamh: Luimneach-an Clár. Shynane a bhí orthu i gcáipéisí Bhéarla sa 16 céad agus iad lonnaithe ag Dún ar Fhaill, Corcaigh. Is cosúil gur A-Normannaigh iad; ar aon nós glacadh leo mar uaisle sa Spáinn. Tugann SGA Ó Sionáin orthu. SI & MIF.

Sionnach: Fox: leas-ainm a bhí ar thaoiseach Chlann Chatharnaigh i dTeathbha (Iar-Mhí) ach féach Ó Sionnaigh, leis.

Ó Sionnaigh: Fox: an-líonmhar ar fud na tíre ach seasann Fox do ceithre shloinne Gaelach chomh maith leis an gceann Sasanach: Mac an t-Sionnaigh, Ó Catharnaigh, Mac Seanchaidhe, Sionnach. Tá an leagan Shinnick in oirthear Chorcaí. Luann de Bhulbh clanna i gCorca Laoidhe agus Sligeach. Féach Ó Sionaigh.

Mac an t-Sionnaigh: Tinney: líon beag: Tír Chonaill-Doire-Tír Eoghain, Sligeach. Ard Mhacha a n-áit dúchais. Deineadh Fox díobh cuid mhaith, ar ndóigh.

Sionóid: Sinnott, Synnott: líonmhar: Oir-dheisceart & Lár na Tíre. Dream Sasanach a tháinig go Loch Garman go luath tar éis an Ionraidh agus a bhí chun tosaigh i saol poiblí na dúiche sin síos trí na céadta. Chailleadar a gcuid talún i dtreascairt an 17 céad. Fréamh: ón ainm Teotanach *Sigenoth* (bua + dána). Tá siad gann i Sasana anois. MIF.

(de)Sionúir: Shinnors: líon beag: Luimneach thoir-Tiobraid Árann. Angla-Normannaigh, ar aon dul le Skinner, ceaptar, ach deir de Bhulbh go bhfuil baint le log-ainm.

Ó Sioradáin: féach Ó Sireadáin.

Ó Síoráin: Sheeran: líonmhar: Lár na Tíre, Connachta thoir. Bhí siad i gCorcaigh sa 16 céad ach ina dhiaidh sin is i Leath Chuinn a gheibhtear iad. Cuireann Mac Giolla Iasachta i dTír Chonaill-Fear Manach mar chlann iad agus tugann sé Ó Sírín ar an ndream i gCorcaigh. An bhrí: ní léir - ach "síor" sa chiall "seasamhach", b'fhéidir. SI.

Ó Siosta: féach Ó Seasta.

Ó Sirideáin: Sheridan: an-líonmhar ar fud na tíre. Clann airchinneach ag Gránard, Longfort, a bhog go Breifne faoi scáth na Raghallach agus bhain clú amach mar scoláirí. I measc na scríbhneoirí, luaimís Richard Brinsley Sheridan (1751-1816), drámadóir & polaiteoir i Sasana agus Donncha Ó Sireadáin a d'aistrigh an Bíobla go Gaeilge sa 17 céad agus é ag comhoibriú leis an easpag William Bedell. I Meiriceá, ní bhfaighfeá dearmad a dhéanamh ar an nGinearál Phil Sheridan (1831-88). Ní fios an bhrí. SGG & IF.

Ó Sírín: féach Ó Síoráin.

Mac Síthigh: Sheehy: líonmhar: gach treo - sa Mhumhain ach go h-áirithe. Gallóglaigh ó Albain, gaolmhar le Mac Domhnaill, a tháinig go h-Éirinn ón 14 céad ar aghaidh. Bhí siad in Ulaidh ar dtús ach bhog siad ó dheas i 1420 le bheith i seirbhís Iarla Dheasmhumhan i Luimneach agus d'fhan ann. Maidir leis an mbrí: féach Ó Síodhacháin - dream mílcata a b'ea na Síthigh agus is ar éigin a oireann "síochánta" dóibh. Ar nós a lán, chruthaigh siad go maith mar shaighdiúirí ar an Mór-Roinn sa 18 céad. Bhí Ó Síthigh orthu uaireannta. SGG & IF.

Mac Shíthigh: Mac Keith: fíor annamh: Aontroim. Albanaigh ach táid gann thall, leis.

Mac Shitric: Mac Kitterick: cuíosach líonmhar: Ulaidh. Ón ainm Lochlannach *Sigtryggr* (bua + tíor). Sloinne Albanach, is cosúil, ach fíor-annamh annsin.

de Siúnta: Joynt: annamh: Áth Cliath & rl. De bhunadh Úgónach, deirtear. Clann a bhí gníomhach i gcúis na Gaeilge, mar shampla, Earnán de Siúnta (1874-1949) a scríobhadh faoin ainm cleite "An Buachaillín Buí".

Siúrdán: Jordan: tá an sloinne éagsúil le Mac Siúrtáin. Bhí an t-ainm coitinn i measc na n-ionróirí agus an sloinne le fáil i Luimneach, an Mhí & rl. Bhí sé de nós ag oilithrigh sa Tír Naofa buidéil uisce a thabhairt abhaile ón Iordán chun leannaí a bhaisteadh.

Mac Siúrtáin: Jordan: an-líonmhar: gach aird - i gConnachta go sonrach. Shíolraigh ó fhear darab'ainm Jordan d'Exeter a lonnaigh i Maigh Eo sa 13 céad. Tugadh Dúiche Mhic Shiúrtáin ar an gceantar timpeall Bhéal Atha na Muice agus Coillte Mach. Fuaimnítear an sloinne Mac Shiúrtáin agus Ó Ciúrtáin sa chaint annsin. Is léir gur gaelaíodh go smior iad agus fuair Fulgentius Jordan OSA bás an mháirtírigh i 1652. Tháinig an t-ainm abhaile le linn Cogaí na Croise. Féach Siúrdán. SGG & IF.

de Sláine: Slane: líon beag: Béal Feirste. Sloinne a ghlac clann Normannach ón log-ainm, Sláine, sa Mhí. Áit suntasach, ar ndóigh, marar d'adhain Pádraig N tine na Cásca, de réir an t-seanchais.

Ó Slatara: Slattery: líonmhar: Cúige Mumhan, Oir-dheisceart & rl. Clann de chuid Dál gCais, suite ag Baile Uí Shlatara, lámh leis an dTulach sa Chlár. Tá an leagan Ó Slatraigh ann, leis. Brí: is cosúil, slatra = láidir, dána.

Ó Sléibhín: Slevin: líonmhar: Tír Eoghain-Doire-Tír Chonaill & rl. Craobh de Chinéal Eoghain in Ulaidh agus clann eaglasta i bhFear Manach mar a raibh siad ina gcomharbaí ag Cill Tiarnaigh i ndúiche Luirg. Bhí siad san Iar-Mhí sa 17 céad. Bhí Gearóid Ó Sléibhín (1919-97) ina Phríomh-Aralt Éireann 1954-81. Eisean a dhear bratach na h-Eorpa. Fréamh: sliabh, b'fhéidir. GPN.

Mac Sleimhne: Slyne: annamh: Corcaigh. Ainm sinseartha a thóg muintir Fitzstephen i gCorcaigh ach ní fios an fhréamh. Tá an leagan Sliney ann, leis; bhí Mac Sleyney i gcáipéisí gallda sa 16 céad.

Mac Sluaghadhaigh: Slowey: líon beag: Fear Manach-Cabhán-Muineachán. Tá an leagan Mac Sloy i dTír Eoghain; deineadh Molloy díobh sa Chabhán, leis. Brí: ball de shlua. Litriú nua: Mac Sluaigh. SI & MIF.

Ó Sluaghadhaigh: Slowey: ar aon dul le Mac Sluaghadhaigh ach cuireann de Bhulbh i Ros Comáin iad. Fuair Maolphádraig Ó Sluaigh, saoi, bás i 1015. Litriú nua: Ó Sluaigh.

Ó Sluaghadháin: (1) Sloan(e): an-líonmhar in Ultaibh - de bhunadh Albanach a bhfurmhór san, mar tá an sloinne Gaelach líonmhar thall. (2) Sloyan: cuíosach annamh: Maigh Eo-Gaillimh-Ros Comáin. Fréamh: slua nó arm, arís. Rugadh Sir Hugh Sloane (1660-1753), bunaitheoir Mhusaeum na Breataine, sa Dún. Litriú nua: Ó Sluáin. SGG & MIF.

Ó Smolláin: Smullen: líon beag: Lár na Tíre & rl. Bhain siad le Oirghialla. Tá fadhb faoin mbrí: tá smoll comhchiallmhar le smál ach deir de Bhulbh gur claochlú ar Ó Spealáin é.

Ó Sniadhaigh: Snee: cuíosach annamh: Sligeach-Maigh Eo-Ros Comáin. Bhí an chlann lonnaithe lámh le Béal Átha na Muice; bhí Clement Ó Sniadhaigh ina easpag ar Achadh Conaire (1209-1219). Níl an bhrí ar eolas ag éinne. B'féidir go bhfuil *snighe*, sruth, i gceist. Litriú nua: Ó Sní.

Ó Snodaigh: Snoddy: líon beag: Aontraim / Béal Feirste. Albanaigh a tháinig sa 17 céad; táid gann in Albain anois. Brí: Meán-Bhéarla: *snod* a chiallaíonn slachtmhar. SI & DHSS.

Ó Sochlacháin: Solan: líon beag: Gaillimh-Maigh Eo-Tír Chonaill. Bhí siad ina n-airchinnigh ag Conga, tráth. Brí: sochlach = iomráiteach. MIF.

Ó Sochlaigh: Soughley: fíor-annamh, má's ann dóibh. Bhain siad le Cúige Uladh. Féach Ó Sochlacháin, leis. Sloinne go bhfuil breis eolais faoi ag teastáil. SI.

Mac Soilligh: Mac Solly: fíor-annamh má's ann dóibh. Bhí Ó Soilligh ann sa 17 céad ach bhain siad riamh le Oirghialla mara raibh siad ina n-airchinnigh ag Inis Chaoin sa mheán-aois. Ciallaíonn "soiligh" lách, sásta; b'fhéidir go bhfuil an bhrí annsin.

Soirtéil: Shortall: féach Seartal.

Ó Somacháin: Somers: líon beag: Connachta - Sligeach go sonrach. Clann a bhí suite i Sligeach. Brí: somachán = duine bog, sochma. SI.

Mac Somhairle: Mac Sorley: líonmhar: Tír Eoghain/Ard Mhacha. Gallóglaigh ó Albain a tháinig sa 14 céad ar aghaidh. Ó ainm Lochlannach *Somarlidhr*, summer warrior.

Ó Soracháin: Sorahan: líon beag: Cabhán, Lú & rl. Clann de chuid Oirghialla. Fréamh: sorcha .i. geal, lonrach. Coiteann fadó mar ainm baineann.

Spáinneach: Spain: cuíosach líonmhar: Lár na Tíre & Oir-dheisceart. Leas-ainm do dhuine a chaith tamall sa Spáinn nó fiú duine Spáinneach.

Mac an Sparáin: Mac Sparron: líon beag: Doire & rl. Craobh de chlann Mhic Dhomhnaill in Albain.

Mac Spealáin: Spillane: líon beag: Uíbh Fhailí-Laois-Cill Chainnigh-Loch Garman. Seans gur tugadh Spenser ar cuid acu. Clann Laighneach gan aon bhaint le Ó Spealáin. Scríobh Gearóid Mac Spealáin (1904-75) stair Luimnigh idir chathair agus chontae. SGA.

Ó Spealáin: Spillane: líonmhar: Ciarraí-Corcaigh & rl. Clann de chuid Dál gCais a bhí ina gcónaí in Éile Uí Fhógartaigh, Tiobraid Árann agus a scaipeadh go dtí iar-dheisceart na Mumhan. Ní mór a admháil, ámh, go bhfuil Garraí Uí Spealáin i machaire méith Luimnigh. Deir de Bhulbh go raibh clann eile i gCill Ghlas, Sligeach, a dtugadh Spellman orthu agus go bhfuil Smullen i bhfeidhm i Laighin. Tá na Connachtaigh seo líonmhar go leor; díobh-san Francis Joseph Cáirdinéal Spellman (1889-1967), ard-easpag Nua Eabhrach. Fréamh, ar ndóigh, an speal, an gléas bainte.

Ó Spealghusa: Spellissy: annamh: Luimneach-an Clár. Níl mórán eolais futhu ach gur bhain siad le Tuathmhumhain. Brí: speal + gus (fuinneamh). Litriú nua: Ó Spealasa. SGA.

Ó Sraitheáin: Strain, Strahan: líonmhar: Cúige Uladh & rl. Craobh de Chinéal Chonaill a bhí lonnaithe i nGleann Súilí, Tír Chonaill. Leagain ghallda éagsúla: Shryane, Srahan, Spruhan. Féach Ó Sruitheáin, leis.

Ó Srianáin: Sreenan: annamh: Corcaigh, Cill Dara. Luann Mac Giolla Iasachta an sloinne le Muineachán ach níl teacht orthu annsan. Cathair Chorcaí is baile dóibh anois. B'fhéidir go bhfuil cosc nó srianadh mar bhrí.

Ó Sruitheáin, Ó Srutháin: Spruhan, Srahan, Bywater: annamh: scaipthe sa deisceart. Is cosúil gur bhog cuid den chlann Chonallach ó dheas le muintir Mhic Shuibhne sa 16 céad agus gur deineadh Bywater as *sruthán*. Ach tá an tuairim ag de Bhulbh gur sruith = urramach atá mar phréamh sa chás seo. Féach Ó Sraitheáin, leis. SGG.

de Stábultún: Stapleton: líonmhar: Tiobraid Árann-Cill Chainnigh. Angla-Normannaigh a shocraigh ins na h-áiteanna seo thuas go luath tar éis an Ionraidh. Tugadh Mac an Ghaill agus Gall Dubh orthu nuair a gaelaíodh iad. Tiontaíodh ar ais go Gaule níos déanaí. D'fhoillsigh an t-Ath. Theobald Stapleton *Teagasc Críostaí* i 1639 ach mharaigh saighdiúirí Chromail é in ard-eaglais Chaisil i 1647. Tar éis treascartha 1691, d'imigh a lán díobh ar an Mór-Roinn, m.sh., an Ginearál Walter V. Stapleton a throid ag léigear Luimnigh, ag cath Fontenoy agus a thuit in gcath Chúlodair, 1746. Cú Chulainn na h-aoise sin, gan amhras.

(de) Stac, Staic: Stack: líonmhar gach treo - Ciarraí thuaidh go sonrach. Sloinne Sasanach atá i gCiarraí ón 13 céad. Cosúil le de Nógla, h-ainmníodh sliabh uathu - Cnoc an Stacaigh i gClann Mhuiris, Ciarraí. Gaelaíodh iad agus bhí siad chun tosaigh i gcoinne fhorlámhas Shasana. Sa 20 céad, bhí Aibhistín de Staic (1879-1929) ina cheannaire in Arm na Poblachta. IF.

de Stacapúl: Stackpoole: cuíosach annamh: Angla-Normnnaigh ó áit i bPenfro, Cymru, a tháinig sa 13 céad agus chuir futhu sa Pháil. Faoin 16 céad, bhí siad líonmhar sa Chlár. Tugadh an leas-ainm *Gall Dubh* orthu, leis. Bhí bean díobh pósta le David Aikenhead i gCorcaigh agus b'í sin máthair Mháire Aikenhead (1787-1852) a bhunaigh Ord na Carthanachta.

(de) Stafort: Stafford: líonmhar: Oir-dheisceart. Clann Angla-Normannach i Loch Garman ón 13 céad. Bhí siad chun tosaigh annsin riamh is choíche. MIF.

Standún: féach Stonndún.

Stíobhard: Stewart: an-líonmhar: Cúige Uladh go sonrach. Sloinne Albanach iomráiteach.

Mac Stiofáin: Stephens & rl: líonmhar ar fud na tíre. Sloinne Angla-Normannach .i. Fitzstephen agus ainm sinseartha i Maigh Eo. Bhí Stevenson an-choiteann i measc phlandóirí Uladh.

(de) Stóc: Stokes: líonmhar sa tír - Oirdheisceart & Luimneach ach go h-áirithe. Tháinig siad sa 14 céad agus níos déanaí ach bhain clú agus cáil amach mar Éireannaigh, m.sh., Whitley Stokes (1763-1845) lia & scoláire agus a ghar-mhac san, Whitley Stokes eile (1830-1909) scoláire mór Ghaeilge. Fréamh: Sean-Bhéarla *stoc*, láthair reiligiúnach. Ar ndóigh, tá Sasana breac leis an log-ainm seo, e.g. Stoke-on-Trent.

Mac an Stocaire: Mac Stocker: annamh: Aontroim. Deineadh Stafford de chuid mhaith díobh seo sa 17 céad. Fréamh: stoc = trumpa, gléas ceoil.

Ó Stóirín: Storan: líon beag: Luimneach & rl. Díbríodh go Connacht aimsir Chromail iad ach táid beo fós ina ndúiche féin. Ón ainm ceana atá an-choitianta, is dócha.

(de) Stonndún: Staunton: líonmhar: Maigh Eo-Gaillimh, Lár na Tíre. Angla-Normannaigh a tháinig go luath san Ionradh agus a lean na Búrcaigh go Connacht. Deineadh clann Ghaelach díobh i gCeara, Maigh Eo, áit ina dtugadh Mac an Mhíleadha orthu .i. óna bhfear sinsir, Milo de Stanton. Tá Stanton níos líonmhaire i Sasana anois. Ó log-ainm an-choiteann a chiallaíonn "baile clochach". Litriú nua: Standún.

Straoits: Stritch: líon beag: an Clár/Luimneach/Corcaigh. Iad chun tosaigh i Luimneach sa 15 céad. Baineann an ainm seo "strete", bothar Rómhánach i Sasana.

129

Strong: Strong: cuíosach líonmhar: Lár na Tíre & rl. Leasainm Sasanach, dar ndóigh. SI.

Ó Suaird: Swords: líon beag: Lár na Tíre. Bhain siad le Laois-Uíbh Fhailí sa mheán-aois. Bean díobh, Eithne, máthair-ab i gCill Dara, fuair sí bás i 1016. Fréamh: b'fhéidir, ón ainm Teotanach *Siward* (bua + tiarna). Tá an sloinne Seward le fáil i Sasana i gcónaí. Féach Ó Claimhín. leis. SGG & MIF.

Suatman: Sweetman: cuíosach líonmhar: Lár na Tíre & rl. Ceapann Mac Giolla Iasachta gur Lochlannaigh a bhí ionntu ach tá siad coitianta go leor i Sasana. Iad in Éirinn ón 12 céad.

Mac Suibhne: Mac Sweeney, Sweeney: an-líonmhar ar fud na tíre (Sweeney in Ultaibh). Ba Ghallóglaigh ó Albain iad; d'éirigh trí chlann i dTír Chonaill: Mac S. Fánaid, Mac S. Boghaine & Mac S. na dTuath. Craobh den chéad dream, bhogadar ó dheas sa 16 céad agus shocraigh i Múscraí Uí Fhloinn i seirbhís Mhic Charthaigh. Orthu san, an Corcaíoch, Terence Mac Swiney (1879-1920), Ard-Mhéara Chorcaí, a fuair bás ar stailc ocrais i Londain Shasana. Brí: suibhne = soineanta, lách. Féach Mac Shuibhne, leis. IF.

Mac Shuibhne: Mac Queen: líon beag: Tír Eoghain-Ard Mhacha & rl. Sloinne Albanach ar aon dul le Mac Suibhne i gcoitinne, bíodh is go bhféadfadh ainm Lochlannach *Sveinn* bheith i gceist ar an Oileán Sgiathanach. SI & SS.

Mac Suigin: Mac Swiggan: líon beag: Tír Eoghain-Doire & rl. Is cosúil gur sloinne Albanach ó Ghallghallaibh é, fréamhaithe, b'fhéidir, san ainm Lochlannach *Swegen*. SGG & SS.

Ó Súileabháin: O'Sullivan: an-líonmhar (an triú sloinne sa tír). Ceann des na mór-chlanna - craobh d'Eoghanacht Mhumhan a ruaigeadh as Tiobraid Árann san Ionradh (1192) agus a chuir fúthu in iarthar Chorcaí agus deisceart Chiarraí. Bhí Ó S. Mór i nDún Chiaráin, Inbhear Scéine agus Ó S. Bhéara ag Dún Baoi, áit a dtroideadh an cath mí-ádhmhar deireannach i gCogadh na Naoi mBlian i 1602. Ach fós bhí arm an phinn acu - Eoghan Rua (1748-84) agus Tadhg Gaelach (1715-95), beirt fhile den scoth a mhair in aois domheanmnach. Fréamh: súil + dubh + án (sin tuairim amháin). IF & SGG.

Ó Súileacháin: Sullahan: fíor-annamh má's ann dó. Sloinne a bhí i bhfeidhm i Longfort-Cabhán ach gur deineadh Sullivan de.

Ó Súiligh: Sewell: fíor-annamh: Sloinne Sasanach is ea Sewell, de ghnáth. Ní féidir a rá go maireann Ó Súiligh faoin mbréagriocht san.

Suingean: St. John: líon beag Tiobraid Árann/Uí Fhailí. Normannaigh, is cosúil. Bhí Tomás Suingean ina shirriam i dTiobraid Árann i 1296. SGG.

Suipéil: Supple: líon beag: Luimneach-Corcaigh-Ciarraí. Angla-Normannaigh a tháinig i 1171 agus ghlac páirt ionraic i saol na tíre ó shoin i leith. Fréamh: *de la Chapelle*.

Suitséir: Switzer: líon beag: Áth Cliath & rl. Sloinne Palaitíneach, is dócha. Níor ghnách leis na h-Eilbhéisigh teacht go h-Éirinn!

Ó Tadhgáin: Teegan: fíor-annamh anois. Bhain siad le Cill Dara & Laois mar a bhfuil áit darab'ainm Baile Uí Thadhgáin.

Mac Taidhg: Teague, Mac Teague: líon beag: Tír Eoghain & rl. Ní clann aitheanta í de ghnáth ach ainm sinseartha a bhí forleathan i gCúige Uladh agus, ar ndóigh, leas-ainm ag na cóilínigh ar na dúchasaigh. Tá a lán leagan gallda ann.

Mac Thaidhg: Mac Keag, Mac Keague: líonmhar in Ultaibh - an Dún go sonrach. Tá rian na h-Alban ar an sloinne seo - tá MacCaig coitianta i nGallghallaibh - ach ní foláir go raibh sé dúchasach chomh maith. Arís, tá mórán leagan gallda ann.

Ó Taidhg: Tighe: líonmhar: Connachta, Cabhán-Muineachán. Aithníonn de Bhulbh trí chlann: (1) in Uí Máil, Cill Mhantáin - scaipeadh go luath iad. (2) i bhFir Lí, Doire agus airchinnigh ag Tearmonn Chionnaith, an Dún. (3) Dream a bhí mar mhaoir ag rí-theaghlach Chonnacht. Fréamh: an t-ainm Tadhg, a chiallaíonn file.

Táilliúir: Taylor: an-líonmhar gach treo - i gCúige Uladh go speisialta. Sloinne Sasanach a tháinig ar dtús sa 13 céad ach ní foláir gur sa 17 céad a nocht siad in Ultaibh. Fuair Francis Taylor, bardasach de chuid Chathair Áth Cliath bás an mháirtírigh i 1621.

Talant: Tallant: annamh: Cill Choinnigh. B'fhéidir Fraincís *taillant*, táilliúir, nó Talún, Tallon atá i bhfad níos líonmhaire.

Talbóid: Talbot: líonmhar: ar fud na tíre: oir-dheisceart go sonrach. Angla-Normannaigh a tháinig le Annraí a Dó (1171) agus a choinnigh Caisleán Mhullach Íde gan bhriseadh go dtí 1973 - éacht clainne agus polaitíochta. Bhí páirt mhór acu i gcúrsaí poiblí: fuair Peter Talbot SJ (1620-80), ard-easpag Áth Cliath, bás i bpriosún i Londain. A dheartháir, Richard (1630-91), Diúc Thír Chonaill agus fear ionad an Rí, maireann de shíor sa dán: "Risteard Talbóid, croí na féile, is Pádraig Sáirséal, grá ban Éireann". Agus, sa lá inniu, tá cúis an sclábhaí Áth Cliathaigh, Matt Talbot, á phlé sa Róimh, le súil go ndéanfaí naomh de. Fréamh: ó ainm Teotanach éigin - bhí *Talabot* sa bhFrainc.

Ó Tailtigh: Talty: líon beag: an Clár. Bhí an chlann seo suite in iarthar an Chláir fadó. Níl aon tuairim faoi bhrí an t-sloinne seo. Bhí an litriú Ó Taltaigh ann, chomh maith.

Ó Taithligh: Tally: annamh: Tír Eoghain. Bhí siad ina n-airchinnigh i nDaimh-inis, Fear Manach. Deir de Bhulbh go raibh clann eile in Uí Laoghaire, Tír Eoghain. Fréamh: ón ainm Taithleach,.i. suaimhneasach, ceansa. GPN.

Ó Talchair: Toler: níl siad le fáil anois: bhí siad i Lár na Tíre. Féach Ó Talcharáin.

Ó Talcharáin: Toleran: fíor-annamh má's ann dóibh. Clann a bhí lonnaithe i gCill Meadhoin, Maigh Eo. Brí: talchair = dígeanta, diongbháilte.

Mac Támhais: Mac Tavish: fíor-annamh: Béal Feirste. Sloinne Albanach as Oirear Gael.

Mac Thámhais: Mac Cavish: fíor-annamh: Ard Mhacha. Albanaigh as Oirear Gael. Mac Thomáis an leagan Gaelach.

Ó Tanaidheáin: Tannian: annamh: Gaillimh. Bhí siad ann sa 13 céad ach níl aon eolas eile fúthu. Brí: tanaí, is dócha.

Mac an Tánaiste: Tansey: cuíosach líonmhar: Sligeach-Ros Comáin. Bhí an chlann lonnaithe i gCorrán, Sligeach, sa 17 céad agus is annsan atá a n-áit dúchais, is cosúil. Aisteach go leor, tugadh Ó Blioscáin orthu i gcaint na ndaoine - ath-aistriúchán ar *tansy*, an luibh go bhfuil franclus uirthi sa Ghaeilge anois. Blioscán = briosclán (silver-weed).

Tancard: Tancard, Tancred: annamh: Áth Cliath & rl. Tá Baile Thancaird i Luimneach ó 1302. Ós rud é gur Angla-Normannaigh a bhí ionntu (is cosúil) sí bhrí an ainm Teotanaigh Tancred "machnamh-comhairle". Ach d'fhéadfadh an focal Béarla "tankard" bheith i bhfeidhm, leis.

Taoilinn: Teeling: líon beag: Áth Cliath & rl. Sasanaigh a shocraigh sa Mhí go luath tar éis an Ionraidh. D'éirigh leo a dtailte a choimeád in ainneoin gur fhan siad Caitliceach síos trí na trioblóidí go léir. Crochadh Bartholomew Teeling (1774-98) de bharr a pháirte in éirí amach '98. Ní mhaireann an sloinne i Sasana.

Ó Taráin: Torrens, is cosúil - féach Ó Toráin.

Tarant: Tarrant: líon beag: Ciarraí-Corcaigh. Sloinne Sasanach as log-ainm ach d'fhéadfadh sé bheith ina leagan gallda ar Ó Toráin, sloinne Ultach. Tá Torrens le fáil go forleathan thuaidh agus Torrance líonmhar in Albain. MIF.

Ó Tarpaigh: (1)Tarpey: líon beag: Gaillimh-Maigh Eo-Ros Comáin; (2)Torpey: cuíosach annamh: an Clár, Corcaigh. Luaitear dhá chlann: craobh d'Uí Fiachrach ag an Scrín, Sligeach agus clann i gCorca Laoidhe, iarthar Chorcaí, dream a bhain le muintir Uí Laoire. I 1652, dhúiltigh Tomás Óg Ó Tarpaigh géilleadh na Gaillimhe a shíniú - ní fios cad d'imigh air. Brí: tarpach = urrúnta, diongbháilte.

Ó Tarsnáin: Tarsnane: níl siad in Eolaí an Telefóin ach fuair Mac Giolla Iasachta in iarthar an Chláir iad sa 19 céad. Faraoir, tá a scéal folaithe uainn.

Táth: Taaffe: líonmhar: Lú, Cabhán agus Connachta. Dream de bhunadh Breatnach - Taff nó David (ainm Eabhraise "ionúin"). Dáth an giorrú Gaelach. Lonnaigh an chlann seo i Lú tar éis an Ionraidh agus bhí siad páirteach i gcúrsaí na tíre riamh. Bunaíodh craobh eile i Sligeach. Chuaidh cuid acu-san ar an Mór-Roinn de bharr tubaiste an 17 céad agus bhain ard-chéim amach san Ostair. Lenár linn féin, bhí Pat Taaffe ina mharcach rásaíochta iomráiteach.

Ó Téacháin: (1)Teahan: cuíosach líonmhar: Ciarraí; (2)Teehan: líon beag: Cill Chainnigh. Cheap de Bhulbh gur giorrú ar Ó Teitheacháin (teifeach) é, ach tá amhras faoi seo. Bhí an t-ainm Teachán (fionn) ann in anallód. Tá tuairim eile ann gur leagan den sloinne Ó Tadhgáin atá ann. DSHH.

Ó Teangna: Tangney: líon beag: Ciarraí-Luimneach-an Clár. Sloinne atá nasctha le Ciarraí agus muintir Mhic Uileagóid. Fréamh: b'fhéidir, teanga.

Ó Teicheacháin: féach Ó Téacháin.

Ó Teimhin: Thynne: annamh: an Clár. Clann a bhí suite i gCill Seanaigh, lámh le h-Inis. Níl baint dá laghad acu le muintir Thynne (Marquess of Bath) i Sasana. An bhrí: teimhean, sé sin, gruama, dorcha. GPN.

Ó Teimhneáin: (1)Tynan: líonmhar: Cill Chainnigh-Laois-Tiobraid Árann; (2) Tivnan: cuíosach annamh: Sligeach-Liatroim. Freagraíonn an dáileadh seo le dhá chlann: ceann i Laois-Cill Chainnigh agus ceann eile i Sligeach. Bhí an t-ainm Teimhnín i bhfeidhm sa luath-aois b'fhéidir go bhfuil fréamh an t-sloinne annsin. Féach Ó Teimhín. Ba chóir Katherine Tynan (1861-1931) a lua - file binn i dtraidisiún uasal. Bhain sí leis na Laighnigh. MIF & GPN.

Ó Teimhnín: féach Ó Teimhneáin.

Ó Teitheacháin: féach Ó Téacháin.

Ó Tighearnaigh: Tierney: an-líonmhar ar fud na tíre, seachas Corcaigh. Clann éagsúla: (1) i gCeara, Maigh Eo; (2) craobh de Chinéal Eoghain i dTír Chonaill; (3) craobh des na Niallaigh san Iar-Mhí. Scaipeadh iad go léir agus bhí siad le fáil i nGaillimh, Luimneach agus Tiobraid Árann. Féach Mac Giolla Tighearnaigh, leis. Fréamh: tighearna (tiarna). Litriú nua: Ó Tiarnaigh. IF.

Ó Tighearnáin: Tiernan: díspeagadh ar Ó Tiarnaigh i Maigh Eo.

Mac Tighearnáin: (1) Mac Ternan: líon beag: Sligeach-Liatroim-Fear Manach-Doire; (2) Mac Tiernan: líon beag: Sligeach-Ros Comáin-Liatroim. An sloinne céanna iad araon. Bhí an phríomh-chlann i mBreifne - cinn eile i gConnachta agus Fear Manach. Féach Mac Thighearnáin atá níos líonmhaire.

Mac Thighearnáin: Mac Kiernan, Kiernan: líonmhar: taobh thuaidh de Lár na Tíre agus Connachta. Teallach Dhonncha a n-ainm clainne agus, dá bhrí sin, an ceantar ina raibh cónaí orthu - Tullyhunco atá air anois, faraoir. Bhain an dream seo leis na Ruarcaigh i mBreifne. Bhí clann eile i Ros Comáin, gaolmhar le muintir Chonchúir, ríthe Chonnacht. Fréamh, ar ndóigh, tiarna. Litriú nua: Mac Thiarnáin. IF.

Ó Tiobraide: (1) Tubridy: líon beag: an Clár; (2) Tubrit: cuíosach annamh: Loch Garman-Port Láirge. Is cosúil go raibh dhá chlann ann ar a laghad. Tá an sloinne bunaithe ar ainm pearsanta Tiobraide a bhí i bhfeidhm san 8 céad. MIF & GPN.

Ó Tiomáin: Timmons: líonmhar: Lár na Tíre, Áth Cliath. Bhí an sloinne i gCill Mhantáin & Ceatharlach sa 16 céad - éagsúil le Mac Toimín i gConnachta ach tá meascadh ins na leagain gallda anois. Fréamh, b'fhéidir, tiom = mín, séimh.

Ó Tiománaidhe,-aigh: Timoney: cuíosach líonmhar: iarthar Uladh & Maigh Eo. Bhí an dream seo i dTír Chonaill agus Tír Eoghain riamh - is dóichí gur brúadh go dtí Connachta in aimsir na Plandála iad. Tá an bhrí éiginnte: tiomáint nó tiom = séimh. MIF.

Mac an Tiompánaigh: Mac Atamney, Tempany: líon beag: Aontroim & rl. Clann a bhí suite in Arda an Dúin sa 16 céad, tá roinnt leagan gallda orthu anois. Brí: duine a sheinn an tiompán, druma beag.

Tirial: Tyrrell: líonmhar: Lár na Tíre. Tháinig na daoine seo le Liam Concaire agus bhí siad i dtosach an Ionraidh Normannaigh. Fuair siad Fear Tullach, tuath fhairsing san Iar-Mhí, agus d'fhan ann ó shoin i leith, geall leis. Sean-Ghaill de réir cineáil, bhí siad páirteach sa t-saol poiblí síos trí na céadta. Bhí Risteard Tirial ina cheannaire éifeachtach ag Ó Néill i gCogadh na Naoi mBlian - tá Bealach an Tirialaigh ina chuimhneachán ar bhua amháin a rug sé leis i 1597. Agus, ar ndóigh, bhronn Ó Cearbhalláin áileacht síoraí ar an gcailín úd, Caitlín Tirial, le focail agus le ceol.

(de) Tiúit: Tuite: líonmhar: Cabhán, Lú, Lár na Tíre. Tháinig Richard Tuite le Strongbow agus lonnaigh i Lár na Tíre - bhí siad ina dtiarnaí ar Mhaigh Caiseal san Iar-Mhí. Tá tuairim ann go bhfuil baint acu leis an sloinne Gaelach *Mac Confhiaclaigh* ach sin a bhfuil. DSHH.

Ó Tnúthail: Newell, Knowles: líonmhar: Lár na Tíre & rl. Meascaithe le sloinnte gallda: bhain an chlann bhunaidh le Cill Dara.

Ó Toghdha: (1) Towey: líon beag: Ros Comáin-Maigh Eo-Gaillimh; (2) Tuffy: líon beag: Maigh Eo-Sligeach. Clann d'Uí Fiachrach as Tír Amhlaidh. Brí: tofa. SGG.

Tóibín: Tobin: an-líonmhar gach aird - san Oir-dheisceart ach go h-áirithe. Angla-Normannaigh, *de St. Aubyn*, shocraíodar i dTiobraid Árann & Cill Chainnigh sa 12 céad agus d'éirigh Gaelach tríd is tríd. Bhí siad chun tosaigh i gcúrsaí Ghaeilge sa chéad seo, m.sh., Seán Tóibín (1882-1971), údar "Blátha an Bhóithrín" (bun-leabhar luibh-eolaíochta) agus Nioclás Tóibín (1928-94), amhránaí mór ar an sean-nós.

Toimicín: Tomkins: líon beag: Oir-dheisceart. Sloinne Sasanach in Éirinn le fada.

Mac Toimilín: Timlin: líon beag: Gaillimh-Maigh Eo agus Tír Chonaill-Tír Eoghain. Breatnaigh a lonnaigh i dTír Amhlaidh, Maigh Eo, tar éis an Ionraidh agus a ghlac an t-ainm sinseartha seo atá ina dhíspeagadh ar Thomás.

(Mac) Toimín: Timon, Tymon: cuíosach annamh: Ros Comáin-Sligeach-Liatroim. Craobh de mhuintir Bhairéad i dTír Amhlaidh. Díspeagadh ar Thomás.

Toimín: Timmons: líonmhar: Áth Cliath, Lár na Tíre. Sasanach - díspeagadh ar Thomas.

Mac Toirc: féach Mac Tuirc.

Mac Toirdealbhaigh: Turley: líonmhar: an Dún-Ard Mhacha, Connachta. Leagan eile: Terry. Féach Mac Thoirdealbhaigh, leis.

Mac Thoirdealbhaigh: (1) Curley: Ros Comáin-Gaillimh, Cill Mhantáin-Cill Dara-an Mhí; (2) Mac Corley: annamh: Aontroim. Dhá chlann difriúil, ar a laghad. Brí: tugtar Toirdealbhach .i. ar nós *Thor*, an dia Teotanach ach bhí Tairdealbhach ann mar ainm pearsanta roimh theacht na Lochlannach - Turlough an galldú. Brí· fear spreagtha, gríosaithe. Bíonn na h-Ultaigh ag cuimhneamh ar Roddy Mac Corley a chrochadh as bheith páirteach in éirí amach '98. Litriú nua: Mac Thoirealaigh. IF & GPN.

Mag Thoirdealbhaigh: Gourlay: líonmhar: Oirthear Uladh, Tír Chonaill. Leagan Ultach de Mac Thoirdealbhaigh, q.v.

Mac Thóm: Mac Comb: líonmhar: Cúige Uladh. Sloinne ó Albain, mar a raibh siad gaolmhar le Mac an Taoisigh; bhí siad in Éirinn sa 16 céad.

Mac Tómais: Thomson: líonmhar: an Dún & rl. Albanaigh arís.

Mac Thómaic: Mac Comick: Is ar éigin go bhfuil siad ann anois.

Mac Thómais: Mac Comish: líon beag: Béal Feirste & rl. De bhunadh Albanach - leagan eile, Holmes, i roinnt bheag cásanna.

Mac Thomáis: Thomas: cuíosach líonmhar: Oir-dheisceart, Gaillimh-Maigh Eo. Sloinne uile-ghabhálach - ní bhaineann le clann faoi leith. Bhí sé i bhfeidhm sa mheán-aois mar ainm sinseartha.

Mac Tomaltaigh: Tumelty: líonmhar: an Dún-Lú-Muineachán. Clann de chuid Oirghialla. Bhí clann eile i Ros Comáin a shíolraigh ó Thomaltach, tiarna Mhaigh Luirg sa 12 céad, ach deineadh Timothy díobh san, cuid mhaith. Luann de Bhulbh **Ó Tomaltaigh** mar chlann i bhí i ndeisceart Laighean ach níl aon eolas fúthu.

Ó Tomhnair: Toner: líonmhar: Cúige Uladh, Lú-an Mhí. Clann de Chinéal Eoghain a bhí suite lámh le Leifear, Tír Chonaill, agus, níos déanaí, in Ard Mhacha. Tá an leagan Ó Tomhnra i nGaillimh ach go fíor-annamh. Ón ainm Lochlannach *Tomrar* - mar sin Ó Tomhrair le ceart an sloinne seo.

Ó Tomhnra: Tonery: annamh: Gaillimh. Ar aon dul le Ó Tomhnair. Tá Ó Tomhrair ann, leis.

Ó Tonnaigh: Tunney: líon beag: Maigh Eo, Fear Manach & Lár na Tíre. Craobh de Chinéal Conaill, bhí siad lonnaithe i Sligeach in anallód. Brí: tonnach: iomarach, nó glioscarnach.

133

Ó Toráin: Torrens: líonmhar i gCúige Uladh ach is deacair a rá cé mhéid díobh a bhaineann leis an sloinne dúchasach seo a bhí i nDoire tráth. Tá Torrance líonmhar in Albain. Is ionann *tor* agus túr agus, go meafarach, tiarna.

Mac Thorcadaill: Mac Corkingdale: fíor-annamh: Aontroim. Sloinne Albanach ón ainm Lochlannach *Thorketill*. Gàidhlig: Mac Thorcadaill.

Mac Thorcaill: Mac Corkill: líon beag: Doire-Tír Eoghain-Tír Chonaill. Leagan giorraithe de Mac Thorcadaill agus craobh de Chlann Gunn in Albain.

Mac Torcaill: Thirkell: annamh in Albain - is ar éigin go bhfuilid in Éirinn.

Ó Tormadha: Tormey, Tarmey: Féach Ó Tormaigh.

Ó Tormaigh: Tormey: cuíosach líonmhar: Iar-Mhí-Uíbh Fhailí. Bhí an chlann in Anghaile, Longfort ar dtús. Bhí Giolla Íosa Ó Tormaigh ina a easpag ar Ardach i 1232. Fréamh: ainm Lochlannach *Thormodr* (ar nós Thor, an dia a thug *Thursday* dúinn) de réir de Bhulbh. MIF.

Ó Torna,-igh: Torney: líon beag: an Dún & rl. Níl aon eolas faois na h-Ultaigh seo ach tá Dorney le fáil i gCorcaigh agus Mainistir Ó dTorna i gCiarraí. Sa Sloinnteoir Gaeilge tá Ó Torna ar Torney agus Ó Doirinne ar Dorney, ar aon dul le tuairim de Bhulbh. Is cosúil go dtagann ón ainm Torna, ainm a bhí clú an léinn ag baint leis mar gheall ar *Torna Éigeas*, an file a mhair sa 5 céad, de réir an t-seanchais. Tá an sloinne Lochlannach Thunder i gceist, chomh maith.

Tornóir: Turner: líonmhar tríd an dtír - in Ultaibh ach go h-áirithe. Sasanach agus Albanach, sloinne céirde a bhí in Éirinn ón 15 céad. Tháinig a bhfurmhór sa 17 céad.

Ó Treabhair: Travers (Trower): annamh: Liatroim. Clann airchinneach ag Cill Fhearga, Liatroim. Tá an leagan gallda, Trower, atá congarach don Ghaeilge, imithe as feidhm. Bhí siad gaolmhar le muintir Mhic Fhlannchaidh.

Ó Tréamháin: Troy: deir de Bhulbh gur bhain siad seo le iarthar an Chláir ach níl aon eolas eile fúthu - féach Ó Troighthigh.

Treant: Trant: líon beag: Ciarraí. Ceapann Mac Giolla Iasachta gur Lochlannaigh iad, Tramont, a bhí socraithe i gCiarraí roimh an Ionradh Normannach. Sa 17 céad bhí siad líonmhar i gCorca Dhuibhne agus iad chun tosaigh mar Sheacaibítigh - rud a bhain a gcuid tailte díobh i ndiaidh Chonradh Luimnigh. Leagan eile: Treamhant.

Ó Treasaigh: Treacy, Tracey: an-líonmhar gach treo - san Oir-dheisceart go sonrach. Bhí trí chlann ar a laghad ann: (1) i Sliabh mBairche, Laois. (2) i nGaillimh thoir, gaolmhar leis na Maidínigh. (3) in iarthar Chorcaí mar a raibh siad nasctha le Ó Donnabháin. Thuit Seán Treacy (1895-1920) eadarnaí dána, i mBaile Átha Cliath le linn Chogadh na Saoirse. An bhrí: treasach = trodach.

Mac Thréinfhir: Traynor, Mac Creanor: líonmhar: Oirghialla, an Dún, Lú, an Mhí. Sloinne a bhí in Oirghialla riamh. Fréamh: tréan + fear .i. laoch, gaiscíoch.

Mag Thréinfhir: Mac Grenra? annamh: Tír Chonaill-Doire. Ach féach Mac Grianra, leis.

(de)Treó: Troy: líonmhar: Lár na Tíre, Oir-dheisceart, Luimneach-an Clár-Tiobraid Árann. Angla-Normannaigh ón gcathair Fhrancach *Troyes*; dlúth-bhaint acu le Luimneach - féach Caladh an Treoigh, go bhfuil Castletroy air anois. Tá siad ann le h-ocht gcéad blian.

Ó Treodáin: Troddyn: annamh: an Dún & rl. Sloinne de chuid Oirghialla.

Trínseach: Trench: cuíosach annamh: Gaillimh-Maigh Eo. Úgónaigh a tháinig sa 17 céad. Shocraigh siad i nGaillimh & rl. Bhí Sadhbh Trínseach (1891-1918) ar dhíograiseóirí móra ghluaiseacht na Gaeilge i dtosach an chéid san agus chaoin an saol Fódlach uile í nuair a fuair sí bás go h-óg.

Ó Troighthigh: Trehy (Troy): líon beag: Tiobraid Árann-Cill Chainnigh. Deir de Bhulbh go raibh an chlann seo i gCorca Modhruadh (sa Chlár) ar dtús ach i dtaifid an 17 céad bhí siad in Éile Uí Fhógartaigh agus Uí Cairin, Tiobraid Árann. Tá an leagan Trihy le fáil in oirthear Chorcaí. Tá an sloinne bunaithe ar an bhfocal *troightheach*, saighdiúir coise. Is cosúil go bhfuil meascadh le Troy, sloinne Normannach a bhí tábhachtach i Luimneach. Chuige sin, féach de Treo thuas.

Ó Tuairisc,-isg: tá meascadh mór sloinnte romhainn nuair a bhreathnaimíd ar Ó Tuairisc, Ó h-Uarghuis, Ó Fuaruisce, Mac Con Uisce. Taobh amuigh den cheann deireannach níl an focal *uisce* i gceist in aon chor! Is cosúil gur claochlú ar Ó h-Uarghuis an leagan Ó Tuairisc atá i bhfeidhm i gConamara. Ciallaíonn Uarghus: fuar + gus (fuinneamh) agus tá an sloinne le fáil i gClochar (Fear Manach). Tá Fuaruisc ar aon dul leis sin agus críochnaímíd leis na leagain gallda: Waters, Watters. An scríbhneóir Eoghan Ó Tuairisc (1919-1982), as Gaillimh, bhí Eugene Watters air i mBéarla (scríobh sé sa dá theanga). Tá na leagain eile ann: Whoriskey, Tourish, Caldwell, Tydings & rl. MIF.

Ó Tuama: Twomey, Toomey: líonmhar: Corcaigh-Luimneach thoir-an Clár-Tiobraid Árann & rl. Clann de chuid Dál gCais ach is i gCorcaigh atáid le fáil anois. Luimníoch an fear ba mhó clú díobh - Seán Ó Tuama an Ghrinn (1706-75), duine d'fhilí na Maighe. Beidh cuimhne chaoin ag Gaeil an lae inniu ar Sheán Óg Ó Tuama (1912-80) fear ceoil a dhein éacht ag múineadh na sean-amhrán don aos óg. Bhí ainm pearsanta Tuama nó Tuaim ann sa luath-aois agus is uaidh-sin an sloinne, is dócha. GPN.

Ó Tuamáin: Toman: cuíosach líonmhar: Ard Mhacha-an Dún. Bhí an dream seo i dTír Eoghain ar dtús. Fréamh: féach Ó Tuama.

Ó Tuaraisc aon dul le Ó Tuairisc thuas.

Ó Tuathaigh: Tuohy,-ey: líonmhar: an Clár-Luimneach, Gaillimh-Maigh Eo go speisialta. Craobh d'Uí Maine a bhí lonnaithe in Eachroim, Gaillimh. Brí: sa chás seo is ionann tuathach agus tiarna. Tá an leagan gallda Twohig i gCorcaigh toisc an "g" deireannach a bheith gan séimhiú. SGG & MIF.

Ó Tuataigh: Tutty: ar aon dul le Ó Tuathaigh, ach is sloinne Sasanach Tutty, de ghnáth. SI.

Ó Tuathail: (1) O'Toole: an-líonmhar: Laighin theas & Connachta go sonrach. Ar theacht na Normannach, bhí siad i seilbh dheisceart Chill Dara agus ruaigeadh go sléibhte Chill Mhantáin iad. Sheasadar an fód ansan ar feadh cúig chéad bliann go dtí treascairt deireannach an 17 céad. I rith an ama san, bhí na saighdiúirí chun tosaigh, agus ina dhiaidh sin, chomh maith, ar an Mór-Roinn; ach an fear ba mhó díobh, cinnte, Lorcán Naofa Ó Tuathail (1132-1182) ard-easpag Áth Cliath. Chuaidh craobh díobh go Maigh Eo agus táid ann fós. (2) Toal: líonmhar in Ultaibh. Clann a bhain le Oirghialla. Ón ainm Tuathal a chiallaíonn ceannaire an phobail. SGG & IF.

Ó Tuathaláin: (1) Toland: cuíosach líonmhar: Doire-Tír Chonaill; (2) Tolan: líon beag: Gaillimh-Maigh Eo & rl. Thosaigh an chlann seo in Inis Eoghain - chuaidh cuid acu go Connachta le linn Phlandáil Uladh ach d'fhan cuid eile acu - i nDoire ach go h-áirithe. Tá Toolis orthu in Acaill. Fear suntasach a b'ea John Toland (1670-1722), Gaeilgeoir ó Inis Eoghain, a bhí sáite i gconspóid mhór chreidimh. Fréamh: díspeagadh ar an ainm Tuathal - féach thuas.

Ó Tuathchair: (1) Togher, Tougher: líon beag: Sligeach-Liatroim & Lár na Tíre; (2) Tooher: Tiobraid Árann thuaidh-Uíbh Fhailí theas. Tá an dream deireannach ina ndúiche féin, Éile Uí Cearúill; bhí clann eile i dtuaisceart Chonnacht ach tháinig siad ó iarthar Uladh an chéad lá. Fréamh: tuath + car = pobal + grá. Bhí Mac Tuathchair ann, leis.

Mac Tuathail: Mac Toal: cuíosach annamh: Aontroim. Féach Ó Tuathail.

Mac an Tuile: Tully, Flood: claochlú ar Ó Maoltuile & Mac Mhaoltuile, q.v.

Ó Tuile: ar aon dul le Mac an Tuile thuas: claochlú i gcaint na ndaoine.

Ó Tuine: claochlú ar Ó Tuile, is cosúil.

Mac Tuirc: Mac Turk: annamh: an Dún. Sloinne Albanach ó Ghallghallaibh. "Torc", duine téagartha, b'fhéidir!

Tuiridh: Terry: líon beag: Corcaigh-Port Láirge. Angla-Normannaigh a bhí i gCorcaigh ón 13 céad. Tá an sloinne beo sa bhFrainc agus deir Dauzat go mbaineann le *terre*, talamh. De réir Mhac Giolla Iasachta, ámh, préamhaíonn sé ón ainm Teotanach Theodoric. Bhain an t-Ath John Joseph Therry (1790-1864) clú amach san Astráil mar chosantoir na mBundúchasach. MIF.

Turraoin: Terry: ó Rinn Ó gCuanach dóibh. Bhí Micheál Turraoin (1878-1963) ina sheanchaí ag Coláiste na Rinne agus scríobh Micheál Ó Cionnfhaolaidh (1887-1956) cur síos breá air sa leabhar *Beatha Mhichíl Turraoin*. Ba shinsearthacht Sasanach a bhí ag cuid maith de mhuintir na Rinne – b'fhéidir gurb í sin a dhein chomh diongbháilte iad!

Uachan: Vaughan: clann Bhreatnach a tháinig sa 16 céad. *Fychan* = beag. Ach is dúchasaigh an chuid is mó des na daoine go bhfuil Vaughan. Féach Ó Macháin.

Ó hUada: Huddy: ainm Sasanach: díspeagadh ar Hugh.

Ó hUadhaigh: sloinne nua Gaelach a bhunaigh Jack Woods timpeall 1910. Bhí sé ina bhunaitheoir de chuid Aer Lingus, chomh maith. Cáil orthu mar dhlíodóirí ó shin i leith.

Mac Uaid: Mac Quaid: líonmhar: Cúige Uladh - Muineachán go sonrach. Bhí an sloinne annsin sa 17 céad ach ní féidir a rá conas a d'éirigh sé - is cosúil go raibh duine éigin as clann eile leis an ainm Wat (giorrú ar Walter) agus ghlac leis an ainm sinseartha Mac Uaid. Is ionann é, mar sin, agus Watson. Tá Quaid i Luimneach ach baineann le Ó Cuain, q.v.

Uaidín: Wadding: cuíosach annamh: Port Láirge-Loch Garman. Angla-Normannaigh a shocraigh i Loch Garman tar éis an Ionraidh; bhí craobh i bPort Láirge lenar bhain Luke Wadding OFM (1588-1657), diagaire agus tírghráthóir.

Mac Uaildrín: Waldron: féach de Bhaldraithe.

Ó hUainidhe: Hooney, Green: Bhain siad le Muintir Uí Laoire i gCorca Laoidhe ach meascaithe anois le Ó hUaithnín (Honan, Green). SI.

Uaithne, Ó hUaithne: Greene atá ag freagairt d'a lán sloinnte Gaelach. Scoláire mór Ghaeilge a b'ea Dáithí Ó hUaithne, Coláiste na Tríonóide.

Ó hUaithnín: Honeen, ach Honan agus Greene anois: táid le fáil sa Chlár i gcónaí. Meacadh leis an sloinne eile Ó hEoghanáin, a bhíonn Honan air, de ghnáth. SI & SGG.

Mac Uaitéir: Mac Watters: líon beag: an Dún-Aontroim. Leagan Ultach de Mac Ualtair.

Mac Ualghairg: Coldrick: fíor-annamh: an Mhí. Féach Mag Ualghairg.

Mag Ualghairg: Mac Goldrick: líonmhar: Cúige Uladh & Maigh Eo-Sligeach-Liatroim-Longfort. Craobh des na Ruarcaigh - bhí siad le fáil i mBreifne & Fear Manach. Ón ainm pearsanta Uallgharg (bród + fíochmhar). Tá an-chuid leagan gallda: Goldrick, Golden, Goulden, Goulding, mar shampla. MIF & GPN.

Mac Uallacháin: Colahan, Coolahan: annamh: Gaillimh thoir-Uíbh Fhailí. Clann de chuid Shíol Anmchadha, a bhí suite i Lusmágh, Uíbh Fhailí. Ní raibh abhainn na Sionainne ina teorainn annseo - bhí Síol Anmchadha ar an dá bhruach. Brí: uallach = bródúil. MIF.

Ó hUallacháin: Houlihan, Holohan etc.: líonmhar: Mumhain, Laighin Theas. Bhí clanna i dTuathmhumhain agus Laighin láir. An-chuid leagan: Holland i gCorcaigh, Nolan i gConnachta. An bhrí: *uallach*, mórálach. SGG & SI.

Ó hUallaigh: Howley: líonmhar: Connachta & rl. Brí: féach Ó hÚallacháin.

Mac Ualronta: Waldron: féach Mac Bhalronta & de Bhaldraithe.

Mac Ualtair: Mac Walter, Qualter: cuíosach annamh: Gaillimh-Maigh Eo & rl. Ainm sinseartha measc na mBúrcach i gConnachta.

Ó hUamhnacháin: Honahan: bhain siad le Luimneach agus Corcaigh thuaidh ach níl trácht orthu anois. Uamhnach = uafásach. Seans go bhfuil siad slogtha ag Ó hUallacháin, q.v.

Ó h-Uarghuis: Horisk: annamh: Tír Eoghain & rl. Bhain le Uí Méith. An-chuid leagan: *Ó Fuarghuis, Ó Tuarisc,* q.v. Deineadh Caldwell díobh ó thuaidh agus Tydings i gConnachta.

Ó hUaruisce: Watters, Caldwell: claochló ar Ó hUarghuis.

Ó hÚbáin: Hoban: líonmhar: Gaillimh/Maigh Eo agus Lár na Tíre. Deir Mac Firbhisigh gur chuid de Cineál Eoghain iad. Ní fios cérbh é Úbán.

Mac an Úcaire: Fuller: cuíosach líonmhar: Corcaigh/Ciarraí: Ainm céirde. B'fhéidir gur de bhunadh Sasanach iad ach táid in Éirinn ón 16 céad. Bhí Mac Enookery sa Dún –dúchasaigh is dóigh. SI.

Úgán: Wogan: líon beag: an Mhí-Lú. Tháinig Sir John Wogan i 1295, shíolraigh sé ó Gwgan, prionsa Breathnach. Ón mBreatnais: *gwg*, scamh nó púic. Bhí siad chun tosaigh sa t-saol poiblí ón 14 céad agus bhíodar dílis don t-sean-chreideamh agus don rí sa 17 céad. Ag éirí as sin, chuaidh a lán díobh ar an Mór-Roinn tar éis bhriseadh 1691 agus bhain clú amach mar shaighdiúirí dásachtacha. Tá Ougan ann, chomh maith.

Ó hUghróin: Horan: meascaithe le Ó hOdhráin, q.v. Cuid d'Uí Maine iad agus bhí siad ina coarbaí ar N Mochua ag Balla, Maigh Eo. Dream uasal atá imithe le cúr na habhann.

Ó hUid: Hood: cuíosach líonmhar: Ulaidh. Dream liteartha in oirthear Uladh. SGG.

Uidheas: Wyse: líon beag: Corcaigh & Oir-dheisceart. Tháinig Andrew Wyse le Strongbow i 1170. Bhí siad lonnaithe i mBaile na Cúirte, lámh le Dún Garbhán, leis na céadta blian agus bhí siad chun tosaigh sa t-saol poiblí riamh. Cosúil le gach clann mhór, chuaidh mórán díobh go dtí an Eoraip i ndiaidh bhriseadh Luimnigh i 1691.

Mag Uidhir: Maguire: an-líonmhar ar fud na tíre - Cúige Uladh & Fear Manach go speisialta. Ar ndóigh, sé Fear Manach a bhfód dúchais - bhí siad ina dtiarnaí ann le trí chéad blian go dtí Plandáil Uladh sa 17 céad. Inis Ceithleann a ndún-áras. Bhí Aodh Mag Uidhir i gceannas ar mharcshlua Uí Néill ag cath Bhéal an Átha Bhuí. Glacadh le Tiarnaí Inis Ceithleann mar uaisle i gcúirt ríoga na Fraince sa 18 céad. Fréamh: ón ainm Odhar, a chiallaíonn donn-liath (*dun* sa Bhéarla). SGG & IF.

Ó hUidhir: Hoare: bhain siad le Corcaigh ach is De Hóra is mó go bhfuil Hoare orthu.

Mag Uidhrín: Mac Givern: líonmhar: an Dún & rl. Bhain siad le Ard Mhacha agus an Dún riamh. Deir Mac Giolla Iasachta gur deineadh Biggar & Montgomery díobh uaireannta. Fréamh: díspeagadh ar Mag Uidhir, q.v.

Ó hUidhrín: Heeran: cuíosach annamh: Liatroim agus Lár na Tíre. Clann de chuid Uí Fhailí. Meascithe le Ó h Éimhrín anois. Bhí Giolla na Naomh Ó hUidhrín ina chomh-údar ar na dánta dinnseanchais atá an-luachmar d'ár leithéidí anois. Mhair sé sa 14 céad.

Mac Uighilín: Mac Quillan: líonmhar: oirthear Uladh. Clann Normannach, de Mandeville, a tháinig ón mBreatain Bhig agus a lonnaigh sa Rúta, tuaisceart Aontroma (sean-ríocht Dál Riada) sa 13 céad bhí a ndún-áras ag Dún Libhse. Bhíodar ina dtiarnaí ar an Rúta gur bhuaigh Somhairle Buí Mac Domhnaill orthu i 1567. Fuair Tiarna deireannach an Rúta, Ruairí Óg Mac Uighilín, bás i 1634. D'oirfeadh an mana *Hiberniores Hibernicis* dóibh. Fréamh: ón ainm Hughelin, díspeagadh dúbalta ar Hugh. Litriú nua: Mac Uilín.

Ó hUiginn: Higgins: líonmhar: Connachta agus i gcoitinn. Craobh d'Uí Néill an Deiscirt a bhog go Connachta. Cáil orthu mar lucht léinn. Brí: Uigingeach (Lochlannach), b'fhéidir.

Mac Uilcín: Mac Quilkin: líon beag: Reachlainn (an t-oileán) & rl. Albanaigh ó Chionn Tíre a shocraigh in Aontroim. Tá an sloinne in Maigh Eo-Sligeach mar a raibh sé mar ainm sinseartha ag muintir Standún. Fréamh: díspeagadh dúbalta ar an ainm Uilliam.

Mag Uilcín: Gilkinson: líon beag: Tír Eoghain. Ar aon dul le Mac Uilcín - seans gur Albanaigh atá annseo, leis.

Mac Uileagóid: Mac Elligott: líonmhar: Ciarraí thuaidh-Luimneach. Ceaptar gur Normannaigh, FitzElias, a tháinig ón mBreatain Bhig sa 13 céad, atá ionntu. D'fhéadfadh sé sin teacht le míniú de Bhulbh .i. go bhfuil an sloinne bunaithe ar dhíspeagadh ar Uileac nó Uilliam. Ar aon nós, táid i gCiarraí ón 16 céad agus Baile Mhic Uileagóid, in aice le Trá Lí, annsan mar fhianaise.

Mac Uilliam: Mac William: líonmhar: Cúige Uladh & rl. Tháinig an t-ainm Teotanach William .i. Wilhelm (toil + cafarr) leis na Normannaigh agus glacadh mar ainm sinseartha go forleathan leis ach i gCúige Uladh is sloinne Albanach atá i gceist, de ghnáth.

137

Mag Uillic: Gillick: líon beag: Lú-an Mhí-Cabhán. Ainm sinseartha agus díspeagadh ar Uilliam. Bhí sé coitianta i measc na mBúrcach. Féach Mac Uilcín.

Mac Uilliméid: Kilmeade: fíor-annamh: Longfort. Sloinne a bhain leis an Iar-Mhí gur deineadh *Woods* de, as mí-aistriú (adhmad). Díspeagadh ar Uilliam atá ann, ar ndóigh.

Mag Uinnseanáin: Gunshinan: fíor-annamh: Longfort. Claochlú ar Mac Giolla Seanáin, q.v. Bíonn Gilsenan orthu níos minicí.

Ó hUisce: Waters: claochló ar Ó hUarghuis, q.v.

Ó hUiscín: Heskin: líon beag: Gaillimh. Cosúil le Ó hUisce.

Mac Uiscín: Mac Cuskin: níl aon rian díobh anois agus níl aon eolas fúthu. SGG & SGA.

Uiséir: Us(s)her: cuíosach annamh: Áth Cliath & rl. Angla-Normanaigh ón 13 céad. Bhí siad chun tosaigh i gcúrsaí eaglasta agus léinn. John Ussher (1529-90), Méara Áth Cliath, a d'foilsigh an chéad leabhar Ghaeilge clóite riamh. MIF.

Mac Úistin: (1) Mac Cutcheon: líonmhar: an Dún-Tír Eoghain & Ulaidh. (2) Mac Question: annamh: Aontroim. Craobh de chlann Mhic Dhomhnaill in Albain. Is cosúil gur tháinig siad le linn Phlandáil Uladh. Tá a lán leagan gallda: Mac Hutcheon, Houston, Whiston, mar shampla. Tá an sloinne préamhaithe san ainm Francach *Hueçon* (díspeagadh ar Hugh) - Hutchin i mBéarla agus Uisdean sa Ghàidhlig.

Uiséir: Usher: líon beag: Lár na Tíre & rl. Angla-Normannaigh sa 13 céad; bhí cáil orthu mar eaglaisigh agus lucht léinn. D'fhoillsigh John Ussher (1529-90), Méara Bhaile Átha Cliath, an chéad leabhar riamh clóbhuailte i nGaeilge.

Ulf: Woulfe: leagan den sloinne abhí i bhfeidhm in iarthar Luimnigh fadó. Féach de Bhulbh.

Ultach, Ultacháin: Ulsterman: leas-ainm a bhí ag Mac Dhuinnshléibhe, q.v.

Mac an Ultaigh: Mac Nulty: líonmhar: iarthar Uladh. Bhí baint acu le Ó Duinnshléibhe. SGG.

Ó hUltacháin: Nolan: cuireann de Bhulbh i bhFear Manach iad. Hultaghan a bhí orthu. Ultaigh gan aon agó. SI & SGG.

Mac Unfraidh: Humphreys: líonmhar gach aird - Cúige Uladh go sonrach. Sloinne Sasanach in Ultaibh sa 17 céad - as seo an gaelú. Ní mór a aithint gur tugadh Humphrey ar an ainm Amhlaoibh faoin bpróiseas galldaithe. Deirtear go gciallaíonn an t-ainm Teotanach *Humfrid* "cosantóir an tí".

Ó hÚrdail: Harrington: líonmhar: Ciarraí theas & iar-Chorcaigh. Ó hIongardail an leagan ceart.

Ó hUrmholtaigh: Hamilton: Bhí siad in iarthar Chorcaí agus tá fós. B'fhéidir gur úr + moltach atá againn annseo. Chiallódh úr uasal sa chás seo.

Ó hUrnaidhe: Hurney: annamh: Gaillimh. Táthar in amhras faoin leagan Gaelach ach tá sé ag an SGA agus déanfaidh sin. Litriú nua: Ó hUrnaí. Paidreacha atá i gceist, déarfainn. SI & SGG.

Ó hUrthuile: Hurley: líonmhar: Cúige Mumhan. Clann tábhachtach de chuid Dál gCais sa Chlár ach tá meascadh le Ó Muirthile i gCorcaigh. Féach Ó Comáin, leis.

de Valera: de Valera: fíor-annamh. Seo sliocht Éamoinn de Valera (1882-1975), polaiteoir agus Uachtarán na h-Éireann. Spáinneach a b'ea a athair, ar ndóigh, agus fréamhaíonn an sloinne ó log-ainm sa Spáinn.

de Vere: de Vere: fíor-annamh: clann uasal a bhí suite ag an gCora (Curraghchase) i Luimneach. Tá cáil orthu mar fhilí - Sir Aubrey (1814-1902) ach go h-áirithe. Bhain sé leis an ngluaiseacht Rómánsach agus chan sé áileacht na dúiche cois Sionainne.

Yeats: (de Geata): sloinne nach gá gaelú dó. Shocraigh an chlann seo i Sligeach sa 17 céad mar a bhain siad le Drom Cliabh - sean-mhainistir Ghaelach. Dream fíor-éirimiúil - díobhsa William B.Yeats (1865-1939) file agus Jack B.Yeats (1870-1957) ealaíontóir. Tá na leagan Yeates & Yates níos líonmhaire. Tá an sloinne coitianta i Sasana, bunaithe ar an bhfocal *gate* - coimeádaí an gheata, b'fhéidir.

Éire
na Sean-Chúigí

Ulaidh

● Eamhain Macha

Connachta

Ráth Cruachan ●

an Mhidhe

Teamhair ●

Laighin

Fearna ●

Caiseal ●

Mumhain

0   50   100 km

Éire
na Sean-Ríochtaí

Ulaidh

Dál Riada

Dál n-Araidhe

Tír Chonaill

Tír Eoghain

Uíbh Eathach

Connachta

Bréifne

Oirghialla

Leath Choinn

Tír Fhiachrach

Ceara
Luighne

Ciannacht

Uí Bhrúin
Anghaile
Breagha

Tethbhe

Iar-Chonnacht

Uí Maine

Uíbh bhFailí

Cuala

Éile

Laois

Leath mhogha

Tuathmhumhain

Laighin

Urmhumhain
Osraí

Uí Conaill Gabhra

Laighin

Déise Mumhan

Deasmhumhain

Uíbh Ráthach
Múscraí

0   50   100 km

Cairbre

Mumhain

140

ÉIRE
Treibheanna 7 Críocha

Dál Riada

Dál n-Araidhe

Cineál Chonaill

Cineál Eoghain

Uíbh Eathach

Fear Manach

Luighne

Uí Fiachrach

Uí Briúin

Conmhaicne

Fir Breagh

Sodhna

Uí Maine

Cineál Fiachrach

Fine Gall

Conamara

Síol Anamchadha

Uí Fiachrach

Uí bhFailí

Uí Faoláin

Aidhne

Corcmrua

Uí Dróna

Dáil gCais

Uí Cinnsealaigh

Eoghanacht

Uí Fidhgheinte

Ciarraí

Fir Maí

Na Déise

Corca Dhuibhne

Múscraí Uí Fhloinn

Uí Liatháin

Uíbh Ráthach

Corca Laoighdhe

0   50   100 km

141

THE COUNTIES OF IRELAND

English Language versions of the Counties

Ulster:

Donegal:	Dún na nGall nó Tír Chonaill
Derry:	Doire
Antrim:	Aontroim
Tyrone:	Tír Eoghain
Armagh:	Ard Mhacha
Down:	An Dún
Fermanagh:	Fear Manach
Monaghan:	Muineachán
Cavan:	An Cabhán

Connacht:

Mayo:	Maigh Eo
Sligo:	Sligeach
Leitrim:	Liatroim
Roscommon:	Ros Comáin
Galway:	Gaillimh

Leinster:

Longford:	Longfort
Meath:	An Mhí
Louth:	Lú
Westmeath:	Iarmhí
Kildare:	Cill Dara
Dublin:	Áth Cliath
Offaly:	Uíbh Fhailí
Leix:	Laois
Wicklow:	Cill Mhantáin
Kilkenny:	Cill Chainnigh
Carlow:	Ceatharlach
Wexford:	Loch Garman

Munster:

Clare:	An Clár
Limerick:	Luimneach
Tipperary:	Tiobraid Árann
Kerry:	Ciarraí
Cork:	Corcaigh
Waterford:	Port Láirge

ÉIRE
Na Contaetha

Cúige Uladh

Cúige Chonnacht

Dún na nGall

Doire

Aontroim

Tír Eoghain

Ard Mhacha

An Dún

Fear Manach

Muineachán

Sligeach

Liatroim

An Cabhán

Lú

Maigh Eo

Ros Comáin

Longfort

An Mhí

Gaillimh

Iarmhí

Áth Cliath

Uíbh Fhailí

Cill Dara

Cúige Laighean

Cill Mhantáin

Laois

An Clár

Ceathar-lach

Tiobraid Árann

Cill Chainn-igh

Loch Garman

Luimneach

Port Láirge

Ciarraí

Corcaigh

Cúige Mumhan

0   50   100 km

ÉIRE
na Sloinnte Móra

Ó Dochartaigh

Mac Suibhne
Ó Frighil
Mac Giollagáin
Mac Domhnaill
Ó Catháin
Mac Néill
Ó Domhnaill
Mac Bhloscaidh
Mac Alastair
Clann Aodha
Bhuí
Ó Baoill
Ó Néill
Ó Luinn
Ó h-Aodha
Ó h-Ágáin
Mac
Aonghuis
Mac Cathmhaoil
Ó h-Annluain
Ó h-Adhmaill
Ó h-Ír
Mag
Uidhir
Mac
Mathúna
Mac Giolla
Fhiontáin
Ó Ruairc
Ó Breisleán
Ó Raghallaigh
Ó Baoileáin
Ó Dubhda
Ó Conchúir Shlighigh
Bairéad
Ó h-Eaghra
Ó Gadhra
Ó Faircheallaigh
Táth
Mac Coinín
Mac Thiarnáin
de Búrca
Ó Conchúir
Rua
Ó Máille
Mac Coisteala
Priondargás
Ó Conchúir
Donn
Ó Fearail
Ó Maoilsheachlainn
Nuinseann
Pluincéid
Seoighe
Ó Caoindealáin
Talbóid
Ó Flaitheartha
Mac Sheóinín
Ó Ceallaigh
Tiriall
Mac Gearailt
Mac Conraoi
de Búrca
Ó Conchúir Failí
Ó Madáin
Ó Díomasaigh
Ó Duinn
Ó Tuathail
Ó Duibhghiolla
Ó Mórdha
Iústás
Ó Broin
Ó Lochlainn
Ó Cearúill
Ó Bróithe
Ó Dubhuí
Ó Gacháin
Ó Gráda
Ó Cinnéide
Ó Briain
Ó Meachair
Mac Giolla
Phádraig
Mac Mathúna
Ó Neighill
Ó Duibhir
Mac
Murchú
Mac Conmara
Ó Riain
de Buitléir
Mac Consaidín
Craobhach
Tóibín
Caomhánach
Ó Niadh
de Búrca
Ó Néill
Ó Conchúir
Chiarraí
de Léis
Ó Coirc
Céitinn
Ó Coileáin
Condún
Breatnach
Mac Muiris
Ó Macasa
Mag Craith
Mac Gearailt
de Barra
de Paor
Ó Failbhe
Ó Clumháin
Ó Liatháin
Ó Faoláin
Mac Cárthaigh Mór
Ó Sé
Ó Ceallacháin
Ó Súilleabháin
Ó Murchú
Mac Cárthaigh Riabhach
Ó Mathúna
de Cúrsa
Ó Donnabháin
Ó Drisceóil

0   50   100 km

CUID A DÓ : PART TWO

INTRODUCTION

This book is intended for Irish-speaking people, to provide them with an account of the native surnames in the language which gave them birth and still conveys the meaning; however, the research into the frequency and distribution of the country's surnames was based on the telephone directories of the late 80s, where nearly all surnames occur in the anglicised form and it was felt that the information gathered would be useful to a wider readership. Hence Part Two was written in English.

As well as the native Gaelic names, there are many others which became gaelicised in the Middle Ages, and then still more, introduced after the fall of the Gaelic order, which existed in a wholly English milieu; all these, together with recent arrivals, Europeans, Asians and Africans, are part of our modern name structure and all, of course, entitled to parity of esteem with the oldest and most illustrious names of the Gaelic world. Appendices deal with particular immigrations: Palatines, Huguenots, Jews; Muslims, Indians, Chinese: the latter three are of the 20 century.

Part Two consists of an alphabetical list of surnames as they appear in in the telephone directories of the whole country (residential nos.) with an indication of frequency and location. The Irish language name, where appropriate, is given in italics, followed by a brief history of the name and its basic meaning. Occasionally, we meet a name which defies explanation. This is life!

The method of expressing frequency of occurrence of a surname is based on the number of private entries in the telephone books - a rough form of statistics - but nevertheless a fairly good indication: for instance, 1-3 entries are "very rare", 4-10 are "rare", 11-20 are "fairly rare", "moderate numbers" indicate 21-55 entries, 56-100 are "fairly numerous". After that we are dealing with names which are found all over the country : "numerous" is 100-500 entries and "very numerous" applies to those in excess of 500 entries in the directories. Although the figures for the Dublin conurbation are included, they are not allowed to influence the approach to location. Practically all names above the "rare" category can be found in Dublin - sometimes **mostly** in Dublin. This is a modern phenomenon - it suggests that the the ancient territorial distributions (which are still discernable) are on the way out due to the mobility of the population.

The sources for the history and derivation of Irish surnames are quite extensive and a bibliography appears on Page xii. However, the main source is the work of two men: Rev. Patrick Woulfe (1872-1933) and Dr. Edward MacLysaght (1887-1986). It would not be possible to exaggerate their contribution to the study of surnames in this country. When Fr. Woulfe began his work at the turn of the century, the Irish language was vanishing from most areas like snow in April and with it the originals of the native names. It might be said that he was just in time to salvage a most valuable cultural asset. Éamonn Mac Giolla Iasachta, to give him his proper name, was a remarkable man: active in farming and politics, he was Chief Herald of Ireland, he wrote in Irish and English and produced the superb "Irish Families" and "More Irish Families". Anyone who wants to understand Ireland must read these books!

There are a number of special terms which arise in the text and which it would be helpful to list here:

Brehon: Ir. *Breitheamh*, a judge (legal). This refers to the native legal system, the Brehon Laws, which survived until the 17th century

Co-arb: Ir. *Coarba*, the heir or successor of a saintly founder of a religious establishment, sometimes the abbot of a monastery, but often a layman.

Erenagh: Ir. *Airchinneach*, a steward of church lands, a position which often became a family inheritance.

Galloglass: Ir. *Gallóglach*, "foreign soldier". This meant a heavily armed mercenary, usually Scottish, who were employed by the Irish chiefs. These people settled on the land and formed septs like the locals.

Sept: a much used term. It might be described as a large extended family - people with a common ancestry, who formed a social unit under a common surname. They did not constitute a clan in the sense used in Scotland. There are a number of Irish terms referring to population groups: *Cineál* (kindred); *Clann* (family); *Corca* (race); *Dál* (tribe); *Feara, Fir* (men); *Muintir* (people); *Síol* (progeny); *Teallach* (household); *Uí,Uíbh* (plural of *Ó*) i.e. descendant. These have often transferred to the territory occupied by the group, for instance, *Corca Dhuibhne*, refers to the Dingle Peninsula - of Duibne's people there is no trace. On the other hand, *Dál gCais* has always connoted the group of septs in Thomond: O'Briens, MacNamaras, MacMahons etc. who claimed descent from a legendary ancestor, Cas.

Geographical Terms: The modern counties are used generally, as they are well-known and convenient areas. It should be noted that place-names such as Cork, Limerick, Galway etc. refer to counties not cities or towns. However, some of the older territorial divisions do occur, such as:

> Breffny, Ir.*Breifne*, Cavan-Leitrim.
> Corca Laoidhe, S W Cork.
> Dál Riada, N Antrim.
> Decies, Ir. *Déise*, W Waterford.
> Desmond, Ir. *Deasmhumhain*, Kerry-Limerick-Cork.
> Oriel, Ir. *Oirghialla*, Armagh-Monaghan.
> Ossory, Ir. *Osraighe*, Kilkenny-Laois.
> Ormond, Ir. *Urmhumhain*, Tipperary.
> Thomond, Ir. *Tuathmhumhain*, Clare.
> Uí Maine, E Galway-S Roscommon (a population group)
> Uí Fiachrach, N Mayo-Sligo (another population group).

All these are best appreciated by studying the maps in the centre of the book.

GENERAL TERMS

The Invasion: this was the Anglo-Norman invasion of 1170, which remains the basic turning point of Irish history.

The Resistance: the 800 year-long struggle to reverse the effect of the Invasion.

The Pale: the area, radiating from Dublin, and of varying extent, where the power of the English government was in force. This situation pertained upto the 16 cent.

Spellings of Gaelic names are in traditional style with the modern versions added: Mod.

NOTE

Names shown with asterisk (*) did not appear in the Telephone Directories, but have been recorded at various times.

Notes on the Second Edition (Sloinnte Uile Éireann/All Ireland Surnames)

When the first edition was well-received, we decided to expand the work by taking in every surname which figured in the Telephone Directories with three or more entries. This meant taking in a lot of foreign names – often recent immigrants. This presents problems of explanation of meanings and Addenda are made to to deal with Chinese and Moslem names, which represent the largest minorities. Notes on other foreign names are also included.

Some readers have found difficulty with abbreviations used in the text; these follow the usage of the Oxford Dictionary: e.g. for example; i.e. that is; q.v. which see and so on.
AS, Anglo-Saxon; OE, Old English; OF, Old French etc.

The references to books are listed here for quick access:

DOS: Dictionary of Surnames, Cottle.
DBS: Dictionary of British Surnames, Reaney.
DSHH: Dictionary of Surnames, Hanks & Hodges.
GPN: Gaelic Personal Names, Ó Corráin & Maguire. (now Irish Names)
IF: Irish Families, MacLysaght.
MIF: More Irish Families, MacLysaght.
SGA: Sloinnteoir Gaeilge & Ainmneoir, Ó Droigheáin & Ó Murchú.
SGG: Sloinnte Gaedheal is Gall, Woulfe.
SI: Surnames of Ireland, MacLysaght.
SS: Surnames of Scotland, Black.

FREQUENCY TERMS

Very rare: 1-3 entries: v rare
Rare: 4-10 entries: rare
Fairly rare: 11-20 entries: fairly rare
Moderate numbers: 21-55 entries: mod. nos.
Fairly numerous: 56-100 entries: fairly numerous
Numerous: 101-500 entries: numerous
Very numerous: 501 upwards: very numerous

SLOINNTE na h-ÉIREANN : IRISH SURNAMES

Innéacs Béarla-Gaeilge: English-Irish Index
Leagan Amach : Eolaí Telefóin: as in Telephone Directory

Abberton: v. rare: E.Galway. English & Scottish toponymic. Immigrants from Ulster 18 cent. SI.

Abbey: rare: Carlow. English occupational - someone connected with an abbey. Lay abbots existed in Scotland - quoted by Black. SS.

Abbott -s: mod.nos.: English: in Ireland 14 cent. Probably a nickname. Ir. *Abóid*.

Abbs: v. rare: Belfast. Probably a habitational name: "at the abbey". DOS.

Abdullah: v rare: Dublin. Arabic: "servant of God". A popular Islamic name.

Abe: v rare: Dublin. Japanese. But this name can also be Jewish.

Abel, -ll: rare: Dublin. In England 13 cent. Hebrew : *Hevel*, breath, vigour.

Abercrombie: rare: Scottish: Fermanagh & Tyrone. From place-name in Fife. SS.

Abernethy: mod.nos.: N.E.Ulster, 17 cent. also E. Cork. Scottish: from place in Perthshire.

Ablett: v. rare: Bangor, Co. Down. English : diminutive of Abel. DOS.

Aboud: rare: Dublin. Muslim: a variant of Abed, meaning a servant.

Abraham, Abrams: fairly numerous:In Ireland 13 cent. Seldom of Jewish origin but a corruption of *Mac an Bhreitheamhan* (son of the judge) e.g. MacAbrehan to MacAbraham. Mod. Ir. *Mac an Bhreithiún*. MIF.

Abrahamson: well-known Jewish family in Dublin.

Abrol: v. rare: Belfast. This name is very rare in Scotland. Perhaps from *abar*, a marsh.

Acheson, Achesan, Achison, Achinson: numerous: N E Ulster: Scottish version of Atkinson.

Ackerley: v. rare: Dublin area.. English: plot of arable land: *cf* acre. DOS.

Ackerman: v. rare: Bangor, Co. Down. English: "acker" was a plot of arable land. DOS.

Ackland: v. rare: Dublin area. English: Acca (name) + lane. Place in Devon. DOS.

Acton: mod.nos: Galway etc: English: in Ireland 17 cent., "Place at the oak".

Adair: numerous: Ulster: Scottish : see MIF re Robin Adair. Also Irish *Ó Dáire,* SGG.

Adam(s): very numerous N.E.Ulster and Dublin. English & Scottish; synonyms: Aidy, Eadie. Also anglicisations of *Mac Adaim, Mac Adamóid, Mac Conshnámha*, q.v. Hebrew: "man".

Adamson: numerous N.E.Ulster and Dublin. English, 14 cent. As Adams.

Adcock: v. rare: Derry. Diminutive of Adam.

Adderley: fairly rare: Dublin etc. English: from placenames in W Midlands.

Addey, Addie, Addy: rare: Belfast etc. Pet form of Adam. Generally of Scottish origin. Connected with clans Gordon and Ferguson there.

Addidle: v. rare: Belfast. Apparently another diminutive of Adam.

Addis, Addison: a patronymic derived from Adam; in Ireland 17 cent. Now numerous N.E. Ulster. The name is numerous in Scotland.

Addley: rare: Carrickfergus. This name and Adley are current in England but rare. Toponymic?

Adger: rare: Ballymena, Co. Antrim. As Edgar, q.v.

Adgey: fairly rare: Belfast. Apparently another diminutive of Adam.

Adjey: v. rare. Newtownabbey, Belfast. As Adgey above.

Adler: rare: Dublin and Portaferry. A name of German origin : "eagle".

Adrain: mod.nos: E Antrim. Ir. *Ó Dreáin*. Originally erenaghs in Roscommon, they were dispossessed and moved to Ulster in 14 cent. See also Drain(e). *Dreán* = wren. SGG.

Adrian: v. rare: Carrickfergus. English: but from Latin : of the Adriatic Sea. In 1155 Pope Adrian IV issued the fatal bull "Laudabiliter", which was to affect Irish history for 800 years.

Affleck: v. rare: Bangor. Co. Down. A Scottish name based on Aughinleck in Ayrshire and Affleck in Angus. SS.

Agar: fairly rare: English, in Kilkenny 18 cent, now mainly Dublin & Carlow. Synonym of Algar & Elgar in England. Aslo Ager, Agger. A Teutonic personal name. DBS.

Agate(s): v.rare, Belfast. English: habitational: "at the gate".

Ager: v. rare: Antrim. An Anglo-Saxon name : "noble spear". See Agar. DBS.

Ághas : v. rare: Dublin and W. Kerry. Ir. Lang. See Ashe.

Agnew: fairly numerous E. Ulster. Two origins: (1) *Ó Gnímh*, an Irish literary family in Ulster and (2) *d'Agneau* (lamb), Norman. MIF.

Agnoli: v. rare: Dublin. Italian: from *agnello* (lamb) or Agnus Dei.

Agusta: v. rare: Dublin. Italian: from the month August..

Ahearne, Ahern, Aherne: numerous Munster & Dublin. A sept of E. Clare, later in Cork. Also as Hearn. Irish: *Ó Eachthighearna* = horse-lord. Mod. *Ó h-Eathírn* (SGA).

Aher: v. rare: Cork. Ir.*Ó h-Aichir, Aithear* (sharp). Variant of Hehir, Herr. SGG.

Ahessy: very rare, Waterford. Variant of Hahessy. Irish: *Ó h-Aitheasa, aitheas* = pain, distress.

Ahmed, Ahmad: rare: scattered: A common Muslim name meaning "praiseworthy". (Arabic).

Aicken, Aiken, Aitken: numerous: N.E.Ulster. Scottish, diminutive of Adam. Possibly also Irish *Mac Aogáin, Ó h-Ágáin*. MIF, SGA.

Ainley: rare: Belfast etc. This name is current in England – apparently a toponymic.

Ainscough: rare, Dublin. Probably English toponymic from place in Lancashire.

Ainsley: v.rare: Carrickfergus. Scottish, but from a placename in England. Also as Annesley q.v.

Ainsworth: mod.numbers, Belfast, Dublin, Castlebar. Lancashire place-name.

Aird: rare, Dublin, Port Laoise. Derivation: Scottish placename.

Airey: rare, Cork, Belfast. English: "dweller by the gravel bank" - DBS.

Aitcheson: rare: Antrim etc. Scottish version of Atkinson, and diminutive of Adam..

Aitkenhead: rare, Belfast. Scottish: barony of Aikenhead, Lanarkshire. Also Aikenhead.

Akehurst: rare: Bangor. English from the Anglo-Saxon: "oak-hill".

Akroyd: v rare. Derry. A toponymic from Yorkshire: "oak-clearing".

Alberici: v rare: Dublin. Italian: pet name from Alberto.

Albert: rare: Belfast. English and Anglo-Saxon: first name:"noble-bright". DOS.

Albin: rare, Belfast. In England from 12 cent. Latin: albinus = white, blond. DBS.

Alcock: mod.numbers, Dublin, Belfast, Cork, Carlow. English 17 cent. A dimin. of a name Al-.

Alcorn: mod. nos.: N.E.Ulster & Donegal. Scottish: said to be derived from a place in Sussex.

Alderdice: fairly numerous, Down. As Allardyce in Scotland. A place-name. SS.

Aldford: fairly rare: Dublin. English: perhaps "ford by the alders".

Aldred: rare: Portadown. English: first name: O.E.:"old counsel" Fairly common in England.

Aldridge: rare, Belfast, Dublin, Ballina. In England 13 cent. O.E. "noble-ruler". DBS.

Aldwell: v rare: Dublin. Presumably English but very rare there too.

Alexander: numerous in Ulster. Very common in Scotland as forename and surname and gaelicised Alastar, hence McAlister etc. This Greek name, meaning "defender of men" was brought in by Queen Margaret from the Hungarian court in 11 cent. SS.

Alford: fairly rare: Dublin, Belfast etc. A habitational name associated with Devonshire.

Alfred: rare: Limerick, Dublin. A popular first name but rare as surname even in England.

Algeo, Algie: rare & scattered in Ulster. Scottish, said to have come from Italy with the Abbott of Paisley and became excellent farmers in that area.. SS.

Al Haddad: v rare: Dublin. Islamic. In Ireland, this is usually Pakistani and a tribal name.

Ali-Khan: v rare: Dublin. Arab. "Sublime lord". This is a borrowing from Turkish.

Alister, Allister: mainly with "ll", Belfast area. See MacAllister.

Al-Khalifa: v rare: Dublin. Arabic: "the successor"(to the Prophet).

Allan, Allen: mainly with "en", numerous in N.E. Ulster but well-represented in all provinces. Scottish and English, also anglicisation of *Ó h-Aillín, Ó h-Ailín,* an Ormonde name.

Allander,-ender: v rare: Cork, Limerick. Current in England but rare.

Alley: rare: Laois, Tipperary. English: an old name of Scandinavian origin. SI.

Allingham: rare: Fermanagh, Sligo & Leitrim. English placename. In Ireland since 1613. SI.

Allington: v rare: Bangor. Similar to Allingham above.

Allis: rare: Dublin, Limerick. From the first name Alice, which is a contraction of Adelaide.

Allison: fairly numerous: mainly N.E. Ulster but some in all provinces. Scottish & English.

Allman: confined to N. Kerry & Cork. In Ireland 12 cent., of Norman origin, Aleman = German. Perhaps a group of Germans amongst the Normans. Irish: *Alamán.* SI.

Allport: rare: Dundalk, Bangor. English: "old market". DOS.

Allshire: rare, Cork city, English, but very rare there.

Allsop: rare, Belfast, Dublin. English, from Alsop, Derbyshire.

Allum: rare: Belfast. Scottish: contracted version of MacCallum. SS.

Allwright: rare: Dublin. English: "old rule" - a first name. DOS.

Allwell, Alwell: rare: Dublin, Belfast, Cork, Armagh. A name strangely absent in Britain.

Almack: v rare: Dublin. Perhaps as Hallmark, i.e. "half-mark". DOS.

Almark: v rare: Belfast. As above.

Almquist: rare: Dublin. A noted family of Swedish origin. The word means "elm twig". DSHH.

Alrawi: v rare: Dublin. A Muslim name: Arabic: "narrator".

Altman: rare: Dublin. Originally German: "old man". A nickname or just "senior".

Alton: rare and scattered. Long established in Ireland. English placename. See also Dalton. Irish: *Altún.*

Alvey: rare: Dublin etc. English. Old first name "elf-war". DOS.

Alymer: v rare: Limerick, Tipperary. Probably a variant of Aylmer, q.v.

Amberson: v rare: Down. Evidently a patronymic of Ambrose, it is very rare in Britain.

Ambrose: mod.nos.: mainly W.Limerick & Cork. In Ireland 14 cent. Ir. *Ambrós, Mac Ambróis.* A name from the Greek meaning "immortal".

Ames: v rare: Roscommon. English. Latin *amicus*, friend. Also Amis.

Amon (-d): rare: Carlow, Wexford. English: of Scandanavian origin.

Amos: v rare: Belfast. English, from the prophet Amos. Hebrew : "carried by God". DOS.

Anand: rare: Portrush etc. An Indian name meaning "happiness".

Andersen: v rare: Midlands. A Norse version of Anderson. See Andrews.

Anderson: very numerous E.Ulster, well-represented all areas except Mid-West. Scottish & English. Ir. *Mac Andréis.* The Barretts of Mayo took the name *Mac Aindriú.*

Anderton: rare: Belfast. Apparently a Scottish toponymic derived from Andrew - Greek *Andreas.*

Andreucetti: rare: Dublin. Italian. Derived from the first name *Andreas* (manly)

Andrews: Numerous in N.E. Ulster and scattered elsewhere. Mainly Scottish but also English. Derivation: Greek, *andréas* = manly.

Angland: rare: N.Cork only. See England & English. Ir. *Aingleont.* (SGA).

Angelone: v rare: Belfast. Italian: from first name Angelo (angel).

Angelsey: v rare: W. Waterford. Presumably from the Welsh placename.

Anglim, -in, -um: mod. nos.: Wexford, S.Tipperary, W.Limerick. Ir. *Ó h-Angluinn, anglonn,* hero. Formerly associated with Co. Cork. MIF.

Angus: mod. nos.: Belfast area. Scottish: both place and personal. Ir. *Aonghus* : old first name: "one-choice" or "true-vigour".

Ankers: rare: Dublin. English: synonyms: Anchor, Annacker. Meaning "recluse". DBS.

Anketell: rare: N.E.Ulster. Anglo-Norman, 13 cent. Ir. *Ancoitil.* From Norse name. SI.

Annan: rare, Belfast area. Scottish: placename: town in Dumfriesshire. Also Annon.

Annesley: mod.nos.: Belfast area etc. Formerly prominent Anglo-Irish. In Ireland 17 cent. Also Annsley and Ainsley.

Annett(e): numerous, Belfast, Down etc. English. Dimin. of woman's name, Ann. DBS.

Ansari: v rare: Galway. A Muslim name in India.

Ansbro, -boro: fairly rare. Galway, Mayo. See Han(s)berry.

Ansell: v rare: Derry. English. From Teutonic first name Anselm , "god-helmet". DOS.

Anthony: mod. nos.: Waterford and S.E., scattered in Ulster. English. From first name, Anthony, which is derived from *Antonius*, see below. The "th" is erroneous. The Irish *Antoin* is a neat compromise!

Anton: v rare: Belfast. Current in England: from Latin name *Antonius.*

Antonis: v rare: Larne. As Anton above.

Anwar: v rare: Belfast. A Muslim name, *brighter*. (Arabic).

Anyon, -nn: v rare: Bangor. Welsh: Synonyms: Ennion and Onions. From first name *Einion.*

Apling: v rare: Dublin. English from Somerset - apple country.

Apperley: v rare: Antrim. English toponymic: Gloucestershire and Somerset. More apples!

Applebee, Appleby: mod. nos.: Dublin & Cork. English placename. An orchard.

Appleyard: rare: Dublin. "Apple orchard". From Old English. DOS.

Aprile: v rare: Dublin. Italian: a "calendar" name like Agusta - month of birth, perhaps

Apsley: fairly rare: Ulster. Presumably English. "Aspen wood".

Arbuckle: mod. nos.: Derry, Strabane etc. Scottish, Lanarkshire placename. Gael. *ard an bhuachalla* (shepherd's hill).

Arbuthnot: mod. nos.: Maghera etc. Scottish: placename. Gael. *aber buadhnat* (healing stream).

Arcari: v rare: Bray. Italian: a military name - archer.

Archard: v rare: Belfast. Well represented in England and probably a variant of Orchard.

Archbold,-ald, Archibald: mod.nos.: Kildare, Carlow: Ir. *Áirseubóld*. Anglo-Norman. Teutonic name "precious-bold". Recorded in 12 cent in England. DBS.

Archdale: v rare: Fermanagh. In Ulster 17 cent. Possibly of Scandinavian origin and relict of the Norse invasions. DSHH.

Archer: numerous: E.Ulster, Dublin, Cork. Ir. *Áirséir*. English associated with Kilkenny since 13 cent. MIF.

Archdeacon: rare: Cork etc. English, 13 cent in Kilkenny. Assumed patronymic *Mac Óda*, from Norman first name Odo, so this family generally bears the surname Cody.

Ard: rare: Belfast area: Scottish: from Aird in Vale of Beauly. SS.

Ardagh: v. rare: Dublin but associated with Louth & Waterford. One of the few Irish surnames derived from a placename. Ir. *Árdachadh*.(high field).

Ardiff: fairly rare: E.Kildare etc. Origin not clear.

Ardill: rare: Ulster & Leinster. Probably from MacArdle. Ir. *Mac Ardghail.*

Ardis,-ies: mod.nos.: Belfast etc. Perhaps Ir. *na h-Arda, Aird Uladh*, of the Ards (Down).

Argue: rare: Belfast, Portadown, Dublin, Cavan/Monaghan. MacLysacht considers it Irish and suggests *Mac Giolla Fhearga*, MIF. But SGA gives *Ó h-Earga*. It is most likely native.

Argyle: v rare: Dublin. Scottish: Gael. *Earra Ghaidheal* (littoral of the Gaels). DSHH.

Arigho: rare: Dublin etc. Italian version of Henry, a name which has produced many derivatives.

Arkins: rare: Dublin, Clare, Galway. Ir. *Ó h-Orcáin*. MacLysacht considers it separate from Harkins of Ulster.

Arkinson: rare: Castlederg. See Harkins.

Arlow: mod. nos.: Belfast & N.Down. English; from placename Harlow.

Armitage: mod.nos.: all provinces but mainly in Ossory. English, 17 cent. From the placename Hermitage.

Armour: fairly numerous in N.E.Ulster. Scottish. In Ireland 17 cent. Also Larmour which is more numerous. Derivation: "armourer". SI.

Armshaw: rare: Tipperary. Presumably an English toponymic but very rare in Britain.

Armstrong: numerous in Ulster, also Mayo/Sligo & Meath/Monaghan. Scottish. A famous Border name. Ir. *Tréanlámhach*. It can also be an anglicisation of *Mac Thréinfhir* and *Ó Labhradha Tréan,* q.v. SGG.

Arneill: fairly rare: Belfast. Scottish: from placename Ardneill. SS.

Arnold: numerous: E.Ulster, Dublin, Cavan/Meath. English, in Ireland 13 cent. Teutonic first name: "eagle-rule".

Arnopp: rare: W Cork. The name exists in England but is rare. Derivation not clear.

Arnott: fairly rare: Belfast. Scottish, from place Arnot in Kinross. There is a Ballyarnott in Antrim. Ir. *Arnóid.* SS & SI.

Arrell: mod. nos.: S.E.Derry. Ir. *Ó h-Earghail* according to MacLysacht; cognate with Farrell. There is also a Scottish name, Arrol, which could apply. SI & SS.

Arrif(f): v rare: Lisburn. A Muslim name meaning superior, knowledgeable.

Arrigan: rare: S.Tipperary etc. Ir. *Ó h-Arragáin*, mod. *Ó h-Argáin*. Usually Horgan, q.v.

Arrt: fairly rare: Belfast area. Origin not certain. *Art* is Old Irish personal name meaning bear (the animal).

Arthur(s): numerous: E.Ulster, Tyrone, Meath/Louth/Cavan & Kerry/Clare/Limerick. Ir. *Mac Airt & Mac Artúir*. Northern ones probably of Scottish origin but in Munster MacLysacht states it is pre-Norman, of Norse origin. The name has been prominent in Limerick since 12 cent. Mac Arthur is a separate Scottish name. SI.

Arundel: rare: Dublin & W.Cork. Ir. *Airinnéal*. English, from place in Sussex. MacLysacht says it is pronounced Aringale locally. In Cork 13 cent. SI.

Ashbridge: rare: N.E.Ulster. English, locative name.

Ashby: rare: Belfast etc.: English, from numerous placenames. "Ash homestesd". DBS.

Ashcroft: rare: N.Antrim etc.: "Dweller at a croft with an ashtree" - DBS.

Ashdown: v rare: Lurgan. English: toponymic. Places in Sussex and Berkshire.

Ashe: fairly numerous: Belfast, Dublin, Midlands and notably W.Kerry. Ir. *Ághas*. English. In Ireland 14 cent. See also Nash. IF.

Ashenhurst: rare: Ulster. A placename: a hill with ash trees.

Ashfield: fairly rare: Belfast. An English locative name.

Ashford: rare: Ulster. English toponymic from a number of placcs.

Ashley: rare: Dublin. English locative. "Ash tree glade". Numerous places.

Ashman: v rare: Skibbereen. English: "sailor, pirate". A name from Somerset.

Ashmore: mod. nos.: Dublin & S.E.Leinster. A toponymic:"lake or boundary with ashtrees".

Ashton:fairly rare: Belfast, N.Antrim etc. English, southern version of Ashby, q.v.

Ashwood: rare: Belfast, N.Down. English, placename in Staffs. DOS.

Ashworth: rare: Belfast etc. Habitation name from Lancashire.

Ashworthy: v rare: Athlone. Presumably connected with Ashworth above.

Askew: rare: Ulster etc. English: habitational name from N Yorkshire. Also Askey.

Askham: v rare: Down. English placename in various locations.

Askin(s): mod. nos.: Scattered, W.Ulster & S.E.Leinster. Ir. *Ó h-Oiscín*. English; but also related to Heskin, a Connacht name, q.v. DBS & SGG.

Aston: mod. nos.: Dublin, Belfast and scattered. In Ireland since medieval times. Synonymous with Ashton.

Aspell,-ill: mod. nos.: Dublin, S.E.Leinster. Possibly a contraction of Aspinall, q.v.

Aspin: rare: Dublin etc. As Aspell.

Aspinall: rare: Scattered. English habitational name from place in Lancashire.

Asple: rare: Wexford. See Aspell.

Asquith: rare: Belfast. English: toponymic: "ash-wood".

Assaf: v rare: Dublin. A Muslim name. Arabic: virtuous.

Astbury: rare: Belfast. English: from place: "eastern fort".

Astle(s): v rare: Ulster. English: habitational name from place in Cheshire.

Atcheson, Atchison: numerous: see Atkinson.

Atherton: v rare: Derry. Habitational name from place near Manchester.

Athey: v rare: Dublin. See Athy. Also topographic name from England.

Athy: Anglo-Normans who became one of the "Tribes of Galway". From town in Kildare.

Atkin(s): mod. nos.: Cork city etc. English, a pet form of Adam. 17 cent. in Cork. MIF.

Atkinson: numerous: E.Ulster, S.E.Leinster etc. Ir. *Mac Aidicín*. See Atkins, Acheson. SI.

Attley: rare: Dublin area.English, "at the wood/clearing" - DOS.

Attride: v.rare: Carlow. English, in England: "John at ride (clearing)" 1446 - DBS.

Attridge:fairly rare: W.Cork. English, occurs as Etteridge in England. O E "noble-rule".DBS.

Attwell: rare: Dublin & Ulster. English, from Devon/Somerset. Also as Atwool.

Attwood: rare: Ulster. English: topographic for someone who lived by a wood. DBS.

Aubrey: rare: E Ulster. English: from a Teutonic personal name. "elf power".

Auchmuty: v rare: Galway. Scottish, in Ulster 17 cent. From place in Fife. SS.

Auden: rare; Newry: English, also as Alden. OE "old friend". DBS.

Audley: fairly rare: Belfast area & Galway etc. English 16 cent in Down. Appearance in Conamara suggests Irish origin: Woulfe gives *Ó h-Adhlaigh*, q.v. SI & SGG.

Aughey: rare: Belfast-Portadown. Ir, *Mac Eachaidh*. see also MacCaughey. SI & SGG.

Aughney: rare: Carlow etc. Ir. *Mac Fhachtna*, see also MacAughney. SI.

Auld: numerous: Belfast, N Antrim. Scottish. Nickname: "old". Also used for *Mac Cuthail*. SS.

Aumonier: v rare: Belfast. French: nickname for beggar. DSHH.

Aungier: rare: Dublin. Huguenots from 17 cent. Probably from the town of Angers.Woulfe gives Ir. *Dáinséir* - a fair representation of the French.

Austin (-en): numerous: widespread, mainly Dublin & Belfast. Ir. *Mac Aibhistín*. Woulfe also gives *Oistín*. English: Common first name throughout Europe. The Bishop of Hippo, no doubt, is responsible. SI & SGG.

Auterson: rare: Down. Perhaps as Mac Caughtry, q.v. Or, French version of Edgar.

Avenell: v rare: Monaghan. Scottish: from placename in France. In Scotland in 1185. SS.

Aver: v rare: Dublin. Seemingly a contraction of Averall. Exists in England but rare.

Averall,-ell,-ill: mod.nos.: Tyrone etc. Ir. *Aibhril*. English: 17 cent. *Avril* (April). This may be a nickname from the month: born then or "changeable". DOS, MIF.

Avery: fairly rare: Ulster & Dublin. English & Scottish: from first name Alfred. Also Ir. *Mac Aimhréidh, aimhréidh*, dishevelled: see Mac Cavera. SI.

Avington: v rare: Antrim. Seemingly an English toponymic, it is very rare in Britain.

Aweaney: v rare: Omagh. See Mac Weeney.

Axon: rare: Belfast area. English. Perhaps as Askin. DBS.

Axworthy: v rare: Dublin etc. Similar to Ashworthy. Possibly from the more common Ashworth.

Aylan (-in): v rare: Derry. See Ayling.

Ayling: rare: Derry etc. English, from O.E. personal name meaning "prince". DBS.

Aylmer: fairly rare: Dublin, S.E.Leinster. Ir. *Aighlmear*. Anglo-Norman: 13 cent. SI & DBS.

Aylward: fairly numerous: S.E.Leinster, Waterford etc. Ir. *Aighleart*. In Ireland 14 cent. From OE personal name. "noble+guard". DBS & SI.

Ayoub, Ayoubi: v rare: Dublin. Muslim: one of the contemporaries of the Prophet.

Ayre(s): rare: Belfast, Dublin & E.Leinster. Ir. *Iarsach*. English & Scottish. Also occurs as Eyre, q.v., in Connacht. Various derivations: "heir" the most favoured. DBS & SS.

Ayton: fairly rare: Ulster & Dublin. Scottish, from Ayton in Berwickshire. SS.

Azzopardi: v rare: Down etc. ? Italian. No derivation to hand.

Babe(s), Babb: rare: Belfast etc. Ir. *Báib*. Anglo-Norman: le Babbe. Deriv. infant or dimin. of Barbara. SI.

Babington: rare: Derry etc. English. A habitation name from a place in Somerset itself derived from the personal name Babe or Babb, q.v.

Babbington: v rare: Monaghan. See Babington.

Bach: rare: Scattered. Usually a name of German origin, meaning "baker".

Bacik: v rare: Dublin. Usually a Czech name: diminutive of Sebastian.

Backus: rare: N.Antrim. English locative, derived from "bakehouse". SI.

Bacon: mod.nos: N.Antrim, Colraine etc. Ir. *de Bacún*. Anglo-Norman. Seller of cured pork.

Bacuzzi: v rare: Dublin. Italian: probably diminutive of Iacabo (James).

Badger: mod.nos: Ulster and rare in Galway where it is an anglicisation of *Ó Broic*. Brocc, an old personal name meaning badger. Otherwise, it is a synonym of Bagger and not related to the animal. The OE brock is a borrowing from the Celtic. DBS.

Badrian: v rare: Dublin. This name does not seem to be in Britain. It may be of European origin.

Bagnall: fairly numerous: Mid-Leinster, Newry etc. English 16 cent. when they were located in Carlow. From a placename in Staffordshire. Also anglicisation of *Ó Beigléinn*, a medical family of Longford.

Bagnell: rare: E. Limerick. see Bagnall.

Bagott: fairly rare: E.Limerick & W.Midlands. Ir. *Bagóid*. A-Norman, 13 cent. There is a Baggotstown in Co. Limerick, noted in inquisitions of 16 cent. From Teutonic first name. SI.

Baguley: v rare: Bangor. A place-name in Cheshire. DOS.

Bagwell: v rare: Dublin. English toponymic: "badger-well"

Baile(-s): v rare: E Ulster. analogous to Bailey, q.v.

Bailey, Baillie: numerous: Leinster, Munster and especially Ulster, where the Scottish Baillie is prevalent. Ir. *Báille*. English, in Ireland since mediaeval times. Originally a royal official, in Scotland it is a local councillor. Also as Bailiff. See Bayle.

Bain: mod. nos. Down etc. Scottish, from Gaelic *bàn* (white, fair). However this name is also English and Reaney attributes it to OE *ban* meaning bone. SI & DBS.

Bainbridge: rare: Antrim. English: habitation name from place in N Yorkshire.

Baine: fairly rare: Belfast area. Scottish, as Bain.

Baines: v. rare. Down etc. English. See Bain and Bayne(s).

Baird: numerous: Ulster. Scottish, authorities differ on derivation : from place name or Gaelic *bàrd*, a singer. John Logie Baird, a Scot, (1888-1946), was a pioneer of television. SI & SS.

Baitson: rare: Dublin. As Bateson, q.v.

Baker: numerous: widespread except Connacht. Ir. *Bácaeir*. English, 13 cent. SI.

Bakewell: rare: Antrim. A placename in Derbyshire, famous for its pastries.

Bakker: v rare: Antrim. A variant of Baker, probably of Dutch origin.

Balbirnie: rare: Dublin. Scottish, from a placename in Fife. SS.

Balding: v rare: Kildare. From Old English: "bold man". DOS.

Baldrick: rare; Derry, Donegal. English, 17 cent. in Ireland. A Teutonic first name."bold-ruler".

Baldwin: v rare: Connacht. Ir. *Ó Maolagáin,* by pseudo-translation. OE: "bold friend".

Bale: rare: Dublin. English, relating to outer courtyard of castle.

Balfe: mod. nos.: Meath, Louth. Ir. *Balbh*, stammering. A case of gaelicisation of settlers who came to Meath in 13 cent. IF & SGG.

Balfour: rare: Fermanagh. Scottish name of prominence. From placename in Fife. SS.

Ball: numerous: Dublin, Belfast, Leinster. Early English settlers. Ir. *Bál*. Perhaps an epithet name applied to a rotund person!

Ballagh: rare: Dublin, Belfast. Ir. *Ballach*, i.e. speckled, spotted. An early native epithet name.

Ballance: mod. nos.: Down & Dublin. English: one who weighs with a balance. DBS.

Ballantine(-yne): fairly numerous: E.Ulster, Sligo. Ir. *Bailintín*. Fairly recent Scottish immigrants. Derived from a placename. SS.

Ballesty (-isty): rare: Westmeath. Norman origin: ballestier = cross-bowman. Ir. *Bailiste*. SGG.

Ballinger: rare: Clare. English of French origin: from Teutonic first name. Ir. *Bailinséir.*

Ballivan: v.rare: Tipperary. Ir. *Ó Balbháin,* stammerer. SI.

Balmaine: v rare: Dublin. From place in Scotland: the original Gaelic: *baile meadhon*. SS.

Balmer: fairly numerous: Belfast & N.Antrim. Scottish or English. A dealer in spices. SS.

Balzer: v rare: Dublin. Variant of biblical name Balthazar, a Babylonian first name. German etc.

Bamber: mod. nos.: N.Antrim. Relating to Bamber Bridge, a place in Lancashire. DSHH.

Bambrick: mod. nos.: Kilkenny, Down. Ir. *Baimbric*. The name was present in Laois 16 cent. MacLysaght thinks it might a Scottish toponymic, but it is rare there. MIF.

Bambridge: v rare: Scattered. Presumably an English toponymic: "beam bridge".

Bambury: mod.nos.: N.Kerry. In 1197 John Bambury was Bailiff of Limerick Corporation. Ir. *Baimbaire*. Apparently a variant of Banbury: both are current in England.

Bamford: numerous: N.Down, Belfast. English: present since 17 cent.. Place: "beam ford". SI.

Banaghan: rare: N.Tipperary. See Banahan.

Banahan: fairly rare: E.Connacht etc. Ir. *Ó Beannacháin, beannach* = horned. Associated with Sligo. Alleged to be descended from the Fir Bolg. MIF.

Bane: mod. nos.: Galway & Clare. Ir. *Bán* (white, fair). An descriptive name which displaced the original surname. Sometimes translated to White. See also *Mac Giolla Bháin*. MIF.

Banfield: v. rare: Dublin. Ir. *de Buinnbhíol*. Variation of Bonfield, q.v.

Banford: fairly rare: N.Down. English: as Bamford, q.v.

Baneham: v rare: Dublin. As Banham.

Banham: v rare: Belfast. English toponymic: "a homestead where beans grow".

Banim: fairly rare: Dublin. A variation of Bannon, q.v.

Bankhead: fairly rare: Antrim etc. Scottish, from placename.

Banks: fairly numerous: Antrim, Dublin etc. Scottish. Also Ir. *Ó Bruacháin* - see Brohan. SI.

Bann: fairly rare: Down. Ir. *Banna*, (R. Bann).

Bannan: rare: Leinster. Ir. *Ó Banáin.* a variation of Bannon, q.v.

Bannatyne: rare: Belfast & Down. Scottish: from Arran & Bute. Unidentified place. SS.

Bannerman: rare: Down. Scottish: associated with Aberdeen. SS.

Bannerton: rare: Ballinasloe, Galway. Strangely absent in Britain: probably toponymic, but possibly a variant of Bannion and Bannon.

Bannigan: rare: Donegal. Ir. *Ó Banagáin*, possibly meaning effeminate. SI.

Bannion: v rare: Athlone. As Bannon.

Bannister: mod. nos.: Belfast & Dublin. English, mainly 17 cent. Metonymic relating to basket making: Norman French *banastre*. The connection with stairs was later. SI.

Bannon: numerous: Midlands, Fermanagh, Down, Roscommon, Tipperary. Ir. *Ó Banáin, ban-* meaning effeminate). Septs of Offaly, Fermanagh & Mayo. SI & SGG.

Banotti: v rare: Dublin. A name of Italian origin: derivation unknown.

Banville: fairly rare: Wexford. Ir. *de Buinnbhíol.* see also Bonfield.

Baragry: rare: Tipperary-Limerick. As Bargary, q.v.

Barber: fairly numerous: E.Ulster and scattered. Has appeared since 13 cent, deriving from Norman "le Barbier". Synonymous with Barbour, q.v. MIF.

Barbour: fairly numerous: mainly E.Ulster. Also an Anglo-French derivation. This form most in use in early times. Many Ulster Barbours are of Scottish origin. MIF.

Barclay, -ey: numerous: N.Antrim, Belfast, Derry, Donegal etc. English: from Berkeley in Gloucestershire. In Ireland since 17 cent. SI.

Barcoe: rare: Carlow-Kilkenny. Very rare in England. There are metonymics in Italy and Spain relating to boats.

Barcroft: v rare: Dublin. English habitation name from place in Lancashire.

Barden: mod. nos.: South East etc. Ir. *Ó Bárdáin* (little bard). A bardic family associated with Longford and Westmeath and later Wexford. Sometimes changed to Barnes. SI.

Bardon: mod. nos.: Midlands, Down. Ir. *Ó Bárdáin*. See Barden above.

Barfoot: fairly rare: Magherfelt, Cookstown etc. Scottish & English. A toponymic or just a nickname, "bare-foot".

Bargary: rare: Limerick-Tipperary. Ir. *Mac Bearthagra*, a variant of *Mac Biorthagra*, "sharp pleading", appropriate for lawyers as they were a family who were brehons to the O Neills, but now found in Munster. Also Barragry, q.v. SGG.

Barker: numerous: Dublin, Ulster and scattered. Ir. *Barcar*. An English occupational name in Ireland 16-17 cent. SI.

Barkey: rare: Monaghan etc. This name is current in England: probably a toponymic.

Barkley: fairly numerous: N Antrim, Belfast. See Barclay and Berkeley.

Barkman: v rare: Limerick. A Palatine name: Low German: Bargman, from *berg* (hill).

Barlow: mod. nos.: widespread: Tipperary, Sligo, Roscommon, Down, Armagh. English, 16th cent. A placename meaning "barley hill". Associated with Cheshire and Lancashire. SI.

Barnane: v.rare: W.Cork. Ir. *Ó Bearnáin*. Usually changed to Bernard. SI.

Barnard: rare: E. Tyrone etc. English.: from Teutonic first name "bear-brave". DBS.

Barnaville: v rare: Dublin. An Anglo-Norman family of note in the Pale; now represented as Barnewell, Barnwall and Barnwell. Mod. nos. in Dublin and the Pale. SI.

Barnes: numerous: Belfast, Dublin and E.Coast. Ir. *Bearnais, Ó Bearáin*. Generally English and Scottish but also synonym for Barron, q.v. SI & SGG.

Barnett: fairly numerous: Ulster, Dublin, W.Cork. English, 17 cent in Ulster. From a placename.

Barney: v rare: E Ulster. From a placename in Norfolk.

Barn(e)well: mod. nos.: Dublin and scattered. Ir. *de Bearnabhál*. A prominent Anglo-Norman family in Meath since 13 cent. See Barnaville. MIF.

Barnhill: rare: E. Ulster. Apparently an English toponymic, it is rare in that country.

Barnicle,-acle: fairly rare: Mayo etc. Ir. *Ó Cadhain*, of which it is a curious translation, as *cadhan* is a barnacle goose. However, Cadhan in an early first name, perhaps referring to the wild goose, which is indeed a beautiful creature. GPN.

Barnwall: rare: Dublin and Meath. See Barnwell above.

Barr: numerous: Ulster. Ir. *Ó Bairr*. But mainly Scottish of 17 cent., it is also an English name of various derivations. DBS.

Bar(r)agry: rare: Dublin. Ir. *Mac Bearthagra*. More usually Berkery. See also Bargary. SGG.

Barrett,-att: v.numerous: All provinces: particularly Cork, Limerick, Kerry, Galway, Mayo. Early Anglo-Normans who became gaelicised: *Baróid* in Munster and *Bairéid* in Connacht. In fact, they were two separate families, the former being properly Barratt which occurs in Ulster, to some extent. MIF.

Barrie: rare: Ulster. See Barry.

Barrington: mod. nos.: Leinster and Munster. English, 17 cent and a notable family in Limerick. It is sometimes an anglicisation of *Ó Bearáin* which was associated with Thomond. IF.

Barrins: rare: Sligo. May relate to Barron, q.v.

Barriscale: rare: Cork, Wexford. Family lore favours a French origin but this cannot be confirmed.

Barriskill: v rare: See Barriscale.

Barron: numerous: mainly Ulster and Leinster. Derived from *Mac Bearáin* in Ulster and but *Barún* in Kilkenny-Waterford where they were a branch of the Fitzgeralds. The title "baron"was also common amongst the Scots so we find MacBarron there. MIF.

Barror: rare: Dublin. This name is not in evidence in Britain.

Barrow: rare: S E etc. See Barrows.

Barrows: mod. nos.: Cork, Antrim etc. English. "dweller by the hill or grove". DBS.

Barry: v.numerous: particularly Munster and S.Leinster. Ir. *de Barra*. Anglo-Normans who became gaelicised and it is now an essentially Irish name. There is the possibility that some Barrys in Limerick may be *Ó Beargha*, a sept of Kenry, Co. Limerick. There is the further question of *Ó Báire* of W.Cork, who were also anglicised Barry. IF & SGG.

Barter: rare: Down etc. English: "exchanger".

Bartholomew: mod. nos.: Belfast, N.Armagh. Ir. *Mac Pharláin*. English & Scottish. Black takes the view that Ir. *Parthalán* has no connection with the biblical name but this is contradicted by Ó Corráin & Maguire. See Mac Farlane. SS & GPN.

Bartlett: mod. nos.: E.Ulster. English, a diminutive of Bartholomew.

Bartley: fairly numerous: Ulster & Dublin. English but also anglicisation of *Mac Pharthaláin*, (mod. *Mac Pharláin*) i.e. Scottish MacFarlane, q.v. SS.

Barton: numerous: Belfast, N.Antrim etc. Ir. *de Bartún*. English since 13 cent. The principal family came in 1599 and settled in Fermanagh. MIF.

Bashford: fairly rare: Belfast etc. This name is current in England: evidently a toponymic.

Basic: v rare: Scattered. A Slavic name derived from first name Vladimir (glorious rule).

Basketfield: v rare: Armagh. A variant of Baskerville, a Norman toponymic: "place in the bushes". DOS.

Baskin: fairly rare: Donegal & Tyrone. Having regard to location, it is likely to be related to the Scottish Basken. There is native name *Ó Baiscinn* of W.Clare, said to be very rare.

Basquille: fairly rare: Mayo etc. Mac Lysaght considers it a variant of Baskwell which itself derives from Baskerville, a French placename. SI.

Bass: mod.nos.: concentration in South East, otherwise scattered. English, "low stature".

Bassi Singh: v rare: Dublin. A member of the Sikh community : "disciple".

Bassett: mod. nos.: Down, Dublin etc. Ir. *Buiséid*. English, 13 cent. Short, low stature. SI.

Bastable: rare: Dublin. Ir. *de Bustábla*. Formerly associated with Cork & Kerry. Derived from English town Barnstaple. MIF.

Bastick: rare: Dublin etc. Probably a variant of Bostock, an English toponymic from Cheshire.

Baston: rare: Dublin, Belfast. This name is current in England: it seems to derive from Sebastian.

Batchelor: fairly rare: Belfast area. English & Scottish. "a novice in arms".

Bateman: mod. nos.: Cork, Belfast etc. English, in Ireland since 13 cent. Generally associated with W.Cork & Kerry. "A servant of Bate (Bartholomew)". MIF.

Bates: numerous: E.Ulster, Wexford, Dublin. Ir. *de Báth*. English, 17 cent. See Bateman.

Bateson: mod. nos.: Ulster etc. Derived from Bate (Bartholomew).

Bathgate: rare: Antrim etc. Scottish from place in Mid-Lothian.

Bathy: v rare: Connacht. Probably related to Bath, the town in England.

Batt: fairly rare: Dublin & Cork. English, various origins suggested by Cottle, but most likely would be Bartholomew, similar to Bates etc.

Batten, -in, -on : rare: Dublin, Down. A diminutive of Bartholomew.

Battersberry: v rare: Cork etc. English toponymic: similar to Battersby

Battersby: mod. numbers: E.Ulster, Dublin etc. English, 17 cent. Placename from N Yorkshire.

Battle: fairly rare: Sligo etc. Ir. *Mac Concatha* (hound of battle). A sept of Sligo. IF & SGG.

Battye: rare: Dublin, Belfast. English, in Yorkshire, as Bartholomew, q.v.

Bauer: rare: Dublin etc. Originally a German name meaning "peasant, farmer".

Baugh: v rare: Dublin etc. Welsh: a nickname from *bach*, small.

Baum: v rare: Dublin. A topographical German name. *Baum,* a tree.

Baumann: rare: Dublin, Antrim. As Baum.

Baxter: numerous:Down,Antrim, Tyrone, Midlands. Ir. *Mac an Bhacstair*. Scottish, connected with the MacMillans. Baxter = baker.

Bayle: rare: Dublin, Waterford. English: locative, relating to the outer wall of castle.

Bayley: fairly rare: Carlow etc. English, synonym of Bailey.

Bayliss: rare: Belfast. English, also variant of Bailey.

Bayne(s): fairly rare: Tyrone, Mayo. Ir. *Bán* (fair). Scottish and possibly Irish. SGG.

Baynham: v rare: Dublin. This is actually Welsh: *ap Einion* so synonymous with Binnions, q.v. DBS.

Baylor: rare: E.Cork. Apparently an occupational name: one who delivers goods for sale etc.

Beacom -on: mod. nos.: Fermanagh etc. English locative name.

Beach: rare: Dublin etc. Relates to the beech tree. See Beecher.

Beaddie: v rare: Dublin. Probably from the OE name *Bede* .

Beades: rare: Midlands, Roscommon. Ir. *na bPaidir*, which seems a mistaken gaelicisation of an English name derived from the old personal name Bede.

Beagan -on: mod.nos: Ulster etc. Ir. *Ó Beagáin*, which also appears as Little. See Beegan.

Beahan: rare: Dublin. Ir. *Ó Beacháin*. See Behan.

Beakey: rare: Cork & Clare. Ir. *Ó Béice, béic* = weeping. SI & SGG.

Beakhurst: v rare: Dublin. Evidently an English topomymic.

Beale: mod. nos.: Cork, Down etc. English toponymic. Also a nickname for a handsome person.

Beamish: mod. nos.: Cork, Sth East, Ulster. English, of Norman origin (beautiful mansion). 16 cent when they settled in Kerry and have been associated with that area and Cork. MIF, DSHH.

Bean: rare: Dublin, Antrim. A name of many derivations; if Scottish, as seems likely here, it comes from the Gaelic first name *Beathán , beatha* (life). SS.

Beaney: rare: Belfast. Perhaps English: meaning "friendly". DSHH.

Beard: rare: Cork, Dublin, Bangor. English: facial adornment or toponymic "hillside".

Beardsley: v rare: Dublin. A toponymic from Nottinghamshire: "Beard's wood". DSHH.

Beare: fairly rare: Ulster & Dublin. (1) English toponymic: O E: "grove". This also appears as Beer. (2) A nickname relating to the animal.

Bearnes: v rare: Belfast. See Barnes.

Beary: fairly rare: Limerick etc. Ir. *Ó Béara*. A sept of Offaly, related to the O'Dempseys but now rare there. Woulfe found it in Mayo. SGG.

Beasant: rare; Belfast. English: from Dorsetshire. Name of a coin first minted in Bysantium and referring to mintage or, more likely, a rich person. DSHH.

Beasley, Beazley: fairly rare: N.Kerry. Ir. *Béaslaí*. English toponymic, 17 cent. A notable family of Ballybunion. Associated with Lancashire. Derivation "bent-grass wood".

Beaton, Beeton: rare: Dublin, Belfast. Primarily Scottish but derived from *Bethune* in France. A family of physicians in the Western Isles in 17 cent. Also quite common in England.

Beattie -y: v.numerous: all parts, particularly Ulster, where they were Scottish settlers. It also represents an Irish occupational name *Biadhtach* (victualler). MIF.

Beauchamp: rare: Dublin, Ulster. A Norman French toponymic also as Beecham.

Beaumont: fairly rare: scattered. Ir. *Buamonn*. See also Bowman.

Beausang: mod. nos.: Cork etc. A family of French origin who were given the Irish epithet "*Franncach*" but now go under their fine original name. SGG & SGA.

Beavan, -en: v rare: Scattered. See Bevan.

Beavers: rare: Ulster. English: from placename *Beauvoir* (France), or nickname "hard worker".

Beavis: v rare: Ulster. From French *Beauvais*,(place) or a nickname "handsome son". DOS.

Bebe: v rare: E Ulster. Bebb is current in England: derived from early first name. DOS.

Bebbington: rare: Dublin. English placename "Bebbe's homestead". In Cheshire.

Beck: fairly rare: Carlow & Ulster. English, early in Ireland. Also, possibly, Ir. *Ó Béice*.

Becker: rare: Dublin & Sth East. A variant of Baker.

Beckett: numerous: E.Ulster, scattered in Leinster. Ir. *Beicéid*. English nickname from French *bec*. (beak)

Beckwith: rare: Scattered. A Yorkshire name: "beech wood".

Becton: rare: Dublin. English: but very rare there.

Beddoe, -ow: v rare: Scattered. Diminutive of Welsh Meredith: a Shropshire name.

Beddy: rare: Dublin etc. Probably Scottish though rare there. Quoted by Black as variant of Beattie, Beatty,

Bedell: v rare: Dublin. An illustrious name: William Bedell (1571-1641), Anglican bishop of Clogher, caused the Bible to be translated into Irish. He died during the 1641 uprising but was buried with honour by the Irish, who respected him as a decent man, who appreciated their culture. The name derives from "beadle" (ecclesiastical official or herald).

Bedford: fairly rare: Limerick etc. English toponymic, associated with Limerick. From first name Beda (prayer) plus ford.

Bedi: fairly rare: Belfast etc. An Indian name meaning a person versed in the Vedas, the Sanscrit scriptures. They come from the Punjab.

Beech: rare: Scattered. English toponymic: "beech" or"stream". DOS.

Beecham: v rare: Dublin. Derived from Beauchamp, q.v.

Beecher: mod. nos.: Cork & Waterford. English, 16 cent "Dweller by the beeches".

Beechinor: fairly rare: Cork. English, but rare there.

Beed(e): v rare: Dublin, Belfast. The old and venerable English name Bede is likely source.

Beedham: rare: Belfast. Probably a placename in Cumbria.

Beegan: fairly rare: Dublin, Limerick etc. Ir. *Ó Beagáin*, the small man. See Beagan, Biggane.

Beere: fairly rare: Midlands. See Beary and Beare

Beers: fairly rare: N.Down etc. English: patronymic of Beer(e), which is primarily toponymic of S W England and not connected with drink.

Beesley: rare: Dublin, Belfast. See Beasley.

Begadon: rare: Sth East. *Ó Beagucháin* according to SGG. Ó Beagadáin has been suggested. It appears to be based on *beag*, small. See a number of such names below. It has been equated to Little, q.v.

Begg(s): numerous: E.Ulster, Dublin etc. Ir. *Beag*. Scottish in Ulster and Normans who adopted the epithet *beag* (small), elsewhere. Both names are of same derivation.

Beggan: mod. nos.: Fermanagh, Monaghan etc. Ir. *Ó Beagáin*. Biggane in Limerick, Biggins in Connacht. Anglicised Littleton in Munster. *Beag* = small. SGG.

Begge, Beggy: v rare: Dublin. See Begg.

Beglan,-e: fairly rare: Midlands. Ir. *Ó Beigléinn*. (small learning!) A medical family of Longford which has been often changed to Bagnall. MIF.

Begley: numerous: (1) Ulster esp. Tyrone, (2) Munster esp. Limerick/Kerry. Well represented in Galway/Mayo and Louth. Ir. *Ó Beaglaoich* (little hero). A galloglass family some of whom moved from Donegal to Munster in 15 cent along with the Mac Sweeneys. MIF.

Beglin: rare: Mayo etc. See Beglan.

Béhal: v rare: S Kilkenny. A Breton family of 20 cent.

Behan: numerous: Leinster & Kerry etc. Ir. *Ó Beacháin*, perhaps *beach* = bee. A literary sept of Laois/Offaly, some of whom moved to Kerry in the last two hundred years. MIF.

Behenna: v rare: Dublin. A Cornish name of unknown origin. Behennah in England.

Beirne: numerous: Roscommon/Leitrim, E. Leinster. Ir. *Ó Beirn*, derived from Norse *Bjorn*. There were two N.Connacht septs of this name. In Leinster it is a synonym of Byrne, which is a totally different name, *Ó Broin*. IF & SGG.

Belch: rare: Belfast. English: a nickname.

Belcher: v rare: Enniskillen. A Norman nickname: connoting a cheerful person. Common in England.

Belford: rare: Dublin, Bangor. Current in England: probably from Beaufort, a French placename.

Bell: v.numerous: Ulster etc. Ir. *Mac Giolla'Chloig*, a gaelicisation of the very English name Bell,which is also very common in Scotland. Derivations are many. DOS.

Bellamy: v rare: Bray. English: "handsome friend", a nickname.

Bellew: mod.nos.: Louth, Galway. Ir. *Beilliú*. Anglo-Normans in Ireland 13 cent and identified with placenames in Meath and Galway. French: *de Belleau..* MIF.

Bellingham: rare: N.E.Ulster, Westmeath. Ir. *Beilleagam*. English who settled in Louth in 17 cent and gave name to Castlebellingham, Ir. *Baile an Ghearlánaigh*. SI.

Bel(l)otti: v rare: Dublin, Belfast. Italian: perhaps dim. of Giacobbo (James).

Bellow: v rare: Antrim. English: occupational - bellows blower. DBS.

Belshaw: mod. nos.: Belfast etc. Variant of Belcher.

Belton: mod. nos.: Midlands, Galway etc. Ir. *Béalatún*. English, 17 cent. See Weldon. SI.

Bendey: v rare: Limerick. An American name. Possibly derived from Welsh *ap Hendry*.

Benn: fairly rare: Limerick. English, see Bennis below.

Bennett: numerous: all provinces esp. Ulster. Ir. *Binéid*. Anglo-Norman 14 cent associated with South Leinster. There are MacBennetts in Ulster. Dimin. of Benedict. MIF.

Bennington: rare: Down. See Benton.

Bennis: fairly rare: Limerick City. English, 17 cent. Apparently a diminutive of Benedict.

Ben(n)ison: rare: Antrim. As Benson.

Benson: numerous: Ulster mainly, also Limerick City and N.Connacht. Ir. *Mac Binéid*, but the Connacht Bensons are an anglicisatiom of *Mac Giolla Dé*, which also occurs as Gildea. Benson is of English origin, long established in Ireland, and dimin. of Benedict. SGG.

Bent: fairly rare: Wexford etc. English, "dweller by the grassy plain" DBS.

Bentley: mod. nos.: Belfast and scattered in the south. English, mainly 17 cent but was known earlier in Ireland. Derivation similar to Bent above. SI.

Benskin: v rare: Cork. Very rare in England. Probably a diminutive of Benedict.

Benzie(s): rare: Dublin, Ulster. Scottish: associated with Aberdeenshire in the past, it is derived from first name Benedict.

Benton: rare: Dublin, Belfast, Maghera. Another of the English "bent-grass" derivatives.

Beresford: mod. nos.: Antrim, Waterford etc. Ir. *Dúinsméarach*. (a translation as of "Berry's Fort"). English who came to Ulster in 17 cent and later became prominent in Waterford.

Berg: rare: Dublin. This word means "mountain" in German and Swedish, but it is likely to be a Jewish name, in Ireland.

Bergin: numerous: Dublin & Midlands. Ir. *Ó h-Aimheirgin, Ó Beirgin*. A family of Laois still extant in its native territory. Aimheirgin is a legendary name meaning "born of song" and belonged to Ireland's mythological first poet. MIF, SGG & GPN.

Berigan: rare: see Bergin.

Berkeley: fairly rare: Dublin, Belfast, Cork. More usually Barclay, q.v. George Berkeley (1685-1753), Anglican Bishop of Cloyne, was surely Ireland's greatest philosopher.

Berkery: mod.nos: Tipperary etc. Ir. *Mac Bearthagra*. See Bargary.

Bermingham: numerous: Dublin, Cork, Leinster, E.Clare & Galway. Anglo-Normans 13 cent who assumed Irish name *Mac Fheorais* which in turn became Corish. Robert of Bermingham in Warwickshire came to Ireland with Strongbow in 1170 and the Berminghams became one of the great families of Ireland. MIF & SGG.

Bernal: v rare: Dublin, Cork. A variant of Barnwall, q.v.

Bernard: fairly rare: Cork etc. Ir. *Ó Bearnáin*. This is also English and family name of the Earls of Bandon. See Barnane and Barnard. A Teutonic first name: "bear-brave". DOS.

Berney,-ie: mod. nos.: S.E.Leinster. Ir. *Mac Biorna*. This is a Scottish name usually appearing as MacBirney in Ulster. However, the prevalence of Berneys around the O'Byrne country would suggest a connection with them.

Bernhardt: v rare: Dublin. The German version of Bernard.

Berns: rare: Dublin: a variant of Burns, itself representing Beirne, Birrane and Byrne as well as the famous Scottish name, in the North.

Bernstein: rare: Dublin. The word means "amber" in German, but the name is usually Jewish.

Berreen: v rare: Sligo. Ir. *Ó Birín*. Variant of *Ó Bioráin*, Birrane, q.v.

Berridge: rare: Cork, Meath. A variant of Beveridge.

Berrigan: rare: Dublin: Ir. *Ó h-Aimheirgin*. A variant of Bergin, q.v.

Berrill: mod. nos.: Louth. Ir. *Boiréil*. Anglo-Normans, 13 cent. Also as Birrell. SI.

Berry: fairly numerous: Antrim, Midlands, South East, Mayo/Galway. Ir. *Ó Béara*. Woulfe notes the Irish name in Offaly and Mayo. Elsewhere, it is probably English of 17 cent provenance and a synonym of Bury, the placename. DBS.

Berryman: rare: Armagh, Down etc. English, "servant at the manor-house". DBS.

Berwick: rare: Dublin etc. An English toponymic as well as one derived from the Scottish Border town. OE *berwic* "barley farm". DBS.

Best: numerous: Belfast, Down etc. English, 17 cent. First in Leinster and later in Ulster where they are now most numerous. The derivation is "beast", perhaps a nickname.

Beston: rare: Cork etc. Ir. *Beastún*. English, 16 cent. when it was associated with Limerick and E. Clare. SI.

Beswick: rare. Down. English toponymic: "Besi's farm". associated with Yorkshire.

Bethel,-ll: v rare: N.Down. Welsh, 17 cent. It has occurred in Limerick as a Palatine name. SI.

Betts: mod. nos.: Dublin, Belfast, S Tipperary. English: from first name Beatrice etc. DBS.

Betty: v rare: Fermanagh. Ir. *Mac Biataigh*. A variant of Beatty, q.v. Also a synonym of MacCaffrey (Ir. *Mac Gofraidh*), who were related to the Maguires of Fermanagh.

Bevan, -in: mod. nos.: E Ulster, Dublin, Cork etc. Welsh *Ap Evan*. More usually Evans.

Beveridge: rare: Ulster & Dublin. Scottish & English: something to do with drink! DBS & SS.

Beverland: fairly rare: Antrim, Kildare. English: a placename: "beaver land".

Beville: v rare: Limerick, Athlone. A French placename: Beuville but associated with Essex.

Bew(s): v rare: Belfast. From (1) *Bayeux* in France, (2) Welsh patronymic: *ap Hew*.

Bewley: fairly rare: Dublin. A well-known Quaker family, originally from Cumbria.

Bhamjee: v rare: Ennis. A Parsee name from Gujarat. The Parsees came from Persia originally.

Bhandari: v rare: Ulster. An Indian name from Uttar Pradesh.

Bibby: fairly rare: E Ulster, Dublin, Kilkenny. English. Diminutive of Isabel. DBS.

Beyer: v rare: scattered. This is Bayer, i.e. Bavarian: Jewish or German.

Bibb(s): rare: Ulster. Bibb was a pet name for Isobel.

Bicker: rare: N Down. English: "bee-keeper", but also a synonym of MacGivern, q.v.

Bickerdyke: v rare: Cork, Dublin. English: "disputed dike". Common in Yorkshire.

Bickerstaff(e): mod. nos.: N Down. English from a placename in Lancashire but also curiously a synonym of MacGivern (Ir. *Mag Uidhrín*).

Biddulph: rare: Dublin. English, from a place in Staffordshire. DBS.

Bielenberg: v rare: Meath. This name seems to combine the Slavic *byel* (white) and German *berg* (mountain). It is certainly Central European.

Biesty: rare: Mayo. Ir. *Ó Biasta*. Said to be descended from Echean, king of Connacht in the time of St. Patrick. SGG.

Biggane: rare: Limerick. Ir. *Ó Beagáin & Ó Bigín*. Usually anglicised Little and Littleton in Munster and Biggins in Connacht. Derivation: "the small man". SI.

Biggar -er: mod. nos.: N Down & Tyrone. Scottish toponymic, also English, but see Bickerstaff above. Ir. *Mac Uidhrín*. SGA.

Biggart: fairly rare: Belfast etc. Scottish, from placename in Ayrshire.

Biggerstaff: mod. nos.: N Down etc. See also Bickerstaff above.

Biggins: fairly rare: Galway & Mayo. Ir. *Ó Bigín*. See Biggane and Beggan above.

Biggs: rare: Dublin and scattered. English: epithet: large, strong, see also Beggs.

Bigley: v rare: Athlone. A variant of Begley, q.v.

Bigmore: rare: Ulster. This name is very rare in England. It appears to be toponymic.

Bill: mod. nos.: Antrim & Down. Scottish & English. Perhaps from OE *bil* (sword) or a maker of such weapons. Not referring to first name William. DSHH.

Billings: fairly rare: Dublin. English. Probably from place-name.

Billingsley: rare: Belfast. English: a placename in Shropshire.

Billington: rare: Dublin, Antrim. English: a Lancashire placename.

Binchy: fairly rare: N Cork etc. Ir. *Binnse*. English, 17 cent. May be connected with Binks. SI.

Bingham: numerous: Belfast & N Down. Ir. *Bingeam*. English, earlier associated with Mayo.

Binks: rare: Dublin, Belfast. English: Topographical name equivalent to standard English "bench".

Binnie: rare: Antrim. Scottish: from placename near Falkirk.

Binnions: fairly rare: South East. Welsh: *ap Einion* originally *ap Eynon*.

Birch: mod.nos.: Leinster & Munster, but mainly N Down. English, 17 cent.: related to "birch", tree or wood. SI.

Birchall: fairly rare: Leinster. English. A Lancs-Cheshire name of the habitational type. DOS.

Bird: fairly numerous: Dublin, E Ulster, Louth etc. Of Engish origin in the eastern side of the country, but in Munster and Connacht, a pseudo-translation of Heaney, Hegney, Henaghan. This also happened to MacEneany in Monaghan. SI & MIF.

Birdy: rare: Monaghan, Louth. Diminutive of Bird.

Birkett: rare: Ulster etc. English: another one of the "birch" family, relating to N England. See Birch.

Birk(s): rare: Scattered. See Birkett above.

Birmingham: mod. nos.: Dublin, Midlands etc. See Bermingham, which is more numerous.

Birney: mod.nos.: Ulster. Ir. *Mac Biorna*. Scottish, of Norse derivation but also from Birnie in Morayshire. See also Mac Birney. SGG & SS.

Birnie: rare: Belfast area. See Birney.

Birrane: rare: Limerick, Mayo. Ir. *Ó Bioráin*. (bior = spike) Has been changed to Byrne and Byron in Munster and Connacht, to some extent. Ir. *Ó Bearáin* is a synonym. SGG.

Birrell: v rare: Belfast area. See Berrill.

Birt: rare: N Antrim etc. English: a synonym of Bright.

Birthistle: rare: Dublin etc. A place in Lancashire. Bird + twistle (fork in stream). DSHH.

Bishop: fairly numerous: E Ulster, Louth, Dublin etc. English, but also a translation of Mac Anespie and Gillespie. A branch of the O'Sullivans were called Bishop.

Bismilla: v rare: Dublin. A Muslim name. Literally: in the name of Allah. Used as name in Pakistan and India.

Bissett: mod.nos.: Dublin and Belfast area. Scots Gael. *Buiséid*. Scottish family who settled in the Glens of Antrim and adopted the Irish name *Mac Eoin*. Black reports that the name originated with two Englishmen who came to Scotland under the patronage of William the Lion, and later flourished in Aberdeenshire. SI & SS.

Bittle(s): fairly rare: Belfast & Down. Possibly Welsh, *ap Ithel*. See Bethel.

Bizzel: v rare: Dublin. English. From Old French meaning darkish or dingy. Analogous to Bissett.

Black: v numerous: Ulster, also Dublin and Leinster. Rare in Munster and Connacht. English & Scottish, but also translation of Duff and Kilduff. SI.

Blackburn(e): also Blackbyrne, -bourne : fairly numerous: Ulster etc. An English toponymic of Lancashire which has occurred in Ireland since 14 cent. SI.

Blacker: rare: E Ulster. In Armagh 17 cent. From Old English *blac*, white; a bleacher. SI.

Blackett: v rare: Scattered. English: black + head. DHSS.

Blackford: v rare: Dublin. From an English placename.

Blackhall, Blackall: rare: Down, Clare. Blackhall is mainly Scottish - all from placenames.

Blackledge: rare: Ulster. From placename in Lancashire: "a dark boggy stream". DSHH.

Blackley: rare: Ulster etc. A Lancashire placename: "dark wood".

Blacklock: rare: Dublin etc. English: a personal description "dark hair".

Blackman: rare: Dublin. Similar to Blacklock: a dark haired person.

Blackmore: mod. nos.: E Ulster, Dublin, Kilkenny. English, Devon-Somerset. "Black moor".

Blackstock: mod.nos.: E Ulster. Scottish. This name is rare in Scotland.

Blackwell: mod.nos.: Dublin, Limerick, Down. English, 17 cent. From place-names. SI.

Blackwood: mod.nos.: Belfast. English & Scottish. From various placenames.

Blacoe: rare: Dublin etc. English, from Blackhall in Lancs. DBS.

Blades: rare: Ulster etc. Evidently metonymic: someone dealing in knives.

Blaiklie: v rare: Belfast. See Blakely.

Blain(e): mod.nos.: Belfast, Down, Donegal, Sligo. Scottish, from ? *Mac Giolla Bláin*.

Blair: numerous: Belfast, N Antrim etc. Scottish, 17 cent. A toponymic. Gaelic: *blár*, a plain, especially a battle-field. Common in Scottish placenames The name is now widespread in England also.

Blake: numerous: all provinces. Ir. *de Bláca*. Normans, originally Cadell. One of the "tribes" of Galway. It also stands for Ir. *Ó Bláthmhaic* (Blowick) in Fermanagh and Connacht. The name is based on the epithet "black". IF & SI.

Blakely, Blakley: numerous: Down etc. English toponymic, 17 cent. See also Bleakley.

Blanchard: v rare: Ulster. English: from Teutonic personal name: "white" + *hard* (brave).

Blanche: fairly rare: Dublin & S.E. As Blanc in Midlands. Huguenot or later French immigrants.

Blanchfield: mod. nos.: Kilkenny. Ir. *de Bluinsín*. Norman: de Blancheville, 13 cent. MIF.

Bland: rare: Midlands, Mayo, Down. English toponymic, meaning "windy place". DOS.

Blandford: v rare: Dublin. From a place in Dorsetshire.

Blaney: numerous: E Ulster. Also Donegal, Meath, Dublin. A settler family from Wales at the end of 16 cent who were important in Monaghan, e.g. Castleblayney. Ir. *Bléine* and *Ó Bléine*. From Welsh *blaenau*, uplands - so a toponymic. MIF.

Blayney: fairly rare: E Ulster & Dublin. See Blaney.

Bleach: rare: E Clare. English: analogous to Blake but may be also a synonym of Bleahen, q.v.

Bleahen: rare: E Galway. Ir. *Ó Blichín*. Woulfe gives this as a variant of *Ó Maoilmhín* or *Ó Maoilmhichíl*, and the name has occurred as synonym of Melvin, q.v. MIF & SI.

Bleakley: fairly numerous: Ulster: generally. English, 17 cent. As Blakely, q.v.

Bleakney: rare: Armagh etc. Perhaps related to Bleakley above.

Blean: rare: Scattered. See Blain.

Blee: rare: Tyrone. May be synonym of Connacht name Bligh, Ir. *Ó Blighe*.

Bleeks: rare: Tyrone. A variant of Blake, q.v.

Blehein: rare: Galway, Mayo. As Bleahen, q.v.

Blelock: v rare: Antrim. Scottish: placename in Perthshire.

Blem(m)ings: mod.nos.: Down etc. A name not in evidence in Britain. Perhaps OF *blême*, pale; or a variant of Blevins, q.v.

Blennerhassett: mod.nos.: Dublin, Kerry, Limerick. English: settled in Kerry 16 cent. From place in Cumbria. Not to be confused with Hassett. SI & MIF.

Blessing: fairly rare: Leitrim etc. Ir. *Ó Maoilbheannachta*, servant of blessing. The anglicisation Mulvanaughty seems to have gone out of use. SI & SGG.

163

Blevins: mod.nos.: N Down. Welsh, *ap Bledyn*, "wolf-cub". In Ulster 17 cent.

Blewitt: v rare: Dublin, Belfast. See Bluett.

Bligh(e): mod.nos.: Dublin, Midlands, Connacht. Ir. *Ó Blighe (Blí)* (from a Norse name) in Connacht, otherwise of English origin from the place Blyth or the adjective "blithe", in the latter instances the Irish version is *de Blaghd*. See also Blythe. SI.

Bliss: rare: Dublin etc. Multiple derivations: one being nickname for cheerful person.

Bloch, Block: rare: Dublin, Down. Various derivations: German and Jewish etc. DSHH.

Blom: rare: scattered. Usually Jewish: *blum* (flower). See Bloom.

Blood: rare: Dublin, Clare. A family of Welsh origin (*ap Lloyd*) who settled in Clare in 16 cent in the ancient territory of *Uí Bloid* and were prominent during ensueing centuries. MIF.

Bloom: v rare: Dublin. A Jewish name from German *blum* (flower). Also English: "ironworker".

Bloomer: fairly numerous: E Ulster, Midlands etc. Ir. *Ó Goirmshleaghaigh (Garmaile)*. More widespread as Gormley, q.v. Bloomer does exist as an English name also. SI & SGG.

Bloomfield: mod. nos.: E Ulster, Dublin. Anglo-Norman. From Blonville-sur-Mer, Calvados. Also occurs as Jewish name, analogous to Bloom.

Blount: fairly rare: Dublin. Anglo-Norman, *le Blount*, the fair-haired. Numerous in the Middle Ages but often changed to White. SI.

Blower(s): rare: Antrim, Dublin, Cork. English: metonymic referring to blowing air etc.

Blowick: v rare: Mayo. Ir. *Ó Bláthmhaic*, (prosperity-son). Generally absorbed by Blake.

Blox(h)am, Bloxsom: rare: Dublin, Ulster. English placename in Oxfordshire etc.

Blue: rare: Ulster. Scottish: probably from Gaelic *Mac Giolla Ghoirm* (blue servant). Also a Jewish name.

Bluett: mod. nos.: Cork, Limerick etc. Ir. *Blaod, Bliúit*,. Anglo-Norman, 13 cent. Usually Blewitt in England.Seems to derive from the colour blue, or, perhaps a pale complexion. SI & SGG.

Blumsom: v rare: Down. English: a toponymic: Bluntisham in Huntingdonshire. DBS.

Blundell: fairly rare: Belfast, Midlands. Anglo-Norman. Diminutive of Blunt, q.v.

Blunden: rare: Dublin, Kilkenny. English, 17 cent. Perhaps from French *Blondin* (fair one). SI.

Blunnie: rare: Dublin, Clare. Possibly linked to Blunt.

Blunt: v rare: Ulster. Ir. *Ó Finn* (SGA). Generally Anglo-Norman Blount, q.v. The French *blond* is exactly equivalent to the Irish *fionn*, gen. *finn*. SI.

Blyth(e): mod. nos.: Dublin, Belfast, Cork, Galway. Ir. *Ó Blighe* in Connacht, otherwise it is an English toponymic or adjectival "blithe". The gaelicisation of this is *de Blaghd*. See also Bligh

Boaden: v rare: South East. See Boden.

Boal: fairly numerous: E Ulster. Ir. *Ó Baoill* (SGA). Linked to English names Bole((s) and Bowle(s), which also occur in Ulster. Ir. *Ó Baoill* usually occurs as Boyle but as Bohill in Down and Mac Lysacht considers that Boal is an anglicisation in some cases. MIF.

Boardman: mod. nos.: Dublin, Belfast. English metonymic relating to (1) board (timber) or (2) a boundary. Found in Lancashire.

Boate: rare: Dublin. English, related to the duty of ferrying. DBS.

Bobbett: rare: Dublin. This name is rare in England: it seems to be a diminutive of Robert.

Boc Nhat Minh: v rare: Dublin. Vietnamese: recalling the sad fate of the "boat-people".

Bod(d)ie,-y: rare: Antrim, Leitrim. Ulster Boddies are Scottish but Boddy in Leitrim is an anglicisation of *Ó Maolagáin* via Baldwin. MIF.

Bodel(l): fairly rare: Belfast, Antrim. Scottish, variant of Bothwell, q.v.

Boden: mod. nos.: Belfast, N Down, Dublin. Ir. *Ó Buadáin*. Most Bodens are of English origin and occur more frequently as Bowden, q.v. Note Bodenstown, Co. Kildare. MIF.

Bodkin: fairly rare: Dublin, Galway, Mayo. Ir. *Boidicín*. One of the "Tribes of Galway" and a branch of the FitzGeralds. IF & SGG.

Bodley: rare: Dublin. Ir. *Bodlaí*. The name is rare in England, but it is a habitational name.

Bodles: rare: Larne etc. The name Bodel exists in Scotland – It relates to OE *bótl*, a large house and is a habitational name connected with same. DSHH.

Boe: v rare: Belfast etc. A Scottish name, contraction of Bullock. Associated with Peebles. SS.

Bogan, Boggan, -ins: fairly numerous: Dublin, Wexford etc. *Ó Bogáin*, *bog*, tender. Mac Lysaght identifies Bogan with Donegal, but it is very rare there - less so in Tyrone. MIF & SGG.

Boggs: mod.nos.: Derry, W Tyrone. English or Scottish: nick-name for boastful person.

Bogle: mod.nos.: Castlederg etc. Scottish: nick-name for person of frightening appearance. Perhaps from Welsh *bwg*, ghost.

Bogue: mod. nos.: Fermanagh etc., Cork etc. In Ulster, Scottish. Otherwise Ir. *Ó Buadhaigh*. *Buadhach* means victorious and was much favoured by the O'Sullivans: hence the prevalence of *Ó Buadhaigh* in W Cork. Bowe and Boyce are synonyms. SI & MIF.

Bohan(e): numerous: Cork, Galway, Longford/Leitrim etc. Ir. *Ó Buadhacháin* (victorious). The W Cork group appear to be linked with Bogue above. In Limerick it occurs as Boohan and has been changed to Bowen in some cases. MIF.

Bohannon, -anna: rare: scattered. A variant of Bohan above.

Bohill: fairly rare: Down etc. Ir. *Ó Baoighill (Baoill)*. See Boyle.

Boit: v rare: Belfast etc. Apparently Scottish though very rare there. A Scot named Buite, father of Lady MacBeth, was killed in 1033. SS.

Boland: numerous: all provinces. Ir. *Ó Beolláin*, possibly Norse *Bjolan*, but nevertheless the name of two Irish septs, one in Sligo, one in Clare. The Irish name *Beollán* also existed. IF & SGG.

Bolas: v rare: Lisburn. May be variant of Boles.

Bole(s): fairly numerous: Dublin, Belfast etc. English generally but also a version of Boyle. See also Bowles. The English name is related to Bull.

Bolger: numerous: Dublin & South East. Ir. *Ó Bolguidhir* (yellow belly!). A medical family of South Leinster. They are rare in other parts. MIF & SGG.

Bolingbroke: v rare: Cork. English: from place in Lincolnshire.

Bollard: mod. nos.: Dublin & South East. Dutch, 17 cent. SI.

Bollins: v rare: Dublin. Perhaps from French placename *Boulogne*.

Bolster: mod. nos.: Cork etc. English, 18 cent. A metonymic name relating to cushions. SI.

Bolton: numerous: N E Ulster, Dublin. Ir. *Baltún*. English toponymic, 17 cent. MIF & SI.

Bolustrom: v rare: Galway.

Bonar, Bonnar, Boner, Bonner: numerous: Ulster. Ir. *Ó Cnáimhsí*, which occurs as Kneafsey in Connacht. However, in E Ulster, the name is of Scottish origin. The name is rare in Limerick & Tipperary but of Palatine descent. Woulfe says that *Ó Cnáimhsí* is a metronymic, i.e. derived from a woman's name. In fact, *cnáimhseach* means midwife.

Bonass: rare: Dublin. English toponymic from place in Cumbria. SI.

Bond: fairly numerous: Belfast, Dublin etc. Ir. *de Bond*. Anglo-Norman, 14 cent. The name originally meant a serf. SI & SGG.

Bone: rare: Dublin. Ir. *de Bothún* (SGA). Anglo-Norman. (1) *Bon* (good) (2) Nickname: "boney".

Bones: fairly rare: Antrim, where it is of Scottish or English origin. Ir. *Mac Cnámhaigh* occurs in Connacht and seems to have become Bowens. Generally a nickname: "boney".

Bonfield: rare: Limerick, Clare. Ir. *de Buinnbhíol*, from Anglo-Norman de Bonneville. This family were early settlers in Co. Limerick. SGG.

Bonham: rare: Leinster. English, from French *bon homme*. DBS.

Bonnes: rare: Antrim. Presumably linked to Bones above.

Bonney: rare: Dublin. English: nickname for "handsome".

Boohan: rare: Limerick, where it is a variant of Bohan, q.v.

Boohig: v rare: Cork. Ir. *Ó Buadhaigh, buadhach* (victorious). See also Bogue.

Booker: rare: Dublin, Belfast. English: occupational: book-binder or bleacher of cloth.

Bookey: rare: Wexford. English. Figures in the song "Boolavogue" - poor Bookey was on the wrong side in 1798, suffering an ignominy no amount of revisionism can efface.

Bookle: rare: Kilkenny. This seems to be a metonymic relating to buckles.

Boomer: mod.nos.: Belfast area. This name exists in England: perhaps a nickname.

Boon(e): mod.nos.: Maghera (Derry). English. Probably an epithet: *bon* (good).

Boorman: rare: Derry etc. English. "Bower-man", room servant. DOS.

Booth(e): numerous: Belfast, Antrim, Dublin, Midlands. English, 17 cent. Notable families in Dublin and Sligo. Derivation: booth, a hut, shelter. Associated with Cheshire. SI & DBS.

Boothman: rare: Dublin etc. Ir. *Bútman*.. English origin: "worker at a booth (shed)".

Boothroyd: v rare: Cork. A placename in W Yorkshire: "clearing with huts". DOS.

Boran: rare: Kilkenny, Laois. Ir. *Ó Bodhráin, bodhar* = deaf. SI & SGG.

Bor(e)land: fairly numerous: Mainly Ulster, North & East. Scottish. From a number of placenames in Scotland. Borland is the most common form in Scotland. "Home farm". SS.

Borg, -e: scattered. Generally associated with Scandinavia, where it means "town".

Bornemann: v rare: Scattered. Continental version of Bourne or Burn: derivation: "stream".

Borza: fairly rare: Dublin. Italian. Perhaps from Bonacorso, (good-life).

Borthistle: v rare: Wexford. Evidently a toponymic: the derivation is not clear.

Borthwick: v rare. Ulster. Scottish origin. A name honoured in the person of Norma Borthwick who was Secretary of Conradh na Gaeilge, 1898-99. Ir. *Bartaic* (SGA).

Boshell: rare: Dublin, Meath. See Boushel(l).

Boss, Bos: v rare: Dublin, Wexford. A nickname: "hunch-backed" but also *bois* (wood).

Bosonnet: v rare: Dublin, Cork. Diminutive of French *Bos*, which is based on a Teutonic name.

Bossence: v rare: N. Down. There is a Breton *Bossennec*, meaning "plague-stricken", but perhaps no connection in this case.

Boston: mod. nos.: Belfast area. English. From place in Lincolnshire.

Boswell: rare: Belfast area. Scottish, but of Norman origin: *Beuzeville,* a placename. SS.

Botha: v rare: Belfast. Of Dutch origin, from Frisian word meaning "messenger".

Bothwell: fairly numerous: Belfast, Fermanagh, Cavan etc. Scottish, 17 cent. Also occurs as Bodell, being an old spelling. Relates to the town on the Clyde. SI.

Bottomley: rare: Antrim etc. A toponymic from W Yorkshire: "clearing in a dell". DOS.

Bouch(i)er: fairly numerous: Dublin, Belfast and scattered. Ir. *Búiséir*. Norman version of Butcher. In Ireland since 13 cent. SI.

Boud: rare: Dublin. English: variant of Bold, which is current in England.

Boudren: v rare: Dublin & scattered. Ir. *Búdrán.* Woulfe mentions an Anglo-Irish family in E Cork. This name is very rare in England. See Bowdren.

Bourke: v numerous: Munster, Connacht etc. Ir. *de Búrca*. Still more numerous as Burke, q.v.

Bourn(e): fairly rare: Belfast, Dublin, Wicklow, Connacht. English, 16 cent. See Burns.

Boushel(l): rare: Dublin, Cork. English, from the volume measure "bushel". DBS.

Bovaird: rare: Donegal, Derry. Apparently French, but not appearing amongst the Huguenots. SI.

Boveniser: rare: Limerick. Palatine: German *Bubenhauser*. Refugees in 1709. (Aguisín B).

Bovill(e): fairly rare: Antrim etc. Anglo-Norman: from place in France.

Bowden: fairly numerous: Dublin, Belfast, Down, E Leinster. Ir. *Ó Buadáin*, but usually English and a variant of Baldwin. See also Boden.

Bowdren: rare: Cork, Waterford. Ir. *de Búdráin*. (SI). Apparently Anglo-Normans, well-established by 16 cent in Waterford. See Boudren. MIF.

Bowen: numerous: Dublin, Cork, Ulster. Ir. *Ó Buacháin*, but usually of Welsh origin i.e. *Ap Owen*. In Ireland 16 cent. It may sometimes stand for Bohan(e), q.v. SI.

Bowe(s): numerous: Dublin, S Leinster, Ulster. Ir. *Ó Buadhaigh (Buaigh)*. Synonym of Bogue, q.v. *Buadhach (buach)* is a first name meaning victorious. Also English: toponymic etc.. SI.

Bower(s): fairly numerous: Belfast, N Down, Dublin etc. Ir. *Mac Cú Uladh (Con Uladh)*, i.e. Hound of Ulster. A glaring case of mistranslation: Ir. *collach* = boar (pig). However, it is also an English name which may account for many of the above. SI.

Bowie: rare: Dublin, Belfast. Ir. *Buí* (yellow). Scottish with similar derivation signifying fair-haired.

Bowler: mod.nos.: Kerry etc. Ir. *Bóighléir, Bodhlaer*. Occurs as Fougheler in 14 cent and later as Fuller, before passing into a placename, Ballybowler, in Kerry. MIF & SI.

Bowles: mod. nos.: N Down, Cork, E Limerick. Ir. *Ó Baoighill (Baoill)*. Also English, which must account for some these above. See also Boal. MIF & SI.

Bowman: fairly numerous: Belfast, Down, Dublin, Cork, Galway. Various derivations: Norman as Beaumont. English, an archer. Scottish, a cattleman. Also a Palatine name in Limerick. Woulfe gives Ir. *Buamann*. SI & SGG.

Bownes: rare: Tyrone, Armagh. Ir. *Mac Cnáimh*, (SGA), but generally English, a synonym of Bones.

Bowsie: v rare: Down etc. Scottish from place in Fife.

Bowyer: rare: Belfast, Antrim. English: 17 cent. "maker of bows". SI.

Boxall,-hall: rare: Dublin etc. English: a habitational name from Sussex.

Boxwell: rare: Dublin, Waterford. English: "spring in the box trees". DOS.

Boyce: numerous: Belfast, N Down, Donegal, Dublin, Limerick. Ir. *Ó Buadhaigh* in Donegal and the West; otherwise Anglo-Norman from French *bois*. SI & DBS.

*Boycott: a rare English name which introduced a new word into the language during the land agitation of the 1880s. A toponymic from Shropshire.

Boyd, -e: v numerous: widespread name, especially E Ulster, Donegal, Dublin. Ir. *de Búit, Búiteach.*. Primarily Scottish, said to derive from Isle of Bute, it also occurs in the Isle of Man.

Boydell: v rare: Dublin. English, from places in Lancashire and Cheshire.

Boyes: rare: Belfast. Synonym of Boyce, q.v.

Boyers: rare: Dublin, Sligo. See Bowyer above.

Boyhan: rare: Midlands. Ir. *Ó/Mac Baoithín* (suggested). *Baoth* = foolish. See also Boyne. SI.

Boylan: numerous: Dublin and Ulster (Oriel). Ir. *Ó Baoighealláin*. A sept related to the O'Flanagans and located in Monaghan. See also Boyle. IF & SGG.

Boyle,: v numerous: widespread, especially Ulster, Midlands, Connacht. Ir. *Ó Baoighill (Baoill)*, the derivation is thought to relate to O Ir. *baigell* meaning having good pledges. This was a major sept of W Ulster. There is also the Anglo-Irish family of Boyle to which the scientist Robert Boyle (1627-91) belonged. Ir. now usually *Ó Baoill*. IF & SGG.

Boyne: mod. nos.: Dublin. Ir. *Mac Baoithín* (suggested). However, this name exists in Scotland and may be the origin the Boynes in Dublin. SI.

Brabazon: fairly rare: Dublin, W Meath, Waterford. A person from Brabant (Belgium). SI.

Brace: rare: Derry, Clare. English: metonymic relating to (1) armour, (2) breeches. DSHH.

Bracken: numerous: Midlands etc. Ir. *Ó Breacáin*, *breac* = speckled. A sept located on the borders of Kildare and Offaly in the Middle Ages and still flourishing there. MIF.

Brackridge: rare: Belfast, Antrim. Perhaps a variant of Brackenridge, a toponymic: "bracken covered ridge".

Bradbury : mod.nos.: Dublin, Belfast. English, from place in Durham.

Brad(d)ell: rare: Dublin, Belfast. English: variant of Bradwell, "dweller by broad stream". DBS.

Braden: mod. nos.: Belfast, N Down etc. Ir. *Ó Bradáin, bradach* = spirited. The translation "Salmon" arises from Ir. *bradán* = salmon. Also occurs as Braiden, Bredin, Breadon. These names exist in Scotland, also of Gaelic origin, as given above. Similar English placenames exist.

Brad(d)ish: fairly rare: Dublin, Limerick, Wexford. Current in England. It has been in S.E Ireland since 17 cent. SI.

Braddon: v rare: Donegal. English, "broad hill".

Bradfield: mod. nos.: Cork. English, 19 cent. The "brad" in these names is "broad".

Bradford: fairly numerous: Belfast, N Down etc. English, 17 cent.

Bradigan, -agan: v rare: Drogheda. Ir. *Ó Bradagáin. Bradach* = spirited. As opposed to modern meaning "thieving"!

Bradley: v numerous: widespread, especially Ulster and Leinster. Ir. *Ó Brolacháin*. An Ulster sept of note in Derry. It seems likely that some Bradleys are of English origin as the name is widespread there. See also Brolly. SGG.

Bradshaw: numerous: Dublin, Belfast, South East, Mid West. English toponymic, 17 cent. SI.

Brady: v numerous: Dublin, Belfast, Fermanagh, Meath, Cavan, Connacht. Ir. *Mac Brádaigh*. A sept of Breifne, some of whose colourful careers are described by MacLysaght. Possibly from Ir. *bradach* which meant "spirited" but nowadays "thieving!" IF.

Braiden: mod. nos.: Ulster generally. Scottish, possibly from Ir. *Ó Bradáin.*. See Braden. SS.

Braidner: rare: Belfast etc. "Braid" is Scots for broad: this may be occupational.

Brain(e): rare: Dublin, Down. Scottish, possibly of Norman origin. Also *Mac an Bhreitheamhan*, the Gaelic version of Judge and Breheny.

Braithwaite: mod. nos.: N Down, Kildare. English, from placenames in N England.

Bramble: rare: Dublin, Meath. A locatve name relating to the thorny plant.

Brameld: rare: Belfast, Antrim. English: a habitation name relating to "broom" (plant).

Branagan, Brannigan: numerous: Down, Armagh, Louth, Meath & South East. Ir. *Ó Branagáin*. Dimin. of *Bran,* (raven). A sept of Cineál Eoghain in Oriel where they still flourish. A branch migrated to Galway, where they may appear as Brangan. MIF.

Branagh: mod.nos.: N Down. Ir. *Breatnach* (a Welsh person). The large Welsh contingent in the Norman invasion were called *Breatnaigh* by the Irish. Now they are usually Walsh.

Brand(s): rare: Scattered. An Old English personal name, perhaps "sword", "torch".

Brandley: v rare: Galway. See Branley.

Brandon: mod. nos.: Ulster, Dublin, Roscommon, Kerry. Ir. *Mac Breandáin*, in Kerry. Otherwise, *de Brandún*, an English toponymic. SI & SGG.

Brangan: rare: Connacht etc. Ir. *Ó Branagáin*. See Branagan above.

Braniff: mod.nos.: Belfast, Down. Ir. *Ó Branduibh., Bran*, a personal name meaning raven plus *dubh* (black). Mod. *Ó Brannuibh*. SGG.

Branken : mod. nos.: Belfast-Lisburn. Ir. *Ó Branagáin*. See Branagan.

Branley, Brannelly: fairly rare: Connacht. Ir. *Ó Branghaile* (raven-valour). Branley occurs in the Sligo/Leitrim area; Brannelly in Galway/Mayo. Mod. Ir. *Ó Branaile*.

Brann: v rare: Down, Clare. Ir. *Mac Brain, Bran* (raven). SI & SGG.

Brannan: rare: Ulster. Ir. *Ó Branáin*, dim. of *Bran*. An ecclesiastical family of Fermanagh usually changed to Brennan. Ir. *Mac Branáin* was a sept of Roscommon. IF & SI.

Brannick: rare: Galway/Mayo. Ir. *de Breannóc*. Cambro-Normans from Welsh Brecknock, who resided in Tipperary/Kilkenny in 16 cent. Also as Brennock and Brannock SGG.

Bransfield: rare: Cork. English toponymic associated with E Cork.

Brassill, Brazil: numerous: widespread, Dublin, Mid-West, Kerry etc. Ir. *Ó Breasail*, possibly from *bres* meaning strife or war. SI & SGG.

Brattan,-en,-in: rare: Ulster. See Bratton.

Bratton: mod. nos.: Ulster, Longford. Ir. *de Bratún*. English toponymic. SGG.

Bratty: fairly rare: E Ulster. Probably Ir. *Mac Brádaigh*. See Mac Grady.

Braun: v rare: scattered. German : "brown".

Brauder: v rare: Wexford. See Brouder.

Brazier: rare: Belfast, Dublin etc. English occupational name - worker in brass.

Bray: fairly numerous: Midlands etc. Ir. (1) *de Bré*, (2) *Ó Breaghaigh*, mod. *Ó Bré*. The former an English toponymic also occurring as Bree; the latter a native name meaning a person from *Breagh*,(anglicised Bregia) a territory in Meath, but it occurs mainly in Connacht, whereas *de Bré* is associated mainly with Leinster. SI & SGG.

Brayden: rare: Dublin. See Breadon.

Breach: v rare: Scattered. English toponymic meaning newly tilled land. DOS.

Breadon: mod. nos.: Ulster, Leitrim, Midlands etc. Ir. *Ó Bradáin*, which applies in Ulster and Connacht. In Leinster, it is more likely to be an English toponymic which has been gaelicised *de Bréadún*. Also occurs as Braden and Bredin. SI.

Bready: rare: Belfast etc. See Brady.

Breakey: rare: E Ulster & Monaghan. Apparently English, 17 cent. SI.

Brearley: v rare: Scattered. See Brierley.

Breat(h)nach: fairly numerous: throughout the south. Ir.Lang. a Welsh person. See Walsh.

Bredican: v rare: Mayo. Ir. *Ó Bradacháin, bradach,* spirited. A variant of Bradigan, q.v.

Bredin: mod. nos.: Connacht & Ulster. Ir. *Ó Bradáin*. See Breadon above.

Bree: fairly rare: Mayo, Sligo. Ir. *Ó Bré, de Bré*. See Bray above.

Breen(e): v numerous: Fermanagh & Ulster generally, Dublin, South East, Mid-West. Ir. *Mac Braoin*, a sept of Kilkenny and *Ó Braoin*, septs of the Midlands & Roscommon.This name occurs as O'Brien and Bruen in some areas. *Braon*, an early personal name. IF.

Breheny: mod.nos.: Connacht, Dublin. Ir. *Mac an Bhreitheamhan,-Bhreithiúnaigh*. (Judge). This name has been generally changed to Judge but also occurs as Abraham.The variant Brehon is rare. See also Braine. MIF & SGG.

Bremner: rare: E Ulster. Scottish, originally immigrants from the Low Countries (Brabant). SS.

Brennan: v numerous: widespread, especially northern half. Ir. *Ó Braonáin*. Woulfe cites four septs, in Kilkenny, W Meath, Galway, Kerry. The chief of these was in Ossory (Kilkenny) and many Connacht Brennans are *Mac Braonáin*, a different name, which also applied to an erenagh family of Fermanagh. From the personal name *Braon*. IF & SGG.

Brenner: v rare: Scattered. English occupational - burner of bricks.

Brennock: rare: South East etc. Ir. *Breannóc*. Welsh, from placename Brecknock, but used synonymously with Walsh on occasion. See Brannick above. SI.

Brent: rare: Dublin, Belfast. From placenames in Devon and Somerset. Root: "burn".

Brentnall: v rare: English: seemingly a habitation name relating to Nottinghamshire. DSHH.

Brereton: mod. nos.: Dublin, Tipperary etc. Ir. *Bréartún*. An English family located in the Midlands and Down since 16 cent. Also Cromwellian settlers. MIF & SI.

Breslin: numerous: W Ulster, N Leinster, Dublin. Ir. *Ó Breasláin*. A brehon family of the North West. They were originally seated in Fanad, Donegal, but later became brehons to Maguire of Fermanagh. In the spoken language it is *Ó Breisleáin*. MIF & SGG.

Bresnan: rare: Munster. See Brosnan.

Bresnihan: rare: Scattered. See Brosnan.

Brett: numerous: South East, Mayo, Galway etc. Ir. *de Breit*. "Le Bret", Norman term for Bretons, who were present in the Invasion of 12 cent. MIF & SI.

Brew: mod. nos.: Clare, Down etc. Ir. *Ó Brughadha, brughaidh* = hostel-keeper, which is also anglicised Broe. There is a Manx name equivalent to Breheny, q.v. Brew can also be of Norman origin and gaelicised *Brugha*. MIF.

Brewer: fairly rare: E Ulster, Dublin and scattered. English occupational name.

Brewster: mod. nos.: Ulster etc. English and Scottish. A female brewer. DBS.

Brian: rare: Down etc. Ir. *Ó Briain*, but in this case, Scottish. The personal name Brian was popular amongst the Normans who got it from their Breton allies and so it found its way to Scotland independently of its Irish currency. SS & GPN.

Brice: rare : Ulster. See Bryce.

Brick: mod. nos.: Kerry etc. Ir. *Ó Bruic*. (*broc*, a badger). Originally of Thomond (Clare).

Brickley: fairly rare: Cork, South East etc. English 13 cent. As Berkeley.

Bride(s): rare: Dublin, Ulster. Scottish, from Ir. *Brighid*. See MacBride. SS.

Bridgeman: mod.nos.: Dublin, Limerick. Ir. *Ó Droichid* (Limerick) and *Ó Drochtaigh* (Leinster). *Droichead* = bridge; *drocht* = mill-wheel. Also an English occupational name. MIF & SGG.

Bridges: rare: Ulster, Dublin, Wexford. English and possibly Flemish from Brugge (the town).

Bridgett: fairly rare: Belfast. From Uprichard (Welsh), 17 cent. SI.

Bridgham: rare: Belfast etc. English toponymic, more usually Brigham.

Brien: fairly numerous: Dublin etc. See Bryan and O'Brien.

Brierley: rare: Dublin, Cork. English toponymic, places in Staffordshire & W Yorkshire.

Brierton: rare: Dublin. English toponymic, synonymous with Brereton, q.v.

Briers: rare: Belfast. English, "dweller amongst the brambles". DBS.

Brierty: v rare: Dublin, Galway. Presumably abbreviation of MacBrearty, q.v.

Briggs: numerous: E Ulster, Dublin and scattered. The Scottish form of Bridge. 17 cent.

Bright: mod. nos.: Dublin, Belfast etc. English: a nickname: fair, pretty.

Brilley: rare: Dublin, Kildare. A rare name in England, perhaps as Brill which is also unusual, being of Dutch or Jewish origin.

Brimage: rare: Tyrone. This name does not appear in Britain, but it may have some occupational connotation, e.g. "brim" to be full.

Brindley: rare: Dublin & scattered. English toponymic: "burnt clearing".

Briody: mod. nos.: Meath, Cavan. Ir. *Ó Bruideadha*, mod. *Ó Bruaidí*, from a personal name.

Brinn: rare: Limerick. Ir. *Mac Broin, Bran,* raven. Usually turned into Byrne.

Brisbane: rare: Tyrone etc. Scottish epithet name : "break-bone".

Briscoe: mod. nos.: Dublin, Louth etc. Ir. *Brioscú*. English toponymic in Ireland since 16 cent. Also a distinguished Jewish family in Dublin who were refugees from Lithuania 19 cent.

Brislane: fairly rare: Tipperary, Limerick. Ir. *Ó Breasláin*. A Munster variant of Breslin, q.v.

Bristow: fairly rare: N Antrim etc. English, an old form of Bristol (City). DBS.

Brittain: fairly rare: Ulster. This name refers to Brittany (France). It appeared as "le Breton" in early records. Ir. *de Breatún*. MIF & SGG.

Britton: fairly numerous: Ulster, Dublin, South East etc. Ir. *de Briotún*. See Brittain above.

Brizzell: rare: E Ulster. This name is rare in Britain. No derivation found.

Broad: rare: Dublin, Ulster. English: nickname for stout person. Also Brade, Braid(e).

Broaders: fairly rare: Wexford etc. Variant of Brouder, q.v.

*Brocas: English, 17 cent. Well-known artists in 18 & 19 cent.

Brock: moderate nos.: Dublin etc. English, from brock, a badger. See Brick.

Broder: rare: Tipperary, Connacht. Ir. *Ó Bruadair*. See Broderick below.

Broderick: numerous: all provinces, especially Munster. Ir. *Ó Bruadair*, from a Norse personal name. Broderick, an indigenous English name, has absorbed many who were previously anglicised Broder or Brouder. Native septs of *Ó Bruadair* existed in Cork and Galway.

Brodie, Brody: mod. nos.: Clare, Limerick, Midlands. Ir. *Ó Bruaideadha* (see Briody). The Scottish Brodies, who are represented in Ulster, are a family from Moray and also an anglicisation of Gaelic *Ó Brolcháin* in the west highlands and islands. SS.

Brodison: rare: E Tyrone. Scottish, Brody + son.

Brodigan: fairly rare: Louth. Ir. *Ó Bradagáin, bradach* = spirited. Originally of Roscommon and anglicised Bradigan. Bredican occurs in Mayo. SI.

Broe: mod. nos.: Dublin & scattered. Ir. *Ó Brughadha* (mod. *Brugha*). See Brew above.

Brogan: numerous: Ulster, Midlands, Connacht. Ir. *Ó Brógáin*. A sept of Uí Fiachrach in Mayo, the name was widespread even in medieval times. Derivation: *bróg*, sorrowful. SGG & MIF.

Brohan: fairly rare: Cork, Clare etc. Ir. *Ó Bruacháin*. Ó Dónaill gives *bruachán* as "stout low-sized person". Pseudo-translation has given Banks, a widespread name, most of whom have originated in the native *Bruachán*. MIF & SGG.

Brohoon: rare: Dublin. Ir. *Mac an Bhreitheamhan*. A synonym of Breheny and Abraham, q.v.

Brolan: rare: Tipperary. Ir. *Ó Brealláin*, a sept of Clann Chairbre, Sligo, according to Woulfe, who considers it may be a variant of *Ó Beólláin* who occupied the same territory, however, the possibility of a separate name in Munster remains. SGA & SGG.

Brolly,(ey): fairly numerous: Derry etc. Ir. *Ó Brolaigh*, from personal name derived from *brollach* = breast. A sept of Derry where they still flourish. Rarely, as Brawley. SI.

Bromell: rare: Limerick City. Ir. *Broiméil*. Long established in Ireland, the name has spread to USA and Australia. It exists as Brummell in England, where it derives from a placename.

Bromley: rare: Belfast area. English toponymic. From "broom", the bush.

Bronte: rare: Down. Ir. *Ó Proinntigh*. Probably from *bronntach* = generous. This name occurs more commonly as Prunty. Ancestry of the writers Brontë was in Down.

Brook,-s,-es: numerous: Belfast, Down, Dublin, Galway etc. Ir. *Brúc*. The first Brookes came to Fermanagh in 1585. Charlotte Brooke (1745-1793) made a major contribution to the preservation of native culture. IF.

Broome: rare: Down etc. English or Scottish. A locality name from "broom", the bush.

Broomfield: rare: Laois. English, from a number of placenames.

Brophy: numerous: Ir. *Ó Bróithe*. A sept of Ossory (Laois-Kilkenny) where they still flourish. A territorial indication in Ballybrophy, recte *Baile Uí Bhróithe*. MIF.

Brosnan, Brosnahan: numerous: Kerry, Limerick, Cork, Clare etc. Ir. *Ó Brosnacháin*. A Kerry name, probably derived from the placename Brosna. MIF.

Brothers: rare: Derry etc. Ir. *Ó Bruadair*. Synonym of Broder, also an English name.

Brotherston: rare: Belfast. Scottish: from a place in E Lothian. SS.

Brouder: fairly rare: W Limerick. Ir. *Ó Bruadair*. Synonym of Broderick and Broder.

Brough: v rare: Dublin. English. A placename meaning "fort" or ancient camp.

Broughall: mod.nos.: Kildare etc. Ir. *Ó Bruachail* (SGA). Although this looks like an Irish name, MacLysaght could not find any satisfactory linkages. MIF.

Broughan: fairly rare: Dublin & scattered. Ir. *Ó Bruacháin*. See Brohan.

Broughton: rare: Cork, Limerick. Ir. *de Brochtún*. English toponymic. Brough = fort. DBS.

Browett: v rare: Dublin. English, "maker of broth". DBS.

Brown(e): v numerous: all provinces. Ir. *de Brún*. Early Anglo-Normans and name of a number of notable families. One of the "Tribes of Galway". SI & IF.

Browning: fairly rare: Dublin, Belfast. English, derivative of Brown.

Brownlee(s): numerous: Belfast, Antrim etc. Scottish: from placename. SS.

Brownlow: mod. nos.: E Ulster etc. English: habitational :"brown hill".

Brownrigg: rare: Wexford. English: another habitational name: "brown ridge".

Broy: v rare: Dublin. Ir. *Ó Bróithe*. Usually Brophy, q.v.

Bruce: numerous: Ulster. Scottish, 18 cent. Originally Normans, they have been notable in Scotland since 12 cent. SS.

Bruen: mod. nos.: Connacht. Ir. *Ó Braoin*. A variant of Breen, q.v. MIF.

Brugha: rare: Dublin, Cork. Ir. Lang. A gaelicisation of Burgess, q.v.

Brunell: rare: Dublin. English, dim. of French *brun*. So, a nickname.
Brunicardi: v rare: Kerry etc. Of Italian origin. Literally: brown thistles, perhaps a placename.
Brunkard: rare: Dublin. English, "brown spear". DBS.
Brunker: rare: Newry, Dublin. As Brunkard above.
Brunnock: v rare: Clonmel. See Brennock.
Brunskill: v rare: Down. Current in England: one of the "brown" family.
Brunt: fairly rare: Tyrone etc. Synonymous with Brent, q.v.
Brunton: fairly rare: Down, Dublin etc. Scottish. A habitational name also in N England. SS.
Brush: mod. nos.: Tyrone, Belfast area. English: perhaps a metonymic relating to brushes.
Bruton: fairly numerous: Dublin, Midlands etc. English: 16 cent. Placename in Somerset.
Bryan(s): numerous: Ulster, Dublin, Cork, South East. Anglo-Norman associated with Kilkenny.The prevalence in Fermanagh suggests *Mac Braoin*, a branch of Mac Manus, but the large numbers in the Belfast area are likely to be of Scottish origin. The name is thought to be of Breton origin.
Bryant: fairly rare: Dublin, Belfast & scattered. A synonym of Bryan and Brian, q.v.
Bryars: v rare: Belfast. Synonym of Briars & Briers, English toponymics.
Bryce: mod. nos.: Derry, Donegal, Down, Dublin. Ir. *Ó Brisleáin*. An English name long in Ireland, but also a variant of Breslin in Donegal. SI.
Bryson: numerous: Ulster. Ir. *Ó Muirgheasáin*, which applies particularly to Donegal and Derry. This name may be of English provenance on the eastern side. MIF.
Buchan: rare: Dublin. Scottish, from a place in Aberdeenshire.
Buchanan: numerous: Ulster & Dublin. Scottish, from a place in Stirlingshire. Said to be descended from the O'Kanes of Derry.
Buck: rare: Scattered. English nickname: from "stag". DOS.
Bucke: rare: W Limerick. English, fairly recent immigrants. Derivation as Buck.
Buckley: v numerous: Munster, Dublin, South East. Ir. *Ó Buachalla*. From the original meaning of *buachaill*, herdsman. A sept of Offaly now more common in the south. The English name Buckley is not represented in Ireland to any great extent. IF & SI.
Budd,-s: fairly rare: Dublin, E Cork. English, from Hampshire.
Buffini: rare: Dublin. Italian: nickname type: quick-witted.
Buggy,-ie: fairly numerous: Ossory, Dublin. Ir. *Ó Bogaigh*, *bog*, soft, tender. Always associated with the South East.
Buggle: mod.nos.: Dublin. English, 16 cent. A toponymic. SI.
Bugler: mod.nos.: E Clare. This English name, long associated with Tulla, originates from Bugley in Dorsetshire. SIF.
Buick: fairly numerous: Antrim etc. From a number of placenames, e.g. Bewick in N England.
Bulbulia: v rare: Waterford.
Bulfin: fairly rare: Tipperary. An uncommon English name, possibly a variant of Bullfinch.
Bulger: rare: Dublin. See Bolger.
Bull: v rare: Belfast etc. English. A nickname or occupational (keeper of a bull) etc.
Bullen: v rare: Cork. Formerly Boleyn (Fr. Bologne) they were associated with the Butlers of Ormond since 16 cent. SI.
Buller: fairly rare: Down etc. Derivation seems to be from *bulle*, a document, hence a scribe.
Bullick: mod.nos.: Ulster. English toponymic - place names in Norfolk etc.
Bullock: mod.nos.: Tyrone, Belfast etc. English: a nickname for exuberant young man!
Bulman: rare. Cork. English, in Cork since 17 cent. Occupational name: keeper of bull. SI.
Bulmer: v rare: scattered. A Huguenot name, but also English, from placename in Essex.
Bunbury: rare: Dublin, Tipperary. English, 17 cent. A toponymic from Cheshire. SI.
Bunce: rare: Kerry, Belfast. A variant of Bone, an epithet name from *bon* (good).

Bunn: rare: Belfast, Dublin etc. See Bone.

Bunting: numerous: Belfast, N Down. English, 17 cent. Edward Bunting (1773-1843) made a major contribution to the preservation of native music at the end of 18 cent. SI.

Bunworth: v rare: Dublin. English, in Cork 17 cent. SI.

Bunyan: fairly rare: Dublin, N Kerry etc. English but gaelicised so as to give Ballybunion. The name has been changed to Bennett in many cases. Ir. *Buinneán*. MIF.

Burbage: v rare: Midlands. English toponymic: "fort brook". Various places in England.

Burbidge: v rare: Derry. As Burbage.

Burbridge: rare: Dublin etc. A mistaken version of Burbidge.

Burch: mod.nos.: Belfast, Antrim, Down. See Birch.

Burchael,-ell,-ill: mod.nos.: Dublin, Cork. English, 17 cent. Probably a toponymic. "Birch-hill".

Burden: fairly rare: Armagh, Down. Scottish, connected with the Clan Lamont, but from an English placename.

Burdett: rare: Dublin. Fairly common in England: analogous with Burdon.

Burdon: v rare: Cork. Ir. *de Burdún*. Anglo-Norman, 14 cent. SI & SGG.

Burgess: numerous: Antrim, Down, Dublin etc. Ir. *Brugha*. This is used for Burrows and Bury as well. They are mainly in Ulster and denote 17 cent immigrants. MIF & SI.

Burgoyne: rare: Belfast. English/French, "man from Burgundy".

Burke: v numerous: in all provinces, especially Connacht. Ir. *de Búrca*. One of the great Anglo-Norman families, coming in the person of William de Burgo in 1171. Becoming completely gaelicised, they produced many septs: MacHugo, MacGibbon, MacRedmond etc. They settled extensively in Connacht. IF, MIF & SGG.

Burkett: rare: Dublin, Galway. A synonym of English Burchard. DBS.

Burkley: rare: Cork. See Berkeley.

Burnell: rare: Dublin, Laois, Galway. Ir. *Bearnabhál*. Anglo-Norman, 13 cent. SI.

Burnett: fairly numerous: E Ulster, Dublin, Wicklow. English or Scottish, 17 cent. SI.

Burleigh: fairly rare: Fermanagh etc. English, from numerous placenames.

Burn(e): rare: Down. See Burns.

Burnison: rare: Scottish, probably from Burness (Robert Burns original name). SS.

Burns: v numerous: all provinces, especially Ulster and Connacht. Generally Scottish in Ulster, but standing for indigenous names in the west and south. The more recognisable ones are O'Beirne, Birrane, Byrne and Ir. *Mac Conboirne* in N Connacht. SI & SGG.

Burnside: fairly numerous: E Ulster. English, 17 cent. when it was associated with Derry.

Burrell,-ill: mod. nos.: Ulster, Cork, Wexford. English epithet: "coarse, unlettered" but this derogatory sense has happily been lost.

Burrow(e)s: numerous in Ulster, scattered elsewhere. Ir. *de Brú*. An English name which appeared in 17 cent. Variants: Borroughs, Borrowes, Burriss. MIF & SI.

Burt: v rare: Derry etc. See Birt.

Burtchaell: rare: Scattered. See Burchael.

Burtenshaw: rare: Dublin. One of the many variants of Birkenshaw, (birch-wood). DBS.

Burton: numerous: Belfast, Tyrone, Derry, Dublin, Cork. Ir. *de Burtún*. English toponymic.

Bury: fairly rare: Dublin and scattered. Ir. *de Brú* (SGA). Anglo-Normans of 13 cent who claim the name comes from the Château de Bury in Normandy. MIF.

Busby: mod.nos.: Belfast, Down, Tyrone etc. From placename in W Yorkshire. Also Scottish.

Bush(e), Busch(e): mod.nos.: Belfast, Down, Antrim, Dublin. English. Evidently topographic.

Bushell: fairly rare: Dublin, Connacht etc. English. Related to measure of volume. DBS.

Busher: rare: Wexford. Ir. *Búiséir*. Anglo-Normans, 13 cent in Wexford. SI.

Bussell: rare: Down. Synonym of Bushell above.

Bustard: mod.nos.: Antrim, Down, Donegal. English, fairly recent immigrants.

Busteed: rare: E Ulster, Cork. This name appeared in Cork in mid-17 cent, presumably from England, and has remained there. MIF & SI.

Butcher: mod.nos.: E Ulster. Ir. *Búistéir*. English, modern equivalent of Bouchier & Busher.

Butler: v numerous: all provinces, especially Dublin, Ossory & South East. Ir. *de Búitléir*. One of the great Anglo-Norman families, associated with Ormond & Kilkenny. They did not become gaelicised in the manner of the Burkes and the FitzGeralds. IF, SI & SGG.

Butt: rare: Galway, Dublin. English: epithet name. Notable in the person of Sir Isaac Butt (1813-79), first leader of the Irish Parliamentary Party in the British House of Commons.

Butterfield: mod.nos.: Down, and scattered elsewhere. An English toponymic, "field where butter is produced". A W Yorks-Lancs surname, according to Cottle.

Butterly: mod.nos.: Drogheda etc. English, since late 17 cent. SI.

Butterworth: rare: Ulster etc. English locality name: "place where butter is made".

Buttery: v rare: Armagh, Dublin. English occupational: "person in charge of larder".

Buttimer: fairly numerous: W Cork etc. Ir. *Buitiméir*. In Cork since 16 cent, origin has not been determined. MIF & SGG.

Buttle: rare: Wexford. The name is toponymic usually occurring as Buddle and meaning large dwelling, such as Hall. DSHH.

Buxton: v rare: Scattered. English placename: "rocking stones". Associated with Derbyshire.

Byers: fairly numerous: Down and scattered. This name is mainly Scottish from a placename in Scotland. It can be assumed they came in 17 cent and later.

Byford: rare: Cork, Belfast. English toponymic associated with Essex. "A trading ford". DOS.

Byram,-um: v rare: Scattered. English locality name: "at the cowsheds". Also as Byron.

Byrd: rare: Cavan etc. See Bird.

Byrne: v numerous: all provinces but primarily Dublin and Leinster. Ir. *Ó Broin, Bran*, raven, a popular personal name for men. A major sept of E Leinster who long resisted the English conquest. The above name also represents *Mac Broin*, a Down name, and appearing as Burns. Many Byrnes have resumed the "O" as O'Byrne. IF & SGG.

Byron: mod.nos.: Dublin and scattered in all provinces. In Connacht, an anglicisation of O'Beirne (Ir. *Ó Beirn*), otherwise standing for Birrane and Byrne, q.v.

Bywater: v rare: Cork. See Spruhan. Ir. *Ó Srutháin*. A peculiar translation. It is also an English name and exists in small numbers there. In that case it is simply habitational.

Caball: rare: Cork & Kerry. A Scottish name, appearing as Cable there. A notable family of Tralee.

Cabena: v rare: Dublin, Sligo. Seemingly Latin, this name does figure in any of the usual lists.

Cabey: v rare: Clare. This name is current in London; perhaps French *Cabet*, (small head).

Cabry,-ey: rare: Belfast etc. See Mac Cabrey.

Cadam: rare: Longford.. See Mac Adam.

Cadell, -ddle: fairly rare: Belfast, Portadown etc. Welsh *Cadwal* equivalent to Ir. *Cathal* (strong in battle). Cambro-Normans, 13 cent. In Galway changed to Blake, q.v. SI.

Cadden: mod.nos.: Oriel, Fermanagh, Derry, Connacht. Ir. *Mac Cadáin* (Ulster), *Mac Áidín* (Connacht), diminutive of Mac Adam. Once an ecclesiastical family of Armagh.

Cade: v rare: scattered. An English name of various derivations, e.g. *cade*, domestic animal, tame.

Caden: rare: Galway, Mayo etc. Ir. *Mac Áidín*. See Cadden above.

Cadman: rare: Ulster etc. "Servant of Cada", OE personal name. DSHH.

Cadogan: mod.nos.: Cork etc. A Welsh name *Cadwgan*, but in Ireland usually an anglicisation of Ir. *Ó Ceadagáin*.. Welsh Cadogans were of note in Dublin in 17 cent.

Caddoo: rare: Tyrone etc. Ir. *Mac Conduibh* (black hound), the subject of many anglicisations such as: Caddow, Mac Adoo, Mac Niff. The original name is of Connacht & W Ulster.

Cadwallader: v rare: Randlestown. A Welsh name: *cad-gwaladr*, "battle leader".

Cadwell: rare: Dublin. An English toponymic of various forms such as Caldwell, Caudle, Chadwell, Cadell which see above. DBS.

Caesar,-er: rare: scattered. This illustrious name can be Italian or an English pageant name, the latter is usually Cayzer or Kayzer. All are current in England.

Cafferk(e)y: mod.nos.: Mayo etc. Ir. *Mac Eachmharcaigh* (horseman). Originally from Donegal, the name also appears as Cafferty in Connacht and MacCaherty, MacCagherty in E Ulster. IF & SGG.

Caffrey: fairly numerous: Midlands, Dublin, some in Ulster. Ir. *Mac Gafraidh*. A sept related to Maguire of Fermanagh. Some confusion with Cafferky in Connacht. IF.

Cafferty: mod.nos.: Mayo etc. Ir. *Mac Eachmharcaigh*. See Cafferky above.

Caffolla: fairly rare: Dublin etc. Italian. A notable family in the catering trade.

Cagney: fairly numerous: Limerick, Cork etc. Ir. *Ó Caingne*, from *caingean* a legal dispute. A sept of W Cork. SI & SGG.

Cahalane, Cahillane: fairly numerous: W Cork, W Kerry, N Tipperary, Laois (Cahalan) and some in Connacht. Ir. *Ó Cathaláin*, dim. of *Cathal* (strong in battle). The name of two septs, one of Limerick, the other of Oriel. In Limerick the name usually occurs as Culhane and in Ulster as Callan. Also occurs as Cahalan and Cahalin. MIF & SGG.

Caheny: rare: Sligo etc. Ir. *Ó Caithniadh* (battle-champion). See Canney.

Cahearty: v rare: Dublin. Variant of Mac Cafferty, q.v.

Cahill: v numerous: all provinces but least in Ulster. Ir. *Ó Cathail*, *Cathal* was a very popular personal name in early Ireland (see Cahalane). There were septs in Clare, Tipperary and Kerry. It is one of the earliest surnames on record (10 cent.) IF & SGG.

Cahir: mod.nos.: mainly in Clare. Ir. *Ó Cathaoir*, from an old personal name thought to pre-date Celtic Ireland. Not connected with *cathaoir* meaning chair, which is a borrow-word from Latin *cathedra*. A popular name amongst the Ulstermen. SI.

Cahoon: fairly numerous: E Ulster. Ir. *Colchún*. A variant of Colquhoun, a Scottish name from Dunbarton. Known in Scots Gaelic as *Mac a' Chounich*. More frequently Colhoun in Ulster.

Cain(e): rare: Mayo, Louth etc. Ir. *Ó Catháin*. A variant of Kane which is much more numerous, and Keane which stands for a number of different names. *Ó Catháin* was an important sept in Derry upto the Plantation and there was another sept in Galway. The personal name Cathán (battler) was popular in medieval Ireland. GPN.

Caird: rare: Dublin. Ir. *Ceardaí* (craftsman). A Scots Gaelic name. SS.

Cairnduff: mod.nos. Belfast, N Down. Scottish placename, though "Cairn" could represent the Ir. *Ciarán*. See Cairns below.

Cairney: v rare: Down. Variant of Cardeny from Perthshire. SS.

Cairns: numerous: E Ulster etc. A Scottish toponymic. The Ir. *Ó Céirín, Ó Ciaráin* which relates to Connacht and southern locations, is more likely to appear as Kearins etc.

Caithness: rare: N Antrim. Scottish, derived not from the northern territory but from a barony in Angus. SS.

Caldbeck: rare: Laois. English, from place in Cumbria: "cold stream". DOS.

Caldecott,-icott: v rare: Ulster. A Scottish name associated with Peebles. Also English from a place in W Midlands.

Calder: rare: Belfast area. Scottish. From Caddell or Calder in Caithness which was the "Cawder" in Shakespeare's MacBeth.

Calderwood: mod.nos.: E Ulster. Scottish, from a place in Lanarkshire. Also Catherwood.

Caldwell: numerous: Ulster, N Leinster. English & Scottish, but also anglicisation of the Ir. *Ó h-Uarghuis, Ó h-Uairisce* (Tyrone) and *Mac Conluain* (Cavan). MIF.

Cali: v rare. A learned Italian family in Cork. They came originally from Aosta.

Califf: rare: Louth. Probably a contraction of Mac Auliffe.

Callaghan: v numerous: Dublin, N Leinster, Ulster, Connacht. However, O'Callaghan is more numerous still, particularly in Munster & Dublin. Originally a Cork sept and still well represented in W Cork. Ir. *Ó Ceallacháin*, from *ceallach*, recluse, hermit, or alternatively, it is an older name meaning "bright-headed". Rarely: Callahan. IF & GPN.

Callag(h)y: fairly rare: Galway. Ir. *Ó Calgaigh*, probably from *colg*, a sword. Originally from Sligo, now mainly in Galway. SI.

Callaly: rare: Dublin etc. Ir. *Mac Ailile*, stated to be a branch of the Maguires of Fermanagh but only represented there by the name Lilley, q.v. SI & SGG.

Callan,-en: numerous: Ulster (particularly Oriel), Meath etc. Ir. *Ó Cathaláin*. See Cahalane.

Callanan: numerous: Cork, Limerick, Clare, Galway etc. Ir. *Ó Callanáin*. A notable medical family of W Cork, also an ecclesiastical family in Galway. Variants are: Callinan, Calnan, Calnane. Joseph Jeremiah Callanan (1795-1829) was surely one of our most romantic poets. MIF & SGG.

Calleary: v rare: Mayo. See Callery below.

Callender: rare: Belfast. Scottish, from a place in Perthshire.

Callery: rare: Roscommon, N Midlands. Ir. *Mac Giolla Laoire*, (attendant of Laoghaire). A name of Uí Fiachrach (Sligo). Calleary & Colleary are synonyms. MIF.

Callis: v rare: Dublin. This is probably an English toponymic from Calais (France).

Callister: v rare: Ulster. Variant of Mac Allister, q.v.

Calmonson: v rare: Dublin. Probably a variant of Mac Calmont, q.v.

Cal(l)ow: rare: Belfast, Dublin. English, OE *calu* meant "bald" - corresponding to the Ir. *calbhach*, which gives Calvey, q.v. DBS.

Calpin: rare: N Connacht. Ir. *Mac Ailpín*. A Scottish name, usually MacAlpine over there.

Calvert: numerous: E Ulster. English & Scottish, 17 cent. Derivation: "calf-herd".

Calvey: rare: Mayo etc. Ir. *Mac Calbhaigh*, bald, or big-headed! SI & SGG.

Calvin: fairly numerous: N E Ulster. Scottish, although rare there. It is intriguing to think that the name of the great reformer meant "bald".

Calwell: mod.nos.: Belfast area. See Caldwell.

Camac(k): v rare: Antrim. A name associated with Down and a rare Scottish name. SI & SS.

Camblin: rare: Portadown etc. See Camlin.

Cambridge: rare: Cork, Ulster. English toponymic. Distinguish from Mac Cambridge, q.v.

Cameron: numerous: E Ulster etc. Scots Gael. *Camshròn* (bent nose); Ir. *Ó Cumaráin*, a name of Breifne, which may apply to some Camerons in Connacht. SI.

Camier: rare: W Cork etc. French metonymic: embroiderer. Usually Recamier.

Camley: v rare: Ulster. Appears to be an English toponymic..

Camlin: fairly rare: E Ulster. A native toponymic: *Cam-linn*, a river name in Louth.

Cammock: rare: Belfast etc. *Camóg* is usually a river name but there is the possibility of a nickname referring to physical bentness. This may apply to Camack above. SS

Camp: v rare: Dublin. English: existed in 1066: OE: *cempa*, a warrior. See Kemp.

Campbell: v numerous: Ulster in particular. This relates not only to the great Scottish clan, Scots Gael: *Cam-béal* (crooked mouth), but also the Ir. *Mac Cathmhaoil* (battle chief). These were a sept of Cineál Eoghain in Tyrone. In Donegal there was a Scots galloglass family called in Ir. *Mac Ailín*, who were also Campbells. MIF.

Campfield: rare: Belfast. Apparently a toponymic of English origin.

Campion: fairly numerous: Midlands, Kilkenny etc. English, 16-17 cent. A name which became plentiful in Laois & Kilkenny in 19 cent, and still flourishes. Ir. *Caimpion*. Means "champion" MIF.

Campling: v rare: Donegal, Fermanagh. An English metonymic relating to camel-hair cloth. DSHH.

Camplisson: rare: Belfast. There is no information on it, but it appears similar to Campling.

Campton: fairly rare: Ulster generally. English toponymic from place in Bedfordshire. DOS.

Canavan: numerous in Ulster, especially Tyrone; E Leinster, Galway. Ir. *Ó Ceanndubháin* (dark head). The most notable were physicians to the Flahertys of Conamara. MIF.

Can(n)away: v rare: E ULster. A variant of Conway, q.v.

Cander: rare: Down. The name is rare in England: derivation not certain.

Candon: fairly rare: Dublin, Roscommon etc. Ir. *de Contún*. See also Canton. SGA.

Canney: fairly rare: Galway etc. Standing for two Irish names: (1) *Mac Annaidh* of Clare, which also occurs in Ulster. (2) *Ó Caithniadh* (battle-champion) of Mayo. Canny is a variant.

Canniffe, Caniff: fairly rare: pecular to Bandon. Ir. *Ó Ceannduibh* (dark head). See also Cunniffe.

Canning: numerous: particularly in Ulster, well-represented in Leinster & Connacht. MacLysaght considers this to be of English origin in 17 cent, but a number of Irish names have been noted: (1) *Ó Cainin* (Midlands), *Ó Canáin* (Galway), *Ó Canainn* (Donegal), which could account for many of the Cannings. MIF.

Cannon: numerous: Connacht, Ulster, N Leinster etc. Ir. *Ó Canáin, (cano*, wolf cub), names septs in Galway and Donegal. *Ó Canainn & Ó Canannáin* are synonyms in Donegal. There is also the English name Cannon. MIF.

Canny: mod.nos.: Clare, Galway, Donegal etc. Ir. *Mac Annaidh & Ó Caithniadh*. See Canney.

Cant: rare: Cork. A metonymic relating to singing: English and Scottish.

Cantion: v rare: Dublin etc. See Canton.

Cantley: mod.nos.: N Down. English, probably a toponymic.

Cantillon: mod.nos.: Cork, N Kerry, Limerick. Ir. *Cantalún*. From Norman *de Cantelupe*, who were in Kerry 13 cent. MIF & SI.

Canton: rare: Dublin, Cork, Midlands. Current in England: Apparently a toponymic. Also as Cantion.

Cantrell: mod.nos.: Dublin, Cork, Limerick. English, 17 cent. A Quaker family of Laois etc.

Cantwell: numerous: Kilkenny, Waterford, Tipperary etc. Ir. *de Cantual*. Anglo-Normans from 13 cent who became gaelicised. MIF.

Canty: fairly numerous: W Cork, N Kerry, Limerick. Ir. *Ó an Cháintigh* (satirist). A bardic family of W Cork. Mod. Ir. *Ó Cáinte*. MIF.

Caplan,-in: v rare: Dublin. A synonym of Chaplin, clergyman.

Caplice,-is: mod.nos.: Tipperary, N Cork etc. Ir. *Caplais*. Apparently English, derived from "chapel".

Capocci: v rare: Dublin. Italian: occupational: overseer etc.

Capper: mod.nos.: E Ulster. English or Scottish: "cap-maker".

Caprani: fairly rare: Dublin. Italian name deriving from *capra* (goat).

Caproni: fairly rare: Dublin, Bangor. Italian. Probably similar to Caprani.

Carabine: rare: Belfast, Dublin, Mayo. Ir. *Ó Coirbín*. MacLysaght suggests *corb*, a chariot. This is a Mayo and Galway name also occurring as Corban and Corbin. The Munster name *Ó Corbáin* has been anglicised Corbett. SI & SGG.

Carabini: rare: Dublin. Italian, with a military tendency!

Cara(g)her: fairly rare: Armagh, Monaghan, Louth. Ir. *Mac Fhearchair*. See Carragher.

Caraway: rare: Sligo etc. Ir. *Mac Cearbhaigh, cearbhach*, ragged.

Carberry: numerous: Ulster, Midlands, Waterford. Ir. *Ó Cairbre* (North), *Mac Cairbre* (Waterford). May relate to *cairbtheach*, a charioteer. Also a Scots habitational name. SI & MIF.

Carbin: rare: scattered. Ir.*Ó Coirbín*. See Carabine above.

Carden: rare: Sligo etc. English, 17 cent. Toponymic from place in Cheshire. SI.

Cardew, Cardoo: v rare: Belfast. This is a Celtic name from Cornwall and Cumbria. *Caer dhu*, which would be *Cathair dhubh* in Irish, i.e. "black fort". DSHH.

Cardy: mod.nos.: N Down etc. Variant of Cardew, q.v.

Cardiff: fairly rare: Wexford etc. Ir. *de Carduibh*. Cambro-Normans, 13 cent. Also occurs as Kerdiff. See Kerdiffstown in Kildare.

Cardwell: numerous: E Ulster. English, synonym of Caldwell, q.v. Also Ir. *Mac Ardail*, SGA.

Caren: rare: Dublin. Ir. *Ó Carráin* variant of *Ó Corráin*. Usually Curran. SGA.

Carew: fairly numerous: Limerick, Tipperary etc. Ir. *de Carrún*. Cambro-Normans, 13 cent, who settled in Tipperary. The Welsh is *caer rhiw*, (hill-fort) and refers to a castle near Pembroke from which the Irish Carews take their name. Carey is a variant in England. DSHH & MIF.

Carey: v numerous: all provinces. The anglicised form of a number of Irish surnames which also occur as Keary, Kerin(s), Keighery etc. The Ir. *Ó Ciardha* were chiefs of Carbury, Kildare at the time of the Invasion and were dispersed. Other names quoted by Woulfe include *Mac Fhiachra, Ó Ciaráin, Ó Céirín*. It is also a Welsh/English name, see Cardew. IF.

Cargill: rare: Belfast area. Scottish toponymic, also anglicisation of *Mac Fheargail*.

Cargin: fairly rare: Down. Ir. *Ó Carragáin*. Usually Corrigan. SGA.

Cargo: fairly rare: N Down etc. Very rare in Britain. Mac Cargo also exists and relates to Galloway.

Carinduff: rare: Down. See Cairnduff.

Carkill: v rare: scattered. Probably as Cargill, q.v.

Carleton: fairly numerous: E Ulster, Fermanagh, Monaghan, Cavan. Ir. *Ó Cairealláin* and *Ó Cearbhalláin,* two distinct names. Other synonyms: Carolan, Carlin, Carlton. William Carleton (1794-1869), the writer, was from Tyrone. IF.

Carley: fairly rare: Wexford, with a few in Connacht & Ulster. An English name in the South-East, but Ir. *Mac Fhearghaile* in the West. From *Fearghal,* man of valour. SI.

Carlile,-yle: mod.nos.: Ulster etc. See Carlisle.

Carlin: numerous: W Ulster. Ir. *Ó Cairealláin*. Chiefs of Clondermot in Derry. See Carleton. IF.

Carling: v rare: Down. See Carlin.

Carlisle: numerous: N Down & E Ulster generally. English & Scottish. In Antrim 16 cent. SI.

Carlon: rare: Down etc. As Carlin, q.v.

Carlos: fairly rare: Roscommon etc. Ir. *Mac Carlais*. See Corless.

Carlton: rare: E Ulster. Scottish, also common in N England as Charlton. See Carleton above.

Carmel: v rare: scattered. Presumably relates to a religious theme: Our Lady of Mount Carmel.

Carmichael: numerous: E Ulster, Tyrone. Ir. *Mac Giolla Mhichíl*. A branch of the Scottish Stewarts, named from the barony of Carmichael in Lanarkshire. The Gaelic name relates to the island of Lismore - no connection with the Stewarts. SI & SS.

Carmody: numerous: N Kerry, Limerick, Clare. Ir. *Ó Cearmada*. A sept of Clare. *Cearmaid* was an old personal name. SGG.

Carnaghan: rare: Belfast. Ir. *Ó Cearnacháin*, (victorious). See Kernaghan.

Carne: v rare: Athlone. Probably related to Kearney, q.v.

Carnduff: mod.nos.: N Down. Scottish. See Cairnduff. SS.

Carnegie: rare: Dublin etc. Scottish, from a placename in Angus. SS.

Carnew: rare: Ulster. This name is not in evidence in Britain: it may derive from the placename in Wicklow, which is *Carn an Bhua* in Irish.

Carney: numerous: Connacht, particularly Mayo, Fermanagh, Tyrone, N Leinster. Ir. *Mac Cearnaigh* and *Ó Cearnaigh*. The former was of Meath, now mainly in Ulster, the latter was a sept of Uí Fiachrach (Mayo). Some confusion with Kearney, q.v. SI.

Carnochan: v rare: Cavan. Current in Scotland. See Kernahan.

Carolan: numerous: S Ulster (including Tyrone & Fermanagh), N Leinster etc. Ir. *Ó Cearbhalláin*. Also a synonym of Carleton, q.v. *Toirleach Ó Cearbhalláin* (1670-1738) was a major musician. IF.

Caron: rare: scattered. See Carron.

Carpendale: v rare: Dublin. English. Apparently a toponymic.

Carpenter: fairly numerous: Leinster etc. Ir. *Mac an tSaoir*. Also occurs as MacAteer in Ulster and MacIntyre in Scotland. It is probable that many Carpenters are of English origin.

Carphin: v rare: Down. Scottish, from placename in Fife.

Carr: numerous: all provinces, particularly Ulster and Connacht. This English name is used to represent a number of indigenous names: *Ó Ceara* (Galway), *Mac Giolla Arraith* (Monaghan), *Mac Giolla Cheara* (Donegal), *Ó Carra* (Ulster). It is also synonym of the Scottish Kerr. MIF.

Carrabine: rare: Mayo etc. Ir. *Ó Coirbín*. See Carabine above.

Carragher: fairly numerous: Oriel (S Ulster) etc. Ir. *Mac Fhearchair*. The early Irish personal name *Ferchar* meant, perhaps, "friendly". It occurs as Farquhar (Scotland) and Forker (Ulster). MIF.

Carrick, Carrig(g), Carrigy: fairly numerous: (1) Carrig, along Shannon estuary. (2) Carrigy, Longford. (3) Carrick, other areas, including Dublin & Belfast. Ir. *Mac Concharraige* and *de Carraig*. The former is a Clare name, the latter Anglo-Norman. Both based on the Irish *carraig, a rock*. See also MacCarrick & Rock. SI.

Carrie: rare: Louth. Ir. *Mac Fhearadhaigh*. (mod. *Mac Fhearaigh*). See Carry.

Carrigan: mod.nos.: Kilkenny-Tipperary etc. Ir. *Ó Corragáin*. See Corrigan.

Carrigy: rare: Longford etc. Ir. *Mac Concharraige*. See Carrick above.

Carrington: v rare: Antrim, Down. A habitation name in England and Scotland.

Carroll: v numerous: all provinces and especially Laois-Kilkenny. Ir. *Ó Cearbhaill, Mac Cearbhaill*. The personal name *Cearbhall* is thought to mean "brave in battle". These names relate to a number of septs: e.g. O'Carroll of Ely (Laois) and O'Carroll of Oriel (S Ulster) and MacCarroll of S Leinster. See also (Mac)Carvill. SI, IF & GPN.

Carron: mod.nos.: Louth, Fermanagh, Donegal. Ir. *Mac Cearáin* (Ulster), *Mac Carrghamhna* (Midlands). Carron is also Anglo-Norman, more usually as Carew, q.v. MIF.

Carrothers, Carruthers: fairly numerous: Ulster. Scottish, 17 cent. From a place in Galloway.

Carruth: rare: Ulster, Dublin. A different Scottish toponymic from Renfrew, 17 cent. SI.

Carry: mod. nos.: scattered. Ir. *Mac Fhearaigh., Ó Carraigh*. Also French: *Carré* (stout).

Carse: mod.nos.: Belfast, Down. Scottish: recorded since 15 cent. Now fairly common in Scotland. It presumably relates to a place. SS.

Carser: rare: Belfast, N Down. As Carse.

Carslake: v rare: Dublin. English. Habitation name. Probably "cress + lake". DSHH.

Carson: v numerous: E Ulster, Dublin. Perhaps an original British name *ap Corsan* from Galloway. Edward Carson, the champion of Unionism, would be pleased! SS.

Carswell: fairly rare: Belfast etc. Scottish: a toponymic: "cress-well". SS.

Carter: fairly numerous: Dublin, Midlands, Ulster, Connacht. Ir. *Mac Artúir*. This is a common English name, which is on record in Ireland since 14 cent. SI.

Carthy: fairly numerous: Dublin, South East, Connacht. Ir. *Ó Cárthaigh, cárthach* = loving. Usually spelled Carty. To be distinguished from MacCarthy. SI

Cartmill: mod.nos.: Armagh, Down. English toponymic from Cartmell, Lancashire. Occurring in Ireland since 14 cent. Noted in Armagh 17 cent. MIF.

Carton: fairly numerous: Dublin, N E Ulster, Midlands. MacLysaght states that this is an English toponymic, sometimes used for MacCartan, Ir. *Mac Artáin*. SI.

Cartwright: fairly rare: E Ulster, Dublin. English occupational name.

Carty: numerous: Connacht, Wexford, Midlands, Belfast. Ir. *Ó Cárthaigh*. The name related to Connacht historically. See Carthy above. SGG.

Carvill(e),-vell: fairly numerous: Down, Portadown, Belfast, Monaghan etc. Ir. *Mac Cearbhaill*. A sept of Oriel (S Ulster) noted for musical skill. See Carroll above. Also an A/Norman toponymic.

Casburn: rare: Galway. A placename in Kent. DBS.

Casby: rare: Mayo. The name Caseby occurs in Scotland.

Case: rare: Leinster. English: metonymic: maker of boxes. Also as Cash, q.v.

Casement: mod.nos.: Down etc. Ir. *Mac Asmaint*. Originally in Antrim and of Manx descent.The name comes from Norse *Asmundr* by way of Manx Gaelic. MIF.

Casey: v numerous: all provinces, particularly Munster. Ir. *Ó Cathasaigh*, generally, and *Mac Cathasaigh* in parts of Ulster. MacLysaght mentions six different septs of the O'Caseys as well as MacCasey in Oriel. *Cathaiseach* means "watchful". IF.

Cash: mod.nos.: Wexford, Kildare, Belfast area etc. Ir. *Ó Cais* and *Cas*. Found in medieval records in Dublin, this name appears to be at least partly of English origin, see Case. SI.

Cashel: mod.nos.: Dublin, Cork, W Tyrone etc. Ir. *Ó Maolchaisil* (Clare) and *de Caiseal*, the latter Anglo-Norman, and connected with Louth. See Cassells. SI.

Cashin,-en: mod.nos.: Laois, Tipperary, Kilkenny etc. Ir. *Mac Caisín*. Originally a family of hereditary physicians in Laois, the anglicised versions vary and there seems to be confusion with *Ó Caisín* which relates to Munster. See also Cassin. MIF.

Cashman: numerous: Cork and South East. Ir. *Ó Ciosáin*, perhaps from *Ó Casáin* which original name is, in Connacht, anglicised Cussane and Patterson. See also Kissane.

Caskey: mod.nos.: Derry, Tyrone etc. Ir. *Mac Ascaidh*, apparently of Norse origin. Also occurs as MacAskie. A similar name exists in Scotland.

Caslin: rare: Roscommon-Longford etc. Ir. *Ó Caisealáin*. Occurring more commonly as Cassells. *Caiseal* is a fortified place, a castle. SI.

Cass: rare: Dublin, Kilkenny, S Tipperary. Ir. *Cas*. See Cash above.

Casselbrant: v rare: Kinsale. No information on this.

Cassells: fairly numerous: Dublin, Midlands, Belfast. Ir. *Ó Caisil, Ó Maolchaisil*. See also Caslin. This is also a Scottish name, which could account some of those in Ulster.

Casserley: fairly numerous: Galway, Mayo etc.; Dublin, Midlands. Ir. *Mac Casarlaigh*. A name associated with Roscommon. First name *Cas*, curly-haired, occurs in many names. MIF.

Cassidy: v numerous: Ulster, N Leinster, Dublin etc. Ir. *Ó Caiside*. Physicians to the Maguires of Fermanagh, they were dispersed in the Plantation of Ulster. IF.

Cassin: fairly rare: Waterford-Kilkenny etc. Ir. *Mac Caisín*. But Woulfe mentions *Ó Caisín* as as a variant in Munster. A connection with *Ó Casáin* is possible. See Cashin. This name is current in England, of French origin. The name is honoured in a great theatrical family of 20 cent. MIF.

Cassley: fairly rare: Antrim etc. Ir. *Ó Caisile, Mac Giolla Choiscle*. Also English, and as Carsley: from a place name. The natives originated in Armagh and Tyrone respectively. SI.

Casson: rare: Ballymena, Derry etc. English, "son of Cass"; possibly synonym of Cassin.

Castles: mod.nos.: Belfast, N Down. English & Scottish but see also Cassells.

Caswell: fairly rare: Belfast, N Down, Dublin. English, synonym of Carswell, q.v. DBS.

Catchpole: rare: scattered. English: occupational - a bailiff.

Cater,-s: v rare: Ulster. English occupational - "buyer, provider".

Cathcart: fairly numerous: E Ulster, Tyrone-Fermanagh, Dublin. Scottish, 17 cent. A placename. SI.

Cathers: fairly rare: Tyrone etc. Scottish: a toponymic from Dumbartonshire. SI, SS.

Catherwood: fairly rare: Belfast, Down. Scottish, synonym of Calderwood.

Catney: mod.nos.: Belfast, Down. Possibly Ir. *Mac Cartaine*. See Mac Cartney.

Caton, Catton: v rare: scattered. English habitational name.

180

Catterson: fairly rare: W Ulster. English or Scottish, also as Caterson.

Cattigan,-ican: rare: Mayo etc. Ir. *Mac Aitigín*. From English Atkin, dim. of Adam. SGG.

Caughers: rare: peculiar to Newtownards. Perhaps Ir. *Mac Cathbhairr*, helmet.

Caughey: numerous: Down etc. Ir. *Mac Eachaidh*. Variant of *Eochaidh*, an ancient personal name. However, MacLysaght remarks that it has been used for Mulcahy in Down. SI.

Caughlan,-in: v rare: Cork. See Coughlan.

Caul: rare: Dublin, Belfast. Either an abbreviation of MacCall, q.v. or the English Call.

Caul(d)well: fairly rare: Dublin etc. See Caldwell.

Cauley: rare: Derry etc. See Mac Auley.

Caulfield: numerous: Dublin, Ulster, South East, Connacht. Ir. *Mac Cathmhaoil*, a sept of Cineál Eoghain (Tyrone). A name subject to many anglicisations: Campbell, Howell, MacCall etc. In 17 cent the Caulfields were English planters who acquired large estates of the former lands of *Mac Cathmhaoil* and became Lords Charlemont. MIF.

Causey: v rare: Cookstown. English. Living near a causeway. French "chaussée".

Cautley: rare: Dublin. A very rare name in England, perhaps a toponymic.

Cavan,-en: mod.nos.: Belfast, Down. Ir. *Ó Caomháin, caomh*, gentle. This name is more common as Cavanagh, which, though of the same derivation, is quite separate. SI.

Cavanagh: numerous: all provinces. Ir. *Caomhánach*. See the more numerous Kavanagh.

Cave(e): mod.nos.: E Ulster & scattered. Ir. *Mac Dháibhí*. See MacDaid & MacDevitt. There is also the English name Cave (bald) which may be relevant in some cases. SGA.

***Cavendish**: family name of the Dukes of Devonshire. Sometimes used for Kevane.

Caverly, cy: fairly rare: Cork. The name is rare in England, probably a toponymic.

Cavey: v rare: Dublin. English and Scottish, habitational or occupational.

***Cavish**: was found in Cavan and changed to Thompson there. Ir. *Mac Thámhais*. See Mac Tavish.

Cavlan,-in: v rare: Dungannon, Dublin. Perhaps Ir. *Ó Cabhlacháin (Ó Cibhleacháin)*.

Cawley: fairly numerous: N Connacht etc. Ir. *Mac Amhlaoibh*. Variant of MacAwley, q.v. IF.

Cazabon: rare: Dublin, Galway. Of French origin: Provençal: "well-built house". DSHH.

Ceannt: v rare: Dublin. Irish version of Kent, q.v.

Ceaser: v rare: Ulster. See Caesar.

Cecil: v rare: scattered. Fairly common in England: from Welsh first name: *Seisyllt*. The family became very prominent in England in 16 cent.

Ceillier: rare: Dublin, Cork. Old French: *sellier* (saddler).

Cervi: rare: Dundalk, Dublin. Italian: an animal name: "deer".

Chada: mod.nos.: Derry etc. An Indian name from the the Punjab.

Chadwick: mod.nos.: Dublin, S Leinster. Ir. *Seadaic*. English toponymic.

***Chaff**: was found in Galway. Ir. *Ó Lócháin*. See Lohan. It is also Anglo-Norman: nickname "bald".

Chalk(e): v rare: scattered. English, from residence near chalk down. See also Chawke. DBS.

Chalkley: rare: Dublin. English: placename: "chalk clearing".

Challoner: fairly rare: Dublin, Leinster. English, "blanket-maker", associated with Châlons-sur-Marne, place of manufacture. DBS.

Chamberlain(e),-lin: fairly rare: Dublin, Down, Cork etc. Ir. *Seambar*. English: an officer in charge of private quarters of sovereign or nobleman. Also Chambers. DBS.

Chalmers: rare: E Ulster. A Scottish version of Chambers. See Chamberlain.

Chambers: v numerous: all areas, particularly Ulster. Ir. *Mac Ambróis, Seambar*. The former was a Scottish name in N E Ulster, usually anglicised MacCambridge. The latter of Anglo-Norman origin, i.e. *de la chambre*. Cognate with Chamberlain, q.v. SI.

Chamney: rare: Dublin etc. English: native of Champagne, France.

Champ: rare: Dublin etc. French origin: *champ* (field).

Chan: mod.nos.: scattered, but mainly E Ulster. Chinese, 20 cent immigrants.

Chance: rare: Dublin etc. English, perhaps of a gambler. DBS.

Chancellor: rare: Belfast, Down. Ir. *Seansailéir*. English: a state or law official.

Chandler: mod.nos.: Dublin, Belfast, Cork etc. English: (candle-maker).

Chaney: fairly rare: Dublin. Anglo-Norman, from French *chênaie*, an oak-grove.

Channing: rare: Derry, Wexford. As Canning, q.v.

Channon: v rare: Derry etc. English, variation of Cannon, which may derive from the clerical title.

Chantler: v rare: E Ulster. Variant of Chandler, q.v.

Chapman: numerous: E Ulster, Dublin, South East etc. English, 17 cent and has occurred in earlier times. Old English word for merchant or pedlar.

Chaplin: rare: E Ulster. Occupational name for clergyman or servant of one.

Chappell,-le: rare: scattered. English, from residence near or service at a chapel.

Chard: v rare: scattered. Habitational from place in Somerset.

Charles: mod.nos.: Tyrone etc in Ulster, Dublin, N Connacht etc. Ir. *Mac Cathail*. Also anglicised Corless, q.v. May be of English origin in some cases. The name came via France from the German *Karl*, a man. Ir. *Cathal*, on the other hand, means "battle-strong".

Charlesworth: rare: Belfast, Dublin etc. Habitational name from place in Derbyshire.

Charl(e)ton: mod.nos.: Ulster, Dublin, N Connacht etc. Ir. *Mac Cathail* (SGA). This English toponymic has occurred in Ireland since 14 cent but mainly arrived in 17 cent. SI.

Charteris: rare: Dublin, Belfast. From French town Chartres. See Charters.

Charters: mod.nos.: Belfast, Down etc. French Huguenots, 17 cent. But the name is current in Scotland and goes back to 13 cent, so the people in Belfast may be of Scottish origin. SI & SS.

Chase: rare: Belfast, Dublin etc. English metonymic: "hunter".

Chatham: v rare: Dublin. Toponymic from the well-known town in Kent.

Chatten: rare: Leinster. Perhaps Scottish: member of *Clan Chatáin*, a confederation of clans in 17 cent.

Chatterton: rare: Athlone etc. English: from place in Lincolnshire. DOS.

Chauhan: v rare: scattered. An Indian name from Rajasthan.

Chaytor: rare: Dublin. English: occupational name: buyer of provisions. See Cater.

Chawke: mod.nos.: Limerick etc. English, synonym of Chalke, q.v. Long-established in Limerick, particularly in the valley of the Maigue.

Chavasse: v rare: scattered. English: recent immigrants but see Ir. *de Ceabhasa*.

Cheadle: v rare: Belfast etc. English: from place in Cheshire.

Cheasty: fairly rare: Waterford. Ir. *Ó Siosta*. Woulfe relates this to the district of Tuosist in Kerry, but the name has been associated with Waterford for centuries. Siosta is literally "hissed". SI.

Cheater: rare: Belfast etc. Not derogatory - an official who attended to the king's escheats. DOS.

Cheatley: rare: Ulster. A rare English name - apparently a toponymic.

Cheevers: mod.nos.: Dublin, Waterford, N Midlands, Ulster, Galway. Ir. *Síbhear*. Anglo-Normans since 12 cent. From French *chèvre*, a goat. Also as Chivers. SI.

Cherry: fairly numerous: E Ulster, Dublin, Midlands. English, 17 cent.

Cheney: v rare: Fermanagh. See Chesney below.

Cheshire: rare: Ulster. English toponymic from the county of that name.

Chester(s): fairly rare: Dublin, Omagh etc. English toponymic.

Chesney: mod.nos.: E Ulster etc. English, 17 cent. See also Chaney.

Chesser: rare: Limerick, Waterford. A variant of Cheshire.

Chestnutt: fairly numerous: E Ulster, Waterford etc. English, 17 cent.

Cheung: mod.nos.: scattered. Chinese:

Chevalier: v rare: scattered. Of French origin, meaning a knight, a horseman.

Chew: rare: E Ulster, Dublin. English: a nickname from the bird chough (kind of crow). DBS.

Cheyne: rare: E Ulster. Cognate with Chaney, q.v.

Chichester: v rare: Derry. English, 17 cent. Historically important.

Chifley: origin uncertain. The family of Australian prime minister, J. B. Chifley, (1885-1951) came from Tipperary.

Chick: rare: Belfast etc. English metonymic or nickname. Chicken also exists but is very rare.

Childs: mod.nos.: E Ulster, Dublin etc. English & Scottish. Also as Child. An early by-name. DBS.

Childers: v rare: Dublin. English: recent but historically very important. From "childerhus" (orphanage).

Chillingworth: rare: scattered. Apparently an English toponymic.

Chinnery: an English family in Limerick & Cork in 17 cent. MIF.

Chipperfield: v rare: Dublin. English: "market field".

Chisholm: fairly rare: E Ulster, Dublin. Scottish, from the Borders, 17 cent.

Chittick: fairly rare: E Ulster. Presumably variant of English Chittock. A nickname. DBS.

Chivers: fairly rare: E Ulster. See Cheevers above.

Choi: rare: Limerick etc. Chinese:

Choiseul: v rare: Tullamore. Presumably French Huguenot, 17 cent. It is an aristocratic name from a place in Haute Marne.

Christian: fairly rare: Dublin, Belfast etc. English & Scottish. A first name from the Middle Ages.

Christiansen,-ensen: rare: Wicklow etc. Scandinavian version of Christianson.

Christle, Chrystal: fairly rare: E Ulster, N Connacht. Ir. *Mac Criostail*. Usually a Scottish name, in Ireland 17 cent. Diminutive of Christopher.

Christie,-y: numerous: E Ulster, Dublin etc. Ir. *Mac Críosta*. Generally Scottish in Ulster.

Christmas: v rare: Louth. English: a nickname: one born around Christmas.

Christopher: fairly rare: Dublin, Leinster, Waterford, where the name is on record since 13 cent, i.e. they were Anglo-Norman. The Irish is *Críostóir*. MIF.

Church: mod.nos.: Dublin, Ulster. English, 17 cent. From residence near or duty at a church.

Churchill: rare: E Ulster etc. English habitational name from a number of places.

Chute: rare: Kerry. Ir. *Siúit*. English, 17 cent. May be synonymous with Tuite, q.v.

Cilligriú: v rare: Waterford. Ir. Lang. See Killigrew, a Cornish name.

Cinnamond: fairly rare: Belfast area. Probably a variant of Scottish Kinninmonth as stated by Black, although Cottle mentions Cinnamon(d) as a nickname related to the spice. SS.

Clabby: rare: Dublin etc. Ir. *Ó Clabaigh*. Perhaps from *clabach*, garrulous. An erenagh family of Roscommon. SI & SGG.

Clafferty: v rare: Donegal etc. Ir. *Mac Fhlaithbheartaigh*, " lordly in deed"; variant of Mac Laverty, which see. The modern Irish version is *Mac Laifeartaigh*. SI, SGA.

Claffey: mod.nos.: Midlands, Dublin etc. Ir. *Mac Fhlaithimh, flaitheamh*, a ruler, prince. Now usually written *Mac Laithimh* or corrupted to *Mac Lathaigh*. This has produced some strange anglicisations: MacClave (Ulster), Hand (N Leinster), Guthrie (Clare). ·

Clahane: v rare: Dublin, N Cork. Ir. *Ó Cathaláin*. See Cahalane.

Clair: rare: Clare. Ir. *de Cléir*. Probably a synonym of Clare & Clear which are Anglo-Norman. Also, possibly, Cleary, i.e. *Ó Cléirigh*. MIF.

Clampett: rare: Limerick etc. This appears to be English of the nickname type: Clamp = fasten together. It appears as Clampitt in England but is rare.

Clanachan: v rare: Enniskillen. See Clenaghan below.

Clancy: v numerous: all provinces, least in Ulster. Ir. *Mac Fhlannchaidh*. Two septs are noted (1) Brehons to the O'Briens of Thomond, (2) Chiefs of Dartry in Leitrim. IF & SGG.

Clandillon: rare: Dublin and scattered. Ir. *Clanndiolún*. Origin is obscure. Possibly adopted by an Irish-speaking Dillon on service with the Wild Geese. Nevertheless a fine name. SI.

Claney: v rare: Bangor. Also as Clanney.

Clare: mod.nos. Dublin and scattered. Ir. *de Cléir*. Also Clear and Clair, q.v.

Clark(e): v numerous: all areas, especially E Ulster, N Leinster, Dublin, Connacht. This common English name is usually an anglicisation of *Ó Cléirigh* (Cleary), a notable sept of Galway in 12 cent and one of the earliest hereditary surnames. SI & IF.

Clarkin: fairly rare: Dublin and scattered. Ir. *Ó Cléireacháin*. Diminutive of *Cléireach*, a clerk or church official. See also Clerkin.

Clarkson: rare: Dublin. Ir. *Mac an Chléirigh*, but in this case it is English.

Clarson: v rare: S Limerick-N Cork. See Clarkson above.

Clasby: v rare: Galway. Ir. *Mac Giolla Easpaig* (bishop's attendant). More usually Gillespie.

Classon: rare: Dublin etc. Ir. *Mac Nioclás*. A branch of the De Burgos; see Clawson.

Clavin: fairly rare: Midlands. Ir. *Ó Claimhín*. A somewhat derogatory name: *clamh* is a mangy creature, a leper. A sept of Laois-Offaly, the name is sometimes anglicised Swords, from confusion with the Irish word *claidheamh*, a sword, but perhaps deliberately! MIF.

Clawson: fairly rare: Carrickfergus etc. Possibly anglicisation of *Mac Nioclás*, a branch of the Burkes more usually found in Connacht. MIF.

Claxton: mod.nos.: Dublin, Midlands. English and current there. From a number of placenames.

Clay: rare: scattered. English, relating to the natural material. Metonymic or habitational. DSHH.

Clayden,-don: rare: Ulster. English toponymic: "clay-hill".

Clayton: fairly numerous: Portadown, Dublin, Cork etc. Ir. *de Cléatún*. English toponymic, in Cork in 17 cent. SI.

Clear: mod.nos.: Dublin and S Midlands etc. Ir. *de Cléir*. A variant of de Clare notable in the person of Richard de Clare, known as Strongbow, leader of the Anglo-Norman invasion in 1170 A.D. Also, the name has sometimes been used for Cleary. MIF.

Cleary: v numerous: all areas, especially Wexford, Waterford,Tipperary, Limerick etc.Ir. *Ó Cléirigh*. Originally of Galway, the sept was dispersed in 13 cent and some settled in Donegal where they enjoyed fame as scholars. Name is often anglicised Clarke, q.v.

Cleaver: v rare: N Down. Ir. *Cliabhair*. Of English origin. Rev. Euseby Cleaver (1826-94) was a leading member of Conradh na Gaeilge in its early days.

Cleere: mod.nos.: South East. Ir. *de Cléir*. See Clair and Clear.

Cleeve: v rare: South East & Mid-West. English, 17 cent. Associated with Tipperary and Limerick. A variant of Clive, from placename meaning "cliff".SI.

Clegg: mod.nos.: Belfast, N Down, Midlands, Dublin. English, 18 cent. Lancashire toponymic.

Cleghorn(e): rare: Belfast etc. Scottish, from place in Lanarkshire; "clay-house". SS.

Clehane: v rare: Cork City. Ir. *Ó Cathaláin*. A variant of Cahalane, q.v.

Clel(l)and: fairly numerous: Belfast, N Down. Ir. *Mac Giolla Fhaoláin*. But generally of Scottish origin, being the same Scots Gaelic name. Usually MacClelland, q.v.

Clemenger: rare: Dublin. A peculiar variant the very popular first name Clement (merciful).

Clement: v rare: Befast. A popular name from the Middle Ages, usually as Clements, q.v.

Clements: fairly numerous: E Ulster. Ir. *Climéis, Mac Laghmainn*. The former, English; the latter, Scottish, usually Lamont, an Argyllshire clan. SI & SS.

Clenaghan,(-chan): fairly rare: E Ulster. Ir. *Mac Leannacháin. Leann* is a cloak or mantle. A name located in Tyrone 16 cent. SI & MIF.

Clendenning: fairly rare: Belfast etc. Scottish 17 cent. Usually as Glendenning, a toponymic of Dumfriesshire.

Clerkin: numerous: Monaghan, Cavan etc. Ir. *Ó Cléirchín*. This is a synonym of Clarkin but represents a sept of Meath, separate from *Ó Cléireacháin* of Coshma, Limerick. SI.

Clesham: v rare: Mayo-Galway. Ir. *Cliseam*. Origin obscure. Woulfe gives *Mac Cliseam* but this is not adopted by bearers of the name in Conamara. Also as Clisham. SI.

Cliffe: fairly rare: Waterford etc. English, according to Reaney, synonymous with Cleeve and Clive, all relating to residence near a cliff or slope. DBS.

Clibborn: v rare: Cork. English, dating back to 17 cent. Very rare in England.

Clifford: numerous: Kerry, Limerick etc. Ir. *Ó Clúmháin, clúmhach* meaning hairy, furry. In Ulster, however, it may stand for *Mac Raibheartaigh*. Also, it may be of English origin in Leinster.

Clifton: fairly rare: scattered in Munster. English toponymic: from a number of places.

Clince: rare: Dublin & Enniscorthy. See Clinch below.

Clinch: mod.nos.: Dublin and scattered. Ir. *Clinse*. An English name occurring in Leinster since 14 cent. Also as Clince and Clynch. May be toponymic or "maker of fastenings". SI.

Clingan, -ghan: fairly rare: Belfast, Down, Fermanagh. A Scottish name from Galloway, originally MacClingen. SS.

Clint: rare: Down. Abbreviated form of Clinton, which is a habitation name.

Clinton: numerous: Dublin, N Leinster etc. Ir. *Cliontún*. Noted in Ireland since 13 cent. The name may also be anglicisation of *Mac Giolla Fhiontáin*. MIF.

Clisham: v rare: Conamara. Ir. *Cliseam*. See also Clesham.

Clissman(n): rare: Dublin. Apparently a German name: no derivation found.

Cloak(e): rare: Dublin, Wexford. See Cloke below.

Clogan: rare: Limerick. Ir. *Ó Clothacháin, clothach* meaning famous or renowned. SGG.

Clogher: rare: Midlands and E Connacht. MacLysaght considers it an abbreviation of MacCloughry, Ir. *Mac Clochaire, clochaire*, a stone cutter. SI.

Cloherty: fairly rare: Galway etc. Ir. *Ó Clochartaigh*. Originally of Conamara, this name has sometimes been changed to Stone. *Cloch* means stone, but this may not be relevant. SI.

Clohessy, Clohissey etc: fairly numerous: Limerick, Clare, Tipperary etc. Ir. *Ó Clochasaigh*. A surname of Clare, now well-represented in N Munster. The name may relate to *cloch* (stone) but no direct connection has come to light.

Cloke(y): rare: Belfast area, Enniscorthy. There is a Scots name Cloack, but the location in Wexford suggests English origin. Also as Cloake.

Clonan: v rare: Dublin. See Cloonan below.

Cloney, Clooney: mod.nos.: Wexford etc. Ir. *Ó Cluanaigh, cluanach* is deceitful or flattering. A name associated with S Leinster. SGG.

Cloona,-ne: v rare: Clonmel etc. Ir. *Ó Cluanaigh*. As Cloney above.

Cloonan: fairly rare: Galway etc. Ir. *Ó Cluanáin*. Derivation as Clooney above.

Cloran: v rare. scattered. Ir. *Mac Labhráin*. This is also the Scots MacLaren and, as Cloran is found mainly in the south, the correlation is not entirely certain and a hypothetical *Ó Clotharáin* is possible.

Close: fairly numerous: Belfast, Antrim, Dublin. Ir. *Ó Cluasaigh, cluasach*, having big ears. The name also relates to English immigrants of 17 cent, who were later promient land-owners in Antrim. Rev Maxwell Close (1822-1903) played an important part in the Gaelic revival at the end of the 19 cent.

Closkey: v rare: Dublin. See Cluskey and Mac Cluskey.

Clossick: v rare: Galway. Apparently native Irish, the original name has not come to light. MacLysaght suggests *Mac Lusaigh*, from *lusach*, herbaceous. Closs exists in England so it may be the origin of this name. SI.

Clotworthy: rare: Antrim, Dublin. English toponymic from Somerset.

Clough: v rare: Cork etc. English, from placename: "ravine", common in W Yorkshire.

Cloughan: rare: Armagh. Ir. *? Mac Luacháin; Mac Leocháin*. See Lohan and Loughan.

Clougher: v rare: Armagh. See Clogher above.

Cloughey: v rare: Down etc. Possibly Ir. *Mac Giolla Eachaidh*. See Mac Caughey.

Cloughley: fairly rare: Down, Dublin etc. Appears to be an English toponymic i.e. "clough + ley", ravine clearing. It is possibly Ir. *Mac Giolla Eachmhilidh*. See Mac Caughley.

Cloughran: v rare: Armagh. Ir. *Mac Luachráin*. Compare Loughran.

Clow(es): v rare: Belfast. English, clough, clow = ravine. See Clough. DOS.

Clowney: v rare: Down-Armagh. Ir. *Mac Luanaigh.*. Compare Looney.

Clowry: rare: South East and Dublin. Ir. *Mac Labhradha (Labhraí)*. See MacClory.

Clucas: v rare: scattered. Ir. *Mac Lúcáis*. (son of Luke).

Cluff: rare: Fermanagh etc. An English name from W Yorkshire. As Clow, q.v.

Clune: mod.nos.: Clare, Limerick etc. Ir. *Mac Clúin*. A sept of Thomond (Clare). This name was originally *Mac Glúin*, from *glún*, a knee. MIF.

Clugston: mod.nos.: Belfast. Scottish: from a place in Galloway SS.

Clulow: rare: Belfast. English toponymic from Cheshire.

Cluney: rare: Belfast. Scottish, from a place in Perthshire.

Cluskey: rare: scattered. See Mac Cluskey.

*Cluvane: Ir. *Ó Clúmháin*. A Kerry name - now appears as Clifford, q.v.

Clyde: fairly numerous: E Ulster. Scottish: dweller by the river Clyde, Scots Gaelic *Cluaidh*. SS.

Clydesdale: mod.nos.: E Ulster. Scottish: an evident toponymic, it goes back to 13 cent. SS.

Clynch: fairly rare: N Leinster etc. See Clinch above.

Clyne(s): mod.nos.: Dublin, Leinster, Connacht. Ir. *Mac Giolla Chlaoin, claon* meaning perverse. The name relates to Roscommon and was originally anglicised Kilcline.There are Scottish and English names Clyne(s): these latter may relate to those in eastern areas, to some extent. MIF.

Coad(e): fairly rare: Waterford. Perhaps a variant of Coady; but an English name Coad does exist meaning "cobbler".

Coady: numerous: Waterford, Kilkenny, Tipperary. Ir. *Mac Óda*. An Irish-style patronymic adopted by the Archdeacons in 13 cent, from the Teutonic personal name Odo. MIF.

Coakley: numerous: Cork and scattered in the South. Ir. *Mac Caochlaoich*. (blind warrior). Originally anglicised MacKehilly, it still survives in W Cork as Kehilly. MIF.

Coalter: fairly rare: Fermanagh. Ir. *Ó Coltair*. See also Coulter.

Coan: v rare: Ulster. See Cowan.

Coard: fairly rare: Belfast area. English, "maker of cords". DBS.

Coart: rare: Tyrone etc. As Coard above.

Coates: numerous: Belfast area, Dublin. English, 17 cent in Ulster. Dweller at cottage etc. SI.

Cobain,-ane: mod.nos.: Belfast area. Scottish. See Cobban. SS.

Cobban: rare: Dublin etc. A Scottish name of Norse origin, connected with Orkney SS.

Cobbe: mod.nos.: Dublin, Offaly. English: 17 cent relating to the Midlands. Probably a diminutive of Jacob. SI.

Coburn: numerous: Belfast, Dublin, Down etc. Generally Scottish, Cockburn, an important name there. Tradition relates it to Ir. *Mac Conboirne* but this is not certain. SI.

Cochrane: numerous: E Ulster. Ir. *Ó Cogaráin*. This is a Scottish toponymic so the link with Irish is tenuous. It represents the great Scots immigration of the 17 cent. SI & SS.

Cockburn: v rare: Ulster. The original Scottish version: see Coburn above.

Cockcroft: v rare: Down and scattered. An English toponymic. DS.

Cocker: v rare: Dublin. English: nickname for bellicose person. DSHH.

Codd: fairly numerous: Wexford. Ir. *Coda*. An Old-English name from 13 cent, they have been associated with the district of Forth in Wexford since that time. MIF.

Codyre: rare: Galway. Ir. *Iarsach*. A variant of Eyre, q.v.

Cody: numerous: Kilkenny, E Cork. Ir. *Mac Óda*. See Coady above.

Coe: mod.nos.: E Ulster, Dublin etc. Ir. *Ó Cobhthaigh* (mod. *Cobhaigh*). See Coey below.

Coen: numerous: Galway etc. Ir. *Ó Cadhain*. Sometimes for Cowan in Down, it is generally a synonym for Coyne, q.v. See also Cohen.

Coey: fairly numerous: Down. Ir. *Ó Cobhaigh*. A northern sept with the same name as Coffey in the south. An Sloinnteoir Gaeilge gives the former as *Ó Cobhaigh* and the latter as *Ó Cofaigh*. The word *cobhthach* means victorious. SI.

Coffey: v numerous: all provinces, especially Limerick-Kerry and Down, where it occurs in equal numbers with Coey. Original Ir. *Ó Cobhthaigh*, (victorious). Outside Ulster, there were three septs: W Cork, Galway, Westmeath, the latter noted as bards. IF.

Cogan: numerous: all areas except Ulster and Mid-West. Ir. *de Cógan, Ó Cuagáin*. Anglo-Normans who settled in Cork, the name also occurs as Coggan, Gogan and Goggin. Secondly, an Irish name synonymous with Coogan, q.v. MIF.

Cogavin: rare: Galway etc. Ir. *Mac Cogaidhín*, from *Cúcogaidh*, hound of war. A name from Leitrim which also occurs as Coggins and Cogan.

Coggan: rare: Down. See Cogan.

Coggin(s): fairly rare: Sligo etc. A variant of Cogan, which itself, in that area, can stand for Ir. *Mac Cogadhain* as well as *Ó Cuagáin* and *de Cógan*. SI.

Coggles: rare: Belfast. Scottish: from place in Caithness. Usually Coghill in Scotland.

Coggeran: v rare: Roscommon. Ir. *Mac Cogaráin* (secretary). Historically Cuggeran, q.v.

Coghill: rare: scattered. A Scottish name - see Coggles - honoured in the person of Rhoda Coghill, radio pianist, who rendered sterling service to Irish culture.

Coghlan: numerous: Munster etc. Ir. *Ó Cochláin*, probably from *cochall*, a hood or mantle. More usual as Coughlan, q.v.

Cogley: rare: Wexford. Ir. *Ó Coigligh*. More usual as Quigley, q.v.

Cohalan, Coholan: rare: Cork. Ir. *Ó Cathaláin*, i.e. a synonym of Cahalane, q.v.

Cohen: mod.nos.: Dublin, Belfast. As well as a synonym of Coen, q.v., this is a well-known Jewish name and some of these Cohens are no doubt of Jewish lineage. Cohen means priest in Hebrew.

Coid: v rare: Belfast. Ir. *Mac Uaid*. See also MacQuoid.

Coiley: rare: Belfast. Perhaps Ir. *Ó Caollaidhe*. See Queally.

Coils: rare: Antrim etc. Ir. *Mac Dhughaill*. See Mac Dowell.

Colahan: rare: Cork, Galway. Ir. *Ó Cúlacháin*. A sept of Uí Fiachrach, Mayo. Also occurring as Coolican, Cuolahan. *Cúlach* means fat. SGG.

Colaluca: rare: Belfast. Italian: combination of Nicola and Luca.

Colbert: mod.nos.: E Cork, W Limerick, Tyrone etc. Ir. *Colbard*. This name which occurs in England and France, has been in Ireland since 15 cent. Con Colbert was one of the leaders of the 1916 Rebellion, who was executed. He came from Athea, Co. Limerick. SI.

Colborn, Colburn: v rare: Antrim. English toponymic from Yorkshire.

Colclough: mod.nos.: South East. English, 16 cent, associated with Wexford. An Sloinnteoir Gaeilge gives Ir. *Ó Caochlaoich*, thus equating it with Coakley and as local pronunciation is similar, this is plausible. Woulfe gives Ir. *Colcloch*. The English name from a place in Lancs. MIF, SGA & SGG.

Coldrick: v rare: Meath. A synonym of Goldrick, q.v.

Coldwell: v rare: Belfast. See Caldwell.

Cole(s): numerous: Dublin, Ulster, N Midlands. An English name present in Fermanagh since 17 cent and widespread generally. However, the name also stands for MacCole or MacCool, with Ir. *Mac Dhubhghaill* and possibly *Mac Giolla Chomhghaill*. There is some confusion with Coyle, q.v. SI & MIF.

Coleman: v numerous: Dublin, Cork, Ulster, Mayo-Sligo etc. Ir. *Ó Colmáin*. From personal name *Colm*, a dove. A sept of the Uí Fiachrach in Sligo with, no doubt a number other origins, e.g. the Colemans of Scotland and N England are said to derive from it. However, in Cork, the name stands for *Ó Clúmháin*, which also appears as Clifford.

Colfer: mod.nos.: Wexford, Waterford etc. Ir. *Coilféir*. English: long associated with the barony of Forth in Wexford. There was an Old Norse name *Kalfr*. MIF, DSHH.

Colgan: numerous: Dublin, Ulster, Midlands etc. Ir. *Mac Colgan*. From *Colga*, an early personal name. A sept in Derry was originally *Ó Colgan*; another was seated at Kilcolgan in Offaly. IF & SGG.

Colhoun: fairly numerous: Derry, Donegal etc. Ir. *Colchún*. This is really the Scottish name Colquhoun, from a place in Dumbarton. Scots Gaelic is *Mac a' Chounich*. John C. Calhoun (1782-1850) was a statesman of note in the U.S.A. SI & SS.

Coll: fairly numerous: Derry, Donegal, Belfast etc. Ir. *Col*. This is an English name in the south where it occurs in Limerick 14 cent. A diminutive of Nicholas, it seems. However, in Ulster, it is *Mac Colla*. SI & MIF.

Colleary: rare: N Connacht. Ir. *Mac Giolla Laoire*. Collary and Callary also occur. MIF.

Collen: fairly rare: Ulster etc. A variant of Cullen in Ulster.

Collender: rare: Waterford etc. Ir. *Cuileandar*. English, relating to a process with cloth.

Colleran: fairly numerous: Galway-Mayo etc. Ir. *Ó Callaráin*, perhaps from *Mac Allmhúráin*. Always associated with that area. SGG.

Colley, Collie: rare: Dublin etc. English, 16 cent, related to the Wellesleys all of whom were settled in the Midlands. The name is also Ir. *Ó Colla* in Connacht but MacLysaght quotes a sept of Roscommon called *Mac Cúille* or *Mac Giolla Chúille* as another origin. MIF.

Collery: rare: Sligo etc. Ir. *Mac Giolla Laoire*. See also Colleary. MIF.

Collett: rare: scattered. English: a diminutive of Nicholas. DOS.

Collevy: v rare: E Galway, Roscommon. Possibly Ir. *Mac Con Shléibhe* (mountain hound).

Collier: numerous: mainly Leinster. Ir. *Coiléir*. An English family established in Meath since 1305 A.D. It is also present in Down. Relates, of course, to the coal industry. MIF.

Colligan: rare: Belfast, Dublin. Ir. *Ó Colgan*. See also Colgan.

Collins: v numerous: all areas, especially Munster. Ir. *Ó Coileáin, coileán* is a whelp. Though this a common English name, in Ireland it is an anglicisation of the above except in Ulster, where some at least are of English origin. The original location of the sept was W Limerick, whence many moved to W Cork at the time of the Invasion. There is also an indigenous name in Ulster, i.e. Ir. *Mac Coileáin*.

Colling(s): rare: N Down etc. English, dimin. of Nicholas (as Collins is). DBS.

Collinson: rare: scattered. English: another derivative of first name Nicholas.

Collins-Powell: v rare: A well-known family connected with General Michael Collins (1890-1922).

Collis: rare: Dublin etc. English, 17 cent, formerly prominent in Kerry. MIF.

Collison: rare: N Tipperary, Offaly. English, related to the above.

Collopy: rare: Limerick, Waterford. Ir. *Ó Colpa*. (*colpa* is the calf of the leg and also a unit of grazing land). Associated with Limerick.

Collum: mod.nos.: Donegal, Fermanagh, Monaghan, Longford. Ir. *Mac Coluim, colm*, a dove.

Collumb, Columb: rare: scattered. A variant of Collum but see also Columby.

Colman: mod.nos.: Dublin, Belfast etc. Ir. *Ó Colmáin*. See Coleman above.

Colmey: v rare: Dublin. Appears to be a variant of Columby, q.v.

Cologhty, Coonlaghty: v rare: E Clare. Ir. *Ó Conlachta* (milk-hound). SI.

Colohan: rare: E Galway etc. Ir. *Mac Uallacháin, uallach* meaning proud. These were a sept of Síol Anmchadha seated in Offaly. Compare Colahan above. MIF.

Colquhoun: fairly rare: Belfast, Dublin. Scottish, of recent immigration. See Colhoun.

Colreavy: rare: Longford, Sligo/Leitrim. Ir. *Mac Cathail Riabhaigh, riabhach*, brindled. A branch of O Rourke of Breifne. Also as Culreavy.

Colter: v rare: Dublin. See Coulter.

Colton: fairly numerous: Tyrone, Monaghan, Midlands. MacLysaght states that this is generally an English name, but there is evidence of *Ó Comhaltáin* in Galway and *Mac Comhaltáin* in Derry. SI & SGG.

Colum: relates to the poet and dramatist Pádraic Colum (1881-1972). See Collum above.

Columby: v rare: Dublin. Mac Lysaght speculates that this name may be French *Colombat* or English *Columbine*. In any case it derives from Latin *columba* (dove) and so is cognate with the Irish *Mac Colaim* and similar names.

Colville: mod.nos.: mainly Belfast. A Scottish name of Norman origin, coming in 17 cent.

Colvin: mod.nos.: N Antrim etc. synonym of Colville above. SS.

Colwell: fairly rare: Ulster, especially Antrim. Probably connected to Colville but in some areas may be Ir. *Mac Conluain*. See Caldwell also.

Coman: fairly rare: Tipperary etc. Ir. *Ó Comáin*. There are numerous synonyms in English: Commons, Commane, Comyns, Cummins etc. In Connacht the Irish is *Ó Cuimín*. *Comán* was a personal name in early Ireland. IF.

Comac: rare: Tyrone etc. The epithet *Comach* (smashing) was attached to some of the Stewarts of Appin and this name still exists in Scotland . SS.

Comaskey, Comisky: fairly numerous: Oriel, Down, Cavan, Longford. Ir. *Mac Cumascaigh*, from *cumascach*, mixing or confusing. Originally of Oriel (in Monaghan), there is some confusion with Comerford. MIF.

Combe: v rare: Belfast etc. (1) English from *combe*, a small valley but analogous to Welsh *cwm* and Irish *cúm* - it is not clear which came first. (2) Scottish: reduced version of Mac Combe, q.v.

Comber: fairly rare: Cork, Limerick, Clare etc. Ir. *Ó Ciaragáin*. See Comer below.

Comer: mod.nos.: Galway, Mayo. Ir. *Ó Ciaragáin*, diminutive of *ciar* meaning black. The name Comer comes from a mistranslation, i.e. *cíor*, a comb. This name also occurs as Kerrigan, q.v.

Comerford: numerous: Kilkenny, Carlow, Waterford etc. Ir. *Comartún*. An English family who came to Ireland in 1210 A.D., became hibernicised and played a prominent part in the history of the country. MIF.

Comerton: v rare: scattered. Synonym of Comerford.

Comey: fairly rare: N Leinster. Ir. *Mac Giolla Choimdheadh* (servant of the Lord). A name associated with Breifne. SI.

Commane: rare: Clare. Ir. *Ó Comáin*. Synonym of Commons & Cummins, q.v.

Commins. mod.nos.: Tipperary, Waterford, Connacht, N Leinster. Ir. *Ó Comáin* (Munster) and *Ó Cuimín* (Connacht). See also Cummins.

Commons: fairly rare: Galway, Mayo, Sligo, N Leinster. See Cummins etc. Also a Scottish name. See Coman. SI.

Compston: fairly rare: Belfast. English rather than Scottish and analogous to Compton. The first syllable relates to *combe*, a narrow valley. See Combe above.

Compton: fairly rare: mainly Ulster. An English toponymic of widespread occurrence. DBS.

Comyn(s): fairly rare: Cork, Meath etc. Ir. *Coimín, O Cuimín*. The original name was Anglo- Norman of 12 cent, but it is usually an anglicisation of *Ó Cuimín* etc. IF.

Conacur: v rare: Galway etc. Ir. *Mac Conchúir*. Also occurs as Noctor.

Conachy: rare: Louth. Ir. *Mac Dhonnchaidh*. Also as Conkey. This is the Scottish *Clann Donnchaidh*, who later became Robertson. The personal name *Donnchadh* was common amongst both Irish and Scots, being anglicised Duncan there. SS.

Conaghan: mod.nos.: Donegal, Derry. Ir. *Ó Connacháin*. Dimin. of *Conn*. Also as Cunningham.

Conaghy: v rare: Drogheda. See Conachy above.

Conalty: v rare: Dublin. Ir. *Ó Conallta*. *Allta* is wild, so *cú allta*, a wolf. A name associated with Ulster. SI.

Conan: v rare: Dublin. Ir. *Ó Conáin, Ó Cuanáin*. *Conán* was a personal name, e.g. Conán Mac Morna of the Fianna. See also Coonan & Cunnane.

Conaty: mod.nos.: Cavan, Longford etc. Ir. *Ó & Mac Connachtaigh*, son of Connachtman. Appears as Connaughty in Antrim.

Conba: v rare: Limerick. Ir. *Ó Conbá, cú báighe*, hound of strife. Woulfe says this is now generally anglicised Corbett. SGG.

Conboy: mod.nos.: Connacht etc. Ir. *Ó Conbhuí*, yellow hound. A sept of Uí Fiachrach which also occurs as Conway. SI.

Concagh: rare: Galway. Ir. *Mac Conchatha*, hound of battle. More often as Battle(s).

Concannon: numerous: Galway, Mayo, Sligo, Derry etc. Ir. *Ó Concheanainn*, (fair-headed hound). A sept of the Uí Briúin (or the Uí Maine) in Galway. IF.

Concar(r): v rare: Galway, Donegal. See Conacur above.

Condell: mod.nos.: Laois, Carlow, Wexford, Limerick. English, 17 cent. It is not found in England now. SI.

Condon: numerous: Wexford, Waterford, Tipperary, Limerick, Cork. Ir. *Condún*. Cambro-Normans who settled in N E Cork. They were originally *de Caunteton.* IF.

Condra: v rare: Meath, Limerick. Possibly Ir. *Mac Aindriú, Mac Éindrí.*

Condren: mod.nos.: Wicklow, Wexford, Mid-Leinster. Ir. *Ó Conaráin*. A sept of Offaly. Also occurring as Condron and Conran. MIF.

Condy: rare: Tyrone. From the French *Condé*, of recent immigration. SI.

Conefr(e)y: fairly rare: Leitrim etc. Ir. *Mac Con Fraoich*. The *Fraoch* (heather) may be a placename in this case. SI.

Coney: fairly rare: Tyrone etc. Ir. *Ó Cuana,* possibly from *cuanna*, comely. A variant of Cooney, q.v. This is also an English name, related to "coney", i.e. rabbit.

Coneys: rare: Galway. Mac Lysaght says it is Cromwellian, so similar the English Coney above.

Congdon: rare: Belfast, Dublin. This name is current in England and is presumably habitational.

Conheady: rare: Clare. Ir. *Mac Con Éidigh*, possibly from *éidigh*, unseemly. SGA.

Conheeney: v rare: Galway. Ir. *Mac Conaonaigh*. (*cú + aonach*, a fair). Sometimes mis-translated as Rabbitt. SI.

Conkey: rare: Belfast etc. See Conachy above.

Conlan: fairly numerous: mainly Leinster. See Conlon below.

Con(n)ley: rare: Antrim etc. Ir. *Mac Connla, Mac Conghaile.* Connla is an early personal name.

Conlin: v rare: scattered. See Conlon below.

Conlon: v numerous: Ulster, Connacht and generally. This name is an anglicisation of the following Irish: *Ó Conalláin* (Galway), *Ó Coinghiolláin* (Sligo), *Ó Caoindealbháin* in Munster. Other variants: Connellan, Kinlen, Quinlan, q.v. IF.

Conliffe: v rare: Ulster. Ir. *Ó Conduibh*, dark hound. Mod. *Ó Connuibh*. Usually Cunniffe, q.v.

Conlisk: v rare: Galway-Roscommon. Ir. *Ó Cuindlis,* from an early personal name *Cuindles*. A literary family of Connacht, sometimes anglicised Grimes. SGG.

Conliss: v rare: Dublin. Ir. *Ó Cuindlis*. See Conlisk above. SGA.

Conly: rare: Ulster. A variant of Connolly, q.v.

Conmy, Conmey: rare: Mayo-Sligo etc. Ir. *Mac Con Midhe* (Ulster), *Mac Con Meadha* (Midlands). See also MacConomy and MacNamee.

Conn: fairly numerous: Belfast, Dublin etc. A Scottish name. May also be abbreviation of MacConn, which is a Co. Down name still in use. Ir. *Mac Mhíolchon*, (hunting dog).

Connaghan: fairly rare: Donegal. See Conaghan above.

Connaire: fairly rare: Galway etc. Ir. *Ó Conaire*. This is generally a Munster name, Connery, but there also a Connacht version, Conry, which may refer to *Ó Maolconaire*, a literary family attached to the kings of Connacht. MacLysacht deals with this at some length in his "Irish Families".

Connaughton: numerous: Connacht and Midlands. Ir. *Ó Connachtáin*, dimin. of Connacht. Originally a sept of Sligo. MIF.

Connaughty: v rare: Antrim. Ir. *Mac Connachtaigh*. See also Conaty.

Conneely,-eally: numerous: Connacht etc. Ir. *Ó Conghaile, Mac Conghaile*, "hound of valour". They were a sept of Uí Maine, but there is some confusion with Connolly, q.v. MIF.

Conneff: v rare: Meath. See Cunniffe below.

Connell: numerous: Down, Midlands, Connacht. Ir. *Mac Dhomhnaill* (Ulster), *Mac Conaill*. In some instances, MacConnon has been changed to MacConnell. SI.

Connellan: mod.nos.: scattered. See Conlon above.

Connelly: mod.nos.: Connacht, Belfast etc. See Conneely and Connolly.

Conner: rare: scattered. See Connor.

Connerty: v rare: Dublin. Ir. *Mac Connachtaigh*. See Conaty.

Connery: mod.nos.: Munster, the South East, Down etc. Ir. *Ó Conaire*, usually a Munster name which has been confused with Conry (Connacht).

Conney: v rare: Dublin. See Cunney.

Connorton: v rare: Dublin. Ir. *Ó Connachtáin*. Originally of Sligo. See Connaughton.

Connick: fairly rare: Wexford, Kilkenny. Ir. *Mac Conmhaic*, "hound-son". Considered to be a branch of the O'Farrells of Longford. Now mainly in the South East. SI.

Conniffe: v rare: Galway. See Cuniffe below.

Connole: fairly rare: Clare, Galway, Cork. Ir. *Ó Coineóil*. Originally a Sligo family associated with the church of Drumcliffe. There is an old first name *Conúil,* (wolf-like) which might apply. SGG.

Connolly: v numerous: Ulster, N Leinster, Connacht, but well-represented all areas. This name stands for at least two Irish names: *Ó Conghaile*, Connacht and Ulster; *Ó Conghalaigh*, Munster and Connacht. Woulfe mentions four septs: a family of the southern Uí Néill who were eventually settled in Monaghan; a group in Clare said to be descended from Mahon, brother of Brian Boru. Also there were two septs in Connacht. Perhaps from first name *Conghal* (hound-brave) SGG, GPN.

Connon: fairly rare: Antrim, Dublin. Ir. *Mac Canann*, probably *cano*, a wolf cub. MacLysacht relates this name to Monaghan so its presence in Antrim suggests a Scottish connection, this being a Scots name also. A more common form is MacConnon, q.v. SI.

Connor: numerous: E Ulster, Mayo, Roscommon etc. Ir. *Ó Conchubhair (Conchúir)*. See O'Connor.

Connors: fairly numerous: Wexford, Waterford etc. As Connor above.

Conole: v rare: N Clare. See Connole above.

Conoulty: v rare: Clare. Variant of MacNulty, q.v.

Conran: fairly rare: S Tipperary etc. See Condron above.

Conroy: numerous: Ulster, Leinster, Connacht. It relates to various Irish names: *Mac Conraoi, Ó Conraoi, Ó Conaire, Ó Maolconaire*. See Connery, King. IF.

Conry: fairly rare: mainly Connacht. Ir. *Mac Conraoi* etc. A variant of Conroy. *Cú Raoi* was an old personal name. GPN.

Considine: fairly numerous: Clare, Limerick etc. Ir. *Mac Consaidín*, "son of Constantine", a branch of the O'Briens in Clare. IF.

Constable: rare: scattered. English: an official at various levels. Literally: "Count of the stable".

Constant: rare: Cork. Epithet name meaning steadfast - found all over Europe.

Constantine: v rare: Dublin. A diminutive of Constant, made famous by the Emperor Constantinus who legitimized Christianity in 313 AD. It became Mac Consaidín in Clare.

Convery: numerous: S.E. Derry etc. Ir. *Mac Ainmhire*. Woulfe suggests "not spirited, not frenzied". The name has appeared as O'Convery in 17 cent. See also Hanberry & Hanbury. SI.

Convey: fairly rare: Mayo, Fermanagh. Ir. *Ó Conbhuí, Ó Connmhacháin, Ó Conmheadha*. See Conway below.

Conville: rare: Oriel, Belfast. Ir. *Mac Conmhaoil*, wolf-warrior. See also Conwell. More common as MacConville. MIF.

Conway: v numerous: Ulster, Munster, Connacht. Represents a number of Irish names: *Mac Conmhaigh*, (Munster), *Mac Conmidhe*, (Ulster), *Mac Conbhuí* (Connacht). IF.

Conwell: fairly rare: Tyrone-Derry, Mayo. Ir. *Mac Conmhaoil*. Earlier form of Conville.

Conyers: v rare: Limerick. English: of French origin, *de Coignières*. In Ireland 17 cent. May also an anglicisation of O'Connor i.e. *Ó Conchúir*. MIF.

Coogan: fairly numerous: Monaghan and Leinster generally. Ir. *Ó Cuagáin*. A branch of the Uí Maine (Galway), now dispersed.

Cook(e): v numerous: (mostly with -e) Ulster generally, Dublin & South East, Limerick and Galway. In Ulster, Scottish; in Leinster, English; in the west, anglicisation of *Mac Dhabhoc*, a branch of the Burkes. SI.

Cookman: rare: Dublin etc. English: Cook's servant, perhaps.

Cookson: rare: Belfast etc. Undoubtedly Cook's son.

Coolahan: v rare: Offaly etc. Ir. *Mac Uallacháin, uallach*, proud. A sept of Offaly also connected with Síol Anmchadha in adjacent Galway. See also Coolican. MIF.

Cooley: mod.nos.: Ulster, Galway-Mayo and scattered. Ir. *Ó Cúile, Mac Giolla Chúile*. In Ulster a synonym of Cowley. Also Kilcooley in Connacht. SI.

Coolican: v rare: Mayo. Ir. *Ó Cúlacháin*. Belonged to the Uí Fiachrach of Mayo. There is some confusion with Coolahan, which see above.

Cooling: rare: Dublin. English, possibly in Ireland since 15 cent. The name has long been associated with Wicklow. Also an Irish name *Ó Cúilfhinn* has been suggested. MIF & SGA.

Coomb(c)s: mod.nos.: Belfast, Dublin, W Cork. Ir. *Mac Thómais*. Generally of Scottish origin and occurring as Combes and Holmes. Woulfe says *Mac Thomáis* is used in Cork. SGG.

Coomey: rare: W Cork. Ir. *Ó Camtha* (bent). MacLysaght considers it a synonym of Comey, q.v. The latter, however, occurs in N Leinster with Ir. *Mac Giolla Choimdhe*. SI & SGG.

Coonagh: v rare: Dublin. Possibly Ir. *Cuanna*, meaning elegant, noble.

Coonan: mod.nos.: Tipperary, Offaly, Kilkenny. Ir. *Ó Cuanáin*. Probably first name *Cuán* but see also Conan and Cooney. MIF & SGG.

Coon(e): rare: Down, Roscommon etc. Possibly Ir. *Ó Cuana*. See Cooney below.

Coonerty: v rare: Limerick City. Ir. *Ó Cuanartaigh*. From *conairt*, a pack of hounds, is questionable. A name associated with Clare.

Cooney: numerous: all areas, especially N Leinster, Belfast, Down. Ir. *Ó Cuanna*, either from first name *Cuán* or *cuanna*, comely, or *cuan*, a stooped person. Coming from Tyrone, they settled in N Connacht and later in Clare. IF.

Coonlaghty: v rare: E Clare. Ir. *Ó Conlachta*. "milk-hound", possibly.

Cooper: numerous: all provinces, especially E Ulster. *Cúipéir*. English, metonymic, 17 cent. SI.

Coote: mod.nos.: Tyrone-Cavan, Ennis etc. English, since early 17 cent. MIF.

Cope(s): mod.nos.: Belfast, Down, Carlow etc. English, from cope or long cloak. Alternatively, a diminutive of Jacob.

Copas: rare: Dundalk. The name Copus exists in England and Copues in Limerick. Possibly a diminutive of first name Jacob.

Copeland: numerous: E Ulster, Mid-Leinster. English, 17 cent. OE "kaupland" "bought land".

Copithorne: rare: Lisburn, Cork. English occupational: "cut-thorn".

Copley: fairly rare: scattered. English, 17 cent. A toponymic, it is fairly common in England.

Coppell: rare: Belfast etc. Of English origin: (1) nickname "short hair", (2) toponymic: "peaked hill". More usual as Cupples q.v.

Copp(s), Copse: v rare: Mallow, Newcastlewest. Appears to be English toponymic: "hill" or "wood".

Coppinger: mod.nos.: Cork, Galway. Ir. *Coipingéir*. MacLysacht states it to be of Norse origin and settled in Cork 14 cent. SI.

Coppola: rare: scattered. Italian: nickname relating to a type of Neapolitan headgear. DSHH.

Corbally, Corballis: mod.nos.: Louth-Monaghan, Dublin. Ir. *de Corbhaile*, an example of an Irish toponymic, which is rare. Apparently adopted by.Anglo-Normans.

Corban: v rare: Galway. Ir. *Ó Corbáin*. From early first name *Corb*. GPN.

Corbett: numerous: Munster & Connacht, with some in Down probably English; otherwise the name stands for Ir. *Ó Corbáin* (Munster), *Ó Coirbín* (Connacht). See also Conba.

Corboy, Corby: mod.nos.: Offaly, Laois, Tipperary etc. Ir. *Mac Corrbuí, Ó Corrbuí*. The latter according to Woulfe, relate to W Cork, but they are no longer in evidence there.

Corcoran: v numerous: Munster, S Leinster, Connacht etc. Ir. *Mac Corcráin*, a sept of Offaly now widely spread in the south. Also *Ó Corcráin*, *corcair*, purple, originally meant ruddy. These were an ecclesiastical family in Fermanagh. In the north, Corcoran has been to some extent replaced the Scots Cochrane. IF.

Cordel,-ll: v rare: Wexford etc. English. Metonymic relating to cord. DBS.

Corden,-on: v rare: S Leinster. English: a leather worker.

Cordial: rare: Laois-Offaly.This may be a nickname, or a variant of Cordell, q.v.

Cordiner: rare: Armagh. Scottish and English: cord-wainer, shoe-maker. Relating to Cordoba, Spain, where a special leather was produced. See also Cordner.

Cordner: mod.nos.: Belfast-Portadown. Scottish occupational name,(shoe-maker). SS.

*****Cordue**: was in E Clare: ? Spanish or as Cardew. MIF.

Corduff: fairly rare: N Mayo etc. Ir. *Mac Corduibh, Ó Corduibh*. MacLysacht considers the Mac form to be the correct one but accepts that Ó Corduibh is now generally used. It is also noted that Woulfe gives *Ó Corrduibh*, meaning "black crane" (bird) SI & SGG.

Core: v rare: W Meath etc. The name is rare in England but presumably came from there.

Corey: mod.nos.: mainly Mid-Ulster & Clare. See Corry & Curry.

Corish: fairly rare: Wexford etc. Ir. *Mac Fheorais*. "son of Feoras", Norman *Piers*, which was adopted by the Berminghams, q.v. MIF.

Corken,-in: mod.nos.: E Ulster. Ir. *Ó Corcáin*. *Corc* was a personal name meaning "heart" or "red". Woulfe notes a *Mac Corcáin* in Wicklow. GPN & SGG.

Corkey: rare: E Ulster. Possibly abbreviation of Scots MacCorkell, q.v. SS.

Corkery: numerous: Cork, Kerry etc. Ir. *Ó Corcra, corcair*, purple, which may have had the meaning "ruddy" - hence a personal name. *Corcair* was an aristocratic womans' name annalód.

Corkill: v rare: Belfast. Ir. *Mac Thorcaill*. Of Scottish or Manx origin, from the Norse personal name *Thorketill*. See also MacCorkell. SS.

Corless: mod.nos.: Galway, Mayo, Sligo. Ir. *Mac Carlais*. The name was originally *Mac Coirleasa* of the Uí Máine and later *Mac Cathail*. SI & SGG.

Corley: mod.nos.: Monaghan, Connacht. Ir. *Mac Thoirealaigh*. From the personal name *Toirdealbhach*, meaning "instigator". Also as Curley, q.v.

Cormack: mod.nos.: Galway, Tipperary, Kilkenny. Ir. *Mac Cormaic*. From the very popular personal name *Cormac*, derivation of which is not clear. Usually as MacCormack.

Cormican: mod.nos.: Galway, Roscommon, Down. Ir. *Mac Cormacáin*, dim. of Cormac. However, it is most probable that this was originally *Ó Cormacáin*. Under this heading, Woulfe lists four septs, three of which were located in Galway, Roscommon and Down, respectively,showing a remarkable correlation with the present distribution.

Cornally: fairly rare: Dublin, Midlands etc. (1) Anglo-Norman: in Kerry 13 cent as Carneli. (2) It may, however, be indigenous: Mac Con Allaidh, *alla*, untamed.

Corneille: v rare. Limerick. Palatine, 18 cent. it is also a common French name - a Huguenot connection, perhaps. SI.

Cornelia: rare: Dublin. This appears to be of Italian origin, based on the first name Cornelius.

Corner: v rare: Belfast area. English, 17 cent. Occupational name for horn-blower, or toponymic.

Cornett: fairly rare: Armagh, Portadown. English. related to playing the cornet. DBS.

Cornish: rare: scattered. English, a Devon-Somerset name. Obviously a "foreigner" from Cornwall.

Cornyn: rare: Cavan-Leitrim. Ir. *Ó Cuirnín*. A variant of Curneen, q.v.

Cornwall: rare: E Leinster. English: applied to Cornish people, who were foreigners to the Anglo-Saxons. OE *weala* meant "stranger". Hence the term "Wales".

Corr: numerous: Ulster, particularly Tyrone, and N Leinster etc. Ir. *Ó Corra*. Woulfe derives it from *corra*, a spear. It is a variant of Carr, Kerr and Corry, all of which see.

Corran,-in: rare: Ulster. Ir. *Ó Corráin*. Usually Curran, q.v.

*Corribeen: Ir. *Ó Cuirbín*. See Corbett.

Corridan: fairly rare: N Kerry, W Limerick. Ir. *Ó Corradáin*. Originally of S Clare. SI.

Corrie: rare: Belfast, Derry. This is a Scottish name but it also likely to be a variant of Corry, q.v.

Corrigan: numerous: mainly Ulster and Leinster with some in Connacht. Ir. *Ó Corragáin*. Originally of Fermanagh. Carrigan is a synonym. Dimin. of Corr, q.v. IF.

Corroon: rare: Mullingar etc. Ir. *Mac Carrghamhna*. "spear-calf". A sept of W Meath who also enjoyed the title *Maolsionnann*, chief of the Shannon. Also as MacCarron & Growney.

Corry: numerous: Antrim, Tyrone, Clare, Limerick. Ir. *Mac Gothraidh*, in Fermanagh; *Ó Comhraí* in Clare. *Ó Corra* is of general application. See also Curry. MIF.

Corscadden: fairly rare: N Antrim, E Derry etc. Ir. *Corscadán*. There is a Scottish toponymic Garscadden of which this seems to be a variant.

Corvan: rare: Armagh. Ir. ? *Ó Coirbhín*. Possibly a synonym of Corban, but it may be a wholly different name not noticed by any of the authorities – say *Ó Corbháin*.

Corvin: v rare : Dublin etc. Ir. *Ó Coirbhín*. May be attenuated variant of Corvan, q.v.

Corway: v rare: Dublin. Perhaps another Irish name unrecorded. *Ó Corrbhuí ?* Compare Corboy.

Cosby,-ie: fairly rare: Down, Antrim, Laois. English, in Laois 16 cent. SI.

Coscoran,-eran: rare: scattered. Ir. *Ó Coscracháin*. See Cuskeran.

Cosgrave, -ove: v numerous: Ulster, N Leinster & Connacht (-ove); elsewhere (-ave). A number of different septs (and names): in the South East *Ó Coscraigh*; in Connacht *Ó Coscair*; in Ulster *Mac Coscraigh, Mac Giolla Coscair, Mac Cosracháin*. The general derivation is from *coscrach*, victorious. MIF & SGG.

Coskery: v rare: Belfast. A synonym of Cosgrove.

Coss: mod.nos.: Laois-Carlow. Ir. *Mac Coise*. Possibly from *cos*, a foot. The name appears as Cush, MacCosh & Quish, q.v.

Costello(e): v numerous: all provinces, especially Connacht and Munster. An Irish patronymic adopted by the Norman Nangles: *Mac Oisdealbhaigh* from *os*, a deer and *dealbh*, likeness, so deer-like". They were seated in Mayo. Mod.Ir. *Mac Coisteala*. Possibly a dim. of French *Coste* in a few cases. IF & DSHH.

Costigan: fairly numerous: S Leinster, Tipperary etc. Ir. *Mac Oistigín*. Though a branch of the FitzPatricks, *Mac Giolla Phádraig*, the name derives from Hodgkin, a dimin. of Roger. In the spoken language it is now *Mac Costagáin*. MIF.

Costley: rare: Belfast. English, occasionally a variant of Costello.

Costin(e): v rare: Waterford & Cork. Ir. *Mac Oistín* (Austin). The Norse form of Augustine. It occurs as *Ó Coistín* in the spoken language. SGG.

Cott: rare: Cork. An English name from 14 cent. Related to Coates, q.v.

Cottingham: rare: E Ulster etc. This name is current in England and must be a habitational one.

Cottle: v rare: English, but also *Ó Coitil,* a branch of Uí Fiachrach in Sligo from which Cottlestown. The English name may be a Cornish toponymic, or occupational: as Cutler, q.v. Basil Cottle has produced the valuable "Penguin Dictionary of Surnames". SI & DOS.

Cotter: v numerous: mainly Cork and Munster, E Ulster. Ir. *Mac Coitir*, originally *Mac Oitir*, from a Norse personal name (the Gaels were quite prepared to adopt foreign names). The name has always been associated with Cork. IF.

Cottney: rare: Lisburn. A name derived from "cott", i.e. cottage, plus "island". English toponymic.

Cotton: rare: mainly Ulster. English, 17 cent. The name has been associated with Dublin and the South East. The name is locative referring to cottages.

Cottrell: fairly rare: Cork etc. English: meaning "cottager". DBS.

Couch: rare: Dublin, Cork. English: "maker of beds". DBS.

Couchman: v rare: Donegal etc. See Couch above.

Coughlan, -in: v numerous: mainly Cork, Munster, also S Leinster, Connacht. Ir. *Ó Cochláin* in Munster; *Mac Cochláin* in Leinster. Two distinct septs: one of Offaly adjacent to Clonmacnoise; the other of Cork associated with the baronies of Carbery and Barrymore. Deriv. *cochal*, cloak. SI & IF.

Coulson: mod.nos.: Belfast, Dublin etc. English. Also Scots Gael. *Mac Cumhaill*.

Coulter: numerous: mainly Ulster. Ir. *Ó Coltair*. According to Woulfe, derived from *Ó Coltaráin*, who were seated in Down. Also from a Scottish placename. Gaelic: *cúl-tír*. SGG & DSHH.

Coulthard: v rare: Lisburn. Occupational name (colt-herd) from N England.

Counihan: fairly numerous: Kerry, Limerick, Clare etc. Ir. *Ó Cuanacháin*, probably from *cuanna* meaning graceful. See also Cooney.

*****County**: see Canty.

Courage: v rare: Dublin. A brave name which would have to be lived up to! It is fairly rare in England, but probably originated in France where it is still found.

Courcey: v rare: Galway. See de Courcy.

Courell: rare: Mayo etc. This name is current in France. *Cour*, a small holding.

Cournane: rare: Kerry. Ir. *Ó Curnáin*. Generally anglicised Courtney in Kerry. Woulfe refers to the Breifne name *Ó Cuirnín* and first name *Curnán* of Kilcornan, Limerick, is quoted. GPN.

Courtney: numerous: Kerry, Cork, E Ulster. Ir. *Ó Curnáin* and *Mac Cuarta* (Ulster). However there is a Norman name, *Courtenai*, which must be the origin of some of the names.

Couse: rare: Bray. A relict of Old Norse in N England. *Kausi*, nickname for tom-cat. DBS.

Couser: fairly rare: Belfast. There are no records of this name but it does occur in Scotland. It may relate to Couse above.

Cousins: numerous: Down etc. Wexford, Kilkenny. Ir. *Cuisín*. An English name denoting a blood-relative, but present in Ireland since 13 cent in the form Cussen and Cushing. The name has always been associated with Limerick, Cork and South East. See Cussen.

Cousley: rare: N Antrim etc. An English toponymic relating to cows.

Coutts: v rare: Belfast. Scottish, from Aberdeenshire. SS.

Coveney: mod.nos.: Cork. Ir. *Mac Coibhdheanaigh*. *Coibhdheanach* means a bandit! Originally of Ossory (Kilkenny-Laois), they are now mainly in Cork.

Coventry: rare: Antrim. A straightforward toponymic from the English city.

Covey: v rare: Louth. Ir. *Mac Cobhthaigh*. A variant of Coffey, q.v.

Cowan: numerous: Down and Ulster generally, Dublin. Ir. *Mac Comhdhain, Ó Comhdhain*. From a rare early personal name *Comhghan*. Also as MacCone. However, Cowan is a common Scottish name (of similar derivation) which may account for many in Ulster.

Cowap: rare: Dublin. This name is current in England, but rare.

Cowden: mod.nos.: E Ulster. Scottish: from placenames. Also exists in England but fairly rare. SS.

Cowdy: rare: Armagh-Tyrone. This may be Ir. *Mac Ádhaimh*. See Mac Caw.

Mac Cowen: v rare: E Ulster. See Cowan above.

195

Cowell: rare: Dublin, Limerick. Ir. *Mac Cathmhaoil* (battle-chief). Reaney notes this in the Isle of Man as well as being an English toponymic. DBS.

Cowhey, Cowhie, Cowie, Cowhig: mod.nos.: Limerick, Cork etc. A variant of Coffey in Munster, for which the Irish is *Ó Cobhthaigh*, see Coffey above.

Cowey,-ie: rare: Ulster. Scottish, from various placenames there.

Cowley: mod.nos.: Dublin, Leinster, Derry, Mayo. Ir. *Mac Amhlaoibh,* which relates to a sept of Fermanagh and also occurs as Cawley. The name is also an English toponymic and was found amongst the ten "Tribes of Kilkenny". SI & IF.

Cowman: mod.nos.: Wexford etc. Ir. *Mac Comáin, Ó Comáin*. A synonym of the more numerous Cummins. MacLysaght mentions it as a Quaker name of 18 cent. SI.

Cowper: rare: Limerick. See Cooper.

Cowzer: rare: Dublin. The name does not appear in Britain.

Cox(e): numerous: Dublin, Leinster, Connacht; Fermanagh & Ulster generally. Ir. *Mac an Choiligh* in Connacht; *Mac Giolla* in Fermanagh; *Ó Coiligh, Mac Colgan* in Cork. This name is also, of course, English, of the nick-name type. SI, SGA & DBS.

Coy: rare: Galway. Probably MacCoy, q.v., although such an English name does exist.

Coyle: v numerous. Ulster, Connacht etc. Ir. *Mac Giolla Chomhghaill*, devotee of *Comhghal*. The name is associated with septs in Donegal and Roscommon. MIF.

Coyne: numerous: mainly Galway, also Midlands etc. Ir. *Ó Cadhain, cadhan* being a barnacle goose, but also an early first name. They belonged to the Uí Fiachrach grouping of N Connacht. Other synonyms are: Coen, Kyne and Barnacle, and it sometimes stands for Kilcoyne, q.v. IF.

Crabb(e): mod.nos.: E Ulster etc. English. A nickname: bitter as a crab-apple or having a funny walk, or a crabby temper. DBS.

Crabtree: rare: scattered. A name from Lancs/Yorks.

Cracknell: v rare: Down. English name: "Craca's nook". DBS.

Cradden: v rare: Derry. Possibly Ir. *Mac Rodáin*. See Rodden.

Craddock: mod.nos.: Dublin and scattered. Ir. *Creadóc*. Welsh, 13 cent. From the personal name *Caradoc*. Has always been associated with the Midlands.

Crahan: v rare: Meath. Ir. *Ó Carráin, Mac Criomhthainn*. The former relates to Leinster, the latter to Munster where it is usually MacCrohan. In some cases changed to Curran. SI.

Craffey: v rare: E Galway. Possibly Ir. *Ó Crábhthaigh*. See Craffigan.

Craffigan: v rare: Belfast. Possibly Ir. *Ó Cráibhtheagáin, cráibhtheach*, pious.

Craig: v numerous: Ulster, N Leinster etc. Ir. *de Creag* (rock). A widespread Scottish name which was well-established in Antrim 17 cent. Analogous to Carrick.

Craigan,-on,-en: Down, Antrim. From a Scottish place now known as Craigie. Craig = rock.

Craigie: fairly rare: E Ulster, Dublin. Scottish toponymic - see Craig.

Craigmile: v rare: Belfast: From a placename in Aberdeenshire. The name was recorded in 16 cent.

Crail: v rare: Belfast etc. Scottish, from the town of Crail in Fife. SS.

Crammond: v rare: Derry. Scottish, from place in W Lothian. Recorded in 13 cent. SS.

Craine: v rare: Leinster etc. See Crane below.

Cramer: mod.nos.: Leitrim etc; Limerick-Tipperary border. Ir. *Mac Thréinir* (strong man), also in Cork *Kramer,* German, "shop-keeper"; and the English Creamer, meaning "pedlar". MIF.

Crampton: mod.nos.: Dublin, Monaghan etc. English, 18 cent.

Crampsie, Cramsie: rare: Antrim etc. Ir. *Ó Cnáimhsí, cnáimhseach,* a midwife, making this a metronymic. However, it is more usually anglicised Bonner or Bonar in mistaken assumptiom that *cnámh*, a bone, is root of the name. MIF.

Crane: mod.nos.: Enniskillen, Belfast etc. English, nick-name type from crane, a bird. Also possibly Ir. *Ó Corráin* in some places. SI.

Craney, Crainey: rare: Antrim, Down. See Crane and Cranney.

Cranfield: v rare: scattered. English toponymic. "field of the cranes" (birds).

Crangle: mod.nos.: E Ulster. Of Manx origin, synonym of MacRandle. Ir. *Mac Raghnaill*. An Sloinnteoir Gaeilge gives *Mac Ránaill*, a useful form.

Cranitch: rare: Cork etc. This name appears to be of English origin but it is very rare there.

Cranks: v rare: Dublin. Apparently English nickname - a boisterous, merry person.

Cranley, -ly: fairly rare: Dublin, Waterford, Limerick, Tipperary. Ir. *Ó Crónghaile*. MacLysacht regards this as an English toponymic which sometimes stands for the native Cronnelly, Cronolly. These, however, are confined to Connacht. SI & SGG.

Cranmer: v rare: Dublin. English habitational name from place in Somerset. "crane + mere".

Cran(n): rare: Cavan, Roscommon. Probably as Mac Crann, q.v.

Cranney, -ny: mod.nos.: S Down etc. Ir. *Mac Bhranaigh* (suggested by Woulfe). The question is compounded by the presence of a synonym, Creaney, in Armagh & Down.

Cranston: mod.nos.: N Down and Ulster generally. Scottish: from a placename. SS.

Cranwell: rare: Dublin etc. English toponymic: another "Crane" name. As well as the bird, it was an early English first name: so a place called "well of the cranes" or "Crane's well".

Craughan: rare: Meath. The Irish is possibly *Ó Creacháin*, though this is of Mayo origin.

Craul: v rare: Dublin, Wicklow. Possibly English, as Cranley, but very rare there.

Craughwell: rare: Galway etc. Ir. *Ó Creachmhaoil*, which may derive from the local placename, in which case the "Ó" is incorrect. SI & SGG.

Craven: fairly numerous: Down, Louth-Monaghan, Offaly-Galway-Tipperary. Ir. *Mac Crabháin* in the north; *Ó Crabháin* in the south. Perhaps from *crábhadh*, piety. The sept were of Uí Maine (Galway). The English toponymic is thought to be rare in Ireland. SI.

Crawford: v numerous: mainly Ulster: Fermanagh, Derry, Antrim & Monaghan. Also present in Sligo-Leitrim, S Leinster & N Munster. Ir. *Mac Crábhagáin, de Cráfort, Mac Raith*. In Ulster, it is mainly of Scottish origin, though *Mac Crábhagáin* relates to S Ulster. An Sloinnteoir Gaeilge gives *Mac Raith*, making it a synonym of MacGrath, which would account for the distribution in the south. This name is widespread in England & Scotland.

Crawley: fairly numerous: S Ulster etc. Ir. *Mac Raghallaigh, Mac Rállaigh* (SGA). Although this name exists as an English toponymic, it is not present in Ireland, apparently.

Craythorne: rare: Belfast etc. Probably a habitational name from Crathorne in N Yorkshire. DOS.

Crea: rare: Down. See Cree.

Creaby: v rare: Mayo. Possibly Ir. *Mac an Aba*. See Mac Nabb.

Creagh: fairly numerous: Munster etc. Ir. *Craobhach*. A name assumed by the O'Neills of Clare as described in Sloinnte Gaedheal is Gall. Long associated with Limerick City. SGG.

Creaghmile: v rare: Down. As Craigmile.

Crealey: rare: Portadown etc. Ir. probably *Mac Raghailligh*.

Creamer: mod.nos.: Sligo-Leitrim etc. Ir. *Mac Thréinfhir*, strong man. See Cramer.

Crean(e): numerous: Cork-Kerry, Wexford, Mayo-Roscommon, Ulster. Ir. *Ó Corraidhín, Curraoin*, (Munster & Wexford); *Ó Croidheáin*, (Connacht & Ulster). Also can stand for *Ó Criocháin & Ó Corráin*. See also Crehan. SI & IF.

Creaner: rare: Dublin, Armagh etc. Ir. *Mac Thréinfhir*. A variant of Traynor, q.v. MIF.

Creaney: fairly rare: Portadown-Belfast etc. Ir. ? *Mac Bhranaigh*. See Cranny. SI & SGA.

Creaton: v rare: Galway-Roscommon. Ir. *Mac Críochán*. See also Crehan. SI.

Creaven,-in: mod.nos.: Galway. Ir. *Ó Crabháin*. See Craven above.

Cree: mod. nos.: Dublin, Belast etc. Black thinks it is a shortened form of Mac Crae, q.v. SS.

Creed: mod.nos.: Cork, Limerick, Kerry. Ir. *Ó Críodáin*. An abbreviation of Creedon, q.v.

Creedon: numerous: Cork, Limerick, Kerry, Clare. Ir. *Ó Críodáin,* originally *Mac Críodáin. Críodán* was an early personal name. GPN.

Creegan: mod.nos.: Cavan, Leitrim, Longford etc. Ir. *Ó Croidheagáin,* from *croí,* heart. There is some confusion in Connacht with Cregan, q.v. SI.

Creelman: fairly rare: Coleraine etc. Evidently an occupational name - origin not known.

Creely: v rare: Dublin. See Crilly.

Creen: rare: Belfast. Probably as Crean: Ir. *Ó/Mac Críocháin* was connected with Co. Tyrone. SI.

Creenane: v rare: Dublin, Cork. Ir. *Ó Críonáin,* (old wizened person). See also Crennan and Crinion.

Creery: v rare: Tyrone, Armagh. Ir. *Mac Ruidhrí,* a variant of *Mac Ruaidhrí.*

Creevey,-vy: rare: Dublin, Down. Ir. *Ó Craoibhe,* flowing, spreading, perhaps of hair. SGG.

Cregan: numerous: Limerick, Clare, Kerry, Cork, Derry. Ir. *Ó Criagáin,* but originally *Mac Riagáin,* it is thought. SI.

Creggan: v rare: Derry etc. Ir. *Creagán,* possibly from placename; or a variant of Cregan.

Cregg: mod.nos.: Roscommon etc. Ir. *de Creag,* a variant of Craig.

Creggy: v rare: Dublin. Possibly Ir. *Mac Con Carraige.* See Mac Carrick.

Crehan: mod.nos.: Galway-Mayo-Roscommon and Limerick-Kerry-Clare. Ir. *Ó Croidheáin* in Connacht; in Munster it is synonymous with Crean, q.v., itself derived from Curreen so Ir. *Ó Corraidhín, Curraoin.* See also *Ó Creacháin.*

Creighan: rare: Monaghan-Louth, Fermanagh. Ir. *Ó Críocháin,* possibly from *creachán,* a puny person. This was and remains a name of Oriel (Armagh-Monaghan-N Louth).

Creighton: numerous: E Ulster, Connacht. Scottish in Ulster and a toponymic, otherwise a synonym of Crehan or Crean.

Creith: rare: Antrim, Down. Probably a variant of MacCreight, Ir. *Mac Creacht.* Cognate with Mac Raith, Mac Craith, i.e. Magrath, q.v. See also MacCreight.

Cremin(s): numerous: Cork-Kerry-Limerick. Ir. *Ó Croimín, Cruimín,* from *crom,* bent. Thought to be a branch of the MacCarthys. See also Crimmins. MIF & SGG.

Crennan: rare: Kilkenny etc. Ir. *Ó Críonáin,* from *críon,* old. See also Crinion.

Crerand: v rare: Donegal, Derry. Possibly Scottish Crerar (sievewright).

Cresswell: mod.nos.: Derry, Tyrone, Belfast, Cork. A toponymic in England and Scotland.

Cresham: rare: Mayo-Galway. A variant of Clesham, q.v.

Crewe: v rare: Belfast etc. From place in Cheshire or synonym of Norman Cruise, q.v.

Cribban,-en,-in: mod.nos.: Meath, Mayo, W Limerick etc. Ir. *Ó Croibín,* a variant of *Ó Coirbín,* associated with Mayo. An Sloinnteoir Gaeilge gives *Mac Roibín* which seems to be of western origin as well. See Gribben also. SI, MIF & SGG.

Crichton: fairly rare: Ulster, Cork. Ir. *Mac Críocháin.* Generally Scottish from place in Mid-Lothian. See also Creighton. SGA.

Crickard: v rare: E Ulster. Ir. *Mac Riocaird.* A name associated with the Scottish clan Sinclair.

Crickley: rare: Cork etc. English origin. Interestingly, *cruc* is British for "hill". DSHH.

Crilly: numerous: Ulster. Ir. *Mac Raghallaigh.* A family of Oriel. However the name *Ó Crilligh* is on record as an erenagh family in Derry. They may have survived the travails of history. MIF.

Crimmins: mod.nos.: Dublin etc. See Cremin above.

Crinigan: v rare: Dublin etc. Ir. *Ó Críonagáin,* probably from *críon,* withered, old. This name was associated with W Meath and Roscommon.

Crinion: mod.nos.: Meath. Ir. *Mac Críonáin.* This may be a synonym of Crennan, q.v.

Cripps: fairly rare: Dublin etc. English, "curly-haired".

Crisham: v rare: Galway. See Cresham above.

Crisp: v rare: Dublin etc. English, as Cripps above, or abbreviation of Crispin, 3 cent martyr.

Crishel: v rare: Mayo. This may be a variant of Cresswell, q.v.

Critchley: v rare: scattered. English: Cottle ascribes it to a lost place in Lancashire, where it survives.

Croal: v rare: Leitrim-Donegal. Scottish, from Kincardine, perhaps of Norman origin. SS.

Croarkin: v rare: Monaghan. Possibly Ir. *Mac Ruaircín*. This is speculation.

Croasdell,-daile: rare: Dublin etc. English, from place in Lancashire.

Crockard: fairly rare: Down etc. Probably as Crickard, q.v.

Crocker: v rare: Ulster etc. English, "potter".

Crockett: mod.nos: Ulster. Scottish, 17 cent. An anglicised *Mac Riocaird*; also English and Scottish: a nickname relating to *croquet*, a hairstyle SI & DSHH.

Crockford: v rare: scattered. From a placename in Surrey. DSHH.

Crocock: rare: Sligo etc. This name seems to be English but is very rare there.

Croffy: v rare: E Galway. Ir. *Ó Crábhthaigh (Cráfaigh)*. From *cráifeach*, pious. MIF.

Crofton: mod.nos.: Sligo etc. Ir. *de Crochtún*. English, 16 cent. A leading Anglo-Irish family of N Connacht. SI & MIF.

Croft(s): mod.nos.: Cork, Belfast area. Ir. *de Crochtas*. English, 16 cent. landowners in Cork.

Croghan: fairly rare: E Connacht, Cork etc. Ir. *Mac Conchruachan*. "hound of Cruachan" - the royal seat of Connacht. Also as Crown(e) and Croan (Down). MIF.

Crohan: very rare: Kerry. Ir. *Mac Croimhthainn* (fox). A branch of the O'Sullivans in W Kerry.

Croke: fairly numerous: Tipperary-Kilkenny-Waterford etc. Ir. *Cróc*. This name is recorded in England in 11 cent and in Ireland 14 cent. Synonymous with Crooke. SI & IF

Croker: rare: Dublin, Limerick. Ir. *Crócar*. English, associated with Limerick since 17 cent. An Anglo-Norman name Crocker was recorded in 13 cent. SI & IF.

Croley, Croly: rare: Down, Dublin. Ir. *Mac Raghallaigh*. Also as Crolly. See Crilly above.

Crombie: rare: Dublin, Leinster etc. In Armagh 17 cent. The latter were probably Scottish, being a toponymic from Aberdeenshire.

Cromie: numerous: N Down, Ulster generally. Ir. *Ó Cromtha* (bent). Also Scottish, from the placename Crombie in Aberdeenshire. Some confusion with Crombie and Cromey is inevitable.

Cromer: v rare: Dublin. English, toponymic of Norfolk, "pool with crows". DOS.

Crompton: rare: scattered. English, placename in Lancashire.

Cromwell: mod.nos.: Armagh, Down, Dublin, Meath. Ir. *Cromail*. English toponymic which existed in Ireland long before the advent of the Lord Protector. MIF.

Cronan: rare: Dublin. See Cronin below.

Crone: mod.nos.: Down, Cork, Dublin etc. Irish & Scottish. *Crón*, swarthy, tawny.

Cronin: v numerous: mainly Cork, Munster generally and widespread all areas except Ulster.Ir. *Ó Cróinín*. A sept of W Cork and erenaghs of Gougane Barra. Derivation: see Crone.

Cronly: rare: Midlands. See Cronnolly below.

Cronnelly: v rare: Connacht. See Cronnolly.

Cronnolly: fairly rare: Mayo etc. Ir. *Ó Crónghaile, crón*, swarthy; *gal*, valour. A sept of Uí Maine (E Galway) which spread to the Midlands.

Cronogue: v rare: Leitrim. Ir. *Crannóg*, a pulpit or a lake dwelling. Presumably from a placename.

Crook(e): mod.nos. Scattered. Ir. *Cróc*. English, 17 cent and associated with Cork. See also Croke above. SI.

Crook(e)s: numerous: mainly E Ulster. English, 17 cent. A toponymic of Yorkshire.

Crookshanks: rare: Belfast, Down. Scottish: undoubtedly a nickname! SS.

Cropera: v rare: Ennis. Not in Britain.

Crory: fairly rare: Down. Ir. *Mac Ruairí*. (SGA). See Mac Rory.

Crosbie,-y: numerous: Wexford, N Leinster, Dublin, Belfast etc. This name is both English and Scottish and in some cases an anglicisation of *Mac an Chrosáin*, otherwise MacCrossan, which see.

Croskery: mod.nos.: Down etc. A variant of Cosgrave, q.v.

Cross: numerous: E Ulster, Kildare, Limerick-Tipperary etc. Ir. *Crúis*. An English toponymic which also sometimes stands for MacCrossan. See Crosbie above.

Crossan: numerous: Donegal-Derry and Ulster generally. Ir. *Mac an Chrosáin, crosán* was a jester or satirist in medieval Ireland. Two septs of this name: one in Ulster, the other in the Midlands. See also Cross. SI.

Crossett: fairly rare: Belfast, Magherafelt etc. This may be of French origin, deriving from *Croisette,* which may refer to a religious cross or a cross-roads.

Crossey: mod.nos.: Belfast, Down. Ir. *Mac an Chrosáin.* See Crossan. DSHH.

Crossley: mod.nos.: Belfast area, Dublin. English, relating to W Yorkshire. DOS.

Crothers: numerous: E Ulster etc. Variant of Carruthers which was of Scottish origin in the 17 cent.

Crotty: numerous: Waterford-Kilkenny, Cork, Clare-Limerick. Ir. *Ó Crotaigh, crotach* meaning either shapely or hump-backed. The sept originated in Clare. MIF.

Crouch: rare: Antrim etc. English: dweller at a cross. DOS.

Croucher: rare: scattered. As Crouch. Relating to a market cross or crossroads.

Croughan: v rare: E Galway. See Croghan above.

Crowdle: v rare: Wexford etc. No information available here. Probably toponymic.

Crowe: numerous: widespread in Ulster where it is of English origin. In the south, it may be an anglicisation of *Mac Conchradha,* which was of Clare. IF.

Crowley: v numerous: mainly Cork but also Kerry, Limerick, Clare, Waterford, Connacht. Ir. *Ó Cruadhlaoich.* "hard-hero". Originally a branch of the MacDermots in Roscommon, it is said they settled in W Cork and formed an important sept there. However, this group may have been *Mac Roghallaigh.* An English toponymic also exists and may contribute to this group. IF & SGG.

Crowne: fairly rare: Scattered. Ir. *Mac Conchruachan,* "hound of Cruachan". Related to Cruachan, the ancient seat of the kings of Connacht. See Croghan above. The name exists in Britain but is rare, so it may represent Irish immigrants. MIF.

Crowther(s): fairly rare: Belfast & Dublin. English, a Lancashire name, occupational: player on the crowde, a stringed instrument. Compare Ir. *cruit,* small harp..

Croxford: v rare: Belfast. English habitational name: crook + ford. Crook may be a proper name.

Croxon: v rare: Bray. English: son of Crook (no disparagement involved).

Crozier: numerous: widespread in Ulster. Ir. *Crúiséir.* English name related to "crosses".

Crudden: mod.nos.: Fermanagh-Monaghan etc. Ir. *Mac Rodáin, rod,* strong. SI.

Cruikshank(s): mod.nos.: Scattered in Ulster. Scottish, see Crookshanks.

Cruise: fairly numerous: Dublin etc. Ir. *de Crúis.* A Norman family, de Cruys, who settled in Meath and Dublin. Cruse is also an English name meaning "ferocious". SI & DBS.

Crum: v rare: Antrim. Scottish Gaelic: *Mac Giolla Chruim,* (bent servant) SS.

Crumley: fairly rare: Derry, sometimes variant of Crumlish, q.v., also possibly the Irish name *Ó Cromlaoich,* "bent hero".

Crumlish: rare: Donegal-Derry. Ir. *Mac Cromroisc.* Perhaps, "squint-eyed".

Crummey,-ie: mod.nos.: Down-Armagh etc. Scottish. Also variant of Cromie, q.v.

Crump: rare: Antrim, Down. English: nickname: bent, stooped.

Crumplin: v rare: scattered. A diminutive of Crump above.

Crushell: rare: Kenmare etc. Possibly French origin "hollow place", or Ir. *Mac Ruiséil.*

Crutchley: fairly rare: Down. English, synonym of Critchley. Associated with Lancashire.

Cryan: mod.nos.: Sligo-Roscommon etc. Ir. *Ó Croidheáin,* from *croí,* heart. See also Crean.

Crymble: fairly rare: Belfast, Antrim. This name seems to be English but is very rare there.

Crystal: v rare: Sligo. See Mac Crystal.

Cubbard: v rare: Galway. Variant of first name Cuthbert, associated with the Claddagh, Galway.

Cubitt: fairly rare: N Antrim. This name is current in England & Scotland. Perhaps a variant of first name Cuthbert. This is speculation.

Cuckson: v rare: Antrim. Better known as Cookson, a fairly common English name.

Cudden: fairly rare: Louth, Derry. Ir. *Mac Cadáin*. Variant of Cadden & MacCadden, q.v.

Cuddigan: rare: Cork. Ir. *Ó Ceadagáin*. Now often appearing as Cadogan, q.v. SI.

Cuddihy: mod.nos.: mainly Kilkenny. Ir. *Ó Cuidithe*, from *cuiditheach* = helper. MIF.

Cuddy: fairly numerous: Ossory, Galway-Roscommon, Tyrone etc. A variant of Cuddihy above but probably Scottish in Ulster - a dimin. of first name Cuthbert.

Cudmore: rare: Cork. English, 17 cent. Locative: personal name + more (marsh). MIF.

Cudworth: rare: Bangor. English toponymic: personal name + worth (enclosure).

Cuffe: fairly numerous: Midlands, Mayo-Galway etc. English, 16 cent but also anglicisation of (1) *Mac Dhuibh* (MacDuff) and (2) *Ó Doirnín* in Ulster.

*Cuggeran: Ir. *Mac Cogaráin* (secretary). A name of E Clare. MIF.

Cuggy: v rare: Kilkenny. This name was in Inishowen in 16 cent. Perhaps Ir. *Ó Cogaidh*, warlike.

Culbert: fairly numerous: mainly E Ulster, Ossory, Waterford. MacLysaght considers that this name is of Huguenot origin, but it may also be Scottish in Ulster.

Culbertson: rare: N Antrim. Scottish. Culbert was a much celebrated saint in Scotland.

Culhane: numerous: mainly Limerick. Ir. *Ó Cathaláin*. From the personal name *Cathal*. A number of synonyms occur: Cahalan, Cohalan, Cahillane. The sept originated in Limerick. MIF.

Culkin,-een: fairly rare: Mayo-Sligo. Ir. *Mac Uilcín*. From *Uilic*, diminutive of William, similar to Wilkin. This family was related to the Stauntons of Mayo. SI.

Cull: mod.nos.: Down, Leitrim etc. Possibly relates to: (1) MacCullough, Ir. *Mac Con Uladh*, and (2) Scottish MacCulloch. An Sloinnteoir Gaeilge gives *Mac Colla* which generally refers to Coll, a galloglass family of Donegal and this must account for many of the Culls in Ulster. MIF.

Cullagh: rare: Tipperary etc. Probably from MacCullough, q.v.

Cullen: v numerous: widespread all provinces, particularly S E Leinster. Ir. *Ó Cuilinn*, perhaps a personal name from *cuileann*, holly. The sept originated in Wicklow. The large numbers arise partly because of absorption of other names, e.g. Culhoun, Cullinan. IF.

Culleton: fairly numerous: Wexford-Carlow-Kilkenny etc. Ir. *Mac Codlatáin*, sleeper. This name has always been connected with Wexford. MIF.

Culley,-y: numerous: mainly Down with Armagh, Cavan & Midlands. Ir. *Ó Colla*. The personal name *Colla* was current in early ages. See also Coll.

Culligan: fairly numerous: mainly Clare-Limerick with some in Louth-Meath. Ir. *Ó Cuilleagáin*. The name also occurs as Quilligan and is a synonym of Colgan, q.v. MIF.

Cullimore: rare: Wexford. Ir. ? *Ó Colla Mhóir*.

Cullinan: numerous: Clare-Limerick, Wexford-Waterford-Kilkenny. Ir. *Ó Cuileanáin*, *cuileann* is holly, which may have become a personal name. Also as Cullinane. IF.

Cullinane: numerous: mainly Cork, also Waterford-Wexford-Kilkenny, N Munster, Connacht. Ir. *Ó Cuileanáin*. As Cullinan above.

Culliney: rare: Galway-Clare. Ir. *Mac an Laighnigh*, Leinsterman. SI.

Culliton: fairly rare: Midlands. See Culleton above.

Cullivan: fairly rare: Cavan. Ir. *Mac Conluain*, originally *Mac Anluain, anluan*, a champion.They were of the Uí Fiachrach in Sligo, but moved to Leitrim and Cavan.

Culloty: mod.nos.: Kerry-W Cork. Ir. *Ó Codlata*, sleepy. Mod. *Ó Collata*. SGA.

Culloo: v rare: Clare. Ir. *Mac Cú Uladh* (hound of Ulster). Generally an Ulster name in the form of MacCullough etc. This is a case where the nominative *Cú* is used in place of the more usual genitive *Con. Ó Cuilliú* in Waterford may indicate a different origin which remains to be tested. MIF.

Cultra: v rare: Down. Ir. ? *Cúil Trá*, back-strand, a toponymic.

Culreavy: v rare: Longford-Leitrim. Ir. *Mac Cathailriabhaigh*. See Colreavy above.

Cumberland: rare: Tyrone. English: place-name.

Cummane: rare: Limerick etc. See Cummins.

Cummiskey: mod.nos.: Armagh-Louth-Monaghan, Longford etc. *Mac Cumascaigh*. Perhaps from *cumascach*, confusing. More usually Comiskey, q.v.

Cummin(g)s: v numerous: all provinces, particularly Tipperary-Waterford-Wexford. Ir. *Ó Comáin* in Munster; *Ó Coimín* in Connacht; *Mac Coimín* in Ulster (broadly speaking). See also Commans, Commane, Commons. *Comán* was a popular personal name in the south of Ireland in early times. SI & GPN.

Cunniffe: fairly numerous: mainly Connacht. The most common anglicisation of *Mac Conduibh*, *cú dhubh*, black hound. It also occurs as MacNiff, MacAdoo, Caddow etc. IF.

Cunnane: fairly numerous: Mayo-Galway etc. Ir. *Ó Cuineáin,* from *Conán*, a personal name meaning hound or wolf. Now difficult to distinguish from *Ó Cuinneáin*, which is from another personal name *Conn*. See Guinane, Kinnane, Queenan. SI & SGG.

Cunnea: v rare: Donegal. See Cunney.

Cunneen: mod.nos.: Cork-Limerick etc. Ir. *Ó Coinín*. Often anglicised Rabbitt but it probably derives from *cano* a wolf cub. MacLysaght quotes two septs: one in Thomond, the other in Offaly. IF & MIF.

Cunney: fairly rare: Galway-Mayo-Sligo. Ir. *Ó Coinne*. Woulfe identifies it with a sept in Down later in Tyrone. How it came to Connacht is not clear. Derivation is said to be from *Coinneach,* the personal name. SI & SGG.

Cunniam: rare: Dublin. A name long associated with Wicklow. May be synonym of Cunningham.

Cunning: mod. nos.: Ulster etc. Variant of Gunning, which is from Teutonic first name Gunwin.

Cunningham: v numerous: all areas, particularly Ulster & Connacht. Generally of Scottish origin in E Ulster; otherwise it is usually a native name from the Uí Fiachrach and the Uí Maine in Connacht. Ir. *Mac/Ó Cuinneagáin, Ó Connagáin.* SI & IF.

Cunnion: rare: Dublin. Ir. *Ó Coinín*. A variant of Cunneen.

Cunniss: v rare: Galway. English, 17 cent. A variant of Coneys, q.v.

*Cuolahan: (1) Ir. *Mac Uallacháin* - see Coolahan. (2) Ir. *Ó Cúlacháin* - see Coolican. MIF.

Cupples: mod.nos.: Belfast area. English, 17 cent. A toponymic from place in Lancashire.

Curistan,-in: fairly rare: Donegal etc. Ir. *Mac Orraistín.* SGA.

Curlett: rare: Belfast. Apparently a diminutive of Curle, which is current in England.

Curley: numerous: E Galway-Roscommon, Wicklow-Kildare-Meath. Ir. *Mac Thoirdealbhaigh,* (son of Turlough). The name has always been connected with Roscommon.

Curnane: v rare: Kerry. Ir. *Ó Curnáin*. Now generally anglicised Countney. *Curnán* was a personal name - it survives in Kilcornan, Limerick.

Curneen: rare: scattered. Ir. *Ó Cuirnín*. A literary family of Breifne, related to the O'Rourkes. SGG.

Curnyn: v rare: Mayo. Synonym of Curneen above.

Curragh: fairly rare: Belfast, Down. Ir. *Corrach*. As a noun it means a marsh; as an adjective, unsteady. The name was in Oriel in 15 cent, so it must be presumed Irish; however, it could also be Scottish - MacCurragh existed there at that time. SI & SS.

Curran: v numerous: all provinces. Ir. *Ó Corráin, Ó Cuireáin.* In 17 cent, this name was in Tipperary and Waterford, Galway and Leitrim, Donegal, Kerry. See also Crean. SI &IF.

*Curreen: Ir. *Mac Corraidhín*. See Crean. MIF.

Currell: v rare: Antrim-Down. Ir. ? *Mac Oirialla.*

Currid: mod.nos.: Sligo etc. Thought to be Ir. *Ó Corraidhead*. Always associated with Sligo. It appears very similar to *Mac Corraidhín,* which also occurs in Sligo. New form: *Ó Corthaid.* SGG.

Currivan: v rare: Tipperary-Limerick. Ir. ? *Ó Coirbheáin*. MacLysaght suggests that it is a variant of Corban, a Galway name. Root may be the personal name *Corb*. SI & GPN.

Currie: numerous: Ulster. Generally Scottish but with large over-lap with Irish Curry, q.v. The Scottish Curries were a branch of the MacDonalds.

Curry: numerous: mainly Ulster, also Leinster & Connacht. Ir. *Ó Comhraidhe (Comhraí)*. The recognised septs were in Thomond (Clare) and W Meath. Also occurs as Corry, q.v.

Curtayne: v rare: Cork-Kerry. Synonym of Curtin below.

Curtin: numerous: mainly N Cork-W Limerick. Originally *Mac Cruitín* of Clare where they were a notable literary family, the Irish is now *Mac/Ó Curtáin*. SI, IF & MIF.

Curtis: numerous: mainly E Leinster, also Down & Derry. Ir. *de Cuirtéis*. Anglo-Norman from 13 cent. MacLysaght explains that *le Curteis* meant well-educated. E. Curtis' "History of Ireland" is a definitive work.

Cusack: numerous: Midlands, Limerick, Cork etc. Ir. *Cíosóg*. Anglo-Norman *de Cussac*, from 13 cent. There was also a native sept in Clare *Mac Íosóg*, which may account for some of the Cusacks in Munster. IF & SGG.

Cush: mod.nos.: Belfast, Tyrone, Cork. More likely to be English in Ulster but Irish *Mac Coise* in the south. A sept of this name existed in Laois. Also occurs as Quish. IF & SGG.

Cushen: mod.nos.: Laois-Carlow etc. Ir. *Cúisín*. See Cussen below.

Cushenan,-inan: fairy rare: Antrim. See Cushnahan.

Cushing: v rare: Cork. See Cussen

Cushion: v rare: Dublin. See Cussen.

Cushley: fairly rare: Belfast, Derry. Ir. *Mac Giolla Choiscle*. Woulfe relates this name to Fermanagh, Monaghan & Offaly where it occurs as Cuskelly. SI & SGG.

Cushnahan: mod.nos.: Tyrone, Antrim etc. Ir. *Ó Cosnacháin (cosain*, defend). Also Cushnan.

Cushnan: rare: Antrim etc. As Cushnahan.

Cushnie: rare: Armagh-Down. Scottish: from a place in Aberdeenshire.

Cusick: fairly rare: N Antrim. See Cusack above.

Cusin: v rare: Belfast. This name is equally rare in Scotland, though quoted by Black. It seems more likely that it is a variant of the more common Cussen.

Cuskelly: rare: Midlands. See Cushley above.

Cuskeran: v rare: Derry etc. Ir. *Ó Coscracháin. (coscrach*, victorious). Also with *"Mac"*.

*****Cussane**: Ir. *Ó Casáin*. An E Galway name - see Patterson.

Cussen: fairly numerous: W Limerick, Cork etc. Ir. *Cúisín*. Anglo-Normans from 13 cent, they settled in Leinster and Munster. Derivation seems to be "cousin" i.e. relative. MIF.

Cust: v rare: Ulster. A minimized form of first name Constance, which appears as Custance in England. All derive from Latin *Constans*, resolute.

Custy: rare: Clare. Ir. *Mac Oiste, Mac Coiste*. Derived from Hodge, a pet name for Roger in 13 cent. Thought to originate in Mayo, where it occurs as Hosty, q.v. SI & SGG.

Cutliffe: rare: Donegal. The name is not in evidence in Britain. It may be a native name.

Cuthbert: mod.nos.: Dublin, Cork, Belfast area etc. Scottish and N English from St Cuthbert of Lindisfarne, +687 A.D.

Cuthbertson: mod.nos.: Tyrone, Belfast. See Cuthbert above.

Cutler: rare: scattered. Scottish & English. "maker and seller of knives".

Cuttle: rare: Dublin etc. An English name similar to Cottle. Metonymic connected with knives from Old French *coutel*. The cutlass beloved of pirates comes to mind!

Dace: rare: Belfast, Carrickfergus. Perhaps a nickname from the fish.

Dack: rare: Thomastown. English. Derived from Old English first name Daecca. DBS.

Dacey: v rare: Galway. As Deacy.

Daddy: v rare: Bangor etc. Possibly variant of Duddy, q.v.

Daffy: mod.nos.: Clare-Limerick. Ir. *Ó Deabhthaigh, deabhthach* means quarrelsome. The modern spelling is *Ó Deafaigh*. SI.

Dagen,-ens,-an: rare: Ulster. ? Ir. *Mac an Deagáin*, son of the deacon. The name is very rare in England, but it may be related to Dagg below. See also Deane.

Dagg: mod.nos.: Kilkenny-Carlow etc. English, 17 cent. From OF *dague*, a dagger. Perhaps some one who sported such a weapon. Also as Dagge.

Dagger: rare: Dublin. Variant of Dagg.

Dagnall: v rare: Down etc. Ir. *Ó Duígeannáin*. Dim. of Duibhcheann (dark head). SGA.

*Dagney: Ir. *Mac an Deagánaigh*. See Deane.

D'Agostino: v rare: Belfast etc. Italian: diminutive of Agosti, perhaps month of August or first name.

Dahill: rare: E Cork. Ir. *Ó Dathail*, possibly from *daithgheal*, fair complexion. Originally of Síol Muireadhaigh (Roscommon), the name has long been associated with Munster. SGG.

Dáibhis: v rare: Dublin etc. Ir. Lang: see Davis.

Dair,-e, Dare: rare: scattered. The latter is current in England and seems to be a nickname.

Daish: rare: Dublin. A variant of Ashe, q.v.

Daisley: v rare: Antrim & Donegal. A Scottish name, evidently toponymic.

Dalby: v rare: Dublin. English: from placenames in Leicestershire. DOS.

Dale(s): fairly numerous: mainly E Ulster, scattered in the south. English: "dweller in the dale".

Daley: fairly rare: Belfast etc. See Daly below.

Dalgarno: v rare: Dublin etc. Scottish, from placename Dalgarnock. SS.

Dalgelly: rare: Dublin. This is presumably a Scottish toponymic but it has not been located, whereas Dalgetty is common there.

Dalglish, Dalgleish: rare: E Ulster. Scottish, from place in Selkirk.

Dallaghan: v rare: Dublin. Ir. *Ó Dallacháin, dall*, blind. SGG.

Dallagher: v rare: Limerick. Ir. *Ó Dallachair*. Possibly from *dall*, blind.

Dallas: mod.nos.: N Ulster. Scottish, from barony of Dallas in Moray.

Dallat: mod.nos.: Antrim. May be variant of Dallas above.

Dalligan: v rare: Dunboyne in Meath. Probably synonym of Dallaghan above but possibly an unrecorded *Ó Dallagáin*. The first name *Dallán, dall*, blind, was current in early times and could give rise to a diminutive of this sort.

Dallon,-yn: v rare: scattered. Ir. *Ó Dalláin*. See Dollan.

Dalrymple: fairly rare: Dublin, Antrim. Scottish, from place in Ayrshire.

Dalton: v numerous: all provinces. Ir. *Daltún*. Anglo-Normans, settled in Meath 13 cent. Early spelling was D'Alton and even Ir. *de Dalatún*. Became hibernicised and later settled in Clare. SI, IF & SGG.

Daly: v numerous: all provinces. Ir. *Ó Dálaigh, dálach*, fond of meetings. The greatest of the Irish literary families. Cúchonnacht Ó Dálaigh had a bardic school in Meath in 12 cent, other members were distinguished in the following centuries until the destruction of the Gaelic order. IF & SGG.

Dalzell: numerous: Belfast, N Down. Scottish, 17 cent. From a barony in Lanarkshire.

Damery: rare: Cork. English, originally Daumeray in France. Also occurs as Amery. DBS.

Danaher, Danagher: mod.nos.: mainly W Limerick. Ir. *Ó Danachair*. Originally *Ó Duineachair* (humane). The sept came from N Tipperary. MIF & SGG.

Dand,-e: v rare: Dublin. A pet name for Andrew in Scotland and England in earlier times. SS.

Dane: mod.nos.: Fermanagh etc. Mainly English origin, O.E. *dane*, a valley. Also an anglicisation of Ir. *Ó Déaghain, déaghan*, a dean. See also Deane. IF.

Dancey: v rare: Cavan. English, 18 cent. Originally Dauntsey, an English locative name. DBS.

Dandy: rare: Dublin. English & Scottish, pet form of Andrew. DBS.

Daniels: mod.nos.: mainly S E Leinster. English; also for MacDonnell & O'Donnell.

Dangerfield: v rare: Down etc. Anglo-Norman from d'Angerville. Current in England.

Danker: rare: Belfast, Dublin. Not found in England: this name be of German origin, relating to first name Daniel.

Dann(e): rare: Ossory, Dublin, Belfast. English, "dweller in the valley". DBS.

Dante: v rare: Limerick. This is the Italian equivalent of Norman *Durant*, steadfast.

Darby: fairly numerous: Midlands, Dublin, Belfast area. English, 16 cent. but see also Darmody and Deyermond. The name has been mainly associated with the Midlands. SI.

Darcy: numerous: all areas, least in Ulster. Various origins: Anglo-Norman in north and east but native Irish in Munster and Connacht. *Ó Dorchaidhe* were of the Uí Fiachrach (Mayo) and of the Uí Maine (Galway); they were also one of the "Tribes of Galway". IF.

Dardis: mod.nos.: Midlands, Dublin. Ir. *Dairdis*. Normans who settled in N Leinster. MIF.

Dargan: mod.nos.: S Leinster. Ir. *Ó Deargáin, dearg*, red. Occurs as Dorgan in Cork. IF.

Darlington: fairly rare: Dublin, Belfast. Toponymic from town in Durham (N England).

Dark: v rare: Belfast. English. A straightforward nickname. DOS.

Darker: rare: Dublin, Meath etc. English occupational name. Treating leather etc. DBS.

Darley: v rare: Dublin. English 17 cent. A toponymic from Yorkshire. MIF.

Darling: mod.nos.: Belfast and Ulster generally, Dublin etc. English, 17 cent. A nickname. SI.

Darmody: mod.nos.: Tipperary etc. *Ó Diarmuda*. From the first name *Diarmaid*. This name occurs more frequently as Dermody as well as being confused with MacDermot and MacDarby, both of which see. SI & SGG.

Darragh,-ah: fairly numerous: N E Ulster with a few in Midlands. Ir. *Mac Darach* from the earlier *Mac Dubhdarach* (dark man of the oak). A name associated with Antrim, it has been anglicised Oakes. Some Ulster Darraghs may derive from the Scottish Darroch which has various origins according to Black. SI, MIF & SS.

Darrer: rare: Cork city. Of Austrian origin (Docrrer). 19 cent immigrants.

Dart: v rare: Dublin etc. Cottle surmises it is a toponymic from the river Dart in Devonshire. DOS.

Daughen: rare: Dublin. Possibly Ir. *Ó Dubhchon*. See also Doughan.

Daughton: rare: W Limerick, N Kerry. Ir. *Dátún*. Anglo-Norman, 13 cent, from d'Autun - a name still current in France. They settled first in Kilkenny.

Daunt: mod.nos.: Cork etc. English, 16 cent. A notable family who gave valuable service. IF.

Davenport: mod.nos.: Dublin, Belfast and scattered. English toponymic, 17 cent. It may also be an anglicisation of *Ó Donnuartaigh* in Munster. This occurs as Dunworth, too. SI.

Davern: mod.nos.: Limerick-Tipperary etc. Ir. *Ó Dábhoireann*. See Davoren below.

Davey, Davie: numerous: Belfast area, Dublin, Sligo etc. English and Scottish in the east but in Connacht, they are a branch of the Burkes, *Mac Dáibhidh*, originally seated in Galway.

David: rare: Dublin, Cork, Wexford. English or Welsh. As a first name it became popular from the patron saint of Wales and the Scottish kings. See the various derivatives. Originally the great Hebrew name meaning "beloved".

Davidson: v numerous: E Ulster etc. A Scottish clan known as Clann Dàidh, they came to Ireland in 17 cent. They also occur as Davison and Davie. SI & SS.

Davies: numerous: Belfast area, Dublin and scattered. Welsh and English, though the English version is more usually Davis. The general Irish version would be *Mac Dáibhidh*.

Davin: mod.nos.: Galway and scattered. Ir. *Ó Daimhín, damh*, an ox, a stag. An early first name, it appears in Caherdavin in Limerick. The family were from Tipperary. SI.

Davis: v numerous: Dublin, Belfast and all areas. Of English or Welsh origin since 16 cent. The name is used for MacDavid in Wexford. Irish version: *Dáibhis*. IF.

Davitt: mod.nos.: Mayo and scattered. Ir. *Mac Daibhéid*. A variant of MacDevitt; also a branch of the Burkes of Connacht. It is MacDaid in Donegal, the home of this sept. MIF & SGG

Davock: v rare: Connacht. Ir. *Mac Dabhóc*, (dim. of David). A branch of the Burkes, with synonyms MacCavock and MacCooke. Not to be confused with Scottish Doig which relates to St Cadoc, according to Reaney. MIF & DBS.

Davoren: mod.nos.: Clare-Galway. Ir. *Ó Dubhdábhoireann* (black of two burrens). A learned family of N W Clare who ran a literary and law school. Now abbreviated to *Ó Dábhoireann*. See also Davern. IF & SGG.

Davy: mod.nos.: Dublin, Midlands, S Leinster etc. English, cognate with Davies, Davis etc.

Dawdry:v rare: Dublin etc. From a placename, *Haute Rive* in Orne, France. DBS.

Dawe(s): fairly rare: Cork and scattered. Usually English but sometimes an anglicisation of *Ó Deá*. Daw is a pet name for David.

Dawkins: v rare: Down etc. One of the many diminutives of David. Hebrew: "beloved".

Dawnay,-ey: rare: scattered. Variant of Doheny, q.v.

Dawson: numerous: E Ulster, Dublin and scattered. English, 17 cent but may be anglicisation of *Ó Deoráin* (Doran & Dorrian). The Dawsons were important landlords in Monaghan, Laois and Tipperary. MIF.

Day: fairly numerous: Dublin, Belfast, Cork and scattered. Presumably English (and a pet form of David) from the distribution. Another derivation of the English name has been advanced: bread-maker and dairy-maid. DBS.

Day-Lewis: v rare: Mayo. This well-known name involves the pet name for David plus the Teutonic Ludwig meaning "fame + war".

Daykin: v rare: Belfast. Another diminutive of David.

Daynes: rare: Dublin, Wicklow. An English name meaning "haughty" or "worthy". DBS.

Deacon: mod.nos.: Wexford etc. English, 17 cent. Ir. *Ó Deocáin*. See also Deakin. (SGA).

Dea: v rare: Midlands. See Dee and O'Dea.

Deacy: mod.nos.: Galway-Mayo. Probably same as Deasy, q.v. which makes the Irish *Déiseach*, (native of Decies, Waterford). The presence of these "exiles" in Connacht in 17 & 18 cent may signify transplantation. MIF.

Deady: mod.nos.: N Cork, N Kerry. Ir. *Ó Déadaigh, déadach*,"toothy". Pronounced *Ó Daoda*.

Deale: rare: Dublin. English: toponymic Deal is common there. Also possibly variant of Dahill, q.v.

Deakin: rare: Belfast. English: from the ecclesiastical office. See also Deacon

Dealey: rare: Colraine. Origin not determined. May be variant of Deeley, q.v.

Dean(e): numerous: Belfast, Dublin, Cork and all areas. It corresponds to a number of names: Norman *le Den*, one of the "Tribes of Galway"; *Ó Deaghain* in Tipperary; *Mac an Deaghain* in Donegal. The latter derive from *deaghan*, dean (ecclesiastical). MIF.

Deans: mod. nos: Ulster. Various derivations: topographic - a valley; nickname for someone connected with clergy; the word comes from Latin *decanus:* one in charge of ten monks. DSHH.

Deany: rare: Belfast. A variant of Denny, q.v.

Dear: v rare: E Leinster. English: from an old personal name or a nickname "wild, fierce". DBS.

Dearden: rare: Belfast. English habitational name from Lancashire: "deer valley". DSHH.

Dearey: rare: Dublin etc. Apparently a variant of Deery, q.v.

Deary: v rare: Belfast. A variant of Deery, q.v.

Dease: v rare: Dublin. Ir. *Déise*. The name of a place in Meath where this Norman family settled and there remained until recent times. MIF.

Deasley: mod. nos.: Tyrone, Derry etc. This name is rare in England: perhaps a toponymic.

Deasy: numerous: W Cork etc. Ir. *Déiseach*, native of the Decies, Waterford. This territory is a tribal designation pre-dating surnames. See also Deacy above. MIF.

Deaton: rare: Dublin. This name is current in England: probably toponymic.

D'Eathe: v rare: Wexford. English. Pronounced "Deeth", it is generally believed to involve mortality.

Deavy: v rare: Galway. Ir. *Ó Duíbhí* (SGA). See Deevy below.

Deay: v rare: Kildare. See Day.

de Báille: v rare: Dublin. Irish Language: See Bailey

de Barra: fairly rare: Dublin and scattered. Irish Language: See Barry.

de Baróid: v rare: Cork. Ir. Lang. See Barrett.

de Bhailís: v rare: Galway. Ir. Lang. See Wallace.

de Bhál: rare: Dublin etc. Ir. Lang. See Wall.

de Bhaldraithe: v rare: Galway. Ir. Lang. See Waldron.

de Bhulbh: v rare: scattered. Ir. Lang. See Woulfe.

de Bláca: v rare: Dublin etc. Ir. Lang. See Blake.

de Blácam: v rare: Dublin-Galway. Ir. Lang. See Blackham.

de Blaghd: v rare: Dublin. Ir. Lang. See Blythe.

Deboys: rare: Belfast etc. Probably French: *Du Bois* (Wood).

de Bréadún: v rare: Leitrim. Ir. Lang. See Breadon.

De Brit: rare: Dublin. Anglo-Normans of Breton origin who settled in various parts of the country. More usually Brett, Ir. *de Breit*. The use of the name by the Anglo-Saxons to describe the Strathclyde Britons and the Welsh is discussed by Reaney. DBS

De Bromhead: rare: Waterford. English toponymic. DBS.

de Brún: rare: Dublin etc. Ir.Lang. See Brown.

de Buitléir: rare: Dublin etc. Ir.Lang. See Butler.

de Búrca: fairly rare: Dublin, Galway etc. Ir. Lang. See Burke, Bourke.

De Burgh: v rare: Dublin etc. The notable Norman family, later Burke, q.v.

de Cléir: rare: Dublin etc. Ir.Lang. See Clear, Cleere, Clair.

de Cléatún: v rare: Cork. Ir.Lang. See Clayton.

De Cógan: v rare: Cork. Ir. Lang. See Cogan.

De Courcy: mod.nos.: scattered. Ir. *de Cúrsa*. Norman Sir John came to Ireland in 1177. They have been mainly associated with Cork. SGG.

de Faoite: v rare: Naas. Ir.Lang. See White.

De Feely: v rare: Mayo. Probably a variant of Feeley, q.v.

De Forge: v rare: Birr. French: relating to smith's work or location at a forge.

De Foubert: rare: Dublin, Cork etc. French: from Teutonic "folk + bert" (people-bright).

de Fréin(e): v rare: Dublin etc. Ir.Lang. See Frayne, de Freyne. (Fr. *frêne*, ash tree).

Defrenay: v rare: Dublin etc. See Freyne.

Degans: v rare: Down. Ir. *Ó Duiginn*. See Deegan.

de Hóir, De Hóra: v rare: Dublin. Ir.Lang. See Hore, Hoare.

de Léis: v rare: Dublin. Ir.Lang. See de Lacey, Lacy.

de Nais: v rare: Wicklow etc. Ir.Lang. See Nash.

de Paor: rare: Dublin, Waterford etc. Ir.Lang. See Power.

de Róiste: rare: South East. Ir.Lang. See Roche.

de Staic: rare: Kerry etc. Ir.Lang. See Stack.

de Stafort: v rare: Tipperary. Ir.Lang. See Stafford.

Dee: fairly numerous: Munster. Ir. *Ó Diaghaidh (Ó Deaghaidh)*. See O'Dea. IF & SGG.

Deedigan: v rare: Limerick. Probably Ir. *Ó Déadagáin* (toothy one). See Deady.

Deegan: numerous: Dublin, S Leinster etc. Ir. *Ó Duibhginn* (dark head). A sept of Laois. Also as Duigan and Deighan. MIF & SGG.

Deehan: fairly rare: Donegal-Derry. Ir. *Ó Díochon, díochú*, great hound. Also as Deighan, Dickson. SI & SGG.

Deely,-ey: mod.nos.: Galway etc. Ir. *Ó Duibhghiolla* (dark servant). Aslo as Devilly and Diffley, q.v. SI & SGG.

Deenihan: rare: N Kerry. Ir. *Ó Duibhneacháin*, from *duibhne*, disagreeable. (SI). Woulfe gives *Ó Duinneacháin*, from *donn*, brown. They agree that it was a sept of Uaithne (Limerick- Tipperary border) which moved to Kerry. MIF & SGG.

Deeny,-ey: mod.nos.: Derry-Donegal. Ir. *Ó Duibhne* (see Deenihan). The name Peoples is more numerous in the same area. This is a mistranslation, *daoine* (phonetically similar) means people.

Deen: v rare: Limerick. See Dean(e).

Deere: rare: Limerick-Tipperary border. Ir. *Ó Duibhir*. See Dwyer.

Deering: fairly numerous: S Leinster, Fermanagh. Ir. *Díring*. This English family came to Laois in 16 cent and became quite numerous. The name is cognate with Dear, q.v. MIF.

Deery: fairly numerous: Derry-Donegal etc. Ir. *Ó Daighre*, from *daigh*, flame. An ecclesiastical family of Derry. Not to be confused with *Ó Doireidh* (anglicised Derry). MIF.

Deevy: fairly rare: S Leinster, Waterford etc. Ir. *Ó Dubhuidhe, Duibhidhe*. Woulfe says this is an abbreviation of *Ó Dubhuidhir*, but this is not generally accepted. Also as Devoy, q.v. One of the "Seven Septs of Laois", transplanted in 1607. SGA gives *Ó Duíbhí*. MIF & SGG.

Degan: rare: Down. Probably as Deegan, q.v.

Degnan: rare: Antrim. See Deignan below.

de Grae: v rare: Dublin. Ir.Lang. See Grey.

De Groot: v rare: Dublin. Dutch: epithet: "corpulent".

Dehaene: v rare: Dublin. Flemish: nickname: "cock", a self-assured person.

Dehann: v rare: Down. Ir. *Ó Díochon*, great hound. SGA.

de Hál: v rare: Dublin. Ir.Lang. See Hall.

Deighan: mod.nos. N Ulster. Ir. *Ó Díochon, Ó Duibhginn*. The former a sept of Oriel which is more appropriate to the present location. See also Deehan.

Deighnan: fairly rare: Connacht, Belfast area (Deignan). Ir. *Ó Duibhgeannáin* (dark head). See Duignan which relates to Roscommon. SGA gives *Ó Duígeannáin* as the modern version.

Deignan: mod. nos. : Ulster etc. See Deighnan.

De la Cour(e): v rare: Cork. French, current in France, also a synonym of Deloughry, q.v.

De Lacy: rare: scattered. Ir. *de Léis*. Hugo de Lacy acquired the Kingdom of Meath at the Invasion, but the name is mainly identified with Co. Limerick. IF & SGG.

Delahan: rare: Balbriggan. Probably a variant of Dallaghan, q.v.

Delahay: v rare: Antrim. French, current in France as Delahaye.

*Delahyde: as Delahoyde below.

Delahoyde: v rare: Dublin. They were A-Normans in 13 cent, also Ir. *Ó Scingín* in Cavan.

Delahunt(y): fairly numerous: S Leinster etc. Ir. *Ó Dulchaointigh* (plaintive). A sept of Ely O'Carroll (Offaly). Also as Dulanty. MIF.

Delamer(e), Delamare: rare: Midlands. A Norman family who assumed the patronymic MacHerbert. The name originated in France but became part of the English scene. SI & SGG.

Delaney: v numerous: Leinster and widespread. Ir. *Ó Dubhshláine* (Black of Slaney?). The name has always been associated with the area around Slieve Bloom in Laois. IF.

Delap,-ppe: mod.nos.: Donegal and scattered. Ir. *Ó Lapáin*, perhaps from *lapa*, a paw. A peculiar anglicisation of the name which also occurs as Lappin. MIF.

Delargy: mod.nos.: Antrim etc. Ir. *Ó Duibhlearga*, perhaps from *learg*, a sloping tract of land. Originating in Tirawley, Mayo, they moved to the Glens of Antrim in 16 cent. MIF.

Delea, Delee: rare: W Limerick, Cork. Ir. *Ó Duinnshléibhe,* (according to Woulfe, but this is doubtful). This name occurs as Dullea, Dully, Dunlea. SGA gives mod. Ir. *Ó Duilé*. Whatever the derivation these are indigenous people.

Dell: v rare: Antrim etc. English, "one who lives in a dell". DOS.

Delmar: rare: Dublin. Probably a contraction of Delamare.

Delmege: v rare: Limerick. Palatine, 18 cent. From the German Dolmetsch: "interpreter". SI.

Deloughry,-ery: mod.nos.: Munster and Kilkenny. Ir. *Ó Dubhluachra, luachra* is a "rushy" place, in this case, probably a placename. Various synonyms: Dilloughery, Dilworth, Delacour etc. The name is generally associated with Cork. SI.

Delves: rare: Dublin. From an English placename: a digging, a ditch. DOS.

Delvin: v rare: Midlands. Ir. *Dealbhna*, from placename in W Meath.

De Mange: v rare: Dublin. French, from Lorraine. Many variants and derivations in France. See Demonge below.

De Mangeat: v rare: Dublin, Galway. Seems to signify a glutton, French style.

Demery: rare: Dublin etc. A variant of Damery, q.v.

De Meule Meester: v rare: Belfast. Dutch: a miller.

Demonge: v rare: Dublin. French: a name from Lorraine; pet name for Dominique.

Demontfort: v rare: Cork. The historical name is rare in France, where it is usually Monfort.

Dempsey: v numerous: Midlands, Ulster and generally. Ir. *Ó Díomasaigh* (proud). The sept was seated in Clanmalier, Laois-Offaly, until dispossessed in 17 cent. IF.

Dempster: fairly numerous: E Ulster. Scottish and Manx. Means a judge. SI.

Denby: rare: Wexford-Waterford. English toponymic, "Danes' farm". DOS.

Dench: v rare: Dublin, Belfast. English term for Danish - many Danes settled in England even after the period of Danish rule in the Danelaw in 9 cent. England is a very attractive country!

Denham: rare: Dublin. English toponymic. DOS.

Denieffe: rare: Kilkenny etc. English, 18 cent. May relate to Neve (nephew).

Denihan: rare: Munster. See Deenihan.

Denmead: rare: Tipperary-Waterford. English toponymic, place in Hampshire. DOS.

Denn: rare: Waterford. Ir. *Denn*. Originally Anglo-Norman in Kilkenny. Denn was a swine-pasture in Old English. Pádraig Denn (1756-1828) was the first Irish-speaking poet to see his work in print. He came from to the Decies in Waterford. SI, DBS.

Dennan: v rare: Dublin. See Dennany.

Dennany: v rare: Cavan etc. Ir. *Ó Doineannaigh, doineannach*, tempestuous. The name originally belonged to the Midlands. Also as Dennan.

Dennedy: rare: Mayo, Louth. ? Ir. *Ó Doineannaigh, doineann* = stormy weather. They were a sept located in Offaly. This awaits conclusive evidence. Also *Ó Duinnéide* has been suggested.

Dennehy: numerous: Cork-Kerry-Limerick. Ir. *Ó Duineacha* (humane?). MIF & SGG.

Denner: rare: Louth etc. English, "dweller in the valley". DBS.

Dennigan: fairly rare: Longford-Roscommon-Sligo. Ir. *Ó Donnagáin*. A variant of Donegan.

Denning: mod.nos.: Cavan-Longford, Louth, W Meath. Ir. *Ó Duinnín*. A Midlands family distinct from the Dineens of Cork. This name also occurs in England but is probably of Irish origin. SGG.

Dennis: mod.nos.: Dublin and E Ulster. English of various derivations, also an anglicisation of Irish *Ó Donnghusa*. The personal name was from Latin *Dionysius*. SI.

Dennison: fairly numerous: E Ulster and scattered. As Dennis above, also *Mac Donnchadha*, certainly in W Limerick. SI.

Denny: mod.nos.: Belfast-Down, South-East etc. English, 16 cent, notably in Kerry, also Irish *Ó Duibhne,* also in Kerry. Present distribution relates to Scots and English toponymics. SI & SGG.

Dent: mod.nos. Dublin, Belfast. English: either habitation name from N England or a nickname relating to teeth. DSHH & DBS.

Denton: fairly rare: E Ulster, Dublin. English: this is a common placename in England. DBS.

Denvir,-ver: mod.nos.: Down. Said to be from Norman *D'Anvers,* they have always been associated with Down.

Denroche: v rare: Connacht. Ir. *Ó Duibhinnreachtaigh, (innreachtach,* lawful). Also Dunroche.

De Paoli: v rare: Roscommon. Italian: from first Paolo (Paul).

Derby: mod.nos.: E Ulster and scattered. English toponymic.

Derbyshire: rare: Dublin etc. English, from county name.

De Renzy: rare: Dublin. In Ireland since 17 cent. Italian diminutive of Lorenzo (Lawrence).

Derham: mod.nos.: Dublin etc. English, 14 cent. From the city Durham.

Derivan: v rare: Roscommon etc. See Dervan below.

Dermody: fairly numerous: South East, Galway-Mayo-Sligo, Cavan-Monaghan. Ir. *Ó Diarmada.* See also Darmody.

Dermond: rare: Donegal. Ir. *Ó Duibhdhíorma,* (black trooper?). Also anglicised Derby, Deyermond, Dermott. Orginated in Inishowen, Donegal. SI & MIF.

Dermot: rare: Dublin. As Dermott.

Dermott: rare: E Ulster. See Dermond above.

de Rossa: v rare: Dublin. Ir. Lang. : see Ross.

Derrane: rare: Mayo, Galway. Ir. *Ó Direáin.* See Dirrane.

Derrig: fairly rare: Mayo, Galway. Ir. *O Deirg,* (dearg = red). A branch of the Uí Fiachrach near Killala, Mayo.

Derry: rare: Derry etc. Ir. *Ó Doireidh.* Some confusion with Deery as both were erenagh families in N W Ulster. Mod. Ir. *Ó Doirí.* MIF.

Dervan,-in: mod.nos.: Connacht, Dublin. Ir. *Ó Doirbhín* (SGG); *Ó Doirbheáin, Ó Dearbháin,*(MacLysaght, who considers the latter most accurate), *dearbh* = certain). MIF.

Derwin: rare: Dublin etc. See Dervan above.

De Silva: v rare: Dublin, Belfast. Of Iberian origin, and meaning, of course, "wood" (of trees).

Desmond: numerous: Cork etc. Ir. *Ó Deasmhumhanaigh,* (descendant of Desmond i.e. South Munster man). Some may be connected with the Fitzgeralds of Desmond. MIF.

Despard: rare: Dublin. Of French origin; is rare in England.

De Stacpoole: v rare: Meath. Ir. *Galldubh* (black foreigner - this is not derogatory in Irish).This family, then called Stakbolle, came from Wales 13 cent. Hence the Gaelic cognomen which was also used by the Stapletons, q.v. MIF.

De Valera: v rare: Dublin etc. Spanish toponymic: descendants of Éamonn de Valera, Irish statesman.

Devalley: rare: Galway. Variant of Devilly, q.v.

Devane: fairly numerous: Limerick-Kerry, Galway etc. Ir. *Ó Dubháin, dubh* = dark, black. Variants are: Dwane, Downes, Duane, all of which see. MIF.

Devaney(1): fairly rare: Down and scattered. Ir. *Ó Dubhánaigh.* Also as *Ó Duibheamhna* although this should be a separate name. There is confusion with the Devenneys of Donegal-Derry and the Devanes of Connacht. MIF & SGG.

Devaney(2): fairly numerous: Connacht generally. Ir. *Ó Dubhánaigh.* This name also appears in the Midlands and Limerick.

Devanney: fairly rare: Ulster etc. Ir. *Ó Dubhánaigh.* (a dark person). See Devenney.

Devenney,-y: fairly numerous: Donegal, Derry, Tyrone etc. Ir. *Ó Duibheannaigh.* This form is used in the Donegal Gaeltacht but MacLysaght considers it should be similar to the Connacht name *Ó Dubhánaigh.* MIF & SGG.

Dever: fairly rare: Mayo. Ir. *Ó, Mac Duibhidhir.* Variant of Donegal name Diver, q.v.

Deverell: rare: Laois. A variant of Devereux below, also separate English toponymic. (DOS). However, SGA gives *Ó Dairbhre,* an indigenous Midlands name.

Devereux: numerous: S Leinster etc. Anglo-Normans in Wexford since 1170. Also as Devery. Ir. *Déabhrús*. MIF.

Devenish: v rare: Cork. Ir. *Deibhnis*. English from 14 cent. "The man from Devon". DBS.

De Vere: rare: Dublin and scattered. Ir. *de Bhéir*. An illustrious name of Limerick. The de Veres were seated at Curraghchase and were a literary family in the native style.

Devery: mod nos.: Offaly-W Meath etc. Variant of Devereux above. SGA gives *Ó Dairbhre*.

Devey: rare: Dublin. Ir. *Ó Dubhuidhe*. See Devoy and Deevy.

Devilly: rare: scattered. Ir. *Ó Duibhghiolla* (dark attendant). There were two septs in Connacht: (1) Southern Uí Fiachrach,(2) Síol Anmchadha, both in Galway. Synonyms are Diffley Devally, Deely, Duffley and Divilly, q.v. MIF.

Devin(s): rare: Louth-Meath etc. Variant of Devine below.

Devine: numerous: Ulster, N Leinster, Connacht etc. Ir. *Ó Daimhín*. A sept of Fermanagh, the name is widespread in Leath Chuinn (northern half); Ir. *Ó Duibhín* is said to occur in Tyrone. Some Devines in the south are no doubt *Ó Dubháin*. SI & IF.

Devir: rare: Connacht etc. This is probably Ir. *O Duibhir*. See also Dwyer.

Devitt: fairly numerous: Clare-Tipperary etc. *Mac Daibhéid*. This Irish name relates mainly to a sept of Donegal; in the south, Devitt may be of Anglo-Norman origin. MIF.

Devlin: v numerous: Ulster, Dublin and scattered in the south. Ir. *Ó Doibhilin*. The main sept was seated by L Neagh in Tyrone. A sept existed in Sligo but the name has been changed to Dolan. IF.

Devon: rare: N Down. A variant of Devine, q.v.

Devonport: v rare: Belfast. Habitational name from the English town.

Devonshire: v rare: Lisburn etc. This name is current in England but not numerous.

Devoy: mod.nos.: Midlands, Dublin. Ir. *Ó Dubhuidhe, Duibhidhe*. One of the "Seven Septs of Laois". Also as Deevy. MIF.

Dewar: v rare: Antrim. Scottish, from Scots Gaelic *deoradh*, pilgrim, custodian of relic. SS.

Dewart: rare: Down-Antrim. Synonym of Dewar above.

Dewhurst: rare: scattered. English toponymic from Lancashire.

Dhand: v rare: Antrim. Looks Indian but not known there. Certainly oriental.

Deyermond: rare: Down. See Dermond, Dermott, Ir. *Ó Duibhdhíorma*. MIF.

Diamond: numerous: Ulster generally with lesser numbers in Connacht. Ir. *Ó Diamáin*, dim. of personal name *Díoma*. This family were erenaghs of Kilrea, Derry. SGG.

Dibb(s): v rare: Belfast. Scottish or English: toponymic or pet name for Theobald.

Dibble: v rare: Belfast. As Dibbs above.

Dick: mod.nos.: Antrim-Down etc. Scottish, 17 cent. The pet name for Richard has produced a number of surnames beginning with Dick- or Dix-.

Dickens: v rare: Down. English. Diminutive of first name Dick, itself a pet name for Richard.

Dickenson: rare: scattered. Patronymic of Dicken, itself a diminutive of Dick (Richard).

Dicker: rare: Dublin. English, occupational: a digger.

Dickey,-ie: fairly numerous: E Ulster, Fermanagh etc. Scottish. SS.

Dickinson: mod.nos.: E Ulster etc. English or Scottish. As Dickenson.

Dickson: v numerous: Ulster generally, Dublin and small numbers in the south. The synonym Crickard indicates the Ir. *Mac Riocaird*. Dickson is also used for *Ó Díochon*, q.v.

Dier: rare: Wexford etc. German equivalent of Deer or Dear in English, i.e. a nickname. But see also Dyer below.

Dietrich: v rare: Dublin. The German form of first name Derek which derives from Theodoric.

Diffin: fairly rare: Armagh etc. Variant of Duffin, q.v.

Diffley: fairly rare: Connacht. Variant of Devilly, q.v.

211

Diffney: rare: Dublin. Variant of Deviney below.

Digan: fairly rare: Laois-Offaly. Variant of Deegan, q.v.

Digby: rare: Armagh, Kilkenny. English toponymic from Lincolnshire. DOS.

Diggin(s): mod.nos.: Dublin, Kerry. In latter place, it is Ir. *Ó Duiginn*. See Deegan.

Dignam: fairly numerous: Dublin etc. See Duigenan.

Dignan: rare: scattered. See Duigenan.

Digney: rare: Belfast, Down. Ir. *Mac an Deagánaigh* (deacon). This originated in Donegal and has spread around Ulster usually as Deane, q.v. MIF.

Dilgan: v rare: Clare. Ir. *Ó Duibhleacháin* (according to Woulfe), making it cognate with Dullaghan, q.v. SI.

Dilger: v rare: Limerick-Clare. English: perhaps a placename: "dill-field". DBS.

Dill: v rare: Donegal. English and Scottish. 17 cent. Perhaps from the herb, dill. See Dilly. SI.

Dillane: mod.nos.: Limerick-Kerry. Ir. *Ó Duilleáin*, a form of *Ó Dalláin* peculiar to that region and often changed to Dillon. Also as Dilleen in Galway. SI.

Dilleen: v rare: Galway. See Dillane above.

Dillon: v numerous: Midlands, N Connacht and generally. Ir. *Diolún*. One of the great Anglo-Norman families. Distinguished in many fields, we might refer to John Blake Dillon (1816-66), Young Irelander. Dillon's Regiment was a crack unit of the Irish Brigade in France. In Munster, it often represents *Ó Duilleáin*. IF.

Dilly: v rare: Down. The names Dill etc are discussed by Reaney: one source is OE first name *Dylli*, another the adjectival "dull" and finally the herb, dill. This can apply to Dell also.

Dilloughery: rare: Cork. Ir. *Ó Dubhluachra*. See Deloughery above.

Di Lucia: Dublin. Italian, from popular first name Lucia.

Dilworth: mod.nos.: Cork, Tyrone etc. The Munster name is a variant of Dilloughery above; the northern one may be English: a place where dill is grown.

Di Maccio: v rare: Dublin. Italian: from first name Giamaccio, diminutive of Giacomo (James).

Di Murro: rare: Dublin. Italian: perhaps a nickname from *murra*, a ball game.

Dimond: rare: Wexford and scattered. See Diamond above.

Dinan: mod.nos.: Cork, Clare. Ir. *Ó Daghnáin*. Possibly from *daigh*, flame, fire, an early first name. Also occurs as Dynan. MIF.

Dineen: numerous: Cork-Kerry etc. Ir. *Ó Duinnín* from personal name *Donn* meaning brown. A literary family of S W Cork, poets to the MacCarthys. Best known in the person of Rev. Patrick Dinneen, the lexicographer. IF.

Dineley: rare: peculiar to Newtownards, Down. This name is rare in Britain, it may be indigenous, but nothing appropriate has come to light.

Dines: fairly rare: Down etc. English, synonym of Daynes etc. DBS.

Dingle: rare: Dublin etc. English toponymic: dingle is a deep dell, i.e. a hollow with trees around.

Dingley: v rare: Tyrone. English toponymic: similar to Dingle. DOS.

Dingwall: v rare: Antrim. Scottish: from lands in Ross

Dinkin: rare: Leinster. English: dim. of first name Dennis. Mac Lysaght mentions a Connacht name, *Ó Duinnchinn* (brown head), which seems to have been changed to Duncan. SI.

Dinnage: v rare: Limerick. This name is current in England but rare. No derivation found.

Dinneen: fairly numerous: Cork etc. See Dineen above.

Dinnen: rare: Belfast area. May be variant of Dinneny, or English: diminutive of Denis.

Dinneny: v rare: Cavan etc. Ir. *Ó Doineannaigh, doineann*, bad weather. SGA.

Dinnigan: v rare: Dublin. Variant of Donegan, q.v.

Dinsdale: rare: Antrim etc. English habitational name, from place in N Yorkshire.

Dinsmore: fairly numerous: E Ulster, Derry, Donegal. Scottish: 17 cent. From a place in Fife. SS.

Diplock: rare: Belfast. English: habitational: "deep stream". Associated with Sussex. DOS.

Direen: v rare: Kilkenny. Ir. *Ó Dirín*. Probably cognate with Dirrane below.

Dirrane: rare: Aran Is. etc. Ir. *Ó Dearáin, Ó Direáin*. In Kildare, Laois, 16 cent.

Disney: v rare: Tipperary. English: 17 cent. From French *D'Isigny*.

Diskin: mod.nos.: Galway. Ir. *Ó Díscín*. A branch of the Uí Fiachrach in Sligo. SGG.

Ditty: fairly rare: Down etc. This name is not found in England but it may be a nickname.

Diver: fairly numerous: Donegal-Derry etc. Ir. *Ó Duibhidhir*. (mod. *Ó Duibhir*). A sept of Tír Conaill also appearing as Deere. The name is cognate with O'Dwyer in the south. SI.

Divilly,-lley: fairly numerous: Dublin, Limerick, Galway. Ir. *Ó Duibhghoilla* (dark attendant). See Devilly also.

Diven: rare: Antrim. See Divin but also Devine.

Diviney: fairly rare: Galway etc. Ir. *Ó Duibheanaigh*. Cognate with Devanny, q.v.

Divin: v rare: Derry. Ir. *Ó Duibhín*. (dim. of *dubh*, black, dark). Confusion here with Devine, q.v.

Divito: rare: scattered. Italian name, probably related to *vita*, life.

Dix: rare: scattered: English, 17 cent. Patronymic of first name Dick (Richard).

Dixon: numerous: Leinster and Ulster. Ir. *Mac Riocaird*. English generally; also an anglicisation of *Ó Díochon* in Antrim. The synonym Dickson is more numerous still.

Doak,-e: fairly numerous: E Ulster etc. Ir. *Mac Dabhóc*. This name relates to the Burkes of Connacht, so the people in Antrim and Down are more likely to be of Scottish origin where the name usually appears as Duig. SGG & SS.

Dobbey, -ie: rare: Conacht. A Scottish form of one of the "Dobb" names. See Dobbyn.

Dobbin,-yn: numerous in Ulster; mod.nos. in Cork, Waterford, Kilkenny, Wexford. Ir. *Doibín*. English 14 cent in the south; Scottish in Ulster. Dobb was pet form of Robert. MIF.

Dobbs: mod.nos. Tyrone-Antrim etc. English: 16 cent. Early settlers in Antrim. See Dobbin. SI.

Dobson: fairly numerous: Ulster generally; scattered in the south. English or Scottish.

Docherty: mod.nos.: Ulster. See Doherty.

Dockery: mod.nos.: Roscommon etc. The original Ir. *Mac Dháil Ré Dochair* became *Mac Giolla Deachair* and finally *Ó Dochraigh*. A sept attached to the kings of Connacht. MIF.

Dockrell: mod.nos.: Dublin. English: 17 cent. Probably some placename with dock, the herb.

Dodd,-s: fairly numerous: Ulster, Dublin, Mayo, Roscommon. English: 16 cent. May stand for Dowd in Ulster. Ir. *Doda*. There are various derivations discussed by Cottle. SGG & SI.

Doddy: fairly rare: Dublin, Sligo. See Duddy below.

Dodge: v rare: Antrim. English: generally a pet name for Roger in earlier times.

Dodridge: v rare: N E Ulster. English: a placename : see Dodson below.

Dodrill: rare: Dublin. A variant of Dottrell, a nickname from the bird, a kind of plover. DBS.

Dodson: v rare: Dublin. From Dodge, pet name for Roger; or Old English name "Dodda".

Dodsworth: rare: N E Ulster. Habitational name : See Dodson. Located in W Yorkshire.

Dodwell: v rare: formerly associated with Roscommon. Another of "Dodda's" places?

Doey, Dooey: mod.nos.: N E Ulster (Doey); Mid-Ulster (Dooey). Variants of Duffy, q.v. Ir. *Ó Dubhthaigh*. (mod. *Ó Dufaigh*).

Doggart: mod.nos.: Belfast. A synonym of Doherty etc.

Doggett: fairly rare: Dublin, Meath. 13 cent in Leinster. English: nickname type - based on "dog" the animal) DBS and SI.

Doghery: rare: Antrim etc. See Doherty.

Dohan: v rare: Donegal. Ir. *Ó Dubhchon, Dubhchú*, (black hound). SGA gives *Ó Duacháin*.

213

Doheny: fairly numerous: Kilkenny etc. Ir. *Ó Dubhchonna*. A sept of W Cork which moved east. *Conna* was a pet form of *Colmán*, a popular first name. MIF & GPN.

Doherty: v numerous: W Ulster in particular but well-represented all provinces. Primarily a sept of Inishowen, Donegal. Ir. *Ó Dochartaigh,(dochartach,* harmful). However in Munster the name usually stands for *Ó Dubhartaigh*, otherwise Doorty. IF.

Dohery: v rare: Ulster. As Doherty.

Doig: rare: Antrim etc. A Scottish name, earlier appearing as Dog and associated with St Cadoc, it is more usually Doak in Ireland. This latter is also *Mac Dabhóc*. q.v.

Dolaghty: v rare: Clare. Ir. *Ó Dubhlachta, dubh + Lachtna*, a personal name. Also Doolaghty.

Dolaghan: rare: Breifne, Belfast. Ir. *Ó Dallacháin*, probably from *dall*, blind. Occurs also as Dollaghan, Dullaghan.

Dolan: v numerous: E Connacht, S W Ulster etc. Ir. *Ó Dobhailin*. MacLysaght notes this recorded in 12 cent in Uí Maine (Galway-Roscommon). However, the version in use is *Ó Dubhshláin,* modern spelling: *Ó Dúláin*. SI.

Dollaghan: rare: Breifne. See Dolaghan above.

Dollard: mod.nos.: Ossory. Anglo-Normans, 13 cent. A rare example of an uncomplimentary name which has survived. Dullard, slow of understanding.

Dole, Dolle: v rare: scattered. English: (1) habitational: "boundary", (2) nickname: "foolish".

Dollan,-in: rare: Galway etc. Ir. *Ó Dalláin, dall*, blind. This was a first name in early times.

Dollery: rare: Limerick-Cork. Ir. *Ó Dailbhre*. Dailbhre is an old personal name. SGG.

Dolly: rare: E Galway etc. Ir. *Ó Dathlaoich* (swift champion). Formerly of Conamara. SI.

Doloughan: v rare: Belfast etc. As Dolaghan above.

Dolphin: mod.nos.: Galway etc. MacLysaght says it is English of Norse origin: 13 cent. Formed a sept in the Irish fashion and maintained themselves through the centuries. Ir. *Doilfín*. MIF.

Domegan: rare: Meath. Ir. *Ó Domagáin, doma*, poor. Also Domican, Domigan, Dumigan.

Domeney: v rare: Cork. This appears to be a variant of first name Dominic which is found all over Europe in various forms. Latin: *Dominus*, lord. It is also the Scots word for school-master.

Domer: rare: Tyrone-Fermanagh. This name seems to be *sui generis*, but the weight of evidence indicates a connection with the first name Dominic. See Domeney.

Domican: rare: Kildare-Meath. See Domegan above.

Domigan: v rare: Meath. See Domegan.

Domoney: v rare: Dublin, Leitrim. See Domeney.

Donachie: v rare: Meath. See Donaghy.

Donagh: rare: Meath. See MacDonagh.

Donaghan: v rare: Monaghan. Ir. ? *Ó Donnacháin*.

Donagher: mod.nos.: Donegal, Midlands. See Danagher.

Donaghey,-y: numerous: Ulster etc. Ir. *Mac Donnchaidh*, from the personal name *Donnchadh*, meaning "brown lord". See also MacDonagh.

Donahue: v rare: Armagh. See Donoghue etc.

Donald, Donaldson: numerous: Ulster. A major name of Gaelic Scotland derived from the Celtic *Dumno-valos* meaning "world-ruler". Ir. *Mac Domhnaill*. See MacDonald.

*Donarty: not found: according to MacLysaght, it is a Tipperary name usually changed to Dunworth and Davinport, both of which see. Ir. *Ó Donndubhartaigh* now *Ó Donnuartaigh*.

Donegan: numerous: Midlands, Munster, S W Ulster. Ir. *Ó Donnagáin*. Relates to a number of separate septs: Cork, W Meath, Monaghan etc. See also Dungan. MIF.

Donelan,-on: rare: Dublin, Cork. See Donnellan. Note also *Donn* a first name meaning "brown" or "lord" and entering into many names in this list. GPN.

*Dongan: as Dungan, q.v.

Donkin: v rare: Down. This is variant of Duncan, so presumably Scottish, but little in evidence there. Duncan is an anglicisation of *Donnchadh* (brown warrior), it is basically *Mac Donncha* (modern).

Donlan,-on: mod.nos.: N Midlands, E Connacht. See Donnellan.

Donleavy,-evy: rare: scattered. See Dunleavy.

Donley: rare: Belfast. See Donnelly.

Donnan: numerous: Down etc. Ir. *Ó Donnáin*, derived from the early personal name *Donn* probably meaning "lord". Not to be confused with Doonan, q.v. SI.

Donnell: fairly numerous: Derry, W Tyrone. Usually occurs as O'Donnell, q.v.

Donnellan: numerous: Connacht and Munster etc. Ir. *Ó Domhnalláin*, dim. of the personal name *Domhnall* (world-mighty). A bardic family of Elphin (Roscommon). IF.

Donnelly: v numerous: Ulster and northern half generally. Ir. *Ó Donnghaile*, perhaps "brown-valour". A sept of Cineál Eoghain (Tyrone). There were other groups of the name in Sligo and Cork. IF & SGG.

Donnery: rare: Cork etc. ? Ir. *Ó Donnabhair,* (brown eyebrow). Also *Ó Dúnabhra*, SGA.

Donoghue, Donohoe: v numerous: Midlands, Connacht and generally. Ir. *Ó Donnchadha,* mod spell. *Donnchú*. Septs in Cavan, Galway and Kerry. Usually O'Donoghue in Munster. Derived from the personal name *Donnchadh*, possibly "brown warrior". In Leinster the name also occurs as Dunphy. IF & SGG.

Donoher, Donougher: rare: scattered. See Danaher.

Donohue: numerous: W Ulster. See Donoghue.

Donovan: numerous: Cork, Munster, S Leinster. Ir. *Ó Donnabháin*. Originally of Limerick, the sept became established in W Cork with a branch in Kilkenny. IF & SGG.

Donuhue: rare: Down. As Donoghue.

Donworth: rare: Limerick. See Dunworth.

Doocey: rare: Laois, Waterford. See Ducey.

Doodican: v rare: Donegal. Ir. *Ó Dubhdacháin*. A diminutive of *Dubhda*. See Dowd.

Doody: fairly numerous: Munster. Ir. *Ó Dubhda*. A Kerry version of O'Dowd, q.v.

Dooey, Doey: fairly rare: Tyrone-Derry. A variant of Duffy in Ulster.

Doogan: mod.nos.: W Ulster. Ir. *Ó Dubhagáin*. A variant of Duggan in Ulster.

Dooge,-gue: rare: Carlow etc. Ir. *Ó Dubhthaigh*. See Duffy.

Doohan: mod.nos.: Donegal, Clare. Ir. *Ó Duachán, but the Clare people are probably *Ó Dubhchon. Dubhach* means sad but *Dubhchon* is a personal name. See also Doughan.

Dooher: rare: W Ulster, Sligo. Ir. *Ó Dubhchair*, dark love.

*Doolady: Ir. *Ó Dubhladaigh*. Formerly found in Leitrim. There is no obvious derivation.

Doolaghty: v rare: Clare. Ir. *Ó Dubhlachta, Lachtna*, a personal name, "milk-like".

Doole: mod.nos.: E Ulster. Ir. *Ó Dubhghaill*. (dark foreigner). See Doyle.

Doolan: numerous: all areas, but mainly South East. It stands for two Irish names: (1) *Ó Dubhlainn* (Galway), (2) *Ó Dúnlaing, Ó Dubhlaing* (Laois), the latter also appears as Dowling. *Dúnlang* was an early first name. GPN & IF.

Doole, Dool: fairly rare: Lr Bannside. A N E Ulster version of Doyle, q.v.

Dooley,-ly: numerous: all areas; particularly Midlands, Kilkenny-Tipperary, Galway. Ir. *Ó Dubhlaoich* (dark warrior). Woulfe mentions three families in Meath, W Meath and Galway. The Meath grouping later settled in Laois. IF.

Doolin: mod.nos.: Dublin. See Doolan above.

Dooling: rare: Midlands. See Doolan and Dowling.

Doona: rare: Kerry. Ir. *a' Dúna* (of the fort). one of a number of agnomens of the O'Sullivans.

Doonan: fairly rare: S Ulster, Meath, Sligo-Leitrim. Ir. *Ó Dúnáin*, properly *Ó Donnáin*. MIF.

Doone: rare: Belfast. Ir. *Ó Dubháin* (SGG & SGA). There is also a Scottish Doune, which is toponymic. SS.

Dooner: rare: Longford-Sligo. Ir. *Ó Dúnabhra, Donnabhair, abhra* = eyebrow). SGG & SI.

Dooney: fairly rare: Sligo. See Downey.

Doonigan: v rare: Midlands. See Dunican below.

Doordan: v rare: Mayo. Ir. *Mac Dubhradáin, dúradán* means an insignificant person, also a mote or atom but this can hardly apply here. Of course, there may be another derivation. SGG.

Doorey, -ry, -rhy: rare: Galway. Ir. *Ó Doraidh*. Also as Dorr & Durr, q.v.

Doorigan: v rare: Longford. Ir. *Ó Dorcháin* (SGG). This may relate to *Ó Dorchaidhe*, (Darcy).

Dooris: rare: Fermanagh etc. See Doris.

Doorish: v rare: Derry. See Doris etc.

Doorley,-ly: mod.nos.: Midlands, E Connacht. Ir. *Ó Dubhurthuile* (SGG). A sept of Uí Maine (E Galway) which spread into Offaly. Mod. *Ó Dúrthuile*. SI & MIF.

Doorty: v rare: Clare. Ir. *Ó Dubhartaigh*. An ecclesiastical family in Tipperary. Often changed to Doherty. SI & SGG.

Doory: v rare: Roscommon etc. See Doorey.

Doragh: rare: Cookstown. Ir. *Mac Dara,* See also Darragh above.

Doran: v numerous: Midlands, Ulster, Dublin etc. Ir. *Ó Deoráin, deoraí*, wanderer, exile and by extension, a pilgrim. A noted brehon family of Laois and one of the "Seven Septs" there. Also a grouping in Down. IF & SGG.

Dorane: v rare: Lurgan. See Doran.

Dore: fairly numerous: mainly Limerick. Ir. *Ó Doghair, doghra*, sorrow. Also, *de Hóir*, of Norman origin (in some cases). MIF.

Dorey: v rare: E Leinster. Probably Anglo-Norman from the French *Doré*, golden. DSHH.

Dorgan: fairly numerous: Cork. Ir. *Ó Deargáin, dearg*, red. See Dargan. IF.

Doring: v rare: scattered. Either German *Düring* (person from Thuringia), or, a patronymic of the English name Dear, q.v.

Doris, Dorris: mod.nos.: Tyrone etc. Ir. *Ó Dubhruis* (dark wood). Also as Dooris(h). This sept was located in Fermanagh/Monaghan. They spread to Tyrone. SI.

Dorman: fairly numerous: E Ulster, Dublin, Cork. English: 17 cent. In Ulster, possibly a variant of Dornan, for which Ir. *Ó Dornáin*. The English name is "dear + man". SI.

Dormer: mod.nos.: S E Leinster. MacLysaght says this is an English name of French origin dating from 1590 in Wexford: it signifies "sleepy"!). It may also relate to Ulster Ir. *Ó Duibhdhíorma*. MIF.

Dornan: numerous: Down. Ir. *Ó Dornáin, dorn*, a fist. See also Durnin. MIF.

Dorn: v rare: Fermanagh. See Doran.

Dorney: mod.nos.: Cork. Ir. *Ó Dornaigh.* Possibly derived from the old name *Ó Tórna* which occurs in *Mainistir Ó dTórna*, Abbeydorney, in Kerry. However, *dorn*, a fist, may be involved. See Durnin below. MIF.

*Dorohy: Ir. *Dorcha*, dark, blind. An epithet applied to some O'Sullivans in S Kerry.

Dorrans: fairly rare: N E Ulster. Probably English, related to Durrans, Durand etc.

Dorr: v rare: Roscommon etc. Ir. *Ó Doraidh*. See Durr. MIF.

Dorrian, Dorian: fairly numerous: Down, Donegal etc. Ir. *Ó Deoráin, deoraí*, wanderer, exile. This has been changed to Dawson, in some instances, in Donegal. MIF.

Dorrington: rare: Dublin etc. A habitational name from several places in England.

Dorris: rare: Down etc. See Doris.

Dorrity: fairly rare: E Ulster, Cork. A corruption of Doherty, *Ó Dochartaigh*.

Douddy: v rare: Omagh. See Duddy.

Doudican: v rare: Leitrim. See Dowdican below.

Douds: rare: E Ulster. Ir. *Ó Dubhda*. Usually Dowd(s). Also Duddy. IF & MIF.

Douey: v rare: Belfast area. See Dooey above.

Dougal(l): mod.nos.: E Ulster. Scottish: Gaelic: *Dubhghall*, "dark stranger". See MacDougall

Dougan: numerous: E Ulster etc. Ir. *Ó Dubhagáin* (dim. of *dubh*, black). See Duggan.

Doughan: rare: N Tipperary. Ir. *Ó Dubhchon*, (black hound) but a personal name. See Doohan.

Dougherty: numerous: Down, Antrim, Derry etc. Ir. *Ó Dochartaigh*. See Doherty.

Doughty: fairly rare: Cavan. English, 17 cent. Nickname for strong person. SI.

Douglas: numerous: Ulster & E Leinster. Scottish: a notable and numerous name there. It

216

has become common as a first name, e.g. *Dubhglas de Híde*, co-founder of Conradh na Gaeilge and first President of Ireland. From Scots Gaelic "dark stream" – a placename.

Dougle: v rare: Cookstown. See Dougal above.

Doupe: v rare: Limerick. A Palatine name, 18 cent. German: *Daube*. Actually *Taube* (dove).

Douris(h): rare: S Ulster. See Doris above.

Douthart: rare: Antrim. This name is very rare in Scotland: no derivation to hand.

Dove: v rare: scattered. English nick-name; also translation of *Mac Colmáin.* SGA.

Dover: rare: Dublin. Habitational name from the Channel port - remarkably a British placename analogous to the Irish word *dobhar* (water). DSHH.

Dow: rare: Belfast. Scottish: a synonym of Dove, which probably relates to *dubh*, black.

Dowd(s): numerous: Ulster & N Leinster. Ir. *Ó Dubhda, dubh*, black, dark. A sept of the Northern Uí Fiachrach (Mayo) with branches in Kerry (Doody) and in Derry (Duddy).

Dowdall: fairly numerous: Ulster & N Leinster. An English toponymic current in the Pale since the Invasion, but also an anglicisation of *Ó Dubhdáléithe* of Cork. The English name is current over there and it seems to be a toponymic of Yorkshire. SI & SGG.

Dowdican: rare: Leitrim. Ir. *Ó Dubhdacáin*, dim. of *Dubhda*, black. Formerly associated with Sligo, it is said to be related to Cineál Eoghain (of whom the O'Neills etc.).

Dowdeswell: v rare: Armagh. English toponymic from O E personal name *Dogod* + well.

Dower: rare: Waterford. A variant of Dore, q.v.

Dowery: v rare: Down. English; perhaps occupational: maker of dough.

Dowey: mod.nos.: E Ulster. Ir. *Ó Dubhthaigh*. See Dooey above.

Dowie: mod.nos.: Belfast area. Ir. *Mac Giolla Dhubhaigh*. (SGA). Primarily a Scottish name.

Dowle: v rare: Belfast. An English nickname meaning "dull". Analogous to Dollard, q.v.

Dowell: v rare: Cork. This may be similar to Dowle, or a version of Doyle, q.v.

Dowler: fairly rare: scattered. Ir. *Ó Dallachair*. See Dallagher. Also an English occupational name.

Dowley: mod.nos. Waterford etc. Ir. *Ó Dubhlaoich*, variant of Dooley, q.v.

Dowling: numerous: E Leinster & general. Ir. *Ó Dúnlaing,* one of the "seven septs of Laois". See also Doolan. *Dúnlang* was an early first name in Leinster. IF & SGG.

Dowman: v rare: Cork, Dublin. English: "servant of Dow (David). SI & DBS.

Down(e): rare: Cork, Dublin. A widespread name in England; a toponymic signifying a low hill. See also Downes.

Downard: v rare: Armagh. This name exists in England, though rare. It is possibly indigenous here.

Downer: rare: Dublin. An English name, related to "down" a low hill in southern England: also possibly a variant of Dooner, q.v.

Downes: numerous: Clare, Limerick and general. Ir. *Ó Dubháin*, dim. of *dubh*, black, dark. Many synonyms: Dwan(e), Devane, Duane. Since *duán* also means kidney, this name has been transposed to Kidney in Cork. However, in E Ulster and Dublin, the name may be of English origin. See Down and Downs. MIF & SGG.

Downey: v numerous: well distributed all provinces. Ir. *Ó Dúnaigh, Mac Giolla Domhnaigh*. A number of septs: Galway, W Cork, Kerry, the original spelling being *Ó Dúnadhaigh*. Relates to *dún*, a fort. It is also an abbreviation of MacEldowney and Muldowney. IF & SGG.

Downie: rare: Down. Scottish: from a place in Angus. It is likely that there an overlap with Downey.

Downing: mod.nos.: Cork-Kerry etc. Ir. *Ó Dúnaigh*. Usually a synonym of Downey above but could be of English origin in the north.

Downs: mod. nos. : Ulster etc. English - in part at least - from British *dun*, a low hill. See Downes.

Dowse: mod.nos.: Dublin etc. English, 14 cent. Probably from French *douce*, gentle. MIF.

Dowson: v rare: Dublin etc. Patronymic of Dowse. Fr. *douce*.

Dowzell: v rare: Armagh. Not in evidence in Britain.

Dowzer, Dowzard: rare: Dublin, Wicklow. These may be separate names but appear to relate to dowsing, i.e. water or mineral divining.

Doyle: v numerous: all provinces, particularly Dublin and E Leinster. Ir. *Ó Dubhghaill*. meaning "dark foreigner". The chief sept was of Norse origin and located in Wexford. See also MacDowell. IF.

Doyne: rare: Dublin etc. A synonym of Dunne, q.v.

Drain: mod.nos.: Belfast etc. Ir *Ó Dreáin*. An Ulster name also occurring as Adrain but it originated in Roscommon where they were erenaghs near Boyle in 13 cent. MIF.

Drainey: v rare: Armagh. Probably Scottish: from place in Moray. SS.

Draddy: v rare: Cork. Ir. *Ó Dreada*. A rare name always associated with Cork. It may relate to Irish *draid* (grin or grimace). MIF.

Draffin: v rare: Monaghan. Ir. *Ó Druifín*. Derivation not to hand. SI & SGA.

Drake: mod.nos.: Dublin, Belfast, Cork. English: 13 cent in Meath. Ir. *Drach*. SGG & MIF.

Draper: mod.nos.: Cork. Ir. *Draopar*. English occupational: 17 cent. Associated with W Cork. SI.

Dray: v rare: Belfast. English occupational: the vehicle "dray" - originally a sled (Ir. *trucail*).

Drayne: rare: Down etc. Probably synonym of Drain above.

Drea: mod.nos.: Kilkenny-Carlow. Ir. *Ó Draoi,* druid. However, MacLysaght regards the name as a synonym of Drew and of English origin. MIF.

Dreaper: v rare: Tipperary. See Draper above.

Dredge: rare: Dublin. English occupational: maker of confectionery. DSHH.

Dreelan: fairly rare: Carlow-Wexford. Ir. *Ó Draoileáin*. However, an Anglo-Norman origin is also considered likely. SI.

Dreeling: v rare: Dublin etc. May have been Norman *de Druhull*, gaelicised *Drithleánach*. Found in Kilkenny in 17 cent. as Dreiling. Se Dreelan above. SI.

Drennan: fairly numerous: Kilkenny-Laois, Belfast. Ir. *Ó Draighneáin, draighean*, blackthorn. Originating in Connacht where they have become Thornton by pseudo-translation. MIF.

Drew: mod.nos.: Meath, Belfast and scattered in Munster. Ir. *Ó Draoi*. This relates to Thomond; otherwise the name is English and also appears as Drury, q.v. See also Drea above.

Drillingcourt: rare: Down etc. Apparently the Huguenot name Drelincourt. One was Dean of Armagh and renowned for charitable work.

Drinan(e): mod.nos.: Cork etc. Ir. *Ó Draighneáin*. A variant of Drennan associated with Cork. The name also exists in Scotland, which may account for Drinnan which is rare in Ulster.

Dring: v rare: Cork. English, 17 cent. Old Norse *dreng*, a freeholder. SI.

Drinkwater: rare: Coleraine etc. English: perhaps denoting someone so poor that he could not afford beer (in mediaeval England, beer was very cheap!) Or a teetotaller, if such existed then.

Dripps: fairly rare: S Derry-Tyrone. Scottish: placename in Lanarkshire.

Driscoll: mod.nos.: Cork. Now usually O'Driscoll, q.v. Ir. *Ó Drisceoil*. IF & MIF.

Drislane: v rare: E Cork. Ir. *Ó Drisleáin, drisleach*, briars. Perhaps an irritable disposition!

Driver: mod.nos.: Dublin etc. English occupational name. DBS.

Drohan: fairly numerous: Waterford. Ir. *Ó Druacháin*. See also Druhan. MIF.

Dromey: fairly numerous: Cork-Waterford. Ir. *Ó Droma, drom*, a ridge, back. Also as Drum, Drumm, Drumm(e)y.

Dromgoole: fairly rare: Dublin etc. Ir. *Dromgúl*. An Irish toponymic from Dromgabhail in Louth. Also Drumgoole. MIF.

Droney: rare: Clare etc. Ir. *Ó Dróna*. Always associated with E Clare.

Droog: v rare: Limerick. Dutch origin. In Dutch, droog means "dry, arid".

Droogan: v rare: Tyrone. Ir. *Ó Druagáin*. See Drugan below.

Drought: rare: Wexford etc. Ir. *O Drochtaigh, Ó Droichid.*,(Bridgeman), q.v. Also a Dutch name.

Drudy: v rare: Roscommon etc. Ir. *Ó Draoda*. An Ó Draoda was erenagh of Cong in 1128. Sometimes changed to Drury. May relate to *draoi, druadh,* a druid SI.

Drugan: rare: Fermanagh-Leitrim. Ir. *Ó Druagáin*. Originally an ecclesiastical family of Armagh. The *drua* root in the above names may refer to *druadh*, a druid.

Druhan: rare: Wexford. See Drohan above.

Drumgoole: fairly rare: Dublin etc. See Dromgoole above.

Drum(m): fairly numerous: Dublin, Cavan-Fermanagh etc. Ir. *Ó Droma*. See also Dromey.

Drummey,-y: fairly rare: Waterford etc. See Dromey above.

Drummond: fairly numerous: E Ulster etc. Ir. *Ó Droma*. MacLysaght considers it a synonym of Drum in W Ulster, but the frequency in Antrim suggests a Scottish origin where it a widespread name based on placenames, the best known being near Stirling. MIF.

Drury: mod.nos.: Belfast, Donegal-Sligo, Louth etc. Ir. *Mac an Druaidh, druadh* = druid. See also Drew and Drea. Drury in England and France is said to mean lover, sweetheart.

Dryden: v rare: Antrim, Down. Scottish, from a placename. SS.

Drysdale: mod.nos.: Belfast, Down. Scottish: a place in Dumfriesshire. SS.

Duan, -e: mod.nos.: Galway-Mayo, Cork etc. Ir. *Ó Dubháin*. See also Dwan, Dwane, Devane.

Duberry: v rare: Dublin. Of French origin: a person from the province of Berry (central France).

Dubois: fairly rare: Antrim. French Huguenot, 17 cent. "of the wood".

Dubourdieu: v rare: Lisburn. French toponymic from Gironde. Probably Huguenot, 17 cent.

Dubsky: rare: Dublin etc. Czech Immigrants. *Dub* means oaktree in Slavic languages.

Ducey, Ducie: fairly rare: Cork, Waterford etc. Ir. *Ó Dubhghusa*, "dark action". Also occurs as Dufficey in Connacht. MIF.

Duckett: fairly rare: Antrim. English: various derivations: e.g., dimin. of Marmaduke. DBS.

Duddy: fairly numerous: Derry-Donegal etc. Ir. *Ó Dubhda*. A northern version of Dowd, q.v.

Dudgeon: fairly rare: Ulster. English, 17 cent. Dim. of Dodge, hence of Roger. DBS.

Dudley: mod.nos.: Dublin, E Munster. Ir. *Ó Dubhdáleithe*, dark-two-sides? Generally an English toponymic. Woulfe locates the native one in S Cork. SI & SGG.

Duff: numerous: Antrim, Down, Dublin etc. Ir. *Ó Duibh, dubh*, black. Also an abbreviation of Duffin, MacElduff, Duffy. SI & MIF.

Dufferly: v rare: Roscommon. See Doorly.

Dufficy, -ey: fairly rare: E Connacht etc. *Ó Dubhghusa*. See Ducey above.

Duffield: fairly rare: Belfast. English toponymic. DOS.

Duffin: fairly numerous: Antrim, Wexford. *Ó Duibhghinn*, perhaps "dark head". This name can be English and may well be represented here. MIF.

Duffley: rare: Roscommon. Variant of Devilly, q.v.

Duffner: rare: Louth etc. Probably as Duffin, the English name but very rare there.

Duffus: v rare: Belfast. Scottish, from a placename in Moray. SS.

Duffy: v numerous: Leinster, Ulster, Connacht - it takes the form Duhig in Munster and Dooey in Ulster. Ir. *Ó Dubhthaigh*, mod. *Dufaigh*. Perhaps *dubhach* = gloomy. IF & SGG.

Dugan: mod.nos.: E Ulster. A Scottish name cognate with Dougan and Duggan, q.v.

Dugdale: rare: Midlands, Belfast, Down. Presumably an English toponymic.

219

Duggan: v numerous: Munster, Connacht, Ulster. The E Ulster Duggans may be of Scottish origin, to some extent. Ir. *Ó Dubhagáin*, dim. of *dubh*, black or dark. IF & SGG.

Duhy: v rare: Dublin. A variant of Duffy above.

Duhig: rare: Limerick, Tipperary, Kerry. Ir. *Ó Dubhthaigh*. See Duffy above.

Duigan: rare: Midlands. See Deegan.

Duigenan: v rare: Midlands. Ir. *Ó Duigeannáin*. (dark head). A literary family of Roscommon. MIF.

Duignan, -am: fairly numerous: Midlands, E Connacht. Ir. *Ó Duibhgeannáin*. Derivation possibly similar to Duffin. They were a noted literary family of Roscommon. SGG.

Duke(s): fairly numerous: E Ulster and scattered widely. Usually from French *duc*, leader. English, 16 cent. It occurs in Irish as *Diúic*. SI.

Dukelow: fairly rare: W Cork, Belfast. This name is current in England. It relates to the name Close which is toponymic and refers to someone living in an enclosure of some kind. DSHH.

Dullaghan: fairly rare: Louth etc. Ir. *Ó Dubhlacháin*. Also as Dillaghan.

Dullea: mod.nos: W Cork. Ir. possibly *Ó Duinnshléibhe*. See Dunlea & Delea. MIF.

Dully: rare: scattered. Ir. possibly *Ó Duinnshléibhe* although MacLysaght has reservations about applying this Ulster name to a southern group. See Dullea, Dunlea, Delea. MIF.

Dulohery: rare: Cork. Ir. *Ó Dubhluachra* (Black of Luachair - a placename) There are many synonyms: Deloughry, Deloury, Delacour, Dilworth. SGG.

Dullard: rare: Kilkenny. See Dollard.

Dumbleton, Dumpleton: rare: Dublin. This name is current in England – seemingly a toponymic.

Dumbrell: rare: Dublin. English. Possibly an attempt by bearer to conceal the derogratory "Dumbell".

Dumigan: mod.nos.: Down etc. Ir. *Ó Domagáin, doma* = poor (SI). Also as Dumican, Dummigan, Domegan. SGG.

Dunbar: numerous: Ulster, S E Leinster. Scottish: from town of that name. Early 17 cent. SI.

Duncan: numerous: Ulster, N Connacht. Scottish, also sometimes used for Donegan. The Scots name is cognate with *Donnchadh* meaning "brown lord, warrior".

Duncliffe: rare: Cork. Apparently an English placename, nothing further has emerged.

Dundas: mod.nos.: Fermanagh etc. Scottish. Woulfe reports Ir. *Ó Nása* in the spoken language in W Galway. In Scotland, it is an ancient and notable family. SS.

Dundee: mod.nos.: Antrim etc. Scottish, from the city of Dundee.

Dundon: fairly numerous: Limerick, Tipperary, Kerry etc. Ir. *Dondún*. Anglo-Norman, 13 cent in Limerick. SI.

Dunford: mod.nos.: Waterford. Ir. *Ó Donndubhartaigh*. Also as Donarty and Dunworth, q.v. An English toponymic also exists, based on a place in W Yorkshire.

Dungan: mod.nos.: Meath etc. (1) English of the Pale (Ir. *Dongán*). (2) *Mac Donnagáin* of Down, which is also anglicised Cunningham. *Ó Donnagáin* is given by SGA.

Dunham: v rare: Belfast. English: a toponymic from a number of places. DOS.

Dunican: fairly rare: Midlands etc. See Donegan.

Dunigan: v rare: Antrim. See also Donegan.

Dunkin: v rare: Dublin. Ir. *Ó Duinnchinn* (brown head). A name associated with N Connacht. But see also Donkin above.

Dunkley: v rare: scattered. English: seemingly a toponymic. Relates to Northamptonshire.

Dunlea: fairly numerous: Cork. Ir. *Ó Duinnshléibhe (Doinnlé)*. Also as Delea, Dulea, Dully. This name is peculiar to Cork and Kerry, and presumably quite distinct from the Ulster family of Dunleavy, q.v. SGA gives *Ó Duilé*, which corresponds to local pronounciation.

Dunleavy: fairly numerous: W Ulster, Connacht. Ir. *Mac Duinnshléibhe (Doinnléibhe)*. A leading family of Ulster before the Norman invasion. Then dispersed and occurring as Donlevy, MacAleevy, Leavy, Dunlop etc. IF.

Dunlop: numerous: E Ulster etc. Scottish: from Dunlop in Ayrshire.

Dunn(e): v numerous: Down, Midlands, S E Leinster etc. Ir. *Ó Duinn, donn* = brown. Two septs, one of Uí Riagáin (Laois), the other of Tara (Meath). SGG.

Dunney: rare: Kildare etc. As Downey, q.v.

Dunning: mod.nos.: around Athlone, Belfast. English & Scottish. Also a synonym of Downing and Downey. Woulfe considers it an anglicisation of *Ó Duinnín*. SI & SGG.

Dunnion: mod.nos.: Donegal etc. A variant of Downing, q.v.

Dunny: rare: Midlands. A variant of Downey.

Dunphy: numerous: Midlands & S E Leinster. Ir. *Ó Donnchaidh*. Originally a sept of Ossory. Synonymous with O'Donoghue. IF.

Dunseath: mod.nos.: E Ulster. Recorded in Tyrone in 1664, it is presumably Scottish.

Dunsire: rare: Antrim. Scottish, from a placename in Lanarkshire.

Dunsmore: rare: Down. Scottish. Black says that some members moved to Antrim early in 17 cent and thence to Derry. More numerous as Dinsmore, q.v.

Dunstall: rare: Belfast. English toponymic: Tunstall. DBS.

Dunstan,-on: rare: Belfast etc. A habitational name from a number of places in England.

Dunwoody: mod.nos.: Down etc. Scottish, occurring as Dinwoodie etc. there. SS.

Dunworth: fairly rare: Limerick. Ir. *Ó Donndubhartaigh (Donnuartaigh)*. *Donn*, brown plus *dubhartach*, aggressive. The earlier anglicisation Donarty is very rare but Doherty is common. The name originated in S Tipperary.

Duprey: rare: Down. Possibly Huguenot: a common French name: *pré*, a meadow.

Dupuy: rare: Dublin. French: *puits*, a well or shaft.

Durack: mod.nos.: Clare. Ir. *Ó Dubhraic*. Originating in E Clare, they achieved fame as pioneers in Australia. Woulfe says the original was *Ó Dubhratha* (black of prosperity).

Durand: rare: Dublin etc. Of French origin, meaning "enduring". Perhaps Huguenot in Ireland.

Durcan, Durkan, Durkin: numerous: Mayo-Sligo, S Down etc. Ir. *Ó Duarcáin, duarcán*, a gloomy person. The family was a branch of the O'Haras in Sligo. The Irish form *Mac Dhuarcáin* produces MacGurgan in Armagh etc. MIF & SGA.

Durham: fairly rare: Dublin. Habitational name from the city in N England. The name has been in Ireland since 14 cent and is more common in the form Derham. SI.

Durnan: rare: Monaghan etc. a variant of Durnin, q.v.

Durney: fairly rare: Kilkenny and scattered. Ir. *Ó Doirinne* (SGG). MacLysacht has reservations on this, as he found a number O'Dorneys in 16 cent records which would indicate something like *Ó Dorna, Ó Dornaigh*. See also Dorney. MIF.

Durnin, Durnian, Durnien: mod.nos.: Louth, Fermanagh. Ir. *Ó Duirnín*, from *dorn*, a fist. By a strange mistranslation, it has become Cuffe in some cases. Durnion and Durneen also occur. See Dornan above. Irish-speakers will be familiar with the poetry of Peadar Ó Doirnín (1704-68). MIF.

Durning: rare: Donegal. Probably a synonym of Durnin, just possibly English from 17 cent.

Durrans: v rare: Down. See Dorrans above.

Durrant: v rare: Dublin etc. This name was recorded in England in 12 cent. See Durand.

Durr: rare: Roscommon. Ir. *Ó Doraidh,* perhaps *doraidh*, entanglement. Also as Durey and Dorr which belong to Leitrim-Roscommon. MIF.

Dur(r)ell: v rare: Larne etc. Norman version of French *Dureau*, "hardy".

Durrigan: v rare: Louth. Probably a variant of Doorigan, q.v.

Duthie: v rare: Antrim. Scottish: from Scots Gaelic *Dubhthaich*, cognate with Duffy.

Dutton: rare: Belfast. English: relates to Lancashire.

*Duvick: synonym of Devereux.

Dwan(e): fairly numerous: Tipperary, Limerick, N E Cork. Ir. *Ó Dubháin*. See Duane.

221

Dwyer: numerous: Tipperary, Kilkenny, Wexford etc. Ir. *Ó Dubhuidhir* (*Duibhir*). The derivation is from *dubh + Odhar*, a first name meaning dun-coloured. A name famous for their part in the Resistance, they usually appear as O'Dwyer. IF, MIF & SGG.

Dyas: fairly rare: E Coast. May come from Dyce, a Scottish name relating to a place in Aberdeen.

Dyer, Dyar: mod.nos.: Mayo, Belfast and scattered. An English occupational name but in Ireland usually for *Mac Duibhir* which commonly occurs as MacDyer. However the Dyers of Belfast may well be of English origin: this latter is occupational: processing cloth. Also as Dier.

Dyke(s): fairly rare: Derry etc. English & Scottish. There is a place of this name in Strathaven. SS.

Dymond: rare: Belfast etc. A variant of Diamond, q.v.

Dynan: rare: Cork, Belfast. Ir. *Ó Daghnáin*. Usually as Dinan, q.v. MIF.

Dynes: mod.nos.: Down etc. English, of French origin. A nickname meaning "worthy". SI.

*Dyra: a Mayo name - origin not known.

Dysart: fairly rare: N Antrim, Coleraine. Scottish toponymic from Gaelic word *díseart* meaning a hermitage. SS.

Dyson: rare: Belfast area. English: Dye was a pet form of Dionisios (Dennis) DBS.

Eacrett: rare: scattered. This name is not in evidence in Britain: perhaps a dim. of Eagar.

Eade(s): mod.nos.: scattered, Leinster & Munster. English: pet form of Edith. Also a form of Adam in Scotland and N England DBS.

Eadie, -y: mod.nos.: E Ulster, Dublin, Cork etc. Ir. *Mac Adaim*. Usually Scottish or English and synonym of Addie, which see. SS, SGA.

Eagar, -er: mod.nos.: Dublin & scattered. English: Reaney considers it derived from personal name Edgar, which is common in Scotland as a surname. Ir. *Éigear*. MIF & DBS.

Eagle: rare: Galway. English: a nickname for a sharp-eyed person; it is fairly common in England.

Eaglesham: v rare: Ulster. Scottish: from barony in Renfrewshire. "Eagle-homestead". SS.

Eagleson: mod.nos.: Down-Antrim. Scottish or English. Eagles is a short form.

Eagleton: rare: Louth, Galway. Ir. *Mac Iolracháin* (SGA). Apparently a recent gaelicisation.

Eagney: v rare: Mayo. Ir. *Ó h-Éignigh*. There was a sept of this name in Mayo. Another sept were lords of Oriel in 11 cent; another in E Armagh. These latter changed to *Ó h Éighnigh,* so they are now Heaney, a numerous name in Ulster. SGG.

Eakin(s): numerous: mainly Ulster. Ir. *Ó hAodhagáin* (*Aogáin*). Generally a Scottish name and cognate with Aiken, q.v.

Eames: mod.nos.: Ulster etc. English: 17 cent. From O.E. *eam*, uncle. DBS.

Eannetta: v rare: Tyrone. Possibly a dim. of Italian classical name Enea (Aeneas).

Eardley: rare: Belfast, Roscommon-Leitrim etc. A synonym of Early in Connacht. It is also an English name from Staffordshire. DOS.

Earl, Earle, Earls: fairly numerous: All provinces. Earls occurs in Galway 13 cent and was gaelicised *Mac an Iarla*. Earl is relatively rare. Of English origin, they were nicknames or pageant-names. DBS.

Earley, Early: numerous: Connacht, Midlands, Mid-Ulster etc. Ir. *Ó Maolmochéirghe* (*mochéirghre* - early rising), now abbreviated to *Ó Mochóir* in spoken lamguage. They were an ecclesiastical family of Breifne (Cavan-Leitrim). An early anglicisation O'Mulmohery, occurred in 16 cent. The name is also English: toponymic or nickname: OE *eorlic* (noble) MIF & SGG.

Earner: v rare: E Galway. Ir. *Ó Saothraidhe (Saoraí)*. Woulfe considers this to be derived from Síoghraidh, a Norse name, but it has been translated into Earner and Freeman as well as anglicised Seery which latter still appears in the original territory, Offaly. SGG.

Earney: rare: Down. Not found in Britain: perhaps a variant of Earner, q.v.

Earnshaw: rare: Ulster. English toponymic from Lancashire. Earn is Old English for "eagle" but was probably a personal name in the case of placenames; "shaw" is the equivalent of Irish *inis* (inch) -river-meadow.

Eastman: v rare: Belfast, Dublin. This can be a toponymic or from OE personal name Eastmund, also represented by Esmond, q.v.

Eason: v rare: Dublin, Ulster. Scottish synonym of Adamson, also an anglicisation of *Mac Aodha*.

East: rare: Dublin, Galway. English: a nickname: someone living to the east etc. DBS.

Easton: fairly rare: Belfast etc. English, a common placename. Cottle lists various derivations.

Eastwood: fairly numerous: Tyrone etc. English: 17 cent. SGA gives Ir. *Mac Conurchoille*.

Eaton: mod.nos.: E Ulster and scattered. English: 17 cent. Ir. *Éatún*. Many placenames.

Eaves: rare: Dublin, Belfast etc. English: from placename: "edge, border". Mainly Lancashire.

Ebbs: mod.nos.: Dublin. English: a diminutive of first name Isobel. DBS.

Ebbitt: rare: Fermanagh etc. English. As Ebbs above. DBS.

Eborall: v rare: scattered. Possibly a variant of Ebrill, which derives from April or Averill, q.v.

Ebrill: rare: Dublin. English, 17 cent. Earlier associated with Limerick & Tipperary. MIF.

Eccles: fairly numerous: E Ulster and scattered. Scottish and English - there are three such placenames in England and two in Scotland.

Eccleston: rare: Ulster etc. See Eggleston below.

Echlin: v rare: scattered. Scottish: from a place in W Lothian. They settled in Down in 17 cent.

Ecock: fairly rare: Dublin. A name not in evidence in Britain. Possibly a variant of Hickock. See Hitchcock.

Eddery: rare: Dublin (earlier Mayo). Ir. *Mac an Ridire*, (knight's son), an agnomen of the Fitzsimons in Mayo.

Eddie: v rare: Ulster. Scottish or English. The many names beginning with "Ed" derive from an Old English word for "prosperity" plus an operative word, e.g. Edward is "prosperity guardian".

Eddis: rare: Bangor. Similar to Eddison.

Eddison: v rare: Dublin etc. A patronymic from Eddie, q.v.

Edens: rare: Belfast etc. English from placename in Durham. DBS.

Edgar: numerous: E Ulster etc. Scottish. An O.E. personal name long current in Scotland. SS. It occurs as Eagar and Egger in Ireland. SS & DBS.

Edge: mod.nos.: Dublin, Belfast. English, dweller near edge or steep slope. DBS.

Edgeley,-ly: rare; Athlone etc. English toponymic from places in Cheshire and Shropshire. DBS.

Edgeworth: mod.nos.: Meath, Longford etc. English: a notable family in Longford since 1583. Hence the placename Edgeworthstown, Ir. *Meathas Troim*. IF.

Edmonds: mod.nos.: Dublin, Belfast. Ir. *Mac Éamoinn*. English: from first name "wealth-protector.

Edmondson, Edmundson: mod.nos.: N E Ulster, S E Leinster. See Edmonds.

Edwards: numerous: all provinces. Ir. *Mac Éadbhaird*. English and Welsh. See Eddie.

Eedy: v rare: Belfast etc. This seems to be a variant of Eadie and Addie, q.v.

Egan: v numerous: Connacht, Midlands, N Munster. Ir. *Mac Aodhagáin*, mod. *Mac Aogáin*. Some were a brehon family attached to O'Connor of Offaly. Also as Keegan. The name is a diminutive of major first name *Aodh*, fire. IF, MIF & SGG.

Egar(s): rare: scattered. Ir. *Éigear*. See Edgar above.

Egenton, Eginton: v rare: scattered. From placenames in Derbyshire and Bedfordshire. DOS.

Egerton: fairly rare: Fermanagh etc. English toponymic. DBS.

Egger(s): rare: Dublin, Cork. A variant of Edgar, q.v. Also, this may be a Jewish name.

Eg(g)leston: rare: Limerick etc. English: from placename in Durham. Long established in Limerick.

Egli: rare: Belfast etc. A diminutive of German name Eck, which means "corner".

Eglinton: fairly rare: Dublin, Limerick. Scottish: from placename in Ayrshire.

Egner: rare: Belfast. Of German origin, meaning "owner"; it occurs as a Jewish name.

Eiffe: rare: Dublin. A well-established Irish family: the word is that they originated in either France or Germany. There is a district in the Ardennes called Eifel.

Eighan: v rare: Midlands. A varian of Egan, q.v.

Eitel: v rare: Dungannon. Of German origin: a nickname "only, just". DSHH.

Eivers: fairly rare: Longford-W Meath etc. Ir. *Ó hÍomhair*. See Ivers.

Ekins: rare: Down. See Eakin(s).

Elder(s): numerous: Antrim, Derry etc. The name occurs in Scotland and England. It appears in modern times in Ireland. Generally an epithet: "senior".

Eldon: rare: Ulster etc. This name is current in England: apparently a toponymic.

Elgin: rare: N Antrim. A habitational name from the Scottish town of Elgin.

El-Jadiry: v rare: Dublin. Muslim. Arabic: Al Jadiry. This refers to a tribe or family group.

Elkin: mod.nos. Ulster. English: dim. of Elias or Ela (fem.) DBS.

Elkinson: rare: Dublin. English. Patronymic from Elkin.

Ellard: mod.nos.: Dublin, Cork, Wexford-Waterford. Synonym of Aylward, q.v.

Eley, Elley: rare: Dublin etc. English: (1) Elijah (prophet) or (2) Ely the town in Cambridgeshire.

Ellerker: v rare: Dublin, Limerick. English, from placename in Yorkshire. Thomas W. Ellerker was a founding member of Conradh na Gaeilge in 1893. The name means "alder marsh".

Ellicott: v rare: Galway-Mayo. Current in England, it appears to be a habitational name.

Elliffe: fairly rare: Midlands etc. English: from Old English meaning "noble gift". DBS.

Elliman: rare: Dublin & Belfast. A seller of oil (Middle English). A Jewish family in Ireland.

Ellickson: v rare: Waterford. English: from Elwick, a placename in Northumbria.

Elliot(t): v numerous: Ulster, N Leinster, Dublin etc. Scottish & English, derived from OE *Aelfweald*, "elf-ruler". Associated with the Plantation of Ulster. SI & DBS.

Ellis: numerous: Ulster and scattered in the south. English from 13 cent onwards. Deriving from the first name Elias, associated with the Crusades. SI & DBS.

Ellison: fairly numerous: Ulster etc. English, 17 cent. Woulfe gives Ir. *Ó hEilgheasáin* without comment. There is such a name in the Annals of Loch Cé but that is all. It could also be the patronymic of Ellis, which is most likely. SI & MIF.

Elmes: mod.nos.: Carlow, Waterford etc. English: "dweller at the elms". DBS.

Elmore(s): rare: Down-Louth. English: 17 cent. Also a synonym of Gilmore for which the Irish is *Mac Giolla Mhuire*.

El-Sergani: v rare: Dublin. Muslim. This is another name based on a tribe, perhaps Sudanese.

Elvers: mod. nos.: Midlands. Synonymous with Alvar, an OE first name. DBS.

Elvery: v rare: Dublin. English, a synonym of Alfrey which occurs in Dublin 17 cent. It is cognate with the more common Avery and Aubrey, derived from Teutonic *Alberic* (elf-power) MIF.

Elvin: rare: Ulster. This derives from Old English personal name: "elf-friend" or "noble-friend". DBS.

Elwood: mod.nos.: Belfast area, Galway. MacLysaght says that it has been a noted Anglo-Irish family in Mayo for two centuries. Cognate with Elliott, q.v.

Elworthy: rare: Dublin. This name is current in England: evidently a toponymic.

Ely: fairly rare: Tipperary etc. English: from the town of Ely in Cambridgeshire.

Embleton: rare: Belfast etc. English toponymic from a number of places in N England. DSHH.

Emerson: numerous: Belfast area, Dublin. English, 17 cent. Patronymic of Emery. SI.

Emery: rare: Tyrone, Cork. English, 17 cent. Also as Amory. From Teutonic *amal-ric*, brave-power.

Emmett: mod.nos.: Dublin and scattered. English, 17 cent. First settled in Tipperary. A diminutive of feminine name Emma. IF.

Empey: rare: Belfast, Dublin. This name is not found in Britain: it may be a dim. of Emma.

Emo: rare: Fermanagh etc. MacLysaght says it is a synonym of Seymour and so of English origin. It is not related to the place Emo in Laois, which is Irish *Ioma* (image). SI.

Endersen: rare: Dublin etc. Analogous to Anderson, q.v.

England: mod.nos.: Ulster & Midlands. Ir. *Aingleont*. A synonym of English and early established in Ireland. There is a townland Ballyengland in Limerick from 16 cent.

English: numerous: E Ulster, Tipperary-E Limerick etc. Ir. *Aingléis, Inglis*. Obviously of English origin but gaelicised since 13 cent. In Ulster it can stand for Gallogly, q.v. MIF.

Englishby: rare: Midlands etc. MacLysaght gives it as a pseudo-translation of *Mac an Gallóglaigh, gallóglach* being a galloglass or mercenary soldier, usually from Scotland. The basic name has even been changed to Ingoldsby as well as the "normal" anglicisation Gallogly. In Ulster, the name English is generally of this derivation. SI & MIF.

Ennis. numerous: Midlands, Down etc. Ir. *Ó hAonghuis, Aonghus* is a very old personal name which also gives Hennessy, Guinness etc. In Ulster it may be a variant of MacGinnis.

Enright: numerous: Limerick-N Kerry etc. Ir. *Mac Ionnrachtaigh, ionraic* is honest but MacLysaght believes the derivation is *Indrechtech* a name meaning aggressive. Muiris Mac Ionnrachtaigh of Kilmallock, chaplin to the Earl of Desmond, was martyred at Clonmel in 1585. SI & MIF.

Ensor: rare: Dublin. English, in Armagh 18 cent. A toponymic connected with Dorsetshire. DOS.

Erangey: rare: Cork. Possibly English origin from woman's name *Orenge*. They are now well established in Ireland. DBS.

Entrican: v rare: Ulster. The Scottish name is Enterkin, from a place in Dumfriesshire. SS.

Entwistle: fairly rare: Belfast etc. English toponymic of Lancashire.

Ericks(s)on: v rare: Cavan etc. A Scottish name of Norse origin. Old Norse: "ever-powerful".

Erdis: rare: Antrim. This name is not apparent in Britain. They are quite well established here.

Erne: v rare: Belfast. This seems to derive from the Old English "earn", eagle. Nick-name for a sharp-sighted person.

Erraught: rare: Kerry. A variant of Enright according to MacLysaght while Woulfe gives the Irish *Ó hOireachtaigh* (Heraghty). In W Limerick, members of this family have adopted the agnomen O'Connor. SI & SGG.

Errity: fairly rare: Midlands etc. Ir. *Mag Oireachtaigh, oireachtach* relating to assemblies. The more usual anglicisation is Geraghty, q.v.

*Ercke: not found: Ir. *Ó hEirc*. From the personal name *Erc* which may mean "salmon". MIF.

Erskine: numerous: E Ulster etc. Ir. *Arascain*. Scottish, from place in Renfrewshire.

Ervine, Erwin: numerous: E Ulster etc. Two separate names, but see Irvine & Irwin.

Esdale: mod.nos.: Belfast etc. Scottish, usually Easdale. Presumably a toponymic. SS.

Eskins: v rare: Lisburn. Probably a variant of Askins, q.v.

225

Esler, Estler: fairly numerous: E Ulster. English: 17 cent. No precise derivation. SI.

Espie, -ey: mod.nos.: Tyrone. presumably an abbreviation of Gillespy, q.v.

Esmonde: fairly rare: S E Leinster. Ir. *Easmonn*. From O.E. *Eastmund*, "grace-protection". A notable Anglo-Norman family in Wexford since the Invasion. SI.

Essex: v rare: Sligo etc. A broad title: the country of the East Saxons, now a county in East Anglia.

Estler: rare: Belfast. See Esler above.

Eston: v rare: Belfast etc. A variant of the English toponymic Easton, q.v.

Estridge: v rare: Dublin etc. An English name connoting a person from the east. DBS.

Etchingham: rare: Dublin etc. Ir. *Eichingeam*. English: 16 cent, associated with Wexford.

Etherson: rare: E Ulster. Appears to be a patronymic from Scotland, but the first name is not clear.

Eustace: numerous: Dublin, E Coast, Clare etc. Ir. *Iústás*, from the Latin name *Eustachius*. One of the great Anglo-Norman families from 12 cent. Distinguished in the Resistance from the 16 cent. MIF & SGG.

Evans: numerous: Dublin, E Ulster etc. A well-known Welsh name (Evan = John). In some instances in Munster, it is an anglicisation of Ir. *Ó hÉimhín*. SI.

Evenden: rare: Dublin. This name is current in England: probably a toponymic.

Everard: mod.nos.: Tipperary, Kilkenny etc. Anglo-Normans who first settled in Meath and Tipperary. Irish version is *Eibhearard*. From Teutonic *eber* + *hard* (boar-brave).

Everett, -itt: mod.nos.: Drogheda, S Kilkenny-Waterford, Belfast. This is a variant of Everard above. Irish version is *Éabhróid*. These versions are most common in England.

Eves: fairly rare: Belfast area. English, usually Eaves there. Dweller by the border. DBS.

Eves(s)on: rare: Ulster. English habitational from "eaves" - edge or border plus "son of".

Evers: mod.nos.: Dublin. Anglo-Norman *d'Evers*, in Meath 14 cent. This family was active in the Resistance. SI.

Eviston: rare: Dublin etc. Very rare in England: it is probably a toponymic: "Eve's place".

Ewart: numerous: Belfast and around L Neagh. Scottish from Galloway - in Ulster 17 cent.

Ewbank: v rare: Down. English, from place in Cumberland. "Hillside with yewtrees". DOS.

Ewens: v rare: Antrim. A variant of Ewing below.

Ewing: numerous: Belfast & Ulster generally. Scottish, 17 cent. It is sometimes a synonym of MacEwen, which is cognate with Ir. *Eoghan* "born of the yew". MIF & GPN.

Evoy: rare: Wexford. Apparently a contraction of MacEvoy, one of the "Septs of Laois" and still found in S Leinster. SI.

Exshaw: v rare: Cork. Although it seems to be an English toponymic, this does not appear in Britain. The meaning would be "ex" for church plus "shaw" - a water meadow.

Eynon: rare: Crossgar (Down). Welsh, from an old personal name Ennion. DBS.

Eyre,-s: mod.nos.: Dublin, Down etc. English, 17 cent, associated with Galway where they came as part of the Cromwellian settlement. Ir. *Iarsach*. The derivation is "heir" (inheritor) MIF.

Fabby: v rare: Mayo. This name may be a variant of the more common Faber which comes from Latin *faber*, a smith. There is also Fabian, from a Roman first name, very common in Europe.

Factor: v rare: Dublin etc. An occupational name: agent or deputy. It is rare in England.

Faichney: v rare: Dublin. This is a Scottish name but no derivation has emerged. SS.

Fairbanks: v rare: Dublin etc. English habitational: "lovely hillside". DOS.

Fairweather: v rare: Belfast etc. Long established in England and Scotland. Probably a nickname.

Fadden,-ian: fairly rare: Mayo etc. usually occurs as MacFadden, q.v. Ir. *Mac Pháidín* i.e. diminutive of Patrick. This name exists also in Scotland. MIF.

Fagan: numerous: S Ulster, N Midlands, Dublin. MacLysaght considers the name to be Norman, Ir. *Fágán,* but some Fagans may derive from *Ó Faodhagáin,* a sept of Oriel (S Ulster). SI & IF.

Fagg: v rare: Midlands. English: possibly meaning baker. DBS.

Fahad: v rare: Dublin. Muslim name from Arabic "leopard", implying fierceness.

Faherty: fairly numerous: Galway etc. Ir. *Ó Fathartaigh.* This sept was seated on the east shore of Lough Corrib and has been confused with Flaherty, q.v. SI.

Fahy, -ey: v numerous: Galway-Mayo especially, also Munster and S Leinster. Ir. *Ó Fathaigh.* Woulfe gives derivation *fothadh,* foundation. It is certainly not *faiche,* lawn, from which arises the pseudo-translation Greene. They were a sept of Uí Maine (Galway) and were also in Tipperary. IF & SGG.

Fails: v rare: E Ulster. Scottish and English. Derivation speculative.

Fair: fairly rare: Mayo-Galway etc. A translation of the Ir. *fionn* (fair) which had supplanted the original surname. There is a cognate English name, Fair & Phair, which probably accounts for most of those in E Ulster, however SGA gives Ir. *Mac Fhinn.*

Fairbairn,-burn: rare: E Ulster. Scottish: Black thinks it might have been "free-born". SS.

Fairbrother: fairly rare: Midlands. English. Reaney suggests "brother of Fair".

Fairclough: v rare: E Ulster. English: Habitational - dweller in fair hollow. DBS.

Fairfield: rare: E Ulster. English: Another habitational name. DBS.

Fairley: mod.nos.: E Ulster. Scottish, from Fairly, Ayrshire.

Fairman: rare: Donegal. English: a complimentary epithet name. DBS.

*Fairy: not found: see Farry. Fairy is found in England also.

Falahee: v rare: Limerick. Ir. *Ó Faolchaidh* (wolf-warrior) A Clare name which also occurs as Falsey.

Faith: fairly rare: E Ulster. English: probably a variant of Faithful(l). DBS.

Falconer: numerous: Tyrone-Derry etc. English & Scottish: from the practice of hawking but also an anglicisation of Ir. *Ó Fachtna* (personal name meaning hostile). There are variants: Falkiner, Faulkner. SI.

Faley: rare: N Kerry. See Fealy below.

Fall: v rare: Antrim etc. See Falls.

*Fallaher: Ir. *Ó Faolchair* (? wolf-dear). A Clare name - Fallaha exists in Derry. SI.

Faller: rare: Galway. This probably derives from a English placename.

Fallis: mod.nos.: Derry, Fermanagh etc. Probably Anglo-Norman from Falaise, Normandy.

Fallon: v numerous: Connacht, Midlands, S Leinster etc. Ir. *Ó Fallamhain (Fallúin),* (ruler). The sept was located near Athlone. See also Falloon. IF & SGG.

Falloon, Faloon: fairly numerous: Down-Armagh etc. Ir. *Ó Fallamhain.* See Fallon above. This is a closer approximation to the Irish. Perhaps a different group to that of Galway. IF.

Faloona: rare: Down etc. see Falloon. Ir. *Ó Fallamhna* (ruler). SGG.

Fallows: rare: E Ulster. English: of newly cultivated land. A habitational name. DOS.

Falls: mod.nos.: E Ulster, Tyrone etc. English: 17 cent in Tyrone; also Ir. *Mac Pháil* and Ir. *Ó Maolfábhail,* q.v. Fall is very rare, but see MacFall & MacFaul. SI.

Falvey: numerous: Kerry-Cork etc. Ir. *Ó Fáilbhe (fáilbheach,* lively). Pre-Invasion chiefs of Corca Dhuibhne (Dingle Peninsula). They retained a leading status until fairly recent times. The name has become Fealy in some parts of Kerry. MIF.

Fanagan: rare: Dublin. A variant of Finnegan, q.v.

Fane: v rare: Dublin. English: "well-disposed". Also Ir. *Ó Fiacháin* (Feehan).

Fannin(g): numerous: Waterford-Wexford, Belfast etc. Ir. *Fainín.* Anglo-Normans who became gaelicised and gave their name to Fanningstown, Limerick. The name is toponymic relating to residence at a fen or marsh. MIF, DSHH.

Fannon: mod.nos.: Roscommon-Galway etc. Ir. *Ó Fionnáin, fionn* = fair, blond. A sept of Mayo. Also as Finan, Finane, Finnin. SGG.

Fant: v rare: Cork. Ir. *Fant*. One of the "Tribes of Galway"; also identified with Limerick in 14 cent. From French *enfant*, child. Perhaps a nickname referring to childish qualities. SGG.

Fanthorpe: rare: Tyrone. English habitational name: "fen-village".

Fardy, -ey: rare: Wexford-Waterford.. Ir. *Ó Fearadaigh*. (manly). However, MacLysaght thinks it is a variant of English Faraday. This name is rare in England in spite of the fame of the great scientist, Michael Faraday (1791-1867).

Fargher: v rare: Tyrone etc. See Farragher below.

Faris: fairly rare: Belfast, Armagh etc. Ir. *Ó Fearghuis*. See Farris.

Farley: mod.nos.: Armagh, E Tyrone, Belfast, Dublin etc. An English name usually standing for Ir. *Ó Faircheallaigh* (Farrelly) from Cavan.

Farlow: fairly rare: Ulster generally. English toponymic, recorded 17 cent. SI.

Farmer: mod.nos.: Fermanagh, Tyrone, Down etc. A common English name but MacLysaght considers it a translation of *Mac Scolóige (scológ*, a farmer). They were, among others, an erenagh family in Fermanagh.

Farnan, -on: mod. nos.: Belfast, N Midlands. Ir. *Ó Farannáin, Forannán* was a popular first name in early Ireland. The family were erenaghs at Ardstraw, Tyrone. SGG.

Farnham: rare: Cavan. English toponymic from a number of places. "Fern homestead". DOS.

Farquar, Farquarson: mod.nos.: N Antrim etc. Scottish: branch of Clan MacIntosh. The Scots Gaelic, as the Irish, is *Mac Fearchair*, Celtic - "very dear one". The corresponding Irish name appears as Carraher & Farragher, q.v.

Farr: fairly numerous: Mid-Ulster etc. English: from O.E. *fearr* - a bull. DBS.

Farragher: fairly numerous: Galway-Mayo etc. Ir. *Ó Fearchair*. The name occurs as Fraher and Raher in Munster. For derivation see Farquar above. MIF.

Farran,-on: rare: Dublin etc. As Farren, q.v.

Farrar: mod.nos.: S E Leinster, Ulster etc. English: occupational, from Yorkshire, also as Ferrar, q.v.

Farrell: v numerous: all areas but least in Cork. Ir. *Ó Fearghail* (man of valour). Mediaeval septs were in Longford, Tyrone, Wicklow. Also appears as O'Farrell, O'Ferrall, Frahill.

Farrelly: numerous: Cavan and adjacent areas etc. Ir. *Ó Faircheallaigh, Ó Fearghaile*. If the former is authentic it could mean "great churchman" - appropriate for a co-arb family. Another sept, located in Limerick, became Frawley, q.v. IF & SGG.

Farren, -an: fairly numerous: Derry-Donegal etc. Ir. *Ó Farach\áin*. There has been some substitution for Fearon in Donegal, making it *Ó Fearáin*, (given by SGA). MIF.

Farrington: mod.nos.: Dublin, Kildare, Wicklow etc. English toponymic noted as early as 14 cent. Also more recent immigrants. MIF.

Farris: v rare: Belfast. Ir. *Ó Fearghuis*. See Ferris.

Farrissy: rare: N Cork. Ir. *Ó Fearghusa* (man of action). Formerly a sept in Mayo & Leitrim; cognate with Ferris which is a branch of the Moriartys in Munster. MIF.

Farrow: v rare: Ulster. English. Synonymous with Farrar & Ferrar, q.v.

Farry: mod.nos.: Sligo, Fermanagh etc. Ir. *Ó Fearadhaigh* (manly). A sept of Donegal, cognate with Fairy & Ferry, q.v. SI.

*Farshin: Ir. *Fairsing* (generous). An epithet used by the Mac Carthys in Cork.

Farson: rare: Down. Patronymic from Farr, q.v.

Faughnan: mod.nos.: Leitrim-Longford etc. Ir. *Ó Fachtnáin*, from personal name *Fachtna* (hostile). Giolla na Naomh Ó Fachtna was a chief in Longford in 16 cent. MIF.

Faughey: rare: Armagh-Louth, Dublin. Ir. *Ó Fathaigh*. See Fahey.

Faul: v rare: Louth, Sligo etc. See Fall.

Faulkner: numerous: Derry-N Antrim, Louth-Meath etc. See Falconer, Falkiner. This name has been used for Faulkney for which the Irish is *Ó Fachtna* - see Faughnan above.

Faux: rare: Fermanagh etc. French origin: meaning "reaper" rather than "false" - one hopes.

Favier: rare: Kerry. French origin: occupational dealing with beans.

Fawl: rare: Clare etc. Abbreviation of (1) MacFall (*Mac Pháil*); (2) Mulfaul (*Ó Maolfábhail*) See Fall and Faul above. SI.

Fawcett, Fawsitt: mod.nos.: Cavan-Monaghan, Tyrone-Fermanagh. English toponymic from N. England, first recorded 16 cent. Also as Fossett. SI, DSHH.

Fay(e): numerous: Tyrone-Monaghan-Cavan, N Midlands, Down. Two origins (1) An erenagh family in Fermanagh, Ir. *Ó Fiaich* (also as Fee); (2) Anglo-Normans of 12 cent who settled in W Meath, Ir. *de Fae*. IF & MIF.

Fayne: rare: Midlands. English. See Fane above.

Feaheny: v rare: scattered. See Feheny below.

Fealty: rare: Down. This name is very rare in England. At face value, it means loyalty to the lord. Just possibly it is Ir. *Ó Fiailtigh* (weedy!).

Fear(s): rare: scattered in Ulster. English: may mean "comrade" or "fierce". DBS.

Fearn: rare: Belfast, Dublin. Probably a variant of Fearon, q.v.

Fealy, -ey: mod. nos.: (1) N Kerry-W Limerick, (2) Louth-Monaghan. Irish (1) *Ó Fáilbhe*, (2) *Ó Ficheallaigh*. See also Feely. MIF.

Feane: rare: Limerick. Ir. *Ó Fiacháin*, from personal name *Fiach* meaning raven. SGG.

Fearnon: v rare: scattered in Ulster. Ir. *Ó Fearnáin*, according to Woulfe, an abbreviation of *Ó h-Ifearnáin* which is however a southern name. *Ó Farannáin* (Farnan) appears more apt. SI & SGG.

Fearon: fairly numerous: S Down-Armagh etc. Ir. *Ó Fearúin, fear*, a man. A sept of Cineál Eoghain was located in Oriel (Armagh-Monaghan). SI & SGG.

Fearns: v rare: scattered. Possibly English "Ferns", a simple toponymic. Alternatively, Ir *Ó Reannacháin*: see Ranaghan. DBS.

Fears: v rare: Scattered in Ulster. English: patronymic from Fear, "sociable" or "haughty". DSHH.

Feathers: rare: Fermanagh. English: a trader in feathers or a lightweight in mind or body.

Featherston(e): rare: Antrim, Roscommon etc. English toponymic referring to a megalith or cromlech.

Feary: v rare: Scattered. Ir. *Ó Fiachra*, from personal name *Fiachra*, meaning, perhaps, "battle-king". (GPN). More usually as Feighery, q.v. Also as Hunt by mistranslation. MIF.

Fedigan: rare: Louth-Meath. Ir. *Ó Feadagáin*, perhaps from *fead*, a whistle. The sept originated around Clones but has long been identified with Louth. MIF.

Feddis: v rare: Dublin. A Scottish name, it seems to be a variant of Fiddis, q.v.

Fee: numerous: Ulster, particulary Tyrone. Also in Louth, Longford, Leitrim. Ir. *Ó Fiaich*, from *fiach*, a raven - but also a common personal name. An erenagh family of Fermanagh. The name occurs as Foy and even Hunt by mistranslation. SI & SGG.

Feehan: fairly numerous: Munster etc. Ir. *Ó Fiacháin*. Derivation as Fee. A sept of Ormond (Tipperary-Kilkenny). Now occurring as Fehin, Feghan, Feane. MIF.

Feehily: mod.nos.: Sligo, Cork etc. Ir. *Ó Fithcheallaigh* (chess-player) of W Cork; sometimes Feeley and even Field and Fielding. Another sept of the same name occurs in Connacht under the form of Feehilly and Feeley, q.v. MIF.

Feeley, -ly: numerous: Sligo, Connacht generally, Donegal, Fermanagh etc. *Ó Fithcheallaigh* as above but *Mac Fithcheallaigh* in Derry-Donegal. See also MacFeely. MIF.

Feenan: mod.nos.: S Down etc. Ir. *Ó Fionnáin, fionn*, fair. Also as Finnan and Fanning.

Feeney, -ny: numerous: all areas, least in Munster. Ir. *Ó Feinneadha*, pron. *Fiannaí* and meaning "soldier". A sept of Uí Fiachrach (Sligo). There is also *Ó Fidhne* in Galway which may be a separate family. MIF.

Feerick: mod.nos.: Galway etc. Ir. *Mac Phiaraic*, diminutive of *Piers*, the Norman version of Peter. Originating as a branch of the Berminghams, q.v. MIF.

Feery: rare: Midlands. Ir. *Ó Fiachra*. See Feighery.

Fegan: numerous: Ulster, particularly Down. Ir. *Ó Faodhagáin,* mod. *Faogáin.* A sept of Oriel (Armagh). Not to be confused with the Norman Fagan, Fegan in Leinster. IF.

Feheney: v rare: Limerick. Ir. *Ó Fiachna.* From early personal name, variant of *Fiachra.* A sept of Roscommon, altered to Fenton in Munster and Hunt in Connacht. MIF.

Feherty: rare: Bangor (Down). Possibly Ir. *Ó Faghartaigh.* See Whearity and Faherty.

Fehilly: mod.nos.: W Cork. Ir. *Ó Fithcheallaigh* (chess-player). A sept of Corca Laoi (W Cork). Also one of Síol Muireadhaigh (Sligo), where it is anglicised Feeley. See Feehily.

Fehin: v rare: N Cork-W Limerick. As Feehan above.

Feighan: v rare: Cork-Kerry. Also as Feehan, q.v.

Feighery: mod.nos.: Midlands etc. Ir. *Ó Fiachra.* MacLysaght says the name originated in Tyrone but it no longer appears there. *Fiachra* (battle-king) is a personal name which is known in France from St. Fiacre of Meaux who gave his name to the horse-drawn cab there.

Feighney: rare: Sligo etc. Ir.*Ó Fiachna*, from an early first name. The sept existed in Roscommon.

Fekkes: rare: Larne. This seems to be derived from first name Frederick: a continental form.

Fell(e): mod.nos.: E Ulster, Dublin and scattered. English, from fell = mountain. DBS.

Feldman: rare: Dublin. A Jewish name: related to "field".

Fellowes: rare: Dublin, Belfast. English: meaning, probably, partner.

Felton: rare: Dublin. English toponymic: from a number of places. Operative word is "field". DBS.

Fenelon: mod.nos.: all areas, particularly Carlow-Wexford, Meath etc. Ir. *Ó Fionnalláin.* It is sometimes of Huguenot origin, being a toponymic of the Dordogne. MIF & Dauzat.

Fenlon: mod.nos.: As Fenelon above.

Fenn: rare: Cork. See Finn.

Fennell: numerous: S E Leinster, Limerick, Belfast etc. Ir. *Ó Fionnghail* (fair valour). The Irish name originated in Clare but the English name Fennell has long been associated with the South East and may account for many of the Fennells and Fennellys there. Fennel was a greatly valued herb in the Middle Ages. MIF.

Fennelly: fairly numerous: Kilkenny-Laois-Tipperary etc. Ir. *Ó Fionnghalaigh.* (deriv. as above). A name always associated with Ormond. Sometimes changed to Finlay. MIF.

Fenner: fairly rare: Dublin, Belfast. An Irish topomymic, according to MacLysaght, the placename being *Fionnabhair (Fionúir)*, which occurs widely. However, an English origin cannot be ruled out. The latter could mean either "huntsman" or "marsh-dweller". SI.

Fennessy: fairly numerous: Munster etc. Ir. *Ó Fionnghusa* (fair vigour). Associated with Waterford. Mod. *Ó Fionnasa.* The Munster pronunciation remains *Ó Fionnúsa.*

Fennin: rare: Athy (Kildare). See Fanning above.

Fenning: fairly rare: Down, Dublin etc. An English name in the north and a synonym of Fanning, q.v.

Fenton: numerous: Munster, E Ulster and generally. Ir. *Ó Fiannachta (fionn*, fair). A branch of Síol Muireadhaigh (Galway-Roscommon). This usually appears as Finnerty in Connacht and as Fenton in Limerick-Kerry. In the north and east, the name is probably English – being a common toponymic there. MIF & DOS.

Fenwick: rare: Scattered. English: from a place in Northumbria. DOS.

Feore: v rare: Limerick etc. See Fewer.

Feran: v rare: Louth. Ir. *Ó Fearáin.* See Fearon above.

Fergie: mod.nos.: Belfast, Larne. Abbreviation of Ferguson, q.v.

Fergus: mod.nos.: Connacht, E Ulster & Louth. Ir. *Ó Fearghuis* (man-vigour). This names two septs in Connacht and Scots in Ulster. Fergus was an ancient first name current amongst both Gaels and Picts in Scotland. As Ferris, the name is common in Ulster and also occurs in Kerry. MIF & SS.

Ferguson: v numerous: Ulster & N Connacht. Ir. *Mac Fearghusa*. Scottish in Ulster and a synonym of Fergus in Connacht. Ir. *Mac Fhearghusa* is also current. MIF.

Fernandez,-s: rare: scattered: Portuguese and Spanish: from Ferdinand, a Visigothic name meaning "journey-brave". Popular because Fernando III recovered much of Spain from the Moors.

Fernane: v rare: Kerry. Ir. *Ó Farannáin*. See Farnan.

Ferns: fairly rare: Dublin etc. Ir. *Ó Reannacháin*, (spear-like). A mistranslation arising from the Irish *raithneach*, bracken. Ranahan and Renehan are current anglicisations. See also Fearns.SI & SGG.

Ferrall: v rare: Longford. See Farrell.

Ferran, -in, -on: mod.nos.: Belfast area. Ir. *Ó Fea[r]áin*. Also as Fearon, q.v.

Ferrari: rare: Dublin. Italian. A habitational name relating to iron-working.

Ferrar: v rare: Dublin. English: occupational, an ironworker. Associated with Limerick.

Ferres: rare: Belfast area. Probably a contraction of Fergus. See Ferris. SS.

Ferrigan: v rare: Louth. Ir. *Ó Fearagáin*, (manikin). Associated with O'Reilly Breifne. MIF.

Ferris: numerous: Belfast, Down, Louth, Kerry etc. In Ulster: Scottish *Mac Feargusa*; in Munster a branch of the Moriartys: *Ó Fearghuis*. MIF.

Ferrity: rare: Tyrone-Armagh. Possibly Ir. *Ó Foireachtaigh*, and a variant of Heraghty, q.v.

Ferriter: fairly rare: Kerry etc. Ir. *Feirtéir*. Anglo-Normans in Kerry since 1295. Noted in the person of the 17 cent. poet, *Piaras Feirtéir* (1610-1653). SI & IF.

Ferry, -ie: mod.nos.: Derry etc. Ir. *Ó Fearadhaigh (Fearaigh)*. A sept of Cineál Conaill in Donegal. Fearadhach was a common personal name in early times. SGG.

Ferson: fairly rare: Tyrone etc. Scottish: contraction of MacPherson or Ferguson.

Fetherston(e): mod.nos.: Dublin, Belfast etc. English toponymic associated with Roscommon since 17 cent. See also Featherstone. SI.

Fetherstonhaugh: v rare: Dublin-Kildare. A toponymic from Northumbria. DBS.

Fettes, -us: rare: E Ulster. Scottish. Name of founder of the well-known college in Edinburgh.

Fetton: v rare: scattered. See Fitton.

Fewer: rare: Waterford etc. Ir. *Ó Fiodhabhair (Fiubhair)*, "bushy eyebrow". It occurs in Limerick as Feore. SI & SGG.

Ffrench: mod.nos.: Roscommon, Wexford, Meath etc. Anglo-Normans who settled in Wexford and Galway, whence one of the "Tribes of Galway". The Welsh "ff" for normal "f" arose in 16 cent. The name also occurs as French. Ir. *Frinseach, Frinse*.

Fiddes,-is: fairly rare: scattered in Ulster. From a placename in Kincardineshire, Scotland.

Fidgeon: rare: Cork etc. English: from FitzJohn, or a corruption of MacGuigan. See also Pidgeon.

Field(s): numerous: Cork and scattered. In Ulster: Field in Antrim, Belfast; Fields in Armagh and Derry. Generally of English origin but also anglicisation of *Ó Fithcheallaigh* in Cork and of *An Mhachaire* in Armagh. SI.

Fieldhouse: rare: Belfast, Down. English: a locative name: house in open country. DOS.

Fielding: rare: Limerick etc. English generally but see also Feehily.

Figgis: v rare: Dublin. English: 18 cent. Derived from Old French "faithful". MIF.

Filan: rare: Sligo-Mayo. Seemingly a variant of Phelan, q.v., but possibly representing an Ulster name *Ó Fialáin*, which also appears as Phelan there. SI.

Filbin: rare: Armagh. Ir. *Mac Philbin* (dimin. of Phillip). This name relates to Mayo where they were connected to the Burkes and the Barretts. See also Philbin. MIF.

Filgate: rare: Louth. English, 17 cent. "field-gate". SI.

Fillis: rare: Derry. A variant of Felix, which is current in England. A first name, "happy". DSHH.

Finan(e): fairly numerous: Galway-Roscommon-Sligo. Ir. *Ó Fionnáin, (fionn, fair)*. A sept of Uí Fiachrach Muaighe (N Connacht). MIF & SGG.

Finch: mod.nos.: E Ulster & scattered. English, 17 cent, of the nick-name type. Alternatively, it may be a variant of Funge, q.v. Ir. *Fúinse*. SI & SGG.

Findlater: rare: Dublin, Down. Scottish: from placename in Banffshire.

Fine: rare: Dublin, Limerick etc. A Jewish family related to the 19 cent immigration from Lithuania.

Finglas: rare: Dublin. Ir. *Fionnghlas* (bright stream). A local toponymic dating from 13 cent.

Fingleton: mod.nos.: Laois-Kildare. Evidently an English toponymic, the place has not been found.

Finlan: v rare: Galway etc. As Fenelon, q.v.

Finlay, Findlay: v numerous: Ulster, Louth-Meath etc. Scottish: a branch of Clan Farquharson, also used for *Ó Fionnghalaigh* (Fennelly) in Midlands. Scots Gaelic: *Fionnlaoch* (fair hero).

Finlayson: rare: Belfast and scattered. Patronymic from Finlay, q.v.

Finn: v numerous: all areas, particularly Cork & Connacht. Ir. *Ó Finn, (fionn*, fair). Three septs in mediaeval times: two in Connacht and one in Oriel. It seems likely that there was one in Cork, though no records exist. See also Maginn. IF & SGG.

Finnan: mod. nos. : Dublin, Tipperary, Kildare etc. As Finan, q.v.

Finnegan: v numerous: Northern Half generally but present all areas. Ir. *Ó Fionnagáin, (fionn*, fair). Two septs: (1) Uí Fiachrach (Mayo), (2) Breifne (Cavan). Occurs in various spellings: Finegan, Finikin etc. IF.

Finnamore: rare: Midlands. Anglo-Norman, 13 cent. From French *fin amour* (dear love). The Irish *Fionamúr* is close to the original. SGG.

Finneran: mod.nos.: Roscommon-Galway. Ir. *Ó Finnthigheirn* (mod. *Finnthírn*), "fair lord". A sept of Uí Mealla (location uncertain, but likely east of the Shannon in Midlands). MIF.

Finnerty: numerous: Galway-Mayo-Roscommon and generally. Ir. *Ó Fionnachta*, a sept of Síol Muireadhaigh (O'Connors etc). They resided along the River Suck. Woulfe's derivation of *fionn+sneachta* (snow) is accepted. The name appears as Fenton in Munster. MIF.

Finney, -ie: mod.nos.: Antrim-Derry, Midlands. Ir. *Ó Fiannaidhe (Fiannaí)*. The name is also Scottish, accounting for many of those in Ulster, but basically the same name. See also Feeney.

Finnin: v rare: Cork-Limerick. Ir. *Ó Fionnáin*, alternatively *Ó Finghin*, which is usually anglicised Fenning & Fennin. These latter are of S Leinster origin. See Fanning.

Finnis: rare: Derry. Probably Scottish - Black gives Finnieson (son of Finney). SS.

Finucane: fairly numerous: Limerick-Kerry-Clare. Ir. *Mac Fionnmhacáin*, derivation *fionn+mac*, i.e. fair son. Woulfe gives this name as *Ó Fionnmhacáin* also. SI & SGG.

Firman: v rare: Belfast etc. Generally English: an epithet: "resolute".

Firth: mod.nos.: Belfast, Down, Dublin. Scottish: geographical term: arm of the sea or a wood. SS.

Fischer: v rare: scattered. The German version of Fisher.

Fisher: numerous: Derry-N Antrim, Down etc. English & Scottish occupational name; sometimes anglicisation of Scots Gaelic, *Mac an Iascair*.

Fishbourne: v rare: Dublin etc. English: habitational: "fish stream". Places in Durham, Sussex.

Fisk(e): v rare: Dublin. English: from Norse form of "fish". DOS.

Fitt: v rare: Dublin, Limerick, Belfast. English: a nickname for a polite, amiable person.

Fitch(ie): rare: Belfast area. English: a lance or spear. DOS.

Fittis: rare: Belfast area. Scottish: variant of Fettes, q.v.

Fitton: rare: Cork. English: since 13 cent. Toponymic from Cambridgeshire. Also Fetton. SI.

Fitz: v rare: Dublin. Norman *fitz = fils* (French) = *mac* (Irish) = *son* (English). In this case the "patro" part of the name has been dropped.

Fitzachary: rare: Dublin. Zechariah (Hebrew: "remember God") was father of John the Baptist and the name was popular in the Middle Ages.

Fitzell(e): mod.nos.: Kerry, Down etc. Originally Norman: in Antrim 17 cent. Also substitute for the Palatine name Fishell or Fizzell in Kerry. SI.

*Fitzeustace: the notable family of Baltinglass, Wicklow. See Eustace.

Fitzgerald: v numerous: all parts, particularly Munster. Ir. *Mac Gearailt*. Maurice Fitzgerald came in the Norman Invasion and was ancestor to the two main branches of the family: Desmond and Kildare. The aristocratic tradition survives with the Knight of Glin and the Knight of Kerry. IF & SGG.

Fitzgibbon: numerous: Munster etc. Ir. *Mac Giobúin*. The head of the family was the White Knight, one of the three Knights of Desmond. He resided near Newcastle West. There is another group in Mayo, related to the Burkes, who usually appear as Gibbons which is also an English name. Some Gibbons may well be of English origin. IF & SGG.

Fitzharris: mod.nos.: S E Leinster. Ir. *Mac Éinrí*. Anglo-Normans who settled in Wexford. It is synonymous with Fitzhenry.

Fitzhenry: fairly rare: S E Leinster. See Fitzharris above. See also MacHenry and Henry.

Fitzjohn: v rare: Galway. Ir. *Mac Eoin*. Also occurs as Fidgeon.

Fitzhugh: rare: Dublin etc. Also as Fitchew which is rare in England.

Fitzmaurice: numerous: (1) Limerick-Kerry-Clare, (2) Galway-Roscommon-Mayo. Ir. *Mac Muiris*. (1) Branch of the Geraldines, lords of Lixnaw, Kerry. (2) Branch of the Prendergasts in Mayo. IF & SGG.

Fitzpatrick: v numerous: all areas. Ir. *Mac Giolla Phádraig* (son of Patrick's servant). This is the only Fitz- name of indigenous origin - they were chiefs of Ossory (Kilkenny-Laois) at the time of the Norman Invasion and are still numerous there. The Fitzpatricks of Ulster are thought to be related to Maguire Fermanagh. See also Kilpatrick. IF, MIF, SGG.

Fitzroy: rare: Dublin. English: "son of the king". A number of Fitz- names in England are said to relate to natural sons of royalty, e.g. FitzJames, FitzWilliam. DOS.

Fitzsimons,-simmons: numerous: Down, Monaghan-Cavan, Louth-Meath. Ir. *Mac Síomóin*. They were in Down, Mayo & W Meath in 13 cent. In Mayo they adopted the Irish name *Mac an Ridire* (son of the knight), which still exists as Eddery. SI, IF & SGG.

Fives: rare. Waterford-Wexford. Not found in England: see Fivey.

Fivey: v rare: Fermanagh etc. Ir. *Ó Cuaig*. The sept Quigg was of Derry and now widespread in Ulster. The name probably arises from the personal name *Cuag* - certainly not from *cúig* ("five" in Irish). MIF.

Flack(es): mod.nos.: Down, Monaghan etc. Scottish but very rare there. See Fleck.

Flahavan: rare: Waterford-Cork. Ir. *Ó Flaitheamháin* (dim. of "prince"). Also as Flavin, q.v.

Flaherty: numerous: all areas: mainly Galway & N Munster. Ir. *Ó Flaithbheartaigh* (bright ruler). There were septs in Conamara and Thomond (Clare). The name is present in Ulster as Laverty, q.v. IF & SGG.

Flahive: mod.nos.: Limerick-Kerry. Ir. *Ó Flaithimh, (flaitheamh*, a prince). This has been associated with N Munster and S Galway, but usually in the form Lahiff, due to aspiration of the initial "f" in the spoken language. See also Lahy. MIF & SGG.

Flanagan: v numerous: all areas but especially S E Leinster, Connacht, S Ulster. The Irish is *Ó Flannagáin, Flann,* a popular personal name meaning "ruddy". A sept of Roscommon related to the O'Connors; another of Fermanagh. There were also groups in Offaly and Waterford. IF & SGG.

Flannelly: mod.nos.: Mayo etc. Ir. *Ó Flannghaile*, (ruddy-valour). A sept of Tirawley, (Mayo-Sligo). Sometimes confused with Flannery. MIF.

Flannery: numerous: Connacht, N Munster etc. Ir. *Ó Flannabhra* (ruddy eyebrow). Two historical septs: (1) of Uí Fiachrach (Mayo), (2) Uí Fidhgheinte (Limerick) and the name still flourishes in these areas. IF & SGG.

Flatley: mod.nos.: Mayo etc. Ir. *Ó Flaithfhileadh (Flaitile),* (prince-poet). Another sept of Uí Fiachrach. Some confusion with Flattery. MIF & SGG.

Flattery: mod.nos.: Meath, Mayo-Galway-Offaly. Ir. *Ó Flaitire* - this may be a corruption of *Flaithfhileadh* (see Flatley) but MacLysaght maintains that they were a separate sept and associated with Offaly. The Four Masters refer to it being in Ulster in 10 cent. Confusing. MIF & SGG.

Flavelle: rare: Armagh-Down. An Anglo-Norman name in Ulster; it is possibly an anglicisation of *Ó Flannghaile* in Connacht. See Flannelly above. SI.

Flavin: numerous: Cork-Waterford, Kerry-W Limerick. Ir. *Ó Flaitheamháin*. A name identified with E Cork and W Waterford for five centuries. See also Flahavan. MIF.

Fleck: fairly numerous: Antrim etc. Scottish: possibly from Affleck, a place in Angus. This name may also be Jewish or German, but this hardly applies here. SS, DSHH.

Fleet: rare: Belfast etc. English: a placename (stream) or an epithet "swift".

Fleeton: rare: Dublin, Down. There is an Old English word "fleotan", to glide, which may be the root of this name. Or it may be toponymic "stream settlement".

Fleetwood: rare: Dublin. English: settled in 16 & 17 cent. A toponymic: "wood by creek". SI.

Fleischmann: rare: Cork. German: fairly recent immigrants. Derivation: occupational: a butcher. Actually a notable musical family.

Fleming: v numerous: S E Leinster, N Munster, Ulster etc. Ir. *Pléamonn*. People from Flanders who came in the aftermath of the Norman Invasion, having been previously settled in Wales. Seán Pléamonn (1814-1896) was a major influence in the Gaelic revival at the end of 19 cent. IF & SGG.

Fletcher: numerous: Ulster etc. This is an English name meaning "arrow-maker". The name was current in Scotland by 14 cent and gaelicised *Mac an Fhleastair*. It appears it came to Ulster in both forms in 17 cent. SS.

Flesk: rare: Galway. Evidently a native name; it may be toponymic from the river in Kerry; if so the Irish would be *na Fleisce*.

Flett: rare: Dublin. Of Scottish origin: may be a placename or an epithet, "swift". DSHH.

Fleury: fairly rare: scattered. MacLysaght says it is a variant of Furey, for which the Irish is *Ó Furreidh* (Annals); *Ó Fíodhabhra* (Woulfe). The spoken language is *Ó Fiúra*. However, this name is current in England and France, coming from first name "Flower" or a French place-name. So a foreign origin is possible in some cases at least.

Fleville: rare: Armagh etc. A variant of Flavelle, q.v.

Flewitt: v rare: Dublin. English: from Norman first name *Flodhard*, fame + brave. DSHH.

Flinn: fairly rare: Down and scattered. Ir. *Ó Floinn*. See Flynn, O'Flynn.

Flint: rare: Portadown etc. Known in Dublin 13 cent. There are a number of sources - the most likely is "a hard nut"! But it could be habitational, relating to a stony place.

Flinter: fairly rare: Carlow etc. English, 17 cent. They were in Kildare and Wicklow then. SI.

Flood: numerous: Leinster and adjacent parts of Connacht and Ulster. This name is a mistranslation of *Ó Maoltuile*, devoted to the Will (of God). It also occurs as *Mac an Tuile*, hence Tully, q.v. An English toponymic, Flood, also exists.And it may stand for Welsh *Llwyd*, (Lloyd). SI & SGG.

Floody: rare: Cavan, Louth etc. Variant of Flood, above.

Florish: v rare: Cork. The name Floris exists in England: connected to "flower" and the Roman first name Florus. See Flower and Fleury.

Flower(s). rare: Dublin etc. English: an arrow-maker or miller or epithet "fragrant". DBS.

Flowerday: rare: Antrim etc. Cottle recounts how this name appeared in Norfolk in 1541 as *Floure Dieu* and has posed problems of derivation ever since. It is a handsome name in any case.

Floyd: mod.nos.: Ulster, Tipperary etc. A variant of Lloyd and possibly Flood, the corresponding Irish being *Flóid & Ó Maoltuile*.

Fluskey: rare: Kilkenny-Carlow. Probably Ir. *Mac Bhloscaidh*. See Mac Cluskey.

Fluke: rare: Tyrone etc. English: possibly a nickname: "shaggy". Belongs to Gloucestershire.

Flynn: v numerous: all areas. Ir. *Ó Floinn.* from personal name *Flann,* meaning ruddy. The name of a number of septs in: W Cork, Roscommon, Mayo. See O'Flynn. Also in Ulster as Lynn and O'Lynn, q.v. IF & SGG.

Fodey: v rare: Down. A Scottish name relating to a place. May also be connected with Foody, q.v.

Fogarty: numerous: S E Leinster, N & E Munster etc. Ir. *Ó Fógartaigh, (fógartach,* proclaiming or outlawed). A sept of the Dalcassians based in N Tipperary. IF.

Folan: fairly numerous: Conamara etc. Ir.? *Ó Fualáin* A name long associated with Galway, it may be cognate with *Ó Faoláin*, which belongs to the South East. Woulfe gives the Irish as *Mac Fhualáin, Mac Faoláin, Ó Cualáin* (spoken language). Further, a brehon family *Mac Fualáin* did exist in Galway. Although *fual* means urine, it would appear that *Ó Fualláin* is the most likely original. Preferable roots would be *uallach,* proud, or *faol,* wolf. SI, MIF & SGG.

Foley: v numerous: all areas, especially Munster & S E Leinster. Ir. *Ó Foghladha (Foghlú), foghlaí,* a robber. A Waterford name. The Foleys of Ulster may be, as a result of mistranslation, really MacSharrys, q.v. IF.

Folliard: rare: Mayo. A French name meaning foolish.

Follis: rare: Fermanagh, Kilkenny etc. English: from W Midlands: Follows is more common in England. Derivation uncertain. DSHH.

Foody: mod.nos.: Mayo. Ir. *Ó Fuada.* A sept of Uí Fiachrach, Mayo. By mistranslation it also appears as Swift. The derivation could be from *fuadach,* plundering, or *fuadar,* haste. SI.

Foot: Wexford. **Foote**: Belfast, Limerick. **Foott**: Cork. Generally rare. Origins both English and Irish: *Mac Coise (cos,* a foot); *Ó Troighthigh* (foot-soldier). See Legge & Quish.

Footman: v rare: Cork. English - probably "foot-soldier". DBS.

Foran: numerous: South East, Leinster, Kerry etc. Ir. *Ó Fuartháin (Fuaráin).* from *fuar,* cold. The name is associated with Waterford and has sometimes been changed to Ford. The man of the motor-cars was really *Ó Fuaráin.* MIF.

Forbes: numerous: Belfast area, Tyrone, Ulster generally, Cork. A Scottish family who settled in Longford in 1620 - the name in Ulster is generally Scottish. It is also an anglicisation of *Mac Firbhisigh* (man of prosperity), a family of poets and historians attached to the Uí Fiachrach (Mayo-Sligo). They compiled the Book of Lecan in 1417. IF & SGG.

Ford: fairly rare: Dublin etc. Usually as Forde, q.v.

Forde: v numerous: all areas. While this is common in England, in Ireland it stands for a number of indigenous names: *Mac Giollarnáth, Mac Conshnámha, Ó Fuaráin,* the first two in Connacht, the last in Cork-Waterford. Some English Fords settled in Meath in the 14cent. The ancestor of Henry Ford (USA) came from Cork in 1847. IF.

Fordham: rare: Galway, Down. English placenames in East Anglia. DOS.

Fordyce: rare: Belfast. Scottish: placename in Banffshire. SS.

Foreman: mod.nos.: Belfast area. English: occupational: a swine-herd. DBS.

Forgie: v rare: Limavady. Scottish: a placename near Montrose. SS.

Forhan: v rare: Kerry. Ir. *Ó Fuartháin.* See Foran above.

Forkan,-en,-in: fairly rare: Mayo-Galway etc. Ir. *Ó Gabhláin (gabhal,* a fork). This name has also been anglicised Golden & Goulding.

Forker: rare: Armagh. Variant of Scottish Farquhar, q.v.

Forman: rare: Dublin. See Foreman above.

Forgrave: rare: Antrim. A variant of Scots Fairgrieve: grieve is an overseer. SS.

Forrest: fairly numerous: Cork, Derry-Tyrone etc. Scottish & English. Gaelicised *Foiréis.* Also occurs as Frost. A variant of Forrester (almost all these names are spelled with double "r").

Forrestal, Forristal: fairly numerous: Wexford-Kilkenny-Tipperary etc. Ir. *Fuireastal.* Anglo-Normans, since 13 cent. They became hibernicised and were active in the affairs of the country. The name is probably cognate with Forrester.

Forrester: mod.nos.: Dublin, Ulster. English: no doubt occupational. DBS.

Forry: v rare: Mayo etc. Ir. *Ó Fearadhaigh, Ó Farraigh* (SGA). See Farry above.

Forshaw: v rare: Down etc. Habitation name from Lancashire.

Forster: fairly numerous: Belfast, Down, Fermanagh, Longford. English, as Forrester.

Forsythe: numerous: Antrim, Down and general. Scots Gael. *Fearsíthe* (man of peace) but generally from the Scottish placename.

Forte: fairly rare: Dublin, Belfast. Well-known Italian family. Derivation: epithet "strong".

Forth: rare: Belfast, Cork. A variant of Forde.

Fortune: numerous: Wexford, Wicklow etc. Ir. *Ó Foirtcheirn*, (over-lord). Originally of Carlow, it has long been identified with Wexford. It is also an English name of the epithet type. IF & SGG.

Foskin: fairly rare: Dublin etc. Diminutive of Foss (dweller by a ditch). Latter is common in England.

Foss: rare: Belfast, Dublin. Habitation name from *fosse*, ditch. See Foskin.

Fossett: v rare: Dublin. A variant of Fawcett, q.v. Ir. *Foiséid.*

Foster: numerous: Ulster, N Leinster, N Munster. English: (1) foster-parent, (2) variant of Forrester. Reaney also mentions Forseter, a shearer, as a possible derivation. DBS.

Fotheringham: v rare: Ulster. Scottish: from a placename in Forfar.

Fottrell: fairly rare: Dublin. English: in Dublin since 15 cent. Derived from placename. It is now very rare in England. Ir. *Futrail.* SI.

Foudy: rare: Clare. Ir. *Ó Fuada*. Perhaps from *fuadach*, plundering. This name has become Swift in Connacht due to confusion with *fuadar*, hurry, though this also possible. See Foody. SGG.

Fouhy: fairly rare: S & E Cork. Ir. *Ó Fuathaigh, fuathach*, hateful. There is possibly a less unpleasant meaning for this name. The old first name Fothad may be involved.

Foulds: v rare: Cork. English: fold = cattle-pen. DBS.

Foulis: rare: Belfast. Scottish: from a placename. SS.

Foulkes: rare: Down etc. English: folk = people.

Fowles: rare: Antrim, Down. English: nickname for person resembling a bird or engaged in such trade. Also as Fowell.

Fowler: numerous: Dublin, Belfast and scattered in Ulster & Leinster. English: hunter of wildfowl. It has sometimes been substituted for Foley, q.v.

Fowley: mod.nos.: Sligo-Leitrim. Ir. *Ó Foghladha (Foghlú)*. A variant of Foley in Connacht.

Fox: v numerous: all areas, especially Ulster. There are a number of Irish names: *Sionnach, Mac an tSionnaigh, Ó Sionnaigh, Ó Catharnaigh*, which have been anglicised Fox. Also there were English settlers in Limerick who gave their name to *Móin an Bhoscaigh*, i.e. Mount Fox. IF & SGG.

Foxall, Foxhall: rare: scattered. An English habitational name.

Foxton: rare: Arklow. English: from a number of placenames there.

Foy(e): numerous: Galway, Connacht generally, Ulster, N Leinster. Ir. *Ó Fiaich*. From *fiach*, a raven, used as a personal name. Woulfe mentions *Ó Fáith* as a shortened form of Fahey, which might account for many of the Foys in Connacht. SI & SGG.

Foylan: v rare: Meath. Ir. *Ó Faoileáin (faol*, a wolf). Cognate with Phelan. SI.

Foyle: mod.nos.: Midlands, Galway. A English name of French derivation which has been in Ireland since 13 cent. Modern Foyles have gaelicised themselves *Ó Foighil.* MIF.

Foynes: rare: Laois-Kilkenny. Ir. *Faghan*. (1) As Fyans, derived from *paganus,* rustic or (2) English of French origin (Fiennes). See Fynes.

Frackelton: rare: Belfast. This name exists in Scotland but rarely. It seems to be toponymic.

Fraher: mod.nos.: Waterford, E Limerick. Ir. *Ó Fearchair*, from local variant *Ó Freachair*. This name also occurs as Raher. MIF.

Frahill: fairly rare: Cork-Limerick. Ir. *Ó Freathail (Ó Fearghail)*. See Farrell and Frehill.

Frain: rare: Roscommon-Mayo. Ir. *de Fréine*. Also as Frayne, Freeney. From French *frêne*, an ashtree. MIF.

Frame: mod.nos.: Belfast area, Dublin. Scottish and English, 16 cent. MIF.

Frampton: rare: Belfast etc. English habitational name from various places. DOS.

France: rare: Down etc. This name is current in England but greatly out-numbered by synonym Francis. They may derive from the epithet "Frenchman" or the popular first name. Interestingly the French themselves got theirs from a Germanic tribe, the Franks. See Francis and Frank.

Francis,-cey: fairly numerous: Down, Galway etc. Ir. *Proinséis*. A Norman name: *le Franceis*, the Frenchman. Also one must include the Saint of Assisi. SI.

Franey: rare: Tyrone. Ir. *de Fréine*. See Frain above.

Frank(e): rare: Dublin. English: nickname "generous"; German: native of Franconia.

Frankland: v rare: Dublin. English: status name for person holding land free.

Franklin,-lyn: fairly numerous: Limerick, Wexford, Down. Ir. *Frainclín*. English, 17 cent. Franklin, a freeholder (of land). SGG.

Franks: rare: Down. See Frank.

Franz: v rare: Tyrone, Waterford. German form of Francesco (which relates to French connection) See France and Francis.

Fraser: numerous: Belfast, Down, Dublin. Ir. *Friseal*. A prominent Scottish clan whose chief was called *Mac Shimidh*, hence Mac Kimmie. Woulfe considers they were Normans originating in Friesland and first called Frisell when they appear in Scottish records in 12 cent. Also as Frazer & Frizell. SS & SGG.

Fraughen: v rare: Dublin. Ir.? *Ó Fraocháin, fraoch*, fury. Woulfe describes it as a rare Connacht name but cannot give an anglicised version. SGG.

Frawley: numerous: Limerick, Clare etc. Ir. *Ó Freaghaile*, a variant of *Ó Fearghaile* (Farrelly) which see. MIF.

Frayne: mod.nos.: S E Leinster etc. Ir. *de Fréine*. See Frain above.

Frazer: numerous: Ulster generally, scattered elsewhere. The name has been in Ireland since the Norman Invasion but the large Ulster grouping derives from the settlements of the 17 cent. See Fraser above. SGG.

Freaney: mod.nos.: Scattered. See Frain.

Fredlander: v rare: Belfast. This refers to German territories in E Prussia and is usually Jewish.

Free: mod.nos.: Dublin etc. Abbreviation of Freeman, q.v.

Freeborn: rare: Donegal etc. The name is both Scottish and English. Also Freebairn, which indicates a "free (inheriting) child". More commonly Freeburn. DBS & SS.

Freeburn: mod.nos.: Down etc. Scottish. See Freeborn.

Freegrove: rare: Dublin. This name is not in evidence in Britain but it is probably a toponymic from there.

Freedman: rare: Dublin, Down. English and Jewish. Reference to person freed from serfdom.

Freehill: rare: Galway etc. Ir. *Ó Frithil*, a variant of *Ó Firghil* (Friel), q.v.

Freeley: mod.nos.: Galway-Mayo etc. Ir. *Ó Frighile* variant of *Ó Firghile*, cognate with Farrelly, q.v.

Freel: rare: Belfast. Ir. *Ó Frighil*, see Friel.

Freeland: fairly rare: Belfast area. Scottish: from an OE first name, or relating to a free holding. SS.

Freeman: numerous: Leinster & Ulster generally. A common English name but also an anglicisation of *Ó Saoraidhe, Mac a' tSaoir. (saor*, craftsman). SI & SGG.

Freeney: mod.nos.: Dublin and scattered. Ir. *de Fréine*. See Frain above.

Freer: rare: Dublin. English: "friar" (brother). DBS.

Freestone: rare: Antrim etc. English: from old name Freostan (noble stone). DSHH.

Frehill: v rare: Dublin. Ir. *Ó Firghil* , see Friel.

Freiberg: v rare: scattered. A German placename, see Friberg.

Freil: v rare: Ulster. A variant of Friel, q.v.

Freir, Frier: v rare: Dublin etc. Variant of Freer, q.v.

French: numerous: E Ulster, Wexford, Waterford etc. Ir. *Frínseach*. One of the "Tribes of Galway" and long connected with Roscommon. Scottish & English, denoting French origin. IF.

Freney: rare: Dublin, Mayo. See Frain.

Frew: mod.nos.: Antrim and Ulster generally. Scottish: from a place-name in Perthshire. SS.

Frewen: fairly rare: Dublin and scattered. English: "generous friend". SI, DOS.

Freyne: mod.nos.: Kilkenny, Waterford, Mayo-Galway etc. Ir. *de Fréine*. An Anglo-Norman family who settled in Kilkenny. Synonyms: Frain, Frayne, Freaney, Freeney. Derivation from the French *de frêne*, (ashtree). MIF.

Friar: fairly rare: Down etc. Ir. *Mac a' Phríora*. Also English, as Freer above.

Friberg: v rare: Belfast, Limerick. This name is current in England but is of Jewish or German origin.

Fricker: rare: Dublin. English: possibly occupational, a town crier.

Friel: numerous: Donegal-Derry etc. Ir. *Ó Frighil*, formerly *Ó Firghil* (man of valour). The name is cognate with Farrell. An erenagh family of Donegal. IF & SGG.

Friers: rare: Down etc. See Friar.

Friery: rare: Meath-W Meath. Ir. *Mac a' Phríora* (son of the prior). There is some confusion between Friar, an English name from the French *frère*, and *Príor*, an Irish name denoting a church official. See Freer, Friers. SI & SGG.

Fripps: v rare: Waterford etc. The name is rare in England. It may relate to gaudy clothing.

Frisby: rare: Dublin. An English placename, associated with Kilkenny. Also Ir. *Mac Firbhisigh*, see Forbes. SI & ASG.

Frize: v rare: Donegal, Dublin. Very rare in Britain, this name seems to relate to Friesland.

Frizzell: fairly numerous: Belfast, Down, Armagh etc. Ir. *Friseal*. This name was amongst the Anglo-Normans who settled in Munster 13 cent but here it is generally of Scottish origin, being synonymous with Fraser, q.v. MIF & SGG.

Frost: mod.nos.: Clare, Limerick etc. Ir. *an tSeaca; Fuiréast*. An English name in Clare and prominent since 1700. The name relates to appearance or demeanour. DOS.

Fry: fairly numerous: Ulster generally, Dublin etc. An English name meaning "free". DBS.

Fryar, Fryer(s): mod.nos.: Belfast, Down etc. An English name from "friar", a religious brother, but see also Prior.

Fryday: rare: Tipperary. One born on Friday, or someone with gloomy face, (associated with fasting)

Fuchs: v rare: scattered. German for "fox".

Fugard: rare: Down. This name exists in Scotalnd but is very rare. Origin not clear.

Fuery: rare: Galway-Mayo, Donegal. Ir. *Ó Forreith* (Annals), now *Ó Fiúra*. See Fury.

Fulcher: rare: scattered. The name appears thus in Domesday Book – Teutonic origin. DBS.

Fulford: rare: Ulster. English toponymic. A muddy ford. DBS.

Fullalove: rare: Belfast. English: fine example of nick-name type. DBS.

Fullam, Fulham: mod.nos.: Meath, Dublin etc. English toponymic identified with Dublin since 13 cent. MIF.

Fullan, -en: fairly rare: Derry-Tyrone etc. Ir. *Ó Fallamhain*, a variant of Fallon and Falloon.

Fullard: rare: Roscommon-Mayo. Probably occupational as Fuller (dresser of cloth).

Fuller: fairly numerous: Cork-Kerry, Dublin, Belfast. This English name has been in Kerry since 16 cent. Also possibly Ir. *Mac an Úcaire* (son of the fuller, cloth processing).

Fullerton: numerous: Down, Antrim, Derry, Donegal. A branch of Scottish Clan Stewart of Bute. See also MacCloy. SI & SS.

Fulton: numerous: Derry-Tyrone-Fermanagh. Scottish name, common in Ulster since 17 cent.

Fung: rare: Antrim etc. Apparently Chinese: no derivation has emerged.

Funge: rare: Kilkenny-Wexford. Ir. *Fúinse*. Probably a variant of Punch, q.v. SGG.

Funnell: v rare: Dublin etc. English: variant of Furnell (French *fournel*, furnace).

Funston: mod.nos.: Tyrone-Derry. Rare in Scotland, it seems to be a habitational name.

Furey: fairly numerous: Galway etc. Ir. *Ó Forréidh* (SGA), spoken language: *Ó Fiúra*. Originally a sept of W Meath, related to the royal house of O'Melaghlin, they moved to Galway in 17 cent. Woulfe gives the Irish as *Ó Fiodhabhra* (bushy-eyebrow). This name also occurs as Feore, q.v. MIF & SGG.

Furley: rare: Dublin. Is found in Scotland but rare. Apparently a topomymic.

Furlong: numerous: Wexford-Wicklow, Waterford etc. Ir. *Furlong*. Anglo-Normans who settled in Wexford in 13 cent. Reaney considers that Furlong (furrow-long) came to mean the race-track and even the runner. MIF & DBS.

Furlonger: rare: Belfast etc. The name is current in England. Variant of Furlong.

Furfey: rare: Lisburn. See Furphy below.

Furnay: rare: Cork, Wexford. See Furney.

Furneaux: v rare: Longford etc. French version of Furnell, q.v. Derivation: "furnace".

Furnell: v rare: Limerick. English, 18 cent. See Funnell. SI.

Furness: rare: Down, Wexford etc. English, from Furness in Lancashire.

Furniss: rare: Dublin. As Furness.

Furney: rare: Cork, Wexford. Family lore suggests they were Huguenots, 16 cent in England and appearing in Ireland in 18 cent in Laois. French *Fournier* meant "baker".

Furphy: fairly rare: Portadown-Lurgan etc. Ir. *Ó Foirbhithe* (perfect).A name always associated with Armagh. The name became part of Australian slang as related by MacLysaght in MIF.

Fusciardi: rare: Dublin. Italian: perhaps similar to Fusco.

Fusco: fairly rare: Dublin, Belfast. Italian: nickname: of dark complexion.

Fyans: v rare: Dublin. See Fynes below.

Fyfe, Fyffe: fairly numerous: Antrim, Tyrone etc. Scottish, from name of the county. Also an anglicisation of *Ó Fiaich* in Fermanagh. See also Fee.

Fynes: fairly rare: Dublin. Ir. *Faghan*. English, 15 cent. Derived from (1) *paganus*, rustic or (2) from Fiennes, a place in France. Also as Foynes and Fyans. MIF.

Fynn: rare: Down. Presumably, a variant of Finn, q.v.

Fyvie: v rare: Down etc. Scottish, from placename in Aberdeenshire. See also Fivey.

Gabbett,-ott: rare: Limerick, S E Leinster. Ir. *Gabóid*. English, 17 cent. Diminutive of Gabriel.

Gabbey, -ie: mod.nos.: Down. Gab meant mockery, deceit. There was also the French *Gaby*, a popular form of Gabriel. A Jewish name Gabbay is current in England. DSHH.

Gabble: v rare: Down etc. There is a French name *Gabal*, joker, as well as the simple English meaning.

Gabriel: rare: Cork. English or French. A popular first-name through the centuries. Hebrew: "God is strong". It was used by both Jews and Christians.

Gacquin: rare: East Galway etc. Probably French origin: native of Gascony.

Gadd: rare: Down. Goad or sting - a nickname of English origin. DOS.

Gaff: rare: Dublin. Ir. *Mag Eathach*. The name appears as MacGagh in Galway. Woulfe says this is a variant of *Mag Eachaidh* (MacGahey), q.v. SGG.

Gaffey: mod.nos.: Athlone area. Ir. *Mac Gaibhidh*, (SGA & SI). MacLysaght differs from Woulfe who gives *Mag Eachaidh*. The latter is usually anglicised MacGahey and associated with Ulster. MIF.

Gaffikin: v rare: Down. Ir. *Ó Gáibhtheacháin* (*gáibhtheach*, ostentatious). The more manageable modern form is *Ó Gáifeacháin*. Also as Gaughan & Gavigan etc. SI.

Gaffney: numerous: all areas, especially Leinster. This name is used as an anglicisation for five native names: *Ó Gamhna, Mac Conghamhna, Mac Carrghamhna, Mag Fhachtna, Ó Caibheanaigh*. *Ó Gamhna (gamhain*, a calf), a sept of S Leinster now occurring also as Caulfield; *Mac Conghamhna* were a sept of S Galway who also go as Caulfield. *Mac Carrghamhna* (calf-spear, a personal name) a Midlands sept who have turned into MacCarron and O'Growney also. *Mag Fhachtna*, from the personal name *Fachtna*, is also more realistically rendered Mac Gaughney. *Ó Caibheanaigh* is a S Leinster name which may appear as Keveny, but not to be confused with Connacht Keaveneys. Only genealogical research can establish to which group one belongs. IF.

Gaffrey: rare: Roscommon etc. Ir. *Mac Gafraidh*. Variant of Mac Caffrey, q.v.

Gage: fairly rare: N Antrim etc. English: it is fairly common in England. Occupational: a measurer.

Gageby: rare: Dublin. Presumably an English toponymic but very rare there.

Gahan: numerous: Wexford etc. Ir. *Ó Gaoithín (gaoth*, wind). Chiefs of Síol Éalaigh (Shillelagh) in Wicklow. A group with the same name in N Connacht now appear as Guihen and Wynne. See also Gaughan and Gavigan. MIF & SGG.

Gailey: mod.nos.: Down, Tyrone. Scottish: from the Gaelic: *gallaich*, strangers. Applied to the people of Caithness, who were of Norse origin. SS.

Gailliard: rare: Down. French and English. "A boisterous person".

Gaine: fairly rare: scattered. Ir. *Ó Géibhinn* (prisoner). Abbreviation of Geaney, q.v. Also see Gaines.

Gaines: rare: Dublin. English: nickname for ingenious, crafty person

Gainey: rare: scattered. See the more numerous Geaney.

Gainford,-rt: v rare: Wexford. English toponymic: "direct ford". DOS.

Gaire: rare: W Limerick-N Kerry. Ir. *Géar* (sharp). An epithet which superceded the original surname, now unknown.

Galashan: rare: Belfast. Scottish: variant of (Mac) Glashan: Gael. *Mac Giolla Ghlais*. SS.

Galavan: rare: S E Leinster. See Galvin below.

***Galbally**: Ir. *de Gallbhaile* (foreign homestead). A toponymic from many place-names.

Galbraith: numerous: Ulster and scattered. Ir. *Mac an Bhreatnaigh* (son of the Briton). A Briton (or Welshman) who settled amongst the Gaels in Scotland. They came to Ireland in the Plantation of Ulster c. 1609. SI.

Gale, Gaile: mod.nos.: Antrim, Down, Dublin etc. Ir. *Mac an Ghaill* (son of the stranger). See also Gaule below.

Galgey: rare: Dublin. This name is very rare in England. It is possibly indigenous. *Ó Calgaigh* has been suggested, See Callagy.

Gall: rare: Dublin. The general Irish term for "foreigner". In Brittany: French immigrants. In France and Germany it relates to the original Gauls and to St Gall, the Irish monk, who was venerated widely in Europe. See also Gaule, Galle.

Gall(e): mod.nos.: Kilkenny-Wexford-Waterford. Ir. *Gall; Mac an Ghaill*. The latter a patronymic adopted by the Stapletons, an Anglo-Norman family who settled in Kilkenny. SI & SGG.

Gallagher: v numerous: all provinces but primarily Donegal and adjoining counties. MacLysaght mentions 23 different spellings of the anglicised name! The Irish is *Ó Gallchobhair*, meaning "lover of foreigners". They were a leading sept of Cineál Conaill and ally of the O'Donnells. The sermons of Bishop James O'Gallagher (1681-1751) are one of the treasures of Irish spirituality. The name has been abbreviated to Gallahue in Limerick. IF & SGG.

Gallanagh: v rare: E Donegal. See Gallinagh below.

Gallanaghan: v rare: Donegal. Dim. of Gallinagh below.

Gallen: fairly numerous: This name is concentrated around Castlederg, Tyrone, and Donegal. Ir. *Ó Gaillín*. Possibly from *gall*, a cock. A sept of Cineál Eoghain. MacLysaght also mentions a Breifne sept *Ó Galláin* (Gallon), but these are not in evidence at present.

Gallahue: rare: E Limerick-N Cork. Ir. *Ó Gallchú.* An abbreviated form of Gallagher. SI.

Gallery: mod.nos.: Down-Armagh, Clare. Ir. *Mac Giolla Riabhaigh*, (striped servant). Other versions: MacAreavy, MacIlreavey etc. The name was common in Scotland where it was anglicised MacIlwraith. MIF, SGG & SS.

Galley,-ie: v rare: Midlands. English: connected with (1) galley (ship), (2) Galilee (pilgrim).

Gallick: rare: Derry City. Possibly Scots Gaelic *Gallaich* (foreigners) referring to non-Gaels who settled in the Gaeltacht. SS.

Galligan: numerous: Cavan, Midlands. Ir. *Ó Gealagáin (geal,* bright, white). A sept of Uí Fiachrach, Sligo, who moved to Cavan where the name also became White. There is some confusion with Gilligan, q.v. MIF.

Gallinagh,-anagh: fairly rare: E Donegal etc. Ir. *Ó Gailínigh*, perhaps *gailíneach,* flattering.

Gallivan: mod.nos.: Limerick-Kerry etc. See Galvin.

Gallo: v rare: Antrim. Italian: nickname related to "cock" (bird). Also see Gall.

Gallogly, Galloghly: mod.nos.: Leitrim, Armagh etc. Ir. *Mac an Ghallóglaigh*, (*gallóglach,* a galloglass or mercenary soldier). A Donegal name, it has been changed to English and Englishby in some areas. See also Gollogly. MIF & SGG.

Gallon: v rare: Wicklow. Ir. *Ó Galláin.* In Dublin, it usually occurs as Gallen, q.v.

Gallougher: v rare: Donegal. Variant of Gallagher, q.v.

Galloway: fairly numerous: Antrim, Down and scattered in the South. Ir. *de Gaillidhe, (Gaillí).* The name is clearly derived from Galloway in Scotland but has been in Ireland since 13 cent, and may have connections with Galway, (q.v.) as the name usually appears in this form in the south. Scots Gaelic for the area was *Gallghaidhealaibh.* Evidently a border territory. IF.

Gallwey: rare: scattered in South. See Galway below.

Gallop: v rare: Antrim. Apparently a nickname for an impetuous person. DSHH.

Galvin: numerous: mainly Munster where they are well distributed. Ir. *Ó Gealbháin*, (bright-white). Originally a sept of Clare, the form Gallivan is current in Kerry. IF.

Galway: numerous: Belfast, Down and scattered in south. Ir. *de Gallaidhe.* Some southern Galways were thought to be descended from the Burkes. They were connected with the cities of Cork and Limerick. See also Galloway. IF.

Gamble: numerous: Ulster etc. English, in Ulster 17 cent. See Gammell.

Gammell: mod.nos.: Limerick etc. Ir. *Gamal.* This name is associated with East Anglia in England and said to be of Norse origin. (Caution: in Irish *gamal* = simpleton!).

Gammon: v rare: Down. English: one given to games. MacLysaght found the name in Munster and refers it to French *gambon*, leg. It is gaelicised *Gambún*. Game is current in England. SI.

Gander: v rare: scattered. Occupational: connected with geese, or a nickname.

Gandy: v rare: scattered. Suggested as being related to French *gants*, gloves.

Ganley: mod.nos.: Dublin, Midlands. Ir. *Mag Sheanlaoich*, (old warrior). A name associated with Leitrim where it usually appears as Shanley, q.v. MIF.

Gannon: numerous: Connacht, Midlands etc. Ir. *Mag Fhionnáin, fionn* - fair. A family of Mayo. The name appears as *Ó Geanáin* in the spoken language. SI & IF.

Gant: v rare: Tyrone. Connected with gloves or a nickname for skinny person (gaunt).

Ganter: rare: Dublin. Anglo-Norman, *le gantier*, the glove-maker. In Dublin since mediaeval times.

Gantly,-ey: mod. nos. : Dublin, Galway etc. Ir. *Mac Sheanlaoich.* See Ganley.

Gara: rare: Roscommon. See O'Gara.

Garahan: v rare: Longford etc. See Garrahan.

Garahy, Garrahey: rare: Wexford, Midlands. Ir. *Mag Fhearadhaigh.* See Garrihy and Garry.

Garavan,-in: mod.nos.: Mayo-Galway etc. See Garvin.

Garbett: v rare: Antrim. English: from Norman personal name "spear-bright". DSHH.

Garbutt: rare: Dublin. English. Fairly rare in England. Meaning: "spear-messenger".

Garde: mod.nos.: Cork. English: linked with name Uniacke in Youghal since 14 cent. MacLysaght mentions Gardes who came to Cork from England in 17 cent. Ir. *Geárd*.

Gardiner, Gardner: numerous: all areas, especially Antrim and Down. Ir. *Gairnéir*. The variant Garner is rare. The name arises in both England and Scotland, but has been in Ireland since 13 cent. SGG.

Garfield: v rare: Derry. English: habitational name. Sometimes Jewish.

Gargan: fairly numerous: Midlands etc. Ir. *Ó Geargáin, gearg* = fierce. Originally of Breifne and also occurring as *Mac Geargáin*.

Garland: fairly numerous: Cavan-Monaghan, Louth-Meath etc. Ir. *Gearlann*, originally *Gearnún* from Gernon, Normans who came with Strongbow and settled in Louth. MIF.

Garnham: rare: Belfast, Derry. English. A variant of Gernon - see Garland above.

Garner,-ier: rare: Belfast etc. English: connected with granary.

Garnett: v rare: Dublin. English, from North of England. Occupational: relating, perhaps to the gemstone.

Garnon: rare: Derry. Nickname for man with moustache. See Gernon.

Garrahan: rare: Roscommon-Longford. Ir. *Mag Aracháin* (perhaps *arrachtach*, monster-like). A family originating in Fermanagh and linked with *Ó Faracháin* (Farren). MIF & SGG.

*Garraher: Ir. *Mag Fhearchair*. Found in Roscommon - see Carraher.

Garrett: numerous: Belfast, Down and scattered all areas. Ir. *Gearóid*. This English name is a corruption of Gerard or Gerald, sometimes used for FitzGerald. SI & DBS.

Garrigan: mod.nos.: Dublin, Meath etc. Ir. *Mac Geargáin; Ó Geargáin*. See Gargan above.

Garrioch: rare: Dublin. Scottish, from placename in Aberdeenshire. SS.

Garrihy: fairly rare: Clare. Ir. *Mag Fhearadhaigh*. More usual as Garry, q.v.

Garrity: rare: Tyrone. Ir. *Mag Oireachtaigh (oireachtach*, member of assembly). Other anglicised versions: Geraghty, MacGerrity. They were a sept of Uí Maine (Galway), related to the O'Connors. IF

Garrivan,-en: v rare: Mayo. See Garvin.

Garrod: v rare: Galway. Variant of Garrett, q.v.

Garry, -ey: numerous: Midlands, Clare etc. Ir. *Mag Fhearadhaigh. Fearadhach* was a very early personal name, possibly meaning "manly". The name originated in E Connacht and appears in many guises: Garahy, Garrihy, MacGarry and by peculiar mistranslation - O'Hare. SI & SGG

Garstin: v rare: Antrim etc. English toponymic: a place in Lancashire called Garstang. DSHH.

Gartland,-an: fairly numerous: Louth-Monaghan. Ir. *Mac Gartnáin*. A sept of Cineál Eoghain, according to MacLysaght; Woulfe considers it a synonym of Gernon & Garland, these latter being Ir. *Mac Garlan*. It may well be that both are right. SI & SGG.

Gartley: rare: Belfast etc. From a placename in Aberdeenshire. SS.

Garton: rare: Dublin. English toponymic: "fenced farm". DBS.

Gartside: v rare: Belfast etc. From placename in Lancashire. "enclosure on hillside".

Garty,-ey: rare: Dublin etc. A variant of Geraghty, q.v.

Garvan: fairly rare: Cork. Ir. *Ó Garbháin, (garbh*, rough). A sept related to the Moriartys of Kerry, now much confused with Garvey. IF & SGG.

Garvey: numerous: all areas: especially Connacht and N Munster. Ir. *Ó Gairbhith*, perhaps "rough peace". A number of families bore this name: (1) in Iveagh (Down); (2) in E Armagh; (3) a branch of Uí Cinnsealaigh in Carlow. It is used for Garvan in Munster and Garvin in Connacht. IF & SGG.

Garvin: mod.nos.: Mayo, Derry etc. Ir. *Ó Gairbhín*. A sept of the Southern Uí Néill who left Meath for Mayo under pressure from the Normans after the Invasion. IF & SGG.

Gash: rare: Cork. English: from French name *Gache* (look-out), amongst others. DBS.

Gaskin: mod.nos.: Louth, Dublin, Belfast. Ir. *de Gascún*, from French *Gascogne* (Gascony). The name has been in England and Ireland since 13 cent. SI.

*Gason, Gasson: Ir. *Ó Gusáin, gus* = strength. See Gaussen.

Gass: rare: Belfast. A synonym of Gash; or possibly Scottish from placename in Galloway.

Gaston: fairly numerous: Antrim etc. English and Scottish, 17 cent. A variant of Garston, a placename.

Gately: mod. nos.: Galway-Mayo-Roscommon. Ir. *Ó Gatlaoich* (stammering hero) (SGG). A sept located around Athlone. MacLysaght has Ir. *Mag Athlaoich* (old warrior) which sounds better. MIF.

Gatenby: v rare: Down. English: habitational name from Yorkshire.

Gater: v rare: Waterford. English: a goat-herd or dweller by the gate. DBS.

Gates: mod.nos.: Portadown etc. English: synonym of Yates and Yeats. Taken to mean a person who lived near or operated the town gates in mediaeval times.

Gath: rare: Wexford, Midlands etc. A varant of Garth, a toponymic of N England.

Gatt: rare: Belfast. A rare Scots name: perhaps of local origin. SS.

Gaughan: fairly numerous: Mayo etc. Ir. *Ó Gáibheacháin (Gácháin)*. A sept of Uí Fiachrach (N Connacht). Also as Gavaghan and Gavigan, q.v. *Gáibhtheach*, flattering or peevish! MIF .

Gaughran: fairly numerous: Midlands etc. Ir. *Mag Eachráin*. A Cavan name; also appearing as MacGahern and MacGaughran. *Eachra* was an old feminine name but *Eachrán* was presumably male. MIF & SGG.

Gaul(e): mod. nos.: Waterford, Wexford, Ulster. Ir. *Mac an Ghaill*, a patronymic adopted by the Stapletons; also see Gall.

Gauley: v rare: Belfast. Apparently a variant of Gall as it relates to Scotland. Strangers in the Gaeltacht.

Gault: numerous: Antrim and Ulster generally. Ir. *Gallda*, an adjectival name meaning foreign or anglicised native, the original surname having been dropped. This name is also Scottish with similar derivation. SI & SS.

*Gaussen: Ir. *Ó Gusáin*. A branch of Síol Muireadhaigh in Roscommon. See Gosson.

Gavaghan, Gavagan: mod.nos.: Mayo-Sligo, S Down. Ir. *Ó Gáibhtheacháin, (gáibhtheach, flattering, ostentatious)*. A sept of Uí Fiachrach (Mayo). Spoken language: *Ó Gácháin*, hence the form Gaughan, q.v. SI & SGG.

Gavan: rare: scattered. See Gavin below.

Gavigan, Gavican: fairly numerous: Midlands, Roscommon, Donegal. Ir. *Ó Gáibhtheacháin*. This is now spelled *Ó Gáibheacháin. (gáifeach* means both flamboyant and terrible in the sense of "dangerous"). In Ulster we find the name Mac Gavigan, q.v.

Gavin,-an: numerous: S Leinster, N Munster, Mayo. Ir. *Ó Gábháin, Ó Gáibhín*. There were septs in W Cork and Mayo. They are now in all provinces. This name is both first name and surname in Scotland. Deriv. *gabhadh/gá* : need/danger. MIF & SGG.

Gavin-Duffy: v rare: Dublin. A family renowned for service to the Irish people.

Gavney: v rare: Cavan. Possibly Ir. *Mag Dhuibhne*. See Mac Givney.

Gaw: mod.nos.: Belfast, Down. Ir. *Mag Ádhaimh* (Adam). In Scotland this name usually stands for Gall, but MacGaw and Mac Caw were synonymous with MacAdam. SI & SS.

Gawley: mod.nos.: Belfast area, Connacht. Ir. *Mag Amhlaoibh*. From Norse *Olaf*. A sept of Fermanagh related to the Maguires. See MacAuley. The Scottish clan Macauley probably accounts for many Gawleys in Ulster. IF.

Gawn(e): fairly rare: Antrim etc. Ir. *Mac Gabhann, gabha* = smith. Reaney considers it a Manx name, so of Gaelic origin. DBS.

Gay(e): rare: Dublin, Cork etc. Ir. *Mac Giolla Dé* (servant of God). However present distribution suggests an English origin, which is from French *gai*, light-hearted. Quite common in England. See also Gildea and Kildea.

Gayer: rare: Cork. Ir. *Géar; Mac an Gheairr & Mac an Ghirr* (son of the short man). See also Gaire and MacGirr. SI & SGG.

Gaynard: v rare: Mayo. Ir. *Ó Gánaird,* (spoken language). An Anglo-Norman family in Connacht since 13 cent, hence the gaelicisation.

Gaynor: numerous: Midlands, S Ulster etc. Ir. *Mag Fhionnbhairr*, from the personal name *Fionnbharr,* meaning "fair head". A sept of Longford linked to *Ó Geradhain* (Guerin), it was formerly more accurately anglicised MacGinver. MIF.

Gayson: rare: scattered. Patronymic from Gay, q.v.

Gazzard: v rare: Down. The name is current in England: perhaps a nickname "gazza" (magpie).

Geagan: v rare: Midlands. See Geoghagan.

Geaghan: v rare: Galway. See Geoghagan.

Geaney: fairly numerous: Cork-Limerick-Kerry etc. Ir. *Ó Géibheannaigh* (prisoner). See also Gaine which is an abbreviation. MIF.

Gear: rare: Tyrone, Dublin. Scottish: nickname from Gaelic *gearr* (short) but see also Gaire.

Gearon: v rare: Tipperary. Ir. *Ó Géaráin* - see Guerin.

Gearty: rare: Connacht. See Geraghty.

Geary: numerous: Cork-Limerick, Belfast. Ir. *Ó Gadhra, gadhar,* a hound. Originally a sept of N Connacht where they go under O'Gara, q.v. Some of them settled in Munster in 16 cent. They also appear as Guiry. SI & SGG.

Geasley: rare: Cork. A Cóbh name, not in evidence in England, it might be an English toponymic.

Gebbie: v rare: Belfast etc. Variant of Gibbie, dim. of Gilbert.

Gebruers: v rare: Cork. A Flemish family prominent in the musical world.

Geddis, Geddes: numerous: Belfast, Down etc. Scottish, from placename in Nairn.

Gee: fairly rare: Waterford, Laois, Belfast. Ir. *Mag Aoidh,* from the personal name *Aodh* meaning "fire". Part of the widespread *Mac Aodha* (MacHugh, Magee, Hughes etc.) MacLysacht attributes the original septs to Antrim and W Meath. SI.

Geehan: rare: Offaly-Tipperary. Ir. *Ó Gaoithín*. From *gaoth*, wind; perhaps a diminutive of *Ó Maolghaoithe*. A family of Síol Éalaigh, Wicklow, existing as Gahan. Also a Connacht group which appears as Wynne. See Gahan. SGG.

Geelan,-on: fairly rare: Roscommon etc. Ir. *Ó Gialláin, giall*, a hostage. Originating in Galway, it is present in W Ulster. SGG.

Geeleher: v rare: Galway. Perhaps a variant of Kelleher, q.v.

Geerah: v rare: Cavan etc. Ir. *Ó Gadhra*. See O'Gara, Geary etc.

Geever: rare: Roscommon etc. Ir. *Mac Íomhair*. See also Mac Ivor.

Gehern, Geheran, Geheren: rare: Leitrim. Ir. *Mag Eachráin*. See MacGahern.

Geiger: v rare: Belfast etc. Of German origin: occupational: violinist.

Geister: v rare: Dublin. German origin: *geist* means spirit.

Geldof: rare: Dublin. Belgian, 20 cent.

Gell: v rare: Mayo, Down. English: a form of Gillian or Juliana, i.e. the Roman name Julian.

Gelston: fairly rare: Down etc. Perhaps an English toponymic.

Gemmell: v rare: Dublin, Belfast. Fairly common in Scotland. Appears to be analogous to Gammell which originates in East Anglia. Suggested derivation: *gamal* (old) in Norse.

Gennocchi,-ocky: rare: Dublin etc. Italian: a nickname of anatomical type: "knee".

Gent: v rare: Ulster etc. English: a nickname "well-born" - perhaps ironic.

Gentile: v rare: Dublin. Italian: analogous to Gent etc.

Gentleman: rare: Kerry etc. English: a complimentary name. DBS.

Gentles: rare: Dublin. English. A self-explanatory nickname. Fairly rare in England.

Geoghegan: numerous: Midlands, S E Leinster, Connacht, Down. Ir. *Mag Eochagáin*, from the early personal name *Eochaidh,(*horseman). Important sept of the Southern Uí Néill in W Meath down to the Cromwellian confiscation, with a branch in Connacht. MIF, SGG

George: numerous: Belfast area, Tyrone etc. Ir. *Seóirse*. Scottish, 17 cent.

Geraghty: numerous: Connacht, Midlands, but in all areas except Cork and northern counties of Ulster. Ir. *Mag Oireachtaigh, (oireachtach*, member of assembly). A sept of Uí Maine (Galway), related to the O'Connors. MIF.

Geran: rare: Cork. Ir. *Ó Géaráin*. See Gueran.

Geraty, Gerety: rare: Midlands etc. See Geraghty above.

German, -aine: mod.nos.: scattered. Ir. *Gearmán*. English or Scottish, probably from the Norman name *Germund*. Also the epithet *germane* signifying relationship. SS.

Gernon: fairly rare: Louth. Ir. *Gearnún*. (O Fr. *gernon,* moustache). The earlier form of Garland, q.v.

Gerrand: v rare: Clonmel. Curtailed form of Mac Kerron, a name from Galloway, for which see Mac Ilheron. SS.

Gerrard: fairly rare: scattered. Ir. *Gearóid*. English first name used as surname.

Gerring: v rare: Antrim. Variant of Gerant, which derives from a Teutonic first name. DBS.

Gerritsen: v rare: Dublin etc. The continental equivalent of FitzGerald.

Gerrow: rare: N Antrim. This name is very rare in Britain. No derivation found.

Gervais: rare: Tyrone. French origin. First and surname from Limousin. Derived from early saint. See also Jarvis and Jervis.

Gervin: mod.nos.: Coalisland, Tyrone. Ir. *Ó Gairbhín* ? See Garvin.

Gervis: v rare: Ulster. See Jarvis etc.

Getgood: rare: Belfast. Scottish: quoted by Black but now very rare in Scotland. SS.

Gethin: rare: Sligo. A Welsh name, "swarthy", but possibly a synonym of MacGettigan. SI.

Gethings: fairly rare: Wexford. Welsh (as Gethin). A Welsh connection most likely here.

Getlevog: v rare: Limerick. A well-established family of Norwegian origin. They were seafarers coming to the port of Limerick.

Gettinby: rare: Belfast etc. Probably from placename derived from first name Gethin.

Getty: fairly numerous: Antrim, Belfast etc. Ir. *Mag Eitigh, eiteach* means winged. However the name Getty is generally an abbreviation of the Scots Dalgetty which is a toponymic of Aberdeenshire. SI & SS.

Ghulam: v rare: Belfast. Muslim. It means servant - perhaps like Irish *Giolla*.

Ghee: rare: Midlands. Ir. *Mag Aoidh*. A Scottish form of Magee (Ghie). SS.

Gherardi: v rare: Bangor. Italian: another variation on the Teutonic Gerard.

Gibbs: mod.nos.: E Ulster etc. Usually Scottish, dim. of first name Gilbert and cognate with Gibson. They were a branch of the Buchanans. Ir. *Gib*. SI.

Gibbons: numerous: all areas particularly Connacht. Ir. *Mac Giobúin*. This is an English first name but most bearers of the name are descended from Anglo-Normans: either the Burkes of Connacht or the FitzGibbons of Limerick - the latter included the White Knight, one of the three Knights of Desmond. Those of Leinster and Ulster may derive from later English settlement. IF.

Giboney: rare: Ulster. Probably from first name Gibbon, a diminutive of Gilbert.

Giblin: fairly numerous: Connacht. Ir. *Ó Gibealláin*. A family noted as churchmen and jurists in Elphin (Roscommon), where they still flourish. Some have changed to Gibson. MIF.

Gibney: numerous: Meath, Tyrone etc. Ir. *Ó Gibne*. (*gibne*, a lock of hair). A sept of Meath.

Gibsey: v rare: Galway-Mayo. Probably another derivative of Gilbert.

Gibson: v numerous: all areas especially E Ulster, which underlines their Scottish origin. The name, of course, is current in England and many Gibsons in the south derive from there. Gibb is a diminutive of Gilbert. Ir. *Mac Gib*. MIF.

Giddings: rare: Dublin. The name is current in England. It is a toponymic from Huntingdonshire.

Gielty: rare: Achill etc. Perhaps Ir. *Mag Caoilte*. See Kielty.

Giff: rare: Ulster. Perhaps Ir. *Mag Dhuibh*, or a shortened form of Giffen, q.v.

Giffen -in: mod.nos.: Antrim etc. Ir. *Mag Dhuibhfinn* (dark Finn). The name was current in Ulster in 17 cent. This name is also in Scotland. The name is fairly common in England where it is derived from first name Giff or Jeff. See MacGiffin. SI & DBS.

Giffney: fairly rare: Dublin, Waterford-Wexford. Ir. *Ó Gamhna*. See Gaffney.

Gifford: rare: Down. Scottish, of Norman origin. The common French name *Giffard* means "chubby". Dauzat.

Gihon: rare: Belfast. Ir. *Ó Gaoithín*. See Guihen.

Gilbane: v rare: Leitrim. Ir. *Mac Giolla Bháin* (fair servant). Usually Kilbane and often changed to White, Whyte. Historically they belonged to the Uí Fiachrach in Sligo. SGG.

Gilbert: numerous: Belfast, Down, S E Leinster, Munster. Ir. *Gilbeirt*. English, in Leinster since mediaeval times, but probably Scottish in the north. Gilbert was an old English personal name also popular in Scotland. Derived from *Gislebert*, hostage + bright, a Norman name. SI, DBS, SS.

Gilbourne: fairly rare: Limerick etc. Ir. *Mac Giolla Bruíne, (bruíon*, strife). The Irish name is current in Limerick, whether an original or modern gaelicisation is not clear.

Gilboy: rare: Galway-Mayo. Ir. *Ó Giolla Bhuí* (yellow servant). Originally of Donegal, it is confused with Scottish Ogilvie which is a toponymic. See Gilloway. MIF.

Gilbride: mod.nos.: Donegal-Fermanagh-Cavan, Longford-Leitrim-Sligo. Ir. *Mac Giolla Bhrighde,* (servant of St Brigid). Also as MacBride and Kilbride, q.v.

Gilchrist,-chreest: numerous: Ulster generally, particularly Down, also Sligo-Leitrim. Ir. *Mac Giolla Chríost* (servant of Christ). A sept of N Connacht but Scottish in Ulster. MIF.

Gildea: fairly numerous: Galway-Mayo-Roscommon, Donegal & Belfast area. Ir. *Mac Giolla Dé.* (servant of God). Primarily a sept of Donegal, they moved to Connacht. MIF, SGG.

Gildernew: rare: Tyrone. A name from Benburb. Ir. *Giolla na Naomh*. See Mac Elnea.

Giles: numerous: Down & Tyrone, Meath-W Meath, Cork etc. Ir. *Ó Glaisne; Glaisne* was an early first name favoured in Ulster. The surname was associated with Louth. Elsewhere the name may be English, being derived there from a 6 cent French saint. There is a long association with Cork, where the name survives. SI.

Gilfedder: rare: Belfast area. Ir. *Mac Giolla Pheadair,* (devotee of St Peter). Woulfe says the name came from Sligo. See also Kilfeddar & Kilfeather.

Gilfillan: mod.nos.: Derry, Down etc. Ir. *Mac Giolla Fhaoláin*. For derivation see Phelan. In this case the name is primarily Scottish, being synonymous with MacClelland, a widespread name both in Ulster and Scotland. This name also applied to a sept of Uí Fiachrach (Sligo) but is now very rare. SI & SGG.

Gilfoyle: v rare: Offaly. See Guilfoyle.

Gilgan: rare: N Connacht. Ir. *Ó Giollagáin*. Dimin. of *giolla*, attendant. A sept of Sligo-Leitrim, this name is separate from MacGilligan.

Gilger, Gilgar: rare: Mayo etc. Ir. *Mac Giolla Ghearr*, "low-sized youth", according to Woulfe.

Gilgunn: mod.nos.: Leitrim and adjacent areas; Down. Ir. *Mac Giolla Dhuinn*, (brown servant) <u>or</u> *Mac Giolla Gunna*, (gun attendant). The former associated with Sligo, the latter with Fermanagh, where MacElgunn also occurs. See also Gunn(e). MIF.

Gilhawley: v rare: Mayo. Ir. *Mac Giolla Chalbhaigh (Calbhach* is a first name meaning "big-headed, bald", which was current amongst the leading families of the North-West).

Gilheaney: rare: Leitrim etc. Ir. *Mac Giolla Chainnigh*. See MacElhinney, Kilkenny etc.

Gilhooley, Gilooley: mod.nos.: Leitrim etc. Ir. *Mac Giolla Ghuala (guala*, a shoulder). A sept of Leitrim-Roscommon, related to O'Mulvey. An Irish version *Mac Giolla Shúiligh* appears in the Annals of Loch Cé, but Woulfe considers it a corruption. MIF & SGG.

Gilkeson: v rare: Tyrone. See Gilkinson below.

Gilkinson: mod.nos.: Tyrone. Ir. *Mag Uilcín*, a dimin. of Ulick, itself a dimin. of William. It may also be a variant of Scottish Gilchristson which occurs in Ulster as Gilkeson.This Scots name is an anglicisation of the Gaelic *Mac Giolla Chríost.* SGG & SS.

Gill: numerous: Connacht, Ulster and generally. Ir. *Mac an Ghaill (Ghoill)*, son of the foreigner. A name adopted by the Stapletons. However, a number of sources are indicated: see MacGill and Magill. MIF & SGG.

Gillan,-en: numerous: Antrim, Ulster generally, Connacht. Ir. *Ó Giolláin*, dimin. of *giolla*, an attendant. These were a family of Cineál Eoghain (Tyrone). There were probably other sources in Connacht. SI.

Gilland: v rare: E Ulster. Ir. *Ó Giolláin.* See Gillan above.

Gillane: v rare: Galway. See Gillan above.

Gillanders: mod.nos.: Ulster etc. Ir. *Mac Giolla Andréis* (devotee of St Andrew). This name has been associated with Rathlin Island. It is surely Scottish. SGG & SS.

Gillard: fairly rare: Mayo etc. English from Devon and a diminutive of Giles, q.v. DSHH.

Gilleese: mod.nos.: Fermanagh, Monaghan, Meath. Ir. *Mac Giolla Íosa* (devotee of Jesus). A sept of Derry, also a Scottish name. See Gillis, MacAleese, MacLeish. SI & SGG.

Gillen: numerous: Ulster, Connacht, Midlands. See Gillan above.

Gillender: v rare: Belfast etc. a variant of Gillander(s), q.v.

Gilleran: fairly rare: Roscommon etc. Ir. *Mac Giollaráin*; according to Woulfe, a corruption of *Mac Giolla Éanáin* (devotee of St Éanán). SGG.

Gillespie: v numerous: Ulster, Connacht, Midlands. Ir. *Mac Giolla Easpaig (easpag = bishop).* The name is particularly identified with Derry-Donegal. Also exists in Scotland. There are synonyms: Clasby (Galway), Bishop. MIF & SGG.

Gillett: rare: Dublin. English: "gill-head" (gill is a ravine or mountain stream in N England). Also, it can stand for the personal name William. DOS & DBS.

Gilley: rare: Cork. This is a Cobh name: perhaps Ir. *Mac Giolla +* , or a variant of Giles.

Gillham,-an: rare: Down etc. English version of French *Guillaume* (William).

Gillian: rare: Belfast. Ir. *Mac Gileáin (gile*, brightness). This is also an English name derived from first name Julian.

Gilliard: v rare: Midlands. English, 17 cent. Similar to Gillard, q.v.

Gillic(k): mod.nos.: Louth-Meath-Cavan. Ir. *Mag Uilic*, Ulick, a dimin. of William. Related to the Burkes of Connacht. SI.

Gillies, Gillis: mod.nos.: Armagh-Tyrone etc. Scots Gaelic: *Giolla Íosa* (servant of Jesus). See Gilleece, MacAleese. SS.

Gilligan: numerous: all areas, especially Connacht. Ir. *Mac Giollagáin.* Derived from *giolla*, a youth,attendant). The sept was associated with Derry. Also *Ó Giollagáin* in Connacht and changed from Galligan, q.v. MIF.

Gilliland: numerous: Belfast area, Down. Scottish, variant of MacClelland, q.v.

Gillman: fairly rare: Cork and scattered. English, 16 cent. Dimin. of French *Guillaume* (William).

Gillison: v rare: Bangor. A patronymic from Gillies, q.v.

Gillivan: rare: Mayo, W Meath. Ir. *Mac Giolla Bháin.* (fair lad, attendant). A family of Uí Fiachrach (Sligo), now anglicised Whyte. Also as Kilbane. SGG.

Gillow: v rare: Armagh. Toponymic from Herefordshire with Welsh language placename. DSHH.

Gilloway: rare: Derry etc. Ir. *Mac Giolla Bhuí, buí,* sallow. Also MacElwee. SGG.

Gilmartin: numerous: Sligo-Leitrim and adjoining areas. Ir. *Mac Giolla Mhartain*, (devotee of St Martin). Once chiefs of Clogher, Tyrone, they were forced into Connacht and also occur as Kilmartin. As Martin, the name is widespread in Ulster. IF & SGG.

Gilmer,-mor: rare: N Down. See Gilmore.

Gilmore: v numerous: Ulster, particularly Antrim-Down, also Galway etc. Ir. (1) *Mac Giolla Mhir* (swift servant) in Connacht. (2) *Mac Giolla Mhuire* (devotee of Blessed Virgin Mary) in Ulster. The latter applies to Scottish Gilmour which no doubt accounts for some of the Ulster names. Minor synonyms: Gilmer, Gilmor, Gillmor. MIF & SGG.

Gilmour: numerous: N Antrim, Down etc. Scottish, associated with Galloway which was largely Gaelic-speaking in 12 cent. See Gilmore above.

Gilmurray: rare: Fermanagh-Cavan. Ir. *Mac Giolla Mhuire* (see Gilmore). A W Ulster version of Gilmore, more often MacElmurray and MacIlmurray or just Murray. SI.

Gilna,-agh: rare: Longford. Ir. *Mac Giolla na Naomh*, (devotee of the saints). Other variants are Mac Aneave, MacElnea. Now *Mac Giollarnáth* in the spoken language, giving rise, by pseudo-translation, to Forde. Woulfe has another version *Mac Giolla na n-Each*, attendant of the horses, which he places in Sligo. SI & SGG.

Gilpin: numerous: Armagh, Cavan. Ir. *Mac Giolla Finn, fionn*, fair. Originally a sept of Sligo, but the numerous Gilpins in Ulster suggest a North of England toponymic origin also. SI & MIF.

Gilroy: numerous: N Connacht, Donegal, Cavan etc. Ir. *Mac Giolla Rua, (rua* is red, of hair etc). A sept of Fermanagh, more numerous as MacElroy in Ulster and as Kilroy in Connacht. SI & IF.

Gilsenan: numerous: N Leinster, S Ulster. Ir. *Mac Giolla Seanáin* (devotee of St Senan). A sept of Tyrone which spread south and changed to Nugent and Leonard. The name occurs as Shannon which is widespread in Ulster. SI & SGG.

Gilson: rare: scattered. An English name but in Offaly it may stand for Gilsenan, q.v.

Giltenan(e): mod.nos.: Limerick-Cork. Ir. *Mac Giolla tSeanáin* (devotee of St Senan). A Munster variant of Gilsenan, though this may refer to the best-known of the various Senans, he of Inis Cathaigh (Scattery Is.), in the Shannon estuary. SI & SGG.

Giltrap: mod.nos.: Kildare etc. MacLysaght states this is English Gilthorpe, 18 cent. SI.

Gilvary: rare: Belfast. This is most probably a variant of Mac Gillevray, q.v.

Gilvarry: fairly rare: Killala etc. Ir. *Mac Giolla Bhearaigh, Berach* was an early personal name. See also Mac Gillevray. GPN.

Gimblett(e): rare: Cork. An English nick-name, but quite rare there.

Ging: mod.nos.: Laois etc. Ir. *Mag Fhinn, (Fionn*, a first name meaning "fair"). More numerous as Maginn in Ulster. MIF.

Gingles: fairly rare: Larne (Antrim). Current in Bristol but origin not known. DSHH.

Ginn: mod.nos.: Ulster. Ir. *Mag Fhinn*. See Maginn.

Ginnane: rare: scattered. Ir. *Ó Cuinneáin, Cuineáin*. See Guinane below.

Ginnaw: Mac Kenna in the spoken language in W Limerick. Munster Irish tends to put the accent on the last syllable,e.g., *Mag Cineáith* instead of *Mac Cionaoith*.

Ginnell: rare: W Meath. Ir. *Mag Fhionnghail* (fair valour). A branch of the Mac Ginleys who moved to W Meath in 16 cent. MIF.

Ginnelly: rare: Mayo. Ir. *Mag Fhionnghaile*. See MacGinley.

Ginnetty,-ety,-ity: fairly rare: Midlands. Ir. *Mag Fhinneachta, Fínneachta* was an early personal name, possibly from *fíon*, wine and *sneachta*, snow. Originally of Donegal.

Ginniff: rare: Belfast. ? Ir. *Mag Con Duibh*, (dark hound), or *Mag Fhinndhuibh*, (dark Finn). See Mac Endoo etc.

Ginley: v rare: Mayo. See MacGinley.

Ginty: mod.nos.: Donegal, Mayo, Midlands. Ir. *Mag Fhinneachta*. A sept of Donegal some of whom moved south. See Ginnetty, Mac Ginty.

Ginivan: v rare: Limerick. Ir. *Mag Dhuinneabháin*. Woulfe regards it as a variant of O'Donovan, who were a leading sept in Limerick before the Invasion. Guinevan is another version. SGG.

Giovannoli: rare: Donaghadee. Italian: diminutive of Giovanni (John).

Girling: v rare: Portadown. English: a variant of Codlin (fish); also possibly *coeur-de-lion*, French epithet for a very brave man.

Girvan,-in: numerous: E Ulster. Scottish toponymic. MIF.

Gissane: rare: Dublin. Ir. *Ó Cíosáin,(cíos,* tribute) generally Kissane, q.v., in its native Kerry but strangely changed to Cashman in Cork. MIF.

Gittens,-ins,-ons: rare: Kilkenny-Carlow. Appears to derive from Welsh name Gethin (*cethin,* dark, swarthy). The link with the Ulster MacGettigan seems unlikely. SI & DBS.

Givan(s),-en(s): fairly numerous: Ulster generally. Ir. *Mag Dhuibhín, Dhuibhfhinn (dubh,* dark). It is also a Scottish name which may apply to many Givens in Ulster. Givan is fairly common in Scotland today but the origin is not to hand. Also as MacKevin and MacAvin. MIF.

Glackin,-en: mod.nos.: Donegal-Tyrone. Ir. *Ó Glacáin (glac,* hand, in the sense of grasp).

*Gladdery: not in telephone book: Ir. *Mac Gleadra, gleadrach,* pugnacious. Originally from S Connacht, they appeared in Tyrone in 17 cent. *Ó Gleadra* has been noted also.

Gladney: rare: Carlow. Very rare in Britain – it seems to be a toponymic, but possibly a variant of the native Gladdery, q.v.

Gladwell: v rare: Newtownards. Current in England, evidently a toponymic.

Glaholm: v rare: Dublin. Not in evidence in Britain: but seemingly a toponymic from there.

Glancy,-ey: mod.nos.: Leitrim and adjoining areas. Ir. *Mag Fhlannchaidh,* (ruddy warrior - according to Woulfe). A variant of Clancy in Breifne where they constituted a distinct sept. Clancy relates to Clare. IF.

Glanton: v rare: Cork. This name does not appear in Britain. Woulfe gives Ir. *an Ghleanntáin* i.e. "of the Glen", making it one of that rare species, an Irish toponymic.

Glanville: rare: scattered. Ir. *de Glainbhíol.* Anglo-Normans in Munster since 14 cent.

Glasgow: fairly numerous: Ulster(Tyrone etc), scattered in the South. A variant of MacCloskey in Tyrone, also, obviously, a Scottish toponymic, Celtic *glas cau,* green hollow, even though it is a long time since the site of the city on the Clyde presented such an appearance.

Glasheen: fairly rare: S Tipperary-Waterford. Ir. *Ó Glaisín, (glas,* grey or green). Originally of Imokilly, Cork. See also Gleeson. SGG.

Glass: numerous: Ulster generally. Ir. *Glas* (grey or green). There is also a Scottish name of the same derivation, which must account many in Ulster. See Glassey also. SI & SS.

Glassey: rare: Belfast etc. This name and Glass above may be connected with the material, perhaps as a worker in the glass industry etc.

Glavey: fairly rare: Galway-Mayo. Ir. *Mag Fhlaithimh,* (prince). This name has been much changed to Hand due to similar sound of *lámh,* a hand.

Glavin: mod.nos.: Cork etc. Ir. *Ó Gláimhín, (glámh,* complainer, scold). Originally associated with Mayo. SI & SGG.

Glazier: rare: Kerry. English occupational. See Gleasure.

Gleasure: fairly rare: Kerry. Ir. *Gléasúr.* English, comparatively recent arrivals.

Gleave: v rare: Belfast. English: a nickname: "lance" or the prize at winning post lance. DOS.

Gleavy: v rare: Galway. See Glavey.

Gledhill, Gleadhill: rare: Ulster. English toponymic from W Yorkshire.

Gleese: rare: Galway. Ir. *de Glíos.* Existed in 15 cent as de Glys in the same place. SI.

Gleeson: v numerous: Tipperary-E Limerick-E Clare. Ir. *Ó Gliasáin.* Woulfe considers the correct name was *Ó Glasáin (glas,* grey). They were a sept on the E shore of L Derg,Tipperary, whence they were dispossessed in the Cromwellian confiscation. *Glas* was an old first name. IF & GPN.

Gleghorne: v rare: Antrim. Apparently a variant of Cleghorne which is a habitational name from Lanarkshire & Scotland.

Glen: rare: scattered. See Glenn.

Glenanne: v rare: Dublin. See Glennon.

Glencross: rare: Belfast. Variant of Scottish Glencorse, a habitational name from Dumfries. SS.

Glendinning: fairly numerous: E Tyrone-E Derry-N Antrim. Scottish, early 17 cent. Derived from a place-name in Galloway: Celtic: *glyn din gwyn* (valley of the white fort). DHSS.

Glendon: mod.nos.: Kilkenny-Tipperary, Cork. Ir. *Mac Giolla Fhiondáin* (devotee of St Fintan). MacAlinden etc. in Ulster. However, MacLysaght thinks Glendon may be of English origin. Woulfe gives *Mac Giolla Fhindéin* (devotee of St Finnian).

Glenfield: rare: Belfast area. Glenfield & Kennedy, the world famous engineering firm will be familiar to engineers everywhere but the Glenfields are very rare in their native Scotland.

Glenholmes: rare: N Antrim etc. Scottish toponymic. SS.

Glenn: numerous: Ulster, particularly Derry-Donegal. One of the rare Irish toponymics:*a' Ghleanna* (of the glen). However, it is also Scottish, being a toponymic there as well. Some of the Glenns of Ulster are no doubt of Scots descent.

Glennie,-y: fairly rare: Down etc. Ir. *a' Ghleanna*. As Glenn above. Current in Scotland.

Glennon: numerous: Midlands, Galway etc. Ir. *Mag Leannáin, leann,* cloak. MacLysaght notes that it may be *Ó Gloinín* in Connacht. SI & SGG.

*****Glorney**: Ir. *Ó Glóiairn* (Ó hUidhrin & SGA). Recorded early in Kilkenny. MIF.

*****Glory, Glowry**: Ir. *Mac Labhradha*. S Ulster - see Mac Clory.

Glossop: rare: Ulster. English toponymic from Derbyshire.

Gloster: rare: Limerick and adjoining areas. English toponymic in Limerick since 18 cent.

Glover: numerous: Ulster generally and Dublin. English occupational name which has been in Ireland since 15 cent. SI.

Glynn: numerous: Connacht, Leinster, N Munster. Ir. *Mag Fhloinn, (Flann,* a popular first name meaning "ruddy". A sept originating around Athlone. Also as MacGlynn. MIF.

Goaley: rare: Galway. Ir. *Ó Gabhlaigh & Ó Gúilidhe*. The former from *gabhalach* = forked; the latter an anglicisation of English Gooley or Gulley: nickname for big man (Goliath).

Goan: v rare: Donegal. Ir. *Ó Gabhann (gabha* = smith). Usually Gowan. SI & SGA.

Goddard: fairly rare: Belfast, Dublin etc. English: from first name "good-hardy". DSHH.

Godfrey: fairly numerous: Ulster, Tipperary-Limerick etc. Ir. *Mac Gothraidh* which also occurs as *Mac Gofraidh (Gofraidh* = Geofrey). These were a branch of the Maguires of Fermanagh and appear under various anglicisations: MacCorry, Caffrey, MacCaghery etc. Bearers of the name in Munster may derive from Gohery, q.v. SI.

Godkin: fairly rare: Wexford. This name exists in England: it appears to be a nickname. See Godson.

Godley: fairly rare: Kerry. English toponymic, long established in Kerry.

Godsell,-ill: fairly rare: Cork. English: "good soul". 17 cent.

Godson: rare: Dublin. English: nickname: person who was spiritually related to someone of note.

Godwin: fairly rare: Midlands etc. Ir. *Góidín*, English, but also anglicisation of O'Dea, MacGoldrick, MacGuigan. See also Goodwin. SI 7 SGG.

Goergan,-en: v rare: Cavan. Of German origin.

Goff: mod.nos.: Wexford etc. Ir. *Góch*, according to Woulfe, from Welsh *coch*, red. There is also a Welsh word *gof* = smith. The Welsh connection is well established - they came in 13 cent and settled in Dublin and Waterford. See Gough. MIF.

Gogan: mod.nos.: Midlands, Dublin. Ir. *Gógan, Mag Eochagáin*. Generally a variant of Anglo-Norman Cogan, associated with Cork since 13 cent. See also Goggin. However, *Mag Eochagáin* relates to a branch of the Southern Uí Néill in W Meath, also as Geoghegan, which see. SI & SGG.

Gogarty: mod.nos.: Midlands, Louth etc. Ir. *Mag Fhógartaigh, fógartach,* proclaiming, threatening. A family located in Meath since 11 cent. MIF.

Goggin(s): numerous: Cork and adjoining areas. Ir. *Gógan*. See Gogan above.

Goherty: v rare: Galway. Perhaps Ir. *Mac Dhorchaidh* or *Mac Dhochartaigh*. See Mac Gourty.

Gohery: fairly rare: Galway, Midlands. Ir. *Ó Gothraidh*, derived from Norse *Gothfrith* a name meaning "god-peace". As this became Godfrey in English, the latter is often used as an anglicisation. The name was associated with E Galway and Offaly. MIF.

Going: v. rare: Wicklow etc. Ir. *Mac Gabhann* or French *Gouin*. The latter were in Tipperary at the end of 17 cent - presumably Huguenots. Perhaps a Francisation of Breton *gwen*, fair.

Golagher: v rare: Belfast. See Gallagher.

Goland: v rare: Wexford. This seems to be indigenous: Ir. *Ó Galláin*. See Gallon.

Golden: numerous: Galway-Mayo-Sligo etc. Ir. *Ó Góilín, Mag Ualghairg*. Derivations: *goll*, blind; *ual+garg*, proud-fierce. The latter is usually MacGoldrick, who were a branch of the O'Rourkes. Woulfe notes *Mac Cuallachta* of Sligo and appearing as *Ó Guallachta* in the spoken language. There were Goldens early English immigrants in Dublin and Cork,for which see also Goulding. MIF.

Goldberg: rare: Dublin and Cork. A well-known Jewish family, 19 cent immigrants from Lithuania.

Goldie: rare: Belfast. An English nickname referring to appearance or occupation; also Jewish. See also Goold.

Golding: mod.nos.: Mayo-Galway. See Golden and Goulding.

Goldring: rare: Belfast, Antrim. May be English, German or Jewish; also Scottish from a placename. All may be of the nickname type - see Goldie.

Goldsmith: rare: Belfast and scattered. English, 16 cent. Oliver Goldsmith (1728-74), the poet, was from Longford. SI.

Goldstone: rare: Belfast. May be an anglicisation of Jewish Goldstein, or a habitation name.

Goldthorpe: rare: Belfast. Habitation name from W Yorkshire: "gold village".

Goligher: mod.nos.: Ulster generally. Ir. *Ó Gallchóir*. See Gallagher.

Goligy: rare: Omagh. See Gollogly.

Goldrick: mod.nos.: Sligo-Leitrim Cavan. Ir. *Mag Ualghairg*, proud-fierce. In the spoken language: *Mac Gualraic*. Also MacGoldrick. MIF & SGG.

Goldsboro,-ough: v rare: scattered. Habitation name from Yorkshire. DOS.

Goley: v rare: Galway etc. See Goaley.

Gollogly: fairly rare: S Armagh. Ir. *Mac an Ghallóglaigh (gallóglach*, foreign soldier) i.e. a mercenary. Galloglass to the English. Originally of Donegal. It has been anglicised English, Englishby, Ingoldsby. See also Gallogly.

Gomersall: v rare: E Ulster. Habitation name from placename in W Yorkshire. DSHH.

Gomes,-ez: v rare: Belfast etc. Originally Portugese and Spanish.

Gonley: v rare: Sligo. See Gonnelly.

Gonnelly: rare: Louth. Ir. *Mag Conghaile*. See Conneely & Connolly.

Gonoud: v rare: W Meath. Ir. *Mag Nuadhat, Nuadhat* was a legendary character of Leinster. See also Noud, Newth. The name is interchangeable with Conway, Convey in some places. IF & SI.

Gonsalves,-ez: v rare: Belfast. Originally Portugese and Spanish.

Good(e): numerous: E ULster, Cork, E Galway etc. Ir. *Gud*. English, 16 cent.

Goodall: mod.nos.: Belfast. English, 16 cent. Previously associated with Wexford. SI.

Goodbody: mod.nos.: Offaly-Tipperary etc. English, 17 cent. Well-known Quaker family.

Goodchild: v rare: Belfast etc. English: nickname for "god-child" or from old first name Good.

Goodey,-ay,-y: rare: Belfast, Carrickfergus etc. From old first name or for "widow".

Goodfellow: mod.nos.: Down etc. English, 17 cent. also anglicisation of *Mac Uiginn* which usually appears as MacGuigan. SI.

Goodge: v rare: Dublin. As Gooch and Gough, q.v.

Gooding: rare: Dublin, Belfast. English: "son of Good" - an old first name. DOS.

Goodison: rare: Wexford-Waterford etc. English: son of Good (a first name). DBS.

Goodland: v rare: Portadown. "Dweller by the good land". DBS.

Goodman: mod.nos.: Ulster generally, E Leinster. Ir. *Mac Giolla Mhaith*. It appears the name derives from *Godmund*, an Anglo-Saxon personal name, so Woulfe's *Gothmonn* seems to represent an early gaelicisation. SGG & DBS.

Goodrich: rare: Antrim etc. English, "good ruler". DOS.

Goodson: rare: Dublin. See Goodison.

Goodwillie: rare: Dublin, Kilkenny. Scottish from Fife. Probably related to William. SS.

Goodwin: numerous: Ulster generally, Midlands, Limerick. An English name, "good friend", which also stands for a number of Irish names: *Ó Goidín* (Mayo); *Ó Deá* (Connacht); *Mac Uiginn, Mag Ualghairg* (Ulster). Only an investigation of family history can determine to which group one belongs. Also as Godwin. SI.

Goold: mod.nos.: Cork and scattered. Ir. *Gúl*. An English name, meaning gold, which came to Ireland in 13 cent, it has long been associated with Cork City. Also as Gould.

Goonan: rare: Galway-Sligo-Mayo. Ir. *Ó Gamhnáin*, dimin. of *gamhain*, a calf. Originating in Clare, this name has also become Gooney, Gunning and Caulfield. SI & SGG.

Goonery: v rare: Midlands. Ir. *Ó Gamhnaire* (calf-herd). A name of Meath which has been changed to Montgomery on occasion. SI & SGG.

Gooney: rare: Tipperary. Ir. *Ó Gamhna (gamhain*, a calf). A name of Ormond, it has been anglicised Gaffney and Caulfield. SGG.

Goor: rare: Dublin. A Flemish version of first name: Gregory.

Goosen: v rare: scattered. A Dutch version of Gosse which is a first name of French origin.

Gorby: fairly rare: Cavan. This name exists in England but is rare. It might be indigenous, with an Irish form: *Mag Corr Buí*. See Corboy.

Gordon,-an: v numerous: all provinces, mainly E Ulster. Ir. *de Górdún*. This well-known Scottish name first appeared in 12 cent on the Border as "de Gordun". They came to Ireland in the plantation of the 17 cent. The name is an anglicisation of *Mag Mhuirneacháin & Mórbhoirneach* in Connacht, which may account for its presence there. SGG.

Gore: mod.nos.: E Ulster and scattered. Ir. *de Gaor*. English, 17 cent. Prominent as Landowners in Connacht. Gore-Booth and Gore-Grimes are well-known families. The basic name is habitational from a number of places in S England.

Gorevan: rare: Sligo. Ir. *Ó Gairbhín, garbh*, rough. A branch of the Southern Uí Néill who moved to Mayo. Occurring as Garvin and Garvey. SI.

Gorham: fairly rare: Conamara, Dundalk. Ir. *Ó Guairim*. Woulfe gives it as Norman *de Guram*, saying it has been in Ireland since 13 cent. MacLysaght thinks it may also be native to Conamara. The name certainly occurs in England - there is a Gorhambury in Hertfordshire.

Gorey: mod.nos.: Wexford-Waterford, Midlands. Ir. *Ó Guaire*, (noble). Originally from the Midlands. See Gorry. MIF.

Gormally: fairly rare: Galway, Sligo etc. Ir. *Ó Gormghaile* (blue valour). Now usually changed to Gormley which is properly an Ulster name. The name belongs to septs in Mayo and Roscommon and has even been altered to Gorman and Grimes. IF.

Gorman: numerous: all areas, least in Munster. Ir. *Mac Gormáin, (Ó Gormáin*, much in use, is historically incorrect). *Gorm* = blue or dark. A sept of Laois, they were driven out during the Invasion and settled in Monaghan and Clare. Occurring mainly as O'Gorman.

Gormley: numerous: Tyrone-Derry, Ulster generally, N Leinster, Connacht. Ir. *Ó Gormshleaghaigh* (dark spearman). Mod. *Ó Garmaile*. A sept located on the Foyle near Strabane. The name is used in Connacht for *Ó Gormghaile*. IF & SGG.

Gormanly: v rare: Sligo. A variant of Gormally above.

Goring: rare: Drogheda. A toponymic from S England DBS.

Gorrell: v rare: Donegal. English: placename or nickname: "fat man". DBS.

Gorry: mod.nos.: Midlands. Ir. *Ó Guaire*. See Gorey.   MIF & SGG.

Goslin(g): mod.nos.: Louth etc. Ir. *Góislín*. English. Perhaps from name Jocelyn. SI.

Gosnell: rare: Cork. Ir. *Góiséir* (hosier). English who settled in W Cork in 18 cent. SI.

Goss: mod.nos.: Down, Louth etc. English: a first name of French origin.

Gossip: rare: Waterford. English: meaning god-parent. DBS.

Gosson: rare: Mayo. Ir. *Ó Gusáin, gus* = vigour. A family of Síol Muireadhaigh in Connacht, there is synonym: Gasson. There is also an English name of this form.

Gotell,Gottel: v rare: Galway. Diminutive of Gott, q.v.

Gott: v rare: Ulster. Anglo-Norman or German: from various first names beginning with Gott (god).

Gotto: rare: Belfast, Cork. Italian: diminutive of Domenico.

Goucher: rare: Dublin. English: epithet: "of good appearance". DBS.

Goudie,-y: rare: Belfast, Antrim. Scottish, colloquial form Goldie, dimin. of Gold. SS.

Gough: numerous: E Ulster, Midlands, South-East. Ir. *Goch*, from Welsh *coch* = red. In Waterford 13 cent. Now pronounced Goff and so spelled in some cases. This name is also an anglicisation of (1) *Ó Cuacháin* (Mayo) and (2) *Mag Eochadha* (Armagh-Monaghan).

Gouck: rare: Belfast, Down. A name originating in Norse, referring to the cuckoo, but now current in Scotland. SS.

Goulandris: v rare: Dublin. A Greek name.

Gould: numerous: Munster, E Ulster, etc. Ir. *Gúl*. English, 13 cent. See Goold. The occurrence in Ulster indicates a 17 cent immigration. MIF.

Gouldson: v rare: Dublin. The usual form of Gold (first name) plus son.

Goulden: rare: Sligo etc. Ir. *Ó Goillín (goll* = blind). See also Golden. MIF.

Gouldie: rare: Belfast. Scottish version of Goldie.

Goulding: fairly numerous: Cork-Waterford etc. Ir. *Gúilín*. English (Golding) settled in Cork after the Invasion. See Golden. MIF & SGG.

Gouldsborough,-bury: rare: Midlands etc. English: from Goldsborough in Yorkshire. DBS.

*Gourkey, Gourtey: Ir. *Mag Dhorchaidh*. Found in Leitrim - see Mac Gourty

Gourlay,-ey: numerous: E Ulster, Donegal. Ir. *Mag Thoirdealbhaigh*, from the personal name *Toirdealbhach* which means either "Thor-like" or "instigator". See also Turley. There is also a Scottish name which may well be represented in Ulster. SGG, SS & GPN.

Goulet: v rare: Dublin. A Breton family, 20 cent. This name is current in E. France.

Govan,-in: rare: Belfast, Dublin. Scottish: a placename near Glasgow or occupational *gobhan* (smith).

Govender: v rare: Dublin. An Indian name. An epithet of the god Krishna.

Govern: rare: Meath etc. Ir. *Mag Shamhradhain, samhradh* = summer. A sept of Breifne (Cavan-Leitrim). See MacGovern, Magauran. IF.

Governey: rare: Carlow etc. Ir. *Mac Goibheanaigh*. Previously of Laois, but MacLysaght has reservations on the above; there may be connction with Huguenot *Gouvernet*. SI.

Gow: rare: Belfast, Down. Ir. *Gabha* (smith). This name is both Irish and Scottish with the same derivation. Distribution in Ulster suggests Scots origin - Irish Gows are now usually Smith. See Gowan below.

Gowan,-en: mod.nos.: Belfast area, Cork, Dublin. Ir. *Mac Gabhann* (son of the smith). A sept of Cavan. There was also *Ó Gabhann*, from Down; all tend to be anglicised Smith but the form MacGowan, which is nearest the original, is still numerous. IF.

Gowdy: fairly numerous: E Ulster. See Goudie.

Gower: rare: Belfast. English: from placenames in France; also a Welsh placename. DBS.

Gowing: fairly rare: Laois, Carlow. Ir. *Mac Gabhann*. The name, in the form Going, has been in Tipperary since 17 cent and a suggestion of a connection with the French *Gouin*, meaning blood-relative, has been made by MacLysaght. See Going. MIF & SGG.

Gowling: rare: Armagh. Apparently of Scottish origin: perhaps related to *gabha* (smith).

Gowran: fairly rare: Midlands. See Govern. Also, according to Woulfe, there was *Ó Gabhráin* who were a sept of the Uí Maine of Galway. IF & SGG.

Grace: numerous: S E Leinster, Munster. Ir. *Grás*. One of the great Norman families, descended from Raymond le Gras who married Strongbow's daughter. They have been associated with Kilkenny and adjacent areas. MIF.

Gracey,-ie: numerous: Belfast, Down etc. English, 17 cent. From a first name. DOS.

Graden: v rare: Belfast. Ir. *Mag Bhradáin*. Also a toponymic from Berwickshire, Scotland. SS.

Grady: fairly numerous: Galway-Mayo-Sligo etc. Ir. *Ó Grádaigh, gráda* = illustrious. This is a case where the better-known Grady has displaced the local name Gready, *Ó Griada*, which itself is a corruption of *Mag Riada*. O'Grady relates to N Munster. IF & MIF.

Graf,-ff: rare: Galway. English: occupational: a scribe; Jewish: from German "count" (title).

Graffin: fairly rare: N Antrim etc. Rare in Britain, it may relate to writing, see Graff. But it might well be indigenous, such as Ir. *Mag Craibhín* or *Mag Cráimhín*. See Craven & Mac Nevin.

Grafton: rare: Antrim etc. English toponymic of widespread occurrence. DOS.

Graham(e): v numerous: Ulster mainly, also Leinster. Scottish, 17 cent. They were an Anglo-Norman family who settled in Scotland in 12 cent. However, in Connacht it is likely to be an anglicisation of *Ó Gréacháin*, which occurs as Grehan and Greham. SI & SGG.

Grahan: v rare: Down. As Grehan, q.v.

Grainger: fairly numerous: Belfast, Dublin, Cork. Ir. *Gráinséir*. From French *grangier*, a farm steward. It has appeared in mediaeval records but came mainly in the settlements of the 17 cent.

Grall: rare: Meath. This may be a variant of Mac Grail but there is no evidence to hand.

Gralton: rare: Leitrim etc. Possibly Ir. *Mag Con Altan*, by changing "n" into "r", which is common. See Nalty which is also found in Connacht.

Grange: fairly rare: Belfast. Ir. *Gráinseach*. English, worker at a grange or barn.

Granaghan,-ahan: fairly rare: Mayo. Ir. *Mag Reannacháin, reannach* = sharp-pointed. In Donegal, its place of origin, it occurs as MacGranaghan, q.v. SI & SGG.

Granby: v rare: Cork. The name is current in England: an unidentified toponymic.

Grandison: rare: Dublin. English: a toponymic all the way from Savoy in 13 cent. DSHH.

Grandon: rare: Cork. French origin: a diminutive of Grand, which is usually a nickname.

Granelly: v rare: Armagh. Probably Ir. *Mag Raghnallaigh*.

Granfield: rare: Kerry. Ir. *de Grainbhil*. See Granville.

Granger: rare: Belfast etc. See Grainger.

Granleese, Granlese: rare: scattered in Ulster. Literally "grand lease".

Grannell: rare: Wexford etc. Ir. *Mac Raghnaill,* personal name *Raghnall* = Reginald. The Irish name is usually anglicised Reynolds, q.v. SI & SGG.

Grannon: v rare: Dublin. See Grennan.

Grant: numerous: Ulster, Dublin, The South-East, Connacht. Ir. *Grant, Mag Raighne*. A leading Scottish name of Norman origin, cognate with French *grand*, large, tall. However it has occurred in mediaeval records long before the advent of Scottish settlers in 17 cent. The name has been used for MacGranny, Granny (*Mag Raighne*) in Ulster. MIF.

Granville: mod.nos.: Kerry and scattered. Ir. *de Grainbhil*. Also as Granfield. English, 17 cent. and possibly the earlier Norman de Granville. SI.

Grassick: rare: Kildare etc. Ir. *Gréasaí* (shoe-maker). This name is from Scots Gaelic *Greusaich*, which originally meant decorator. SS.

Grattan,-on: mod.nos.: Down etc. Ir. *Mag Reachtain*. Woulfe says this is a corruption of *Mac Neachtain,* which is Scottish. MacGrattan, being also found in Down, would seem to confirm this. However, the Grattans of Dublin, of whom Henry Grattan, the statesman (1746-1820), were a noted family in 17 cent, and bear an English toponymic. SI, IF & DBS.

Graven: rare: Mayo. Ir. *Ó Gríobhtháin*. Also as Greaven and Griffin.

Graves: mod.nos.: Dublin and scattered. Ir. *de Gréibh; Ó Griabháin*, the latter a Connacht name which may appear as Greaves. However, this name is primarily of English origin and is identified with a remarkable family of scholars and churchmen reminiscent of the old Gaelic order. IF.

Gray: v numerous: Ulster generally, Leinster, Connacht. Ir. *de Grae; Mac Cathail Riabhaigh*, the latter in Midlands and Connacht. The name is mainly of Scottish origin. Of these, no doubt, Betsy Grey, the heroine of 1798. IF.

Graydon: mod.nos.: Fermanagh etc. The name is current in England: presumably a toponymic.

Grayson : v rare: Belfast area. English, from grieve, a steward. SI.

Greacen: rare: scattered. Ir. *Ó Gréacháin*. See Grehan.

Grealey,-y, Greely: fairly rare: scattered. See Grealley.

Grealis: fairly rare: Mayo. Ir. *Mag Riallais*. See Grealish.

Grealish: mod.nos.: Galway. Ir. *Mag Riallais*, which is a corruption of the Ulster name *Mac Niallais*. (substituting "r" for "n" is common in Connacht). SI & SGG.

Greally: fairly numerous: Connacht. Ir. *Mag Raghallaigh*. Spoken language: *Ó Graolaigh*. This is synonymous with Reilly, q.v. SI & SGG.

Greaney,-ny: numerous: Galway, Limerick-Kerry. Ir. *Ó Gráinne, Gráinne* was (and still is) a favourite feminine name, so this appears to be a matronymic. In Connacht the form *Mac Gráinne* is used. SI & MIF.

Greaves: fairly rare: Ulster generally and Dublin. Ir. *de Gréibh*. English, 17 cent. See Greeves.

Greavy: v rare: See Greevy.

Greed: fairly rare: Offaly-N Tipperary etc. Quoted by Reaney but not in evidence in Britain, this name may be indigenous: Ir. *Mag Riada*, perhaps. See Reidy.

Greehy: fairly rare: E Cork-W Waterford. Ir. *Ó Gríocha*, a corruption of *Ó Gríobhtha*. See Griffin. SI & SGG.

Green(e): v numerous: all provinces. Ir. *de Graoin*. It also stands for a number of Irish names: *Mac Grianna, Ó hUaithne, Ó hUaithnín, Mac Glaisín, Ó Grianáin*. It is also, of course, English and Scottish, which may account for many of the Greenes in Ulster and Dublin.

Greenan: fairly numerous: Down, Monaghan, Cavan. Ir. *Ó Grianáin (grianach*, sunny). See also Grennan. SI & SGG.

Greenaway: fairly numerous: Down-Armagh. English, 17 cent. A name relating to a "green road".

Greenfield: mod.nos.: Down etc. A common placename in England.

Greenhalgh: rare: Belfast, Bangor. English: habitation name from Lancashire: "green hollow".

Greenhough: rare: Dublin. As Greenhalgh.

Greenhill: v rare: Belfast. English habitational name from a number of places.

Greening: rare: Omagh, Wexford. "Son of Green" - Green being a nickname. DOS.

Greenlee(s): mod.nos.: Antrim etc. Scottish, from a place in Lanarkshire.

Greenslade: rare: Donegal, Cork. A toponym - "slade" is a valley.

Greensmith,-smyth: rare: Limerick etc. English, "worker in copper". DOS.

Greenway: rare: Cork, Down. Variant of Greenaway, q.v.

Greenwood: mod.nos.: Belfast, Antrim. English, from W Yorkshire.

Greer: v numerous: Ulster etc. Ir. *Mac Grioghair*, equivalent to the Scottish MacGregor. In Ulster 17 cent. Also as Grier, giving Grierson and Greerson. Basic Greek name is "watchful".

Greevy,-ey: rare: Mayo. Ir. *Mac Riabhaigh, riabhach* = striped. See MacGreevy.

255

Greeves: mod.nos.: Belfast, Down. Ir. *de Gréibh*. English, 17 cent. SI.

Gregan: mod.nos.: S E Leinster. Ir. *Mag Riagáin, Riagán* is a personal name. It appears in the more numerous O'Regan, q.v. SI.

Gregor, Greggor: v rare, Cork, Belfast. Variant of first name, Gregory (Greek: "watchful").

Gregg: numerous: Ulster and scattered. English and Scottish, 17 cent. Short form of Gregory.

Grego: rare: Belfast etc. Italian: a nickname: "Greek".

Gregory: fairly numerous: Belfast, Down-Armagh, E Leinster. Ir. *Mac Gréagóir*. The name is also English, a family who settled in Kerry in 17 cent and later at Coole, Galway. Whence Lady Augusta Gregory (1859-1932) of the literary renaissance. IF.

Gregson: fairly rare: Down etc. English. See Gregg.

Grehan,-am: numerous: Louth, Midlands, Connacht. Ir. *Ó Gréacháin, gréach* = scream. It has been anglicised Graham and Grimes also. SI.

Greif: rare: Dublin. An English name meaning overseer or farm-bailiff. DBS.

Greig: fairly rare: Belfast area. Scottish version of Gregg. The ancestor of Norwegian composer, Edvard Grieg (1843-1907), was from Scotland. SS.

Grenham: fairly rare: This name is concentrated in the Athlone-Ballinsloe area, which seems to indicate a variant of Greham, i.e. *Ó Gréacháin*.

Grendon: rare: Dublin. English toponymic, associated with Devonshire. DOS.

Grennan: fairly numerous: Offaly, Wexford, Mayo. Ir. *Ó Grianáin, grian,* sun, was a feminine name in Irish legend. However, the name is of Norman origin in Leinster. MIF.

Grennell: rare: Dublin. Apparently English origin: relating to "green". However the name is not found in England, so it could be indigenous. Grannel occurs in the Fiants, so it may relate to Reynolds, q.v..

Grennon: rare: Dublin. See Grennan.

Gresham: v rare: Dublin, Belfast. English: from place in Norfolk: "grass homestead". DOS.

Gresty: rare: Dublin. English: from place in Cheshire. DOS.

Greville: fairly rare: Midlands. English: from place in France. DBS.

Grew: fairly rare: Armagh-Tyrone etc. Ir. *Ó Maolchraoibhe,* according to Woulfe, "chief of Craobh", a place. A family was associated with the O'Neills in Down, usually anglicised Mulgrew and also, inexplicably, Rice. MIF.

Grey: fairly numerous: Ulster generally, E Leinster etc. Ir. *de Grae*. See Gray.

Greyston: v rare: Belfast, Dublin. English topomymic.

Gribben,-in,-on: numerous: Ulster. Ir. *Ó Gribín*, possibly from *griobaí,* a gap-toothed person. The name has long been associated with Armagh-Down. MIF.

Grice: v rare: Dublin. English nickname: "grey-haired"; also grice is a pig in N England.

Grier: mod.nos.: Donegal, Mayo, Down. Ir. *Mac Grioghair.* See Greer.

Grierson: rare: Belfast etc. As Grier above.

Grieve: mod.nos,: Belfast area etc. Ir. *de Gréibh*. The 17 cent version of the English name Greeve. The complicated derivation is discussed by MacLysaght in Surnames of Ireland.

Grifferty: v rare: Kildare. Ir. *Mac Ribheartaigh*, usually anglicised Clifford. See Rafferty.

Griffey, -y: v rare: Dublin, Carlow. Ir.*O Gríobhtha.* See Griffin.

Griffin,-en: v numerous: all provinces, particularly Munster. Ir. *Ó Gríobhtha, gríofach,* fierce. A sept of Dál gCais (Clare), also in Kenmare (Kerry). Some confusion with Welsh Griffiths and Griffin which are common in Britain.

Griffith,-s: mod. nos. : scattered. A common Welsh first name (Welsh *Gruffydd*), but often used as the anglicised form of *Ó Gríobhtha*. See Griffin. Arthur Griffith (1872-1922) founded Sinn Féin.

Grigg: rare: Belfast area, Louth. English: Diminutive of Gregory or nickname "dwarf". DBS.

Grills: rare: Belfast area, Louth. English: nickname for fierce person. DBS.

Grimason: mod.nos.: E Ulster. English, Grimm's son? DOS.

Grimes: numerous: Tyrone & Ulster generally, Midlands, Connacht, N Munster. Ir. *Ó Gréacháin* in the south, *Ó Garmaile* in Ulster. MacLysaght says that *Ó Greidhm*, used in Munster is a recent invention. The name is current in England, derived from the Old English "grim", meaning just that! It may well be represented amongst the Grimes of the eastern part of Ireland. SI, SGG & DOS.

Grimley: fairly numerous: Armagh etc. Ir. *Ó Garmaile*, for which see Gormley. SI.

Grimsey: v rare: Derry. Grim was a first name - see Grimes.

Grimshaw: rare: Belfast area etc. English: from place in Lancashire.

Grimson: rare: Dublin etc. English: Grimm's son, no doubt. DOS.

Grindle: rare: Belfast. English: "green dale". DBS.

Grindon: v rare: Wexford. From a placename in Northumbria.

Grinsell, Grincell: v rare: Kilkenny etc. This name exists in England: probably one of the "green" family of names. See Grennell etc.

Grissam: rare: Antrim. Probably a nickname: "greyish".

Grissing: v rare: Dublin. Also related to "grice" (grey)

Griscom,-e: v rare: Donegal. As Grissing.

Grist: rare: Dublin, Belfast. English: perhaps occupational to do with milling corn.

Groake: v rare: Mayo. Apparently a curtailment of Groarke below.

Groarke: mod.nos.: Mayo and scattered. Ir. *Mag Ruairc*. Ó Corráin & Maguire remark that the rare early name *Ruarc* may contain the word *arg*, a hero or champion. However, Woulfe and MacLysaght regard it as a Norse name, *Ruadhrac* from *Hrothrekr*. In any case, it is the basis for the Rourkes, always associated with Breifne. Groarke was a sept of the Southern Uí Néill, seated in W Meath. GPN, SGG & IF.

Groden: rare: Mayo. Ir. *Mag Rodáin, rod* = strong. See also Crudden.

Grogan: numerous: all areas except Cork. Ir. *Ó Gruagáin,* perhaps from *gruagach*, a champion. They were erenaghs in Elphin (Roscommon), now greatly dispersed. The form Groogan occurs in Ulster. MIF & SGG.

Groeger: rare: Cork. A German variant of Gregory, the Greek name which became very popular.

Groom(e): mod.nos.: Dublin, Midlands. English: fairly common in England. Nickname "attendant".

Groonell: v rare: Mayo. This appears to one of large group of names arising from "green" (the colour or a place).

Groves: mod.nos.: E Ulster, Kerry etc. English, 17 cent. A topographical name. SI.

Grose, Grosse, Gross: rare: Belast, Dublin etc. A nickname for a fat man in English and German

Grossman: rare: scattered. This name is fairly common in England. Perhaps a nickname "fat man".

Grosvenor: v rare: Killarney. English: a chief huntsman. Name of the Dukes of Westminster.

Grothier: rare: Carlow. This name exists in England but is rare. May be cognate with Grosse.

Ground: rare: Belfast. This is current in England: presumably a toponymic.

Grouse: rare: Dublin. Probably the nickname Gross "big, fat".

Grove: rare: Dublin. English toponymic. Also as Grover.

Growney: v rare: Bray. Ir. *Ó Gramhna*. This is a curtailment of *Mac/Ó Carrghamhna*, q.v. Eoghan O' Growney (1863-99) was a leader in the Irish revival movement; he died all too young.

Grubb: v rare: Limerick. An English name found in Tipperary in 17 cent. Nickname for small man.

Gruddy: v rare: Mayo, Donegal. Ir. *Mag Rodaigh, rod* = strong. An erenagh family of Inisowen. SI.

Grue: rare: W Ulster. Probably a variant of Grew, a nickname: "crane" (bird). DOS.

Grufferty: rare: scattered. Ir. *Mag Robhartaigh, Robhartach* was a personal name meaning, possibly, impetuous. More usual as Roarty and MacGroarty, q.v.

Grugan: rare: Tyrone. See Grogan.

Gruhn: rare: Belfast etc. Of German origin and one of the large Green family of names.

Grumley: rare: Dublin, Derry. Ir. *Ó Garmaile*, formerly *Ó Gormshleaghaigh* (dark spearman). See Gormley, which is the usual form. SGG.

Grummell: v rare: Wicklow. Ir. *Gromail*, i.e. Cromwell. The name was in Ireland and gaelicised long before the arrival of Oliver Cromwell. SI.

Grundle: rare: Ulster. This belongs, presumably, to the "Green" group of names.

Grundon: v rare: Coleraine. This name is current in England and appears to be toponymic.

Grundy: rare: Dublin. Said to be variant of Gundry, from O.E. name *Gundred*. Found in both England and Scotland. DOS & SS.

Gruson: v rare: Dublin. Probably a patronymic of Grue, q.v.

Guard: v rare: Dublin. An occupational name found occasionally in England.

Gubbins: mod.nos.: Limerick-Tipperary, Cork etc. Ir. *Ó Goibín, gob* = mouth. However, the Irish name relates to Ulster. In the south, it is more probably English, having appeared in Limerick in 17 cent. This latter is a variant of Gibbons. MIF.

Guckian: mod.nos.: Leitrim. Ir. *Mag Uiginn*, possibly from *Uiging*, a Viking. This name occurs mainly in Ulster as MacGuigan and MacGuckin, q.v. MIF.

Gueret: rare: Dublin. French: a habitational name. Dauzat.

Guerin: numerous: Limerick-Clare- Kerry, Cork. Ir. *Ó Géaráin, géar* = sharp. This name relates to the Uí Fiachrach of Connacht, so the connection with the Munster Guerins is tenuous. There was a Huguenot name *Guérin*, but this would hardly account for the name in Limerick and Kerry. See also Gaynor. SI & SGG.

Guest: mod.nos.: Belfast area, Wexford etc. English: nickname for newcomer. DBS.

Guider(a): fairly rare: N Tipperary etc. Ir. *Mac Giodaire* (SGA). Possibly from *giodar* = haste. However, this name was not noticed by Woulfe and MacLysaght could not find a basic Irish version. It has been in Tipperary since mid-17 cent and also occurs in Mid-Ulster. Another possible Irish version is *Mag Fhiodaire*, a variant of *Mac Feadaire* (whistler). SI & MIF.

Guidon,-en: rare: Dublin. French: may mean "flag-bearer". Dauzat.

Guiheen: v rare: Connacht. See Guihen below.

Guihen,-an: mod.nos.: Roscommon, Leitrim, Kerry. Ir. *Ó Gaoithín, gaoth* = wind. This name has also been anglicised Wynn. Always associated with the Blasket Islands. MIF & SGG.

Guildea: rare: Dublin. a variant of Gildea, q.v.

Guilford: v rare: Dublin. English toponymic: "ford where marsh marigolds grow". DOS.

Guilfoyle: numerous: Laois-Offaly-Tipperary-Kilkenny. Ir. *Mac Giolla Phóil* (devotee of St Paul), a sept of Ely O'Carroll (Offaly). Also as Gilfoyle. SI & SGG.

Guiler,-ar, Guiller: rare: Down & Antrim. Related to first name William.

Guilmartin: rare: Dublin, Galway. See Gilmartin.

Guiltenane: v rare: Limerick. Ir. *Mac Giolla tSeanáin* (devotee of St Senan). See Giltenan.

Guina: rare: Limerick etc. Ir. *Mag Cineáith*. A Munster version of *Mag Cionaoith*. See Mac Kenna.

Guinan: fairly numerous: Offaly etc. Ir. *Ó Cuinneáin*, dimin. of *Conn*. See also Guinane.

Guinane: mod.nos.: Limerick etc. Ir. *Ó Cuinneáin* & *Ó Cuineáin*, derived from *Conn* and *Conán* respectively. Woulfe mentions *Ó Gaibhneáin*, also. SI & SGG.

Guinee: rare: N Cork. Ir. *Ó Guinidhe, (Guiní)*. A variant of Guiney which gives a more accurate representation of the Irish. See Guiney.

Guinnevan, Guinevan,-en: v rare: Cork. Ir.*Mac Dhoinneabháin* or *Ó Ceanndhubháin*. The latter is usually anglicised Canavan. The former is a variant of *Ó Donnabháin* , i.e. Donovan, q.v.

Guiney: fairly numerous: Limerick-Kerry-N Cork, Down etc. Ir. *Ó Guinidhe* (Munster); *Mac Géibheannaigh* (Ulster), *géibheannach*, a prisoner. See also Geaney. SI & SGG.

Guing: rare: W Meath, Wicklow. This seems to be the Huguenot *Guin*. See Going.

Guinness: fairly rare: Belfast area and scattered. Ir. *Mac Aonghuis*, from early personal name *Aonghus, Óengus*. A sept of Down. See MacGuinness, Magennis. IF.

Guinnelly: v rare: Mayo. Ir. *Mag Fhionnghaile*. See Mac Ginley.

Guinnessy: v rare: scattered. Ir. *Mac Aonghusa*. See Guinness above.

Guirke: v rare: Dublin. Ir. *Mag Oirc, orc* = pig. Not necessarily derogatory. See Mac Gurk.

Guiry,-ey: mod.nos.: S Tipperary-Waterford, Limerick-Kerry. Ir. *Ó Gadhra, gadhar*, a dog. See Geary (Munster); O'Gara (Connacht). Woulfe says that the name originated in North Connacht and some moved to Munster in 16 cent. IF & SGG.

Guiton: rare: Cork etc. Of French origin: diminutive of Guy.

Gullane: v rare: Galway. Ir. *O Golláin*. See Gillan.

Gullen: v rare: Bangor. Ir. *Ó Golláin*. See Gillan.

Gullery: rare: Belfast area. Perhaps Ir. *Mac Giolla Rua, rua*, red-haired.

Gully: rare: Dublin. English: a nickname for a big man: Goliath. DBS.

Gumbleton: v rare: Cork. Evidently an English placename based on first name Gumble.

Gumley: v rare: Bangor. The name is current in Scotland: apparently habitational.

Gunn(e): fairly numerous: Fermanagh-Cavan-Monaghan etc. Ir. *Mac Giolla Gunna; Mac Giolla Dhuinn*. Either "gun gillie" or "brown attendant". A sept of Fermanagh. It is also a Scottish name of Norse origin. Still exists as MacElgunn. SI & SS.

Gunnell: v rare: Louth. Ir. *Mag Congail,* from the early personal name *Congal* (hound-valour). More usually MacGonigal. SI.

Gunner: v rare: South East. Anglo-Norman occupational name. The Teutonic *gunn* means "battle"

Gunnery: rare: Dublin. This name exists in England but is very rare. Gunner is more numerous.

Gunnigle: v rare: Dublin. Ir. *Mag Congail*. An erenagh family of Donegal, usually appearing as MacGonigal, q.v. See also Gonnelly. MIF & SGG.

Gunning: numerous: Connacht, Midlands, N Munster, Ulster. Ir. *Ó Conaing*, from the first name *Conaing*. A sept of Dál gCais, located at Caisleán Ó gConaing (now Castleconnell). This would account for the Gunnings in Munster and Connacht but those in Ulster are no doubt of English origin. See Goonan. MIF & SGG.

Gunnigan: rare: Connacht. Ir. *Mag Dhonnagáin,* dimin. of *Donn*, (brown) a first name. SGG.

Gunshinan: v rare: Longford. As Gilsenan, q.v.

Gurey: v rare: Dublin. Probably variant of Gorey, q.v. but note Gurhy below.

Gurgan: v rare: Down, Armagh. Ir. *Mac Dhuarcáin*. See Durcan.

Gurhy: rare: Cork, Sligo etc. Ir. *Mac Gothraidh* (Godfrey). See Gurrie below.

Gurley: v rare: Galway. ? Ir. *Mag Fhearghaile*. See Farrelly.

Gurn: v rare: Leitrim. Ir. *Mag Corraín (Corraidhín)*. Also MacGorrian etc. See Crean.

Gurr: v rare: Dublin. This name is current in England but no derivation has emerged.

Gurrie, Gurry: rare: Sligo. Ir. *Mac Gothraidh*, from the Norse *Gothfrith* "god-peace" which became Godfrey in English. A name associated with the O'Reillys of Breifne.

Gurrin,-an,-en: rare: Mayo, Roscommon. Ir. *Mag Corráin*. See Curran.

Gurney: fairly rare: Ulster. English and Scottish. Probably from placename in France. DBS & SS.

Gurnett: rare: Kerry. English. Nickname from the sea-fish, which makes growling noises. DBS.

Guthrie, Gutherie: fairly numerous: mainly E Ulster, Clare. A Scottish name in Ulster but used as an anglicisation of *Ó Lathaigh* in Clare. In Irish, *lathach* means mud, slime, described by the Anglo-Irish word "guttery". Perhaps to get away from this connection, the Clare Laheys became honorary Scots! The irony is that *Ó Lathaigh* is itself a corruption of *Ó Fhlaithimh* meaning "prince". SI & SGG.

Guy: numerous: Ulster generally. Ir. *Guidh*. English: from a French personal name. In Ulster since 17 cent.

Guyett: v rare: Dublin. Diminutive of first name Guy, probably French.

Gwilliam: v rare: Ulster. A half-Welsh William. The correct one is *Gwilym*.

Gwynn(e): fairly rare: mainly E Ulster. Ir. *Guin*. A Welsh name meaning "fair". In Ireland 16 cent. Now noted as a great scholarly family of Dublin. IF.

Gyves: rare: scattered. English, cognate with Jeeves, which derives from woman's name Genevieve.

Gyles: rare: Louth. Ir. *Ó Glaisne*, perhaps from *glaisin*, woad. See also Giles.

Haberlin: rare: Waterford. German, 18 cent. Derived from *haber* (oats). A dealer or grower. DSHH.

Habgood: v rare. Dublin. This name is rare in England. Hab is pet form of Robert.

Habington: rare: Dublin. Presumably an English toponymic, although very rare over there.

Hack: v rare: Mayo. This name is found in England. It was a Norse first name and also relates to a gate or hatch, so it could be habitational. The word is still in use in Ireland for an implement.

Hackett: numerous: Tyrone and adjoining areas; Leinster and Munster generally. Ir. *Haicéid*. In the north it was an anglicisation of *Mac Eachaidh*. The Hacketts arrived with King John and settled in Tipperary. Hack was a first name, various meanings.

Hackney: rare: E Ulster. English. Probably from placename in Middlesex, but the name also exists in Scotland. DBS & SS.

Hackworth: rare: Antrim. English: habitational :"Hack's enclosure".

Hadden,-on: fairly numerous: Dublin, Belfast etc. Ir. *Ó hAidín* (SGA). Probably English or Scottish in Ulster, it can also be an anglicisation of *Ó h-Éidín*; see Headon. SI & SGG.

Haddigan: v rare: E Galway etc. Ir. *Ó h-Eideagáin*. See Hedigan.

Haddock,-ick: mod.nos.: mainly E Ulster. English: perhaps a placename, or relating to the fish. In Ireland 17 cent. SI.

Hade: fairly rare: Carlow etc. Ir. *Ó h-Aidí* (SGA). MacLysaght conciders it a Gaelic name in Ireland,but is not sure of the original form. It appears as Hayde and, very rarely, Haide. All correspond geographically with Hayden, q.v.

Haden: rare: Belfast etc. See Hayden.

Hadnett: rare: Armagh, Tipperary etc. Ir. *Mac Searraigh*. See Hodnett.

Haffern: rare: Belfast area. *Ó h-Amhráin, amhra*, distinguished. A name of Down but see also Hefferon and Heffron. SI & MIF.

Haffey: fairly rare: Armagh etc. Ir. *Ó h-Eachaidh,* a synonym of Haughey, q.v.

Hagan,-en: numerous: Tyrone-Armagh-Down etc. Ir. *Ó h-Ágáin*, originally *Ó h-Ógáin, óg* meaning young. An important sept of Tyrone. Also stands for *Ó h-Aodhagáin*, a diminutive of the personal name *Aodh* meaning "fire". Aitken is a synonym. IF & SGG.

Haggan: mod.nos.: Antrim. See Hagan.

Haggart: v rare: Roscommon. Ir. *Ó h-Ágairt*, an abreviation of *Ó h-Ágartaigh*.

Haggarty, Hagerty: rare: Belfast, Dublin etc. Ir. *Ó h-Ágartaigh; Ó h-Ógartaigh*, from *fógartach* "one who is proclaimed an outlaw". Alternatively, *Ó h-Éigeartaigh, éigeart* = injustice. This latter usually appears as Hegarty, q.v.

Hagin: v rare: Belfast, Dublin. As Hagan, q.v.

Hague, Haig, Haigh: fairly rare: Ulster and scattered. A prominent name from the Scottish Border country. Also synonym of MacCague, MacCaig, q.v.

Hahessy: fairly rare: South East etc. Ir. *Ó h-Aitheasa*. See also Ahessy.

Haigny,-ney: v rare: Tyrone etc. Ir. *Ó h-Éignigh*, perhaps from *éigean*, force. See Heagney.

Haighton: v rare: Belfast. Habitational from a place in Lancashire.

Hailes: rare: Dublin. See Hales below.

Hailstone(s): v rare: Ulster. This name is current in Britain - evidently a toponymic. The word "haile" in these names refers to OE *halh*, which is "hough" in Scotland, meaning a nook or remote valley. DBS.

Haine(s): rare: Dublin & Belfast. English, see Haynes. Also Ir. *Ó h-Eidhin* (Hynes). DOS.

Hainon: rare: Belfast etc. English: habitational and nickname: "wretched or mean person".

Hainsworth: rare: Dublin & Belfast. A habitation name from Yorkshire or Lancashire.

Haire: fairly numerous: E Ulster. A Scottish name usually spelled Hair,but also a version of Hare, ie. O'Hare, q.v. Ir. *Ó hAichir* & *Ó h Ír*. There is also an English name of the nickname type.

Hakin: v rare: Belfast etc. Probable variant of Aiken, q.v.

Haldane: v rare: Belfast area: English: "half-Dane", shades of the 9 cent Danelaw. See Dench. The name is also common in Scotland with simliar meaning. DSHH & SS.

Hale(s): fairly numerous: Cork-Waterford, E Ulster etc. Ir. *Mac Héil* (SGA), *Mac Haol* (SGG). Howell, early Welsh settlers in Mayo. Also an English name, known in Cork since 17 cent. Very rarely Hailes and Hayles. See Mac Hale.

Haley: v rare: E Ulster. English toponymic from a number of places in S England.

Halferty,-orty: rare: S E Derry etc. Ir. *Ó h-Ailbheartaigh, ilbheartach*, accomplished. Also as Helferty and Hilferty. Woulfe states that it is a Donegal name. SI & SGG.

Halford: mod.nos.: Leinster etc. English toponymic: ford in a nook or remote valley. From a number of places in S England.

Halfpenny: rare: Down. English, from nick-name or amount of rent. See Halpenny. DOS.

Halion: rare: Dublin. Ir. *Ó h-Ailín*, possibly "little sprite". An Ormond name now usually as Allen, q.v. Hallion is very rare.

Hall: v numerous: Ulster, Leinster and general. Ir. *de Hál*. One of the commonest names in Britain, it is on record in Munster since 14 cent. The Irish Halls are well established.

Hallahan,-aghan, Hallehan: fairly num.: Cork etc. Ir. *Ó h-Ailleacháin*, perhaps a dimin. of *áille*, beauty.Historically associated with Cork and Waterford, it has been much confused with Halligan, which is properly a northern name. MIF & SGG.

Hallam: rare: E Ulster. English toponymic common in Notts and Derbyshire. DOS.

Hallawell: v rare: Fermanagh. English toponymic, "holy well". DOS.

Hallett: rare: Fermanagh. English: cognate with Adlard which does not occur in Ireland. DBS.

Halley,-ly. fairly numerous: Waterford-Kilkenny etc. Ir. *Ó h-Ailche* (Waterford) of Norse origin; *Ó h-Aille* (Clare) a sept near Bunratty. MacLysaght says that some Tipperary Hallys are *Ó Maol Chathail*, otherwise Mulhall. *Ailche* literally means "boulders" but may not apply here. GG.

Halliday: numerous: English, 17 cent. cognate with Holliday. DBS.

Halliden: v rare: Cork. This name is equally rare in Britain though it seems to be a toponymic.

Halligan: numerous: Armagh, Midlands, South East, Connacht. Ir. *Ó h-Ailleagáin*, "handsome", perhaps. Historically a sept of Oriel (Armagh-Monaghan etc.). MIF.

Hallihan(e): rare: Cork. Ir. *Ó h-Aileacháin*. See Hallahan above.

Hallinan: fairly numerous: Munster, Connacht etc. Ir. *Ó h-Ailgheanáin, áilghean*, gentle, possibly. Generally regarded as a Munster name, its occurrence in Galway-Mayo and even Donegal, suggests a separate origin there. MIF & SGG.

Hallissy,-ey: fairly numerous: Munster, especially Cork. Ir. *Ó h-Áilgheasa, áilgheas*, eagernss. Modern spelling: *Ó hÁileasa*. SGG.

Halloran: mod.nos.: Connacht and scattered. Ir. *Ó h-Allmhuráin, allmhurach,* a stranger from overseas, even a pirate! Originally two septs: Galway and Clare. For more correct distribution see the more numerous O'Halloran. IF & SGG.

Hally: mod.nos.: Waterford-Kilkenny-S Tipperary. See Halley above.

Halnon,-an: rare: Wexford etc. Probably Hallinan, q.v.

Halpenny: mod.nos.: Louth etc. Ir. *Ó h-Ailpíne, alp*, a stout person. A sept of Monaghan. It has tended to be absorbed by its synonym Halpin, q.v. The English nickname Halfpenny also exists and is current east of the Irish Sea.

Halpin: numerous: all provinces, especially Midlands and N Munster. Ir. *Ó h-Ailpín*. A sept of Clare now common in Limerick. For derivation see Halpenny. MIF.

Halsall: rare: English: habitational name from Lancashire.

Halsey: rare: Down etc. English: habitational name from London. DSHH:.

Halstead: rare: Dublin, Midlands. English: habititational name: various places. DSHH

Halton: mod.nos.: Cavan-Monaghan-Louth, Midlands. Ir. *Ó h-Ultacháin, Ultach*, Ulsterman. It is also an English toponymic gaelicised *Haltún*. SI & SGG.

Halvey: fairly rare: Limerick, Galway. Ir. *Ó h-Ailmhic* (noble son). Also Anglo-Irish, cognate with Holloway in Leinster. This is gaelicised *de Halbhuí*. SI & SGG.

Ham: rare: Down etc. English toponymic. See Hamm. DOS.

Hamblet(t): v rare: Belfast area. English: diminutive of first name Hammond

Hambly: v rare: Bangor. English: similar to Hamblet: see Hamm.

Hamer: v rare: Antrim. (1) English toponymic (2) Dutch occupational: maker of hammers.

Hamilford: v rare: Belfast. Apparently derived from a placename.

Hamill,-ell: numerous: E Ulster, Louth-Monaghan, Leitrim etc. Ir. *Ó h-Ádhmaill, Ághmall*, which, according to Woulfe, means "ready, active". A branch of Cineál Eoghain, noted for learning and attached to the O'Hanlons in Oriel (Monaghan). Also a Scottish habitational name. MIF.

Hamilton: v numerous: throughout Ulster, extending into Leinster and Connacht. An important Scottish name which came in the Plantation of Ulster, 17 cent. The town of Manorhamilton in Leitrim is indicative of their extensive holdings. The name sometimes stands for Hamill, q.v. The gaelicised version is *Hamaltún*. SI & IF.

Hamley: v rare: Dublin, Belfast. See Hambly and Hamblet above.

Hamlin: v rare: Belfast area. Ir. *Haimlín*. Anglo-Irish, originally of Meath, whence Hamlinstown. The name is recorded back to the 13 cent. SI & DBS.

Hamm: rare: Waterford. English, "river-meadow". DOS.

Hammersley: rare: Tipperary, Belfast. English: a toponymic based on Hamm + ley (wood).

Hammond: numerous: E Ulster, Dublin. From the Norse personal name *Amundr*, this name pre-dates the Norman Invasion, but was also borne by later English settlers. It may stand for *Mac Ámainn:* (MacCammon) which was associated with Down. SI & .SGG.

Hampsey: fairly rare: Derry-Tyrone. Ir. *Ó h-Amhsaigh*, perhaps *amhsach*, unruly. A sept of Derry which has been further anglicised Hampson, q.v. MIF:

Hampson: fairly rare: Derry-Tyrone, Dublin etc. Ir. *Ó h-Amhsaigh*. See Hampsey. Apart from Ulster, this name is apparently English, "son of Hamo", a Teutonic first name. DBS.

Hampton: fairly num.: Down etc. Ir. *de Hamtún*. English, since mediaeval times but 17 cent in Down.

Hamrogue,-rock: rare: Mayo. Ir. *Hamróg*. A case of an English toponymic, Hambroke, first gaelicised and then re-anglicised to Hamrogue. SI & SGG.

Hanafee: v rare: Galway. See Hanniffy, Hanaphy.

Hanafin: mod.nos.: Kerry-W Limerick etc. Ir. *Ó h-Ainbhthín (Ainifín)*. From a first name *Ainbhthin* meaning, perhaps, storm or fury. Also as Hanifin and Hannifin. See also Hanevy and Hannaway. SI & SGG.

*Hanahan: Ir. *Ó h-Annacháin*. Probably a synonym of Hannigan, q.v.

Hanifin: rare: Kerry. See Hanafin above.

Hanagan,-aghan: v rare: Dublin. Ir. *Ó h-Annagáin*. Woulfe says it is a Limerick name but it does not occur there now. See Hannigan and Hannagen.

Hanahoe: fairly rare: Galway-Mayo etc. Ir. *Ó h-Eanchadha (Eanchaí)*. An ecclesiastical family of Killala. See also Heanue. SI.

Hanamore: v rare: Roscommon. Possibly Ir. *Ó hAinmire*. See Hanberry.

Hanamy: v rare: Offaly etc. ? Ir. *Ó hAnmchaidh*. A sept of Síol Anmchadha were located Galway/Offaly.

Hanan: fairly rare: Cork and scattered. Ir. *Ó h-Annáin*. Usually as Hannon, q.v.

Hanaphy: rare: Dublin etc. Ir. *Ó h-Ainbhith (Ainfidh). Ainbhioth* = storm. See Hanevy and Hanniffy. Woulfe mentions four septs of this name, (1) Armagh-Down; (2) Oriel; (3) Meath; (4) Cork.

Hanaway: rare: Dublin etc. Ir. *Ó h-Ainbhith*. See Hannaway, Hanway and Hanaphy.

Hanbidge: rare: Wicklow-Wexford. Of English origin, it very rare there now.

Hanberry,-bury: rare: scattered in Connacht. Ir. *Ó h-Ainmhire, ain+mire* (levity). The name may also be English and a synonym Ansboro in Mayo. SI & SGG.

Hance: v rare: Belfast etc. Scottish, an abbreviated form of Machans, itself a contraction of MacAngus. SS.

Hancock,-cox: mod. nos.: Dublin and scattered in Ulster. English: diminutive of Hann (John).

Hanavan: v rare: Monaghan. Ir. *Ó h-Ainmhéain*. A variant of *Ó hAinbhthín*. See Hanifin etc.

Hand(e): numerous: N Midlands, Ulster generally, Dublin. Ir. *Mag Fhlaithimh, flaitheamh*, meaning prince. Synonymous with Claffey, Glavey and Lavan, all as a result of pseudo-translation. The name is of English origin in Dublin and Ulster. It is a nickname in this case. SI & SGG.

Handcock: rare: Laois. See Hancock.

Handel: v rare: Roscommon. A famous German name: diminutive of Hans (John).

Handibode: rare: Dublin. Not in evidence in Britain. It appears to be toponymic. Handyside is fairly common in Scotland.

Handley: rare: Dublin, Down. This is an English toponymic not to be confused with the native Hanley, q.v.

Handforth: rare: scattered in Ulster. English from placename in Cheshire.

Hands: v rare: Ulster. See Hand.

Handrick: rare: Dublin. See Hendrick.

Handy: fairly rare: Midlands. See Hendy.

Hanevy: rare: Midlands. Ir. *Ó h-Ainbhith, ainbhioth* = storm Woulfe mentions a four septs: in Meath; Oriel; Down and W Cork. See Hanniffy and Hanvey. SI, SGG.

Hankard: v rare: E Cork. English, 16 cent. Ir. *Hancard* (SGA). From first name Tancred. SI.

Hankey: rare: Dublin, Lurgan. Similar to Hankin.

Hankin: v rare: E Ulster. English: diminutive of Hann (John).

Hanks: v rare: Dublin. Another variant of Hann (John).

Hanley: numerous: all provinces, especially N Munster & Connacht. Ir. *Ó h-Áinle, áinle*, beauty. Originally a sept of Roscommon. SI & IF.

Hanlon: numerous: all provinces especially Ulster & Midlands. Ir. *Ó h-Anluain* (great champion). A major sept of Oriel (Armagh). IF & SGG.

Hanly: numerous: Connacht and N Munster. Ir. *Ó h-Áinle*. See Hanley above.

Hann: v rare: Antrim etc. English: generally a synonym of first name John.

Hanna(h): v numerous: Ulster and Louth. Ir. *Ó h-Annaidh*. This is also a Scots Gaelic name and no doubt many Ulster Hannas originated in the 17 cent settlements. MIF & SS.

Hannafin: fairly rare: Kerry-Limerick. See Hanafin.

Hannaford: v rare: Dublin etc. A toponymic in Britain, where it is current in Devonshire. DOS.

Hannagen: rare: Clare, Galway. Ir. *Ó h-Annagáin*, perhaps from *annadh* = delay. See Hannigan.

Hannan: fairly numerous: Limerick and generally. Ir. *Ó h-Annáin, annadh*, delay, possibly. This name is more usual as Hannon.

Hannaway: mod.nos.: mainly Ulster and Louth. Ir. *Ó h-Ainbhith*. See also Hanevy and Hanniffy.

Hannelly, Hanily: rare: Galway, Roscommon. Ir. *Ó h-Áinle*, see also Hanley.

Hanney: mod.nos.: Sligo-Mayo etc. Ir. *Ó h-Annaidh*. See Hanna above.

Hannick: rare: Mayo. Ir. *Ó h-Ailmhic* (SGA). A sept of the Uí Fiachrach in N Connacht. See also Halvey.

Hanniffy: mod.nos.: Galway-Offaly. Ir. *Ó h-Ainbhith, ainbhioth*, storm. Woulfe mentions a sept in Meath which may relate to this group. The leading sept was in Ulster, see Hannaway.

Hannigan: numerous: Fermanagh-Tyrone-Donegal, Midlands, Waterford and generally. Ir. *Ó h-Annagáin*. Historically associated with Tyrone and Waterford but information on origins is vague. SI, MIF & SGG.

Hannity: rare: Down. Ir. *Ó h-Ionnachtaigh*, perhaps a version of *Ó Fionnachtaigh*, Finnerty, q.v.

Hannon: numerous: all provinces, especially Connacht and N Munster. Ir. *Ó h-Annáin, annadh* meaning delay, perhaps. Originally of Limerick and a substitute for Haneen in Connacht.

Hanover: rare: Cork. Of German or Jewish origin: relating to city of Hannover in Germany.

Hanrahan: numerous: mainly Munster and S Leinster. Ir. *Ó h-Anracháin*. This name has been identified with Hourihan, Ir. *Ó h-Anradháin, anradh*, a warrior, and Woulfe applies it to four septs in Clare, W Cork, Laois and Meath. However, it is less confusing to deal with each name as it occurs. See Hourihane, Horan, Horgan, Horrigan. SI & SGG.

Hanratty: numerous: Monaghan-Armagh-Louth. Ir. *Ó h-Anrachtaigh*, ("unlawful", perhaps). They were a sept of Oriel, which corresponds remarkably with the present distribution.

Hanrick: rare: Wexford. Ir. *Ó h-Annraic*, from a Norse personal name. They were a branch of the MacMurroughs. Also Hendrick. SI & MIF.

Hanse, Hans: rare: Dublin, Belfast. From first name Hann (English) or Hans (German).

Hansen: rare: Belfast etc. A Nordic version of Johnson.

Hansberry: rare: Galway. Ir. (1) *de Hanbrugha*, (2) *Ó h-Ainmhire*. The latter is an indigenous name associated with Galway. There was a first name *Ainmire* (great leader) which may be the root of this name. See also Hanberry. SGG.

Hansbury: v rare: Ennis, Dungarvan. See Hansberry above.

Hanson: mod.nos.: Ulster. Ir. *Ó h-Amhsaigh*, see Hampsey. Also a common English name.

Hanthorn,-e: rare: E Ulster. Seemingly a toponymic, it is very rare in Britain.

Hanton: fairly rare: S E Leinster etc. English: a toponymic from Southampton. DBS.

Hanvey: mod.nos.: E Ulster. Ir. *Ó h-Ainbhith, ainbhioth,* storm. A sept of Oriel, also in Down. See Hanway, Hannaway, Hanniffy. SGG.

Hanway: fairly rare: Dublin. Ir. *Ó h-Ainbhith*. See Hanvey above.

Harahan: v rare: Leitrim. Variant of Hanrahan above.

Haran: mod.nos.: Connacht, Limerick-Clare etc. Ir. *Ó h-Eaghráin*, from the first name *Eaghra*. Woulfe says this is a Galway name. Also as Haren. Both have been changed to Horan which is much more common. SI.

Harbison: mod.nos.: N E Ulster, Dublin. Ir. *Mac Hoirbín*. Scottish: as Herbertson. SS.

Harbinson: numerous: E Ulster. Scottish, as Harbison above. From personal name Herbert.

Harbourne, Harborne: fairly rare: Kildare etc. English toponymic from places in Midlands. DOS.

Harbron: v rare: Dublin. Variation of Harbourne in Northumbria.

Harcourt: rare: Ballymena. Ir. *Fearchar*. English toponymic in Shropshire. See street in Dublin.

Hardaker: v rare: Limerick. A topographic name relating to a stoney patch of ground.

Hardcastle: v rare: scattered. English. From place in W Yorkshire.

Harden: rare: Belfast. Ir. *Mac Giolla Deacair*. (SGA). Also English, see Hardy. SI.

Hardesty: v rare: Galway, Dundalk. Habitational name from a place in Yorkshire.

Hardie: rare: Down. See Hardy.

Hardiman: fairly numerous: Galway-Mayo etc. Ir. *Ó h-Argadáin (airgead*, silver). SGG.

Hardman: rare: Belfast, Dublin etc. Nickname: "brave, foolhardy", or occupational: herdsman.

Harding: fairly numerous: South East and Dublin. English, 15 & 17 cent. A nickname "hero". SI.

Hardstaff: rare: Belfast etc. English occupational name.

Hardwick,-e: v rare: Dublin, Belfast. English: habitational: "sheep-farm". DOS.

Hardy: numerous: Antrim-Down, Dublin, N Leinster. Ir. *Mac Giolla Deacair, (deacair,* difficult). The Irish name relates mainly to the West; elsewhere, Hardy is more likely the English name meaning brave. SI, DBS.

Hare: mod.nos.: E Ulster, Dublin etc. See Haire, O'Hare.

Haren: fairly rare: scattered. See Haran.

Harewood: v rare: Belfast, Dublin. English toponymic: a wood with hares. DBS.

Harford: mod.nos.: Dublin etc. English, 13 cent. "de Hereford". Also, possibly a Norse name, pre-dating the Invasion. SI & MIF.

Hargan,-on: mod.nos.: Derry City etc. A variant of Horgan, q.v.

Hargadon,-en: mod.nos.: Sligo, Dublin etc. Ir. *Ó h-Argadáin, (airgead*, silver). This name has been changed to Hardiman in Galway. MIF.

Hargey,-ie: rare: Antrim. See Hargy.

Hargraves,-greaves,-grove: fairly rare: Antrim-Down, Dublin, Cork. Hargrove in Laois. An English toponymic. DBS.

Hargy: rare: Antrim etc. Probably Ir. *Ó h Earchaidh, (earchaidh*, noble warrior). Originally a Connacht name; see Horohoe. SGG.

Harhen,-in: rare: Midlands, Galway. See Haran.

Harker: rare: Tyrone etc. English, "listener". DBS.

Harkin,-s, Harkens: numerous: Derry-Donegal & Ulster generally; also Midlands. Ir. *Ó h-Earcáin, earc*, red. They were erenaghs in Inishowen (Donegal). A similar Scottish and English name also exists, perhaps from first name Harry.

Harkley: v rare: Belfast. Apparently an English toponymic, but not in evidence there.

Harkness: numerous: E Ulster etc. A south of Scotland name of habitational type. SS.

Harland: mod.nos.: E Ulster. English, a Yorkshire name: "land with cairns". DOS.

Harley: mod.nos.: Derry-Donegal & Ulster generally; scattered elsewhere. English: from placename meaning "rocky clearing". DSHH.

Harlin,-ing: rare: Meath. English: Teutonic first name: "earl-friend". DBS.

Harlow,-e: rare: Roscommon-Galway etc. English toponymic from assorted placenames. DBS.

Harman,-on: numerous: Louth, Kerry-Limerick & scattered. A Teutonic name present in Meath in 13 cent; Munster Harmans may be *O h-Argadáin*. See Hardiman. MIF.

Harmer: rare: Belfast etc. English: from first name Heremer (army-fame). DSHH.

Harnan: v rare: N Kildare only. ? Ir. *Ó hEarnáin*. See Hernon.

Harnedy: fairly rare: Cork etc. A variant of Hartnett, q.v.

Harness,-e: v rare: Galway etc. English occupational name, "maker of harness". DBS.

Harnett: numerous: W Limerick-Kerry etc. A variant of Hartnett, q.v.

Harney: numerous: S Leinster, Galway, Sligo etc. Ir. *Ó h-Athairne,* possibly from *athardha* meaning paternal. Originally of Roscommon. SI.

Harnwell: v rare: Dublin. Evidently a toponymic: perhaps "heron well".

Harold: mod.nos.: Dublin and scattered. Well-known Teutonic first name associated with Norse families in Dublin and Limerick. Pre-dating the Norman invasion. IF.

Harper: numerous: Ulster generally; Wexford-Kilkenny etc. Anglo-Norman, 13 cent in Leinster. In Ulster the name is English from 17 cent. The harp was not exclusively Irish. SI.

Harpur: fairly numerous: Ulster, Wexford etc. The older spelling of Harper above.

Harra: rare: Belfast, Lurgan. Not in evidence in Britain; it may be a variant of O'Hara, q.v.

Harraghy: rare: Mayo-Sligo, Belfast. Ir. *Ó h-Earchaidh*, see Horohoe.

Harrahill: v rare: Tipperary-Laois. Ir. *Ó h-Earghail*. Formerly of Clare. Thought to be a version of *Ó Fearghail* with aspiration of initial "F". SI.

Harries: v rare: Belfast, Dublin. Welsh version of Harris (Henry)

Harrigan: mod.nos.: Derry-Donegal, Sligo-Mayo etc. Ir. *Ó h-Aragáin*. This name seems to be synonymous with Horgan, q.v.

Harrington: v numerous: all areas, especially Munster. Ir. *Ó h-Iongardail* now pronounced *Ó h-Úrdail* in W Cork & S Kerry. It also stands for *Ó h-Arrachtáin* which is associated with Connacht. MacLysaght also mentions another Connacht name, *Ó h-Oireachtaigh* which has undergone this anglicisation. IF & SGG.

Harriot: v rare: Belfast. Scottish habitation name or English: from diminutive of Harry.

Harris: v numerous: all areas especially Ulster. Ir. *Ó h-Earchaidh*. The name is usually of English origin and relating to the Plantation of Ulster. In Connacht it may be an anglicisation of the indigenous name. This also applies to Harrison. SI & SGG.

Harrison: v numerous: Ulster, Connacht, N Leinster etc. See Harris above.

Harrity: v rare: Armagh. Ir. *Ó h-Aireachtaigh*, variant of Heraghty, q.v.

Harrold: fairly rare: Limerick-Tipperary etc. Ir. *Haralt*. A Norse name associated with Limerick and so, perhaps, one of the founding families of that city. SI.

Harron: fairly numerous: Ulster etc. Ir. *Ó h-Earáin, earadh*, fear. A sept of Oriel in E Armagh. MacLysaght mentions an erenagh family *Ó h-Aráin* in Fermanagh which might account for their strong representation there now. See also Haran. SI.

Harrow: rare: Limerick etc. English toponymic: refers to pre-Christian cult site. DOS.

Harrower: rare: Lisburn, Belfast. Scots and English: occupational: farm work.

Harry: v rare: Galway, Down. From first name Harry (Henry).

Harsh, Harsch: v rare: Down, Dublin. English and German: an obvious nickname.

Harshaw: fairly rare: Down etc. Appears to be an English toponymic but very rare there.

Harson: rare: Antrim etc. Apparently a patronymic, it is not in evidence in Britain.

Hart,-e: v numerous: most areas, especially Ulster & Connacht. Ir. *Ó h-Airt, Art*, a very popular personal name meaning "bear". Originally a Meath sept of the Southern Uí Néill, they were expelled to Connacht. Some Hartes in Ulster may be of English origin. IF.

Hartery: fairly rare: Waterford & Limerick. Ir. *Ó h-Airtrí*. Formerly known in Connacht. SI.

Hartford: rare: Meath. English toponymic, "stag ford". DOS.

Hartigan: fairly numerous: Limerick-Tipperary-Kerry etc. Ir. *Ó h-Artagáin*, from diminutive of the personal name *Art*. A sept of Dál gCais (Clare). IF & SGG.

Hartin,-en: mod.nos.: Derry, Cavan etc. Ir. *Ó h-Artáin*, another diminutive of *Art* - see Hart above. Harten is the Cavan spelling. SGG.

Hartland: v rare: Dublin, Belfast. English toponymic, found in W Midlands there.

Hartley: fairly numerous: Ulster generally & the South East. Ir. *Ó h-Artghaile* (noble valour). A family who were chiefs in Wexford at the time of the Invasion. The people in Ulster may well be of English origin, as it is a common toponymic in England. SGG.

Hartmann: rare: Dublin, Limerick etc. Of German origin and cognate with Hart (stag).

Hartnett: numerous: W Limerick-Kerry, Tipperary, Cork etc. Ir. *Ó h-Airtnéada* (battle-bear, according to Woulfe). Also as Harnett and Harnedy. MIF & SGG.

Hartney: fairly rare: Limerick-Kerry-Clare. Ir. *Ó h-Athairne*, see Harney.

Harton: rare: Cavan, Midlands. See Hartin.

Hartop: rare: W. Ulster. This name seems to be of English origin and probably toponymic.

Hartrey: v rare: Waterford. Ir. *Ó h-Airtrí*. Originally in Connacht.

Hartshorn: v rare: Belfast, Derry. English habitational name from Derbyshire.

Hartung: v rare: Dublin. German version of Harding. From first name Hearding (Teutonic).

Hartwell: v rare: Belfast: Habitational name: various places in England.

Harty: numerous: all areas but mainly Munster, least in Ulster. Ir. *Ó h-Athartaigh,* (modern *Ó h-Artaigh*). Woulfe regards it a variant of *Ó Fathartaigh* (Faherty). MIF & SGG.

Harvey: numerous: all areas, especially Ulster. English, from a Breton personal name introduced at the time of the Norman conquest of England. Woulfe also gives it as an anglicisation of the Galway name *Ó h-Airmheadhaigh*, perhaps from *airmed*, a measure of grain. Bagenel Harvey (1752-98) was one of the heroes of the Rebellion of 1798. IF & SGG.

Harwood: fairly rare: Down etc. English toponymic: "wood with hares". SI & DOS.

Haselden,-ine: rare: Belfast, Dublin etc. English toponymic: "hazel valley".

Haskett: v rare: Limerick. Perhaps a variant of the English Ashkettle, an Anglo-Saxon name.

Haskins: mod.nos.: E Ulster, Dublin etc. English of Norman origin; also a native Connacht name, *Ó h-Uiscín*, usually rendered Waters. Most current names seem to belong to the former category. SI & DBS.

Haslam,-em: mod.nos.: Laois-Offaly, Ulster etc. English toponymic "dweller by the hazels", which dates from 17 cent. in Ireland. SI.

Haslett,-e: fairly numerous: Ulster generally etc. Another English locative name relating to hazels. Also apparently from 17 cent. DBS.

Hasley: v rare: Lisburn. One of many English names deriving from "hazel".

Hassall,-ell: rare: Belfast, Galway. English habitational name from Cheshire.

Hassan: mod.nos.: Derry etc. Ir. *Ó h-Osáin, os,* a deer. A name long associated with Derry and Tyrone, also, occurring as Hasson, Hassen, Hassin, all in Ulster. Also Scottish and English patronymic (Harry) and the Muslim name from Arabic "good, beautiful".

Hassard: mod.nos.: Fermanagh etc. English: various derivations, e.g. "gambler". DBS.

Hassen,-in: rare: Ulster. See Hassan.

Hassett: numerous: Munster generally etc. Ir. *Ó h-Aiseadha*, a sept of Thomond (Clare) located at Bunratty. Not to be confused with Blennerhassett, 16 cent English. SI.

Hassey: rare: South East. A variant of Hassett, q.v.

Hasson: fairly numerous: Derry etc. See Hassan above.

Hastie: rare: Belfast, Cork. Scots version of Hasty, "brisk, impetuous person".

Hastle: v rare: Fermanagh etc. The name occurs in Scotland, but rarely.

Hastings: numerous: E Ulster, Derry City, Mayo-Galway etc. Ir. *Ó h-Oistín* from Norse personal name - a sept of N Connacht. In Ulster, it is likely to be English, deriving from the place in Sussex. SGG & DBS.

Haswell: v rare: Belfast etc. English habitational from Northumbria.

Hatch: mod.nos.: Dublin, Belfast, Louth etc. English, 17 cent associated with Louth-Meath. SI.

Hatchell: rare: Antrim etc. Presumably derived from English "hatch", a gate.

Hatfield: v rare: Cork etc. A wide-spread habitational name in England.

Hathaway: rare: scattered. English: "dweller by the heath way". DBS.

Hatrick: rare: Derry etc. English: occupational: variant of Arkwright (maker of chests). DBS.

Hattie,-y: rare: Down and Dublin. English: perhaps synonymous with Hatter.

Hatton: fairly numerous: Belfast etc. and the South East. Ir. *Mac Giolla Chatáin* (devotee of St Catan), associated with Derry-Antrim; in Leinster, more likely of English origin.

Haugh: numerous: (1) Clare-Limerick etc. (2) Down etc. Ir. *Ó hEocha; Ó-hEachach*. Also as Hough in Limerick. For derivation see Haughey.

Haughan: v rare: Dublin, Down. Ir. *Ó h-Eacháin;* diminutive of *Eachaidh*. A name historically associated with Down. SGG.

Haughey,-y: numerous: Armagh etc; Donegal-Sligo-Mayo etc; Louth, Monaghan and Longford. Ir. *Ó h-Eachaidh*, a personal name cognate with *Eochaidh,* meaning, perhaps, horseman. The sept was located in Armagh in 16 cent. Also as Haffey, q.v. MIF.

Haughian: mod.nos.: Down-Armagh etc. Ir. *Ó h-Eachaidhín;* diminutive of *Eachaidh*. Again this is closely related to Haughey, q.v. SI & SGG.

Haughney: fairly rare: Dublin and scattered. Ir. *Mac Fhachtna; Mag Fhachtna*, from the personal name *Fachtna*, "hostile". Associated with Carlow. SI.

Haughton: fairly numerous: Dublin and scattered. Mainly English, associated with the Quakers. Also Ir. *Ó h-Eacháin* for which see Haughan. SI.

Hautz: rare: Bray etc. German origin: *haut*, skin.

Havel: v rare: Waterford. English, the name Havell is current in London. It may be a borrowing of the Czech name meaning "foreigner".

Havelin: rare: Dublin. See Havlin.

Havern,-on: mod.nos.: Antrim-Down etc. Ir. *Ó h-Amhráin*, variant of Heffron, q.v.

Haverty: mod.nos.: E Galway etc. Ir. *Ó h-Ábhartaigh*, thought to be a variant of Faherty. MIF.

Havlin: rare: Donegal, Antrim. Possibly Ir. *Ó hAimhrín*, for which see Havern. SI.

Hawe,-s: fairly numerous: E Ulster, Cork etc. Ir. *Ó h-Eachach*, i.e. equivalent to Haugh; also *Ó h-Eochadha* who were kings of Ulster in 11 cent. Also an English toponymic. SGG.

Hawke,-s,-er: mod.nos.: Tyrone, Cork etc. English occupational name. DBS.

Hawkins: numerous: E Ulster, Dublin etc. English name occasionally used for Haughan, q.v.

Hawkshaw: rare: Mayo-Galway etc. English toponymic.

Haworth: rare: E Ulster etc. English from place in Yorkshire.

Hawthorn,-e: numerous: E Ulster etc. From any of a number of places in England.

Hay: mod.nos.: Ulster etc. English name of complex derivation, but also Ir. *Ó h-Aodha* which is usually Hayes.

Hayburn: rare: Antrim etc. This name exists in Scotland but is rare.

Haycock: v rare: E Ulster. English, diminutive of Hay. DBS.

Hayde: rare: Dublin etc. See Hade.

Hayden,-on: numerous: S Leinster and generally. Ir. *Ó h-Éideáin*, a sept of Carlow. MacLysaght mentions a Norman family of the name who settled in Wexford. SI.

Haydock: rare: Tyrone etc. English toponymic. DOS.

Hayes: v numerous: all areas: Munster and S Leinster especially. Also E Ulster. The Irish is *Ó h-Aodha* from *Aodh,* a popular personal name meaning "fire". It applies to some ten septs in different areas and was also an Anglo-Norman name in Wexford. The Irish name has been widely anglicised Hughes in the north; in Cork it appears, more accurately as O'Hea. SI, IF & SGG.

Hayles: v rare: Kilkenny etc. More usual as Hales, q.v. These names may also stand for Healy and Mac Hale. The English name was present in Cork in 17 cent. From O E *halh* (nook, valley).

Hayley: v rare: Sligo etc. English toponymic: "hay clearing". DBS.

Haylock: v rare: Belfast. Diminutive of O E first name *Haegel*.

Hayman: v rare: Sligo. Probably occupational: person dealing with hay.

Haynes: fairly rare: E Ulster, Cork etc. English generally and double plural of Hay. It may stand for Hynes in Munster. SI & DBS.

Hayter: v rare: E Ulster. English, variant of Height, a habitational name. DBS.

Haythornthwaite: v rare: Wexford. English, "hawthorn meadow". DBS.

Hayton: v rare: Coalisland. A toponymic from a number of places in England: "hay farm".

Hayward: rare: Down etc in Ulster, Dublin. English, "hedge protector". DBS.

Haywood: v rare: Ulster. English toponymic.

Hazard: rare: Down etc. English, perhaps "gambler". DBS.

Haze: v rare: Omagh, Newry. This name is *sui generis*. Perhaps a phonetic spelling of Hayes.

Hazel: fairly rare: Down and scattered. English and possibly Ir. *Mac Conchoille*. DBS.

Hazelton: mod.nos.: Tyrone etc. English toponymic, originally Hazelden.

Hazelwood, Hazlewood: rare: Dublin, Cork.

Hazlett: mod.nos.: Antrim etc. English: "dweller by a hazel copse". DBS.

Hazley: mod.nos.: E Ulster. English: another "hazel" placename.

Hazzard: rare: Down etc. See Hazard above.

Headd: rare: E Galway. Apparently an English toponymic: some physical prominence. See Heade.

Heade: rare: Dublin, Belfast. English: habitational or a physical pecularity. DOS.

Headen,-on: fairly rare: Midlands etc. Variant of Hayden, q.v.

Heading: rare: Belfast area. English but rare across the water.

Headley: rare: Belfast area. English toponymic: "heathery clearing". DOS.

Heagney: mod.nos.: Tyrone etc. Ir. *Ó h-Éignigh*, a sept of Fermanagh in 12 cent. Now usually changed to Heaney. SGG.

Heak: rare: Armagh-Down. ? Ir. *Mac Thaidhg*. Variant of Mac Cague, perhaps.

Heald: v rare: Belfast area. English toponymic "slope". DBS.

Healey: mod.nos.: Ulster only. See Healy.

Healion: fairly rare: Midlands. Variant of Heelan, q.v.

Heafey: rare: Waterford-S Tipperary. Variant of Heaphy, q.v.

Healy: v numerous: all areas: particularly Munster, least in Ulster. Ir. *Ó h-Éalaighthe*, from *ealadhach*, ingenious. This was a family in Muskerry (Cork). A separate grouping in N Connacht were *Ó h-Éilidhe* (claimant). IF & SGG.

Heanen: rare: Down. Variant of Heenan, q.v.

Heaney: numerous: Ulster generally, Connacht etc. Ir. (1) *Ó h-Éighnigh* (Ulster); (2) *Ó h-Éunna* (Mayo, Clare-Limerick). For the former, see Heagney. The latter were Connacht and Munster families derived from the personal name *Éanna* (bird-like). MIF & SGG.

Heany: v rare: Dublin etc. See Heaney above.

Heanue: rare: Conamara. Ir. *Ó h-Eanadha (Ó h-Éanú)*. Thought to be variant of *Ó h-Éanna* and always associated with Conamara. SI & SGG.

Heap,-e,-es: fairly rare: Dublin, Down etc. Habitational, from place in Lancashire.

Heaphy: mod.nos.: Munster. Ir. *Ó h-Éamhthaigh, éimhach*, crying. Mod. *Ó h-Éufaigh*. A name associated with Waterford in earlier times. SI.

Heard: v rare: Mayo. English occupational: usually Herd.

Hearn,-e,-s: numerous: Waterford-Wexford-Kilkenny etc. Ir. *Ó Eachthigheirn* (horse-lord). Elsewhere, usually Aherne, q.v. An Sloinnteoir Gaeilge gives *Ó hEathírn*.(mod.). SGG.

Hearst: rare: Belfast area etc. English locative name, "wooded hill", usually Hurst.

Hearty: mod.nos.: Armagh-Down-Louth etc. Ir. *Ó h-Aghartaigh*. Woulfe equates it to *Faghartach*, a Galway name. In any case, Hearty was a sept of Oriel (Louth-Armagh). Not to be confused with Harty, q.v. SI & SGG.

Heary: fairly rare: Meath etc. Ir. *Ó h-Íoruaidh*. Variant of Heery, q.v. SI & SGG.

Heaslett: v rare: Armagh etc. As Hazlett.

Heasley: mod.nos.: Down etc. English, derived from "hazel".

Heaslip: fairly numerous: Cavan-Longford, Wickow, Down etc. English, 17 cent, with many spellings: Haslip, Hyslop etc. "Dweller in hazel valley". SI & DBS.

Heasty: rare: Monaghan, Armagh. ? Ir. *Mac Oiste*. (SGA). Gaelicisation of Hodge (Roger).

Heath: mod.nos.: Down, Dublin and scattered. English toponymic, in Dublin 16 cent. SI.

Heathcote: v rare: Dublin etc. A habitational name from Derbyshire: " heath cottage".

Heather: mod.nos.: Dublin, Down etc. English: variant of Heath: "dweller at heath". DBS.

Heatherington: mod. nos.: Ulster. A habitational name from Northumbria. Usually as Hetherington in England.

Heatherton: mod.nos.: Ulster generally. English. See also Hetherton. DBS.

Heatley,-ly: fairly numerous: Belfast and Ulster generally, also Dublin. An English toponymic.

Heaton: v rare: E Ulster etc. English toponymic, in Offaly 17 cent. SI.

Heathwood: rare: Belfast area. Another of the "Heath" group of toponymics.

Heathrick: rare: Armagh-Monaghan etc. Scottish, as Heatherwick. SS.

Heavenor,-er: rare: Dublin, Wicklow, Limerick. A Palatine name, Herbener, (18 cent) associated with Limerick, which was chief Palatine settlement.

Heavern,-on: rare: Derry. Ir. *Ó h-Eimhrín*, from first name *Eimhear*. A branch of Cineál Eoghain (O'Neill etc). Also as Heavron. MIF.

Heavey: numerous: Midlands, Connacht etc. Athlone area in particular. Ir. *Ó h-Éamhaigh*, possibly *éimheach*, crying. Cognate with Heaphy, q.v. SI.

Heavin: fairly rare: Offaly-Galway etc. Ir. *Ó h-Éimhín, éimh*, active. Often appearing as Evans.Whence *Mainistir Eimhín* (Monasterevan) in Kildare. SI & SGG.

Heavron: v rare: Derry. See Heavern above.

Heayberd: v rare: Belfast etc. The name Hebbert exists in England and may derive from the Teutonic first name Habbert, which occurs in Germany.

Heazle: rare: Waterford. See Hazel.

Hebron: v rare: Roscommon. Variant of Heavern, q.v.

Hector,-s: rare: Belfast. Scottish: angliced version of Gaelic *Eachdonn*. Also the Greek name which was popular in medieval times in Scotland and England.

Heddles: rare: Antrim. Scottish: from a place in Orkney. SS.

Hedderman, Hederman: mod.nos.: Limerick-Cork, Midlands. Ir. *Ó h-Éadromáin,* (light, fickle).A highly-respected family at the present day. Originally of W Clare. MIF.

Hedges: rare: Ulster etc. English toponymic related to natural fences.

Hedgcock: rare: Belfast. As Hitchcock: a diminutive of Hitch (Richard).

Hedigan: fairly rare: Cork, Clare, Tipperary. *Ó h-Eideagáin*. A name first noted in Roscommon in 15 cent; there was also a family of Cineál Eoghain and related to MacGettigan. SGG.

Hedley: mod.nos.: Antrim-Down. English toponymic. See also Headley. DOS.

Heduan: v rare: W Meath. Ir. *Ó h-Éadamháin*. SI & SGG.

Heehan: v rare: Tyrone. Possibly Ir. *Ó hIacháin* for *Ó Fiacháin*. See Feehan.

Heekin: fairly rare: Donegal, Sligo. Ir. *Ó h-Aodhagáin*. (dim. of *Aodh*, fire). A family of Oriel in Middle Ages. SGG.

Heelan: mod.nos.: Limerick-Tipperary etc. See Hyland.

Heeley: rare: Cork, Clare ctc. See Healy.

Heena: v rare: Donegal. Ir. *Ó h-Éanna*, see Heaney.

Heenan: fairly numerous: Down etc. also Tipperary-Waterford etc. Ir. *Ó h-Éanáin*, a sept of NorthTipperary. Woulfe regards it as synonym of *Ó h-Eidhneáin*. The root may be in the first name *Éanna* - the connection with *eidhean* (ivy) is tenuous. SI & SGG.

Heeney: mod.nos.: Louth etc. Ir. *Ó h-Éinigh*. See Heaney (Ulster group).

Heeran: fairly rare: Leitrim, Midlands etc. *Ó h-Uidhrin, Odhar*, an early first name meaning dun,(the colour grey-brown). A sept of Offaly now confused with Hearn, Heaveron and Hefferon. Giolla na Naomh Ó h-Uidhrin was co-author with Ó Dubhgáin of the Topographical Poems - a major source of surname information from 14 cent. SGG.

Heery,-ey: mod.nos.: Meath-Cavan etc. Ir. *Ó h-Íorua* (SGA). Mediaeval version O'Hyry suggests *Ó h-Írigh* or the like. See also Heary. SI & SGG.

Heffernan: v numerous: all provinces except Ulster. Ir. *Ó h-Ifearnáin, Ifearnán*, a personal name. The sept was located in Owneybeg, E Limerick. SGG.

Hefferon, Heffron: mod.nos.: Galway-Mayo, Donegal, Antrim-Down. Two groups: (1) :- *Ó h-Eimhrín*, a branch of Cineál Eoghain of Ulster in Mayo; (2) *Ó h-Amhráin*, a sept of N E Ulster. *Amhra* = great, noble. See also Heavron. MIF & SGG.

Hegan: mod.nos.: E Ulster. Ir. *Ó h-Ágáin*. See Hagan.

Hegarty: v numerous: all areas: especially Cork, Derry-Donegal, Connacht etc. The Irish is *Ó h-Éigeartaigh* (unjust). A sept of Cineál Eoghain in Derry. There was another group, a branch of the Eoghanacht who were the ruling group in Munster, in Cork. IF & SGG.

Heggan: rare: Antrim. Variant of Hagan, q.v.

Heggarty: mod.nos.: Antrim. See Haggarty and Hegarty.

Heggie: v rare: Dublin. Scottish, abbreviation of MacKeggie (Gael. *Mac Adhaimh*). SS.

Hehir: fairly numerous: Clare-Limerick etc. Ir. *Ó h-Aichir, aichear*, sharp, keen. A sept of Clare which originated with the Uí Fidhgheinte of Limerick. Mod. spell. *Ó h-Eithir*. Synonyms: O'Hare, Hare, Herr. IF & SGG.

Hein(e): rare: Waterford etc. Diminutive of Heinrich, German for Henry.

Heinhold: v rare: Cork. German: a toponymic. Fairly recent immigrants, presumably.

Helen: fairly rare: W Cork. Variant of Heelan, q.v.

Helferty: rare: Derry etc. See Halferty.

Heller,-ier: v rare: Dublin. English, "roofer". DOS.

Helly: rare: Galway, Sligo etc. Variant of Healy, q.v.

Helm: v rare: Down. English: toponymic or occupational, i.e. maker of helmets.

Helme: v rare: Dublin etc. English and Scottish. As Helm above. DBS & SS.

Hely: v rare: scattered. The Hely-Hutchinsons are a noted branch of the Healys of Muskerry.

Hemeryck: rare: Dublin. A form of first name Henry.

Hemlock: v rare: Cork. The name is very rare in England: the toxic drug suggests drama!

Hemmingway: rare: Wexford etc. English toponymic from Yorkshire. Hemming is a first name.

Hemmens,-ings: v rare: Dublin. English: Hemming derives from *heim*, home.

Hemp: rare: Dublin. The name exists in England but is very rare. From Teutonic *Hamprecht*.

Hempenstall: mod.nos.: Dublin, E Leinster. English, 17 cent, from Heptonstall in W Yorkshire. Associated with Wicklow in 18 cent. MIF & DBS.

Hemphill: mod.nos.: Antrim-Derry-Tyrone etc. Scottish, 17 cent. Associated with Offaly. SI.

Hempkin: v rare: Down. Apparently a diminutive of Hemp, q.v.

Hempsey: rare: Antrim. Ir. *Ó h-Amhsaigh*, (messenger). But see also Hampsey.

Hempton: fairly rare: Tyrone etc. A very rare name in England but surely a toponymic there.

Hemsworth: v rare: Belfast. English habitational from W Yorkshire.

Henahan: v rare: Dublin. Ir. *Ó h-Éanacháin*. See Heneghan.

Henchy,-ey: fairly rare: Clare-Limerick. Ir. *Ó h-Aonghusa*, mod. *Ó h-Inse*, a variant of Hennessy. SI.

Henchion,-an,-in: rare: Cork, Waterford. Possibly Ir. *Ó hAonghuisean*. See Henchy.

Hender: v rare: Dublin. A version of first name Henry found rarely in England. Compare Henderson.

Henderson: v numerous: all parts especially Ulster, least in Munster. Mainly Scottish and N English (son of Henry). Usually appearing 18 cent. Ir. *Mac Éinrí, Mac Aindréis*.

Hendley: rare: Dublin-Wicklow. English toponymic but may stand for Hennelly, q.v.

Hendren: rare: Ulster. See Hendron.

Hendrick,-s: fairly numerous: Wexford etc. Ir. *Mac Annraic* (from a Norse first name). They were a branch of the MacMurroughs. MIF.

Hendricken: rare: Dublin, Carlow. Ir. *Ó hEanraic*. See Hendrick above.

Hendron: mod.nos.: E Ulster etc. English, 18 cent. MIF.

Hendry: rare: Ulster etc. Scottish, from first name Henry. SS.

Hendy: mod.nos.: Kildare-Laois etc. English, associated with Kildare. Epithet "courteous". SI.

Henebery, Hennebry: mod.nos.: Waterford-S Kilkenny etc. Ir. *de Hindeberg*. Norman 13 cent. Risteárd de Hindeberg (1863-1916) was a notable scholar. IF.

Heneghan, Henegan, Henehan: numerous: Galway-Mayo. Ir. *Ó h-Éanacháin, Ó h-Éineacháin*, a branch of Uí Fiachrach in Mayo. Also anglicised Bird by pseudo-translation. MIF.

Henephy: v rare: Dublin. As Hanaphy and Hanniffy, q.v.

Heney: mod.nos.: Wexford-Kilkenny etc. Ir. *Ó h-Éanna*, which probably relates to the Eoghanacht in Munster rather than Cineál Eoghain in Ulster. See Heaney. SGG.

Henihan: fairly rare: Mayo-Galway, Limerick. See Heneghan above.

Henley,-ly: fairly rare: Waterford (Tallow) etc. An English locative name but may stand for Hennelly and Hanley. SI.

Henn: rare: Limerick. English, for Henry or as a nickname. DBS.

Hennebert: v rare: Down. French origin, relating to placename there.

Hennell: v rare: Dublin. Ir. *Ó h-Ionghaile*, i.e. as Hennelly, q.v.

Hennelly: fairly numerous: Mayo-Galway etc. Ir. *Ó h-Ionghaile*. Woulfe considers it a variant of *Ó Fionnghaile* - the initial "F" aspirated in speech. SGG.

Hennerty: rare: Cork etc. Ir. *Ó h-Ionnachtaigh*. Again, this may be a version of Finnerty by aspiration of the "F" of *Ó Fionnachtaigh*, but see also Hingerty. SI.

Hennessy: v numerous: all areas, mainly Munster and S Leinster. Ir. *Ó h-Aonghusa*, from the personal name *Aonghus*, earlier *Óengus*. There were septs in the Midlands and W Cork. The Hennessys of Cognac fame came from Mallow. IF.

Hennigan: fairly numerous: Galway-Mayo-Roscommon etc. Ir. *Ó h-Éanacháin*. See Heneghan.

Hennigar: rare: Limerick-Clare. This name is pecular to Limerick City and may represent Continental immigrants of Slavic origin but based on name Henry. DSHH.

Henning: fairly numerous: Down-Antrim. Scottish or English: from first name Hemmingr. SI & SS.

Hennity: rare: Down. Ir. *Ó h-Ionnachtaigh*. Variant of *Ó Fionnachtaigh*. See Finnerty.

*Henrion: Ir. *Ó h-Ionnráin*. Formerly found in Westmeath.

Henriques: v rare: Athlone-Portarlington. A name usually associated with Portugal.

Henry: v numerous: Ulster, Connacht, N Midlands etc. Ir. (1) *Ó h-Inneirghe* (Limerick), (2) *Mac Einri,* a branch of Fitzhenry in Galway. (3) *Mac Éinrí*, a group of Síol Eoghain in E Ulster. (4) *Ó h-Ainiarradh*, a sept of Oriel. IF & SGG.

Hensey: fairly rare: Dublin and scattered. A variant of Hennessy, q.v.

Henshall: rare: Down. Variant of Henshaw.

Henshaw: fairly rare: Belfast, Dublin etc. English: habitational name from various places in England. DBS.

Henson: rare: Athlone area. This may be either: Ir. *Ó h-Amhsaigh* (see Hampsey) or English.As the Irish name relates closely to Derry, the present grouping may be in the latter category. Reaney gives "son of Hayne, or Hendy". MIF & DBS.

Henvey: rare: Belfast, Dublin. As Hanvey, q.v.

Henze: v rare: W Cork. A Dutch name derived from first name Hendrik.

Hepburn: fairly rare: Derry-Tyrone etc. A well-known Scottish family of E Lothian which also occurs in Ulster as Heyburn. SI.

Hepworth: rare: E Ulster, Cork. English placename in Suffolk.

Heraghty: fairly rare: Sligo-Leitrim etc. Ir. *Ó h-Oireachtaigh, oireachteach*, assembly-man. Also as Heraughty, Heraty, Herity. See Geraghty also. SGG.

Herald: fairly rare: E Ulster. English, used for Harold, q.v.

Heraty, Herity: mod.nos.: Mayo etc. See Heraghty.

Heraughty: v rare: Connacht generally. See Heraghty.

Herbert: numerous: Dublin, Cork, Kildare, Limerick-Kerry-Clare & E Ulster. Ir. *Hoirbeard, Háirbeart*. Anglo- Normans, also 16 cent English settlers in Kerry. SI.

Herbison: mod.nos.: Antrim. Scottish: as Herbertson.

Herd: rare: Antrim. Scottish: occupational: tender of animals. SS.

Herdman: mod.nos.: E Ulster. English. As Herd above. SI.

Herlihy: numerous: mainly Munster. Ir. *Ó h-Iarfhlatha, iar-fhlaith*, under-lord. An erenagh family of W Cork. See also Hurley. SI, IF & SGG.

Herley: v rare: Cork. Variant of Herlihy.

Herman,-on,-in: rare: Dublin, Antrim etc. A Teutonic first name: *heri* (army) + *man*. DSHH.

Hernandez: v rare: Galway. A Spanish patronymic from first name Ferdinand.

Hernon,-an: mod.nos.: Galway-Aran Islands etc. Ir. *Ó h-Íarnáin*. A branch of Uí Fiachrach in Aran Islands. SGG.

Heron: numerous: Antrim-Down-Tyrone, Connacht. Ir. *Ó h-Earáin, earadh*, fear. A sept of Oriel; in the west, it may stand for Heffron and Hearne. See also Harron. There is also an English name under this heading. SI.

Herra: v rare: Dublin. This seems to be of German origin: some one who gives himself airs. It also occurs as a Jewish name.

Herron: v numerous: Ulster generally. Ir. *Ó h-Earáin*. See Heron. Also MacElherron, q.v.

Herr: rare: Limerick etc. *Ó h-Eithir*. See Hehir.

Herridge: rare: Dublin, Down etc. This is a variant of Erridge, a toponymic: "eagle-ridge".

Herrick: rare: Cork. English: from a Teutonic first name, equivalent to Erik. DBS.

Herring: v rare: Kilkenny etc. English: occupational: fish-monger.

Herriott: rare: Cork-Limerick. English, diminutive of Henry. DBS.

Herrmann: v rare: Dublin, Cork. German: a first name: "army man".

Herterich: rare: Midlands, Wexford. Probably a German variant of Herd, q.v.

Hersee,-ey: rare: Dublin. This name is current in England: it may relate to German *hirse* (millet).

Hesketh: rare: Belfast. English toponymic (northern).

Heskin: mod.nos.: Galway etc. Ir. *Ó h-Uiscín*. Probably a corruption of *Ó h-Uarghuis*, which is otherwise Horisk. Often anglicised Waters. SI & SGG.

Heslin: mod.nos.: Cavan-Longford-Leitrim. Ir. *Ó h-Eislin*, properly *Ó h-Eisleanáin* who were a sept of Leitrim. Possibly connected with *éislinn*, flaw, defect. MIF.

Heslip:mod.nos.: Down etc. English habitational name: "hazel-valley". DOS.

Hesnan: rare: Meath. The original Irish has not been recorded; it may be *Ó hEasnáin* or *Ó hOisneáin*. See Hession and Sexton.

Hess,-e: rare: Dublin. Current in England, this name is of German origin from the region of Hesse; it is also a Jewish name.

Hessin: rare: Belfast, Tyrone. Possibly a variant of Hession, q.v.

Hession: numerous: Galway-Mayo-Sligo etc. Ir. *Ó h-Oisín, Oisín*, a personal name which is a diminutive of *os*, a deer. SI.

Hester: rare: Dublin. A feminine first name also as Esther. From medieval times.

Hester: mod.nos.: Galway-Roscommon-Mayo etc. Ir. *Ó h-Oistir* (SGA). Woulfe found it in Roscommon and Mayo but could not determine the derivation. There is also a possible Anglo-Norman source, a locative name relating to *hêtre*, a beech tree. SI & SGG.

Heston,-in: rare: Mayo-Galway. See Histon.

Hetherington: numerous: Tyrone-Fermanagh-Derry and Ulster generally. English, from Northumbria. In Laois 16 cent. SI.

Hetherton: fairly rare: Cavan-Meath. Probably as Hetherington above.

Hett: v rare: Roscommon-Mayo. English toponymic from Durham.

Heuston: fairly rare: Limerick, Dublin etc. Variant of Hewson or Houston, q.v.

Heussaff: v rare: Dublin. A Breton family, notable for services to Irish culture.

Hevenor: v rare: Limerick. A Palatine name, originally Herbener.

Hever: fairly rare: Sligo-Roscommon-Leitrim. Ir. *Ó h-Íomhair*, from a Norse first name. They were a sept of Uí Fiachrach in Sligo. SI & SGG.

Hevey: rare: Meath etc. See Heavey.

Heverin: mod.nos.: Mayo-Galway. See Hefferon.

Hevican: v rare: Roscommon. Ir. *Ó h-Eimheacháin, eimheach*, swift. Woulfe quotes two groups: (1) Uí Fiachrach in Mayo and (2) Cineál Fiachach in W Meath. SGG.

Hewitt,-ett: numerous: E Ulster, Dublin and scattered. Historically associated with Cork and Dublin, it is now mainly in Ulster. A diminutive of Hugh. MIF.

Hewetson, Hewitson: fairly rare: Waterford, Cork, Belfast. Patronymic from Hewitt.

Hewlett: v rare: Dublin, Limerick. Variant of Howlett, q.v.

Hewson: mod.nos.: Dublin, Connacht, Limerick etc. Ir. *Mac Aodha*. An English name but used as synonym for MacHugh. SI.

Heyburn: fairly rare: Belfast area. Scottish, see Hepburn.

Heydon,-en: rare: Dublin etc. See Haydon.

Heyes: rare: Down. English or a variant of Hayes, q.v.

Heyer: v rare: scattered. Scottish toponymic or a nickname for an heir.

Heylin: rare: Waterford etc. English toponymic.

Heywood: rar: Down, Dublin etc. English toponymic (many places).

Heyns: v rare: Mayo. Variant of Hynes, q.v. IF.

Hezlett, Hezzlet: rare: E Ulster. English toponymic. See Hazlett.

Hibbert,-erd: rare: Down etc. English, from Teutonic personal name. "battle-bright". DBS.

Hibbitt: v rare: Dublin etc. English: diminutive of first name Hibbert. DBS.

Hichens: v rare: Belfast. As Hitchens, q.v.

Hick: rare: Dublin. English, diminutive of Richard.

Hickey: v numerous: all areas especially Munster and S Leinster. Ir. *Ó h-Íceadha, íceadh*, a healer. A medical family attached to the O'Briens of Dál gCais (Clare). IF & SGG.

Hickie: fairly rare: Limerick-Kerry. See Hickey above.

Hickinson: fairly rare: Antrim. English, from first name Hick (pet form of Richard).

Hickland: fairly rare: Antrim etc. This name is rare in England but seems to be a toponymic.

Hicklin: v rare: E Ulster. English habitational name or diminutive of Hick (Richard).

Hickman: v rare: E Ulster. English - in Clare in 17 cent. "Servant of Hick".

Hicks: fairly numerous: Fermanagh and Ulster generally, Dublin. English, see Hickinson.

Hickson: fairly rare: Dublin, Down, Kerry etc. English, early 17 cent in Kerry. See Hicks.

Higgans: rare: Down, Dublin. See Higgins. Also possibly English, cognate with Hicks, q.v.

Higgin: v rare: Belfast etc. Another version of Hick, q.v., or the Irish name Higgins below.

Higginbotham: mod.nos.: Down, Dublin, Kildare etc. English toponymic, "oak valley".

Higgins: v numerous: all areas especially Connacht and Ulster. Ir. *Ó h-Uiginn, uiging*, a viking or sea-rover. A branch of the Southern Uí Néill, they moved to Connacht; a literary family noted for their poetic ability; they were later prominent in S America. IF & SGG.

Higginson: fairly numerous: E Ulster. English, diminutive of Higg, a form of Hick.

Higgs: v rare: Dublin, Belfast. English, a voiced form of Hick, i.e. Richard.

Higham: rare: Belfast area etc. English toponymic: "high homestead", many such places.

Higney: v rare: Belfast. This name is very rare in England, it appears to be habitational.

Hilary: rare: Belfast, Down. See Hillary.

Hildebrand: v rare: Dublin etc. A name common to England, France & Germany. "battle-sword".

Hilditch: mod.nos.: Antrim etc. This name is current in England: apparently a toponymic.

Hildreth,-red: v rare: Ulster etc. Perhaps variant of Elldrett or Aldred, Teutonic first name.

Hiles: rare: Down etc. Fairly rare in England: no explanation has appeared, but may relate to Hill.

Hill: v numerous: all areas especially E Ulster. In south and west it may represent the Irish agnomen *a'Chnoic*, "of the hill"; generally an English toponymic but also from personal name Hille. DBS.

Hillan: rare: Belfast. See Hillen.

Hilland: fairly rare: Belfast, Down. This name is rare in England: perhaps as Hillan above.

Hillard: rare: Belfast. See Hilliard.

Hillary: rare: Clare-Galway etc. See Hillery.

Hillen: mod.nos. Down etc. English: an East Anglian placename. DBS.

Hillerby: v rare: Belfast. Not noticed in Britain, it nevertheless appears to be a toponymic.

Hillery: fairly rare: Clare. English: associated with Clare. The Irish *Ó h-Irghile* is not correct but is generally accepted. MacLysaght, himself a Clareman, gives *Helaoire* as a local gaelicisation. This name is of European provenance: first names *Hilarius &* *Eulalia,* Christian saints. DHSS & SI.

Hilley: v rare: Ulster. This is fairly rare in England: perhaps a variant of Hille.

Hillhall: rare: Belfast etc. English toponymic.

Hilliard, Hilliar(d), Hillyard: fairly numerous: Kerry, Midlands etc. English, from Yorkshire in 17 cent. Associated with Kerry ever since. Derived from feminine first name Hildegard.

Hillier: rare: Down. English occupational name, "slater". DBS.

Hillis: fairly rare: Ulster, particularly Antrim; also in South East. English, 18 cent. Relates to Hill. DHSS & DBS.

Hillin: v rare: Dublin. See Hillen.

Hillman: rare: Derry-Antrim etc. English: servant of *Hild*, or living on a hill. DBS.

Hillock,-s: fairly rare: scattered in Ulster. Noticed by Black but very rare in Scotland now.

Hilley: rare: Donegal. Ir. *Ó h-Ithcheallaigh*, from *fithcheallach*, chess-player, according to Woulfe were located it in N Kerry. However, in Ulster, it may well be Scottish.

Hilser: v rare: Cork.

Hilton: fairly rare: Antrim, Belfast, Dublin. Both English and Scottish, coming in the Plantation. It is named from numerous places in England and a barony in Scotland.

Hilty: v rare: Midlands. German diminutive of Hildebrand, q.v.

Hinch: rare: Laois-Offaly, Dublin. SGA gives Mac Hinch as *Mac Aonais*. *Ó h-Aonais* is a possibility. This name is very rare in England.

Hinchion,-in,-on: fairly rare: Cork etc. In Cork since 16 cent - origin uncertain. SI.

Hinchy,-ey: mod.nos.: Clare-Limerick-Cork, Down etc. Ir. *Ó h-Ínse*, originally *Ó h-Aonghusa*. A sept of Clare. Also as Henchy and synonymous with Hennessy.

Hinchliff,-e: v rare: E Ulster. English: from Hinchcliff in W Yorkshire. DBS.

Hind,-e,-s: fairly numerous: Ulster generally, Dublin etc. English: "timid as hind" or Old English *hine*, a servant. See also Hynes. SI.

Hindle: v rare: Kilkenny. English: from placename in Lancashire. DSHH.

Hindman: rare: E Ulster. English: probably a nickname.

Hine,-s: rare: Belfast, Dublin. English: "servant"; also possibly a variant of Hynes.

Hiney: fairly rare: Mayo, Midlands etc. Ir. *Ó h-Eidhnigh, Ó h-Adhnaigh*. MacLysaght gives *adhnadh* as courage; Woulfe mentions "old age; wise". They agree that it was a Galway family which was dispersed at an early stage. SGA gives *Ó h-Aidhne* as a modern form.

Hinfey: rare: Down etc. Hinphey in Dublin. Ir. *Ó hAinbhith*. See Hanvey.

Hingerty: rare: Dublin. *Ó h-Inneachtaigh* which Woulfe equates to *Ó Fionnachtaigh*. However, it often corresponds with *Ó h-Iongardail* which usually appears as Harrington. SI.

Hingerton: v rare: Mayo. This may be a native name, i.e. Hingerty, q.v.

Hingston: rare: Down etc. English toponymic from Cambridgeshire. DOS.

Hinkson: v rare: Dublin. As Hinks below.

Hinks, Hincks: v rare: scattered. English: patronymic from old first name *Hynca*. DSHH.

Hinphey: v rare: Dublin etc. Ir. *Ó h-Ainbhith*. See Hanaphy.

Hinton: fairly rare: E Ulster. English toponymic: from a number of places. DOS.

Hipple: v rare: Dublin etc. English toponymic: "rose-hip nook". DSHH.

Hipwell: fairly rare: Midlands, Wexford etc. English: in Laois 17 cent. SI.

Hire(s): v rare: Belfast. This name is very rare in England and no derivation has emerged.

Hirrell: rare: Donegal. Ir. *Ó h-Irghil,* possibly a variant of Friel, q.v.

Hirsch: rare: Dublin, Belfast etc. German for "deer", it is often a Jewish name.

Hirt: v rare: Cork. German version of occupational name Herd.

Hirst: rare: Belfast, Dublin. English toponymic. More usual as Hurst, q.v.

Hiscocks,-ox: rare: E Ulster, Derry. See Hitchcock.

Hislop: rare: Belfast, Cavan. See Heaslip.

Hishon: v rare: scattered. MacLysacht says it is Tipperary form of Hession, q.v.

Histon: fairly rare: Limerick-Clare-Cork. *Ó h-Oistín* (from a Norse first name). A sept of Mayo, who were attached to the MacDermotts. Some of them moved to Limerick. In Connacht, the name has been changed to Hastings. SI & SGG.

Hitchcock: rare: Dublin. English: a diminutive of Hitch (Richard).

Hitchen,-s: v rare: Belfast etc. English: again derived from first name Hitch.

Hitchmann: v rare: Waterford. English: "servant of Hitch". DBS.

Hitchmough: v rare: Cork. English: "brother-in-law of Hitch". DBS.

Hitz: v rare: Cork. One of the many European versions of first name Henry.

Ho,Hoa: rare: Belfast, Dublin, Limerick. Chinese:

Hoad(e): rare: Galway. English: topographic: residing on a heath. Mainly in Kent and Sussex.

Hoare: numerous: Munster & Connacht etc. Ir. *de Hóir, de Hóra*. Anglo-Normans associated with Wexford where it occurs as Hore. They also settled in Munster generally. In Connacht, it may stand for *Ó h-Earchadha (Ó h-Earchaí)*. Some may be descended from later English settlers. MIF.

Hoaren: v rare: Offaly. Variant of Horan, q.v.

Hoarty: v rare: S Galway. ? Ir.*Ó h-Oghartaigh*. Variant of *Ó Fógartaigh*. See Fogarty.

Hoary: v rare: Galway. Probably a variant of Hoare, q.v.

Hoban: numerous: Mayo-Galway, Midlands etc. Ir. *Ó h-Úbáin*. Believed to be a branch of Cineál Eoghain of Ulster, they have been associated with Mayo and Kilkenny. James Hoban, the architect of The White House in Washington D.C., was from Carlow. MIF.

Hobart: rare: Down-Antrim. English: as Hubert, "mind-bright". DBS.

Hobbert,-art: rare: Kerry. English: from Teutonic first name, Hubert.

Hobbs: fairly numerous: Belfast, Dublin, Cork, Wexford etc. English: 17 cent. Diminutive of Robert.

Hobbins: rare: Limerick-Clare-Kerry. English: as Hobbs.

Hobby: v rare: Belfast, Dublin. Apparently a variant of the "Hobb" group: this was a pet name for Robert.

Hoblyn: v rare: Dublin. Another diminutive of Hobb (Robert).

Hobson: numerous: Armagh-Down etc; Dublin-Wicklow. English: 17 cent. "son of Hobb".

Hockedy: v rare: Limerick. Hockaday, an English name related to the second Tuesday after Easter when rents etc. were paid; so one born then. DBS.

Hockey, Hokey: v rare: Wexford etc. English habitational name, place not identified.

Hockings: v rare: Belfast. Apparently similar to Hockey etc.

Hockley: rare: Antrim-Down, Kerry. English: habitational: from various places

Hoctor: mod.nos.: Offaly (Birr). Ir. *Ó h-Eachtair*. (Hector). Originally in Tipperary. MIF & SGG.

Hodder: rare: Cork. English, 17 cent. "hood-maker". SI.

Hodes: v rare: Belfast etc. This is usually a Jewish name: from first name *Hadasa* (Hebrew) which is synonymous with Esther.

Hodge,-s: mod.nos.: Ulster, scattered in South. English: from first name, Roger.

Hodgen,-s: mod.nos.: Belfast area etc. Variant of the Hodge (Roger) theme.

Hodgers: fairly rare: Dublin, Louth, Waterford. English: another of the Hodge group.

Hodgett: fairly rare: Down etc. English: Diminutive of Hodge (Roger).

Hodgins: fairly numerous: Midlands, South East, Limerick-Tipperary, Down. English, 17 cent.

Hodgkinson: rare: Belfast, Dublin, Limerick. English: diminutive of Hodge + son.

Hodgson: rare: scattered in Ulster, Dublin. English, as above.

Hodkinson: fairly rare: Antrim-Down. See Hodgkinson above.

Hodgkiss: v rare: Kildare. Another diminutive of Hodge (Roger).

Hodgman: v rare: Donegal. See Hodges etc.

Hodnett: mod.nos.: Cork-Limerick etc. A-Norman: diminutive of first name Odo. They adopted the Gaelic patronymic MacSherry - hence Courtmacsherry in Cork, where they settled.

Hodson: mod.nos.: Dublin, Connacht. English, as Hodge above.

Hoey: numerous: Ulster, N Leinster, Dublin etc. Ir. *Ó h-Eochaidh*, from first name *Eochaidh*, horseman. Were kings of E Ulster in 12 cent, also a sept of Meath. This name occurs as Keogh, Haughey and Hough. MacLysacht remarks that some Hoeys in Ulster are of planter stock, these are more properly Huey, q.v. IF, SI & SGG.

Hoffman,-nn: rare: Dublin and scattered. Palatine or other German immigrants. "a farmer".

Hoffmeester: v rare: Belfast. German, "a steward".

Hofler: v rare: Dublin, Cork. A topographical name from S Germany: *hof* = farm.

Hogan: v numerous: Munster, Connacht, S Leinster etc. Ir. *Ó h-Ógáin (óg* = young). The main sept was of Dál gCais, but located in Tipperary. Another was in W Cork. It is now amongst 100 commonest names. SI & IF.

Hogarth: v rare: Belfast. Probably English, "hog-herd", but may be *Ó h-Ógairt*, abbreviation of Hogarty.

Hogarty: mod.nos.: Dublin, Galway etc. Ir. *Ó h-Ógartaigh*, usually associated with Galway and considered a variant of Fogarty. SI.

Hogg,-e: numerous: Ulster mainly, Dublin and scattered. English: hog = pig, but sometimes used for Hagan, i.e. *Ó h-Aogáin*. SGA & DBS.

Hogshaw: rare: Tyrone. A habitational name: "pig wood". Compare Ir. *Mucros*.

Hohn: v rare: Dublin. German for *scorn*. Perhaps a nickname.

Hoines: v rare: Tyrone. Ir. *Ó h-Eidhin, Ó h-Eoghain*, i.e. Hynes or Hoyne. SI.

Holahan: rare: Dublin, Cavan. See Holohan below.

Holbeach: v rare: Craigavon etc. Habitational: from various places in England. DOS.

Holbrook: rare: Belfast. English toponymic: found in Nottinghamshire. DBS.

Holcroft: v rare: Drogheda etc. English toponymic: "croft in a hollow": Lancashire.

Holden: numerous: Antrim, Kilkenny-Wexford-Waterford etc. Usually a variant of Howlin but in Ulster it is likely to be an English toponymic from Yorkshire or Lancashire.

Holdfeld: rare: Dublin. German origin: a toponymic: "hollow field".

Holdgate: rare: Tyrone etc. May be occupational but more likely a toponymic.

Holding: v rare: Belfast. English habitational name more common as Holden, q.v.

Holdsworth: fairly rare: Down-Tyrone-Antrim. English toponymic from W Yorkshire. DBS.

Holian: mod.nos.: Galway etc. Ir. *Ó h-Óileáin, Ó h-Oláin*. This name has been changed to Holland in Galway; it is not certain that it is a separate name - it may be a variant of *Ó h-Aoláin*. SI & MIF.

Holland: numerous: While this is common in England, in Ireland it is usually an anglicisation of a native name: *Ó h-Aoláin, Ó h-Uallacháin, Ó Maol Challann*. There were septs in Clare and Offaly. See also Houlihan, Holohan, Holian. IF.

Holleran: fairly rare: Galway-Mayo. A Connacht variant of Halloran, q.v.

Holley: rare: E Ulster: Ir. *Mac Cuilinn*, formerly *Mac Uighilin* from Hugelin, diminutive of Hugh. Usually MacQuillan; a Welsh family who settled in Antrim in 13 cent. A case of mistranslation because *cuileann* means holly. See also Holly. MIF & SGG.

Holliday: rare: Down. English: name given to one born on day of religious festival. Also as Halliday. DBS.

Holligan: rare: Kildare. Ir. *Ó h-Ailleagáin, áille* = beauty. See also Halligan.

Hollinger: mod.nos.: Down-Antrim. The name is current in England; it appears to be toponymic.

Hollingsworth: mod.nos.: Dublin etc. English: 17 cent in Connacht. From placenames. SI.

Hollis: rare: Antrim. English toponymic referring to holly trees. DBS.

Holloway: mod.nos.: Belfast, Dublin and scattered all areas. An old Anglo-Irish name associated with Leinster. A toponymic "hollow or cut-out road". DBS.

277

Hollowed: rare: Dublin. Seems to be of English origin and toponymic: compare Holloway.

Hollran: v rare: Carrickfergus. As Halloran, q.v.

Hollway: rare: Dublin etc. As Holloway.

Holly: mod.nos.: Kerry-Clare etc. Ir. *Mac Cuilinn (cuileann*, holly). Always associated with Kerry. There is another group in Antrim - see Holley. MIF.

Hollyoak: v rare: Antrim. English, dweller by holy or Gospel oak. DBS.

Hollywood: fairly numerous: Down-Louth, Dublin. A toponymic, perhaps from Hollywood in Co. Dublin. This Anglo-Norman family settled in Dublin and Oriel, consistent with present distribution. SI.

Holman,-mann: fairly rare: Dublin, E Ulster etc. English, "dweller by hollow". DBS.

Holmes: v numerous: all provinces especially Ulster. According to MacLysacht, it is not usually of English origin. There are Scottish Holmes in Ulster, derived from *Mac Thómais* (Scots Gaelic). However, the widespread distribution, without any obvious native synonym, leaves the matter in question. This name is common in England. SI.

Holm(p)stead: v rare: Belfast. English and Scottish: a toponymic: "island homestead".

Holohan: numerous: Kilkenny-Laois-Tipperary, Down. Ir. *Ó h-Uallacháin, uallach*, proud. There were septs of Mid-Leinster and Clare. The anglicised versions of this name are many, it is usually Houlihan in Munster. SI & IF.

Holst: v rare: Dublin. German and Danish toponymic: "wood-dweller". DSHH.

Holt,-e: mod.nos.: Down-Louth-Meath, Wicklow etc. Ir. *Hólt*. An English name meaning "wood". It has been in Ireland since 14 cent. SI.

Holterman: rare: Belfast. "Dweller by the holt (wood)".

Holton: mod.nos.: Meath-Kildare etc. English toponymic from various places. DOS.

Holyoake: v rare: Listowel. From a placename: an oaktree where the Gospel was read on special occasions, e.g. Rogation Days.

Homan: mod.nos.: Dublin, Cork. English, 17 cent, first settled in W Meath. Variant of Holman.

Homer: v rare: Dublin etc. English occupational name: "maker of helmets".

Homston: v rare: Dublin. Apparently Holmston "island home" - a toponymic.

Honan: mod.nos.: Limerick-Clare etc. Ir. *Ó h-Eoghanáin*, dimin. of *Eoghan* (yew-born) A name of W Clare. Also *Ó h-Uainín* - absorption of Honeen, which is now generally Greene.

Hone: fairly rare: Derry-Tyrone, Dublin. Ir. *Ó h-Eoghain*, a name of Fermanagh. However, the noted artistic family in Dublin came from Holland. SI.

Honer: rare: Dublin. A variant of Hone, which is an English toponymic in this case.

Honey, Honney: rare: Ulster. As Honeyman below.

Honeyford: rare: Down etc. English toponymic relating to honey.

Honeyman: rare: Down, Dublin etc. English and Scottish: "seller of honey". DBS.

Honner: v rare: Laois etc. Perhaps as Honer. It appears as Honnor in England.

Honniball: v rare: Dublin (Leixlip). English nickname "lovable". Usually Honeyball.

Honohan: rare: Cork etc. Ir. *Ó h-Uamhnacháin, uamhnach*, terrible. Associated with Cork and Limerick. SI.

Hooban: v rare: Port Laoise etc. As Hoban, q.v.

Hood: fairly numerous: E Ulster etc. Ir. *Ó h-Uid*. A bardic family attached to the O'Neills. Also an English name, "maker of hoods". See also Mahood. MIF.

Hook,-e: fairly rare: Dublin, E Ulster etc. English toponymic or nickname. DBS.

Hooker: rare: scattered. English: occupational or habitational - no connection with modern slang!

Hooks: mod.nos.: Down-Armagh etc. See Hook above.

Hoolahan,-ohan: rare: Dublin. See Holohan.

Hoolan: rare: Roscrea-Dunkerron (Offaly). Probably abbreviation of Houlihan, q.v.

Hooley: v rare: Belfast. Possibly a variant of Whooley, q.v.

Hooper: fairly rare: E Ulster and the South East etc. English occupational name. DOS.

Hooton: v rare: Mallow (Cork). English, as Hutton, q.v.

Hope,-s: mod.nos.: Down-Antrim, Dublin, Midlands, Mayo. English toponymic, "enclosed valley".

Hopkins: numerous: E Ulster, Dublin, N Midlands, Connacht. English in Ulster and E Leinster; in Connacht, Longford etc, it is Ir. *Ó h-Oibicín* which appeared as Hobigan in 17 cent.This may be a gaelicisation of a Norman name. MacLysacht mentions *Mac Oibicín* as a variant. SI & MIF.

Hopkinson: v rare: Bangor etc. English: double diminutive of Robert + son. See Hobbs etc.

Hopley: rare: Belfast area. English toponymic.

Hopper: mod.nos.: Belfast area, Dublin etc. English or Scottish, "dancer". DOS & SS.

Hopps: rare: E Ulster. This is similar to Hob, i.e. diminutive of Robert.

Hopson: v rare: Belfast, Dublin. See Hobson.

Hopwood: v rare: Belfast, Derry. English toponymic from Lancashire. DBS.

Hora: rare: Mayo, Meath. Ir. *Ó hÓra*. MacLysaght considers it a variant of O'Hara and, perhaps, of Horahoe. It usually appears as O'Hora, q.v.

Horace: v rare: Dublin etc. This fine classical first name is not so fashionable at present but its adoption as a surname gives it assured life.

Horahan: v rare: Carlow. Ir. *Ó hArracháin*. (heroic). See Hourihan, Horan etc.

Horan: numerous: all areas, especially Dublin and the West. Ir. *Ó hOdhráin*. odhar = dun coloured. They were a sept of Galway. The anglicised name now stands for *Ó hAnnradhain* as well.There is *Ó hArracháin* (Horahan) in Cork to add to the confusion. This is discussed in IF.

Hore: fairly rare: Wexford. See Hoare.

Horgan: numerous: Munster, especially Cork City, Kerry-Limerick. Ir. *Ó h-Argáin, Ó h-Arragáin*. Woulfe thinks it derives from *Ó h-Anradháin* and came from Laois. See Hanrahan. MIF.

Horigan, Horrigan: fairly rare: Limerick. See Horgan above.

Horisk: rare: Tyrone etc. Ir. *Ó h-Uarghuis* (cold-power), *Ó h-Uaruisce*. They were chiefs of Uí Méith in Louth, now scattered and often rendered Caldwell. SI & SGG.

Horkan: mod.nos · Mayo. See Harkin.

Horn,-e: fairly rare: Cork, Dublin, Belfast etc. English: toponymic, occupational, etc. DBS.

Hornibrook: fairly rare: Cork etc. Probably English toponymic cognate with hern, a nook or corner. The name has been in Cork since 17 cent. SI.

Hornick: v rare: Wexford. Palatine, 18 cent.

Hornby: rare: Belfast etc. A habitational name from Lancashire.

Hornsby: v rare: Belfast etc. English toponymic from place in Cumbria.

Hornsey: v rare: Baltimore. Another habitational name: Norse first name *Horni* + island.

Horohan: v rare: Carlow. Ir. *Ó h-Arracháin*. See also Horahan.

Horohoe: v rare: Longford. Ir. *Ó h-Earchadha* (noble warrior) associated with Mayo where it has become Harrison. SI & SGG.

Horner: fairly numerous: Down-Antrim etc. English, "maker of objects from horn". DBS.

Horridge: v rare: Down, Tyrone. Habitational name from Lancashire.

Horrigan: fairly rare: Dublin etc. Ir. *Ó h-Arragáin*. See Hourihan and Horan.

Horrock, Horrox: rare: Ulster. English toponymic: place near Manchester.

*Horsey: Anglo-Normans, 13 cent. Ir. *de Horsaigh*. SGA.

Horsfield: rare: Dublin. English: habitational name from Yorkshire.

Horsham: v rare: Dublin. English toponymic: place in Sussex.

Horsman: rare: Dublin etc. English and possibly Ir. *Mac Eachaidh,* MacCaughey.

Horton: rare: Dublin. English toponymic, "muddy place". DOS.

Horwood: v rare: Belfast. Habitational name from Buckinghamshire and Devon.

Hosback: v rare: Dublin. Not noticed in Britain, no origin has been found.

Hosford: mod.nos.: Cork etc. English, in Cork since 17 cent. Also Horsford. MIF.

Hosgood: rare: Dublin, Belfast. English: properly Osgod, an Anglo-Saxon name.

Hosick: rare: Belfast. An old name from the north of Scotland, usually Hosack there. SS.

Hosey,-ie: rare: scattered. (1) *Ó h-Eodhasa*, usually Hussey, q.v. (2) Normans, de Hosey, who settled in Meath. Probably a habitational name from France. SI.

Hoskins: rare: Cork, E Leinster etc. English, dimin. of Teutonic first name *Osgod*. See Hosgood. DBS.

Hosty: fairly rare: Galway-Mayo. Ir. *Mac Oiste*, from Hodge, dimin. of Roger. Believed to derive from a Welshman who settled in Mayo in 13 cent. SI & SGG.

Hotchen: v rare: Larne. As Hutcheon, q.v.

Hotchkiss: v rare: scattered. See Hodgkiss.

Hotson: v rare: Belfast etc. As Hudson, q.v.

Hough: fairly numerous: Limerick-Tipperary, Galway, Belfast. Ir. *Ó h-Eachach* and *Ó h-Eocha*. See Haugh, which is more common.

Houghton: rare: scattered. English toponymic. Ir. *de Hochtún*. (SGA)

Houlahan: rare: Dublin, Armagh. See Houlihan.

Houlden: rare: Dublin. English, "dweller in hollow valley". DBS.

Houlihan: numerous: Munster, S Leinster etc. Ir. *Ó h-Uallacháin, uallach*, proud. Families of Offaly and Clare. Changed to Holland in W Cork and Nolan in Connacht. See also Holohan and Holian. IF & SGG.

Hoult: v rare: Mayo etc. As Holt, q.v.

Houraghan: v rare: scattered. See Hourihan.

Hourican: fairly rare: Longford, S Down. Ir. *Ó h-Anragáin*. See also Hourigan & Hourihan.

Hourie: v rare: Dublin. A Scottish name from Orkney. SS.

Hourigan: fairly numerous: Munster, S Leinster. Ir. *Ó h-Anragáin*, a corruption of *Ó h-Anradháin,* according to Woulfe. Septs: Clare, Laois, W Meath, W Cork. There was also a W Cork name, *Ó h-Odhragáin*, to contribute to the confusion.

Hourihan,-e: fairly numerous: Almost all in Cork. Ir. *Ó h-Anradháin*. Woulfe gives *anradh* as warrior, champion. See also Hourigan above. SGG.

House: rare: Belfast area. English, "one employed at the house" (probably a religious house).

Houston: v numerous: Ulster generally and Dublin. Scottish, from barony of Houston in Lanarkshire. SS.

Houton,en: rare: Donegal. See Houghton and Haughton.

Hoverty: v rare: Dublin. Probably as Haverty, q.v.

Hovenden,-on: rare: Kildare etc. An English family of this name settled in Tyrone in 16 cent under Hugh O'Neill (the Great Earl) and one of them was his secretary. The name may still survive as Huffington. The name was in Laois-Kildare in 16 cent. MIF.

Howard: numerous: all areas, especially Munster. A notable English name which, in some cases, may be an anglicisation of *Ó h-Íomhair* (Clare) and *Ó h-Óghairt*. SGG.

Howarth: rare: Belfast area, Dublin. English toponymic. (Lancs & Yorks).

How: rare: Wexford, Kilkenny etc. As Howe.

Howe,-s: numerous: all areas, especially Ulster. English, also a synonym for Hoey and Haugh.

Howell: fairly numerous: Ulster, Cork etc. From a Welsh and Breton first name: *Hywel*, eminent. One family settled in Mayo and became *Mac Haol*. See Powell and Hale. There is also an English habitational name from Lincolnshire which may be involved in some cases. SI & SGG.

Howie: mod.nos.: Ulster etc. Scottish: a widespread name with interesting story. SS.

Howett: rare: Dublin. English, dimin. of Hugh. DBS.

Howick: rare: Cork etc. English toponymic from Lancashire.

Howlett: mod.nos.: South East, Limerick etc. Ir. *Húiléid*. Anglo-Normans who settled in Leinster, now mainly Wexford. A double diminutive of Hugh. SI.

Howley: numerous: Connacht, Clare, South East etc. Ir. *Ó h-Uallaigh, uallach*, proud. MIF.

Howlin: mod.nos.: Wexford etc. Ir. *Húilín*, dimin. of Hugo and of Breton origin. SI.

Howorth: v rare: Dublin. English, see Haworth.

Howson: v rare: Portadown. A patronymic: Hugh's son: found in Yorkshire.

Hoy,-e: numerous: Ulster generally. Ir. *Ó h-Eochaidh*, i.e. variant of Hoey, q.v.

Hoyle,-s: rare: Down etc. English, "hollow" (DOS). Also possible anglicisation of *Mac Giolla Chomhghaill* (Coyle). SI & MIF.

Hoyne: mod.nos.: Kilkenny. Ir. *Ó h-Eoghain*, from personal name *Eoghan*, "yew-born". Originally a sept of Clare and usually appearing as Owens.

Huban: rare: Galway etc. As Hoban, q.v.

Hubbard: fairly rare: Dublin and scattered. English, from first name Hubert, "mind bright".

Hubbert: v rare: Cork and Galway. English and German: see Hubbard.

Hubble: v rare: Meath. English: from first name Hubald, "spirit-brave".

Huber: rare: Dublin etc. German and Dutch: a measure of land, so the owner of same. This name may also be Jewish. DSHH.

Huckle: v rare: Dundalk etc. Diminutive of Hucke, a first name in medieval times.

Huddleson: rare: Belfast area. English, Hudd + son. Hudd was a pet name for Hugh. DBS.

Huddleston: mod.nos.: Down etc. English toponymic from W Yorkshire.

Huddy: v rare: Galway. Ir. *Ó h-Uada*. A variant of Foody, q.v. Also diminutive of Hudd, a first name.

Hudner: rare: Limerick etc. This old Limerick name seems to be derived from Hugh, a Norman first name which mingled with the A/Saxon Húda to produce the common Hudde, which enters into a number of surnames. It is possible that Hudner is occupational: "coverer".

Hudson: numerous: Dublin, Ulster, E Leinster etc. English, 17 cent. "son of Hudd", a pet form of Hugh or Richard.

Hueston: rare: Fermanagh-Derry-Antrim. See Heuston and Houston.

Huet: fairly rare: Dublin etc. Of French origin: common in Normandy.

Huey: mod.nos.: Ulster generally. Ir. *Ó h-Eochaidh*. See Hoey. MacLysacht points out that this is also a settler name derived from Hugh, so could be of Scottish or English origin. SI.

Huffington: rare: Down-Antrim. English toponymic (DBS), but see also Hovendon.

Huggard: fairly rare: Dublin, Cork etc. English and Huguenot, 17 & 18 cent. SI.

Hugget: v rare: Belfast, Dublin. As Hewitt, q.v.

Huggins: rare: Belfast area and scattered. Ir. *Ó h-Aogáin* (SGA). Also an English name from Norfolk and dimin. of first name Hugh. DOS.

Hughes: v numerous: all areas except Munster. Ir. *Ó h-Aodha, Mac Aodha*, from first name *Aodh*, meaning "fire". Shared by many families, those in Munster being anglicised Hayes and O'Hea. The name is also a common English one based on the Teutonic first name Hugo which became Hugh. This latter has entirely replaced the native *Aodh*, with which it has no connection.

Hughey: v rare: Strabane. See Huey.

Hulatt: v rare: Down. Variant of Howlett, q.v.

Hulgrain(e): rare: Dublin. This name is not in evidence in Britain. No information to hand.

Hull: numerous: E Ulster. English, analogous with Hill. DBS.

Hullen: v rare: Louth etc. Ir. *Húilín* (Howlin) or, *Mac Cuillinn* (Cullen), the latter is appropriate as regards location, but with such a small sample, anything is possible.

Hulme: rare: Belfast area. English: toponymic: "river-island" (Holm).

Hulse: v rare: Down, Armagh. English: a habitational name from Cheshire.

Hume,-s: numerous: Ulster generally, scattered in south. Scottish from barony of Home in Berwickshire; also English, from holly or holm-oak. DOS.

Humphrey,-s,-ies: numerous: all areas except Connacht but especially Ulster. English from first name Humphrey. Present in Ulster 17 cent and gaelicised *Mac Unfraidh, Unfraidh*.

281

Hunniford: mod.nos.: Portadown etc. English toponymic, relating to honey, but very rare there.

Hunsdale: fairly rare: Down etc. Very rare in England. Evidently toponymic.

Hunt: numerous: all areas, especially Connacht and Munster. An English name which may account for many in Ulster and Leinster, but it is generally an anglicisation of *Ó Fiaich, Ó Fiacha, Ó Fiachna, Ó Fiachra*, because the resemblance to the Irish word *fiach*, meaning hunt (the chase). See Feheney, Feighery, Fee. MIF.

Hunter: v numerous: mainly Ulster, also Dublin & Cork. Scottish and English, 17 cent.

Huntley: v rare: Belfast area. English and Scottish. From a placename on the Borders.

Hurd: v rare: Dublin etc. Variant of Herd, q.v.

Hurding: rare: Dublin. Of English origin relating to tending of animals.

Hurl: rare: scattered in Ulster. Synonym of Earl, q.v.

Hurley: numerous: all areas, especially W Cork and Munster generally. Ir. *Ó h-Uirthile* (Clare) and *Ó Muirthile* (Cork), earlier anglicised Murley. IF & SGG.

Hurlihy: v rare: Mallow. As Herlihy, q.v.

Hurn: v rare: Belfast. Variant of Hern, a toponymic from S E England. DOS.

Hurndall: v rare: Belfast. English toponymic: confined valley.

Hurney: fairly rare: Galway. Ir. *Ó h-Urnaí, urnaí* means "prayer", but this derivation is in doubt. They were located in Moycullen. SGG.

Hurrell: mod.nos.: Randalstown (Antrim) etc. Ir. *Ó h-Earghaill*, see Arrell. It is also an English name meaning "hairy". SI & DBS.

Hurrican: v rare: Down. Ir. *Ó h-Annracháin*. To be distinguished from Hourigan. SI.

Hurson: mod.nos.: Tyrone-Monaghan etc. Very rare in England. Probably "Hurd's son".

Hurst: fairly numerous: Fermanagh-Tyrone etc. Ir. *de Horsaigh* (SI); *Ó h-Órsaigh* (SGA). The name is common in England, meaning "wooded hill". DBS.

Hurwitz: v rare: Belfast, Cork. A Jewish name: habitational name from Bohemia. DSHH.

Husband(s): v rare: Dublin etc. English: occupational: tiller of the soil.

Huss: v rare: Belfast etc. English occupational: housewife. Surely an honourable calling.

Hussain(e): rare: Dublin, Galway, Belfast. A Muslim name: Arabic: "good".

Hussey: numerous: all areas, especially Kerry and Galway. Ir. *Ó h-Eodhasa,* a bardic family of Fermanagh, it has been changed to Oswald in some cases. There were also Norman De Hoseys, who settled in Meath and Kerry. Ir. *Husae.* SI & SGG.

Huston: mod.nos.: Armagh, Antrim etc. Ir. *Mac Úistín.* Variant of Houston, q.v.

Hutch: fairly rare: N Cork etc. Ir. *Húiste* (SGA). English, pet name for Hugh.

Hutcheon: v rare: Derry-Antrim. English: diminutive of Hugh.

Hutcheson: fairly rare: Belfast etc. Scottish & English, Hutch + son.

Hutchings, Hutchin(s): rare: Antrim etc. English or Scottish, derived from Hutch above.

Hutchinson: v numerous: all areas, particularly Ulster. Ir. *Mac Úistín.* This name may be of Scottish or English origin. Derived as others above from Hutch = Hugh.

Hutchman: fairly rare: Ulster. "Hugh's servant".

Hutley: rare: Belfast etc. English toponymic: "ridge clearing".

Hutson: rare: Dublin. Variant of Hudson, q.v.

Hutt: v rare: Belfast etc. Variant of Hudd, i.e. pet name for Hugh.

Hutton: numerous: all areas, especially Derry and Ulster generally. English toponymic.

Huxley: rare: E Ulster: English toponymic. A place in Cheshire. DBS.

Hyatt: v rare: Belfast etc. Generally a Jewish name. Hebrew: *chayat* (tailor).

Hyde: numerous: E Cork, Armagh-Down etc. Ir. *de Híde, de h-Íde.* English, 14 cent in Kilkenny; 16 cent in Cork, whence Dubhglas de h-Íde, co-founder of Conradh na Gaeilge and first President of Ireland (1938-45). SI & IF.

Hyland,-s: numerous: all areas, particularly S Midlands. Ir. *Ó h-Aoláin*; originally *Ó Faoláin*, (Whelan). The name occurs in England as Hayland and this may the origin of some of those in Ulster. SI.

Hyman: rare: Belfast. English, "hay-man". This is also a Jewish name.

Hynan: rare: Limerick-Tipperary etc. Ir. *Ó h-Eidhneáin*, dimin. of *eidhean*, ivy. SI.

Hynd,-e,-s: fairly numerous: Ulster. English, hind = servant.

Hyndman: fairly numerous: Ulster. Scottish and English: nickname for timid person.

Hynes: numerous: all areas, especially Connacht, N Munster, S Leinster. Ir. *Ó h-Eidhin, eidhean*, ivy. A sept who were chiefs of Aidhne (S Galway). In Ulster the name may be of English origin, for which see Hine.

Hyslop: fairly rare: Antrim etc. English and Scottish: habitational: "dweller by hazel valley".

Ibbotson: rare: Belfast, Dublin etc. English: Ibb is diminutive of Isabell but there is also a man's name Hibot, probably a diminutive of Hilbert. It would be nice to think it is a matronymic. DBS.

Ibrahim: rare: Dublin. A Muslim name: Arabic form of Abraham.

Idris: rare: Dublin. A Muslim name: a prophet: Idris Ibn Abd Allah: an African connection.

Icvers: rare: Dublin, Limerick, Belfast. A variant of Ivors, q.v.

Igoe: mod.nos.: Dublin & scattered. Ir. *Mac Iagó,* said to be related to the O'Hanleys of Roscommon. Synonymous in some cases with Jago, q.v. MIF & SGG

Iles: v rare: Donegal etc. English toponymic: "island". Fairly common in England. DSHH.

Illand, Iland: v rare: Dublin, Enniskillen. Found in Scotland but rare. Apparently synonymous with Iles.

Illingworth: v rare: Larne etc. English habitational name: W Yorks-Lancs. "enclosure of Illa's people".

Imbusch, -ush: rare: Limerick. Of German origin: "in the forest".

Imrie: v rare: Down. English & Scottish, from Teutonic first name Amalric. Synonyms include Amery and Embury. DBS.

Ince: rare: scattered. English toponymic, "island, river-meadow" - remarkably like *inis* in Irish.

Ingham: rare: Dublin, Belfast. English toponymic. DOS.

Ingle: rare: Dublin, Cork. English, "Ing's valley". DOS.

Inglis: mod.nos.: Down-Antrim, Dublin. Irish spelling of the adjective "English", which also occurs and which see.

Ingoldsby: rare: Dublin. Ir. *Mac an Ghallóglaigh*, (galloglass, mercenary soldier); which is otherwise Gollogly. Ingoldsby is a place in Lincolnshire but now an Irish more than an English name. MIF.

Ingram: fairly numerous: Antrim-Down, Dublin etc. Scottish & English, present in Limerick 17 cent. Based on Teutonic *Ing + hraban* (raven). SI, SS & DSHH.

Innes,-is: rare: Belfast area. Ir. *Mac Aonghuis*, a Scots form of Guinness, q.v. SI.

Ireland: fairly numerous: Antrim-Down, Meath etc. Ir. *Írleont*. Thought to derive from Irish who went to Scotland & England and returned later as settlers. MIF.

Iremonger: rare: Dublin. English, "ironmonger". A well-established Irish name now.

Ireton: rare: Wexford etc. English toponymic from Derbyshire. Strangely: "Irish farm".

Irish: fairly rare: Kilkenny-Wexford. Compare Ireland above. The name is current in London.

Irons: fairly rare: Antrim, Belfast area. Scottish: a name from Angus. Also Anglo-Norman habitational name from a place in France.

Ironside: rare: Wexford etc. English nickname: "armoured warrior". It is a place-name in Scotland and the name is fairly common there. SS.

Irvine: v numerous: Antrim, Belfast, Ulster generally, Dublin etc. Scottish, 17 cent in Ulster. An Sloinnteoir Gaeilge gives *Ó h-Eireamhóin* as Irish version. In Scotland the name is usually Irving, a toponymic. SI & SS.

Irving: fairly rare: Dublin etc. See Irvine above.

Irwin: v numerous: all areas, especially Ulster. Moderate numbers in S Limerick and E Cork. Ir. *O h-Eireamhóin & Ó Ciarmhacáin* (SGG). However, MacLysaght considers the name is generally of settler origin, either a synonym of Irvine or from an English first name.

Isaac, Issac: rare: Belfast etc. A Jewish name. See Isaacson.

Isaacson: rare: Dublin. Jewish: patronymic of Isaac. The Hebrew is *Yitschak*, meaning "may God laugh".

Isdell: v rare: Dublin, Midlands. A name of Scottish origin - Eisdale, a toponymic. SS.

Isherwood: rare: Dublin, Cork etc. English toponymic. DBS.

Ismail: rare: scattered. A Muslim name: Arabic form of Hebrew *Ishmael*, son of Abraham.

Ivan,-in,-ens: rare: scattered. This is basically the French *Yve*. Ivan may be due to Slavic influence; the other versions are oblique cases of Ive. See Ives.

Ivanoff: v rare: Wicklow etc. The Slavic patronymic from first name Ivan (John).

Iveagh: rare: Dublin. Ir. *Mac an Bheatha*. See Mac Veigh.

Ivers,-ors: fairly numerous: scattered but mainly Dublin. Ir. *Mac Íomhair, Ó h-Íomhair*. From a Norse first name *Ivarr*, which was adopted by the Celts generally. See also Mac Ivor & Howard. MIF.

Ives: rare: Belfast. English, from Norman & Breton first name, Yve, Fr. *if* = yew. DBS.

Iveston: v rare: Down. English, derived from first name Ive, Yve.

Ivie: rare: Dublin. An English name from Devonshire, but based on placename in Cher, France. DSHH.

Ivory: mod.nos.: Dublin & South East etc. English, 17 cent, associated with Wexford. The name occurs in Scotland, deriving from Scots Gaelic *Iamharach*, but does not seem to have transferred to Ireland. The Anglo-Norman name was from Ivry in Eure, France. MIF.

Izzi: v rare: Midlands. Italian: nickname from a kind of mollusc - slow-moving, perhaps.

Jack: mod.nos.: Ulster, Dublin. English or Scottish, usually from pet name for John.

Jackman: mod.nos.: South East, Limerick, Fermanagh. English, associated with Kilkenny. Originating in Devon and meaning Jack's servant. DOS.

Jackson: v numerous: all areas, especially E Ulster. English, 17 cent. Ir. *Mac Siacais*, SGA.

Jacob,-s: numerous: Dublin, South East etc. English, since 14 cent but mainly of 17 cent origin. This Hebrew first name is synonymous with James.

Jacobson: rare: Belfast, Dublin etc. Patronymic from Jacob, the Hebrew *Yaakov*, "he who supplants".

Jacques: v rare: Down. Perhaps Huguenot, 17 cent. Analogous to Jacob and James.

Jaffrey: rare: Down. Scottish, see Jeffrey.

Jago,-oe: fairly rare: Dublin & Cork. Cornish, 16 cent. Ir. *Mac Iagó*.(Jacob). See Igoe. MIF.

Jager, Jagger, Jaegar: Belfast, Dublin. German Jaegar is "hunter"; English Jagger is "pedlar". The former is often Jewish; the latter a localised Yorkshire name. DSHH.

Jahn: v rare: scattered. A variant of the obiquitous first name John, q.v.

Jain: v rare: Dublin. Probably English: Devon and Cornwall. A variant of first name Jan (John).

James: numerous: E Ulster, Dublin, Wexford, Carlow etc. Ir. *Séamas, Mac Shéamais*. In the South East, a version of Anglo-Norman FitzJames, which has not survived separately. Synonymous with Jacob: Hebrew *Yaakov,* meaning, perhaps, "supplanter". SI.

Jameson: numerous: Ulster, N Midlands, Dublin etc. See Jamieson below.

Jamieson: numerous: E Ulster. Scottish, 18 cent. Ir. *Mac Séamais*.

Jamison: mod.nos.: E Ulster. As Jamieson above.

Jamsidi: rare: Ulster. Generally a Muslim name. Jamsid was a legendary king of Persia (Iran).

Jansen,-son,-sens: fairly rare: Dublin, Cork etc. Nordic version of Johnson.

January: v rare: Derry. Current in England but rare. A nickname for someone christened in January.

Japp, Japs: v rare: Dublin, Lurgan. Current in Scotland, but mainly as Jappy. From first name Job.

Jardin,-en: rare: E Ulster. Scottish, 17 cent, "of the garden". SS.

Jardine: fairly numerous: Belfast, Down. As Jardin. Numerous in Scotland.

Jarman: v rare: Belfast etc. An English name from Devonshire. Usually related to the nationality "German", but also possibly a Norman first name: *Germund..*

Jarrett: rare: Belfast, Dublin etc. Diminutive of first name Gerard; also, possibly, of *Jarre,* a common French surname.

Jarvis: fairly rare: Ulster generally. English from first name Gervais, of French origin. SI.

Jauncey: v rare: Bangor etc. Possibly a diminutive of French *Jaune* (sallow complexion). This name is current in England but rare.

Jay,-e: rare: Belfast. English: of nickname type from the bird, jay, which is both handsome and noisy.

Jaynes; v rare: Limerick. As Jeynes, q.v.

Jebb: fairly rare: Belfast etc. English: pet form of Geoffrey.

Jeffares, Jeffers: mod.nos. Ulster, Dublin, Cork, South East. English, 17 cent. Derived from first name Geoffrey. SI.

Jefferson: mod.nos.: E Ulster etc. English, see Jeffares.

Jeffery: mod.nos.: Ulster generally, Cork etc. See Jeffares.

Jeffords: rare: Cork. English: variant of Gifford, q.v.

Jeffs: v rare: Wexford. See Jeffers.

Jellett: v rare: scattered. English: derived from French *Guillot* (Willy).

Jelly,-ie: mod.nos.: Down-Armagh etc. Scottish: perhaps from first name Gillian. SS.

Jemfrey, Jemphrey: rare: Belfast. Appears to be a variant of Jeffery.

Jenkins: numerous: Ulster, Dublin, Midlands etc. English and Welsh: 17 cent. A diminutive of John. Ir. *Seinicín*. See also Shinkwin. SI.

Jenkinson: fairly numerous: E Ulster, Dublin and scattered. Ir. *Mac Seinicín*. See Jenkins.

Jenks: v rare: Down. A contraction of Jenkins.

Jennett: rare: Armagh-Down. English, dimin. of John and analogous with Jenkins.

Jennings: numerous: most areas, particularly Connacht where a branch of the Burkes took the Irish patronymic *Mac Sheóinín* (son of little John). The name is common in England where it is also a diminutive of John. IF.

Jennions: v rare: Belfast. Seemingly a variant of Jennings.

Jensen: rare: Belfast, Cork etc. Synonym of Jansen, q.v.

Jephson: v rare: Waterford. English: 17 cent when it was located in Cork. See Jeffers. SI.

Jermy: rare: Ulster. English from Norfolk, it may derive from first names Jeremiah or Germain.

Jervis: rare: Belfast area. See Jarvis.

Jerym: mod.nos.: Cork. Anglo-Normans, 13 cent, deriving from *le Germain* (the German). The Irish is given as *Gearmann* (SGA).

Jess: numerous: Belfast etc. Occurs in Scotland but rare. Either Joseph or the Biblical Jesse.

Jesson: v rare: Dublin. A variant of Judson: Judd is pet name for Jordan. Current in England.

Jessop: rare: scattered. English, derived from first name Joseph. DOS.

Jevens: rare: scattered. Welsh: from first name Ieuan (John). DOS.

Jewell: rare: Dublin etc. A name of Breton origin in England: Jekyll is the form relating to Cornwall. The original was Iudicael, a 7 cent saint. It probably came to Ireland in 17 cent.

Jewitt: v rare: scattered. A variant of Jowett, q.v.

Jeynes: v rare: Antrim etc. English: diminutive of Jan (John).

Jiang: v rare: Dublin. Chinese: a prominent name in China.

Jinks,-es: fairly rare: Sligo etc. Variant of Jenkins, q.v.

Job, Jobb, Jobes: rare: Ulster etc. English, of nickname type, perhaps from mediaeval play.

Jobling: rare: Ulster etc. English: double diminutive of Job, the Biblical name. See also Jobson.

Jobson: v rare: scattered. Patronymic from Job, which may derive from the Biblical character or be an occupational name connected with *joppe*, a wooden vessel or *jupe,* a garment.

Jocelyn: v rare: Cashel: An Anglo-Norman name: derived from Teutonic *Gauzelin* (little Goth) or perhaps from French *Josse* - see also Joyce.

Johansen,-son: rare: Belfast etc. A Nordic version of Johnson.

John,-s: mod.nos.: Belfast area etc. English, from first name John, Hebrew: *Yochanan*, "God has favoured". The most popular first name in Western Europe, represented by Seán and Eoin in Irish.

Johnson: numerous: all areas: English & Scottish; also anglicisation of *Mac Seáin* (MacShane) who were a branch of the O'Neills.

Johnston: v numerous: all areas, especially Ulster, corresponding to its prevalence in Scotland. This is a case where a landlord gave his name (John) to a place in Dumfriesshire. SS.

Johnstone: fairly numerous: Ulster & Dublin. As Johnston.

Jolley, Jolly, Joly: mod.nos.: Dublin and scattered. English, 16 cent. The name also occurred amongst the Huguenots in Dublin (18 cent). MIF.

Jones: v numerous: all areas, especially Galway. Ir. *Mac Seóin*. The most numerous name in Wales, it was common amongst settlers from Britain, 16 & 17 cents. It is a patronymic of John.

Jordan: v numerous: all areas, especially Connacht. Ir. *Mac Siúrtáin*, a Gaelic patronymic adopted by a Norman family whose head was Jordan d'Exeter. In due course they became "Hiberniores Hibernicis". The name arose from the practice of baptizing children with water brought back by pilgrims from the Holy Land. IF.

Jorgensen: v rare: Dublin, Galway. Nordic: "George's son".

Joseph: rare: Belfast. English: from popular first name. Hebrew: *Yosef* "God shall add" (another son).

Joss: rare: Belfast. As Joseph, q.v.

Joule: v rare: Belfast. Generally considered to be a variant of Joel, which derives from Breton *Iudicael,* "lord + generous", popular saint there.

Jowett: v rare: Belfast. English, diminutive of Julian. DOS.

Joy: fairly numerous: Limerick-Kerry,Waterford etc. Ir. *Seoigh(e)*. A name of Breton origin in Munster, it has occurred in very early records. Curiously, Dauzat mentions Joy as Irish immigrants to France in 17 cent. In Connacht, it is a synonym of Joyce. SI & SGG.

Joyce: v numerous: all areas, especially Connacht. Ir. *Seoigh(e)*. A Welshman established the family in Iar-Chonnacht in 13 cent in an area called "Joyces' Country". They also became one of the "Tribes of Galway". The name may originate in the Breton *Josse* or the Norman *Joie*. IF & DOS.

Joyner: v rare: Galway. English occupational name "joiner".

Joynt: rare: Dublin etc. Ir. *de Siúnta*. MacLysaght says this is a Huguenot name. The family are noted for Irish Language scholarship. SI.

Judd: fairly rare: Dublin etc. English, dimin. of Jordan or Jude. DBS.

Judge: numerous: Connacht, Midlands etc. Ir. *Mac an Bhreithiún* (son of the judge) which also appears as Abraham and Breheny. MIF.

Julian: fairly rare: scattered: English: from popular first name which was borne by some medieval saints, originating in the Roman *Iulius*. DBS.

Junk: fairly rare: Tyrone-Antrim etc. Apparently a diminutive of John from Low German.

Junkin: rare: Antrim etc. See Junk.

Jupp: v rare: Belfast, Dublin. A variant of Jubb, related to *jupe,* a long woollen garment or, the word *jubb,* a wooden vessel for liquor. Also, perhaps, a nickname referring to the aforesaid vessel.

Jury: v rare: Belfast. English: from Jewry or ghetto in mediaeval city. DOS.

Just: rare: Down. English: a nickname. Variants of this pleasant name are found all over Europe.

Justice: rare: Dublin, Belfast. English: occupational name.

Justin: rare: Belfast area, Dublin etc. English: derived from Latin *Justinus* or Old Norse *Iósteinn*. As a first name it is used for Ir. *Saerbhreathnach* amongst the MacCarthys.

Kadar: v rare: scattered. A Muslim name: Arabic *Qadir* (powerful), an attribute of Allah. This name also occurs in Hungary, meaning "cooper", but it does not apply to above.

Kahan, Kahn: rare: scattered. Variant of Cohen, a Jewish name meaning "priest". There is also a German name meaning "boat".

Kamininski: v rare: Dublin. Slavic: a habitational name. The basic word is *kamien* (stone).

Kampff: v rare: Dublin. German: a nickname meaning "fight".

Kane: v numerous: all areas except Munster. Ir. *Ó Catháin*. A leading sept of Derry. See O'Kane. The name appears as Keane in Munster. *Cath* = battle (part of some first name)

Kangley: rare: Cavan-Meath etc. Ir. *Mac Ceanglaigh*. Sometimes by pseudo-translation, Tighe. The derivation, which is not certain, may be *ceangail*, tie, bind. SI.

Kaplan, -in: v rare: Dublin. German: cognate with "chaplin". Also Jewish, similar to Cohen (priest).

Kapur: rare: Antrim etc. Apparently an Indian name.

Karney: v rare: scattered. See Kearney

Katz: v rare: Dublin. A Jewish name formed from a Hebrew phrase "priest of righteousness". DSHH.

Kaufmann: rare: Belfast etc. German for "salesman". In fact, usually Jewish here.

Kavanagh: v numerous: all areas, particularly South East. Ir. *Caomhánach*, from first name *Caomhán* (friend). One of the few adjectival native names and a noted branch of the MacMurroughs of Leinster. It stands for *Ó Cíobháin* (Kevane) in Kerry. IF.

Kay,-e: mod.nos.: E Ulster, Connacht, Midlands. Ir. *Mac Aodha*. In Britain, the name has various origins and these are probably present in Ireland also. DOS.

Kayes: rare: Belfast area. This is the patronymic of Kay which has various origins. DOS.

Kayne: v rare: Derry. See Kane.

Keaden: v rare: Galway-Mayo. See Caden.

Keadian, Kedian: Roscommon. A variant of Mac Cadden, according to MacLysaght.

Keady: mod.nos.: Galway etc. Ir. *Mac Céadaigh*, from first name *Céadach* (hundred-fold). The name was connected with the O'Moores of Laois and there was another group in Connacht. The sept *Ó Meicéidigh* of W Cork was similarly anglicised. MIF.

Keag,-ue: fairly rare: Belfast area, Dublin etc. See Mac Keague.

Kealey: mod.nos.: Derry, Midlands etc. Ir. *Ó Caollaidhe, Ó Céile*. The former was connected with Kilkenny, the latter with Meath. See Kealy below.

Kealy: numerous: Leinster generally, Dublin. Ir. *Ó Caollaidhe (Caollaí)*. A sept of Kilkenny but also possibly *Ó Céile* who belonged to Meath-Louth. See Queally and Kiely. MIF.

Kean: fairly rare: Down & scattered. See Kane.

Keane: v numerous: all areas, especially Munster. Ir. *Ó Catháin, Ó Céin*. The former is general in Munster; the latter relates to Waterford. Evidently distinct from the Ulster group, although Woulfe refers to a branch of the Derry sept in Clare. SI & SGG.

Keaney,-y: numerous: Sligo-Leitrim etc. Ir. *Ó Cianaigh* (SGG). MacLysaght suggests *Mac Éanna*. Woulfe, in second opinion, gives *Ó Caoinnigh*. Uncertainty prevails. MIF.

Keappock: v rare: Meath etc. Ir. *de Ceapóg*, a placename meaning a green plot of ground. MacLysacht reports it in Louth in 13 cent.

Kearnahan: v rare: Belfast. Ir. *Ó Cearnacháin* (dimin. of *cearnach*, victorious). Septs of Meath and Donegal. Numerous as Kernaghan, q.v. SGG.

Kearins, Kearin: fairly rare: Sligo etc. Ir. *Ó Ciaráin, Ó Céirín* from *ciar*, black. A sept of Mayo of which a branch went to Clare in 15 cent. See Kerin(s). SGG.

Kearney: v numerous: all areas: Ir. *Ó Catharnaigh* (Meath); *Ó Cearnaigh* (Connacht). The head of the Meath family was known as *An Sionnach* (The Fox) and many of them became known as Fox. There was also a sept *Ó Cearnaigh* (*cearnach*, victorious) in Tipperary which explains the wide distribution. IF & SGG.

Kearns: v numerous: all areas, especially South East and Connacht. Ir. *Ó Ciaráin, Ó Céirín*. Septs in N Connacht and E Cork. See Kearins & Kerin(s). IF & SGG.

Kearon: mod.nos.: Wicklow etc. See Kieran.

Kearse: rare: Limerick, Clare. Variant of Kerrisk, q.v.

Kearsley: v rare: Limerick. This is probably an English toponymic: there are a number of such places.

Keartland: rare: Dublin. This name is not in Britain but seems to be an English toponymic. Cartland occurs in England but is rare.

Keary: mod.nos.: Galway etc. Ir. *Mac Fhiachra* and *Ó Ciardha* from *ciar*, black. Originally a sept of the Southern Uí Néill of N Leinster. Mac Fhiachra was a Galway sept. Also as Carey, q.v. SI & SGG.

Keaskin: v rare: Louth, Cavan. Possibly Ir. *Mac Ascaidhean*. Variant of *Mac Ascaidh*. See Mac Askie and Mac Caskey.

Keating,-s: v numerous: all areas, especially South East. Ir. *Céitinn*. Anglo-Normans who settled in S E Leinster 12 cent. Perhaps from Welsh first name *Cethyn*.. Seathrún Céitinn was a leading writer of classical modern Irish in 17 cent. SI & SGG.

Keatinge: fairly rare: Dublin etc. As Keating.

Keatley: mod.nos.: Belfast, Dublin etc. Ir. *Ó Gatlaoich*, (SGA). However, in this case, it is more likely to be English toponymic Keightley of W Yorks. See Gately. MIF.

Keaty: rare: Tipperary etc. Ir. *Ó Céatfhadha* (*céatfhaidh*, sense, faculty). A sept of Dál gCais located near Limerick. The name has been absorbed by Keating. SI & SGG.

Keaveney,-vny,-vney: numerous: Connacht etc. Ir. *Ó Géibheannaigh, Mac Géibheannaigh*, (prisoner); the former of Galway, the latter of Fermanagh - see MacKeaveney. SI,SGG.

Keaver: v rare: Waterford. See MacKeever.

Keavey,-y: rare: W Clare etc. Ir. *Ó Ciabhaigh, ciabhach*, long-haired, with tresses. SI.

Keay: v rare: Derry etc. Current in Scotland and rare in England: numerous derivations. There is also the Irish connection for which see Keyes.

Keays: rare: Limerick etc. See Keyes.

Keddle: v rare: Newry. This name is not in evidence in Britain. No information to hand.

Keddy,-ie: rare: Dublin, Derry. Scottish: Gaelic: *Mac Ádaidh*. (dim. of Adam). SS.

Kedney: v rare: Dublin. See Kidney.

Kee: fairly numerous: W Ulster. Ir. *Mac Aoidh*, from first name *Aodh* (fire). One of many synonyms. See Mac Kee. MIF.

Keeble: v rare: Belfast etc. English: from OE *cybbel*, a cudgel. Probably a nickname.

Keeffe, Keefe: rare: scattered. See O'Keeffe.

Keegan: v numerous: Leinster & Connacht with moderate numbers in Ulster. See also Egan.The Irish is *Mac Aodhagáin* (dimin. of *Aodh*, fire). *Ó Caogáin* in spoken language.

Keehan: mod.nos.: Clare-Limerick-Kerry etc. Ir. *Mac Caocháin, caoch*, blind. SI.

Keel: v rare: Belfast area. English: occupational (boat-builder) or toponymic "cow's hill" DOS.

Keelaghan: rare: Midlands etc. Ir. *Ó Céileacháin*, dimin. of *céile*, companion. See Keelan.

Keelaghar: v rare: Tyrone. As Kellagher, q.v.

Keelan: mod.nos.: Monaghan, Louth, Midlands etc. An abbreviation of *Ó Céileacháin* who were chiefs of Uí Breasail in Oriel (Armagh-Monaghan). Woulfe gives *Ó Caoláin*, a name from Meath, but see also Keelahan. SI.

Keeler: v rare: Dublin. See Keel above.

Keeley,-ly: fairly numerous: N Leinster, S Ulster, Galway-Mayo etc. Ir. *Ó Caollaidhe, Ó Céile*. See Kealy but those of Connacht may be *Ó Cadhla*. MIF.

Keeling: mod.nos.: Dublin, Belfast etc. English 17 cent. May also relate to Keeley above. SI & DOS.

Keelty: v rare: Dublin. Ir. *Ó Caoilte* (early personal name), more usually Quilty, Kielty and Keilthy,q.v.

Keely: mod. nos.: Dublin. See Keeley above.

Keeman: v rare: Down. Ir. *Mac Shíomóin*, an Irish version of Fitzsimons. SI & SGG.

Keen: rare: Down. Possibly English, also a variant of Keane, q.v. DOS.

Keena: mod nos.: W Meath etc. Ir. *Ó Cianaigh, Mac Éanna*. MacLysaght suggests *Mac Cionnaith*, which usually appears as MacKenna. *Ó Caoinnigh* is also possible. See Keaney above. SI.

Keenaghan,-ahan: fairly rare: Midlands, Connacht. Ir. *Ó Coinneacháin, Coinneach*, an early first name. There was a sept of this name near Athlone. See also Kinahan.

Keenan: v numerous: Ulster, N Leinster etc. Ir. *Ó Cianáin*, dimin. of first name *Cian*, enduring. A learned family attached to Maguire Fermanagh. It may stand for *Mac Fhinghin* in Connacht SI & SGG.

Keeney: mod.nos.: Donegal etc. See Keaney above.

Keep: v rare: Belfast. English: occupational: person in charge of the keep in a castle. DOS.

Keers: fairly rare: Belfast. English: "maker of keys". DBS.

Keery: fairly numerous: Belfast, Lisburn etc. Ir. *Ó Ciardha, ciar*, dark (hair etc). See also Keary and Carey.

Keeshan: fairly rare: Roscrea etc. Ir. *Ó Ciseáin*, a variant of *Ó Cíosáin* (Kissane) q.v.

Keevan: v rare: Wexford etc. An abbreviation of *Caomhánach* (Kavanagh) in the South East. Not to be confused with Kevane of W Kerry.

Keevers: v rare: South East. See Mac Keever.

Keevey: rare: Tipperary etc. See Keavey.

Kehely,-ily,-elly: fairly rare: Cork etc. Ir. *Mac Caochlaoich* (blind hero). It has been often changed to Coakley. MIF.

Kehir,-er: rare: Tipperary-Kilkenny etc. Ir. *Ó Cathaoir*, possibly a pre-Celtic first name. Associated with Clare as Cahir, q.v.

Kehoe: numerous: South East etc. Ir. *Mac Eochaidh*. A bardic family attached to the O'Byrnes of Wicklow. Elsewhere as Keogh, q.v. IF.

Keighary: v rare: Dublin. See Keighery.

Keigher: rare: Roscommon etc. As Kehir above.

Keighery, Keighrey: rare: E Galway, Waterford. Ir. *Mac Fhiachra, Fiachra*, an old personal name. The sept was located in Galway. See also Keary & Carey.

Keighran, -ron: rare: Sligo-Leitrim. Ir. *Ó Cíocharáin, cíochrach*, eager (food etc.) They belonged to the Síol Anmchadha of E Galway. SGG.

Keightley: rare: S Midlands, Ulster. Ir. *Ó Gatlaoich* (stammering hero?). See Keatley.

Keil; v rare: Belfast. See Kyle.

Keilthy: rare: Wexford-Carlow etc. Ir. *Ó Caoilte*, an old first name meaning swift. See also Kielthy. GPN.

Keilty: rare: Belfast area. See Keilthy above.

Keily: rare: Cork etc. Ir. *Ó Cadhla*, but see Kiely.

Keir: v rare: Belfast. Scottish toponymic: a place in Stirlingshire. SS.

Keirans,-rns: v rare: Galway etc. See Kieran.

Keirse: v rare: Clare etc. A variant of Kerrisk. q.v.

Keith: mod.nos.: Ulster etc. Scottish, 17 cent. A habitational name from a place near Elgin.It has become a popular first name for men. Compare Douglas, Bruce, Leslie.

Kelch: rare: Dublin. Related to Louth/Meath in 17 cent. It might be Kilshaw or *Ó Caoilte*. The name does appear in Britain but good family research has not resolved the origin.

Kelehan: rare: Dublin. See Keelaghan.

Kelham: v rare: Belfast etc. English toponymic: "at the ridges". Place in Nottinghamshire.

Kells: fairly numerous: Ulster, Louth-Meath. A variant of Kettle, q.v. SI.

Kellaghan, Kelleghan: mod.nos.: Galway, Louth etc. Ir. *Ó Céileacháin*, from *céile*, a companion). A sept of Oriel, much changed to Callaghan. See Keelahan. SI.

Kellagher: rare: Fermanagh. Ir. *Ó Céileachair* (companion-dear). Evidently a different group from the Kellehers of the South West.

Kelledy: rare: Louth etc. Ir. *Ó Callada, callaid*, crafty: A name of Oriel associated with Louth.

Kellegher: fairly rare: Leitrim etc. See Kellagher above.

Kelleher (1): v rare: Belfast-Derry. See Kellagher above.

Kelleher (2): v numerous: all areas except Ulster. Ir. *Ó Céileachair* (see Kellagher). They were a sept of the Dál gCais who moved to Cork and Kerry in 13 cent and are now concentrated there. IF.

Keller: mod.nos.: Dublin and scattered. Probably an abbreviation of Kelleher, although it could be Scottish or German. Those in Dublin are certainly Irish.

Kellett: fairly numerous: Monaghan-Cavan-Meath. This name came in the Williamite settlement about 1700. An English toponymic "slope with spring" from Lancashire. DBS.

Kelliher: numerous: Kerry-Limerick. Another variant of Kelleher, q.v.

Kellock: v rare: Derry. A Scottish name and possibly Ir. *Ó Ceallaigh*. Not to be confused with the well-known Kellogg which is English "kill-hog", i.e. pork-butcher.

Kelly: second most numerous name in Ireland: in every part, especially Connacht. Irish is *Ó Ceallaigh, Ceallach,* bright-headed, a very old first name. The leading sept was of the Uí Maine in Galway. Now usually appears as O'Kelly. IF, SGG & GPN.

Kelm: rare: Belleek. Perhaps a variant of Kelman which is current in Britain. This latter is a Scottish toponymic from Aberdeenshire but it may also be Jewish in England.

Kelpy: v rare: Derry. This word occurs in Scotland, referring to a malevolent water-sprite, but the name is rare, understandably.

Kelsall: v rare: Craigavon etc. English toponymic from various places there.

Kelty: v rare: Dublin. Probably variant of Kilty, q.v.

Kelsey: rare: Down etc. An English habitational name from Lincolnshire. DSHH.

Kelso: numerous: E Ulster etc. Scottish, 17 cent. From the town in Roxboroughshire.

Kemmitt: v rare: Sligo, Donegal. Perhaps related to Kemmy.

Kemmy: rare: Kildare, Limerick etc. Scots Gaelic: *Mac Shimidh* (son of Simon). Also as Mac Kemmie in Scotland. SS.

Kemp: mod.nos.: E Ulster, Dublin etc. English: in Ireland since 14 cent. It occurs in Scotland also and means "warrior" or "athlete". Cognate with "champion". SS & DBS.

Kemple: rare: Dublin, Mayo etc. Variant of English name Kemble, which may come from the Welsh *Cynbel* (war-chief). Whence Shakespeare's Cymbeline. DOS.

Kempson: v rare: Dublin, Down. See Kemp.

Kempston: rare: scattered in Ulster. Presumably Kemp's town. See Kempton.

Kempton: fairly rare: Tyrone etc. English toponymic: OE *cempa* "warrior"+ *tun* "settlement". DSHH.

Kenaney: v rare: Offaly. Probably a variant of Mac Eneaney, so Ir. *Mac an Dhéaghanaigh* (son of the dean).

Kendal,-ll: rare: Belfast, Dublin etc. English place-name.

Kendellan,-en: rare: Cork, Dublin. See Kindlon, Kinlan.

Kendrick: fairly rare: Wexford, Dublin, Ulster. Ir. *Mac Eanraic*, from a Teutonic first name. See also Kenrick and Mac Kendrick. Also, possibly, Welsh *cynwrig*, hero-chief. DBS & SI.

Kenealy: fairly rare: Dublin. See Kennelly

Kenefick: mod.nos.: Cork. Ir. *Ciniféic*. In Ireland since 13 cent. Usually identified with Cork. Derives from Welsh placename. MIF.

Kenehan, Kenaghan, Kenihan: fairly rare: Tipperary etc. See Kinahan.

Kenevey: v rare: Dublin. Ir. ? *Mac Conshnámha* - see Forde.

Kenirons: v rare: E Galway. See Kinirons.

Keniry: mod.nos.: Cork, Clare etc. See Mac Eniry.

Kenmore: v rare: Down. Probably as Kenmuir, which is current in Scotland.

Kenmuir: rare: Down etc. Definitely Scottish and a toponymic.

Kenna: numerous: Leinster etc. See Mac Kenna.

Kennan: fairly rare: Dublin. Ir. *Ó Coinneáin*, dimin. of *Conn* (SGG), or *Mac Fhionnáin*, a sept of Oriel (SI).

Kenneally: numerous: Munster, especially Cork-Waterford. Ir. *Ó Cionnfhaolaidh* (wolf-head), modern form *Ó Cinnaolaidh* (SGA). A sept originally of Connelloe, Limerick. Appearing as Kennelly in Kerry.

Kennedy: vv numerous: all areas. Ir. *Ó Cinnéide* (helmeted head). A leading sept of Dál gCais who settled in Tipperary. There were other families in Galway and Wicklow and a notable group in Galloway, Scotland, whence many of the Ulster Kennedys. US President Kennedy's ancestors were from Wexford but belonged to the Dál gCais. IF & SGG.

Kennefick: mod.nos.: Cork etc. See Kenefick above.

Kennelly: numerous: Kerry etc. See Kenneally above.

Kennerick: v rare: Dublin. See Kendrick.

Kennerk: rare: Dublin. See Kendrick.

Kennerney: v rare: Dublin. Variant of Mac Inerney, q.v.

Kennett,-ets: rare: Belfast. English toponymic from a place in Wiltshire. DOS.

Kenning,-s: rare: E Ulster. Ir.? *Mac Coinín, Mac Fhinghin*. See Kenyon. SI.

Kennington: rare: Dublin, Bangor etc. English toponymic: "royal farm".

Kennoway: rare: Antrim etc. Scottish, from place in Fife. SS.

Kenny,-ey: v numerous: all areas, especially Galway. Ir. *Ó Cionaoith*, a number of septs, the chief being of Uí Maine (Galway). There was also an English family Kenny which became established in Galway in 17 cent, so all Galway Kennys are not necessarily of the Uí Maine. Elsewhere the name can stand for *Mac Cionnaoith, Ó Coinne, Ó Coinnigh, Mac Giolla Choinnigh*. MacLysaght examines this in detail in IF. See also SGG.

Kenrick: rare: Limerick etc. Ir. *Mac Eanraic*. See Kendrick.

Kensett: v rare: Down. Exists in England but rare. Perhaps dim. of first name Ken.

Kent: numerous: Wexford-Waterford-Cork etc. Ir. *Ceannt*. English: going back to 13 cent in Meath. Éamonn Ceannt was one of the signatories of the Proclamation of the Irish Republic in 1916. IF.

Kenwell: rare: scattered in Ulster. Apparently an English placename,"royal well".

Kenyon: rare: Dublin etc. English, from placename in Lancs. Also used for *Mac Coinne, Mac Fhinghin*, according to MacLysaght. See Kenning and Keenan. SI.

Keogan: mod.nos.: Meath-Cavan etc. Ir. *Mac Eochagáin* (SI); *Ó Ceogáin* (SGA) so that it may sometimes be a variant Cogan. Woulfe says it is a variant of *Mag Eochagáin*, i.e. Geoghegan.

Keogh: v numerous: all areas, especially Dublin, N Leinster. Ir. *Mac Eochaidh* from a common first name *Eochaidh*, meaning perhaps "horseman". There were septs in Tipperary, Roscommon and Wicklow, the latter now usually Kehoe. See MacKeogh.

Keoghan: mod.nos.: Waterford-Kilkenny, Midlands. Ir. *Mac Eochagáin*, dimin. of *Eochaidh*. Cognate with Keogan and Keohane.

Keohan: rare: Waterford. Ir. *Mac Eocháin*, see Keohane.

Keohane: numerous: mainly Cork. Ir. *Mac Eocháin*, dimin. of *Eocha*, a variant of *Eochaidh*, but in speech *Ó Ceocháin*. See Keogh. SI & SGG.

Keon: rare: scattered. Ir. *Mac Eoghain*. More usually MacKeon, q.v.

Keough: v rare: Antrim etc. See Keogh.

Keown: fairly numerous: Fermanagh, Down etc. MacLysaght has given *Ó Ceotháin* in Fermanagh, but the general conclusion is that it is one of the many synonyms of the basic *Mac Eoghain,* which appears as Magone, MacCone, MacCune, MacEwen, MacGeown.

Keppel,-ple: rare: Carlow etc. Of German origin: meaning cape or cloak.

Ker: v rare: Belfast etc. See Kerr.

Keran: rare: Dublin. See Kerin below.

Kerby: v rare: Meath. See Kirby.

Kerin,-s: numerous: Clare-Kerry etc; Sligo-Mayo etc. Ir. *Ó Ciaráin, Ó Céirín.* A number of septs, the chief one being *Ó Céirín* in Mayo. See Kearns also.

Kerevan: v rare: Lisburn (Antrim). See Kirwan.

Kergan: v rare: Magherafelt (Derry). Ir. *Ó Ciaragáin.* See Kerrigan.

Kerley: mod.nos.: Louth-Monaghan. Ir. *Mac Fhearghaile.* See Carley.

Kerlin: mod.nos.: Derry-Tyrone etc. Ir. *Ó Coirealláin* (SGA & SGG); *Ó Cairealláin* (SI). See Carleton and Carolan.

Kerman: v rare: Tuam. Variant of Kirkman, i.e. custodian of a church. DBS.

Kermode: rare: Dublin etc. Ir. *Mac Dhiarmada.* See Mac Dermot.

Kernaghan,-ahan: numerous: Down-Antrim etc. Ir. *Ó Cearnacháin, cearnach*, victorious. Originally of Donegal. Also as Kernoghan.

Kernan: mod.nos.: Armagh-Tyrone-Monaghan etc. Ir. *Mac Thighearnáin, tighearna*, lord. Also as MacKiernan who were a sept of Breifne (Cavan-Leitrim).

Kerney: v rare: Dublin. See Kearney.

Kernoghan,-ohan: numerous: Down-Antrim etc. See Kernaghan above.

Kerns: v rare: Belfast. See Kearns.

Kerr: v numerous: all areas, but mainly Ulster and N Leinster. Ir. *Mac Giolla Cheara, Ceara* is the name of more than one woman saint. However, it is mainly a Scottish toponymic from the Border,where Carr is a synonym, as it is in Ireland. MIF.

Kerrane: rare: Roscommon etc. Ir. *Ó Cearáin*, more correctly *Ó Ciaráin*. The name has been largely absorbed by Carr, q.v. MIF.

*Kerribly: Ir. *Mac Geirble.* Was found in Mayo - see Kirby. SGG.

Kerridge: v rare: Down etc. English: "family ruler". DBS.

Kerrigan: numerous: Connacht, W Ulster, N Midlands. Ir. *Ó Ciaragáin, ciar*, black. A sept of the Uí Fiachrach of Mayo, which spread to Donegal. Some confusion with Corrigan, q.v.

Kerrin,-s: rare: scattered in Ulster and Connacht. See Kerin above.

Kerrisk: mod.nos.: Kerry-Cork etc. Ir. *Mac Fhiarais (Fiaras* = Piers = Peter). A branch of the O'Healys in Kerry. SI.

Kerrison: v rare: Dublin. English: Kerridge + son, but SGA gives Ir. *Mac Fhiarais.*

Kerruish: v rare: Dublin. Ir. *Mac Fhiarais.* See Kerrisk.

Kerry: fairly rare: Down, Laois-Offaly etc. This name is current in England. See Kendrick.

Kerse, Kerrse: v rare: Galway. See Kierse.

Kershaw: fairly rare: Dublin, Derry. English: placename in Lancashire. DOS.

Kerslake: v rare: Dublin. English.: a toponymic from a place in Cornwall. DBS.

Kersley: v rare: Belfast. See Kearsley.

Kervick,-wick: mod.nos.: Kilkenny-Waterford etc. Ir. *Ó Ciarmhaic* (dark son). Also as Kirby.

Kerwin: v rare: Bellast, Limerick. See Kirwin.

Kessack: v rare: Donegal. Probably a variant of Mac Isaac, still current in Scotland.

Kestell: rare: Dublin. English: placename in Cornwall. DBS.

Kett: mod.nos.: Limerick-Kerry-Clare etc. Ir. *Ó Ceit*, from the first name *Ceat* which was associated with W Clare. SI.

Ketterick: v rare: Mayo etc. See Mac Kittrick.

Kettle: fairly rare: Dublin (N County), Cavan etc. Ir. *Mac Coitil*, probably Norse origin. A noted family of Fingal (N County Dublin) of whom the poet: Tom Kettle (1880-1916).

Kettyle: fairly rare: Fermanagh-Cavan, Belfast. English from Old Norse: nickname referring to sacrificial cauldron. See also Kettle. DOS.

Kevan,-in,-s: rare: Dublin, Tipperary etc. Ir. *Ó Caoimhín*, from first name *Caoimhín*.

Kevane: rare: Kerry. Ir. *Ó Cíobháin*. A sept of Corca Laoidhe, now in W Kerry and often appearing as Kavanagh.

Kevany,-eny: mod.nos.: Mayo etc. See Keaveney.

Kevelighan: rare: Dublin. See Kivlehan.

Keville: mod.nos.: Galway-Mayo etc. Ir. *Ó Cibhil*, thought to be abbrevation of *Ó Cibhleacháin* i.e. Kivlehan, q.v. SI & SGG.

Kevitt: v rare: Louth. See MacKevitt.

Kevlin: rare: N Dublin. Ir. *Ó Cibhlín*. Woulfe makes this an abbrevation of *Ó Cibhleachain* (Kivlehan).

Kewley: rare: Belfast area. Ir. *Mac Amhalaí* (SGA). According to Reaney, it is a Manx version of Cowley, q.v. DBS.

Keyes: numerous: South East, Limerick, Ulster. Ir. *Mac Aoidh* (SGA). Woulfe gives *Mac an Chaoich, caoch,* blind and a Cavan name. The name exists in England with diverse origins. DBS.

Keys: numerous: Ulster, particularly Derry-Donegal, Galway etc. Ir. *Mac Aoidh*. Also as MacKee, q.v.

Khalid: v rare: Mayo-Roscommon. A Muslim name, widely in use. Arabic: "undying".

Khalil: v rare: Dublin. Muslim name: Arabic "good friend".

Khan: fairly rare: Dublin. Pakistani: a title meaning "ruler". Now used as surname.

Khanna: rare: Antrim etc. See Khan above.

Kher: rare: Antrim. A Muslim name meaning "blessing".

Kiberd,-ert: rare: Dublin.

Kickham: rare: Cork, Wexford etc. English: 18 cent, but notable in the person of Charles J. Kickham (1828-82), writer.

Kidd: numerous: South East, E Ulster. English: 17 cent. A nickname for a lively person.

Kidney: fairly numerous: Cork etc. Ir. *Ó Dubháin* (dimin. of *dubh*, dark). A mistranslation due to similarity of Irish word for kidney (the organ). Duane is a more "normal" anglicisation.

Kielt: fairly rare: Derry etc. Ir. *Ó Caoilte* (SGA). See Kielty.

Kielty: fairly numerous: Sligo-Roscommon and scattered in Ulster. Ir. *Ó Caoilte*, from first name *Caoilte,* meaning swift.

Kielthy: rare: Wexford. As Kielty above.

Kiely: v numerous: Cork-Waterford-S Limerick etc. Ir. *Ó Cadhla* (graceful). MacLysaght discusses this name at some length in More Irish Families.

Kieran,-s: numerous: Louth-Meath etc. Ir. *Ó Ciaráin, Ó Céirín, ciar,* dark. The best-known sept was of Mayo. Those of E Leinster are probably a different family. See Kearns.

Kiernan: numerous: Cavan-Monaghan-Longford etc. Ir. *Mac Thighearnáin, tighearna,* lord. A number of septs in Connacht and Ulster. MacTernan is a variant. IF & SGG.

Kierse,-ce: rare: Clare. Ir. *Mac Fhiarais*. A variant in Clare of Kerrisk, q.v.

Kiersey: fairly rare: Waterford, Wicklow. Ir. *Ciarasach, de Céarsaigh*. Anglo-Normans who settled in Waterford in 13 cent. Seemingly from Kersey in Suffolk. SGG & DBS.

Kiggins: v rare: Galway. Ir. *Mac Uigín*, dimin. of Hugo. They were related to the Joyces and Stauntons of Connacht.

Kilawee: v rare: Sligo. Ir. ? *Mac Giolla Bhuí*. See Kilboy.

Kilbane: mod.nos.: mainly Achill (Mayo) and Connacht generally. Ir. *Mac Giolla Bháin* (fair servant). They were a sept of Uí Fiachrach in Sligo. Sometimes changed to White. SI.

Kilboy: rare: scattered. Ir. *Mac Giolla Bhuí* (sallow servant). See MacElwee, MacGilvie.

Kilboyle: v rare: Mayo. Ir. *Mac Giolla Mhaoil* (Mac Elmoyle). SGA gives it as equivalent to Bell which is generally regarded as purely English. The bearers of this name are certainly Gaels!

Kilby,-ey: rare: Down, Dublin. An English toponymic. DOS.

Kilbride: fairly numerous: Laois-Carlow-Wicklow etc. Ir. *Mac Giolla Bhríde* (devotee of St Brigid). It is regarded a Connacht form of the name which also appears as MacBride.

Kilbridge: rare: Limerick. Most likely a variant of Kilbride.

Kilburn: v rare: Limavady. English: from a number of placenames: "stream by a kiln".

Kilcar: v rare: E Galway. Ir. *Mac Giolla Chathair*. Woulfe says it is a Donegal name, sometimes appearing as Carr. The old first name *Catháir* may be pre-Celtic. SI & SGG.

*Kilcash: Ir. *Mac Giolla Chais*. From first name *Cas*. The name existed in Sligo.

Kilcawley: rare: Sligo etc. Ir. *Mac Giolla Chalbhaigh, calbhach*, bald. Suggested by MacLysaght. A case where traditional sources are greatly missed.

Kilcline: fairly rare: Roscommon etc. Ir. *Mac Giolla Chlaoin, claon*, perverse. More usually appears as Cline(s), q.v.

Kilcollum: v rare: Dublin. Ir. *Mac Giolla Choilm* (devotee of St Colm).

Kilcommons: fairly rare: Athlone area etc. Ir. *Mac Giolla Chomáin* (devotee of St Coman).

Kilcooley: v rare: E Galway. Ir. *Mac Giolla Chúille*, an abbreviation of *Mochúille* according to Woulfe: presumably a saint's name. See also Cooley. SGG.

Kilcourse: v rare: Mayo. Ir. *Mac Giolla Ghairbh* (rough servant), suggested by Woulfe but not very plausible. MacLysaght favours *Mac Giolla Gheairr*. See Kilgore.

Kilcoyne: fairly numerous: Mayo-Sligo etc. Ir. *Mac Giolla Chaoin*, devotee of St Caoin (gentle). It has been reduced to Coyne to some extent. IF.

Kilcrann: v rare: Leitrim. Ir. *? Mac Giolla Bhrain*.

Kilcullen: fairly rare: Sligo-Mayo etc. Ir. *Mac Giolla Chaillín* (devotee of St Caillín). Also as Kilgallon,-en, q.v.

Kildea: fairly rare: Ulster, Galway etc. Ir. *Mac Giolla Dé* (God's servant). A Donegal name which has spread to Connacht and Clare. Also as Gildea. MIF.

Kilduff: mod.nos.: Offaly, Athlone area etc. Ir. *Mac Giolla Dhuibh, dubh,* black. Also as MacIlduff, Duff, Black. SI.

Kildunne: rare: Sligo etc. Ir. *Mac Giolla Dhuinn, donn,* brown. sometimes as Dunne. SI.

Kiley: v rare: Antrim. See Kiely.

Kilfeather: mod.nos.: Sligo, Belfast etc. Ir. *Mac Giolla Pheadair* (devotee of St Peter).

Kilfedder: rare: Fermanagh etc. See Kilfeather above.

Kilfoyle: v rare: Dublin. Ir. *Mac Giolla Phóil* (devotee of St Paul). See Guilfoyle.

Kilgallen,-on: fairly numerous: Sligo-Mayo-Galway etc. Ir. *Mac Giolla Chaillín*, see Kilcullen.

Kilgannon: mod.nos.: Sligo-Mayo-Galway. Ir. *Mac Giolla Ghannain*. Who Gannan was is not clear.

Kilgarriff: fairly rare: Galway, Sligo etc. Ir. *Mac Giolla Ghairbh* (rough servant?). SI.

Kilgore: fairly rare: Derry etc. Ir. *Mac Giolla Gheairr, gearr,* short, suggested by MacLysaght. Woulfe gives *Mac Giolla Ghairbh*. The former seems preferable. SI & SGG.

Kilgrew, Killigrew: rare: Cork-Waterford. This is a placename in Cornwall: Cornish: "hazel grove".

Kilheeney: v rare: Galway. Ir.*Mac Giolla Cainnigh*. See also Mac Elhinney.

Kilkelly: mod.nos.: E Galway-Mayo etc. Ir. *Mac Giolla Cheallaigh* (devotee of St Ceallach). A learned family attached to the O'Flahertys. Some have changed to Kelly. MIF.

Kilkenny: fairly numerous: E Galway-Mayo, Leitrim-Cavan etc. Ir. *Mac Giolla Chainnigh* (devotee of St Canice). A sept of Cineál Eoghain (Ulster) occurring as Kilkenny in Connacht and MacElhinney in Ulster. MIF.

Kilker: v rare: Mayo etc. Ir. *Mac Giolla Ghéir* (sharp lad). SGG.

Kilkey,-ie: rare: Derry etc. Ir. *Mac Giolla Chaoich* (blind servant?).

Killackey: rare: Tipperary-Galway etc. Ir. *Mac Giolla Aithche. Aithche* is the name of a virgin saint of Limerick. GPN & SI.

Killalea: rare: Connacht. See Killilea below.

Killally: v rare: Offaly. See Killilea.

Killard: v rare: W Meath. Variant of Killiard for which SGA gives *Mac Giolla Gheairr.* MacLysaght was unable to trace the name. SI.

Killane: v rare: Midlands. Ir. *Ó Cilleáin* - see Killeen.

Kille: v rare: Fermanagh. Apparently an old and very rare English name. (DBS). Possibly a variant of Killeen

Killeen: numerous: mainly Galway-Mayo. Ir. *Ó Cillín* from saint's name Killian. A notable Western name with branches in Midlands. Also as Killian and Killion.

Killen: numerous: Ulster generally. Ir. *Mac Coilin*, from the Scots Gaelic first name *Cailean* which gives the popular Colin, much used by the Campbells. A family of galloglasses employed by the O'Donnells in 16 cent. See also Mac Callion. MIF.

Killey, Killy: v rare: Belfast. This name is current in Scotland: perhaps an abbreviation of one of the very many names beginning with "kil-"

Killian: mod.nos.: Athlone area-Galway, Longford-Meath. Ir. *Ó Cilleáin.* See Killeen above. This brings to mind the missionary saint who is revered in Wurtzburg, Germany.

Killion: rare: Athlone area etc. See Killeen.

Killick: v rare: Down etc. Probably synonymous with Gillick, q.v. but the name is common in England also. There the word means a small anchor.

Killilea: mod.nos.: Galway-Mayo-Roscommon etc. Ir. *Mac Giolla Léith* (grey servant). MIF.

Killiner: rare: Belfast area. English: probably a variant of Kilner: occupational, connected with a kiln.

Killingley: v rare: Dublin. Apparently an English toponymic: but very rare in that country.

Killops,-ips: fairly rare: Belfast area. Ir. *Mac Fhilip* (son of Philip). Related to the Scottish MacDonalds. Also as MacKillop, q.v. MIF.

Killoch: v rare: Dublin area. See Killough.

Killoran: mod.nos.: Sligo-Roscommon-Galway etc. Ir. *Mac Giolla Luairinn*, from saint's name *Luaireann,* though it could also be *Luarán.* MIF & GPN.

Killough: fairly rare: Antrim etc. Scottish: 17 cent. A toponymic from Ayrshire. MIF.

*Killoughry: Ir. *Mac Giolla Luachra*, devotee of St Luachair, associated with W Clare.

Killow: v rare: Belfast area. As Killough.

Killyleagh: v rare: Belfast area. Possibly from placename near Belfast; more likely a variant of Killilea, q.v.

*Kilmaine: Ir. *Mac Sheoinín.* A name adopted by a Jennings family in France. Themselves a branch of the Burkes of Connacht.

Kilmartin: fairly numerous: Roscommon-Galway-Clare, Midlands. Ir. *Mac Giolla Mhartain* (devotee of St Martin). Originally related to the O'Neills of Ulster, they were forced into Connacht in 17 cent. Also as Gilmartin and Martin. IF.

Kilmeade: v rare: Longford. Ir. *Mac Uilliméid.* Diminutive of William.

Kilmichael: v rare: Armagh. Probably a variant of Mac Elmeel, q.v.

Kilmurray: mod.nos.: Midlands, Dublin. Ir. *Mac Giolla Mhuire* (devotee of B V Mary). A sept of Down descended from *Giolla Mhuire Ó Morna*, died 1276. SGG.

Kilpatrick: numerous: Ulster generally. Ir. *Mac Giolla Phadraig* (devotee of St Patrick). In the South, it appears as Fitzpatrick, q.v.

Kilraine,-ane: rare: Galway, Leitrim. Ir. *Ó Giollaráin,* (in spoken language). For derivation see Gilleran. SI & SGG.

Kilroy,-roe: numerous: Galway-Roscommon-Sligo, Midlands etc. Ir. *Mac Giolla Rua* (red-haired servant). See also Gilroy.

Kilty: rare: Dublin, Wexford. Ir. *Ó Caoilte.* Associated with South East. See Keilthy and Kielthy.

Kimber: v rare: Belfast area. English toponymic, "warriors grave". DOS.

Kime: v rare: Lisburn. Probably a variant of Scottish Kimm, Kim: from Gael. *Mac Shim*. See Mac Kim.

Kimmons,-ins: v rare: Down. Ir. *Mac Coimín*, dimin. of *cam*, bent. A name from Oriel cognate with Cummins, q.v. SI.

Kimberley: rare: Meath etc. English toponymic. OE first name + wood. DOS.

Kimlin: v rare: Belfast. Probably a diminutive of Kime, q.v.

Kimmage: rare: Dublin. Evidently a local toponymic.

Kinahan: fairly numerous: Leinster generally. Ir. *Ó Coinneacháin*, dimin. of *Conn*. A sept located near Athlone. The Irish name is more general as it relates to Cunningham also.

Kinane: fairly numerous: Tipperary, South East etc. Ir. *Ó Coineáin*, perhaps from *cú,* a hound. See also Kennan.

Kincaid,-ade: mod.nos.: Ulster, Midlands. Scottish: from a place-name in Stirlingshire, 17 cent. MIF & SS.

Kincella: v rare: Lisburn (Antrim). See Kinsella.

Kinchella: v rare: Kilkenny etc. Apparently a variant of Kinsella, q.v.

Kinch: mod.nos.: E Leinster etc. Ir. *Mac Aonghuis*. A Manx version of MacGuinness, q.v.

Kind: rare: Cork. Of German origin: "child", but also a Jewish name.

Kinder: rare: Belfast area. English: a habitational name from a place in Derbyshire.

Kindlon: rare: Louth-Monaghan etc. Ir. *Ó Caoindealbháin*, from old first name meaning "beautiful shape". A Midlands branch of the Southern Uí Néill. Appears as Quinlan in Munster. Rarely, as Kindillon in Dublin. See also Connellan. SGG.

Kindness: v rare: Belfast. Scottish: from Aberdeen. Perhaps a nickname. SS.

Kindred: v rare: Lisburn (Antrim). A rare English name.

Kindregan: rare: Kildare, Galway etc. Ir. *Ó Cinndearagáin*, perhaps "red-head". Believed to originate in Clare. SGG.

Kineary: v rare: Mayo. Apparently indigenous, it may be variant of Mac Eniry, q.v..

Kineavy: rare: Galway etc. Ir. *Mac Conshnámha* (swimming hound?) or *Ó Cinnchnámha* (bone-head?). Now usually Forde due to mistranslation. Originally of Leitrim. SGG.

Kineen: v rare: Galway. See Kinneen.

Kinehan: v rare: Limerick-Tipperary. See Kinahan above.

Kinevane: v rare: Limerick etc. Ir. *Ó Ceanndubháin*. See Canavan.

King: v numerous: all areas, especially Ulster and Connacht. An English name but more usually anglicisation of various indigenous names: *Ó Cionga* (L Ree); *Mac Conraoi* (Galway); *Mac Fhearadhaigh* (Oriel); *Ó Maol Conaire* (Roscommon); *Ó Conraoi* (Uí Maine) etc. An "umbrella" name, but based erroniously on the word *rí*, a king. IF & SGG.

Kingan: rare: Down etc. This name has existed in Scotland which seems the likely origin. Equivalent to Ir. *Ó Coinneáin*, Kennan.

Kingham: fairly rare: Belfast area. As Kingan.

Kinghan: mod.nos.: Down etc. As Kingan.

Kinghorne: rare: Dublin. Scottish: from the barony of Kinghorn in Fife. SS.

Kingman: v rare: Lurgan etc. English occupational: servant of the king. DSHH.

Kingon: v rare: Belfast. Probably a varint of Kingan above.

Kingsberry: fairly rare: Antrim etc. Apparently like Kingsbury.

Kingsbury: rare: Lisburn etc. English habitational name: "king's fort".

Kingsland: v rare: Dublin. This name is current in England: evidently a toponymic.

Kingsley: v rare: Dublin etc. A widespread English name: from various placenames.

Kingsmore: rare: Belfast area. Evidently another toponymic relating to a king, but not found in Britain.

Kingston: numerous: all areas, especially Cork. English, 17 cent in W Cork. SI & MIF.

Kinhart: v rare: Mayo. Probably Ir. *Mac Fhinneachta,* (snow-white). Existed as Kingerty.

Kinirons: rare: Dublin etc. A name associated with Tipperary but origin is not clear. It may be Ir. *Ó Conaráin*, Condren. They were located in Offaly.

Kinkaid: fairly rare: Derry etc. Scottish habitational name from place near Glasgow.

Kinkhead: mod.nos.: Ulster. Variant of Kinkaid above. See also Kincaid.

Kinlan: rare: Midlands, Dublin. See Kindlon.

Kinley,-ay: mod.nos.: Belfast, Down. Scots Gaelic *Mac Fhionnlaoich*. See MacKinley.

Kinlen: v rare: Dublin. See Kindlon above.

Kinlock,-ough: rare: Ulster etc. Scottish, *ceann an locha*, head of the lake. Also rarely, Ir. *Mac Conlocha* (lake-hound). SGA.

Kinmonth: v rare: Dublin. Scottish, from placename in Fife. SS.

Kinna: v rare: Dublin. See Kenna.

Kinnaird: fairly rare: E Ulster. Scottish, from placename in Perthshire. SS.

Kinnane: mod.nos.: Clare-Limerick etc. Ir. *Ó Cuinneáin* (dimin. of *Conn*). See Guinnane.

Kinnard: v rare: Antrim. See Kinnaird above.

Kinneally: v rare: Tipperary. See Kennelly.

Kinnear: mod.nos.: Ulster etc. Scottish toponymic from place in Fife but, in the South, *Mac an Fhir* (son of the man). SS & SGG.

Kinneen: rare: E Galway etc. Ir. *Mac Coinín*. See Cunneen and Rabbitt.

Kinnen: rare: Antrim-Down. Probably Scottish MacKinnon, q.v.

Kinner: rare: Belfast. See Kinnear.

Kinney: mod.nos.: Antrim-Down. Scots Gaelic *Mac Coinnigh*. Maclysaght notes an Irish sept of this name in Tyrone-Fermanagh, but now difficult to distinguish from *Mac Cionaoith* (Mac Kenna).

Kinnier: v rare: Belfast area. See Kinnear.

Kinnin,-ing,-on: rare: Belfast area. See Kinnen above.

Kinnarney: fairly rare: Offaly etc. See MacInerney.

Kinneavy: rare: Galway. See Kineavy.

Kinnerk: rare: Limerick-Clare-Kerry. See MacInerney.

Kinnavane: v rare: Clare. See Canavan.

Kinnsella: v numerous: mainly Leinster. Ir. *Cinnsealach* (a tribal name of N Wexford) adopted by a branch of the MacMurroughs. In modern Irish, *cinnsealach* means proud, overbearing. IF.

Kinsley: rare: Dublin, Cork. English toponymic. DOS.

Kinsman: v rare: scattered. English: straightforward nickname.

Kinucane: very rare: see Finucane.

Kirby: numerous: Munster generally. Ir. *Ó Ciarmhaic, Ó Ciarba*. The latter as spoken in the south, whereas Kerwick, q.v., retains the original form in Kilkenny. In Connacht the name represents *Mac Geirble* who originated in Mayo. In Munster they were located in E Limerick whence they were displaced after the Invasion. MIF & SGG.

Kirgan: v rare: Antrim. Seemingly Scottish, it does not appear there now.

Kirk,-e: numerous: E Ulster, Louth etc. A name from N England and S Scotland: "at the church". In Munster it may stand for Quirke. SI & DOS.

Kirker: fairly rare: Belfast, Dublin etc. Similar to Kirk. "churchman?".

Kirkham: rare: Belfast, Dublin etc. N English toponymic.

Kirkland: mod.nos.: Down, Armagh etc. Scottish & English.

Kirkpatrick: numerous: E Ulster. Scottish: 17 cent. A branch of the Colquhouns. MIF.

Kirkwood: numerous: E Ulster. N English toponymic. DOS.

Kirley: v rare: Midlands. See Kerley.

Kirrane: mod.nos.: Connacht etc. Ir. *Ó Cearáin, Ó Ciaráin*. A name associated with Mayo and sometimes changed to Carr. See Kerrane. MIF.

Kirstein, Kirsten: v rare: Cork, Sligo. Jewish or German: related to *kirsch*, cherry. Many variants.

Kirwan,-in: numerous: all areas except Ulster, especially the South East, Louth. The Irish is *Ó Ciardhubháin, ciar-dhubh* = jet black. An erenagh family of Louth and later one of the "Tribes of Galway". IF & SGG.

Kissane: fairly numerous: Kerry-Clare-Tipperary etc. Ir. *Ó Ciosáin*, correctly *Ó Cíosáin* from *cíos*, rent or tribute. It appears as Cashman in Cork. SI & MIF.

Kissick,-ock: mod.nos.: E Ulster. Scots Gaelic *Mac Iosaig* (son of Isaac). See MacKissick. SS.

Kitchen: mod.nos.: Down etc. Ir. *Mac Úistín*. Of Scottish origin, relating to Hutchin a diminutive of Hugh. Also as MacQuestion, Houston, MacCutcheon. Another possibility is the English name Kitchen, "worker in the kitchen". SI & DOS.

Kitching: rare: Galway etc. As Kitchen above.

Kitson: mod.nos.: Ulster, Clare-Limerick etc. Scottish and English "son of Kitt" (Christopher). In Clare, it is an anglicisation of *Ó Ceit, Mac Ceit*. From old first name *Ceat*, "enduring, old". See Kett. SI.

Kitt: rare: E Galway, Dublin. An English name, dimin. of Christopher. Also possibly a variant of Kett.

Kitterick: rare: Mayo. Ir. *Mac Shitric*, a Norse name adopted by the Gaels. *Sigr+ tryggr* (victory true).

Kitteringham: rare: Cork. This name exists in England in small numbers. Evidently habitational.

Kittle: rare: Down etc. See Kettle above.

Kivelehan, Kivlehan: mod.nos.: Sligo, Dublin, Derry, Belfast. Ir. *Ó Cibhleacháin*. An ecclesiastical family of W Meath. The modern Irish dictionary gives *cifleachán* as "tatterdemalion", which seems inappropriate to this family! See Keville. SI.

Kiveney: fairly rare: Sligo etc. See Keaveney.

Klein: v rare: Down etc. A Jewish name, but also German, meaning "small".

Klimek, Klimmek: v rare: Dublin. A Slavic version of Clement.

Klinkebergh: v rare: Dublin. A habitational name of Teutonic origin.

Kloos: v rare: Dublin etc. Seemingly a Dutch version of Klaus (Nicholas).

Knaggs: v rare: Kilkenny. This name is current in England. It is topographic with various meanings.

Knapper: v rare: Antrim. English habitational: "hillock-man".

Knapton: v rare: Down. English toponymic: "boys' farm". Various places in England.

Kneafsey: fairly rare: Galway-Mayo-Sligo. Ir. *Ó Cnáimhsighe, Cnáimhsí* (modern). A rare matronymic, from *cnáimhseach,* a midwife.

Knee: v rare: Dublin, Cork. See Nee, q.v.

Kneeland: v rare: scattered in Ulster. Ir. *Ó Nialláin*. Dim. of Niall, the name of glory.

Kneeshaw: rare: Dublin, Wexford. English habitational: knee-shaped wood?

Knell: v rare: Belfast area. English toponymic. As Knoll. DOS.

Kniesel: v rare: Wexford. Of German origin: a nickname meaning "proud", or a toponymic.

Knight: fairly numerous: all areas, especially N Munster and Connacht. Ir. *Mac an Ridire* (See Fitzsimons). In Ulster, it is Scottish *Mac Neachtain*, usually appearing as MacKnight. MIF.

Knightly: mod.nos.: Kerry-Limerick-Tipperary etc. English: 17 cent in Kerry. SI.

Knipe: mod.nos.: Armagh-Down etc. N English and Scottish 17 cent. A toponymic. SI.

Knocker: fairly rare: Belfast area. S English locative name. SI & DBS.

Knott: mod.nos.: Dublin, E Ulster etc. English: 17 cent. Nickname or toponymic. MIF.

Knowd: rare: Dublin. Ir. *Ó Nuadhat*. Variant of Noud and Newth. Woulfe refers it to Donegal but MacLysaght places it in Kildare and Wicklow, which seems to apply now.

Knowles: numerous: E Ulster, Dublin, Midlands. Ir. *Ó Tnúthghail* (longing-valour) A sept of Kildare, usually Newell, q.v. Also as an English name, Knollys. SI & DOS.

Knox: numerous: E Ulster and the South East etc. Scottish, 17 cent. From place in Renfrewshire, Knock, i.e. the Gaelic *cnoc* (hill).

Koch: v rare: Belfast area. Presumably Jewish, but German meaning "cook".

Kolbohm: rare: Tyrone. Apparently German. Literally: "cabbage-bean".

Kohlmann: v rare: Dublin. Certainly German: grower of cabbage.

Koscielny: v rare: Down. Polish locative name relating to a church.

Koyce: v rare: Limerick-Tipperary. The family lore here suggests a foreign ancestor at least 150 years ago, probably via the port of Limerick.

Kramer, Kreamer: rare: Scattered. See Cramer.

Kraus,-e: rare: German: a nickname "curly-haired".

Kron, Kronn: v rare: Dublin. Apparently German: "crown".

Kruger, Krueger: v rare: Dublin etc. German: occupational: potter or inn-keeper. Also Dutch et al.

Kummar: rare: Dublin. Indian: from Sanscrit *kumara*, a son.

Kus, Kuss; v rare: Dublin, Down. A Czech name referring to the blackbird who was thought to be cunning. The Irish loved his glorious song!

Kydd: fairly rare: Belfast, Derry. English, variant of Kitt, q.v. DBS.

Kyle,-s: numerous: Ulster generally. Scottish toponymic, presumably from Gaelic *caol*, narrow water. Settlers in Derry 17 cent. However, SGA gives *Mac Shuile*. MIF & SS.

Kyne,-s: fairly numerous: Galway etc. Ir. *Ó Cadhain, cadhan*, a barnacle goose. The writer, Máirtín Ó Cadhain (1905-70) was probably the greatest master of the Irish language in the 20th century. IF & SGG.

Kyte: v rare: Ulster. English: possibly from the bird, kite. Also as Kite and Keat(s). Reaney explains that it may just mean a herdsman, not a voracious hawk. DBS & DOS.

Lacey: numerous: South East, E Leinster, N Munster etc. Ir. *de Léis*. Anglo-Normans in Meath (12 cent) and Limerick, perhaps two separate families; also Ir. *Ó Laitheasa* in Wexford.This is *Ó Flaitheasa* (ruler-choice) with "F" aspirated. SI, IF & SGG.

Lacken: fairly rare: Mayo etc. Ir. *Ó Lacáin, Ó Luicín*, according to MacLysaght but Woulfe gives *Ó Lacháin* and equates it with *Ó Lócháin & Ó Leocháin*, an ancient family of Meath, dispersed after the invasion. *Lóch* (radiant) was a first name in early times. Also anglicised Ducke.

Lackey: rare: scattered. Variant of Lecky, q.v

Lacumber, La Comber: rare: Midlands etc. Apparently French – there is a French name *Combre* but there is also an English Lecomber which could well account for it.

Lacy, de Lacy: mod.nos.: Midlands etc. As Lacey above. Reaney states that the name is from Lassy in Normandy. DBS.

Ladd: rare: Cork etc. English, "servant". DBS.

Ladden: rare: Kerry-Cork. Ir. *Ó Laideáin*, synonymous with Lydon, q.v.

Ladley: v rare: Dublin etc. English toponymic, apparently. It is rare there.

Ladrigan: v rare: Dublin etc. See Lonergan.

Laffan: fairly numerous: South East, N Munster etc. Ir. *Lafán*. Anglo-Normans in 14 cent. Derivation: French: *l'enfant* (child) or *La Font* (place-name). SI, SGG and Dauzat.

Lafferty: fairly numerous: Galway-Mayo, Ulster etc. Ir. *Ó Laithbheartaigh*, an aspirated form of Flaherty, q.v. The family were important in Tyrone and Donegal in 16 cent. IF.

Laffey: mod.nos.: Galway-Mayo etc. Ir. *Ó Lathaigh*, a variant of *Ó Laithimh* and ultimately of *Ó Flaithimh* (prince). See Lahiff and Guthrie. MIF & SGG.

Laffin: fairly rare: Derry-Tyrone etc. Ir. *Lafán*. Probably French *La Font*. See Laffan and Lavin which is indigenous.

Lafford: v rare: Dublin etc. This looks like an English toponymic but is very rare there.

Laffoy: rare: Dublin etc. A variant of Fahey and Fee, q.v.

Lagan: numerous: Tyrone-Antrim etc. Variant of Logan, q.v.

Lahart: fairly rare: N Tipperary-E Galway, Kilkenny etc. An abbreviation of Laherty, q.v.

Laheen: rare: Midlands etc. Ir. *Ó Laithín* (SGA). Perhaps from *Ó Flaithimhín* diminutive of *Flaitheamh*, a prince, with aspiration of the "F". See Lahiff. SI & MIF.

Lahert: fairly rare: N Tipperary-E Galway etc. As Lahart above.

Laherty: v rare: N Tipperary. Ir. *Ó Laithbheartaigh*, apparently a variant of *Ó Flaithbheartaigh* (princely-in-action), by aspiration of the "F". See Flaherty.

Lahiff,-e: mod.nos.: Limerick-Clare-S Galway. Ir. *Ó Laithimh*, considered to be from *Ó Flaithimh* (prince). See Flahive.

Lahy: v rare: Kilkenny. Ir. *Ó Lathaigh*, from *Ó Laithimh*. See Lahiff above. This name has become confused with Leahy, which is more numerous. MIF.

Lai: rare: Belfast etc. Chinese: Lesser known name; may relate to some misfortune.

Laide: rare: Kerry etc. English, in Tipperary 17 cent.

Laidlaw: v rare: Dublin etc. A name from the Scottish border. SS.

Laing: fairly rare: Antrim, N Connacht. Scottish, "tall man".

Laird: numerous: Ulster generally etc. Scottish: a landowner. Modern settlement.

Lait: v rare: Louth etc. This name is current in England, but no derivation has been found.

Laithwaite: v rare: Antrim. English toponymic from places in Lancashire. DSHH.

Lake,-s: fairly rare: scattered. English toponymic. OE "stream" rather than Latin "lacus". DOS.

Lal: v rare: Belfast etc. Indian: Sanscrit: "caress" - a term of endearment in Hindi.

Lalloo: v rare: Dublin. Current in England. Indian?

Lally: numerous: Galway-Mayo-Sligo, Midlands etc. Ir. *Ó Maolalaidh* (speckled chief?). A branch of the Uí Maine (Galway). Name abbreviated to Lally. See also Mullally. IF.

Lalor: numerous: South East, Midlands etc. *Ó Leathlobhair* (literally "half-leper"). One of the "Seven Septs of Laois". Also as Lawlor. IF.

Lam: v rare: scattered. Both Chinese and European: the latter simliar to Lamb.

Lamb: fairly numerous: E Ulster, South East etc. Ir. *Ó Luain*. A sept of Oriel but some are no doubt of English or Scottish origin.

Lambden: rare: Midlands. Scottish: from place in Berwickshire. Perhaps: "lamb-valley". SS.

Lambe: numerous: S Ulster, N Leinster etc. Ir. *Ó Luain, luan*, warrior. Distribution corresponds with ancient sept territory but the English and Scottish Lambe is no doubt also present. The name is somewhat better anglicised Loane, q.v.

Lambert: numerous: Leinster generally, especially Wexford. Ir. *Laimbeart*. English, long settled in Wexford. Of Teutonic origin: "land-bright". The name is current in France and Germany.

Lambkin: rare: Dublin. English, diminutive of Lamb.

Lamberton: rare: Derry etc. Scottish, from barony of Lamberton in Berwickshire. SS.

Lambon: v rare: Belfast area. Current in England but rare.

Lamie, L'Amie: rare: Belfast etc. Apparently French, it is Scottish and a variant of Lamb.

Lammie: fairly rare: Belfast area etc. Scottish, diminutive of Lamb. SS.

Lamont: numerous: Ulster generally, N Leinster. Ir. *Mac Laghmainn*. A Scottish family of Argyle, said to be descended from the O'Neills. The name is of Norse origin.

Lamph: rare: Armagh-Down. A variant of Lambert, q.v.

Lamrock: rare: Derry etc. This may be a diminutive of Lambert, q.v.

Lanaghan: v rare: Down. See Lanigan.

Lancaster: mod.nos.: E Leinster, Antrim etc. English toponymic. "Fort on R. Lune". DOS.

Landers: fairly numerous: Munster, South East etc. Ir. *de Londras* and in the North :- *Mac Giolla Andréis*. Anglo-Normans *de Londres* (London). MIF.

Land,-e: v rare: Dublin etc. English, "dweller by the glade". DBS.

Landells: v rare: Belfast. A name of the Scottish Border, connected with Lord Home. SS.

Landen, Landon: rare: Cork etc. This name is current in England, but rare.

Landy: mod.nos.: South East etc. Norman "de la Launde" (glade). In Ireland 13 cent.

Lane: numerous: all areas, especially Cork-W Limerick-Kerry. Ir. *Ó Laighin, Ó Liatháin*. The former associated with Galway, the latter with Cork. In W Limerick and Kerry there is confusion with Lyne and Lyons, q.v. Woulfe says *laighean* means "spear", whereas *Liathán* is a diminutive of *liath*, grey. The English name is rare in Ireland. SGG & IF.

Lang: mod.nos.: Belfast, Galway, Sligo etc. Ir. *Ó Lainn* from *Ó Flainn*. However, the name is usually Scottish, associated with Clan Leslie. SI & SGG.

Langdon: rare: Mayo-Galway etc. English toponymic from the West Country (Somerset-Devon).

Langan: numerous: Mayo-Galway etc., Midlands, W Limerick-N Kerry. Ir. *Ó Longáin*, perhaps *langa*, lanky. There were two septs: one of Mayo, the other were erenaghs of Ardpatrick in Limerick, whence Mícheál Óg Ó Longáin (1766-1837), poet of the United Irishmen. See also Long.

Lange: v rare: Waterford etc. Generally the Teutonic for "tall". Applies to Scotland and N England also.

Langford: mod.nos.: E Ulster, Cork-Limerick-Kerry. Ir. *Langfort*. English toponymic, in Ulster 16 cent, later in Munster. SI.

Langham: rare: Down etc. English toponymic: "long homestead". DBS.

Langheld: rare: Dublin, Wicklow. Probably of German origin: "tall hero".

Langland: v rare: Antrim etc. Scottish, from Peebles. SS.

Langley: mod.nos.: Belfast, South East etc. English, from a number of place-names, DOS.

Langlois: v rare: Belfast. French version of "the Englishman". Dauzat.

Langran: rare: Dublin. English: current there but rare.

Langrell: fairly rare: South East etc. This name is not in evidence in Britain, though it seems to belong there.

Langridge: rare: Belfast etc. English, "dweller by long ridge". DBS.

Langrish,-e: rare: scattered. English, from place in Hampshire. DOS.

Langton: mod.nos.: Kilkenny etc. English toponymic and one of the "Tribes of Kilkenny". SI.

Langtry,-ee: rare: E Ulster, Dublin. English, "tall tree". DOS.

Langwell: rare: Dublin. Apparently an English habitational name but very rare there.

Lanigan: numerous: all areas, especially Kilkenny-Carlow-Waterford. Ir. *Ó Lonagáin*, perhaps from *lon*, a blackbird, (much admired by the early Irish because of its song). The name has always been associated with Kilkenny. MIF.

Lannie, Lanney: rare: Belfast etc. This name exists in Scotland, but no derivation was found.

Lannin,-on,-en: mod.nos.: all areas, especially South East. Ir. *Ó Leannáin* or *Ó Lonáin*. See Lennon.

Lantin: v rare: Belfast. This name exists in France so it may be of Huguenot origin. It is very rare in Britain.

Lapedus: v rare: Dublin. A Jewish name, possibly from Hebrew *Lapidoth*, husband of Deborah.

Laphen: v rare: Down. As Laffan, q.v. SGA gives Ir. *Lafán*.

Lappin: numerous: Ulster, especially Armagh-Down. Ir. *Ó Lapáin*. Perhaps from *lapa*, paw. At first a sept of Donegal, they moved to Armagh. Also as Delap. This is one of oldest recorded surnames (10 cent). It must be noted the name also exists in England: a nickname "rabbit". MIF.

Lapsley: rare: Antrim etc. Current in Britain: apparently a habitational name. SS.

Lapthorne: v rare: Cork etc. English toponymic: "lopped thorn": place in Devonshire. DOS.

Laracy: v rare: Waterford. Variant of Larrissey, q.v.

Laragy,-ghy: rare: scattered. See Larragy.

Larchet: rare: Dublin. Well-known musical family. The French name *Larcher* is numerous.

Larcombe: v rare: Belfast. English, from place in Devon. DOS.

Lardner: mod.nos.: mainly Galway. Ir. *Ó Lorgnáin* or *Ó Lairgneáin*. A sept anciently associated with Oriel. The English occupational name hardly applies. See Lernihan. SI & SGG.

Largan: v rare: Antrim. Ir. *Ó Lairgneáin*. They were a sept in Oriel (Armagh-Monaghan).

Large: mod.nos.: Belfast, Armagh, Dublin etc. Anglo-Norman, 13 cent. French *large* = generous.

Largey: fairly rare: Belfast, Armagh. See Delargy.

Larke: rare: scattered. English, nick-name type. DOS.

Larkham: rare: Antrim. Probably a variant of Larcombe, q.v.

Larkin: v numerous: all areas, especially South East, Connacht, Ulster. Ir. *Ó Lorcáin* : *lorc* meaning either silent or fierce. At least four septs: Wexford, Armagh, Galway, Tipperary where they were erenaghs of Lorrha. IF, GPN & SGG.

Larmer: rare: Monaghan. See Larmour.

*****Larminie**: a Huguenot name, they were in Mayo in 18 cent. Notable in the person of the poet William Larminie (1849-1900).

Larmour: numerous: Belfast etc. French origin: 17 cent in Ulster. Occupational: armourer. SI.

Larner: v rare: N Antrim. English occupational: learner. But it may be topoymic. DOS.

Larney: rare: Cavan-Monaghan-Louth. Ir. *Ó Maoilearna*, perhaps originally *Ó Maolshathairne*. MacLysaght mentions synonym Mullarney, but it has not appeared. SI.

Laroche: v rare: Waterford etc. Evidently French, it may be Huguenot or of later provenance.

Larragy,-igy: rare: Dublin. This is probably a variant of Delargy, q.v.

Larrigan: rare: Dublin etc. Probably as Lonergan, q.v.

Larrissey: rare: Kilkenny-Wexford etc. Ir. *Ó Learghusa* (sea-valour). A sept of Mayo in Middle Ages, it was subsequently found in Kilkenny. MacLysaght concludes these latter are a separate group. Also as Laracy, q.v. SI.

Larsen,-son: rare: Dublin, Cork etc. Nordic version of Lawrenson, q.v.

Lascelles: v rare: Belfast. English: from place in France. DOS.

Last: rare: Dublin etc. English: metonymic: to do with repairing shoes. From Suffolk.

Latchford: rare: Dublin, Kerry. Possibly Palatine, associated with Tralee, since 18 cent.

Latewood: v rare: Ulster. This name is not in evidence in Britain. It appears to be toponymic.

Latham: fairly rare: Dublin, Belfast etc. English: from N England: "at the barns" DOS.

Lathan: v rare: Armagh etc. Probably as Latham.

Lathe: v rare: Portadown. This name is very rare in England. Presumably metonymic.

Latif: v rare: Belfast. A Muslim name: Arabic: *latif*, kind, gentle.

Latimer: numerous: Fermanagh and Ulster generally, scattered elsewhere. English, "interpreter".

*****La Touche**: Huguenots, noted in Dublin for banking and the poplin industry.

Latta: rare: Derry, Antrim, Wexford. Scottish, from Dumbarton. SS.

Lattimore: fairly rare: Dublin. As Latimer, q.v.

Lattin,-en: v rare: scattered. Ir. *Laitín*. English, in Ireland 14 cent and associated with Kildare.

Latus: v rare: Belfast etc. Very rare in Scotland; it seems to be of continental origin.

Lau: rare: Dublin. Chinese, 20 cent. This means "worker" or "flood". Not accepted as surname.

Lauder: fairly rare: Belfast, Dublin. Scottish toponymic from Berwickshire. Also the Irish agnomen *láidir* (strong), which is said to occur occasionally in the South. SI & SGG.

Laughlin: fairly numerous: Belfast, Antrim etc. Ir. *Lochlainn* (Scandinavia). Perhaps for *Mac Lochlainn* from Norse first name; *Lachlan* in Scotland. See O'Loughlin.

Laughton: rare: Belfast etc. English, from various place-names. DOS.

Launders: rare: Dublin etc. See Landers.

Laurie, Lawrie: rare: scattered. Scottish: pet name for Lawrence.

Lavan: fairly rare: Munster etc. Variant of Lavin, q.v.

Lavelle: numerous: Connacht, Ulster, Leinster, especially Galway-Mayo-Sligo and Wicklow-Kildare Meath. Ir. *Ó Maolfhábhail, Ó Maolfábhail* (fond of travel). A sept of North Connacht. Another group in Donegal now appears as MacFaul, Faul. Other synonyms are Lawell, Melville. MIF & SGG.

Laverick: v rare: Belfast etc. English nickname: lark (bird). Perhaps an early riser.

Lavers: v rare: Cork. English occupational: washer-person. Devon and Cornwall.

Laverty: numerous: Ulster generally. Louth, Galway etc. Ir. *Ó Laithbheartaigh (Laifeartaigh).* Sept of Donegal and Tyrone. Cognate with O'Flaherty but a distinct Ulster grouping. See also Lafferty. IF &SI.

Lavery: numerous: mainly E Ulster and adjoining areas, Limerick etc. Ir. *Ó Labhradha* (spokesman). Three septs in Ulster designated *Bán* (fair), *Rua* (redhaired) and *Tréan* (strong), the latter sometimes anglicised Armstrong. IF & SI.

Lavey, Lavy: v rare: Derry etc. Ir. *Mac Fhlaithimh* or *Mac Dhuinn Shléibhe*. The district of Lavey, Ir. *Leamhaigh* may have some connection.

Lavin: numerous: Ros Common-Mayo etc. Ir. *Ó Láimhín* for *Ó Flaithimhín* (ruler, prince). A sept attached to Mac Dermottroe. Also Hand, by mistranslation. MIF.

Law: numerous: Antrim-Down etc. English: diminutive of Lawrence. DOS.

Lawder: v rare: Fermanagh etc. See Lauder.

Lawell: rare: Belfast area. See Lavelle above.

Lawes: rare: Dublin. See Law.

Lawlee: v rare: Cork. English, as Lawley.

Lawler: numerous: Carlow-Kilkenny-Kildare etc. Variant of Lawlor, q.v

Lawless: numerous: Leinster generally, Down, Galway etc. Ir. *Laighléis* (outlaw). Anglo-Normans who were associated with Kildare and Kilkenny, where they were one of the "Tribes of Kilkenny". IF.

Lawley: v rare: Down. The name occurs in England but is not common. Perhaps toponymic.

Lawlor: v numerous: all areas, especially Leinster, N Munster. Ir. *Ó Leathlobhair* (see Lalor). One of the "Seven Septs of Laois" akin to the O'Mores. IF.

Lawn,-e: fairly rare: Donegal-Fermanagh-Tyrone etc. Ir. *Ó Liatháin*, a sept of Donegal, distinct from those of Munster. SI.

Lawrance: mod.nos.: E Ulster. See Lawrence & St Lawrence.

Lawrence: fairly numerous: all areas, mainly Leinster. English, 17 cent. A popular first name which derives from the 3 cent. martyr, and found all over Europe. SI.

Lawrenson, Lawerenson, Laurenson: rare: Belfast etc. Scottish & English. DBS.

Lawson: numerous: E Ulster and scattered. Ir. *Mac Labhráin,* from the ancient first name *Labhraidh* (speaker). Formerly associated with Cavan - see Cloran. The name is usually of English origin - in Ulster in 17 cent and a patronymic from Lawrence. SI.

Lawther: mod.nos.: E Ulster. Scottish, see Lauder.

Lawton: mod.nos.: Cork etc. Ir. *Ó Lachtnáin, lachtna*, grey. It stands for various septs in Mayo, Meath, Oriel, Galway. The common English name does not appear to be involved. See Loughnane & Loftus. SGG.

Lay, Laye: v rare: Belfast etc. English toponymic: from various placenames.

Layde: rare: Dublin etc. As Laide.

Layden: fairly rare: Leitrim-Sligo etc. Variant of Lydon, q.v.

Layng: rare: Dublin, Cork etc. See Lang.

Laycock: rare: Dublin. English toponymic from place in Wiltshire. DBS.

Layton: v rare: Cork etc. English toponymic from Yorkshire. DBS.

Lazenby: rare: Dublin etc. English: from places in N England.

Lazerus: v rare: Dublin, Derry. A Jewish name from Hebrew: *Elazar* "God has helped".

Lea: fairly rare: Dublin, Belfast etc. English toponymic. Also Ir. *Ó Laoidhigh* which usually appears as Lee, q.v. Mod. *Ó Laoi*. SGA.

Leach: fairly rare: Dublin, Cork etc. English: "physician". See Leech. DOS.

Leacock: mod.nos.: Derry-Antrim etc. English toponymic from W Yorkshire. DBS.

Leacy: mod.nos.: Wexford etc. Ir. *Ó Laitheasa* from *Flaitheas*, principality. A sept of Wexford which predates the Norman Lacey, q.v. SGG.

Leadbetter, Ledbetter: v rare: Belfast, Dublin. An occupational name relating to working in lead.

Leaden,-on: v rare: Dublin, Ulster. Apparently a variant of Leddin, q.v.

Leader: rare: Cork, E Ulster. English, 17 cent. Occupational name. DBS.

Leaghy,-hey: v rare: Down etc. Ir. ? *Ó Lathaigh, Ó Laochdha*. See Lahy, Leahy.

Leahy: v numerous: all areas, especially Munster & South East. Ir. *Ó Laochdha* (heroic). Some confusion with *Ó Lathaigh*, which appears as Lahiff, q.v.

Leake: rare: Derry etc. English toponymic from Yorkshire. DOS.

Leamy: mod.nos.: Tipperary-Offaly etc. *Ó Laomdha* (fiery or bent). A sept of Lower Ormond where they still flourish. MIF.

Lean: rare: Belfast etc. English nickname with obvious connotation. Mainly from Devonshire.

Leanagh: v rare: Dundalk. A variant of Lenagh, q.v.

Leane: mod.nos.: Kerry etc. Ir. *Ó Laighin, Ó Laoghain*. A Kerry-W Limerick name also appearing as Lyne and Lyons. *Laighean* is a lance or spear, but the derivation is conjectural. IF.

Leaney: rare: Tyrone etc. Ir. *Ó Laighnigh, Laighneach*, Leinsterman. MacLysacht says that this name relates to Munster but Leinster people would be even more distinct in Ulster. SI.

Leap: rare: Dublin. This seems to be a variant of Leeper "basket-maker", which is current in England.

Learmond, Learmont: rare: Ulster etc. Scottish habitational name from Berwickshire.

Learmouth: v rare: Wicklow. From place Learmouth in Northumbria. DBS.

Leary: mod.nos.: Midlands etc. Ir. *Ó Laoghaire*, a personal name meaning, probably, "calf-herd". The "O" prefix has been generally resumed. See O'Leary.

Leask: v rare: Dublin etc. Scottish: from a place in Aberdeenshire.

Leathem,-am: fairly numerous: Armagh-Down etc. A variant of Latham, q.v.

Leather: v rare: Galway. English occupational name: worker in leather.

Leavy,-ey: numerous: Midlands etc. Ir. *Mac Con Shléibhe* (hound of the mountain). They were a sept of Longford related to the O'Farrells. SI.

Le Bas: v rare: Dublin. French nickname: short of stature.

Le Blanc: v rare: scattered. A common name in France, equivalent to White or Finn.

Le Brocquy: v rare: Dublin. Belgian, 20 cent. Of whom the noted artist, Louis Le Brocquy.

Lecane: v rare: Cork. Ir. *Ó Lacáin*. See also Lacken.

Lecheminant: v rare: Bangor. Of French origin: meaning "traveller".

Leckey,-ie,-ky: numerous: Ulster generally. Scottish, 17 cent, related to the MacGregors. Also as Lackey and Leaky. It derives from a place in Stirlingshire. Gael. *leacach* "with flagstones". SI.

Ledbetter: rare: Dublin etc. Scottish occupational name. See Leadbetter.

Leddin,-en: Limerick etc. Ir. *Ó Loideáin*. Associated with Clare. See Liddane & Lydon. SGG.

Leddy: fairly numerous: Cavan etc. Ir. *Ó Lideadha*. See Liddy.

Ledger: v rare: Coleraine. English: from first name of Teutonic origin.

Ledgerwood: fairly rare: Scottish, from place-name in Berwickshire. SS.

Ledlie,-ey: fairly rare: Down etc. Apparently an English toponymic, but no location found.

Ledwidge,-wich: mod.nos.: Dublin etc. Anglo-Normans, c 1200, associated with the Midlands. It appears to be an English toponymic. SI.

Ledwith: mod.nos.: Midlands, Cavan-Fermanagh etc. Ir. *de Léadús*. Variant of Ledwidge, q.v.

Lee: v numerous: all areas. The name can be indigenous or English settler. Ir. (1) *Ó Laidhigh (Laoi)* Connacht. (2) *Ó Laoidhigh*, Munster. (3) *Mac Laoidhigh*, Laois. (4)

304

Mac an Leagha, son of the physician, in Ulster. *Laoidheach*, a first name meaning poetic. The Connacht family were physicians to the O'Flahertys. The English name is habitational, connoting pasture or wood. IF & SGG.

Leebody: fairly rare: Belfast area. This name is not in evidence in Britain, but it may be of Scottish origin and a nickname.

Leeburn: rare: Belfast area. English toponymic. DBS.

Leech: numerous: mainly Leinster with Ulster & Connacht. While this is an old English name meaning physician, it is also an anglicisation of *Ó Laoghóg*, *laogh* = calf, in western districts. See also Logue. MIF & SGG.

Leek,e: rare: Derry. English: topographic name for person living by a stream.

Leeman, Leemon: mod.nos.: Armagh-Down etc. English: leman, lover. Also, Ir. *Mac Laghmainn* (SGA) For which see Lamont. DOS.

Leeming: v rare: Dublin. English: habitational name from Yorkshire.

Leen: mod.nos.: Kerry etc. A variant of Lyne, q.v.

Leenane: rare: Tipperary etc. Ir. *Ó Líonáin*, for which see Linnane.

Leeney: v rare: Dublin. See Leaney.

Leeper: rare: Ulster and scattered. English, "courier" or "basket-maker". DBS.

Lees: mod.nos.: Tyrone-Derry etc; Tipperary-Cork etc. Ir. *Mac an Leagha*, son of physician. Modern: *Mac an Lia*. Also Scottish from Scots Gaelic *Mac Giolla Íosa*.

Leeson: mod.nos.: Dublin etc. English, 17 cent. This may be toponymic or from Lece, a woman's name, diminutive of Lettice (Latin *Laetitia*). DSHH.

Lectch: fairly rare: E Ulster. Scottish version of old English Leech (physician). also Leitch.

*Lefanu: a well-known Huguenot name, e.g. the writer Joseph Sheridan Lefanu (1814-1873).

Lefroy: rare: Dublin and scattered. Huguenot, 18 cent. Associated with Limerick. SI.

Leftwich: v rare: Dublin and Meath. See Ledwidge.

Legg,-e: mod.nos.: Belfast area etc. Ir. *Mac Coise*, for which see Quish. In this instance, it is probably of English origin and of the nick-name type. SI & DBS.

Leggett: mod.nos.: Belfast, Dublin etc. English: said to be a pageantry nick-name, "legate".

Le Gear: v rare: Limerick City. Of Palatine origin, but possibly Huguenot.

Le Gros: v rare: Dublin etc. A common French name: *gros*, bulky, stout.

Lehane: numerous: Munster, especially Cork. Ir. *Ó Liatháin, liath*, grey. Also occurring as Lyons, a more anglicised version. IF & SGG.

Lehany, Leheny: rare: Leitrim, Dublin. ? Ir. *Mac Giolla Chainnigh*. See Kilkenny.

Lehmann: v rare: Dublin. Of German origin: a feudal tenant. It also occurs as a Jewish name.

Leigh: mod.nos.: Wicklow-Carlow etc. English toponymic, sometimes used for Lee, q.v.

Leighton: mod.nos.: Belfast, N Ulster etc. English toponymic from many place-names. DBS.

Leinster: fairly rare: Belfast area etc. Ir. *Laighneach*. (Leinsterman). See Lynagh.

Leiper: v rare: Down etc. Scottish, see Leeper.

Leitch: fairly numerous: E Ulster etc. Scottish form of Leech, q.v.

Leith: mod.nos.: Antrim etc. Scottish: from placename (the port of Edinburgh).

Leland: v rare: Cork etc. English: from placename in Lancashire. See also Leyland.

Lemasney: rare: Cork-Limerick. Variant of Lomasney, q.v.

Lemass: fairly rare: Dublin. Thought to be French *Le Maistre*, 18 cent, an archaic form of the modern *Lemaître*, current in France. The name existed amongst the Huguenots. MIF.

Lemoine: v rare: Dublin etc. Of French origin: Breton word for one-armed person. Also *moin* = monk, i.e., a nickname.

Lemoignan: v rare: Derry. Seemingly French: *maignan* is a travelling tinker or locksmith.

Lemon: numerour: Cavan, Donegal, E Ulster. Scots: variant of Lamont. Also English: from first name Lefman, or leman (lover).

Lenagh: rare: Armagh (Keady) etc. See Leaney.

Lenaghan: mod.nos.: Down etc. See Lenihan.

Lenane: rare: Cork etc. See Linnane.

Lendrum: rare: Belfast etc. Scottish: 17 cent. From a place in Aberdeenshire. SI.

Leneghan: rare: Mayo, Down. See Lenihan.

Lenehan: numerous: Midlands, Mayo-Sligo etc. See Lenihan.

Lenfesty,-ey: rare: Belfast area. English: nick-name "playful". Synonym of Vesey. DBS.

Lenihan: numerous: all areas except Ulster, mainly Kerry-Clare-W Limerick-Cork. The Irish is (1) *Ó Leannacháin* (2) *Ó Luingeacháin*. The former relates to a Roscommon sept; the latter to Munster and comes, according to Woulfe, from earlier *Mac Longacháin* where *longach* may be gluttonous, avid. Note the variants above. IF & SGG.

Lennan: v rare: Dublin. See Lennon.

Lennon: v numerous: Ulster generally, South East, E Galway-Mayo etc. Ir. *Ó Lionáin, Ó Leannáin*. The derivation may be from *leann*, a cloak, or *leannán,* a lover, paramour. In any event, there were distinct septs in Fermanagh, Galway and Cork. The name has been changed in some cases to Leonard, an English name, q.v. IF.

Lennox: numerous: E Ulster etc. Scottish: from place in Galloway. Gael. *leamhanach* "elm trees".

Lenny: rare: Belfast area. Scottish: from a place in Perthshire. SS.

Lenoach: v rare: A prominent Breton family. A French version of *An Ozac'h* meaning "chief".

Lentin: v rare: Dublin. Well-known Jewish family.

Lenzi: rare: Belfast and Lisburn. Italian: from first name Lorenzo.

Leo: mod.nos.: Limerick-Tipperary etc. Ir. *de Liath* (SGG). Anglo-Normans associated with Limerick. MacLysaght maintains that it derives from *de l'eau* (water). SI.

Leogue: rare: scattered. See Logue.

Leon: rare: Dublin etc. English: nickname: "lion". DBS.

Leonard: v numerous: all areas, especially Ulster and Galway-Mayo. A common English name, it has been used to anglicise a number of indigenous names: *Ó Leannáin, Ó Lionáin, Ó Lonáin, Ó Luinín, Mac Giolla Fhinnéin, Mac Conaonaigh*. The English name means "lion-brave" See Lennon above. IF.

Leong: rare: Belfast etc. Chinese:

Leopold: rare: Dublin, Belfast, Cork. Derived from a Teutonic first name: "people + brave".

Lepple: v rare: Mayo. German origin: occupational: dealer in rags. DSHH.

Lernihan: mod.nos.: W Clare etc. Ir. *Ó Loirgneáin*, as *Ó Lorgnáin* in Galway where it is anglicised as Lardner, q.v. MIF.

Lerwill: v rare: N Antrim. This name is very rare in England and no derivation has been found.

Leslie,-ey: numerous: mainly Ulster. Scottish toponymic from Aberdeenshire: 17 cent in Ulster. Lately used as first name. SI.

Lester: fairly numerous: Armagh-Down etc in Ulster, Dublin, Cork. A common English toponymic, however MacLysaght considers it to be usually a variant of MacAlister, q.v. See also Lister.

L'Estrange: mod.nos.: W Meath etc. Ir. *Mac Conchoigcríche* (hound from abroad). This was an ancient first name associated with the O'Clerys and Mageoghans. It has been anglicised Peregrine meaning foreign, so telling only half the story. Coincidentally, an English family L'Estrange settled in the same area in 16 cent, so only a genealogical investigation could sort them out. The modern French name is *Létrange* (foreigner). SI.

Letman, Letmon: rare: Belfast, Dublin. Perhaps Lett's servant.

Letson: rare: Belfast, Antrim etc. English, son of Lett. DBS.

Lett: fairly rare: Wexford etc. English, 17 cent. Pet form of Lettice. Latin: *Laetitia* (joy). Lettice is v rare in England but Lett(s) is fairly common.

Letters: fairly rare: Antrim etc. Ir. *Mac Con Leitreach* (hound of Letter, a place-name). Woulfe places them in Mayo, so it may be that these Ulster folk are of another origin. SGG.

Lettice, Lettise: rare: Cork, Dublin. See Lett.

Leufer: v rare: Tuam. Apparently German. No further information.

Leung: fairly rare: Belfast, Dublin etc. Chinese:

Lever: v rare: Dublin. English, from Lancashire. DOS.

Levey: rare: Dublin. See Leavy.

Levi,-y: v rare: Belfast. A notable Jewish name: Hebrew: *Levi* "joining". One of the Twelve Tribes.

Levine: rare: Dublin etc. English, from OE first name *Leofwine* (beloved friend) but in Dublin it is likely to be Jewish.

Levinge: v rare: Cork. Probably the English name Levens though it has been equated to Ir. *Mac Dhuinnshléibhín*, which belongs to Louth.

Levingston,-e: rare: Dublin, Belfast. See Livingstone.

Levins: mod.nos.: Louth, Dublin. Ir. *Mac Dhoinnshléibhín*, from first name *Donnshléibhe* (Donn of the mountain). A name always associated with Louth. SI & GPN.

Levis: mod.nos.: Cork etc. Ir. *Mac Conshléibhe* (mountain hound). However, MacLysaght considers the W Cork bearers of the name to be of Huguenot origin. See also Leavy.

Levy: rare: Dublin, Belfast. Variant of either Leavy or Levi, q.v.

Lewers: rare: Belfast etc. A variant of Ewer, an occupational name: *aquarius*, "water-carrier".

Lew: v rare. Dublin. English: either toponymic: "at the hill", or nickname: "wolf". DBS.

Lewins: v rare: Dublin. See Levins.

Lewis: numerous: all areas but mainly Ulster. Ir. *Lobhaois*. This name is Welsh, Scottish and English. From Teutonic first name *Hlúdwig* (loud battle). They first appeared as Anglo-Normans who settled in various places but the name is mainly related to the Plantation of Ulster in 17 cent. SGG & DBS.

Lewsley: rare: Belfast etc. Apparently a toponymic: Lew's clearing or the like.

Ley: v rare: Cork, Bangor. English: from placename meaning "wood" or "clearing".

Leybourne: v rare: Waterford. As Leyburn but from Kent. OE first name + stream.

Leyburn: rare: Down-Armagh. English toponymic from N Yorkshire. DSHH.

Leyden,-on: numerous: Connacht, N Munster etc. Ir. *Ó Loideáin*. See Lydon and Liddane.

Leyland: v rare: Roscommon. English: topographic name relating to fallow ground.

Leyn, Leyne, Leyns: rare: scattered. A variant of Lyne, q.v.

Licken: v rare: Dublin. Possibly Ir. *Ó Laicín*. See Lacken.

Liddane: rare: W Clare etc. Ir. *Ó Loideáin*. Variant of Lydon, q.v.

Liddell, Liddle: rare: Belfast etc. A toponymic from Cumbria & Scottish Border.

Liddie: mod.nos.: Fermanagh, Antrim. See Liddy below.

Liddy: fairly numerous: Clare etc; Belfast area. Ir. *Ó Lideadha*. A sept of Dál gCais (Clare) with a branch in Antrim. They are also present in Cavan-Fermanagh as Leddy & Liddie.

Lieghio: v rare: Leinster. Italian.

Liffey: rare: Midlands, Tipperary. Variant of Elliffe, q.v.

Liggan: rare: Cavan. Apparently indigenous, it may be a variant of Logan, q.v.

Liggett: fairly numerous: Ulster generally. A Scottish name derived from the title "legate".

Light: v rare: Belfast area. English nickname: "gentle,bright" or locative: "at a slope". DOS.

Lightbody: mod.nos.: Belfast area. English, "nimble person". DOS.

Lightbown: v rare: Kilkenny. English: from placename, Lightburn, in Lancashire. DOS.

Lightfoot: rare: Dublin. An English name of longstanding in Ireland. SI.

Lightholder: v rare: Meath. Evidently occupational, the name is very rare in England.

Lightowler: v rare: Belfast etc. English: from place in Lancashire. DSHH.

Likely: rare: Donegal, Dublin. Apparently Scottish: but very rare there. SS.

Liken: rare: Antrim etc.

Lilburn: mod.nos.: Down etc. English toponymic: from placename in N England. DBS.

Lilley: mod.nos.: Ulster, Cork etc. Ir. *Mac Ailghile*. A group related to Maguire Fermanagh. MacLysaght believes that most Lilleys are of this stock, though some may be Scottish as the name does occur there and is discussed by Black (Surnames of Scotland) MIF.

Lillie: fairly rare: Armagh-Down etc. A variant of Lilley above.

Lillingston: v rare: Belfast etc. English: from unidentified placename.

Lillis: fairly numerous: Clare etc. Variant of Lawless, q.v., in Munster.

Lilly: rare: Ulster. See Lilley above.

Lim: v rare: Dublin. Chinese.

Linacre: v rare: Belfast. English: habitational from field of flax (linen).

Lincoln: rare: Dublin etc. English, from city and county there.

Lindberg: v rare: Belfast. Topographic: "hill of lime trees".

Linde: v rare: Dublin etc. Topographical name relating to the lime tree, which enters into many surnames. (See below). Of Teutonic origin. DSHH.

Linden: mod.nos.: Belfast, Down etc. English: from linden, a lime tree.

Lindfield: v rare: Dublin. English: from placename in Sussex. (Lime tree field).

Lindop: rare: Belfast-Down. English: habitational: "lime tree valley".

Lindores: rare: Belfast-Down. Scottish, from place-name in Fife. SS.

Lindsay,-ey: numerous: Ulster generally, Sligo etc. Scottish. A leading family of Scotland, of Norman and English origin from a place in Lincolnshire. Sometimes an anglicisation of *Ó Loingsigh* (Lynch).

Lindy: v rare: Kildare. Very rare in England: it seems to correspond to Linde above.

Lineen: rare: Waterford etc. Ir. *Ó Loinín, Ó Luinín*, dimin. of *lon*, blackbird. See Lennon and Leonard. SGA & SGG.

Lingwood: rare: Cork, Omagh. English: from placename in Norfolk.

Linihan: numerous: Munster, especially Cork. See Lenihan.

Lines: v rare: Belfast etc. English: from Lina, pet-name, from woman's name: Adelina. DBS.

Ling: v rare: Belfast, Derry. Ir. *Ó Fhloinn,* modern *Ó Loinn*. An Ulster version of Flynn. It should be noted that an English name Ling, Lyng, also exists, but hardly applies here.

Linnane: numerous: Clare-Kerry-Limerick, Galway etc. Ir. *Ó Linneáin* (SGA), *Ó Lionnáin*, for which see Lennon. Originally from Kerry and distinct from Lennon. SI, MIF & SGG.

Linnegan: v rare: Tyrone etc. Probably a variant of Lenihan, q.v.

Linney,-ie: rare: Dublin, Down etc. English: from OE name "shield-gift". Also possibly Ir. *Mac Giolla Chainnaigh*. See Mac Elhinney. DBS.

Linskey: v rare: Belfast. Ir. *Ó Loingsigh,* see Lynch.

Linton: numerous: Antrim-Derry-Tyrone etc. An English toponymic. Also anglicisation of *Mac Giolla Fhiontáin*. (MacClinton). SI.

Lipscombe: v rare: Midlands. Apparently an English toponymic and quite common there.

Lipsett: rare: Ulster. From German Lipsitz, a placename: possibly 17 cent. in Ulster. SI.

Lipton: rare: Tyrone etc. Habitational name from a place in Devonshire. DOS.

Lisk: rare: Belfast. This may be a Jewish name with Polish roots: *lis* = fox.

Lismore: rare: Belfast-Armagh. Possibly Scottish from the isle of Lismore, otherwise English place-name Loosmoor. DOS.

Lister: rare: Belfast etc. Ir. *Mac Alastair*, Scots *Mac an Leastair* (Fletcher); English "dyer".

Liston: numerous: Limerick-Kerry etc. Ir. *de Liostún*, Anglo-Normans, 13 cent, always associated with Limerick. A family remarkably consistent in the Irish resistance.

Litchfield: v rare: Dundalk etc. English habitational name: town in Staffordshire etc.

Litherland: v rare: Belfast. Toponymic from place in Lancashire.

Litster: rare: Dublin. Variant of Lister (dyer).

Litter: rare: Portadown. This name seems to be absent in Britain.

Little: numerous: mainly Ulster. Ir. *Beag*, a cognomen meaning small; *Ó Beig* (SGA); *Ó Beagáin*, in Munster. The common English name Little may apply in some cases here.

Littler: rare: Lisburn. A variant of Little.

Littleton: rare: scattered. An English toponymic but generally an anglicisation of *Ó Beagáin* (Beggan and Biggane).

Littlewood: rare: Down-Belfast etc. From many English place-names, also some Scots ones.

Litton: rare: Dublin. English, 15 cent. Identified with Dublin. Derived from English places.

Lively, Livley: fairly rare: Down. Very rare in England; it is, perhaps, a nickname.

Livesey: v rare: Cork etc. English: from place in Lancashire.

Livie: v rare: Belfast. This name is current in Scotland.

Livingston,-e: numerous: mainly Ulster. (majority with -e). This is primarily a Scottish toponymic from W Lothian. Also stands for *Mac Dhoinnshléibhín* (SGA). See Levins. SI.

Llewellyn: fairly rare: Dublin, Cork etc. A famous Welsh first name and a surname in S Wales.

Lloyd: numerous: all areas, particularly Dublin, Belfast. Welsh, in Ireland from early times. Welsh *llwyd* = grey. The Irish is *Lóid, Laoide*. SGG. Neither Irish nor English could cope with the Welsh "ll".

Loakman: rare: Kildare etc. Not found in Britain.

Loan,-e: fairly numerous: Tyrone-Fermanagh and Ulster generally, also Cork. Ir. *Ó Luain* from *luan*, a warrior. There were two septs: (1) Oriel (Armagh-Monaghan), (2) Limerick. The southern people have, by mistranslation, become Lambe. MIF & SGG.

Loat: v rare: Belfast. The name exists in England: it may relate to Lott, q.v.

Lobb: v rare: Portadown etc. English: from placename in Devonshire.

Lochaden: v rare: Ulster. Of Scottish appearance: this name is very rare there.

Lochhead: v rare: Down. Scottish, head of loch (lake), so a synonym of Kinloch, q.v.

Lochner: v rare: Bray. Of German origin: occupational: leather worker.

Lochrin: rare: Midlands etc. As Loughran, q.v.

Lock,-e: mod.nos.: scattered. English, 16 cent. Also anglicisation of *Ó Lochlainn*. SI.

Lockett: rare: Down. English: a diminutive of Luke.

Lockhard: rare: Belfast, Bangor. Variant of Lockhart.

Lockhart: numerous: Ulster generally, Dublin etc. Scottish: from first name of Normans who settled in Scotland in 12 cent. SS.

Lockington: rare: Belfast etc. Evidently a toponymic from across the water.

Lockwood: v rare: Dublin etc. English. "enclosed wood". DBS.

Loder: v rare: Belfast etc. English: occupational: "beggar"; relating to Dorsetshire. DOS.

Lodge: mod.nos.: Waterford etc. English, "hut, cottage" from W Yorkshire. DOS.

Lodola: v rare: Dublin. Italian: a nickname: "lark" (bird).

Loftus,-house: numerous: all areas, especially Connacht. Ir. *Ó Lachtnáin*. This English name has been in Ireland since 16 cent, but it is mainly an anglicisation, particularly in the west of the country. See also Loughnane. SI.

Logan: v numerous: all areas, especially Ulster. Ir. *Ó Leocháin,* a sept of W Meath at the Invasion, they were dispersed through Connacht. Ulster Logans are part indigenous, part Scottish and the Normans added *de Logan* to the Ulster scene in 12 cent. MIF.

Logue: numerous: Donegal-Tyrone-Derry etc. Ir. *Ó Maolmhaodhóg*, devotee of St Maodhóg (Mogue). Modern: *Ó Laoghóg*. Also appearing as Molloy. The name originated in Galway, where it has become Leech, q.v. MIF.

Lohan: fairly numerous: Galway-Roscommon etc. Ir. *Ó Leocháin*, spelled *Ó Lóthcháin* by the Annalists, it relates to a sept of W Meath, dispersed at the Invasion. It may derive from first name *Lóch*, meaning radiant. See Logan above. MIF.

Lomas: v rare: Belfast. English, from a place in Lancashire.

Lomasney: rare: Cork-Limerick. Ir. *Ó Lomasna*, "bare rib". The name originated in S Tipperary. See Lemasney, incorrectly thought to be French. SI.

Lomax: rare: Sligo, Waterford etc. English: from placename in Lancashire.

Lombard: fairly numerous: Cork etc. Italian, 13 cent. Prominent in Waterford City and always associated with banking. The Irish is also *Lombard*. MIF.

Londra: v rare: Limerick, Wexford etc. As Landers, q.v.

Lonegan: v rare: Newry (Down). See Lanigan.

Lonergan: numerous: E Limerick-Tipperary-Waterford-Cork etc. Ir. *Ó Longargáin, lonn-garg*, strong-fierce. A sept who resided beside L. Derg, they were forced out after the Invasion and settled in S Tipperary. They had a number of distinguished churchmen. IF.

Loney: mod.nos.: Armagh etc. Ir. *Ó Luinigh*. The sept came from Donegal and settled in Tyrone in the early modern period. See also Lunny. MIF.

Long: v numerous: Munster and South East, also widespread in Ulster. Ir.(1) *Ó Longaigh* (Cork), (2) *Ó Longáin*, originally of Mayo, then mainly an ecclesastical family of Munster, (3) *Ó Lúing*, (Kerry), (4) *de Long* (Anglo-Norman). The Longs of Ulster may well be of English origin. MIF.

Longden,-in: v rare: Bangor etc. Habitational name from a number of places in England.

Longhurst: v rare: Belfast. English: toponymic from Northumbria.

Longin,-an: v rare: scattered. Ir. *Ó Longáin*. See also Long.

Longlands: v rare: Belfast etc. English: a toponymic. DBS.

Longley,-ly: rare: Belfast, Down. From a number of places in England. DOS.

Longman: v rare: Antrim. Scottish: nickname for tall person.

Longmore: rare: Antrim-Down, Dublin. From placename: long moor.

Longridge: fairly rare: Belfast etc. English toponymic.

Longstaff,-e: v rare: Belfast etc. English: a nickname for someone with staff of office. DBS.

Longworth: rare: Athlone area etc. English toponymic: worth means enclosure or homestead. DOS.

Lonican: v rare: Midlands. Ir. *Ó Loingeacháin*. See Lenihan.

Lonsdale: fairly rare: Belfast. English: relating to the valley of the R Lune in Lancashire.

Looby: fairly numerous: Tipperary-Waterford-Limerick etc. Ir. *Ó Lúbaigh, lúbach*, cunning.

Loomes,-is: rare; Dublin, Cavan. Probably as Lomax, q.v.

Loonan*: rare: Midlands. Ir. *Ó Luanáin, luan*, a warrior. They were in Longford. SI.

Looney: numerous: Cork-Kerry-Limerick etc. Ir. *Ó Luanaigh, (luan* = warrior). Previously associated with Clare. MIF.

Lopez: v rare: scattered. Very common Spanish surname, from medieval first name.

Lord: mod.nos.: Dublin, E Ulster, Midlands. English, of nick-name type. This name occasionally stands for *Ó Tiarnaigh* (Tierney).

Lordan,-en: mod.nos.: Cork etc. Ir. *Ó Lórdáin,* very much a W Cork name; no derivation has emerged. SGG.

Lorenc, Lorincz: v rare: Derry etc. This is a Czech and Hungarian version of Laurence.

Lorigan: fairly rare: Clare-Tipperary-Cork etc. A variant of Lonergan, q.v.

Lorimer, Lorrimer: fairly numerous: Antrim, Belfast etc. Scottish, 17 cent. The name signifies a maker of horseman's equipment. SS.

Lorry: v rare: Belfast etc. Scottish variant of Laurence.

Loscher: rare: Dublin. In German *losch* means to extinguish. A firefighter perhaps?

Losty: rare: scattered. Ir. *Ó Loiste*, belonging to Donegal, it has been usually changed to Lesley.

Lott: rare: Wicklow. English; Reaney thinks it comes from pet form of womens' names, e.g. Emelot, Charlotte etc.

Lotty: rare: Cork. English, see Lott above.

Louden,-on: mod.nos.: Antrim etc. Ir. *Mac Cailín* (SGA). A Scottish toponymic from Ayrshire.

Lough: mod.nos.: Antrim-Tyrone-Derry, Galway-Roscommon etc. Scots Gaelic *Loch*, Ir. *Mac Conlocha* (SGA). Generally a Scottish toponymic: in Ulster 17 cent, but likely to be indigenous in Connacht. SI & SGG.

Loughan: rare: Belfast etc. Variant of Lohan, q.v.

Loughead: rare: Belfast etc. Scottish, see Kinloch.

Lougheed: mod.nos.: Belfast, Dublin, Cork etc. As Loughead above.

Loughery: fairly rare: Derry etc. Ir. *Ó Luachra*. Woulfe quotes O'Donovan saying that it comes from *luachán*, white, pure, but *luchair* also means bright, radiant and seems more appropriate. The name is widespread in the forms Loughry and Rush, a mistranslation.

Loughins: rare: Belfast. See Loughan above.

Loughlin: numerous: Ulster, Connacht, N Leinster etc. Ir. *Ó Lochlainn, Lochlann*, a first name probably meaning Viking. The best-known sept was of Dál gCais (Clare) and the name exists also as MacLoughlin, q.v. GPN.

Loughman: fairly numerous: Midlands-Kilkenny; Sligo-Mayo etc. MacLysaght suggests it is *Ó Lachtnáin,* i.e. a synonym of Loughnane. It has always been identified with Kilkenny and Laois. SI.

Loughnane, Loughnan: numerous: Clare-Galway-Mayo; Limerick-Tipperary-Waterford; Offaly, Kilkenny. Ir. *Ó Lachtnáin, lachtna* = grey. And a first name. Several septs existed, evidently. IF.

Loughney: rare: Mayo etc. Ir. *Ó Lachtnu* (*Ó Lachtnáin* is a diminutive). SI.

Loughran: numerous: Ulster in general, N Leinster etc. Ir. *Ó Luachráin, luchair* = bright. The best-known being an ecclesiastical family of Armagh. Also as *Ó Lochráin*. MIF.

Loughrey,-ry: numerous: Ulster, Sligo-Mayo etc. Ir. *Ó Luachra*, which has been turned into Rush because *luachair* means rushes (plants). For correct derivation see Loughery.

Loughridge: mod.nos.: Antrim etc. This relates to a placename in Ayrshire.

Loughrin: rare: Tyrone. See Loughran above.

Louth,-e: fairly rare: Louth-Dublin-Wicklow. English, 14 cent. Perhaps a toponymic from Louth in Leinster and later from Louth in Lincolnshire. SI.

Lovatt,-itt: rare: Dublin etc. (1) English: nickname: French: wolf-cub. (2) Scottish: habitation name from Invernesshire. See Lovett.

Love: numerous: Ulster generally, Galway, Leitrim, Cork etc. Probably an anglicisation of *Mac Craith* and perhaps *Ó Gadhra. Mac Ionmhain* is a recent gaelicisation. However, many of the above are no doubt of English descent, having come in 17 cent. SI.

Lovegrove: rare: Dublin. The name is fairly common in England.

Lovell: fairly rare: Down, Cork etc. Ir. *Luibhéil*. Anglo-Normans of 14 cent, the derivation being from *lovel*, a wolf-cub. The name became prominent in America.

Lovely: rare: W Meath etc. Ir. *Ó Lubhlaí*, a gaelicisation of the English name, which is very rare in that country.

Lovett: mod.nos.: all areas, but mainly Kerry. Ir. *Luibhéid, Mac Lomhaid* (Scots). In Kerry it may be the French name *Louvet* (wolf-cub). See also Lovatt

Low,-e: numerous: all areas: Ir. *Mac Lughadha* (from old first name *Lughaidh*). Mod. *Mac Lú*. But generally an English name, of various derivations. DOS.

Lowans: rare: Belfast area. See Loane.

Lowbridge: v rare: Midlands. Apparently an English toponymic.

Lowden,-on: fairly rare: Ulster generally. See Louden.

Lowen: rare: Dublin, Cork. As Lewin which is from a Teutonic first name: Anglo-Norman.

Lowenstein: v rare: Belfast. A German name: "lion-stone", also Jewish.

Lowery: rare: Dublin. Variant of Lowry, q.v.

Lowey: rare: Belfast area. This name occurs in Scotland but is rare.

Lowham: v rare: Belfast area. Evidently a toponymic: "hill settlement".

Lown: v rare: Belfast. See Loane.

Lowndes: fairly rare: Dublin and scattered. English, "groves, woods". From Cheshire. DOS.

Lowney: mod.nos.: W Cork and scattered. Ir. *na Leamhna*, "of the River Laune". A cognomen of the O'Sullivans. SI.

Lowry,-ery,-rie: numerous: E Ulster, Midlands, Connacht. Ir. *Ó Labhradha (Labhraí)*. An Sloinnteoir Gaeilge also gives *Mac Labhraí*. For derivation see Lavery. The name is also Scottish which may account for many in Ulster. SI & IF.

Lowth(e): fairly rare: Dublin, Drogheda. As Louth, q.v.

Lowther: fairly rare: E Ulster and scattered in South. A North of England name which came to Fermanagh in the Plantation of Ulster. It is a habitational name from Cumberland.

Loy,-e: mod.nos.: Armagh-Down etc. Ir. *Mac Lughaidh (Luaidh)*. See also MacCloy.

Lube: v rare: Dublin etc. This may be a diminutive of Leopold (German).

Luby: fairly rare: Midlands etc. Ir. *Ó Lúbaigh*. See Looby above.

Lucas: numerous: Ulster, Dublin & scattered. Ir. *Mac Lúcáis*. English, from 14 cent onwards.

Luccan: v rare: Dublin. Ir. *? Mac Clúcáin*. See Mac Clughan. SGG & SGA.

Luce: rare: Down, Dublin. English: from first name Lucia. A noted scholarly family.

Lucey,-cy: numerous: Munster, mainly Cork. Ir. *Ó Luasaigh*, according to Woulfe, a corruption of *Mac Cluasaigh* (big ears!). The Lucys of Ulster are of English origin.

Lucid, Lucitt: fairly rare: N Kerry. Anglo-Norman: from first name Lucas. Ir. *Lúiséid*.

Ludden: fairly rare: Galway-Mayo-Donegal etc. Ir. *Ó Loideáin*, a variant of Lydon, q.v.

Luddy: fairly rare: Cork etc. Ir. *Ó Loidigh*, a variant of Liddy, q.v.

Ludgate: fairly rare: Cork etc. Presumably a London name.

Ludlow: mod.nos.: E Ulster, Dublin, Cork etc. English as early as 14 cent but usually 17 cent in Midlands. It derives from Ludlow in Shropshire. SI.

Luke: mod.nos.: E Ulster etc. Scottish & English. Lucas the Evangelist, no doubt. SS & DBS.

Lumley: rare: Dublin, Midlands etc. N English: from place in Co. Durham. Also the Irish *Ó Lomthaile* has been recorded in Cork. Mod. *Ó Lomaile*. SGA & SI.

Lumsden: mod.nos.: Dublin, Belfast etc. From a placename on the Scottish Border, also common in England.

Lund: rare: Dublin, Belfast etc. Habitational name from various sources. DSHH.

Lundy: fairly numerous: Down-Antrim, Dublin etc. Probably from Norman "de la Lounde", 13 cent. The name has been in Ireland since then. However, in Ulster it must be of later Scottish origin. MIF.

Luney: mod.nos.: Belfast area. See Lunny & Looney.

Lundon: fairly rare: Galway etc.Ir. *de Londras*. See Landers.

Lunn: mod.nos.: Belfast area, Limerick etc. The name is fairly common in England. See Lund.

Lunny,-ey: mod.nos: Leitrim-Fermanagh-Tyrone. Ir. *Ó Luinigh, Ó Loinín* in Fermanagh. The sept was anciently located in the valley of the Foyle. Not to be confused with Looney.

Lunt: rare: Dublin, Roscommon. As Lund and Lunn above.

Lupton: fairly rare: Derry etc; Dublin, Cork etc. English toponymic. DBS.

Lupari: v rare: Magherafelt. Apparently an Italian toponymic.

Lurring: v rare. Down. Very rare in Britain. Probably as Loring, which is a variant of Lorraine (French).

Lusby: v rare: Derry. Apparently a toponymic but not located.

Lush: rare: Dublin-Meath-Louth. As Ussher.

Lusk: fairly rare: Antrim etc. Irish toponymic from Lusk, Co. Dublin.

Luskin: rare: Dublin, Galway etc.

Lusty: fairly rare: Belfast area: Variant of Losty, q.v.

Lutton: fairly numerous: Antrim-Down etc. English, "pool-farm". From any of a number of places. DBS.

Luttrell: fairly rare: Laois-Tipperary, Cork etc. Anglo-Norman 13 cent. Diminutive of "otter". Notable in the Pale - see Luttrellstown. SI.

Luykx: v rare: Dublin. A Flemish name. Synonymous with first names Lewis, Ludvig etc.

Lyall: rare: Belfast etc. Scottish: see Lyle.

Lyddy: rare: Limerick-Cork. See Liddy.

Lydon,-en: numerous: Galway-Mayo-Sligo etc. Ir. *Ó Loideáin* (earlier *Ó Lodáin*). A name centred in Galway, it occurs as Leyden, Liddane and Ludden. MIF.

Lye: v rare: scattered. See Lay.

Lyle, Lyall: fairly numerous: E Ulster, Derry, Donegal etc. Ir. *Ó Laoighill* (SGG), however the name is generally of Scottish origin (17 cent) and was spelled *de Lisle* in 13 cent, so it was clearly Norman then. MacLysaght says that it occurred amongst the Huguenots who settled in Belfast in 18 cent. Lyall is also an English diminutive of Lyon. SI & SS.

Lynagh: mod.nos.: Midlands, Connacht etc. Ir. *Laighneach* (Leinsterman). One of our few adjectival surnames. The Midlands Lynaghs are said to be a branch of the Berminghams.

Lynam: numerous: all areas, mainly Midlands. Ir. *Ó Laigheanáin, Laighean*, Leinster. An ecclesiastical family of Wexford and Carlow. A case of trying to pass as English Lynham which has also been in Leinster since 14 cent. MIF.

Lynar: v rare: Belfast. English occupational: dealer in linen.

Lynas: fairly numerous: Belfast, Antrim etc. Ir. *Mac Giolla Fhionnáin*, given by An Sloinnteoir Gaeilge, similar to the Scots Gaelic, *Mac Giolla Fhinnéin* which was current in Ireland in early times. See also Mac Aleenan. SGG.

Lynch: v v numerous: in every part of the country. Ir. *Ó Loingsigh*, from *loingseach*, mariner. From a number of distinct septs in E Ulster, Cavan, Clare, Cork, Tipperary. The name also includes Norman *de Lench, de Leyn*, who became prominent in Galway City where they were the leading "Tribe". IF & SGG.

Lynchehaun: rare: Achill (Mayo) and Down. Ir. *Ó Loingseacháin*, diminutive of *loingseach*, a seaman or having ships. SI.

Lynd: rare: Ulster. English, "dweller at lime tree". DBS.

Lyndon: rare: Dublin and scattered. English, "lime tree hill". DOS.

Lyndsay,-ey: rare: Ulster. Variant of Lindsay, q.v.

Lyne,-s: fairly numerous: Kerry-Cork, Limerick-Tipperary etc. Ir. *Ó Laighin, laighean*, lance, spear. In the spoken language of W Limerick it is *Ó Laoghain*, as noticed by O'Donovan. This could be a separate name. See also Lyons & Lehane. IF & SGG.

Lyner,-ar: v rare: Belfast. Occupational: dealer in linen. DBS.

Lyness,-es: mod. nos.: E Ulster. See Lynas above.

Lyng: mod.nos.: Wexford-Waterford-Kilkenny etc. Ir. *Ó Fhloinn*. A synonym of Flynn. An English family, of this name, settled in Tipperary in 17 cent, so may have contributed to the present population. See also Lynn.

Lynham: rare: Dublin. See Lynam.

Lynn: numerous: E Ulster, Midlands, Connacht. Ir. *Ó Fhloinn*. A northern form of Flynn, q.v. There was a sept east of L Neagh. IF.

Lynott: mod.nos.: Mayo-Donegal-Derry. Ir. *Lionóid*. Seemingly English, of nickname type.

Lynskey,-y: fairly numerous: Mayo-Galway etc. Ir. *Ó Loinscigh* - properly *Ó Loingsigh*, i.e. Lynch.

Lyon: v rare: Belfast. A Scottish name of Norman origin. SS.

Lyons: v numerous: all areas, especially Munster and Connacht. Ir. *Ó Liatháin* (Cork); *Ó Laighin* (Kerry-Galway). See Leane, Lehane, Lyne. IF & SGG.

Lysaght: mod.nos.: Clare-Limerick etc. Ir. *Mac Giolla Iasachta*. Edward MacLysaght, the major authority on Irish surnames, explains the name as "loaned youth". The transfer of a boy to another family was common under the fosterage custom of ancient Ireland. IF.

Lysk(e): v rare: Down etc. As Lisk, q.v.

Lyster: mod.nos.: Roscommon, Donegal and scattered. See Lister.

Lytle: rare: E Ulster. See Lyttle.

Lyttle: numerous: Ulster generally, Mayo, Leitrim etc. Ir. *Ó Beagáin* in Fermanagh (SGA). See also Little.

Lyttleton: v rare: Tipperary. English toponymic, usually as Littleton there, but standing for the native *Ó Beagáin* in most cases. SI & DOS.

*Lyvet: Anglo-Normans: 13 cent in Leinster.

Maas: v rare: Dublin, Bangor. Low German and Dutch: (1) Dim. of Thomas: (2) Topographic: someone living by R Maas.

Maben,-in: rare: Ulster generally: Scottish from Galloway. Black thinks it may be an original British name, *Maponos* (great son) which would be remarkable. Mabon is more common in Scotland. SS.

Mac a' Bháird: rare: Donegal etc. Ir. Lang. See Ward.

Mac Adam: numerous: Ulster and Louth etc. Ir. *Mac Adaim, Mac Ádhaimh* (early). More general as Adams. The Barrys of Cork adopted the patronymic Mac Adaim at one stage. In Armagh it may be a corruption of *Mac Cadáin* (Mac Cadden). The name is common in Scotland, derivation in all cases "son of Adam". MIF.

Mac Adams: mod. nos.: Derry etc. See Mac Adam and Adams.

Mac Adoo: mod. nos.: Ulster generally, Cork etc. Ir. *Mac Conduibh*, "black hound" and modern *Mac Connuibh*. This name also appears as Cunniffe which is more numerous and associated with Connacht. See also Caddoo and Mac Niff. MIF.

Mac Adorey: fairly rare: Antrim etc. Ir. *Mac an Deoraidh*, "son of the stranger". A Scottish connection is likely, though the name does not appear in Scotland now.

Mac Afee: numerous: Antrim. Ir. *Mac Dhuibhshíthe* "dark man of peace". A Scots Gaelic name; in Ireland 17 cent. It is less numerous but well-known as Mahaffey, q.v. MIF.

Mac Afferty: v rare: Derry. See Mac Cafferty.

Mac Alaney: v rare: Donegal. Ir. *Mac Giolla Chainnigh*. See Mac Elhinney.

Mac Alary,-ey: rare: Derry etc. Ir. *Mac Giolla Arraidh*, perhaps *Giolla an Raith*, prosperous youth. A sept of Sligo but identified with Antrim 16 cent. SGG.

Mac Alarney: rare: Down. Ir. *Mac Giolla Earna*, devotee of Earna. Woulfe relates it to Monaghan. See also Mullarney. SGG & SI.

Mac Alda: v rare: Down. Ir. *Mac Giolla Duibh*. Not certain: see Mac Elduff and Kilduff.

Mac Aldin: v rare: Armagh etc. Ir. *Mac Ailín* (SGA). The latter were a galloglass family related to the Scottish Campbells. However, MacLysacht was not able to determine the origin of this name. See also Mac Caldin. SI.

Mac Alea: mod.nos.: Down etc. Ir. *Mac an Leagha*, "son of the physician". A number of traditional medical families had this name with various anglicisations. SI.

Mac Aleavey, Mac Alevey: mod.nos.: Down etc. Ir. *Mac Dhoinnshléibhe*, "Donn (brown) of the mountain". A ruling family of Down, they were overthrown by de Courcy in 1177. See Dunleavy.

Mac Aleely: v rare: Colraine (Derry). Ir. *Mac Ailghile*, possibly from an early name *Ailgheal.* They were related to Maguire Fermanagh. MIF.

Mac Aleenan,-on: fairly numerous: Down etc. Ir. *Mac Giolla Fhinnéin*, devotee of St Finnén. MacLysacht states it is a different name to Mac Alindon, although the territorial distribution is similar now. MIF & SGG.

Mac Aleer: numerous: Tyrone etc. *Mac Giolla Uidhir, Odhar* means dun-coloured, a stockman's term but it is also an old first name. See also Mac Clure. SI.

Mac Aleese, Mac Alees: numerous: Antrim etc. Ir. *Mac Giolla Íosa* (servant of Jesus). A sept of Derry where they are still represented. As Mac Leish in Scotland. SGG.

Mac Aleet: v rare: Pomeroy (Tyrone). Ir. *? Mac Léid*. See Mac Leod.

Mac Alerney: v rare: Ballyward (Down). See Mac Alarney.

Mac Alernon: rare: Armagh, Antrim etc. Ir. *Mac Giolla Earnáin* (dimin. of first name *Earna*). A sept of Down. Also MacClernon, q.v. MIF.

Mac Alester: rare: Down, Louth. Ir. *Mac Alasdair*. See Mac Allister.

Mac Alinden,-on: numerous: Down-Armagh etc. Ir. *Mac Giolla Fhiondáin*, devotee of St Fintan. However there may be confusion with Mac Aleenan, q.v. MacLysaght says they were a sept of Oriel (Armagh). MIF.

Mac Alinney: rare: Tyrone. Ir. *Mac Giolla Chainnigh*, devotee of *Cainneach* (Canice). See synonym Mac Elhinney, which is more numerous.

Mac Aliskey: rare: Coalisland (Tyrone). Ir. *Mac Conuisce* (SGA), perhaps "water-hound". See also Waters.

Mac Alister: numerous: Antrim & Ulster generally, Midlands etc. Ir. *Mac Alasdair*. See MacAllister.

Mac Allen: fairly rare: Antrim, Cork etc. Ir. *Mac Ailín*, perhaps from early first name Aillén. This name is usually identified with galloglasses, related to the Scottish Campbells, who came to Ireland in the service of the O'Donnells in 16 cent. SI.

Mac Allister: numerous: Ulster generally, especially Antrim, also Midlands, Mayo etc. The Irish is *Mac Alasdair, Alasdar* being a gaelicisation of Alexander, a very popular first name in Scotland whence they came as galloglasses in 14 & 15 cent.

Mac Alonan: mod.nos.: Antrim etc. Ir. *Mac Giolla Adhamhnáin*, devotee of St Eunan who succeeded St Colm Cille at Iona. *Adhamhnán is a diminutive of Adam*.

Mac Alone: v rare: Fermanagh. See Mac Aloon.

Mac Alonen: v rare: Belfast. See Mac Alonan.

Mac Aloney: rare: Antrim etc. Ir. *Mac Giolla Domhnaigh*. See Mac Eldowney.

Mac Aloom: v rare: Fermanagh. Variant of Mac Aloon, q.v.

Mac Aloon,-e: mod.nos.: Fermanagh-Tyrone etc. Ir. *Mac Giolla Eoin*, devotee of St John. An Sloinnteoir Gaeilge gives *Mac Collúin* for Fermanagh. Woulfe says it has been mis-translated into Monday but these are now very rare. SGG, SI & SGA.

Mac Aloran: v rare: Belfast. Ir. *Mac Giolla Luaithrinn* (SGA). There was a St Luarán connected with Derryloran, Tyrone. This is likely the basis of the surname. GPN.

Mac Alorum: rare: Belfast, Dublin. Probably variant of Mac Aloran, q.v.

Mac Alpin,-e: fairly numerous: Belfast, Down etc. Ir. *Mac Ailpín,* MacLysaght says that the personal name *Ailpean* may derive from *alp* a lump - signifying a strong stout man. This is a Scottish name of note, associated with Kenneth Mac Alpine, 9 cent ancestor of the Scottish kings. At that time, the terms Scottish and Irish were synonymous.

Mac Alreavey: v rare: Coleraine (Derry). Ir. *Mac Giolla Riabhaigh*. See Mac Areavy.

Mac Alveen: v rare: Belfast. As Mac Elveen, q.v.

Mac Alynn: v rare: Tyrone etc. Ir. *? Mac Ailín*. See Mac Allen.

Mac Anallen: fairly rare: Armagh. Ir. *Mac an Ailín* (SGA). Perhaps from *ail*, a rock. See Mac Allen also.

Mac Anally: mod.nos.: Antrim etc. Ir. *Mac Con Uladh, Cú Uladh*, hound of Ulster. However the Irish name *Mac an Fhailghigh* (poor man) belongs to Oriel so there may be a confusion here. See also Nally. IF.

Mac Ananey: rare: Derry, Dublin etc. Ir. *Mac an Dhéaghanaigh* (son of the dean). See also Mac Eneaney. SI & MIF.

Mac Anaspie: v rare: Dublin. See Mac Anespie.

Mac Anaulty: v rare: Down: Ir. *Mac an Ultaigh*. See Mac Nulty.

Mac Andrew: numerous: mainly Mayo, Donegal. Ir. *Mac Aindriú*. A patronymic assumed by the Barretts of Mayo. This name is also in Scotland. MIF.

Mac Anea: rare: Tyrone etc. As Mac Anee.

Mac Anearney: rare: Down. See Mac Inerney.

Mac Aneary: v rare: Down. Ir. *? Mac Innéirí*. See Mac Eniry.

Mac Anee: rare: Derry etc. Ir. *Mac Annaidh.* Not certain; see Hannay, Mac Cann and Mac Kenna.

Mac Anena: rare: Connacht. See Mac Ananey.

Mac Aneney: fairly rare: Belfast etc. See Mac Ananey.

Mac Anenly: v rare: Ballygawley (Tyrone). Ir. *? Mac an Fhionnghalaigh.* See Mac Ginley.

Mac Anenna,-ny: v rare: Tyrone. Ir. *? Mac an Eanaigh.* But see also Mac Ananey.

Mac Aneny: v rare: Tyrone. See Mac Ananey above.

Mac Anerney: rare: Tyrone. Ir. *Mac an Airchinnigh.* See Mac Inerney.

Mac Anespie,-py: fairly rare: Tyrone. Ir. *Mac an Easpaig* "son of the bishop". MIF.

Mac Anew: v rare: Donegal etc. Ir. *? Mac Annadha.* See Mac Cann and Hannay.

Mac Aniff: v rare: Dublin. See Cunniffe.

Mac an Iomaire: rare: Galway etc. Ir. Lang. See Ridge.

Mac Aninley: v rare: Down. See Mac Anenly.

Mac Anirn: v rare: Tyrone etc. Ir. *Mac an Airchinn.* Variant of Mac Inerney, q.v.

Mac Anlis: rare: Armagh-Down. See Mac Candless.

Mac Anny: v rare: Tyrone. Ir. *Mac Annaidh.* See Mac Canny.

Mac Anna: v rare: Dublin. Ir. Lang. See Mac Cann.

Mac Anoy: rare: Down etc. Ir. *? Mac Annaidh.* See Mac Canny and Hannay.

Mac Anthony: v rare: Dublin. Ir. *Mac Antaine,* from first name Anthony.

Mac Anuff: rare: Down, Belfast. Ir. *Mac Condhuibh.* See Cunniffe.

Mac Anulla: rare: Derry etc. Ir. *Mac Con Uladh.* "hound of Ulster".

Mac Anulty:mod.nos.: Down etc. Ir. *Mac an Ultaigh.* "son of the Ulsterman". See also Mac Nulty.

Mac Aodha: rare: scattered. Ir. Lang. See Hayes & Hughes.

Mac Aoidh: rare: scattered. Ir. Lang. See Mac Coy.

Mac Aodhagáin: rare: scattered. Ir. Lang. See Egan.

Mac Aonghusa: rare: Dublin etc. Ir. Lang. See Mac Guinness.

Mac Ardghail: rare: scattered. Ir. Lang. See Mac Ardle.

Mac Ara: v rare: Belfast. Scots Gael. *ara,* charioteer. A name associated with the Mac Gregors.

Mac Aran: v rare: Fermanagh. See Mac Carron.

Mac Ardle,-ell: v numerous. Armagh-S Down-Monaghan-Louth-Meath etc. Ir. *Mac Ardghail,* "high valour". A sept related to the Mac Mahons of Oriel (Armagh-Monaghan). MIF.

Mac Areavey,-vy: mod.nos.: N Armagh-Down etc. Ir. *Mac Giolla Riabhaigh* (grey servant). See also Mac Greevy.

Mac Aree: fairly numerous: Tyrone-E Ulster, Monaghan-Meath etc. Ir. *Mac Fhearadhaigh,* from early first name *Fearadhach,* however An Sloinnteoir Gaeilge gives *Mac Conraoi,* which usually appears as Conroy. The name was associated with Monaghan. SI.

Macari: mod. nos.: Dublin, Midlands etc. Italian: a connection with *pasta* is suspected!

Mac Aroe: v rare: Tyrone-Armagh. Ir. *? Mac an Rua.* No information to hand.

Mac Art: rare: Donegal-Fermanagh-Sligo. Ir. *Mac Airt,* from first name *Art,* meaning "bear". See also Mac Cart.

Mac Arthur: fairly numerous: Antrim-Derry etc. Ir. *Mac Artúir.* A Scottish clan in Argyle. The name also appears as Carter and Mac Carter. See also Arthur.

Mac Artáin: rare: Louth. Ir. Lang. See Mac Cartan.

Macartney: mod.nos.: Belfast area. See Mac Cartney.

Mac Ashea, Ashee: v rare: Tyrone. Ir. *? Mac Dhuibhsíthe.* See Mac Afee and Mahaffy.

Mac Assey, Asey: rare: Dublin, Carlow etc. Ir. *Mac Cathasaigh,* "vigilant in war", This rare name was associated with Monaghan. It has become Casey or O'Casey.

Mac Askie: rare: Tyrone. Ir. *Mac Ascaidh,* from Norse first name. See also Mac Caskie. A Scottish name from Galloway. SS.

Mac Askill: v rare: Belfast. Ir. *Mac Ascaill,* from a Norse first name. The name is Scottish and they were known as *Clann t-Ascaill* there. SS.

Mac Aslan: v rare: Belfast. Ir. ? *Mac Caisealáin*. See Mac Causland.

Mac Astocker: rare: Belfast. Ir. *Mac an Stocaire*, "son of the trumpeter". Some families changed their name to Stafford in 17 cent. See also Mac Stocker. SI.

Mac Atackney: v rare: Belfast. Ir. *Mac an tSeachnaigh*. Someone "on the run", perhaps.

Mac Atamey,-mmey: v rare: Belfast etc. Probably variant of Mac Atamney, q.v.

Mac Atamney: mod.nos.: Antrim etc. Ir. *Mac an Tiompánaigh*, "son of the drummer".

Mac Atanney: v rare: Derry. Ir. ? *Mac an Tiompánaigh.*

Mac Atarsney, Atasney: fairly rare: Armagh etc. Ir. *Mac an tSasanaigh*, "son of the Englishman". SI.

Mac Atavey: v rare: Armagh-Monaghan. Ir. *Mac an t-Sámhaigh*, "son of the peaceful man".

Mac Atee: fairly rare: Down, Tyrone. Ir. *Mac an t-Saoi*. See Mac Entee.

Mac Ateer: numcrous: Ulster generally, etc. Ir. *Mac an t-Saoir*, "son of the craftsman". The corresponding Scottish name is Mac Intyre, also widespread in Ulster. MIF.

*Mac Atilla: Ir. *Mac an Tuile*. See Flood.

Mac Aufield: rare: Belfast area etc. Ir. *Mac Cathmhaoil* (battle-chief). A variant of the more numerous Caulfield, q.v.

Mac Aughey: v rare: Antrim. See Mac Caughey.

Mac Aughty: v rare: Lurgan (Armagh). Ir. ? *Mac Fheachtaigh*. Traveller or fighter. But it may be a variant of Mac Aughtry.

Mac Aughtry: v rare: Down etc. See Mac Caughtry.

Macauley, Mac Auley: v numerous: Ulster generally, Dublin etc. (1) *Mac Amhlaoibh*, from Norse *Olaf*, related to the Maguires of Fermanagh. (2) *Mac Amhalghaidh,* from early first name, associated with the Midlands. Compare Mac Auliffe.

Mac Aulfield: rare: Belfast area. Variant of Caulfield, q.v.

Mac Auliffe: numerous: Munster, especially N Cork-W Limerick-E Kerry. Ir. *Mac Amhlaoibh*, from Norse first name *Olaf*. A N Cork sept related to the Mac Carthys. IF.

Mac Aulty: v rare: Ballyward (Down). Perhaps Ir. *Mac Amhlaoibh.* See Mac Auley/Macauley.

Mac Auslan: v rare: Down. See Mac Causland.

Mac Ausland: rare: Down-Tyrone. See Mac Causland.

Mac Avenna,-nie: v rare: scattered. Ir. *Mac Aibhne* (SGA), from first name *Aibhne* which was favoured by the O'Kanes of Derry and to whom this family was related. See Mac Avenue.

Mac Avenue, Avinue: fairly rare: scattered. Ir. *Mac Dhuibhne* (SGA). See Mac Givney.

Mac Avera: rare: Down etc. Ir. *Mac Aimréidh* (disordered, untidy). See Mac Cavera. SI.

Mac Avin: rare: Monaghan etc. *Mac Dhuibhfhinn* (dark Finn), or *Mac Dhuibhín,* (SGA).

Mac Avinchey: rare: Armagh. Ir. *Mac Dhuibhinse*, (? black island). Has been changed to Vincent. SI & SGG.

Mac Aviney: rare: Fermanagh-Monaghan etc. (1) *Mag Dhuibhne* of Breifne; (2) *Mac Aibhne*, related to the O'Kanes of Derry. See Mac Avenna & Mac Avenue. SGG.

Mac Avock: v rare: Mayo etc. Ir. *Mac Dhabhóg, Dabhóg* is a diminutive of David. They were a branch of the Burkes of Galway. SGG.

Mac Avoy: numerous: Down-Armagh etc. Ir. *Mac an Bheatha, beatha*, life. For which see Mac Veigh. However, it may also be *Mac Fhiodhbhuidhe* from *fiodhbhach*, woodsman. See Mac Evoy below. SI & SGA.

Macaw: v rare: Down. Ir. *Mac Ádhaimh* "son of Adam". The name is current in Scotland.

Mac Awan: v rare: Donegal. Probably as Mac Bain: Scots Gaelic *Mac Giolla bháin.*

Mac Aweaney: rare: Tyrone etc. Ir. *Mac an Mhaonaigh, maonach*, dumb. See also Mac Weeney. Modern form : *Mac Mhaonaigh.*

Mac Bain: rare: Tyrone-Derry etc. Scots Gaelic *Mac Giolla Bháin* (fair servant).

Mac Barrit: v rare: Portadown (Armagh). Ir. ? *Mac Bairéid.* This is a long shot.

Mac Barron: fairly rare: Fermanagh-Cavan etc. Ir. *Mac an Bharúin* (son of the baron). A name from the Scottish Highlands. SS.

Mac Barry: v rare: Down. ? Ir. *Mac Barra*. Apparently a local native name.

Mac Bay: rare: Derry etc. Variant of Mac Veigh, q.v.

Mac Bean: v rare: Belfast. Scots Gaelic *Mac Bheathain*, son of Beathan.

Mac Beath: v rare: Down. Variant of Mac Beth, q.v.

Mac Bennett: mod.nos.: Monaghan-Down-Tyrone. Ir. *Mac Beinéid*, Bennett, dim. of Benedict, is widespread, not only in Ireland but generally in Europe.

Mac Bernie: v rare: Derry. Variant of Mac Birney, q.v.

Mac Berth: v rare: Derry. Ir. ? *Mac Briota*. Stammerer or referring to a Briton, perhaps.

Mac Beth: fairly rare: Ulster generally. Scots Gaelic *Mac Beatha*, properly a first name meaning a religious person, one of the elect. They were a traditional medical family. Note: the historical Mac Beth bears very little resemblance to Shakespeare's character. SI & SS.

Mac Birney: rare: Armagh. Ir. *Mac Biorna*, Scots with name of Norse origin. Relatively recent in Ulster. The Norse *Bjarni* means "wolf-cub" and so, young warrior.

Mac Blain: rare: Down. Ir. *Mac Maoláin* (SGA); Scots *Mac Giolla Bláan* (SS). The latter a saint's name associated with Galloway.

Mac Bratney: mod.nos.: Belfast area etc. Ir. *Mac Breatnaigh* (son of Welshman). To be distinguished from *Breatnach* which is simply Welsh, in English, Walsh.

Mac Brearty: mod.nos.: Donegal-Derry-Tyrone. Ir. *Mac Briartaigh*, properly *Mac Muircheartaigh,* good mariner. See also Mac Murtry and Mac Murty.

Mac Breen: mod.nos.: Louth-Monaghan-Cavan etc. Ir. *Mac Braoin,* presumably from first name *Braon,* it is indistinguishable from the Kilkenny sept - see Breen.

Mac Briar: mod.nos.: Down etc. Ir. *Mac Bráthar. bráthair,* a monk. The name is Scottish from Galloway. SS.

Mac Briarty: v rare: Belfast. Ir. *Mac Briartaigh,* see Mac Brearty.

Mac Bride: v numerous: Belfast, Derry, Donegal & Ulster generally, also South East etc. Ir. *Mac Giolla Bhrighde*, devotee of St Brigid. An ecclesiastical family of Donegal and the name is current in Scotland whence some at least of the Ulster Mac Brides. IF.

Mac Bridge: v rare: Down. Variant of Mac Bride.

Mac Brien: numerous: Fermanagh-Cavan, Mayo. Ir. *Mac Braoin*, a sept of Fermanagh related to the Mac Manus'. See Mac Breen.

Mac Brierty: rare: Belfast area. Variant of Mac Briarty, q.v.

Mac Brine: rare: Tyrone-Derry etc. Variant of Mac Brien, q.v.

Mac Brinn: fairly rare: Belfast area etc. Ir. *Mac Broin*, from first name *Bran*, a raven. The name belongs to Down.

Mac Broom, Mac Broon: fairly rare: Belfast-Down. A Scots name thought by Black to be synonymous with Mac Brayne, which is *Mac an Bhreithiúin* (son of the judge). SS.

Mac Bryan: v rare: Dublin etc. Variant of Mac Brien, q.v.

Mac Burney,-ie: numerous: E Ulster. Ir. *Mac Biorna*, Scottish from a Norse name and in Ireland 19 cent. See also Mac Birney.

Mac Cabe: v numerous: Ulster generally, Leitrim-Roscommon, South East. Ir. *Mac Cába*, a galloglass family from the Western Isles who settled in Breifne (Cavan-Leitrim) and said to be of Norse origin. IF & SS.

Maccabee: v rare: Dublin. This splendid Bibical name must be Jewish. The meaning is "hammer"!

Mac Cabrey: rare: Belfast area. Ir. *Mac Cúithbreith.* See Mac Coubrey.

Mac Cadden: fairly rare: Donegal, Down. Ir. *Mac Cadáin, Mac Adáin*, the former an ecclesiastical family of Armagh; the latter a diminutive of Adam for which see Mac Adam. See also Cadden.

Mac Cafferty, Mac Cafferky: numerous: Donegal-Derry. Ir. *Mac Eachmharcaigh,* modern *Mac Eafartaigh* (horseman). Associated with the O'Dohertys of Donegal. SGG.

Mac Caffery,-ry: numerous: Ulster generally, especially Fermanagh; Louth-Meath-Longford, Sligo-Leitrim. Ir. *Mac Gafraidh*, from first name *Gafraidh*, Godfrey. A sept related to the Maguires of Fermanagh. IF.

Mac Caghen: v rare: Coleraine (Derry). Variant of Mac Caughan, q.v.

Mac Cagherty: v rare: Belfast. Ir. *Mac Eachartaigh*, variant of Mac Cafferty, q.v.

Mac Caghy,-ey: rare: Monaghan, etc. Ir. *Mac Eachaidh*, see Mac Caughey.

Mac Cagh: v rare: Cavan-Monaghan. Probably variant of Mac Gough, q.v.

Mac Cague: mod.nos.: Monaghan & scattered in Ulster. Ir. *Mac Thaidhg*, from first name *Tadhg*: poet. Also as Mac Keague etc.

Mac Caherty: v rare: Down. Variant of Mac Cafferty, q.v.

Mac Cahery: v rare: Fermanagh. Variant of Mac Caffery.

Mac Cahey,-y: fairly rare: Monaghan etc. Variant of Mac Caughey, q.v.

Mac Cahill: fairly rare: Donegal-Tyrone-Cavan. Ir. *Mac Cathail* from first name *Cathal* meaning "strong in battle". May also stand for *Mac Cathmhaoil* (battle chief).

Mac Cahon: mod.nos.: Derry-N Antrim etc. Ir. *Mac Eacháin*. See Mac Caughan.

Mac Caig,-e: fairly rare: Antrim etc. Scottish version of *Mac Thaidhg*. See Mac Cague.

Mac Caighy: v rare: Antrim. Ir. *Mac Eachaigh* (well-horsed).

Mac Caigue: rare: Down. See Mac Cague.

Mac Cain: rare: Tyrone. Scots Gaelic *Mac Eáin*, from Ardnamurchan. *Eáin* = John.

Mac Caldin,-en: v rare: Down. Ir. *Mac Ailín*. Scottish galloglasses 15 cent. See also Mac Aldin.

Mac Calister: rare: Down. See Mac Allister.

Mac Call: numerous: Ulster, especially East; Dublin & S Leinster. Ir. *Mac Cathmhaoil* (battle chief). Originally a sept of Cineál Eoghain (Tyrone), there are many synonyms in English: Campbell, Mac Cowhill, Howell etc.

Mac Calla: rare: Belfast. Ir. *Mac Amhalaí* (SGA). See Mac Auley. May also be Mac Call, q.v.

Mac Callan,-en,-in: fairly numerous: Ulster, especially Tyrone. Ir. *Mac Cailín*, perhaps from Scots first name *Cailin*. They were a galloglass family, 15 cent, with the O'Donnells. See also Mac Callion.

Mac Callig: fairly rare: Donegal-Mayo. Ir. *Mac Aileig*. Based on first name Aileag (Alexander). A variant of Mac Allen, q.v.

Mac Calliog: v rare: Donegal. As Mac Callig.

Mac Callog: v rare: Donegal. As Mac Callig.

Mac Callion: numerous: Donegal-Derry-Antrim. See Mac Callan above.

Mac Callister: mod.nos.: Down etc. Ir. *Mac Alasdair*. See Mac Allister.

Mac Callon: v rare: Antrim. See Mac Callan.

Mac Callum,-am,-iom: rare: Antrim-Belfast. Mac Calliom in W Ulster. Ir. *Mac Colaim*, see Mac Collum.

Mac Calmont: mod.nos.: Antrim. Ir *Mac Calmáin*, from first name *Colmán*, little dove. A Scottish name related to the Buchanans, in Ireland 17 cent. SI.

Mac Cambley: mod.nos.: Belfast-Down. Ir. *Mac Camlaoich* (bent warrior), also as Mac Camley, q.v.

Mac Cambridge: fairly numerous: Belfast-Antrim etc. Ir. *Mac Ambróis* (son of Ambrose). A Scottish name from Kintyre. Immortalised in the song of exile "Ard Tí Cuain". SS.

Mac Camley: mod.nos.: Belfast-Down etc. Ir. *Mac Camlaoich*, (bent warrior). This appears to be a Scottish name but MacLysaght cites it as a synonym of Mac Auley, q.v. Rarely, Mac Campley. SS & SI.

Mac Cammick: rare: Down-Armagh. ? Scots Gaelic *Mac Thamaidh*, dimin. of Thomas.

Mac Cammon,-nd: fairly numerous: E Ulster: Ir. *Mac Ámoinn*, from Norse first name. May be of Scottish origin, but long associated with Down. SI, SS & SGG.

Mac Campbell: v rare: Derry. As Maccamphill and Mac Call, q.v.

Mac Camphill: fairly rare: Antrim. Ir. *Mac Cathmhaoil*. See Mac Call.

Mac Cance: mod.nos.: Belfast-Down. Ir. *Mac Aonghuis*. Variant of Magennis, q.v.

Mac Candless: numerous: Derry-Donegal, Down etc. Ir. *Mac Cuindlis*, from early first name *Cuindles*. There are various synonyms, all pertaining to Ulster. SI.

Mac Cann: v numerous: all areas, especially Ulster. Ir. *Mac Cana*, from *cano*, a wolf cub, used as a first name and connoting "young warrior". A sept of Clan Breasail (N Armagh). IF.

Mac Canny,-ey: mod.nos.: Tyrone-Fermanagh etc. Ir. *Mac Annaidh*. See also Canney.

Mac Cannon,-in: rare: Galway etc. Variant of Mac Connon, q.v.

Mac Cappin: fairly rare: Belfast area etc. Variant of Mac Alpin, q.v.

Mac Cardell: v rare: Down. See Mac Cardle below.

Mac Cardle: rare: Down etc. Ir. *Mac Ardghail* (high valour). They were related to the Mac Mahons of Oriel. See also Mac Ardle.

Mac Carey: rare: Belfast area. Probably variant of Mac Carry, q.v.

Mac Cargo: v rare: Belfast. Scottish from Galloway. Mac Cargow is current but very rare. The Gaelic might be *Mac Fhearchadha*. "Man-hero", but this is speculation. SS.

Mac Carles: v rare: Belfast. Ir. *Mac Carlais*. See Corless.

Mac Carley: rare: Belfast. Ir. *Mac Fhearghaile*, from early first name *Fearghal*, valour.

Mac Carney: fairly numerous: Fermanagh & Ulster generally. Ir. *Mac Cearnaigh, cearnach* meaning "victorious". Originating in Meath, they moved to Ulster. MIF.

Mac Carra: fairly rare: S Ulster etc. Ir. *Mac Ceara, Mac Giolla Cheara*. See Carr.

Mac Carragher: rare: Armagh etc. Ir. *Mac Fhearchair*, from first name *Fearchar*, friendly. See also Carragher.

Mac Carrick: mod.nos.: mainly Sligo; N Midlands etc. Ir. *Mac Conchathrach* (hound of the fort), a branch of the Uí Fiachrach of N Connacht. Also *Mac Concharraige* (hound of the rock), which is associated with Clare.

Mac Carrison: rare: Down etc. *Mac Corsain*: Scottish from Galloway. See also Carson. SS.

Mac Carroll: numerous: Antrim & Ulster generally. Ir. *Mac Cearbhaill* (brave in battle) A sept of Ulster noted as musicians. Another sept existed in Carlow-Kilkenny. See also Mac Carville. IF & SGG.

Mac Carron,-en: numerous: Ulster generally; Sligo-Mayo. Ir. *Mac Cearáin*, probably variant of *Mac Ciaráin*, from first name *Ciarán* a dimin. of *ciar*, black. A sept of Donegal. It may also stand for *Mac Carrghamhna*, a branch of Southern Uí Néill in W Meath. See also Carron. MIF.

Mac Carry: fairly rare: Antrim-Down, Donegal etc. Ir. *Mac Fhearadhaigh* (manly). SGG.

Mac Cart,-e: mod.nos.: Antrim-Down etc. Ir. *Mac Airt*, from common first name *Art* (bear). Also as Mac Art, q.v.

Mac Cartan,-en,-on,-ain: numerous: Ulster generally, Louth, Galway etc. Ir. *Mac Artáin*, dimin. of first name *Art*. A sept of Down. See also Mac Cartin. IF.

Mac Cartar: v rare: Down. See Mac Carter.

Mac Carter, Macarter: fairly numerous: Derry-Donegal, Down etc. Ir. *Mac Artúir*. Scottish: chiefs of Dunstaffnage in Argyle, the first seat of the Scottish kings. Usually Mac Arthur, q.v. SS.

Mac Carth: v rare: Athlone. Possibly abbreviation of Mac Carthy, otherwise Mac Cart, q.v.

Mac Carthaigh: rare: Cork etc. Ir. Lang. See Mac Carthy.

Mac Carthy: v numerous: all areas, particularly Cork-Limerick-Kerry. Ir. *Mac Carthaigh* from first name *Carthach*, loving. One of the leading septs of Munster, located in Cashel, displaced at the Invasion to Cork and Kerry. The Muskerry branch were seated at Blarney Castle. IF.

Mac Cartie,-ty: rare: Belfast and scattered. Variant of Mac Carthy. q.v.

Mac Cartin: rare: Leitrim etc. Variant of Mac Cartan, q.v.

Mac Cartney: numerous: Belfast, Mid-Ulster, Derry-N Antrim, Louth-Monaghan etc. Ir. *Mac Cartaine*, a branch of Scottish Clan Mackintosh and cognate with Mac Cartan, q.v. Present in Ulster since 17 cent. MIF.

Mac Carville: mod.nos.: Monaghan, Down, Tyrone etc. Ir. *Mac Cearbhaill*. See Mac Carroll.

Mac Casey: v rare: Dublin. Ir. *Mac Cathasaigh, cathasach*, watchful. A sept of Oriel. Merged with Casey, q.v. SI.

Mac Cashin: fairly rare: Down, Dublin etc. Ir. *Mac Caisín*, from first name *Cas*, curly. This name was associated with a medical family of Ossory but was also in Antrim.

Mac Caskie,-ey: rare: Tyrone, Down etc. Ir. *Mac Ascaidh*, from Norse first name, *Asketill*. See Anketell and Kettle. DSHH.

Mac Catasney: v rare: Lurgan (Armagh). Ir. *Mac an t-Sasanaigh* (son of the Englishman). See also Mac Atasney.

Mac Caughan: fairly numerous: Antrim etc. Ir. *Mac Eacháin*, dimin. of *Eachaidh*, horseman. See also Mac Cahon.

Mac Caughern,-eran: fairly numerous: Antrim etc. Ir. *Mac Eachráin, Mac Eachthigheirn*. These names derive from *each*, horse. The latter is cognate with Ahern, q.v. SGG.

Mac Caugherty: mod.nos.: Down-Antrim etc. Variant of Mac Cafferty, q.v.

Mac Caughery: v rare: Tyrone. See Mac Cafferty.

Mac Caughey: numerous: Antrim-Tryone, Ulster generally, Louth, Dublin etc. Ir. *Mac Eachaidh,* from first name *Eachaidh,* horseman.

Mac Caughley: fairly rare: Lurgan (Armagh). Ir. *Mac Eachmhílidh* (horse-soldier). Woulfe surmises they were a branch of Maguinness of Down. SI & SGG.

Mac Caughran,-en,-in: rare: Belfast etc. Variant of Mac Caughern, q.v.

Mac Caughtry: rare: Down etc. A Scottish name from Galloway. An early version was *Mac Uchtraigh,* derivation not clear. Also as Mac Aughtry. SS.

Mac Caul: numerous: S Ulster, Derry etc; scattered in the south. Ir. *Mac Cathmhaoil* (battle-chief). Variant of Mac Call, q.v.

Mac Cauley: numerous: Derry, Ulster generally; Leitrim, Galway, Wexford etc. A variant of Macauley, q.v. The Irish is *Mac Amhlaoibh* in Ulster, *Mac Amhalghaidh* in the south.

Mac Causland: numerous: E Ulster, Tyrone-Donegal etc. Ir. *Mac Caisealáin* (SGA), from *caiseal*, a stone fort. However, this name is also Scottish and Black quotes one Absolon of the Buchanan country as origin. Macauslan was long associated with Dumbarton. SS.

Mac Cavana: fairly rare: Belfast-Antrim etc. Ir. *Mac an Mhanaigh* (son of the monk).

Mac Cavera,-ry: fairly rare: Down etc. Ir. *Mac Aimhréidh* (SGA) "dishevelled", or *Mac Cafraidh* (SGG).

Mac Cavert: v rare: Omagh etc. Ir. *Mac Eafartaigh*. (SGA.). See Mac Cafferty.

Mac Cavanagh: v rare: Belfast. Ir. *Caomhánach*. Agnomen of the Mac Murroughs of Leinster, for which see Kavanagh. The form here may have arisen from confusion with Mac Cavana above.

Mac Cavigan: rare: Antrim etc. Ir. *Mac Gáibheacháin*, anxious, dangerous.

Mac Cavish: v rare: Armagh. Ir. *Mac Thámhais*. See Mac Tavish.

Mac Cavitt: v rare: Clare. Variant of Mac Kevitt, q.v.

Mac Caw: numerous: Belfast-Antrim etc. Ir. *Mac Ádhaimh* (son of Adam). An early Gaelic form of Adam which predates the introduction of the name by the Normans. It was also current in Scotland. See Mac Adam, Adams.

Mac Cawille: v rare: Derry. Ir. *Mac Cathmhaoil*. A better anglicisation than Campbell, q.v.

Mac Cawley: v rare: Midlands. See Mac Cauley.

Mac Cay: fairly numerous. Derry, Ulster generally. Ir. *Mac Aodha*. First name *Aodh* = fire. Also a Scottish name of many settlers in Ulster. SGG & SS.

Mac Cearáin: v rare: Dublin. Ir. Lang. See Mac Carron.

Mac Cheane: v rare: Kilkenny. Ir. *Mac Seáin*. See Mac Shane.

Mac Chesney: mod.nos.: Belfast area etc. Scottish from Galloway, probably from Anglo-Norman *Chesnai*, oak grove: see Chaney. SS & SI.

Mac Chree: v rare: Dublin. Probably variant of Mac Crea, q.v.

Mac Chrystal: rare: Derry. Ir. *Mac Criostail*. A Scots name derived from Christopher and appearing in 17 cent. MIF.

Mac Clafferty: mod.nos.: Donegal-Derry etc. Ir. *Mac Fhlaithbheartaigh*, princely, generous. Also Mac Laverty, q.v.

Mac Claffery: v rare: Antrim. Variant of Mac Clafferty, q.v.

Mac Clancy: rare: Dublin etc. Ir. *Mac Fhlannchaidh,* ? "ruddy warrior". Two septs: one in Clare, a lawyer family; another in Leitrim. More usually Clancy, q.v.

Mac Clane: v rare: Fermanagh. Variant of Mac Lean, q.v.

Mac Claren: v rare: Antrim. See Mac Laren.

Mac Clarence: v rare: Derry. Does not seem to be current in Scotland. May relate to Mac Clarin.

Mac Clarey: rare: Limavady (Derry). Ir. *Mac Giolla Arraith*. See Mac Alary. A family of Sligo, connected to the O'Haras, who moved to Antrim with them 16 cent. SGG.

Mac Clarin,-on: rare: Belfast area. Ir. *Mac Labhrainn* (son of Lawrence). Scottish. SS.

Mac Clarnon: rare: Belfast-Antrim. Ir. *Mac Giolla Earnáin*, devotee of St Earnán. A sept of Down in 12 cent. SGG.

Mac Clarty: rare: Derry-Antrim. Ir. *Mac Fhlaithbheartaigh*. See Mac Clafferty.

Mac Clatchey,-ie: mod.nos.: Belfast area, Armagh etc. Scots Gaelic *Mac Giolla Eidich*, a Scottish name associated with Galloway. SS.

Mac Claughlin: rare: Belfast area. Variant of Mac Laughlin, q.v.

Mac Claughry: rare: Fermanagh. See Mac Cloughry.

Mac Clave: rare: Fermanagh-Monaghan. Ir. *Mac Fhlaithimh* (prince). This name has been made Hand by mistranslation. SI.

Mac Clay: fairly numerous: Derry-Donegal-Antrim etc. Ir. *Mac an Leagha* (son of the physician). A medical family of Antrim. SI.

Mac Clean,-e: v numerous: Ulster generally, Dublin etc. Scots Gaelic *Mac Giolla Eáin*, devotee of St John. In Ireland as galloglasses 16 cent. MIF.

Mac Clennon: v rare: Mayo. Scottish: *Mac Giolla Fhinneáin*. (devotee of St. Finnian).

Mac Clearn: rare: E Galway, Down etc. Probably variant of Mac Clarin, q.v.

Mac Cleary: mod.nos.: Belfast-Down etc. Ir. *Mac Giolla Arraith*. See Mac Alary. This name may be *Mac an Chléirigh, cléireach*, a clerk, in S Ulster.

Mac Cleave: mod.nos.: Belfast-Antrim etc. Ir. *Mac Fhlaithimh, flaitheamh*, a prince. This name may be of Scottish origin. See also Mac Clave.

Mac Cleery: fairly numerous: Down-Antrim etc. Variant of Mac Cleary, q.v.

Mac Clellan,-nd: numerous: Ulster generally etc. Ir. *Mac Giolla Fhaoláin, Faolán* is an early first name meaning "little wolf". They were a sept of Uí Fiachrach (Sligo) but modern Mac Clellands seem to be of Scottish origin from Galloway, but the derivation is the same. MIF.

Mac Clement,-s: numerous: Down-Antrim-Derry etc. Ir. *Mac Laghmainn*, a Scottish name related to Clan Lamont. Mac Lamond in Scotland. *Laghmann,* a Norse name meaning "lawyer". SS.

Mac Clenaghan,-ahan: numerous: Ulster generally, especially East. Ir. *Mac Leannacháin* from *leannach*, having cloaks. Historically associated with Tyrone. MIF.

Mac Cleod: v rare: Belfast area. Ir. *Mac Leoid* (SGA). Scottish: from Western Isles 16 cent. See also Mac Leod and Mac Cloud. The name derives from a Norse first name *Ljot*. SGG, SS.

Mac Clernon: rare: Belfast-Antrim. Ir. *Mac Giolla Earnáin*, devotee of St Earnán. Historically associated with Down. Also as Mac Alernon. SGG.

Mac Clay: v rare: Derry. As Mac Alea, q.v.

Mac Clennan: v rare: Down. As Mac Lennon, q.v.

Mac Cleverty: v rare: Cork. Probably a variant of Mac Clafferty, q.v.

Mac Climmond,-s: fairly rare: Down etc. Variant of Mac Clements, q.v.

Mac Clinchie: v rare: Armagh. *Mag Loingsigh* (mariner). Usually Mac Glinchy, q.v.

Mac Clintock: numerous: Ulster generally. Ir. *Mac Giolla Fhionntóg*, devotee of Finntóg, perhaps Fintan. A Scottish name which came to Donegal from Argyle 16 cent. SS, SGG.

Mac Clinton: mod.nos.: Antrim etc. Ir. *Mac Giolla Fhionntáin*, devotee of St Fintan. Scottish, as Mac Clintock. Not to be confused with Clinton, q.v.

Mac Cloat: rare: Sligo etc. Probably as Mac Cleod, q.v.

Mac Clockey: v rare: Derry. Perhaps Ir. *Mac Giolla Eachaidh*, servant of Eachaidh. See Haughey.

Mac Clogan: v rare: Donegal. Ir. *Mac Clothacháin*, *clothach*, famous. See also Mac Clughan.

Mac Cloghan, Cloughan: v rare: Down-Antrim. See Mac Clughan.

Mac Clone,: v rare: Fermanagh-Derry. Ir. *Mac Giolla Eoin,* devotee of St John. More usual as Mac Cloone, q.v.

Mac Cloone: mod. nos.; Donegal: As Mac Clone above

Mac Clooney: v rare: Antrim. Ir. *? Mac Cluanaigh, cluanach*, roguish. But compare Looney.

Mac Clory,-ey: mod.nos.: Down etc. *Mac Labhradha* (spokesman). Historically associated with Down. SI.

Mac Closkey: v numerous: Derry-Tyrone, Ulster generally and scattered in the south. In Dublin it is Mac Cluskey or Cluskey. Ir. *Mac Bhloscaidh* from a first name peculiar to the O'Kanes of Derry to which this family were related. SGG.

Mac Cloud: rare: Belfast-Down. Variant of Mac Leod, q.v.

Mac Cloughlin: v rare: Antrim. See Mac Loughlin.

Mac Cloughrey,-ry: rare: Longford etc. Ir. *Mac Clochaire* (stone-worker). MacLysaght assigns the name to Galway and thinks those of Longford may be descended from Scots who came to Donegal 17 cent. Mac Cloghry is rare in Scotland and is not noticed by Black in his Surnames of Scotland. MIF & SS.

Mac Cloy: numerous: Antrim-Derry etc. Ir. *Mac Dhoinnshléibhe* (SGA) but also Scots Gaelic *Mac Lughaidh* of Bute & Arran. SI & SS.

Mac Cluggage: fairly rare: Antrim etc. *Mac Lúcáis* (son of Luke). Scottish: from Argyle.

Mac Clughan,-in: rare: Down etc. Ir. *Mac Clúcáin* (SGA). Woulfe gives "son of *Lúcán*" but no further information. There was a first name *Lughán*, dimin. of *Lugh*, connected with the Maguires, which would be appropriate. however, compare Mac Clogan above, also. GPN.

Mac Clumpha: v rare: Belfast area. Scottish from Galloway. *Mac Giolla Iomchadha*. There was a St Iomchadh associated with the Ards in Down. GPN & SS.

Mac Clune: mod.nos.: Belfast-Down etc. Ir. *Mac Giolla Eoin*. Generally Scottish and synonymous with Mac Lean, q.v.

Mac Cluney: fairly rare: Antrim etc. See Mac Clooney.

Mac Clung: mod.nos.: Ulster generally. *Mac Luinge* "ship's son", a sailor. Scottish. SS.

Mac Clunnie: v rare: Belfast. Probably variant of Mac Clooney, q.v.

Mac Clure: numerous: Ulster generally. Ir. *Mac Giolla Uidhir*, "servant of Odhar" rather than "grey servant". The name is found in Ireland and Scotland.

Mac Clurg: fairly numerous: Down-Armagh etc. Scots Gaelic *Mac an Chléirich* (son of the clerk). Ir. *Mac Luirg* is given by Woulfe and SGA but MacLysaght does not favour it.

Mac Clurkin,-en: rare: Antrim etc. Ir. *Mac Cléirchín* ?

Mac Cluskey,-ie: numerous: Ulster, Dublin etc. Ir. *Mac Bhloscaidh*, from a first name amongst the O'Kanes of Derry. SGG.

Mac Clymont: v rare: Belfast. See Mac Clements.

Mac Coard: v rare: Belfast. See Mac Cord.

Mac Cobb: rare: Derry-Tyrone, Dublin. Probably a variant of Mac Cabe.

Mac Cobbin: v rare: Belfast. Ir. *Mac Gioboin* is a possibility but there was a Norse name Cobban in Scotland in former times and the surname is still current there: this would give *Mac Cobain*.

Mac Codhlaeir: v rare: Dublin. Ir. Lang.

Mac Coey: v rare: Belfast. See Mac Cooey.

Mac Cóil: v rare: Dublin. Ir. Lang. See Mac Cool.

Mac Coiligh: v rare: Waterford. Ir. Lang. See Cox.

Mac Coille; v rare: Dublin. Ir. Lang.. See Woods

Mac Cole: mod.nos.: Donegal-Leitrim etc. Variant of Mac Cool, q.v.

Mac Colgan: fairly numerous: Derry-Tyrone etc. Ir. *Mac Colgan*, from old first name *Colga*. There were septs in Derry and Offaly. SGG.

Mac Coll: rare: Belfast area: Variant of Mac Call, q.v. Not to be confused with Ir. *Mac Colla* which relates to a galloglass family of Donegal now appearing as Coll. SI & MIF.

Mac Collam,-om: mod.nos.: Antrim etc. See Mac Collum.

Mac Collig: v rare: Donegal. Ir. *Mac Coiligh, Mac an Choiligh*. See Mac Quilly.

Mac Collough: v rare: Antrim etc. See Mac Cullough.

Mac Collum: numerous: Antrim-Derry etc. Ir. *Mac Coluim*, from first name *Colm*, a dove.

Mac Colm: v rare: Larne (Antrim). As Mac Collum above.

Mac Comas: v rare: Dublin. See Mac Comish.

Mac Comb,-e: numerous: Ulster generally etc. *Mac Thóm*, from first name Tom. A Scottish name. See Mac Comish and Mac Combs.

Mac Combie: v rare: Abbeyfeale. Apparently a variant of Mac Comb.

Mac Combs,-es: rare: Tyrone. *Mac Thómais*. See Mac Comish.

Mac Comeskey: v rare: Dublin. See Mac Comiskey.

Mac Comish: mod.nos.: Belfast area, Dublin etc. *Mac Thomais*, (son of Thomas). A Scottish name with various synonyms. SS.

Mac Comiskey: mod.nos.: Antrim, Belfast area etc. Ir. *Mac Cumascaigh*, from *cumascach*, confusing. The name is associated with Breifne. Also as Comiskey, Cumiskey, q.v.

Mac Commons: v rare: Down. Ir. *Mac Coimín, Mac Comáin*. A name associated with Oriel.

Mac Comoskey, -Comsky: v rare: Belfast. See Mac Comiskey.

Mac Conachie: rare: Antrim. Ir. *Mac Dhonnchaidh, Donnchadh*, brown lord. Scottish: *Clann Donnchaidh* is the old title of the Robertson clan. SS.

Mac Conaghie,-hy: numerous: Antrim-Down etc. See Mac Conachie above.

Mac Conalogue: rare: Donegal. As Mac Connellogue, q.v.

Mac Conbey: v rare: Downpatrick (Down). Ir ? *Mac Conbhuí*. See Conway.

Mac Cone: fairly rare: Armagh etc. Ir. *Mac Comhghain (Comhain)*. A Meath name now in Ulster. See also Mac Cowan & Cowan. SGG.

Mac Conigly,-ley: rare: Donegal, Dublin. Ir. *Mac Congaile*. Peculiar to Donegal. See Mac Neela.

Mac Coniskey: v rare: Belfast area. See Mac Comiskey.

Mac Conkey: numerous: Belfast, Cavan-Monaghan-Louth, Dublin. See Mac Conachie.

Mac Conmhaigh: v rare: Lisburn. Ir. Lang. See Conway

Mac Conmara: rare: scattered. Ir.Lang. See Mac Namara.

Mac Conn: mod.nos.: Midlands, Galway-Roscommon, Down. Ir. *Mac Mhíolchon* (hunting dog). Historically of Fermanagh. SI & SGG.

Mac Connachie,aghie,-aughie: rare: Antrim etc. See Mac Conachie.

Mac Connell: v numerous: Ulster generally, Midlands etc. Ir. *Mac Dhomhnaill* (son of Dónall). The name is identical with Mac Donnell which is more generally in use. Septs were located in Antrim and Fermanagh.

Mac Connellogue: rare: Donegal etc. Ir. *Mac Dhomhnaill Óig* (young Dónall). A name from Inishowen (Donegal). SI.

Mac Connon: mod.nos.: Monaghan-Louth, Midlands etc. Ir. *Mac Canann, cano*, a wolf-cub. A name associated with Oriel (Louth-Monaghan-Armagh). SGA gives *Mac Conéin* (Monaghan).

Mac Connor: v rare: Louth. Ir. *Mac Conchubhair* (son of Connor). See also Nochar.

Mac Connoran: v rare: Louth. Perhaps dimin. of Mac Connor. ? *Mac Conchúráin*.

Mac Conomy: fairly rare: Derry. Ir. *Mac Conmidhe* (hound of Meath). See also Conway.

Mac Convery: v rare: Belfast. Ir. *Mac Ainmhire*. See Convery.

Mac Convey: fairly numerous: Belfast-Down. See Mac Conway.

Mac Conville: numerous: Down-Armagh-Louth. Ir. *Mac Conmhaoil* (high-chief). A sept of Oriel. SI & MIF.

Mac Conway: fairly rare: Derry etc. Ir. *Mac Conmidhe*. See Mac Conomy and Conway.

Mac Coo: fairly rare: Portadown (Armagh) etc. Ir. *Mac Aodha*. See Mac Hugh.

Mac Cooe: rare: Dublin, Portadown. As Mac Coo above.

Mac Cooey: mod.nos.: Armagh-Tyrone etc. Ir. *Mac Cumhaighe* (SI); *Mac Cumhaí* (SGA); *Mac Cobhthaigh* (SGG). This latter name is more general as Coffey. The modern version of SGA is now appropriate.

Mac Coohan: v rare: Dublin: Ir. *Mac Cuacháin*, perhaps from *cuach*, cuckoo. This name has been associated with Leitrim. See also Mac Goohan.

Mac Cook: mod.nos.: N Antrim etc. Ir. *Mac Dhabhoc* (SGA). Diminutive of David and usually of Scottish origin. SS.

Mac Cooke: v rare: Kinvara (Galway). See Mac Hugo.

Mac Cool,-e: fairly numerous: Donegal-Derry-Tyrone etc. Ir. *Mac Giolla Comhghaill*, devotee of St Comhghall, a name associated with the monastery of Bangor. See also Coyle.

Mac Coomb: v rare: Antrim. See Mac Comb.

Mac Coosh: rare: Lisburn (Antrim). See Mac Cosh.

Mac Coppin: v rare: Belfast area. Perhaps Ir. *Mac Fhibín*. See Mac Kibben.

Mac Cord: numerous: E Ulster etc. Ir. *Mac Cuairt*, in Oriel but Mac Cord is Scottish from Galloway, still the same basic name. Possibly from *Mac Muircheartaigh*. SI & SS.

Mac Corderick: v rare: Fermanagh. Ir. ? *Mac Uallghairg*. See Mac Golderick.

Mac Cordick: rare: Down etc. Ir. *Mac Ceárdaich*. Craftsman. Hardy, q.v., may a variant in some cases. Another possibility: *Mac Cuardaigh*: visitor.

Mac Corduck: v rare: Roscrea, Cork. As Mac Cordick.

Mac Coriston: v rare: Derry. See Mac Corriston.

Mac Corkell: mod.nos.: Derry-Tyrone-Donegal. Ir. *Mac Thorcaill* (son of Thorcall, a Norse name). Scottish, related to Clann Gunn of Argyle. SI.

Mac Corkingdale: v rare: Ballymena (Antrim). Scots Gaelic *Mac Thorcadaill*, from Norse name *Thorketill*,"Thor's kettle". A fuller version of Mac Corkell. SS.

Mac Corley: rare: N Antrim. Ir. *Mac Thoirdhealbhaigh*. This name is Corley and Curley in Connacht. Although *Toirdhealbhach* means "Thor-like", the aboriginal first name *Tairdelbach* means "instigator" and was popular in 11 & 12 cents. The modern Ulster version *Tárlach* is equivalent to Turlough. The surname is now spelled *Mac Thoirealaigh*. GPN & SGA.

Mac Cormac: rare: Belfast area etc. See Mac Cormack.

Mac Cormack: v numerous: all areas, especially Midlands. Ir. *Mac Cormaic* (son of Cormac), a popular first name. There was a sept in Longford but the name is general.

Mac Cormick: v numerous: E Ulster, less so elsewhere. Otherwise as Mac Cormack. Mac Lysaght considers many of the Ulster people to be of Scottish origin.

Mac Cormill: rare: Monaghan, Antrim etc. Scots Gaelic *Mac Gormaile*. Perhaps from first name *Gormghiolla*, dark lad. SS.

Mac Cormilla: v rare: Monaghan. See Mac Cormill.

Mac Cormish: rare: Seaforde (Down). Ir. *Mac Thomais*.

Mac Corran: rare: Down etc. Ir. *Mac Corráin, Mac Giolla Odhráin*. Compare Curran & Horan. The name may be Irish or Scottish. SS.

Mac Corrision: v rare: Coleraine. See Mac Corriston.

Mac Corriskin: v rare: Donegal. Evidently another variant of Mac Corristin below.

Mac Corriston,-in: mod.nos.: Derry-Donegal etc. Ir. *Mac Orraistín* (SGA). Black mentions a place in Dumfries called Macorriston which he thought might derive from Corish, q.v.

Mac Corry: numerous: Belfast area etc. Ir. *Mac Gothraidh* (son of Godfrey). There was a family of this name related to the Maguires of Fermanagh. MIF.

Mac Corvie: v rare: Belfast. Scottish from Kintyre. Scots Gaelic: *Mac Fhearghuis*. SS.

Mac Cosh: mod.nos.: Antrim etc. *Mac Coise*, (courier or footman). May be Irish or Scottish: it is *Mac Cuis* in the Western Isles. See also Mac Quish and Quish.

Mac Cosker: rare: Strabane (Tyrone). See Mac Cusker.

Mac Cotter: mod.nos.: Antrim etc. Ir. *Mac Oitir*, from Norse first name Ottar. Primarily Scottish as the name is always Cotter in the south and Irish is *Mac Coitir*.

Mac Couaig: v rare: Ballycastle (Antrim). Ir. *Mac Cuaig*. See Mac Cuaig below.

Mac Coubrey,-ie: fairly numerous: Down etc. Scots Gaelic *Mac Cúithbreith* (Cuthbert). SS.

Mac Court: numerous: Ulster generally, Louth-Midlands. Ir. *Mac Cuarta,-Cuairt*. A sept of Oriel which has sometimes been changed to Courtney. Séamas Dall Mac Cuarta (1647-1732) was a notable poet and friend of Carolan who was also blind. MIF.

Mac Courtney: v rare: Dublin. Variant of Mac Court, q.v.

Mac Coville: v rare: Strangford (Down). Ir. *Mac Cathmhaoil*. This name appears as Campbell, Caulfield, Mac Cavill etc.

Mac Cowan,-en: rare: Antrim, Kerry etc.Ir. *Mac Comhdhain*. There is a Scottish connection but it is in any case a synonym of Mac Cone, q.v. MIF.

Mac Coy: numerous: all areas, especially E Ulster, W Limerick, Louth. Ir. *Mac Aodha*, from first name *Aodh*, fire. They were Scots galloglasses in Ulster and the W Limerick branch came from Ulster in 16 cent. Synonyms: Mac Kay, Mac Kee, Mac Hugh.

Mac Crabbe: rare: Donegal-Tyrone. Ir. *Mac Raib*, son of Rob (Robert). Mac Robb is current in Scotland and historically related to the Stewarts of Appin.

Mac Cracken: numerous: Ulster generally etc. Ir. *Mac Reachtain*, Ulster variant of *Mac Neachtain,* which is also of Scottish origin. See also Mac Naughton and Grattan.

Mac Crae: rare: Belfast etc. *Mac Craith, Mac Raith, rath*, prosperity. Scottish, Black says it is a personal name, not a patronymic. More usual as Mac Crea, q.v.

Mac Crainor: v rare: Down: Ir. *Mac Thréinfhir*. See Mac Creanor, Traynor.

Mac Craith: rare: scattered. Ir. Lang. See Magrath.

Mac Crann: mod.nos.: Leitrim-Roscommon etc. Ir. *Mac Bhrain, Bran*, raven. Also as Rynn.

Mac Craron: v rare: Armagh. As Mac Crarren below.

Mac Crarren: rare: Belfast, Monaghan. Possibly variant of Mac Laren, q.v.

Mac Crave: v rare: Louth. May be variant of Kineavy, i.e. *Mac Cinnshnámha*. See Forde.

Mac Crea: numerous: Ulster generally, Wexford etc. Ir. *Mac Raith, Mac Craith* from *rath*, bounty, prosperity. Scottish, but cognate with Irish Mac Grath, Magrath.

Mac Cready,-ie: numerous: Down-Antrim-Derry-Donegal etc. Ir. *Mac Riada*, an ecclesiastical family of Donegal. Also in Scotland.

Mac Creamor: v rare: Antrim. As Mac Creanor.

Mac Creanor, Mac Crenor: mod.nos.: Down, Midlands etc. Ir. *Mac Thréinfhir*, literally "strong man" means "champion". Historically associated with Oriel.

Mac Creary: mod.nos.: Down-Armagh etc. See Mac Creery.

Mac Creddin: v rare: Dublin. Ir. ? *Mac Críodáin*. See Creedon.

Mac Creedy: mod.nos.: Down etc. See Mac Cready above**.**

Mac Creery: fairly numerous: Down, South East etc. Ir. *Mac Ruidhrí*, variant of *Mac Ruaidhrí*. See Mac Rory.

Mac Creesh: fairly numerous: Armagh-Tyrone-Monaghan etc. Ir. *Mac Raois*. Apparently a corruption of *Mac Aonghuis* (Mac Guinness) and associated with Oriel. SI.

Mac Creevy,-ey: rare: Dublin-Kildare etc. Ir. *Mac Riabhaigh*. See Mac Greevy.

Mac Creight: mod.nos.: Down-Antrim etc. Ir. *Mac Creacht* (SGA). Scottish from Galloway.

Mac Crellas,-es: v rare: N Antrim etc. See Mac Crellis.

Mac Crellis: rare: N Antrim etc. Ir. ? *Mac Riallais*. See Grealish.

Mac Crickard: rare: Down. Ir. *Mac Riocaird* (Richard). Also as Crickard, q.v.

Mac Crilly: v rare: Benburb (Tyrone). Ir. *Mac Raghallaigh*, a name of Oriel. There was also *Ó Crilligh* in Derry. See Crilly.

Mac Crim: v rare: Armagh. Ir. ? *Mac Croim, crom*, bent, crippled. See Mac Crum.

Mac Crindle: v rare: Belfast etc. Ir. *Mac Ránaill* (Randal). A Scottish name from Galloway.

Mac Crink: fairly rare: Armagh-Down etc. *Mac Fhrainc* (SGA) "son of Frank", this name exists in Scotland though not mentioned by Black.

Mac Crisken: rare: Belfast. Ir. *Mac Cristin* (SGA). "son of Christian". Scottish from Galloway.

Mac Crissican: rare: Ardglass (Down). Variant of Mac Crisken, q.v.

Mac Croary: rare: Antrim etc. See Mac Rory.

Mac Crodden: v rare: Dublin. See Mac Crudden.

Mac Crogan: v rare: Bangor (Down). Ir. *MacConchruagáin*. This is a Roscommon name – it usually appears as Crowne in Ulster. See Croghan. MIF.

Mac Crohan: mod.nos.: Kerry-Limerick etc. Ir. *Mac Criomhthainn*. From an early first name meaning "fox". A curious anomaly is the name of the Blasket Island writer *Tomás Ó Criomhthainn*. See also Croghan. The form Mac Crochan is very rare.

Mac Crone: rare: scattered in Ulster. Ir. *Mac Cróin, Crón*, a first name meaning swarthy. Scottish from Galloway. SS.

Mac Crory,-ie: numerous: Ulster generally etc. Ir. *Mac Ruaidhrí* (red king). See Mac Rory.

Mac Croskery: rare: Belfast. Variant of Cosgrave, q.v.

Mac Croskey: v rare: Belfast. Probably as Mac Croskery above.

Mac Crossan: fairly numerous: Tyrone-Donegal & Ulster generally; Kildare and scattered in the south. Ir. *Mac an Chrosáin, crosán*, a rhymer, entertainer. There were families in Tyrone and Kildare - the latter now usually Crosby. SGG.

Mac Crubb: rare: Antrim. Scots Gaelic *Mac Rob* (son of Robert). From Argyle. SS.

Mac Crudden: fairly numerous: Donegal Derry-Antrim-Down etc. Ir. *Mac Rodáin, rod*, strong. See also Rudden.

Mac Cruikshank: v rare: Antrim. A humourous mixture of Gaelic and Scots. Common in Scotland minus the Mac.

Mac Crum: fairly numerous: Down etc. Scots Gaelic *Mac Cruim, crom*, bent, stooped. A Scottish name associated with Islay.

Mac Crumb: v rare: Belfast. As Mac Crum.

Mac Crumlish: rare: scattered in Ulster. Ir. *Mac Cromroisc* (squint-eyed). Woulfe makes this an "Ó" name and the derivation is open to question. SGG & SI.

Mac Crystal: fairly numerous: Tyrone-Derry-Antrim etc. Ir. *Mac Criostail*. Scottish from first name Christopher. See Mac Chrystal.

Mac Cuaig: rare: Rathlin Is. etc. Ir. *Mac Dhubhaigh, dubhach*, dark, melancholy. A Scottish name from Islay. SS.

Mac Cubbin: rare: Fermanagh etc. Ir. *Mac Giobúin* (son of Gibbon). Scottish from Galloway.

Mac Cubrie, Mac Cubbrey: v rare: Down etc. Ir. *Mac Cúibreith* (SGA). Perhaps Cuthbert.

Mac Cudden,-an: fairly rare: Antrim etc. *Mac Cadáin*, an ecclesiastical family of Armagh. See also Mac Cadden and Cadden.

Mac Cue: fairly rare: Belfast area etc. Ir. *Mac Aodha*. A form of Mac Hugh in Ulster. It must be noted that the Teutonic *Hugh* bears no semantic relationship with Celtic *Aodh*. One was arbitrarily substituted for the other.

Mac Culla: fairly rare: Down etc. Ir. *Mac Cú Uladh* (hound of Ulster). See Mac Cullough.

Mac Cullagh,-augh: numerous: Ulster generally, Dublin, scattered elsewhere. See Mac Cullough.

Mac Cullen: rare: Down-Louth etc. Ir. *Mac Cuilinn. Cuileann*, holly, is used as a first name.

Mac Culloch,-ouch: mod.nos.: Ulster generally, Dublin etc. See Mac Cullough.

Mac Cullough: v numerous: Belfast area-Down, Ulster generally, scattered elsewhere. Ir. *Mac Cú Uladh* (hound of Ulster). The name is current in Scotland and MacLysaght mentions that it might derive from *collach*, a boar, but it seems more logical that all the names have the same source in Ulster, though many subsequently came as settlers in 17 cent.

Mac Cullins: v rare: Dundalk (Louth). See Mac Cullen above.

Mac Cully: fairly numerous: Ulster generally. Variant of Mac Cullough, q.v.

Mac Cumhaill: rare: Dublin etc. Ir. Lang. See Mac Cool.

Mac Cumiskey: fairly rare: Louth-Armagh-Dowm etc. Ir. *Mac Cumascaigh*. See Mac Comiskey and Comaskey.

Mac Cune: fairly numerous: Down-Antrim etc. Ir. *Mac Eoin* (John). Synonym of Mac Keon in Ulster, or, Scots Gaelic *Mac Eoghain*, from Galloway. See also Mac Cone. SI & SS.

Mac Cunnie: v rare: Tyrone. Ir. *Mac Connaidh*. Personal name *Connadh*. SGG.

Mac Cunn: v rare: Limavady (Derry). See Mac Cune above. SS.

Mac Curdy,-ie: numerous: Antrim-Rathlin-Derry etc. Ir. *Mac Mhuircheartaigh* from first name *Muircheartach*, good seaman. The name is well-known in Scotland. SI & SS.

Mac Curley: mod.nos.: Belfast area etc. Ir. *Mac Thoirdhealbhaigh* (Thor-like). This is generally a Connacht name. It may represent *Mac Tharlaich* (Scottish). See Curley.

Mac Curry,-ie: fairly numerous: Down-Antrim etc. Ir. *Mac Gothraidh*. See Mac Corry.

Mac Curtain: rare: Cork-Dublin. Ir. *Mac Curtáin*. See Mac Curtin & Curtin.

Mac Curtin: fairly rare: Munster. Ir. *Mac Cuirtín* formerly *Mac Cruitín* (hump-backed) and associated with Clare. Now more usual as Curtin, q.v.

Mac Cush: v rare: Lisburn (Antrim). Ir. *Mac Coise*. See Mac Cosh.

Mac Cusker: numerous: Fermanagh, Tyrone and Ulster generally. Ir. *Mac Oscair*, from first name *Oscar,* deer-lover, popular amongst the Maguires of Fermanagh to whom this sept were related. GPN, SI.

Mac Cutcheon,-chun: numerous: Down-Tyone and Ulster generally, scattered in the south. Ir. *Mac Úistín,* from Hutchin, diminutive of Hugh. Originating in Scotland where they were related to the Mac Donalds.

Mac Dade, Daeid: mod.nos.: Belfast-Down etc. See Mac Daid.

Mac Daid: numerous: Donegal-Derry etc. Ir. *Mac Daibhéid*, (son of David). A branch of the O'Dochertys of Inishowen. Also as Mac Devitt and Davitt, q.v.

Mac Daniel: rare: Belfast, Cavan-Monaghan. Ir. *Mac Domhnaill*. Thought to be an anglicisation of Scottish Mac Donald. SS.

Mac Darby: mod.nos.: Dublin and scattered in Midlands and South. Ir. *Mac Diarmada*. See Mac Dermott.

Mac Darron: v rare: Belfast. Ir. *Mac an Deoraidhean*. Stranger or pilgrim. Apparently Scottish.

Mac Dermott,-ot: v numerous: all areas, especially Connacht, Derry-Tyrone-Fermanagh, Monaghan-Louth, Midlands. Ir. *Mac Diarmada*, son of *Diarmaid*, an early first name, meaning, perhaps, "freeman". An important sept of Connacht, divided into three branches: Mac Dermot of Moylurg (senior); Mac Dermot Roe (*rua*, red) and Mac Dermot Gallda (anglicised). The Mac Dermot, recognised chief of the sept, enjoys the title of "Prince of Coolavin". IF & SGG.

Mac Dermottroe: rare: Roscommon-Sligo. See Mac Dermott.

Mac Devitt,-e: numerous: Donegal-Derry-Tyrone etc. Ir. *Mac Daibhéid*. See Mac Daid above.

Mac Dhuarcáin: v rare: Dublin. Ir. Lang. See Mac Gurgan. The name relates to Armagh. SGG.

Mac Dhonnchadha: v rare: scattered. Ir. Lang. See Mac Conaghy etc. See Mac Donagh.

Mac Diarmada: rare: Dublin etc. Ir. Lang. See Mac Dermott.

Mac Diarmid: v rare: Derry-Antrim. Scottish from Argyle. Compare Mac Dermott.

Mac Donagh: v numerous: all areas, especially Connacht. Ir. *Mac Donnchadha* from first name *Donnchadh*, brown warrior. Modern *Donncha*. A branch of the Mac Dermots in Connacht. There is a Scottish connection as *Donncha* = Duncan. SGG.

Mac Donaghy: v rare: Down. Ir. *Mac Donnchaidh.* See Mac Donagh.

Mac Donald: v numerous: all areas, especially Ulster & Leinster. Ir. *Mac Domhnaill*, son of *Domhnall*, "world-mighty". A major Scottish clan, but see Mac Donnell.

Mac Donaugh: v rare: Belfast. Scottish version of Mac Donagh, q.v.

Mac Donncha: mod.nos.: Conamara etc. Ir. Lang. See Mac Donagh. One of the few Ir. Lang. names to re-assert itself in the telephone directory.

Mac Donnell: v numerous: all areas, Ulster generally, Louth-Meath, Mayo etc. Ir. *Mac Domhnaill,* from first name *Domhnall,* "world-mighty". One group came from Scotland in 13 cent and became established in the Glens of Antrim; another sept of Thomond (Clare) were connected with the O'Briens. IF.

Mac Donough,-ogh: numerous: all areas, mainly Dublin. See Mac Donagh.

Mac Dougall,-ald: mod.nos.: Belfast area etc. Rare in the south. Ir. *Mac Dubhghaill* (dark stranger). A Scottish form of the name. See Mac Dowell which may be Scottish or Irish. MIF.

Mac Dowell: v numerous: Ulster generally, Louth-Meath etc. Ir. *Mac Dubhghaill* (dark stranger). The name refers mainly to Scottish settlers, some of whom came from the Western Isles as galloglasses, and some of whom settled in Roscommon. MIF.

Mac Dremott: v rare: Omagh (Tyrone). Variant of Mac Dermott, q.v.

Mac Drury: v rare: Belfast. Ir. *Mac an Druaidh, druadh*, a druid. See also Drury. SI.

Mac Duff: rare: Derry. Ir. *Mac Duibh, dubh*, dark - a dark-haired person or perhaps an abbreviation of some name beginning with *dubh*. The name did not exist in Mac Beth's time, but it is primarily Scottish. SS.

Mac Dunphy: rare: Dublin. Ir. *Mac Donnchaidh.* Synonymous with Mac Donagh but presumably of Leinster origin - see Dunphy. IF.

Mac Dwyer: rare: Cavan and scattered. Ir. *Mac Dubhuidhir, dubh* = dark + first name *Odhar* meaning dun, greyish-brown. Commonly changed to *Mac Duibhidhir*. See Mac Dyer.

Mac Dyer,yre: fairly rare: Donegal etc. Ir. *Mac Duibhidhir*, modern *Mac Duibhir* (SGA). Compare Mac Dwyer above.

Mace: v rare: Derry, Down. A diminutive of first name Matthew or, possibly, Thomas. It is very rare in Scotland. See Massey.

Mac Eachern,-Eachrain: v rare: Dublin, Down. See Mac Gahern. However Black shows that this name is also Scottish, deriving from *Eachthigheirn* (horse-lord) and so synonymous with Aherne, q.v.

Mac Elarney: v rare: Louth. See Mac Elearney.

Mac Elbanna: v rare: Keady (Armagh). Ir. ? *Mac Giolla Mheana.* See Mac Elvaney and Mac Ilvenna. They originated in Antrim.

Mac Elborough: v rare: Belfast. Ir. ? *Mac Giolla Bearaigh*: see also Mac Gillivray.

Mac Elchar,-e: rare: Donegal-Castlederg (Tyrone). Ir. *Mac Giolla Chathair* (devotee of S Cathair). See Mac Ilhair, Carr and Kilcar. SI.

Mac Elderry: rare: scattered in Ulster. Ir. *Mac Gioll' Dorcha* (son of the dark i.e. blind servant). SI.

Mac Eldowney: mod.nos.: Derry and Ulster generally. Ir. *Mac Giolla Domhnaigh* (servant of the Lord). See also Muldowney.

Mac Elduff: mod.nos.: Tyrone etc. Ir. *Mac Gioll' Duibh* (dark servant). See also Kilduff.

Mac Elean: v rare: Maghera (Derry). Probably variant of Mac Clean, q.v.

Mac Elearney: rare: Louth-Monaghan-Down. Ir. *Mac Giolla Earna*, son of devotee of S Earna.

Mac Eleavey: rare: Armagh etc. Ir. *Mac Dhoinnshléibhe.* See Mac Aleavy.

Mac Eleney: rare: Derry. Ir. *Mac Giolla Chainnigh.* See Mac Elhinney.

Mac Elfatrick: rare: Derry. Ir. *Mac Giolla Phadraig*, devotee of S Patrick. See FitzPatrick.

Mac Elgunn: v rare: Fermanagh. Ir. *Mac Giolla Dhuinn* (brown servant) or *Mac Giolla Gunna* (gun-bearer). See also Gunn.

Mac Elhannan: v rare: Belfast, Dublin. Ir. *Mac Giolla Chonáin. Conán* was a popular first name.

Mac Elhargy: v rare: Dublin. Ir. *Mac Giolla Chairge* or *Mac Giolla Fhearadha.* See Mac Ilhagga.

Mac Elhatton,-an,-en: mod.nos.: Tyrone etc. Ir. *Mac Giolla Chatáin*, devotee of Catán, an Ulster saint. GPN.

Mac Elhearney: v rare: Cookstown (Tyrone). See Mac Elearney.

Mac Elhenney,-ny, Mac Elheney: rare: Tyrone etc. See Mac Elhinney.

Mac Elhennon: v rare: Derry. See Mac Elhannan.

Mac Elherron,-eran: rare: Down-Armagh etc. Ir. *Mac Giolla Chiaráin*, devotee of St Ciarán, one of many of that name but in this case belonging to Down.

Mac Elhill: fairly rare: Fermanagh-Tyrone etc. Ir. *Mac Giolla Choille. Coille* is New Year's Day, so the name may refer to a person born on January 1st, though *Giolla* usually precedes a saint's name. SI & SGG.

Mac Elhinney: numerous: Donegal-Derry etc. Ir. *Mac Giolla Chainnigh*, devotee of S Canice. They were a sept of Cineál Eoghain in Ulster and appear as Kilkenny in Connacht.

Mac Elholm,-ome: mod.nos.: Fermanagh-Tyrone-Derry. Ir. *Mac Giolla Choluim*, devotee of St Colm (Colm Cille). However, the name has appeared in the Annals as *Mac Giolla Chalma* (brave servant) and this may be the original form. SI & MIF.

Mac Elhone: mod.nos.: Derry-Tyrone. Ir. *Mac Giolla Chomhghain*, devotee of St Comhghan. It is also Scottish from Argyle. SI & SS.

*Mac Elhoyle: Ir. *Mac Giolla Choille* (SGA). See Mac Elhill.

Mac Elkearney: v rare: Tyrone-Derry. Ir. ? *Mac Giolla Chearnaigh, cearnach*, victorious. Also as Mac Elkerney.

Mac Elkennon: v rare: Tyrone. Ir. ? *Mac Giolla Ceanainn*, or as Mac Elhannon, q.v.

Mac Elkenny: rare: Coalisland (Tyrone). Ir. *Mac Giolla Chainnigh*. See Mac Ilhinney.

Mac Elkerney: rare: Belfast etc. See Mac Elkearney above.

Mac Elkinney: v rare: Coalisland (Tyrone). As Mac Elkenny above.

Mac Elligott: numerous: N Kerry, Limerick etc. Ir. *Mac Uileagóid*, diminutive of *Uileoc*, William. Thought to be a Cambro-Norman family, FitzElias, in Ireland 13 cent and long identified with Kerry. SI & MIF.

Mac Ellin: fairly rare: Mayo etc. Ir. *Mac Ailín*, a sept of Roscommon separate from Mac Allen.

Mac Ellistrim,-em,-aun: rare: N Kerry. Ir. *Mac Alastruim*, from a variant of first name *Alastar*, which is a gaelicisation of Alexander. Appears to be a patronymic adopted by a Geraldine family in Kerry. SI.

Mac Ellone: v rare: Derry. See Mac Elhone.

Mac Elmeel: rare: Armagh-Monaghan. Ir. *Mac Giolla Michíl* (devotee of S Michael).

Mac Elmurray: rare: Tyrone. Ir. *Mac Giolla Muire* (devotee of Blessed Virgin).

Mac Elnay: v rare: Antrim. See Mac Elnea.

Mac Elnea: rare: Antrim-Down. Ir. *Mac Giolla na Naomh*, devotee of the saints. This name has become *Mac Giollarnáth* in Connacht and by mistranslation, Forde.

Mac Eloney: v rare: Antrim. Ir. *Mac Giolla Dhomhnaigh*. See Mac Eldowney.

Mac Elpatrick: v rare: Lisnaskea (Fermanagh). Ir. *Mac Giolla Pádraig*, devotee of S Patrick.

Mac Elrath: v rare: Tyrone. Ir. *Mac Giolla Riabhaigh, riabhach*, brindled or roan. See also Mac Areavey. SGA.

Mac Elrea: rare: Tyrone. Ir. *Mac Giolla na Naomh* (devotee of the saints.) See Mac Elnea.

Mac Elreavy: rare: Antrim etc. As Mac Elrath above.

Mac Elree: v rare: Dublin. As Mac Elrath.

330

Mac Elrone: v rare: Fermanagh. Ir. *Mac Giolla Ruadháin*, devotee of St Ruan. The first name *Ruadhán* means red-haired. See also Ruane.

Mac Elroy: numerous: Tyrone-Fermanagh, Armagh-Monaghan-Louth etc. Ir. *Mac Giolla Rua*, red-haired youth or servant. A sept of Fermanagh, often changed to Gilroy, Kilroy, q.v.

Mac Elvaney: mod.nos.: Monaghan. Ir. *Mac Giolla Mheana*, devotee of St Meana. See Mac Elvanna and Mac Ilvenna.

Mac Elvanna,-ny: rare: Armagh-Tyrone. As Mac Elvaney.

Mac Elveen: rare: Belfast, Armagh etc. Ir. *Mac Giolla Mhín, mín*, smooth, gentle. See Mac Ilveen, which is more numerous.

Mac Elveney: v rare: Dublin. See Mac Elvaney.

Mac Elvenna,-ny: rare: Armagh etc. As Mac Elvaney above.

Mac Elvey: v rare: Belfast. As Mac Elwee below.

Mac Elvogue: rare: Tyrone. Ir. *Mac Giolla Mhaodhóg*, devotee of St Mogue. Also as Mac Ilvogue.

Mac Elwain,-e: fairly rare: scattered in Ulster. This name may be (1) Ir. *Mac Giolla Bháin* (fair servant; (2) Scottish *Mac Giolla Bheathain* (devotee of St Beathan). The former was a N Connacht group. MacLysaght thinks that most of the Ulster people are of Scottish origin.

Mac Elwee: mod.nos.: Derry-Tyrone-Donegal etc. Ir. *Mac Giolla Bhuí* (golden youth). Also as Mac Ilwee and Mac Gilloway, q.v.

Mac Enally: v rare: Cork. Ir. *Mac an Fhailí*. See Mac Nally

Mac Enaney: rare: Monaghan Louth-Down. Ir. *Mac an Dhéaghanaigh* (son of the dean), although also accepted as *Mac Conaonaigh*, hound of the fair. It has been mistranslated Bird.

Mac Enarney: v rare: Down. As Mac Inerney, q.v.

Mac Endoo: v rare: Fermanagh. Ir. *Mac Conduibh* (black hound). There are numerous synonyms: Cunniff, Mac Niff, Caddow etc. MIF.

Mac Eneaney,-ny: fairly numerous: Monaghan-Louth-Armagh etc. As Mac Enaney above. A sept of Oriel which has survived in its own territory.

Mac Eneff: rare: Dublin etc. Ir. *Mac Conduibh*. See Mac Endoo.

Mac Eneny: v rare: Belfast. As Mac Eneaney above.

Mac Enerney: rare: Midlands etc. See Mac Inerney.

Mac Enery: mod.nos.: Limerick-Clare-Kerry etc. Ir. *Mac Innéirí* (early riser). They belonged to the Uí Cairbre at the present Castletown Conyers, Limerick. IF.

Mac Enhill: rare: Tyrone. Ir. *Mac Conchoille* (hound of the wood). This name has been much changed to Woods. See also Mac Elhill.

Mac Eniff: rare: Fermanagh-Tyrone. See Mac Endoo above.

Mac Eniry: rare: Limerick-Tipperary. See Mac Enery above. Pronounced enayry.

Mac Enoy: v rare: Lurgan (Armagh). See Mac Anoy above.

Mac Énri: rare: scattered. Ir. Lang. See Mac Henry.

Mac Enroe: fairly numerous: Cavan-Longford-Monaghan. Ir. *Mac Conruabha, Ruabha* is probably a place-name. Generally associated with Breifne, (Cavan-Leitrim).

Mac Enroy: rare: Leitrim etc. As Mac Enroe above.

Mac Entaggart: rare: Meath-Louth, Armagh etc. Ir. *Mac an t-Sagairt* (priest's son). A sept of Fermanagh. More common as Taggart, q.v. Celibacy of the clergy was not general in medieval Ireland and this is reflected in the surnames.

Mac Entee: numerous: Armagh-Monaghan-Cavan-Louth etc. Ir. *Mac an t-Saoi, saoi*, a wise man. A sept of Oriel (Armagh-Monaghan).

Mac Enteggart: fairly rare: Louth-Meath, Armagh. See Mac Entaggart.

Mac Ennis: v rare: Limerick. See Mac Guinness.

Mac Entire,-tyre: rare: Longford-Leitrim. See Mac Intyre.

Mac Enuff: v rare: Newry (Down). Variant of Mac Endoo, q.v.

Mac Eochagáin: rare: Galway etc. Ir.Lang. See Coogan, Keogan.

Mac Eoin: mod.nos.: Dublin, Galway etc. Ir.Lang. See Mac Keon, Owens.

Mac Erlain,-e: mod.nos.: Antrim-Down, Donegal etc. Ir. *Mac Fhirléighinn* (learned man). Originating in Sligo, a branch moved to Derry. Refers to head of monastic school. MIF.

Mac Erlean: numerous: Ulster generally, especially Antrim. See Mac Erlain.

Mac Ervel: v rare: Belfast, Bangor. Ir. *Mac Cearbhaill*. See Mac Carville and Mac Carroll.

Mac Evaddy: rare: Galway-Mayo etc. Ir. *Mac an Mhadaidh, madadh*, a dog. Not as uncomplimentary as appears in English.

Mac Evaney, Evanney: rare: Mayo: Ir. *Mac an Mhanaigh, manach*, monk. See MacEntaggart.

Mac Evatt: v rare: Dublin etc. Variant of Mac Kevitt, q.v.

Mac Eveney: v rare: Mayo. Ir. ? *Mac Dhuibhne. Duibhne* is an old first name.

Mac Evilly: mod.nos.: Galway-Mayo etc. Ir. *Mac an Mhílidh, míleadh*, warrior. A patronymic adopted by the Norman Stauntons in Mayo. MIF.

Mac Evitt: rare: Dublin. Variant of Mac Kevitt, q.v.

Mac Evoy: v numerous: Midlands, South-East, Down etc. Ir. *Mac Fhíodhbhuidhe* from *fíodhbhadhach,* a woodsman. One of the "Seven Septs of Laois". In Ulster it is of different derivation: *Mac Bheatha*, for which see Mac Veigh. IF.

Mac Ewan,-en: mod.nos.: Belfast area, Antrim etc. Scots Gaelic *Mac Eoghain*. A Scottish name analogous to Mac Cone, Mac Keown.

Macey: v rare: Waterford. English, dimin. of Matthew. See also Massey.

Mac Fadden, Mac Faddian, Mac Fadyen: numerous: Ulster generally, Midlands, Sligo etc. Ir. & Scots *Mac Pháidín*, diminutive of Patrick. See also Fadden. MIF.

Mac Fadzean: rare: Belfast area. Variant of Mac Fadden, q.v.

Mac Fall: numerous: Antrim etc. Ir. *Mac Pháil* (Paul). In Scotland as Mac Phail. The Ulster names may well be of Scots origin. See also Mac Faul.

Mac Falone: v rare: Derry. Ir. ? *Mac Fallamhain* (ruler). See Fallon.

Mac Farland: numerous: Ulster generally. Ir. *Mac Pharthaláin,* possibly from gaelicisation of biblical Bartholomew. They were a literary sept of Oriel. See also Mac Parland.

Mac Farlane: numerous: Antrim-Tyrone etc. Scottish name synonymous with Mac Farland but distinction would now be difficult. They were known as Clan Allan in the Highlands. SS.

Mac Farline: rare: Tyrone etc. As Mac Farlane.

Mac Faul: fairly numerous: Antrim-Derry-Donegal etc. The name may be Scottish or Irish, deriving from *Mac Pháil* (son of Paul). See also Mac Fall.

Mac Fay: v rare: Armagh. Ir. ? *Mac Dhuibhshíthe*. See Mahaffy.

Mac Fedridge: v rare: Belfast. See Mac Fetridge.

Mac Fee: rare: Down etc. Ir. *Mac Dhuibhshíthe*. See Mahaffy.

Mac Feely,-ey: mod.nos.: Derry-Donegal etc. Ir. *Mac Fithcheallaigh* (chess-player). See also Fehilly.

Mac Feeney: v rare: Waterford. Ir. ? *Mac Fiannaí*. See Feeney.

Mac Feeters: mod.nos.: Down, Derry etc. Ir. *Mac Pheadair*, son of Peter. Often changed to Peterson. SI.

Mac Ferran: numerous: Belfast area, Down etc. Ir. *Mac Mhearáin, mear*, swift (SGA). Woulfe says it originated in W Meath; it is now an Ulster name. A question mark remains. SGG & SI.

Mac Fetrick,-ich: v rare: Antrim. Ir. *Mac Phadraic* (son of Patrick). SGA.

Mac Fetridge: fairly numerous: Antrim etc. Scots Gaelic *Mac Pheadruis* (son of Peter). A name associated with Tiree and Galloway. SS.

Mac Fetters: v rare: Down. See Mac Feeters.

Mac Fheorais: rare: Dublin. Ir.Lang. See Corish.

Mac Fhionnlaoich: rare: Donegal etc. Ir.Lang. See Mac Kinley.

Mac Fhlannchadha: rare: Dublin. Ir.Lang. See Clancy.

Mac Flynn: fairly rare: Down-Antrim-Derry etc. Ir. *Mac Floinn* from first name *Flann* meaning "ruddy". With "F" aspirated it becomes Mac Lynn, q.v.

Mac Frederick: v rare: Fermanagh. A corruption of Mac Fetridge, q.v.

Mac Gabhann: mod.nos.: scattered. Ir.Lang. See Smith.

Mac Gaffin: mod.nos.: Down-Armagh etc. Ir. *Mac Dhuibhfinn*, perhaps *dubh + Fionn*, the latter being a first name meaning "fair". So "dark Finn". SGG.

Mac Gafraidh: v rare: Dublin. Ir. Lang. See Mac Caffrey.

Mac Gagh: rare: Tuam (Galway). Ir. *Mag Eathach*, variant of *Eochaidh*, horseman. See Haughey and Mac Gough.

Mac Gaghey: rare: Monaghan, Meath etc. Ir. *Mag Eachaidh*, variant of *Eochaidh*, see Mac Gough.

Mac Gaghran: v rare: Omagh (Tyrone). See Mac Gahern.

Mac Gahan,-on: numerous: Monaghan-Armagh-Tyrone etc. Ir. *Mag Eácháin* from first name *Eáchán,* dimin. of *Eochaidh*. The name was associated with Oriel. SI.

Mac Gahern, Mac Gahren: mod.nos.: Cavan etc. Ir. *Mag Eachráin*, presumably derived from *each*, a horse. The name belonged to Oriel (Monaghan etc.) SGG.

Mac Gahey: fairly rare: Down, Derry etc. Ir. *Mag Eachaidh*, see Mac Gaghey above.

Mac Gailey: rare: Down-Louth etc. See Mac Galey.

Mac Gairbheith: v rare: Donegal. Ir. Lang. See Mac Garvey.

Mac Gale: mod.nos.: Omagh (Tyrone). Variant of Mac Call, q.v.

Mac Galey: rare: Kerry etc. Ir. *Mac Amhalaidh* (SGA). See Mac Cauley.

Mac Gall: mod.nos.: Antrim etc. As Mac Gale above.

Mac Galliard: rare: Antrim. Ir. ? *Mac Giolla Bhrátha* or *Mac Giolla Cheara*. See Mac Gillivray.

Mac Gallogly: v rare: Dublin. See Gallogly.

Mac Gandy: v rare: Enniskillen (Fermanagh). *Mag Fhinneachta* (Mac Ginty) or *Mac an tSaoi*.

Mac Gann: numerous: Mayo-Galway-Clare, Belfast etc. Ir. *Mag Annaidh*, also a variant of Mac Cann in Connacht. See also Canney.

Mac Ganon: v rare: Coleraine (Derry). Ir. *Mag Fhionnáin*. Diminutive of first name *Fionn* (fair). Earlier associated with Mayo.

Mac Garahan: v rare: Tipperary. Ir. *Mag Aracháin*, derived, perhaps, from *Farachán*. See also Farren.

Mac Garde: v rare: Dromore (Tyrone). Ir. ? *Mag Oireachtaigh*. See Geraghty, Gerrity.

Mac Garel, Garrell: mod.nos.: Antrim, Monaghan-Louth etc. Variant of Mac Girl, q.v.

Mac Garr: fairly rare: Dublin etc. Ir. *Mac an Gheairr* (son of the short man). See also Mac Girr.

Mac Garraghy: rare: Sligo etc. Ir. *Mac Fhearadhaigh*. See also Garry.

Mac Garrigan: v rare: Belfast. *Mac Geargáin*, from *gearg*, fierce. See Garrigan.

Mac Garrigle: fairly numerous: Tyrone-Donegal-Derry, Sligo etc. Ir. *Mac Fheargail* (man of valour). A name associated with Oriel. SI.

Mac Garrity: fairly numerous: Tyrone-Fermanagh-Cavan etc. Ir. *Mag Oireachtaigh*, from *oireachtach*, assemblyman, "member of Congress". See also Geraghty.

Mac Garron: v rare: Armagh. Ir. *Mag Aracháin*, or, *Mag Garacháin*. Formerly ecclesiastical family in Fermanagh. Now more usually Garrahan. SGG.

Mac Garry: numerous: Ulster generally, especially Antrim; also N Leinster and N Connacht. Ir. *Mag Fhearadhaigh. Fearadhach* was a prestigeous first name in early Ireland, derivation not certain, possibly meaning "manly". Mod. *Mag Fhearaigh*. See also Mac Carry, Mac Verry & Garry.

Mac Garth: v rare: Dublin. Possibly a variant of Mac Grath, q.v.

Mac Gartoll: v rare: Dublin. Probably a variant of Mac Ardle, q.v.

Mac Gartland: rare: Tyrone. Perhaps Ir. *Mac Gartnáin*, a sept of Cineál Eoghain, also a gaelicisation of Garland, q.v.

Mac Garty: rare: Leitrim etc. Variant of Mac Garrity, q.v.

Mac Garva: v rare: Down. Variant of Mac Garvey below.

Mac Garvey: numerous: Ulster generally, Sligo etc. Ir. *Mac Gairbhith*, possibly *gar+bith*, near + existence. Not, apparently, a first name. But see also Garvey.

Mac Gath: v rare: Galway-Mayo. Probably as Mac Gaugh below.

Mac Gaugh: v rare: Galway-Mayo. Ir. *Mag Eathach*. See Mac Gagh.

Mac Gaughan: v rare: Belfast etc. Ir. *Mag Eacháin*. See Mac Gahan.

Mac Gaughey: fairly numerous: Antrim etc. Ir. *Mag Eachaidh*, variant of *Eochaidh*, first name meaning, probably, "horseman". See Haughey.

Mac Gauley: rare: scattered. Ir. *Mac Amhalaidh*. See Macauley.

Mac Gauran: mod.nos.: Cavan-Leitrim-Sligo-Longford etc. Ir. *Mag Shamhráin, samhradh*, summer. Meaning, perhaps, a "summery" person. A sept of Breifne (Cavan-Leitrim). See also Mac Govern.

Mac Gaughran: v rare: Cavan. Variant of Mac Gahern, q.v.

Mac Gaver: v rare: Dublin. Ir. *Mag Éibhir*, from old first name *Éibhear* now anglicised Ivor.

Mac Gavigan: fairly rare: Derry-Tyrone-Donegal etc. Ir. *Mac Gáibheacháin, gáibheach*, fierce.

Mac Gavin: v rare: Dublin. Ir. *Mac Gábháin*, possibly *gábhadh*, want, need. See also Gavin. The name is in Scotland where it matches MacGowan, q.v.

Mac Gavisk: v rare: Balbriggan (Dublin). Probably a variant of Mac Tavish, q.v.

Mac Gavley: v rare: Dublin. Possibly a variant of Mac Evilly, q.v.

Mac Gavock: rare: Antrim etc. Ir. *Mac Dhabhóc*. Diminutive of David. Originally related to the Burkes of Connacht.

Mac Gaw: fairly rare: E Ulster etc. Ir. *Mac Ádhaimh* (Adam). The name is both Irish and Scots; equivalent to Mac Adam. SS.

Mac Geachin: v rare: Dublin etc. Seems to be a Scots variant of Mac Gahan, q.v. SS.

Mac Geachy: v rare: Cashel (Tipperary). Ir. *Mac Eachaidh*. A stray Ulster name. See Mac Gaghey.

Mac Geady: mod.nos.: Derry-Donegal etc. Ir. *Mag Céadaigh* (SGA) or *Mag Éidigh* (SI). *Céadach* is a first name "hundred-fold". This is preferred.

Mac Geagh: fairly rare: Tyrone etc. Ir. *Mag Eachadha* or *Mac Eathach* (SI) both from *Eachaidh*, "horseman".

Mac Gealy: rare: N Co.Dublin etc. Ir. ? *Mag Coiligh*. See also Coxe.

Mac Gearaidh: v rare: Ballaghaderreen, Mayo. Ir. Lang. Perhaps Mac Garry, q.v.

Mac Gearailt: mod.nos.: Kerry-Limerick etc. Ir.Lang. See Fitz Gerald.

Mac Gearty: rare: Cavan etc. Variant of Mac Geraghty, q.v.

Mac Geary: mod.nos.: Tyrone etc. Ir. *Mac Gadhra* or variant of Mac Garry, q.v.

Mac Gee: numerous: all areas, especially Connacht, N Leinster & Ulster. Ir. *Mag Aoidh*, from first name *Aodh* "fire". See also Magee. IF.

Mac Geehan,-in: mod.nos.: Derry-Tyrone. Ir. *Mac Gaoithín*, perhaps from *gaoth*, wind. See also Guihen & Guiheen. Another Ir. version *Mag Aedhín* is possible.

Mac Geeney: fairly rare: Louth etc. Ir. *Mac Géibheannaigh* (prisoner). Originating in Roscommon. MIF.

Mac Geer: v rare: Dublin. Variant of Mac Girr, q.v.

Mac Geever: mod.nos.: Donegal-Mayo-Roscommon. Ir. *Mac Íomhair*. See Mac Ivor.

Mac Gennis: v rare: Dublin. See Magennis.

Mac Gennity: rare: Armagh-Down-Antrim. Ir. *Mag Fhinneachta*. See Mac Ginnity.

Mac Geoch: v rare: Belfast. Scottish from Galloway. See Mac Geough.

Mac Geogh: v rare: Belfast. See Mac Geough.

Mac Geoghan, Mac Geoghegan: fairly rare: Donegal. Ir. *Mag Eochagáin*. See Geoghegan.

Mac George: v rare: Dublin. Scots Gaelic *Mac Deoradha* (stranger). SS.

Mac Geough: numerous: Armagh-Tyrone-Monaghan; Louth-Meath etc. Ir. *Mag Eochadha*, from first name *Eochaidh* (horseman). Associated with Oriel. MIF.

Mac Geown: numerous: Armagh-Down-Tyrone-Antrim- Monaghan-Louth. Ir. *Mag Eoghain*. From first name *Eoghan*. See also Mac Keown.

Mac Geraghty: rare: Dublin. See Mac Garrity.

Mac Gerald: v rare: Derry. Ir. *Mac Gearailt.* See Fitz Gerald.

Mac Gerigal, Mac Gerrigle: v rare: Derry. Variant of Mac Garrigle, q.v.

Mac Gerr: rare: Tyrone. Ir. *Mac an Ghirr* (son of the short man). See Mac Girr.

Mac Gerrigan: v rare: Armagh etc. Ir. *Mac Geargáin*, from *gearg*, fierce. Associated with Cavan. SGG.

Mac Gerrity: v rare: Armagh. See Mac Garrity.

Mac Gerty: rare: Cavan-Longford etc. See Mac Garrity.

Mac Getrick, Mac Gettrick: fairly rare: Sligo, Midlands, Belfast etc. Ir. *Mag Shitric. Sitric* was a Norse first name. See also Mac Kittrick.

Mac Gettigan: numerous: Donegal-W Tyrone-Derry; Sligo, Galway etc. Ir. *Mag Eiteagáin*. Originating in Tyrone and appearing as *Ó h-Eiteagáin*. A Norse first name perhaps. MIF.

Mac Ghee,-ie: mod.nos.: Tyrone-Derry etc. See Magee.

Mac Gibbon,-en: mod.nos.: Antrim-Down etc. Ir. *Mac Giobúin*, probably from first name Gilbert. Mainly of Scottish origin. Also *Mag Fhibín.*(SGA), SS.

Mac Gibney: fairly rare: Belfast area, Dublin etc. Ir. *Mac Gibne* (SGA) perhaps from *gibne*, a lock of hair, a head-band. See also Gibney.

Mac Giff: rare: scattered. Ir. *Mac Dhuibh, dubh*, dark (in appearance). The name was associated with N Connacht.

Mac Giffert,-ord: v rare: Down. Probably Scots Gaelic for Norman Gifford, q.v.

Mac Giffin: rare: Belfast area etc. Ir. *Mac Dhuibhfinn, dubh + Fionn* (dark Finn). A name associated with E Ulster. See Giffin.

Mac Gighey: v rare: Derry. Probably a variant of Mac Keague, q.v.

Mac Gill: numerous: Ulster generally, Sligo-Roscommon etc. Ir. *Mac Giolla*, the proper name having been dropped in colloquial use. It also stands for *Mac an Ghaill* (son of the foreigner), a patronymic adopted by the Stapletons in the South East. See Magill. MIF.

Mac Gillan,-en: rare: Tyrone-Derry-Donegal etc. Ir. *Mac Gileáin*, perhaps from *geal*, bright but preferably from *giollán* "little lad". See Mac Gilligan.

Mac Gillie: v rare: Tyrone. Ir. *Mac an Choiligh, coileach,* cock. See Mac Quilly and Cox. Also, possibly, an abbreviation of some "Giolla" name.

Mac Gillion,-ian: fairly rare: Tyrone-Derry-Antrim etc. Variant of Mac Gillan, q.v.

Mac Gillick,-ic: v rare: Meath. Ir. *Mag Uilic*, diminutive of William, usually associated with the Burkes of Connacht. See also Gillick.

Mac Gillicuddy: mod.nos.: Kerry and scattered. Ir. *Mac Giolla Chuda*, devotee of St Mochuda of Lismore. The family is a branch of O'Sullivan More. The chief enjoys the title of MacGillicuddy of the Reeks, which is still extant. MIF & GPN.

Mac Gilligan: mod.nos.: Derry etc. Ir. *Mac Giollagáin*, from *giollagán*, diminutive of *giolla*, meaning "little lad". An important sept of Derry. SI.

Mac Gillivray,-vary: rare: Dublin, Down. Ir. *Mac Giolla Bhrátha*, a Scottish name meaning "servant of Doom", "devotee of the Judgment". Stern stuff. A name from Argyle. SS.

Mac Gilloway: mod.nos.: City of Derry, Donegal. Ir. *Mac Giolla Bhuidhe*, "golden youth". See also Mac Elwee.

Mac Gilp: v rare: Strabane etc. A shortened form of Mac Killop, q.v.

Mac Gilly: rare: Fermanagh etc. Ir. *Mac an Choiligh*, (cock). Associated with Oriel.

Mac Gilton: fairly rare: Belfast, Down etc. MacLysaght says this is an Ulster version of Mac Giltenan, so the Irish would be *Mac Giolla t-Seanáin*, "son of the devotee of St Senan". See also Giltenan.

Mac Gimpsey,-sy: mod.nos.: N Down. Ir. *Mac Dhíomasaigh*, from *díomasach*, proud. See also Dempsey. MIF.

335

Mac Ging: mod.nos.: Westport (Mayo) etc. Ir. *Mag Fhinn*. Synonymous with but separate from the Ulster Maginn & Mac Ginn, q.v.

Mac Ginn: numerous: Ulster generally, Louth, Longford etc. Ir. *Mag Fhinn*, "son of Fionn", first name meaning "fair" or "blond". Also as Maginn.

Mac Ginnell: v rare: Dublin. Ir. *Mac Fhionnghail*. Associated with W Meath. See Mac Ginley.

Mac Ginley,-ay, -Gingley: numerous: Donegal-Derry-Tyrone etc. Ir. *Mac Fhionnghaile*, "fair-valour". To be distinguished from Mac Kinley, q.v.

Mac Ginnis, Mac Ginness: Derry etc. Ir. *Mag Aonghuis*. See Mac Guinness.

Mac Ginnity, Mac Ginity: mod.nos.: Donegal, Monaghan, Cavan, Armagh, Fermanagh etc. Ir. *Mag Fhinneachta*. See Mac Ginty below.

Mac Ginty: fairly numerous: Donegal-Derry-Tyrone, Achill (Mayo) etc. Ir. *Mag Fhinneachta*, from first name *Finneachta*, perhaps *fín* (wine) & *sneachta* (snow). A sept of Donegal.

Mac Giolla Bhríde: v rare: Donegal. Ir.Lang. See Mac Bride.

Mac Giolla Choille: rare: Dublin. Ir.Lang. Mistakenly anglicised Woods, q.v.

Mac Giolla Chomhghaill: v rare: Donegal. Ir.Lang. See Mac Cool.

Mac Giolla Cloig, Mac Giolla an Chloig: v rare: Gaelicisation of English name Bell.

Mac Giolla Easpaig: v rare; Sligo etc. Ir. Lang. See Gillespie.

Mac Giolla Iasachta: v rare: Cork. Ir.Lang. See Mac Lysaght.

Mac Giolla Phádraig: rare: Dublin etc. Ir.Lang. See Fitz Patrick.

Mac Giolla Phóil: v rare; Cork. Ir. Lang. See Guilfoyle.

Mac Giolla Ríogh: v rare: Dublin etc. Ir.Lang. ? Mac Ilree, q.v.

Mac Giollarnáth: v rare: Galway etc. Ir.Lang. See Forde.

Mac Giolla Seabhaic: v rare: Sligo. Ir. Lang. Perhaps a person involved in hawking: *Seabhac*, hawk.

Mac Girl: rare: Leitrim etc. Ir. *Mag Fhearghail*, from first name *Fearghal*, valiant. Earlier associated with Donegal. SI & MIF.

Mac Girr: numerous: Tyrone-Fermanagh-Armagh etc. Ir. *Mac an Ghirr* (son of the short man). A name connected with Armagh. MIF.

Mac Given: v rare: Belfast. Ir. *Mac Dhuibhín*: dim. of *dubh*, black. See also Giffin.

Mac Givern: numerous: Down etc. Ir. *Mag Uidhrín*, from first name *Odhar* meaning dun-coloured, so a diminutive of Maguire. Connected with Down & Armagh. SGG.

Mac Givney: mod.nos.: Monaghan-Cavan-Longford etc. Ir. *Mac Dhuibhne*. *Duibhne* is an early first name meaning "disagreeable".

Mac Glacken: v rare: E Galway. Ir. *Mac Glacáin*, perhaps from *glac*, "hand" in the sense of hand-grasp or handful.

Mac Gladdery: mod.nos.: Down etc. Ir. *Mac Gleadra*. Said to originate in Galway but it has for centuries been associated with E Ulster. Black quotes the name as being in Edinburgh in 17 cent. Derivation is not clear. MIF.

Mac Glade: fairly numerous: Armagh, Cavan etc. Ir. *Mag Léid* (SGG). However, MacLysaght considers it an abbreviation of Mac Gladdery, which seems likely. However this name is fairly common in Scotland, so maybe they are Celts from over the water. MIF.

Mac Gladery: rare: Belfast area. See Mac Gladdery.

Mac Glanaghey,-hy; v rare: Donegal. Ir. *Mag Fhlannchaidh*. Synonym of Clancy, q.v.

Mac Glashan: rare: Dublin etc. Ir. *Mac Glasáin, Mac Glaisín*. From a first name derived from *glas*, grey, green. So often anglicised Greene. Associated with Derry. See also Glass.

Mac Glaughlin: mod.nos.: Dublin, Tyrone etc. Ir. *Mag Lochlainn*. See Mac Loughlin.

Mac Gleave: v rare: Belfast. This name occurs in Scotland but may be Ir. *Mac Dhoinnshléibhe*.

Mac Gleenan: fairly rare: Armagh etc. Ir. *Mac Giolla Fhinnéin*. See Mac Aleenan.

Mac Glennon: mod.nos.: Down etc. Ir. *Mag Leannáin, leann,* a cloak. The name was associated with the Midlands. See also Glennon.

Mac Glew: rare: Down-Louth-Meath. Ir. *Mac Dhoinnshléibhe* (Mac Aleavey). However this name may also relate to Mac Glue, q.v. Black says that it is an old Galloway name, so a Scottish origin cannot be ruled out. SI & SGA.

Mac Glinchey: numerous: Tyrone-Derry-Donegal etc. Ir. *Mag Loingsigh, loingseach,* a sailor. A Donegal name. SI.

Mac Glinn: rare: Dublin, Tyrone etc. See Mac Glynn.

Mac Gloin: fairly rare: Galway-Roscommon-Sligo-Donegal. Ir. *Mac Giolla Eoin* (devotee of St John). See also Mac Aloon.

Mac Glone: fairly numerous: Tyrone-Fermanagh etc. Ir. *Mac Giolla Eoin.* As Mac Gloin above.

Mac Glory: v rare: Galway. Ir. *Mag Labhradha, labhraidh,* spokesman. See also Lowry.

Mac Gloughlin: rare: Dublin etc. See Mac Loughlin.

Mac Glue: rare: Down, Dublin. Ir. *Mac Giolla Eoin.* Also, perhaps, *Mac Leoid* (Mac Leod). SGA gives *Mac Dhoinnléibhe.* See also Mac Glew. SI & SGG.

Mac Glynn: numerous: Donegal-Tyrone-Monaghan, Sligo-Roscommon-Galway, Midlands. Ir. *Mag Fhloinn,* from first name *Flann* (ruddy). Originated in Athlone area. MIF.

Mac Goey: mod.nos.: Longford-Leitrim etc. Ir. *Mag Eochaidh.* See Mac Gaghey.

Mac Goff: rare: Mayo etc. Ir. *Mag Eochadha.* See Mac Gough.

Mac Golderick: rare: Tyrone Fermanagh etc. See Mac Goldrick below.

Mac Goldrich: v rare: Antrim. See Mac Goldrick.

Mac Goldrick: numerous: Ulster generally, Mayo-Sligo-Leitrim-Longford, Galway. Ir. *Mag Ualghairg* (proud-fierce). A name related to the O'Rourkes of Breifne. MIF.

Mac Golpin: v rare: Antrim. A variant of Mac Alpin, q.v.

Mac Gonagle: fairly numerous: Donegal-Derry etc. Ir. *Mag Congail.* The early first name *Congal* means "hound-fierce". The sept belonged to Donegal and was noted for distinguished churchmen. GPN & MIF.

Mac Gonigal: rare: Belfast. See Mac Gonagle.

Mac Gonigle: fairly numerous: Derry-Donegal-Sligo etc. As Mac Gonagle above.

Mac Gonnell: fairly rare: Belfast, Monaghan-Cavan etc. Variant of Mac Connell, q.v.

Mac Googan: rare: Antrim. Ir. *Mac Guagáin.* See Mac Gookin.

Mac Goohan: rare: Louth, Cavan-Leitrim etc. Ir. *Mag Cuacháin,* possibly connected with *cuach,* a cuckoo. The word was used as a first name, apparently without *double entendre.* It originated in Leitrim. SI & MIF.

Mac Gookin: fairly numerous: Antrim etc. Ir. *Mac Guaicín* for *Mag Eochaidhín* according to Woulfe, but MacLysaght regards it as variant of Mac Guigan, q.v. However the connection with Mac Googan, above, is very obious. *Guagach* means unstable, fickle.

Mac Goona: rare: Meath. Ir. ? *Mac Gamhna.* This may relate to Gaffney, q.v.

Mac Goran: fairly rare: Antrim-Down. Probably a variant of Mac Gorrian, q.v.

Mac Gorlick: v rare: Limerick. Ir. *Mag Ualraic, Mag Uarlaic.* Form found in Galloway. See Mac Goldrick. SS & SGG.

Mac Gorman: fairly rare: Tyrone-Monaghan etc. Ir. *Mac Gormáin,* diminutive of *gorm,* blue. A sept of Laois, they were driven to W Clare, where they occur as Gorman or O'Gorman. MacLysaght says that some of the original sept went to Monaghan and they seem to have retained the correct version, i.e. Mac Gorman. IF.

Mac Gorian: v rare: Dublin. As Mac Gorrian below.

Mac Goris,ish: rare: Dublin. Ir. *Mag Fheorais.* See Corish.

Mac Gorisk: v rare: Athlone. Probably as Mac Goris, q.v.

Mac Gorrian, Mac Gorrin: rare: Down-Louth etc. Ir. *Mag Corraidhín,* diminutive of *corra,* a spear.

Mac Gorrity: v rare: Down. As Mac Geraghty, q.v.

Mac Gorry: v rare: Tyrone-Derry. Ir. *Mac Gothraidh*, from Norse first name *Gothfrith*. They were associated with the O'Reillys of Breifne (Cavan).

Mac Gorty: rare: Beleek (Fermanagh). Ir. *Mac Dhorchaidh*, from *dorcha*, dark, blind. This name was associated with Leitrim.

Mac Gothigan: rare: Antrim. ? Ir. *Mag Eachagáin*. See Gavigan.

Mac Goubrey: v rare: Belfast. Ir. *Mag Cúibreith*. From first name Cuthbert. See Mac Coubrey.

Mac Gougan: v rare: Belfast. Ir. *Mac Guagáin, guagach* = fickle See also Mac Guigan.

Mac Gough: mod.nos.: Monaghan, Midlands, Galway etc. Ir. *Mac Eochadha* from first name *Eochaidh*, associated with Oriel. MIF.

Mac Goun: v rare: Cork. Variant of Mac Gowan, q.v.

Mac Gouran: rare: Belfast-Down, Dublin. Ir. *Mag Shamhráin*. See Mac Gauran.

Mac Gourty: mod.nos.: Fermanagh-Leitrim, Meath. Ir. *Mac Dhorchaidh, dorcha*, dark, blind. A Leitrim name. See also Mac Gowrty & Mac Gorty.

Mac Govern: v numerous: Fermanagh-Leitrim-Cavan, Midlands etc. Ir. *Mag Shamhráin* ("summery" person). A sept of Breifne (Cavan-Leitrim). See Mac Gauran.

Mac Gowan,-Gown: v numerous: all areas, especially Donegal-Derry-Sligo-Mayo. Ir. *Mac Gabhann*, (Mac an Ghabhann, son of the smith). An important sept of Breifne, now generally anglicised Smith. See also Goan. IF & SGG.

Mac Gowran: v rare: Dublin. See Mac Govern.

Mac Gowrty: v rare: Dowra (Cavan). See Mac Gourty above.

Mac Grabbe: v rare: Donegal. Ir. ? *Mag Raib*. Mac Robb is current in Scotland.

Mac Grachan: v rare: Dublin. This is probably a variant of Mac Cracken, q.v.

Mac Grade: fairly rare: Fermanagh-Tyrone etc. (1) *Mag Brádaigh* (SI), see Brady. (2) *Mag Raith* (SGA), see Magrath. See also Mac Grady.

Mac Grady: mod.nos.: Down etc. Ir. *Mag Bhradaigh, bradach*, spirited. Pronounced Mac Graddy. Mac Brady, which was associated with Breifne, is very rare but it survives as Brady, q.v.

Mac Graffin: v rare: Portadown (Armagh). Ir. ? *Mag Crabháin*. See Craven.

Mac Grahan: v rare: Omagh. Ir. *Mag Créacháin*. Dim. of *créach*, blind. Alternatively, as Mac Graham.

Mac Graham: v rare: Dundrum (Down). Perhaps a Scots Gaelic version of the Norman *Graham* who settled in Scotland in 12 cent. Or simply Ir. *Mac Gréacháin*. See Grehan.

Mac Grail: fairly rare: Leitrim-Fermanagh etc. Ir. *Mag Réill*, properly *Mac Néill*. A galloglass family of Leitrim. SI.

Mac Grain: v rare: Armagh. Ir. *Mag Ráighne,* dim. of first name *Raghnall.* See also Mac Grane.

Mac Grainery: v rare: Donegal. See Mac Grenra

Mac Gran: rare: Dublin etc. Ir. *Mag Bhrain*. See Mac Grane.

Mac Granaghan: mod.nos.: Tyrone-Donegal, Mayo etc. Ir. *Mag Reannacháin, reannach*, sharp-pointed. A sept of Donegal. SI & SGG.

Mac Grand: rare: Belfast. See Mac Grane.

Mac Grandles,-ss: rare: Belfast-Antrim etc. Ir. *Mag Raghnaill*. See Mac Randle.

Mac Grane: numerous: N Midlands, Armagh-Monaghan etc. Ir. *Mag Bhrain*, from first name *Bran,* raven. It may also be *Mag Ráine*, from *Raghnall*, in Ulster. SI & SGA.

Mac Grann: fairly rare: Belfast area. Probably variant of Mac Grane, but see also Mac Crann.

Mac Grath: v numerous: all areas, especially Munster & South East. Ir. *Mag Craith* rather than *Mag Raith.* There were two septs, a literary one in Munster and an ecclesiastical one in Ulster. See also Magrath. IF.

Mac Grattan,-en,-on: mod.nos.: Down, Dublin etc. Ir. *Mag Reachtain*, a variant of *Mac Neachtain*. See Mac Cracken & Grattan.

Mac Gravey: v rare: Antrim. Probably variant of Mac Greevy, q.v.

Mac Graw: v rare: Waterford, Down. American version of Magrath, q.v.

Mac Graynor: v rare: Wicklow. Ir. *Mag Thréinfhir*, see Traynor.

Mac Gread: rare: Tyrone. Variant of Mac Grade, q.v.

Mac Gready: rare: Down-Armagh etc. Ir. *Mag Riada*, from first name *Riada*. See also Reidy.

Mac Greal: fairly numerous: Connacht etc. Ir. *Mag Réill*, a corruption of *Mac Néill*. Said to be a galloglass family who settled in N Connacht. SI.

Mac Greavy,-ey: v rare: Down. Variant of Mac Greevey, q.v.

Mac Gree: rare: Carlow-Kilkenny-Laois. Probably a variant of Mac Aree, q.v.

Mac Greechan. v rare: Belfast-Down. See Mac Grehan.

Mac Greedy: v rare: Derry. See Mac Gready.

Mac Greeghan: rare: Down. See Mac Grehan.

Mac Greehan: v rare: Belfast. See Mac Grehan.

Mac Green: v rare: Clare, Dublin. A W Clare name, perhaps an anglicisation of *Mac Uaithnín*.

Mac Greeney: v rare: Donegal. Ir. *Mac Grianna*. See Greene.

Mac Greer: rare: Dublin. Ir. *Mac Grioghair*. Analogous with Scots Mac Gregor, q.v.

Mac Greevy,-ey: numerous: chiefly Down, Roscommon-Leitrim etc. Ir. *Mag Riabhaigh*. *Riabhach* means brindled, striped and must have been a first name. They were a sept of N Connacht. The presence in Down may imply another group. MIF.

Mac Gregor: numerous: Belfast-Antrim etc, Dublin & Cork Scots Gaelic *Mac Griogair*. From first name Gregory. The Scottish Mac Gregors enjoy the distinction of being the only clan to have their name abolished by Act of Parliament. But they are still around! SS.

Mac Grehan: v rare: Down. Ir. ? *Mac Gréacháin*. Woulfe derives it from *créach*, blind. If so, it should spell *Mag Créacháin*. Compare with Grehan. SGG.

Mac Greil: v rare: Dublin. Variant of Mac Greal, q.v.

Mac Grellis: fairly rare: Derry. Ir. *Mag Riallais*, corruption of *Mac Niallais*, which is from first name *Niall* + *gus* (vigour). See also Grealish.

Mac Grenaghan: rare: Tyrone-Donegal. See Mac Granaghan above.

Mac Grenera: v rare: Derry. See Mac Grenra.

Mac Grenery: v rare: Dublin. See Mac Grenra.

Mac Grenra: rare: Donegal. Ir. *Mac Grianra* (17 cent) now *Mac Grianna*, Greene, mo léan!

Mac Grew: rare: Tyrone. Ir. ? *Mag Riabhaigh*, *Ó Maolchraoibhe*. See Mac Greevy.

Mac Grianna: v rare: Donegal. Ir.Lang. See Mac Grenra and Greene.

Mac Gribben: v rare: Belfast. Ir. *Mag Roibín* (SGA). Also possibly a corruption of *Ó Gribín*, i.e. Gribben, q.v. MIF.

Mac Grillen,-an: fairly rare: Down etc. Ir. *Mag Rialláin*, a corruption of *Mac Nialláin*, a diminutive of first name *Niall*.

Mac Grillis: rare: Coleraine (Derry). Variant of Mac Grellis, q.v.

Mac Grinder: rare: Tyrone etc. Probably as Mac Grenra, q.v.

Mac Griskin: v rare: Fermanagh-Donegal. Ir. *Mac Cristín*, Christian (SGA). This version is open to some objection but there in no obvious alternative. SI.

Mac Groarty: mod.nos.: Donegal etc. Ir. *Mag Robhartaigh, robharta*, spring-tide, impetuous. They were an ecclesiastical family of Donegal, linked with St. Colm Cille. See also Rafferty. SI.

Mac Groary: fairly rare: Donegal. See Mac Grory below.

Mac Groddy: rare: Donegal. Ir. *Mac Rodaigh* (strong). An ecclesiastical family of Donegal. SI.

Mac Groder: rare: Monaghan. Ir. *Mag Bhruadair*. See Broderick.

Mac Grogan,-ggan: mod. nos.: Antrim etc. Ir. *Mac Gruagáin* (SGA). This name also occurs as *Ó Gruagáin*, i.e. Grogan, q.v.

Mac Grory: numerous: Donegal-Fermanagh-Derry-Monaghan etc. Ir. *Mag Ruaidhrí*, from first name *Ruaidhrí*, red king. A noted Ulster family said to be descended from the Three Collas. Often changed to Rodgers, q.v.

Mac Grotty: fairly rare: Derry-Fermanagh-Donegal etc. Ir. *Mag Ratha* (SGA). MacLysaght regards this as tentative, but SGA must be considered very reliable.

Mac Grough: v rare: Coalisland (Tyrone). Probably Ir. *Mac Craith*, Mac Grath, q.v.

Mac Grourty: v rare: Donegal. As Mac Groarty, q.v.

Mac Gruairc: v rare: Cork. Ir. Lang. See Groarke.

Mac Grudden: v rare: Coleraine (Derry). Ir. *Mag Rodáin, rod*, strong.

Mac Grugan: rare: Antrim etc. Variant of Mac Grogan, q.v.

Mac Grygar: v rare: Antrim. As Mac Gregor, q.v.

Mac Guane: mod.nos: Clare etc. Ir. *Mac Dhubháin*, dimin. of *dubh*, dark. Cognate with Duane, q.v.

Mac Guck: v rare: Armagh. Perhaps an abbreviation of Mac Guckian.

Mac Gucken,-an: fairly rare: Tyrone-Derry etc. Ir. *Mag Uiginn*. See MacGuigan, but also compare Mac Guckin below.

Mac Guckin,-ian: Derry-Tyrone-Antrim etc. Ir. *Mag Eocháin* (from first name *Eocha*). Evident confusion with Mac Gucken. See also Mac Guigan.

Mac Guff: v rare; Roscommon. Ir. *Mac Dhuibh*. From *dubh*, dark, i.e. dark man. SI.

Mac Guffie: v rare: Belfast. Ir. *Mac Dhubhthaigh*. From early first name *Dubhthach* meaning a dark man. This name usually occurs as Duffy - *Ó Dubhthaigh (Dufaigh)*.

Mac Guffin: fairly rare: Tyrone-Down etc. Ir. *Mag Dhuibhfhinn*. (dark Finn). Or *Mag Dhuibhghinn*. (dark head). See also Duffin.

Mac Gugan: v rare: Antrim. Ir. *Mac Guagáin*, according to Woulfe a corrupt form of *Mag Eochaidhín*, with many synonyms: Mac Googan, Mac Wiggan, Pidgeon. *Guagán* means an unstable, unreliable person. Obviously not a popular name.

Mac Guicken: rare: Tyrone-Derry-Antrim. Ir. *Mag Uiginn*, for which see Mac Guigan but compare also Mac Guckian.

Mac Guickian,-ien: rare: Belfast etc. Ir. *Mag Uiginn*. See Mac Guigan.

Mac Guigan: numerous: Ulster generally, especially Tyrone-Derry-Antrim. Also Louth etc. Ir. *Mag Uiginn*. Perhaps from *uige*, ingenuity; or, *Uiginn*, a Viking. Many variants.

Mac Gulken,-ien: v rare: Antrim. Ir. ? *Mag Uilcín*, dimin. of William.

Mac Guill: fairly rare: Louth-Monaghan-Cavan etc. Ir. *Mag Cuill*. From *coll*, a hazel tree. Figuratively, a chief. The name was associated with Armagh.

Mac Gullion: v rare: Fermanagh. Ir. *Mac Gilleáin*, dimin. of *geal*, bright. However, it may possibly be analogous with Gillan, q.v.

Mac Guinn,-e: mod. nos.: Mayo-Sligo-Roscommon, Dublin. Ir. *Mag Coinn*, from first name *Conn*. See also Quinn.

Mac Guinness: v numerous: all areas, especially Ulster, Connacht, N Leinster. Ir. *Mag Aonghusa, Mag Aonghuis*. From legendary first name *Óengus*. A leading sept of Ulster, chiefs of Uíbh Eathach (Iveagh) in Down. Perhaps now most celebrated for the dark beer.

Mac Guire: numerous: W Ulster, Connacht etc. Ir. *Mag Uidhir*, from first name *Odhar*, meaning dun-coloured. The leading family of Fermanagh, more usually Maguire, q.v.

Mac Guirk,-e: numerous: Monaghan, N Leinster etc. Ir. *Mag Oirc* (SI); *Mag Coirc* (SGA). First name *Corc* (crimson) was popular, so perhaps it is to be preferred, but see also Mac Gurk.

Mac Guone: v rare: Tyrone. Perhaps a variant of Mac Keown, q.v.

Mac Gurk: numerous: Tyrone-S Derry etc. Ir. *Mag Oirc*. Mac Lysaght is very positive about this name and it was an important group descended from Niall of the Nine Hostages in 5 cent and located in Tyrone. *Orc* is probably a proper name. MIF.

Mac Gurdy: v rare: Dublin. Possible variant of Mac Curdy, q.v.

Mac Gurgan: fairly rare: Armagh-Tyrone etc. Ir. *Mac Dhuarcáin, duarcán*, a gloomy person. See also Durcan and Durkin.

Mac Gurl: rare: Meath, Fermanagh. Variant of Mac Girl, q.v.

Mac Gurrell: rare: Dublin. See also Mac Girl.

Mac Gurn: rare: Fermanagh. Ir. *Mag Corraidhín*, from *corradh*, a spear. They were a group of the Uí Fiachrach in Leitrim. SGA gives *Mag Corráin*.

Mac Gurnaghan: fairly rare: Down etc. Ir. *Mag Mhuirneacháin, muirneach*, beloved. A family associated with Savage of the Ards, Down. See also Gordon.

Mac Gurran: fairly rare: Fermanagh-Tyrone etc. Variant of Mac Gurn, q.v.

Mac Gurrin,-en: rare: Cavan-Leitrim-Sligo etc. See Mac Gurn.

Mac Gurry: v rare: Cork. Ir. *Mac Gothraidh* (son of Godfrey). See Mac Corry .

Mac Gushin: v rare: Dublin. Ir. *Mag Oisín*, the legendary name *Oisín* meant "little deer". The name is associated with the Midlands.

Mac Guaigin: v rare: Dublin. According to Woulfe, this is a form of *Mac Eochaidhín*, See Keoghan.

Mac Guailrig: v rare: Sligo. Version of Ir. *Mag Ualghairg*. See Mac Goldrick.

Mac Guighan: v rare: Leitrim. Ir. *Mag Eocháin*, dim. of *Eochaidh*, an early first name. GPN.

Mac Gwynne: v rare: Sligo. Ir. *Mac Guin*, from Welsh *gwyn*, fair, blond. In Ireland 16 cent, the Gwynns have been distinguished as scholars.

Mac Hadden: v rare: Dungannon (Tyrone). See Mac Cadden.

Mac Haffie,-y: rare: Belfast etc. Scots Gaelic *Mac Dhuibhshíthe* (dark man of peace). This name is more usual as Mahaffy and Mac Afee, q.v.

Mac Hale,-aile: numerous: Connacht, Donegal etc. Ir. *Mac Héil, Mac Haol*. MacLysaght mentions *Mac Céile*, quoting MacFirbis in reference to an ecclesiastical family of Killala (Mayo). Otherwise it derives from the Howells, Welsh people who settled in Mayo after the Invasion. *Hywel,* eminent, was a 10 cent Welsh king of great renown. DSHH, IF.

Mac Hardy. v rare: scattered. Ir. *Mac Giolla Deacair* (son of the awkward servant). See Hardy.

Mac Hendry: v rare: Antrim. Scots Gaelic *Mac Eanruig*, son of Henry. See also Hendry.

Mac Henry: fairly numerous: E Ulster, Dublin etc. Ir. *Mac Éinrí* (son of Henry). There was a sept of Síol Eoghain (Tyrone); it is also a gaelicisation of FitzHenry. See Henry.

Mac Hesney: rare: Belfast etc. Appears to be variant of Mac Chesney, a name from Galloway. However, it may relate to an old Irish word *seirseanach*, a mercenary, so being *Mac Sheirseanaigh*.

Machin: v rare: Belfast area. English: from Norman-French "mason". May appear as Meacham.

Mac Hole, Mac Houl: v rare: scattered. Ir. *Mac Haol*. See Howell & Mac Hale.

Machray: v rare: Belfast. Scottish from Aberdeen and variant of Macrae and MacCrea. SS.

Mac Hugh: v numerous: all areas, especially Connacht & Ulster. Ir. *Mac Aodha* from early first name *Aodh*, "fire", now always anglicised Hugh. There were septs in Galway & Ulster.

Mac Hugo: rare: Galway etc. Ir. *Mac Cuag* (SGA). A group descended from Hugo de Burgh in Connacht, but more correctly *Mac Dhabhoc* from which *Mac Uag*, then Mac Cooke.

Mac Hutcheon: v rare: scattered. See Mac Cutcheon.

Mac Iever,-or: v rare: Tyrone. Ir. *Mac Íomhair*. See Mac Keever.

Mac Ildoon: rare: Armagh etc. Ir. *Mac Mhaoldúin* (SGA). Son of Maoldúin, a legendary hero. The name also occurs in Scotland.

Mac Ildowie: v rare: Belfast. Ir. *Mac Giolla Dubhthaigh,* from *Dubhthach*, a first name meaning "dark man".

Mac Ildowney: v rare: Belfast. Ir. *Mac Giolla Domhnaigh*. See Mac Eldowney.

Mac Ilduff: rare: Belfast area etc. Ir. *Mac Giolla Duibh*. (dark servant). A Cavan sept. Also Mac Illduff.

341

Mac Ilfatrick: mod.nos.: Antrim etc. Ir. *Mac Giolla Phádraig* (devotee of St Patrick). An Ulster version of the major Leinster name FitzPatrick.

Mac Ilgorm: rare: Antrim etc. Ir. *Mac Giolla Ghoirm*; *gorm*, blue, dark, is a broad-meaning word which can refer to eyes, complexion and even disposition. *An Cine Gorm*: black people.

Mac Ilhagga: rare: Belfast area: Ir. *Mac Giolla Chairge* (SI), though Black suggests Scots Gaelic *Mac Giolla Mochuda*. Also as Mac Elhargy and Mac Ilhargy.

Mac Ilhagger: rare: Belfast area. As Mac Ilhagga.

Mac Ilhair,-e: v rare: Belfast area. Ir. *Mac Giolla Chathair*, devotee of St Cathair. The name was associated with Donegal. See also Carr.

Mac Ilhargy: v rare: Bangor (Down). Alternative Ir. *Mac Giolla Fhearadha.* But probably variant of Mac Ilhagga, q.v.

Mac Ilhatton,-en: mod.nos.: Antrim etc. Ir. *Mac Giolla Chatáin*, from first name *Catán: a* saint revered in W Scotland, where the name also occurs. Mac Illhatton is very rare. SGG & SS.

Mac Ilhennon: v rare: Belfast. See Mac Elhannon

Mac Ilhenny, Mac Ilheney: v rare: Belfast area. See Mac Elhinney.

Mac Ilheron: rare: Down etc. Ir. *Mac Giolla Chiaráin*, from first name *Ciarán* derived from *ciar*, black or dark. A sept related to the Scottish Mac Donalds.

Mac Ilhill: v rare: Belfast. See Mac Elhill.

Mac Ilhinney,-ny: rare: Antrim etc. Ir. *Mac Giolla Chainnigh*, devotee of *Cainneach* (St Canice). They were a sept of the Cineál Eoghain in Tyrone. More numerous as Mac Elhinney and Kilkenny, which see.

Mac Ilholm: v rare: Down. Ir. *Mac Giolla Cholaim*, devotee of St Colm (dove).

Mac Ilhone: rare: Down-Antrim. Ir. *Mac Giolla Chomhghain*, devotee of St Comhghan. The name was associated with Tyrone. SI.

*Mac Ilhoyle: Ir. *Mac Giolla Chomhghaill.* See Mac Cool & Mac Cole.

Mac Ilkemmy: v rare: Tyrone. Ir. *Mac Giolla Shimidh.* Devotee of Simon.

Mac Ilkennan: v rare: Tyrone. Ir. *? Mac Giolla Choinneáin.*

Mac Ilkenny: rare: Armagh etc. See Mac Ilhinney.

Mac Illorum, Ilorum: v rare: Bangor (Down). See Mac Alonan.

Mac Ilmail: rare: Down etc. Probably *Mac Giolla Mhaoil*, i.e. as Mac Ilmoyle, q.v.

Mac Ilmoyle: mod.nos.: Antrim-Derry etc. Ir. *Mac Giolla Mhaoil*, son of the tonsured (or bald) servant.

Mac Ilmunn: v rare: Belfast. Ir. *Mac Giolla Munna* (SGA). *Munna* was a pet form of Fintan. It lives on in Ballymun in Dublin.

Mac Ilmurray,-ry: rare: Belfast area. Ir. *Mac Giolla Mhuire*, *Muire*, the Blessed Virgin. The name was associated with W Ulster. See also Gilmore.

Mac Ilrath,-raith: mod.nos.: Antrim-Derry etc. Ir. *Mac Giolla Riabhaigh*, variant of Mac Areavey, q.v. See also Mac Ilwrath.

Mac Ilrea: v rare: Omagh (Tyrone). As Mac Ilrath above.

Mac Ilreavey,-vy: mod.nos.: Antrim-Derry etc. Ir. *Mac Giolla Riabhaigh*. See Mac Areavey.

Mac Ilree: rare: Antrim. As Mac Ilrath.

Mac Ilroy: numerous: Ulster generally, especially Antrim. Ir. *Mac Giolla Ruaidh*, son of red-haired attendant. The name was widespread in Scotland.

Mac Ilvana: rare: Tyrone etc. Ir. *Mac Giolla Mheana*, *Meana* is probably a first name. See also Mac Elvanny.

Mac Ilvar: rare: Antrim. Probably Scots *Mac Giolla Bhairr, Barr*, a first name. SS.

Mac Ilveen: numerous: Down-Antrim etc. Ir. *Mac Giolla Mhín* (gentle servant).

Mac Ilvenna,-ey: mod.nos.: Antrim-Belfast. Ir. *Mac Giolla Mheana*. See Mac Elvanny

Mac Ilvogue: v rare: Cookstown (Tyrone). Ir. *Mac Giolla Mhaodhóg*, devotee of St Mogue.

Mac Ilvoy: v rare: Down. Ir. *Mac Giolla Bhuí*, a likely version. See also Gilboy and MacIlwee.

Mac Ilwain,-e: numerous: Ulster generally. Ir. *Mac Giolla Bháin,* son of the fair attendant, youth. A sept of Sligo according to Woulfe; however the Scottish name *Mac Giolla Bheathain* (devotee of St Beathan) is also extant and may well account for those in Ulster.

Mac Ilwee: mod.nos.: Antrim-Derry-Tyrone etc. Ir. *Mac Giolla Bhuí,* yellow or golden youth. See also Mac Gilloway.

Mac Ilween: v rare: Belfast. Ir. *Mac Giolla Mhín* (gentle youth). Usually Mac Ilveen, q.v.

Mac Ilwraith: rare: Cork etc. Ir. *Mac Giolla Riabhaigh.* See Mac Ilwrath below.

Mac Ilwrath: mod.nos.: Down-Antrim etc. Ir. *Mac Giolla Riabhaigh,* son of the striped attendant. Woulfe mentions septs in Sligo & Clare. The various Ulster synonyms: Mac Ilrath, Ilrea, Ilreavy, Ilree, Ilwraith, Ilwrath, must be related to the Scottish name of the same derivation. SGG & SS.

Mac Inally: v rare: Belfast. Ir. *Mac an Fhailghigh,* son of the poor man (SGA) or, *Mac Con Uladh* (hound of Ulster). MacLysaght considers the latter appropriate to Ulster. See also Nally.

Mac Indeor: v rare: Coleraine. Ir. *Mac an Deoir, deora,* stranger or pilgrim. See also Dewar.

Mac Indoe: v rare: Bangor, Killarney. Ir. *Mac Con Duibh* (black hound). See also Mac Adoo.

Mac Inaw: v rare: Donegal. Probably *Mac Cionnaith.* See Mac Kenna.

Mac Inerin: v rare: Donegal. Probably *Mac an Airchinnigh.* See Mac Inerney.

Mac Inerney: numerous: all areas, especially Clare & Limerick. Ir. *Mac an Airchinnigh,* erenagh or steward of church lands. A major sept of Clare. There are numerous versions of this name. IF.

Mac Innally: v rare: Dublin. Ir. *Mac an Fhailghigh.* See Nally.

Mac Innes,-ss: rare: Down, Dublin. Ir. *Mac Aonghuis.* Scottish version of Mac Guinness, q.v.

Mac Intaggart, Integgart: rare: Ulster. Ir. *Mac an t-Sagairt* (son of the priest). Mac Taggart and Taggart are usual in Scotland. See Mac Entaggart above.

Mac Interney: v rare: Fermanagh. Ir. ? *Mac an Tighearnaigh, tighearnach,* lordly.

Mac Intosh: mod.nos.: Ulster generally. Ir. *Mac an Taoisigh* (son of the chief). A Scottish name which is widespread there. Scots Gaelic: *Mac an Toisich.* SS.

Mac Intyre: numerous: Ulster generally, especially Derry. Ir. *Mac an t-Saoir,* (son of the craftsman). Scottish version of Mac Ateer, q.v.

Mac Inulla: v rare: Tyrone. Ir. *Mac Con Uladh,* Hound of Ulster. See also Mac Inally.

Mac Irvine: v rare: Antrim. Ir. *Mac Eireamhóin.* Black makes this a Scottish name from Aberdeenshire. *Eireamhón* was the mythical son of Milesius and a first name with some families. But see also the Scottish toponymic: Irvine, Irving.

Mac Ivor,-er: numerous: Ulster generally. Ir. *Mac Íomhair, Íomhar* being a Norse first name. Also as Mac Keever. Generally of Scottish origin. MIF.

Mac Iwee: v rare: Belfast. Possibly a variant of Mac Veigh.

Mac Jury: rare: Carrickfergus (Antrim). Probably a variant of Mac Adorey, q.v.

Mack: mod.nos.: Belfast area, Dublin etc. A surname arising from an abbreviated "Mac" name. It is common to use Mack for names like Mac Namara and Mac Inerney.

Mac Kaig,-ue: mod.nos.: Belfast area etc. Ir. *Mac Thaidhg.* From old first name *Tadhg,* meaning "poet". Also as Mac Keague and Mac Caig, the latter in Scotland.

Mac Kaigney: v rare: Clare. Ir. *Mac Éignigh.* See also Mac Keagney.

Mac Kane: fairly numerous: Ulster generally, especially Antrim-Derry. Ir. *Mac Catháin,* perhaps "battler". However, MacLysaght considers it a variant of Scottish *Mac Iain* (*Ian* = John). SI & SS.

Mac Karel: rare: Louth-Monaghan. Ir. *Mac Fhearghail* (SGA). From first name *Fearghal,* brave. Difficult to distinguish from Mac Carroll, q.v. Mac Karal is very rare.

Mac Karry: v rare: Belfast. Probably for Mac Carry, q.v.

Mac Kavanagh: mod.nos.: Belfast area etc. Ir. *Mac an Mhanaigh* (son of the monk). See also Mac Cavana. No connection with the Leinster name Kavanagh.

Mac Kay: v numerous: Ulster, especially Antrim; Dublin etc. Ir. *Mac Aodha*, from first name *Aodh*, "fire". Mainly a Scottish name. IF.

Mac Keag,-gue: numerous: Ulster generally, especially Down. Ir. *Mac Thaidhg*. See Mac Kaig.

Mac Keagney: rare: Derry-Tyrone-Fermanagh. Ir. ? *Mac Éignigh*. Compare Heagney.

Mac Kean: mod.nos.: Donegal-Derry-Antrim etc. Scots Gaelic *Mac Eáin* or *Mac Iain* (John).

*Mac Keane: Ir. *Mac Catháin*. They were co-arbs of St Senan of W Clare.

Mac Keand: v rare: Bangor (Down). See Mac Kean.

Mac Keaney: rare: Fermanagh. Ir. *Mac Cianaigh*. This is usually an "Ó" name in Leitrim and Donegal and the matter is somewhat confused. See Keaney. MIF.

Mac Kearney: mod.nos.:Tyrone-Monaghan-Louth etc. Ir. *Mac Cearnaigh, cearnach*, victorious. A sept related to Cineál Eoghain of Tyrone.

Mac Keary: rare: Coleraine (Derry). Ir. *Mac Fhearadhaigh, fearadhach*, manly. The name was associated with Monaghan.

Mac Keating: mod.nos.: Down etc. Ir. *Mac Céitín* (SGA) apparently a gaelicisation of Keating, q.v. but the name is current in Scotland.

Mac Keaveney, Keavney: rare: Belfast etc. Ir. *Mac Géibheannaigh*, (prisoner). A name associated with Uí Maine in Connacht. It may have separate origin in Ulster. See also Keaveney.

Mac Keaver: v rare: Belfast. See Mac Keever.

Mac Kebrey: v rare: Belfast. Ir. ? *Mac Cúibreith*. (Cuthbert).

Mac Kechnie: rare: scattered in Ulster; Cork. Ir. *Mac Eacharna*, actually a Scots name, related to the Mac Donalds. SI

Mac Kee: v numerous: Ulster generally, especially Down. Ir. *Mac Aoidh*, from first name *Aodh* meaning "fire". Various synonyms: Mac Kay, Mac Coy, Mac Hugh, Mac Kie.

Mac Keefery,-fry: fairly rare: Derry etc. Ir. *Mac Fhiachra*, "battle-king". A sept of the Northern Uí Néill in Tyrone. SI & MIF.

Mac Keegan: mod.nos.: Derry-Antrim. Ir. *Mac Aodhagáin*, from dimin. of *Aodh*, "fire". Known as a brehon (lawyer) family attached to various septs. See Keegan. SGG.

Mac Keeman: mod.nos.: Antrim etc. Ir. *Mac Shíomóin*, derived not only from the Biblical Simon but also the Teutonic Sigemund. Also a gaelicisation of FitzSimon, q.v.

Mac Keen: mod.nos.: Antrim etc. See Mac Kean.

Mac Keena: v rare: Galway. Ir. *Mac Éanna*. See also Keena.

Mac Keenan: v rare: Belfast. Ir. ? *Mac Cianáin, Mac Fhighin*. Compare Keenan.

Mac Keeney: v rare: Donegal. See Mac Keaney.

Mac Keering; v rare: Cork. As Mac Kerring, q.v.

Mac Keever: numerous: Ulster generally, Louth-Meath etc. Ir. *Mac Íomhair* and also *Mac Éibhir* in relation to Oriel where the first name *Éibhear* was current. See also Mac Ivor.

Mac Kegney: rare: scattered in Ulster. Ir. *Mac Éignigh*, perhaps from first name *Éicneach*, forceful. See also Mac Keagney.

Mac Keigue: rare: Galway etc. See Mac Keag.

Mac Keirnan: v rare: Omagh (Tyrone). See Mac Kiernan.

Mac Keith: rare: scattered in Ulster. Ir. *Mac Shíthigh* (SGA), from *sítheach*, peaceful. However, this appears to be Scottish and Black derives it from *sitheach*, wolf. SS.

Mac Keivor: v rare: Down. See Mac Keever.

Mackel,-ll: mod.nos. Belfast area, Louth etc. See Mackle below.

Mac Kellar: v rare: Antrim. Scots Gaelic *Mac Ealair* (Hilary). From Argyle. SS.

Mac Kellow: v rare: Dublin. Possibly from Scots *Mac Killoch*. See Killough.

Mac Kelvey,-ie: numerous: Ulster generally. Ir. *Mac Giolla Bhuí* (golden lad). A sept of Donegal, but it is also found in Galloway, where, according to Black, it is Scots Gaelic *Mac Shealbhaigh*, from *sealbhach*, possessive, grasping. MIF & SS.

Mac Keman: v rare: N Antrim. Ir. *Mac Shíomóin*, from first name Simon. Also as Mac Keeman.

Mac Kemey: rare: Letterkenny (Donegal), Belfast. Scots Gaelic *Mac Shimidh* (Simon). Francis Mac Kemie, American Presbyterian pioneer, was born in Donegal in 1688. SS.

Macken: numerous: Midlands-Galway-Mayo etc. Ir. *Ó Maicín* (*mac* equivalent to "lad"). There were septs in Mayo and Cork. For Ulster grouping, see Mackin. MIF.

Mac Kendry,-rey: numerous: Antrim etc. Ir. *Mac Éinrí* (SGA). A connection with Scots Gaelic *Mac Éanruig* (Henry) is likely in this location. SI & SS.

Mac Kendrick: rare: Donegal etc. Ir. *Mac Éanraig*. See Mac Kendry above.

Mac Keniry: v rare: Mayo. See Mac Enery.

Mac Kenna: v numerous: all areas, especially Ulster and Midlands. Ir. *Mac Cionaoith*, from first name *Cionaoth* (Kenneth) which may be of Pictish origin. A sept of the Southern Uí Néill in Monaghan, they also flourished in Roscommon. In Munster it became *Mag Cineáith* (accent on last syllable). SGG & GPN.

Mac Kennan,-on: rare: Belfast area, Antrim. Ir. *Mac Fhionnáin*, dimin. of *Fionn*, fair, blond. associated with Oriel (Armagh-Monaghan). Also a possible connection with Scots Gaelic *Mac Fhionnghain* (fair-born). SI & SS.

Mac Kennedy: v rare: Dublin etc. Ir. *? Mac Cinnéide*. See Kennedy.

Mac Kennell: v rare: Armagh. Ir. *? Mac Fhionnghail*. See Ginnell.

Mac Kenny: fairly rare: Tyrone-Armagh-Down-Louth; Leitrim. Variant of Mac Kenna, q.v.

Mac Kenty: v rare: Antrim. Variant of Mac Entee, q.v.

Mac Kenzie: numerous: Ulster generally etc. Scots Gaelic *Mac Coinnich* (Ir. *Cainneach*, a first name anglicised Canice). A noted Scottish name. SS.

Mac Keogh: fairly numerous: mainly N Munster. Ir. *Mac Eochaidh* (first name *Eochaidh*, horseman). See also Keogh.

Mac Keon: numerous: all areas, especially Midlands & Connacht. Ir. *Mac Eoghain*, from old first name *Eoghan* (yew-born), or *Mac Eoin* (John). See Mac Keown.

Mac Keown: v numerous: Ulster generally, Louth etc. Ir. *Mac Eoin* (Ulster). As Mac Keon.

Mac Keraghan; rare: Omagh. Ir. *? Mac Ciaracháin*. See also Kerrigan.

Mac Kerell: rare: Belfast area. Ir. *Mac Fhearghail* (SGA). From first name *Fearghal*, brave. Some confusion with *Mac Cearbhaill* (Mac Carroll).

Mac Kergan,-in: rare: Antrim. Ir. *? Mac Ciaragáin*. See Kerrigan.

Mac Kermitt,-ott: rare: Down. Ir. *Mac Dhiarmada*. See Mac Dermott.

Mac Kernaghan: v rare: Omagh (Tyrone). Ir. *Mac Cearnacháin*. Usually an "Ó" name. See Kernaghan.

Mac Kernan,-in,-on: numerous: Ulster generally, especially Tyrone. Ir. *Mac Thiarnáin* (lordly). See Mac Kiernan.

Mac Kerr: mod.nos.: Belfast area. Ir. *Mac Corra* (SGA). Woulfe equates it with Mac Corry and Mac Curry, which see. Also *Mac an Ghirr*, branch of *Mac Cathmhaoil*. See also Kerr.

Mac Kerring; v rare: Cork. Ir. *? Mac Céirín*. See Kerins

Mac Kerrison: v rare: Limerick. Ir. *Mac Fhiarais*. "son of Piers" (Peter). Compare Corish.

Mac Kerrow: v rare: Dublin. Ir. *Mac Ciothruadha*, from a Norse name, according to Woulfe. He found it in the Midlands. However, Black finds the name in Galloway as *Mac Cearrbhaigh* (gambler). SGG & SS.

Mac Kersie: v rare: Bangor (Down). Ir. *Mac Fhiarsaigh* but possibly *Mac Ciúrsaigh* (de Courcy).

Mac Kervey, Mac Kirvey: mod.nos.: Fermanagh etc. Ir. *Mac Cearrbhaigh*, perhaps from *cearrbhach*, a gambler. See also Mac Kerrow. SI.

Mac Kervill: v rare: Ballymena. Ir. *Mac Cearbhaill*. See Mac Carville.

Mac Kessick: v rare: Antrim. Scots Gaelic *Mac Íosaig*, from Biblical Isaac. SS.

Mackessy: mod.nos.: Limerick-Kerry-Cork etc. *Ó Macasa*, perhaps from first name *Maghnas*. A sept of W Limerick, dispersed at the Invasion by the FitzGeralds. SGG & SI.

Mac Ketterick: v rare: Dublin. See Mac Kittrick.

Mac Keveney: v rare: Antrim. Ir. *Mac Géibheannaigh, géibheannach*, a captive, prisoner. See also Keaveney.

Mac Kevitt,-ett: fairly numerous: S Down-Louth-Monaghan etc. Ir. *Mac Dhaibhéid* (David). A name associated with Oriel (Monaghan-Louth-Armagh).

Mac Kew: rare: Armagh. Variant of Mac Hugh, q.v.

Mac Kewan: v rare: Bangor. As Mac Keown, q.v.

Mackey: numerous: all areas, especially Ulster, South East, Tipperary-Limerick. Ir. *Ó Macdha* (manly), a sept of Tipperary. In Ulster, it usually stands for *Mac Aoidh*, i.e. Mac Kee and Mac Kay, q.v. MIF.

Mac Kibben,-in,-on: numerous: Down, Belfast area etc. Ir. *Mac Fhibín*, dimin. of Phillip; but also *Mac Giobúin* (Scottish), from first name Gilbert. See also Mac Gibbon.

Mackie: mod.nos.: Down-Armagh etc. Ir. *Mac Aoidh*. See Mac Kee.

Mac Kieran: v rare: Fermanagh. Ir. *Mac Ciaráin*. First name *Ciarán*, the dark one. SI.

Mac Kiernan: numerous: N Midlands, Connacht etc. Ir. *Mac Thighearnáin*, from *tighearna*, lord. A sept of Breifne with other groups in Connacht and Fermanagh. MIF.

Mac Kigney: v rare: Newry (Down). See Mac Kegney.

Mac Killen: fairly numerous: Antrim-Down etc. Scots Gaelic *Mac Coilin*, from *Cailean* or *Colin*, dimin. of Nicholas. Galloglasses from Argyle in 15 cent. SI & SS.

Mackill: v rare: Donegal. Scottish: from Galloway. Certainly a "Mac" name but the patronymic meaning is uncertain. SS.

Mac Killican: v rare: Limerick. Scottish: *Mac Gill'Fhaolagáin*. Found in the North of Scotland. SS.

Mac Killion,-ian: fairly rare: Antrim-Tyrone etc. See Mac Killen.

Mac Killop,-opp: fairly numerous: Antrim etc. Ir. *Mac Fhilip* (Phillip). A Scottish name, in Ireland 17 cent. Related to the Mac Donalds of Keppoch. Blessed Mary Mac Killop, foundress of the Australian Order of St Joseph, was of Highland Scots descent.

Mac Kim,-mm: mod.nos.: E Ulster, Sligo. Ir. *Mac Shim* (dimin. of Simon). Scottish, related to the Frasers. SI.

Mac Kimmon,-s: rare: scattered in Ulster. Ir. *Mac Coimín*, from first name *Coimín, cam*, bent. See also Cummins.

Mackin: numerous: Armagh-Monaghan-Down etc. Ir. *Mac Maicín*. A sept of Oriel. See Macken.

Mac Kindless: v rare: Derry. Ir. *Mac Cuindlis*. See Mac Candless.

Mac Kiniry: v rare: Limerick. Ir. *Mac Innéirghe*. More usual as Mac Enery but pronounced "enayry" (accent on "ay"). A very durable family of Corca Muichet (Limerick).

Mac Kinley,-ay: numerous: Ulster generally, Louth etc. Ir. *Mac Fhionnlaoich* (fair warrior). Usually a Scottish name: President MacKinley of USA (1897-1901) was of Antrim stock. This name may stand for *Mac an Leagha* (son of the physician) in some cases. MIF.

Mac Kinn: v rare: Down etc. Ir. *Mac Fhinn*, first name *Fionn*, fair. More usual as *Mag Fhinn*, i.e. Mac Ginn, q.v.

Mac Kinney,-ie: numerous: Ulster generally. Ir. *Mac Coinnigh*, from first name *Coinneach* (Canice). Scottish in E Ulster (Mac Kenzie) but a native sept existed in W Ulster. See Kinney.

Mac Kinnon: fairly rare: E Ulster. Scots Gaelic *Mac Fhionnghain* (fair-born). A family connected with Iona. SS.

Mackinson: v rare: Down. This name appears to be Irish: *Mac Maicín*. See Mackin and Macken.

Mac Kinstry,-ey: numerous: Down-Armagh etc. Ir. *Mac an Aistrigh, aistreach*, a traveller. Seemingly of Scottish origin and associated with Galloway. SI & SS.

Mackintosh: fairly rare: Belfast-Down. Ir. *Mac an Taoisigh* (son of the chief). Scots Gaelic *Mac an Toisich*. Name of two clans: Inverness & Perthshire. Also as Mac Intosh. SS.

Mac Kinty: mod.nos.: Antrim. Variant of Mac Entee, q.v.

Mackintyre: v rare: Bangor (Down). See Mac Intyre.

Mac Kinven: v rare: Belfast area. Scots Gaelic *Mac Ionmhuinn* (Ir. *ionmhain*, beloved). According to Black, the Ayrshire Loves fled to Kintyre from persecution as Covenanters in 17 cent and adopted this handsome Gaelic name. SS.

Mac Kirdy: v rare: Dublin. Scots *Mac Muircheartaigh* (navigator). Associated with Arran and Bute. See also Mac Curdy. SS.

Mac Kirgan: mod.nos.; Antrim-Derry etc. Ir. ? *Mac Ciaragáin*, dimin. of *ciar*, dark. See Kerrigan.

Mac Kissick,-ack,-ock: rare: Belfast area. Scots Gaelic *Mac Íosóig* (Isaac). Also Mac Kessick, q.v.

Mac Kittrick,-erick: fairly numerous: Ulster generally. Ir. *Mac Shitric* from Norse first name *Sitric* (victory). A name associated with Oriel; also Scottish, Mac Kettrick. MIF.

Mac Kiver: v rare: Tyrone. Variant of Mac Keever, q.v.

Mac Kiverigan, Mac Kivergan: rare: Gilford (Down). Ir. ? *Mac Cibhleagáin*. MacLysaght mentions Mac Kiverkin in S Down as synonymous with Mac Gurran which is *Mag Corraidhín*. See also Kivelehan. Another possibility is *Mac Uidhireagáin*, diminutive of Maguire.

Mackle: fairly numerous: Armagh-Down-Tyrone etc. Ir. *Ó Machuil* (SGA). A name associated with Armagh. Derivation not clear. SI.

Macklin: mod.nos.: Belfast area, Monaghan, Donegal, Louth etc. Ir. ? *Mac Fhloinn*. See Mac Lynn and Lynn.

Mac Knight: numerous: Ulster generally. Ir. *Mac an Ridire, ridire*, a knight. It may also be Scottish *Mac Neachtain*, from old first name *Neachtan* (descendant of the waters). This would account for many in Ulster. SI & GPN.

Mackrel,-erel: fairly rare: Down etc. Ir. *Mac Fhearghail*, from first name *Fearghal*, brave. There is some confusion with *Mac Cearbhaill*: Mac Carroll, q.v.

Mac Kone: v rare: Dublin-Wicklow. See Mac Cone.

Mac Kown: v rare: Drogheda (Louth). See Mac Cone.

Mac Lachlan,-en: fairly rare: scattered. Ir. *Mac Lachlainn*. Scots form of *Mac Lochlainn*: Mac Loughlin, q.v.

Maclagan: v rare: Clogher (Tyrone). Scots Gaelic *Mac Giolla Adhagáin*, from dimin. of *Adhamh*, Adam. This name is current in Scotland. SS.

Mac Lain,-e: rare: Antrim-Tyrone etc. Ir. *Mac Giolla Eáin*. See Mac Lean.

Mac Lardy: v rare: Newcastle (Down). Ir. *Mac Fhlaithbheartaigh*, a Scots variant of Mac Clafferty, q.v.

Mac Laren,-on: mod.nos.: Tyrone-Derry etc. Ir. *Mac Labhrainn* (Laurence). A Scottish name associated with Argyle. SS.

Mac Larey: v rare: Coleraine (Derry). Ir. *Mac Giolla Arraith*. The sept moved with the O'Haras from Sligo to Antrim in 16 cent. See Mac Cleary. SI.

Mac Larkey: v rare: Donegal. Ir. ? *Mac Giolla Charraige*. See Mac Elhargy.

Mac Larnon,-in: numerous: Ulster generally. Ir. *Mac Giolla Earnáin*, devotee of St Earnán. A sept of Down but also occurring in Scotland. MIF.

Mac Larney: rare: Navan (Meath). Variant of Mac Alarney, q.v.

Mac Latchie: v rare: Sligo. As Mac Clatchy, q.v.

Mac Lauchlan: v rare: Fermanagh. See Mac Laughlin.

Mac Laughlin: v numerous: all areas, especially Donegal-Derry and Ulster generally. Ir. *Mac Lochlainn*, from a Norse first name. An important sept of the Northern Uí Néill, located in Inishowen (Donegal). Other septs existed elsewhere. Also as Mac Loughlin, q.v. SI.

Mac Laurin: rare: Down etc. Variant of Mac Laren, q.v.

Mac Lave: v rare: Dublin. Ir. *Mac Fhlaithimh*. See Mac Clave.

Mac Laverty: mod.nos: Antrim-Belfast. Ir. *Mac Fhlaithbheartaigh*, "lordly in action". An Ulster and Scottish name. Compare O'Flaherty.

347

Mac Lavin: v rare: Midlands. Ir. *Ó Maoiléimhín.* devotee of Éimhín. (founder of Monasterevin).

Mac Laurence: v rare: Donaghadee (Down). Ir. *? Mac Labhráis.*

Mac Lay: rare: Antrim etc. Ir. *Mac an Leagha.* (physician). See Mac Clay.

Mac Lea: rare: Antrim etc. As Mac Lay above.

Mac Lean,-e: numerous: Ulster generally. Ir. *Mac Giolla Eáin, -Iain,* devotee of St John. A family of galloglasses in Ulster and, of course, a notable Scottish clan. SS.

Mac Learnon: rare: Antrim-Down. Ir. *Mac Giolla Earnáin.* See Mac Larnon above.

Mac Leavey,-vy: rare: Down, Dublin. Ir. *Mac Dhuinnshléibhe* (Donn of the mountain). Woulfe describes them as rulers of *Ulaidh* (Down-Antrim) before the Invasion, so perhaps the original Ulstermen! SGG.

Mac Leer: rare: Louth etc. Ir. *Mac Giolla Uidhir.* (servant of *Odhar,* an early first name meaning dun-coloured). More usually Mac Aleer, q.v.

Mac Lees,-e: fairly rare: Belfast area etc. Variant of Mac Aleese, q.v.

Mac Leigh: rare: Down etc. Ir. *Mac an Leagha.* See Mac Clay .

Mac Leish: v rare: Belfast. Ir. *Mac Giolla Íosa.* See Mac Aleese.

Mac Leister: rare: Antrim etc. Ir. *Mac an Leastair,* properly Scots Gaelic *Mac an Fhleasdair,* son of the arrow-maker, equivalent to Fletcher. SI & SS.

Mac Lellan,-nd: fairly rare: Antrim etc. Ir. *Mac Giolla Fhaoláin,* devotee of St Faolán, a first name meaning "little wolf". See also Mac Clellan.

Mac Lements: v rare: Belfast etc. Ir. *Mac Laghmainn.* Of Scottish origin: see Mac Clement.

Mac Lemon: v rare: Dublin. Ir. *? Mac Laghmainn.* See Mac Clement.

Mac Lennan,-on: rare: Antrim etc. Scots Gaelic *Mac Giolla Fhinnéin,* devotee of St Finnian, the founder of the monastic school of Moville, Down. The name is generally Scottish in origin. SS.

Mac Lenaghan: rare: Derry etc. Ir. *Mac Leannacháin.* A name associated with the O'Neill country (Tyrone-Derry). See Mac Clenaghan. MIF.

Mac Leod: mod.nos.: Down-Antrim etc. Scots Gaelic *Mac Leòid,* derived from Norse first name *Ljòtr,* "ugly". Also as Mac Cleod and Mac Cloud. SS.

MacLerie: v rare: Dublin. Ir. *? Mac Giolla Arraith.* See Mac Alary.

Mac Lernon,-an: numerous: N Antrim-E Derry-E Tyrone. Ir. *Mac Giolla Earnáin,* the first name *Earnán* means, perhaps, "little iron one". A sept of Down but also Scottish which may account for this group. SS.

Mac Lerron: v rare: Newry (Down). See Mac Laren.

Mac Lester: rare: N Antrim etc. Ir. *Mac Alasdair,* a branch of the Scottish Mac Donalds. See Mac Allister.

Mac Liesh: v rare: Belfast. Ir. *Mac Giolla Íosa,* Scottish form of Mac Aleese, q.v.

Mac Liam: v rare: Dublin. Ir.Lang. See Williams.

Mac Limoyle: v rare: Belfast. Ir. *Mac Giolla Mhaoil* "bald or blunt lad". See Mac Ilmoyle.

Mac Lindon: v rare: Dublin. Ir. *Mac Giolla Fhiondáin.* See Mac Alindon.

Mac Lintock: v rare: Belfast, Cork. Ir. *Mac Giolla Iontóg* (SGA). Scots Gaelic *Mac Giolla Fhionndaig.* A group located in Argyle. See also Mac Clintock. SS.

Mac Linton: v rare: Lisburn (Antrim). See Mac Clinton.

Mac Lister: rare: Antrim, Dublin. See Mac Lester.

Mac Lochlainn: rare: Donegal etc. Ir.Lang. See Mac Laughlin.

Mac Logan: v rare: Newry (Down). Probably relates to Scots clan Logan (MacLennan).

Mac Loone: mod.nos.: Donegal-Derry etc. Ir. *Mac Giolla Eoin* (SGA). See Mac Aloon.

Mac Loghlin: v rare: Dublin. See Mac Loughlin.

Mac Loone: v rare: Tipperary. Ir. *Mac Giolla Eoin.* See Mac Cloone and Mac Clune.

Mac Lorie: v rare: Ballyclare (Antrim). Ir. *Mac Labhradha.* See Mac Clory.

Mac Lorinan: v rare: Belfast area. Ir. *Mac Giolla Earnáin.* See Mac Larnon.

Mac Lorlan: v rare: Belfast. Ir. *? Mac an Fhirléighinn* or *Mac Giolla Luaithreann.* See Mac Erlean and Killoran.

Mac Lorn, Mac Loran: rare: Down etc. Probably as Mac Laren, q.v.

Mac Lornan: fairly rare: Antrim, Down. Ir. ? *Mac Lomáin* or *Mac Giolla Earnáin*. See Mac Clarnon.

Mac Loskey,-ie: v rare: Antrim. Ir. *Mac Bhloscaidh*. See Mac Cluskey.

Mac Loughin; v rare: Mayo. ? Ir. *Mac Lócháin*. See Lohan.

Mac Loughlin: v numerous: all areas, especially Donegal and Ulster generally; Louth and N Midlands. Ir. *Mac Lochlainn*, from Norse first name meaning, perhaps, "viking". More usually Mac Laughlin in the North. There were two principal septs: one of the Northern Uí Néill; the other not Mac Loughlin at all but O'Melaghlin, descended from the High-King *Maoilsheachlainn* and located in Meath. These latter were dispossessed at the Invasion and the name has disappeared. IF.

Mac Loughney: mod.nos.: N Tipperary. Ir. *Ó Maolfhachtna*, devotee of St Fachtna. Always associated with Tipperary. Sometimes changed to Maloney, q.v.

Mac Lua: v rare: Kildare etc. Ir. Lang. See Lowe.

Mac Lucas: rare: Derry etc. Scots Gaelic *Mac Lùcais*, from first name Lucas. A Scottish name from Argyle. SS.

Mac Luckie: v rare: Belfast. Scottish: According to Black, it is a corruption of Mac Lucas.

Mac Lughadha: v rare: Dublin. Ir. Lang. See Lowe.

Mac Lurg: v rare: Limavaddy (Derry). Scots Gaelic *Mac Luirg*; see also Mac Clurg.

Mac Luskey: v rare: Dublin. Ir. *Mac Bhloscaidh*. More usually Mac Cluskey, q.v.

Mac Lynn: fairly rare: Down, Sligo-Longford. Ir. *Mac Loinn* (SGA). More correctly *Mac Fhloinn*, from first name *Flann*, ruddy. The name occurs in Scotland. See Mac Glynn.

Mac Lynskey: v rare: Dublin. Ir. *Mac Loinscigh*, more properly *Loingsigh*. See Lynch.

Mac Lysaght: v rare: Dublin, Clare. Ir. *Mac Giolla Iasachta* "son of the strange youth". Possibly an O'Brien who was fostered with another sept. Always identified with Clare. Notable in the person of Edward Mac Lysaght, first Chief Herald of Ireland and major authority on surnames. More common as Lysaght, q.v.

Mac Mackin,-en: fairly rare: Tyrone-Derry, Dublin etc. Ir. *Mac Maicín*. A sept of Oriel. See also Macken and Mackin.

Mac Mahon: v numerous: Clare-Limerick-Tipperary-Kerry and Monaghan-Cavan-Louth. Ir. *Mac Mathghamhna*, "bear-calf". Mod. *Mac Muthúna*. Two septs: one of Thomond (Clare) and related to the O'Briens; the other of Oriel (Monaghan). SGG, IF, GPN.

Mac Mains: v rare: Coleraine (Derry). Ir. ? *Mac Mánais*. See Mac Manus.

Mac Mair: v rare: Bangor (Down). Probably Scottish: the Mair was a royal official there.

Mac Mallan: v rare: Antrim. Probably variant of Mac Millan.

Mac Man: v rare; Antrim. Scots Gaelic: *Mac Mathain*. (Matthew).

Mac Manamly: v rare: Dublin etc. Probably a variant of Mac Manamy, q.v.

Mac Manamon: mod.nos.: Mayo etc. Ir. *Mac Meanman, meanma*, high spirits. See Mac Menamin.

Mac Manamy: rare: Sligo etc. Ir. *Mac Meanma* (see Mac Manamon). More usual as Mac Menamy, q.v.

Mac Manaway: rare: scattered in Ulster. Variant of Mac Menamy, q.v.

Mac Manemy: v rare: Sligo etc. Variant of Mac Menamy.

Mac Manmon: v rare: Kildare etc. Variant of Mac Menamin, q.v.

Mac Manus: v numerous: all areas, mainly Ulster. Ir. *Mac Maghnuis*. The popular first name *Mánus* derives from Norse and ultimately Latin *magnus* (great). At least two septs: one related to the Maguires of Fermanagh; the other to the O'Connors of Connacht. In Scotland, the name is connected with the Colquhouns. IF & SS.

Mac Marlow; v rare: Dublin. Ir. ? *Mac Mearshluaigh*. (swift host). Or perhaps, *Mac Mearnóg* (Warnock). This is speculation.

Mac Marrow; v rare: Sligo etc. Probably variant of Mac Morrow, q.v.

Mac Master: numerous: mainly E Ulster. Ir. *Mac an Mhaighistir*, son of the master. They were generally of Scottish origin from Galloway. An indigenous sept, related to the Maguires of Fermanagh, now usually appears as Masterson, q.v. MIF & SS.

Mac Mathúna: fairly rare: Dublin, Clare, Limerick. Ir. Lang. See Mac Mahon.

Mac Math: fairly rare: Down etc. Scots Gaelic *Mac Mhatha*, son of Matthew. A Galloway name.

Mac Maugh: rare: Tyrone. Probably a variant of Mac Math, q.v.

Mac Maw: mod.nos.: Antrim, especially Carrickfergus. Variant of Mac Math, q.v.

Mac Meanamey: v rare: Dublin. See Mac Menamy.

Mac Mechan: rare: Down etc. See Mac Meekin below.

Mac Meekin,-en,-on: numerous: Belfast, Down etc. Ir. *Mac Miadhacháin, miadhach*, honourable. Generally of Scottish origin from Galloway. See also Meehan. SS.

Mac Meel: rare: Tyrone etc. Variant of Mac Elmeel, q.v.

Mac Menamin,-en: numerous: Derry-Tyrone-Donegal-Sligo etc. Ir. *Mac Meanman, meanma*, high spirits. Of Donegal origin. SI.

Mac Menamy,-emy: mod.nos.: Tyrone etc. Ir. *Mac Meanma*. See Mac Menamin.

Mac Michael: mod.nos.: Antrim-Derry etc. Ir. *Mac Michíl*; also Scots Gaelic *Mac Giolla Mhìcheil*. Usually of Scottish origin and associated with the Stewarts. SS.

Mac Mickan; v rare: Athlone. Ir. *Mac Miacháin, Mac Miadhacháin*. See Meakin.

Mac Millan: numerous: Antrim-Down, Dublin etc. Ir. *Mac Maoláin*. The name is primarily Scottish: "son of the bald (or tonsured) one". It relates to the Western Isles and Galloway.

Mac Millen: fairly numerous: Antrim-Down etc. Variant of Mac Millan, q.v.

Mac Minn: numerous: E Ulster. Ir. *Mac Minne*. Scottish "son of Menzies", itself derived from Norman Meyners. Menzies is pronounced "Mingies". SS.

Mac Minnis: rare: Belfast. Probably variant of Mac Minn above. See also Menzies.

Mac Mitchell: v rare: Armagh etc. Ir. *Mac Mistéil*. See Mitchell.

Mac Monagle: fairly numerous: Donegal-Derry etc. Ir. *Mac Maongail*, "wealth-valour". Also as *Mac Maonghail*. SGG & SGA.

Mac Moran: rare: Tyrone etc. Ir. *Mac Móráin*, derived, perhaps, from the early first name *Mughrón*, "lad of the seals". See also Moran. SI & GPN.

Mac Mordie: mod.nos.: Down etc. Ir. *Mac Muircheartaigh*. Ulster variant of Moriarty, q.v.

Mac Morland,-Moreland: v rare: Sligo. Ir. *Mac Murghaláin*. Perhaps *Murghal* (sea-valour) Apparently of Scottish origin. SS.

Mac Morran,-in: mod.nos.: Belfast area etc. Ir. *Mac Móráin*. Associated with Fermanagh. See Mac Moran above.

Mac Morris: mod.nos.: Fermanagh-Tyrone-Derry etc. Ir. *Mac Muiris*. Apparently distinct from the FitzMaurices of Kerry.

Mac Morrough: rare: Sligo etc. Variant of Mac Morrow, q.v. See also Mac Murrough.

Mac Morrow: numerous: mainly Connacht. Ir. *Mac Muireadhaigh* (mariner). A name associated with the O'Rourkes of Breifne.

Mac Mulkin: rare: Tyrone-Fermanagh. Ir. *Mac Maolchaoin*. See Mulqueen.

Mac Mullan,-en,-in: v numerous: Ulster generally, N Connacht, N Leinster. Ir. *Mac Maoláin*, a dimin. of *maol*, bald or tonsured. The name is indigenous but also a variant of the Scottish Mac Millan to which must be attributed many of those in the North East.

Mac Munn: rare: Dublin, Sligo. Ir. *Mac Munna*. Black gives *Mac Giolla Mhunna* as the Scots Gaelic. Woulfe says *Munna* is *Mo-Fhionna*, a familiar form of *Fionntán*. Mac Lysaght considers it Scottish. Perhaps they are all correct. We have Ballymun in Dublin.

Mac Murdie: rare: Armagh etc. Ir. *Mac Muircheartaigh*. See Moriarty.

Mac Murphy: v rare: Dublin. Ir. *Mac Murchaidh*. A sept of Oriel, they have become the ubiquitous Murphy, q.v. See also Murdoch.

Mac Murdo: v rare: Down. Ir. *Mac Muircheartaigh, Mac Murchaidh*. Scottish origin and variant of Murdoch, q.v.

Mac Murdoch,-ock: v rare: Belfast area. Ir. *Mac Muircheartaigh* (SGA). See Murdoch.

Mac Murragh: v rare: Belfast. Ir. *Mac Murchadha*. See Mac Murrough.

Mac Murran: fairly rare: E Ulster. Ir. *Mac Móráin*. See Mac Moran above.

Mac Murray: numerous: E Ulster etc. Ir. *Mac Muireadhaigh*, (mariner). Mod. *Mac Muirí*, a sept of Leitrim, but mainly Scottish from Galloway. SS.

Mac Murrough: rare: Dublin etc. Ir. *Mac Murchadha*, mod. *Mac Murchú*. First name *Murchadh*, sea-warrior. Three septs, best known being that of Leinster, descended from *Murchadh*, grand-father of Dermot, king of Leinster, who introduced the Normans to Ireland, the critical moment of history.

Mac Murry: rare: Belfast area. Variant of Mac Murray, q.v.

Mac Murtry: mod.nos.: E Ulster. Ir. *Mac Muircheartaigh*. See Moriarty. This form is usually Scottish and associated with Bute. SS.

Mac Murty: rare: Belfast-Antrim. Variant of Mac Murtry above, but more likely to be indigenous.

Mac Myler: rare: Dublin, Mayo. Ir. *Mac Maoilir*, from Meyler, a Welsh first name. In Ireland 1200 A.D. See also Myler.

Mac Nab,-bb: numerous: Mainly Ulster. Ir. *Mac an Abbadh* (abbot). A Scottish clan from Glendochart, settled in Ireland 17 cent. It may, sometimes, be indigenous. SI & SS.

Mac Nabney: rare: Antrim. Possibly Ir. *Mac Con na Banna* (hound of the Bann).

Mac Naboe: rare: Cavan-Tyrone-Monaghan. Ir. *Mac Anabadha*, possibly from *anabaidh*, pre-mature. This name has become Victory in Longford as a result of mistranslation. MIF.

Mac Nabola: fairly rare: Leitrim etc. Ir. *Mac Con na Búille* (hound of the Boyle, a river in Roscommon). MIF.

Mac Naghten: rare: Antrim etc. Ir. *Mac Neachtain*. Generally Scottish: *Nechtan* is thought to be of Pictish origin and the name is associated with Argyle. Mac Naughton is the usual form in Scotland. See also Naughton which is an "O" name from Connacht. SS & SI.

Mac Nair: mod.nos: Antrim etc. Scots Gaelic *Mac Iain Uidhir; Mac an Uidhir*. From *odhar*, dun-coloured. However, Woulfe gives *Mac an Mhaoir, maor*, a steward. This is generally correct for Ireland, where it usually appears as Weir. Mac Lysaght says that Mac Nair is a branch of the Scottish Mac Naughtons. SGG, SI & SS.

Mac Nairney: v rare: Belfast. Probably a variant of Mac Incrney.

Mac Nallen: v rare: Down. Ir. *Mac Nuilín* (SGA). Perhaps from *Mac an Ailín*. See also Nallen.

Mac Nally: v numerous: mainly Ulster, also Connacht and N Leinster. Ir. *Mac an Fhailghigh*, from *failgheach*, a poor person. The name is associated with Oriel where they also went under *Mac Con Uladh*, which may be partially correct for that region. IF.

Mac Nama: rare: Leitrim, Galway etc. Ir. *Mac Conmeadha, Meadha*, a placename. Also appearing as Conmy and Conway. They were originally located in W Meath. SGG.

Mac Namara: v numerous: all areas, especially N Munster. Ir. *Mac Conmara* (sea-hound). An important sept of Dál gCais (Clare), connected with the O'Briens. IF & SGG.

Mac Namee: numerous: Tyrone-Donegal-Cavan, Midlands. Ir. *Mac Conmidhe* (hound of Meath). A literary family attached to the O'Neills of Ulster. The name also occurred in W Meath and E Connacht. MIF.

Mac Naney: rare: Tyrone. Ir. *Mac an Dhéanaigh*. See Mac Enaney.

Mac Narry: mod.nos.: Belfast area. Ir. *Mac Náradhaigh*, (modest one). An Oriel name. See also Menary. SI & SGG.

Mac Nasser: v rare: Sligo. Ir. ? *Mac Giolla Lasair*. Lasair was a woman's name. This is speculation.

Mac Natt: v rare: Derry. Probably a variant of Mac Naught, q.v.

Mac Naugher: rare: Down. Ir. *Mac Conchubhair*. Variant of Nocher, q.v.

Mac Naught: rare: Derry etc. Ir. *Mac Neachtain*. A variant of Mac Knight, q.v.

Mac Naughton,-en: mod.nos.: Antrim. Ir. *Mac Neachtain*. A Scottish name. See Mac Naghten.

Mac Navola: v rare: Leitrim. A variant of Mac Nabola, q.v.

Mac Naul,-ll: mod.nos.: Derry etc. Ir. *Mac Con Uladh*, (hound of Ulster). See Mac Anally.

Mac Nay: rare: Down etc. Ir. *Mac Néidhe, niadh*, a champion. Generally Scottish, Clan Mac Gregor, but the name was in Ulster in 8 cent. See also Mac Nee. SS.

Mac Nea: v rare: Achill (Mayo). Ir. *Mac Néidhe*. A Connacht name but as Mac Nay.

Mac Neaney,-ny: rare: Dublin, Armagh etc. Ir. *Mac an Dhéanaigh*, "son of the dean". See Mac Enaney and Mac Eneaney.

Mac Neary: rare: Fermanagh etc. Ir. *Mac Náradhaigh, náradhach*, modest. See Mac Narry and Menary.

Mac Nee: v rare: Belfast etc. Scots Gaelic *Mac Niadh*. Variant of *Mac Néidhe*. A name associated with Argyle and presumably 17 cent in Ulster. See Mac Nay above.

Mac Neece: v rare: Armagh. See Mac Neice.

Mac Neela: mod.nos.: Sligo-Mayo etc. Ir. *Mac Conghaile*, from first name *Conghal* "high-valour". Usually Coneely, q.v.

Mac Neely,-ey: mod.nos.: Antrim-Down, Sligo-Mayo. Ir. *Mac an Fhilidh* (son of the poet). An Antrim name confused with *Mac Conghaile* in Donegal and Connacht. See Mac Neilly and Mac Neela.

Mac Neff: v rare: Down. Ir. *Mac Conduibh*. See Cunniffe.

Mac Neice: numerous: E Ulster etc. Ir. *Mac Naois*, correctly *Mac Aonghuis* and synonymous with Mac Guinness, Magennis and Neeson, q.v.

Mac Neight: v rare: Down. See Mac Knight.

Mac Neill: v numerous: Ulster generally, especially Antrim. Ir. *Mac Néill*, from first name *Niall*. A Scottish galloglass family who settled in Ulster 15 cent. Best known, perhaps, for Eoin Mac Néill, scholar and patriot, 1867-1945.

Mac Neilly: numerous: Antrim-N Down etc. Ir. *Mac an Fhilidh*. See Mac Neely.

Mac Neive: rare: Mayo, Donegal. Ir. *Mac Conduibh*. See Cunniffe.

Mac Nelis: mod.nos.: Donegal etc. Ir. *Mac Niallghuis*, from first name *Niall + gus* (vigour). It has always been associated with Donegal. Mod. *Mac Niallais*. MIF.

Mac Nena: v rare: Galway etc. Ir. *Mac an Éanaigh*. See Mac Eneaney.

Mac Nenamy: v rare: Tyrone. Probably Mac Menamy, q.v.

Mac Nerlin,-an: fairly rare: Derry etc. Ir. *Mac an Fhirléighinn* (son of the learned man). The family were related to the O'Donnells.

Mac Nern: rare: Donegal, Belfast. Ir. *Mac an Oirchinn (Airchinn)*, an abbreviated form of Mac Inerney, q.v.

Mac Nerney: mod.nos.: Cavan-Longford-Meath etc. Ir. *Mac an Airchinnigh* (son of the church steward. Usually Mac Inerney, q.v.

Mac Nessor: v rare: Sligo. See Mac Nasser.

Mac Nestry: v rare: Dublin. Ir. *Mac an Aistrigh*. See Mac Kinstry.

Mac Nevin: mod.nos.: Dublin, Galway. Ir. *Mac Cnáimhín*, from *cnámh*, a bone. A literary and medical family of Uí Maine (E Galway), now usually Nevin.

Mac Nevison: v rare: Belfast area. A Scottish name: probably *Mac Naoimhín*. So cognate with Mac Niven, q.v. SS.

Mac Niallais: rare: Donegal, Sligo etc. Ir. Lang. See Mac Nelis.

Mac Nicholl,-ol: numerous: Derry and Ulster generally, Dublin. Ir. *Mac Niocaill* (Nicholas). MacLysaght places it in Tyrone; it also exists in Scotland and Nicholl, without the Mac, is very common in Ulster.

Mac Nicholas: fairly numerous: Mayo-Galway etc. Ir. *Mac Nioclás*. A name adopted by the De Burgos (Burkes) in Connacht and always associated with Mayo. MIF.

Mac Nicker: v rare: Belfast. Perhaps a contraction of Mac Nicholl.

Mac Nickle: mod.nos.: Derry-Tyrone etc. Variant of Mac Nicholl, q.v.

Mac Nie: v rare: Antrim-Down. Ir. *Mac Niadh, Mac Néidhe.*See Mac Nay.

Mac Niece: rare: Antrim etc. Variant of Mac Neice, q.v.

Mac Niff,-e: mod.nos.: Leitrim-Sligo etc. Ir. *Mac Conduibh*. See Cunniffe.

Mac Ninch: fairly rare: Antrim-Down. Ir. *Mac Aonghuis*. See Mac Innes.

Mac Nirlan: v rare: Belfast area. See Mac Nerlin above.

Mac Nish: v rare: Belfast area. Ir. *Mac Naois*, a corruption of *Mac Aonghuis*. See Mac Guinness.

Mac Niven: v rare: Belfast area. Scots Gaelic *Mac Naoimhín* (holy one). This family were located round Loch Awe (Argyle). See also Niven.

Mac Nougher: v rare: Derry. Ir. *Mac Conchubhair.* See Nocher.

Mac Nulty: numerous: Donegal-Derry-Tyrone, Ulster generally, Sligo-Mayo-Galway. Ir. *Mac an Ultaigh*, son of the Ulsterman. A sept of Donegal. IF.

Mac Nutt: mod.nos.: Donegal-Derry-Tyrone etc. Ir. *Mac Neachtain*, *Mac Nuadhat* possibly from *Nuadha*, the Celtic god, commemorated in *Maigh Nuad*, Maynooth. This is advanced by MacLysaght though it seems far-fetched. See Noud. SI.

Maconachie: rare: Down etc. Ir. *Mac Dhonnchaidh*, from first name *Donnchadh*, brown lord. Associated with Scottish Clan Robertson of Atholl, Perthshire. SS.

Maconaghie: rare: Antrim. As Maconachie above.

Maconkey: v rare: Belfast. See Maconachie

Macormac: rare: Down. See Mac Cormack.

Mac Oscar, Osker: rare: Armagh-Tyrone etc. Ir. *Mac Oscair* (deer-lover). Connected with the Maguires of Fermanagh. See also Mac Cusker.

Mac Ostrich: v rare: Cork. Ir. *Mac Osraic*. Possibly Scottish and derived from Scots Gaelic *òsdair*, doorman at a monastery etc. SI & SS.

Macourt: v rare: Belfast. Ir. *Mac Cuairt*. See Mac Court.

Macowan: v rare: Derry. Ir. *Mac Comhdhuin*. See Mac Cone.

Mac Owat: v rare: Bangor (Down). Ir. *Mac Ouat*, from first name Wat (Walter). Scottish. SS.

Mac Owen: v rare: Dublin. Ir. *Mac Eoghain*. See Mac Keon.

Mac Owing: v rare: Lisburn (Antrim). Ir. *Mac Eoghain, Mac Eoin*, the latter being associated with Antrim. IF.

Mac Padden: fairly rare: Leitrim-Sligo etc. Ir. *Mac Paidín*, dimin. of Patrick. A name adopted by the Barretts and Stauntons in Connacht. See also Mac Fadden. SI.

Mac Páirc; v rare. Carlow. Ir Lang. Perhaps a gaelicisation of Park(e), which is fairly numerous.

Mac Palmer: v rare: Portavogie (Down). Possibly a mistranslation of *Mac Fhlaithimh*. See Mac Clave, which has become Hand also.

Mac Parlan: v rare: Down. See Mac Parland.

Mac Parland: numerous: Armagh-Down etc. Ir. *Mac Parthaláin*. Parthalán was a legendary figure but the name is thought to be a gaelicisation of Bartholomew. They were a literary family of Oriel but there is confusion in Ulster with the Scottish Mac Farlanes who share the same basic name.

Mac Partland: fairly numerous: Ulster generally, Louth etc. Variant of Mac Parland above.

Mac Partlan,-in: mod.nos.: Cavan, Louth, Sligo-Leitrim. See Mac Parland.

Mac Paul: rare: Donegal. Ir. *Mac Póil*, from first name *Pól*, Paul.

Mac Peake: fairly numerous: Antrim-Derry etc. Ir. *Mac Péice*. Possibly from O.E. *peac*, a stout person. Associated with Derry. MIF.

Mac Penney: v rare: Dublin. Ir. ? *Mac an Tiompánaigh*. See Tempany.

Mac Pháidín: v rare: Donegal. Ir. Lang. See Mac Fadden.

Mac Phail: rare: Drogheda (Louth) etc. Ir. *Mac Pháil*, a Scottish version of Mac Paul. See also Mac Fall. SS.

Mac Phearson: fairly rare: Dublin etc. Ir. *Mac an Phearsúin*, son of the parson. Scottish.

Mac Phedran: v rare: Belfast. Ir. *Mac Pheadráin*, "little Peter". A Scottish name associated with Loch Fyne, Argyle.

Mac Phee: v rare: Belfast. Ir. *Mac Dhuibhshíth*, "dark man of peace" or, perhaps, "dark fairy". A Scots clan of Colonsay, some of whom settled in Antrim 16 cent. See also Mahaffy. SGG.

Mac Pherson: fairly numerous: E Ulster, Derry etc. Ir. *Mac an Phearsúin*.. See Mac Phearson.

Mac Philemy: rare: Donegal-Tyrone-Derry etc. Ir; *Mac Feidhlimidh*, from first name *Feidhlimidh*, said to mean "ever good". Also as Mac Phelimy, Mac Phelim, Mac Philomy. SGG.

Mac Philbin: v rare: Galway. Ir. *Mac Philbín*, dimin. of Phillip. A name adopted by a branch of the Burkes of Connacht. See also Philbin. MIF.

Mac Phillips,-Philips: numerous: Fermanagh-Cavan-Monaghan, Ulster generally, Galway-Mayo. Ir. *Mac Philib*. Generally Scottish in Ulster.

Mac Pike: v rare: Armagh etc. Variant of Mac Peake, q.v.

Mac Poland, Polland: rare: Belfast etc. Variant of Mac Polin below.

Mac Polin, Pollin: mod nos.: Down etc. Ir. *Mac Póilín*, dimin. of Paul. This name is remarkably concentrated in Down. See Poland, Polland, Pollen. MIF.

Mac Quade: fairly numerous: Ulster generally etc. Ir. *Mac Uaid*. See Mac Quaid.

Mac Quaid: numerous: Ulster, especially Monaghan, also Louth-Meath. Ir. *Mac Uaid* (son of Wat, i.e. Walter), so equivalent to Watson. It occurs as Quaid in Limerick. IF.

Mac Quail,-lle: rare: Louth-Meath. A Manx name: *Mac Fháil* (Paul). See also Mac Phail.

Mac Quarrie: rare: Belfast area. Ir. *Mac Guaire*, from first name *Guaire*, proud. Of Scottish or Manx origin.

Mac Quay: v rare: Belfast. Ir. *Mac Aodha*. Scottish variant of Mac Kay, q.v.

Mac Queen: mod.nos.: Tyrone-Armagh etc. Ir. *Mac Shuibhne*. A Scottish name corresponding to Mac Sweeney in Ireland.

Mac Queenie: v rare: Donegal. Variant of Mac Queen, q.v.

Mac Queirns: v rare: Dublin. Ir. ? *Mac Ciaráin*. See Mac Carron.

Mac Question,-Queston: rare: Antrim etc. Ir. *Mac Úistín*. Gaelicisation of first name Hutchin, dimin. of Hugh. A Scots name related to the Mac Donalds. See also Mac Cutcheon.

Mac Quiggan, Quigan: rare: Belfast area. Ir. *Mac Uiginn*. See also Mac Guigan.

Mac Quigg: rare: Antrim etc. Ir. *Mac Cuaig*. Usually occurs as Quigg and is an "O" name, i.e. *Ó Cuaig*, which relates to Derry. See also Mac Cuaig. MIF.

Mac Quilkin,-en: mod.nos.: Rathlin Is. (Antrim) etc. Ir. *Mac Uilcín*, diminutive of *Uilic* (William). A Scottish sept of Kintyre, who settled in Ulster. A similar name exists in Connacht in the form Culkin, q.v. SI.

Mac Quillan: numerous: Ulster, especially Antrim-N Down-E Tyrone. Ir. *Mac Uighilín*, a double diminutive of Hugh: adopted by the Norman Mandevilles when they settled in the Route (Antrim) in 13 cent. IF.

Mac Quinn: fairly rare: Kerry-Limerick. Ir. *Mac Cuinn*, from first name *Conn*.

Mac Quirk,-e: rare: Dublin. Ir. *Mac Coirc*. *Corc* is an early first name meaning, perhaps "heart" or "red". See Quirk. GPN.

Mac Quiston: mod.nos.: Belfast area. Ir. *Mac Úistín*. See Mac Cutcheon.

Mac Quish: v rare: Tipperary. Ir. *Mac Coise*, perhaps from *cos*, a leg, signifying, perhaps, a courier.

Mac Quitty: mod.nos.: Antrim-Belfast area. Ir. *Mac Faoitigh*, from *Faoiteach*, a gaelicisation of White, so "White's son".

Mac Quoid: mod.nos.: Belfast-Down etc. Ir. *Mac Uaid*. See Mac Quaid.

Mac Rae: rare: Belfast etc. Ir. *Mac Raith*, "son of grace". Scottish - Black says it is a personal name. Compare this with Mac Grath, i.e. *Mac Graith*. SS & IF.

Mac Randal,-dle: fairly rare: Antrim etc. Ir. *Mac Raghnaill*. The Norse name *Raghnall* (Reginald) became popular with the Irish and appears more generally as Reynolds, q.v.

Mac Rann: v rare: Leitrim etc. See Mac Crann.

Mac Rannall: v rare: Galway. Ir. *Mac Raghnaill*. See Reynolds.

Mac Raois: v rare: Dublin. Ir.Lang. See Mac Creesh.

Macready: rare: Derry-Antrim. Ir. *Mac Riada*. An erenagh family of Donegal. This name is also in Scotland and associated with Galloway. Also as Mac Ready and Mac Reedy. MIF & SS.

Mac Reavie: rare: E Ulster etc. Ir. *Mac Riabhaigh*, grey or brindled. See Mac Greevy.

Mac Redmond: fairly rare: Offaly-Laois, Wexford etc. Ir. *Mac Réamainn*: a branch of the Burkes of Connacht. See also Redmond, a separate name. IF.

Mac Reynolds: mod.nos.: Derry-Tyrone-Down etc. Ir. *Mac Raghnaill*. A name of both Irish and Scottish origin. Generally appearing as Reynolds.

Mac Risteaird: v rare: Clare. Ir. Lang. See Richards.

Mac Ritchie: rare: Antrim-Down etc. Ir. *Mac Risteaird*. A Scottish name which arose between Gaedhealtacht and Lowlands and transferred to Ireland.

Mac Robb: v rare: Belfast. Ir. *Mac Rob* (for Robert). A Scottish name associated with the Mac Farlanes.

Mac Roberts: fairly numerous: E Ulster. Ir. *Mac Roibeaird*. Generally Scottish.

Mac Roe: v rare: Fermanagh-Monaghan. Ir. ? *Mac Ruaidh. Ruadh* = red, red-haired.

Mac Rois: v rare: Cork. Ir. Lang. See Ross.

Mac Rory: fairly numerous: N W Ulster and extending to Antrim-Down. Ir. *Mac Ruaidhrí*, red king. The name, once widespread, has been changed to Rodgers. Also occuring as Macrory and Mac Crory, q.v.

Mac Ruairí: v rare: Donegal. Ir.Lang. See Mac Rory.

*Mac Scanlan: formerly in Louth - see Ballymascanlan, the placename.

Mac Shamhráin: rare: scattered. Ir.Lang. See Mac Govern.

Mac Seáin: rare: scattered. Ir.Lang. See Mac Shane.

Mac Séalaigh: v rare: Dublin. Ir.Lang. See Shelley and Shalvey.

Mac Seveney: rare: Belfast-Antrim etc.Ir. *Mac Suibhne*. See Mac Queen & Mac Sweeney.

Mac Shaffrey: v rare: Donegal. Ir. *Mac Seafraidh*. From the Norman Geoffrey, so synonymous with Jeffries & Jefferson.

Mac Shane: numerous: Ulster generally, Louth-Meath etc. Ir. *Mac Seáin*, the first name *Seán* is a gaelicisation of Norman-French *Jean*. A branch of the O'Neills of Tyrone. SI.

Mac Shannock: v rare: Antrim-Down. Perhaps Scots Gaelic *Mac Seanaich*, an abbreviation of *Mac Giolla Seanaich*. SS.

Mac Shannon: v rare: Belfast area. Ir. *Mac Seanáin, Seanán* is an early first name, a diminutive of *sean*, old.

Mac Sharry: fairly numerous: Leitrim-Sligo etc. Ir. *Mac Searraigh*, possibly from *searrach*, a foal, i.e. flighty. A sept of Breifne (Cavan-Leitrim).

Mac Shea, Mac Shee: rare: Fermanagh, Tyrone. Ir. ? *Mac Seaghdha (Sé)* "hawklike".

Mac Sheáin: v rare: Dublin. Ir.Lang. See Mac Shane, Johnson.

Mac Sheffrey: rare: Derry. Ir. *Mac Seafraidh*. See Mac Shaffrey.

Mac Shera, Mac Sheery: v rare: Roscommon, Cavan, Armagh. Ir. *Mac Séartha*, a name adopted by the FitzPatricks of Ossory (Kilkenny).

Mac Sherry: fairly numerous: Armagh-Down etc. Ir. *Mac Searraigh*. See Mac Sharry. A sept of Oriel (Armagh-Monaghan), distinct from those of Breifne, who appear as Mac Sharry. There was a similiar Scottish name which did not come to Ireland, apparently; also the Mac Sherrys of W Cork, for which see Hodnett. The name also occurs as Sherry, q.v.

Mac Shortall: v rare: Dublin. Ir. *Mac Seartail*: a gaelicisation of the English name, which appeared in Ireland 13 cent and was prominent in Kilkenny. Now, it is usually without the "Mac" prefix.

Mac Siacais: v rare: Limerick etc. Ir.Lang. See Jackson.

Mac Síthigh: v rare: Dublin. Ir.Lang. See Sheehy.

Mac Sitric: v rare: Dublin. Ir.Lang. See Mac Kittrick.

Mac Siúrdáin: v rare: Dublin. Ir. Lang. See Jordan.

Mac Skane: v rare: Monaghan. Ir. *Mac Sceacháin*, probably from *sceach*, a thornbush. A suggestion of peevishness! See also Skehan.

Mac Skeane: rare: Monaghan. As Mac Skane above. The name is more common as Skehan and by semi-translation, Thornton.

Mac Sloy: rare: Tyrone. Ir. *Mac Sluaigh*, relating to *sluaghadh*, a hosting, a military expedition. The name is now usually Slowey, q.v. SGG.

Mac Smyth: v rare: Portstewart (Derry). Ir. *Mac Gabhann*. A bi-cultural form.

Mac Sorley: numerous: Tyrone-Armagh etc. Ir. *Mac Somhairle*, from Norse "summer-farer". Scottish galloglasses who came to Ireland in 14 cent and formed a powerful sept. In Scotland the name relates to both Mac Donalds and Camerons. MIF.

Mac Spadden: fairly rare: Down etc.Ir. *Mac Spadáin* (SGA). *Spadán* is a negative word implying inaction, but this may not be the original meaning. A Scottish name. SS.

Mac Sparron,-en: mod.nos.: Derry etc. Ir. *Mac an Spáráin, sparán*, a purse. MacLysaght says it is Scottish and Black shows that Mac Sporran is well-known there. Also as Mac Sperrin. SI & SS.

Mac Spath: v rare: Meath. Possibly *Mac Giolla Easpaig*. See Gillespie.

Mac Stay: mod.nos.: Down-Armagh. Ir. *Ó Maoilstéighe*. An ecclesiastical family of Down.

Mac Stea: rare: Armagh etc. See Mac Stay.

Mac Steen: rare: Belfast etc. Ir. *Mac Stín*. (SGA). *Stibhín* = Stephen.

Mac Stocker: rare: Antrim. Ir. *Mac an Stocaire*. (son of the trumpeter)

Mac Stoker: v rare: Dublin. Variant of Mac Stocker, q.v.

Mac Stravick,-ock,-og: fairly numerous: Tyrone-Armagh-Antrim, Belfast. Ir. *Mac Srabhóg* (SGA). It is recorded as Mac Stravoge in 1664. The modern meaning of this word is "impudent girl, hussy".

Mac Straw: v rare: Down etc. Ir. ? *Mac Sratha. Srath* (valley) is common in placenames.

Mac Suibhne: mod.nos.: scattered. Ir.Lang. See Mac Sweeney.

Mac Sullivan: v rare: Cork etc. This name has not been noticed by research. Evidently as O'Sullivan.

Mac Sween: v rare: Belfast. Scottish variant of Mac Sweeney etc.

Mac Sweeney: numerous: most parts, especially Cork and Munster generally. Ir. *Mac Suibhne*, from first name *Suibhne* "well-intentioned". The name came from Donegal where they were Scottish galloglasses in 14 cent. Ironically, in Donegal, the name is now Sweeney.

Mac Swiggan: mod.nos.: Tyrone-Derry etc. Ir. *Mac Suigin*. Perhaps from Norse *Swegan* as suggested by Woulfe. The name is also known in Galloway. SGG & SS.

Mac Swine: v rare: Derry. A variant of Mac Sweeney. SI.

Mac Swiney: mod.nos.: Cork etc. Variant of Mac Sweeney, q.v.

Mac Taggart,-ert: mod.nos.: Ulster generally. Ir. *Mac an t-Sagairt* (son of the priest). Clerical celibacy was not general in mediaeval Ireland. There are various synonyms. MIF.

Mac Tague: fairly rare: Leitrim-Donegal etc. Ir. *Mac Taidhg*, from first name *Tadhg* = poet.

Mac Tasney: v rare: Belfast area. Ir. *Mac an t-Sasanaigh* (son of the Englishman). See also Mac Atarsney.

Mac Tavish: v rare: Belfast area. Ir. *Mac Támhais*, (Thomas). A Scots name from Argyle. SS.

Mac Teague: rare: Tyrone etc. Ir. *Mac Taidhg*. As Mac Tague, q.v.

Mac Tear,-Teer: rare: Belfast etc. Ir. *Mac an t-Saoir*. See Mac Ateer.

Mac Teggart: fairly rare: Fermanagh etc. Ir. *Mac an t-Sagairt*. See Mac Taggart.

Mac Teigue: v rare: Antrim. Ir. *Mac Taidhg*. See Mac Tague.

Mac Ternaghan: rare: Belfast area. Ir. *Mac Tighearnacháin*, dimin. of *tighearnach*, lordly.

Mac Ternan: mod.nos.: Sligo, Galway, Leitrim, Derry, Fermanagh. Ir. *Mac Tighearnáin*. See Mac Tiernan below.

Mac Thiarnáin: v rare: Downpatrick (Down). Ir.Lang. See Mac Kiernan.

Mac Thomáis: v rare: Dublin. Ir.Lang. See Mac Comish.

Mac Tier: v rare: Belfast. Ir. *Mac an t-Saoir*. See Mac Ateer.

Mac Tiernan: mod.nos.: Sligo-Roscommon-Leitrim etc. Ir. *Mac Tighearnáin*, dimin. of *tighearna*, lord. Mod. *Mac Tiarnáin*.

Mac Tigue,-Tighe: mod.nos.: Mayo etc. Ir. *Mac Taidhg*. From first name *Tadhg*, poet. A branch of the O'Kellys in Galway; otherwise an ephemeral name in Mayo and Donegal. See also Tighe, Mac Caig, Mac Keague.

Mac Toal: fairly rare: Antrim. Ir. *Mac Tuathail*. From first name *Tuathal*, "ruler of people".

Mac Trustry,-ery: rare: Antrim. Possibly a variant of Mac Thorsteyn which is of Norse origin. SS.

Mac Turk: rare: Down etc. Ir. *Mac Toirc*, from *torc*, a wild boar. Scottish from Galloway.

Mac Uaitéir: v rare: Clare. Ir. Lang. See Mac Watters.

Mac Ullough: v rare: Down etc. Apparently a variant of Mac Cullough, q.v.

Mac Varnock: rare: Belfast area. Ir. *Mac Giolla Mhearnóg*. See Warnock.

Mac Vanemy: v rare: N Connacht. Ir. *Mac Mheanma*. See Mac Menamy.

Mac Vann: rare: N Connacht. Ir. *Mac Bheathan*, from first name *Beatha*, life. Synonymous with Scottish Mac Bean.

Mac Vea: mod.nos.: Down etc. Variant of Mac Veigh, q.v.

Mac Veagh: rare: Dublin etc. See Mac Veigh.

Mac Veigh: numerous: Ulster generally, Sligo etc. Ir. *Mac Bheatha*, *beatha*, life. This may also represent the Scottish Mac Beth which was a personal name at first. MIF.

Mac Veeney: v rare: Dublin. Probably as Mac Weeney, q.v.

Mac Veety: v rare: Dublin. Ir. *Mac an Bhiotaigh*. See Mac Vitty.

Mac Verry: mod.nos.: Armagh etc. Ir. *Mac Fearadhaigh, (Fearaigh)*. From an early first name *Fearadhach,* meaning, possibly, "manly". SGG.

Mac Vey: mod. nos.: Ulster generally. As Mac Veigh above.

Mac Vicar: rare: Down-Monaghan etc. See Mac Vicker.

Mac Vicker: fairly numerous: Antrim-Belfast etc. Ir. *Mac an Bhiocáire* (son of the vicar). This name existed in Oriel (Monaghan), related to the Mac Mahons but the distribution suggests that many are of Scottish origin from Argyle. SI & SS.

Mac Vittie: rare: Belfast area etc. See Mac Vitty.

Mac Vitty: mod.nos.: Fermanagh etc. Ir. *Mac an Bhiataigh*, "son of the hospitaler or victualer". A Scottish origin is probable. SGG & MIF.

Mac Wade: rare: Scattered in Ulster, Longford. Variant of Mac Quaid, q.v.

Mac Wall: v rare: S Armagh. Ir. ? *Mac Cathmhaoil*. Mac Call, q.v.

Mac Waters; v rare; Belfast etc. See Mac Watters.

Mac Walter,-s: fairly rare: Galway-Mayo, Midlands etc. Ir. *Mac Ualtair*. A name adopted by one of the Burke families in Connacht.

Mac Watt: v rare: Dublin. Ir. *Mac Uait*, abbreviation of Walter.

Mac Watters: mod.nos.: Down-Antrim. Ir. *Mac Uaitéir*, from first name Walter, a Teutonic name meaning "mighty army" and popular amongst the Anglo-Normans. SI.

Mac Wavney: v rare: Belfast. Perhaps Ir. *Mac Uamhnaigh. Uamhnach* means timorous.

Mac Weeney: fairly numerous: Leitrim etc. Ir. *Mac Mhaonaigh, maonach*, dumb. Originating in Roscommon, this name suffers some confusion in Ulster with Mawhinney, q.v.

Mac Wey: rare: Midlands. Ir. *Mac Aodha*. Scottish variant of Mac Kay. See Mac Coy.

Mac Wha: rare: Down etc. Ir. *Mac Aodha*. Another Scottish variant of Mac Kay. See Mac Hugh.

Mac Whinney: fairly rare: Down etc. Ir. *Mac Shuibhne* (SI) i.e. equivalent of Mac Sweeney, but Black states that it is a Galloway form of Mac Kenzie, Scots Gael. *Mac Coinnich*. See also Mawhinney.

Mac White; v rare: Dublin. Ir. *Mac Faoitigh*. See Whitty.

Mac Whir,-rr: v rare: Down. Possibly Ir. *Mac Uidhir* (see Maguire) but this is a current Scottish name.

357

Mac Whirk: v rare: Belfast. Ir. *Mac Coirc* (see Quirke). A Scottish variant noted by Black under Mac Quhirk as a Galloway name.

Mac Whirter: fairly numerous: Antrim-Down. Scots Gaelic *Mac Cruitéir* (Ir. *cruitire*, a harper). Scottish from Ayrshire. SS.

Mac Whitter: v rare: Belfast. Probably variant of Mac Whirter above.

Mac William,-s: numerous: Ulster generally, Dublin etc. Ir. *Mac Uilliam (Liam)*. The first name William, Teutonic Willhelm, meaning "will-helmet", was common amongst the Normans. See also Williams. SI.

Mac Willough: v rare: Belfast. Perhaps Ir. *Mac Cú Uladh*. See Mac Cullough.

Macey: v. rare: Waterford. Diminutive of Matthew, see also Massey.

Madden,-s: v numerous: all areas, especially Connacht & Munster. Ir. *Ó Madáin, Ó Maidín,* perhaps from *madadh*, a dog. They were an important sept of Uí Maine (Galway). A similar English name exists and may account for some in Ulster and Leinster. See also Madigan. O'Madden appears in the Bibliography of Irish Family History (Bibl). IF.

Madders: rare: Waterford etc. English occupational name connected with the red dye, madder.

Maddison: v rare: Belfast. English : "son of Matthew".

Maddock,-s, Maddox: rare: Belfast etc. Welsh : *madog*, goodly. There is also an Irish name *Mac Mhadóg*, associated with the Mac Murroughs of Wexford. SGA equates them. SI, SGG & DBS.

Madeley: rare: Down etc. English toponymic from Shropshire. DOS.

Madigan: numerous: Limerick-Clare-Kerry etc. Ir. *Ó Madagáin*, a dimin. of Madden and a branch of that Galway sept who moved to N Munster. IF.

Madill: mod.nos.: Antrim-Down etc. English : from O.F. *madle*, male. DBS.

Madine: mod.nos.: Down etc. Probably variant of Madden, q.v.

Madowell: v rare: Antrim. Variant of Mac Dowell, q.v.

Madsen: rare: Dublin. Nordic version of Mathewson.

Maffey: v rare: Down. Apparently a contraction of Mahaffy, q.v.

Magaffin: v rare: Belfast. See Mac Gaffin.

Magaharn, Magahran: rare: Cavan, Armagh, Dublin. Variant of Mac Gahern, q.v.

Magahy: rare: scattered. Variant of Mac Gahey, q.v.

Magann,-an: fairly rare: Longford, Dublin. Ir. *Mag Annaidh*, a variant of Mac Cann; see also Canney. SI.

Magarry: v rare: Ulster. Ir. *Mag Fhearaigh* (SGA). See Mac Garry.

Magaud: v rare: Belfast. Ir.? *Mag Uid* or *Mag Ádhaimh*. See Mahood, Magaw and Mac Caw.

Magavery: v rare: Belfast area. Ir. *Mac Aimhréidh*. "entangled, untidy". See Mac Cavera.

Magaw: v rare: Down etc. Ir. *Mac Ádhaimh*. See Mac Caw.

Magee: v numerous: Northern Half, especially Ulster. Ir. *Mag Aoidh*, from first name *Aodh*, "fire". Note Island Magee in Antrim. In Scotland, the name is Mac Ghie. IF, Bibl.

Mageean: mod.nos.: Down. Ir. *Mag Aedhín*, (SGA). Dimin. of *Aodh*. However, Woulfe gives *Mac Gaoithín*, also in Ulster.

Magennis,-ss: numerous: Down-Armagh etc. Ir. *Mag Aonghusa*. Variant of Mac Guinness, q.v. Also in Bibliography of Irish Family History (Bibl.).

Magerr: v rare: Belfast. Ir. *Mac an Ghirr*. See Mac Girr.

Mag Fhloinn: v rare: Connacht. Ir. Lang. See Mac Glynn

Maggs: v rare: Monaghan. English: diminutive of first name Margaret. So a matronymic. DOS.

Maghery: v rare: Benburb, Armagh. Ir. *an Mhachaire*, more usual as Field, a translation.

Maghie: fairly rare: Antrim-Down. Ir. *Mag Aoidh*. See Magee above.

Magihan: v rare: Belfast. Probably as Mageean.

Magill: numerous: Ulster generally, especially Antrim-Down. Ir. *Mac an Ghoill*, "son of the foreigner". *Mac Giolla* is also used, being an abbreviation of some name beginning with *Mac Giolla*. SGG.

Magilligan: rare: Derry etc. Variant of Mac Gilligan, q.v.

Magilton: rare: Down. See Mac Gilton.

Maginess: fairly rare: Down-Armagh. See Mac Guinness.

Maginn: fairly numerous: Belfast-Down etc. Ir. *Mac Fhinn*. See Mac Ginn.

Maginnes,-is: fairly numerous: Belfast, Down-Antrim etc. Ir. *Mag Aonghusa*. Variant of Mac Guinness, q.v.

Maginty: rare: Belfast-Antrim. Ir. *Mag Fhinneachta*. Variant of Mac Ginty, q.v.

Magirr: v rare: Belfast. Ir. *Mac an Ghirr*. See Mac Girr.

Magliocco: rare: Galway, Louth, Belfast. Italian, 20 cent. Perhaps connected with *maglieria* (knitting). Also appears as Malocco.

Magner,-ier: fairly numerous: Cork-Limerick-Kerry etc. Ir. *Maingnéir*. Anglo-Normans, 13 cent. Originally Magnel, but Magnier is the current form in France. MIF.

Magone: v rare: Belfast. Ir. *Mag Eoghain*. See Mac Cone.

Magookin: v rare: Down. Variant of Mac Gookin, q.v.

Magorrian,-ran: mod.nos.: Down etc. Ir. *Mag Corraidhín (Corraín)* - ASG. See Mac Gorrian.

Magouran: v rare: Down. Variant of Mac Govern, q.v.

Magourty: v rare: Wexford etc.Ir. *Mac Dhorchaidh.*See Mac Gourty.

Magovern: v rare: Belfast. See Mac Govern.

Magowan,-in: numerous: Ulster generally. Ir. *Mac Gabhann*. Variant of Mac Gowan, q.v.

Magrady: v rare: Belfast. Ir. *Mag Bhrádaigh*. See Mac Grady.

Magrane: rare: Dublin. Ir. *Mag Ráine* (SGA). Dimin. of *Raghnall* (Reginald).

Magrath: mod.nos.: scattered. Ir. *Mag Craith*. See Mac Grath.

Magreehan,-chan: rare: Belfast area. See Mac Grehan.

Maguinness: rare: Down etc. Variant of Mac Guinness, q.v.

Maguire: v numerous: all areas, Ulster generally and particularly Fermanagh. Ir. *Mag Uidhir*, "son of *Odhar*", a first name meaning dun-coloured. They were the leading sept of Fermanagh, seated at Enniskillen. Also as Mac Guire. IF, Bibl.

Magurran, -en: v rare: Fermanagh etc. Ir. *Mag Corraidhín*. Variant of Mac Gurn, q.v.

Magwood: rare: Armagh-Fermanagh. This exists in England and appears to be a toponymic but it may also be Ir. *Mag Uid*. See Magaud above.

Mahady,-eady: rare: Dublin, Mayo. Ir.? *Ó Moithéde*. Evidently Mo + ? saint's name. SGG.

Mahaffy,-ey: mod.nos.: Belfast area etc. Scots Gaelic *Mac Dhuibhshíthe*, "dark man of peace". See Mac Afee & Mac Haffie. MIF.

Maharaj: v rare: Dublin etc. Indian: "great ruler"

Maharry: rare: Dublin. Ir. *Mac Fhearadhaigh*. See Mac Carry.

Mahdi: v rare: Ulster. A Moslem name: Arabic: "he who is guided right".

Maher, -ar: v numerous: South East, S Midlands, N Munster etc. Ir. *Ó Meachair*, the first name *Meachar,* meaning "majestic". A sept of N Tipperary, related to O'Carroll Ely. IF.

Mahmood: v rare: Mayo etc. A Muslim name: Arabic: "praiseworthy".

Mahon: v numerous: South East, Midlands, Ulster, Connacht. Ir. *Ó Macháin* (Ulster); *Ó Mócháin* (Connacht). This latter seems to give rise to most Mahons in the South. MIF.

Mahony,-ey: numerous: all areas, especially Munster. Ir. *Ó Mathghamhna (Mathúna)*. From first name *Mathghamhain*, "bear-calf". A sept located in W Cork, now usually O'Mahony. IF.

Mahood: fairly numerous: Antrim-Down-Derry etc. Ir. *Mac Uid*, originally *Ó h-Uid*, bards to the O'Neills. See also Hood. A similar English name exists. MIF.

Maiben: v rare: Dublin. See Maben.

Maiden: v rare: Dublin. English, nick-name, perhaps for an effeminate man.

Maidment: rare: Dublin etc. English: "servant of the maidens" (nuns?). Maidman occurs in England.

Mair,-s: numerous: Antrim etc. Ir. *Ó Midhir (Mír)*. A Connacht name - here more likely Scottish, from Scots Gaelic *maor*, an official. SS.

Mailey: mod.nos.: Derry-Antrim. Ir. *Ó Máille*. See O'Malley.

Main: rare: Antrim-Down. Ir. *Mac Mánuis*. See Mac Manus. Also Scottish from Nairn. SS.

Mainwaring: v rare: Dublin. English: "Warin's manor", Pronounced Mannering in England.

Maitland: mod.nos.: Belfast area etc. Scottish & English, from *mautalent,* ill-mannered.

Major: mod.nos.: Belfast area, Tyrone etc. English, 17 cent in Ulster. Derived from Norman- French *mauger,* from Teutonic "council-spear". Nothing to do with military rank, apparently. DOS.

Majury,-ey: mod.nos.:Belfast, Down etc. Ir. ? *Mac Deoraidh* (son of the stranger). Probably a Scottish name - Black mentions Mac Jury (17 cent).

Makem,-im: rare: Armagh etc. Ir. *Ó Maolcholaim*, devotee of St Colm (dove). See Malcolm.

Makin: v rare: Belfast area. Ir. *Mac Coinn* (SGA). See Mac Quinn.

Malady: v rare: Dublin. As Melody, q.v.

Malanaphy: rare: Derrylin (Fermanagh). Ir. *Ó Maolainbhthe*, "chief of the storm". A name associated with Tipperary as Molamphy, q.v. *Maol* in this case is Celtic *maglos*, noble, prince, not to be confused with *maol*, devotee or tonsured one. Mod. *Ó Maolainfe.*

Malaniff: v rare: Donegal. As Malanphy.

Malaugh: v rare: Sion Mills (Tyrone). Ir. *Malach*, bushy eyebrows. A name used amongst the Mac Gregors in Scotland. SS. But see also Melaugh.

Malcolm: fairly numerous: Belfast area etc. Ir. *Ó Maolcholaim*, (devotee of St Colm). Irish & Scottish and, of course, a popular first name in Scotland.

Malcolmson: fairly numerous: Down etc. Ir. *Mac Maolcholaim*, son of Malcolm, q.v. Scottish, 17 cent in Ireland. SGA.

Maleady: rare: Midlands. Ir. *Ó Maoiléidigh, éideach*, ugly. See Melody. SI.

Malee: rare: Mayo. Probably Ir. *Ó Maol Aoidh* (servant of Hugh), but see Molloy.

Maleeny, Maleney: rare: Offaly. Ir. ? *Mac an Fhile*. (son of the poet). See Mac Neely.

Malek, Malik: v rare: Cork etc. A Slavic name based on "mali" (small)

Malervy: v rare: Midlands. This may be Ir. *Ó Maol Mhuire,* Mullery, q.v.

Maley: v rare: Downpatrick (Down). Ir. *Ó Máille*. See Malley.

Malin,-s: rare: Dublin etc. English: diminutive of Mary. See also Mallen.

Mallagh: rare: Antrim etc. Ir. *Malach*, bushy-eyebrows. See Malaugh above.

Mallaghan: fairly rare: Tyrone etc. Ir. *Ó Maolacháin*, dimin. of *maol*, bald, blunt. See also Mollaghan.

Mallen: rare: Monaghan etc. Ir. *Ó Maoilfhinn* (fair chief), but see also Mallon.

Mallery: v rare: Ballymena (Antrim). See Mallory.

Mallet,-tt: fairly rare: Derry, Dublin. An early Anglo-Norman name and later a Huguenot one. The current Irish *Ó Méalóid*, may be derived. See Mylott.

Malley: rare: Ulster, Dublin etc. Ir. *Ó Máille*. See O'Malley.

Mallie: rare: Armagh etc. Ir. *Ó Máille*. Variant of O'Malley, q.v.

Mallin: rare: Dublin. As Mallon, q.v.

Mallon: numerous: Ulster generally, N Leinster etc. Ir. *Ó Mealláin*, dimin. of *meall*, beguiling. Also as Mallen, Mallin. SI.

Mallory: v rare: Belfast. English: derived from French *malheuré*, unlucky. DBS.

Malloy: rare: Belfast etc. As Molloy, q,v,

Malocca,-o: v rare: Down. Variant of Magliocco, q.v.

Malone: v numerous: all provinces. Ir. *Ó Maoileoin*, devotee of St John. A sept associated with Clonmacnoise (Offaly), but now dispersed through the country. IF.

Maloney: numerous: all provinces, especially Connacht. Ir. *Ó Maoldhomhnaigh*, servant of the church. A variant of Moloney, q.v.

Malough: v rare: Down. Ir *Malach*. See Malaugh above.

Maloy: v rare: Down. MacLysaght considers it a variant of Mac Cloy, q.v. but see also Molloy.

Malpas: v rare: Down. English toponymic of Anglo-Norman origin. DSHH.

Malseed: rare: Ulster. MacLysaght regards it as of Dutch origin. It is not found in Britain.

Malt: v rare: Down. English: a woman's name, Maud (Matilda). DBS.

Maltby: v rare: Tyrone etc. English toponymic from Lincolnshire etc. DBS.

Maltman: rare: Belfast area etc. English: occupational: a maltster. DBS.

Malynn: v rare: Belfast. Ir. *Ó Maoilfhinn*, (fair chief). A name from Monaghan but also Scottish. See also Mallin, Mallon.

Managh: rare: Tyrone etc. Ir. ? *Manach*, a monk. Perhaps abbreviation of Manahan.

Manahan: mod.nos.: Cork-Waterford-Limerick. Ir. *Ó Mainchín*, dimin. of *manach*, a monk. A sept of W Cork. See Mannix.

Manders: rare: Dublin etc. English: "huts, stables". DOS.

Manderson: rare: Belfast area etc. Possibly Scottish toponymic Anderston. This name is also found in England, with various derivations. DSHH & SS.

Mandeville: v rare: scattered. An Anglo-Norman name of note but see Mac Quillan.

Maneely: rare: Tyrone. Ir. *Mac an Fhilidh*, (son of the poet). A sept connected with Antrim.

Maney: v rare: Down. Possibly English but probably Ir. *Mac Niadh*. See Mac Nee.

Mangan: numerous. Munster, Leinster, Connacht, especially the South East and S Midlands. Ir. *Ó Mongáin*, from *mongach*, long-haired. There were three septs in Limerick, N Connacht and Tyrone, the latter almost extinct. IF.

Manicle: rare: Midlands etc. Presumably a nickname relating to bondage.

Manifold: rare: Limerick, Galway. A notable family which probably derives from the river Manifold in Staffordshire, England.

Manley,-ly: numerous: Dublin, Cork, Belfast etc. English generally but in Cork, Ir. *Ó Máinle* (SI). An Sloinnteoir Gaeilge gives *Ó Maonaile*. See also Munnelly.

Manamley: v rare: Fermanagh. Probably a variant of Mac Menamin, q.v. Also as Mac Manamly.

Mann: fairly numerous: mainly in Ulster, with some in Limerick and Midlands. Woulfe gives Ir. *Ó Macháin*, but it seems that the Ulster people came from Scotland, deriving from first name *Magnus*, so they may properly be *Mac Mánuis*. See also Main. Further this name may be English and was so recorded in mediaeval times. SI.

Manna: v rare: Belfast. This name is very rare in Britain. Derivation not clear. Compare Mann.

Mannering: rare: Donegal etc. Ir. *Ó Marannáin*. See Marrinan and Murnane. This name is also current in England, more correctly Mainwaring. SI & DBS.

Manners: rare: Dublin. English: inhabitants of manor. DOS.

Manning: numerous: all areas, especially Cork. Ir. *Ó Mainnín*. A sept of Galway, but more usual as Mannion, q.v. Some Mannings are of English origin. SGG & IF.

Mannion: numerous: all areas, especially Connacht. Ir. *Ó Mainnín*. An important sept of Uí Maine (Galway), chiefs of Sodhna, said to be of pre-Celtic stock, who have survived in their ancient territory. See also Manning. IF.

Mannis: fairly rare: Down etc. Ir. *Mac Mánuis*. See Mac Manus.

Mannix: fairly rare: Cork-Limerick-Kerry etc. Ir. *Ó Mainchín* (little monk) - a popular first name and that of the patron saint of Limerick City, now known as St Munchin. The surname is associated with W Cork. SI.

Mannus: v rare: Belfast. Ir. *Mac Mánuis*. See Mac Manus.

Manny: rare: Dublin, Midlands. Ir. *Ó Máine*; apparently not connected with the Uí Maine of Galway, it may be related to Meaney, q.v. SGG & SI.

Manogue: rare: Kilkenny etc. Probably a variant of Minogue, q.v.

Mansbridge: v rare: Armagh. Evidently an English toponymic and current there.

Manscier: v rare: Dublin. Possibly from French *mansier*, tenant of a manse (small farm).

Mansfield: fairly numerous: Cork & South East. Ir. *de Móinbhíol*, usually a corruption of Anglo-Norman de Mandeville, known in Ireland since 13 cent. However, the English Mansfield would apply in some cases. SGG, Bibl.

Mansell: fairly rare: Ulster etc. Ir. *Móinséil*. Scottish, perhaps from Norman-French *le Manceau*, but also English, settled in Kilkenny in mediaeval times and later connected with Limerick. SGG & SS.

Mansergh: v rare: Tipperary etc. English toponymic from Cumbria, in Tipperary 17 cent. Also as Manzor. A notable family in public life.

Manson: mod.nos.: Antrim etc. Scottish, from Orkney & Shetland. Probably an abbreviation of Magnusson. SS.

Mantle: rare: Dublin etc. English, nick-name type.

Manto: rare: Galway etc. May be variant of Manton below.

Manton: mod.nos.: Kilkenny-Tipperary, Galway-Roscommon. Ir. *Ó Mantáin,* a first name from *mantach*, gap-toothed, inarticulate. The English toponymic, Manton, may also figure.

Manus: v rare: Belfast. Ir. *Mac Mánuis*. See Mac Manus.

Manweiler: rare: Dublin. Seemingly of German origin, no explanation has emerged.

Manwell: v rare: Belfast. Variant of de Mandeville. See Mansfield.

Manzor: rare: Kildare, Kerry. Variant of Mansergh, a name associated with Tipperary since 17 cent. SI & DOS.

Mara: fairly rare: Dublin etc. Variant of O'Meara, q.v.

Marah: rare: Wicklow, Cork. See O'Meara.

Marchant: fairly are: Dublin, Kerry, Belfast etc. English, "a trader". DBS.

Marchbank: v rare: Donegal etc. Contraction of Scottish toponymic Marjoribanks, still current there.

Marchini: v rare: Derry etc. Italian: perhaps analogous to Marconi.

Marconi: v rare: A famous Italian name: diminutive of first name Marco.

Marcus: mod.nos.: Belfast-Antrim, Dublin. The name is known in Scotland but it is particuarly identified with an eminent Jewish family in the south.

Mardell: v rare: Tyrone. This name exists in France but does not appear on the Huguenot lists.

Maree: rare: Mayo-Sligo. Ir. *Ó Mearadhaigh*, (lively). Modern: *Ó Mearaigh*. MacLysaght relates this name to Marry in Meath and Marray in Oriel, whereas Woulfe sources it in Tipperary and connects it with Merry. They may be totally separate families with the same name. SI & SGG.

Margarton: rare: Dublin. English: perhaps "Margery's village".

Margetson: rare: Dublin. English: "Margaret's son".

Margey: rare: Derry etc. ? English, abbreviation of Margery.

Marini: v rare: scattered. Italian: relating to the sea.

Mark: fairly rare: Belfast-Antrim etc. Ir. *Mac Marcuis*, and English from first name Mark. Also an abbreviation of Markey, q.v.

Marken: rare: Belfast, Dublin. May be German or native.

Markey: numerous: Down-Armagh-Monaghan-Cavan-Louth. Ir. *Ó Marcaigh* (horseman). A sept of Oriel (Armagh-Monaghan). In Dublin, it has been changed to Ryder, q.v.

Markham: mod.nos.: Clare-Limerick etc. Ir. *Ó Marcacháin*, dimin. of *marcach*, rider. A sept of Thomond (Clare), disguised as an English toponymic. SI & SGG.

Marks: numerous: E Ulster etc. Ir. *Mac Marcaigh*. But usually of English origin; it may occasionally be an abbreviation of Markey. SI.

Markwell: rare: Down etc. English: a toponymic: "boundary well".

Marlborough: fairly rare: Galway-Clare etc. Ir. *Ó Maoilbhearaigh* (devotee of St Barry). Apparently another remarkable use of an English toponymic for a native name. See Mulberry. SI.

Marley: fairly numerous: Down-Armagh-Louth. Ir. *Ó Mearthaile* (SGA) This name is on its original territory. The English name Marlay was important in Longford 18 cent. SI.

Marlin: v rare: Derry etc. This name is current in England; it may be toponymic.

Marlow,-e: mod.nos.: Tyrone etc. English toponymic. DOS.

Marmion: mod.nos.: Louth-Armagh-Down etc. Ir. *Mac Meanman*, (*meanmna*, high spirits). This is also an Anglo-Norman name, present in Ireland 14 cent. See Merriman.

Marnell: mod.nos.: Kilkenny etc. An English name associated with Kilkenny City since 16 cent. MacLysaght derives it from Warner, q.v. SI.

Marner: rare: Down etc. English, "mariner".

Marno: rare: Belfast area. Scottish, from Marnock, Aberdeen. SS.

Marnane: mod.nos.: Tipperary-Limerick etc. Ir. *Ó Marannáin.* Variant of Murnane, q.v.

Marquess,-quis: rare: Antrim-Down. Scottish, ? Scots Gaelic *Mac Marcuis*, (son of Mark).

Marr: rare: Down-Antrim, Dublin. This name may be of English or Scottish origin. SS & DOS.

Marray,-ey: rare: Monaghan etc. See Marry.

Marren: mod.nos.: Sligo-Mayo etc. Ir. *O Mearáin, mear*, lively. Apparently separate from the sept in Monaghan. See Marron. MIF.

Marrett: v rare: Cork. Probably a variant of Marriott, q.v.

Marrinan: nod.nos.: Clare etc. Ir. *Ó Marannáin*. See also Murnane & Mannering.

Marrion: rare: Antrim etc. English, diminutive of Mary.

Marriott: rare: Down-Antrim. English, diminutive of Mary.

Marron: numerous: Monaghan-Down-Antrim, Louth-Meath etc. Ir. *Ó Mearáin, mear*, lively. A sept of Monaghan. See also Marren. SI.

Marrs: mod.nos.: Antrim etc. Probably an English toponymic. Cottle thinks it is. DOS.

Marry: mod.nos.: Louth-Meath. Ir. *Ó Mearadhaigh*. See Maree & Merry.

Marschall,-ell: v rare: Galway. German form of Marshall, q.v.

Marsden: mod.nos.: Antrim-Down, Limerick etc. English toponymic. DBS.

Marsella: rare: Dublin, Belfast etc. Italian, 20 cent. A name from classical times.

Marsh: fairly numerous: Dublin, Clare-Limerick, Down etc. Ir. *de Moiréis*. English 17 cent. A noted ecclesiastical family of the Church of Ireland. SI.

Marshall: v numerous: all areas, especially Ulster. Ir. *Marascal*. Anglo-Normans in Ireland 13 cent. This name is common through Europe. It originally meant "horse-servant" but came to mean a high official, civil or military. Bibl.

Marson: v rare: Belfast. English, "place by the marsh". DOS.

Martelli: rare: Belfast etc. Italian: it may derive from "hammer" or "boxwood". Occupational or nickname. (J.G. Fucilla)

Martin,-en: v numerous: all areas, especially Ulster. Ir. *Mac Máirtín, Ó Máirtín, Mac Giolla Máirtín*. The first name *Martan* was popular in early times due to devotion to St Martin of Tours, so it is partly indigenous. It also derived from English and Scottish settlers. They were one of the "Tribes of Galway" and included "Humanity Dick", animals rights activist. IF, Bibl.

Martyn: mod.nos.: Galway, Sligo etc. See Martin above.

Marum: rare: Laois/Kilkenny. ? Ir. *Ó Maruim*, or *Ó Mearáin*. They appeared in Kilkenny in 1690. There are some in London but they could well be Irish immigrants. SI.

Mashal: rare: Belfast. Perhaps a variant of Marshall.

Mashell: v rare: Kildare etc. As Mashal.

Maskey: rare: Belfast etc. May be of English origin and a diminutive of Thomas; it could also be an Irish name like *Mac Ascaidh*, but this is conjectural. Found in Lincolnshire in 18 cent.

Maslin: v rare: Dublin. English: from Teutonic first name, or a dim. of Matthew. Found in Berkshire.

Mason: numerous: all areas, especially Ulster. Ir. *Másún*. English occupational name usually of recent introduction in Ireland. SI.

Massey: numerous: Ulster, Dublin etc. English: long associated with Limerick. A name of Anglo-Norman origin. Bibl.

Masson: rare: Dublin, Cork. Variant of Mason.

Masters, Master: fairly rare: Ulster etc. An English name but may stand for Mac Master, q.v.

Masterson: numerous: Ulster, Connacht, N Midlands, South East. Ir. *Mac an Mháighistir* (son of the master). This name represents (1) a sept of Breifne, related to the Maguires. (2) Scottish immigrants in N E Ulster. (3) 16 cent English immigrants in Wexford. See also Mac Master. MIF.

Masterton: v rare: Dublin. Scottish: from placename in Fife. SS.

Matassa: fairly rare: Dublin, Belfast, Tipperary. Italian 20 cent. Occupational: skein of thread.

Matchett: fairly numerous: Armagh-Down etc. English, 17 cent. Probably dim. of Matthew.

Mateer,-ear: fairly numerous: Down-Antrim etc. An abbreviation of Mac Ateer, q.v.

Mates: rare: Dublin etc. This name is current in England. It may be a Jewish name.

Maternaghan: rare: Antrim. Ir. ? *Mac Tighearnacháin*. See Mac Tiernan.

Mathers,-er: numerous: E Ulster, Kildare. English: 17 cent. Means "reaper". SI & DBS.

Matheson: rare: Down etc. A Scottish name with both Gaelic and Lowland origins. 17 cent in Ireland. All derived from first name Matthew. SS.

Mathews: fairly numerous: Dublin, Louth, Belfast. See Matthews.

Mathewson: rare: Antrim etc. English or Scottish. See Matthewson.

Mathieson: rare: Down etc. Scottish, son of Matha (Matthew).

Matier: mod.nos.: Down, Belfast etc. Variant of Mac Ateer, q.v.

Matson: rare: Armagh etc. Abbreviation of Matheson.

Matthews,-ew: numerous: E Ulster, Louth etc. Generally of English origin but it has been used for Mac Mahon in Oriel. First name Matthew: Hebrew: *Mattathia* "gift of God".

Matthewson: rare: Down etc. English. The biblical name Matthew was popularised by the Normans in England and has produced many synonymous surnames. DBS.

Mattimoe: fairly rare: Sligo-Roscommon-Mayo. Ir. *Ó Maolmhuaidh* "noble chief". A variant of Molloy. q.v.

Mattison: rare: Down etc. Variant of Matthewson.

*Maturin: a Huguenot name, found in Limerick 18 cent.

Matz: v rare: Galway. German version of first name Matthew.

Mauchan: v rare: Newry (Down). Scottish: an old place-name in Lanarkshire. SS.

Maude: rare: scattered. English, from dimin. of first name Matilda. In Kilkenny 17 cent. Bibl.

Maudsley: v rare: Dublin. See Mawdsley.

Maughan: mod.nos.: Mayo-Galway, Donegal-Fermanagh. Ir. *Ó Macháin*. A sept of Galway, probably connected with Ballyvaughan in Clare. Also occurs as Mohan, q.v. Further, this name may be Scottish: see Mauchan above in relation to Ulster.

Maule: rare: Belfast area. (1) Scottish Normans who arrived there 12 cent. (2) English, from diminutive of first name Mary. SS & DBS.

Maultsaid: rare: Belfast area. This name is not in evidence in Britain. It may relate to Maule.

Maum,-e: rare: Limerick etc. Variant of Maune, q.v.

Maun,-e: rare: Limerick. Ir. *Mághún*. Woulfe says this from Norman *Mayon*, a diminutive of Matthew. Peculiar to Limerick. SGG & SI.

Maundsley: v rare: Newry etc. Apparently a variant of Mawdsley, q.v.

Maurer: v rare: Dublin. German occupational name: a mason. DSHH.

Maunsell: mod.nos.: N Kerry-W Limerick. Ir. *Móinséil*. Variant of Mansell, q.v. Bibl.

Maverley; rare: Cork etc. Perhaps a variant of the Norman name Mauleverer, found in England.

Mavitty: rare: Fermanagh etc. Ir. *Mac an Bhiadhtaigh* (victualer). Seemingly of Scottish origin; see Mac Vitty. The connection with the Border name Beatty is debatable. SGG & SS.

Maw: v rare: Belfast. Probably Scottish and derived from first name Matthew, which is written *Matha* in Irish. *Mac Máighe* was adopted as a patronymic by the Condons of E Cork.

Mawdsley: v rare: Mayo. English toponymic: "Maud's clearing".

Mawhinney: numerous: Ulster generally, especially Antrim-Down. Ir. *Mac Shuibhne*, from first name *Suibhne* (pleasant), so synonymous with Mac Sweeney. It seems to be a Scottish name from Galloway, where there is some confusion with Mac Kenzie. MIF & SS.

Mawhirt,-rk: rare: Down etc. Perhaps Scots Gaelic *Mac an Chruitire* (son of the harper) or, just possibly, *Mag Cuirc*. See Quirke.

Mawn: rare: Breffney etc. As Maun, q.v.

Maxon: v rare: Dublin. Ir. ? *Mac Suain*. This name does not appear in Britain.

Maxwell: numerous: all areas, especially E Ulster. A noted Scottish name, originating at Maccus Wiel (pool) in the River Tweed. The family was identified with Galloway. SS, Bibl.

May,-e,-es: numerous: in three northern provinces, especially Connacht, S Midlands & South East. While the name May is both English and Scottish, a substantial proportion of the present population must be indigenous: Ir. *Ó Miadhaigh, miadhach*, honourable. Originally a sept of W Meath, which appears also as Mee. This name extended into Scotland, where they were associated with the Mac Donalds in Kintyre. Otherwise, from Matthew or the month of May. MIF & SS.

Mayberry: fairly rare: Antrim etc. See Maybury.

Maybin: mod.nos.: Antrim etc. See Maben.

Maybury: mod.nos.:Dublin, Cork etc. English, 18 cent. From a placename not determined. SI.

Maycock: rare: Dublin. English: diminutive of first name Matthew. DOS.

Mayers: fairly rare: Fermanagh etc. A name of Scottish or English origin; it may mean: an official (Scots) and, a chief officer or a physician (English). See Myers. DSHH.

Mayhew: v rare: Down etc. English version of Matthew.

Mayland: v rare: Dublin etc. English: "at the island". DOS.

Maynard: rare: Dublin, Belfast etc. English: from Teutonic first name *Mainard*. DOS, Bibl.

Mayne,-s: fairly numerous: Down-Antrim etc. English: Cottle gives a number of derivations for this name. MacLysaght says it stands for *Mac Mánuis* in Fermanagh, however, it is rare there, being more numerous in Tyrone. SI & DOS.

Mayo: v rare: Ballymena, Antrim. Ir. *Mac Máighiú* (SGA). From first name Matthew.

Mayock: rare: Mayo. Ir. *Mac Maigheoc*. Patronymic adopted by Anglo-Normans in Mayo and another diminutive of Matthew.

Mayrs: rare: Antrim etc. See Mairs.

Mays,-e: rare: Dublin. See Maze.

Mayston: v rare: Cork etc. English toponymic: "May's place".

Maze: fairly rare: Antrim etc. English: Reaney attributes to "May" a young girl or a form of Matthew.

Meacle: rare: Offaly. Ir. *Mac Michil* (Conamara). Also, possibly Scots Meikle. SS.

Meade, Mead,-s: numerous: Munster & Leinster, especially Clare-Limerick. Ir. *Midheach*, (Meathman). A family of this name was prominent in Cork and had some connection with the Meades of Bristol, however, MacLysaght shows that it is also a native name. MIF, Bibl.

Meadows: rare: Belfast: Derry. English: habitational. It is numerous over there.

Meagan: rare: Dublin. Ir *Ó Miacháin*, (mod.). See Meegan.

Meaghan: rare: Dublin. Ir. *Ó Miadhacháin*. See also Meegan.

365

Meagher: numerous: E Munster, S Midlands, South-east etc. Ir. *Ó Meachair*, from first name *Meachar*, majestic. A Tipperary sept, related to the O'Carrolls, they still live in their ancestral territory. See also Maher. IF, Bibl.

Meagle: v rare: Dublin. Probably variant of Meacle, q.v.

Meah: v rare: Mayo. See Mee.

Meahan: v rare: Warrenpoint (Down). Variant of Meegan, q.v.

Meakin: rare: Mayo, W Meath, Down etc. Ir. *Mac Miadhacháin, miadhach*, honourable. See also Meehan.

Meaklim,-in: rare: Belfast area. Probably a variant of Scottish Meiklam, itself a variant of Macilwham, from Scots Gaelic *Mac Giolla Thoim* (Thomas) or *Mac Giolla Chaim* (bent).

Mealey: mod.nos.: Kilkenny, Belfast. Ir. *Ó Meallaigh*. This name may be part of the confusion between O'Malley and Melly, both of which see.

Mealia: mod.nos.: Mayo. Ir. *Ó Máille*. See Melia.

Mealiff,-e: v rare: Fermanagh etc. Ir. *Ó Maoldhuibh*, dark chief. A sept of Uí Maine (East Connacht)

Meally: fairly rare: Kilkenny, Midlands. Ir. *Ó Meallaigh, meall*, pleasant. See Melly.

Mealiff: rare: Offaly, Monaghan-Fermanagh-Tyrone. Ir. *Ó Maoldhuibh*, dark chief. Woulfe places this name in Uí Maine (E Galway), which would account for those in Offaly.

Meaney,-ny: numerous: Clare-Limerick-Cork, Kilkenny-Carlow etc. Ir. *Ó Maonaigh*. See Mooney. SGG & SI.

Meanley: v rare: Bangor (Down). Possibly a variant of Manley.

Meara: v rare: Bangor (Down). See Mara & O'Meara.

Meares,-rs: mod.nos.: Mayo, Athlone, Down etc. Ir. *Ó Midhir (Mír)*. Perhaps from *meidhir* meaning mirth. An English name also exists and is probably represented here. See also Meers & Myers.

Mearns: mod.nos.: Belfast area etc. Scottish toponymic. SS.

Mearon: v rare: Roscommon. Ir. *O Mearáin, mear*, swift, lively. See also Marron.

Meates: rare: Dublin. This well-established name has not been noticed by any of the authorities but it seems likely that it is an occupational name of English origin: i.e. victualler.

Meban: rare: Antrim. Scottish, see Maben.

Mechan: v rare: Belfast. Ir. *Mac Miadhacháin*. See Meakin and Meehan.

Mecredy,-eady: v rare: Dublin, Belfast. Ir. *Mac Riada*. See Mac Cready.

Medcalf: rare: Dublin etc. English: "meat-calf" - a fat man. See Metcalf.

Medhurst: v rare: Dublin. English toponymic: "amongst the wooded hill". DSHH.

Medlar: rare: Dublin. English: habitational name, rare in England.

Medley: v rare: scattered. English habitational name: "middle island", etc. DSHH.

Medlicott, Meddlycott: rare: Belfast, Dublin etc. English, "middle cottage". A name from Shropshire.

Medlow: rare: Armagh etc. Appears to be English toponymic: "middle hill", but very rare there.

Mee: fairly numerous: Galway-Mayo, Monaghan-Cavan-Louth etc. Ir. *Ó Miadhaigh*, from *miadhach*,honourable. Originally a sept of W Meath. In Monaghan, it may be an abbreviation of Mac Namee, q.v. It is also a Palatine name in Limerick. MIF.

Meedham, Meetham: v rare: Dublin etc. From Yorkshire placename.

Meegan: fairly numerous: Monaghan-Louth etc. Ir. *Ó Miadhagáin* (dimin. of *miadhach*, honourable).This is very much a name of Oriel, whereas its synonym, Meehan, is much more widespread. MIF.

Meehan,-en,-in: v numerous: all areas, especially Ulster. Ir. *Ó Miadhacháin* (see Meegan). Apparently a number of septs existed. IF.

Meek,-e: fairly numerous: English, 17 cent in Ireland. A name dating from 12 cent and meaning"humble". DBS.

Meekin: fairly rare: Antrim etc. Ir. *Mac Miadhacháin*. See Meegan and Meighan.

366

Meeley,-ly: v rare: scattered. See Meally.

Meenagh: mod.nos.: Tyrone-Derry. Ir. *Muimhneach* (Munsterman). See also Mimnagh.

Meenaghan,-eghan,-ehan: fairly rare: Mayo-Galway etc. Ir. *Ó Muimhneacháin*, diminutive of *Muimhneach* - see above. In Munster, the name appears as Moynihan.

Meenan,-in: mod,nos.: Derry-Tyrone, Dublin etc. Ir. *Ó Mianáin,* perhaps from *mian*, desire. The name has always been associated with Donegal. MIF.

Meers, Meer,-e: mod.nos.: Clare etc. Ir. *Ó Midhir*, from *meidhir*, mirth. They were an erenagh family of Clare. See also Myers. SI.

Mees: rare: Belfast area etc. Of Dutch origin: diminutive of first name Bartholomew.

Megahran: v rare: Down-Armagh. Ir. *Mag Eachráin*. See Mac Gahern.

Megahey: mod.nos.: Belfast area etc. Ir. *Mag Eachaidh*. Variant of Mac Gaghey, q.v.

Megan: v rare: Down. Ir. *Mag Annaidh* (SGA). See also Mac Gann.

Megannety: rare: Dublin, Wicklow. Possibly a variant of Megarity.

Megarity: fairly rare: Armagh etc. Ir. *Mag Oireachtaigh*. See Mac Garrity.

Megarry: fairly numerous: Belfast, Down etc. Ir. *Mag Fhearadhaigh*. See Mac Garry.

Megarty: v rare: Derry. Variant of Mac Garrity, q.v.

Megaughan: rare: Antrim. Ir. *Mag Eacháin*. See Mac Gahan.

Megaw: fairly numerous: Down-Antrim etc. Ir. *Mag Ádhaimh*. See Mac Caw.

Meggs: v rare: Dublin. From first name, Margaret. Of English origin.

Meghan,-in: v rare: Limerick. Ir. *Ó Miadhagáin*. See Meegan.

Meghen: rare: Dublin. As Meegan, q.v.

Megoran: rare: Down. Variant of Mac Gorrian, q.v.

Megran: rare: Antrim-Down. Ir. *Mag Raighne* or *Mag Bhrain*. See Mac Grane.

Megrath: fairly rare: Belfast area etc. Ir. *Mac Craith*. See Mac Grath.

Megraw: rare: Belfast area. Variant of Mac Grath, q.v.

Mehaffey,-fy: mod.nos.: Down-Armagh-Tyrone-Derry etc. Ir. *Mac Dhuibhshíthe (Dhuifíthe)*. See also Mahaffy.

Meharg: mod.nos.: Belfast area, Down etc. Ir. *Mac Giolla Chairge* (SGA). MacLysaght equates it with Mac Ilhagga, q.v. and regards it as Scottish, but Black does not corroborate this.

Meharry: rare: Belfast area etc. Ir. *Mac Fhearadhaigh*. Variant of Mac Carry, q.v.

Mehigan, Megehan: mod. nos.: Cork. Ir. *Ó Maothagáin, maoth,*soft, tender.

Mehlhorn: v rare: Dublin. This seems to be German: literally "flour-horn".

Meier: rare: Dublin etc. Possibly a variant of Mayers.

Meighan: mod.nos.: scattered. Ir. *Ó Miadhacháin*. See Meehan.

Meikle: rare: Belfast area. Ir. *Mac Michil* (son of Michael). However, as a Scottish name, this means "big, large", and it seems more appropriate here. SGA & SS.

Meikleham: v rare: Belfast. Scottish: more correctly Macilwham: Gaelic: *Mac Giolla Thom.* "devotee of St Thomas". A branch of Clan Lamont. SS.

Meilly: v rare: Belfast. Probably a variant of Melly, q.v.

Mein: rare: Tyrone etc. Scottish: possibly Scots Gaelic *Mèinn* (Menzies) in some cases. SS.

Mekitarian: v rare: Midlands. A well-known family of Mid-Eastern origin.

Melanophy, Melanothy, Melanphy: rare: Fermanagh. Ir. *Ó Maolanfaidh* (chief of storm). The name is associated with Tipperary in the form of Molumby, q.v.

Melarkey: rare: Derry etc. Ir. *Ó Maoilearca* (devotee of Earc). A Donegal name, now current in Connacht as Mullarkey, q.v.

Melaney,-ie: v rare: Dublin. Ir. *Ó Maoileanaigh*. Originally of Connacht. See Mullaney.

Melaniff: v rare: Leitrim. See Melanophy.

Melankey: v rare: Derry. Probably variant of Melanophy, q.v.

Melaugh: mod. nos.: W Ulster. Ir. *Ó Maolaodhóg*. "Devotee of St Aodhóg" Dim. of Aodh.

Melay: rare: Waterford: Ir. *Ó Maolaoidh* (servant of Aodh). Also as Millea, q.v.

Melbourne: rare: Tipperary etc. From any of a number of English placenames.

Meldon: rare: Dublin. Variant of Muldoon, q.v.

Meldrum: fairly rare: Ulster, Sligo, Cork. Scottish toponymic from Aberdeen. In Ulster 17 cent. SI & SS.

Meleady,-lady: fairly rare: Dublin, Midlands etc. Ir. *Ó Maoiléidigh*. A name associated with Offaly-W Meath. See also Melody.

Melia: numerous: Galway, Donegal, N Midlands etc. Ir. *Ó Máille*. Variant of O'Malley, q.v.

Meli: v rare: Belfast. This may be a pet name for Emanuele, so of Italian origin.

Melican,-gan: rare: Clare etc. Ir. *Ó Maoileacháin*, an attenuated version of *Maolagán*, which is itself a diminutive of *maol*, bald, blunt. See also Milligan. SI.

Melinn: fairly rare: Dublin, W Meath. Ir. *Ó Maoilfhinn*, fair chief. Woulfe considers it a Sth Leinster name and there is confusion with Mallen and Malynn, q.v. MIF & SGG.

Mellamphy, Mellamophy: v rare: Sligo, Cavan. See Malanaphy.

Mellerick: fairly rare: Cork. Ir. *Ó Maoilgheiric*, devotee of St Cyriacus. Originally this name was associated with W Ulster.

Mellet(t): rare: Dublin etc. Ir. *Méalóid.*. See also Mylott(e).

Melling: rare: Dublin, Cork etc. English: from placename in Lancashire.

Mellon: fairly numerous: Tyrone-Derry, Dublin etc. Ir. *Ó Mealláin*. See Mallon.

Mellor,-s: rare: Ulster. English toponymic: from places in Cheshire etc. DBS.

Mellotte,-ette: rare: Belfast, Dublin. Possibly English (v rare) but see also Millet & Mylotte.

Mellows,-es: rare: N Co.Dublin etc. Ir. *Mac Maol Íosa* (SGA). "servant of Jesus". MacLysaght is disposed to regard it as an English toponymic. MIF.

Mells: v rare: Belfast. Ir. *Mac Maol Íosa*. There is a Scottish name Mellis of this derivation. there is also the possiblity of the English Mells (Mills). SS & DOS.

Meluish: v rare: Derry. Variant of Scottish Mellis - see Mells above.

Melly: mod.nos.: Donegal-Tyrone etc. Ir. *Ó Meallaigh, meall*, charm. SI.

Melody: mod.nos.: Mayo-Galway, South East etc. Ir. *Ó Maoiléidigh* (ugly servant). A sept of N Clare and a group in the S Midlands. MIF.

Melrose: v rare: Ulster. A Scottish toponymic. SS.

Melville: mod.nos.: Belfast, Down etc. Scottish: of Norman origin from a place in Normandy. However, the name may stand for Mulvihill and Mulfaal. SS & SI.

Melvin: mod.nos.: Mayo-Galway etc. Ir. *Ó Maoilmhín*, perhaps, "gentle servant". See also Mulvin. SI & SGG.

Melvey: v rare: Waterford. Probably a variant of Mulvey.

Memery: fairly rare: Dublin. Probably from Membury, Devon.

Menabney: rare: Down etc. Perhaps a variant of Mac Menamy.

Menagh: rare: Down etc. Probably *Muimhneach*, Munsterman. See Meenagh.

Menary: mod.nos.: Down-Armagh. Ir. *Ó Naradhaigh, naradhach*, modest. A name of Oriel (Armagh etc.). SI.

Menaul: rare: Belfast etc. ? Ir. *Mac Neachtain*. See Mac Cracken.

Meneghan: v rare: Claremorris (Mayo). Ir. *Ó Muimhneacháin*. See Moynihan.

Mencarelli: v rare: Down. Italian: probably a diminutive of first name Domenico.

Meneely: mod.nos.: Down etc. Variant of Mac Neely, q.v.

Meneilly,-elly: rare: Belfast-Antrim. As Meneely above.

Menice,-iece: rare: Belfast etc. Variant of Mac Neice, q.v.

Mennis: rare: Cork etc. Seems to be variant of Scots Menzies, q.v.

Menown: rare: Down etc. This name exists in Britain but is rare. Perhaps Ir. *Mac Cnámháin*.

Menton: mod.nos.: Dublin, Leinster, Roscommon etc. Ir. *Ó Manntáin*, from *mantach,* gap-toothed. See also Manton.

Menzies: rare: Dublin, Down. Scottish, equivalent to English Manners. Pronounced "Mingis".

Mercer,-ier: numerous: E Ulster, Dublin. English, from French, *mercier*, merchant. In Ireland since mediaeval times. SI.

Merchant: v rare: Dublin etc. English and French: occupational: a trader.

Meredith: fairly numerous: Laois-Offaly, Down etc. Welsh, from *meredydd*, magnificent. 16 cent in Ireland.

Merlehan: v rare: scattered. Ir. *Ó Méirleacháin*. Perhaps from *méirleach*, a villain, bandit. The name is asociated with W Meath. The Four Masters recorded it in 1001 A.D. when it may have carried a less objectionable meaning. SGG.

Mernagh: mod.nos.: Wexford etc. Ir. *Meirtneach*, dispirited; or perhaps, *méaranach*, deft. A cognomen thought to be associated with the Mac Murroughs of Wexford. SI & MIF.

Merne: rare: Carlow etc. Variant of Mernagh above.

Mernin: v rare: Waterford etc. Ir. *Ó Méirnín*, perhaps from *méar*, a finger and so dextrous. This name is connected with Waterford and E Cork. SGG.

Mernock: rare: Dublin. Appears to be variant of Mernagh, q.v.

Merrall,-ell: v rare: Belfast. English: allegedly from feminine first name *Muirgheal*, which means "sea-bright", - Celtic via Brittany. DBS.

Merren,-in: rare: Louth-Monaghan etc. Variant of Marron, q.v.

Merrins: rare: Kildare etc. See Marron.

Merrett,-itt: rare: Belfast, Cork etc. English: a habitational name from Somerset. DSHH.

Merrick: mod.nos.: Mayo-Galway, Kildare, Down etc. The Connacht Merricks are of Welsh origin, *A(p) Meuric* (Maurice) and gaelicised *Mac Mibhric* 13 cent. Others are English but ultimately of the same derivation, and one of whom, according to Cottle, gave his name to America! MIF & DOS.

Merrigan: fairly numerous. Wicklow-South East, Tipperary-E Limerick etc. Ir. *Ó Muireagáin*, perhaps from *muire*, a lord. A scpt of Longford-W Meath dispersed at the Invasion. SI.

Merriman: fairly numerous: Dublin, Midlands, Waterford etc. Generally of English origin – Brian Merriman's use of *Mac Giolla Meidhre* was in jest. Marmion has been a synonym in Leinster. See also Merry. MIF.

Merron: rare: Down etc. See Marron.

Merry,-ey: mod.nos.: scattered. Ir. *Ó Mearadhaigh, mear*, lively. A sept of Waterford and S Tipperary. The name has been used, inexplicably, for Houlihan. It is, of course, also a fairly common English name of straightforward meaning. MIF & DBS.

Mertens: v rare: scattered. Dutch origin: from first name, Martin.

Merton: rare: Dublin. English toponymic from a number of placenames: "lake settlement".

Mervyn: fairly rare: Belfast. English, from first name "famous friend". DOS.

Mescal,-ell: mod.nos.: Clare-Limerick-Tipperary etc. Ir. *Ó Meiscill*. There are many synonyms and some confusion with Miskelly, q.v. MacLysaght found it in 14 cent in Limerick. MIF.

Messett,-itt: rare: Dublin etc. Apparently abbreviation of Messeter (brewery worker). DSHH.

Messom,-on: v rare: Belfast etc. Probably from place, Measham, in Leicestershire. DBS.

Metcalf,-e: fairly numerous: all areas, especially E Ulster. English, 17 cent. Originating in Yorkshire and meaning, possibly, "meat-calf" or fat man. DOS.

Methven,-uen: rare: Belfast area etc. Scottish toponymic from place in Perthshire. SS.

Metrustry: rare: Belfast, Dublin. See Mac Trustry.

Metson: rare: N Antrim etc. Probably a patronymic formed from Meade, a current English name connected with the drink made from honey.

Mettleton: v rare: Carrickfergus. This name is not in evidence in Brtain but seems to be locative.

Mewha: rare: Antrim. English. Reaney refers to it briefly as from Meavy, Devon. It is certainly very rare in England. DBS.

Mewharter, Mewhirter: v rare: Belfast. Scots Gaelic *Mac an Chruitire* (son of the harper).

Mewhort: v rare: Belfast. Possibly variant of Scottish Mac Watt, q.v.

Meyer,-s: fairly rare: Dublin, Belfast, Kerry-Clare etc. Various origins: English, French and German, but in the south and west it is native *Ó Meidhir*. See Meers & Myers.

Meyler: fairly numerous: Wexford etc. Ir. *Maoilir, Mac Maoilir*. From Welsh *Meilyr,* a first name. In Ireland 13 cent. See Myler. SI.

Meyn(s): v rare: scattered. A German name analogous to English Mayne: "strength", "big", etc.

Michael: fairly numerous: Dublin, Antrim and scattered. A very popular first name, it came from England and Scotland as a surname. See Mac Michael.

Micheau: v rare: Dublin. French: from first name Michel (Michael).

Micks: rare: Limerick etc. The Palatine name Mich or Mick is on record in Limerick and this seems to be the origin of the present name.

Middleton: fairly numerous: Ulster, Sligo, Midlands. A common English toponymic, present in Ireland since mediaeval times. SI.

Midgley: v rare: Down etc. English: from a place in Yorkshire.

Miggin,-an: rare: Meath-Kildare. Perhaps related to French *Mignon* (pretty), or just Meegan, q.v.

Miland: v rare: Galway. Probably as Millane, for which see Mullane.

Milburn,-e: v rare: Down, Fermanagh. English toponymic: "mill stream". Many such places.

Milby: v rare: Down. Probably English toponymic: "mill farm".

Mildenhall: v rare: Belfast. English: from place in Suffolk.

Miles: mod.nos.: Down etc. Scattered in south. English: derived from first name Milo or Miles, meaning "soldier". See also Myles and Moyles.

Miley: fairly numerous: Leinster, especially Wicklow. Ir. ? *Ó Maol Aodha* (devotee of Aodh). The name was formerly Millea, q.v. and connected with Kilkenny. SI & SGG.

Milford: fairly rare: Down-Antrim. English toponymic but quite rare there.

Millan: rare: Antrim etc. Scottish, synonymous with Millane, q.v.

Millane: rare: Clare-Galway etc. Ir. *Ó Maoláin*. Dimin. of *maol*, bald, blunt. See Mullane.

Millar,-er: v numerous: all areas, especially Ulster. Scottish (-ar) & English occupational name.

Millard: fairly rare: Cork, Wexford. English, "keeper of mill". DBS.

Millea: fairly rare: Kilkenny-S Tipperary. Ir. *Ó Maol Aodha* (devotee of Aodh). This name has been anglicised both Molloy and Miley, q.v. SGG.

Millen: fairly numerous: E Ulster. Scottish: synonymous with Millan and Mullane. SGA gives the Irish as *Ó Maoilín*.

Millerick: rare: Dublin, Cork etc. Ir. *Ó Maoilgheiric*, devotee of St Cyriacus. Woulfe says it was a Donegal name. Maol Íosa Ó Maoilgheiric was mentiond as "Chief poet of Ireland" in the Annals of 1088 A.D. MIF & SGG.

Millett,-s: rare: Wexford-Kilkenny etc. English, from *miles*, a soldier. Present in Kilkenny 14 cent. See also Mellott and Mylotte.

Millican: rare: Derry. Ir. *Ó Maoileagáin*. Double diminutive of *maol,* bald, blunt. Originating in Derry it is out-numbered by synonym Milligan.

Milligan: numerous: Ulster generally. Ir. *Ó Maoileagáin*. See Millican above.

Milliken,-in: numerous: Belfast area etc. See Millican.

Millin: rare: Antrim etc. Ir. *Ó Maoilín* (SGA); *Ó Mealláin* (SI). Two different roots: see Millen and Mallon.

Milling: mod.nos.: Belfast, Down, Dublin. Ir. *Mac Maoláin* (SGA). That is, as Mac Millan. However Black does not agree, saying it derives from "mill", i.e. is occupational.

Millington: fairly rare: Dublin, Belfast etc. English toponymic, long associated with Dublin.

Mills: numerous: all areas, especially Ulster & Midlands. Ir. *an Mhuilinn,* (of the mill). the name is generally of English origin. SI.

Millsop: fairly rare: Armagh-Down. This name exists in Scotland but is very rare.

Milmoe: rare: Sligo etc. Ir. *Ó Maolmhuaidh*, ? noble chief. This name has been changed further to Mattimoe, q.v. See also Molloy. MIF.

Milne: fairly numerous: Ulster, Midlands etc. Mainly Scottish, "worker at the mill". 17 cent.

Milner: mod.nos.: Cork etc. Synonymous with Milne.

Milotte: v rare: Bangor (Down). Variant of Mylotte, probably.

Milroy: v rare: scattered. *Ó Maolruaidh*, perhaps, "red-haired chief". Families were located in Mayo and Longford but more usually appearing as Mulroy. MIF.

Milton: mod.nos.: Dublin, Cork etc. English, from various place-names: "middle farm".

Milvy: v rare: Down. Probably a variant of Mulvey.

Mimna,-agh: mod.nos.: Tyrone-Cavan-Longford etc. Ir. *Muimhneach*, Munsterman. A cognomen which replaced actual surnames. See Meenagh, Minnagh, Moynagh.

Minahane: rare: Cork. Ir. *Ó Mionacháin* (SGA) but see also Minehane.

Mince: v rare: Tyrone etc. Probably as Minch, q.v.

Minch: fairly rare: Midlands etc. A variant of Minish, q.v. but possibly abbreviation of Minchin.

Mincher: v rare: Lurgan. This is very rare in England; perhaps a variant of Minchin.

Minchin: fairly rare: Laois-Carlow etc. English: from Middle English, "a nun". 17 cent in Ireland.

Minehane: mod nos.: Cork etc. Ir. *Ó Muineacháin*. Dim. of *manach*, a monk.

Mines: v rare: Armagh. Ir. *Ó Muín* (SGA). This can also be a Jewish name. DSHH.

Minford: mod.nos.: Belfast-Antrim. Apparently an English place name.

Ming: rare: Derry etc. Presumably Chinese: no information forthcoming

Minihan: rare: Cork. Ir. *Ó Muimhneacháin*. (SGG). See also Moynihan.

Minion: rare: Belfast etc. Perhaps a nickname; this name is very rare in England.

Minish: rare: Armagh. Ir. *Mac Naois (Mac Aonghuis)*. See Mac Guinness.

Miniter: rare: Clare. Ir. *Minitéir*. An Anglo-Norman name peculiar to Clare. Minting coins.

Minn,-e: v rare: Belfast area etc. Probably Scottish Mac Minn (son of Menzies). SS.

Minnagh: v rare: Tyrone. Ir. *Muimhneach*, Munsterman. See Meenagh.

Minnis, Minnish: mod.nos.: E Ulster. Ir. *Mac Naois (Mac Aonghuis)*. See Mac Guinness.

Minnock: mod.nos.: Offaly-Kilkenny-Carlow etc. Ir. *Ó Muineóg*. Derivation uncertain. More numerous as synonym Minnogue, q.v.

Minogue: numerous: E Clare-Tipperary-Kilkenny-Offaly etc. Ir. *Ó Muineóg*. This family came from E Clare and spread to Ormond and Offaly. MIF.

Minshall,-ull: rare: Belfast etc. English: place-name in Cheshire.

Mintern: rare: Cork etc. English: place-name in Dorset.

Minto, Minta: rare: Dublin etc. From a placename on the Scottish Border.

Minton: rare: Galway. Ir. *Ó Mantáin, mantach*, gap-toothed. See also Manton. An English name may be present in some cases.

Minty: v rare: Down. A Scottish name of uncertain origin. Or perhaps variant of Mac Entee.

Mirrelson: v rare: Dublin. A well-known Jewish family.

Mirza: v rare: Antrim etc. A Muslim name. It was a honorific title of Mongol origin.

Miscampbell: rare: Belfast etc. Black thinks it may be M'Scamble from Galloway.

Miscanlon: rare: Belfast etc. Ir. ? *Mac Scannláin*.

Miskella: rare: Wexford etc. Ir. ? *Mac Scalaidhe*.

Miskelly: fairly numerous: Down-Antrim etc. Ir. *Mac Scalaidhe*, perhaps from *scalaidhe*, a crier. But also possibly a synonym of Scully, q.v.

Miskimmin,-on: fairly numerous: Down etc. Probably Scottish: Mac Skimming of Galloway. Miscummons and Misimmin occur very rarely. SS.

Misstear: v rare: Dublin. This name is not in found in Britain; Ir. ? *Ó Maoil Stéige* (Mac Stay).

Mitchell,-el: v numerous: all areas, most in Ulster, least in Munster. Ir. *Mistéil*. An English name from first name Michael. Also current in Scotland. 17 cent in Ireland. IF.

371

Mitton,-en:mod.nos.: Fermanagh, Wexford, Dublin. English toponymic.

Mizzoni; rare: Midlands etc. Italian: pet name from Giacomo (James).

Moag: rare: Down etc. Possibly Ir. *Ó Maol M'aodhóg*; but Moakes is current in England.

Moakley: v rare: Cork. Ir. *Ó Mothlaigh* (bushy-haired). See Mohally.

Moan,-e; fairly rare: Fermanagh etc. See Moen.

Moates: rare: Belfast area. English: "dweller at the castle". DBS.

Mockford: v rare: Belfast. Presumably an English toponymic.

Mockler, Moclair: mod.nos.: Kilkenny-Tipperary etc. Ir. *Móicléir*, from French *Mauclerc*, bad cleric. They were Normans, in Tipperary 13 cent. This rather uncomplimentary name survives in France.

Moe: v rare: Dublin. Topographic name related to a sand-dune and of Swedish origin. DSHH.

Moen: mod.nos.: Fermanagh-Tryone etc. Ir. *Ó Mocháin*, perhaps "early riser". There were two septs but they usually appear as Mohan, q.v.

Moffatt,-ett,-itt: numerous: Ulster generally, Sligo-Mayo etc. Scottish, from place-name in Dumfries. In Ulster 17 cent.

Mogerley: rare: Dublin. Presumably an English toponymic. The temptation to gaelicise it *Magairle* must be resisted!

Mogey: rare: Down-Antrim. Perhaps diminutive of Mogg, from first name Margaret.

Moggan, Mogan: rare: Galway etc. Ir. ? *Ó Mógáin,* but it may be a variant of Mohan, q.v.

Mohally: fairly rare: Cork City. Ir. *Ó Mothlaigh, mothalach*, bushy-haired. Originally from around Drimoleague, West Cork. SGG.

Moham(m)ed, ad,-id: rare: Ulster. Muslim: the name of the Prophet.

Mohan: numerous: Fermanagh-Tyrone-Monaghan-Cavan, Louth, Galway, Donegal. Ir. *Ó Mocháin*, ? "early riser". There were two septs in Connacht and probably one in Oriel. This name has been extensively changed to Vaughan.

Moher: fairly rare: E Cork-Tipperary. Ir. *Ó Mochair* (SI); *Ó Mothair* (SGG). This name has been located in the above area since the earliest records. MIF.

Moir: rare: Down and scattered. Scottish, *mòr*, big. Associated with Aberdeen. SS.

Moiselle: rare: Dublin. This name, from the French river, is well established in Ireland.

Mol: v rare: Belfast. English nickname for some one with mole. See Moles.

Molan: rare: E Cork etc. Ir. *Ó Mothlacháin*, dimin. of *mothalach*, bushy-haircd. See Mohally. SI.

Moles: fairly rare: Antrim-Down, Dublin etc. Patronymic of Mole: nickname from the burrowing animal or a distinguishing facial mark. Common in England.

Moley: fairly rare: Armagh etc. Ir. *Ó Mothlaigh*. Apparently this Cork name had a separate existence in Oriel. See Mohally above.

Molihan: rare: Longford. See Mollaghan.

Molineaux,-neux: v rare: Down. See Molyneaux.

Molins: v rare: Dublin. See Mullen.

Mollaghan,-ahan: mod.nos.: Longford-Leitrim etc. Ir. *Ó Maolacháin*, dimin. of *maol*, bald, blunt. It could also be *Ó Mothlacháin* - see Mohally above. SI.

Mollan,-en,-in: rare: scattered. Variants of Mullan, q.v.

Mollahan: rare: Leitrim etc. See Mollaghan.

Mollereau: v rare: Dublin. French: occupational: maker of grind-stones *(meules)*. Dauzat.

Mollina: v rare: scattered. Part of the great "milling" group; in this case, Spanish. See Mill and Mullen.

Moller: v rare: Belfast area. Of German origin: occupational: miller.

Molohan: v rare: Clare. Ir. *Ó Maolacháin*. See Molan & Mollaghan.

Molloy: v numerous: all areas, especially Connacht and Midlands. Ir. *Ó Maolmhuaidh*, ? noble chief. (1) A major sept of the Southern Uí Néill in Offaly; (2) A sept of Síol Muireadhaigh in Roscommon. Also stands for *Ó Maol Aoidh*. SGG.

Moloney,-ny: v numerous: all areas except Ulster. Ir. *Ó Maoldhomhnaigh* (servant of the church). A sept of Dál gCais (Clare). IF.

Moloughney: v rare: Tipperary. Ir. *Ó Maolfhachtna*, devotee of St Fachtna. The name has been absorbed by Moloney. SGG.

Molphy: rare: Dublin etc. It was a variant of Murphy in Midlands. SI.

Molumby: fairly rare: Tipperary-Limerick, Dublin. Ir. *Ó Maolchomadh*. Woulfe connects this name with S W Cork. Its present location suggests a link with Melanophy, q.v. SI.

Molyneaux,-eux: mod.nos.: Belfast area, N Kerry, Dublin. Norman French, so of long standing in Ireland. However, it also represents *Ó Maolmhuaidh* in Kerry and *Ó Maolagáin* in Ulster. See Molloy and Mulligan. The name still exists in France where it is a toponymic relating to "mills".

Monaghan: v numerous: Leath Chuinn (Northern Half). Ir. *Ó Monacháin*. Dimin. of *manach*, a monk. A sept of Roscommon with probably another in Oriel (Armagh, Monaghan etc) but no connection with the county, which is *Muineachán*.

Monagle: rare: Donegal. See Mac Monagle.

Monahan: numerous: all areas, especially Cavan-Monaghan-Louth, Midlands, Galway, Donegal. Ir. *Ó Monacháin*, as Monaghan.

Monaher: rare: Cork.. Ir. *Ó Manachair*, monk-dear. Originally an Offaly name. SI.

Monan: rare: S Down. Ir. *Ó Muanáin*. Dimin. of *muon*, dumb or silent. A northern version of *Ó Maonáin*. See Moonan.

Moncrieff: rare: Belfast area etc. Scottish: from place-name in Perthshire. SS.

Monds: rare: Sligo, Belfast etc. Occurs as Mons in Galway and Monson is also present, so it appears to be an English patronymic, the root of which is not clear. See also Munds.

Mone: mod.nos.: Armagh-Monaghan. Ir. *Ó Mocháin*. See Moan.

Moneley: rare: Louth. As Monnelly, q.v.

Moneypenny: rare: Down etc. English: nickname "many a penny", a rich man. DOS.

Mongan: mod.nos.: Galway-Mayo, Donegal etc. Ir. *Ó Mongáin*, from *mongach*, long-haired. A sept of Mayo. Also synonymous with Mangan.

Mongey: mod.nos.: Meath etc. Ir. *Ó Mongaigh*. See Mongan above. A name from Mayo now found in Midlands.

Monie, Money: rare: Down etc. A variant of Mooney, also an English nickname.

Monk,-s: mod.nos.: Dublin etc. Generally an English nickname but standing for *Ó Manacháin* and *Mac an Mhanaigh* in some cases. SI.

Monkhouse: v rare: Down etc. English: topographical or occupational name connected with a monastery. A place in Staffordshire.

Monnelly: rare: Dublin etc. Ir. *Ó Maonghaile* (wealth-valour). Associated with Mayo. See also Munnelly, q.v.

Monroe,-ro: mod.nos.: Belfast-Antrim etc. Scottish: possibly Scots Gaelic *Mac an Ròthaich* or from place-name *Bun Rotha* in Derry. MacLysaght says it was adopted by some Mallons and Milroys. SI & SS.

Mons: v rare: Galway. This name is synonymous with Monds and Munds, also found in Connacht. The derivation is not clear - the connection with French placenames is possible.

Monson: fairly rare: E Ulster, Dublin, Roscommon. An abbreviation of Nordic Magnusson.

Montague: mod.nod.: Tyrone etc. Ir. *Mac Taidhg* (SGA). However, the name is of Norman origin and current in England. See Mac Tague and Mac Teague.

Montayne: v rare: Dublin etc. Possible variant of French *Montagne*, a toponymic.

Monteith: fairly numerous: Tyrone etc. Scottish, from place in Perthshire. Part of the 17 cent settlement. SI & SS.

Monteverde: v rare: Belfast. Italian: habitational name from various places. "Green hill".

Montford: v rare: Antrim. Scottish: of Norman origin.

Montgomery: v numerous: Ulster generally, Dublin. A Norman topographical name, current in Scotland and in Ireland 17 cent. There is a gaelicisation *Mac Iomaire, Mac an Iomaire*. SI.

Moody,-ie: numerous: Ulster generally, Midlands. English, meaning "bold, proud" and recorded in Ireland 13 cent. Prominent in Ulster 17 cent. Gaelicised *Ó Muadaigh* which is purely phonetic. SI.

Moodley: v rare: Dublin etc. Current in England, this seems to be toponymic.

Moogan: v rare: Mayo. Probably a variant of Mohan, q.v.

Moohan: fairly rare: Fermanagh-Tyrone etc. Ir. *Ó Mocháin*. See Mohan.

Moon,-e: mod.nos.: Fermanagh-Tyrone etc. As Moohan above.

Moonan: rare: Belfast area. Ir. *Ó Muanáin* for *Ó Maonáin, maon*, silent, dumb.

Mooney: v numerous: all areas, especially Ulster, Midlands, South East; Sligo, Galway etc. Ir. *Ó Maonaigh, maon* means silent or dumb but it was also a feminine first name. The name occurs as Meaney in Munster. IF.

Moorcraft,-croft: fairly rare: Armagh etc. English toponymic "croft in a moor or fen".

Moore: v numerous: all areas. Ir. *Ó Mordha* (stately). The leading sept of Laois, usually referred to as O'More. The name is also English and this is the origin of some at least of present-day Moores. IF.

Moorhead: numerous: E Ulster, Longford-W Meath etc. English, from place in N England. In Ulster, a variant of Scottish Muirhead.

Moorhouse: fairly rare: Wexford etc. English name from Yorkshire. DOS.

Moorkens: v rare: Dublin. Perhaps a continental version of Moore.

Moraghan: rare: Dublin etc. Ir. *Ó Murcháin*, dimin. of *Murchadh* (sea-warrior). See Morahan.

Morahan: mod.nos.: Galway-Mayo-Roscommon. Ir. *Ó Murcháin*. There were two septs: one in Offaly, the other in Leitrim. This name has been contracted to Moran in many cases. See also Morrin and Murrin.

Moran: v numerous: all areas, especially Connacht. Ir. (1) *Ó Móráin, mór*, great. (2) *Ó Mughróin*, from first name *Mughrón* (seal-man). There were four septs involved in Connacht. See also Morahan.

Mordaunt: mod.nos.: Wicklow and South East. Anglo-Norman nick-name from French, *mordant*, biting, sarcastic". DBS.

More: rare: Dublin etc. A synonym of Moore, q.v. Also the notable family More O'Ferrall, for which see Farrell. MIF.

Moreau: rare: Dublin. French, synonym of Morell which was of Huguenot origin. "Moorish".

Morehan: v rare: Cork. As Morahan, q.v.

Moreland: numerous: Belfast area, Dublin. English toponymic but see also Murland.

Morelli: mod. nos.: Dublin. Italian: a nickname: "black horse".

Moreton: rare: Midlands etc. English: see Morton.

Morey: rare: Cork. Ir. *Ó Mórdha* (Moore). It may also stand for Moriarty. SI.

Morgan: v numerous: all areas, especially Belfast-Down-Armagh-Monaghan-Cavan-Louth. Ir. *Ó Muireagáin*, dimin. of *muire*, a lord. It is also a prominent Welsh name, accounting for many of the Irish Morgans. SI.

Moriarty: numerous: all areas except Ulster; especially N Munster. Ir. *Ó Muircheartaigh*, a mariner, a navigator. A popular first name in early times. Always associated with Kerry. IF.

Morison: v rare: Belfast. As Morrison.

Morkan,-en: rare: N Tipperary etc. Ir. *Ó Murcháin*. See Morahan, who were in nearby Offaly.

Morley: fairly numerous: Mayo, Cork, Midlands etc. Ir. (1) *Ó Murthaile* (Cork); (2) *Ó Murghaile* (Mayo), "sea-valour". This name is also English, of course. A toponymic: "marsh wood". SI.

Mornin: rare: Antrim-Down etc. Ir. *Ó Murnáin*. See Murnane.

374

Morning: rare: Donegal etc. Probably a variant of Murnin and Murnane.

Moroney: numerous: all areas, especially Clare-Kerry-Limerick-Tipperary. Ir. *Ó Maolruanaidh*,"devotee of Rooney". A sept of Dál gCais (Clare). Mod. *Ó Morónaí*. See Mulrooney.

Morphew, Morphy: v rare: Belfast. English nick-name, "ill-omened".

Morrell: fairly rare: Ulster, Dublin etc. MacLysaght says this is a Huguenot name but it i also current in England. SI & DBS.

Morran: v rare: scattered. See Morrin.

Morrin,-en: fairly numerous: Midlands etc. Ir. *Ó Murcháin, Ó Muirín*, corresponding to septs in Offaly and Mayo. See also Morahan and Murrin. MacLysaght mentions a Huguenot connection in Ulster, but the name is rare there now.

Morris: v numerous: all areas, especially South East, Midlands, Connacht. Ir. *Ó Muiris* (SGA), *Ó Muirghis* (SGG). The name is English and Scottish from first name Maurice "like a Moor". Normans, first appearing as *de Marisco*, they became one of the "Tribes of Galway". The name may also stand for *Ó Muirgheasa,* usually Morrissy. It is quite common in Ulster with a strong Scottish element. IF.

Morrison: v numerous: all areas,but mainly E Ulster. Ir. *Mac Muiris*. Scottish and English generally. *Muiris* is the usual gaelicisation of first name Maurice, and was adopted by as a patronymic by the Prendergasts of Mayo. IF.

Morrisroe: fairly rare: Roscommon-Mayo etc. Ir. *Mac Muiris Rua*, "red-haired Maurice". A name associated with Roscommon.

Morrish: v rare: Cork. Variant of Morris.

Morrissey,-sy: numerous: Particularly South East and Munster. Ir. *Ó Muirgheasa, from* first name *Muirgheas*, sea-valour. A sept of Uí Fiachrach, Sligo, now more usually represented in Connacht by Morris, q.v. In Munster, it derives from Norman *de Marisco.*

Morrogh: rare: Cork, Dublin. A short form of Mac Murrough or Mac Morrow. The first name *Murchadh*, "sea-battler", was popular and appears in the royal Leinster family of Mac Murrough.

Morrow: v numerous. mainly Ulster. English toponymic generally; it may stand for Mac Morrow in W Ulster & Connacht.

Mort: v rare: Antrim. English: nickname: "stumpy". DOS.

Mortell: mod.nos.: Limerick-Clare, Cork. Ir. *Mairtéil*. Anglo-Normans, 13 cent. Probably derived from French *martel*, hammer. MIF.

Mortimer: mod.nos.: widespread, especially Mayo-Galway, Waterford, Laois. The English name appeared here in 14 cent but most Mortimers are *Mac/Ó Muircheartaigh*, see Murtagh. Men with first name Murt, often write it Mortimer. See Moriarty.

Mortland: v rare: Tyrone. Possibly a Scottish toponymic.

Mortlock: v rare: Bangor. English: from placename, Mortlake, "young salmon lake".

Morton: numerous: Generally Ulster and Dublin. English, 13 cent. "moor farm". Evidently 17 cent in Ulster.

Morwood: rare: Armagh-Down etc. Current in Scotland: apparently a toponymic.

Moseley, Mosley: rare: Cork, Dublin etc. English toponymic. DOS.

Moses: rare: Tyrone etc. English, 17 cent. After the leader of the Israelites: possibly an Egyptian name, but now certainly Jewish in origin. It is quite common in England now. See Moss.

Mosgrove: rare: Tyrone etc. See Musgrave.

Moss,e: fairly numerous: Tyrone-Donegal etc. Ir. *Ó Maolmóna*, "bog lord". Moss is N English for bog and itself a toponymic, no doubt represented in Ireland. It is also first name *Moses*. SI.

Mossey: rare: Tyrone. Probably a variant of Moss.

Mossman: rare: Tyrone etc. Cottle considers this is a diminutive of Moses, rather than a habitational name relating to a "moss" or marsh. However, the name is current in Scotland, where the latter interpretation would apply. DOS & SS.

Mossop: rare: Roscrea etc. Probably of English origin and habitational.

Mothersill: v rare: Dublin. English: a toponymic from Staffordshire.

Motherway: mod.nos.: Cork etc. English: gaelicised *Modartha*. Associated with E Cork. SI.

Moten: v rare: Connacht. This name may relate Mott below.

Moth, Mott: rare: Befast, Antrim. English: referring to a motte or fortified mound, i.e. some one dwelling near such a place. The name Moates is analogous.

Mottram: rare: Antrim-Down. English, from place in Cheshire.

Motyer: v rare: Cork. This may be derived from Mott above, as it is current in England.

Moucka: v rare: Killyleagh (Down). Polish: a nickname: "fly" (insect).

Moulden: v rare: Down. Apparently a toponymic: "mould" usually refers to a hill-top.

Moulds: rare: Belfast area, Wexford. English, from first name Maud. DBS.

Moules: rare: Dublin etc. English, "mule". An obstinate character? DBS.

Moughan: v rare: Galway. As Mohan, q.v.

Moughty: rare: Longford etc. Ir. *Ó Mochta* (powerful, a strong man). Appeared in the Fiants in W Meath and Tyrone in 16 cent. .

Moull, Moule: v rare: scattered. English: from first name Maud, or "mould", top of the head (nickname) or, again, hill-top. DOS.

Moulton: fairly rare: South East etc. English: from various place-names. DOS.

Mouncey, Mounsey: rare: (1)Belfast area (2)Tipperary etc.: Scottish & English, from a French place name, *Monceaux*.

Mount: mod.nos.: Down etc. English: "dweller by the hill". DBS.

Mountain,-e: fairly rare: Dublin, Waterford. Ir. *Ó Mantáin, mantach*, gap-toothed. See Manton. The corresponding English name is probably Mounton, a place-name. DOS.

Mountford: rare: Belfast area. English: variant of Montfort, a French place-name.

Mountjoy: rare: Cork etc. Anglo-Norman: from place in Normandy. French *Montjoie*.

Mousley: v rare: Dublin etc. English toponymic from place near Birmingham. DBS.

Moutray,-rie: rare: Belfast area. Scottish: associated with Edinburgh. SS.

Mowat: rare: Down etc. A notable Scottish name. Derived from Norman *Mont Hault*. SS.

Mowbray: fairly rare: Belfast, Derry etc. English: associated with Lincolnshire.

Mowan,-en: v rare: Fermanagh etc. Ir. *Ó Mocháin*. Variant of Moan, q.v.

Mowlds: rare: Dublin. Variant of Moulds, q.v.

Moxen,-on: v rare: Antrim,Tyrone etc. English, from Mogg (Margaret). Confusion with Moxham.

Moxham: rare: Larne etc. Probably an English toponymic: OE *Mocca's* homestead. See Moxon.

Moxley: rare: Cork etc. Another one of Mogg's (Margaret's) places, i.e. English habitational name.

Moy:fairly rare: Donegal, Dublin. Ir. *Ó Muighe*. Native to Donegal. MacLysaght remarks that there was also an English name, Moy, in Ulster 17 cent and it still common in England. SI.

Moygannon: v rare: Lurgan (Armagh). Appears to be an Irish toponymic –so, unusual. The Irish would read *Maigh Gheannáin*. Possible alternative would be patronymic *Ó Maol Geannáin*.

Moylan: numerous: all areas, mainly Leath Mhogha (Southern Half). Ir. *Ó Maoileáin*, an attenuated form of *Maolán*, so synonymous with Mullane and Mullins, q.v. MIF.

Moyle: v rare: Derry. Ir. *Maol*, bald or blunt. A personal epithet which superceded the original surname. Also a Cornish name with same meaning. SI.

Moyles: mod.nos.: Mayo, Midlands etc. Ir. *Ó Maolmhuire* (devotee of Blessed Virgin Mary). See also Myles and Miles. MIF.

Moylett,-e: fairly rare: Mayo etc. Ir. *Méalóid (Ó Méalóid)*. A name derived from Latin *miles*, a soldier and present in Ireland since 14 cent. Also as Mylott, Mylod, Millett. Generally of Norman origin. MIF.

Moynagh, Moyna: mod.nos.: Tyrone-Cavan-Monaghan-Louth. Ir. *Muimhneach* (Munsterman). Also as Meenagh, q.v.

376

Moynan,-ahan: v rare: Ulster. Variant of Moynihan, q.v.

Moyne,-s: rare: Donegal-Derry, Down etc. Ir. *Ó Muín* (SGA). Also as Mines. A similar English name exists, derived from French *moine*, a monk. May be represented here.

Moynihan: numerous: Munster generally, South East. Ir. *Ó Muimhneacháin*, dimin. of *Muimhneach,* a Munsterman. Also as Minehan.

Moyser: v rare: Waterford. Probably a variant of Moyses, mediaeval form of Moses.

Muckian: mod.nos.: S Armagh-Louth. Ir. *Ó Mochaidhean*, modern, *Ó Mochaín.* a sept of Monaghan.SGG.

Muckle: fairly rare: Down etc. Ir. *Mac Giolla Brighde* or, perhaps, *Ó Machail* which was an Armagh name in 17 cent. This name does exist in Scotland but very rare.SI.

Muckley: rare: Cork etc. Ir. *Ó Maolchluiche, cluiche*, a game. Perhaps "gamester". This name has been associated with Sligo. Sometimes changed to Stone by mistranslation.

Muddiman: rare: Dublin. English: epithet name meaning "brave man". DBS.

Mudd: rare: Belfast area. English: OE personal name or woman's name Maud. Current in England.

Mueller: rare: Cork etc. German or Scandinavian, 20 cent. Occupational: "miller".

Mugan: rare: Sligo-Mayo etc. Ir. *Ó Mocháin* (SGA). See Mohan.

Muir: mod.nos.: Belfast area etc. A Scottish name meaning "moor". SS.

Muirhead: rare: Belfast area. Scottish toponymic. SS.

Mulberry: v rare: Derry. Ir. *Ó Maoilbhearaigh* (devotee of Bearrach). See also Marlborough.

Mulcahy: v numerous: Mainly Munster and South East. Ir. *Ó Maolchathaigh*, from first name *Cathach*, "warlike", but in this case "devotee of St Cathach". IF.

Mulcair,-e, Mulcare: mod.nos.: Limerick etc. Ir. *Ó Maoilchéire*, devotee of St Ciar (dark), who was a woman, hence genitive *Céire*. See also Mulhaire. SI.

Mulchinnock: rare: Kerry, Cork. Ir. *Ó Maoilsionóg*. Best remembered for William P. Mulchinnock, Young Ireland poet, who wrote "The Rose of Tralee". MIF.

Mulchrone: mod.nos.: Mayo etc. Ir. *Ó Maolchróin*, devotee of Crón (a name meaning swarthy).

Mulconry: rare: Clare-Limerick etc. Ir. *Ó Maolchonaire*, from early first name *Conaire*. A renowned family of historians in Connacht, including one of the "Four Masters". It has been abbreviated to Conry in some cases. IF.

Mulderrig: rare: Mayo, Midlands etc. Ir. *Ó Maoildeirg* (red chief?). See also Reddington.

Mulderry: rare: Longford-W Meath etc. Ir. *Ó Maoldoraidh* (troublesome chief?). A name associated with Donegal. SI.

Muldoon: numerous: Tyrone-Derry-Donegal, Monaghan, N Midlands, Connacht. Ir. *Ó Maoldúin, Maoldúin*, a legendary first name. Mainly a sept of Fermanagh, there were other families in Sligo and Clare. The name has been changed to Meldon but this is rare.

Muldowney: fairly rare: Kilkenny etc. Ir. *Ó Maoldomhnaigh*. A synonym of Moloney, q.v.

Muldrew: fairly rare: Armagh. Probably a variant of Mulgrew.

Mulgannon: rare: Galway & Clare. Ir. *Ó Maol Ghannain*: see Kilgannon

Mulgrave: v rare: Down. Ir. *Ó Maolchraoibhe*. Variant of Mulgrew.

Mulgrew: fairly numerous: Tyrone-Derry-Down etc. Ir. *Ó Maolchraoibhe*, perhaps *craobh* is a place name in this case. This was a sept of Oriel (Armagh etc); the name has been changed in some case to Grew and Rice. MIF.

Mulhaire,-are,-ere: rare: Dublin, Galway, Midlands. Ir. *Ó Maoilchéire*. a variant of Mulcair.

Mulhall: numerous: Midlands, South East etc.Ir. *Ó Maolchathail*. (devotee of Cathal). A sept of Laois and Offaly. SGG.

Mulheir: rare: Roscommon-Leitrim. See Mulcair etc.

Mulhern,-earn,-errin: numerous: Connacht, W Ulster etc. Ir. *Ó Maolchiaráin* (devotee of St Kieran). They were an ecclesiastical family in Roscommon. In Ulster, the name appears as Mulherron. See also Mulkerrin.

Mulholland: v numerous: Ulster generally, Louth, Sligo etc. Ir. *Ó Maolchallann* (devotee of Callann). Woulfe connects it with *Caileann*, New Year's Day, but this appears tenuous.There were septs in Limerick, Meath and Derry. The latter seem to have survived best. They were traditional keepers of the Bell of St Patrick. MIF, SGG.

Mulkerrin,-s,-ern: mod.nos.: Galway etc. Ir. *Ó Maoilchiaráin* (devotee of St Kieran). MacLysaght believes that this name has been substituted for *Ó Maolchairill* in Galway.

Mulkeen: fairly rare: Mayo-Sligo. Ir. *Ó Maolchaoine* (devotee of St Caoine). A variant of Mulqueen.

Mulkere: v rare: Galway. Variant of Mulcair, q.v.

Mullahy,-aghy: rare: Mayo etc. Ir. *Ó Maolaithche*. A sept of Mayo. *Aithche*, a first name and associated with a saintly woman of Limerick. GPN.

Mullaghan: rare: Antrim etc. Ir. *Ó Maolacháin*, diminutive of *maol*, bald, abrupt. See also Mollaghan and Mulligan.

Mullally: numerous: South East, Tipperary-Limerick etc. Ir. *Ó Maolalaidh* (speckled chief, according to Woulfe). They were a branch of the Uí Maine in E Galway, where the name has been abbreviated to Lally, q.v. IF.

Mullamphy: v rare: Dublin. See Melanophy.

Mullan: v numerous: Ulster generally etc. Ir. *Ó Maoláin*, dimin. of *maol*, bald, blunt. The most important sept was in Derry. See also Mullen and Mullin(s).

Mullane: numerous: W Limerick-Cork etc. Ir. *Ó Maoláin*. A locally-based name synonymous with Mullan, Mullen, Mullins, q.v.

Mullaney,-ny: numerous: all areas, primarily Roscommon-Sligo-Mayo. Ir. *Ó Maoileanaigh*. This sept was located near Lough Key and reputed to be scholarly.

Mullarkey: fairly numerous: Mayo-Sligo etc. Ir. *Ó Maoilearca* (devotee of St Earc). This group came from Donegal to N Connacht in 17 cent. MIF.

Mullarney: rare: Dublin. Ir. *Ó Maoilearna*. Derivation not clear: seems to be synonymous with Mac Larney and Mac Alarney, q.v.

Mulleady: rare: Longford-Roscommon etc. Ir. *Ó Maoiléidigh*. Variant of Melody, q.v.

Mullen,-in,-ins: v numerous: all areas, remarkably even distribution. Mullen is predominent in the North, Mullins in the South. Ir. *Ó Maoláin*. Septs existed in Galway and Derry. IF, Bibl. It must be noted that an English name Mullins also exists and is surely present here.

Muller: rare: Dublin etc. Generally a German name. Occupational: a miller.

Mullery: fairly rare: Galway etc. Ir. *Ó Maolmhuire* (devotee of Blessed Virgin). A name associated with Mid-Connacht. See also Mulry.

Mullett: rare: Dublin. Probably a variant of Millett, q.v.

Mulley: v rare: Waterford. A variant of Millea, q.v.

Mullholland: rare: Belfast etc. See Mulholland.

Mulligan: v numerous: Mainly Ulster, Sligo-Mayo-Roscommon. Ir. *Ó Maolagáin*, from *maol*, abrupt. A sept of Donegal, displaced 17 cent. IF.

Mullis: v rare: Donegal. A habitational name from the English Midlands: "mill house".

Mullock: rare: Dublin. Ir. *Mac Míoluic* (SGA). MacLysaght found this name in Connacht in 16 cent as Mac Moleg and Mac Mullicke. Woulfe says it is a dimin. of Milo, a first name popular amongst the Normans.

Mullody: mod.nos.: Roscommon-Leitrim-Longford etc. Ir. *Ó Maoiléidigh*, ? ugly servant. Connected with the Midlands. See also Melody. MIF.

Mullooly: fairly rare: Roscommon & Longford etc. Ir. *Ó Maolghuala*. The meaning of *guala* is not clear here. There is also Mulhooly.

Mullowney, Mulloney: rare: Waterford-Kilkenny etc. Ir. *Ó Maoldhomhnaigh*. See Moloney.

Mulloy: fairly rare: Mayo etc. Ir. *Ó Maol Aoidh* (servant of Hugh). To be distinguished from the Molloys of the Midlands, *Ó Maolmhuaidh*. Both names are inextricably mixed in Connacht. IF.

Mulpeter: fairly rare: Midlands etc. Ir. *Ó Maoilpheadair* (devotee of St Peter). This name originated in Cork. SI.

Mulqueen,-ny: fairly numerous: Limerick-Clare etc. Ir. *Ó Maolchaoine*, devotee of St Caoine (*caoine* means gentleness). A bardic family of Thomond. SI & SGG.

Mulraine,-ane: rare: scattered. Ir. *Ó Maoilriain*. See Mulryan.

Mulrany,-eany: fairly rare: Donegal, Dublin. Ir. *Ó Maoilréanna*, a corruption of *Maoilbhréanainn* (devotee of St Brendan) in Donegal. See Mulrennan.

Mulready: rare: E Clare etc. Ir. *Ó Maoilbhrighde*, devotee of St Brigid. A sept of Uí Maine (E Galway). It has sometimes been abbreviated to Reidy. MIF.

Mulree: rare: Belfast etc. Variant of Mullery, q.v.

Mulreed,-eid: rare: Dublin. Ir. ? *Ó Maoilbhrighde*. See Mulready.

Mulrone: v rare: Fermanagh. Ir. ? *Ó Maolruain,* perhaps an abbreviation of *Ó Maolruanaidh*, a family who were chiefs of Fermanagh before the Maguires. See also Mulrooney.

Mulrennan: fairly rare: Mayo-Roscommon, Midlands etc. Ir. *Ó Maoilbhréanainn*, devotee of St Brendan. A family with special privileges under the Kings of Connacht. See also Mulrany. MIF.

Mulrine: fairly rare: Donegal-Trone-Derry. Ir. *Ó Maoilriain*. See Mulryan.

Mulroe: rare: scattered. See Mulroy.

Mulrooney: mod.nos.: Kilkenny-Midlands etc. Ir. *Ó Maolruanaidh*, servant of Ruanaidh; there were septs of this name in Fermanagh, Galway, Roscommon and Clare. See Moroney.

Mulroy: mod.nos.: Louth, Mayo-Galway etc. Ir. *Ó Maolruaidh*, ? red chief. See also Milroy and Munroe. SI.

Mulry,-ey: fairly rare: Galway etc. Variant of Mulroy, q.v. See also Mullery.

Mulryan: mod.nos.: Tyrone-Derry, Galway, Longford etc. Ir. *Ó Maoilriain*, servant of Rian (?little king). This is the original of the very numerous Ryans. In such locations, they may represent separate septs, distinct from the Ryans of Tipperary, q.v.

Mulryn(e): rare: Belfast etc. See Mulryan.

Mulvagh: rare: Dublin. Ir. *Ó Maoilmheadha*. This name was associated with W Clare. See Mulvey.

Mulvanerty: v rare: Leitrim. Ir. *Ó Maoilbheannachta, beannacht*, a blessing. This name now usually appears as Blessing.

Mulvaney,-ny: numerous: Midlands, Sligo-Roscommon, Dublin: Ir. *Ó Maolmhaghna* or *Ó Maoilmheana*. This is a Leinster name but it may be synonymous with Mulvenna in Ulster. SI.

Mulveen: rare: Galway. Ir. *Ó Maoilmhín.*"gentle servant" or "mild chief".

Mulvenna,-ny: mod.nos.: Antrim-Down etc. Ir. *Ó Maoilmheana*, servant of Meana. They were a literary family attached to the O'Kanes of Derry; in the upheavals of the 17 cent, they moved to Antrim.

Mulvey,-ee: numerous: Leitrim, Longford-Meath etc. Ir. *Ó Maoilmhiadhaigh, miadhach*, honourable. A sept of Leitrim. The name is rendered *Ó Maoilmheadha* in relation to W Clare. See Mulvagh above.

Mulvihill, Mulville: numerous: W Limerick-N Kerry, Galway-Roscommon, Longford-Meath. Ir. *Ó Maoilmhichil*, devotee of St Michael. Originally seated in Roscommon they were dispersed over the centuries. IF.

Mulvin: rare: Dublin. Ir. *Ó Maoilmhín*, gentle servant. An E Leinster name. SI.

Mulvoy: v rare: Galway. As Mulvey, q.v.

Mumford: v rare: Dublin.English: a habitational name. "Protector's ford."

Munce,-ey: rare: Antrim etc. See Mouncey.

Mund(s): rare: Dublin, Belfast. This name is rare in Britain but probably comes from the Teutonic *Mund* (protector) which figures in a number of surnames but not connected with Monday.

Mundell: rare: Antrim etc. Scottish: from the Norman *de Mandeville*, who settled on the Border in 13 cent. Interestingly, the same name came to Antrim from the south to become Mac Quillan

Mundow: rare: Dublin etc. This name is not in evidence in Britain, which suggests that it is a variant of Munday, which is common there.

Mundy,-day: fairly rare: Donegal, Cavan-Monaghan etc. Ir. *Mac Giolla Eoin* (devotee of St John). The pronounciation *Ma' Gioll' Uain* produced the impression (*Luan=* Monday) and one of the most bizarre examples of anglicisation. However, this name is found in Scotland as a toponymic and in England as a variant of Monday (some one born on that day).

Mungovan: v rare: Connacht. Ir. *Ó Mongabháin*, ? white mane. Formerly in W Clare.

Munn: mod.nos.: Down etc. Scottish: Gael. *Mac Munna*. See also Mac Munn. SS.

Munnelly: fairly numerous: Mayo, Midlands etc. Ir. *Ó Maonghaile* (wealth-valour). A Mayo name. See also Monnelly and Manley. SI.

Munnis: fairly rare: Antrim etc. Scottish: see Menzies.

Munro,-e: mod.nos.: Belfast, Derry, Donegal, Galway. Scots Gaelic *Mac an Ròthaich* (*Ròthach*, a place-name?). The tradition that it derived from *Bun Rotha* in Derry is ingenious but not very plausible. SGG, DBS, SS.

Munster: v rare: Belfast area. Ir. *Muimhneach*, Munsterman. See Meenagh & Moynihan.

Munton: v rare: Omagh. English: possibly from Mundon in Essex. Current there. DOS.

Murchan: fairly rare: Armagh-Louth, Donegal etc. Ir. *Ó Murcháin*, dimin. of *Murchadh* (sea warrior). Woulfe found septs in Offaly and Galway.

Murdiff: rare: Dublin. This name is not in evidence in Britain. Perhaps Ir. *Ó Maol Duibh*.

Murdoch,-ock: numerous: Antrim-Down-Armagh-Louth etc. Ir. *Mac Muircheartaigh* (son of the mariner, navigator). A notable Scottish name cognate with Moriarty. See also Mac Murdie and Mac Murdo. SS.

Murdie,-dy: rare: Belfast area. Ir. *Mac Muircheartaigh*. The name exists in Scotland but is rare. See also Mac Murdie and Murdoch.

Murgatroyd: v rare: Belfast. English habitational name: "Margaret's clearing". DOS.

Murland: rare: Down etc. Ir. *Ó/Mac Murghaláin* (sea-valour). Woulfe thinks it may be Scottish; there is also the English name Moreland, q.v., in the same area.

Murnaghan: mod.nos.: Tyrone-Monaghan-Louth. Ir. *Ó Muirneacháin, muirneach*, dear, aimiable. The name belongs to Oriel (Monaghan-Louth). SI.

Murnane: fairly numerous: Limerick-Clare-Cork etc. Ir. *Ó Murnáin*. This may derive from *muirneach*, lovable, but Woulfe says it is a corruption of *Manannán*, otherwise the Irish sea-god. In this connection, see Marrinan. Another possible root is *maranach*, thoughtful. The name has, in some cases, in S W Munster become Warren, q.v. MIF.

Murney: rare: Down etc. Ir. *Ó Morna* (SGA) from early first name *Morann*. An important sept of N E Ulster. *Mac Giolla Mhuire Ó Morna* was ancestor of the Ulster Gilmores, q.v.

Murnin,-ion: fairly rare: Down. Ir. ? *Ó Murnáin*. Apparently a synonym of Murnane, q.v.

Murphy: v numerous: all areas, especially Munster and South East. Ir. *Ó Murchadha*, modern *Ó Murchú*, "sea-warrior". The most numerous name in Ireland with 9,400 entries in the Telephone Directory. In Ulster they are generally *Mac Murchadha, Mac Murchaidh*; the royal house of Leinster, Mac Morrough (Wexford) was *Mac Murchadha*. The Murphys of Munster are said to be a branch of the Wexford group which was divided into Kinsella, Kavanagh, Hendrick, Mernagh, all of which see. There was another sept in Roscommon. The first name *Murchadh* is still used in the O'Brien family. IF & SGG.

Murray: v numerous: all areas. Ir. *Ó Muireadhaigh, Mac Muireadhaigh*. These derive from the popular first name *Muireadhach*, lord, master. The name extended to Scotland whence many present day Murrays in Ulster. See also Murrihy. IF.

Murrell: v rare: scattered. Apparently a variant of Morrell, q.v.

Murrey,-ry: rare: Down. Variant of Murray.

Murrihy: fairly rare: Clare etc. Ir. *Ó Muirighthe*, modern *Ó Muirithe*, which may be a spoken language corruption of *Ó Muireadhaigh* (Murray) above. SGG.

Murrin,-an,-en: mod.nos.: Donegal etc. Ir. *Ó Muireáin*, some maritime connection from *muir*, the sea. Belonged to the Uí Fiachrach in Mayo. Now associated with Killybegs (Donegal).

Murrow: v rare; Sligo etc. Ir. *Mac Murchú*. A sept of Clann Tomaltaigh of Roscommon. SGG.

Murtagh: v numerous: all areas, especially Ulster. Ir. *Ó Muircheartaigh*, navigator, seafarer. The name was associated with Monaghan and Meath. See Moriarty. IF.

Murton: v are: Belfast. Toponymic from N England.

Murty: v rare: Dungannon (Tyrone). Probably a variant of Murtagh, q.v.

Musgrave: mod.nos.:Belfast-Antrim, Dublin etc. English from Cumbria, 17 cent in Ulster. SI.

Muskett: v rare: Belfast area. English: Cottle gives "male sparrow-hawk" - perhaps a hawking enthusiast. The connection with fire-arms also suggests itself.

Mussen,-on: fairly rare: English: related to Muston and Misson, which are toponymics. DOS.

Mustafa: v rare; Antrim etc. A Muslim name, "the chosen one": an epithet of the Prophet.

Mustard: v rare: Dublin. English occupational name: some one dealing in mustard.

Mutch: rare: Belfast area. English, variant of Much, "big".

Myatt; v rare: Bangor etc. A diminutive in mediaeval England of first name Michael. DSHH.

Myers: numerous: Cork-Kerry, Monaghan-Louth, Belfast area. Ir. *Ó Meidhir, meidhir*, mirth. Now written *Ó Mír*. Originally of Clare but cognate with O'Meara, q.v. The English name Myers may be involved in the case of those in Ulster and eastern areas. See Mayers. SI & SGG.

Myerscough: rare: Tipperary etc. English toponymic from Lancashire. DOS.

Mylchreest: v rare: Belfast. Ir. *Mac Giolla Chríost* (servant of Christ). Apparently of Manx origin.

Myler,-ar: fairly rare: Dublin etc. Ir. *Maoilir*. See Meyler.

Myles: numerous: mainly Ulster. Ir.*Ó Maolmhuire*, devotee of the Blessed Virgin. They were a sept of Cineál Eoghain (Tyrone). See also Miles and Moyles.

Mylett: rare: South East, Mayo. See Mylott below.

Mylott,-e, Mylod: rare: Galway and South East. Ir. *Méalóid, Ó Méalóid*, from *miles*, a soldier. Associated with Wexford and Kilkenny; from 17 cent in Mayo and Galway and gaelicised *Mac Méalóid*. See also Millett. SI.

Myres: v rare: Mayo. See Myers.

Myring: v rare: Belfast, Down. The name is current in England; but it could be Ir. *Ó Midhrín*.

Myron: v rare Down. As Myring above.

Mythen: mod.nos.: Wexford, Cork etc. English, 17 cent. From place-name in English Midlands. See also Mitton. DBS.

Naama: v rare: Dublin. A Muslim name apparently meaning ostrich, but this does not seem likely.

Naan: v rare: Fermanagh. Ir. *Ó Natháin* (perhaps Biblical Nathan). An ecclesiastical family of Donegal. See also Nawn. SGG.

Nabi: v rare: Belfast etc. A Muslim name. An attribute of the Prophet Mohammed.

Nabney: rare: Belfast. See Mac Nabney.

Naddy: rare: Kilkenny. A native O Naddy was recorded in 1603. Perhaps Ir. *Ó Neadaigh*.

Naessens: rare: Dublin etc. Perhaps a matronymic from first name Agnes.

Nagasawa: v rare: Dublin. Japanese.

Naghten: rare: Dublin. Variant of Naughton, q.v.

Nagle: numerous: mainly Munster. Ir. *de Nógla*. The 12 cent Anglo-Normans, *de Angulo*, who became Costello in Connacht. Corkwoman, Nano Nagle, founded the Presentation Order in 18 cent.

Nagra: rare: Derry etc.

Naidoo: v rare: Dublin. An Indian name via South Africa or the Caribbean. Originally S India.

Nairn: fairly rare: Ulster etc. Scottish, from place-name. SS.

Naismith: rare: Dublin. English: "knife-smith". DOS.

Nallen,-on: fairly rare: Galway-Offaly-Mayo, Meath. Ir. *Mac Nailín* in the spoken language according to Woulfe - perhaps originally *Mac an Ailín*. See Mac Anallen.

Nally: fairly numerous: Galway-Mayo-Roscommon, Midlands. Ir. *Mac an Fhailghigh* (poor man). Woulfe says it was adopted by Anglo-Normans in Connacht. See also Mac Nally and Mac Anally. IF & SGG.

Nalty: fairly rare: Galway-Mayo etc. Ir. *Mac Conallta* (wild hound). There is some confusion with Nulty, which is *Mac an Ultaigh* (son of the Ulsterman).

Nancarrow: rare: Down. A Cornish name meaning "stag valley". So a toponymic. DOS.

Nangle: mod.nos.: Dublin-Midlands-South East, Donegal etc. Ir. *de Nógla*, see Nagle.

Nannery: fairly rare: Midlands etc. Ir. *Mac Naradhaigh, naradhach*, modest. See Mac Neary.

Napier,-per,-pper: fairly numerous: Down-Antrim, Meath etc. English: 17 cent. From French *napier*, keeper of table linen.

Nardone: rare: Dublin-Limerick. Italian, 20 cent. From the herb lavender.

Narroway: v rare: Belfast. English, from place in Devon.

Nash: numerous: all areas, especially Munster. Ir. *de Nais, Ághas* (Kerry). A common English name "atten ash", long gaelicised in Munster.

Nason: fairly rare: Cork etc. English, 17 cent. From Warwickshire. SI.

Nathan: fairly rare: Dublin, Cork. Common in England. Usually a Jewish name here.

Nation: rare: Cork etc. A variant of the more common Nathan, which may be English or Jewish.

Naugher: v rare: Tyrone. See Nocher and Naughter.

Naughter: Wexford etc. Ir. *Mac Conchubhair*, modern *Mac Conchúir*. See also Mac Naugher.

Naughton,-en: numerous: mainly Connacht & N Munster. Ir. *Ó Neachtain*, from early first name *Neachtan*, "descendant of the waters". There were septs in Clare & Galway.

Navin,-an: mod.nos.: Mayo, Down etc. Ir. *Mac Cnáimhín*. More numerous as Nevin, q.v.

Nawn: rare: Fermanagh. Ir. *Ó Natháin*. See also Naan.

Naylor: mod.nos.: Dublin, Down etc. English, 17 cent. "nail-maker". SI.

Nea, Neagh: rare: Midlands. Ir. *Mac Néidhe, Mac Niadh*, (champion). Originated in Connacht. See also Mac Nea, Mac Nee.

Neacy,-sy: rare: Louth. Ir. *Ó Cnáimhsighe*. See Kneafsey.

Neagle: v rare: Belfast. Variant of Nagle, q.v.

Neal,-e: fairly rare: Belfast area, Midlands etc. Ir. *Mac Néill*. According to Reaney, this name *Niall*, started in Ireland and did a tour of Europe before becoming a regular English name. It is also Scottish in the form Mac Neill.

Nealey, Neally: v rare: Dublin etc. See Neely.

Nealis: v rare: scattered. See Nelis.

Nealon: mod.nos.: N Connacht, N Munster etc. Ir. *Ó Nialláin*, dimin of *Niall*. A sept of Clare.

Neary: numerous: Connacht, South East, Midlands. Ir. *Ó Naradhaigh, naradhach*, modest. The name is usually associated with N Connacht.

Neavyn: rare: Midlands. Probably a variant of Nevin, q.v.

Nee: mod.nos.: Galway etc. Ir. *Ó Niadh* (champion, hero). Sometimes changed to Needham.

Needham: mod.nos.: Mayo-Galway etc. Ir. *Ó Niadh.* See Nee above. The common English toponymic has no connection with these. MIF.

Neely: numerous: Derry-Donegal-Tyrone-Fermanagh etc. Ir. *Mac an Fhilidh* (son of the poet). A sept best known in Antrim but now well-established in W Ulster. See Mac Neilly.

Neenan: mod.nos.: Clare-Limerick-Kerry-Cork etc. Ir. *Ó Naoidheanáin, naoidhean,* a child. Modern *Ó Naíonáin.* Originating in W Clare. Often changed to Noonan.

Neeson: numerous: mainly Ulster, especially Antrim. Ir. *Mac Aonghusa.* It also appears as Mac Niece, q.v. MacLysaght speculates about it being an "O" name in 17 cent. MIF.

Neff: rare: Cork, Derry. Probably Mac Neff, q.v.

Neil(e): rare: Ulster. A variant of Neill below.

Neilan: mod.nos.: Roscommon etc. Ir. *Ó Nialláin,* dimin. of *Niall.* See Neylon.

Neilands: fairly rare: Ulster etc. Variant of Neylon, q.v.

Neilis: v rare: Tyrone. See Mac Nelis.

Neill: v numerous: mainly Ulster, also Carlow etc. Ir. *Ó Néill.* From first name *Niall* which enjoyed international popularity in mediaeval times. See O'Neill.

Neilly: mod. nos.: E Ulster etc. Ir. *Mac an Fhile* (SGA). A sept of Antrim. See also Mac Neely.

Neilon: rare: Louth. See Neylon.

Neilson: mod.nos.: Mcath-Cavan-Louth etc. Ir. *Mac Neighill.* Derived from Norse first name *Njall* which is cognate with Irish *Niall.* Popular English first name Nigel is equivalent. So this name is basically the same as Neill, q.v.

Neish: v rare: Belfast. Variant of Mac Neice, q.v.

Nelan: v rare: Kilkenny etc. see Neylon.

Neligan, Nelligan: mod.nos.: Limerick-Kerry-Clare-Cork. Ir. *Ó Niallagáin,* dimin. of *Niall.* The name was earlier identified with Kilkenny and South East .

Nelis: mod.nos.: Derry etc. See Mac Nelis.

Nellany: v rare: Roscommon-Sligo. ? Ir. *Ó Nialláin.* See Neylon.

Nellins: rare: Armagh etc. Ir. ? *Ó Nialláin.* See Neylon.

Nellis: rare: Belfast etc. See Nelis.

Nelly: rare: Gort (Galway). Ir. ? *Mac Conghaola.* A sept of S Galway. Woulfe explains this name as *Cú Ghaola,* hound of Gaola, which may be a place-name.

Nelson: v numerous: Ulster, especially N Down. Ir. *Mac Neighill.* The well-known English name is also present here; ironically, it derives ultimately from Irish *Niall* which is discussed under Neal and Neilson above. DBS & DOS.

Nerney: mod.nos.: Midlands, E Connacht. Ir. *Mac an Airchinnigh.* See Mac Inerney.

Nerrie: rare: Derry etc. Ir. *Ó Naradhaigh.* See Neary.

Nesbitt: numerous: E Ulster etc. English toponymic: places in N England: "nose bight". DOS.

Nesdale: v rare: Cork etc. A very rare English name. Probably toponymic: "neats' valley".

Nestor: numerous: Galway, Limerick etc. Ir. *Mac an Adhastair.* At length *Mac Girr an Adhastair,* son of the short man of the bridle. Perhaps the man who held the chief's horse. They were, in fact, a learned family attached to the O'Loughlins of the Burren.

Nethercott: fairly rare: Fermanagh-Tyrone etc. English: a West-country toponymic. DOS.

Nethery,-rly: rare: Tyrone. Evidently an English toponymic.

Netterfield: v rare: Belfast etc. Represents the earlier Netterville, also English toponymic: "lower field".

*Netterville: Anglo-Normans, formerly prominent in Meath. Also Netterfield. SI.

Nettlefield: v rare: Belfast. English toponymic: supposedly in Surrey. DSHH.

Nettleship: v rare: Lisburn (Antrim). English: from Yorkshire. DOS.

Neuman(n): rare: Sligo, Mayo etc. German equivalent of Newman: nickname for a new-comer.

Neville: numerous: Limerick-Cork, Clare-Kerry, South East, Armagh etc. Ir. *Ó Niadh* (champion), in Munster. Those of the east and the north are probably of English origin, deriving from French place-name *Neuville*. See Mac Nay & Mac Nee.

Nevin: numerous: Mayo-Galway, South East, Meath-Longford-Louth. Ir. *Mac Cnáimhín*, perhaps from *cnámh*, a bone. Also *Mac Naoimhín*, S Leinster. They were a sept of E Galway, distinguished as physicians. See also Mac Nevin. MIF.

New: rare: E Ulster etc. English: "new comer" or "at yew tree". See also Newe. DOS.

Newberry,-bury: mod. nos.: Belfast-Down-Antrim. A toponymic from the English Midlands.

Newbold,-ould: v rare: Antrim. English toponymic "new building". DOS.

Newburn: rare: Ulster. A Scottish toponymic: places in Fife etc. SS.

Newcombe,-en: rare: Dublin, Mayo, N Antrim. English nick-name "new arrival". In Mayo, it is said to be an anglicisation of *Ó Niadh* - see Needham.

Newe: rare: Tipperary-Wexford. English, from Gloucestershire. See New. DOS.

Newell: numerous: Belfast-Down-Antrim, Galway etc. Ir. *Ó Tnúthghail* (longing-valour). Formerly a sept of Kildare, now usually appearing as Knowles. In Ulster, where they are most numerous, it is likely to be of English origin, being habitational: "newly cultivated hill". DOS

Newenham, Newnham: rare: Cork etc. English, 17 cent. Always associated with Cork. It is, of course, a toponymic: "newly built homestead". DOS.

Newham: rare: Dublin. A variant of Newenham.

Newitt,-ett: rare: Belfast area. Current in England. Perhaps a diminutive of New, q.v.

Newland: v rare: Antrim. English toponymic: various places. DOS.

Newman: numerous: Dublin, Midlands, Cork, Ulster etc. Ir. *Nuaman*. English, 13 cent. SI.

Newport: rare: Armagh. English: from many place-names.

Newsom,-e: fairly rare: Wicklow etc. English toponymic. A Quaker family of note was associated with Cork. SI.

Newth: v rare: Dublin. Ir. ? *Ó Nuadhat*. Woulfe equates it with Noone but see Noud.

Newton: mod.nos.: Derry, Belfast, Galway etc. Ir. *Ó Nútáin* (SGA). Gaelicisation of English toponymic, from many places in that country.

Ney: rare: Belfast etc. English toponymic referring to low-lying land. DBS.

Neylon,-an,-in: fairly numerous: Clare etc. Ir. *Ó Nialláin* (dimin. of first name *Niall*). They were a sept of Thomond (Clare). See Neilan and Neilands. IF.

Ng: rare: Dublin, Belfast.

Nguyen Quoc Quang: v rare: Dublin. Vietnamese.

Niall: rare: Dublin. First name *Niall* when used as a surname would become *Néill* in Irish, usually prefixed by Mac or Ó. In English, the nominative form would be Neal.

Niblock: fairly numerous: Down-Antrim-Derry. Probably an English nickname. In Antrim 17 cent.

Nicell,-s: rare: Derry etc. Variant of Nichol, q.v.

Nichol,-s,-olls: numerous: E Ulster, Derry, Dublin etc. Ir. *Mac Niocaill,* from first name Nicholas. This relates to a sept of Tyrone; many of the above Nichols would be of immigrant stock. See Mac Nicholl.

Nicholas: fairly rare: Derry-Tyrone etc. English: from popular first name of Greek origin, spelled Nikolaos and meaning "victory people". DBS.

Nicholson: numerous: all areas, especially Ulster, South East, Galway-Roscommon etc. Ir. *Mac Niocaill*. This name may be Scottish or English. DOS.

Nickell,-s: mod.nos.: Belfast area. Variant of Nichol.

Nickle: v rare: Belfast etc. Another variant of Nichol: see also Nicholas.

Nico: v rare: Dublin. Italian: diminutive of first name Gianni (John). (Fucilla).

Nicol,-ll: mod.nos.:Belfast, Dublin etc. See Nichol.

Nicolay: v rare: Armagh. Another derivative of first name Nicholas.

Nicoletti: rare: Down. Italian: diminutive of first name Nicola (Nicholas).

Nielson,-sen: rare: Dublin. See Neilson.

Nightingale: rare: Belfast area etc. English nick-name, "sweet singer". DOS.

Nihill: fairly rare: Clare-Limerick. Ir. *Ó Neighill*. They were a sept of Thomond (Clare). Synonymous with O'Neill but the spelling suggests a Norse connection. See Nelson.

Nilan: rare: S Galway etc. As Niland.

Niland: mod. nos.: Galway-Mayo-Sligo. Ir. *Ó Nialláin*. More numerous in Clare as Neylon, q.v.

Nimick,-ock: rare: Belfast, Coleraine. Very rare in Scotland but see Nimmo which is numerous there.

Nimmo: v rare: Dublin etc. This name occurred as Nemoch in Scotland in 15 cent. The derivation is not clear but it seems to be a native name. SS.

Nimmons: fairly rare: Belfast-Antrim. The name is rare in England but it may relate to the widespread Scottish name Nimmo.

Nisbet: rare: Belfast area. Scottish, from place in Berwickshire. SS.

Niven: rare: Derry-Tyrone etc. Scots Gaelic *Naoimhín* (little saint). Formerly a first name in Galloway.

Nix: fairly rare: Limerick-Clare. Ir. *Mac Niocais*, from Nicholas. A patronymic adopted by the Woulfes in Limerick and formerly used as a synonym for Woulfe. It is also an English name but this hardly applies in this case. SI.

Nixon: numerous: Ulster generally, especially Fermanagh, Tyrone. English: in Fermanagh 17 cent. The name is present in all areas - U.S. President Nixon's ancestors came from Laois.

Noade: rare: Down etc. English toponymic. DBS.

Noble: numerous: mainly Ulster. Anglo-Normans, 13 cent but 17 cent in Ulster.

Noblett: rare: Belfast area, Dublin, Wexford. MacLysaght states that this is a Huguenot name. It also exists in England. SI.

Nocher: rare: Belfast area etc. Ir. *Mac Conchobhair* (son of Connor). An Ulster name - see Noctor.

Noctor: mod.nos.: Dublin, South East. Ir. *Mac Conchobhair* (son of Connor). Its presence in Carlow and Wexford may signify a separate group there. SGG & SI.

Nodwell: v rare: Cork City. Apparently an English place-name.

Noel: rare: Belfast, Dublin, Cork. English and French from French first name *Noël* (Christmas).

Nogher: v rare: Armagh. See Nocher.

Nohilly: rare: Galway, Midlands. Ir. *Ó Neothallaigh, Ó Neothaille*. Woulfe found this name in Shrule, Mayo, but no derivation has emerged. SGG & SI.

Nolan: v numerous: all areas, especially South East. Ir. *Ó Nualláin*, from *nuall*, a cry, clamour.(1) A sept of Carlow, who had the office of inaugurating the king of Leinster. (2) a sept of S W Cork. SI & IF.

Noonan: v numerous: mainly Munster and South East. Ir. *Ó Nuanáin*, a corruption of *Ó h-Ionmhaineáin* from *ionmhain*, dear, beloved. A sept of N Cork, now numerous in Limerick. IF.

Noone: numerous: Connacht, Midlands etc. Ir. *Ó Nuadhain*, possibly from *Nuadha*, a Celtic god. They were a sept of the Uí Fiachrach in Sligo. SGA gives Ir. *Ó Nuáin*. MIF.

Nooney: rare: Midlands. Ir. *O hIonmhaine, ionmhain*, beloved. See Noonan.

Norberg: rare: Cork. A toponymic of Swedish origin: "north hill".

Nordell: rare: Dublin. Similar to Norberg.

Nordon: rare: Dundalk (Louth). Evidently toponymic. Current in England but less common than Norden there.

Norgrove: v rare: Dublin. English habitational name: "northern grove". DOS.

Norman: mod.nos.: Dublin, Belfast, Cork etc. English: "Northman, Viking". In Ulster 17 cent.

Normanly: v rare: Sligo. This name is very rare in Britain, but seems to be toponymic.

Normoyle,-mile: mod.nos.: Limerick-Clare etc. Ir. *Mac Confhormaoile* (hound of Formoyle, a place-name). This refers to a place in Clare, where the name originated. In Limerick, it is usually Normile. MIF.

Norney: v rare: Belfast. Apparently indigenous: perhaps Ir. *Mac an Airchinnigh*. See Mac Inerney.

Norrby: rare: Derry etc. Apparently an English toponymic: "north farm".

Norrell: rare: Antrim. Probably a Scandinavian version of North. See Norrie below.

Norrie: rare: Belfast area. Scottish and still current there. It implies "northerner" or perhaps "Norwegian". SS.

Norris: numerous: mainly Derry, South East etc. Ir. *Noiréis*. Anglo-Norman: connoting a northerner or Norse-man, 16 cent in Ireland.

Norry: v rare: Dublin, Donegal. This name is different from Scots Norrie. It is a toponymic involving the word "north" with various suffixes. DBS.

Norse: v rare: Wicklow. Anglo-Norman, from French *nourrice* (nurse) or variant of Norris.

North,-e: mod.nos.: Ulster, Midlands, Galway. Ir. *Ultach* (Ulsterman), an agnomen used by the Donlevys who moved south and later changed to North. However, the name may also be of English origin. It is quite common there. SGG.

Northey: v rare: W Ulster. Probably synonymous with Norrie, q.v.

Northover: v rare: Dublin etc. English habitational: a place in Somerset: "northern river-bank". DOS.

Northridge: rare: Cork, Fermanagh etc. English, 18 cent. SI.

Norton: numerous: Dublin, Ulster, Louth, Kildare. Ir. *Ó Neachtain* (see Naughton). It is also an English name, which may account for many of the above.

Norwell: v rare: Derry. English, from place in Nottinghamshire. DOS.

Norwood: mod.nos.: Belfast area etc. English toponymic. DOS.

Notaro: v rare: Dublin etc. Italian: a nickname from role in pageant: "notary".

Noteman, Notman: rare: Belfast. Probably the same as Nutman, i.e. dealer in nuts.

Nother: v rare: Dublin. An English nickname from Yorkshire: a sleepy person! DBS.

Notley: rare: Leitrim etc. English, 17 cent. A placename: "nut wood". DSHH & SI.

Nott: rare: Cork. English nickname: "bald, cropped". DOS.

Noud: rare: Kildare. Ir. *Ó Nuadhat*, perhaps from first name *Nuada*, legendary ancestor of the Leinstermen. See Newth & Nutt. SI & SGG.

Nowak, Nowack: v rare: Dublin etc. Of Polish or Czech derivation, this name is usually Jewish in Dublin.

Nowlan: mod.nos.: Dublin etc. Variant of Nolan, q.v.

Noyek: rare: Dublin. Jewish: 20 cent. It is analogous to Nowak above.

Nugent: v numerous: all areas, especially Ulster, Midlands, South East. Ir. *Nuinseann*. Anglo-Normans who settled in Midlands 12 cent and became gaelicised. Another sept was located near Cork City. A noted military family. IF.

Nulty: fairly numerous: Meath-Louth etc. Variant of Mac Nulty, q.v.

Nummy: rare: Down. Not in evidence in Britain. Perhaps Ir. *Mac Con Midhe*. See Mac Namee.

Nunan: mod.nos.: Limerick-N Cork etc. Ir. *Ó Nuanáin*. variant of Noonan, q.v.

Nunn: rare: scattered. English nickname from E Anglia. A demure or effeminate man. DOS.

Nurney: v rare: Kildare. Perhaps from village of Nurney, (Ir. *An Urnaí*), "the prayer".

Nurse: rare: Belfast etc. See Norse.

Nutley: fairly rare: Dublin, Galway. See Notley.

Nutt: fairly numerous: Derry-Antrim etc. Ir. *Mac Neachtain, Mac Nuadhat*. First name *Nuadha* was associated with a sea-deity. See Noud, Newth. See Mac Nutt. It must be noted that an English name also exists (relating to the hard fruit) and is common over there. SGG.

Nuttall: v rare: Belfast area. English toponymic from Lancashire etc. DOS.

Nutter: v rare: Derry. English: occupational, "writer, secretary". DBS.

Nutterfield; v rare: scattered. Evidently an English toponymic but not in evidence in Britain.

Nutty: rare: Dublin. Not in evidence in Britain. Perhaps some connection with nuts. See Nutt.

Nuzum: rare: Dublin. A Pakistani name: relating to rules or laws. Lawyers, perhaps?

Nyhan: fairly numerous: Cork etc. Ir. *Ó Niatháin*, probably from *niadh*, champion. A name mainly associated with W Cork. SI.

Nyland,-an: rare: Mayo etc. Variant of Neylon, q.v.

Oakes: mod.nos.: Down-Antrim, Tyrone-Derry, Louth-Meath etc. Ir. *Mac Darach*, an abbreviation of *Mac Dubhdarach* (dark man of the oak). See also Darragh. It must be noted that an English name also exists and may well be present in some areas. SI.

Oakley: mod.nos: Louth-Meath, Belfast, South East. A name from the Midlands of England.

Oates: mod.nos.: Roscommon-Sligo-Leitrim etc. Ir. *Ó Cuirc*, which is usually Quirk. Oates arises from a pseudo-translation. Ir. *coirce* = oats (grain). The English name is also present, no doubt. It derives from the Teutonic first name Odo, meaning "riches" SI.

Ó Baoill (Baoighil): rare: Ir.Lang. See O'Boyle.

Ó Beaglaoich: rare: Kerry. Ir.Lang. See Begley.

Ó Béara: rare: Ir.Lang. See Berry.

Ó Beirn,-e: numerous: Sligo-Roscommon-Leitrim-W Meath etc. Ir. *Ó Beirn*, from Norse first name *Bjorn*. A sept associated with the Mac Dermotts in Roscommon. IF.

Ó Beolláin: rare: Ir.Lang. See Boland.

O'Boy: rare: Leitrim. Ir. *Ó Buadhaigh* (victorious). See Boyce.

O'Boyce: rare: Donegal. Ir. *Ó Buadhaigh*. See also Bogue.

O'Boyle: numerous: all areas, in particular Antrim and Ulster generally, Mayo-Roscommon-Galway. Ir. *Ó Baoighill*, perhaps *baoth + geall*, vain pledge. A major sept of Donegal. See also Boyle. IF.

Ó Brádaigh: rare: Ir.Lang. See Brady.

Ó Braoin: v rare: Ir.Lang. See Breen.

Ó Braonáin: rare: Ir.Lang. See Brennan.

O'Brennan: rare: scattered. See Brennan.

Ó Briain: mod.nos.: Dublin etc. Ir.Lang. See O'Brien.

Ó Bric: rare: Ir.Lang. See Brick.

O'Brien: v numerous: all areas, most in Munster and Leinster. Ir. *Ó Briain*. Leading sept of Thomond (Clare-Limerick), owing prominence to Brian Boru, High-King 1002-1014 A.D. The first name Brian is an old Celtic one, meaning perhaps "noble". GPN.

Ó Broin: fairly numerous: Dublin etc. Ir.Lang. See Byrne.

Ó Brolcháin: rare: Dublin etc. Ir.Lang. See Bradley.

Ó Brosnacháin: rare: Ir.Lang. See Brosnan.

O'Bryan: rare: Ulster. Variant of O'Brien, q.v.

Ó Buachalla: rare: Dublin-Cork. Ir.Lang. See Buckley.

O'Byrne: numerous: all areas, least in Ulster. Ir. *Ó Broin*, from first name *Bran* (raven). They were a leading sept of Wicklow, notable in the Resistance. IF.

Ó Cadhain: rare: Galway etc. Ir.Lang. See Coyne.

O'Callaghan: v numerous: all areas, especially Munster. Ir. *Ó Ceallacháin*, dimin of first name *Ceallach* "bright-head". A major sept of N Cork. IF & GPN.

Ó Callanáin: rare: Cork etc. Ir.Lang. See Callinan.

Ó Canainn: rare: Dublin etc. Ir.Lang. See Canning, Cannon.

Ó Caoimh: rare: Ir.Lang. See O'Keeffe.

O'Carolan: rare: Leitrim, Donegal-Derry. Ir. *Ó Cairealláin*, from first name *Caireall*. A sept of Derry; also *Ó Cearbhalláin*, a S Ulster name. See Carolan and Carleton.

Ó Carra: rare: Galway etc. Ir.Lang. See Carr.

O'Carroll: numerous: all areas, especially Munster. Ir. *Ó Cearbhaill*. See Carroll.

Ó Casaide: rare: Dublin etc. Ir.Lang. See Cassidy.

O'Casey: rare: Dublin etc. Ir. *Ó Cathasaigh*. See Casey.

Ó Catháin: mod.nos.: scattered. Ir.Lang. See Kane, Keane.

Ó Cathasaigh: rare: Munster etc. Ir.Lang. See Casey.

Ó Ceallacháin: fairly rare: Cork etc. Ir.Lang. see O'Callaghan.

Ó Ceadagáin: rare: Clear Island etc. Ir.Lang. See Cadogan.

Ó Ceallaigh: mod.nos.: scattered. Ir.Lang. See Kelly.

Ó Cearbhaill, Ó Cearúil: fairly rare: scattered: Ir.Lang. See Carroll.

Ó Céileachair: rare: Cork etc. Ir. Lang. See Kelliher.

Ochiltree: rare: Down. Scottish toponymic from place in W Lothian. SS.

Ó Ciardha: rare: Galway, Cork. Ir.Lang. See Carey, Keary.

Ó Ciardhubháin: rare: Ir.Lang. See Kirwan.

Ó Céidigh, Ó Céide: rare: Galway. Ir.Lang. See Keady. It seems that this should be *Mac Céidigh,* who were associated with the O'Mores of Laois. SI.

Ó Cinnéide: fairly rare: scattered. Ir.Lang. See Kennedy.

Ó Cíobháin: rare: Kerry etc. Ir.Lang. See Kevane and Kavanagh.

Ó Cionaoith: rare: Dublin etc. Ir.Lang. See Kenny.

O'Cleary, Clery: rare: E Ulster etc. Ir. *Ó Cléirigh*, from *cléireach*, a cleric. In Ulster, the name is associated with a literary family connected with the O'Donnells in Donegal.

Ó Cléirigh: mod.nos.: Dublin etc. Ir.Lang. See Cleary.

O'Clery-Clarke: v rare: Belfast area. Curious as English translation added to Irish surname.

Ó Cochláin: rare: Dublin etc. Ir.Lang. See Coghlan, Coughlan.

Ó Coileáin: rare: Munster etc. Ir.Lang. See Collins.

Ó Coisdealbha: rare: Connacht. Ir.Lang. See Costello.

Ó Colmáin: rare: Dublin etc. Ir.Lang. See Coleman.

Ó Conaill: mod.nos.: Dublin, Cork etc. Ir.Lang. See O'Connell.

Ó Conaire: rare: Galway etc. Ir.Lang. See Connery but confused with Conry and Conroy, q.v.

Ó Conchubhair: mod.nos.: Kerry, Galway etc. Ir.Lang. See O'Connor.

Ó Conghaile: fairly rare: Galway etc. Ir.Lang. See Coneely and Connolly.

O'Connell: v numerous: all areas, especially Munster. Ir. *Ó Conaill*, from first name *Conall*, "strong as a wolf". A sept of S Kerry to which belonged Daniel O'Connell (1775-1847). Septs are mentioned as being in Derry and Galway also. IF, GPN.

O'Connor: v numerous: all areas, especially Munster. Ir. *Ó Conchubhair*, from first name *Conchubhar,* lover of hounds. Six different septs are mentioned. That of Connacht is divided into: O'Connor Roe, O'Connor Sligo and O'Connor Don, of which, Roderick (1116-98), the last High-King of Ireland. IF & SGG.

Ó Cróinín: fairly rare: Cork-Limerick. Ir.Lang. See Cronin.

O'Crowley: rare: Dublin etc. Ir. *Ó Cruadhlaoich*. See Crowley.

Ó Cuilleanáin: rare: Dublin etc. Ir.Lang. See Cullinan(e).

Ó Cuinneagáin: rare: Dublin etc. Ir.Lang. See Cunningham.

Ó Cuív: v rare: Galway etc. Ir.Lang. Alternative spelling of *Ó Caoimh,* see Keeffe.

O'Curry: rare: Dublin etc. Ir. *Ó Comhraidhe*. Sept of Clare and W Meath. See Curry.

Ó Curraoin: rare: Galway etc. Ir.Lang. See Crean and Curran.

Ó Dálaigh: fairly rare: Kerry-Limerick etc. Ir.Lang. See Daly.

O'Daly: mod.nos.: Dublin etc. Ir. *Ó Dálaigh*. See Daly.

O'Dare: rare: scattered. Ir. *Ó Dáire*. Found in Offaly in 16 cent. Dáire is an old personal name. Some O'Dares may be Adair, q.v.

O'Dea: numerous: N Munster, Connacht, Midlands. Ir. *Ó Deághaidh (Deá)*. There were septs in Clare and Tipperary. See also Dee. IF.

O'Dell: rare: Clare-Limerick etc. English: originally Odell, a topomynic. Connected with Limerick since 17 cent. Surely an honourable gaelicisation! DOS.

Odgers: rare: Armagh. English, from Teutonic first name "wealth-spear". DOS.

Odlum: mod.nos.: Laois-Offaly etc. English, 17 cent. Apparently a variant of Adlam, Teutonic first name "noble protector". DBS.

Ó Dochartaigh: rare: Donegal etc. Ir.Lang. See O'Doherty.

O'Doherty: numerous: all areas, especially W Ulster, N Munster. Ir. *Ó Dochartaigh, dochartach*, hurtful. A sept of Donegal, related to the O'Donnells. The Munster O'Dohertys are probably *Ó Dubhartaigh*, of which there were groups in Tipperary and W Cork. This survives as Doorty, which is close to the original. IF & SGG.

O'Dolan: fairly rare: Fermanagh, South East etc. Ir. *Ó Dobhailen* (SI), *Ó Dúláin* (SGA). See Dolan.

Ó Domhnaill: mod.nos.: Galway etc. Ir.Lang. See O'Donnell.

Ó Donnabháin: rare: Cork etc. Ir.Lang. See O'Donovan.

Ó Donnchadha, Ó Donnchú: rare: Cork etc. Ir.Lang. See O'Donoghue.

O'Donnell: v numerous: all areas, especially Connacht. Ir. *Ó Domhnaill*, from first name *Domhnall*, "world-mighty". Three septs: in Clare, Galway and Donegal, the latter being best known for their part in the Resistance in 16 cent. IF & SGG.

O'Donnellan: rare: Galway etc. Ir. *Ó Domhnalláin*, dimin. of *Domhnall* above. A bardic sept of Roscommon; there were other septs in Tyrone and Offaly. Usually as Donnellan. IF.

O'Donoghue, Donohoe: v numerous; all areas, especially Munster. Ir. *Ó Donnchadha*, from first name *Donnchadh*, "brown lord". There were a number of septs: Cork-Kerry, Galway, Cavan, Kilkenny. The latter became Dunphy. Usually as Donoghue. IF.

O'Donovan: v numerous; mainly Munster. Ir. *Ó Donnabháin*, from first name *Donndubhán* (dark, swarthy person). A leading sept of Limerick, they were displaced at the Invasion and moved to W Cork. IF.

O'Dornan: rare: Antrim. Ir. *Ó Dornáin* (dimin. of *dorn*, a fist). See Dornan & Durnin.

O'Dowd,-a: numerous: all areas, especially Connacht and N Munster. Ir. *Ó Dubhda*, from first name *Dubhdach*, dark. A sept of N Connacht, they appear in Munster as Doody and in Derry as Duddy. IF.

O'Dowling: rare: Cork. Ir. *Ó Dúnlaing*. One of the "Seven Septs of Laois". As Dowling they are well represented in E Leinster and generally. IF.

Ó Drisceóil: rare: Cork. Ir.Lang. Properly *Ó h-Eidirsceóil* (intermediary). A sept of W Cork who have resumed the "O" prefix. See O'Driscoll. IF.

O'Driscoll: v numerous: Ir. *Ó Drisceóil* (see above). A major sept of Corca Laoidhe (W Cork).

Ó Dubhghaill: rare: Dublin. Ir.Lang. See Doyle.

Ó Dubhlaing,-ainn: rare: scattered. Ir.Lang. See Dowling.

Ó Dubhthaigh: rare: Dublin etc. Ir.Lang. See Duffy.

Ó Duibhir: rare: scattered. Ir.Lang. See Dwyer.

Ó Dúill: rare: Dublin. Ir.Lang. See Doyle.

Ó Duinn: rare: Dublin. Ir.Lang. See Dunne.

Ó Dúnlaing: rare: Leinster. Ir.Lang. See Dowling.

O'Duffy: mod.nos.: Dublin etc. Ir. *Ó Dubhthaigh* (the dark one). See Duffy.

O'Dwyer: v numerous: all areas, especially Munster and South East. Ir. *Ó Duibhir (dubh + odhar*, dark brown). A sept of Tipperary, immortalised in the song *"Seán Ó Duibhir a' Ghleanna"*. IF.

O'Faherty: v rare: Dublin. Ir. *Ó Fathartaigh*, perhaps from *fathartach*, mettlesome. A sept located E of Loch Corrib, now much changed to Flaherty. See Faherty.

Ó Faoláin: fairly rare: Dublin, South East. Ir. Lang. See Whelan.

O'Farrell: numerous: all areas, especially Midlands and Munster. Ir. *Ó Fearghaill* (man of valour). A major sept of Longford. See also Farrell. IF.

O'Farrelly: rare: Dublin etc. Ir. *Ó Fearghaile* (super-valour) or *Ó Fearcheallaigh*, perhaps "great churchman". They were a sept of Breifne (Cavan-Leitrim). The name appears as Farley in Armagh. See also Farrelly. MIF.

389

Ó Fathaigh: rare: scattered: Ir.Lang. See Fahy.

Ó Fathartaigh,-ta: rare: Galway. Ir.Lang. See Faherty.

Ó Fearghail,-e: rare: Dublin etc. See Farrell & Farrelly.

Ó Fearraigh: rare: Donegal. Ir.Lang. See Ferry.

O'Fee: rare: Ulster. Ir. *Ó Fiaich*, perhaps from first name *Fiach*, raven. See also Fee. SI.

Ó Feinneadha: rare: Dublin etc. Ir.Lang. See Feeney.

Officer: rare: Belfast. Scottish occupational name: an official at a bishop's court. SS.

Offer: v rare: scattered. An occupational name: gold-smith. Fr. *Orfévre*.

Offord: v rare: Antrim etc. English habitational name: place in Cambridgeshire.

Ó Fiaich: v rare: Armagh. Ir.Lang. Note the late lamented *Tomás*, Cardinal Archbishop of Armagh. The name probably derives from first name *Fiach*, raven. See also Fee. SI.

O'Ferrall: v rare: Dublin. Ir. *Ó Fearghail*. The aristocratic version. See O'Farrell and Farrell.

O'Flaherty: numerous: all areas, especially Connacht and Munster. Ir. *Ó Flaithbheartaigh* (bright ruler). There were septs in Conamara and Clare. IF.

Ó Flaithearta: rare: Galway etc. Ir.Lang. Modern spelling. See O'Flaherty.

O'Flanagan: mod.nos.: Dublin etc. Ir. *Ó Flannagáin*, dimin. of first name *Flann* (ruddy). A sept of Roscommon whose chief was steward to the kings of Connacht. See Flanagan.

O'Flynn,-inn: v numerous: mainly Munster. Ir. *Ó Floinn*, from first name *Flann*, ruddy. There were two septs in Cork, others in Connacht and Ulster. See also Flynn. IF.

Ó Foghludha, Ó Foghlú: rare: scattered. Ir.Lang. See Foley.

O'Friel: rare: scattered. Ir. *Ó Frighil*, a variant of *Ó Firghil* (super-valour). A sept of Donegal who were erenaghs of Kilmacrenan and inaugurators of The O'Donnell. SI & SGG.

Ó Frighil: rare: Donegal etc. Ir.Lang. See O'Friel and Friel.

O'Gallagher: v rare: Ulster. Ir. *Ó Gallchobhair, Ó Gallchóir*. See Gallagher.

Ó Gallchobhair: fairly rare: Donegal etc. Ir.Lang. See Gallagher.

O'Galligan: v rare: Dublin etc. Ir. *Ó Gealagáin*, dimin. of *geal*, bright, fair. A sept of Sligo. See Galligan.

O'Gara: fairly numerous: Donegal-Sligo-Roscommon etc. Ir. *Ó Gadhra, gadhar*, a hound. A Connacht sept, lords of Coolavin (Sligo). See also Geary and Guiry. IF.

Ogborn: rare: Belfast etc. English habitational name: place in Wiltshire.

Ogden: rare: Dublin etc. English toponymic from oak dene (valley).

O'Geran: v rare: Cork. Ir. *Ó Géaráin*. See Guerin, the usual anglicisation

Ogg: v rare: Bangor. Scottish from Gaelic *óg* (young).

Ogilby: mod.nos.: Antrim etc. Scottish, see Ogilvie.

Ogilvie,-vy: fairly rare: Antrim etc. Scottish from place-name in Angus. A prominent Scottish clan. Also, possibly, an anglicisation of *Ó Giolla Bhuidhe*. SI & SS.

Ogle: fairly numerous: Down etc. English: 17 cent, from place in Northumbria. SGA gives Ir. *de Nógla*, i.e. Nagle. Perhaps both derivations apply in different areas.

Oglesby: mod.nos.: Dublin etc. Apparently a N England toponymic: "Ogle's town".

O'Goan: rare: Tyrone etc. Ir. *Ó Gabhann* (smith). A sept of Cavan, later Tyrone, now usually appearing as Smith. See also Goan. SGG.

O'Gorman: v numerous: all areas, mainly South East and Munster. Ir. *Mac Gormáin, gorm*, blue, dark. A case of the wrong prefix being resumed during the Gaelic revival. See also Gorman and Mac Gorman. IF.

Ó Grádaigh,-da: rare: Dublin etc. Ir.Lang. See O'Grady.

O'Grady: v numerous: all areas, especially Munster, Connacht and South East. Ir. *Ó Grádaigh* (noble). A sept of Thomond (Clare), which changed to Brady in part. Also a Mayo name which is properly *Mag Riada*. See also Grady. IF.

Ó Gríobhtha, Ó Gríofa: rare: Galway etc. Ir.Lang. See Griffin.

O'Growney: v rare: Dublin. Ir. *Ó Gramhna*, a corruption of *Ó Carrghamhna*, for which see Gaffney and Mac Carron. Fr. Eugene O'Growney (1863-99) was a pioneer of the Gaelic revival. IF.

O'Hagan: numerous: mainly Ulster. Ir. *Ó h-Ágáin*, probably originally *Ó h-Ógáin*. There is also *Ó h-Aodhagáin,* a sept of Oriel, to add to the O'Hagans who were primarily of Tyrone and had the office of inaugurating the O'Neill as chief. IF.

O'Haire: fairly rare: scattered. Ir. *Ó h-Ír, Ó h-Éir* from first name *Ír* (lasting). A sept of Oriel (Armagh). More usually O'Hare, q.v.   MIF.

O'Hale: v rare: Omagh (Tyrone). Ir. ? *Ó h-Éil*. See Mac Hale.

O'Hallinan: v rare: Limerick. Ir. *Ó h-Allgheanáin*. See Hallinan.

O'Halloran: v numerous: all areas, especially Munster. Ir. *Ó h-Allmhúráin, allmhúrach*, foreign. There were septs in Clare and Galway. See also Halloran. IF.

O'Halpin: rare: Dublin etc. Ir. *Ó h-Ailpin, alp*, a stout man. A sept of Clare. See Halpin.

O'Hanlon: numerous: all areas, especially Ulster. Ir. *Ó h-Anluain* (great hero). An important sept of Oriel (Armagh etc). See also Hanlon. IF.

Ó h-Anluain,-lúin: rare: Dublin etc. Ir.Lang. See O'Hanlon.

Ó hAnnracháin: rare: Dublin. Ir.Lang. See O'Hanrahan.

O'Hanrahan: mod.nos.: scattered. Ir. *Ó h-Annracháin*, thought to be a variant of *Ó h-Anradháin* which relates to Clare. See Hanrahan.

Ó h-Aodha: rare: scattered. Ir.Lang. See Hayes.

Ó h-Aonghusa: rare: scattered. Ir.Lang. See Hennessy.

O'Hara: v numerous: mainly Connacht and Ulster. Ir. *Ó h-Eaghra*, from first name *Eaghra*. A sept of Sligo, some of whom moved to Antrim, hence the prevalence of the name in Ulster. IF.

O'Hare: numerous: mainly Ulster and Connacht. Ir. *Ó h-Ír. Ír* was one of the mythical ancestors of the Gaels and a name meaning "long-lasting". A sept of Oriel (Armagh etc). MIF.

O'Hart,-e: fairly rare: Sligo-Fermanagh-Monaghan-Louth. Ir. *Ó h-Airt* from first name *Art*, meaning bear. A sept of Meath, dispossessed at the Invasion, they settled in Sligo. See also Harte. IF.

O'Hea: mod.nos.: Cork, Derry etc. Ir. *Ó h-Aodha*, from first name *Aodh* (fire). The name is usually anglicised Hughes and Hayes. IF.

Ó h-Éalaí: rare: Dublin etc. Ir.Lang. See Healy.

O'Hegarty: rare: Dublin etc. Ir. *Ó h-Éigeartaigh* (unjust). A sept of Cinéal Eoghain in Derry-Donegal, some of whom moved to Cork; the name usually appears as Hegarty, q.v., and sometimes as Haggerty in America. IF.

O'Hehir: mod.nos.: Munster etc. Ir. *Ó h-Eithir*, more correctly *Ó h-Aichir, aichear*, sharp of speech. A sept of Clare, originating in Limerick. See also Hehir. IF.

Ó h-Éigeartaigh: rare: Dublin, Cork etc. Ir.Lang. See Hegarty and O'Hegarty.

O'Herlihy: fairly numerous: Cork etc. Ir. *Ó h-Iarfhlatha* (under-lord). See Herlihy. IF.

Ó h-Eocha,-aidh: rare: scattered. Ir.Lang. See Haughey, Hough.

Ó h-Íceadha, Ó h-Ící: rare: scattered. Ir.Lang. See Hickey.

O'Hickey: v rare: scattered. See Hickey.

O'Higgins: fairly numerous: Galway-Mayo, N Leinster etc. Ir. *Ó h-Uiginn*, ? Viking. They were a sept of the Southern Uí Néill in W Meath, they were displaced to Sligo but flourished as a literary family. The name was notable later in Spain and S America. IF.

Ohle: rare: Dublin. A Low German name meaning "old". DSHH.

Ó h-Ógáin: rare: Dublin etc. Ir.Lang. See Hogan.

O'Hogan: v rare: Dublin. Ir. *Ó h-Ógáin*: see Hogan.

O'Hora: fairly numerous: Mayo, Dublin etc. Ir. *Ó hEaghra, Ó hEarchadha*. Generally taken to be synonymous with O'Hara; the connection with Harahoe is discussed by MacLysaght in MIF.

O'Horan: v rare: South East. See Horan.

Ó h-Uadhaigh: rare: Dublin. Ir.Lang. A new name and a well-known legal family. The founder, Seán Ó h-Uadhaigh, was active in Conradh na Gaeilge and the founding of Aer Lingus, the airline.

Ó h-Uallacháin: rare: scattered. Ir.Lang. See Houlihan.

Ó h-Uid: v rare: Dublin etc. Ir.Lang. See Hood.

Ó h-Uiginn: rare: Dublin etc. Ir.Lang. See Higgins.

O'Hurley: rare: Limerick etc. Ir. *Ó h-Urthuile*. A sept of Clare later seated at Knocklong in Limerick. This name is confused with *Ó Murthuile* of Cork. See Hurley.

O'Kane: v numerous: Derry-Tyrone-Donegal and Ulster generally. Ir. *Ó Catháin*. A major sept of Derry (Ciannacht Glinne). The name occurs as Keane elsewhere. See also Kane. IF.

O'Keane: rare: scattered. Ir. *Ó Catháin*. Also as *Ó Céin* (a different name) in Waterford. See also Keane and Kane.

O'Kearney: rare: Dublin etc. Ir. *Ó Cearnaigh* (victorious). See Kearney.

O'Keeffe: v numerous: all areas, especially Cork. Ir. *Ó Caoimh*, from first name *Caomh*, precious, beloved. A branch of the royal house of Munster, they were displaced at the Invasion and settled in N W Cork (Pobal Uí Chaoimh). IF.

O'Keeney: v rare: Draperstown (Derry). Ir. *Ó Cianaigh* (SGA). See Keaney.

O'Keith: v rare: Newry (Down). See Mac Keith.

O'Kelly: numerous: all areas, especially N Munster. Ir. *Ó Ceallaigh*. Perhaps from *ceallach*, frequenting churches, but more likely an older name connoting "bright-headed". (GPN). The most important family were chiefs of Uí Maine (E Galway). There were a number of other septs in places such as Derry, Wicklow, Laois and Cork. See also Kelly. SGG.

O'Kenney: rare: Cork etc. Ir. *Ó Cionaith*. Woulfe gives *Cionaodh*, fire-sprung, but MacLysaght considers it is a borrowed name, perhaps Pictish. As Kenneth, it was and is a popular first name, particularly in Scotland. See also Kenny. IF.

O'Kennedy: mod.nos.: scattered. Ir. *Ó Cinnéide*, ? helmeted-head. Much more frequent as Kennedy, q.v. IF.

O'Kiersey: v rare: Dublin. Ir. *Ciarsach*, Anglo-Normans. See Kiersey.

O'Kiely: v rare: Athy (Kildare). Ir. *Ó Cadhla*. See Kiely.

O'Lang: v rare: Dublin. Ir. *Ó Lainn*, variant of *Ó Floinn*. See Flynn.

Ó Laoghaire: rare: Dublin etc. Ir.Lang. See O'Leary.

Ó Laoi: rare: Dublin, Cork . Ir.Lang. See Lee.

Ó Laoire: fairly rare: Cork etc. Ir.Lang. Modern version of *Ó Laoghaire*. See O'Leary.

Ó Laoithe: rare: Dublin etc. Ir.Lang. Variant of *Ó Laochdha*, Leahy, q.v.

O'Laughlin: rare: Derry, Belfast. See O'Loughlin.

Oldcroft: rare: Fermanagh. A English toponymic: perhaps "disused farm".

Oldham: rare: Belfast, Down. English habitational name: originally Old Holm: town in Lancashire.

Oldman: v rare: Down. A nickname dating back to 13 cent. in England. DBS.

Oldroyd: v rare: Belfast etc. English toponymic from Yorkshire: royd = clearing. DBS.

Olden: fairly rare: Cork etc. English: see Haldane.

Oldfield: rare: scattered. This name is fairly common in England. A toponymic: "old pasture".

O'Leary: v numerous: mainly Cork. Ir. *Ó Laoghaire (Laoire)*. From popular first name *Laoghaire* meaning, perhaps, "calf-herd". A notable sept of W Cork. See Leary.

O'Lehane, O'Lehan: rare: scattered. Ir. *Ó Liatháin, liath*, grey. See Lehane and Lyons.

Ó Liatháin: rare: Dublin, Cork. Ir.Lang. See Lehane.

Ó Lionáin: rare: Dublin etc. Ir.Lang. See Linnane.

Olin: rare: Dublin. Olins is current in England but no derivation has emerged.

Oliphant: rare: Derry etc. Scottish, of Norman origin. This name exists in France and is said to mean ivory or a musical horn. This may refer to a dealer in ivory or a musician. Dauzat.

Oliver: numerous: Ulster, especially Belfast. Ir. *Oilibhéar*. From first name of French origin, in Ireland 14 cent. SI.

Olliffe: rare: Dublin. English: from Norse first name *Olaf*.

392

Olney: v rare: Cork. English habitational name from places in the Midlands. DSHH.

O'Loan,-e: mod.nos.: Antrim etc. Ir. *Ó Luain, luan*, a warrior. Often changed to Lambe in the south. The sept was located in Oriel (Armagh-Monaghan) SI.

Ó Lochlainn: rare: Galway etc. Ir.Lang. See Loughlin.

O'Loghlen,-in: mod.nos.: Clare etc. Ir. *Ó Lochlainn*. A sept of the Burren, N Clare. See O'Loughlin.

Olohan: fairly rare: Meath, Wicklow. Ir. ? *Ó h-Uallacháin*. See Houlihan.

Ó Loideáin: rare: Galway etc. Ir.Lang. See Lydon.

O'Lomasney: v rare: Cork. Ir. *Ó Lomasna*. See Lomasney.

O'Lone: rare: Dublin, Antrim. See O'Loan.

O'Looney: mod.nos: Clare etc. Ir. *Ó Luanaigh*, perhaps from *luan*, a hound and by extension, a warrior. See Looney. SI & SGG.

Olphert: mod.nos.: Derry-N Antrim. Probably a variant of Oliphant, q.v.

O'Loughlin,-an: numerous: all areas, especially Clare. Ir. *Ó Lochlainn*, from a first name of Norse origin. A sept of Clare located in the Burren. IF.

O'Loughnan,-e: rare: Tipperary etc. Ir. *Ó Lachtnáin, lachtna*, grey. There were a number of septs, mainly in Connacht. See also Loughnane. IF.

Olsen: rare: scattered. Usually Danish: "son of Olaf".

Ó Luanaigh: rare: Dublin etc. Ir.Lang. See Looney.

Ó Luasa,-aigh: rare: Cork. Ir.Lang. See Lucey.

Olver: rare: Belfast etc. A variant of Oliver found in Devonshire.

Olwill: rare: Dublin etc. This name is well-established in Ireland but no derivation has emerged.

O'Lynn: rare: Antrim. Ir. *Ó Loinn*, variant of *Ó Floinn*. See Lynn.

O'Mahony,-ey: v numerous: all areas, especially Cork and Munster generally. Ir. *Ó Mathghamhna*, modern *Ó Mathúna*. From first name *Mathghamhain* "bear-calf". A sept of W Cork. Their eponymous ancestor fell at the battle of Clontarf in 1014. IF.

Ó Máille: rare: Galway etc. Ir.Lang. See O'Malley.

Ó Mainnín: rare: Galway etc. Ir.Lang. See Mannin & Mannion.

Ó Máirtín: rare: Galway etc. Ir.Lang. See Martin.

O'Malley: numerous: all areas, especially Connacht and N Munster. Ir. *Ó Máille*. Perhaps from Celtic *maglios*, a chief. A noted sept of Mayo, associated with seafaring, and another in Thomond near Limerick City. IF.

Ó Maoileoin: rare: scattered. Ir.Lang. See Malone.

Ó Maoláin: rare: scattered. Ir.Lang. See Mullen.

Ó Maonaigh: rare: Dublin etc. Ir.Lang. See Mooney.

O'Mara: numerous: Limerick-Tipperary and South East. Ir. *Ó Meadhra*, from *meadhar*, mirth. A sept of N Tipperary. See also O'Meara and Mara.

Ó Maranáin: rare: scattered. Ir.Lang. See Murnane.

Ó Mathúna: rare: Cork etc. Ir.Lang. See O'Mahony.

Ó Meadhra: rare: Dublin. Ir.Lang. See O'Mara.

Ó Meachair: fairly rare: Tipperary etc. Ir.Lang. See Maher.

Ó Méalóid: rare: Dublin etc. Ir.Lang. See Moylett(e).

O'Meara: numerous: N Munster and South East. Ir. *Ó Meadhra*. A sept of Tipperary centred on Toomevara (O'Meara's Hill). See also O'Mara.

O'Melia: rare: Dublin. Ir. *Ó Máille*. See Melia and O'Malley.

O'Melvenna,-vena: v rare: Antrim. Ir. *Ó Maoilmheana*. A legal family of N Ulster, associated with the O'Kanes of Derry. SI & SGG.

O'Molloy: v rare: Dublin. Ir. *Ó Maolmhuaidh* (noble chief). See Molloy.

Ó Mongáin: v rare: Dublin. Ir.Lang. See Mongan.

O'Moore: mod.nos.: Dublin etc. Ir. *Ó Mordha* (majestic). The leading sept of Laois. Now usually Moore, q.v.

Ó Móráin: fairly rare: Dublin, Galway etc. Ir.Lang. See Moran.

O'Morchoe: rare: Wexford. Ir. *Ó Murchadha (Murchú)*. The aristocratic form of Murphy, q.v.

Ó Muimhneacháin: rare: Cork etc. Ir.Lang. See Moynihan.

Ó Muircheartaigh: rare: Dublin etc. Ir.Lang. See Moriarty.

Ó Muirí: rare: scattered. Ir.Lang. See Murray.

Ó Muiris: v rare. Scattered. Ir. Lang. "descendant of Maurice". See Morris.

Ó Muirthille: rare: Cork etc. Ir.Lang. See Hurley.

O'Mullan: fairly rare: N Antrim. Ir. *Ó Maoláin, maol*, bald, abrupt. A sept of Derry associated with the O'Kanes. IF.

O'Mullane: mod.nos.: Cork etc. Ir. *Ó Maoláin* (see O'Mullan). This name is common throughout the country in various forms. See Mullane, Mullen, Mullins, Moylan. IF & SGG.

Ó Murchú, Ó Murchadha: fairly numerous: Dublin, Cork etc. Ir.Lang. See Murphy.

Ó Neachtain: rare: Conamara. Ir.Lang. See Naughton

O'Neill: v numerous: all areas, especially Ulster. Ir. *Ó Néill*, from first name *Niall*, derivation uncertain, though Woulfe gives "champion". They were the leading sept of Cinéal Eoghain in Ulster. There were other septs in Thomond, S Leinster and the Déise (S Tipperary). IF & SGG.

On Ning: v rare: Dublin.

O'Nolan: fairly rare: Limerick etc. Ir. *Ó Nualláin, nuall*, shout. See Nolan.

Onions: v rare: Meath etc. Ir. *Ó h-Uamhnacháin*, see Honohan. Also an English name in Shropshire.

Oonan, Ounan: rare: Dublin. Ir. *Ó h-Uaithnín*. Dimin. of *uaithne*, green.

Oppenheimer: v rare: Cork. Famous Jewish name connected with the diamond trade. It derives from a town on the Rhine and is also German as Oppenheim.

O'Prey (Pray): mod.nos.: Down, Belfast area etc. Ir. *Ó Préith*, probably *na Prae*, meaning "of the booty", or a primeval Pictish name *Predhae*. MIF.

O'Quigley: rare: Dublin etc. Ir. *Ó Coigligh*. See Quigley.

O'Rafferty: mod.nos.: Meath etc. Ir. *Ó Raithbheartaigh*. See Rafferty.

Oragano: rare: Dublin. Italian origin: possibly to do with a barrel organ.

Ó Raghallaigh: mod.nos.: N Leinster etc. Ir.Lang. See O'Reilly.

O'Rahilly: mod.nos.: Kerry etc. Ir. *Ó Raithile*. Originally a branch of Cinéal Eoghain in Ulster, the name has long been associated with Kerry. IF.

Oram: rare: Ulster etc. English name from Somerset: perhaps from *orme* (elm)

O'Raw: rare: Dublin. See O'Rawe below.

O'Rawe: mod.nos.: Belfast, Antrim etc. Ir. *Ó Rímheá* (SGA). However, Woulfe attributes the Irish name to Reeves, which also occurs in E Ulster. SI & SGG.

Orbinson: rare: Belfast etc. This is not in evidence in Britain: perhaps a variant of Harbinson.

Orchard: rare: Belfast, Down. English, from place-name; also a Scottish synonym for Urquhart.

Orchin: rare: Belfast area. Probably a variant of Urquhart, q.v. Orchison occurs in Scotland.

O'Reardon: rare: scattered. Ir. *Ó Ríordáin*. See O'Riordan.

O'Reagan: v rare: Kilfinnane (Limerick). Ir. *Ó Riagáin*. See O'Regan.

O'Regan: v numerous: mainly Cork. Ir. *Ó Riagáin* (perhaps dimin. of *rí*, a king). A sept of Meath and one of the "Tribes of Tara", who were dispersed at the Invasion. There were other septs in Thomond and Cork. The pronunciation in Munster is *Réagán*, which would account for the name of President Ronald Reagan of USA. IF & SGG.

O'Reilly: v numerous: all areas, especially Ulster and N Leinster. Ir. *Ó Raghallaigh*. One of the leading septs of Breifne (Cavan). Synonyms: Reilly, Riley. IF.

Orford: rare: Offaly etc. English toponymic from a number of places. DSHH.

Organ: fairly rare: scattered. Ir. *Ó hArgáin*. See Horgan. An English name is also current there.

Ó Riagáin: rare: Dublin etc. Ir.Lang. See O'Regan.

Ó Riain: mod.nos. scattered. Ir.Lang. See Ryan.

O'Rielly: v rare: Cork. A variant of O'Reilly, q.v.

Ó Ríordáin: rare: scattered. Ir.Lang. See O'Riordan.

O'Riordan: v numerous: mainly Munster and particularly Cork. Ir. *Ó Ríoghbhardáin*, modern *Ó Ríordáin*. Derivation: "royal bard". A sept of Tipperary, related to the O'Carrolls, they moved to Cork after the Invasion. See also Riordan. IF.

Orlandi: v rare: Tipperary. Italian: a name redolent of the romances of chivalry such as *Orlando Furioso* by Ariosto.

Orme: rare: Dublin etc. English: from Norse first name *Ormr*, serpent. Alternatively, of French derivation: *orme* an elm tree. DOS & DBS.

Ormerod: v rare: Belfast etc. English habitational from place in Lancashire.

Ormiston, Ormston: fairly rare: Cavan, Limerick. Scottish: "Orm's farm", places in South of Scotland.

Ormond,-e: fairly numerous: Waterford-Tipperary-Cork etc. Ir. *Ó Ruaidh*, from *ruadh*, red. A sept of E Cork and W Waterford. There is no rationale (except similarity of sound) in the anglicisation Ormonde, Ir. *Urmhumhain*, the territory of E Munster. MIF.

Ormsby: mod.nos.: Mayo etc. English, 16 cent in Mayo. Ir. *Armas.* SI & SGG.

O'Roarke: rare: Galway, Roscommon. See O'Rourke

O'Roarty: v rare: Belfast. See Roarty.

Orohoe: rare: Longford etc. Ir. *Ó h-Earchadha, ?* noble warrior. SI.

O'Rorke: mod.nos.: scattered. Ir. *Ó Ruairc.* See O'Rourke.

O'Rouke: v rare: Fermanagh. Variant of O'Rourke.

O'Rourke: v numerous: all areas, least in Cork. Ir. *Ó Ruairc* (perhaps "red hero"). With O'Reilly, the other leading sept of Breifne (Cavan-Leitrim). After the destruction of the Gaelic polity in 17 cent, they achieved distinction in Europe, particularly in Austria and Russia. IF.

Orpen: rare: scattered. English, 17 cent in Kerry. A noted artistic family. Derivation: occupational name for a herbalist although MacLysaght gives OE *eorp*, swarthy.

Orr: v numerous: all areas, especially Ulster. Scottish: 17 cent, apparently derived from place-name. The name was made famous by those who participated in the insurrection of 1798.

Orton: v rare: Dublin etc. English toponymic from a number of places. DSHH.

Ó Ruairc: rare: Dublin etc. Ir.Lang. See O'Rourke.

Orwin: v rare: Belfast area. English, from Anglo-Saxon first name "boar-friend". See Erwin.

O'Ryan: rare: Waterford-Tipperary etc. Ir. *Ó Riain*. See Ryan.

Osborne,-ourne: numerous: scattered but mainly S Leinster. English, 16 cent. A first name meaning "god-bear" or "warrior". Also Osborn. DBS.

Osborough: rare: Belfast, Bangor. Evidently English: compare Osbourne.

Ó Scannaill: rare: Dublin etc. Ir.Lang. See Scannell.

Ó Scannláin: rare: scattered. Ir.Lang. See Scanlon.

Ó Scolaidhe: rare: Dublin etc. Ir.Lang. See Scully.

Ó Seaghdha, Ó Sé: mod.nos.: Kerry etc. Ir.Lang. See O'Shea.

O'Shannon: v rare: Dublin. See Shannon.

O'Shanahan: v rare: Limerick. See Shanahan.

O'Sharkey: v rare: Dublin. Ir. *Ó Searcaigh*. See Sharkey.

O'Shaughnessy: numerous: all areas except Ulster. Ir. *Ó Seachnasaigh*. A sept of Uí Fiachrach Aidhne in S Galway. There was another related group in Limerick. Perhaps *seachnach*, elusive. IF & SGG.

O'Shea: v numerous: all areas, especially Kerry-Cork-Limerick. Ir. *Ó Seaghdha (Sé)*, (hawk-like). A sept of Kerry in mediaeval times and still concentrated there. Also Shee.

O'Shee: v rare: Dublin. Ir. *Ó Seaghdha*. See Shee.

O'Sheehan: v rare: Dublin. Ir. *Ó Síothcháin*. See Sheehan.

O'Sheil: rare: Dublin etc. Ir. *Ó Siadhail*. A noted medical family in Ulster. See Shiel and Shields.

Ó Siadhail: rare: Dublin etc. Ir.Lang. See Shiel.

Ó Siocfhradha, Ó Siochrú: fairly rare: Dublin etc. Ir.Lang. See Sugrue.

Ó Síothcháin: rare: Dublin etc. Ir.Lang. See Sheehan.

Ó Síoráin: rare: scattered. Ir.Lang. See Sheeran.

Osman: v rare: Belfast etc. Muslim: the name of the son-in-law of the Prophet.

Osmond: v rare: Belfast. English: "god-protector". It is quite common in England. DOS.

Osterberg: rare: Belfast etc. Danish: "eastern mountain".

Ostinelli: v rare: Dublin. Italian: a pejorative name, meaning, perhaps, obstinate.

Ó Súilleabháin: fairly numerous: Cork-Kerry etc. Ir.Lang. See O'Sullivan.

O'Sullivan: v numerous: all areas, especially Munster. Ir. *Ó Súilleabháin*. Possibly "dark-eyed". The third most numerous name in Ireland. A sept originating in S Tipperary, they were dispossessed at the Invasion and moved to W Cork. Also as Sullivan. IF & SGG.

Oswald: rare: Belfast area, Down. Ir. *Ó h-Eodhasa*. A bardic family attached to the Maguires of Fermanagh. They adopted the names Oswell & Oswald, as well as the more usual Hussey and Hosey. This name is also English and may apply in some cases. St Oswald was a 7 cent king of Northumbria whose fame spread to Germany. SGG, DSHH.

O'Tierney: fairly rare: Down, Galway etc. Ir. *Ó Tighearnaigh, tighearna*, lord. There were septs in Donegal, Mayo and W Meath. See also Tierney. (Mod. Ir. *Ó Tiarnaigh*). In Ulster there was a related name: *Mac Giolla Tiarnaigh*. IF & SGG.

Ó Tighearnaigh: rare: Dublin. Ir.Lang. See O'Tierney and Tierney. IF.

O'Toole: v numerous: all areas, especially S Leinster and Connacht. Ir. *Ó Tuathail* (ruler of the people). A major sept of Leinster, displaced at the Invasion. They settled in Wicklow. There was also a group in Mayo related to the O'Malleys. IF.

Otterson: rare: Tyrone etc. Otter is a Norse first name and exists as a surname in England.

Otridge: v rare: Cork. English: "dawn-powerful". DOS.

Ott: rare: scattered. English: from first name Otto.

Ó Tuairisc: rare: Conamara. Ir.Lang. See Waters.

Ó Tuama: fairly rare: Cork etc. Ir.Lang. See Toomey.

Ó Tuathail: rare: Dublin etc. Ir.Lang. See O'Toole.

Ougan: v rare: Navan (Meath). Ir. *Úgán*, from Welsh *gwg*, a frown. See Wogan.

Ougton: v rare: Meath etc. English: usually Oughton, no information on it but compare Ougan.

Ould: v rare: Midlands. English: "old".

Oulton: v rare: Dublin etc. English: probably toponymic: "old settlement".

Ounan: v rare: Dublin. See Oonan.

Ousley: v rare: Belfast. English toponymic from some place relating to the River Ouse. DSHH.

Outram: v rare: scattered. It is current in England: probably a toponymic.

Ovens: rare: Derry-Fermanagh etc. English: "at the furnace". DOS.

Overend: mod.nos.: Derry, Armagh etc. English: "upper end" (of village). DBS.

Overton: rare: E Ulster. English toponymic. DBS.

Ovington: rare: Midlands. A name of some note: see Hovenden. MIF.

Owen,-s: v numerous: all areas, especially Ulster. Ir. *Ó h-Eoghain, Mac Eoghain*, from first name *Eoghan* (yew-born). This name may also be of British origin, especially from Wales. It appears to be cognate with Ir. *Eoghan*. IF & DBS.

Owers: v rare: Cork. English: from a place-name. DBS.

Owler: rare: N Antrim. The name exists in England: probably related to the nocturnal bird.

Owley: v rare: Cork. Probably an abbreviation of Macauley, q.v.

Oxley: rare: W Meath etc. English toponymic: "field for oxen". DOS.
Oxtoby: v rare: Cookstown (Tyrone). A rare English name, evidently toponymic.
Oxx: v rare: Kildare. English: perhaps "oaks", so habitational.

Pacelli: v rare: Dublin. Italian: from first name Iacopaccio (James). Alternatively, Latin
    Pax for which see Pache below.
Pache: v rare: Dublin. French and English from Old French *pache* (agreement), cognate
    with Latin *Pax* (peace).
Pacini: rare: Dublin. Italian, 20 cent. As Pacelli.
Pacitti: v rare: Dublin. Italian: as Pacelli.
Packer: v rare: Dublin etc. English: "wool-packer".
Packham: rare: Dublin, Cork, Fermanagh etc. English toponymic. Places in Sussex and
    Suffolk.
Padden: rare: Mayo etc.Ir. *Mac Páidín*, dimin. of *Pádraig* (Patrick). A patronymic used by
    the Barretts of Mayo. SI.
Paden: rare: Down etc. Ir. *Mac Páidín*. See Padden.
Padian: rare: Mayo, Longford. Ir. *Mac Páidín*. See Padden.
Pagan: rare: Down etc. Scottish & English, a name brought by the Normans, meaning
    "rustic". It occurs more commonly as Payne, q.v. Early Christians found the country
    people to be "pagan".
Page: fairly numerous: mainly Dublin; Belfast etc. English: from French: boy, attendant.
Paget,-tt; rare: Fermanagh, South East etc. English, diminutive of Page.
Pagni: v rare: Tyrone. Italian: contraction of Buonapane (good bread) perhaps.
Paige: v rare: Belfast. As Page above. Compare Irish *páiste*, a child.
Paine, Pain: rare: Dublin, Ulster. English or Scottish. A name derived from Latin *paganus*
    (rustic) via French. See Payne. However, some of this name may derive from French
    pain and be a nickname for a baker.
Paisley: mod.nos.: Tyrone etc. Scottish, 17 cent, from the burgh in Renfrewshire.
Pakenham: rare: Dublin, Belfast etc. An English family who became established in W
    Meath in 16 cent. They have been distinguished during 19 and 20 cents. IF.
Pallas: rare: scattered. Ir. *Pailís*. Italian bankers *de Palatio* in 15 cent. SI.
Pallin, Palin: rare: Belfast. English, 17 cent. This may be occupational, relating to fencing.
Palliser: v rare: Dublin, Cork. A name from N England meaning "fence-maker". DOS.
Palmer: numerous: Down, Dublin etc. Anglo-Norman name, "pilgrim". 13 cent in Ireland.
    Gaelicised as *Pámar*. Woulfe reports it used for *Ó Maolfhóghmhair* (chief of harvest)
    and otherwise Mullover. This latter is not in Telephone Directory. SGG & SI.
Pancott: rare: Tyrone-Derry etc. Occurs as Pankutt in England but very rare.
Panetta: v rare: Dublin. Italian: metonymic connected with *pane* (bread). Alternatively, see
    Paine.
Pang: v rare: Derry etc.
Pankhurst: v rare: Belfast etc. English: considered to be a variant of Pentecost. However
    the appearance of a toponymic has given rise to reservations. DBS & DSHH.
Pannell: v rare: Belfast area. English: dimin. of Payne, q.v.
Pantridge: rare: Belfast area. English. Probably a variant of Pankridge, from first name
    Pancras.
Papafio: v rare: Belfast. Italian: nickname from a bird *beccafigo* (fig-pecker).
Pappin: rare: Dublin. The name exists in England and may be from French *Papin*
    (porridge).
Pardoe: rare: Belfast etc. English: nickname from expletive *Par Dieu*. Also Pardew, Pardy.
Parfitt: rare: scattered. A nickname from French *parfait* (perfect, well-trained). DOS.
Parfrey: rare: Cork City. English: variant of Palfrey, "saddle-horse". DBS.
Parish: v rare: Belfast etc. English toponymic from the French city, due to illiterate
    pronunciation: also a synonym of French *Patrice* (Patrick). DOS.

Park,-e: numerous: mainly Ulster. Scottish, 17 cent. See Parkes.

Parker: numerous: all areas, especially Ulster. English & Scottish: "park-keeper". Known in Ireland since the Norman Invasion. Ir. *Páircéir*. SI.

Parkes,-ks: numerous: N Down-N Armagh, N Munster. English, 17 cent in Ulster. Resident or working in a park - an enclosure for pleasure purposes. See Parker. DOS.

Parkhill: mod.nos.: Derry-Antrim etc. Scottish, from place in Ayrshire. SS.

Parkin: rare: Dublin, Belfast. English. See Parkinson.

Parkinson: numerous: all areas, especially Ulster. Parkin is a diminutive of Peter, hence "little Peter's son". DBS.

Parle: mod.nos.: Wexford etc. Ir. *Pearail*. In Wexford 16 cent, probably a variant of Parrell and Perrin, diminutives of Peter. DBS.

Parlon: rare: Roscrea (Tipperary). Ir. *Mac Parthaláin* (Bartholomew). See Mac Parland. MIF.

Parnell: mod.nos.: Dublin etc. English: 17 cent. A distinguished family, made famous by Charles Stewart Parnell (1846-91). The name is derived from medieval female first name Parnell (Petronella). IF.

Parnes,-is: v rare: Dublin. Jewish: signifies the president of a Jewish community. Hebrew *parnas*.

Parr: mod.nos.: Armagh-N Down, Cavan etc. English: diminutive of Peter.

Parrot: v rare: Dublin etc. See Perrott. The bird was named from the man not the other way round.

Parry: fairly rare: N Down etc. Welsh: *ap Harry*, son of Harry.

Parslow: rare: Galway. English: from Gloucestershire. *Passe l'eau*, "cross the water". DOS.

Parsons: numerous: all areas, especially N Down, Galway-Mayo. Ir. *Mac an Phearsúin* (son of the parson). The distinguished family of Birr (Offaly) and, doubtless, others, were of English origin.

Part,-e: rare: Belfast area. An old French name of diverse derivation. Dauzat.

Partington: rare: Belfast etc. English toponymic from place in Lancashire.

Partlin: v rare: Ballinrobe (Mayo). Ir. *Mac Parthaláin*. See Mac Parland.

Parton: v rare: Down. Habitational name from English Midlands. *Peretun* (pear orchard). There is also a place with this name in the Scottish Borders.

Partridge: mod.nos.: Belfast, Dublin etc. English: nickname from the bird. In Ireland, 17 cent. SI.

Parvin: v rare: Belfast etc. The name is current in England. It is also an Indian name.

Pascoe: rare: Belfast. Cornish version of Pascall, relating to Easter. DOS.

Pasley: rare: Dublin etc. English, probably toponymic.

Passi: v rare: Belfast etc. Italian: dim. of first name Iacopazzo (James).

Passmore: rare: Belfast area, Dublin. English: from French *passe mer*, cross the sea.

Patchell: fairly rare: Dublin etc. English: diminutive of Patch, *Pasque* (Easter). DBS.

Patchett: rare: Belfast etc. Similar to Patchell.

Paterson: mod.nos.: Belfast, Dublin etc. See Patterson.

Patience: fairly rare: Belfast area etc. Scottish: probably from first name.

Patel: rare: Dublin. Indian: 20 cent. The name is very common in India and means "village headman".

Patmore: v rare: Down. English toponymic from Hertfordshire. DSHH.

Paton: fairly rare: Belfast-Down etc. Scottish: dimin. of Patrick. See Patton.

Patrick: fairly numerous: Belfast, Tyrone, Antrim etc. Scottish: associated with Clan Lamont. It may be occasionally Ir. *Ó Maolphádraig* (devotee of St Patrick). SI.

Patten: fairly rare: Mayo etc. Ir. *Ó Peatáin*. Dimin. of Patrick. See Patton and Peyton.

Patterson: v numerous: all areas, especially Ulster. A common name in Scotland and England, "son of Patrick". In Connacht, it has been substituted for *Ó Casáin* (*casán* is Irish for "path", but no connection with the surname). SI.

Pattison: mod.nos.: Belfast-Antrim-Tyrone etc. Variant of Patterson above.

Patton: v numerous: Ulster, Connacht. Ir. *Ó Peatáin* (Connacht). They were a branch of Cinéal Eoghain in Donegal but many Pattons in Ulster are of Scottish or English origin. MIF.

Pattwell: rare: Cork etc. This name appears to be an English toponymic but it is very rare in Britain and has not been noticed by any of the authorities. Limerick people will settle for Patrickswell!

Patty: rare: Belfast, Down etc. Evidently diminutive of Patrick. Pattie is current in Scotland.

Paul: numerous: all areas, especially E Ulster, Dublin. The name is both English and Scottish as well as a synonym of Mac Fall: Ir. *Mac Phóil*. SI.

Pauley: fairly rare: Belfast area etc. English: diminutive of Paul.

Paulson: v rare: Down. An English patronymic associated with Nottinghamshire. DOS.

Pavis: rare: Belfast. English: from the feminine first name Pavia. DBS.

Pawley: v rare: Dublin. A diminutive of first name Paul. Current in England. But see Pauley.

Pawlin, Pawling: rare: Belfast etc. Another diminutive of Paul: this version is rare in Britain.

Paxton: rare: N Down etc. Scottish: from place in Berwickshire.

Paye: v rare: Cork-Kerry. English: a name associated with Kilkenny from early times. SI.

Payne: numerous: all areas, especially Dublin, N Down, Derry. Ir. *Paghan*. English, 14 cent onwards. From Latin *paganus*, countryman, rustic; the French is *Payen*. DOS.

Paynter: rare: Armagh etc. English occupational, "painter".

Peace: v rare: Limavady (Derry). A name from Orkney, it may also relate to Easter (*Pascha*).

Peacock,-e: numerous: N Antrim-Derry, Dublin etc. Ir. *Péacóg*. A nick-name going back to 15 cent in Ireland.

Peak,-e: mod.nos.: Down etc. Ir. *Mac Péice*. The name is generally English, "hill". See also Mac Peake.

Peakin: rare: Dublin. Analogous to Peak which has a variety of derivations.

Pearce,-se: fairly numerous: Dublin, Belfast etc. Ir. *Mac Piarais*. English, 13 cent onwards. The name is more usual as Pierce, q.v.

Peard: rare: Dublin, Cork etc. English, 17 cent in Cork. It is rare in England: perhaps "pear-head". SI.

Peare: fairly rare: Wexford etc. English: an equal, companion. DBS.

Pearl,-e: rare: E Clare, Belfast etc. English: "relating to pearls".

Pearson: numerous: Ulster, Midlands etc. Ir. *Mac Piarais*. English, 17 cent. Son of Piers, (Peter). DBS.

Pears: v rare: Galway etc. Probably a synonym of Pierce, q.v.

Pearse: fairly rare: Limerick etc. The usual form in England and that used by *Pádraig Mac Piarais*, writer and patriot; the form Pierce is more usual in Ireland, to which please refer.

Peart,-s: rare: Dublin etc. English, 18 cent. N English and Scottish: perhaps variant of Perrott. SI.

Peat,-e,-s: rare: Dublin etc. English & Scottish, diminutive of Peter; perhaps "pet" in some cases.

Peattie, Peatie: rare: Belfast area. Scottish: diminutive of Peat.

Peavoy: rare: Midlands etc. Probably the Huguenot Piffaud, which occurred there in 18 cent. and relates to playing the fife. Dauzat.

Peck: v rare: Belfast etc. English: (1) Metonymic: measure of volume (two gallons). (2) toponymic: peak, high place.

Peden,-an: fairly numerous: Antrim-Down etc. Ir. *Mac Páidín*. Scottish dimin. of Patrick in earlier period. SS.

Pedersen: rare: Dublin etc. Norse version of Peterson.

Pedlow: mod.nos.: N Armagh etc. An English name of French origin, *pied de loup*, wolf's foot. A nickname for a stealthy person. See Peelo. SI & DSHH.

Pedreschi: rare: Dublin. Italian. Diminutive of Pedro (Peter).

Peebles: v rare: Belfast. Scottish: from town of Peebles; also a place of this name in Angus. SS.

Peel: mod.nos.: Belfast-Down-Antrim etc. English, from peel, a fortified house in N England. It may also be a nickname for a tall thin person. DSHH.

Peelo: fairly rare: Dublin. Probably French *pied de loup*, wolf's foot. Also Pedlow, Pelow & Peilow.

Peeples: v rare: Derry. Ir. *Ó Duibhne*. See Peoples.

Peers: rare: Dublin. English, from Piers (Peter).

Peet: v rare: Dublin. See Peat.

Pegg,-s: rare: Dublin, Belfast. English, diminutive of Margaret.

Pegley: v rare: Dublin. This name is current in England and appears to be habitational.

Pegman: v rare: Dublin. Very rare in Britain, it may be metonymic.

Pegnam: rare: Dublin. Probably a variant of Pegram (Pilgrim) which is common in England.

Peile: rare: Armagh-Down. A variant of Peel, q.v.

Peilow, Peillow: rare: Armagh, Dublin etc. See Peelo.

Pelan: fairly rare: Belfast area. Probably Ir. *Ó Faolain,* Whelan, q.v.

Pell: rare: Down. English: Diminutive of Peter, or occupational: dealing in hides. DBS.

Pelly, Pelley: rare: Dublin. English: from French, *pelé* , a bald man.

Pemberton: rare: Dublin. English toponymic from Lancashire.

Pembroke: rare: Dublin etc. A Welsh toponymic associated with Kilkenny and Kerry, 17 cent.

Penncook; v rare: Belfast etc. Scottish: from placename Penicuik in Midlothian. SS.

Pender: numerous: South East, Galway etc. Ir. *Piondar*. "keeper of pound" or abbreviation of Prendergast, which also appears as Pendergast.

Pendleton: v rare: Belfast etc. Toponymic from place in Lancashire.

Pendred: rare: Dublin. Is found in Britain: perhaps a placename.

Pendry; v rare: Belfast etc. Welsh: *ap Henri*, son of Henry. DOS.

Penkert: rare: Waterford.

Penman: rare: Down etc. A name from the Scottish Borders and perhaps original British. SS.

Pennefather: rare: scattered. English: nickname: "miser". Understandably, some people have made it Pennyfeather. DBS.

Pennell: rare: Ulster. See Pannell.

Penney,-nie,-ny: fairly numerous: Ulster, Dublin, Cork, Limerick. English & Scottish nickname, relating to the coin. Known in Ireland 13 cent; later widespread. SI.

Pennick: rare: Belfast. Variant of Penney – perhaps Dutch origin.

Pennington: rare: Ulster. A N England name of habitational type. DOS.

Penpraze: v rare: Belfast.

Penrose: fairly rare: Dublin etc. English, 17 cent, from place in Cornwall. There was a prominent Quaker family in Wicklow.

Penston: rare: Dublin etc. Scottish toponymic from E Lothian. SS.

Pentland: mod.nos.: N Down-Armagh etc. Scottish: from place in Midlothian. SS.

Penton: rare: Belfast. Scottish: place in Dumfriesshire.

Pentony: mod.nos.: Louth, Down etc. Ir. *Mac Antaine* (SGA). Anglo-Normans, originally Repenteny (French toponymic), in 12 cent. Later Penteny, associated with E Leinster.

Peoples: numerous: Donegal-Derry etc. Ir. *Ó Duibhne* (*duibhne*, disagreeable). A mistranslation due to confusion with Ir. *daoine*, people. See Deeny.

Peppard: mod.nos.: Dublin, Midlands etc. Ir. *Piobart* (SGA). Anglo-Normans, 12 cent in Louth. The name has sometimes been changed to Pepper.

Pepper: fairly numerous: Down-Louth, Wexford etc. Usually a synonym of Peppard, but the English name Pepper also exists. Derivation: dealer in spices or possibly a nickname: hot tempered! MIF.

Percival,-eval: mod.nos.: Ulster, Leinster, Mayo. English of French origin; more recently in Ireland. It is basically a first name, famous in Arthurian legend. DBS.

Percy: mod.nos.: Belfast area, Antrim, S Midlands. English: toponymic of Norman origin. DSHH.

Perdisatt: rare: Dublin. Apparently a variant of Perdrisat, from French: *perdrix*, partridge. Perdrix is common in France with many variants. Dauzat.

Perdue: rare: Tipperary-Limerick etc. A Huguenot name in Youghal, 18 cent. A French nick-name, *perdu*, lost. Perhaps a child lost and, thankfully, found. Also as Pardoe and Pardy, q.v. DOS.

Peril, Perrill, Perle: rare: Clare, Meath. Probably a diminutive of Peter; Perl is found in England.

Perks,-es: Down etc. English, dimin. of Piers (Peter).

Perkins: mod.nos.: Dublin, Leinster etc. English, a double diminutive of Piers or Peter.

Perrem: rare: Dublin etc. Perram exists in England: a toponymic: "pear settlement".

Perrett(e): v rare: Dublin. As Perrott, q.v.

Perrin,-s: fairly rare: Dublin, Belfast. Another dimin. of Piers. See Perkins.

Perris: rare: Dublin etc. One of the "Peter" family of names; see Pierce, Pearse, Persse.

Perrott: mod.nos.: W Cork, Belfast etc. Ir. *Pearóid*. English, 16 cent. Yet another diminutive of Piers, the mediaeval form of Peter.

Perrozzi: Kilkenny. Italian: a diminutive of Perro (Peter).

Perry: numerous: all areas, mainly Dublin, Belfast, Down-Antrim. Ir. *de Poire* (SGA). English, 17 cent. Probably related to "pear-tree"; but also Welsh *ap Herri* (Henry). DSHH.

Perryman: rare: N Kerry. A variant of Perry.

Persse, Perse: rare: Midlands etc. English, 17 cent. A form of Pearse, q.v.

Pert; v rare: Portadown etc. A variant of Peart; or, possibly a plain nickname: lively, cheeky.

Perver: rare: Bangor. This name is very rare in England: no derivation has emerged.

Peters: fairly numerous: Kilkenny-Tipperary-Cork, Down etc. Ir. *Mac Pheadair*. English or Welsh, and associated with Cornwall.

Peterson: rare: Dublin etc. Patronymic of Peter.

Petherick: rare: Belfast, Down. According to Reaney, it is Cornish, from St Petrock. The truncated version Pethick is also found in this area.

Petrie: mod.nos.: Belfast, Mayo. Scottish: a diminutive of (1) Patrick (2) Peter. SS.

Pettit: mod.nos.: English: from French *petit*, little. In Ireland since Middle Ages.

Petticrew,-grew: mod.nos.: Down-Armagh etc. Huguenots in 17 cent in Ulster, according to MacLysaght, but the name has been in Scotland since 13 cent and may well account for many of the above. Derivation: French *petit cru*, small growth. SI & SS.

Petty: rare: Clare etc. English: a nickname: "small". Recalls the remarkable Sir William Petty who carried out the Civil Survey in the 1650s. The synonym Pettit is more common.

Pewtner: rare: Derry. Apparently from Scottish Peutherer: a dealer in pewter (alloy of tin and lead).

Pey: v rare: Cork. Formerly found in Kilkenny. Said to be from *Pega*, an Anglo-Saxon saint. SI.

Peyton: mod.nos.: Galway-Mayo-Sligo etc. Ir. *Ó Peatáin* (dimin. of Patrick). A Donegal sept who were moved to Mayo in 17 cent. Elsewhere, the name may be English. MIF.

Phair, Phayre, Phayer: mod.nos: scattered. Ir. *Mac Fhinn, finn*, fair. This name may also be English, "fair, handsome". SGA, DBS.

Pheasey: v rare: Waterford. This derives from French *envoisié*, playful, wanton. See Vesey.

Phelan: v numerous: all areas, especially South East. Ir. *Ó Faoláin, faol*, a wolf. They were chiefs of the Déise (Waterford). In 1169 A.D. their chief was the first man to fall in battle resisting the Invasion. In W Ulster, a bardic family, *Ó Fialáin*. See also Whelan. SI & IF.

Phenix: rare: Belfast. See Phoenix.

Pherson: v rare: Belfast etc. See Mac Pherson.

Phibbs: fairly rare: Wicklow-Kildare etc. Ir. *Mac Phib*. English, dimin. of Phillip.

Philbin: mod.nos.: Mayo-Galway etc. Ir. *Mac Philibín*, dimin. of Phillip: a name adopted by a branch of the Burkes in Mayo, where they became an Irish sept. Also Mac Philbin.

Phillips: numerous: all areas, fairly evenly distributed. Ir. *Mac Philib*. Seems to have replaced Philbin in Connacht to some extent. See also Mac Phillips.

Philp: rare: Down etc. A contraction of Phillips, q.v.

Philpin: v rare: Wexford. Another variant of Phillips.

Philpott: fairly numerous: Down-Antrim etc. English, dimin. of Phillip.

Philson: rare: Derry etc. Ir. *Mac Philib* (SGA).

Phipps: mod.nos.: Dublin etc. Variant of Phillips.

Phoenix: fairly rare: Ulster, Dublin. This name is a variant of Fenwick, a toponymic of N England.

Picard, Pickard: rare: Dublin and Ulster. French and English, native of Picardy.

Pick: rare: Belfast etc. English occupational name relating to the implement "pick".

Picken,-s: mod.nos.: Belfast, Antrim etc. Scottish and English: occupational: the tool "pick".

Pickerill: rare: Wicklow etc. English: nickname: "young pike". DBS.

Pickering: mod.nos.: Derry-Antrim, Dublin etc. English: "people of the hill-edge".

Pickett: fairly rare: Dublin, Derry etc. English: as Piggott, q.v. It may relate to the military term.

Picking: rare: Belfast area. See Picken.

Pickles: v rare: Belfast. English: habitational: "at the little enclosed field". Lancashire-Yorkshire.

Picton: rare: Belfast etc. English place-name.

Pielou: rare: Belfast area. Appears to be variant of French *pied de loup*: see Pedlow, Peilo etc.

Piddock, Pidduck: v rare: Belfast etc. Derived from ME *puttock*, kite (bird). A nickname for a voracious individual. The name originates in S.E. England. DOS.

Pidgeon: mod.nos.: Dublin, Midlands, Galway. Ir. *Mac Uiginn*. Described by MacLysaght as a corruption of Mac Guigan; however, the English nick-name probably applies in most cases. SI & SGA.

Piekaar, Piekarr: v rare: Down. Appears to be Dutch, there may a connection with Polish *Piekarz* meaning a baker.

Pierce,-se: numerous: all areas, especially South East, N Munster, Fermanagh. Ir. *Mac Piarais*. From first name Piers, mediaeval form of Peter. The Kerry Pierces were a branch of the FitzMaurices.

Pierpoint: rare: Belfast area etc. English, from French *pierre-pont*, stone bridge.

Piercy: rare: Waterford-Tipperary. Probably variant of Pierce.

Pierson: rare: Belfast area etc. English, son of Piers (Peter). See Pearson.

Piggot,-tt: numerous: all areas, especially Munster. Ir. *Piogóid*. English: various sources: (1) from French *pic* (woodpecker) plus diminutive *ot*. Picot is extant in France. (2) Diminutive of Pike, q.v. (3) old French personal name *Pic*. Generally something sharp or pointed. Recorded in Dublin in 1200, as Picot. DSHH, DOS.

Pike: mod.nos.: Dublin, Belfast area. English, 14 cent. Nick-name derived from the weapon or the fish. The Scandinavian *Pik* refers to a tall thin man.

Pile: v rare: Dublin etc. As Pyle, q.v.

Pilkington: mod.nos.:Dublin, Midlands, Limerick-Clare, Sligo. A 15 cent English toponymic from Lancashire.

Pill: rare: Antrim. A locative name: pill, a creek, stream. Also nickname for small person. DSHH.

Pillay: rare: Dublin, Cork. Habitational name from places in England now called Pilley. DSHH.

Pillion: rare: Athlone area. 18 cent. Probably English occupational: second rider on horse.

Pillow: rare: Armagh etc. Probably variant of Pedlow, q.v.

Pilson: rare: Belfast-Antrim. Perhaps a patronymic from Pill above.

Pilsworth: v rare: Kilkenny etc. English habitational name: "creek homestead".

Pim(m): fairly rare: Dublin, Belfast etc. English, 17 cent. A noted Quaker family. There is an old English name *Pymma,* derived from saint's name Euphemia, popular in Middle Ages. DSHH.

Pimblett, Pimlott: rare: Antrim, Down. A diminutive of Pim.

Pimley: rare: Belfast etc. Very rare in Scotland, possibly a placename related to Pim.

Pinder: v rare: Belfast etc. English occupational: impounder of stray animals. DOS.

Pinfield, Pinefield: v rare: Cork. This appears to be a placename but it may be a variant of Penfold which is occupational, and for which see Pender.

Pinion: rare: Down. Welsh, *ap Einion* (son of Einion).

Pink: rare: Belfast area. English: "a chaffinch".

Pinkerton: fairly numerous: Belfast, Derry etc. Scottish toponymic. 17 cent in Ireland.

Pinkster: v rare: Dublin. An English nickname from *pinca*, a chaffinch.

Pinnons: v rare: Newtownards. See Pinion.

Piper: fairly rare: Tramore (Waterford), Down etc. English occupational name. Also Pepper.

Pirollo: v rare: Dublin. Italian: diminutive of Piro (Peter).

Pirrie: v rare: Belfast. Scottish, 17 cent. Probably from first name Peter: Aberdeenshire etc. SS.

Pitcaithley: rare: Antrim etc. Scottish: from place in Perthshire. SS.

Pitcher: rare: Dublin etc. English: user of pitch or variant of Pickard, q.v.

Pitman: rare: Down. English: "living in hollow" or a miner.

Pitt,-s: mod.nos.: scattered. English: "dweller by the hollow". A W England name.

Place: rare: Dublin etc. English: "market place".

Plaisted: v are: Dublin. English toponymic: "play place", from various locations.

Planck: v rare: Ards (Down). German version of Plank, which is current in England. It relates to a piece of timber and may be occupational or locative.

Plant,-e: mod.nos.: Dublin, Cork, South East. English: "gardener". In Ireland 17 cent.

Platt: mod.nos.; Derry etc. English: plot or patch. DOS.

Playfair: rare: Belfast area. Scottish or English nickname.

Playford: v rare: Belfast. English: place in Suffolk.

Playle: v rare: Belfast etc. This name is current in London but no derivation has emerged.

Pleasant: v rare: Down. From Old French *plaisant*, used as a woman's name.

Plenderleith: v rare: Belfast etc. Scottish toponymic: a place in Roxburghshire. SS.

Plewman: v rare: Midlands. As Plowman.

Plews: rare: Derry. English, "at the ploughland". DOS.

*Plover: noticed by MacLysaght as being in Mayo and a translation of Mac Philibín.

Plower: rare: Galway etc. Apparently a variant of Plover, Ir. *Mac Philibín*.

Plowman: rare: Dublin etc. English, occupational. DBS.

Pluck: rare: Dublin. This name is current in England: perhaps occupational, plucking poultry.

Plumer: v rare: Dublin. English: occupational: dealer in feathers.

Plummer: fairly rare: Dublin etc. English: relating to a plum tree. In Ireland 17 cent.

Plunkett: numerous: Dublin, Midlands etc. Ir. *Pluincéid*. French *Blanquet,* a reference to fairness of complexion. Anglo-Normans who settled in Meath. It is the name of a distinguished family who have been associated with Meath for seven centuries.

Poag: rare: Belfast etc. Variant of Pollock.

Pobjoy: rare: Dublin. English nickname: "popinjay, parrot".

Pocock: rare: Dublin. Variant of Peacock, q.v.

Poff: rare: Kerry etc. A Palatine name, always associated with Kerry.

Pogue: fairly rare: Armagh-Antrim etc. Variant of Pollock, q.v.

Póil: rare: Aran Islands. Ir. Lang. See Paul.

Poland: mod.nos.: Down, Dublin, Cork etc. Ir. *Mac Póilín*. Variant of Mac Polin, q.v.

Polden: v rare: Dublin. This name is found in England but no derivation is available.

Polk, Polke: v rare: Dublin, Tyrone. This can be a German name or a contraction of Pollock. Ulster Scots adopted it in the U.S., hence President John Knox Polk (1845-49).

Polland: rare: Belfast area. Variant of Poland.

Pollard: numerous: Dublin, South East etc. Ir. *Polard*. English, 14 cent. See Castlepollard in W Meath. A diminutive of Paul or a nickname for person with cropped hair. SI.

Pollen,-in: rare: Belfast, Antrim. Variant of Mac Polin, q.v.

Polley,-ly: fairly rare: Belfast-Down. Anglo-Norman nickname: *poli*, agreeable, but perhaps ironic.

Pollitt: v rare: Belfast. From first name Hippolytus, a Roman saint. Associated with Lancashire.

Pollock: numerous: Ulster generally etc. Ir. *Polóc*. Scottish, 17 cent. A toponymic which relates to a place in Strathclyde. SS.

Polson: rare: Belfast. English patronymic: son of Paul. Extant in England but rare.

Pomeroy: fairly rare: Down, Dublin, Cork etc. English: 17 cent. From French *pommeraie* apple orchard. The town in Tyrone seems to have come from the surname.

Pomphrett: rare: E Cork. English from Latin *ponte fracto*, (at) broken bridge. DOS.

Pond: v rare: Donegal. A simple toponymic: dweller by a pond.

Ponsonby: fairly rare: Donegal, Tipperary, E Cork. English, 17 cent. From a place in Cumbria; The family was associated with Kilkenny. SI.

Poole: numerous: N Down-Belfast, Dublin-South East etc. English: from residence by pool.

Poots: fairly numerous: mainly Dromore (Down). English, 17 cent. Probably French *puits* well. SI.

Pope: mod.nos.: Dublin, Cork, Belfast. English: probably a nickname. In Ireland: 16 & 17 cents.

Popham: rare: Dublin. English habitational name from place in Hampshire.

Popplewell: rare: Dublin, Mayo, Donegal. A toponymic from Yorkshire: "pebbly stream". DOS.

Porte: rare: Antrim-Derry. English: variant of Porter.

Porteous: rare: Belfast area etc. Scottish: from a place-name. In Ireland 16 cent.

Porter: v numerous: all areas, mainly Ulster. Ir. *Póirtéir*. English & Scottish, from 13 cent onwards. "the door-keeper". Frequent in Irish records. MIF.

Porterfield: rare: Tyrone-Armagh etc. Scottish, relating to field allocated to the porter in the mediaeval monasteries. SS.

Portis: rare: Lisburn (Antrim). Probably variant of Porter.

Portley: v rare: Dublin. English nickname: of stately appearance, dignified. DOS.

Posnett: rare: Down-Armagh. English, abbreviation of Postlethwaite, a Lancashire name. DOS.

Poston: rare: Derry-Antrim. English: "at postern gate".

Pott: v rare: Carlow. This may be a contraction of Philpot, or a locative name relating to a depression in the ground. It is rare in England. DSHH.

Potter: numerous: Down-Antrim etc; Dublin, Galway etc. English, 13 cent onwards. In Ulster, the name is probably Scottish. Obviously occupational. MIF.

Potterton: v rare: Belfast etc. Habitational name from Yorkshire: "potter's place". DOS.

Potthurst: v rare: Larne: English toponymic.

Pottie: v rare: Tyrone. This name exists in Scotland but is rare. Noticed by Black. SS.

Pottinger: v rare: Belfast. English: "soup-maker".

Potts: mod.nos.: Belfast-Down etc; Dublin-Midlands. Abbreviation of Philpott, q.v.

Poucher: rare: Newry. Occupational name: pouch maker. DBS.

Poulter: rare: Dublin, Down. English: "poulterer".

Poulton: rare: Dublin etc. From various placenames in England. DOS.

Pounch: rare: Dublin. Probably a variant of Pounds, "enclosure for stray cattle".

Poutch: rare: Dublin etc. English, "pouch-maker".

Powderley: v rare: Down etc. MacLysaght believes this is an Irish toponymic from Power-lough in Meath, where it has been in evidence since 18 cent. SI.

Powders: v rare: Laois. This is an Irish family: the name may be of English origin.

Powell: numerous: all areas: evenly distributed. Ir. *Paol*. From Welsh *ap Hywel*, son of Howell, a name meaning eminent. It may, occasionally, stand for Guilfoyle, q.v.

Power,-s: v numerous: all areas, especially South East. Ir. *de Paor*. Anglo-Normans who appeared as *Le Poer* (the poor man) at the Invasion. They settled in Waterford and still flourish there. IF.

Powles: v rare: Armagh etc. Probably as Polson, q.v.

Pownall: rare: Dublin. English toponymic from Cheshire.

Powney: v rare: Antrim etc. This name is current in England but rare.

Poynter,-der: v rare: Sligo etc. English, "one who impounds" (animals). DBS.

Poynton: mod.nos.: Dublin, Midlands. English toponymic.

Poyntz: fairly rare: scattered in Ulster. Ir. *Puinse*. Anglo-Normans who became Punch in the south. Derived from Latin first name *Pontius* (the saint, not the governor). They appeared in Ulster 17 cent. See also Punch. MIF.

Pratt: fairly numerous: Belfast area, Dublin, Cavan, Laois, Cork. English, 17 cent. Associated with Cork. The name derives from *pratt* a trick, a nickname from the 11 cent. DSHH & SI.

Preece: rare: Down-Belfast etc. Welsh, *ap Rhys* (son of Rhys); or from English place-name. See also Rice. DBS.

Prendergast: numerous: all areas except Ulster. Ir. *de Priondargást*. Anglo-Normans who came with Strongbow and settled in Wexford, Waterford and Tipperary. Some adopted the Gaelic name *Mac Muiris* (Fitz Maurice). Prendergast became a placename in S W Wales, but derives from the surname which seems to be a Norman version of *Brontegeest*, a place near Ghent in Flanders. IF, DSHH.

Prendeville: numerous: Munster generally, especially Kerry. Ir. *de Prionnbhíol*. Anglo-Normans associated with Kerry since 13 cent. IF.

Prenter: mod.nos.: Belfast area, Dublin. It is tempting to regard this as a variant of Printer but for the fact that such a name hardly exists.

Prentice: fairly numerous: Belfast area, Armagh, Down etc. English, "apprentice"; a nickname associated with East Anglia.

Prenty: v rare: Mayo. A variant of Prunty, q.v.

Presch: v rare: Dublin. Evidently German. *Preschen* means "charge, rush".

Prescott: fairly rare: Down-Antrim, Dublin. English, 15 cent onwards. "Priest's cottage".

Preshaw,-ho,-ha: mod.nos.: scattered in Ulster. Scottish toponymic: perhaps "priest's wood).

Preshur: rare: Belfast area etc. Scottish: possibly meaning "preacher". SS.

Presley, Pressley: rare: Fermanagh, Derry etc. Variant of Priestley, q.v.

Press: mod.nos.: Belfast etc. English: "priest". DOS.

Pressagh,-augh: v rare: Belfast area. Possibly Scottish Pressock, which is a toponymic from Angus.

Preston: numerous: mainly Ulster and Dublin. English, 13 cent. A notable family associated with Meath. IF.

Prevett, Privett: v rare: Dublin. English habitational name from a place in Hampshire.

Previte: v rare: Galway. This may be a variant of Privett above.

Prew: v rare: Dublin. English nickname: from French *preux* "valiant".

Price: numerous: all areas, mainly Ulster and Dublin. Ir. *Prís*. Welsh, 14 cent. *ap Rhys*, son of Rhys. See Preece and Rice.

Prichard: v rare: Belfast. See Pritchard and Uprichard.

Priest: rare: Dublin, Meath. English, perhaps a nickname.

Priestly,-ley: mod.nos.: Belfast, Down, Dublin etc. English toponymic, "priest's wood".

Priestman: rare: Dublin. English, "servant of the priest". DBS.

Prim: v rare: scattered. Appears as Primm in England. Apparently a nickname: "neat" or "prim".

Primrose: rare: Tyrone, Down etc. Scottish, from place in Fife. Thought to be an ancient British name: *prenn + rhos*, tree + moor. SS.

Prince: rare: Derry, Belfast etc. English nickname: perhaps a person of lordly manners. It is quite common in England.

Pringle: mod.nos.: Dublin, Belfast, Down, E Leinster. Scottish, from place Hopringle in S Scotland.

Prins, Prinz: v rare: Dublin etc. German version of Prince, q.v.

Prior: fairly numerous: Belfast, Cavan-Monaghan-Louth, Dublin etc. Ir. *Mac an Phríora*. The name may be Anglo-Norman in some cases; otherwise later English arrivals. MIF.

Pritchard: fairly numerous: mainly in Ulster. Welsh, *ap Richard*, son of Richard. See also Uprichard and Prichard.

Privelege, Privilege: v rare: Belfast etc. A very rare name: perhaps a cognomen which superseded another surname.

Prizeman: rare: Dublin. Winner of a particular prize; a term used in universities.

Proctor,-er: numerous: Belfast area, Dublin, Midlands etc. English: 17 cent. From the Latin *procurator* and an official in legal and other matters. SI.

Prole: v rare: Dublin. Rare in Britain. In Dublin 18 cent – perhaps from England.

Prone: v rare: Dublin etc. Very rare in England. Perhaps derived from French *Perron* (Peter).

Prosser: rare: Dublin, Down etc. Welsh, *ap Rosser*. Equivalent to first name Roger. DOS.

Prost: v rare: Dublin. Probably a variant of Proust, i.e. Provost, head of educational establishment.

Prothero: v rare: Tyrone etc. A variant of Welsh Rhydderch, i.e. son of Rhydderch which was a first name meaning reddish-brown.

Proud: v rare: Dublin. Evidently a nickname and synonym of Prout.

Proudfoot: fairly rare: Dublin, Meath, Down. English, 13 cent. "one who walks with haughty gait". SI & DBS.

Prouse: v rare: Dublin. English: "valiant". Associated with Devon. DOS.

Prout: rare: Kilkenny-Tipperary. Anglo-Normans, 13 cent. Associated with Kilkenny. The derivation is "proud". SI.

Prue: v rare: Belfast. As Prew, q.v.

Prunty: fairly numerous: Fermanagh-Cavan-Longford-Monaghan-Tyrone. Ir. *Ó Proinntigh* (generous). The father of the writers Brontë was a Prunty from Down.

Pryal,-ll: rare: Dublin, Belfast, Clare, Mayo. Ir. *Príodháil* (SGA). MacLysaght noticed it at various times since 17 cent. Perhaps a variant of Prior.

Pryce: fairly rare: Belfast, Galway etc. See Price.

Pryor: rare: Dublin etc. Variant of Prior, q.v. and a Cornish version.

Pue: rare: Down etc. Variant of Pugh.

Pugh: mod.nos.: Dublin, Sligo etc. Welsh: *ap Hugh*, son of Hugh.

Pulford: rare: Belfast area. English toponymic.

Pullen,-an,-in: fairly rare: Dublin, Belfast, Down etc. English, from Old French *poulain*, a colt, perhaps a lively person. DBS.

Pullman: v rare: Dublin. English toponymic: "dweller by pool". DOS.

Punch: mod.nos.: Cork-Limerick-Clare etc. Ir. *Puinse*. Anglo-Normans 13 cent. Derived from first name *Pontius*, a Roman saint. See also Poyntz. MIF.

Purce: fairly rare: Antrim-Down etc. English. As Purser, q.v.

Purcell: v numerous: all areas, especially South East. Ir. *Puirséil*. From French *pourcel*, piglet. A notable Anglo-Norman family of Ormonde (Tipperary etc). IF.

Purdon: rare: Down-Antrim etc. English: 17 cent. The name was associated with Munster. MIF.

Purdy,-ie,-ue: mod.nos.: Down and Ulster generally. English & Scottish, 17 cent in Ulster. Black dismisses the derivation *Par Dieu* and favours a toponymic. SI & SS.

Purfield: rare: Dublin, Meath etc. Presumably a toponymic, ? pear-field.

Purnell: rare: scattered. Variant of Parnell, q.v.

Purse: rare: Belfast. As Purser.

Purser: rare: Dublin, South East. English, purse-maker and later (15 cent) ship's officer.

Pursley: v rare: Belfast. This appears to be a toponymic: purse-field, but not quoted by authority.

Purtill,-ell: mod.nos.: Clare-N Kerry, Limerick City. Variant of Purcell, q.v. The name has been associated with Clare. MIF.

Purvis: mod.nos.: Magherafelt-Cookstown (Derry-Tyrone) etc. An English occupational name: "purveyor of supplies". DBS.

Putt: rare: scattered. English, variant of Pitt, q.v.

Pyburn: rare: W Cork. Perhaps a toponymic, ? magpie stream.

Pye: rare: scattered in Ulster. English nickname, "magpie" etc. DOS.

Pyers: rare: Down-Armagh etc. Probably English occupational: maker of pies.

Pyke: fairly rare: Dublin and scattered. A variant of Pike, q.v.

Pyle: v rare: Dublin. English: "dweller by stake or post". DBS.

Pym: v rare: Dublin. As Pim(m), which was derived from first name Euphemia, an early martyr.

Pyne: mod.nos.: Clare, Cork etc. Ir. *Paghan*. But it is probably not synonymous with Payne. The more likely derivation is "pine", the tree. Perhaps a tall thin person. MIF.

Pyper: fairly numerous: Down-Belfast, Dublin etc. Ir. *Píobaire*. English occupational name "piper". DBS.

Qasem: v rare: Dublin. A Muslim name. Arabic: one who shares or divides.

Qua: rare: Armagh etc. Ir. *Mac Uaid* (SGA). *Mac Aoidh* (Scottish). In Armagh 1660. See Mac Kay and Mac Quaid.

Quade, Quaid,-e: fairly rare: Limerick etc. Ir. *Ó Cuain*. Perhaps abbrev. of Donnchuan. See also Quain and Mac Quaid.

Quail,-e: fairly numerous: Down and Ulster generally; Midlands. Ir. *Mac Fhail*. MacLysaght says this is a Manx name (son of Paul) but a connection with Mac Hale, i.e. *Mac Céile* of Connacht is possible. The English name Quaile (the bird) may also be present. See Mac Quaile. MIF.

Quaite: rare: Antrim etc. Ir. *Mac Uait* (son of Wat). See Mac Quaid.

Quain,-e, Quane: mod.nos.: Limerick-Waterford-Cork etc. Ir. *Ó Cuain* probably from *Cuán* a first name meaning "little hound". The name has long been recorded in the area around the juncture of the above three counties. See Quade above. MIF.

Qualter: rare: Galway etc. Ir. *Mac Ualtair*, son of Walter. A branch of the Burkes in Connacht.

Quang: v rare: Dublin.

Quann: rare: Waterford, Dublin. A variant of Quane, q.v.

Quarry: rare: Waterford, Cork. A Huguenot name from French *quarré*, mod. *carré*, square. SI.

Quayle: rare: Belfast-Down etc. Variant of Quaile, q.v.

Queally,-aly: fairly numerous: Waterford, Clare etc. Ir. *Ó Caollaidhe* (*Caollaí*). There were septs in Kilkenny, Tipperary, Laois and Clare. See also Kiely. MIF & SI.

Quearney: rare: Dublin, Laois. Ir. ? *Ó h-Eichthigheirn*. A suggestion by R. Ó Foghlú. SI.

Quee: fairly rare: Down etc. Ir. *Mac Aoidh* (SGA). The Scottish names Mac Quay and Mac Quie occur in Galloway and may be origin of the above. All derive from first name *Aodh*, meaning "fire". See Mac Kay.

Queenan: mod.nos.: Mayo etc. Ir. *Ó Cuineáin*, from *Conán*, a first name "little hound". SI.

Quennell: v rare: Donegal. English from first name *Quenhilde* (woman + battle). Dar fia! DSHH.

Quested: v rare: Dublin etc. English habitational name: perhaps from lost village Quernstede in East Anglia. DOS.

Quick: v rare: Dublin. Cottle gives a number of derivations: the obvious one seems best. It is fairly common in England, especially Devon and Cornwall.

Quiery: rare: Down-Antrim etc. See Quirey.

Quigg: fairly numerous: Derry etc. Ir. *Ó Cuaig*. A sept of Derry. See Fivey. MIF.

Quigley: v numerous: all areas, especially Ulster. Ir. *Ó Coigligh*, perhaps from *coigealach*, an unkempt person. There were septs in Mayo and Donegal. IF.

Quill,-e: fairly numerous: mainly Munster. Ir. *Ó Cuill, coll*, hazel tree. A bardic family of Kerry. The name has been sometimes changed to Woods. MIF.

Quillan: v rare: Antrim. See Mac Quillan.

Quilliam: v rare: Belfast. Ir. *Mac Uilliam*. May be of Manx origin.

Quilligan: mod.nos: Limerick etc. Ir. *Ó Cuileagáin*, a variant of Colgan, according to Woulfe. This name and its variant Culligan are associated with Clare. MIF.

Quillinan: fairly rare: Kerry, Limerick, Tipperary, Cork. Ir. *Ó Cuileannáin*. See also Cullinan.

Quilter: mod.nos.: N Kerry. Ir. *Cuiltéir* (quilt-maker). Anglo-Normans associated with Kerry.

Quilty: mod. nos.: Limerick, Clare, Galway, Waterford. Ir. *Ó Caoilte*. See Kielty etc.

Quiney,-nney: rare: Dublin etc. Ir. *Ó Coinne* from first name *Coinneach* (Canice). See also Cunney. MacLysaght says it was an Ulster name. SI.

Quinlan: numerous: Munster and South East. Ir. *Ó Caoindealbháin* (gracefully shaped). A sept of the Southern Uí Néill in Leinster. See also Kindlon. IF.

Quinlivan: fairly numerous: Limerick-Clare etc. Ir. *Ó Caoinliobháin*, (SGG). As Quinlan above, but probably a separate group, sharing the same basic name. *Ó Caoinleáin*, is a further metathesis.

Quinless,-lisk: rare: Dublin etc. A variant of Conlisk, q.v.

Quinn, Quin: v numerous: all areas, especially Ulster. Ir. *Ó Cuinn*, from first name *Conn*, meaning, perhaps, "chief" or "sense". There were a number of septs: Thomond (Clare), Tyrone, Antrim, Longford. Those of Thomond are represented by the Earl of Dunraven (Adare).

Quinsey,-cey: rare: Wexford etc. English: from place-names in France. DBS.

Quinton: rare: Dublin and scattered in Ulster. English: MacLysaght says the name has been in Ireland since 14 cent. Derivation: St. Quentin (France) or other place-name. DBS.

Quirey: rare: Belfast area. Probably Scottish but rare there.

Quirke,-rk: numerous: all areas, especially Munster and South East. Ir. *Ó Cuirc*, from first name *Corcc*, meaning "heart" or "crimson". Before the Invasion, the sept was located in SW Tipperary, in a territory called Múscraí Uí Chuirc. MIF & GPN.

Quish: fairly rare: E Limerick-Cork-Tipperary. Ir. (1) *Mac Coise*, perhaps from *cos*, a foot i.e. a courier. (2) *Ó Coise*, who were a sept of Laois. They are now indistinguishable. See also Mac Quish. SGG.

Quong: v rare: Dublin.

Rabbitte,-itt,-ette: fairly numerous: all areas, but mainly Galway-Mayo-Offaly. Ir. *Ó Coinín*, diminutive of *cano*, a wolf cub. Also anglicised Cunneen, Kinneen. Confusion with the later word *coinín* meaning rabbit. Rabbits were introduced by the Normans. See also Cunnane. SI.

Raby, Rabie: v rare: Dublin. English toponymic from places in N England: "boundary farm".

Race: v rare: Coleraine. This name is current in England.

Rackard: rare: Wexford etc. Ir. *Mac Riocaird* (son of Rickard), a name adopted by some of the Butlers but always associated with Wexford. MIF.

Rackley: v rare: Dublin. Apparently a habitational name but the place is not known.

Radburn: rare: Dublin etc. English toponymic: "reedy stream". DOS.

Radcliffe: mod.nos.: Down-Belfast etc. English toponymic "red cliff". Associated with Yorkshire.

Raddie: v rare: Tyrone etc. Scottish toponymic from place in Angus, meaning uncertain. DSHH.

Radford: mod.nos.: Wexford etc. English, 16 cent. From various placenames: "red ford". SI.

Radley: rare: Cork etc. English toponymic, "red clearing". a place in Berkshire.

Radnor: v rare: Dublin. Toponymic from place in Wales.

Rae: fairly rare: Belfast area, Dublin etc. Scottish: a Borders name now widespread in Scotland. See Rea and Ray. SS.

Raethorne: rare: Dublin. Evidently a Scottish toponymic : roe + thorn.

Rael: rare: Kerry-Limerick. Ir. *Ó Raghaill*. See Real and Ryle.

Raeside: v rare: Dublin. Scottish: originally found in Ayrshire. SS.

Raffan: v rare: Ulster. Scottish from Banffshire. Rathven is a place-name. SS.

Rafferty: numerous: all areas, especially, Ulster, N Leinster, Connacht. Ir. *Ó Raithbheartaigh*, (prosperous one). There were septs in Sligo and Donegal where they were associated with Tory Island as *Ó Robhartaigh*. See also Roarty. IF.

Raffo: v rare: Belfast. Italian: connected with turnips!

Rafter: numerous: all areas, especially Dublin, South East, Midlands. Ir. *Ó Reachtabhair*, from *reacht*, decree, law. A sept of Kilkenny, the name is cognate with Raftery. See also Raftice and Wrafter. MIF.

Raftery: numerous: mainly Connacht, especially Galway. Ir. *Ó Reachtabhra (Reachtaire)*. The first name *Reachtabhra* was current in 8 and 9 cents. See Rafter above. This sept originated in Mayo. SGG.

Raftice: rare: Kilkenny. See Rafter.

Ragget,-tt: rare: Kilkenny etc. One of the "Tribes of Kilkenny" with somewhat derogatory nickname.

Raher: rare: Waterford. Ir. *Ó Fhearchair*. See Farragher and Fraher.

Rahill: fairly rare: Cavan, Dublin etc. Ir. *Ó Raghaill*. See Ryle.

Rahilly: fairly rare: Cork-Kerry etc. See O'Rahilly.

Rain,-e: rare: Belfast. English: multiple derivations. Usually from N E England. DOS.

Rainbow: rare: Kildare etc. English: a deceptive name : from Teutonic first name "power-bold". Found mainly in Warwickshire. See also Raybould. DOS.

Rainey: numerous: mainly Ulster, especially Antrim. Ir. *Ó Raighne*, a W Meath name not now in evidence; the present name appears to be of Scottish origin. See Reaney & Rigney.

Rainsford: mod.nos.: E Limerick etc. English: of fairly recent immigration. From place in Lancashire.

Raitt: rare: W Ulster etc. Scottish: from a number of placenames. Still current in Scotland. SS.

Raleigh: mod.nos.: Louth-Meath, Limerick. English, 16 cent. In Limerick pronounced "Rawley", q.v.

Ralhan: v rare: Coleraine. Perhaps Ir. *Ó Roileacháin*, Relihan, q.v., in the south.

Ralph: fairly numerous: scattered, least in Munster. A Teutonic first name introduced by the Normans 14 cent. Now usually pronounced "Rafe". Ir. *Ráulbh*. SGA.

Ralston: rare: Belfast-Down. English toponymic. See also Rolston & Rolleston.

Ramage: rare: N Antrim. Scottish: from Peeblesshire. A nickname for a wild person. DHSS.

Ramberg: rare: Galway. A toponymic from Sweden: "border hill". DSHH.

Ramm: v rare: Down. English: nickname from male sheep or sign of the Zodiac. DBS.

Ramsbottom: mod.nos.: Laois etc. English toponymic: a place in Lancashire: "wild garlic valley".

Ramsden: rare: Belfast area. Scottish and English but originating in a place in Yorkshire.

Ramsell: are: Cork. Probably toponymic. The "ram" in such names refers to OE *hramsa* i.e. wild garlic which must have been important in ancient times.

Ramsey,-ay: numerous: all areas, mainly Ulster. Scottish, 17 cent. but from English placenames.

Ranaghan,-ahan: fairly rare: Limerick, Down. Ir. *Ó Reannacháin*, from *reannach*, spear-like. A sept of Oriel (Armagh etc). The Limerick group, who are located at Iverus near Askeaton, may be a junior branch, or entirely separate.

Randles,-all,-ell: mod.nos: S Kerry etc. Ir. *Mac Raghnaill*. This equates it with Reynolds but the name is common in England and there may be a number of origins. Randall in Ulster is likely to be Scottish.

Rance: v rare: Dublin etc. English: diminutive of first name Randolf. DBS.

Rand: v rare: Dublin. English: usually diminutive of Randolf; also from various placenames. DOS.

Rankin,-en,-ine: numerous: all areas, mainly Ulster. Scottish: 17 cent. A branch of Mac Clean..

Rann: v rare: Belfast etc. Perhaps contraction of Mac Crann, q.v.

Ranson: rare: Belfast area etc. Current in England: "Randolph's son".

Rantin: rare: Armagh-Antrim. Scottish, from Ayrshire.

Rao: v rare: scattered. A name from South India.

Raphael: rare: Antrim-Belfast area. Usually a Jewish name: from Hebrew: "God heals".

Rapple: rare: Dublin, Belfast etc. A Palatine name, 18 cent. Associated with Wexford.

Rasdale: rare: Fermanagh etc. Apparently an English toponymic.

Rasmussen: rare: Cork etc. Danish, 20 cent. A patronymic from first name Erasmus. DSHH.

Raso: v rare: Dublin etc. Italian: from the cloth *raso*, satin. Also "shorn" (with a razor).

Ratchford: v rare: Dublin. English toponymic: from Rochford in Essex, Worcestershire. DBS.

Ratcliffe: fairly rare: Dublin, Ulster. English toponymic, "red cliff".

Rath: fairly rare: Meath-Louth-Armagh. Ir. *de Ráth*. Seemingly a Norman toponymic, *du Rath*.

Rattigan, Ratigan,-can: mod.nos.: Galway-Mayo etc. Ir. *Ó Reachtagáin, reacht*, a decree. Originally (10 cent), a "Mac" name; they were located in Roscommon. MIF.

Rattray: rare: Cork etc. Scottish, from place in Perthshire. SS.

Ratty: rare: Meath. Perhaps abbreviation of Hanratty, q.v.

Raughter: rare: Donegal etc. Ir. *Ó Reachtair*. See Rafter.

Rave: v rare: Dublin. This appears to be a variant of Ralph, q.v.

Raven: rare: Ulster etc. English: a nickname or an old first name. Compare Ir. *Ó Fiaich*. DBS.

Ravenhill: v rare: Midlands. English toponymic: place in Yorkshire. DOS.

Raverty: v rare: Bray (Wicklow). A variant of Rafferty associated with Oriel.

Ravey: rare: Belfast area. Ir. *Ó Riabhaigh*. Variant of Reavey, q.v.

Rawat: v rare: Dublin. Pakistani: from placename in Punjab.

Rawdon: rare: Donegal, Derry. English toponymic from place in Yorkshire. DBS.

Rawe(s): rare: Belfast etc. A name from N England: probably from first name Ralph.

Rawlings: rare: Derry-Antrim, Dublin. English, from Cumbria. See Rawlins.

Rawlins: rare: Dublin etc. From first name Raoul or Ralph. Mainly West Country in England.

Rawlinson: rare: Antrim etc. Patronymic from Rawlins, q.v.

Rawl,-e: rare: Longford etc. Ir. *Ó Raghaill*. Also as Rahill and Ryle. Woulfe suggests it is an abbreviation of *Ó Raghallaigh*, but this is doubtful. SI.

Rawley: v rare: Cork. See Raleigh. Pronunciation of name in Limerick.

Rawson: rare: Midlands, Belfast etc. English, "son of Rolf". DBS.

Ray: mod.nos.: Dublin, Down etc. English: denoting "king" - some confusion with Scottish Rae and Irish Rea, q.v.

Raybould: rare: Down. English: the original of Rainbow, q.v.

Rayel: rare: Dublin etc. This may be Ir. *Ó Raghaill* or English Ryall. Those in Kerry probably the former. See also Real(e) and Ryle.

Raymond,-e: mod.nos.: Dublin, Belfast, Kerry etc. Anglo-Norman first name, also occurring as Redmond and gaelicised *Réamonn*. Teutonic: *ragin + mund*, counsel protection. DSHH.

Raythorn: rare: Dublin. Apparently English toponymic: "ray" usually refers to rye (corn).

Rayner,-or: rare: Dublin. Anglo-Norman first name current as surname in E Anglia. DOS.

Rea: (1) numerous: Belfast and E Ulster. Scottish: more usually Rae, associated with the Borders, but MacLysaght says it is sometimes abbreviation of Mac Crea, q.v. (2) fairly numerous: Limerick-Cork-Tipperary, South East. Ir. *Ó Riabhaigh, riabhach*, striped, brindled. Often pronounced "ray" - see Castlerea. MIF & SI.

Read,-e: mod.nos.: Dublin, South East, Belfast etc. English generally but occasionally variant of Mulderrig and Mulready, q.v. See also Reid. This may be a nickname "red-haired", or toponymic.

Ready: rare: Dublin. See Reidy.

Reagh: v rare: Portrush (Antrim). Ir. *Riabhach* (striped). Epithet which displaced surname. See Rea above.

Reagan: v rare: scattered. Ir. *Ó Riagáin*. See O'Reagan.

Reain,-s: rare: Down etc. Seems to be variant of Raine (English & French) with many sources.

Real,-e: mod.nos.: Limerick (City & Co.) etc. Ir. *Ó Raghaill* (SI); *Roghaill* (SGA). See Ryall and Ryle. This was also a Palatine name in Wexford.

Réamonn: rare: Dublin. Ir.Lang. See Redmond.

Reamsbottom: rare: Dublin etc. Variant of Ramsbottom, q.v.

Reaney: (1) mod.nos.: Belfast, Armagh etc. English: students of surnames are greatly indebted to P.H. Reaney (died 1967) for his work on British Surnames: a Yorkshire name, pronounced "Rainey". (2) mod.nos.: Galway etc. Ir. *Ó Raighne*. See Rigney. MIF.

Reape,-er: fairly rare: Galway-Mayo etc. Ir. *Ó Réabaigh, réabach*, rending, shattering. SGA.

Reapy: rare: Mayo. As Reape above.

Reardon,-en: fairly numerous: Cork-Limerick-Kerry-Tipperary etc. Ir. *Ó Ríoghbhardáin (Ríordáin)*. See Riordan.

Reason: rare: Dublin etc. A nickname: it is current in England.

Reay: rare: Louth, Belfast etc. See Rea.

Reaburn, Reburn: rare: Louth-Monaghan etc. Scottish, from place in Ayrshire.

Reavey,-vie,-vy: mod.nos.: E Ulster. Ir. *Ó Riabhaigh* from *riabhach*, striped. This name is associated with Down.

Rebeck: rare: N Down. This name exists in England: perhaps from the Hebrew name Rebecca.

Reck,-s: mod.nos.: Wexford, Offaly, Galway etc. This name exists in England but here it may be Ir. *Riabhach* which is usually Reagh. Only a genealogical investigation can resolve this.

Redahan: rare: Galway etc. Ir. *Ó Roideacháin*. A name of N Connacht more usual as Redican and connected with Roddy, of which it is a diminutive. MIF.

Reddan,-in,-en: numerous: Limerick-Tipperary-Clare, Laois-Offaly etc. Ir. *Ó Roideáin; Ó Rodáin. rod*, strong. A sept of Clare connected with the O'Briens. MacLysaght mentions a family in Donegal and there are a number of Reddens in Derry City. This name also exists in England.

Reddick,-ock: fairly rare: Down-Armagh etc. Scottish toponymic.

Reddington: mod.nos.: Mayo-Galway etc. Ir. *Ó Maoildeirg*, perhaps, red chief. The more normal anglicisation is Mulderrig, a name associated with Mayo and Donegal. SGG.

Reddy: numerous: South East etc. Ir. *Ó Roidigh, rod*, strong. A variant of Roddy and belonging to Kilkenny. MIF.

Reder: v rare: Donegal. German: 20 cent. The connection is with thatching (reeds).

Redhead: v rare: E Ulster. This obvious nickname can be English or Scottish. DSHH.

Redhouse: v rare: Dublin. Apparently an English toponymic, it is very rare in Britain.

Redican: fairly rare: Sligo, N Munster etc. Ir. *Ó Roideacháin*. See Redahan.

Redfern: fairly rare: Belfast, Tipperary etc. English: associated with Lancashire. DOS.

Redman: rare: Armagh-Down, Dublin etc. English: probably a metonymic. Maybe "reed cutter".

Redmond: v numerous: mainly South East but also E Ulster, Dublin etc. An Irish version of Raymond, gaelicised *Réamonn*. A branch of the Burkes of Connacht became Mac Redmond, q.v. Also a distinguished family of Wexford, of whom John E Redmond (1861-1917), the last leader of the Irish Party in the British House of Commons. IF.

Redpath: fairly numerous: Belfast, Down. Scottish toponymic from Berwickshire.

Reece: rare: Dublin etc. Welsh, *Rhys*, more usual as *ap Rhys*, i.e., Preece, Price.

Reed: mod.nos.: Belfast, Derry, Dublin. More numerous as Reid, q.v.

Reedy: v rare: Dublin etc. As Reidy, q.v.

Reede: rare: Dublin. See Read and Reid.

Reel: mod.nos.: S Armagh etc. Ir. *Ó Raghaill*. See Rehill & Reihill below.

Reen: mod.nos.: Cork-Kerry-Limerick etc. Ir. *Ó Rinn*. More usual as Ring and Wrenn.

Reenan: rare: Dundalk (Louth). Ir. *Ó Rianáin*, dimin. of first name *Rian* (little king). The name belongs to Oriel (Armagh etc).

Rees,-e: mod.nos.: scattered. Welsh: *Rhys*. See Price. *Rhys ap Tewder*, d. 1093, was the last king of an independent Wales. DSHH.

Reeves,-ve: fairly numerous: Limerick-Clare, South East, Midlands, Belfast. Generally English from 17 cent. In Ulster may be Ir. *Ó Rímheadha*, a name associated with Down; in this connection, see O'Rawe.

Refausse: v rare: Armagh etc. Not found in Britain or France. Possibly Huguenot but an enigma.

Reford: rare: Belfast-Down. Found in England but rare.

Regan: numerous: all areas, especially Roscommon-Sligo-Mayo. Ir. *Ó Riagáin*, dimin. of *rí*, a king. There were septs in Meath, Clare and Cork. Those of Meath were dispersed at the Invasion and some settled in Laois. See also O'Regan. IF.

Regazzoli: v rare: Dublin. Italian: derived from *ragazza*, girl, i.e. relationship.

Rehill: rare: Monaghan-Cavan-Longford etc. Ir. *Ó Raghaill*. See Reihill.

Reid: v numerous: all areas, especially Ulster. Generally Scottish: 17 cent in Ulster but the name may stand for Mulderrig and Mulready, q.v. also. See Read.

Reidy: numerous: mainly N Munster. Ir. *Ó Riada*, perhaps from *riad*, trained. A sept of Dál gCas on the Tipperary side of L Derg, they were displaced after the Invasion but remained in Clare. MIF.

Reihill: fairly rare: Fermanagh, particularly Lisnaskea. Ir. *Ó Raghaill, Reighill*. Woulfe considers it abbreviation of *Ó Raghallaigh* (Reilly) but this is not certain. The name occurs as Ryle in Kerry but there is probably no genealogical connection. SGG & SI.

Reilly: v numerous: all areas, especially N Leinster and S Ulster. Ir. *Ó Raghallaigh*. A leading sept of Breifne located in Cavan. See also O'Reilly. IF.

Reinhardt: fairly rare: Dublin etc. German: from Teutonic first name: "counsel + brave". DSHH.

Reith: rare: Belfast etc. Scottish, from Aberdeen. May be variant of Mac Reith. SS.

Relihan: mod. nos : N Kerry – W Limerick etc. Ir. *Ó Roileacháin*, perhaps cognate with *Raghallach* (see Reilly). The name was recorded in Ulster in 16 cent. The family may have been displaced in the upheavals of that period.

412

Rellis: rare: Waterford etc. Ir. *Mag Riallghuis* (SI). See Grealish.

Relph,-lf: rare: Belfast. English: a Teutonic first name. DOS.

Renehan,-aghan: mod.nos.: Meath-Monaghan-Armagh, Kilkenny. Ir. *Ó Reannacháin*, from *reannach*, spear-like. The name belongs to Oriel (Armagh-Monaghan etc). See also Ranaghan, Ronaghan and Ferns. MIF.

Rendall,-ell: rare: Belfast etc. English, dimin. of Randolf.

Renfrew: rare: Belfast etc. Scottish, from place-name.

Rennick,-s: mod.nos.: Meath-Louth, Belfast, Armagh etc. English: from placename in Cumbria. In Ireland 16 cent. See also Rennix and Renwick. SI.

Rennie: mod.nos.: E Ulster. Scottish, dimin. of first name Reynold. SS.

Rennison: v rare: Dublin. Variant of Reynoldson which it has replaced in England.

Rennix: rare: Belfast etc. As Rennick, q.v.

Renshaw: rare: Belfast, Derry etc. English, "raven wood". DBS.

Renton: rare: Belfast etc. Scottish toponymic.

Renwick: rare: Belfast area. English toponymic from Cumbria: "dairy-farm of Raven". DOS.

Reside: rare: Down etc. Scottish: more common as Raeside and identified with Ayrshire. SS.

Revie: rare: Belfast area. Scottish: abbreviation of Mac Ilreavey, q.v.

Revels: fairly rare: Armagh etc. English: nickname "revelry", of Derbyshire.

Reville: mod.nos.: Wexford-Waterford etc. English, 17 cent in Wexford. Variant of Revels or a French toponymic – there are a number of places in N France. Dauzat.

Revington: v rare: Tralee etc. Apparently an English toponymic, it is very rare there.

Reynolds. v numerous: N Leinster, Connacht, E Ulster etc. This English name has taken the place of Ir. *Mac Raghnaill*, which derives from first name *Raghnall*, of Norse origin. The sept were located in Leitrim and this is still the centre of their distribution. Those in E Ulster may well be of English origin.

Reynor: rare: Dublin, Lisburn (Antrim). Raynor is current in Scotland; a Norman first name. DSHH.

Rhatigan: mod.nos.: Galway-Mayo-Sligo, Midlands etc. Ir. *Ó Reachtagáin, reacht*, decree. An ecclesiastical family of Roscommon. See also Rattigan. MIF.

*Rhea: a form of Rea formerly in Donegal.

Rhind; v rare: Dublin: Scottish: from place in Perthshire. Current in Scotland. SS.

Rhodes: rare: Belfast, Down, Dublin etc. English: "road" meaning a clearing. The -h- is affectation.

Rhodie: v rare: Armagh. Variant of Rhodes found in Scotland.

Riall: rare: Dublin etc. Variant of Rehill, q.v.

Rice: v numerous: all areas, E Ulster, Midlands, South East etc. In the south, it is of Welsh origin, *Rhys*, gaelicised *Rís*. In the north, it stands for *Ó Maolchraoibhe, craobh*, a branch, may be a place-name in this case. See also Mulgrew. IF.

Riches: rare: scattered. English: patronymic and abbreviation of Richard.

Richard,-s; fairly numerous: Cork, South East, Belfast. English: a Teutonic first name "powerful-brave", popularised by the Normans.

Richardson: v numerous: all areas, especially Ulster. English, 17 cent in Ulster. SI.

Richie,-ey: rare: scattered. See Riches.

Richmond: numerous: Belfast, Dublin etc. English, 17 cent. Well-known place-name.

Richter: v rare: Dublin etc. German: occupational name: "judge". DSHH.

Rick: v rare: Dublin etc. English: diminutive of first name Richard.

Rickaby: rare: Dublin. English: "Richard's farm". DOS.

Rickard: mod.nos.: Dublin, Belfast etc. As Richard.

Rickerby: rare: South East, Belfast. English, from Cumbria.

Rickett: rare: Down. English: diminutive of Richard.

Rickey: rare: scattered in Ulster. Diminutive of Richard.

Riddall: rare: scattered. As Riddell.

Riddell: fairly numerous: Ulster generally. English and Scottish, from French *ridel*, small hill. But some of this name derive from Rydale in N Yorkshire. This name is common in Scotland.

Riddick: rare: Belfast, Dublin. In England, Riddock. See Reddick.

Riddle,(-s): mod. nos. : Ulster generally. As Riddell above but less common.

Riddler: v rare: Limerick. An occupational name (sieve-maker etc.) From the English West Country.

Rider: v rare: Bangor. This relates to Scottish and English Ryder rather than Irish Ryder, q.v.

Ridge: mod.nos.: Galway, especially Conamara, etc. Ir. *Mac an Iomaire*. A case of an English family coming in 17 cent and becoming gaelicised in Galway. MIF.

Ridgeway, Ridgway: fairly rare: South East, Cork etc. English: 17 cent in Ulster. Now found more in the south.

Ridley: rare: Antrim etc. A N England toponymic.

Rielly: v rare: Dublin etc. A variant of Reilly, q.v.

Riffkin: v rare: Dublin. A Jewish name from E Europe: Hebrew: *Rivka*, Rebecca. DSHH.

Rigby: fairly rare: Dublin, Belfast. English toponymic.

Rigg,-s: rare: Wicklow, W Meath, Tipperary etc. English, from a placename,"at the ridge".

Rigley: fairly rare: Dublin, South East. Ir. *Ó Raigilligh*, possible variant of *Ó Raghallaigh*. Also a Lancashire toponymic. DBS.

Rigney: fairly numerous: Midlands, Sligo-Leitrim etc. Ir. *Ó Raigne* (SI), *Ó Roigne* (SGA). Woulfe makes it a variant of Riney. In any case, this family were seated in Offaly and related to the Mac Coghlans there.

Riley: mod.nos.: E Ulster, Dublin-Wicklow. Variant of Reilly, q.v.

Rimes: v rare: Belfast etc. This name is very rare in Britain. Probably related to Rhymer.

Rimmer: rare: scattered. English: "a rhymer", associated with Lancashire.

Rimmington: v rare: Cork etc. English toponymic: from place in W Yorkshire.

Rinchey: v rare: Armagh, Lisburn. Not found in Britain. It may be Ir. *Ó Loingsigh*. See Lynch.

Riney: rare: Dublin, Kerry etc. Ir. *Ó Raighne*. According to Woulfe, a diminutive of first name *Raghall* and synonymous wth Rigney, q.v. See also Reaney.

Ring: numerous: Munster and South East, especially Cork. Ir. *Ó Rinn*, perhaps from *reann*, a spear. A sept of Imokilly, E Cork. Also as Wrenn in Munster. I am informed by a member of the family that he has solid genealogical evidence that the Rings of N Cork were 17 cent settlers from Kent.

Ringland: fairly numerous: Belfast, Down etc. Habitational: "boundary land".

Ringrose: rare: Limerick etc. English, 17 cent and connected with E Clare. Derivation unclear.

Ringrow: v rare: Belfast etc. Evidently an English toponymic, it is very rare in England.

Ringwood: rare: South East. English toponymic. Ring may connote "boundary" in these names.

Rinn: v rare: Leitrim etc. Ir. *Mac Bhroin* (SGA). See also Mac Crann.

Riordan: numerous: Cork-W Limerick-Kerry etc. Ir. *Ó Ríordáin*. See O'Riordan.

Ripley: rare: Midlands etc. English toponymic from a number of places. Current in England.

Rippey: rare: Tyrone etc. A rare name in England. Probably toponymic.

Rippingale: v rare: Dublin etc. This is a place in Lincolnshire. DOS.

Ripon, Rippon: v rare: Armagh etc. Evidently connected with Ripon in Yorkshire. DOS.

Risk: rare: Belfast etc. Scottish: from Gaelic placename *riasc*, marsh. Current in Scotland.

Rispin: rare: Dublin, Cork. This name is rare in Britain.

Ritchie: numerous: Ulster generally, Dublin etc. Scottish, dimin. of Richard. See Mac Ritchie.

Ritson: rare: Belfast area. English: diminutive of Richard, from Cumbria.

Ritter: v rare: scattered. German: nickname or occupational: meaning "knight, cavalier".

Rivlin: v rare: Dublin. A variant of Riffkin, q.v.

Rix: rare: Belfast. English: diminutive of Richard. DOS.

Roach,-e: fairly rare: Mayo etc. Ir. *de Róiste*. See Roche.

Roan: rare: Roscommon. A variant of Rowan, q.v.

Roantree: mod.nos.: Dublin etc. See Rountree.

Roarke: v rare: Midlands. A variant of Rourke and O'Rourke, q.v.

Roarty: mod.nos.: Donegal etc. Ir. *Mac/Ó Robhartaigh*, from first name *Robhartach*, impetuous. A sept of Donegal and a co-arb family on Tory Island. See also Rafferty.

Robb: numerous: mainly E Ulster, also Donegal. Scottish: also Mac Robb and associated with Clan Mac Farlane. In all cases, a diminutive of Robert.

Robbie: rare: Dublin etc. Diminutive of first name Robert: usually of Scottish origin.

Robbin,-s: fairly rare: Dublin etc. English: another diminutive of Robert.

Roben,-an: rare: Wexford etc. English: from Robert.

Roberts: numerous: all areas, especially E Ulster. Ir. *Mac Roibeaird*. English and Scottish, from first name Robert, introduced by the Normans. See Mac Roberts.

Robertson: numerous: Dublin and E Ulster. Ir. *Mac Roibeaird*. Generally Scottish, in Ireland in 17 cent.

Robey, Roby: v rare: Bangor etc. This is a diminutive of Robert in Scotland but a toponymic from Derbyshire in England.

Robin,-s: mod.nos.: Dublin, Midlands etc. Diminutive of Robert.

Robinson: v numerous: all areas, especially E Ulster. Ir. *Mac Róibín*. MacLysaght notes that this English name is of fairly recent occurrence, but the very wide distribution suggests an earlier Irish origin (in some cases) as Cribbin (*Ó Coirbín*) and *Mac Róibín*. MIF.

Robinette: v rare: Down. A similar name exists in France, likely origin, and in England.

Robson: fairly numerous: E Ulster, Dublin etc. Ir. *Mac Rob* (SGA). A N England name. DOS.

Rocca: rare: Dublin. Italian, 20 cent. Italian: habitational: a fortress or cliff.

Roche: v numerous: Munster and South East etc. Ir. *de Róiste*, from French *roche*, a rock. Normans who became established in Wexford and Munster after the Invasion. The area round Fermoy was known as *Críoch Róisteach* (Roches' Country). IF.

Rochford,-ort: numerous: Dublin and South East etc. Ir. *de Rosfort* (SGA). An Anglo-Norman family who became associated with Meath and Kilkenny. The village of Rochfort Bridge celibrates their adherence to the English interest. See Roughneen. SI.

Rock,-e,-s: numerous: Dublin, Midlands, Ulster etc. Ir. *Mac Concharraige* (rock-hound). It appears that most Rocks are of English origin. The native name relates to Connacht.

Rockett: mod.nos.: Waterford, S Tipperary etc. Anglo-Normans (*de la Rochelle*) who settled in Waterford. SI.

Rocliffe: rare: Dublin. A variant of Rawcliffe, a toponymic from various places in N England.

Roden, Rodden: fairly rare: Derry, Belfast, Dublin etc. Ir. *Ó Rodáin, rod*, strong. An English origin is also possible as this name is current there. SI, DSHH.

Roddick: v rare: Belfast. Probably a variant of Ruddick, q.v.

Roddie,-y: numerous: Sligo-Leitrim, Midlands, Derry-Donegal etc. Ir. *Ó Rodaigh, rod*, strong. There were erenagh families of this name in both Leitrim and Donegal. MIF.

Rodahan: rare: E Limerick etc. Ir. *Ó Rodacháin*, cognate with Roddie. See Redahan also.

Rodgers: v numerous: mainly Ulster, also Munster. Ir. *Mac Ruaidhrí. Ruaidhrí* was a popular first name in mediaeval times: meaning "red king". The English name Rodgers appeared in 17 cent and has superseded the native one but see Mac Rory.

Rodham: v rare: Belfast. Seemingly a variant of Roddam, a Northumbrian name.

Rodway: rare: Belfast. English: as Radway, a West Country locative name: "road fit to ride on".

Rodwell: v rare: Belfast. English habitational name: "dweller by rushy stream".

Rodney: rare: Belfast area. English: a toponymic from a place in Somerset.

Rodriquez,(-es): rare: Dublin etc. Spanish patronymic from first name *Rodrigo*, Roderick. DSHH.

Roe: numerous: all areas, especially Midlands, scattered in Ulster. Ir. *Ó Ruaidh* (red-haired). A sept of E Cork and Waterford, often changed to Ormonde. The name may also be English, though this is more usual as Rowe. See also Mac Enroe. MIF.

Roebuck: rare: Dublin etc. English: an obvious nickname common in W Yorkshire. DOS.

Rogan: numerous: Down-Louth, Befast, Dublin, Galway-Mayo. Ir. *Ó Ruadhagáin*, dimin of *ruadh*, red-haired. Originally a sept of Oriel (Armagh-Monaghan). MIF.

Rogers: numerous: all areas, least in Munster. Ir. *Mac Ruaidhrí*. See Rodgers above.

Rogerson, Rodgerson: rare: Down, Dublin. Ir. *Mac Ruaidhrí*. A name brought by the Anglo-Normans. The first name Rodger is Teutonic, meaning "fame-spear". DBS.

Rohan: fairly rare: Munster and South East, especially Kerry and Clare. Ir. *Ó Robhacháin*, from *robhach*, crafty. In Ulster, it is *Ó Ruadhacháin*, dimin. of *ruadh,* red-haired. MIF.

Rohu: v rare: Dublin etc. This is an Irish family, the origin is not clear.

Roice: rare: Wexford. Possibly Welsh, *Rhys,* but see also Royce.

Roland: rare: Belfast area etc. English: of Norman origin. Reminiscent of the great *Chanson*. DOS.

Rolfs, Rolfe, Rolph: rare: scattered. From Teutonic first name Rolf, "fame-wolf". See Rollo.

Rolleston: rare: Belfast-Down-Armagh. English, 17 cent. See Rolston and Roulston. SI.

Rollins: mod.nos.: Belfast, Lisburn (Antrim). Diminutive. of Rolf or Rudolph. See Rollo.

Rollinson: v rare: scattered. English: diminutive of Rolf, Roland.

Rolls, Roles: rare: scattered. Patronymic from first name Rolf. A number of variants in England.

Rollo: rare: Newtownards (Down) etc. Scottish: Black describes it as a transformation of the Teutonic first name Rolph or Rudolf. It was a Latin form in fact. Norman origin. SS, DSHH.

Rolston: mod.nos.: Armagh etc. English, settled in Armagh early 17 cent. From place name meaning "Rolf's farm".

Ronaghan: fairly rare: Monaghan-Cavan etc. Ir. *Ó Reannacháin, reannach*, spear-like. See also Renehan. MIF.

Ronaldson: rare: scattered. Scottish, *Mac Ránaill*, from Norse first name *Raghnall*, which became popular amongst the Irish also. See Reynolds.

Ronan: numerous: mainly Munster and South East. Ir. *Ó Rónáin*. A first name from *rón*, a seal. There were a number of septs in mediaeval times, later they were represented by that of E Cork. See also Ronayne. MIF.

Ronayne,-ane: fairly numerous: Cork, Mayo etc. Ir. *Ó Rónáin*. See Ronan.

Roney: rare: Portadown (Armagh) etc. Ir. *Ó Ruanaidh*. See Rooney.

Roofe: v rare: Enniskillen. A variant of Rolf, q.v.

Roohan: rare: Donegal. Ir. *Ó Ruadhacháin*, mod. *Ó Ruacháin*. See also Rohan. SI.

Rooks,-es, Rooke: rare: Antrim, Dublin etc. English, nickname from bird.

Roome: rare: Antrim etc. English: from the city of Rome, 16 cent pronunciation. DOS.

Rooney: v numerous: all areas except Munster. Ir. *Ó Ruanaidh* (perhaps from first name *Ruadhán*, red-haired one). A sept of Down, they enjoyed a literary reputation and were widespread in Leath Chuinn (the northern half). However, in W Ulster and N Connacht, it may be a version of Mulrooney, q.v. IF.

Roote: v rare: Dublin etc. English nickname: from ME *rote*, glad, cheerful.

Roper: mod.nos.: Sligo, Dublin, Belfast etc. English: "rope-maker".

Rorison: v rare: Coleraine. Scottish: an anglicisation of *Mac Ruairí*. See Mac Rory.

Rorke: rare: Dublin, Cavan etc. Ir. *Ó Ruairc*. See Rourke.

Rosato: rare: Italian origin: a nickname from type of cloth, perhaps worn by person.

Rosborough: mod.nos.: Derry etc. English, 17 cent. See Roxborough.

Rosbotham: mod.nos.: Belfast, Down. A very rare name in Britain: but perhaps "rose valley".

Rose: fairly numerous: Belfast, Down, Cork, Donegal. English, 17 cent in Limerick.

Rosemond: rare: Midlands. Of English origin: from Teutonic first name *Hros-mund* (horse-protect).

Rosen: v rare: Dublin. Of German origin: related to the flower. Well-known musical family.

Rosenberg: rare: Belfast. A Jewish name: derived from German: "rose-mountain".

Roseingrave: rare: Dublin, Cork. This name, now very Irish, seems to be Teutonic: rose-man.

Rosenstock: v rare: Dublin etc. German origin: 20 cent. "rose-bush". An Irish literary family.

Roslyn: v rare: Louth. English: diminutive of old Teutonic first name *Rozzo* (horse).

Rosney: rare: Dublin, Cork etc. Ir. *Ó Rosna*. A name from Corca Laoidhe (S W Cork).

Ross: v numerous: Mainly E Ulster and N Leinster. Ir. *Rosach* (SGA). Scottish in Ulster, probably English in the south. SI.

Rossborough: fairly rare: Belfast etc. This name occurs in England, so it appears to be a toponymic.

Rossi: rare: Dublin etc. Italian, 20 cent. A nickname: "red".

Rossiter: fairly numerous: Wexford etc. English: from Rochester in Lincolnshire. They came in 1170 and have always been associated with Wexford. Ir. *Rosaitear*. MIF.

Rossney: rare: Dublin etc. As Rosney, q.v.

Rosson: rare: Belfast area. English, from Rosthern in Cheshire. DBS.

Roth: rare: Dublin etc. Ir. *Rút*. English, 14 cent. One of the "Ten Tribes of Kilkenny". Now more usual as Ruth, q.v. The name means simply "red". IF.

Rotherham: rare: Belfast, Dublin etc. A toponymic from W Yorkshire.

Rothery: rare: Dublin. The name is current in England and seems to be toponymic.

Rothschild: v rare: Dublin. The renowned Jewish banking family. Derived from their house in Frankfurt which displayed a red shield. The name was adopted by other Jewish families. DSHH.

Rothwell: fairly numerous: Wexford etc. English toponymic "spring in a clearing". DOS.

Rottger: rare: Belfast-Down. Not found in Britain. Perhaps another of the German "red" group.

Roughan: mod.nos.: Clare etc. Ir. *Ó Robhacháin*, dimin. from *robhach*, crafty. See Rohan.

Roughneen: fairly rare: Mayo etc. Ir. *Ó Reachtnín*, from *reacht*, a decree. This name has also been changed to Rochford.

Rouiller: rare: scattered. A French name connoting a tax-collector in ancient times.

Rouine: fairly rare: Clare etc. Ir. *Ó Ruaidhín*, dimin. of first name *Ruadhán*. See Ruane.

Rouke: rare: Belfast area. See Rooke.

Roulston, Rouleston,-e: fairly numerous: mainly Ulster: English: 17 cent in Armagh. See also Rolleston. SI.

Roundtree: rare: Meath etc. See Rountree.

Rountree: mod.nos.: Armagh, Meath etc. Ir. *Ó Caorthannáin, caorthann*, rowan-tree. The name is English but in Ireland 14 cent. It is now a Yorkshire name, usually Rowntree.

Rourke: mod.nos.: Galway, Meath and scattered in Ulster. Ir. *Ó Ruairc*. See O'Rourke.

Rouse: mod.nos.: Sligo, Tyrone, Midlands etc. English, "red-haired".

Rousel(l): v rare: Mayo etc. The original French of Russell, from *roux*, red-haired.

Rowan, (-en): numerous: all areas, especially E Ulster, E Midlands. Ir. *Ó Ruadháin*. This name is generally English (from the tree), but also a synonym of Rohan and Ruane, q.v.

Rowat: rare: Dublin. Scottish, from first name Rudolph. Associated with Glasgow. SS.

Rowantree: rare: Down etc. See Rowntree.

Rowden: rare: Dublin etc. English place-name, "rough hill". DOS.

Rowe: numerous: all areas, especially Ulster and South East. English in general but with some confusion with Roe, q.v. SI.

Rowell, (-el): rare: Dublin, Belfast. English habitational name from a number of places. DOS.

Rowland: mod.nos.: (1) Mayo: *Ó Rothláin*, perhaps from *Roghallach* (Reilly). (2) Portadown (Armagh) etc. Probably English: from first name Roland. See also Rowley.

Rowlett,-e: rare: Sligo-Leitrim etc. Ir. ? *Ó Rothláin*. See Rowley.

Rowley: fairly numerous: (1) Mayo-Sligo-Leitrim. Ir. *Ó Rothláin*, a sept of Sligo or Mayo. (2) Down etc. An English name, figuring in the settlement of 17 cent. See Rowland.

Rowlinson, Rowlandson: rare: Dublin, Derry etc. As Rollins, q.v.

Rownan: v rare: Dublin. Probably synonym of Ronan, q.v.

Rowney: fairly rare: Antrim etc. Ir. *Ó Ruanaidh*. Variant of Rooney, q.v.

Rowntree: fairly rare: Armagh-Down-Monaghan. Evidently an English name, it appeared in Oriel (Armagh-Monaghan) in 14 cent. It now occurs as Rowantree, Rountree, Roundtree and in Irish, by translation, *Ó Caorthannáin*. SI.

Rowsome: fairly rare: Wexford, Dublin etc. English: 17 cent., associated with the Quakers. SI.

Rox: v rare: Belfast. Perhaps a curtailed version of Roxborough, or a variant of Rocks, q.v.

Roxby: v rare: scattered. Evidently an English toponymic: it is fairly common there.

Roxborough, Roxburgh: rare: Derry-Antrim etc. Scottish, from the town. See Rosborough.

Roy: fairly numerous: Befast area, Down, Dublin. (1) Scots Gaelic *Mac Giolla Rua*, red-haired servant. (2) Abbreviation of Mac Ilroy, q.v.

Royce: rare: Wexford etc. English: 17 cent. Cottle describes a complicated derivation under the name Rose, which is analogous. DOS.

Roycroft: mod.nos.: Cork, Down etc. English: 17 cent. A place-name "rye field". DBS.

Royle: rare: Belfast area etc. English toponymic, from place in Lancashire.

Royston: rare: Portumna (Galway) etc. English toponymic. Habitation name from Herts & Yorks.

Ruane: numerous: Mayo-Galway-Sligo etc. Ir. *Ó Ruadháin*, from first name *Ruadhán*, the red-haired one. A sept of the Uí Maine (E Galway); there was another sept in Mayo, sometimes appearing as Rowan. MIF.

Rubbathan: rare: Dublin. Rubba is a feminine Muslim name: but the connection is tenuous.

Ruberry, Rubery: v rare: Belfast etc. A variant of Rowbury, an English toponymic "rough fort".

Rubinstein v rare: Dublin. A German name: "ruby-stone", but usually Jewish in fact.

Rubotham: rare: Dublin. English toponymic, "dweller in the rough valley". DBS.

Ruby: rare: Cork. French: *de Roubaix*, in Cork since 17 cent. From a place in France. SI.

Rudd: mod.nos.: Dublin, Derry, Belfast etc. English: 17 cent. A name meaning "red". Formerly connected with Wexford. SI.

Rudden,-in: mod.nos.: Cavan etc. *Ó Rodáin, rod*, strong. See Roden and Rodden.

Ruddell, Ruddle: mod.nos.: Portadown (Armagh), Limerick. (-ell in Ulster; -dle in the south). This English name appeared in 13 cent. Ir. *Riodal*. Derived from Rode, which has various origins. SI.

Ruddock,-ick: fairly numerous: Belfast, Dublin, Cork etc. English nick-name, "redbreast" (bird).

Ruddy: numerous: Ulster generally, Mayo-Galway. Ir. *Ó Rodaigh*. Synonym of Roddy, so connected with Leitrim. Those of E Ulster may be of English origin.

Rudge: v rare: Dublin, Belfast. English toponymic: "ridge". From a number of places. Also, a diminutive of Roger and a nickname for a red-haired person. DSHH.

Rue: rare: Dublin, Belfast. English: probably from place-name but see Rowe.

Ruffley: v rare: Galway etc. Another variant of Rolf or a toponymic: "rough field".

Rufli: rare: Dublin. See Ruffley above.

Rugman: v rare: Antrim. English habitational name: "dweller on a ridge". DOS.

Ruigrok: rare: Rush, (Dublin). An Irish family: origin not clear but not found in Britain.

Ruiter: rare: Dublin. Probably as Ritter, a knight.

Rule(s): rare: Belfast. Scottish toponymic from place in Roxburghshire. SS.

Rumball, Rumbold: rare: Dublin. From Norman first name Rumbald: "glory-bold".

Rumgay: rare: Dublin. An Irish family: the origin is not clear but this name is very rare in England.

Rumley: rare: Cork, Mayo. There is a Huguenot connection in Cork.

Rumsey: v rare: Belfast etc. English toponymic relating to Romsey in Hampshire.

Rundle(s): rare: Dublin, Belfast. English: associated with Cornwall. Also from Rundale, Kent. DOS.

Running: v rare: Belfast. This name is very rare in Britain. It may be Ir. *Ó Rúnaidhin*, quoted by MacLysaght as Rooneen & Roonian, located in S Donegal - N Leitrim. But these are now obsolete.

Rush,-e: numerous: Armagh-Down-Tyrone-Monaghan; Galway-Roscommon-W Meath. (1) *Ó Rois*, from first name *Ros* and associated with Oriel. (2) *Ó Luachra*, perhaps from *luachair*, splendid. A sept of Uí Fiacrach in Mayo, usually appearing as Loughrey, q.v. MIF.

Rusher: v rare: Antrim. English, "cutter of rushes".

Rusk,-e: mod.nos.: Belfast area, Armagh, Monaghan-Louth, South East. Scottish: perhaps from Gaelic *riasc*, marsh. DSHH.

Rushton: v rare: E Ulster. English toponymic: from various places: "farm in the rushes". DOS.

Russell: v numerous: all areas, especially Ulster. Ir. *Ruiséil*. Scottish and English but introduced by the Normans: French *roussel*, red-haired. Although recorded at the Invasion, most Russells came in 16 and 17 cents. IF.

Ruston: rare: Bangor (Down). English toponymic, relating to E Anglia. DOS.

Rust: rare: Dundalk (Louth) etc. English and Scottish: perhaps nick-name.

Ruth: mod.nos.: South East, Belfast area etc. Ir. *Rút*. An English name always associated with Kilkenny; see Rothe. SI & IF.

Rutherdale: rare: Belfast area. Apparently Scottish but very rare there.

Rutherford: numerous: mainly Ulster. An important Scottish family from the Borders; in Ireland from 17 cent.

Rutland: rare: Dublin. English place-name.

Ruttledge: numerous: Fermanagh-Tyrone and Ulster generally; Dublin, Sligo and scattered in south. English in Ulster 17 cent. In Connacht it stands for Mulderrig, q.v. SI.

Rutter: rare: Belfast, Dublin. English: player on rote (musical instrument). DBS.

Ruttle: mod.nos.: Limerick etc. Palatines, 18 cent. Originally Ruckell. One of the most durable of the Palatine names.

Ruxton: rare: Cork, Cavan etc. Probably an English toponymic from place in Hampshire.

Ryall: rare: Belfast area. See Ryle.

Ryan: v numerous: all areas, especially Munster and South East. Ir. *Ó Maoilriain (Riain)*. From first name *Rian*, little king. The sept was located on the border of Tipperary and Limerick and is now the eight most numerous surname in Ireland. There was another *Ó Riain* in Carlow. The latter form is now the usual Irish version.

Ryder: numerous: Galway-Mayo, scattered elsewhere. Ir. *Ó Marcaigh & Ó Marcacháin* (both meaning "horseman"). The latter has become Markham in Clare. In Ulster, the English Markham probably applies. This is a place-name in Nottinghamshire. MIF, DSHH.

Ryle,-s: mod.nos.: Kerry etc. Ir. *Ó Raghaill*, derivation not clear. Appearing as Rahill, Rehill, Reihill and Ryall - the latter is also English, which may account for those around Belfast.

Rylands: rare: Dublin, Midlands. English toponymic. DOS.

Ryng: rare: Cork. A variant of Ring, q.v.

Rynhart: fairly rare: Wexford etc. Reynard was a Palatine name in Wexford and a Teutonic first name meaning "counsel-brave".

Rynn: rare: Galway, Leitrim etc. Ir. *Mac Bhroin*, not to be confused with Ring of Cork.

Rynne: mod.nos.: Clare-Kerry etc. Ir. *Ó Rinn & Mac Bhroin*, from first name *Bran* (raven). This name properly belongs to Connacht. See Rynn and Ring.

Saab: rare: Dublin.

Saddler,-ier, Sadlier: mod.nos.: Limerick, Belfast etc. Ir. *Saidléir*. English: occupational: in Ireland from 16 & 17 cent. Multiple spellings.

Sagar: v rare: Belfast, Dublin. From OE first name *Saegar*, sea-spear. Also as Saggers, Seager.

Sage: fairly rare: Down, Clare etc. Ir. *Sabhaois*. A scattered name analogous with Savage, q.v. Also found in Scotland and possibly meaning wise, learned. SI & SS.

Sailes: rare: Belfast area. English toponymic: relating to "pool". Also Sale(s), Sayle. DBS.

Sainsbury: rare: Dublin etc. English: for Saintbury (Gloucestershire). DBS.

St. George: rare: Limerick City etc. A Norman name from a number of places in France. DSHH.

St. John: mod.nos.: Offaly-Tipperary etc. Ir. *Suingean*. Anglo-Normans, 13 cent. Always associated with Tipperary. SI.

***St.Lawrence**: a notable family in Howth (Dublin) since 1177.

St. Ledger: mod.nos.: Cork and South East. Ir. *Sailinger*. Anglo-Normans, 14 cent. The name is current in France and relates to a place-name which connects with the 7 cent. martyr, *St Leger*.

Salam: v rare: Dublin. The best known Arabic word meaning security and peace. See Salman.

Sale(s): v rare: Belfast etc. English: related to "sallow" (tree) or "hall"; or place in Cheshire. DOS.

Salinger: rare: Dublin etc. Variant of St. Ledger, q.v.

Salisbury: rare: Dublin, Belfast etc. English, probably from Salesbury in Lancs. DOS.

Salkeld: v rare: Dublin. A toponymic from Cumbria. In Ireland since medieval times. SI.

Salley,-ly: mod.nos.: Tyrone, Wicklow etc. Ir. *Mac Sailligh, Mac Salaigh*. A name from Oriel (Armagh-Monaghan). It may also be of English origin, from place-names. SGG & DOS.

Salman: v rare: Galway etc. A Moslem name: from Biblical Solomon: Hebrew: *Shlomo* (peace).

Salmon: numerous: all areas, especially Mayo-Galway, Down. Ir. *Ó Bradáin, bradán*, a salmon. East of the Shannon, it is likely to be English. See also Sammon. MIF.

Salt: rare: Belfast etc. English, as Salter.

Salter,-s: mod.nos.: Belfast, Dublin, Cork, South East. English: "salt-maker".

Sambrook: v rare: Down etc. English habitational name from place in Shropshire: "sandy brook".

Sames: v rare: Bangor. English: diminutive of Samuel. This version is rare in England.

Sammon,-in: fairly numerous: Mayo and adjacent areas, Midlands, Derry etc. Ir. *Ó Bradáin* (in Connacht). In Midlands and east, it is English derived from biblical Solomon.

Sampey: rare: Cork etc. Ir. *Saimpi*. Probably from *St. Pierre*. See Sempey.

Sampson, Samson: mod.nos.: Belfast, Limerick, Derry etc. Ir. *Samsún*. From a Welsh saint or the biblical character. English, 14 cent. Prominent in Limerick 17 cent. SI.

Samuel(s): fairly rare: Dublin, Belfast etc. Jewish: Hebrew: *Shemuel*, name of God. This name is also current amongst the English.

Samuelson: v rare: Dublin. Another notable Jewish name. Ir. *Mac Samuel*.

Samways: v rare: Belfast etc. A strange English nickname: "foolish": from Dorsetshire. DOS.

Sanaghan: rare: Lisburn (Antrim). Ir. ? *Ó Sonnacháin, sonnach* = protector.

Sandall: v rare: Kildare etc. English toponymic from places in W Yorkshire. DOS.

Sanders: fairly rare: Antrim, Cork, Limerick etc. Scottish and English: an abbreviation of Alexander. See Saunders.

Sanderson: mod.nos.: E Ulster, Dublin. See Sanders.

Sandes: rare: South East etc. See Sands.

Sandford: mod.nos.: Dublin, Belfast etc. English toponymic.

Sang: v rare: Belfast etc. Chinese: means "mulberry tree" but perhaps Tibetan origin.

Sandham: v rare: Dublin. Straightforward English toponymic: someone living in a sandy place.

Sandilands: rare: Donegal etc. Scottish: from a place in Clydesdale: very explicit.

Sands: numerous: mainly Ulster, also Dublin, Louth, South East. English, 17 & 18 cents. It has been associated with Kerry, Roscommon & Armagh. Also as Sandes & Sandys. This name can be toponymic or a diminutive of Alexander. MIF.

Sandys: rare: Galway etc. See Sands. These names are usually English toponymics.

Sanfey: rare: Dublin. MacLysacht thinks it may from the Anglo-Norman *de Sancta Fide*. SI.

Sankey: rare: Dublin, Belfast. English toponymic. DOS.

Sangster: rare: Belfast area. English, "singer".

Sanlon: rare: Belfast. Not found in Britain, it appears to be indigenous but no Irish version found.

Sansom,-e: rare: Belfast area etc. Probably as Sampson, though Cottle refers to a Welsh saint who was venerated in Brittany and this name is quite common in England. DOS.

Santry: mod.nos.: Cork. Ir. *de Seuntrabh.*(SGA). From the place-name near Dublin, apparently. SI.

Saoirse: v rare: Galway. Ir. Lang. An evocative name meaning "freedom".

Sargeant, -ent, -int: mod.nos.: Dublin, Belfast, Kildare, Tipperary. See Sergeant.

Sargeson, -ison, -inson: rare: E Ulster. Patronymic from Sargeant, i.e. "son of the sergeant".

Sarl; v rare: Cork. English name of Norman origin: cogate with Searle, q.v. Sarll in England. DBS.

Sarratt: v rare: Dublin. Appears to be a toponymic from Provence: "ridge". Compare Montserrat in Catalonia.

Sarsfield: mod.nos.: Dublin and scattered. Ir. *Sáirséal*. Anglo-Normans who settled in Cork, Limerick and Dublin, 13 cent. Patrick Sarsfield (1650-1693), Earl of Lucan, was of the Dublin branch. IF.

Satchwell: rare: Dublin, Connacht. Anglo-Norman toponymic: actually Sequeville. DBS.

Satell,-e, Sattell: rare: Dublin. Appears to be German variant of occupational Saddler. DHSS.

Saul: fairly rare: Dublin, Meath, Down. Ir. *de Sál*. Probably from French *salle* (hall) as they were Normans, arriving in 13 cent and associated with Waterford and Tipperary. MIF.

Saulters: rare: Belfast area etc. See Salter.

Saunders: numerous: all areas, especially Dublin, Belfast, South East. The southern English version of Sanders, q.v.

Saunderson: mod.nos.: Antrim, Belfast etc. As Saunders and Sanders.

Saurin: rare: Drogheda (Louth) etc. Huguenot, 18 cent. French *de Sauvergne*. It may occasionally stand for Soraghan, q.v.

Sauvage: rare: Waterford. The name is common in France. Dauzat's comment: *peu sociable.*

Savage: v numerous: all areas, especially Ulster. Ir. *Sabhaois*. A noted family of the Ards in Down, who settled there 12 cent and became hibernicised. The Four Masters had *Mac an tSábhaisigh*. SI.

Saville: fairly rare: Belfast, Dublin, Cork etc. Anglo-Normans, from a place-name in France.

*Savin: Ir. *Ó Sabháin*. Originally a sept in Cork-Kerry, they have been absorbed by Savage.

Savino: rare: Dublin. Italian: diminutive of *Savio*, "wise".

Sawey: rare: Belfast, Down. This name not in evidence in Britain. Probably as Sawyer.

Sawyer,-s,-ier: rare: Tyrone, Dublin, South East. English, occupational. DOS.

Saxton: rare: Belfast etc. Synonymous with Sexton but more likely to be of English origin.

Sayed: v rare: Dublin. A Muslim name: Arabic: "ruler, lord". Used as honorific title.

Sayers: fairly numerous: Tyrone-Down, Kerry etc. Ir. *Saoghar*. An English name, associated with W Kerry, but more plentiful in Ulster. The name Sears (*Mac Saoghair*) may also be involved in Kerry. Sayers may derive from a number of occupations including Welsh *saer*, craftsman. DSHH, SI, SGG.

*Scaddan: apparently Anglo-Normans, they were found in Tipperary in earlier times. MIF.

Scahill: mod.nos.: Mayo-Galway-Roscommon etc. Ir. *Mac Scaithghil* (bright flower). A sept of E Galway, recorded in 11 cent. MIF.

Scaife: rare: Dublin etc. English nickname: "awkward, awry". DOS.

Scales: mod.nos.: Clare, Belfast etc. Anglo-Norman, 14 cent when they appeared in Limerick. Later English immigration in Ulster. The name means "huts" in Old English.

Scallan,-on: fairly numerous: South East, Fermanagh etc. Ir. *Ó Scealláin, sceallán,* stone of fruit. This name is connected to Wexford; the Ulster representatives are properly *Ó Scolláin*, usually Scullion, q.v.

Scally: numerous: Roscommon-Sligo, W Meath-Offaly, Antrim etc. Ir. *Mac Scalaidhe* (crier). The name has been associated with W Meath. Woulfe identifies it with Skelly and Skally but these are "O" names. Mod. *Mac Scalaí*. SGG, SGA & MIF.

Scammell: v rare: Down. English: of nickname type: "lean, scraggy". It is also current in Scotland.

Scandrett: rare: Belfast, Antrim, Down. A West of England name, perhaps dimin. of Alexander.

Scanlan: numerous: Munster etc. Ir. *Ó Scannláin*, from dimin. of first name *Scannal*, meaning "contention". Woulfe lists families in Sligo, Galway, Cork, Fermanagh. See Scanlon.

Scanlon: numerous (double that of Scanlan): all areas, especially N Munster and Connacht. Ir. *Ó Scannláin*, but *Mac Scannláin* in Oriel. The "-lon" spelling is plentiful in Connacht where it is a synonym of Scannell, q.v. IF.

Scannell: numerous: Cork-W Limerick-Kerry etc. Ir. *Ó Scannail, scannal,* contenion, quarrel but used as first name in 8 cent. Woulfe believes the Munster Scannells were immigrants from Connacht. SGG & IF.

Scappaticci: v rare: Down. Italian: a nickname connoting eccentricity.

Scarborough: rare: Belfast. English toponymic.

Scarff, Scariff: fairly rare: Dublin etc. English: nickname from Norse: "cormorant". DOS.

Scargill: v rare: Dublin etc. English toponymic from place in N Yorkshire.

Scarisbrick: rare: Belfast. Habitational name from place in Lancashire. DOS.

Scarlett: mod.nos.: Portadown (Armagh) etc. English, nickname from clothes etc.

Scarr: rare: Belfast, Down etc. The name is current in England: may be a nickname.

Scarry: fairly rare: Galway, Dublin etc. Ir. *Ó Scurra*, a sept of Uí Maine (E Galway). MacLysacht mentions the name in connection with *Ó Scoireadh*, in the South East.

Scates: rare: Belfast, Down. English nickname: "swift". DOS.

Schiller: v rare: Belfast etc. A famous German name and nickname for person with a squint. DSHH.

Schlindwein: v rare: Derry. This seems to be a German nickname: "gulp wine". Possibly Jewish.

Schmidt, Schmitz: fairly rare: Cork, Clare etc. German, 20 cent. Occupational: "smith".

Schneider: v rare: Antrim, Donegal. A German occupational name: "tailor".

Schofield, Scoffield: mod.nos.: Belfast etc. N of England name, "field with hut". DOS.

Scholes: rare: scattered in Ulster. English, variant of Scales, q.v.

Schultz, Schult; v rare: Belfast etc. German name for a village headman, person who answers to local lord. Well-known in America. DSHH.

Schuster: rare: Dublin. German occupational name for shoe-mender. A Jewish family here.

Schutte: rare: Dublin. Low German form of Schutze, an archer.

Schwab: v rare: Waterford etc. German name connoting a native of Swabia.

Schwartz: v rare: Dublin. German nickname meaning "black".

Schwartzman: v rare: Dublin. As Schwartz.

Schweppe: rare: Dublin. German occupational name: a roof-builder

Schwer: v rare: Dublin. German name meaning "heavy, serious".

Schworer: rare: Dublin. German name: " a swearer".

Sciascia: v rare: Limerick etc. Well-known Limerick family of Italian origin. Captain Sciascia was trading in corn from the Black Sea and settled in Limerick about 1850. Family lore is excellent.

Scobie, -by: rare: Tyrone etc. A Scottish habitational name from a place in Perthshire. SS.

Scoley, Scolley: rare: Armagh. Probably an English toponymic.

Scollan,-on: mod.nos.: Leitrim, Fermanagh etc. Ir. *Ó Scolláin*, an ecclesiastical family of Derry: see Scullion.

Scollard: fairly rare: Kerry-Limerick etc. English, 16 cent, associated with Kerry. "Scholar". SI.

Scorer: v rare: Dublin. English toponymic from place in Devonshire. DOS.

Scott: v numerous: all areas, especially E Ulster. Primarily a Scottish name; ironically the original meaning was "Irish" and later, Gaelic-speaking Highlanders (who had come from Ireland). The present name appeared in Ireland in 17 cent. Ir. *Albanach*. SI.

Scovel: v rare: Belfast etc. A toponymic from Escoville in Normandy; it is current in England.

Scraggs: rare: Dublin etc. English, "lean, rugged".

Screene,-ney: rare: Galway. Ir. *de Scrín*. (Shrine). Dweller near holy place.

Scriney: v rare: Mayo. As Screene.

Scriven, Scrivener: rare: Cork etc. English, occupational. DOS.

Scroggie: rare: Belfast etc. Scottish toponymic, from place in Perthshire. SS.

Scroope: rare: scattered. The name Scrope exists in England: derivation not certain.

Scuffil, Scovell: rare: Dublin, Belfast. Ir. *Scoful*. See Schofield.

Scullane: v rare: Dublin. Some Scullions who strayed south and acquired a southern accent.

Scullion,-in: numerous: E Derry-Antrim etc. Ir. *Ó Scollán*, an erenagh family of Derry, seated at Ballyscullion. See also Scallan. MIF.

Scully: numerous: all areas, especially South East and Cork. Ir. *Ó Scolaidhe* (student). A sept of W Meath displaced at the Invasion. MIF.

Seabrooke: rare: Wexford, Cork. Toponymic from river in Buckinghamshire: "sea" means "slow".

Seaby: v rare: Belfast. Presumably an English toponymic: "sea farm". Also rare in England.

Seacy: rare: Cork. Not found in England. Seacey occurs in Bordeau, France. Possibly a metamorphosis of Deacy from *na Déise*, Waterford.

Seager: rare: Dublin etc. As Sagar, q.v.

Seagrave: rare: Dublin etc. English, 14 cent. Ir. *de Saográbh*. Habitational from Leicestershire. SI.

Seale,-s: mod.nos.: Laois-Kilkenny-Tipperary, Dublin, Galway etc. English toponymic and occupational (seals or saddles). SI.

Sealy,-ey: fairly rare: Dublin & scattered. Ir. *Ó Sealbhaigh* (see Shalloo) but generally English derived from Old English *saelig*, fortunate (now ironically, silly). See Seely. DBS.

Seaman: rare: Dublin, Cork etc. English occupational and associated with E Anglia. DOS.

Seaney: rare: Fermanagh. Possibly Ir. *Mac Suibhne*. See Sweeney.

Searle,-s: fairly rare: Cork, Belfast etc. Anglo-Norman : from Teutonic first name. DBS.

Sears: rare: scattered. English name with complicated etymology: see Sayers. DOS.

Searson: fairly rare: Tipperary-Waterford, Midlands. Ir. *Mac Saoghair*. Woulfe derives it from Anglo-Saxon *Saegar,* a name found in early records. Reaney finds it Anglo-Norman and related to Sayers, a multi-meaning name, q.v. SGG & DBS.

Seath: v rare: Belfast etc. English toponymic: OE "pit, well". Belongs to Kent.

Seaton: mod.nos.: Belfast and E Ulster. A noted Scottish name of Norman origin. SS.

Seaver,-s: fairly rare: Dublin etc. Ir. *Saomhar*. English: 17 cent in Ulster, now quite rare there. This name is more usual as Severs in England: it derives from OE first name meaning "sea fare". DBS.

Seaward: v rare: Belfast. Probably from Norse first name Siward: usually Seward in England.

Seawright: fairly rare: Belfast and E Ulster. Probably Scottish Sievewright.

Seay,-e: rare: Belfast, Down. Probably a variant of See, current in England. Seaside people.

Seberry,-bury: v rare: Cork , Dublin. Appears to be English toponymic: "sea fortress". DBS.

Sedgwick: rare: Antrim, Belfast, Dublin. English toponymic from Cumbria.

Sceds: fairly rare: E Ulster. English: a dealer in seeds; perhaps nickname for small person.

Seeley,-ly: rare: Antrim etc. See Sealy.

Seenan: rare: Belfast. Apparently Irish, perhaps *Ó Síonáin,* Sheenan, q.v.

Seery: numerous: Midlands etc. Ir. *Ó Saoraidhe*, more correctly *Ó Síoghraidh* from Norse first name *Sigefrith*. Erroniously translated Freeman and Earner. Woulfe equates it with Sugrue i.e. *Ó Siocfhradha*. They were located in W Meath. SI & SGG.

Seffen: rare: E Derry. Perhaps a variant of Sefton.

Sefton: mod.nos.: Derry-Antrim-Down. English: from placename in Lancashire.

Segal, Segel: rare: Dublin etc. This may relate to (1) Jewish name referring to Levite, or (2) French: person involved in cultivation of rye, *seigle*. DSHH.

Segrave: Dublin etc. See Seagrave.

Seix: v rare: Dublin. The English name Sex meant "knife" or roofing tool, but see also Sice.

Selby: rare: Belfast. English: from a place, "willow farm".

Self: v rare: Down. English epithet: "sea wolf".

Selfridge: mod.nos.: Derry etc. English habitational name from some place not determined.

Seligman: rare: Dublin. German version of Sealy, q.v.

Sell, -es: v rare: Belfast etc. English: OE *sell* was a hut for animals. So this may refer to a herdsman who used such shelter.

Sellars,-ers: rare: Dublin etc. English, "storeman".

Semper(s): v rare: scattered. A name from French *Saint Pierre*. Current in England since 13 cent.

Sempey: rare: Down etc. Variant of Sampey: perhaps as Semper or Semple.

Semple: numerous: Ulster generally, Dublin. A Scottish name meaning either "simple" or "St Paul". The name occurs in England where it is definitely St Paul. DBS.

Senior: fairly rare: Dublin, Belfast, Midlands. English: meaning "lord" or "older". DOS.

Sennett: v rare: Dublin etc. Variant of Sinnott, q.v.

Seoighe: rare: Galway etc. Ir.Lang. See Joyce.

Sergeant: mod.nos.: Portadown-Lurgan (Armagh) etc. English occupational name recorded since mediaeval times. Derived from Latin *serviens*, serving. SI.

Sergison: v rare: Belfast etc. A patronymic derived from Sergeant, i.e. son of the sergeant.

Serplus,-liss: rare: Lurgan (Armagh) etc. See Surpless.

Service: mod.nos.: E Ulster. English or Scottish, meaning either "service" or ale-seller".

Setright: v rare: Limerick. Evidently a nickname, it exists in England, but rare.

Severin, -yn: v rare: Cork. This name derives from (1) French *Séverin* (an early saint) or the River Severn in England. In any case, it arrived from England.

Seville: rare: Dublin. A variant of Saville, a toponymic from Normandy.

Seward: rare: Cork. Ir. *Ó Suaird, Ó Suairt*. This name is also English but curiously both derive from the Norse first name Siward ,"sea-guard". The Irish family were in Offaly in 11 cent. SGG.

Sewell: mod.nos.: E Ulster, Midlands etc. Ir. *Ó Súiligh* (sharp-eyed). This name is generally of English origin and appears in early records. The Irish name is rare. SI.

Sexton: numerous: all areas, especially Cork-Limerick-Clare. Ir. *Ó Seasnáin*. A Clare family associated with Limerick City. They were also in Cavan-Monaghan. Most are of indigenous stock though the name is thoroughly English, i.e. "sacristan". SI.

Seymour: fairly numerous: Belfast area, N Tipperary, Cork etc. English, 17 cent. Derived from French place-name St Maur. SI & DOS.

Seyton: v rare: Armagh. As Seaton, q.v.

Shackleford: v rare: Belfast etc. Apparently an English toponymic similar to Shackleton.

Shackleton: mod.nos.: Dublin etc. English: 18 cent. A notable Quaker family from Yorkshire of whom Ernest Shackleton (1874-1922) antarctic explorer.

Shah: rare: Belfast etc. From India or Pakistan. The word means "king".

Shadlow: rare: Dublin. English, "boundary-hill".

Shaffrey: rare: Dublin etc. Ir. *Mac Seafraidh*, first name *Seafraidh* is Geoffrey or Godfrey. The name was formerly found in Longford. SI.

Shakespeare: rare: Dublin. No doubting the origin or meaning here; the name is on record in England since 14 cent It is said that the "Bard of Avon" spelled his name in ten different ways!

Shalvey: rare: Meath-Cavan-Monaghan. Ir. *Ó Sealbhaigh, sealbhach*, having property. The name is associated with W Cork but it seems likely that there was another family in the north. See also Shalloo, Shallow & Shally. It has been changed to Shelley also, making it appear English. MIF.

Shalloo: fairly rare: Clare etc. Ir. *Ó Sealbhaigh*. See Shalvey.

Shallow: rare: Clare-Galway etc. Ir. *Ó Scalbhuigh*. An extension of the W Cork group. See Shalvey.

Shally: fairly rare: Roscommon, Mayo. Another variant of Shalvey, q.v.

Shanaghan: v rare: Castlederg (Tyrone). See Shanahan.

Shanagher: rare: Roscommon etc. Ir. *Ó Seanachair*. This name is peculiar to Roscommon. MacLysaght suggests derivation *sean + car*, old + dear, perhaps an obsolete first name.

Shanaghy: rare: scattered. Ir. *Mac Seanchaidhe* (historian). MacLysaght says this is a Nth Connacht name usually anglicised Fox. Ir. *sionnach* = fox, the animal

Shanahan: numerous: Munster and South East etc. Ir. *Ó Seanacháin*, dimin. of *sean*, an elder. They were a sept of Thomond, dispersed in 14 cent. Often changed to Shannon, q.v.

Shane,-s: fairly rare: Belfast area etc. Ir. *Mac Seáin*. Usually Mac Shane, q.v.

Shankey: fairly rare: Meath-Monaghan etc. Apparently English, variant of Shanks.

Shanks: numerous: Belfast area, Down etc. English and Scottish, 17 cent in Ulster. It is of course a nick-name "legs", extra long ones, no doubt. DOS.

Shanley: numerous: Connacht and Midlands etc. Ir. *Mac Seanlaoich* (old warrior). They were a sept of Roscommon-Leitrim. IF.

Shannon: v numerous: all areas, especially Ulster. Ir. (1) *Ó Seanáin*. (2) *Mac Giolla t-Seanáin* (Giltenan). (3) *Ó Seanacháin* (Shanahan). This is one of the "omnibus" names but it is mainly a variant of Shanahan, q.v. IF.

Shanny,-ey: rare: Limerick etc. Ir. *Ó Seanaigh, sean*, an elder. A Clare name. SI.

Sharkey,-ie: numerous: Ulster, N Connacht etc. Ir. *Ó Searcaigh, searcach*, loving. The name originated in Tyrone. MIF.

Sharma: rare: Belfast etc. Well-known Indian name from Sanscrit, meaning "protection".

Sharman: v rare: Kilkenny. Variant of Sherman and Shearman, q.v.

Sharp,-e: numerous: Belfast, E Ulster, Dublin, E Leinster. Ir. *Ó Géaráin*. The Irish name pertains to Donegal; most Sharpes are of English origin. SI.

Sharples: rare: Belfast area etc. English toponymic from Lancashire.

Sharpley: rare: Leitrim. This name is current in England but it seems likely that the people in Leitrim would be Ir. *Ó Géaráin*, i.e. similar to Sharpe. Woulfe placed the original sept in Mayo.

Sharratt: rare: Belfast etc. A variant of Sherrard, an epithet from ME meaning "bright". DSHH.

Sharry: rare: Dublin, W Meath. Ir. *Mac Searaigh*. See Mac Sharry.

Sharvin: mod.nos.: Down etc. Ir. *Ó Searbháin*, from *searbh*, sour, bitter. This name has been associated with Roscommon but there may have been another group in the Ards Peninsula. There is also the English name Sherwin, q.v.

Shatter: v rare: Dublin. A Jewish family. Relates to Hebrew: "emissary of the congregation".

Shattock: rare: Dublin. Variant of Chadwick, English habitational: "Chad's dairy farm". DSHH.

Shatwell: v rare: Dublin. Variant of Shadwell, a toponymic from various places in England.

Shaughnessy: fairly numerous: Galway-Mayo-Roscommon, Midlands etc. Ir. *Ó Seachnasaigh*. An important sept of S Galway. See O'Shaughnessy.

Shaw: v numerous: all areas, especially E Ulster and Midlands. Scots Gaelic *Sídeach* ? (wolf). The Lowland Scots and English name Shaw refers to a "copse, thicket". Both would be represented in Ulster where they came in 17 cent. SI & IF.

Shea: mod.nos.: South East etc. Ir. *Ó Seaghdha*, mod. *Ó Sé*. Associated with Kilkenny where the variant Shee occurs. See also O'Shea. IF.

Sheahan: numerous: mainly Munster. Ir. *Ó Síodhcháin*, perhaps from *sítheach* (peaceful). A sept of Dál gCais in W Limerick. See also Sheehan. IF.

Sheals: rare: Down. As Shiels, q.v.

Shealy: rare: Cork etc. Ir. *Ó Sealbhaigh*. See Shalvey.

Sheanon: rare: Monaghan-Cavan etc. Ir. *Ó Seanáin*. See Shannon.

Sheane, Sheean: mod.nos.: Wicklow etc. Variant of Sheehan, q.v.

Sheard: v rare: Belfast etc. English toponymic from W Yorkshire. From OE "gap, cleft". DOS.

Shearman: rare: Dublin etc. As Sherman, q.v.

Shearer: mod.nos.: Belfast area etc. English occupational name. See also Sherman.

Sheary: rare: Tipperary etc. Probably Ir. *Mac Séartha* (Geoffrey). Branch of Fitzpatrick. SI.

Shee: rare: South East. Ir. *Ó Seaghdha (Sé)*. A variant of Shea in Kilkenny and South East.

Sheean: v rare: Dublin. A variant of Sheehan, q.v.

Sheedy: numerous: mainly LImerick-Clare-Tipperary. Ir. *Ó Síoda*, from *síoda*, silken, soft-spoken. A branch of the MacNamaras of Clare. Not to be confused with Silke, q.v.

Sheehan: v numerous: all areas, especially Munster. Ir. *Ó Síodhcháin, sítheach*, peaceful. However, the Old Irish *sídeach* means "wolf" and the Scottish Highland Shaws derive from it, so Sheehan may not be entirely non-violent. See also Sheahan. SI & IF.

Sheehy: numerous: all areas, especially Munster. Ir. *Mac Síthigh* (possibly *sídeach*, wolf). See Sheehan above. Originally galloglasses from Scotland, they moved to Limerick in 16 cent, but they are still found in Tyrone where they first settled. IF.

Sheehy-Skeffington: v rare: Dublin. A notable Dublin family.

Sheeky,-ey: Tyrone etc. An Ulster version of *Mac Síthigh*; see Sheehy.

Sheelan,-in: rare: Dundalk (Louth) Ir. ? *Ó Siadhaláin*. See Shiel.

Sheenan: rare: Monaghan-Tyrone. Ir. *Ó Síonáin*. A sept of Tyrone, distinct from *Ó Seanáin*. See Shannon.

Sheeran,-in: numerous: all areas except Munster but especially Midlands and E Connacht. The Irish is *Ó Sírín* (SI); *Ó Síoráin* (SGA). MacLysacht believes they were a sept of West Ulster who spread south. For the Cork sept of same name, see Syron, apparently another synonym. MIF.

Sheffield; v rare: Belfast etc. English habitational name from a number of places. DOS.

Sheil,-s: numerous: South East, N Leinster, Connacht. Ir. *Ó Siadhail*. They were known as a medical family in Donegal and Offaly. Variants: Shiel, Shields, Shiels. SGG & IF.

Shek: rare: Tyrone etc. Chinese.

Shekleton: fairly rare: Cavan-Meath etc. See Shackleton.

Shelbourne: v rare: Dublin etc. This English toponymic is rare over there. This name is also an anglicisation of *Síol Broin*, a tribal name relating to the Byrnes of Leinster.

Sheldon: rare: E Ulster. English toponymic from E Midlands. In Ireland 17 cent.

Sheldreck,-ick: v rare: Dublin. A nickname relating to the colourful wild-duck.

Shellard; v rare: Dublin, Belfast etc. Not in evidence in Britain: it appears to be toponymic.

Shelley,-ly: fairly numerous: Tipperary-Laois-Carlow etc. See Shalvey. The English name seems not to apply here.

Shelton: rare: scattered. English toponymic: "place on a bank". A number of places. DOS.

Shelvin: v rare: Tyrone. Perhaps a variant of Shevlin, q.v.

Sheppard,-herd: numerous: Ulster, Dublin, Midlands, South East. English: 13 cent in Dublin, in Ulster 17 cent. SI.

Sheppey: v rare: Ards (Down). From the place in Kent: "sheep-island". DOS.

Sherdian: v rare: Sligo-Leitrim. As Sheridan.

Sheridan: v numerous: all areas, especially N Leinster, S Ulster, Connacht. Ir. *Ó Sirideáin*. They were an erenagh family of Longford, who later attached themselves to the O'Reillys of Breifne (Cavan) as scholars. Over the centuries they have produced some remarkable writers and at least one general, Philip H. Sheridan (1831-88) of the U.S. Army. SGG & IF.

Sherin: v rare: Limerick, Kilkenny A variant of Sheerin, q.v.

Sherling: rare: Dublin. This may be dimin. of Shear, OE for *bright, fair*. See Sherlock.

Sherlock: numerous: all areas, especially Midlands, Sligo. Ir. *Scurlóg*. English, 13 cent in Ireland, and meaning "fair-haired". The Old English was *scir loc* (bright lock). These people settled in the Midlands and became hibernicised. MIF.

Sherman: mod.nos.: Midlands, Armagh etc. Ir. *Searman*. English occupational, 17 cent. See Shearer: related to sheep-shearing. SI.

Sherrard: mod.nos.: Derry, Cork etc. English, 17 cent. Noted as "prentice boys" at the siege of Derry in 1689. It is probably from ME *shere*, bright. MIF.

Sherratt: rare: Dublin etc. Variant of Sherrard.

Sherriff, Sheriff: rare: Midlands, E Ulster. English occupational: *shire-reeve*. A title pre-dating the Norman Conquest in England: a reeve means chief officer for an administrative unit. DBS.

Sherrin, Sherran: rare: Mayo and scattered. As Sheerin, q.v.

Sherry: numerous: S Ulster, Midlands, Galway-Mayo etc. Ir. *Mac Searraigh*, possibly from *searrach*, a foal. A sept of Oriel (Armagh etc). See Mac Sherry.

Sherwin: mod.nos.: Dublin, Belfast, Midlands. Ir. *Ó Searbháin, searbh*, bitter. They were a sept of Roscommon but most Sherwins seem to be of English origin. The derivation "cut the wind", i.e. a fast runner, is imaginative from this quarter. DOS.

Sherwood: mod.nos.: Dublin, Belfast, South East. English, "shire-wood". In Ireland 17 cent.

Shevlin: fairly numerous: Belfast, S Ulster, Galway-Mayo etc. Ir. *Ó Seibhleáin*, perhaps from *sibhal*, swift. The original septs were in Offaly and Mayo; the name was associated with Donegal but they are now mainly in Oriel (Monaghan etc). See Shovelin. MIF.

Shewbridge: rare: Dublin, Galway, Mayo. Apparently an English toponymic, it is very rare over there.

Shiel: fairly numerous: South East, Midlands, Galway-Mayo etc. Ir. *Ó Siadhail*. Also as Shiels and Shields, q.v.

Shields: numerous: Ulster, especially Derry, also N Leinster, Galway, Donegal. Ir. *Ó Siadhail*. They were hereditary physicians in Donegal-Derry and Offaly. IF.

Shiels: numerous: all areas except Cork, especially Derry-Donegal. Ir. *Ó Siadhail*. See Shields.

Shier: fairly rare: Limerick. Palatine, 18 cent. Also as Shire, q.v. German: *Schyer*, bright.

Shiggins: rare: Wexford. See Siggins.

Shiely: v rare: W Cork. Ir. *O Sealbhaigh*, see Shalvey. SGA.

Shilliday,-dy: mod. nos.: Down etc. This name, well-represented in E Ulster, is not in evidence in Britain. It may be connected with the Yorkshire name Shillito, itself an enigma. SS.

Shilling: v rare: Dublin. English: nickname: a rent-collector, perhaps.

Shillington: rare: Belfast area. English toponymic.

Shimmons, Shimmins: rare: Belfast area. Possibly Manx *Mac Shimmin* (son of Simon). An English name also exists and may be present. DBS.

Shine: numerous: Munster, South East, Athlone area. Ir. *Ó Seighin*, possibly from *seigene*, a hawk. The name originated in Limerick-Cork-Kerry. SI & MIF.

Shingleton: v rare: scattered. English toponymic: probably; "farm on shingle". Mainly Lancashire.

Shinkins: rare: Limerick, Clare etc. As Shinkwin.

Shinkwin: rare: Cork etc. Ir. *Sinicín*, which is a gaelicisation of Jenkins, q.v. MIF.

Shinners,-ors: mod.nos.: E Limerick-Tipperary. Ir. *Sionúir*. Anglo-Normans and peculiar to this territory. This name is occupational, cognate with Skinner. SI.

Shinnick: mod.nos.: E Cork. Ir. *Sionnach, Ó Sionnaigh*. From *sionnach*, a fox. Elsewhere the name has been made into Fox. SI.

Shipman: v rare: Armagh etc. An occupational name, either a shepherd or ship-builder. DSHH.

Shipp: rare: Belfast area. English: for a sailor. DOS.

Shipsey: rare: Waterford etc. MacLysaght records it in W Cork early 18 cent. It appears to be an English toponymic: "sheep island". SI.

Shire: fairly rare: Limerick. Palatine, 18 cent. Derived from German *Schyer*.

Shirley: mod.nos.: Midlands, N Ulster etc. English toponymic, "bright wood". DOS.

Shirlow: mod.nos.: Lisburn (Antrim), Coleraine (Derry) etc. A Scottish version of Shirley.

Shirra: rare: Belfast. Ir. *Mac Séartha*. However, it may well be Scots Gaelic *siorra*, a sheriff.

Shirran,-en: rare: Kildare-Wicklow. The name is very rare in Britain. Possibly variant of Sherwin or Sheeran, q.v.

Shiveral: v rare: Antrim. Anglo-Norman nickname from French: *chevrelle*, young goat. DBS.

Shivers: fairly rare: E Derry etc. Variant of Chivers, q.v.

Shivnan,-en: rare: Roscommon etc. Ir. ? *Ó Sibhneáin*, perhaps a variant of Shevlin, q.v.

Shoer: rare: Nenagh (Tipperary). Seems to be a Palatine name: Schauer: official inspector.

Sholdice, Sholedice, Sholdis: rare: Belfast, Dublin etc. Variants of Shouldice, q.v.

Shooter: v rare: Down. Epithet for a good archer, in modern terms "marksman". See Shuter.

Shore: fairly rare: South East etc. English toponymic. DOS.

Shorley: v rare: Tipperary etc. Probably a variant of Chorley, a toponymic current in England.

Short: numerous: all areas, especially Belfast, Dublin, Louth, Wicklow. Ir. *Mac an Gheairr* (short man). Usually English in origin. See also Shortt.

Shorthouse, Shortice: v rare: Dublin etc. As Shortis, q.v.

Shortall: fairly numerous: Dublin, Kilkenny-Laois-Offaly etc. Ir. *Seartal*. Anglo-Normans, 13 cent, who settled in S Leinster and became gaelicised. The name is associated with Kilkenny. It was a nickname meaning "short neck" MIF & DSHH.

Shorten: fairly numerous: Cork-Limerick etc. Ir. *Seartáin*. An English name long enough in Ireland to be gaelicised. Associated with Cork. A variant of Shortall, q.v. SI.

Shortis, -iss: rare: Kilkenny etc. Ir. *Seortús*. English nickname: "short hose". Notable name in Kerry.

Shortle: rare: Wexford. Variant of Shortall, q.v.

Shortland: rare: Cork. This name is current in England: presumably toponymic.

Shortt: numerous: Ulster, Midands etc. Ir. *Mac an Gheairr (Ghirr)*. The Irish name is associated with Armagh. However, it seems likely that many Shortts are of English origin. See also Mac Girr and Short.

Shouldice: rare: Dublin etc. This name was Palatine, 18 cent, in Limerick.

Shovlin,-elin: mod.nos.: Donegal etc. Ir. *Ó Seibhleáin*. Variant of Shevlin, q.v.

Shriver: v rare: Belfast etc. A variant of Sherriff, q.v.

Shryane, Shriane: rare: Galway-Mayo etc. Ir. *Ó Sruitheáin, sruith,* venerable, sage. A sept of Donegal who moved south. Woulfe says it has been anglicised Bywater and Ryan. See also Strain. SGG.

Shubotham: rare: Dublin. Variant of Shufflebottom, a toponymic current in England and itself a corruption of Shipperbottom: "valley of the sheep-wash". DOS.

Shuter: rare: Tyrone etc. English: a good archer. DOS.

Shyne: v rare: Limerick etc. As Shine, q.v.

Sibbery: rare: Dublin, Sligo etc. English toponymic: perhaps "sea-fort". Now rare in England.

Sibbett: rare: Antrim etc. A variant of Sibbald, a Scottish name of Norman origin. SS.

Sibley: rare: Dublin, Down. English, from first name Sybil. DOS.

Sice: rare: Meath. A Welsh term for English people who settled in Wales. Our *Sasanach*.

Sidebottom: rare: Derry etc. Toponymic from Derbyshire: "wide valley". DOS.

Sides: rare: Dublin, Fermanagh etc. English locative name: "dweller by the slope". SI.

Sidney: v rare: Dublin etc. A toponymic: "wide island", but a famous name; the Australian city takes its name from Lord Sidney, Secretary of State, +1800.

Siev: rare: Dublin. A Jewish family, coming from Lithuania in 19 cent.

Sievewright: Dublin, Cork. English occupational: maker of sieves (important in medieval times).

Sigerson: v rare: Kerry. Ir. *Mac Siogair*. A name of Norse origin, 16 cent in Ireland. MIF.

Siggins: rare: Sligo etc. Ir. *Sigín*. They were Anglo-Normans, 13 cent, long associated with Wexford. Derived from Teutonic first name: *Sigi*, victory. See also Shiggins. MIF.

Sillcock: mod.nos.: E Ulster. English: from Sil, dimin. of Silvester plus diminutive particle "coc".

Silke: mod.nos.: Galway etc. Ir. *Ó Síoda, síoda,* silken, soft-spoken. The form Sheedy, q.v., usually stands for *Mac Síoda*. SI.

Sillery: rare: Belfast area. Siller (money) is current in Scotland. This may be a derivative.

Sills,-es: fairly rare: Wexford-Waterford, Kerry. English, diminutive of Silvester.

Silver: rare: Cork, N Connacht. This name occurs in both England and Scotland. It is usually of the occupational type, e.g. silversmith.

Silvester: rare: Dublin, Belfast. From the first name, meaning "forest dweller".

Silvey: rare: Belfast, Armagh. Apparently a variant of Silvester.

Sim: rare: Belfast. See Simms.

Simcox: rare: Cork, Limerick. English, diminutive of Simon.

Simmington: rare: Dublin. Scottish toponymic.

Simmons,-onds: fairly numerous: all areas, especially Ulster. English, from first name Simon.

Simms: numerous: Ulster generally, Dublin etc. Abbreviation of first name Simon. The name has been in Ulster since 17 cent and is analogous with Simpson.

Simon,-s: fairly rare: Belfast area etc. As Simmons above.

Simmonson: rare: Dublin. See Simmons.

Simpson: v numerous: Mainly Ulster, also Waterford, Offaly etc. Ir. *Mac Shim*. The name may be English or Scottish. It was found in Ulster in 17 cent.

Sinclair: numerous: E Ulster, Derry, Dublin etc. The Sinclairs were Scots from Caithness but the name is a toponymic from Normandy. SS.

Sinden, -on: v rare: Limerick etc. Probably a variant of Sinton which is current in England and no doubt of the habitational type. It may also be Scottish, being linked by Black with a place in Selkirkshire.

Siney: rare: Laois etc. The name is on record in the Midlands since 1610 but the origin has not been found. It is very rare in Britain. SI.

Singer: rare: Derry etc. English occupational.

Singh: fairly rare: Derry etc. Indian: 20 cent. Members of the Sikh community.

Singleton: fairly numerous: Belfast, Dublin, Cork etc. Ir. *Ó Siondaile*, a gaelicisation in Cork of the English toponymic, which generally appeared in 17 cent. SI.

Sinnamon,-nd: mod.nos.: Belfast, Tyrone, Down etc. Variant of Cinnamond, q.v.

Sinnerton: fairly rare: E Ulster. This name is very rare in England: it appears to be toponymic.

Sinnott: numerous: South East etc. Ir. *Sionóid*. Anglo-Normans who settled in Wexford 13 cent and have so remained. See also Synnott. From O.E. *Sigenoth* "victory-bold". MIF.

Sinton: mod.nos.: Tandragee (Armagh) etc. Scottish from a place-name in Sclkirkshire. SS.

Sirr: rare: Dublin and scattered. This name exists in England but is rare. Probably a nickname for some one who gave himself "airs and graces". The French have Sieur in the same mode.

Sisk: mod.nos: Cork etc. The name has been in Cork since 18 cent. Probably as Sice, q.v.

Sisson: rare: Dublin. English: diminutive of Cecelia. DOS.

Sittlington: rare: Larne (Antrim) etc. A Scottish name from Galloway, long associated with Antrim.

Sixsmith: rare: Kildare etc. English occupational: probably "sickle-smith".

Skally: rare: Cork. Ir. *Ó Scalaidhe*. Probably a variant of Scully, q.v.

Skates, Skeats: fairly rare: Belfast area etc. English: meaning "fast". DBS.

Skay: rare: Dublin. See Skea.

Skea: v rare: Belfast etc. Scottish, from place in Orkney. SS.

Skeets: rare: Derry, Coleraine. As Skates, q.v.

Skeffington: mod.nos.: Belfast area, Dublin etc. An English toponymic in Ireland since 1534. It originates from a place in Leicestershire.

Skehan: fairly numerous: South East, Tipperary-Limerick-Clare. Ir. *Ó Sceacháin*, perhaps from *sceach,* a thorn bush. This has lead to a widespread change to Thornton. In Ulster, the name was *Mac Sceacháin*, giving the rare Mac Skeane (as well as Thornton). MIF.

Skehill: rare: E Galway. Ir. *Ó Scathail*, properly *Scaithgheal*, "flower-fair". A sept of East Galway, displaced after the Invasion. SGG.

Skelly: numerous: Down, N Leinster etc. Ir. *Ó Scealaí* (SGA) or *Mac Scalaidhe* (SGG). The latter name also occurred in Scotland. It is taken to mean "crier". They may have formed a sept in Oriel. See also Skally and Miskelly.

Skelton: numerous: E Ulster, Dublin, Wexford etc. Ir. *de Scealtún*. English, 15 cent. Long associated with Laois. The name is habitational from N England. SI.

Skene: v rare: Armagh. Scottish: the bearer was laird of Skene in Aberdeenshire. SS.

Skerrett,-itt: mod.nos.: Clare etc. Ir. *Sciréid*. Anglo-Normans in 13 cent under name Husared (house-care), corrupted to Scared in 14 cent when they were one of the "Tribes of Galway". IF.

Skidd: v rare: Cork, Dublin. As Skiddy.

*Skiddy: Ir. *Scideach*. A name from Skye (Scotland) of Norse origin. They became established in Co. Cork in medieval times and were active in public life in the city. IF.

Skidmore: v rare: Dublin etc. From English placename: "muddy moor". Also as Scudamore.

Skillen,-ing: fairly rare: Belfast area etc. Of Norse origin, according to MacLysaght; it also occurs in Scotland.

Skillington: rare: Cork. Apparently an English toponymic, though no origin has been found.

Skimin: rare: Newtownards (Down) etc. Ir. *Mac Cuimín* (SGA). However the name has occurred in Galloway as Mac Scumin and Mac Skimming. SS.

Skinnader, Skinnedar: rare: Monaghan. A Scottish name, now very rare over there. Margaret Skinnider (1897-1971) from Glasgow, was one of the heroines of the Rising of 1916.

Skinner: mod.nos.: Belfast area, Dublin, Cork. Ir. *Scinéir*. English and Scottish, and, as Cottle remarks: "part of the great tanning industry".

Skinnion: v rare: Mayo. Ir. *Ó Scingín*. A learned family connected with the O'Donnells. Also as Delahyde - a strange mistranslation.

Skivington: v rare: Belfast etc. As Skeffington: from place in Leicestershire. DBS.

Skrine: v rare: Kildare etc. Ir. *de Scrín*. (Shrine). See also Screene.

Skuce, Skuse: rare: Fermanagh, Cork etc. MacLysaght found this name in W Cork in 17 cent; it is still current in England. Cornish: from placenames there based on *skaw,* elder bush. DSHH.

Slack: rare: Belfast area. English toponymic or perhaps a nick-name "lazy". DOS.

Slane: mod.nos.: Belfast area etc. Ir. *de Sláine, (sláine,* fullness), a rare Irish toponymic adopted by a Norman family. See Slaine and Slaney. These names occur in Britain but they may be immigrants. SI.

Slaine: rare: Cookstown (Tyrone). Variant of Slane, q.v.

Slamon, Slammon: v rare: Offaly. A synonym of Slevin, q.v.

Slaney: rare: Belfast, Kildare etc. May refer to village of Slane or the River Slaney. See Slane.

Slater: fairly numerous: Ulster generally, South East etc. English and Scottish, 17 cent. See Sleator below.

Slattery: numerous: Munster, South East, Midlands. Ir. *Ó Slatara, slatra*, strong. They were a sept of E Clare and related to the Mac Namaras. MIF.

Slaughter; v rare; Belfast, Dublin. English: from placenames in Sussex, or occupational: "butcher".

Slavin: rare: Belfast, Louth etc. Northern form of Slevin, q.v.

Sleat: v rate: Coleraine etc. There is some confusion with Slay, Sleith, Sleath and Sly which are stated to have various meanings, "cunning", "skilful", maker of weaving equipment. See Sleith. DBS.

Sleator: mod.nos.: Belfast, Armagh, Monaghan, Midlands. An English occupational name from the North Midlands. DOS.

Sleeman, Sleman: rare: Dublin, Derry etc. English: nickname: cunning, or Cornish toponymic.

Slein, Slean: rare: scattered. See Sliney and Slyne.

Sleith, Sleeth: fairly rare: E Ulster. See Sleat above.

Slevin: numerous: all areas, especially Tyrone-Derry-Donegal, Connacht, South East. The Irish is *Ó Sléibhín*, from a first name based on *sliabh*, mountain. Gerard Slevin (1919-97) was Chief Herald of Ireland 1954-81. He designed the flag of the European Union. GPN.

Sliney: rare: Dublin, Cork. Ir. *Mac Sleimhne*, a patronymic adopted by the FitzStephens in Cork. See also Slyne. *Sleimhne* means smoothness, even deceit. MIF.

Slinger: rare: Belfast area. English: soldiers or workers with slings.

Sloan,-e: v numerous: Ulster generally, especially Belfast; Louth etc. Ir. *Ó Sluagháin*, from *sluagh*, a host, army. There was a simliar name in Scotland. See also Sloyan. MIF.

Slocum: v rare: Cork. An English toponymic: "sloe valley". Place in Isle of Wight. DOS.

Sloss: rare: scattered in Ulster. Scottish, abbreviation of Auchinloss. SS.

Slowey: mod.nos.: Fermanagh-Cavan-Monaghan etc. Ir. *Mac Sluaghaidh*, from *sluagh*, army. Probably the leader of a military expedition. The name has been long in W Ulster.

Sloyan: fairly rare: Mayo-Galway-Roscommon. Ir. *Ó Sluagháin*. A name much associated with Mayo. See also Sloane and Slowey. MIF.

Sludden: v rare: Tyrone. This name is current in Scotland but no derivation has emerged.

Sludds: rare: Dublin. These people are native Irish but no derivation of the name has emerged.

Slye: fairly rare: Dublin, Wexford etc. English: "expert, devious". DBS.

Slyman: rare: E Galway. Appears to be an English nickname, but may be cognate with Slyne etc.

Slyne: fairly rare: Cork etc. Ir. *Mac Sleimhne*. See Sliney above.

Small,-s: numerous: E Ulster, Galway etc. Ir. *Ó Beig* (Galway); *Ó Caoilte* (Ulster). This name is also a current English one, no doubt relevent in Ulster. See Quilty.

Smale, Smalle, Smails: rare: scattered. See Small.

Smalley: v rare: Dublin etc. English habitational: a place in Derbyshire. DOS.

Smallman: rare: E Ulster. English: person of tenant status. DBS.

Smallwood,-s: mod.nos.: Derry, Belfast etc. Ir. *Mac Conchoillín*. An English toponymic also exists and may apply in some areas. SGG, SGA & DOS.

Smart,-tt: mod.nos.: Belfast, Dublin etc. English nickname, "brisk, prompt".

Smaul: v rare: Dublin. Variant of Small, q.v.

Smeaton: rare: Dublin, Belfast. English & Scottish toponymic: "Smiths' town". DOS.

Smee: rare: Dublin, Tipperary. English nickname: "smooth, suave".

Smiddy: mod.nos.: Cork etc. Variant of Smithers and so Smith.

Smiles, Smyles; v rare: Waterford etc. This name is current in England; perhaps a nickname.

Smiley, Smylie: numerous: Belfast, Down, Antrim, Dublin. A Scottish name: perhaps a nickname "smelly"! Or a more acceptable reference to "smiling"

Smith: v numerous: all areas: particularly Leath Chuinn (northern half). Ir. *Mac Gabhann*, which is linked to Cavan. See Mac Gowan and Smyth.

Smithers: rare: Dublin. A name from S E England, analogous to Smith.

Smithson, Smythson: v rare: Tyrone etc. English patronymic.

Smiton: rare: Tyrone-Fermanagh. Variant of Smeaton.

Smithwick: rare: Kilkenny-Tipperary etc. Ir. *Smidic*. English: 17 cent. From a placename. MIF.

Smits, Smets: rare: Dublin etc. One of the great Smith family - in this case, Dutch.

Smullen, Smollen: mod.nos.: Dublin, Midlands. Ir. *Ó Smolláin*, which Woulfe takes to be a corruption of *Ó Spealáin* - see Spillane. The name belonged to Oriel. *Smol* means blight or defilement and has a derogatory sense - it may be involved here, but the owners should not feel offended. SI.

Smurfit: v rare: Dublin. English: from Smorthwaite "small clearing". DOS.

Smy: v rare: Derry. As Smythe.

Smye: rare: Belfast etc. Variant of Smythe.

Smyrl,-ll: rare: Belfast, Antrim. This name is very rare in England. No obvious derivation.

Smyth,-e: v numerous: all areas, especially Ulster and Midlands. Ir. *Mac Gabhann, Mac an Ghabhann* (son of the smith). The Irish name was widespread and generally changed to Smith/Smyth. Branches in Clare and Tipperary were traditional historians. Many are also of Scottish or English origin in Ulster. See also Mac Gowan. SGG & IF.

Smyton: rare: Tyrone. Variant of Smeaton.

Snee: fairly rare: Sligo-Mayo-Roscommon etc. Ir. *Ó Sniadhaigh*. A sept of Mayo. MIF.

Sneddon: rare: Down. Apparently an English toponymic.

Snell: rare: Midlands etc. English nickname: "bold, brisk". DOS.

Snelling: rare: scattered in Ulster. Cognate with Snell.

Sneyd: rare: Dublin. English toponymic: from place in Staffordshire. Rare in England.

Snodden: mod.nos.: Belfast area. A variant of Snowdon, q.v.

Snoddy: mod.nos.:Belfast-Antrim etc. Ir. *Ó Snodaigh*. A Scottish name, earlier associated with Carlow. It is a nickname of Norse origin meaning "neat, smart". DSHH.

Snodgrass: fairly rare: Derry etc. Scottish: recorded in Ayr 14 cent. A placename: "smooth grass".

Snook; v rare: Killarney etc. English: nickname: perhaps a prominent nose.

Snow: mod.nos.: Dublin, Fermanagh and scattered. Ir. *a' t-Sneachta*. It is generally an English name from 17 cent. Thought to be a nickname for white-haired person. SI.

Snowball: v rare: Enniskillen etc. English nickname: a person with a patch of white hair. Still to be found there.

Snowden,-on: mod.nos.: Belfast area, Monaghan etc. English toponymic "snow hill", from the North of England.

Snyde: v rare: Galway etc. See Sneyd.

So: rare: Galway etc. Chinese:

Soady: v rare: Dublin. This name is very rare in England – but it is Cornish in origin.

Soal: v rare: Derry etc. English habitational name: dweller by muddy place. DBS.

Soames: v rare: Donegal etc. English toponymic: from place in Suffolk. DOS.

Soden: mod.nos.: Cavan etc. English, 17 cent. Reaney derives it from Soldan, i.e. Sultan, a nick-name from a mediaeval play. MIF.

Soffe: rare: Dublin etc. This name exists in London. No further information.

Sofley: rare: Down etc. Habitational name from Northumbria: "boggy clearing".

Solan,-on: mod.nos.: Galway-Mayo-Donegal. Ir. *Ó Sochlacháin, sochlach*, famous. They were an erenagh family in Cong, Mayo. An earlier anglicisation was O'Soghlaghlane. MIF.

Solomon,-s: rare: Dublin. Usually a Jewish name. Hebrew: *Shlomo*, peace.

Somerfield, Sommerfield: v rare: Dublin etc. English toponymic from various places.

Somers, Sommers: numerous: all areas, especially South East. Ir. *Ó Somacháin* (Connacht); and *Mag Shamhráin* (Ulster). The name is usually of English origin in Leinster. MIF.

Somerset: rare: Belfast area. English toponymic. DOS.

Som(m)erville: numerous: mainly E Ulster; the family was also associated with Cork. It is English, probably derived from a French place-name. See Summerville. SI.

Sones: v rare: Lisburn etc. A nickname: "son" or "junior". Where father had same first name.

Sonner: rare: Tyrone etc. This appears to be a variant of French *Sonneur*, bell-ringer.

Soper: rare: Dublin etc. A name from Devonshire: "soap-maker". DOS.

Soraghan, Sorohan: mod.nos.: Cavan, Louth etc. Ir. *Ó Soracháin, sorcha*, bright. MIF.

Sorensen: rare: Cork etc. This appears to be a Norse patronymic but it is also Jewish from the Hebrew *Sara* (princess). A magnificent name indeed.

Sorley: v rare: Tyrone etc. See Mac Sorley.

Sorrell; v rare: Belfast etc. English nickname: colour: reddish-brown. Usually for horses.

Sothern: rare: Midlands etc. A nickname: one from the South.

Souhan: rare: Meath etc. Perhaps Ir. *Ó Sabháin,* Savin. Apparently not British, a French origin cannot be entirely ruled out. At all events, these people are now quite Irish.

Soult: v rare: Belfast etc. Of French origin: nickname: "unattached, free". Dauzat.

Sourke: rare: Kildare etc. Perhaps Ir. *Ó Suaird,* Swords. No other likely source.

Soutar,-s: rare: Antrim. Scottish, "shoemaker". SS.

South: rare: Limerick City, Ulster. Ir. *Sabhat*. Of English origin, "one from the south".

Southam: rare: Belfast etc. English: from places in the Midlands: "homestead to the south".

Southern: fairly rare: Kildare, Wicklow etc. English: 14 cent in Meath. As South. SI.

Southgate: v rare: Dublin etc. English: dweller near south gate of town.

Southwell: rare: Belfast, Dublin etc. English toponymic.

Southworth: v rare: Derry. Habitational: from place in Lancashire: "southern enclosure". DOS.

Sowersby: rare: Cork. A toponymic from N England: "farm in the marsh". DBS.

Sowman: v rare: Dublin. English: nickname: "man from the south". DOS.

Sowney: v rare: Belfast etc. According to MacLysaght this is an agnomen of the Mac Carthys, in Irish *na Samhna* (of the feast of Samhain), but its presence in Ulster poses a question.

Soye: fairly rare: E Ulster, Dublin. This name is not in evidence in Britain. May be variant of Sayer.

Spackman: rare: Belfast. English, "spokesman". DOS.

Spain,-e: fairly numerous: Midlands and South East. Ir. *Spáinneach*. Nick-name for someone who has lived in Spain.

Spaight: rare: Limerick-Clare-Tipperary etc. English, 17 cent. A nick-name "wood-pecker".

Spalding: rare: scattered. English toponymic.

Spallin, -en, -on: rare: Newry etc. Ir. *Ó Spealáin, Ó Smolláin*. See Spillane and Smullen.

Sparks,-es: mod.nos.: Belfast, Dublin etc. English: nickname: "bright, lively".

Sparling: fairly rare: Limerick-Clare-Tipperary. Palatine, 18 cent in Limerick. German: "sparrow".

Sparrow: fairly rare: Belfast, Wicklow-Kildare, Tipperary. An English name in Wexford since the 17 cent. It is, of course, a nickname: a small chirpy person. SI.

Spearing: rare: scattered. Patronymic from Speer (Spear). See Speers below.

Spearman: rare: Tipperary, Antrim etc. English, occupational. Abbreviated to Speers, q.v.

Spears: v rare: scattered. See Speers.

Speedy,-ie: rare: Down-Antrim. Scottish: the word "speed" originally meant "prosperity".

Speers: numerous: Ulster generally. English: 18 cent. May signify "spearman" or "watchman", i.e. "spyer". Also as Speirs and Spiers. The terminal "s" is patronymic. SI.

Speidel: rare: Dublin. No infomation on this.

Speight: rare: Cork etc. See Spaight.

Speirs: fairly rare: E Ulster. See Speers.

Speiran: rare: Limerick etc. As Spieran.

Spellacy,-issy: rare: Limerick-Clare. Ir. *Ó Spealghusa* (scythe-vigour). A sept of Clare.

Speller: v rare: Dublin etc. English nickname: "speaker, narrator". DOS,

Spellman, Spelman: fairly numerous: Galway, Sligo, Roscommon etc. Ir. *Ó Spealáin, speal*, a scythe. A sept of the Uí Fiachrach in Sligo; unconnected with, but with the same name, anglicised Spillane in Munster. MIF.

Spence: numerous: Ulster generally etc. Scottish, from office of the keeper of provisions. Most notable in Sir Patrick Spens and the tragedy of the "Maid of Norway".

Spencer,-ser: fairly numerous: E Ulster, Derry, South East. Ir. *Mac Spealáin*. Edmond Spenser, the poet, spent much of his creative life in Co. Cork. The name comes from the action of dispensing food in a big house. The name has been used as a synonym for Spillane.

Spendlove: rare: Dublin. English nick-name: "one generous with his love". DBS.

Sperrin, Sperin: v rare: Dublin. Perhaps Ir. *Mac an Sparáin*, or English: "spur-maker".

Spicer: fairly rare: Dublin and scattered. English: "dealer in spices".

Spier: v rare: Dublin. See Speers.

Spieran: rare: Dublin etc. Perhaps English occupational: "watchman", but see Sperrin above.

Spiers: fairly numerous: Belfast etc. See Speers.

Spillane: numerous: all areas, especially Munster. Ir. *Ó Spealáin, Mac Spealáin*. The former, originally in Tipperary, were dispossessed by the O'Dwyers and moved to Kerry; the latter are identified with the Midlands, where they also appear as Spollen. MIF.

Spiller: rare: Dublin, Cork. English: "waster". DOS.

Spillett: rare: Cork. This is rare in England: perhaps a diminutive of Spiller.

Splindler: v rare: Mayo-Sligo. Occupational name for maker of spindles (for spinning etc).

Spindlow: v rare: Belfast etc. See Spendlove.

Spinks: rare: scattered. Scots, English: nickname: chaffinch - some fancied resemblance. DSHH.

Spitere: rare: Cork. Occupational: worker in hospice or lodgings: Probably Italian origin.

Spittle: rare: Tipperary etc. Ir. *Spidéal* (hospice). Scottish and English, perhaps attendant at a hospital.

Spitz, Spitzer: v rare: scattered. German: from various places: a pointed hill etc.

Splaine: v rare: Cork. Variant of Spillane, q.v.

Spoerri: v rare: Belfast, Cork. Apparently German: derivation not clear.

Spokes: v rare: Donegal etc. This name is current in England: perhaps occupational, wheelwright.

Spollen: mod.nos.: Midlands etc. Ir. *Mac Spealáin*. See Spillane.

Spooner: rare: Belfast, Dublin etc. English: occupational: maker of wooden shingles or spoons.

Spoonley: v rare: Cork. Apparently an English toponymic.

Spoor: v rare: Dublin. Probably Dutch: maker of spurs.

Spotswood: rare: Belfast area etc. Scottish toponymic from Berwick. SS.

Sprague: rare: Belfast area. English, variant of Spark(s), q.v.

Spratt: numerous: Belfast, Down, Dublin, Waterford. English, 17 cent in Ulster. "A small person".

Spriggs: v rare: Belfast etc. English: nickname: a small slender person. DBS.

Spring: mod.nos.: Kerry, Clare, Kildare etc. An English family who came to Kerry in the end of 16 cent. They have been prominent there since. Derivation unclear: probably a nickname. MIF.

Springer: rare: scattered. English etc. A nickname or toponymic. DHSS.

Sprott: rare: Belfast etc. Variant of Spratt.

Sproule: fairly numerous: mainly Castlederg (Tyrone). Scottish from Dumbarton. In Ulster from 17 cent. MIF.

Spurling: rare: Dublin. This name is current in England. It is a variant of Sparrow and Sparling.

Spruhan: rare: Carlow-Kilkenny. Ir. *Ó Srutháin*. Variant of Strahan, q.v.

Squance: rare: Bangor and Ards Peninsula. This name is not in evidence in Britain.

Squire,-s: fairly rare: Dublin, Belfast etc. English, "attendant to a knight". DBS.

Sreenan: fairly rare: Cork, Connacht etc. Ir. *Ó Srianáin, srian*, a rein, control.

Srahan: v rare: Laois. Ir. *Ó Srutháin*. Variant of Strahan, q.v.

Stacey: mod.nos.: South East, Belfast, Antrim. English, a diminutive of Eustace. DOS.

Stack: numerous: all areas, mainly Munster with strongest concentraton in N Kerry. Ir. *Stac, Staic*. An English name in Kerry since 13 cent. They became gaelicised and were prominent in the Resistance. It is a nickname: stout well-built person. IF.

Stackpoole: fairly rare: Limerick-Kerry. Known in Irish as *Gall Dubh* (dark foreigner) as well as *de Stacapúl*. They were Anglo-Normans, 13 cent, from a place in Wales. Prominent in Limerick. MIF.

Stafford: numerous: South East, Ulster etc. Ir. *de Stafort*, but in Ulster *Mac an Stocaire*, (trumpeter). A powerful Anglo-Norman family in Wexford, 13 cent. and still active there. MIF.

Stagg: rare: Dublin and scattered. English, apparently a nick-name.

Stahl: v rare: Dublin. German: nickname or steelworker. See Steele.

Staid(e): v rare: Mayo. Probably a variant of Stead.

Staines: rare: Dublin. English toponymic.

Stakelum: fairly rare: mainly Thurles (N Tipperary). Probably variant of Stapleton, q.v.

Stakem: rare: Galway etc. This seems to be a variant of Stakelum.

Staley, Stalley: v rare: Carrickfergus etc. Nickname for valiant or resolute person. See Stallard.

Stalford: rare: E Ulster. This name is very rare in England but appears to be toponymic.

Stalker: rare: Belfast. English occupational name.

Stallard: rare: Dublin, E Ulster. English, "sturdy, brave". DBS.

Stamp,-s: fairly rare: Wexford etc. Anglo-Normans from Étampes in France.

Stanage, Stannage: rare: Belfast. Variant of Standish, a place-name, "stony pasture".

Stanbridge: rare: Dublin. English, "stone bridge". DOS.

Standish: v rare: Roscrea (Laois). English: habitation name from place in Lancashire.

Standún: rare: Galway. Ir.Lang. See Staunton.

Stanex: fairly rare: Belfast, Down. Not in evidence in Britain.

Stanfield: fairly numerous: Belfast area etc. English toponymic.

Stanford: mod.nos.: Belfast area, Dublin. Ir. *de Stanfort*. English, 16 cent.

Stanhope: v rare: Dublin etc. English toponymic: "stony valley": place in Co. Durham. DOS.

Staniland; v rare: Belfast etc. English: dweller at the stony land. DBS.

Stanistreet: v rare: Dublin. English: dweller by paved road (usually Roman).

Stankard: rare: Galway, Tyrone. Analogous to Stanford.

Stanley: numerous: all areas: especially South East and E Ulster. Ir. *de Stainléigh*. English, 13 cent; then associated with Meath. This is habitational from a number of places. SI.

Stanners: v rare: Limerick etc. English: habitational: dweller by the stone house. DBS.

Stanton: mod.nos.: Cork City etc. More usual as Staunton, q.v.

Stanway: v rare: Antrim etc. Similar to Stanistreet, q.v.

Staples: rare: Ulster, Wexford. English: toponymic: places in S England.

Stapleton: numerous: Tipperary-Kilkenny etc. Anglo-Normans who settled in Kilkenny after the Invasion, they became gaelicised and adopted the patronymic *Mac an Ghaill* (son of the foreigner), which was re-anglicised Gaule, q.v. MIF.

Starbuck: v rare: Down. From placename in W Yorkshire: "stream in sedge". DOS.

Stark: rare: Belfast area etc. English and Scottish, "firm, tough". DOS.

Starken, -in: rare: Midlands etc. Apparently derived from Stark.

Starkey,-ie: fairly rare: Dublin, Down etc. English, 14 cent in Dublin. Derivation as Stark.

Starr,-s, Star: mod.nos.: Nenagh (Tipperary) and Ulster generally. English 17 cent. A nick-name.

Starrett,-itt: mod.nos.: Derry-Donegal-Tyrone etc. A Scottish name from Ayrshire, but more usually Sterrett.

Statham: rare: Kilkenny etc. English toponymic. DOS.

Staunton: numerous: all areas, mainly Mayo-Galway, Midlands. Ir. *de Stonndún* (modern *Standún*). Anglo-Normans who settled in Mayo after the Invasion. Some assumed the patronymic *Mac an Mhíleadha* (son of the warrior), so they also appear under Mac Evilly. SI.

Stavely, Staveley: rare: Dublin etc. English habitational: places in N England. "place for staves".

Steacy: rare: Wexford etc. Variant of Stacey, q.v.

Stead: fairly rare: Belfast etc. English, "stead", a place.

Stearn : rare: scattered. See Sterne.

Stears: rare: Dublin etc. English, "oxen" - perhaps a cow-herd.

Steadman: rare: Dublin, Wicklow, Belfast. English, "farm-man", but see Steed.

Steed,-e: fairly rare: Belfast area. English, "steed", a horse or, occupational.

Stedmond: rare: Dublin, Wexford. Perhaps a variant of Steadman.

Stedman: Wicklow etc. See Steadman.

Steele: numerous: all areas, mainly Ulster, especially Belfast, Antrim, Down. From North of England or South of Scotland; probably a nick-name.

Steen:mod.nos.: E Ulster and general. Ir. *Ó Stíbhin*. English or Scottish, 17 cent in Ulster. It is an abbreviation of Stephen or from a place-name "stone".

Steenson: numerous: Ulster generally. Ir. *Mac Stíbhin*. Scottish, synonymous with Stevenson and Stenson.

Steepe: v rare: Limerick. Palatine, 18 cent.

Steer (s): rare: Dublin, Belfast etc. English nickname: truculent person; or "cow-herd".

Stefanazzi: rare: Dublin. Italian: from first name Stefan (Stephen).

Stein: fairly rare: Dublin. Usually a Jewish name. *Stein* in German is stone or jewel.

Steinberg: v rare: Dublin etc. German: a toponymic: stoney hill. Definitely Jewish in Dublin.

Steinegger: v rare: Dublin. German origin.

Steiner: v rare: Galway. Another derivative of Stein, probably German.

Stelfox: v rare: scattered in Ulster. Perhaps nickname or occupational: "fox-trap".

Stembridge: v rare: Limerick etc. Probably English toponymic: "stone bridge".

Stennett: v rare: Enniskillen. Current in England: perhaps a variant of Stenning.

Stenning(s): v rare: Dublin. English habitational name from place in Sussex. DSHH.

Stenson: fairly numerous: mainly Sligo-Mayo-Galway, Midlands. See Steenson,

Stephens: numerous: all areas, especially Sligo-Mayo-Roscommon-Galway. Ir. *Mac Stiofáin*, a patronymic adopted by some Norman families or, *Mac Giolla Stiofáin*, a native name connected with Laois. Also the name of later English immigrants. MIF.

Stephenson: numerous: Midlands, Tyrone-Fermanagh etc. Generally as Stephens but Ulster names may well be Scottish.

Sterio: rare: Dublin. Well-established in Dublin, origin not determined

Sterling: fairly numerous: Dublin, Belfast, Down etc. Scottish or English, "starling" or place-name Stirling.

Sterne: rare: Belfast area. English, "severe".

Sterret,-itt: fairly numerous: Belfast, Down etc. Variant of Starrett, q.v.

Stevens: fairly numerous: Belfast area, Dublin, scattered in south. See Stephens.

Stevenson: v numerous: mainly Ulster. Ir. *Mac Stiofáin*. The name is very general in Britain and corresponds with the large 17 cent immigration into Ulster. SI.

Stewart: v numerous: all areas, least in Munster, most in Ulster. Ir. *Stíobhard*. A notable Scottish name, also Stuart and Steward.

Stickland: v rare: Antrim etc. English toponymic: "at the steep lane". DOS

Stiff(e): rare: Galway etc. An assertive nickname: "tough, obstinate". Current in England.

Stillman: v rare: Dublin. Perhaps an occupational name: "stell, still" was a fish-trap.

Stimson: rare: Dublin. Variant of Stephenson.

Stinson: fairly numerous: mainly Ulster, especially Tyrone-Armagh-Fermanagh. Ir. *Mac Stíbhin*. Another variant of Stephenson.

Stinton: rare: Belfast etc. This name is current in England and no doubt a habitational one.

Stirling: numerous: almost all in Ulster, especially Antrim & E Derry. A Scottish name from the town of Stirling. SS.

Stirrat,-ett: rare: Dublin etc. Variant of Starrett, q.v.

Stirrup: v rare: Tyrone etc. Probably from a placename in Northamptonshire.

Stitt: fairly numerous: Belfast area. Scottish: origin not clear. SS.

Stiven: v rare: Dublin, Bangor. A variant of first name Stephen.

Stobo,-bie: rare: Belfast area, Dublin. Scottish, from place in Peebles.

Stock: rare: Belfast area etc. English, "stump of tree". A general locative name analogous with Stokes, q.v.

Stockard: rare: Belfast area. English, "keeper of stock".

Stockdale: mod.nos.: Belfast area. English, "tree-stump valley".

Stocker: rare: Belfast, Dublin. "One who clears stumps". Or Ir. *Mac an Stocaire*.

Stockil: rare: Limerick. Toponymic: from place in Yorkshire, Stockeld. DSHH.

Stockley: v rare: scattered. Habitational name from various places: "tree-stump clearing".

Stockman: mod.nos.: Belfast, E Derry etc. Analogous with Stock and Stocker.

Stockwell: rare: scattered. English, "tree-stump spring".

Stoddart: rare: Belfast etc. English, "keeper of a stud".

Stoker: v rare: scattered. English toponymic similar to Stokes; Scottish: *stocaire*, a trumpeter.

Stokes: numerous: all areas, especially Dublin, Belfast, South East, Limerick. Ir. *Stóc*. An English locative name, it is in Ireland since 14 cent. The family is notable for contributions to science and literature in 19 cent. IF.

Stone,-s: numerous: Belfast, Derry, Midlands, South East, Cork. An English locative name, it has been substituted, in some cases, for Clocharty and Muckley, q.v.

Stoney: rare: Meath, Galway etc. English, 17 cent. Usually locative like Stone. Associated with N. Tipperary. SI.

Stoneham: v rare: Midlands. English habitational from place in Hampshire.

Stoneman: v rare: Derry etc. Simliar to Stone above.

Stoops: fairly rare: Armagh, Belfast etc. Perhaps variant of English name Stobbs.

Stopford: rare: Dublin etc. English habitational: place near Manchester. Also as Stoppard.

Storan,-in: mod.nos.: Limerick, Galway etc. Ir. *Ó Stóirín*. Though expelled from Limerick in the Cromwellian settlement, they still occupy their ancestral territory. SI.

Storey,-ry: numerous: Belfast area, N Antrim, Tyrone, Dublin, South East. English: from Old Norse first name *Stori*. In Ireland 17 cent and associated with Tyrone. SI.

Storrie: rare: scattered in Ulster. A variant of Storey. DSHH.

Storrs: rare: scattered. As Storrie.

Stothers: mod.nos.: Belfast, Down, Antrim. Probably variant of Stoddart, q.v.

Stott: rare: Belfast, Dublin, Cork. English: "a bullock". Perhaps a nick-name. DBS.

Stout: mod.nos.: Dublin, Cork, Belfast. English: "bold, determined". Associated with Youghal.

Stowe: rare: Dublin. English locative name, "assembly place". DOS.

Stracey: rare: scattered. This name is current in England but no derivation was found.

Strachan: rare: Belfast, Dublin etc. Ir. *Ó Sraitheáin* (SGA) This form of the name appears to be Scottish and Black regards it as a toponymic. Ir. *srath*, valley, becomes *strath* in Scotland. See also Srahan & Strain.

Straghan: fairly rare: E Ulster. Variant of Strachan, q.v.

Strahan: rare: Belfast, Dublin etc. Ir. *Ó Sruitheáin*. Woulfe derives this from *sruth*, a learned man, while MacLysaght settles for the more obvious "stream". They are recorded as a sept of Donegal, with branches in Mayo and Cork. The overlap with Strachan seems to indicate that these linked names are generally Scottish in origin.

Strain: numerous: mainly Down and Ulster generally, Sligo-Mayo. Ir. *Ó Sruitheáin, Ó Sraitheáin*. A variant of Strahan, which now represents most of this name, with the same proviso about the Scots as for Strahan. MIF.

Stranaghan: fairly rare: Down-Antrim. Ir. *Ó Sranacháin, srann*, snoring, humming. It might be noted that anglicisation turns "sr" of Gaelic into "str" in English.

Straney: rare: Belfast, Down. See Stranney.

Strang: rare: Clonmel, Cork. Nickname: "strong", or Scottish: "newcomer". See Strange.

Strange: mod.nos.: Belfast, Antrim, Tipperary. English, "newcomer, foreigner". DOS.

Strangman: v rare: Waterford. As Strang, q.v.

Stranix, Strannix: rare: Belfast area. Variant of Stronach, q.v.

Stranney: rare: Belfast, Down. Perhaps a variant of Strannix or analogous with Stranaghan.

Strappe: rare: Tipperary etc. This name exists in England: no certain derivation is found.

Stratford: rare: Belfast area etc. English toponymic.

Strathern: v rare: Belfast. Scottish: from district of Strathearn in Perthshire. SS.

Stratton: mod.nos.: Belfast, Down etc. English locative, "place on a Roman road". DOS.

Strauss: v rare: scattered. German: nickname "belligerent" or, relating to ostriches (plumes etc).

Strawbridge: fairly rare: Derry etc. English locative, "market-place bridge".

Strecker: rare: Dublin. Perhaps meaning "striker".

Street: rare: Derry, Cork etc. English locative, "Roman road".

Streeter: rare: Coleraine (Derry). "One who lives on a street".

Streight: rare: Belfast area. English epithet name, "straight".

Stretton: rare: scattered. Common English place-name and variant of Stratton, q.v.

Strevens: rare: scattered. It is current in England. Derivation not clear.

Strickland:rare: Dublin, Derry, Down etc. English toponymic from Cumbria.

Stride: v rare: Armagh etc. English: perhaps a nickname for a person of strong gait or purpose.

Stringer: mod.nos.: Belfast, Dublin etc. English occupational, "bow-string maker". DOS.

Stripp: v rare: Belfast etc. Current in England: perhaps some personal "stripe" or mark.

Stritch: mod.nos.: Clare-Limerick-Cork etc. Ir. *Straoits*. An English name analogous to Street; in Ireland 14 cent, they were prominent in the affairs of Limerick City. MIF.

Strogen: rare: Dublin, Ballina. Possibly Ir. *Ó Srutháin*, see Strahan.

Stroker: v rare: This name is very rare in England: it may be occupational, like Striker.

Stronach: v rare: Belfast area. From Scots Gaelic *srónach*, relating to the nose,"big-nose"? This name is associated with Aberdeen. See Strannix. SS.

Strong: fairly numerous: Ulster, Laois-Offaly etc. English epithet, in Ulster 17 cent.

Stronge: fairly numerous: Ulster, especially East. See Strong.

Stroud: rare: Ulster. English habitational name from various places: "bushy marsh". DOS.

Stroughair: rare: Dublin. Probably a variant of Stroulger, "astrologer, fortune-teller".

Strumble: v rare: scattered. Not in evidence in Britain.

Stumpf: Dublin, Belfast. German: a nickname for an obtuse person.

Strunks: v rare: Derry. This name exists in England but is rare.

Struthers: v rare: Derry. Generally Scottish from placenames meaning "marsh". SS.

Strutt: rare: Dublin etc. Probably an English nick-name.

Stuart: numerous: all areas, mainly Ulster. Ir. *Stíobhard*. A French version of Stewart used by Mary, Queen of Scots, who was brought up in France. Subsequently the royal house of Scotland and England. See Stewart.

Stubbings,-ins: rare: Dublin, Limerick. English: "place of tree-stumps". DOS.

Stubbs: mod.nos.: Belfast, Dublin, Cork etc. English: perhaps "short stature". DBS.

Studdert: rare: scattered. English: in Clare 17 cent. As Stoddart, q.v.

Studley: v rare: Dublin. English toponymic: various places: "horse clearing". DOS.

Stuffle; v rare: Conamara. Not found in Britain. It seems to be indigenous.

Stundon: v rare: Limerick. Variant of Staunton, q.v.

Sturdy: rare: Dublin, Belfast etc. English: "brave". DOS.

Sturgeon: mod.nos.: Belfast, Down etc. Scottish, perhaps nick-name from the fish.

Sturgess: rare: Belfast etc. English: from old first name: "Thor's hostage". DOS.

Stutt: rare: Down, Fermanagh. Variant of Stout, q.v.

Styles: mod.nos.: Dublin & scattered. English, "dweller by stile or steep slope". DBS.

Stynes: mod.nos.: Dublin, Midlands etc. Perhaps a variant of Stephens.

Suckling: v rare: Belfast etc. English: nickname for one of childish appearance or behaviour.

Sudlow: rare: Down. English: probably habitational: "south hill".

Sudway: v rare: Dublin. Habitational name: dweller by south road. Ir. *Ó Deisil* (SGA).

Suffern,-erin: fairly rare: Belfast, Maghera (Derry). The name exists in England. Meaning not clear.

Sugar,-s: rare: Dublin. Presumably a nick-name. The name is in England but rare.

Sugden: v rare: Dublin. Habitational name from place in W Yorkshire.

Sugg: rare: Dublin, Cork. English: epithet relating to a bird, perhaps a hedge-sparrow. DBS.

Sugrue: numerous: Kerry-Limerick etc. Ir. *Ó Siocfhradha (Siocrú)*. From Norse first name *Sigefrith*. A sept of Iveragh (S Kerry) related to the O'Sullivans. MIF.

Suitor,-er: rare: Belfast etc. Perhaps a variant of Scottish Soutar (shoe-maker).

Sully: v rare: Midlands. A French habitational name, coming, perhaps, via England.

Sullivan: v numerous: all areas, especially Cork. Ir. *Ó Súilleabháin*, perhaps *súil+dubh+án*, the dark-eyed one. A major sept of the Eoghanacht (royal house) of Munster. Displaced at the Invasion, they settled in W Cork and Kerry. See O'Sullivan. IF.

Sulzmann: v rare: Dublin etc. German: occupational: dealer in jellied meat.

Summers: rare: Belfast & scattered. Ir. *Ó Somacháin, somach,* soft, innocent person. There is also an English name, meaning "pack-horse man". See also Somers.

Summerville: mod.nos.: Galway, Belfast area etc. Ir. *Ó Somacháin* (see Summers). It is also a Norman name from a place in France. See also Somerville.

Sumner: rare: Belfast. English: occupational: "summoner". DBS.

Sunderland: mod.nos.: South East etc. English toponymic, 18 cent in Wexford and confused with Sutherland, q.v.

Supple: mod.nos.: Limerick-Cork-Kerry etc. Ir. *Suipéil*. They arrived in 1171 as *de la Chapelle* and have been associated with Limerick and Cork, in a creditable manner, ever since. MIF.

Surdival: rare: Dublin, Sligo. Not found in Britain. No derivation to hand.

Surgeon, Surgin: rare: Belfast etc. Occupational: performer of amputations etc. in earlier times.

Surgenor, -geoner, -ginor: fairly numerous: Antrim etc. English, "surgeon". 17 cent in Ulster.

Surlis: rare: Sligo-Roscommon. An established Irish name, no derivation has emerged.

Surplus,-less: rare: Donegal etc. Probably a nickname. The name is very rare in Britain.

Sutcliffe: fairly rare: Dublin, Belfast. A Yorkshire name meaning "south cliff". DOS.

Sutherland: mod.nos.: Leitrim, Midlands, Down & scattered. Scottish, from the northern county which was "south" to the Vikings of Orkney and Shetland.

Sutter,-s: rare: Belfast, Antrim. Scottish: "shoe-maker".

Suttie: v rare: Derry, Belfast. Scottish: from places in Perthshire etc. Current in Scotland. SS.

Suttle: rare: Dublin etc. English, place-name or nick-name, "sly".

Sutton: numerous: mainly South East, Dublin, Cork. Ir. *de Sutún*. Perhaps from the Irish place-name but it is also common in England. In Ireland since 13 cent. SI.

Svahn: v rare: Antrim. Swedish version of Swan.

Swaby: rare: Waterford etc. English: habitational: from an Old Norse name. DSHH.

Swaffield: rare: Belfast. English: from a placename: field with track. Found in Dorsetshire. DOS.

Swail,-e: fairly rare: Down etc. Swales exist in Scotland but are very rare. Perhaps OE *swaelan*, to burn, an epithet name.

Swain,-e, Swayne: fairly numerous: Ulster, South East etc. English, from Norse *sveinn*, a boy or servant. In Leinster since 13 cent. SI.

Swallow(e): v rare: Derry, Belfast. English: (1) nickname from bird, (2) habitational: place in Lincolnshire on the River Swallow.

Swan,-nn: numerous: Ulster & Leinster. English nickname: "swan" etc. DOS.

Swandel,-ll: rare: Belfast area. Apparently an English toponymic. Swannell is current there.

Swanick,-wick: rare: Roscommon etc. English: habitational from placename "swineherd's wick".

Swanston: rare: Fermanagh-Tyrone. Scottish, from place in Mid-Lothian.

Swanton: mod.nos.: mainly Cork. An English toponymic, in Cork 17 cent and prominent with the Wild Geese in France. MIF.

Swarbrigg,-brick: fairly rare: Dublin & Mullingar (W Meath). Habitational name from Lancashire.

Swartz: v rare: Mayo etc. Originally German: epithet meaning "black".

Sweeney: v numerous: all areas, especially Donegal-Derry. Ir. *Mac Suibhne* (pleasant). They were Scottish galloglasses who established three septs in Donegal and a branch in Cork. See also Mac Sweeney and Mac Swiney. IF.

Sweet: rare: Belfast etc. English: from Somerset. DBS.

Sweetlove: rare: Belfast. English: apparently a nick-name. DBS.

Sweetman: fairly numerous: Midlands and South East. Ir. *Suatman*. MacLysaght says it was a Norse family of 12 cent. It has been associated with Kildare. The English name is associated with the West Country. DSHH, SI & IF.

Sweetnam: mod.nos.: mainly Cork. An English toponymic from Cheshire.

Swenarton: scattered in Ulster. See Swinerton.

Swendell: v rare: Dublin. See Swindell.

Swidenbank: v rare: Belfast. English habitational name from Yorkshire. DSHH.

Swift: fairly numerous: Fermanagh and scattered. English: 17 cent. It may stand for *Ó Fuada* in Connacht - see Foody. MIF.

Swinburne: fairly rare; Monaghan etc. English: "pig brook".

Swindell,-s: mod.nos.: Fermanagh, Belfast etc. English: habitational name from Lancashire.

Swinerton: rare: scattered in Ulster. English toponymic in Staffs.

Swin(n)ey: rare: Belfast, Donegal. See Sweeney.

Swinson: rare: Down-Antrim. Probably from Swaine, q.v.

Switzer: mod.nos.: Dublin and scattered. This was a Palatine name in Limerick in 18 cent and is still found there. It refers, of course, to a native of Switzerland.

Swords: mod.nos.: Midlands, South East etc. MacLysaght says it was used for *Ó Claimhín* and *Ó Suaird,* which are both indigenous Midland names. See Clavin. MIF.

Sydenham: v rare: Limerick etc. English habitational name from various places.

Sykes: mod.nos.: Belfast, Dublin, Wexford etc. English locative name from Yorkshire.

Sylver: rare: Galway. See Silver.

Sylvester: rare: Dublin, Cork. A Latin first name popular in England. See Silvester.

Symes, Syms: mod.nos.: Dublin, Belfast, South East. Abbreviation of first name Simon in England.

Symington: mod.nos.: Tyrone-Armagh etc. Scottish toponymic. See Simmington.

Symmonds, Symmons: rare: Dublin. See Simmons.

Synan: rare: Limerick-Clare. Ir. *Sionán, Ó Sionáin*. MacLysaght believes it is a Norman name. It has been associated with Cork since 13 cent. MIF.

Synge: rare: Dublin. English: 17 cent. A noted ecclesiastical and literary family. MIF.

Synnott: numerous: Dublin-Meath-Kildare etc. Ir. *Sionóid*. Variant of Sinnott, q.v.

Syron: rare: Mayo, Cork etc. Ir. *Ó Sirín*. MacLysaght mentions two septs, one in Fermanagh- Donegal, the other in Cork. More common as Sheeran, q.v.

Sythes: rare: Belfast, Port Laoise. Variant of Sides, q.v.

Taaffe: numerous: E.Midlands, Cavan, Galway-Mayo-Sligo etc. Ir. *Táth*. (Welsh: *David*). Settling in 13 cent, they became established in Louth and Sligo. IF.

Tabb: rare: Cork, Belfast etc. This name exists in England but rare. No derivation to hand.

Tackaberry: rare: Dublin etc. Variant of Thackaberry, q.v.

Tackney: v rare: Cavan. Ir. *Ó Seasnáin*. MacLysaght says it is a synonym of Sexton but does not explain why. Mac Atackney occurs in Belfast.

Taddei: rare: Killarney etc. Italian: first name Thaddeus, Timothy.

Taft: rare: Cork. English locative name. Toft = homestead. DBS.

Taggart,-ert: numerous: almost all in Ulster, especially East. Ir. *Mac an t-Sagairt*, more accurately anglicised as Mac Entaggart, q.v. The name Taggart is generally of Scottish origin.

Taheny: mod.nos.: Sligo etc. Ir. *Ó Teitheacháin* (fugitive). Woulfe relates it to Teahan and Teehan though these now occur in Kerry and Kilkenny respectively.

Tait,-e: mod.nos.: Cork etc. An English name in Ulster 17 cent. Originally a nick-name meaning "jolly, cheerful". DBS.

Talbot: numerous: all areas: South East, N Munster, Connacht, Ulster. Ir. *Talbóid*. A noted family of Anglo-Normans who held Malahide Castle for over 700 years. Derivation: Teutonic first name. MIF.

Tallant,-ent: rare: Kilkenny etc. Ir. *Talant*. English, 16 cent in Carlow. Probably from French *taillant* (cutting), whether with sword or scissors, one can only guess. DSHH.

Tallentire: v rare: Belfast. A toponymic from Cumberland. Old Welsh: "land's end". DOS.

Tallis: rare: Kilkenny. Habitational: the name is current in England, recalling the 16 cent composer.

Tallon: numerous: Antrim, Monaghan, Cavan; Louth-Meath; Carlow-Wexford. Ir. *Talún*. Anglo-Normans 13 cent in Carlow. The name is based on a Teutonic first name. SI & MIF.

Tallot,(-et): v rare: Donegal, Mayo. Probably a variant of Tallon, q.v.

Tally: rare: Tyrone etc. Ir. *Ó Taithligh* (peaceful). A sept of Tyrone, and an erenagh family in Fermanagh. MIF.

Talty: mod.nos.: Clare. Ir. *Ó Tailtigh*. Always associated with Clare. Perhaps cognate with Tally.

Tamburrini: v rare: Arklow etc. Italian: occupational: drummer.

Tams: v rare: Belfast. From a Teutonic first name meaning: "great-thought". DHSS.

Tan: rare: Belfast etc. Chinese: a hero in Qing dynasty: "fight against foreigners". S China.

Tancred: rare: Dublin etc. English: from first name of Teutonic origin. Also giving the name Tankard, q.v.

Tandon: rare: Tyrone, Down. Probably an English place-name.

*Tandy: English, in Meath 14 cent. Pet name for Andrew.

Tang: rare: E Ulster. English locative name; also Chinese, 20 cent. Refers to dynasty; was also name of leading general in Jiang's army (1930-40).

Tangney: mod.nos.: Kerry-Limerick-Clare. Ir. *Ó Teangana*. Perhaps from *teanga*, tongue, language. Always associated with Kerry. An English name also exists, usually as Tangye. MIF & DSHH.

Tanham,-nnam: fairly rare: Dublin. Probably an English place-name.

Tankard: v rare: Belfast. Anglo-Normans, (Ballytankard in Limerick was recorded in 1302.) MacLysaght says they were numerous in Leinster in those days. Derivation from the name Tancred or the domestic vessel.

Tannahill: mod.nos.: Coleraine (Derry) etc. A Scottish name from a place in Ayrshire. SS.

Tanner: mod.nos.: Cork, Derry, South East etc. Anglo-Norman occupational name, in Ireland since mediaeval times.

Tanney: fairly rare: Tyrone etc. Ir. *Ó Teathnaigh* (SGA). Perhaps from *tanaidh*, thin.

Tannian: rare: Galway. Ir. *Ó Tannaidheáin, tanaidh*, thin, slender. SGG.

Tansey: fairly numerous: mainly Roscommon-Sligo. Ir. *Mac an Tánaiste* (heir presumptive to the head of a sept). Confusion with tansy (flower) gives Ir. *Ó Blioscáin*. MIF.

Tansley: rare: Kerry etc. This name is current in England, a toponymic from Derbyshire.

Tanser: v rare: Belfast. Of German origin "dancer": it is current in England. This name may also be Jewish.

Tanton: v rare: Down. English toponymic: place in N Yorkshire. DOS.

Tapley: rare: Dublin. Probably an English toponymic, based on first name Tapp, q.v.

Taplin: rare: Antrim, Dublin etc. English, diminutive of OE first name Tapp.

Tapp; v rare: Dublin etc. From OE first name *Toeppa*,Tapp, (meaning unknown).

Tapster: v rare: Enniskillen etc. English: occupational: inn keeper, hostess.

Tarbatt, -ett: rare: Dublin, Cork etc. Apparently Anglo-Norman. Tarbet exists in England but rare.

Tarleton: rare: Laois-Offaly etc. English: from Liverpool about 1600. Settled in Offaly.

Tarmey: rare: Mayo-Galway. Variant of Tormey, q.v.

Tarpey: mod.nos.: Galway-Mayo-Roscommon. Ir. *Ó Tarpaigh, tarpach*, bulky (in size). See also Torpy. MIF.

Tarr: v rare: Belfast etc. Possibly from a placename: found mainly in Somerset. DOS.

Tarrant: mod.nos.: Kerry-Cork etc. Ir. *Ó Toráin, tor*, a tower and by extension, a lord. The name is also English (a toponymic); the extent that it has replaced *Ó Toráin* is not clear as the latter is associated with Derry where it is anglicised Torrens, q.v.

Tarry: rare: Limerick-Kerry. See Terry.

*Tarsnane: Ir. *Ó Tarsnáin*. It existed in W Clare in 19 cent.

Tasker: v rare: Fermanagh etc. English occupational name: piece-worker etc.

Tassie: rare: Cork etc. This name is rare in England; it may be of French origin: *tasse*, cup or purse.

Tate: numerous: Mainly E Ulster & Dublin. English, in Ulster 17 cent. A North of England name. See also Tait. DOS.

Tattan,-en: rare: Kerry-Limerick, Dublin. English, "Tate's farm".

Tattersall: rare: Belfast, Omagh etc. English habitational name from place in Lincolnshire.

Tavey: v rare: Armagh-Down. Variant of Mac Atavy, q.v.

Tavoleri: v rare: Carlow etc. Italian: occupational: table-maker.

Taylor,-er: v numerous: all areas, especially Ulster. Ir. *Táilliúir*. The name does not represent any indigenous name and is amongst the five most common names in Britain.

Teacy, Tecey: rare: Coleraine, Armagh etc. No information on it to hand.

Teague: mod.nos.: Tyrone etc. Ir. *Ó Taidhg*, from first name *Tadhg*, a poet. Generally not a sept but an eponymous native of Ulster to the settlers.

Teahan,-on: fairly numerous: mainly Kerry. Ir. *Ó Téacháin*. Possibly abbreviation of *Ó Teitheacháin*, fugitive. See also Teehan. SI.

Teape: rare: Cork etc. English, from old first name Tapp; see Tapley.

Tear(e): v rare: Belfast. Manx contraction of Mac Intyre, q.v. DBS.

Tease: rare: Donegal. English occupational, (teasing cloth).

Tector: rare: Wexford. English: occupational: "plasterer".

Tedders: rare. Meath-Cavan etc. English: occupational (spreading hay etc.)

Tedford: mod.nos.: Armagh-Belfast, Limerick. Probably an English toponymic.

Teefy: rare: Limerick-Tipperary. Ir. *Ó Toghdha*, the chosen one. Perhaps a Munster version of Towey, q.v. The name was recorded in Tipperary in 17 cent. Another possibility would be Ir. *Taobhaí*, body-guard. SI.

Teegan: v rare: Laois. Ir. *Ó Tadhgáin*. Diminutive of first name *Tadhg*.

Teehan: mod.nos.: Kilkenny etc. Ir. *Ó Téacháin*. Ths name appears as Tehan in Midlands.

Teelan: rare: Crossmaglen (Armagh). See Teeling.

Teeling: mod.nos.: Dublin etc. Ir. *Taoilinn*. A noted Anglo-Irish family associated with Meath since 13 cent. MIF.

Teeney: rare: Belfast etc. ? Ir. *Ó Teitheacháin*. See Teahan.

Teer: fairly rare: Belfast. Variant of MacAteer, q.v.

Tees: scattered in Ulster. English toponymic:"at the stream".

Teevan: fairly rare: Louth, Cavan, Meath. Ir. *Ó Téimheáin* (SGA). MacLysaght says it is not the same as Tivnan, q.v. MIF.

Teggart: mod.nos.: Down-Armagh etc. A variant of Mac Entaggart; an English name also exists, though unlikely here.

Teggarty: fairly rare: Kilkeel (Down). As Teggart above.

Teggin: v rare: Dublin. English, perhaps related to tegg, a young sheep.

Tehan: v rare: Meath. Variant of Teehan, q.v.

Teirney: v rare: Belfast etc. See Tierney.

Telfer, Telfair: rare: Belfast etc. As Telford.

Telford: numerous: E Ulster, Midlands. Scottish & English, properly telfer, "cut-iron", an artificier. In Ulster 17 cent. DOS.

Tempany: rare: Sligo. Ir. *Mac an Tiompánaigh* (son of the drummer). A name associated with Down, it also appears as Timpany. MIF.

Tempest: v rare: Belfast. English: in Ulster 17 cent. A nickname for fractious individual.

Temple: mod.nos.: Donegal-Derry, Dublin. Scottish, from village of Temple in Mid-Lothian, the base of the Knights Templar. SS.

Templeton: numerous: Belfast area, N Antrim etc. A Scottish name from Ayr.

Tenanty: rare: Louth-Meath. Perhaps Ir. *Ó Doineannaigh*, Dennany. They were in Meath originally.

Tener: rare: Donaghmore (Down). Variant of Tennant.

Tennant,-ent: mod.nos.: Wexford: Scottish, "holder of a tenement".

Tennis: rare: Down. Probably from first name Dennis.

Tennyson: mod.nos.: Armagh-Down-Tyrone etc. English, from first name Dennis. DOS.

Ternaghan,-ahan: rare: Belfast. Ir. ? *Mac Tighearnacháin*, perhaps a diminutive of *tighearnach*, lordly.

Ternan: rare: Fermanagh. Ir. *Mac Tighearnáin, tighearna*, lord. A sept of Breifne, more frequent as Mac Kiernan, q.v.

Terrington: rare: Belfast. English toponymic, but rare there.

Terrins: rare: Belast etc. See Torrens.

Terris: rare: Armagh. A patronymic of first name Terry, diminutive of Theoderic. Mainly Scottish.

Territt: rare: Dublin, Midlands. Perhaps a dimin. of Terry, q.v.

Terry: mod.nos.: Cork, Waterford etc. Anglo-Normans associated with Cork since 13 cent. The Irish is *Tuiridh*. This name can also stand for *Mac Toirealaigh,* see also Turley. MIF.

Teskey: rare: Rathkeale (Limerick) etc. Palatines, 18 cent. German name of Slavic origin. DSHH.

Tester: v rare: Dublin, Belfast. English nickname: from French *Testard* (big-head).

Teuton: rare: Belfast. Teuten is current in England: apparently a racial epithet.

Tevlin: rare: Meath etc. Ir. *Ó Teibhlin* (SGA). Derivation not clear. The name has been associated with N Leinster and S Ulster. MIF.

Tevnan: v rare: Mayo. As Tivnan. See also Tynan.

Tew: v rare: Newtownards (Down). English: 16 cent in Waterford. A toponymic, "meeting-place".

Thatcher: v rare: Donegal, Derry. English occupational: roofer. Also as Thacker.

Thackaberry: fairly rare: South East etc. A west of England name, associated with Wicklow in 17 cent. Also as Tackaberry. Relates to thatching. SI.

Thackway: v rare: Belfast. Habitational name from various places in N England.

Thallon: rare: Belfast, Cork. As Tallon, q.v.

Theobald: v rare: Derry etc. A Teutonic first name: "people-bold". Widespread in Europe.

Thewlis: rare: Dublin etc. English: nickname for ill-mannered person. Mainly in Yorkshire.

Thick: v rare: Lurgan. English: nickname: "stocky, thick-set". DSHH.

Thom: mod.nos.: E Ulster etc. Scottish, diminutive of Thomas.

Thoma: rare: Kenmare (Kerry). Polish, 20 cent. Derived from first name Thomas.

Thomas: numerous: Ulster generally, South East, Mayo-Galway. Usually of fairly recent immigration from England or Wales. The Biblical name is Aramaic, meaning "twin".

Thompson: v numerous: all areas, especially Ulster, Dublin, South East. One of the most numerous non-indigenous names, usually of English origin.

Thompstone: v rare: Limerick etc. Derived from placename in Norfolk. DBS.

Thomson: numerous: Belfast area, Down etc. Scottish.

Thorburn: v rare: Ulster. Scottish and N English: Teutonic name: Thor (the god) + warrior.

Thorn: v rare: Dublin. English: habitational name relating to a number of places with word "thorn".

Thornberry,-bury: mod.nos.: E Ulster, Dublin. English toponymic.

Thornburgh: rare: Dublin. Variant of Thornberry.

Thorne,-s: mod.nos.: Dublin, Louth, Belfast etc. English, probably from place-name.

Thornhill: mod.nos.: Dublin, Cork etc. English, 17 cent in Cork. From various places.

Thornley; v rare: Dublin. Toponymic from place in Lancashire: based on word "thorn".

Thornton: numerous: all areas, especially Connacht, Derry, S Ulster, N Midlands. This is a "portmanteau" English name for: *Ó Draighneáin, Mac Sceacháin, Ó Toráin*. The connection is: *draighean*, blackthorn; *sceach*, whitethorn; *tor*, a bush. MacLysaght remarks that some Thorntons in Limerick were 16 cent planters. See Drennan, Skehan.

Thorpe, Thorp: mod.nos.: Derry, Dublin, South East etc. English, meaning "farm" or "village".

Threadgold: rare: Dublin. English: occupational: "embroiderer". DOS.

Threlfall: v rare: Dublin etc. English habitatonal from place in Lancashire: "serfs' clearing". DOS.

Thielan: v rare: Clare. German: from first name Terry: see Terris

Throne: rare: Tyrone etc. This name is very rare in England: it appears to be a nickname.

Thuillier: rare: Cork, Dublin. A notable family of Kinsale since 17 cent, they were distinguished as boat-builders. The family tradition is that they were French Protestants though not appearing on lists of Huguenots (Appendix C).

Thurley: rare: Down. English toponymic from Bedford. DOS.

Thursby: rare: Antrim etc. English toponymic: "Thor's farm" in Cumbria.

Thurston,-an: v rare: Dublin etc. Habitational name from place in Suffolk: "Thor's stone".

Thynne: rare: Clare etc. Ir. *Ó Teimhin, teimhe*, gloom, darkness. A N Clare sept formerly appearing as O'Tyne. MIF.

Thunder: rare: Dublin. Ir. *Ó Tórna,Tundar*. A Norse name around Dublin from early times.

Thurlow: rare: Dublin. English toponymic from E Anglia.

Tibbie: v rare: Belfast etc. As Tibbs.

Tibbs: rare: Belfast. English: diminutive of first name Theobald. DBS.

Tickner: rare: Dublin. English toponymic: dweller at crossroads. DOS.

Tiedt: rare: Dublin. Of German origin, derived from first name Terry, see also Terris.

Tier: fairly rare. Dublin, Limerick. Variant of Mac Ateer, q.v.

Tiernan: numerous: all areas, especially Connacht and N Leinster. Ir. *Mac Tighearnáin*, diminutive of *tighearna*, lord. A sept of Breifne associated with O'Rourke: see Mac Ternan and Mac Tiernan. Another sept existed in Connacht, connected with O'Connor.

Tierney: v numerous: all areas, except Cork. In the north, they are numerous in Fermanagh-Tyrone-Derry. Ir. *Ó Tighearnaigh, tighearnach*, lordly. A number of septs existed: Mayo, W Meath, Donegal, but they have long been dispersed. IF.

Tiffney: rare: Portadown (Armagh). From Latin *Theofania* (manifestation of God). A first name given to children born on the feast of the Epiphany. DBS.

Tighe: numerous: Connacht, Cavan-Monaghan etc. Ir. *Ó Taidhg* (first name *Tadhg*, poet). A number of septs existed: Down, Wicklow, Roscommon, Clare. There is confusion with *Mac Taidhg*, a very common name known in Ulster as Teague. SI & MIF.

Tilbury: v rare: Dublin. English toponymic: from port on Thames, England.

Tilley: rare: Dublin etc. Ir. *Ó Taithligh* (see Tally). But it may be an English name in Dublin.

Tilman, Tillman: v rare: scattered. English occupational: "tiller", or "tiler".

Tilson: mod.nos.: Lisburn (Armagh), Cavan-Longford, Waterford etc. English: from medieval female first name Till. This name may be Jewish in some cases. DOS.

Timbs,-mms: rare: Sligo, Dublin. English: from old first name Timm.

Timlin: mod.nos.: Galway-Mayo, Donegal-Tyrone. Ir. *Mac Toimilín*, dimin. of Thomas. A family of Welsh origin who became gaelicised in Mayo. MIF.

Timmins: fairly rare: Dublin, Belfast etc. See Timmons.

Timmons: numerous: Dublin, Midlands etc. Ir. *Ó Tiomáin* (Wicklow), *Mac Toimín* (Mayo)- these latter being a branch of the Barretts in Mayo. MIF.

Timon: fairly rare: Dublin, Mayo etc. Ir. *Mac Toimín*. Dim. of Thomas. Related to the Barretts of Mayo. See Timmons.

Timoney: fairly numerous: W Ulster, Mayo etc. Ir. *Ó Tiománaí* ? haste. The name is associated with Donegal-Tyrone-Fermanagh. MIF.

Timpany: v rare: Armagh. Ir. *Mac an Tiompánaigh* (drummer). The name is associated with Down. See Tempany. MIF.

Timpson: rare: Dublin, Kildare etc. English, "Timm's son".

Timothy: fairly rare: Donegal, Galway etc. Ir. *Mac Tomaltaigh*. Septs in Roscommon and Oriel. See also Tumelty. MIF.

Tindall: rare: Sligo, Dublin. English: from Tynedale in N England.

Tingey: v rare: Dublin etc. Originating in Brittany, this name came via England and the Normans. It derived from St. Tanguy, a Breton holy man. DBS.

Tinkler: rare: Dublin, E Ulster. The Scottish term for tinker or itinerant; the name has been current in Scotland since the Middle Ages. Also in North of England. SS.

Tinman: rare: N Down. A variant of Tinkler, repairer of metal vessels etc.

Tinne: rare: Galway etc. Probably English from old first name *Tynni*. It is rare in England. But see also Thynne above.

Tinnelly: mod.nos.: Rostrevor (Down), Monaghan etc. Ir. ? *Mac an Tiompánaigh*. See Timpany. SI.

Tinneny: v rare: Cavan, Sligo. Possible variant of Tinnelly. MacLysaght could not find original.

Tinney: mod.nos.: Donegal-Derry-Tyrone, Sligo etc. Ir. *Mac an t-Sionnaigh*, from *sionnach*, fox. It has been anglicised Fox in some areas.

Tinsdale: v rare: Antrim. This name is current in Scotland: perhaps a variant of Tindall, q.v.

Tinsley: mod.nos.: N Down etc. English toponymic from Lancashire. Ir. ? *Ó Cinnsealaigh* (SGA).

Tinto: rare: Belfast area. A Scottish toponymic from Lanarkshire. SS.

Tipper: rare: Dublin, Wicklow. Originally English, the name has been in Kildare since 1300 and associated with native scholarship. SI.

Tippins: rare: Cork. Patronymic from Tipping, itself a diminutive of Tibb, i.e. Theobald.

Tipping: rare: Dublin. Diminutive of Tibb, q.v.

Tipton: v rare: Antrim etc. English toponymic from place in Staffordshire: "Tibba's farm".

Tisdall: rare: Fermanagh. Perhaps a variant of Teesdale, the place-name.

Titley: rare: Cork etc. English habitational name from place in Herfordshhire. DOS.

Titler: v rare: Armagh. English nickname: a gossip, tale-bearer. Rare in England, understandably.

Titterington: mod.nos.: Belfast area etc. Apparently an English toponymic.

Tivnan: fairly rare: Sligo-Leitrim etc. Ir. *Ó Teimhneáin*, perhaps from *teimhne*, gloom. A sept of N Connacht synonymous with Tynan; there was a separate group in Laois. Rarely Tivenan.

Tivy: v rare: Cork etc. The name is current in England: derivation not clear.

Toal: numerous: Ulster generally, especially East and Louth. Ir. *Ó Tuathail*, from first name *Tuathal*, ruler of people. A sept of Oriel (Monaghan etc) synonymous with O'Toole of Wicklow but separate.

Toan: rare: Belfast. This name was not found in Britain. It could well be indigenous.

Toase: rare: Down etc. This name is very rare in England

Tobia(s): v rare: scattered. This name is fairly common in England: from the Hebrew prophet.

Tobin: v numerous: all areas, especially South East. Ir. *Tóibín*. Arriving with the Invasion as St Aubyn, they settled in Kilkenny and Tipperary and became gaelicised. IF.

Tocher: v rare: N Down. A Scottish toponymic, from Scots Gaelic *tóchar*, a causeway.

Todd: numerous: mainly Ulster, especially East. The name is current in Scotland and England and is thought to derive from "tod", a slang name for "fox". See Todhunter. In Ulster in 17 cent. DOS.

Todhunter: v rare: Belfast. A name associated with North of England, meaning "fox-hunter".

Toft: rare: Dublin etc. English locative name relating to a croft or homestead. DBS.

Togher, Toher: mod.nos.: mainly Mayo-Sligo-Galway, Midlands etc. Ir. *Ó Tuathchair* (people-dear). There were two septs: one in Midlands, the other N Connacht. See also Tooher and Tougher.

Tohall: rare: Belfast. A variant of Tohill.

Tohill: mod.nos.: mainly E Derry. Ir. *Ó Tuathail*, from first name *Tuathal*, ruler of people. They were a sept of Derry. See Toal. MIF.

Tóibín: fairly rare: South East etc. Ir.Lang. See Tobin.

Tolan: mod.nos.: Dublin, Belfast, Galway-Mayo, Donegal. Ir. *Ó Tuathaláin* (see Tohill). A sept of Donegal who moved to Connacht in 1602, but see Toland.

Toland: fairly numerous: Derry-Donegal, Belfast etc in Ulster; Galway-Mayo in Connacht. Irish: *Ó Tuathaláin*, dimin. of *Tuathal*, ruler of people. Despite displacement in 17 cent, they are still well-represented in Ulster. There is also an English name, a toponymic from Somerset. MIF & DOS.

Toler, -ar: v rare: scattered. May be Ir. *Ó Talchair*(see Toleran) or, Anglo-Irish: toll collector.

Tolerton: rare: Lisburn (Antrim). The name is very rare in England: it appears to be toponymic.

Tolland: rare: Belfast. English toponymic from Somerset or variant of Toland, q.v.

*Tolleran: Ir. *Ó Talcharáin*, *Talchar*, stubborn. This name existed in Mayo in 19 cent.

Tolley: v rare: Bangor etc. English: probably from old first name of Teutonic origin. DSHH.

Tolmie: v rare: Bangor etc. Scottish: a name from the Western Isles: derivation not clear. SS.

Tolson, Toulson: v rare: Belfast, Down. Variants of Tomlinson from Lancashire. DBS.

Tolton: v rare: Larne etc. This name is very rare in England: apparently toponymic.

Tomilin: v rare: N Down. Ir. ? *Mac Toimilín*. See Timlin.

Toman: fairly numerous: Armagh-Down etc. Ir. *Ó Tuamáin*, possibly dimin. of *Tuaim* a rare first name. Originally from Tyrone. SGG.

Tomany,-iney: rare: Armagh etc. Ir. ? *Ó Tuamanaigh*, perhaps deriving from Toman above.

Tomas: rare: Mayo etc. Probably English: the name became very popular there after the Conquest.

Tomb,-e: fairly rare: Belfast area, E Derry etc. Variant of Thomas.

Tomelty: rare: Belfast, N Down. Ir. *Mac Tomaltaigh*. See Tumelty.

Tomkins: mod.nos.: mainly South East. English, dimin.of Thomas.

Tomlin: rare: Dublin. Another diminutive of Thomas.

Tomlinson: fairly rare: E Ulster, Dublin etc. See Tomlin. From English Midlands. DOS.

Tomney: rare: Tyrone, Dublin. As Tomany above.

Toms: rare: scattered. English: a patronymic of first name Tom (Thomas).

Tompsett: v rare: scattered. A diminutive of Thomas.

Toner: numerous: Ulster generally, Louth-Meath etc. Ir. *Ó Tomhrair*, from Norse first name *Tomrar*. They were a sept of Cineál Eoghain in Derry. MIF.

Tonery: rare: Galway. Variant of Toner, q.v.

Tone: rare: Dublin etc. English, 16 cent. The father of T. Wolfe Tone (1763-98) was a friend of Theobald Wolfe of Kildare, hence the son's name.

Toney: rare: Belfast etc. English: derived from first name Anthony. DSHH.

Tonge: mod.nos.: Dublin. English, 17 cent in Wexford. Now pronounced "tonj", it does in fact relate to the word tongue - perhaps a placename. MIF.

Tonks: v rare: Belfast etc. A diminutive of Thomas from English Midlands.

Tonner: v rare: Derry etc. Probably a variant of Toner, q.v.

Tonra: rare: Mayo, Longford. Variant of Toner, q.v.

Tonry: v rare: Sligo-Donegal. Also variant of Toner.

Toogood: rare: Belfast area. A name from Somerset - sounds ironical. DOS.

Tooher: fairly rare: N Tipperary-S Offaly. Ir. *Ó Tuathchair* (people-dear). This sept lived in Ely O'Carroll, which corresponds well with their present habitat. See Tougher.

Toohey: fairly rare: Tipperary etc. Ir. *Ó Tuathaigh, tuathach*, rustic. See Tuohy.

Tooke: v rare: Dublin etc. English: from old Teutonic first name: found in Norfolk.

Toolan,-en,-in: mod.nos.: Sligo-Roscommon etc. Ir. *Ó Tuathaláin*. See Tolan & Toland.

Toole: mod.nos.: Dublin, Belfast etc. Ir. *Ó Tuathail*. See O'Toole.

Toolis: rare: Achill (Mayo). A variant of Tolan, q.v.

Toombs: rare: Warrenpoint (Down) etc. Diminutive of Thomas.

Toomey: numerous: E Limerick-Clare-Tipperary etc. Ir. *Ó Tuama*, from first name *Tuaim* (GPN). This name is usually associated with Cork under the form Twomey, q.v.

Toorish: v rare: Tyrone: Ir. *Ó Tuairisc*, recte *Ó h-Uarghuis*. See Whoriskey & Tourish.

Tope: v rare: Derry. This name is very rare in Britain. It may be from first name Topp (forelock).

Topham: rare: Dublin. English toponymic, Yorkshire. "ram-place".

Topley: fairly rare: Tandragee (Armagh) etc. English locative name, "clearing for rams".

Toplis(s): v rare: Ulster. English: nickname: "top-lass", i.e. a libertine. Not very becoming.

Toppin,-on: v rare: Belfast etc. English: a nickname: a crest. First name Topp existed.

Topping: numerous: E Ulster etc. MacLysaght considers it a synonym of Turpin. It was recorded in Armagh in 1664. See also Toppin.

Torbitt: fairly rare: Belfast, Antrim. English. Reaney discusses this name under Turbitt.

Torley: rare: Newry etc. Ir. *Mac Toirdealbhaigh*. First name *Toirdealbhach*, "Thor-like".

Tormey: fairly numerous: W Meath-Offaly etc. Ir. *Ó Tormaigh*, from Norse first name *Thormodr*. Early records place it in Longford-Cavan. MIF.

Torney: mod.nos.: Belfast-Down. Ir. *Ó Tórna*. Apparently quite separate from Dorney, q.v.

Torpey,-py,-pay: mod.nos.: Clare-Limerick-Tipperary etc. Ir. *Ó Tarpaigh*. See Tarpey.

Torphy: v rare: Dublin. Probably a variant of Torpey.

Torrens,ans,-ance: numerous: Ulster generally. Ir. *Ó Toráin*. Torrance is common in Scotland but the native name is connected with Derry. MacLysaght remarks that tracing origins in this case poses particular difficulties. MIF.

Torrington: rare: E Ulster. The name is current in England though not numerous.

Torrie: rare: Waterford. Variant of Terry, q.v. Ir. *Tuiridh*.

Torris: rare: Dunleer (Louth). A variant of Terry or Ir. *Mac Toirdealbhaigh* (see Turley).

Torsney: fairly rare: Sligo etc. Ir. *Mac an t-Sasanaigh*. See Mac Atarsney. SI.

Tosh: mod.nos.: Derry etc. Scottish: abbreviation of Macintosh, q.v.

Totman: v rare: Galway. English: occupational: "watchman".

Totten,-on: numerous: Belfast and E Ulster etc. MacLysaght says this name was in Ulster in 17 cent. It is probably an variant of Thurston which may be English toponymic or patronymic. DSHH.

Tottenham: rare: scattered. English: 17 cent in Wexford. It comes from a placename in Middlesex.

Tough: v rare; Belfast etc. (1) An English nickname: no doubt about the meaning. Also as Towe. But (2) A Scottish toponymic from Aberdeenshire, Gaelic *tulach*, mound. DHSS & SS.

Tougher: fairly rare: Kildare etc. Ir. *Ó Tuathchair* (people-dear). See Tooher, Togher.

Toughey: rare: scattered. Ir. *Ó Tuathaigh*. See Tuohey.

Touhey,-hy: rare: Dublin and scattered. See Tuohey.

Tourish: v rare: scattered in Ulster. Ir. *Ó Tuairisc* which is a corruption of *Ó h-Uarghuis* (cold-force); an Ulster name occurring also as Horisk & Toorish, q.v.

Tovey: v rare: Belfast etc. English: from a Norse first name Tovi (nation-ruler). DBS.

Towe: rare: Belfast etc. As Tough above.

Towell: mod.nos.: Belfast-Antrim, Dublin-Meath. Ir. *Ó Tuathail*, i.e. synonym of O'Toole, q.v. Also, possibly, the English names Towle and Towell, both current there. DOS.

Towers: fairly rare: Dublin, Ulster. English: locative. It is fairly common in England. DOS.

Towey: mod.nos.: Roscommon-Mayo-Galway etc. Ir. *Ó Toghdha* (chosen). They were a sept of the Uí Fiachrach in Mayo. As Tuffy in Mayo. See also Teefy. MIF.

Towney: mod.nos.; Belfast, Down, Derry, Dublin. An English name from Lancs, 16 cent. SI.

Townley: mod. nos. : E Ulster etc. English habitational name from place in Lancashire. In Ireland since 16 cent. SI.

Townson: rare: Down etc. Patronymic derived from first name Thomas.

Townsend,-shend,Townend: fairly numerous: South East, Ulster generally. An English family associated with W Cork since 17 cent. See Castletownshend. SI.

Townsley: mod.nos.: Belfast etc. English toponymic from a place in Lancashire.

Toye: fairly rare: Derry etc. Ir. *Ó Toghdha* (see Towey). It may also be of English origin in some cases, being a nickname for a light-hearted person.

Tozer: rare: scattered. English: occupational: comber of wool. DSHH.

Tracey,-cy: numerous: all areas, especially Ulster, Midlands & South East. Ir. *Ó Treasaigh*, from *treasach*, warlike. There were septs in Galway, Cork, Laois & Fermanagh. These were dispersed at various times, but account for the present distribution. See Treacy. IF.

Trahan: v rare: Conamara.

Traill: rare: Antrim-Derry etc. A name from the north of Scotland. May be toponymic. SS.

Trainor,-er: numerous: mainly E Ulster. Ir. *Mac Thréinfhir* (strong man). A sept of Oriel (Armagh-Monaghan), which also occurs as Mac Creanor, q.v.

Trant: mod.nos.: Kerry etc. Ir. *Treamhant, Treant*. MacLysaght says it is of Norse origin. The family has always been associated with Kerry and has been distinguished in the Resistance. MIF.

Trapnell: v rare: Dublin. English: nickname from Old French *trop isnel*, too swift.

Trapp,-e: fairly rare: Midlands, Monaghan etc. English occupational name. DOS.

Traub: v rare: Belfast. German: occupational: wine grower. Sometimes Jewish.

Trautmann: v rare: Sligo. Apparently German: "dear man".

Travers: numerous: Ulster, Sligo-Roscommon, South East etc. Ir. *Ó Treabhair* (skilful), in Connacht; otherwise an English occupational name "toll-gate keeper". SI.

Trayers, Trayer: fairly rare: Galway, South East etc.

Trayhern(e): Derry, Dublin. Welsh: from first name "strong-iron". DSHH.

Traynor: numerous: S Ulster, Louth-Meath etc. Ir. *Mac Thréinfhir* (see Trainor).

Treacher: v rare: Belfast etc. English: nickname for tricky person.

Treacy: v numerous: all areas, especially South East. Ir. *Ó Treasaigh*. See Tracey.

Treadwell: rare: Midlands. English: occupational: a fuller (processing cloth).

Treanor: numerous: S Ulster, Louth-Meath etc. Ir. *Mac Thréinfhir*. See Trainor.

Tregaskis: v rare: Down. Cornish: from a placename in Cornwall.

Tregenna: v rare: Belfast. Cornish: habitational from placename.

Treharne: rare: Cork etc. As Trayherne.

Trehy: mod.nos.: Kilkenny-Tipperary etc. Ir. *Ó Troighthigh* (foot-soldier). A sept who were located in Tipperary; they also occur as Troy. The Troy family of Limerick City were of quite different origin, being Anglo-Normans. IF.

Trearty: rare: Donegal. Probably Ir. *Mac Muircheartaigh*, see Mac Murtry.

Tremer(s): v rare: Newry.

Tremlett: rare: Down. Anglo-Norman from place in Normandy.

Trench: fairly rare: Mayo-Galway etc. Ir. *Trínseach*. A Huguenot name, in Ireland early in 17 cent and a notable family.

Trenchard: v rare: Dublin etc. Derived from French *trenchant* (butcher), it is current in England.

Trenier: rare: Cavan, Down. The name Trenner exists in England, but we are left with a query.

Tresson: rare: Dublin. Not found in Britain.

Treston: fairly rare: Galway-Mayo etc. Very rare in England though it seems to be an English toponymic.

Trethewey: v rare: Bangor (Down). Cornish habitational: place: *tre + Dewi* (David's homestead)

Trevor: rare: Coleraine. Welsh: toponymic: "large homestead". Also an anglicisation of the Irish name *Ó Treabhair* from first name meaning prudent, industrious. Use as first name is modern.

Trevorrow: v rare; Belfast etc. Cornish: from placename meaning "ploughed land".

Trew: rare: Belfast. English locative name, "tree". Also "true", a nickname.

Trigg(s): rare: Cork etc. English: "faithful, trusty".

Trihy: rare: E Cork etc. Ir. *Ó Troighthigh*. See Trehy.

Trill: rare: Galway. English: this derives from French *treille,* lattice for vines. A kind of nickname.

Trimble: mod.nos.: Down-Armagh-Fermanagh etc. English, 17 cent in Ulster. This is variant of Trumble which comes from a Teutonic first name "strong-bold". The nickname Turnbull, with similar meaning may apply in some cases. This latter is common in Scotland.

Trimby: rare: Down. Habitational name from Westmoreland: "thornbush farm". DOS.

Trimm: v rare: Cork. Perhaps a toponymic from the town in Meath.

Trinder: rare: Cork etc. Probably an English occupational name.

Trindle: v rare: Cork. English: a locative name referring to a circle (stone, trees etc.)

Trinick: v rare: Belfast. This name is rare in England: no derivation to hand.

Tripp: v rare: Dublin. English: nickname for dancer or person with peculiar gait.

Tritten,-on: v rare: scattered. Current in England as Tritton: perhaps a toponymic.

Tritschler: rare: Waterford. Seems to be German: *tritt* is a footstep.

Trodden,-yn: rare: Down etc. Ir. *Ó Treodáin*, a name of Oriel (Armagh etc.). SGG.

Trohear: rare: Belfast area. Perhaps variant of Scots Traquair.

Trolan,-nd: rare: Derry etc. Ir. '? *Ó Truailleáin*, perhaps from *truaill*, a scabbard. The name has always been associated with Derry. SI.

Trollope: v rare: Dublin. English: habitational name from place in Northumbria. "troll valley".

Tronson: v rare: Dublin. English: metonymic: maker of cudgels or truncheons. DBS.

Troop: rare: Dublin. As Thorpe, q.v.

Trost: v rare: Dublin. German or Jewish: an epithet meaning "consolation" in German. DSHH.

Trotman: v rare: Dublin. This name is current in England: it probably refers to a messenger.

Trotter: mod.nos.: Ulster generally, Manorhamilton (Leitrim) etc. An English name from Northumbria: occupational, "messenger".

Troughton, Trouton: mod.nos.: Armagh etc. A habitational name from a place in Lancashire.

Troupe: v rare: Down. Scottish: from a place in Banffshire. SS.

Trousdale, -dell: rare: Bangor etc. See Truesdale.

Trout: rare: Athlone etc. A nickname relating to the handsome fish.

Trowell: rare: E Galway etc. Most likely an English toponymic from a place in Nottinghamshire.

Trowlen: v rare: Belfast.

Troy: numerous: Midlands, South East, Clare-Limerick-Tipperary etc. Ir. *Ó Troighthigh*, foot-soldier. A sept of Clare who migrated to Tipperary. However, the name has been associated with Limerick City since 1189, which indicates that they were Anglo-Normans there. In Irish they would be *de Treo*. Castletroy is *Caladh an Treoigh*. IF.

Trueick: rare: Belfast. Not found in Britain and the derivation is not clear.

Truelove: v rare: Sligo etc. A handsome name from Warwickshire, English Midlands.

Trueman: mod.nos.: Down-Tyrone etc. An English name from Cheshire.

Truesdale: mod.nos.: Down-Armagh etc. Apparently an English topomymic.

Trufelli: v rare: N Antrim. Italian: named from that sought after fungus, the truffle.

Trulock: v rare: Dublin. The name is found in England and may be nickname Trueluck.

Trumble: v rare: Sligo. See Trimble.

Trumper: v rare: Dublin. English: metonymic: trumpeter. DOS.

Trundle: rare: scattered. This name is current in England but no derivation has emerged.

Trunk: v rare: Dublin.

Tsang: mod. nos. : Dublin, Belfast etc.

Tubbert: rare: Dublin. Probably a variant of Tubrit, q.v.

Tubman: fairly rare: Fermanagh etc. English occupational, "cooper".

Tubrit,-itt,-rid: fairly rare: Wexford, Waterford etc. Ir. *Ó Tiobraide*, from *tiobraid*, a well. See also Tubridy.

Tubridy: mod.nos.: Clare etc. Ir. *Ó Tiobraide* (well). From an old first name; in spite of the locative sense, it has always been a patronymic and associated with Clare. MIF.

Tuck: rare: Dublin and scattered. An English name of Scandinavian origin; not to be confused with Tucker. DOS.

Tucker: fairly numerous: Dublin, Munster, Down etc. English, a fuller (of cloth). It may also stand for *Ó Tuathchair* in some cases. See Tougher. SI.

Tuckey: v rare: Dublin etc. This name is fairly common in England. Possibly ON *Tóki*, a bye-name.

Tuff: rare: Antrim. Possibly English habitational: hillock or clump of trees.

Tuffy: mod.nos.: Mayo-Sligo. Ir. *Ó Toghdha* (chosen). A branch of Uí Fiachrach in Mayo, they are also known as Towey, q.v.

Tuft,-s: rare: Down etc. English locative name relating to cluster of trees etc. DOS.

Tughan: rare: Belfast area etc.

Tuite: numerous: Cavan-Meath-Louth-W Meath etc. Ir. *de Tiúit*. Anglo-Normans who came in the Invasion and settled in W Meath. Also an anglicisation of *Mac Confhiaclaigh*, "toothy hound". SI.

Tuke: rare: Dublin, Belfast. A variant of Tuck, q v

Tulloch,-ock: rare: Belfast. A Scottish name from Orkney, but of Gaelic appearance: *tulach*, a small hill or mound, common in place-names. SS.

Tully: numerous: all areas: especially Cavan-Longford Meath Louth, Galway-Mayo and Belfast. The Irish is *Mac an Tuile, Ó Maoltuile*, (*tuile*, flood). They were hereditary physicians to the O'Connors and the O'Rourkes. See also Flood.

Tumbleton: v rare: Dublin. Apparently an English toponymic but very rare over there.

Tumelty,-ulty,-ilty: numerous: mainly Down, also Louth-Monaghan etc. Ir. *Mac Tomaltaigh, tomaltach*, bulky. There were septs in Roscommon and Monaghan. MIF.

Tumilson: rare: Belfast. This name seems to be very rare in Britain: no derivation has emerged.

Tummin,-on: rare: Fermanagh. Ir. *Ó Tuamáin* from early first name *Tuaim*. See Toman.

Tunnah: rare: Belfast, Dublin. Scottish. Possible habitational name: variant of Tunnock. SS.

Tunney,-ny: Mayo, Fermanagh, Midlands. Ir. *Ó Tonnaigh, tonnach*, wavy or glittering. They were part of Cineál Conaill, located in Sligo. SGG & SI.

Tunstead: rare: Dublin etc. English, "farm-stead".

Tuohy,-ey: numerous: southern half, particularly Clare-Limerick, Galway-Mayo. Irish is *Ó Tuathaigh,* from *tuathach*, a ruler. A sept of Uí Maine (S Galway). Also as Toohey and Touhey.

Tuomey: fairly rare: scattered. Ir. *Ó Tuama*. Variant of Twomey, q.v.

Tuppen: v rare: Bangor (Down). This name is current in England but no derivation has emerged.

Turbitt,ett: mod.nos.: Tyrone etc. Ir. *Torbóid* (SGA). From Anglo-Saxon first name *Torbert*. Woulfe describes it as an "old" name in Ireland; the location suggests 17 cent immigrants.

Turk: v rare: Belfast. Ir. *Mac Toirc*, a Scots Gaelic name from Galloway or, perhaps, an abbreviation of Turkington. SI.

Turkington: numerous: Ulster, mainly East. An English toponymic associated with Armagh in the 17 cent. Perhaps from placename in Cheshire or, a variant of Scots MacTurk. SI & DSHH.

Turley: numerous: Down-Armagh etc.in Ulster; Connacht etc. Ir. *Mac Toirdealbhaigh* (Thor-like). Sometimes changed to Terence or Terry.

Turnbull: mod.nos.: Belfast area, Tyrone etc. The name is common in Scotland and England and appears to be a nick-name: some one who "had a way" with bulls. See also Trimble.

Turner: numerous: evenly distributed all areas but greater numbers in Ulster. The name has been in Ireland since 15 cent with most coming in 17 cent from both Scotland & England. It has been gaelicised *Tornóir*. It is, of course, occupational.

Turney: rare: Down etc. English, from French place-name; so probably of Norman origin.

Turpin: fairly rare: Dublin, Cork etc. English, said to derive from Norse *Thor-Finn*. DBS.

Turtle: numerous: N Antrim etc. English, probably corruption of Norse *Thorketill*, which was current amongst the Normans. DBS.

Turton: rare: Antrim-Derry etc. English, "Thor's farm".

Turvey: rare: Antrim etc. English toponymic, "turf island".

Tuthill: fairly rare: Dublin and scattered. English: appearing at the Cromwellian settlement. It is a toponymic: "look-out hill". DOS.

Tushingham: v rare: Belfast etc. Apparently an English toponymic, no location found.

Tuson: rare: Bangor, Coleraine. English: patronymic from first name *Tuwe*. Found in Lancs.

Tuttle: rare: Clare-Limerick etc. English, 17 cent. Synonyous with Tuthill above.

Tutty: mod.nos.: Kildare-Wicklow etc. English, 17 cent. Perhaps *Ó Tuathaigh* in some cases.

Twaddell,-dle: rare: Belfast-Antrim. Scottish, corruption of Tweed-dale, which also occurs on the English side of the Border. SS.

Twamley: mod.nos.: Dublin etc. MacLysaght says it is an English toponymic, in Wicklow in the 18 cent. SI.

Tweed: fairly numerous: N Antrim etc. Scottish locative name.

Tweedale: v rare: Belfast. Scottish locative name: see Twaddell above.

Tweedy,-ie: fairly numerous: Belfast, Down etc. Scottish toponymic from Lanarkshire. SS.

Twells: v rare: Derry. A variant of Atwell, a toponymic: dweller by well.

Twibill: rare: Belfast.

Twigg,-e,-s: rare: Tyrone-Antrim etc. Probably English, "twig, shoot"; although it may stand for Ir. *Ó Cuaig*. See Quigg.

Twinem: mod.nos.: Armagh etc. Probably English, Twinham "between streams". DOS.

Twiss: rare: Kerry etc. English, 17 cent in Kerry. A locative relating to the fork of two streams; compare Ir. *gabhal*.

Twist: rare: scattered. See Twiss.

Twohig: numerous: mainly Cork City. Ir. *Ó Tuathaigh*. See Tuohy.

Twohill: v rare: Waterford etc. Ir. *Ó Tuathail*. Munster version of Toole, q.v.

Twomey: numerous: Munster, especially Cork. Ir. *Ó Tuama*, from *Tuaim*, an early first name. Originally a sept of Clare, they are mainly associated with Cork. Also as Toomey. IF.

Twyble: rare: Lisburn-Portadown (Armagh).

Twyford: rare: Dublin, Belfast. English toponymic, "double ford". DOS.

*Tydings: a very rare name: a peculiar anglicisation of *Ó Tuairisc*. Also as Tidings.

Tyers: rare: scattered. English occupational name from the Midlands represented by one family in Ireland who are notable for services to Irish culture.

Tyler: fairly rare: South East etc. English occupational name.

Tymlin: rare: Dublin. Ir. *Mac Toimilín*. See Timlin.

Tymon,-d: rare: Sligo-Leitrim etc. Ir. *Mac Toimín*. Dimin. of Thomas. They were a branch of the Barretts of Mayo. See also Timmons.

Tynan: numerous: all areas, especially Kilkenny-Laois-Tipperary. Ir. *Ó Teimhneáin, teimhne*, gloom. The sept originated in Laois but see also Tivnan. SI.

Tyndall,-ale: mod.nos.: Dublin, Kildare-Wicklow, Belfast etc. English, "vale of Tyne".

Tyner: fairly rare: Cork and scattered. This name is not in evidence in Britain.

Tyney: v rare: Bangor (Down). A variant of Tinney, q.v.

Tynne: v rare: Limerick. As Thynne, q.v.

*Tyquin: the name was in Offaly but no derivation has emerged. SI.

Tyrie: rare: Belfast area. A Scottish name from Perthshire.

Tyrell, Tyrrell: numerous: mainly Midlands. Ir. *Tirial*. Anglo-Normans associated with W Meath. An enduring family, notable in the Resistance. MIF.

Tyson: rare: Dublin etc. English, a nick-name "fire-brand". From Cumbria. DOS.

Tyther: rare: Kerry. Possibly connected with tithes and the collection of same.

Ubank: v rare: Wicklow etc. English toponymic: "hill of yew trees". See also Ewbank.

Uhlemann: rare: scattered. German : dim. of Teutonic first name *Ulrich*, prosperity + power. Also occurring as Ulemann, Ullmann.

Ultahan: v rare: Tyrone. Ir. ? *Ó h-Ultacháin*, diminutive of Ulsterman.

Underhill: v rare: Cork etc. A name common in English W Midlands, but identified with Devon.

Underwood: fairly rare: Wexford etc. English toponymic from places in Derbyshire etc.

Unger: v rare: Dublin. Central European: usually Jewish: referring to a person from Hungary.

Uniacke: rare: Cork etc. Ir. *Doinngeard*. An English name in Cork 14 cent. They were particulary associated with Youghal and were connected with the name Garde. Origin of name is vague. MIF.

Unkles: rare: Cork etc. From Norse first name: "wolf kettle". Very rare in England. DOS.

Unsworth: rare: Belfast area. From place-name in Lancashire.

Unthank: v rare: Tipperary. Formerly of Limerick. English nickname: "without leave". Refers to place where squatter settled and is found in a number of places in N England.

Unwin: rare: Belfast. English nickname, "un-friend", or possibly "bear-cub friend". DOS.

Uprichard: numerous: Belfast area, Armagh etc. Welsh: *ap Richard*; associated with Armagh. See also Pritchard.

Upton: mod.nos.: Limerick etc. English toponymic: associated with Cork from 17 cent.

Urell: rare: Dublin. Ir. *d'Oirghialla* (Oriel). Variant of Yourell, q.v.

Urey: rare: Lisburn (Antrim) etc. Scottish: probably from place-name in Ayr.

Urquhart: fairly rare: Belfast, Dublin etc. Scottish, from place-name in Inverness; though a territorial family, they were also a notable clan. SS.

Usher: mod.nos.: Midlands, Dublin, Belfast. Ir. *Uiséir*. Anglo-Normans, 14 cent. A family notable for churchmen and literati. John Ussher (1529-90) Mayor of Dublin, published the first book printed in Irish. MIF.

Ussher: fairly rare: Derry-N Antrim, Dublin, Belfast. As Usher above.

Uzell: rare: Dublin. English: of Norman origin from Old French *oisel*, bird. DBS.

*Vaddock: Ir. *Mac Mhadóc*. From Welsh first name *Madoc*, goodly. A branch of Mac Murrough of Leinster. The Welsh name Maddock is current in Wexford. SGG.

Vage: rare: N Down-Armagh. Name not found in Britain. Perhaps a variant of Fage which is a nickname meaning "flattery". DOS.

Vahey: mod.nos.: Mayo etc. Ir. *Mac a' Bheatha, beatha,* life. See Mac Veagh. SI.

Vail: rare: Derry, Dublin. English habitational: dweller in a valley. Also as Vale.

Valente: rare: Belfast, Dublin. Italian: from Latin first name *Valens* (strong).

Valentine: fairly numerous: Down, Fermanagh, Midlands etc. Ir. *Vailintín*. English: 18 cent, from first name Valentine, a Roman martyr. Associated with S Leinster.

Vallance: rare: Belfast area. English, from place-name in France. DBS.

Vallelly,-ey: fairly numerous: Armagh and adjacent areas etc. Ir. *Mac Giolla Bhearshúiligh*, the sharp-eyed one. (SGA). MacLysaght found it in Armagh in 17 cent as Mac Ilvallelly. See also Varley. SI.

Valliday: rare: Belfast. Not found in Britain: perhaps a variant of Vallelly.

Vallom: v rare: Dublin. This name is equally rare in England. It may be a variant Vallon (Vale).

Vambeck: v rare: Donegal. Possibly variant of Van Beek, toponymic: "of the stream".

Vance: numerous: Ulster generally etc. English, 17 cent. A locative name: "marsh". DBS.

Van den (der) Berg: rare: scattered. Dutch: "of the hill".

Van Esbeck (Eesbeck): v rare: Wicklow etc. Dutch. Perhaps "of the ash stream".

Van Gogh: v rare: Dublin. Flemish: "of the marsh".

Van Lonkhuyzen: v rare: Dublin. Dutch. ? "long house".

Van Scoy: v rare: Armagh etc.

Van (der) Veen: v rare: Limerick. Dutch: relating to a fen or marsh.

Vanston: rare: Dublin etc. English: a toponymic: farm of the marsh. Vanstone in England.

Vannan: v rare: Antrim etc. Reported by Black as Scottish: origin not certain. Now rare there.

Vannuci: rare: Bangor (Down). Italian, 20 cent. A diminutive of Giovanni (John).

Vard: rare: Dublin. A well-known Jewish family.

Varden: rare: Galway etc. Ir. *de Bheardún*. (Verdun in France). Anglo-Normans who came at the Invasion and settled in Louth and Limerick. SGG.

Vardy: v rare: Belfast etc.

Varian: rare: Cork etc. Ir. *Ó Bhioráin* (SGA). In Cork 17 cent. May relate to Anglo-Norman Waring.

Varley: mod.nos.: Galway-Mayo etc. Ir. *Mac an Bhearshúiligh*, (the sharp-eyed one). MacLysaght is less than enthusiastic about this version but does not offer any other. See also Vallelly. SGG & MIF.

Vasey: v rare: Belfast. (1) variant of Mac Veigh, q.v. (2) English, from French *envoisé* (merry). See also Vesey.

Vaugh: rare: Belfast-Down. Ir. *Mac a' Bheatha* (see Mac Veagh). A name associated with Leitrim. It could also be an English name for which see Waugh.

Vaughan: numerous: all areas, especially Munster. Ir. *Ó Mocháin, Ó Macháin*. A sept of S Galway, sometimes called Mahon. Vaughan is also a common Welsh name: *fechan* (small) and no doubt occurs to some extent in Ireland. Ballyvaughan should be *Baile Uí Mhacháin*. SI

Vaughey: rare: Drogheda (Louth). See Mac Veagh.

Vauls: rare: Coleraine (Derry) etc. Probably Scottish and synonym of Vail, q.v.

Vaux: v rare: Belfast, Dublin. Habitational: one living in valley. Cognate with Wall.

Vavasour: rare: Dublin. English: "feudal tenant next below a baron". DBS.

Veale: mod.nos.: Waterford etc. Ir. *de Bhial*. A Norman name from the Invasion and long associated with Waterford. The synonym Calfe was formerly used. MIF.

Vecchio: v rare: Dublin etc. Italian: a nickname: the old man.

Veighey,-hy: rare: Belfast. Ir. ? *Mac an Bheatha*. See Mac Veigh.

Veitch: mod.nos.: Fermanagh, Down etc. A Scottish name derived from French *vache*, so of Norman origin. In Fermanagh and Cavan 17 cent. SI.

Veldon: rare: Mayo. Variant of Weldon, q.v.

Vella: rare: Dublin etc. Italian: perhaps a nickname "hairy", or "satin" (fine clothes).

Venables: rare: Dublin etc. English: from place-name in France.

Venn: v rare: Cork. Variant of Fenn, q.v.

Venney: rare: Down. Probably as Venn and Fenn.

Vennard: mod.nos.: Armagh-Down etc. Variant of French *Guénard*. Teutonic: *Wan-hard*, hope-hard. Perhaps of Huguenot origin.

Venton: v rare: Fermanagh. As Fenton: marsh settlement.

Verdon: fairly rare: Dublin and scattered. Ir. *de Bheardún*. See Varden.

Vereker: fairly rare: S Kilkenny, Limerick. A Dutch name, in Limerick 17 cent. SI.

Verity: v rare: Belfast etc. Nickname for truthful person or pageant role. Yorkshire.

Verling: fairly rare: mainly Cóbh (Cork). Ir. *Feoirling*, from Anglo-Saxon first name *Feorthling*. Long associated with Cork.

Verner: mod.nos.: Tyrone-Antrim and Ulster generally. Scottish: possibly as Warner.

Verney: v rare: Midlands etc. English: from placename in France. Also as Varney.

Vernon: mod.nos.: Belfast, Dublin, Louth etc. An Anglo-Norman name from French placename

Verrecchia: v rare: Dublin. Italian: perhaps connected with *verro*, wild boar.

Verschoyle: rare: Dublin. Of Netherlands origin.

Verschur: v rare: Belfast etc. Dutch and German: relating to a tithe-barn. May be Jewish also.

Verso: rare: Dublin.

Vesey: mod.nos.: mainly Achill (Mayo) also Longford etc. An Anglo-Norman name from *envoisié,* playful. However, in Mayo, it is thought to be a variant of Mac Veigh, q.v.

Vial, Viel: v rare: Donegal etc. English version of Vitale, Italian medieval first name.

Viali: v rare: Dublin. Italian variant of Vitale above.

Vickers,-ars: mod.nos.: Wicklow, Dublin, Belfast etc. English, from the clerical office and probably signifying the vicar's servant, or even his son. DBS.

Vickery: fairly rare: Cork. English: a form of Vickers from Devon. In Cork 17 cent.

Victory: mod.nos.: Longford etc. Ir. *Mac Anabadha* (perhaps *anabaidh*, pre-mature). Confused with *Mac na Buadha (buadh*, victory). An extreme example of anglicisation gone wrong.

Vient: v rare: Lisburn etc. As Vint, q.v.

Vig, Vij: rare: Derry etc. Indian: perhaps Sanscrit *Vijay*, victory. A name from the Punjab.

Vignoles: rare: Dublin etc. English: of French origin: relating to wine-making.

Vigors: v rare: Wicklow. English: nickname for sturdy person.

Villa: rare: Derry. Italian: from Latin: one living in settlement as opposed to countryside.

Villiers: rare: Armagh, Cork etc. English: from French place-name. Associated with Limerick.

Vince: rare: Dublin, Belfast. Abbreviated form of first name Vincent.

Vincent: mod.nos.: Belfast, Dublin etc. English, in Limerick 17 cent. From first name meaning "conquering". This name may be an anglicisation of *Mac Dhuibhinse*, otherwise Mac Avinchy.

Vine(s): rare: Dublin etc. Relating to wine-making.

Viney: v rare: English: another member of the wine trade.

*Viniter: an Anglo-Norman name meaning vintner.

Vint: fairly rare: Belfast area. Scottish origin: quoted as Wint by Black, now very rare.

Vinters: v rare: Belfast. Usually English: (1) vintner, or (2) nickname "gloomy".

Virgo(e): rare: Dublin, Cork. English: perhaps a pageant name.

Virtue: rare: Tyrone etc. Scottish and English: nickname or pageant name. Moral worth.

Viscarro: v rare: Dublin. Italian: a botanical name: mistletoe.

Visser: v rare: Dublin etc. Dutch etc. Occupational: fisherman.

Vivash: v rare: English: epithet: lively (French *vivace*).

Viz(z)ard: v rare: Mayo. Usually Scottish from Norman Guiscard, "hardy + wise".

Vize: rare: Belfast area. English: "dweller by the boundary". Formerly in Limerick.

Voakes: v rare: Dublin. As Vokes below.

Voce: v rare: Belfast. English: relating to "valley", see Vaux.

Vogan: fairly rare: Belfast-Portadown etc. Scottish (perhaps from English place-name). See also Wogan. Vogan is now very rare in Scotland. SS.

Vogel,(al): rare: Dublin, Kerry. German and Dutch: a bird-catcher. DSHH.

Voigt: v rare: Kildare etc. German: occupational: bailiff or farm manager.

Vokes: fairly rare: Belfast area and scattered in south. English: variant of "folk", people, but arising from some Teutonic first name beginning with *Volk*. DSHH.

Voss: v rare: Cork. English, variant of Foss, locative, a ditch, bank. From Devon. DOS.

Vowles: v rare: Down etc. English, variant of Fowles (bird). From Somerset. DOS.

Voyce: v rare: Belfast etc. Variant of Voce and Vaux, q.v.

Voyles: v rare: Dublin. Welsh: a nickname: *foel*, bald. DOS.

Wachman(n): v rare: Dublin etc. German etc. Equivalent of English Wakeman, i.e. watchman.

Waddell: fairly numerous: E Ulster, Dublin. Scottish, in Ulster 17 cent. Place in Mid-Lothian.

Wadding: fairly rare: Waterford-Wexford etc. Ir. *Uaidín*. A noted Anglo-Norman family who settled in Wexford at the Invasion. Prominent as churchmen in 17 cent. MIF.

Waddington: rare: Dublin etc. English toponymic from Yorks-Lancs.

Wade: numerous: all areas, especially Ulster and South East. Ir. *Mac Uaid*, which applies to S Ulster, elsewhere the name is Anglo-Norman, present in many areas since 13 cent. OE first name: *Wada*.

Wadsworth: fairly rare: Belfast area. "Wada's home". An English toponymic from Yorkshire.

Wady,(-ey): v rare: Armagh etc. English: probably the OE first name *Wada*, as Wade above.

Wafer: mod.nos.: Wexford etc. An English name (maker of Eucharistic wafers): in Ireland 13 cent. Associated with Wexford 16 cent. MIF.

Wagner: fairly rare: Cork etc. Jewish: of German derivation: "carter".

Wagstaff: rare: Wexford etc. English: "brandish weapon". DOS.

Waid(e): mod. nos.: Belfast, Antrim etc. As Wadey above; also toponymic: "at the ford".

Wainwright: rare: Belfast area etc. English occupational name, "wagon-maker".

Waite(s): mod.nos.: Belfast-Down-Antrim etc. Scottish occupational: "watchman".

Wakefield: rare: Cork etc. English: "field for festival". DOS.

Wakelin: v rare: Belfast etc. English: double dim. of AS first name *Walho*. DOS.

Wakely: rare: Belfast area etc. Cognate with Wakefield.

Walby: rare: Belfast. English: toponymic: farm on the (Roman) wall; or "on the wold". DOS.

Walden: rare: scattered. English toponymic: valley of the foreigners (in this case, the Britons or Welsh, the indigenous inhabitants!).

Walder,Wallder: v rare: Antrim etc. English habitational: forest dweller. *Wald*, a wood.

Waldmann: v rare: Belfast. Evidently German, it may be Jewish. "Woodsman".

Waldron: numerous: all areas, especially Galway-Mayo-Roscommon. Ir. *de Bhaldraithe*. The name has developed from patronymics adopted by Anglo-Normans. See also Wellesley.

Wales: rare: Ballymoney (Antrim). English name meaning "foreign". The Welsh, for instance!

Walker: v numerous: all areas, especially Ulster. English occupational, in cloth processing.

Walkin: fairly rare: Ballina (Mayo) etc. This is probably also connected with cloth manufacture.

Walkingshaw: rare: Belfast-Down etc. Scottish from place-name in Renfrewshire.

Walkington: rare: Belfast-Antrim. English toponymic: current in England.

Wall: numerous: all areas, especially South East and Ulster. Anglo-Norman *de Valle*, gaelicised *de Bhál*. Notable in Connacht and Limerick. MIF.

Wallace: v numerous: all areas, particularly E Ulster. Ir. *de Bhailís*. *Le Waleis* was the Norman term for a British Celt, both Welsh and Strathclyde Briton. The name is mainly Scottish, hence the strong presence in Ulster. In the south, they may be Cambro-Normans and synonymous with Walsh. See Wallis. SI & DBS.

Waller: mod.nos.: Louth-Meath, Limerick-Tipperary-Kerry. English, in Limerick 17 cent. SI.

Walley: fairly rare: Cork etc. English: from place-name in Lancashire.

Wallis: mod.nos.: Kilfinnane (Limerick), South East, Derry etc. As Wallace, q.v.

Wallwin: rare: Belfast, Portadown (Armagh). English: probably from Teutonic first name. DBS.

Walmsley: mod.nos.: Fermanagh, Derry etc. English toponymic from Lancashire.

Walnutt: v rare: Dublin etc. This name is very rare in England – perhaps it is a nickname.

Walpole: mod.nos.: Dromahair (Leitrim), Limerick and scattered. An English toponymic from Norfolk; in Ireland 18 cent. SI.

Walsh,-e: v numerous: (4th most common) all areas, especially South East. Ir. *Breatnach*, Welsh. A name common amongst the Norman invaders, many of whom came from Wales. It was not attached to any particular sept. Also as Welch & Welsh. IF.

Walter,-s: mod.nos.: E Ulster, Dublin, South East, Limerick City. English: from Norman first name. See also Mac Walter.

Walton: mod.nos.: E Ulster, Kilkenny etc. An English toponymic present in Ireland 13 cent. Notable in the person of E T S Walton (1903-95), pioneer nuclear scientist and Nobel prize winner.

Wamsley: rare: Bangor etc. As Walmsley, q.v.

Wan: v rare: Portadown etc. Chinese. A fairly unusual Chinese name. Meaning not determined.

Wang: v rare: Belfast. Chinese. A famous name not just for computers but for poets!

Wann: rare: Dublin. English epithet name, "pale".

Wansboro,-ough: rare: Dublin. This name is rare in England but must be toponymic.

Warburton: rare: Belfast area etc. English toponymic. This name was assumed by an *Ó Mongáin* of Tyrone, who subsequently became a bishop of the Church of Ireland in 18 cent. The family were associated with Offaly. MIF.

Warby: rare: Offaly. This name is current in England: perhaps meaning "guard-wood".

Ward: v numerous: all areas, especially Connacht. Ir. *Mac a' Bháird* (son of the bard). Although this name is current in England, Irish Wards are mostly indigenous. Some were hereditary bards attached to the O'Donnells in Donegal and the O'Kellys in Galway. IF.

Warde: mod.nos.: Galway etc. Variant of Ward.

Wardell,-dle: rare: scattered. English toponymic, "vale of Wear". DOS.

Warden: mod.nos.: E Ulster. English occupational name, "guard".

Wardick: rare: Dublin etc.

Wardlow, Wardlaw: fairly rare: Belfast, Dublin etc. English toponymic, "look-out hill".

Wardrop: rare: Dublin etc. English occupational, "wardrobe".

Ware: fairly rare: Dublin, Cork etc. English, 16 cent. Sir James Ware (1594-1666), the antiquarian, was born in Dublin. Also as Weir. MIF.

Warfield: rare: Dublin etc. English toponymic from Berkshire.

Waring: fairly numerous: Belfast area etc. Anglo-Normans, from first name Warin; in Ireland 13 cent. However, Waringstown in Down is more correctly Warrenstown founded in 1666. SI.

Warke: fairly numerous: Derry-N Antrim etc. English: from place in Northumbria. Associated with Derry and Donegal since 17 cent.

Warmington: rare: Belfast area, Armagh, Fermanagh. English: from various place-names.

Warner: fairly numerous: Munster, Galway, scattered in Ulster. An English name appearing in Cork in 17 cent. Derived from Teutonic first name *warin* + *heri* (guard-army). Norman origin. SI.

Warnock,-ecke: numerous: Ulster generally and scattered in south. Ir. *Mac Giolla Mhearnóg* (devotee of St Mearnóg). Originating in Down, the name also exists is Scotland, connected with the Grahams, and more accurately as Mac Ilvernock. SGG & SS.

Warr: v rare: Down. English: from the French *de la Guerre*, (Norman *werre*). Presumably a military man. Whence also the U.S. state of Delaware.

Warren: numerous: E Ulster, South East, Cork etc. Ir. *Bharain* generally but *Ó Murnáin* in S W Munster. Derivation of English name may be *de la Varenne* (French place-name).

Warrington: fairly rare: Fermanagh etc. English toponymic.

Warwick: fairly numerous: E Ulster. English toponymic.

Washington: rare: Leitrim etc. Probably from place-names in Durham and Sussex. DBS.

Wasson: fairly numerous: N Ulster. Scottish, variant of Watson.

Watchorn: mod.nos.: South East, especially Wexford. English locative, "guard-house". DOS.

Waterhouse: rare: Dublin etc. English locative, "house by the water".

Waterman: rare: Cork, Belfast. English: occupational: water-carrier etc., from Kent. DOS.

Waters: numerous: all areas, especially Midlands & Connacht. An English name appearing in 17 cent; but it also stands for a number of indigenous names: *Ó Tuairisc, Ó Fuaruisce, Ó h-Uarghuis, Mac Con Uisce*. See also Coldwell. MIF & SGG.

Waterson: rare: Belfast area. A Scottish name, apparently toponymic. Also English, Walter's son. SS & DBS.

Waterstone: rare: scattered. In England, Waterston: perhaps a normal toponymic.

Waterworth: mod.nos.: Belfast area, Armagh etc. English, "water enclosure".

Watkins: fairly numerous: Belfast, Dublin, Derry etc. English, 17 cent. Dimin. of Walter.

Watson: v numerous: all areas, particularly E Ulster, Derry. English: "Walter's son". The name is also Scottish and can stand for *Mac Bhaididh*, otherwise Mac Whattie. SI & SS.

Watt,-s: numerous: mainly Ulster. Primarily a Scottish name, dimin. of Walter.

Watters: numerous: mainly Ulster, also N Leinster, Galway, Sligo. Variant of Waters, i.e. another version of first name Walter. Those of Connacht probably indigenous (see Waters above).

Watterson: numerous: Derry etc. Another "Walter" derivative.

Watton: mod.nos.: E Derry-N Antrim. English: from a number of place-names. DOS.

Watty: rare: Belfast. As Watt, q.v.

Waugh: mod.nos.: Cork & scattered. A name from the Scottish Borders (O.E. *walh*, foreigner). In Ireland 17 cent. SI.

Wauchope: rare: E Donegal-W Tyrone. Scottish toponymic from Dumfries.

Way: rare: scattered. English locative, "road". DOS.

Waycott: v rare: Ards (Down). English: (living at) wayside cottage. Belongs to Devonshire.

Wayne: v rare: Dublin. English occupational name for a carter.

Wayte: rare: Dublin, Dundalk etc. As Waite, q.v.

Weadick, Weadock: fairly rare: Dublin,Wicklow, Carlow. Ir. *Mac Mhadóc*. From Welsh first name *Madoc*, good. Evidence of the Welsh participation in the Invasion.

Weafer: mod.nos.: mod.nos.: Dublin etc. English: "weaver".

Weakley: v rare: Belfast. English toponymic: "wych-elm wood" in Northamptonshire. DOS.

Weare: v rare: Coleraine etc. English habitational: "at the weir" (a fish-trap).

Wearen: fairly rare: Dublin. Variant of Waring, q.v.

Weatherall: mod.nos.: Belfast area, Armagh etc. English place-name from wether, a male sheep and halh, a nook or river-meadow. DOS.

Weatherhead: rare: Larne (Antrim) etc. English, "herder of wethers". Also as Weathered.

Weatherup: mod.nos.: Carrickfergus (Antrim), Down etc. The name is rare in England. It appears to be toponymic.

Weaver,-s: rare: Derry, Down etc. English occupational name, mainly Midlands.

Weaving: rare: Belfast etc. This name is current in England but fairly rare. Similar to Weaver.

Webb: numerous: all areas, mainly Ulster. English occupational "weaver". Also as Weafer and Webster, q.v.

Webber: rare: Belfast area. Synonym of Webb.

Webberley; v rare: Kildare etc. Apparently a weaver attached to a place (clearing or wood).

Weber: rare: Dublin, Cork etc. This is the German equivalent of Webber, also meaning "weaver". However, it may be a variant of the English in some cases.

Webster: numerous: some in all areas; mainly South East, with Dublin & Belfast of course. This is the feminine form of "weaver". In Ireland 17 cent.

Wedderburn: v rare: Belfast. English toponymic: "wether stream".

Wedge: rare: Belfast-Down. This name is current in England: the derivation is uncertain.

Wedlock: rare Antrim etc. This name is unconnected with marriage! It is an English locative probably meaning "wide stream". DOS.

Weekes,-ks: mod.nos.: Antrim, Belfast etc in north; E Limerick, Wexford etc. in south. This English name is derived from *wick*, a home or hamlet (very like Irish *baile*) and it is associated with Devon.

Wehrly,-ey: rare: Sligo etc. A variant of Warner, but of continental origin, probably Swiss.

Weily: v rare: Galway etc. Probably a variant of Wyley, q.v.

Weiner: rare: Maghera (Derry) etc. Central European: related to the wine trade. Usually Jewish.

Weiniger: v rare: Belfast etc. Another version of the wine people of German origin. Again this name is most likely to be Jewish. Becoming a people who understand the proper use of this gift of God.

Weinmann: rare: Dublin, Belfast. Related to wine: often a Jewish name. See above. DSHH.

Weir: numerous: all areas except Cork but mainly E Ulster. Ir. *Mac an Mhaoir, maor*, a steward; in Ulster: *Ó Corra,* (from *corra*, a spear, not *cora*, a weir). Many Weirs came from Scotland in 17 cent and Black considers the name to be of Norman origin with the possibility of a Scots Gaelic element similar to the Irish name above. SS & SI.

Weise: rare: Kerry etc. German: nickname: "wise".

Wejchert: v rare: Dublin. Seems to be a Polish version of Teutonic first name "war-brave".

Welby: mod. nos.: Galway, Donegal. Ir. *Bheilbi*. An English family who became gaelicised in the west. Originating in Lincolnshire, a toponymic: "farm by the spring". Reversal of the usual trend.

Welch: mod.nos.: Belfast area, Cork etc. See Walsh.

Weld: rare: Kildare. A family famous in horse-racing - dear to the Gael. As Wald (wood).

Weldon: numerous: Dublin, Cork, Antrim, Midlands, Waterford etc. English who settled in Louth and Meath 14 cent. In 17 cent further settlers came to Midlands. Also as Veldon and Belton. Ir. *de Béalatún* and *Ó Mhaoldúin* (in Fermanagh). Riobard Bheldon (1838-1914), poet, celebrated the beauty of the Comeragh Mountains in mellifluous Gaelic. MIF & SGA.

Weldrick; v area: Dublin. English habitational from place in E Yorkshire. Now rare in England.

Welland: v rare: Dublin etc. This name is current in England: probably a place "well-land".

Wellard: v rare: Belfast. Probably from Teutonic first name: *Wilheard*, will + brave.

Weller: rare: Belfast area. English, "dweller by the spring".

Wellington: v rare: Dublin etc. Habitational from town in Shropshire; there are two other places.

Wells: fairly numerous: E Ulster etc. An English name which is locative and toponymic; it has occurred in Ireland since 13 cent but the Ulster numbers indicate 17 cent settlement.

Wellwood: fairly rare: Belfast, Midlands etc. A Scottish name from Fife. SS.

Welsby: rare: Down etc. Probably an English toponymic.

Wellesley: v rare: Offaly etc. Anglo-Normans who settled in Meath 1174. They adopted the Irish patronymic *Mac Bhalronta*. The Duke of Wellington (1769-1852) was a member of this family. See Waldron. MIF.

Welsh: fairly numerous: mainly Belfast area. Perhaps a particular immigration from Wales. See Walsh above.

Welshman: rare: Down etc. See Welsh.

Welstead: v rare: Cork. English toponymic: dweller by the well. DBS.

Welton: rare: scattered in Ulster. "Farm by spring". DOS.

Wemyss: fairly rare: South East. A Scottish toponymic which has occurred in Leinster since 14 cent. See also Weymes.

Wenlock: rare: Tyrone. English toponymic: a place in Shropshire: Welsh: "white abbey". DOS.

Wensley: rare: Derry etc. English toponymic.

Werner: rare: Dublin etc. German version of Warner: a Teutonic first name: "guard + army".

Wesley: rare: Belfast. This famous English name is more common as Westley, itself a very common placename: "western wood".

West: numerous: Fermanagh and Ulster generally; scattered in south. An English nick-name.

Westby: rare: Sligo etc. English, "western farm". Places in Lancs etc.

Western: v rare: Belfast. A name belonging to Devonshire: "from the West"; errant Celts?

Westman: rare: Laois etc. In England, referred to an Irishman.

Westlake: rare: Leinster,Down. English "west of lake". Occurs in Devon.

Weston: mod.nos.: Belfast area, scattered in south. This name occurred in mediaeval times but most came in the plantations of 17 cent.

Westropp: v rare: Limerick etc. An English toponymic associated with Limerick since 17 cent. Thomas J Westropp (1860-1922) was a noted antiquarian. IF.

Westwood: v rare: Galway etc. Habitational from numerous places in England.

Wetherall: rare: Belfast area, Dublin etc. English locative "nook for wethers". From Yorkshire.

Wethers: rare: Armagh-Down. Presumably a nick-name "sheep".

Weyman: v rare: Down etc. English: from Teutonic first name: "battle-protector". DOS.

Weymes: fairly rare: Dublin & Midlands. A Scottish name long associated with Leinster. See also Wemyss.

Whalen: v rare: Tipperary. As Whelan, q.v.

Whalley, Whaley: mod.nos.: Fermanagh, Belfast, scattered in south. English toponymic, "clearing by hill" and a place in Lancashire. DOS.

Whan,-nn: mod.nos.: Down, Antrim etc. Scottish, an abbreviation of Mac Whan which is an anglicisation of *Mac Shuibhne,* which is usually Mac Queen. SS.

Wharry: mod.nos.: Antrim. Scottish: an abbreviation of Mac Quarrie, q.v. It is Scots Gaelic *Mac Guaire*, from Irish first name *Guaire*, meaning "noble". SS.

Wharton: Down, Limerick-Kerry etc. Ir. *Ó h-Arrachtáin, arrachtach*, mighty. The Irish name pertains to Munster. Otherwise an English toponymic found in East Anglia.

Whateley, Whatley: rare: Louth-Meath, Belfast. English, from Wiltshire: "wheat field".

Whealen: v rare: Dublin. See Whelan.

Whearity: rare: Dublin. Ir. *Ó Faghartaigh* (spirited). Originally of Uí Fiachrach, Mayo.

Whearty: rare: Meath-Louth etc. Ir. *Ó Faghartaigh* (as Whearity). See also Faherty.

Wheatley: mod.nos.: Dublin, Belfast, Antrim, Midlands etc. English toponymic. DOS.

Wheeler: mod.nos.: Laois-Tipperary-Limerick-Kerry etc. An English occupational name, in Ireland 17 cent in Kilkenny and Laois.

Wheelock: rare: Wexford. This name is rare in England: the derivation is not certain.

Whelan: v numerous: all areas, especially South east and Munster. Ir. *Ó Faoláin, faol*, wolf. A sept of the Decies, Waterford; *Ó Faoláin* was the first chief to fall resisting the Invasion in 1169. See also Phelan. IF.

Whelehan,-ahan: fairly numerous: S Midlands etc. Ir. *Ó Faoileacháin, faoileach*, joyful. A name associated with W Meath. SGG.

Whelton: mod.nos.: mainly W Cork. Ir. *Ó h-Uallacháin, uallach*, proud. A variant of the more usual Houlihan, q.v.

Wherity: rare: Dublin. Ir. *Ó Faghartaigh*. See Whearity.

Wherry: rare: Belfast etc. Probably a variant of Wharry and MacQuarrie: Scots Gael. *Mac Guaire*.

Whigham: v rare: Down. Variant of Wickham. It seems that this was an Anglo-Saxon term for a Romano-British town: Latin *vicus* (a row of houses). A very common placename. DSHH.

Whincup: v rare: Donegal etc. This name is found in England but no derivation has emerged.

Whinnery: rare: Belast, Tyrone etc. A toponymic from Cumbria.

Whiriskey: rare: S Galway. Probably variant of Whoriskey, q.v.

Whisker: rare: Belfast area, Dublin etc. Perhaps a corruption of Wishart, q.v.

Whistler: v rare: Dublin. English occupational: perhaps a flautist.

Whiston: rare: Dublin, Belfast. The name is current in London - evidently an English toponymic.

Whitaker: mod.nos.: Dublin, Cork, Belfast. English: "white acre". In Drogheda 1305 and subsequently in Meath and Louth. See Whittaker. MIF.

Whitall: rare: Belfast. Another "White" toponymic: in this case "white hall".

Whitbread: v rare: Antrim. This well-known name probably refers to a baker (of white loaves).

Whitcroft: rare: E Ulster. An English locative name "wheat croft" from Devon.

White: v numerous: all areas, E Ulster, Leinster, Limerick etc. Ir. *de Faoite*. An English nick-name, "fair" analogous to Irish *bán*, which it sometimes replaces. In Ireland 13 cent, they appear on Limerick Corporation in 1213. See also Whyte. IF.

Whiteacre: v rare: Dublin. See Whitaker.

Whiteford: rare: Antrim-Down. Scottish, place in Renfrew.

Whitehead: mod.nos.: Down, South East etc. English nick-name.

Whitehouse: rare: Antrim, Cork etc. English locative name.

Whitelaw: rare: Down, Midlands. Scottish "white hill" from various places.

Whiteley: rare: Antrim, Cavan etc. See Whitley.

Whiteman: rare: Ulster generally. English, "fair man".

Whiteside: numerous: E Ulster, Derry, Fermanagh, Dublin etc. English, 17 cent.

Whitfield: rare: Dublin etc. English: from many place-names.

Whitford: mod.nos.: E Ulster, Cork, Midlands. As Whitfield above.

Whiting: v rare: Cork etc. A patronymic of White: White's son etc.

Whitla: mod.nos.: mainly Belfast area. A variant of Whitley in Ulster.

Whitley: mod.nos.: Belfast, Fermanagh-Cavan, Cork etc. An English toponymic associated with Fermanagh. From various places but particulary W Yorkshire.

Whitmarsh: v rare: Dundalk. English toponymic: "dweller by the white marsh".

Whitmore: rare: Wexford-Carlow etc. English place-name "white moor". 17 cent in Wexford.

Whitney: mod.nos.: Dublin, Midlands etc. English toponymic known in Leinster 14 cent. The gaelicisation is *de Fuitnigh*. SI.

Whitsitt: rare: Ulster generally. Not found in Britain, but probably base on "white".

Whitson: rare: Dublin. English "son of White".

Whittaker: mod.nos.: Dublin, Belfast, Fermanagh, Midlands etc. See Whitaker.

Whitten,-on: fairly numerous: Belfast, Down-Armagh, Wexford etc. English toponymic, in Dublin 16 cent, later in Armagh. SI.

Whittendale: rare: Fermanagh. Presumably an English toponymic.

Whitters: rare: Derry, Down etc. English occupational name: dresser of white leather.

Whittingham: v rare: Bray. English habitational: "homestead of White's people".

Whittington: rare: Derry, Down, Mayo etc. From various place-names in England. DOS.

Whittle: mod.nos.: Waterford, Armagh-Down etc. An English toponymic in Waterford since mid-17 cent. Ir. *de Fuite*. SI.

Whittley: rare: Belfast area. See Whitley.

Whitty: fairly numerous: South East, Louth etc. English, possibly *witega*, a wise man, prophet. A notable name in Wexford and adjacent areas since 14 cent. Ir. *Mac Faoitigh*. MIF.

Wholihan: rare: W Cork. Ir. *Ó h-Uallacháin, uallach*, proud. See Houlihan.

Whooley: mod.nos.: W Cork etc. Ir. *Ó h-Uallaigh, uallach*, proud. An agnomen adopted by some of the O'Driscolls of W Cork. SI.

Whoriskey: mod.nos.: Donegal-Derry-Tyrone, Galway. Ir. *Ó Fuaruisce* which is probably a corruption of *Ó h-Uarghuis* (cold-strength). MacLysaght examines this complicated network of names in More Irish Families.

Whyte: numerous: all areas, especially Roscommon-Galway-Mayo, E Ulster (Scots), Waterford-Wexford. Variant of White, q.v.

Whyms: v rare: Ballinrobe. See Weymes.

Wickens: rare: Bangor (Down). English locative; See Wickham.

Wickham: fairly numerous: Wexford, Laois, Kilkenny etc. English from various place-names; in Ireland 14 cent. Latterly associated with Wexford. See also Whigham.

Wickie: rare: Down etc. The AS *wick* usually referred to an outlying farm: hence the people living there acquired the name Wick etc.

Wicklow: rare: Belfast. Reaney refers to a lost place in E Anglia and the name is very rare in England now. Perhaps this is a rare Irish toponymic.

Wickstead: v rare: Belfast. See Wixted. The name is habitational, of course. Wick and Stead are more or less the same thing: a small settlement of medieval times.

Widdess, (-is): rare: Dublin etc. English: from either "widow" or "woodhouse". DBS.

Widger: fairly rare: South East etc. English: from Teutonic first name. "Battle-army". DOS, DBS.

Wiggins: mod.nos.: Armagh, Fermanagh, Meath etc. English, from Breton first name. See Wiggan.

Wigham: rare: Belfast, Tyrone etc. A Scottish name, perhaps variant of Wickham.

Wightman: mod.nos.: Down etc. English nick-name; a similar name occurred in Scotland at an early date. Meaning: "brave man". DBS & SS.

Wiggam: v rare: Armagh. As Wigham and Wickham, q.v.

Wiggan,(s): rare: Armagh. Variant of Wiggins and derived from a first name of Breton origin introduced at the Norman Conquest. *Wiucon* "worthy-noble". Teutonic *Wigant* may figure also.

Wigston: rare: Down etc. Probably a Scottish toponymic.

Wilcock,-ox: mod.nos.: Dublin, Cork, Down etc. English, first name Wilcoc, dimin. of William. DOS.

Wilde: mod.nos.: Dublin, Belfast, Wexford. English: "dweller by wilderness". Noted in Limerick 13 cent. Later, a family from Durham settled in Mayo, 18 cent, whence Sir William Wilde and Oscar Wilde (1854-1900). IF.

Wilders: rare: Dublin, Belfast etc. English nick-name, "wild animal".

Wildes: rare: Dublin, Wexford etc. Patronymic of Wilde.

Wildgust: v rare: Dublin. English nickname: "wild goose". Occurs as Wildgoose in England.

Wildman: v rare: Dublin. Definitely a nickname and quite common in England.

Wildy: rare: Belfast, Lisburn (Antrim). Variant of Wilde.

Wiley: mod.nos.: Dublin, Mitchelstown (Cork), scattered in Ulster. English, from place-names; in Ulster 17 cent. See Wylie.

Wilgar: rare: Belfast, Antrim. Not found in Britain. Derivation also unknown.

Wilhare; rare: Donegal. Ir. *Mac Giolla Chathair*, devotee of Cahir. SGA.

Wilkes: fairly rare: Dublin etc. English, patronymic and dimin. of William. Also as Wilks.

Wilkie: mod.nos.: scattered in Ulster, Dublin, Cork. Scottish dimin. of William.

Wilkin,-s: mod.nos.: scattered in Ulster, Dublin, Cork. The name may be Scottish or English but in any case, a diminutive of William.

Wilkinson: numerous: all areas, mainly Ulster and especially East, but significant in South East and Midlands. See Wilkins above.

Will: rare: Dublin, Ballymena (Antrim). Abbreviation William.

Willaghan: v rare: Belfast. See Willoughan.

Willan(s): v rare: Dublin. This name is rare in England: it may be a diminutive of William.

Willdridge: v rare: Belfast. From a Teutonic first name: "will + power". Looks like placename.

Willey: rare: Belfast, Cork. English habitational from various places: "willow wood". DOS.

Willett: v rare: Dublin. Probably a double diminutive of William.

Williams: v numerous: all areas. MacLysaght describes it as Welsh, but it is common all over Britain. Norman first name, adopted from Teutonic Willihelm "resolve-helmet". It has produced many variants. See Mac Williams. Ir. *Mac Liam*. DBS & DOS.

Williamson: v numerous: mainly Ulster where they out-number Williams 2-1. Also Dublin, Cork and Midlands. Believed to be mainly of Scottish origin. See Williams.

Willighan: v rare: Ballymena (Antrim), Bangor (Down). See Willoughan.

Willis: numerous: mainly Ulster, also Dublin, Cork & South East. Variant of Williams.

Willoughan: v rare: Sion Mills (Tyrone), Ballymena (Antrim). Ir. ? *Uilleachán, uilleach*, angular, with corners. This is speculative. See also Woulaghan, Wolohan.

Willoughby: mod.nos.: scattered in Ulster, Dublin, South East etc. English toponymic: "farm by the willows" from frequent place-names. Fairly common in England.

Wills: fairly numerous: Belfast, Down, Dublin, Cork etc. As Willis.

Wilmont: fairly rare: Bushmills (Antrim) etc. Exists in England but very rare.

Willmore: v rare: Dublin. Ir. *Mac Liammóir* - well-known because of Mícheál Mac Liammóir (1899-1978) actor, writer and artist. One of our great men, *ar dheis Dé go raibh sé*.

Wilmot,-tt: mod.nos.: scattered in Ulster, Limerick etc. English, dimin. of William. The name has been associated with Kerry since 1614. SI.

Wilsdon: rare: Bangor. The name is current in England: presumably a habitational name.

Wilson: v numerous: predominently Ulster, also Dublin, Midlands & South East. Scottish & English, the most numerous such name in Ireland. Derived, of course, from William. It was a "principal name" in Antrim in 1659. Usually gaelicised *Mac Liam*.

Wilton: mod.nos.: Derry-Antrim, Cavan, Louth etc. An English locative name.

Wiltshire: rare: Dublin etc. Presumably from that English county.

Wims: rare: Sligo etc. Probably variant of Wemyss, q.v.

Wimsey: rare: Sligo etc. Perhaps a variant of Wims.

Winchester: rare: Belfast etc in Ulster; W Cork. English: from the city in Hampshire, once a Roman camp. DOS.

Windebank: v rare: Derry County. Habitational name from place in Lancashire: Windy Bank.

Winder,-s: fairly rare: Dublin, Belfast etc. English: "winder of yarn etc".

Windle: rare: W Limerick. Ir. *Uingil,* (SGA). English: "wind hill". In Limerick 17 cent. SI.

Windrum,-im: rare: Belfast, Monaghan etc. English, "wind-shelter". DOS.

Windsor: rare: Midlands etc. English: from various places in S England.

Windt: rare: Dublin. German version of Wind, toponymic relating to a path or alley.

Winfield: rare: Belfast, Derry etc. The original form of Wingfield, q.v.

Wing: rare: Belfast, Derry etc. Apparently Chinese: no further information is available.

Wingfield: rare: Waterford and scattered. English, "pasture ground". It is associated with Derby.

Winkel, Winckles: v rare: Belfast etc. Possibly German: keeper of corner shop. See also Winkle.

Winkle,-er: rare: Cork and scattered. See Windle. Or perhaps dealing in periwinkles.

Winkworth: v rare: Belfast. Seemingly a placename: "winch yard". Reaney says that *wink* may also mean a sharp bend in a river and even a lapwing (for its peculiar flight). Quite a choice.

Winn: rare: Lisburn etc. English nickname: "friend" but see also Wynne.

Winning: rare: Belfast-Antrim. Scottish: Black says it is abbreviation of MacGilleWinnin of Galloway. The Gaelic may be *Mac Giolla Finnéin* (devotee of St Finnian).

Winnington: rare: Belfast area etc. Probably a Scots toponymic.

Winslow: rare: Fermanagh etc. English toponymic from Buckinghamshire.

Winstanley: rare: Belfast area, Dublin. English toponymic from Lancashire.

Winston: mod.nos.: Dublin, Roscommon-Galway. English: 16 cent in Waterford and later in Roscommon. SI.

Winterbotham: v rare: Wicklow. English habitational name: "dell occupied in winter". DOS.

Winterlich: v rare: Cavan, Galway. German: nickname "wintery".

Winters,-er: numerous: Down-Armagh-Tyrone-Monaghan etc. In Tyrone, it may stand for *an Gheimhridh, geimhreadh*, winter. Further south, it is probably an English nickname. DOS.

Winterson: rare: Fermanagh, Dublin etc. See Winters.

Winton: rare: Derry, Armagh. English toponymic: from a number of places.

Wisdom: rare: Dublin, Belfast. An English nick-name, but MacLysaght notes that it has been used for *Ó Céile*, for which see Kealy.

Wise: rare: Kilkenny, Belfast. Variant of Wyse, q.v.

Wisely: rare: Dublin, Belfast. The name exists in England & Scotland: probably similar to Wise.

Wiseman: mod.nos.: Cork, Antrim, Meath etc. English, in Cork 16 cent. It is also a Scottish name which must be represented in Ulster. A nickname like Wise.

Wisener, Wisner: fairly rare: Derry-Antrim etc. Perhaps cognate with Wise etc. Very rare in Britain.

Wishart: mod.nos.: E Ulster. Scottish: probably of Norman origin. SS.

Witherhead: v rare: Antrim. English toponymic relating willows and a headland.

Witherington: v rare: Dublin etc. English toponymic: "willow-copse-farm", in Wiltshire.

Withero: v rare: Dublin. Evidently a toponymic relating to willows. See Witherow.

Witherow: fairly rare: Derry-Donegal etc. Current in England: apparently a toponymic.

Withers: mod.nos.: Belfast area, Cork. English: "dweller by the willows". DBS.

Witherspoon; fairly rare: Antrim etc. A Scottish name of locative type. SS.

Witter: rare: Dublin. The name is current in England: it may be cognate with Wither,q.v.

Wixted: mod.nos.: Limerick-Tipperary-Clare etc. English, 17 cent in Tipperary. A toponymic. SI.

Wogan: mod.nos.: Meath-Louth etc. Ir. *Úgán*, from Welsh *Gwgan*, frowning. In Ireland since 14 cent and notable in public affairs in early times. MIF.

Wojnar: v rare: Dublin. Polish: occupational: carter. German and Jewish: Wagner. DSHH.

Wolahan: rare: Dublin etc. Variant of Wolohan, q.v.

Wolf: v rare: Limerick etc. Variant of Woulfe, q.v.

Wolff: rare: Belfast area and scattered. German version of widespread name.

Wolfe: fairly numerous: mainly Cork and Dublin, also E Ulster. Ir. *de Bhulbh*. A common name in Teutonic countries and of obvious derivation. The usual English and American spelling. See also Woulfe.

Wolfenden: v rare: Antrim. English habitational: "enclosure against wolves". Place in Lancashire.

Wolfram: v rare: Dublin etc. German: from Teutonic first name: "wolf + raven".

Woll(e): v rare: Cork etc. German: occupational: worker in wool.

Wolohan: mod.nos.: Wicklow etc. Ir. *Ó h-Uallacháin*. A sept of Mid-Leinster. See Houlihan.

Wolsey: fairly rare: Belfast area etc. English: from A.S. first name "wolf-victory". DBS.

Wolverson: rare: Dublin. Not current in England. It is nevertheless a patronymic of the Wolf kind.

Wong: mod.nos.: Belfast area, Dublin etc. Chinese, 20 cent. Elders will recall the film-star Anna-Mai Wong and her many charming performances.

Wood: numerous: Belfast, Derry, Dublin, Cork etc. See Woods.

Woodall: v rare: Belfast. Habitational name from various place in England. "Hall in a wood".

Woodburn,-byrne: E Ulster, Cavan, Wexford etc. English locative, "stream in wood".

Woodcock: mod.nos.: Antrim, Dublin, Kilkenny. English nick-name. In Kilkenny 17 cent. SI.

Woodend: rare: Ulster. A very common placename in England.

Woodfull: rare: Dublin. English: "wood fowl", a nickname or, perhaps, an old first name. DOS.

Woodgate,-s: rare: KIlkenny etc. English locative name.

Woodham: v rare: Belfast. English toponymic: "homestead in a wood". DOS.

Woodhead: rare: scattered in Ulster. A locative name from Yorkshire, "top of the wood".

Woodhouse: mod.nos.: Dublin, Midlands, scattered in Ulster. Various English place-names.

Woodley: rare: Dublin. From place-name in Devon. DOS.

Woodlock: rare: Tipperary etc. Ir. *Uadlóg* (SGA). In Ireland 13 cent. Still found in England. SI.

Woodman: rare: Belfast area etc. An occupational name in Louth 13 cent; sometimes used for *Mac Giolla Choille* (Hoyles). SI.

Woodnut,-tt: rare: Dublin, Midlands. Evidently another name from the "Wood" group.

Woodrofe,-roofe: rare: Kilkenny-Tipperary. English: woodruff is a sweet-smelling plant - whence a pleasant nick-name. DOS.

Woodrow: fairly rare: Antrim etc. Scottish, variant of wood-reeve (forest steward).

Woods: v numerous: all areas, mainly Ulster. The name is English & Scottish but it may stand for: *Mac Giolla Choille, Mac Conchoille, Ó Caoilte, Ó Cuill, Mac Uilliméid*. The first two belong to Ulster, the third and fourth to Munster and the last to the Midlands. However a substantial number of Woods must be of English and Scots origin. SI.

Woodside: fairly numerous: Antrim etc. Scottish locative.

Woodward: mod.nos.: E Ulster etc. English: occupational: "forester".

Wool: rare: Cork. English metonymic: worker in wool. May also be toponymic from SW England.

Woolams: v rare: Belfast. English toponymic: "dweller by curved lands". DBS.

Woolfe: rare: Dublin. Usually Jewish: see Wolfe.

Woolfson: fairly rare: Dublin. A Jewish name.

Woolhead: rare: Dublin. The name is current in England: perhaps a toponymic

Woolington: rare: Wicklow etc. Probably English toponymic.

Woolley: fairly rare: Galway-Mayo, scattered in Ulster. Ir. ? *Ó Fuallaigh, Ó h-Uallaigh*. Not to be confused with Whooley of W Cork, q.v. An English name also exists and may be present in Ulster.

Woolmington: v rare: Dublin etc. Evidently an English habitational name: wolves + homestead.

Woolsey: mod.nos.: N Armagh-Down etc. Variant of Wolsey, q.v.

Woolworth: rare: Dublin etc. English: "wool homestead".

Wooton: fairly rare: Dublin, Belfast. English, from various place-names. DOS.

Woosnam: v rare: Cork. Abbreviation of Wolstenholme, a place in Lancashire.

Wooster: v rare: Derry etc. Habitational from the city of Worcester. Memories of the great Bertie!

Workman: fairly numerous: Antrim etc. English: "builder". DOS.

Worland: v rare: Bangor etc. Evidently a toponymic from England: perhaps "vegetable land".

Worley: rare: Dublin etc. Seemingly an English toponymic: place not identified.

Worn: v rare: Drogheda (Louth). This name is not in evidence in Britain: it may be a continental variant of Warner, q.v.

Worral,-ell: fairly rare: Dublin, Belfast etc. English, place-name in W Yorkshire.

Wort: v rare: Down. Occupational: a grower of vegetables. DOS.

Worton: v rare: Armagh. Toponymic: vegetable garden.

Worth: rare: Belfast. English locative "enclosure".

Worthington: mod.nos.: Antrim etc. English toponymic from various place-names.

Worthley: fairly rare: Down-Armagh. English, "field with vegetables".

Wotherspoon: rare: Belfast area. Scottish, see Witherspoon.

Wotton: v rare: Belfast. English habitational: numerous places: "farm by a wood". DOS.

Woulaghan: v rare: Antrim. Ir. *Ó h-Uallacháin*. See Houlihan and Willaghan.

Woulahan: v rare: Arklow (Wicklow). See Wolohan.

Woulfe: fairly numerous: W Limerick-Kerry-Clare, Cork etc. Ir. *de Bhulbh*. They were Anglo-Normans who settled in Limerick and Kildare; associated with Limerick since 14 cent. See also Nix and Wolfe.

Wrafter: mod.nos.: Tullamore (Offaly) etc. Ir. *Ó Reachtabhair, reacht*, a decree. A sept of Kilkenny. See also Rafter.

Wray: numerous: Derry-Tyrone and Ulster generally. English settlers from Yorkshire in 16 cent; a locative name, it may stand, in some cases, for Rea, q.v.

Wreath: rare: Coleraine . English nickname: a twisting – perhaps of character! DBS.

Wren,-nn: mod.nos.: Kerry-Limerick-Cork etc. Ir. *Ó Rinn*, from *reann*, a spear. Mainly a Cork family known there as Ring, q.v. There was an English family of the name in N Kerry. SGA gives an Irish version: *Mac Bhrain*. This relates to Leath Chuinn (Northern Half). See Wrynne.

Wright: v numerous: all areas, least in Munster and Connacht, most in E Ulster. Ir. *Mac an t-Saoir*. A very common name in Britain meaning a skilled worker in any trade.

Wrigley: v rare: scattered. English habitation name from Lancashire: derivation not clear.

Wrixon: rare: Cork etc. A variant of Wrightson for which see Wright. In Cork 17 cent.

Wroe: v rare: Newry. Locative type: nook, remote place. More usual as Wray.

Wrynn,-e: fairly rare: Galway, Leitrim etc. Ir. *Mac Bhrain* (SGA). Not to be confused with Ring of Munster. See Mac Crann and Rynne.

Wyatt: fairly rare: Dublin, Belfast. English first name synonymous with Guy. The Teutonic root is "war + hardy". The Normans turned it into Guy.

Wycherley: rare: Cork. English locative based on "wick" = hamlet.

Wyer,-s: mod.nos.: Tullamore (Offaly). Ir. *Mac an Mhaoir, maor*, a steward. It has been confused with Weir, q.v.

Wyeth: v rare: Dublin etc. This name is current in England: may be same as Wyatt, q.v.

Wykes: rare: Athlone etc. This is locative and synonymous with Wick: abode, hamlet.

Wylde: v rare: Bangor etc. Variant of Wilde, q.v.

Wyles: rare: Dublin etc. Occupational for a trapper, or a nickname for a cunning person. DSHH.

Wylie,-ley: numerous: mainly Ulster, also Dublin, Midlands. English: 17 cent in Ulster. Derives from English placenames or, possibly a nickname: tricky! DOS.

Wymbes: v rare: Sligo. Perhaps as Weymes.

Wyndham: v rare: Galway etc. Toponymic from Wymondham in Norfolk. DOS.

Wyness: v rare: Belfast etc. Scottish: a local name in Aberdeenshire. SS.

Wynne,-nn: numerous: all areas except Cork, especially Connacht and Midlands. The name is of Welsh origin (*gwyn* = white, fair) and represents 17 cent immigrants in Connacht. It may also stand for *Ó Gaoithín & Ó Maolghaoithe* which are also anglicised Geehan & Magee.

Wyse: mod.nos.: Dublin, Cork and South East. Anglo-Normans who arrived with the Invasion and have always been associated with Waterford. Gaelicised *Uidheas*. A self-evident nickname. MIF.

Wysner: rare: N Antrim. Apparently a variant of Wyse.

Yallop: v rare: Midlands etc. This name is current in England and is identified with Norfolk. No satisfactory derivation has emerged. DSHH.

Yarr: mod.nos.: Antrim-Down. Apparently a Scottish name identified with a Quaker family in Antrim 17 cent. Derived, perhaps, from Yair in Selkirk. See also Yore. SI & SS.

Yasin; v rare: scattered. A Muslim name: perhaps first name Jacob.

Yates: fairly rare: Dublin, N Antrim, Down etc. An English name analogous to Gates; in Ireland in 17 cent. See also Yeats. Ir. *de Gheata*. SGA.

Yathindran: v rare: Belfast. An Indian name, perhaps from Tamil Nadu or Kerala.

Yau: rare: Derry. Chinese: apparently.

Yaverbaum: v rare: Dublin. A Jewish name from Central Europe: locative: a sycamore tree.

Yaxley: v rare: Belfast. English habitational: place in Huntingdonshire: "cuckoo's wood". DOS.

Yea: v rare: Antrim etc. As Yeo, q.v.

Yeaman, Yeman: rare: Down etc. As Yeoman, q.v.

Yearsley: rare: Dublin, Belfast. English toponymic: "boar's wood". Place in N Yorkshire.

Yeates: mod.nos.: Dublin, Belfast area, Down etc. A variant of Yates.

Yeats: rare: Dublin, Belfast etc. The form used by the famous artistic family who lived in Sligo since 18 cent. IF.

Yelverton: rare: Limerick. An English toponymic, perhaps "elder-ford place". DOS.

Yeman: rare: Portadown (Armagh). As Yeoman, q.v.

Yendall,-dole: rare: Belfast, Antrim, Dublin. A name associated with Somerset. DOS.

Yeo(h): v rare: v rare: Belfast etc. A name of Devon and Cornwall: refers to a stream, river.

Yeoman(s): rare: Dublin etc. English occupational name : a small free-holder, a servant.

Yore: mod.nos.: Meath-Cavan-Louth. Possibly connected with Yarr, q.v.

York,-e: mod.nos.: Belfast, Antrim, Midlands, Cork etc. An English name in Ulster but an anglicisation of *Mac Conchearca* in W Midlands etc. Derivation "hound of Cearc", a place-name. SGG.

Youle, Youell: rare: Belfast, Dublin. A nickname for one born on Christmas Day. The Old English term was "Yule", a pre-Christian custom relating to the winter solstice.

Young,-e: v numerous: all areas, especially E Ulster. A general epithet name, analogous to Irish *Óg*, which it has replaced in some cases. It was a "principal name" in Antrim in 1659.

Younger: mod.nos.: Antrim, Belfast area, Dublin etc. A Scottish name meaning "junior"; also possibly from Flemings who settled in Fife - Dutch *jongheer* - young gentleman. This name also belongs to Northumbria. SS & DOS.

Yourell: fairly rare: Midlands etc. Ir. *de Oirghialla* (Oriel). This makes it an Irish toponymic taken by Normans who settled in Louth after the Invasion. In W Meath 16 cent. See also Urell. Oriel was the old native kingdom comprising Armagh, Monaghan etc.

Yourston: v rare: Bangor. Scottish: a toponymic relating to a place near Edinburgh. SS.

Yousif, Yousuf, Yousseff: rare: Muslim: Arabic: first name Joseph.

Yule: v rare: Dublin. See Youle above.

Zachary, Zacharias: v rare: Down etc. The Hebrew first name *Zechariah* "God has remembered", is found in many countries amongst both Jews and Christians. Provenance in specific cases would depend on family lore.

Zakhari: v rare: Belfast. Perhaps an Arabic Zachary.

Zajac: v rare: Mayo. A Slavic name meaning "hare". Also in use amongst the Jews.

Zambra: v rare: Dublin. Italian: a nickname from Lucca meaning "uncouth". No reflection on the present bearers of the name. (Fucilla)

Zebedee: rare: Belfast etc. This Biblical name is not in evidence in Britain.

Zdarsky: v rare: Sligo. A Slavic name of the nickname type: "old".

Zeoli, Zeuli: rare: Ulster and Dublin. Italian: from a medicinal plant, squill.

Zimmermann: rare: Dublin etc. German: occupational: a carpenter. May also be Jewish.

Zisterer: v rare: Bray. German: occupational: basket-maker.

Zwecker: v rare: Armagh. Appears to be German of nickname type: *Zweck* is "purpose".

AGUISÍN A

NA GIÚDAIGH IN ÉIRINN

Tá iontráil in Annálacha Inis Faithleann don bhliain 1062: "tháinig cúigear Iúdach thar farraige anall go h-Éirinn, ag tabhairt bronntanas do Thoirdealbhach (Rí Mhumhan) ach cuireadh amach anonn iad". Ní raibh fáilte rompu mar ba chóir, fairíor.

Tá ráiteas ó Annraoi III, Rí Shasana, ag tagairt do Giúdaigh in Éirinn i 1232 ach níl aon taifead sásúil go dtí an 16 céad nuair a bhí Franci Anes, Marrano ón bPortingéal, ina mhéara ar Eochaill i 1583-4, nuair a chosain sé an áit ar na "reibiliúnaigh" .i. na Gaeil.

Sa bhliain 1672, thuairiscigh Ard-Easpag Chaiseal, Seán Ó Braonáin, go raibh scata beag Giúdach sa tír. Mar sin féin, bunaíodh sionagóg i Lána na gCrann Tógála, Áth Cliath, timpeall na bliana 1660. Manuel Pereira, Francisco Pereira agus Jacome Faro na h-ainmneacha a luadh lena mbunú. Sephardim ón Ibéir na daoine seo nó a sinsear - ní mór a thuiscint gur h-imríodh géarleanúint uafásach ar na Giúdaigh sa Spáinn & sa Phortingéal ag tosnú i 1492 agus gur scriosadh a gcomhluadar agus a saol go léir.

Bunaíodh roilig dos na Giúdaigh ag an mBaile Bocht, Áth Cliath, i 1718 agus luadh na h-ainmneacha sa leis an ngnó: Alexander Felix, Jacob Do Porto, David Machado de Segueira agus Abraham Meirs. Bhí an roilig i bhfeidhm go dtí c.1900. Seo cuid des na sloinnte ar na leachtanna annsan: Altman, Barnett, Barnard, Benmohel, Braham, Cohen, Crabbe, Diamont, Davis, Davidson, Dutch, Erlich, de Groot, Harris, Herman, Isaacs, Jacobs, Joel, Kaplan, Lasarus, Leman, Levenston, Lipman, Lochman, Marcus, Marks, Mautner, Morris, Nathan, Nerwich, Nuel, Phillips, Polak, Rosenberg, Rosenthal, Rosenstein, Rothschild, Samuel, Stibbe, Tobias, Wormser Harris.

De réir Chlár Eaglais na h-Éireann i mBaile an Gharraí, Co. Luimnigh, phós Jacob Schweitzer, Giúdach as Limburg sa Ghearmáin, Fanney Levey, "bean Éireannach" ó Chorcaigh i 1788. B'iníon í le Marco Levie Pereira & Rosetta Andrade. Bhí muileann plúir ag muintir Schweitzer i mBaile an Gharraí. Tuairiscíodh go raibh go raibh seachtar Giúdach i gCathair Luimnigh i 1790.

Taobh amuigh des na Sephardim ón Ibéir, an chuid ba mhó des na Giúdaigh a tháinig go h-Éirinn sa 17 & 18 céad, b'as Sasana, an Ghearmáin & an Phólainn dóibh - féach na sloinnte i roilig an Bhaile Bhoicht.

Sa bhliain 1816 deineadh an t-Acht um Eadóirseacht in Éirinn (1783) a aisghairm agus chuaidh an comhluadar Giúdach chun cinn arís. Bhí Myer Nerwich & Joseph Wolfe Cohen chun tosaigh agus luadh na sloinnte seo: Phillips, Barnard, Jacob, Cohen - sean-fhundúirí iad seo agus an dream nua: Joel, Levy, Solomon, Nathan, Samuel, Myers, Rosenthal, Marcus, Abecaris Genese, Benmohel, Lazarus, Harris, Mensor, Bender, Rubinstein, Mitau, Wine, Marks, Gorer, Gross, Blum, Youselson, Wigoder, Golding, Kaplan, Erlich. Idir 1820 agus 1880 ní raibh ach 350 Giúdach in Éirinn.

I 1881 ritheadh "Dlithe na Bealtaine" sa Rúis, rud a chuir an ruaig ar a lán Giúdach ón dtaobh sin. Orthu-san a tháinig go h-Éirinn bhí: Abramovitz, Albon, Benjamin, Berman, Bradlaw, Brodie, Coplin, Cornick, Cristol, Elyan, Goldberg, Greenberg, Mastianski, Noyk, Nurock, Rabinovitz, Rubinstein, Siev, Shreider, Spiro, Weiner, Weinstock, Wigoder, Yousselson.

Pobail áitiúla: seo cur síos gearr ar na cathracha seo:
(1) **Beal Feirste:** J.Mautner (1823-99) ó Jessnitz sa Ghearmáin dó; J.Braun (1806-62); Meir Levy, rugadh mac dó 1849; D.J.Jaffe, rugadh i Mecklenburg 1809 agus bhunaigh sé Pobail Bhéal Feirste 1861. Bhí mac leis, Sir Otto Jaffe ina Mhéara Bhéal Feirste 1899. Daoine eile sa phobal sin: Betzold, Boas, Cohen, Lipman, Portheim, Weinberg. An chéad mhinistéir ann: Joseph Chotzner ó Krakow. Wilhelm Wolff, línítheóir, mar aon le Edward Harland, bhunaigh siad an long-chlós mór.
(2) **Corcaigh:** thosaigh an pobal Giúdach i 1725 ach mheath i ndeireadh an 18 céad. Ath-

bhunaíodh i 1881 le daoine mar seo: Clein, Epstein, an t-Ollamh Marcus Hartog, UCC (1851-1924), Jackson, Jonah, Levinson, Solomon, Spiro, Zagger ón Liotuáin.

(3) **Luimneach:** bhí mí-ádh annso: teifigh ón Rúis ba mhó a bhí ann agus i 1884 deineadh ionsaí ar thigh Lieb Siev. In 1888 bhí ocht gclann, 35 duine sa phobal Giúdach. I 1902 ceannaíodh talamh do reilig agus bhí na daoine seo páirteach sa ghnó: Arinon, Blond, Clein, Cropman, Greenfield, Graff, Jaffe, Jerome, Moisel, Sochet, Wolf Toohey agus an t-Urr. Levin. I 1904 deineadh ionsaí náireach agus baghcat ar an bpobal Giúdach agus theith siad go Corcaigh agus áiteanna eile. Is le déanaí a deineadh ath-chóiriú ar an reilig.

(4) **Baile Átha Cliath san 18 céad:** Barrow (Baruch), Beyendorff, Cohen, Cowan, de Castro, Davis, Elkin, Harris, Henriques, Hodgson, Hyams, Isaacs, Israel, Jacobs, Levi (Levy), Lopo (Lopez) Levitt, Levin, Lyam, Meyers, Moses, Schomberg (captaen sa Chabhlach Ríoga a bhí leis an nGinearál James Wolfe ag Québec 1759. Phillips, Wills, Wolf, Zeigler. San 19 céad, bhí na daoine seo leanas: Barnardo (athair D.T. Barnardo a bhunaigh an dílleachtlann), Braham, Benmohel (as Hamburg agus an chéad Ghiúdach i gColáiste na Tríonóide 1836), Cohen, Joseph Wolfe Cohen as Posen - tháinig Myer Nerwich ón áit chéanna. Daoine eile: Harris, Joel, Lazarus, Marcus as Dantzig, Myers, Nathan, Wormser Harris ó Stuttgart.

Sloinnte Éagsúla: Davidson, Corcaigh, d'éag 1844. Mensor, ina a rabbi in Áth Cliath 1847. Bender, ón nGearmáin ina rabbi 1852. Rothschilds, 1839 (gnó tudóga). Rubenstein, 1838 as Mitau, Courland. Hyman Davis, fiaclóir ó Londain 1849. Abraham Cohen, 1855, ón nGearmáin. Louis Wine, d'éag 1946, ón Liotuáin. Falk, 1855. Samuelson, 1841, as Breslau. Jacobs, táilliúir, 1840. Blum. Humphreys, 1853, ón Ollainn. Herman,1851 (Gearmáin). Nuel, d'éag 1840 (Pólainn). Metzenberg, 1840 (Posen). Polak, 1840.

Giúdaigh mór le rá: Sir Moses Montefiore (1784-1885) tionsclaí & baincéir. J.J.Sylvester, RIA, 1885. J.D.Rosenthal, LL.D, T.C.D., aturnae d'éag 1907. Asher Leventon, seirbhísí leighis na h-India. Hyman Phineas Marks, poitigéir d'éag 1877. Henry Asher Dutch, dochtúir. P.H.Levenston, 1856-1913, ceoltóir. Levin Rosenberg, ceoltóir ón Liotuáin. Marinus de Groot (1821-1901) ón Ollainn. John I.Davis (1802-80), fiaclóir. Ellen O. Bischoffsheim, Ban-tiarna Desart, Cill Chainnigh, a fuair saoirse na cathrach 1910. Ins na laetheannta deireannacha sa bhi Gerald Y. Goldberg ina a Ard-Mhéara i gCorcaigh. Agus ag deireadh, an Giúdach ba mhó a thuill meas agus gean Chlanna Gael: Robert Briscoe (1894-1969), tírghráthóir, teachta Dála agus Ard-Mhéara i mBaile Átha Cliath.

Foinsí:

(1) The Jews of Ireland le Louis Hyman, I.U.P. (1972).
(2) Short History of the Jews in Ireland le Bernard Shillman, B.Á.C. (1945).
     Fuarathas cabhhair chairdiúil ó na daoine uaisle seo: Stanley Siev agus
     Gerald Y. Goldberg.

Brief Summary in English

The first Jews in Ireland were Separdim from Iberia. There is record of a synagogue in Dublin about 1660, however a clearer picture emerges in the 18 cent. when a Jewish cemetery was established in Dublin and the headstones yield a good account of surnames. The Jewish population was very small until the "May Laws" of 1881 in Russia produced a flood of refugees from the Czar's realms, the Baltic provinces in particular. Some of these people came to Limerick and the deplorable events of 1904 have been much rehearsed: these were caused by certain social pressures which do not reflect well on either side. However, Jews have usually been well received in Ireland and individuals have achieved the Mayoralty of Belfast and have been Lords Mayor of Cork and Dublin, the latter being the very popular Dáil Deputy, Robert Briscoe.

AGUISÍN B

NA PALAITÍNIGH

Níor mhiste an téarma a mhíniú: *Palaitíneacht*: b'shin cumhacht a bhí ag iarla nó cúnta i limistéar áirithe a bhí ar aon dul le cumhacht an rí nó an impire féin. Bhí a leithéid in Éirinn; ag Iarla Dheasmhumhan agus ag Iarla Urmhumhan ach an ceann ba shuntasaí ná Palaitíneacht na Réine sa Ghearmáin (*Pfalz*). De bharr ionraidh na bhFrancach san 17 & 18 céad, tháinig mórán teifeach (Protastúnaigh a bhformhór) go Sasana agus as san go h-Éirinn. Shocraíodar i Luimneach, Loch Garman & rl.

LIOSTA SLOINNTE

Alton (Altimes) Luimneach

Baker (Becker, Bekker) Luimneach.

Bcarney (Berner) Loch Garman.

Berge (Berg) Corcaigh.

Bonus (Ponus) Luimneach.

Bowen (Boin) Luimneach.

Cole (Kohl) Luimneach.

Cooke (Cough, Kough) Loch Gar & Luim.

Cronerberry (Kroniberger) Luim.

Crow (Gro), Luimneach.

Delmege (Dolmetsch), Luimneach.

Embury (Imberger) Dunaitheoir
        Meitidisteach i S.A.M.

Glazier, Gleasure (Glaser) Luim.

Guyer (Guier) ? Úgóinigh. Luim.

Heavenor (Herbener) Luimneach & rl.

Hesse, Corcaigh & Loch Garman.

Hoffman, Loch Gar.,Luim. & Ciarraí.

Jacob (Jacobus), Loch Garman.

Laurence (Lorentz), Luimneach.

Lodwick (Ludwig), Luimneach.

Low, Lowe (Lous), Luimneach.

Mee,(Mace, Maes), Luimneach.

Miller (Müller), Loch Garman & Luim.

Mye, Mey, féach Mee.

Piper (Pfeifer), Luimneach.

Poff, Ciarraí.

Real, Loch Garman.

Rynard, Reynard, Loch Gar. & Luim.

Smith (Schmidt), Luim.

Sheafer, Luimneach & Loch Garman.

Altimus, Loch Garman.

Barkman> Bartman (Berghmann) Luim.

Benner (Bender), Ciarraí.

Boller (Poller), Co. Lú.

Boveniser (Bubenhauser), Luim.

Bower (Bauer), Luim. & Loch Garman.

Corneille, ? Úgóineach, Luimneach.

Cripps (Kreps), Luimneach.

Cronsberry (Kroniberger) Ciarraí.

Daube - see Doupe.

Doupe (Dobe, Daube), Luimneach.

Fitzelle (Fishell) Luim. & Loch Gar.

Fought (Fock), Luimneach.

Grouse (Crause), Luim. & Ciarraí.

Hartrick (Hardwig), Luim. & Loch Gar.

Heck, bunaitheoir Meitidisteach i S.A.M.

Hifle (Hyfell), Luim. & Loch Garman.

Hornick, Loch Garman.

Koning (König), Luimneach.

Legear (Le Gear, Lieger), Luim.

Long, Luimneach.

Lower, Luimneach.

Mick (Mich), Luimneach.

Modler (Madelaer), Luimneach.

Neizer (Naser), Luimneach.

Poole, Loch Garman.

Rapple, Loch Garman.

Ruttle (Ruckell), Luim. Dream líonmhar.

St John (Sohn, Singeon), Luim.

Shallas (Schalosch), Luim.

Shearman, Luimneach.

471

Shire (Sheuer, Schyer), Luim. Líonmhar.

Shimmell (Schimell), Luim.

Shoemaker (Schumacher), Luim.

Shouldice, Luimneach.

Smeltzer, Luimneach.

Smyth - féach Smith.

Sparling (Sperling), Luimneach.

Steepe, Luimneach.

Stork (Stark), Luimneach.

Stroud (Strough, Strauch), Luim.

Swartz (Black), Loch Garman.

Switzer (Schweitzer), Luim.

Teskey, Luimneach. Dream líonmhar.

Tettlor (Detlor) Luimneach.

Twiss (Tyse), Luimneach.

Ushelbaugh (Urshelbach), Luim.

Williams, Luimneach.

Writer (Rider), Loch Garman.

Young (Jung), Loch Gar. & Luim.

Tháinig na Palaitínigh timpeall 1709. Bhí na h-Úgóinigh ag teitheadh ón údarás céanna, sé sin, Louis XIV, tamall roimhe sin agus bíonn meascadh éigin eatarthu. Mhair na Palaitínigh mar chomhluadar faoi leith go dtí an 19 céad.

Foinsí:
(1) The Palatine Families of Ireland le Hank Jones, California, 1965.
(2) People Make Places le Patrick J. O'Connor, Caisleán Nua, 1989.

SUMMARY IN ENGLISH

The Palatines in Ireland
    As a result of French invasions of the Rhenish Palatinate during the 17 & 18 cents, a large number of the inhabitants, who were mainly Protesant, fled to England and later to Ireland. They settled in Co. Limerick and other places. This happened in 1709 A.D. and subsequently. The main settlement was around Rathkeale and they constituted a definite community there until recent times. The distinctive German names were gradually adapted to local pronounciation and spelling - this will be observed in the lists given above.

    The Palatines were expert farmers and much favoured by landlords as productive tenants. However, they seem to have got on well with the native Irish. The popular song "Iníon an Phalaitínigh" (The Palatine's Daughter) is evidence of this.

    There is now a fine museum devoted to them in Rathkeale.

AGUISÍN C

NA hÚGÓINIGH IN ÉIRINN. 17 CÉAD AR AGHAIDH

Protasúnaigh a lean Calvin dob'ea *les Huguenots* sa bhFrainc. Thosaigh a gcuid trioblóidí leis na cogaí creidimh sa 16 céad ach fuaireadar faoiseamh faoi *l'Édit de Nantes* i 1598. Chuaidh cursaí chun donais ar fad nuair a aisghairmeadh an conradh san i 1685. Theith na céadta mílte agus scaipeadh i dtuaisceart na h-Eorpa iad. Bhí siad páirteach i gCath na Bóinne agus fuair sealúchais in a lán áiteanna ina dhiaidh sin. I bhfad roimhe sin, ámh, bhí cuid acu ann in aimsir Chromail.

Sloinnte ba choitianta:
Fontaine, Jourdain, Le Fanu, La Touche (Chéad Ghobharnóir Bhanc na h-Éireann), Crommelin (thosaigh tionscal lín-éadaigh i gCill Chainnigh), Saurin, Favier, Espinasse, Corneille, Le Bas, Chagneau, Fleury, Barré, Pick (Pique), Maturin, Besnard, Lefroy, Perrin, Perrier.

Cinn aistrithe:
Jaques > Jack, Le Fèvre > Smith, de Foy, de Foix > Defoe, Carré > Quarry.

Ballintore:
Scoil Chumann na gCarad: Daltaí Francacha: Audebert, Joubert, Dulamon, Dubedet, Laporte, Lescure, Fontblanque, Zouche, Libert, Chaigneau, Chaunder, Aimée.

I gCorcaigh:
    1567: Brict, Carré,
    1685: Roque, Ribet, Vigié, Billon, Ablin, Trebuset, Segen, Semirat,
    1699: Dupont, de la Croix, Ardouin, Guillot, Fontaine, Roussier, Bonnet, Godsell?

Abelin, Marecomb, Caillon, Renue > Renew, Cesteau, Hameton, la Vit, Lasorre, Besnard (bhunaigh an eaglais Fhrancach i gCorcaigh), Madras, de Mont Cenis, Goctval, Foucault, Pantaire, Semirol, Billon, Codier, Toulon, Tolakin, Robinette, Gable? Hardy, Bethaille, La Vitte, Dumas, Bonbonous, Verdille, d'Altera, Mabet, De la Cour, De la Main, Lamellière, Demijour, Pothet, Journeaux, Bussy, Pelion, Cazallette, Ferray, Langlois, Boisseau, Laboite, Allenette, Laulie, Corrort, Perdriau, Mathés, Jappie, Plaincé, Lamillière, Legrand, Mazière.

Sloinnte in Eochaill:
Paradise, Cousabon, Gillett, Cilline, d'Anvers, Boisrand, Chaigneau, Coluon, De Hays, Delappe, Dezière, Falquière, Guin, Labotte, Legardine, Lamprière, Mazière, Perdu, Ricard, Rourine, Belsaigne.

Droichead na Bandan:
Beaumont, Willis, Baster, Chartres.

Cionn t-Sáile:
Lecost, Choisin, de la Croix, Martel.

Coitinn:
Hignette, Covest, Mascal, Nicholette, Arnault.

Port Láirge:
Daubier, Sandoz, Franquefort, Desvories, Gervais, Chevenix (easpag), Jaumond, Grueber, Fleury, de Rante & Reynette (dochtúirí).

Oifigh Airm:

d'Augier, Belafaye, Chelor, de Chesne, Delize, de Lemaundre, Vaury, Sautelle, Bonegue, La Trobe & Vashan (línéadach), Chaigneau, Ayrault, Espaignet, Gayott, Blanche, de Maison, Oderoft, Hagerein, Boisrond, Luné, Guillard, Le Maistre, Sprusson, Shelmadine, Santelle, Spurrier, Vinson, Coguer, Dermozan, Marcel, Soubermot, Augustus, Legredière, Ponseaux, Petipres, Roguet, Latour, Tournere de Landre, Martel, Bessonet, Dubourdieux, Perrin, Tabiteau.

Loch Garman:

Fouchet, Chambrés, de Renzie (1605). Níor fágadh aon rian díobh sa.

Ceatharlach:

Daillon, de Villette, Chaigneau (1680), Duvellier, Le Maistre (1739), La Chapelle (1758); Oifigigh (tar éis 1691), Rouvière, La Boulay, Balandrie (éag 1735 ag Díseart Diarmada).

Cúl an t-Súdaire:

(Fearann Uí Dhíomasaigh & Port na h-Inse, go bunúsach) Baile pleanáilte & tógtha ag na h-Úgóinigh le h-aghaidh na n-oifigeach d'arm Rí Liam tar éis 1691. Francaigh ar fad a bhí ann ar dtús.

Ach bhí siad in Uíbh Fhailí níos luaithe: 1622: Predieux & De Renzie.
1650aí: Marriott, Fontaine, Goick, Bigault, Franke, Gervous. Levellis i Laois agus Casson ag Cappoly? i Laois.

Ach: i 1696 tugadh an áit do Henri de Massue, Marquis de Ruvigny: limistéar 16500 acra le h-aghaidh cóilíneach - oifigigh agus uaisle & rl.
Ruvigny, fear an-éirimúil a thuill éad na Sasanach ach bhí meas mór ag Rí Liam air. Deineadh "Baron of Portdarlington" agus "Earl of Galway" de.
Luadh na ministéirí seo leis an áit: 1694: Gillet, Ballaquier, Ducasse, Daillon, Ligonier, Bonneval (1702), Desvaries, Caillard, De Voeux, De Vignoles.

Sloinnte na gCóilíneach:

Champagné, Guion, De Petit Bosc, Franquefort, Claverie, La Brosse, Boyer, Beauchart, de Meschenet, Micheau, Dorval, Bangereaux, d'Arripe, Clausade, Foubert, Pilot, Quinsae, Terson, Camlin, Belliard, Labat, d'Aulnis, Lalarde, de la Roche, De la Hautville, Ponthieu, de la Rochfoucauld, La Baume, Goullin, Le Maignon, de Baras, Le Blanc, Pellissier, Sabatier, Duran.
Faoi lár an 19 céad, bhíodar go léir súite isteach i muintir na h-Éireann.

Urmhumhain & rl:

1667: Luadh 500 teaghlach Úgóineach le teacht go Carraig na Siúire & Cluain Meala - ní fheadair ar thárla? - ach luadh na sloinnte: Fountisne, Descarpentrie, de Durand, de la Mare, de la Roche, Du Four, Du Pont, Farange, Goet, Jourdain, Le Févre, Lefroy, Legard.
Nóta: bhain de la Mare le Gaillimh, de la Roche leis an Mhí, Du Four le Lios na gCearrúch, Le Froy le Luimneach, Durand le h-Eochaill, Le Grand le Cill Chainnigh.

Mion-Sonraí:

Jacob Guerin > Sasana 1653, i Ráth Luirc 1670 & i dTiobraid Árann ina dhiaidh sin. Agus Paul Amiraut > Amyrault > Emerott: i Sasana 1648 > garastún Chromail in Éirinn > 1665 Ard-Deochan Chill Fhionnúrach > 1667: Seansailéir Chill dá Lua.

Tiobraid Árann:

Faoi chogaistiú Chromail tugadh tailte do: Dennis, Rosville, Pyck, Chevenix, Amryos, Valentine, Cartoise, Waldoc, Jaques, Ricard, Paris.

Cill Chainnigh:
Ministéirí: David, Renoult, Gillet, Balaquier.
Tuataí: de Rochelle, d'Espard (a theith go Sasana tar éis Sléacht Lá'le Bairtliméad, 1572),
bhí baint aca le Laois, freisin. La Rive.
Daltaí i gColáiste Chill Chainnigh: Boursiquat, Danvers, Debat, De la Rue, De Laune,
Desroy - iad san thuas go luath san 18 céad. Annsan: Doucelt, Fortjulian, Jaques, Labord,
La Rive, Le Grand, Meheux, Mercier, Metge, Trench, Winthuysen.

An Tuaisceart:
Lios na gCearrbhach (Lisburn) i 1698. Tháinig Louis Crommelin & 75 teaghlach ag bunú
ghnó línéadaigh agus gloine. Bhí na h-Úgóinigh i nDún Dealgan, An Lorgain agus Béal
Feirste (dream míleata).

Sloinnte:
De la Cherois, de Blaquière, De la Valade, Dubourdier (reachtaire na Lainne Bige), Perrin,
Saurin, Peteras de Cajax, Dupré (déantús gloinne), Roché, Dufour, Blosset, Perdu,
Joucourt, Goyer (déantús síoda a scriosadh i 1798).
Bhí mion-chóilíneachtaí ag: Baile na Lorgan (Castleblaney), Lann Bheag, Cill na Sean-
Rátha (mar a raibh an dochtúir clúiteach Lanauze), agus i gCollann (Lú).

Béal Feirste:
Annsan a shocraigh saighdiúirí Schomberg - Le Burt, de Lolme, Chartres, Saurin, Goyer,
Godsell, Gaussen, Dolling, Burdy (Dubourdieu?).
Bhí Drelincourt ina Dhéan in Ard Mhacha - fear mór carthanachta - agus Bouquet de St
Paul ina mhinistéir i gCairlinn.

An Mhí: Sloinnte:
Boix, Petit, Barbour, Franke, Vye, Lemon, de la Roche, Fountain, Jourdain, Beaufort,
Metze.

San Iarthar:
Luimneach: Le Froy, Delmege > Dolmage (Alsace), D'Esterre (Dr. Abhann Ua
gCearnaigh), Bonfoy a dtugadh saoirse Luimnigh dó, Touradine, Tavernor, Hignette.
Cill Dalua: Abbadee (Déan), Chevenix (Easpag), Amyrault (Seansailéir), Maturin
(ministéir). Bhaineadar le Eaglais na h-Éireann, ar ndóigh.
Sligeach: René de la Fausille as Anjou - gobharnóir i 1699.
Gaillimh: Vigie, Hautenville, Feuquire (1720).

Baile Átha Cliath:
An áit ba thábhachtaí, ar ndóigh. Beaulieu - 1567?, Boileau: 1722, d'Escury: 1699.
Bhí an Tiarna Urmhumhan in a phríomh-thaca ag an h-Úgóinigh sna 1660í.
Is fiú liostaí des na ministéirí a thabhairt:

Anglacánach	Neamh-Aontach
Lagacherie	Gillet
Balaquier	Pons
Darrasus	Durand (1700)
de la Douispe	de St Ferrol
Caillard	Pelletreau
Pallard	Osterwald (1750)
Baby	Habler
De Voeux	Subremont
Campredon	Bessonet (1780)

Is cosúil go raibh na Neamh-Aontaigh ag meath mar leanann an liosta des na h-Anglacánaigh mar seo:

Hierome (1666)	Viridet (1680)
Rossel (1690)	Barbier (1699)
Severin (1699)	de la Save
De la Roche (1700)	Quartier (1701)
Rocheblave (1700)	de Susy Boan (1710-41)
Bouquet de St Paul	Ducosse
Fleury (1711-34)	Scoffier (1736-81)
Droz	de Villette
Beaufort	Pelletreau (1758-81)
Lescure	Bessonet
de Mont Cenis	Letablère (1795-1816)

Tuataí: La Touche (bancaerí, síoda, póiplín)
Leroux (1693), Lattore, De Zouch, Lanbaque, Ozier. Angier.
Ór-ghaibhne & rl.: Soret (1686-91), Racene, Pallet, Vialas, D'Olier, Limarest (1743-1746), Vidouzs (1773), de Landre (1785-88).
Printísigh: Voisin, La Roch, Moussault, Malbon, Bovet, Gerrard, Ruchant, Paturle, Fourreau, Boové, Delile, de Lorthe, Mordet, Jolly, Desinards, Lapier, Beringier, Boucher, Gordeau, Glatigny, Darquier, Dezouch, Davisson, Riausset, Soubiran, Pineau.
Ceard an Phéatair: Audouit, Piggenitt (1680í).

Uaisle: Isaac D'Olier, saoirse Bhaile Átha Cliath 1797. Jerh. D'Olier, Ard-Sirriam Bhaile Átha Cliath & Gobharnóir Bhanc na h-Éireann, timpeall 1780.
Daoine suntasacha: Miot, Caillard, de Secqueville, Cresseron a throid ag Cath na Bóinne.
An scríbhneoir: Joseph Sheridan Le Fanu, rug. 1814.
Elias Tardy a bhí i gCabhlach na Fraince, priosúnach ag Belle Isle i 1759, d'fhan leis na Sasanaigh agus shocraigh i mBÁC 1766 - baint aige le próiseáil siúcra.

Oifigigh: Capetain de Questibrune, éag 1699.
Charles de l'Isle, éag 1693.
De la Catherie, Seve, La Ramière, La Primaudaye.
Eile: Jaques de Belrien, Baron de Virazel ó Guienne, éag 1720. de Péchels, Guoly, Ligonier, de Romagnac, de Blosset de Loche.
Ministéirí: Droz, Bonhéreau (rug. 1648 ag La Rochelle).
Ceoltóir: Logier
Dealbhóir: Tabary, shnoígh adhmad san Ospaidéal Ríoga.
Ealaíontóir: Beranger (1755-1817) dhein sceitseanna de sheód-chomharthaí ar fud na tíre.
Sloinnte eile: Langlois, St Germain, Ranbout, Racine, Beauchamp, Martinet, Pellissier, Belsonin, Favière, Maignon, Jonglas, Martineau, Dupee, Villebois, Battier, Le Bas, Espinasse, Miot, Hestayer, Pommoieu, Corneille, Bourdaye.

An Marascal Schomberg (Cath na Bóinne), cuireadh in ard-eaglais Phadraig é.
"Le Cavalier de Cevennes" Camisard, shocraigh i gCúl an t-Súdaire i 1707, éag 1740.

Foinse:
The Huguenot Settlements in Ireland le Grace L. Lee, Londain 1936.

SUMMARY IN ENGLISH

The Huguenots in Ireland

The group of people known in history as the Huguenots were French Protestants who suffered persecution under Louis XIV during the latter part of the 17 cent. Many fled to England and joined King William's forces in 1690 when the battle of the Boyne decided Ireland's fate. They were then rewarded with grants of land in various places, especially at Portarlington on the Laois-Offaly border. This town was planned and built by French people and retains a special character even today.

The Huguenots also settled in Dublin and Belfast and took an important part in industrial development, especially in textiles, glass-work and sugar refining. They were also distinguished in banking, business, and the arts. Like the Jews, they were a gifted people and the Irish do not seem to have resented them in spite of the circumstances of their arrival.

The lists of surnames in the Irish text above show how extensive the Huguenot settlement was. However, they were gradually absorbed into the local population so that very few of all these names now survive. Perhaps the best known are the writer, Joseph Sheridan Le Fanu and La Touche, first Governor of the Bank of Ireland. Other names still current are: Durand, Fleury, Mercier, Saurin, Trench. French names now found in directories usually refer to more recent immigrants.

AGUISÍN D

SLOINNTE NA MOSLAMACH

Tá na sloinnte Moslamacha bunaithe den chuid is mó ar an Arabais, teanga atá i bhfeidhm go forleathan san Oirthear mar is í teanga an Chórain í, leabhar naofa Mhathamaid. Mar sin tá siad le fáil ó Mharacó go dtí an Indinéis i bhfoirm atá sothuigthe i gcoitinn. Tá an Arabais mar phríomh-theanga in ocht dtír déag agus baineann le 180 milliún duine.

Mar sin féin, níl mórán foilsithe faoin ábhar seo agus bhíos ag brath ar eolas d'fháil ó dhaoine aonaracha den chreideamh sin – cúnamh a tugadh go fial fonnmhar.

De ghnáth, bíonn na sloinnte bunaithe ar ainm athartha, cosúil linne, Gaeil, agus aithímíd an focal bin a chiallaíonn "mac" – tá ben agus bar ag na Giúdaigh, leis. Ach fágtar an réimír ar lár minic go leor.

Dar ndó, beidh an léitheoir ag súil le brí an ainm agus tá sé seo mínithe sa téacs i gCuid a Dó chomh fada agus a bhí an t-eolas le fáil.

Moslem Names

These are mainly Arabic in derivation and often related to Islam and the Koran. They are fairly uniform throughout the Islamic world and have eclipsed native names – a phenomenon with which Irish-speakers are all too familiar.

The names are usually patronymic in form with Bin equating to our Mac, but this is often omitted. Some names, however, refer to tribal groups and so grounded in local culture. Strange to relate, there is very little published on this subject, but I have found that the Dictionary of First Names by Hanks & Hodges to be very useful.

AGUISÍN E

AINMNEACHA SÍNEACHA: CHINESE NAMES

Teanga aon-tsiolla is ea an tSínis agus, de ghnath, bíonn a gcuid ainmneacha i bhfoirm trí fhocal: an sloinne i dtosach. Bíonn an sloinne an-tábhachtach sa chultúr san. Baineann sé le sinsear na clainne go bhfuil urraim faoi leith ag dul dó.

Ainmneacha pearsanta an dara agus an triú focal. Ainm glúine an dara ceann - baineann leis an gclann de réir leagain amach atá socraithe leis na cianta. Sé an triú ceann a bhaineann leis an duine féin - é cosúil lenár n-ainm baiste.

Na Sloinnte:
Hsing: Timpeall 2852 R.C., shocraigh an tImpire Fu Hsi an leagan amach seo dos na sloinnte agus is féidir iad a rangú faoi sna cinnteidil seo:
(1) Rí-theaghlach: T'ang; Yu; Hsien.
(2) Críoch Fheodach: Chiang; Huang; Ch'in.
(3) Ceantar polaitiúil: Hung; Ch'i; Shen.
(4) Baile nó cathair: Yih; Su; Mao; Shan.
(5) Baile tuaithe: P'ai; Lu; P'ang; Yeu.
(6) Crosaire nó stáisiún: Mi; Ts'ai; Ou-yang.
(7) Tobhaile i dtreo éigin: Tung-shiang; His-men; Nan-yieh; Pei-kuo.
(8) Ainm duine chlúitigh: Fu; Yu; T'ang; Chin.
(9) Leas-ainm duine: K'ung; Fang; Kung; T'ung.
(10) Tagairt do ghaol: Meng (chéad deartháir); Tsu (athair mór); Mi (athair mór céile).
(11) Treabh nó Clann: Ching; Tso; So; T'ung.
(12) Post oifigiúil: Shih (staraí); Chi (leabharlannaí); K'ou (garda); Shuai (ginearál); Ssu-t'u (oifigeach siabhialta).
(13) Céim uaisleachta: Huang (impire); Wang (rí); Pa (ard-diúc); Hou (diúc).
(14) Slí bheata: Wu (draoi); T'u (búistéar); T'ao (potaire); Chiang (tógálaí).
(15) Ainm ruda: Chu (cóiste); Kuan (hata); P'u (féar); Fu (bláth).
(16) Bua-ainm rialtóra: Wen (léannta); Wu (an saighdiúir); Chuang (deá- bhéasach); Min (cineálta).
(17) Aguisín le h-ainm athar: Wang-tsu (Mac rí); Kung-san (gar-mhac diúc);
(18) Ainm dímheasa a tugadh ar dhuine as míghníomha ag rialtóir. E-ainm, deirtear. Eisceachtaí: sloinnte dé-shiollach (Fu Hsing i Mandairín). Iad annamh, timpeall 30.

Na h-Ainmneacha Pearsanta: tugtar Ming orthu. Bíonn an ceann i lár bainteach le leagan amach na clainne - an ghlún ina a bhfuil an leanbh suite ach bíonn an triú ainm pearsanta don duine féin. Le linn Ríora Han (206 R.C.) ghlac gach clann le liosta d'ainmneacha glúine. Nuair a saolaítear mac téann an t-athair i gcomhairle leis an gcumann clainne chun an ainm oiriúnach a aimsiú. Cuireann daoine forásacha fleiscín idir an dara agus an tríú ainm: m. sh. Lim Hen-Peng. Feictear Sínigh le ainmneacha Chríostaí, ar nós John Cheng. Sin géilleadh don nós gallda agus is dócha nach mbeadh daoine traidisiúnta ró-shásta leis. Chomh maith leis siúd, ainmnítear leannaí ón áit sa chlann: deirfiúr mhór (1ú); mac a dó; lán-mhac (deireannach). Leanann roinnt Síneach nós an Iarthair agus cuirid an sloinne san áit deireannach agus usáideann cinn-litreacha don dá ainm pearsanta, m. sh. Lim Hen Peng a aistriú go Hen Peng Lim nó H. P. Lim.

Ba chóir a rá go bhfuil neart agus brí na teanga Sínise sa bhfocal scríofa - tá an-chuid chanúintí sa tír mhór úd ach an t-aon leagan liteartha. Dar ndó, tá timpeall naoi míle "litreacha" san "aibítir" Síneach - rud a fhágann foghlaim na léitheoireachta an-deacair. Nuair a scríobhtar i gcló Rómhánch í, caithfear an chanúint a lua - is mór idir urlabhra Guangzhou (Canton) agus an chaint oifigiúil i Beijing.

I gcás mná pósta, cuireann sí a h-ainm iomlán le sloinne a fear chéile, m. sh. má bhíonn an bhean Lim Mooi Lan pósta leis an bhfear Tan Beng Choon, tugtar Tan Lim Mooi Lan uirthi.

Nuair a bhíonn siad ag aistriú ainmneacha iasachta go Sínis, tógann siad gach siolla le focal Síneach go bhfuil an fhuaim chéanna leis. Trioblóid leis na canúintí arís!

Inneacsáil Sloinnte Síneacha:

(1) Ag brath ar an gcomhartha raidiceach a bhíonn i mórán litreacha Sínise.
(2) Ag brath ar an méid buillí sa litir.
(3) An Cód Síneach Tráchtála (C.C.C.) Bíonn cód ceithre digiteach le gach litir.
(4) Córas "Giles". Bíonn gach focal i liosta aibitire. Bíonn gach litir ag freagairt do chód go bhfuil idir aon agus cúig digit ag freagairt dó. Ceaptear go bhfuil C.C.C. níos fearr.

Cuimhnigh go bhfuil na litreacha Síneacha cosúil lenár n-uimhreacha - ciallaíonn siad an rud céanna, cuma cén chanúint atá á labhairt.

Foinse:

Chinese Names: The use and meanings of Chinese surnames and personal names in Singapore and Malaysia le Russell Jones. Pelanduk Publications, Malaysia. 1989.

CHINESE NAMES

The elaborate nature of Chinese names is explained in the Irish text and is difficult to summarise. However, the basic fact is that the surname comes first followed by a generation name and a personal name. This system was initiated by the Emperor Fu Hsi about 2852 BC, and it still functions although many Chinese in the western world have taken European first names and placed them in front of their age-old surnames. Surnames are called Hsing and personal names Ming. In marriage, a woman takes her husband surname but adds on her own name in full.

Chinese "letters" are ideographs, with a precise meaning regardless of how pronounced Given the nature of Chinese writing, indexing names presents problems. This is done by attaching code numbers to parts of each written character. The thing then reduces to numerical tables. Whatever may be thought about the late Chairman Mao, he stood firm in defence of traditional Chinese culture. This is a headline for all peoples facing globalisation.

AGUISÍN F

SLOINNTE SEOIRSEACHA (KARTVELEBI)

Baineann an t-alt seo leis an dtír ar a dtugtar Georgia i mBéarla. Tá sí suite taobh thoir den Mhuir Dhubh agus taobh ó dheas des na Sléibhte Cugais. Sakartvelo a thugann a muintir ar a dtír féin agus is Kartvelebi iad féin. Níl aon coibhneas ag a dteanga le haon teanga eile ar domhan ach níor bhac sé sin orthu ard-sibhialtacht a bhaint amach sa Mheán-aois. Ghlacadar leis an gCríostaíocht sa 4ú céad agus d'fhulaingíodar ionradh ó Mhuslamaigh, Mongolaigh agus Rúisigh, ach thánadar slán lena dteanga agus a gcultúr go breá bríomhar.

Anois, na sloinnte: críochnaíonn siad le -shvili nó -je (dze). Ciallaíonn an chéad iar-mhír "leanbh" agus an dara ceann "mac" nó "oidhre". Cuimhneófar ar Josef Vissarionavich Djugashvili, a thug Stalin air féin agus thug bás gan trócaire dos na milliúin duine san Aontas Sóibhéadach. Bhí a mháthair bhocht ag súil go ndéanfaí sagart de! Ach, mar mhalairt ar sin, féach ar Eduard Shevardnadze, aire gnóthaí eachtracha le Mikhail S. Gorbachev a bhí i gceannas ar an Aontas Sóibhéadach le linn na tréimhse "glasnost" agus a chuir deireadh leis an gCogadh Fuar. Shaothraigh Shevardnadze ar son na síochána agus an chirt agus d'fhill ar a thír dhúchais chun an pholaitíocht dhaonlathach a bhunú innti.

Mar sin, in ainneoin éagsúlachta teanga, tá sloinnte Mhuintir Sakartvelo an-chosúil leis an gcóras "Ó & Mac" atá againn féin. Tá aibitir faoi leith ag na Kartvelebi agus leanann an tras-litriú annseo nós an Encyclopaedia Britannica.

Georgian Names

The Georgians are a very remarkable people. Their language is not related to any other language but they have developed a high standard civilisation under quite difficult circumstances. They adopted Christianity in the 4 cent and have suffered many invasions and persecutions since.

They call their country Sakartvelo and they themselves Kartvelebi. Surely these are the terms which the world in general should use. Irish-speakers could set a headline here!

Characteristic surnames have the suffixes "shvili" meaning child, and "dze" meaning son, so they are not unlike our Ó and Mac.

One Georgian who has placed the world in his debt is Eduard Shevardnadze, foreign minister of the Soviet Union, who played a vital part in ending the Cold War.

AGUISÍN G

CÉAD SLOINNE IS LÍONMHAIRE IN ÉIREANN

1. Ó Murchú:	Murphy		51. Mac Suibhne:	Sweeney
2. Ó Ceallaigh:	Kelly		52. Ó hAodha:	Hayes
3. Ó Súilleabháin:	Sullivan		53. Caomhánach:	Kavanagh
4. Breatnach	*Walsh		54. de Paor:	*Power
5. Mac Gabhann:	Smith		55. Mag Craith:	Magrath
6. Ó Briain:	O'Brien		56. Ó Moráin:	Moran
7. Ó Broin:	Byrne		57. Ó Brádaigh:	Brady
8. Ó Riain:	Ryan		58. Stíobhard:	*Stewart
9. Ó Conchúir:	O'Connor		59. Ó Cathasaigh:	Casey
10. Ó Néill:	O'Neill		60. Ó Foghlú;	Foley
11. Ó Raghallaigh:	O'Reilly		61. Mac Giolla Phádraig:	Fitzpatrick
12. Ó Dúghaill:	Doyle		62. Ó Laoire:	Leary
13. Mac Cárthaigh:	MacCarthy		63. Mac Dónaill:	MacDonnell
14. Ó Gallchóir:	Gallagher		64. Mac Mathúna:	MacMahon
15. Ó Dochartaigh:	Doherty		65. Ó Donnaile:	Donnelly
16. Ó Cinnéide:	Kennedy		66. Ó Riagáin:	Regan
17. Ó Loingsigh:	Lynch		67. Ó Donnabháin:	Donovan
18. Ó Muirí:	Murray		68. Mac Conboirne:	*Burns
19. Ó Coinn:	Quinn		69. Ó Flannagáin:	Flanagan
20. Ó Móra:	Moore		70. Ó Maoláin:	Mullen
21. Mac Lochlainn: x	MacLoughlin		71. de Barra:	*Barry
22. Ó Cearúill:	Carroll		72. Ó Catháin:	Kane
23. Ó Conghaile:	Connolly		73. Mac Roibín:	*Robinson
24. Ó Dálaigh:	Daly		74. Ó Cuinneagáin:	Cunningham
25. Ó Conaill:	O'Connell		75. Ó Gríofa:	Griffin
26. Mac Liam:	*Wilson		76. Mac Cionaoith:	Kenny
27. Ó Duinn:	Dunne		77. Ó Síocháin;	Sheahan
28. Ó Braonáin:	Brennan		78. Mac a'Bhaird:	Ward
29. de Búrca:	*Burke		79. Ó Faoláin:	Whelan
30. Ó Coileáin:	Collins		80. Ó Liatháin: x	Lyons
31. Mac Cathmhaoil: x	Campbell		81. Ó Maoildeirg (SGA)	*Reid
32. Ó Cléirigh:	Clarke		82. Ó Gréacháin: x	Graham
33. Mac Seáin:	*Johnson		83. Ó hUiginn:	Higgins
34. Ó hAodha:	Hughes		84. Ó Cuilinn:	Cullen
35. Ó Fearail:	Farrell		85. Ó Céin: x	Keane
36. Mac Gearailt:	*Fitzgerald		86. Ó Cionga:	*King
37. de Brún:	*Brown		87. Ó Meachair:	Maher
38. Ó Máirtín:	Martin		88. Mac Cionaoith:	MacKenna
39. Mag Uidhir:	Maguire		89. Mac Giolla Mhaoil:	*Bell (SGA)
40. Ó Nualláin:	Nolan		90. Scot:	*Scott
41. Ó Floinn:	Flynn		91. Ó hÓgáin:	Hogan
42. Mac Tomáis:	*Thompson		92. Ó Caoimh:	Keeffe
43. Ó Ceallacháin:	Callaghan		93. Mag Aoidh:	Magee
44. Ó Dónaill:	O'Donnell		94. Mac Con Mara:	MacNamara
45. Ó Dufaigh:	Duffy		95. Mac Dónaill:	MacDonald
46. Ó Mathúna:	Mahony		96. Mac Diarmada:	MacDermott
47. Ó Baoil:	Boyle		97. Ó Maoldhomhnaigh:	Moloney
48. Ó h Éilí:	Healy		98. Ó Ruairc:	Rourke
49. Ó Sé:	Shea		99. Ó Buachalla:	Buckley
50. de Faoite:	*White		100. Ó Duibhir:	Dwyer

Nótaí:
Ciallaíonn *sloinne gallda (Gaelaithe uaireannta)
Ciallaíonn x go bhfuil leagain éagsúla ann
SGA: Sloinnteoir Gaeilge agus Ainmneoir

Seán Mac Muiris de Bhulbh, rugadh i Mainistir na Féile 1922,
Fuair céim innealtóireacht ag Coláiste na Tríonóide, B.Á.C. 1943.
Pósta le Máire Ní Mhurchú, triúr iníon & beirt mhac acu.
Chaith a shaol le innealtóireacht thar lear agus in Éirinn,
i gCiarraí agus i Luimneach den chuid is mó.
Ar scor den obair ghairmiúil, luigh isteach ar staidéar na
sloinnte - dúil a fuair sé le sinsearacht.

John Maurice Woulfe, born Abbeyfeale, Co. Limerick, 1922.
Graduated in Engineering at Trinity College Dublin.
Married to Mary Murphy, they have five children.
Worked in engineering abroad and at home - mainly in
Counties Kerry and Limerick. On retirement in 1987, has
realised a life-long ambition to follow in the footsteps
of his kinsman, Fr. Pat Woulfe, and add something to the lore
of our forefathers.